YANGTSE
扬子江客车

绿色家园　用心构筑

Homestead with vert, built at pains.

扬子江·城市节能减排方案

销售热线(TEL)：027-85319669　传真（FAX）：027-85319669　地址（ADD）：武汉市金潭路18号　邮编（PC)：430024

YANGTSE 东风扬子江汽车（武汉）有限责任公司
DONGFENG YANGTSE MOTOR (WUHAN) CO., LTD.

五洲龙
WUZHOULONG MOTORS

中国新能源客车专家
China New Energy Bus Expert

五洲龙FDG6801EVG纯电动巴士

五洲龙FDG6113EVG纯电动巴士

五洲龙FDG6115HEVG混合动力城市客车

五洲龙纯电动校车FDG6100EVFX

深圳市五洲龙汽车有限公司（集团）总部位于深圳市龙岗区宝龙工业城（二期工程位于坪山新区新能源产业基地），是国内最早从事新能源客车生产研发的国家级高新技术企业。集团总占地面积212万平方米，员工6000余人，其中专业研发人员达300多名，拥有60多项国家发明及专利技术。五洲龙公司始终坚持新能源客车战略发展路线，以自主创新为根本，立志成为中国新能源客车第一品牌。公司核心自主知识产权混合动力控制系统经过14代升级，已经发展成为国内首家同时配置能量智能控制系统、电机控制系统、自动离合器控制系统、电子信息管理系统的一体化智能混合动力控制器。同时，公司曾5次承担国家“863”项目，2次实施国家科技支撑计划项目，6次参与新能源汽车准入标准、国家财政补贴标准、充电标准制订。

五洲龙公司从2009年开始，先后在重庆、沈阳、揭阳等地成立新能源汽车及动力电池子公司。产品包括混合动力、纯电动、燃料电池、清洁燃料新能源客车及环保节能汽车动力电池等，产品畅销国内20多个省、市、自治区及港澳地区，并外销40多个国家。2011年深圳大运会，五洲龙投放1511辆新能源汽车，目前深圳公交共投放3000多辆五洲龙新能源客车，运营线路200多条，公司也成为全球投放新能源客车数量最多的企业。

西港LNG罐
与高压泵模块
轻型/中型
发动机应用领域
重型发动机应用领域

西港天然气发动机 经济高效 动力强劲
西港高压直喷HPDI天然气发动机
柴油机功效
燃料成本节省40%
大马力重载
有效减少排放
西港高压直喷(HPDI)
液化天然气
发动机及燃料系统
喷嘴主体
天然气喷气针
柴油引燃针
柴油引燃喷射
天然气喷射
燃料喷嘴
集成燃气模块
西港重型天然气发动机
热的、高压的、压缩天然气
燃料调节模块

2012
节能与新能源汽车年鉴

中国汽车技术研究中心
北京国能赢创能源信息技术有限公司　　编
《节能与新能源汽车年鉴》编制办公室

中国经济出版社
CHINA ECONOMIC PUBLISHING HOUSE
北 京

图书在版编目（CIP）数据

节能与新能源汽车年鉴．2012/中国汽车技术研究中心，北京国能赢创能源信息技术有限公司，《节能与新能源汽车年鉴》编制办公室编．

北京：中国经济出版社，2012. 12

ISBN 978 - 7 - 5136 - 1994 - 3

Ⅰ. ①节… Ⅱ. ①中… ②北… ③节… Ⅲ. ①节能—新能源—汽车—中国—2012—年鉴 Ⅳ. ①U469. 7 - 54

中国版本图书馆 CIP 数据核字（2012）第 249798 号

责任编辑　张玲玲
责任审读　霍宏涛
责任印制　张江虹
封面设计　华子图文

出版发行　中国经济出版社
印 刷 者　三河市佳星印装有限公司
经 销 者　各地新华书店
开　　本　889mm × 1194mm　1/16
印　　张　36. 5
字　　数　1212 千字
版　　次　2012 年 12 月第 1 版
印　　次　2012 年 12 月第 1 次
书　　号　ISBN 978 - 7 - 5136 - 1994 - 3/Z · 995
定　　价　680. 00 元

中国经济出版社 **网址** www. economyph. com **社址** 北京市西城区百万庄北街 3 号 **邮编** 100037
本版图书如存在印装质量问题，请与本社发行中心联系调换（联系电话：010 - 68319116）

《节能与新能源汽车年鉴》编审委员会

主 任 委 员:(按姓氏笔画排列)

王秉刚　国家863计划节能与新能源汽车重大项目监理组
衣宝廉　中国科学院大连化学物理研究所
李万里　中国汽车工业协会
李　钢　国家发展改革委产业协调司
欧阳明高　清华大学
武　平　科技部高新技术及产业化司
胡　群　工业和信息化部产业协调司
赵　航　中国汽车技术研究中心
钱明华　工业和信息化部装备工业司

副主任委员:(按姓氏笔画排列)

任晓常　中国汽车工程研究院股份有限公司
孙逢春　北京理工大学
余卓平　同济大学
吴志新　中国汽车技术研究中心
张书林　中国汽车技术研究中心
张进华　中国汽车工程学会
李　骏　中国第一汽车股份有限公司
汪正胜　重庆长安汽车股份有限公司
肖成伟　中国电子科技集团第十八研究所
贡　俊　上海电驱动有限公司
陆建辉　奇瑞汽车股份有限公司
黄中荣　国家机动车产品质量监督检验中心(上海)
黄佳腾　东风汽车公司
甄子健　科技部电动汽车重大项目管理办公室

委　　员:(按姓氏笔画排列)

1. 各省、自治区、直辖市、计划单列市:

弓鸿午　广州市科技和信息化局
俞　清　上海市科学技术委员会
马丽岩　银川市科技局
王　珏　广西壮族自治区工业和信息化委员会
白振刚　石家庄市发展和改革委员会
石　磊　山西省新能源汽车领导小组办公室

刘燕琨　昆明市科学技术局
孙　丽　黑龙江省工业和信息化委员会
朱　策　合肥市科学技术局
许心超　北京市科学技术委员会
闫　石　吉林省工业和信息化厅
何　礼　成都市经济和信息化委员会
何秀林　杭州市经济委员会
余熙鸣　厦门市科学技术局
吴　崑　乌鲁木齐市燃气管理办公室
张亚敏　四川省发展和改革委产业发展处、四川省清洁汽车工作协调领导小组办公室
张　军　济南市发展和改革委员会
张　羽　河北省工业和信息化厅
张魁伟　武汉市科技局
李北宁　西宁市工程咨询院
李晓军　唐山市科技情报研究所
李康荣　湛江市交通运输局
李维宾　大连市经济和信息化委员会
李殿卿　兰州市科技局
陈洪基　湖北省襄阳市汽车工业办公室
陈　涛　甘肃省工业和信息化委员会
苗晋琦　郑州市科学技术局
郑大治　沈阳市发展和改革委员会、沈阳市节能与新能源汽车领导小组办公室
胡向萍　南昌市科技局
荣华磊　廊坊市科学技术局
赵志磊　广东省发展和改革委员会
姬卫东　呼和浩特市生产力促进中心
徐　伟　海口市科学技术工业信息化局
郭广强　西安市发改委能源管理办公室
陶建华　苏州市交通运输局
陶曼晞　河南省科学技术厅
高　宁　天津市科学技术委员会
黄新亮　湖南省科技厅
谢从波　重庆市科学技术委员会
雷志刚　桂林市工业和信息化委员会
蔡　羽　深圳市节能与新能源汽车示范推广领导小组办公室

2. 企事业单位

马　宪　中大集团
孔昭松　天津市松正电动汽车技术股份有限公司
尹　伟　江铃控股有限公司
文代志　柳州五菱汽车有限责任公司

毛焕宇　比克国际(天津)有限公司
王文兵　郑州宇通客车股份有限公司
冯宗磊　大陆汽车投资(上海)有限公司
申宇翔　湖南南车时代电动汽车股份有限公司
刘正均　哈飞汽车股份有限公司
刘明辉　中国第一汽车股份有限公司技术中心
曲家琪　上海赢双电机有限公司
郇品芳　张家港富瑞特种装备股份有限公司
余　平　精进电动科技(北京)有限公司
吴宁宁　中信国安盟固利动力科技有限公司
吴永智　北京公共交通控股(集团)有限公司
吴晓光　郑州宇通客车股份有限公司
吴　森　武汉理工通宇新源动力有限公司
张一鸿　江苏裕成(集团)公司
张大伟　高瞻电动车有限公司
张　禾　北京清能华通科技发展有限公司
张建平　上海电巴新能源科技有限公司
张海杰　大连普传科技股份有限公司
张福成　江西凯马百路佳客车有限公司
李书利　长城汽车股份有限公司
李　强　长城汽车股份有限公司
杨永忠　昆明云内动力股份有限公司
杨志远　深圳市五洲龙汽车有限公司
杨建中　海马轿车有限公司
杨剑波　成都客车股份有限公司
肖自友　福建尤迪电机制造有限公司
陈光森　佛山市顺德区精进能源有限公司
陈　杰　上海神舟汽车设计开发有限公司
卓　斌　广西玉柴机器股份有限公司
周方明　厦门金龙联合汽车工业有限公司
周晓波　哈尔滨巨容新能源有限公司
林文鹏　中国重汽集团成都王牌汽车商用车有限公司
林　程　北京理工华创电动车技术有限公司
苑文学　波士顿电池有限公司
范宗武　山东中文沂星电动汽车有限公司
郑　瑞　北京华林特装车有限公司
赵子亮　中国第一汽车股份有限公司技术中心
赵善麒　江苏宏微科技有限公司
赵景光　北汽福田汽车股份有限公司
赵福全　浙江吉利控股集团有限公司

钟再敏　上海燃料电池汽车动力系统有限公司
侯赛因·安华　加拿大西港创新公司
徐春江　江西博能上饶客车有限公司
徐　锋　华域汽车电动系统有限公司
秦兴才　天津力神电池股份有限公司
曹宏斌　普天新能源有限责任公司
曹国栋　四川汽车工业集团有限公司
梁泊山　福建亚南电机有限公司
黄尔佳　湖南科霸汽车动力电池有限责任公司
黄　平　宁波拜特测控技术有限公司
彭曙兮　南京依维柯汽车有限公司
曾令鹏　奇瑞新能源汽车技术有限公司
谢俊淋　东南(福建)汽车工业有限公司
韩　彭　杭州新亚低温工业设备有限公司
窦步海　福建冠龙新能源汽车科技有限公司
詹文章　北京汽车新能源汽车有限公司
熊　宇　东风扬子江汽车(武汉)有限责任公司
熊良平　安徽安凯汽车股份有限公司

3. 科研院所名单

王子冬　中国北方车辆研究所试验测试部动力电池试验室
王冬梅　北京交通大学
左曙光　同济大学——国家燃料电池汽车及动力系统工程技术研究中心
任瑞铭　大连交通大学
吴伯荣　北京理工大学
万仁君　中国汽车技术研究中心
张纪鹏　青岛大学机电学院
李　君　吉林大学汽车工程学院
杨晓松　国家汽车质量监督检验中心(襄阳)
范欣愉　中国科学院宁波材料技术与工程研究所
侯　明　中国科学院大连化学物理研究所燃料电池研究室
钱国刚　国家轿车质量监督检验中心
黄中荣　国家机动车产品质量监督检验中心(上海)
黄启忠　中南大学粉末冶金研究院
谢　辉　天津大学内燃机燃烧学国家重点实验室
潘　牧　武汉理工大学

2012 年《节能与新能源汽车年鉴》特约编辑

1. 各省、自治区、直辖市、计划单列市（按姓氏笔画排列）：

马春燕　大连市节能技术服务中心
尤启萌　西宁市工程咨询院
王　欣　河北省工业和信息化厅
王　欣　兰州科技联合服务中心
王　辉　唐山市科技情报研究所
邓光智　海口市科学技术工业信息化局
叶　明　昆明市科学技术局
刘巧生　山西省新能源汽车领导小组办公室
刘先卿　郑州市科学技术局
吕　彬　西安市发改委能源管理办公室
安　勇　银川市科技信息研究所
朱　刚　上海清洁能源研究与产业促进中心
齐　鹏　天津市科学技术委员会
吴亚琳　甘肃省工业和信息化委员会
吴安平　成都市经济和信息化委员会
吴　翔　武汉市科技局
张松苍　黑龙江省工业和信息化委员会
张　浩　中国汽车工程研究院股份有限公司
李天舒　广州市科技和信息化局
苏超然　广西壮族自治区工业和信息化委员会
陆象桢　深圳市节能与新能源汽车示范推广领导小组办公室
陈发茂　湛江市交通运输局
郑学宇　成都市经济和信息化委员会
宫亚清　呼和浩特市生产力促进中心
洪京武　湖北省襄阳市汽车工业办公室
赵杏娥　武汉市科技局
赵宗涛　石家庄市发展和改革委员会
赵　晗　桂林市工业和信息化委员会
康光明　北京市新能源汽车发展促进中心
盛会隆　南昌市科技局
黄中荣　四川省清洁汽车产业协会
黄凯歌　湖南省科技厅
黄泳云　桂林市工业和信息化委员会
黄　静　武汉市科技局

黄燕南　乌鲁木齐市燃气管理办公室
谢铁生　苏州市交通运输局
谢　堃　济南市发展改革委员会
戴　兵　合肥市科学技术局
魏兆宏　杭州市经济委员会
魏国栋　廊坊市生产力科技发展有限公司

2. 企事业单位

毛　伟　江铃控股有限公司
王晓坡　北京华林特装车有限公司
王　耕　上海燃料电池汽车动力系统有限公司
王　晶　东风扬子江汽车(武汉)有限责任公司
王　谦　北京汽车新能源汽车有限公司
邓学军　四川汽车工业集团有限公司
冯语欣　波士顿电池有限公司
田晓川　中国第一汽车股份有限公司技术中心
田韶鹏　武汉理工通宇新源动力有限公司
刘国霞　上海神舟汽车设计开发有限公司
刘　宝　长城汽车股份有限公司
刘　朋　佛山市顺德区精进能源有限公司
刘　凌　湖南南车时代电动汽车股份有限公司
刘润辉　长城汽车股份有限公司
刘婷婷　奇瑞新能源汽车技术有限公司
吕　彪　上海万象汽车制造有限公司
孙　伟　北京理工华创电动车技术有限公司
孙　伯　海马轿车有限公司
朱光海　郑州宇通客车股份有限公司
朱怡静　华域汽车电动系统有限公司
朱家荣　江西凯马百路佳客车有限公司
江建平　普天新能源有限责任公司
闫金华　普天新能源有限责任公司
严春兰　上海赢双电机有限公司
冷少敏　精进电动科技(北京)有限公司
吴　俊　安徽安凯汽车股份有限公司
吴　展　北汽福田汽车股份有限公司
张国强　北京清能华通科技发展有限公司
张蔚婷　高瞻电动车有限公司
李　军　北京公共交通控股(集团)有限公司
杨　华　柳州五菱汽车有限责任公司
杨　敏　普天新能源有限责任公司
杨　敏　成都客车股份有限公司

陈卫刚　上海电巴新能源科技有限公司
陈　钊　厦门金龙联合汽车工业有限公司
林月华　福建亚南电机有限公司
林仕供　福建尤迪电机制造有限公司
林宏天　津力神电池股份有限公司
林崇富　丹东黄海汽车有限责任公司
郑　情　东南(福建)汽车工业有限公司
胡　蓉　湖南科霸汽车动力电池有限责任公司
钟爱民　天津市松正电动汽车技术股份有限公司
殷劲松　张家港富瑞特种装备股份有限公司
贾爱萍　上海电驱动有限公司
陶　丹　高平唐一新能源科技有限公司
崔克顶　中信国安盟固利动力科技有限公司
章佚明　杭州新亚低温工业设备有限公司
富　军　浙江吉利控股集团有限公司
惠　群　昆明云内动力股份有限公司
董建华　大连普传科技股份有限公司
蒋志强　江西博能上饶客车有限公司
谢正良　广西玉柴机器股份有限公司
韩冬保　南京依维柯汽车有限公司
韩　祎　中国第一汽车股份有限公司技术中心
鲍永明　哈飞汽车股份有限公司
谭小川　中国重汽集团成都王牌汽车商用车有限公司

3. 科研院所名单

马永志　青岛大学机电学院
王　芳　国家轿车质量监督检验中心(天津)
王　辉　国家汽车质量监督检验中心(襄阳)
王震坡　北京理工大学电动车辆国家工程实验室
张　浩　中国汽车工程研究院股份有限公司
李晓争　北京交通大学
杨　恒　中国科学院宁波材料技术与工程研究所
陈觉晓　同济大学——国家燃料电池汽车及动力系统工程技术研究中心
胡道中　中国北方车辆研究所试验测试部动力电池试验室
高　莹　吉林大学汽车工程学院
温　泉　中国汽车技术研究中心
谢志勇　中南大学粉末冶金研究院
詹志刚　武汉理工大学
颜文胜　昆明理工大学交通工程学院

2012年《节能与新能源汽车年鉴》编辑委员会

2012年版《节能与新能源汽车年鉴》

一、理事单位

波士顿电池(江苏)有限公司

普天新能源有限责任公司

杜邦中国集团有限公司

西门子(中国)有限公司

二、支持单位(排名不分先后)

中国第一汽车股份有限公司技术中心
上海汽车工业(集团)有限公司
重庆长安汽车股份有限公司
深圳市五洲龙汽车有限公司
东风扬子江汽车(武汉)有限公司
大陆汽车投资(上海)有限公司
英飞凌科技(中国)有限公司
加拿大西港创新公司北京代表处
潍柴动力股份有限公司
广西玉柴机器股份有限公司
福建福安闽东亚南电机有限公司
湖南南车时代电动汽车股份有限公司
中国科学院宁波材料技术与工程研究所
南京菲尼克斯电气有限公司
上海高瞻新能源汽车销售服务有限公司
河南太行新能源科技有限公司
华域汽车电动系统有限公司
襄樊宇清传动科技有限公司
精进电动科技(北京)有限公司
深圳华任兴科技有限公司
浙江方正电机股份有限公司
福建冠龙新能源汽车科技有限公司
武汉理工通宇新能源动力有限公司
上海燃料电池汽车动力系统有限公司
北京理工华创电动车技术有限公司
微宏动力系统(湖州)有限公司
湖南科霸汽车动力电池有限责任公司

佛山市顺德区精进能源有限公司
江苏裕成集团
苏州智绿环保科技有限公司
查特深冷工程系统(常州)有限公司
杭州新亚低温工业设备有限公司
张家港富瑞特种装备股份有限公司
四川空分设备(集团)有限责任公司
四川川油天然气科技发展有限公司
郑州宇通客车股份有限公司
成都客车股份有限公司
深圳市比亚迪汽车有限公司
东风日产乘用车有限公司
北京汽车新能源汽车有限公司
柳州五菱汽车有限责任公司
北京华林特装车有限公司
中国重汽集团成都王牌商用车有限公司
奥地利AVL李斯特公司北京联络处
艾尔维汽车工程技术(上海)有限公司
湘电莱特电气有限公司
安徽安凯汽车股份有限公司
江西凯马百路佳客车有限公司
南京依维柯汽车有限公司
奇瑞新能源汽车技术有限公司
浙江众泰新能源汽车科技有限公司
海马轿车有限公司
江西昌河铃木汽车有限责任公司
上海中科力帆电动汽车有限公司

德斯拜思机电控制技术(上海)有限公司
深圳市蓝海华腾技术有限公司
北京亿马先锋汽车科技有限公司
墨工汽车动力科技有限公司
唐一新能源科技有限公司
江苏宏微科技有限公司
深圳市科列技术有限公司
国家汽车质量监督检验中心(襄阳)
南京银茂压缩机有限公司
空调国际(上海)有限公司
武汉元丰汽车零部件有限公司
浙江振展汽车电器有限公司
上海赢双电机有限公司
福建尤迪电机制造有限公司

编制说明

《节能与新能源汽车年鉴》为年度出版物，每年跟踪上年度我国节能与新能源汽车行业各方面的发展情况，是全面反映中国节能与新能源汽车行业真实性、连续性、综合性及权威性大型工具书，为我国节能与新能源汽车行业的规划、科研、生产、销售及新产品开发等提供较好的支持与服务。《节能与新能源汽车年鉴》自2010年首次出版以来，得到了国家科技部、国家工信部、国家发展改革委等主管部门的关怀、指导，以及相关企业、科研院所的大力支持，同时也得到了广大读者的关注和欢迎。

2011年是我国“十二五”规划的开局之年，也是新能源汽车产业化的起步之年。2012年版《节能与新能源汽车年鉴》是总第三册，正文共有九个板块，主要内容包括：的2011年节能与新能源汽车产业发展综述；2011年国家、地方政府及国外主要国家颁布的节能与新能源汽车领域支持政策；国内外主要节能与新能源汽车整车、零部件生产企业、科研院所、检测机构等2011年度的研发进展及生产经营情况；涵盖我国38个重点城市（含部分省、自治区）2011年节能与新能源汽车示范推广工作进展及发展情况及节能与新能源汽车示范推广数据统计；2011年我国重点城市节能与新能源汽车示范推广工作进展及发展情况；2011年电动汽车和燃气汽车示范推广与产量数据统计；2011年我国节能与新能源汽车示范推广关键零部件销售数据统计；2011年我国主要城市电动汽车充电站（桩）建设情况统计；2011年节能与新能源汽车大事记、合资合作和相关附录，等等。

2012年版《节能与新能源汽车年鉴》中的“节能与新能源汽车产业发展综述”板块，邀请了“十一五”“863计划”节能与新能源汽车重大项目总体专家组的部分专家及相关行业专家，按照我国节能与新能源汽车各领域，分别对节能与新能源汽车示范推广、混合动力客车、纯电动客车、纯电动轿车、燃料电池汽车、车用动力电池、电池管理系统、锂离子电池材料、电池的安全性技术、车用燃料电池、驱动电机、电动汽车电控技术、电动汽车标准化、汽车节能技术、低速电动汽车、天然气发动机等，就国内进展、国际趋势、国内外差距等问题进行分析，盘点2011年我国节能与新能源汽车的成绩与不足，并提出下一步的发展建议。

2012年版《节能与新能源汽车年鉴》在2011年的基础上，增加了“2011年我国节能与新能源汽车示范推广关键零部件应用数据统计”和“2011年我国主要城市电动汽车充电站（桩）建设情况”，加强了对节能与新能源汽车关键零部件和基础设施建设的数据收集与分析。在原有分车型（乘用车、商用车划分）产销量数据的基础上，细分成了纯电动客车、纯电动轿车、纯电动专用车、混合动力客车、混合动力轿车、两用燃料客车、两用燃料轿车、两用燃料货车、天然气客车、天然气牵引车、天然气载货汽车、天然气自卸车和液化石油气客车等。在2011年节能与新能源汽车示范推广数据统计中，增加了分品牌和分地区数据统计，在分品牌和分地区中又细分了纯电动客车、纯电动乘用车、纯电动专用车、混合动力客车、混合动力轿车、代用燃料汽车等。以上信息可为政府决策、企业规划、投融资战略提供依据。

2012年版《节能与新能源汽车年鉴》共收集了59家主要节能与新能源汽车产学研单位在2011年的发展概况以及生产经营、产能建设及技术研发能力进展、合资合作情况等内容。由于部分企业未提供产销经营数据，故本版年鉴未能汇总我国节能与新能源汽车工业主要经济指标。

本书附录部分，重点收集了标准、公告车型目录、节能与新能源汽车示范推广推荐目录及车型参数。其中：收集整理2011年发布的节能与新能源汽车国家、行业、企业标准目录及内容简介，便于浏览和检索；共收录2011年发布的121个节能与新能源汽车示范推广推荐车型和参数，该参数由各企业提供，供试点城市选型参考。

2012 年版《节能与新能源汽车年鉴》(英文版)同期出版,集中收录中文版的主要内容,包括产业发展综述及分领域发展情况、重点城市节能与新能源汽车发展概况、产销及示范推广数据统计、节能与新能源汽车示范推广工程推荐车型目录及参数等,供国内外同行查阅。

2012 年版《节能与新能源汽车年鉴》在征集资料及编辑过程中,得到了国家有关部门,各省、自治区、直辖市、计划单列市节能与新能源汽车行业主管部门,各节能与新能源汽车示范推广城市领导小组,燃气汽车示范推广城市领导小组,各汽车工业集团(公司),各生产企业、科研院所及其他有关部门的大力支持和协助,在此表示诚挚的谢意。《节能与新能源汽车年鉴》将以更翔实权威的数据、更全面客观的内容为追求,回报编委单位和广大读者的厚爱。

由于时间仓促和水平所限,书中不足之处在所难免,恳请读者批评指正。希望今后能够继续得到有关方面及广大读者的大力支持,欢迎对本书的改进提出建设性意见和建议,编制办公室同人将不胜荣幸与感谢。

中国汽车技术研究中心

《节能与新能源汽车年鉴》编制办公室

2012 年 9 月

目 录 |CONTENTS|

第一篇 2011年节能与新能源汽车产业发展综述

第二篇 节能与新能源汽车相关政策与规划

第三篇　企事业单位发展概况

生产企业

科研院所及检验测试机构

第四篇　重点省、自治区、直辖市、计划单列市节能与新能源汽车发展情况

第五篇　大事记

第六篇　合资合作

第七篇　节能与新能源汽车技术成果应用案例

第八篇　数据统计

企业形象专版目录

封　面

中国第一汽车集团股份有限公司技术中心

封　二

国家轿车质量监督检验中心（天津汽车检测中心）新能源实验室

封　三

中国汽车技术研究中心

封二对页

东风扬子江汽车（武汉）有限公司

封三对页

中国汽车技术研究中心

扉　插

西门子（中国）有限公司
深圳市五洲龙汽车有限公司
大陆汽车投资（上海）有限公司
英飞凌科技（中国）有限公司
加拿大西港创新公司北京代表处
潍柴动力股份有限公司
广西玉柴机器股份有限公司
福建福安闽东亚南电机有限公司
湖南南车时代电动汽车股份有限公司
中国第一汽车股份有限公司技术中心
上海汽车工业（集团）有限公司
重庆长安汽车股份有限公司
杜邦中国集团有限公司
普天新能源有限责任公司
波士顿电池（江苏）有限公司

前 插 页

中国科学院宁波材料技术与工程研究所
南京菲尼克斯电气有限公司
上海高瞻新能源汽车销售服务有限公司
河南太行新能源科技有限公司
华域汽车电动系统有限公司
襄樊宇清传动科技有限公司
上海电驱动有限公司
精进电动科技（北京）有限公司
深圳华任兴科技有限公司
浙江方正电机股份有限公司
福建冠龙新能源汽车科技有限公司
武汉理工通宇新能源动力有限公司
上海燃料电池汽车动力系统有限公司
北京理工华创电动车技术有限公司

后 插 页

TZG 高瞻 EV 新能源车

高瞻电动车有限公司(TZGEV LIMITED)是由高瞻有限公司和在新能源汽车整车制造、充电基础设施、车队管理软件、物业管理、和金融服务等方面的世界领先供应商合作成立。高瞻电动车致力于同产业链各方进行战略合作、整合各种产品及服务、通过有效的商业模式打造世界领先的新能源汽车服务和研发企业，积极推动新能源汽车市场和技术的成熟，引领新能源汽车产业链各环节的长足发展。

业务发展

高瞻电动车和上海国际汽车城合资成立了上海新能源汽车销售服务有限公司。该合资公司旗下的全国首家多品牌新能源汽车专营4S店已于2011年年底在上海开业。高瞻新能源汽车4S店位于上海嘉定国际汽车城内，与电动汽车试乘试驾中心毗邻。作为全国首家多品牌新能源汽车专营4S店，高瞻新能源囊括了国内目前最成熟的新能源汽车车型，品牌包括上汽、奇瑞、众泰、力帆和比亚迪，其销售面向全部上海市民。通过高瞻新能源汽车4S店购买的客户可以享受到高瞻提供的集经销、租赁、营运、配套服务和智能管理于一体的一站式综合服务，包括补贴的落实和完善的售后配套服务。

合作伙伴

- 整车制造商：我们和国内、亚洲以及美国的多家整车制造商有着广泛的合作关系，可以提供不同价位，不同应用的车型和价格。
- 软件供应商：高瞻新能源拥有世界领先的车队管理和智能充电软件，可以为新能源汽车用户提供全方位智能的服务，其中包括车载即时通信、电子智能计费和充电网络通信等功能。通过我们的平台，客户可以在汽车、电脑和手机网络上通过友好的用户界面获取关于电池充电状态、汽车关键零部件等信息，并且通过后台的监控，以互动的方式，获得充电地点时间以及汽车修理等增值服务的推荐。
- 充电设备供应商：高瞻新能源和包括来自美国、中国、韩国和新加坡的电动汽车充电设备供应商有紧密的合作关系，致力于为电动车充电站的普及提供专业、稳定、具有规模效应的基础设施。
- 电池制造商：我们和国内外多家电池模块以及电池管理系统公司有着合作关系，他们拥有来自中国、韩国、美国和日本的一流技术。

消费者的困扰

如何选车？ 如何获得补贴？ 如何充电？ 如何贷款？ 如何获得保险优惠？

一站式综合运营服务平台

电话:+8621 59563932
传真:+8621 6876 1101
邮箱:info@tzgev.com

电源系统特点：

- 循环寿命 >2000 次
- 电压和容量动态自均衡
- 能量控制安全性设计
- 柔性连接防震动设计
- 可内置风道设计，控制温度，保证寿命
- 可全密封设计，满足 IP56 防水防尘要求
- 耐高低温环境
- 多国专利结构设计

集团董事长、总裁程清丰在参加中国电动车产业高峰论坛期间与中国工程院院士、世界电动车协会主席陈清泉教授合影

太行科技与郑州宇通客车股份有限公司合作的12米纯电动大巴

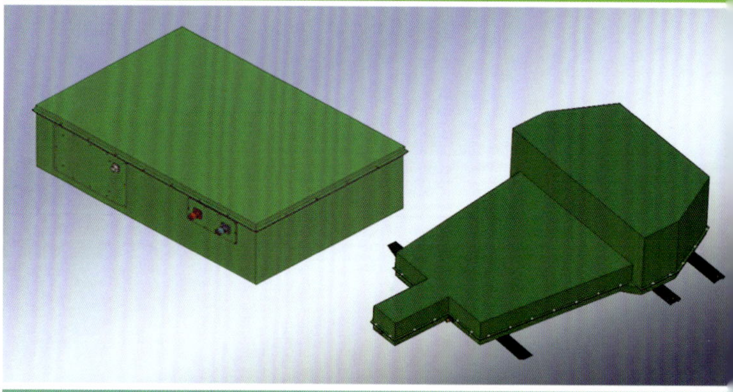

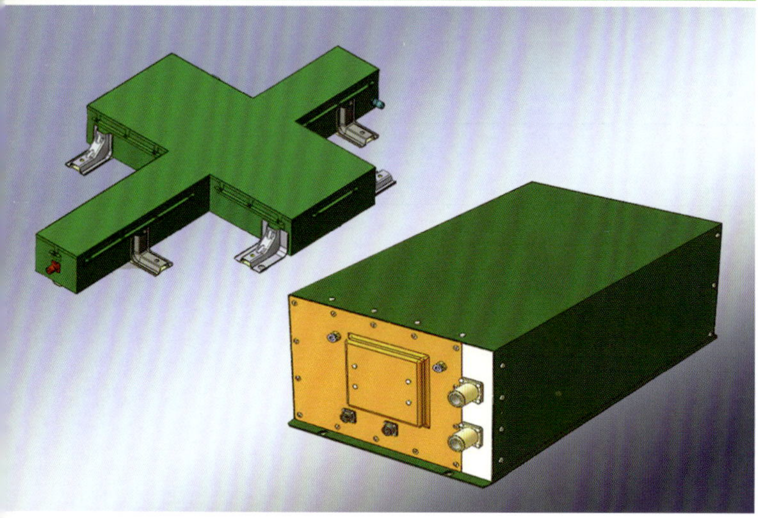

太行科技与扬州亚星客车有限公司合作开发的纯电动客车

电动汽车电源系统的特性：

电池组的精选配组

通过充放电曲线的拟合分组及动态自放电一致性分组，对电池组进行精选配组。

电源系统热管理设计

- 发热控制措施
- 内外部热流流场分析及控制
- 产品及工艺同步仿真验证

电池轻量化设计

- 特殊壳体材料
- 连接排重量优化
- 壳体结构强度仿真

电池寿命保证措施

- 科学的筛选工艺
- 通过热管理保证温度场一致性，延长电池寿命
- 均衡管理，提高电池寿命

电池安全性保证措施

- 进行过充试验、过放试验、短路试验、高温试验、挤压试验、针刺试验、跌落试验、浸水试验、火烧试验、枪击试验

十项超常规安全试验，保证电源系统安全可靠。

◆ 占地300亩年产12亿安时的动力电池工业园鸟瞰图

◆ 占地2000亩的新能源汽车电源动力系统总成产业化基地项目鸟瞰图

JJE
driving the next
精进电动
技术 · 量产 · 质量
设计
考核
量产
应用
BSG起停电机系统
60 –120kW
电动汽车/插电
混合动力汽车驱动电机
混合动力
变速箱电机/双电机系统
商用车
混合动力电机
150 –300kW
高功率电动汽车/插电
混合动力汽车驱动电机
www.jjecn.com
JING-JIN ELECTRIC
北京
北京市朝阳区将台路5号普天实业科技园7座
邮编：100015
电话：+86 10 6433 8799
电子邮件：inquires@jjecn.com
上海
上海市嘉定区外冈镇恒永路518弄 1号
邮编：201806
电话：+86 21 5958 1555
电子邮件：inquires@jjecn.com
SGS
SGS

打造精品　用心服务　节能环保

冠龙科技
GUANLONG TECHNOLOGY

福建冠龙新能源汽车科技有限公司

福建冠龙新能源汽车科技有限公司是一家专业从事新能源客车驱动总成研发、生产的高新科技企业，拥有敢于创新的专业技术团队和良好的开发平台。核心技术包括变频驱动技术、内燃机-电机匹配技术、制动能回收技术等。产品具有多次大批量上线运营的实践经验，通过对系统控制策略及各种参数的优化调整，产品性能稳定可靠；充分依靠与多家整车厂合作的良好平台，加大研发力度，严抓器件选购，贯彻质量标准，勇于创新，在确保产品品质的基础上，对新产品研发取得突破性进展。

冠龙合作的整车厂有

2011年冠龙混合系统在各城市布局情况

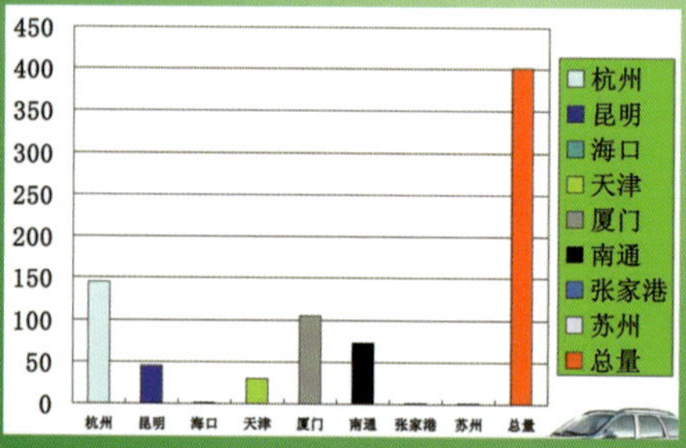

冠龙混合动力系统结构

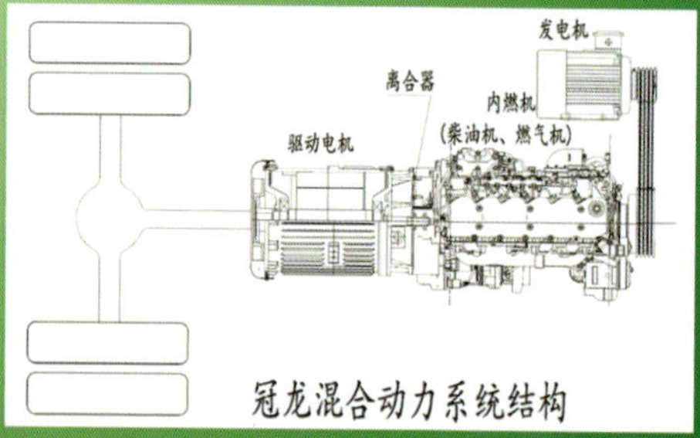

冠龙混合动力系统结构

混合动力系统控制策略

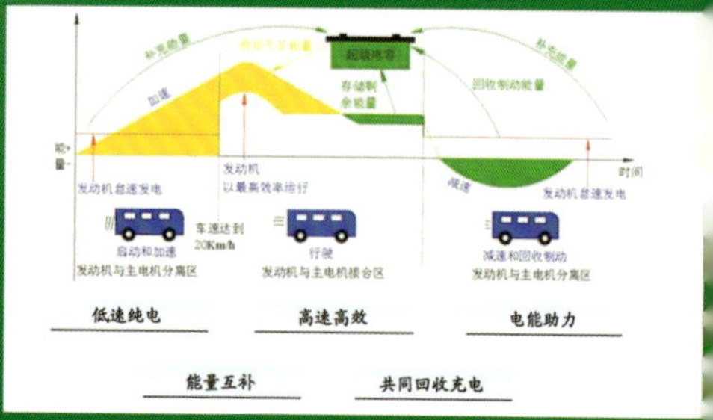

电动汽车电池系统

◇ 采用聚合物磷酸铁锂电池；

◇ 安全性极高，容量大，寿命长；

◇ 电池采用串并联方式组成一个电池包；

◇ 每包用一块控制板BMU精确检测电压、温度，并及对每小组电池进行充电的平衡管理；

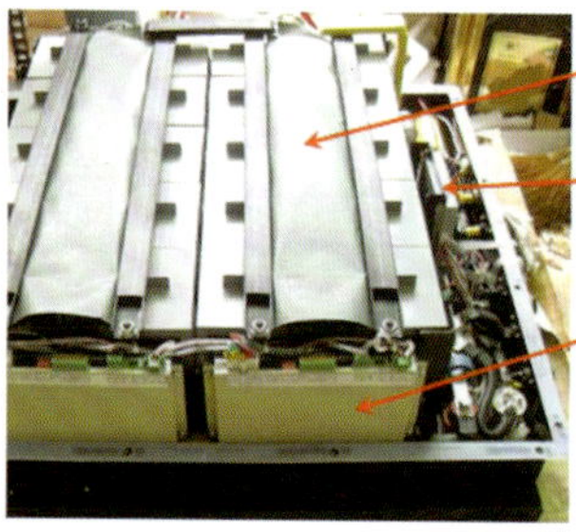

油电/气电混合控制总成

系统特点：低速纯电、高速高效、电能助力、能量互补、发电机与驱动电机共同回收充电。具有抗干扰能力强，能量回收效率高，节油效果明显，安全性能高，对比常规车节油效果达20%以上。

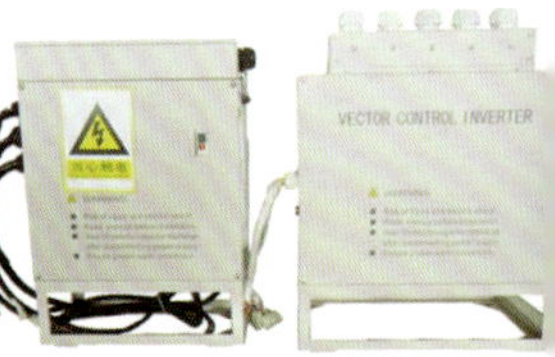

电动汽车整车控制系统VCU

整车控制器的主要工作原理

纯电动汽车整车控制器VCU(Vehicle Control Unit)是整个汽车的核心控制部件，它采集油门踏板信号、刹车踏板信号及其他部件信号，并做出相应计算后，控制输出车辆运行所需要的电机输出功率和转矩等参数，从而协调各动力部件的运作，驱动汽车正常行驶；此外，它可通过行车充电和制动能量回收等功能实现较高的能量回收。因此，VCU 的优劣直接影响着整车性能。

怠速停车熄火功能的油电/气电混合控制总成

系统特点：

1、在油电混合控制系统的基础上加入停车熄火功能，减少车辆运行中的怠速时间，节油效果更明显。

2、新增电助力转向，可熄火纯电运行。

3、将高压控制线路单独出来，使用独立的一个模块。

4、停车熄火整车控制器：由于采用异步电机发电，发电及发动机起动由逆变器控制，发电功率可控，行车不馈电。

理工华创
BIT HUACHUANG

北京理工华创电动车技术有限公司

北京理工华创电动车技术有限公司是北京理工大学的学科性、窗口型公司，成立于2010年7月，注册资本1000万元。依托北京理工大学电动车辆国家工程实验室，主要业务范围包括电动车辆整车及关键零部件开发和测试、动力系统平台及关键部件的生产和销售、节能与新能源汽车/运营系统的技术咨询、产品和系统保障服务等。

公司得到国家相关部委、北京市的认可和支持，2011年北京市发改委授权筹建“电动汽车北京市工程研究中心”，并得到北京市政府股权资金支持。公司配合学校独立承担了多个国家、地方重点科研项目，成为传承学校技术成果，实施市场化推广和核心零部件产业化的基地。

公司严格按照股份制企业运营管理，充分利用多年积累的社会和学术资源，与行业主管部门、电网、国内外整车厂、研究机构、零部件厂家建立了广泛的沟通机制和合作关系，营造出良好的企业发展外部环境。

公司总部

技术中心

顺义工程中心

西山工程中心

营销中心

公司拥有优秀的研发、项目管理团队，发展迅速，产品系列已逐步成熟和量产，主要产品包括：

★ 电动汽车整车控制器

★ 电机/控制器/变速箱一体化总成

★ 车载总线网络系统

★ 高压配电系统

★ 能源供给/管理系统

★ 双电机驱动系统

★ 小型电动乘用车通用底盘

★ 生产线辅助，检测设备

项目成果

已经建成的北京西山、顺义等2个工程化基地，拥有强大研发和生产协调能力，产品和服务为整车企业提供了有力保障。在北京市环卫电动清洁车辆大规模应用的服务支撑工作中，积累了宝贵经验和丰富数据，培养了人才队伍，形成服务品牌和创新成果。

公司拥有营销中心，加强市场推广，已经与美、日、德等多国专家、企业建立技术交流，提高产品和技术平台；除国内销售外，产品和技术服务已经走向欧洲、东南亚、中东和美洲，把中国在电动商用车、电动乘用车及系统运营领域的成果推向世界。理工华创厚积薄发，锐意进取，努力成为北京理工大学的交流窗口，必将成为新能源汽车领域的标志性企业。

地址：北京市海淀区中关村南大街9号理工科技大厦702室（100080）　电话：+86 10 68910955　传真：+86 10 68944475

CORUN 科力远
CPEV
矢志成为全球最值得信赖的新能源系统服务商
湖南科力远新能源股份有限公司成立于1998年1月，是集新能源材料、先进电池能量包及其延伸产品的研发、生产、销售与服务于一体的现代化高新技术企业。公司于2003年9月在上海证券交易所上市，股票代码为600478，股票简称“科力远”。
以混合动力节能新能源汽车和智能楼宇为代表，科力远一直致力于节能技术和整体方案的研发与应用。
基于现有以及未来更多的先进储能、节能产品与智慧的管理系统，科力远根据客户需求，为社会上的广阔行业以及未来未知的耗能产品，提供节能技术，并量身定制智慧、节能的整体解决方案，最终提供完善的新能源系统服务。
湖南科力远新能源股份有限公司
HUNAN CORUN NEW ENERGY CO.,LTD.
湖南科霸汽车动力电池有限责任公司
HUNAN CPEV EV BATTERY CO.,LTD

典型产品

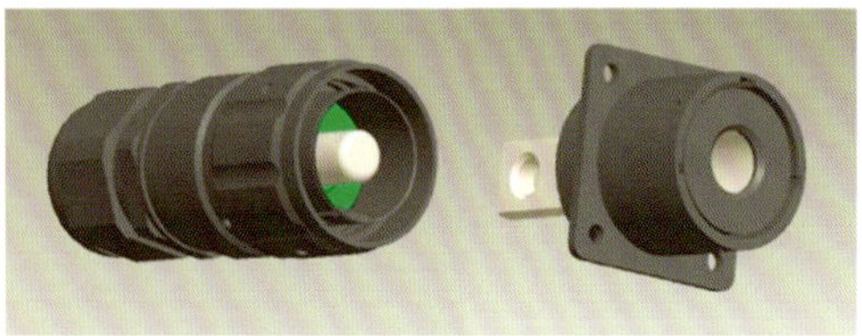
200、300A连接器

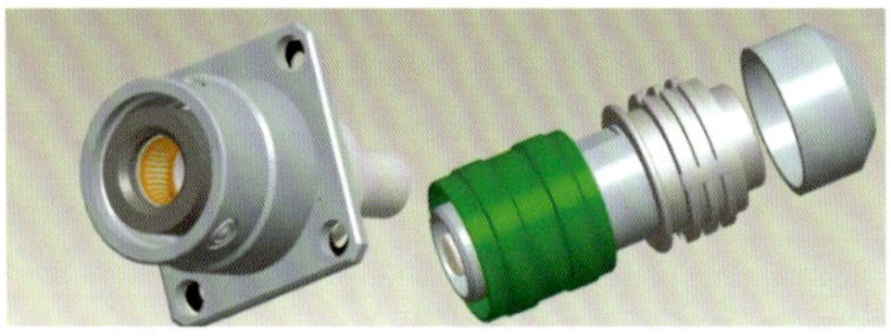
130A连接器

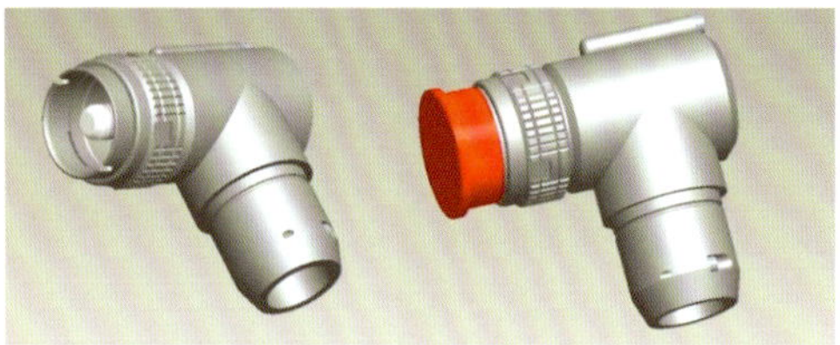
推拉式300A连接器

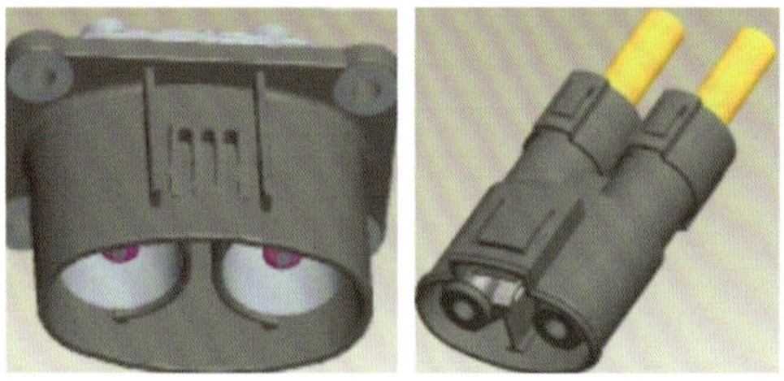
矩形高压互锁连接器

技术优势：

1. 具备专业研发团队；
2. 参与编制电动汽车相关电气接口标准
3. 可以提供高压互锁连接器及解决方案
4. 具备提供电动汽车高压配电、控制及电力连接全套解决方案能力
5. 拥有换电及充电两种模式接口
6. 具有80A\130A\200A\300A\450A等多种规格系列高压连接器以及信号控制连接器
7. 目前成功配套多款公告车型

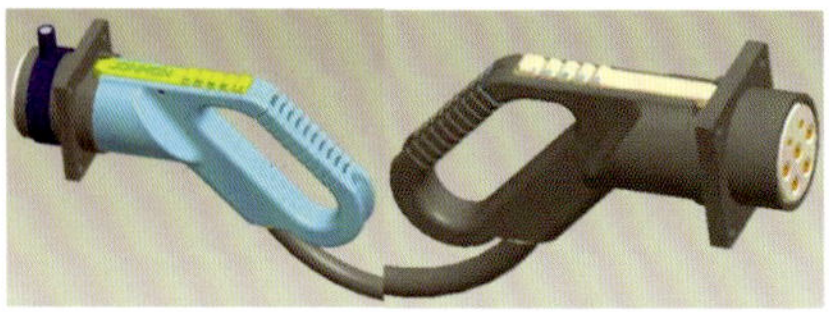
交流直流充电接口

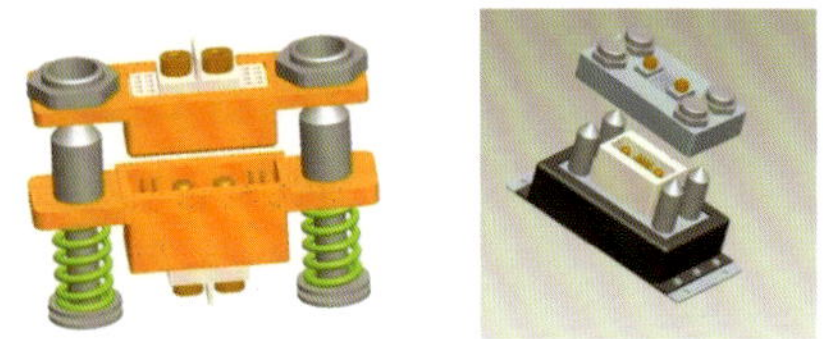
换电模式接口

中航光电科技股份有限公司
CHINA AVIATION OPTICAL-ELECTRICAL TECHNOLOGY CO.LTD

地址：河南省洛阳市涧西区浅井南路60号
电话：86-0379-64323017
传真：86-0379-64323761
邮箱：market@jonhon.cn
网址：http://www.jonhon.cn

JONHON

直式封装电缆组件

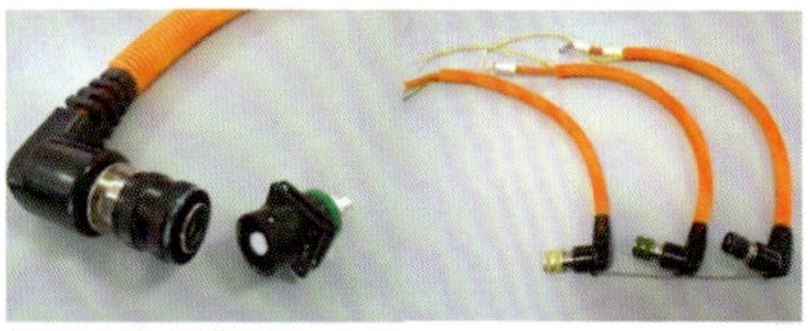
弯式封装电缆组件

综合布线

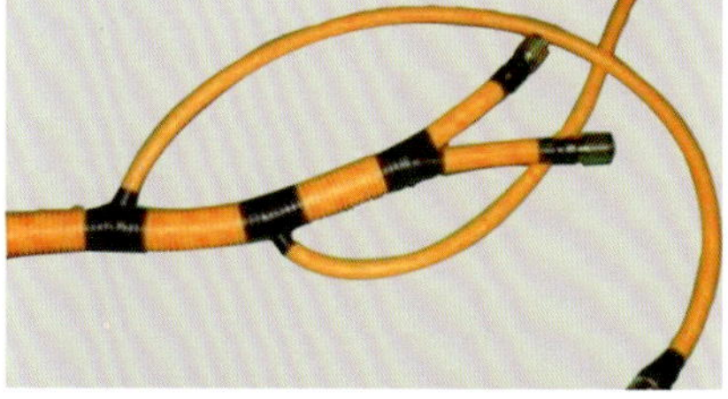

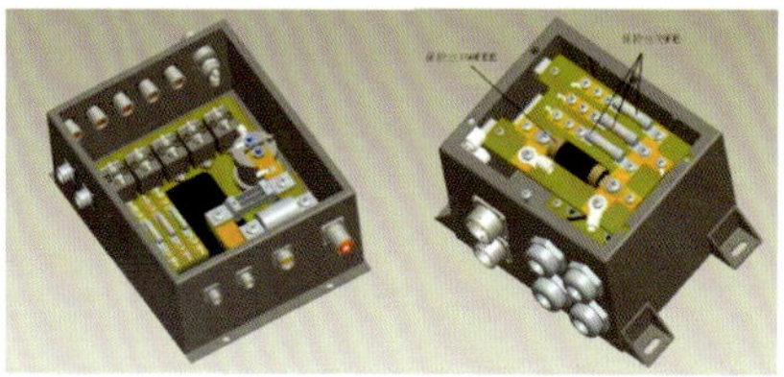
高压分配盒

公司简介

总部位于美国的查特公司拥有50年深冷行业经验，20多年LNG行业经验，并已在中国扎根17年，是深冷产品技术标准及新产品研发的全球领先的制造商，拥有自身技术研发及欧美研发中心的强大技术支持作后盾。查特为全球市场提供所有液化天然气相关设备—从液化装置到燃料系统。整个LNG产品系统内所有环节如何运作，并自主设计了95%的零部件及工程系统。我们在全球的客户超过2000家，其中绝大部分连续20年采购我们的设备。

主要产品

查特产品贯穿整条液态气体的净化、液化、分销、存储及终端使用。具有各种规格型号的以下产品：

- 用于LNG液化工厂的热交换器、冷箱(中国市场占有率50%)；
- 各种容积深冷真空绝热贮罐(最大容积1000立方)；
- LNG运输槽车；
- LNG加气站成套系统；
- LNG卫星站、气化站；
- LNG小型瓶组；
- LNG移动加液车；
- LNG车用瓶；
- 真空绝热管道(专利设计).

查特52立方槽车

查特撬装式加气站

查特LNG车用瓶-重卡

查特33立方移动式加液车

四川空分设备(集团)有限责任公司

SICHUAN AIR SEPARATION PLANT (GROUP) CO.,LTD.

四川空分集团是以四川空分设备（集团）有限责任公司为核心企业的，集科工贸为一体的、跨行业、跨地区的大型企业集团。目前，公司拥有产品事业部4个，控股子公司21个，参股企业12个，公司占地1200多亩，厂房建筑面积30多万平方米，在册员工2500余人，公司总资产达26亿元，年生产规模超过23亿元。

四川空分设备（集团）有限责任公司（以下简称公司）主要从事大、中、小型空气分离设备，低温液体（液态氧、氮、氩、二氧化碳、乙炔、液化天然气、液氢）贮槽、集装槽、槽车及汽化设备，超级绝热气瓶和输液管道，天然气（油田气）液化分离设备，各种透平膨胀机、中小型活塞压缩机、低温液体泵、低温阀门和常温专用阀门，医用集中供氧装置和中心吸引装置，手术室净化系统，溶解乙炔设备，环保设备等上千个品种、规格的产品设计、制造、销售和安装以及工业气体生产和销售。

公司技术力量雄厚，拥有工程技术人员400余人，其中中、高级职称工程师200人，享受政府特殊津贴专家和国家级突出贡献专家十余名；拥有国家二类研究所四川深冷设备研究所、省级技术中心、焊接研究所、空分工程技术研究院等研究机构；拥有上千台先进的自动化生产设备，在国内率先开辟了水运通道，拥有带码头的满足特大型设备及重装设备生产、组装和运输的基地。公司检测手段完善，主要产品技术水平和性能均达到当代先进水平，已取得了国家质检总局A1、A2、C2、C3、B3级压力容器设计、制造许可证，美国ASME许可证和U、U2钢印，通过了ISO9001-2008质量体系认证，获得了军工质量体系认证，产品曾获得国家和四川省优秀新产品、高效节能产品、重大科技成果和优秀产品等多项荣誉称号。50万Nm3/d天然气分离成套设备获得国家质量金奖，主导产品川空牌大、中型空分设备，川空牌低温液体贮运设备系列获得并连续十余年保持“四川省名牌产品”称号。公司在产品开发中先后取得专利23项，20多项产品填补了国内空白。人才的汇集带动了科技和管理创新的发展，实现了产品的开发和市场领域的开拓，成就了企业经济的快速发展。

新能源汽车领域产品简介

275L LNG车用气瓶

2000年以来，由于天然气作为清洁能源广泛受到重视和青睐，也由于国家能源安全的需要，国内对LNG需求量增大，这推动了国内LNG技术装备技术进步，四川空分在LNG技术装备的技术研究也得到了较好的发展。无论产品设计水平还是制造水平均达到国内领先水平，同时带动了LNG技术装备相关产业的发展。在新能源汽车领域，通过完成国家“十五”科技攻关计划项目“LNG汽车超级绝热气瓶研究开发及产业化”课题，开发出62升、100升、275升、375升、450升等LNG车用气瓶系列产品。该系列产品还获得了2007年度国家级新产品称号，并获得了中国机械工业科学技术奖三等奖。在2008年公司承担了国家“863计划”，“LNG汽车站用成套设备的研究开发”课题的研究任务，开发出撬装式LNG汽车加液站成套设备，相继在深圳、贵阳、西安、内蒙古等地投入使用，该课题于2011年10月通过了科技部组织的项目验收。

LNG加注站

50万m³/d天然气(油田气)分离设备

30万m³/d液化天然气装置

3000m³低温液体贮槽

20m³低温液体槽车

Automotive Industry Development Institute（also known as Beijing Operations, CATARC）is a representative of China Automotive Technology and Research Center in Beijing, covering government department service, industry communications, public relations, consultation and international cooperation.

AIDI adheres to “focusing on serving government departments and the industry, giving priority to the R & D incomes and being powered by innovation and talent fostering”. Its business fields cover research on policy and rule, new and energy conservative vehicles, auto market and road traffic safety, consultation, and exhibition and training. Its day-to-day jobs include technical supports to government departments, assisting them with industrial management, and serving the auto industry.

The development of AIDI has been closely linked to the vigorous auto industry of China and it will make a return with all its resources and capabilities, becoming a partner and brainpower of the outstanding companies and institutions, and making contribution to China’s auto industry.

联系电话(Detailed In formation)

-政策法规研究部(Policy & Regulation Research Dept.)
电话(Tel)：86-10-63702987　传真(Fax)：86-10-63702953

-清洁汽车生产力促进中心(New Energy Vehicle Productivity Center)
电话(Tel)：86-10-63701286　传真(Fax)：86-10-63702964

-市场研究部(Market Research Dept.)
电话(Tel)：86-10-63702950　传真(Fax)：86-10-63702994

-道路交通安全研究部(Road Traffic Safety Research Dept.)
电话(Tel)：86-10-63702971　传真(Fax)：86-10-63702966-8142

-会展培训部(Exhibition & Training Dept.)
电话(Tel)：86-10-63701181　传真(Fax)：86-10-63702960

-排放技术研究部(Emission Technology Research Dept.)
电话(Tel)：86-10-67832318　传真(Fax)：86-10-67832330

-燃料电池项目办公室(UNDP/GEF/MoST Fuel Cell Bus Demonstration Project Office)
电话(Tel)：86-10-63702973　传真(Fax)：86-10-63702974

-CHINA AUTO 杂志社
电话(Tel)：86-10-63705975　传真(Fax)：86-10-63701810

中国汽车技术研究中心
China Automotive Technology & Research Center
汽车产业发展研究所
Automotive Industry Development Institute

K9 纯电动客车
新能源汽车领导者
我们在新能源汽车领域取得巨大突破，
我们将以一颗纯电动的“芯”成就人类的共同梦想，
科技 绿色 明天！Build Your Dreams！
比亚迪纯电动客车
K9

e6先行者
科技·绿色明天
For Tomorrow
新 能 源 汽 车 领 导 者
300公里续航里程
超650万公里实车路试总里程
1年减少2.8吨二氧化碳排放
多模式充电、高效节能
智能服务、全能秘书
8重防电、多项安全实验
e6先行者

东风日产
PURE DRIVE
纯净动力
减一份油耗，
添一份精彩生活
释放强劲潜能，
将点滴化成澎湃的精彩推动力。
东风日产PURE DRIVE纯净动力，
以多达18孔的MIS智能喷射系统，
配合智能C-VTC，
精确控制空燃比，引燃磅礴能量，
再加上X-CVT无齿轮连续换挡技术，
将高动力和低油耗两者兼得，
推动你的精彩生活不断向前。
精彩源自东风日产先进技术
东风日产 精彩汽车生活创导者
咨询热线
400 830 8899
800 830 8899
扫描二维码，观赏精彩视频
SHIFT_the way you move
NISSAN
技术日产 人·车·生活
东风日产
TEANA 天籁 SYLPHY 轩逸 SUNNY 阳光 TIIDA 骐达 LIVINA 骊威 MARCH 玛驰
MURANO 楼兰 X-TRAIL 奇骏 QASHQAI 逍客 QUEST 贵士 NISSAN GT-R
东风日产乘用车公司
地址：广州花都区风神大道8号
固话热线：800 830 8899
手机热线：400 830 8899
网站：www.nissan.com.cn
www.dongfeng-nissan.com

科技创新引领绿色

在国家“节能减排”政策指引下，在首都加快经济发展方式转变的背景下，北汽集团战略平台——新能源汽车公司历经两年多的艰苦建设和潜心研发，掌握了新能源汽车关键技术，完善了产业链，开发出了多款纯电动车型并取得产品公告，实现了批量生产及规模化示范运营。

目前北汽集团已成为国内新能源技术路线丰富、掌握核心技术全面、销量最大、市场化最早、产业链最完善的汽车企业之一。

新能源汽车公司经营范围覆盖纯电动乘用车、增程式纯电动轿车、混合动力汽车与动力电池系统、电驱动系统、整车控制系统等关键零部件的研发、生产、销售和服务，同时还进行配套充电系统、电池更换系统等装置的研发、生产和销售。

新能源汽车公司积极与国内外电动汽车技术研发、零部件供应、生产与制造、基础设施及能源供应等相关企业开展交流合作与推广，形成了成熟的自主开发技术路线，建立了日趋完善的零部件供应链体系，促进了新能源汽车基础设施建设及推广工作。

按照北汽集团“十二五”规划，2015年，新能源汽车公司将实现整车年产15万辆，关键零部件年产超过33万套的规模，成为国内技术领先、产业规模最大、实力最强的新能源汽车研发生产基地。

重汽王牌

CNHTC WANGPAI MOTOR

中国重汽集团成都王牌商用车有限公司，是中国重汽集团适应汽车产业发展新要求与成都王牌汽车集团股份有限公司为促进企业快速发展，做强作大汽车产业，於2010年9月28日挂牌重组合资组建的商用车整车制造企业。是四川省、成都市的大企业大集团，四川省高新技术企业，技术创新型企业。

重汽成都王牌公司建有轻、中、重型载货汽车总装、冲压、组焊、油漆涂装和汽车检测等五大工艺齐全的生产线，具有较强的汽车车身、货厢、车架、液压油缸等总成部件自制生产能力，工艺技术装备水平名列川内同行业前茅，汽车整车综合生产能力达到10万辆。公司的主导产品为轻、中、重型工程自卸车、商用运输车、环卫专用车、水泥搅拌车、低速货车等系列产品，拥有国家汽车产品公告目录近200多个，全部产品拥有自主知识产权。公司产品连续获得四川省名牌产品称号，被认定为国家驰名商标，产品品牌在国内汽车行业有较高的知名度。

公司将在“十二五”期间，充分利用重汽集团先进的技术、管理和品牌资源的优势，深化“二次创业”，坚持科学发展，推进技术进步，勇于机制创新，进一步对重、中、轻、微系列产品的技术工艺、生产装备进行技术改造，努力打造年产40万辆商用车生产规模，使重汽王牌成为我国最具影响力的商用汽车生产基地，在商用车市场占据更加重要地位。为祖国汽车产业振兴和地方经济的发展做出积极贡献。

CDW5030ZLJEV纯电动垃圾收运车

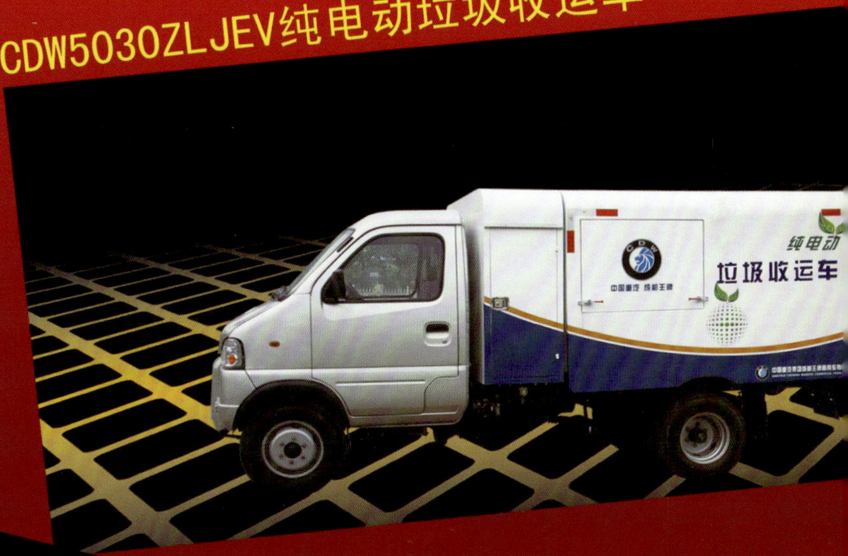

3吨纯电动垃圾收运车是重汽王牌为满足中心城市市政环卫新能源用车需求开发出的一款纯电动专用车，本车采用重汽王牌自主开发的纯电动底盘，可用于城市袋装垃圾收集、集中处理，以及城市生活垃圾收运等多种用途。

本车采用国内顶尖技术，中航永磁同步电机，功率强劲，起步迅速，采用能量回收技术，城市复杂工况运行同样节能。电机作为主动力，能量密度高、调速范围宽，对电机控制器功率要求较低等优势；同常用的感应电机相比，它具有效率高、节电的特性（系统效率可达95%）。

储能系统采用采用磷酸铁锂，性能稳定可靠，车载快充可用民用电直接快速充电，优异的电池管理系统保证电池稳定工作和使用寿命。

该车额定工况每天耗电仅32度，与传统燃油车比较每年运行成本可节约大约2万多元。

16吨纯电动洒水车

16吨纯电动洒水车是重汽王牌为满足中心城市市政环卫新能源用车需求开发出的一款纯电动洒水车，本车采用重汽王牌自主开发的纯电动底盘，产品定位于多功能洒水车，多种可选配置(前冲、后洒、侧喷洒、后喷雾降尘，喷药等)，具有清洁道路、清洗路缘、喷雾降尘、喷洒空气消毒剂及调节空气湿度、清洗人行道及墙面污垢、浇灌绿化带、移动泵站和应急消防用水等功能；前冲水路系统利用高压水的动能清洗地面，强力去污、高效节水；驾驶室电控箱采用电一气集中控制，操作方便；高压喷枪可清洗路标、护栏、广告牌等路政设施。工作时的低噪声给你以温馨的享受。

该车采用技术成熟国内领先新型交流异步动力电机，转矩大，通过先进的电机控制技术实现高效率，智能故障监测及保护、数字化控制、直接转矩与矢量控制、系统可靠、使用寿命长、电磁兼容性能好，并具备再生制动能量回收技术。

储能系统采用磷酸铁锂，性能稳定可靠，充电机采用标准接口，可与国家电网对接，快换电池箱方便电池充电、维护保养模块化管理。优异的电池管理系统保证电池稳定工作和使用寿命。

该车额定工况下，与传统燃油车比较每年运行成本可节约大约6万多元。

中国重汽集团成都王牌商用车有限公司

公司地址：四川省成都市青白江区弥牟镇长城路8号
销售电话：028-83672913 83679159
服务热线：028-83679003 4008-978899
网　　址：www.wangpai.cn

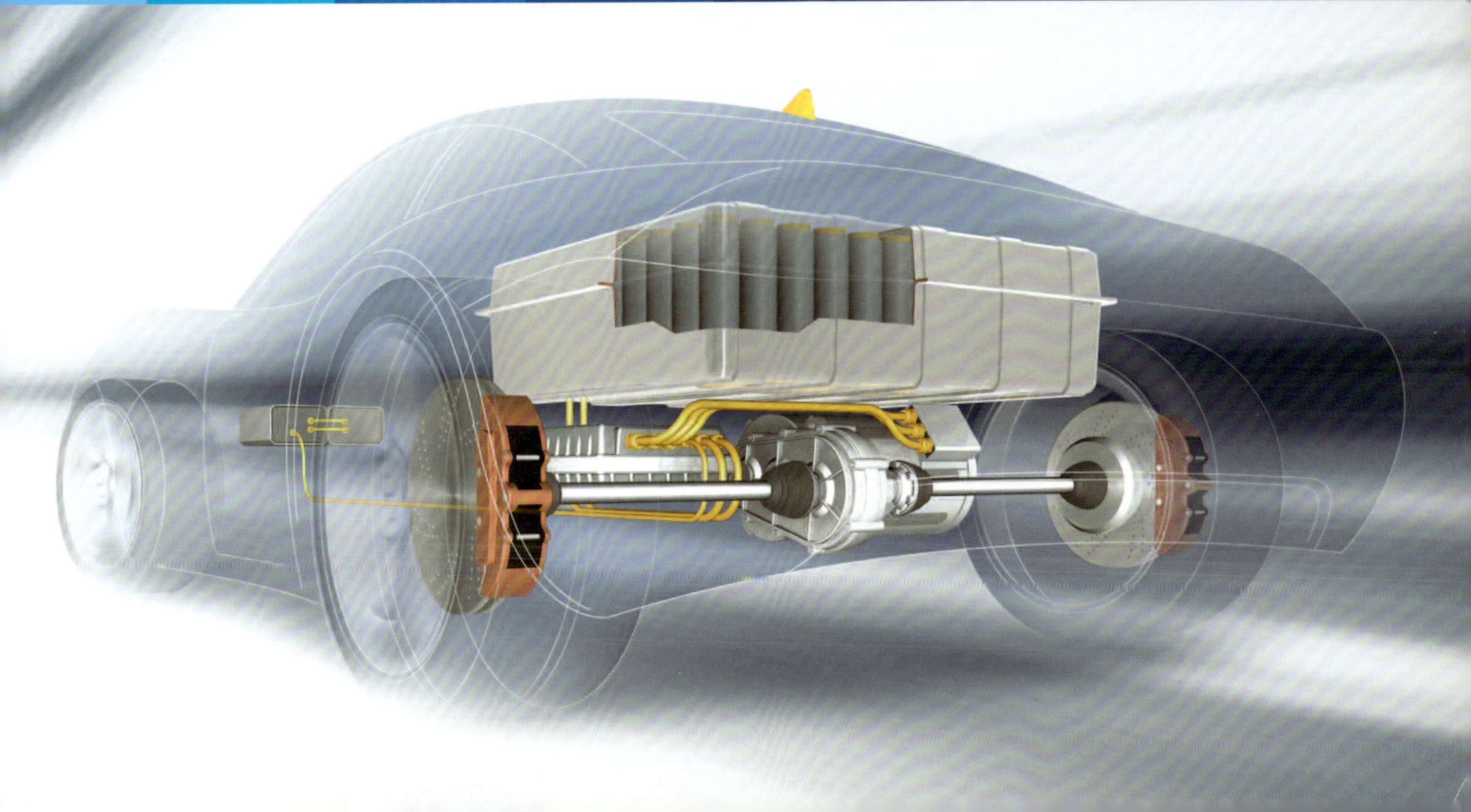

湘电莱特电气有限公司

湘电莱特电气有限公司是一家极富创新力、年轻的国际化经营的高科技公司，由湘潭电机股份有限公司引进美国莱特工程技术有限公司先进电机电控技术，于2011年2月共同出资组建一家中美合资公司。公司研究开发、生产、销售新型高效电机及其控制系统、电动汽车及其关键零部件，着力打造新能源汽车关键零部件产业，致力于成为全球领先的高效能电机和驱动系统开发创新及制造公司。并逐步向电动客车和电动特种车、高效节能的系统集成、成套设备研发制造基地发展，打造具有全球影响力的新能源汽车核心部件及整车研制基地。

公司应用发明专利技术，成功的将非晶合金材料用在电机上，实现了电机的高频化运行，显著提升了电机的效率、转矩密度和功率密度，大幅度减少了铜铁用量，所开发的主导产品永磁同步电机具有世界领先水平，产品性能优异、工作可靠，广泛应用于电动汽车、新能源发电、机床和航空、军工等领域。

同时，其母公司湘潭电机股份有限公司在十一五期间承担国家863计划“节能与新能源汽车重大项目”课题，对电机系统集成设计及整车匹配技术进行了深入研究，对驱动电机系统的使用工况和性能需求进行了工程化验证，形成了系列化的产品。在永磁同步发电机驱动系统、交流感应电机驱动系统、混合动力发动机总成等电动车关键零部件方面，建立了产业基础。

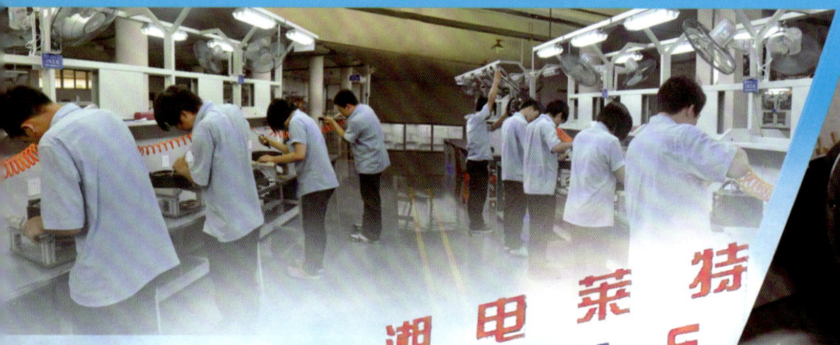

第一篇
2011 年节能与新能源汽车产业发展综述

一、节能与新能源汽车示范推广

2011年是我国全面展开"节能与新能源汽车"示范工作的重要一年，被批准示范的25个城市根据上报的计划积极开展了工作，取得了重要的进展。示范工作受到各级政府与公众的高度关注。为了引导示范工作健康发展，2011年10月14日，财政部、科技部、工信部和发改委（以下简称"四部委"）联合下发了《关于进一步做好节能与新能源汽车示范推广试点工作的通知》，对试点城市、生产企业提出相关要求，并部署试点工作的中期评估与考核的有关事项。2011年11月11日，科技部高新司根据四部委共同研究的结果，下发了《关于节能与新能源汽车示范推广试点督导检查有关事项的函》，组成了四部委共同参加的示范工作督导检查组，于11—12月对25个公共服务领域试点城市和6个私人购买新能源汽车试点城市的示范工作进行了督导检查。督导工作内容包括组织机构建设、示范推广车辆统计、示范推广产品与生产企业、基础设施建设、示范推广安全工作、工程信息化平台建设、鼓励政策制定、公平市场竞争秩序建立、科技创新、财政补贴资金使用等10个方面。

1. 示范工作取得了初步效果

（1）示范车辆情况

据统计，到2011年年底，25个试点城市共推广节能与新能源汽车约16800辆，其中包括少数未进入示范推荐目录的车辆和已签订销售合同即将投入运行的车辆。此数字虽然仅为城市上报的计划总数的35%，但就其总量而言，应该认为已具有一定规模。2011年12月初统计时处于运行状态并列入《节能与新能源汽车示范推广推荐车型目录》的11423辆车的分布情况见表1、图1。

表1 示范推广车辆统计信息表(按车辆类型)

车辆类型	数量（辆）	比例（%）	备 注
混合动力客车	6449	56	含少量插电式混合动力客车
纯电动客车	990	9	含少量燃料电池、超级电容客车
混合动力乘用车	1766	15	
纯电动乘用车	2025	18	含燃料电池纯电动和插电式轿车、公务车
其他纯电动汽车	193	2	含邮政、物流、环卫等
合计	11423	100	

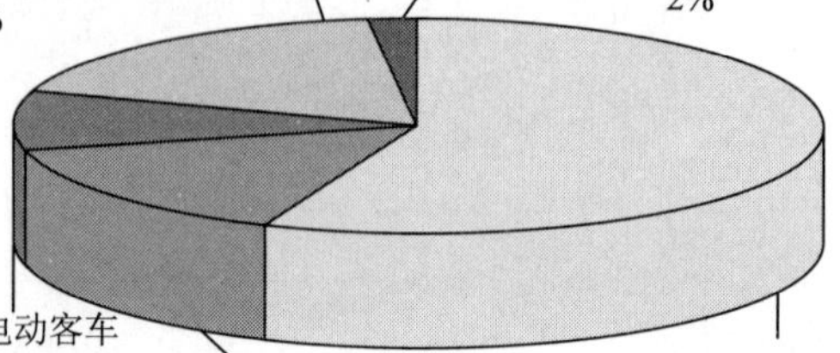

图1 截至2011年12月初示范车辆总数量及种类分布(进入示范推荐目录且正在运行)

从投入示范运行的车辆情况看，混合动力客车是推广规模最大的车辆类型。统计到的6449辆混合动力客车来自国内17个企业，其中五洲龙、南车时代与厦门金旅居前三位，占总量的60%，一汽、东风、宇通和中通也有较大数量。推广的混合动力客车多数运行基本正常，不少混合动力车有明显节油效果，整车故障率较低。例如：郑州市推广的由郑州宇通客车生产的200辆混合动力客车，在郑州市公交线路上实际运行节油率达到30%；厦门市58辆混合动力公交车的统计节油率大于20%；杭州市对741辆混合动力公交车累积行驶2846万公里的油耗进行统计，平均节油率为16.54%。同时也注意到，部分混合动力公交车故障率仍较高，节油率不明显。表1统计的990辆纯电动客车来自20个企业，其中安凯、比亚迪和申沃占总量的60%以上。比亚迪等企业采取充电模式，安凯等企业采取换电模式。多数车辆运行正常。

统计的1766辆混合动力乘用车来自6个企业，推广数量较大的企业为华晨与长安，两个企业推广数量占该类型车辆总量的70%，其中华晨采用起停式BSG技术，长安采用ISG中度混合技术。

统计的2025辆纯电动乘用车（包括插电式）来自9个企业，主要有比亚迪、江淮与众泰3家生产，占总量的90%多。例如，比亚迪的e6出租车。

据统计，所有处于运行状态的11423辆节能与新能源汽车在25个示范城市的分布并不均衡。其中，3个城市的车辆数量超过1000辆；4个城市为500～1000辆，具有了一定的规模；11个城市为100～500辆；7个城市少于100辆。超过七成的示范城市推广数量没有超过500辆，尚未形成规模化示范效应。（见图2）

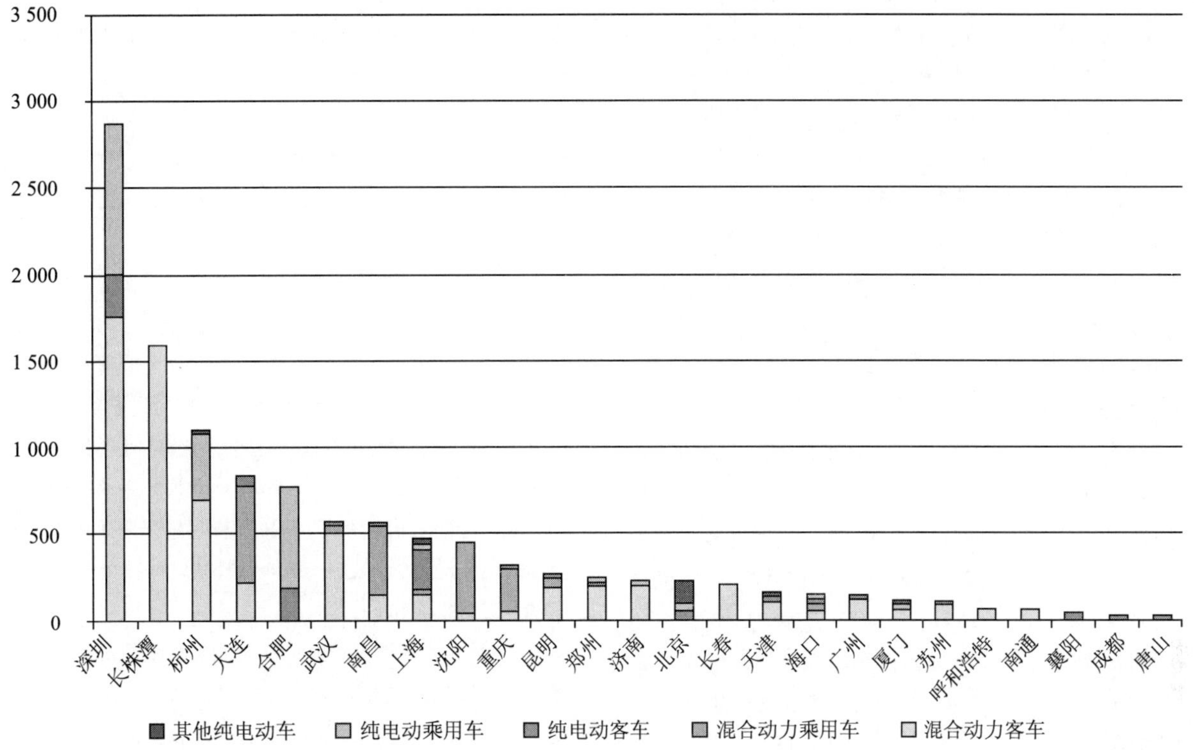

图2 车辆数量按城市分布

(2)基础设施建设情况

大部分示范城市进行了充换电站、充电桩的建设。据初步统计，共计建成170座充（换）电站与6462个充电桩（包含充电站内的充电桩）。分散充电桩、集中充电站与换电站三种方式都得到应用，并取得有价值的经验。基础设施建设情况较好的城市有深圳、杭州，其中深圳的充电站主要对公交车进行充电服务，杭州的充换电站主要对出租车进行换电服务。充电接口国家标准（当时为报批稿）已被普遍采用，少数早期投入的设备采用其他标准，均表示逐步修改。

(3)安全管理情况

各示范城市在安全管理及实施方面总体较好。2011年四部委发布了《关于加强节能与新能源汽车示范推广安全管理工作的函》，对示范工作中的安全事项提出了明确的要求。示范城市普遍根据该文件要求开展了安全自查工作。在示范工作开展以来未出现重大安全事故。深圳、郑州等城市的安全监控系统建设情况较好。但大部分城市的安全监控系统仍处于建设阶段。少数城市发生过车辆燃烧事故，均开展了事故调查分析工作。在检查过程中仍发现存在局部的安全隐患，已要求尽快整改。

(4)运营模式与鼓励政策

在示范工作中，许多城市开展了多种运营模式的试验与探索。例如，深圳市探索了“融资租赁”的推广模式，引入了社会资本进行新能源汽车的商业化运营；合肥市在私人纯电动汽车推广中，采取首先在生产企业内部员工中使用，再逐步推向社会的路径。除了国家的鼓励补贴政策外，各城市还制定了补充的鼓励政策与资金补贴，主要用于车辆购置补贴、支持基础设施用地及产品研发与产业化。

2. 存在的问题及建议

(1)示范车辆数量与计划差距较大

虽然推广车辆总数已经超过万辆，但距离各城市提出的2011年计划还是有较大差距。少数示范城市进展较差，其原因是多方面的。一些城市思路不够清晰，具体措施不明确，支持力度不足，组织实施效率低。建议这些进展较差的城市要对示范工作更加重视，对2011年的工作开展评价检查，努力在2012年有所改进，同时建议组织示范城市之间的工作经验交流。

(2)提供示范的车辆品种、数量与性能存在不足

虽然国家新能源汽车科技项目已开展十余年，但总体来说，我国多数整车企业对新能源汽车研发工作投入力度不足，部分企业起步较晚，产品达到市场销售要求需要相当的时间过程。新能源汽车的关键零部件与材料产业也处于起步阶段，尚不能满足整车的需要，尚未建立完善的新产业链。因此，从各方面加强对新能源汽车研发的投入与支持，加快技术创新步伐，仍是我国新能源汽车产业发展的首要任务。

(3)私人购买电动汽车尚待突破

虽然，深圳、合肥两个城市在私人购买新能源汽车方

面取得了一定进展与初步经验，但其他4个城市基本未启动。除了车辆准备不足的因素外，缺少对私人购车的非财政补贴性鼓励政策及服务保障措施也是重要原因。私人购买电动汽车的突破对新能源汽车产业发展具有重要战略性意义，建议2012年重点研究其突破措施。

(4)基础设施的建设思路有待理清

由于面向广大消费者的停车位慢速充电桩建设进展较差，及少数城市存在盲目建设充电站的现象，部分城市提出的“换电为主”的基础设施建设思路值得商榷，同时应加强国家对基础设施建设的指导。

3. 改进措施与建议

(1) 鼓励与支持企业加大产品研发投入，同时要理解产品成熟需要一个必要的周期。一个新兴产业的发展过程一般要经历四个阶段：酝酿期、导入期、快速发展期与成熟发展期。综合分析我国新能源汽车发展现状，可以说我国的新能源汽车产业总体上已经走过了酝酿期，目前正处于导入期的初期。我国新能源汽车的酝酿期，是在“十五”与“十一五”期间国家科技项目引领下进行的。通过产学研结合，开展了“三纵三横”的技术研发，在技术上取得了突破性的成果，为导入期做了重要的准备。“十二五”开始，我国的新能源汽车总体进入导入期，企业成为技术研发的主体，汽车企业纷纷将混合动力汽车与电动汽车纳入研发与产业化计划，投入较大物力财力。但是，鉴于我国新能源汽车研发能力与国际先进水平仍有差距，各个企业掌握的核心技术不多，关键零部件的研发力量分散等实际情况，一个汽车新产品的成熟需要一定的周期，因此，目前缺乏示范产品的状况是可以理解的。我们还要给企业一定的时间，并给予必要的支持与鼓励。而汽车企业也要认识到时间的紧迫与负有的责任，积极主动加大投入，加快产品研发与产业化工作进展。

(2) 大力促进整车与新零部件产业的强强联合，形成合力，尽快形成优势产业链。鼓励与促进整车厂与具有较好基础的电池、电机等企业联手，避免在缺少条件的情况下盲目建设电池等零部件工厂，避免地方保护，避免低水平重复建设，避免卷入低水平的恶性竞争。建议国家对优良组合给予大力支持，推进共性关键技术的集中攻关，加强下一代新技术的研发。

(3) 混合动力客车是目前示范数量最多，技术相对比较成熟的产品，有望较快在我国公交系统推广。目前比较普遍使用节油率来评价技术水平，但由于采用的基础车数据不尽合理，使得这个指标的可信程度受到质疑。建议采用统一测试方法下得到的百公里油耗绝对值（如乘用车的办法）对混合动力客车进行评价。建议公布这些数据，供示范城市选购车辆时参考。鼓励有明显节油效果、性价比合理的混合动力客车进一步向全国推广，扩大批量，减低成本，最终推向市场。

(4) 私人新能源汽车的普及是实现新能源汽车战略的重点，必须加大纯电动与插电式混合动力乘用车的研发力度。6个私人购买新能源汽车示范城市争取在2012年有所突破。在积极鼓励私人消费者购买的同时，还可以考虑包括定向销售、整车租赁等方式的多种销售运营模式。深度混合动力汽车不但是传统汽车技术升级的重要车型，也是插电式混合动力汽车的基础，应鼓励与支持有条件的企业加快研发此类车型，早日投放市场，参与竞争。2011年部分城市已在公共领域用短途车辆的电动化上取得经验，建议2012年加大物流、邮政、环卫等领域的纯电动汽车的推广应用。

（国家“863计划”节能与新能源汽车重大项目监理咨询专家组组长　王秉刚）

二、混合动力轿车

1. 混合动力轿车产业化平台发展现状

随着节能减排的压力越来越大，节能、环保的新能源汽车无疑将成为未来汽车的发展方向。国内外各车企对混合动力、纯电动汽车技术研究方面都投入了极大的热情，但由于目前部分关键零部件技术及成本控制未取得突破，相关体系建设不完备，配套设施缺乏，使得燃料电池汽车和纯电动汽车的推广受阻。而发展混合动力有着对大规模充电设备依赖小，相关体系可以借鉴传统车的特点，更易被市场认可，推广难度低。据了解，一汽、奇瑞、华晨、长安等多家汽车企业都明确表示新能源汽车技术路线方面不应忽视混合动力技术的发展。

通过“十五”期间的电动汽车及关键零部件的基础发展，逐步建立了新能源汽车关键零部件的产学研结合的发展模式，制定了关键零部件检测体系，为新能源汽车的产业化奠定了基础；经过“十一五”混合动力汽车产业化平台的重点攻关，我国已经建成五个中（轻）度混合动力汽车平台，同时，对混合动力生产线进行了改造，对加工工艺进行了改善，满足了混合动力轻量化及整车制造的需求；随着对混合动力汽车深入的开发，在整车关键零部件上的研究也取得了长足发展，为混合动力汽车产业化发展提供了核心技术支撑；在科技部、发改委等部委的大力支持和投入下，混合动力汽车的推广也取得了突破。截至

2011年，已有10余款混合动力汽车出自整车制造平台，其中部分车型已经达到了产业化标准，部分已经申请了新能源汽车推广目录。

截至"十一五"末期，我国已经建成了以奇瑞中度混合动力为代表的ISG平台，该平台具有结构简单、成本低廉等优点。在已建成的5个平台基础上，已经开发出10余款混合动力汽车，通过大量的零部件实验，验证了关键零部件的可靠性和耐久性；通过整车实验，已经完成了混合动力的大部分设计指标，甚至有些技术指标已经达到世界先进水平。通过在ISG平台基础上衍生发展，推广了混合动力系统结构，丰富了能量耦合形式的多样性。奇瑞汽车公司试制出基于ISG系统的四驱强混合动力系统，该系统较ISG系统增加了纯电动行驶的模式，同时优化了再生制动能量效率，提升混合动力系统效率。

混合动力用高效节能发动机的研究也取得了技术上的突破，打破了国外在该项目上的技术封锁，为我国汽车工业发展奠定了坚实基础。长安汽车联合合作单位开发的智能ICCS发动机已通过"863"科技部的验收，取得了研究领域的15项重大突破；奇瑞公司在改善发动机性能，优化混合动力用节能发动机技术上也做出了重要贡献，通过优化米勒循环1,2及修改燃烧室形状，提高发动机效率，为进一步优化混合动力整车性能提供了空间，加快了混合动力汽车产业化的进程；在混合动力用变速机构的研究上，北汽集团实现了EVT的研制，并搭载整车进行验证，已经完成了相关的设计指标，实现了国内首次搭载EVT的混合动力汽车的壮举；吉利汽车通过对离合器装置的优化，开发出具有前后离合器的混合动力用离合器设备，优化前离合器的执行机构，提升整车制动能量回收效率，优化整车燃油消耗率。

在北京奥运会期间，奇瑞ISG混合动力轿车开始进行公共道路的测试工作，同时办理牌照、保险等手续。在出租车运营之前，北京中宇检测中心对奇瑞的58辆奥运出租车进行了排放测试，A5 BSG车和A5 ISG车均达到北京国4的排放标准，而且所测得的污染物含量远低于标准的限值。截至9月16日，奇瑞奥运出租车运行里程数均达到3万公里以上，累计里程366879公里。A5 ISG混合动力车平均节油率达20%左右。长安CV11中度混合动力电动汽车在奥运期间承担示范运营的25辆长安混合动力轿车，共运行42.9万公里，接待国内外游客70818人次。一汽自主研发的5台奔腾混合动力轿车和10台混合动力公交客车在奥运示范运行期间，车辆总里程达到15.1万公里，单车最大里程接近3万公里。强混合动力轿车节能和改善排放潜力大，真正体现了科技奥运的理念，提升了我国的国际形象，为绿色奥运做出了贡献，受到国家表彰。

2. 国内外汽车企业在混合动力汽车方面的研究情况

在国外纯电动汽车技术相对成熟，在特定区域推广应用，等待发展机遇；混合动力汽车技术渐趋完善，进入商业化推广阶段；燃料电池汽车技术处于新的突破前期，正在成为新的研发热点。已上市的混合动力汽车基本上由日本公司生产销售，包括日本丰田公司Prius、本田公司Insight、Civic和日产公司Tino等。混合动力汽车的上市已经为这些公司带来了巨大的效益，快速赢得市场份额，树立了高科技的技术品牌形象。丰田公司Prius汽车于1997年首次上市，截至目前已累计销售总量达100万辆，占混合动力汽车销售的75%，其中有一半销售到北美市场。世界各大汽车公司也开始大力发展混合动力汽车，福特、通用、大众、雪铁龙、雷诺和宝马等公司也在同步开展数十款混合动力汽车的开发，并即将推向市场。

美国政府由能源部牵头包括运输部、国防部，组织各大汽车公司和有关研究部门积极开展混合动力汽车的研究，通用汽车公司投入1.38亿美元，克莱斯勒投入8480万美元，研发产业化的混合动力汽车。在世界各大国际车展上，通用公司推出了3.1L/100km的Pretect混合动力概念车，福特公司推出了3.3L/100km的Prodigy混合动力概念车。目前，福特开始批量生产与销售Escope与Mariner混合动力汽车，通用开始销售42V的ISG混合动力皮卡车，本田销售CIVIC IMA混合动力汽车、INSIGHT混合动力汽车。

在欧洲，大众、雪铁龙、雷诺和宝马等公司也在同步开展数十款混合动力汽车的开发，并已经开始批量生产或即将推向市场，如法国PSA集团的BSG型式混合动力雪铁龙C3、通用的别克42V弱混合动力汽车均已批量生产。

我国经过"十一五"期间，国家电动汽车重大科技专项以开发燃料电池汽车、混合动力汽车、纯电动汽车3种整车技术，多能源动力总成、驱动电机、动力电池系统3种共性技术为重点，采取整车牵头、零部件配合、产学研相结合的模式，开展电动汽车及关键零部件的研究。经过几年的攻关，我国电动汽车研发能力由弱变强，相继研制了多种不同类型的混合动力技术平台，在这些混合动力技术平台基础上完成了性能样车试制，通过了国家标准规定的考核，部分车型已经进入国家汽车产品公告程序，如比亚迪F3 DM混合动力汽车、长安杰勋ISG混合动力汽车、奇瑞A5 BSG、ISG混合动力汽车等均已经达到批量化水平，近期国家也出台了一系列对节能与新能源汽车的补贴政策，并已颁布实施。这些利好政策对国内混合动力汽车研发厂家起到了巨大的促进作用。

3. 我国混合动力轿车的技术进展及主要特点

"十一五"期间我国混合动力轿车技术在以往的成果基础上，向着平台化、控制系统集成化的方向又迈进了坚实的一步。在控制策略的研究、安全系统研究以及附属零部件的研究上都取得了较大的成绩。主要的成果如下：

(1)技术平台的结构与方案优化设计与研究

我国的混合动力技术平台多采用并联、单轴式中度混合的ISG混合动力结构型式，此方案具有结构简单、系统紧凑、性能好、成本低等高性价比的优点，同时对整车系统改动不多，因此，ISG混合动力技术平台结构是最具有产业化前景的混合动力方案之一。通过国际合作、借鉴国际先进理念、充分消化与吸收，研究与优化了具有自主知识产权的ISG混合动力技术平台。

(2)混合动力控制策略研究

混合动力控制策略研究是混合动力系统开发的核心内容，它决定了混合动力系统能量流向和扭矩分配、整车安全等重要内容。因此通过对控制策略的优化和匹配，提高了发动机和电机的工作效率，改善了发动机和电机的工作性能，从而提高了整车的燃油经济性和驾驶舒适性。

(3)混合动力控制系统研究与设计

混合动力控制系统是在新增混合动力控制系统的基础上集成传统汽车控制系统形成完整的一体化的混合动力控制系统。借用国际合作经验，进行了消化吸收与自主创新，来研究与优化控制系统的设计，进一步优化控制系统的拓扑结构，进一步优化嵌入式系统的结构设计，提高了混合动力控制系统的效率。

(4)安全控制系统开发

安全控制系统开发是在混合动力系统的基础上考虑整车相关的各种因素设计开发的。控制策略是全部软件设计的关键，它占了全部控制策略开发工作量的90%以上，安全控制策略的程序代码约占全部程序代码的80%。系统安全控制包括两个部分：系统故障诊断和故障处理、嵌入式软件安全设计。开发过程参照的标准有MISRA-C：2004和MISRA：Development guidelines for vehicle based software-2004等。

(5)混合动力发动机优化设计

ISG混合动力用发动机高效率区间的研究：为达到最大节油效果，结合混合动力使用工况的需求，根据最佳燃油效率原则进行仿真分析，研究了ISG混合动力用发动机高效率区间，在整车运行循环内发动机最大限度地工作在这个区间内，提高了整车的燃油经济性。

混合动力用发动机热管理系统研究：与传统的发动机相比，混合动力用发动机使用区间与工况都有较大的改变，对发动机的热管理系统进行了研究与分析，并对一些零部件提出了不同的要求，进行了专门的设计开发工作。

发动机附件系统的研究与优化，主要是发动机进气、排气系统等附件：在进排气系统开发设计中，主要是热力学的循环计算和布置，通过仿真软件在考虑进排气系统的一维动力学特性的基础上模拟发动机的热力学过程，从而对进排气系统的几何尺寸进行优化。确定进排气管路直径和长度；限定进排气系统压力损失，额定转速下，进气压力损失不超过30Mbar，排气背压不超过350Mbar。

发动机可靠性研究与开发：为了保证发动机的可靠性，需要完成发动机的整机台架试验和零部件的试验工作，主要包括：发动机的全速全负荷试验、变工况试验、模拟整车运行工况试验、发动机振动试验、倾斜试验等，确保了发动机的可靠性。

(6)混合动力系统发动机匹配和优化

为了提高燃油经济性，混合动力系统的设计采取了减小发动机排量和优化变速箱速比的方式来有效地提高燃油经济性。通过对发动机的匹配和优化，取得理想的效果。针对发动机EMS进行的匹配设计和优化主要是：

①发动机扭矩分配和扭矩接口设计；

②EMS部件级安全设计；

③涉及混合动力的数十项功能的程序优化；

④EMS点火正时和喷油控制匹配设计；

⑤发动机怠速稳定性优化设计；

⑥发动机自动启停控制设计；

⑦发动机效率MAP的优化设计；

⑧发动机E-OBD系统重新设计。

(7)变速箱匹配设计与优化

变速箱作为动力总成的关键部件，很大程度上决定了动力总成系统的效率。选择一款机械效率高的变速箱是非常重要的，但是混合动力系统有两种以上的动力源，并且这两种以上的动力源的工作特性不一样，所以混合动力系统的匹配就具有相当意义，10年来这方面的工作也取得了较大的进展。

(8)空调系统、转向系统的匹配设计

空调系统和转向系统与混合动力系统技术平台进行了重新设计，匹配了空调压缩机和动力转向泵以满足通用性技术平台的设计要求。主要研究匹配内容包括：

①空调压缩机及动力转向泵的优化设计；

②空调系统和动力转向系统CAN网络化设计；

③转向系统与混合动力系统集成控制设计；

④动力转向系统扭矩安全控制研究；

⑤动力转向系统匹配性能优化设计。

(9)混合动力系统技术平台工程化集成设计

混合动力系统结构方案的优化设计，进一步优化设计了混合动力系统的参数配置、结构和效率等。动力总成结构方案的优化，优化设计动力总成系统轴系和轮系的结构设计，提高了动力总成系统连接的可靠性和耐久性。

通过仿真分析和试验验证，动力耦合方案的优化设计，局部优化动力系统的连接，提高了动力总成系统的传递效率。

研究分析混合动力总成系统的NVH，优化设计降低动力总成系统的NVH。优化设计动力总成系统在整车平台中布置，提高了整车平台的可靠性和耐久性，降低了整车NVH。

(10)混合动力系统台架标定和优化设计

混合动力系统总成台架上的开发和标定是混合动力系统开发的重要平台，对混合动力系统的耐久性和混合动力系统的MAP进行了台架标定。混合动力系统耐久性试验台架设计完成了以下内容：

①台架的机械系统研究与设计。根据混合动力系统自身的机械连接结构来设计，多数情况下轴系的连接不能正确地反映出混合动力系统连接的特性关系来，实际上也就考核不了轴系的寿命。所以进行了特殊设计。

②台架轴系的设计。根据混合动力系统的特点考虑轴系的扭矩、疲劳强度、扭曲强度等。

③耐久性考核的特殊工况的构造和设计，研究和构造了适合混合动力系统的考核循环工况。

(11)平台的基本型样车研究

以成熟的传统车整车平台为混合动力汽车平台的基础，研发具有自主知识产权的混合动力用整车平台是推广混合动力轿车的基础和前提，同时也是实现混合动力轿车产业化的必要条件。为此，从整车造型到风阻系数、从车身结构到底盘设计、从系统布置到结构设计，都从轻量化角度出发，进行了最优化设计，体现了混合动力轿车高效节能的特点；同时从车身到内饰、从座椅到仪表的设计，都着眼于绿色环保，大量使用新型材料，充分体现了混合动力轿车环保的理念。

4. 目前存在的问题

2010年中国的混合动力轿车虽然取得了一定的成绩，但是距离大规模产业化以及向全社会全面普及还有很长的路要走，主要原因是：首先，零部件配套体系还不完善；其次，国内的混合动力系统的可靠性和耐久性还有待于进一步验证和完善；最后则是知识产权及专利技术风险。

(1) 国内零部件的研发水平和配套能力是混合动力汽车实现大规模产业化的基础和前提，国内零部件的技术水平和配套能力必须形成规模化的批量生成能力。

(2) 混合动力系统的某些技术和材料还在开发和优化之中，目前还没有达到国际先进的混合动力汽车水平，性价比还比较低。

(3) 混合动力系统的可靠性和耐久性还在进一步的验证之中，特别是关键零部件的首次故障里程和售后保修里程还有待进一步的考验。

(4) 知识产权及专利技术风险：由于在混合动力汽车的研发和产业化方面，发达国家具有先发优势。国外公司在国际和我国国内已经注册了大量的专利，这将使项目的研发过程中，存在一定国外知识产权及专利技术风险，从而给项目的成功实施提出严峻的挑战。因此，必须将专利风险上升到战略的高度予以重视，项目组将成立一个专利研究小组来研究国内外的技术专利，尽量规避，同时积极申报自己的创新与发明专利，保护自己的知识产权工作。

5. 下一步亟待解决的技术难点及解决办法

(1)整车故障诊断和E-OBD系统研究与开发

混合动力整车故障诊断较传统汽车增加了电驱动系统、高压动力电池系统的诊断：增加的电驱动及电池系统的诊断条目众多，诊断规则、处理机制还没有建立相关的标准，国内外各大整车厂之间就这一问题的技术交流也相对甚少，所以，混合动力的整车故障诊断仍然存在相当的技术难度。我国需要针对混合动力汽车故障诊断方面，以各大整车厂牵头，联合汽车技术中心指定相关标准及准则，建立类似于传统汽车的整车故障诊断评价体系，完善混合动力整车故障诊断。

混合动力EOBD系统的研发关系到整车的排放水平，在节能减排的时代要求下，研发混合动力的EOBD系统已刻不容缓。混合动力由于有别于传统汽车，所以建立混合动力汽车排放指标是研发混合动力EOBD系统的基础。建立健全混合动力汽车排放考核及评价指标需要联合整车厂、技术中心、科研院所等多方智力共同实现。

(2)混合动力轿车动力性、经济性试验方法研究

混合动力是多能源耦合的汽车形式，在比较与传统汽车的异同，我国应该尽快建立混合动力汽车动力性、经济性的试验方法和评价指标及方法。各大整车厂和技术中心应该针对混合动力汽车的特点建立动力性的试验方法、考核指标、考核方法，为整车的动力性提供标准，衡量整车性能；在经济性试验方面，应该结合经济性测试的工况，综合考虑燃油消耗及电能消耗，建立合理的经济性考核指标。各大整车厂应针对经济性指标研究合理的试验方法达到考核指标。

(3)混合动力生产制造工艺研究

整车制造工艺的提升体现制造水平，经过近些年的发展，自主品牌在传统车制造工艺上已经取得了长足的发展。关键零部件的制造工艺，整车的布置，整车车身制造工艺直接体现了混合动力整车制造工艺。借鉴传统汽车制

造工艺，对生产平台进行优化，提高整车制造层次；提升关键零部件的制造水平，优化零部件控制单元的集成度，优化整车布置；引进国外高科技生产线，进行消化吸收，结合实际混合动力制造平台，优化平台和工装夹具，提升混合动力生产平台制造工艺水平。

(4)混合动力质量管理体系研究

在传统汽车质量管理体系基础上，增加对关键零部件商的制造水平、制造规模、制造平台多方面的考核，建立具有核心竞争力的关键零部件供应商体系，对零部件的采购进行全程跟踪，保证零部件的良好质量，为混合动力整车质量管理打下坚实基础；在整车制造过程质量管控方面以传统汽车制造过程质量管理体系为基础，结合混合动力汽车制造对工艺水平的高要求，提升过程质量管理水平；提升员工管理和生产操作素养，牢固树立“为顾客提供零缺陷的产品”的质量意识。

（奇瑞新能源汽车有限公司　方运舟）

三、纯电动客车

1. 纯电动客车领域技术发展综述

我国从20世纪90年代初开始进行纯电动客车的研发，经过两个五年计划的重点支持，我国的纯电动客车技术取得显著进步，基本形成纯电动客车关键技术体系，支撑“十二五”期间纯电动客车大规模示范运行。纯电动客车技术向环卫、物流等领域进行了技术转移，纯电动商用车技术水平与应用规模处于国际领先地位。纯电动客车成功服务北京奥运会、上海世博会、广州亚运会和深圳大运会四大盛会，并在大连夏季达沃斯论坛等国际重大活动中得到应用，受到党中央、国务院表彰，在国内外产生重大影响，扩大了我国电动汽车在国际上的影响力。纯电动客车在北京、深圳、合肥、上海、广州、大连、临沂等城市得到示范应用，规模不断扩大。例如北京自2009年开始在公交、环卫、出租、物流等公共服务领域开展了千余辆纯电动商用车的大规模示范运行，预计2012年年底将会达到5000辆的示范规模。深圳自2011年大运会开始纯电动客车的示范运行，截至2012年6月，深圳市共有253辆纯电动客车进行了示范运行。合肥市自2010年投入30辆纯电动客车在18路公交线路运营，截至2012年2月，合肥已有180辆纯电动客车在14条公交线路运行，累计总行驶里程已突破800万公里，其中单车运营里程最长的已经突破11万公里，累计运输乘客超过500万人次。2010年，临沂公交公司20辆纯电动客车正式投入运营，目前规模已达110辆，预计2012年年底实现300辆纯电动公交车投入运营。在进行纯电动汽车技术攻关的同时，在北京、深圳、合肥、杭州等城市建成了多家纯电动商用车整车生产与示范基地，开发出几十款纯电动商用车产品并进入汽车产品公告目录，产品覆盖客车、环卫车、物流车等系列，在“十城千辆”示范工程中得到应用，并实现小批量出口欧美市场。

2. 纯电动客车技术路线百家争鸣

“十一五”期间，在“863”项目的支持下，结合北京奥运纯电动客车项目，以北京理工大学为首的纯电动客车团队，在国际上首次采用了“动力电池租赁、电池快速更换”的体制，开发了基于快速更换的纯电动客车动力系统平台和电池自动更换设备，建设了当时国际最大的电动汽车充换电站；8min内就可以完成整车所有电池箱的更换，更换后的电池箱采取分箱充电，有利于动力电池的集中维护与保养，提高了车辆的利用效率；将车辆状态监控和智能调度系统有机结合，建立了车辆监控和智能调度系统，实现了电动客车车队的运行安全管理、状态监控和有序合理调度；形成了包括纯电动客车、充电站、电池组快速自动更换、远程安全监控与智能调度、维护保养等系统的纯电动城市客车推广应用工程体系，在北京奥运会、上海世博会、广州亚运会等大型盛会中得到成功应用，受到党中央、国务院表彰，在国内外产生重大影响，是目前北京纯电动商用车（包括纯电动客车和纯电动公交车）示范运营的主要技术路线。

此外，国内很多企业和示范城市还对其他技术路线进行了有益的探索，为“十二五”期间纯电驱动汽车的大规模示范运行积累了经验。上海市开展了超级电容公交车的示范运行，利用超级电容充电速度快、使用寿命长、功率密度高等优点，在公交车终点站或乘客上下车时间完成快速充电，充电时间仅为30s到3min，一次充电满载运行（带空调）5～8km。2006年8月，上海建成了超级电容公交车运行示范线11路，共有17辆电容车，在上海老城厢中华环线运行，全程5.5km，成为世界上首条投入商业化运营的电容公交线路。2010年5月，有61辆超级电容公交车服务上海世博会安全运行6个月，共运行120多万公里，运送客人4000多万人次。深圳市纯电动客车采用“白天运营、夜间充电”的模式，通过增加纯电动客车电池容量的方式延长一次充电续驶里程（比亚迪K9整车电量324kW·h，充满电工况下续航里程达到250km），满足了大部分公交车一天的运营需求，运营结束后利用夜间谷电进行充电。2011年大运会期间，共有200辆纯电动客车利用这种模式进行了示范运行。截至2012年6月，深圳市共有253辆纯电动客车进行了示范运行。此外，深圳市还按照“政府扶持监管，企业融资运营，技术创新规范”的基本思路，针对公交企业融资能力差的状况，通过充电设施专业运营商与金融租赁机构相结合、纯电动裸车与动力电池分离销售相结合、动力电池维护与充电设施建设运营相结合，提出了“融资租赁、车电分离、充维结合”的纯电动公交车购买、运营及维护方案。2012年，重庆恒通电动客车动力系统有限公司推出了世界首款基于快速充电模式的纯电动公交客车，采用充放电倍率大于5C、循环寿命大于1.5万次的钛酸锂动力电池组作为车辆的储能系统，克服了传统锂电池电动客车重量重、充电时间长、寿命短、充电站占地面积大等不足；采用双枪快速充电技术，可以实现10min快速充电，一次充电续驶里程30～50km，完全可以满足公交客车定线、中短距离客运的使用需求。估计2012年和2013年，重庆公交集团将投入125辆快速充电纯电动客车和400辆快速充电插电式混合动力客车，到2013年年底，重庆公交快速充电客车将达到1000辆以上。此外，宇通、福田、厦门金旅等开展了插电式或增程式纯电驱动客车的研发，并推出了产品样车。

3. 我国纯电动客车领域主要技术突破、创新与特色

在“863计划”的支持下，我国针对纯电动客车瓶颈与核心技术开展重点攻关，车用动力电池、电机及其控制系统等瓶颈技术取得了重大进展，电力电子、控制与信息技术的广泛应用促使纯电动客车技术深入发展、日臻完美，产品的可靠性、寿命得到明显提升，一批装备了先进动力电池的纯电动客车已经进入消费市场，并形成了自己的技术特色。

（1）我国以系统集成创新和关键技术突破为主线，突破了纯电动汽车以改装设计为主的传统思路，建立和完善了纯电动客车设计理论与系统集成体系，构建了整车及关键部件系统开发和动力系统匹配标定技术平台。开发了低地板公交车专用电动化底盘，实现了动力系统集成创新与匹配标定技术，解决了轻量化、结构和高电压安全、二次绝缘、可靠性、安全性、电磁兼容等核心技术，建立了纯电动客车动力系统技术平台，为北京奥运会开发的纯电动低地板客车，专家鉴定“整车综合技术指标达到国际先进水平，部分性能指标达到国际领先水平”。12m纯电动客车整车能量消耗率仅为83.8kW·h/100km（40km/h匀速工况）。

（2）动力电池性能、寿命、成组应用性能和安全性是电动汽车应用的关键，针对一致性影响下动力电池成组寿命明显低于单体电池的核心问题，提出了动力电池成组应用单体电池间特性不一致性对寿命影响的理论与分析方法，在理论上归纳总结了动力电池不一致性分布和发展规律，建立了动力电池组寿命模型，提出了动力电池系统性能评价体系。发明并开发了电池模块化封装系统，实现了在电池箱快速更换过程中动力线、通信线同步自动插接，突破了动力电池在纯电动客车应用中的瓶颈技术，有效提高了续驶里程、能量利用率及电池成组使用寿命。在国际电动汽车上首次批量应用高能量锂离子动力电池组，解决了使用安全等核心技术问题。

（3）提出了纯电动汽车一体化动力传动技术，将先进的全数字矢量控制交流电机和专门设计的三挡机械变速器进行了一体化设计，同时辅之以一体化自动控制装置，取消了传统的离合器，研制成功了一体化自动变速动力驱动系统，大大提升了电动客车动力传动系统的技术水平，使电动汽车技术的关键总成获得突破。

（4）国内外纯电动客车专用数字化控制部件还没有批量的产品，联系车辆各电控部件国内外所普遍采用的SAE1939总线协议也不能适应拥有更多电控部件、电磁兼容更加复杂的电动车辆。我国根据电动车辆的特点，制定了基于多路CAN总线的电动客车通信协议标准，开发了电动客车专用的数字化信息控制系统(包括整车控制器、车身控制器(BCM)及智能仪表等)，首次在电动客车上实现了基于总线技术的信息共享及系统间协调控制，具备整车故障诊断、报警和分级保护等功能。

（5）车用空调是仅次于驱动主电机的耗能部件。传统办法是沿用发动机车用空调，用电机取代发动机驱动空调运转，结构复杂且能耗很高。传统车用空调采用活塞式压缩机，效率低，噪声大，无法制热，存在制冷剂泄漏等问题。我国在国际上首次成功研制出采用涡旋式压缩机的电驱动空调，该空调通过直交逆变电源的模块控制，实现电动涡旋式压缩机无级变频启动、基频制冷和降频保持等过程，彻底改变传统大客车空调控制模式，节能效果显著；应用全封闭式涡旋压缩机，采用全焊接连接方式组成整体全封闭式无漏点系统，彻底解决了车用空调的制冷剂泄漏和轴封技术难题，同时简化了安装，实现了大客车空调的一体化集成设计；应用热泵循环原理，通过增加四通换向阀及调整相应的控制方式，方便地进行制冷、制热模式切换，实现车用空调的冷暖一体化；采用两台“涡旋式压缩机”、两套冷凝器和蒸发器构成两个独立系统，可以同时启动也可以单独启动，实现了空调效果与节能的有机结合。

（6）在国际上首次采用了动力电池租赁体制，开发了自动更换设备，采用了分箱充电模式进行动力电池组充电；将车辆状态监控和智能调度系统有机结合，建立了车辆监控和智能调度系统，实现了电动客车车队的运行安全管理、状态监控和有序合理调度。已形成了包括充电站、

电池组快速自动更换、远程安全监控与智能调度、维护保养等系统的纯电动城市客车推广应用工程体系，在北京奥运会、上海世博会、广州亚运会、深圳大运会等大型盛会中得到成功应用，受到党中央、国务院表彰，在国内外产生重大影响，扩大了我国电动汽车在国际上的影响力。

4. 我国纯电动客车领域技术面临问题及发展建议

虽然我国纯电动客车产业经过近 10 年的发展，取得了一定的成绩，具备了一定的优势，但是还存在一些诸如可靠性差、成本高、充电设施不健全等诸多市场化的阻碍和困难。

（1）关键零部件技术的差距制约了纯电动客车产业的整体发展。

在动力电池方面，目前日本企业研制的动力电池居世界领先水平，我国单体电池性能与日本的水平有一定的差距，与德国、美国等国的差距不大（实验室水平）。 但在产品特别是成组产品系统（电池包）的工程化能力、成组技术、寿命、可靠性、充放电能力、能量管理与热管理等方面，明显落后于日本的先进产品。 另外，动力电池的梯次利用与资源循环再利用体系还没有形成。

在驱动电机系统方面，客车用大功率车用驱动电机的功率密度、转矩密度和效率等最主要的技术指标，已达到和接近国际先进水平，但是在产品集成度、可靠性、生产工艺与设备、电磁兼容性能等方面存在较大差距。 电机控制器用大功率 IGBT 基本依赖进口，关键技术被国外大公司垄断，价格昂贵，国产车用 IGBT 尚处于研究阶段，在可靠性和电磁兼容性方面存在较大问题。

国外在智能化电动附件产品方面凭借其制造业和汽车业的工业基础，远领先于我国，已规模应用于常规汽车，产业化程度较高。 我国在小型车电动助力转向、大型车电动空调方面已有产品，电动制动系统尚在研发过程中，在电动附件所用压缩机等部件、器件等方面也要依赖进口。

（2）纯电动客车整车产品在可靠性和工程化能力上还需要进一步优化，产品还需进行深入验证与考核。 我国自主开发的纯电动客车在整车动力系统匹配与集成设计、整车控制方面已掌握核心技术，纯电动商用车技术处于国内领先、国际先进水平，并向国内相关企业进行了推广应用，但是还需要进行可靠性和安全性的进一步优化。

（3）已初步建成纯电动客车产业链，但是大部分企业还处于起步阶段（有的生产规模较小，有的正在研发还未实现产业化），还需要进一步进行丰富和完善，并做大做强。

（4）初步开展了电动汽车在公交、环卫领域的示范运行工作，需要建立数据共享平台，统一收集整理运行数据，为整车研发提供支持。

（5）以奥运示范工程为契机初步尝试了动力电池租赁的新型运营模式，但是电池生产企业存在资金压力等困难，还需进一步完善该模式。

建议今后在以下方面重点开展工作：

（1）在纯电动客车的产业化过程中，可靠性与安全性是关键，希望加大力度支持电动客车可靠性与安全性的研究及其试验条件建设。

（2）希望政府支持零部件企业开展技术攻关，加快纯电动客车汽车零部件配套体系建设，提高零部件的质量，降低零部件成本。

（3）进一步加强示范运营的力度，积累商业化运营经验，探索商业化运营模式，提供动力系统平台和整车设计的基础数据。

（北京理工大学电动车辆国家工程实验室　王文伟）

四、纯电动轿车

1.2011 年国内外纯电动轿车的发展情况

（1）2011 年我国纯电动轿车的发展情况

2011 年，我国电动汽车在技术、政策等方面均取得了较大进步，核心技术的突破使我国纯电动轿车实现了小规模的示范运行，从而真正开展了技术可靠性验证。

从政策上看，我国先后出台了一系列新能源汽车鼓励政策及《乘用车燃料消耗量评价方法及指标》，从引导和强制两方面推动新能源汽车发展。

从技术上看，我国电动汽车自主创新取得了重要突破，尤其在电动汽车的关键技术方面，具有显著的技术特点：①我国电动汽车的发展已逐渐步入产业化阶段，车辆已由单一的整车改制向整车集成设计与车体/电池一体化等创新模式进行开发，提高了整车的集成度及安全性。 ②电动车的动力系统及关键零部件性能不断提高，安全策略、诊断等技术不断优化。 同时，通过电机、电池等零部件的一体化冷却加热系统技术日益成熟使用及严格的 EMC 控制，使车辆可靠性及安全性得到进一步保证。

自主研发的产品开始批量生产并示范（长安 E30、比亚迪 E6 等），电动汽车的环境逐步改善，这些进步为电动汽车的产业化奠定了基础。 主要表现在：

①自主创新取得重大突破，形成了较强的产品开发能力。 十年来，我国政府着眼长远，超前部署，长期以来积极组织开展电动汽车的自主创新。 确立了“三纵三横”的发展战略与研发布局，通过产学研紧密合作，自主研制出

多款纯电动轿车产品：长安E30、江淮同悦、东风风神S30、比亚迪e6、奇瑞瑞麒M1等；零部件产品有容量为6～100A·h的镍氢和锂离子动力电池系列产品，能量密度和功率密度接近国际水平，同时突破了安全技术瓶颈；自主开发的200kW以下永磁无刷电机、交流异步电机和开关磁阻电机，电机重量比功率超过1300W/kg，电机系统最高效率达到93%。因此，我国纯电动汽车技术在国际上处于先进水平。

②示范运行持续深入，电动汽车开始进入市场。2011年，我国纯电动汽车共销售5579辆，轿车约3400辆，占61%。纯电动轿车主要是在北京（100辆E30出租车、50辆迷迪出租车）、深圳（100辆e6出租车）、杭州（30辆朗悦出租车）等示范城市开展小规模示范运行，通过电动车的示范应用，对今后电动汽车技术的推广具有重要意义。

③企业对电动汽车的研发和产业化投入显著增强，产业化步伐不断加快。2011年，汽车企业将电动汽车作为未来主流竞争型产品，因此在战略上高度重视，一汽、东风、长安、上汽等企业都制定了电动汽车产品研发和产业化规划。与此同时，电动汽车关键零部件的产业化全面跟进，生产配套能力显著增强。

④标准法规与产品管理体系初步建立，为产业化奠定了基础。截至2011年，我国已制定电动汽车相关标准162项，形成了整车、动力电池、驱动电机、充电技术等相关检测评价和产品认证能力。这为纯电动汽车实现产业化提供了先决条件。

⑤我国电动汽车发展环境不断改善，营造了电动汽车发展的良好氛围。电动汽车的发展，很大程度上依赖于基础设施的健全性。目前，我国电动汽车充换电设计方案较多，如充电、换电、租赁等。充电站、充电桩数量也在不断增加，并开始普及应用，这些基础设施的进步为电动汽车的发展打下了坚实基础。

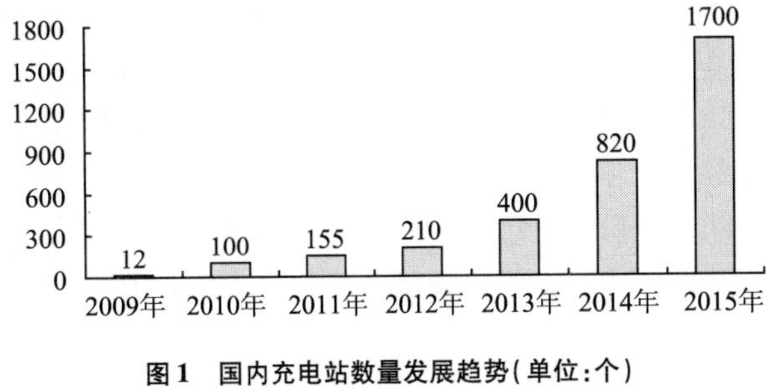

图1 国内充电站数量发展趋势(单位:个)

(2)2011年国外纯电动轿车的发展情况

2011年，国外电动汽车产业发展已进入加速期，这种电动汽车加速发展现象的出现，是由各国在政策、技术上的推动促成的，同时，国外消费者对新能源汽车的认知度较高，在选择车型时，消费者也表示愿意为电动汽车埋单，据国外咨询公司E Source 2011消费者调研数据显示，在美日欧等国，85%的消费者愿意购买新能源汽车，只是购买时间问题，这足以说明纯电动汽车的商业化进程已崭露头角。

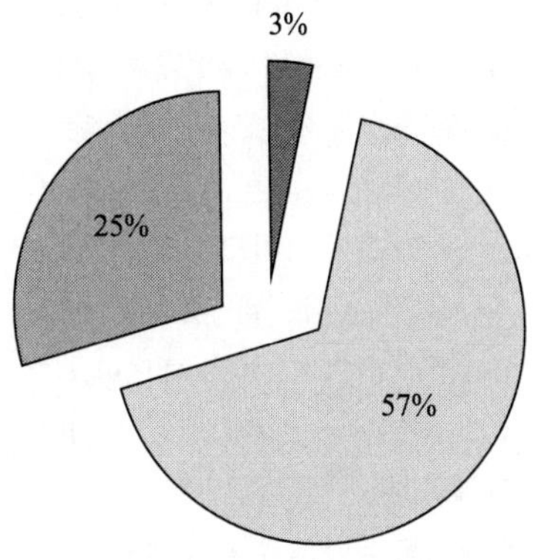

图2 2011年国外纯电动轿车发展情况

从政策层面上看，美国已经形成了包含激励、保障等一系列政策体系，主要是对电动汽车研发提供财政补贴、基础设施建设支持，从而拉动市场对电动汽车的需求；日本，于2011年又重新实施了环保车补贴政策，以完善的政策来鼓励电动汽车的发展；欧洲，2011年受债务危机和金融危机的影响，电动汽车销量仅达到11563辆，但随着电动汽车技术的成熟，国家政策的支持力度加大，欧洲电动汽车的市场一路被看好。

从技术层面上看，美国、日本、欧洲等国均优先发展纯电动汽车技术，美国通用汽车推出雪佛兰Volt（该车采用了E-Flex动力推进系统，在110V电源上充电约6h即可充满电池，使用220V电源充电所需时间更短），2011年Volt销量达6142辆。日产推出Leaf纯电动（只需30min即可充至80%的电量，充满电可行驶160km），2011年Leaf销量达8720辆。

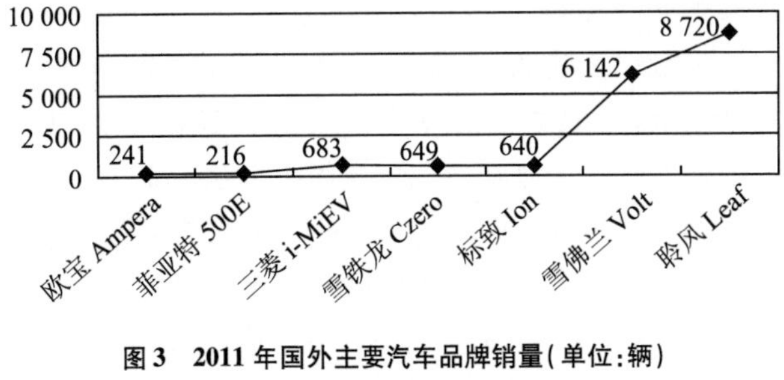

图3 2011年国外主要汽车品牌销量(单位:辆)

2. 纯电动轿车发展存在的主要问题

2011年，国内外纯电动轿车技术虽然取得了可喜可贺的成绩，但要实现产业化，则仍有诸多问题需要面对，真正要进入规模化生产和制造，尚需时日。

(1) 电动汽车技术成熟度是消费者在购买电动汽车时

最关注的因素，这点也是国内外电动汽车技术发展的最薄弱环节，电动汽车的安全性、续驶里程都是消费者最关注的问题。据调查，70%的消费者对电动汽车的安全性表示担忧，挤压、碰撞等安全测试仍然不充分，杭州众泰2008、深圳比亚迪E6、雪佛兰Volt先后出现燃火事故，也足以说明电动汽车的安全性确实让消费者担忧；同时，80%的消费者非常关注电动汽车续航能力，目前电动汽车的续驶里程在50km左右，但用户所希望并能接受的续驶里程却在200km以上，现实与市场需求不匹配。

(2) 电动汽车成本太高。当前，电动汽车生产及市场规模都较小，生产成本一直高居不下，价格落差使得消费者在购买时犹豫不决。

(3) 电动汽车配套设施尚未实现合理布局。电动汽车还处于市场化的初期试验阶段，公共充电站的建设技术要求高、资金投入大，使得充电站或充电桩的布局范围不太合理，目前只设定在特殊的几个位置，使得消费者使用起来很不方便。

(4) 动力电池回收管理无序，造成环境污染严重。电动汽车已成为缓解环境污染的新型战略产业，对治理环境污染有很大的贡献值，但是被淘汰的废旧动力电池因其特殊的制作材料，如果无法做好回收管理工作，有可能会带来二次环境污染。

3. 我国电动汽车发展的建议

电动汽车技术成熟度不高，配套设施的不健全、电动汽车的经济性差、消费者认知度不够等方面都是影响电动汽车发展的因素，因此，国家与地方政府除了必须要健全技术研发体系、促进电动汽车产业配套设施的发展外，还需要国家政策上强有力的支持。结合当前我国电动汽车发展现状，本文提出以下关于电动汽车产业发展的政策性建议：

(1)建立较为完整的电动汽车产业链,加快电动汽车产业化步伐

电动汽车的发展需要整个产业链的共同支撑，否则很难实现共赢。从电动汽车整个产业链的发展来看，电动汽车的发展涉及国家政府部门、汽车零部件生产商、汽车整车制造商、关联基础设施企业、保险金融机构等众多利益主体，这些主体在产业链上环环相扣，缺一不可，而整个产业链的有序和发展是推进电动汽车实现产业化的关键，因此，只有具备完善的产业链，才能确保电动汽车快速发展。

(2)引导与鼓励电动汽车消费,对汽车生产企业与消费者给予财政支持

政府部门应建立一套综合的、具有可操作性的经济奖励与惩罚制度，对企业生产电动汽车给予财政补贴，并在交通领域给电动汽车一定特权等。同时，采用税收优惠、财政补贴等措施调节消费者的消费行为，刺激消费者购买和使用电动汽车，如购车补贴、减免车辆购置税、实施差异化燃油税等。

(3)积极探索先进的电动汽车运营模式,寻求多种方式共同发展

电动汽车已进入市场竞争阶段，应针对不同的用户需求提供差异化的运营模式。当前，电动汽车的运营模式主要有整车销售、裸车销量、电池租赁、充换电等运营方式，每种模式都是利弊并存。因此，在电动汽车运营中，各关联企业应不断探索适合电动汽车发展的运营模式，力求在技术和经济上都实现可行性。

(4)注重资源整合,集中优势力量,形成电动汽车共同发展格局

国内外大部分汽车企业都在发展电动汽车，发展过程中不断呈现出各自为政、路线不统一、资源浪费等现象。为解决这些问题，汽车企业应建立共同的电动汽车发展目标，整合并充分利用各企业现有的优势资源，将整车、关键零部件、配套设施等环节形成统一标准，同步发展电动汽车，从而提高我国电动汽车的综合竞争力。

4. 纯电动轿车发展前景

电动汽车作为我国新型战略性产业，各方面准备都还处于摸索阶段，并不成熟，其实现产业化的道路并不平坦，还不足以进行大规模市场推广，仍然需要时间不断地进行摸索、尝试、验证。然而，随着能源危机与环境污染的日益加重，发展电动汽车是大势所趋。同时，随着生活水平的不断提高，虽然消费水平日益加大，但燃油价格却日益上涨，这就加大了消费者的消费成本，而电动汽车不使用燃油，并且家用电费及电动汽车的维护运营成本都比较低，受到越来越多消费者的关注，这给电动汽车未来的市场推广奠定了坚实的基础。因此，电动汽车必然会成为未来汽车市场的主流，所以我们一定要做好电动汽车发展准备。

(重庆长安新能源汽车有限公司　周安健)

五、燃料电池汽车

1. 国内燃料电池汽车技术研发现状

在国家“十五”“863计划”“电动汽车关键技术”和“十一五”“节能与新能源汽车”等重大科技专项的支持下，国内燃料电池汽车及相关技术研发取得了重要进展。上汽、一汽、长安、奇瑞、北汽福田等整车厂与同济大学、清华大学、上燃动力、神力科技、新源动力等产学研联合，形成了具有自主知识产权的燃料电池乘用车和客车动力系统技术平台，开发了“超越”系列、“上海牌”、“帕萨特”、“奔腾”、“志翔”、“东方之子”等燃料电池汽车产品并投入实际示范运行考核。可以看到，国内基本掌握了整车、动力系统与关键零部件的核心技术，建立了具有自主知识产权的燃料电池汽车动力系统技术平台，形成了燃料电池发动机、动力电池、DC/DC变换器、驱动电机、储氢与供氢系统等关键零部件配套研发体系，已形成了具有百辆级燃料电池汽车动力系统平台与整车的生产能力。

2011年是“十二五”计划的开局之年，国内主要汽车生产商及相关科研院所都高度重视燃料电池汽车的研发，继续投入大量人力、物力用于燃料电池汽车技术的研发、试验和市场培育。

燃料电池发动机作为燃料电池汽车的核心部件，2011年神力科技、新源动力等企业取得了不错的成绩，已开发出高活性、抗聚集的电催化剂，及与国际商品化水平相当的增强型、自增湿质子交换膜，研制出高导电性、高稳定性碳纸，初步解决了双极板的抗腐蚀和导电性问题，掌握了丝网印刷膜电极技术。

在燃料电池汽车标准建设方面，已新增“燃料电池电动汽车安全要求”国家标准和“燃料电池发动机性能试验方法”等国家标准。

2. 国内外企业在燃料电池汽车技术和产品研发方面的情况

2011年，国内燃料电池汽车的主要研发企业有上汽、长安、奇瑞和一汽等，他们在既有的车型上进行了进一步的开发，提出了燃料电池汽车技术发展的目标。在动力性方面，对于普通轿车的目标要求是百公里加速时间小于14s，最高车速大于150km/h；在经济性方面，提出了一次加注续驶里程大于250km的目标要求，以及每百公里燃料消耗率不大于1.2kg等。

上汽集团联合同济大学、上燃动力和新源动力等在2011年制定了其下一代燃料电池汽车开发的动力技术方案。此外，在第十一届必比登挑战赛中，上汽的“上海牌”燃料电池轿车和世界各国的燃料电池汽车同台竞赛，取得了总共6A的优异成绩，并且在拉力赛中位列总分第三，仅次于丰田和奥迪。“上海牌”燃料电池汽车采用了质子交换膜燃料电池和磷酸铁锂作为能量源，其最高车速可达150km/h。

一汽在开发了奔腾B70FCV燃料电池汽车之后，在2011年提出了开发燃料电池高级轿车的想法，并委托同济大学开展了可行性分析。

在国外，奔驰B级燃料电池汽车历时125天，成功环球一周，并于2011年6月完好地回到德国斯图加特本部，证明了燃料电池汽车的实用性，其最高车速为170km/h，而续驶里程可达400km。奔驰公司将在2014年对此款车进行批量化生产。在2011年东京车展上，丰田展出新款燃料电池概念车FCV-R。该车采用的车载供氢系统是由70MPa的高压氢气罐组成，拥有着近700km的续航里程。依据丰田目前的计划，预计这部车会在2015年量产问世。

此外，对应于燃料电池汽车的基础建设方面，在2011年1月，本田、丰田和日产3家大汽车厂商与其他10家氢气供应商，就燃料电池汽车导入日本市场和氢气供应基础设施建设发表了共同声明。

3. 国内外技术水平比较

目前，国内自主开发的燃料电池汽车在整车动力性、续驶里程、车型开发以及燃料电池发动机质量比功率方面与国外存在着一定的差距，在等效燃料经济性水平方面与车辆噪声水平方面与国外基本处于同一水平。

(1)燃料电池整车方面

在整车动力性方面，国内的燃料电池汽车受限于整车集成及轻量化技术水平和燃料电池发动机本身性能的水平，其整车的加速性能明显低于奔驰、丰田等同级别燃料电池汽车。

在续驶里程方面，由于受高压储氢和加注系统关键技术的限制，以及一些关键传感器和阀仍依赖进口，国内燃料电池汽车的续驶里程与国外有一定差距。

在燃料电池汽车车型平台开发方面，国内开发的燃料电池轿车均基于传统内燃车进行改造，尚未掌握燃料电池汽车专用底盘开发等关键技术，而国外已经由基于传统汽车平台改造模式走向专门为燃料电池汽车打造全新整车平台阶段。例如奔驰公司的F-CELL、丰田公司的FCHV和通用公司的Chevrolet Equinox等均为燃料电池汽车动力系统技术平台全新打造了专用的整车平台，基于这些整车平台，国外汽车企业开展了车身轻量化、车身碰撞安全性、整车空气动力学性能和底盘系统控制等方面的研究。

(2)燃料电池发动机方面

在燃料电池发动机输出功率等级、功率密度等方面，性能参数明显低于国外同类型燃料电池发动机。目前国内燃料电池电堆的质量比功率在700～1000W/kg，国外的燃料电池电堆质量比功率大于1500W/kg，而日产公司的最新电堆的质量比功率甚至能达到2125W/kg。

在燃料电池发动机环境适应性尤其低温冷启动性能方面，国外燃料电池汽车已经实现低温冷启动技术，奔驰F-CELL燃料电池汽车甚至能在-25℃冷启动，此外，一些国外的燃料电池汽车已在北欧地区开展冬季寒冷工况下实车道路实验。相比国外，目前国内燃料电池汽车的技术水平还较难在0℃及以下进行启动。

在燃料电池发动机寿命、可靠性方面，国外电堆的平均寿命已经超过5000h，UTCPower的电堆更是达到了7000h的使用寿命。相比国外，国内燃料电池汽车虽然经受了北京奥运会、美国加州示范运行和上海世博会等大型示范运行的考验，但其寿命仍无法满足整车性能的要求，国内燃料电池单堆动态循环工况试验运行时间仅突破1500h，预测寿命也仅为2000h。

4. 燃料电池汽车下一步攻关重点

(1)提高燃料电池汽车的续航里程

燃料电池汽车与纯电动汽车同样面临续航能力的课题，目标是使其具有像传统燃油汽车那样的便利性。国外最近成功研发了具有代表性的70MPa车载氢储存装置，一次加注氢燃料后的续驶里程可达到830km。这标志着燃料电池汽车的续驶里程能够随着燃料电池汽车的发展同步提高。

从提高燃料电池汽车续航里程来看，首先是减少燃料电池汽车的氢消耗量，其次是增加燃料电池汽车的储氢量。另外，在高压储氢、低温储氢和储氢合金等几个方向上仍需深入研究。

最佳的节省氢气方式是将燃料电池与动力蓄电池混合使用，通过合理匹配它们之间的混合度达到减少氢耗的目的。

(2)降低燃料电池汽车的成本并改善燃料电池发动机性能

据不完全计算，目前燃料电池汽车的成本是普通汽车的至少七八倍之多，成本是推广燃料电池汽车的最大障碍。在取得提高续驶里程的前提下，降低成本、实现产业化和商品化成为必须实现的目标。为实现续驶里程830km的目标，将储氢罐的耐压能力由35MPa提高到70MPa，采用碳纤维材料制作耐高压储氢罐将使成本大幅增加。除此之外，降低燃料电池的外围设备的成本也不可忽视。比如，研制高温、低温无须加湿条件也可运转的电池组；实现冷却系统、加湿装置等外围设备的简单化、低成本化等。

对于燃料电池而言，提高其各方面的性能指标也有利于降低其相对的制造成本。目前，燃料电池亟须提高的性能指标主要有下述几方面内容：

①提高功率密度；

②延长燃料电池的使用寿命及提高使用可靠性；

③提高低温启动能力。

(3)加快基础设施建设

燃料电池汽车相关的氢基础设施的建设对于燃料电池汽车的大规模商业化运营至关重要。第一，要保证有足够的加氢站，像传统汽车一样，只有有了足够的加油站的保证，才能使得传统汽车在长途旅行中也不会受到特别大的挑战，才能使得传统汽车进行如此大规模的商业化运营。因此对于燃料电池汽车而言，确保有足够的加氢站是其能够商业化的前提。第二，要建立充分的维护和保养站点，汽车使用过程中难免会出现一些问题，建立起专门的燃料电池汽车的维护和保养站是非常重要的，这也将对燃料电池汽车的商业化起到推波助澜的作用。

(上海燃料电池汽车动力系统有限公司　章桐)

六、车用动力电池

1. 各国规划

动力蓄电池是电动汽车的关键核心技术，得到了各国政府的高度重视及巨额研发资金投入。

(1)美国

2011年美国政府在以下几个方面进行了重点支持，通过支持，以期在美国形成完整的产业链研发布局（见图1）。

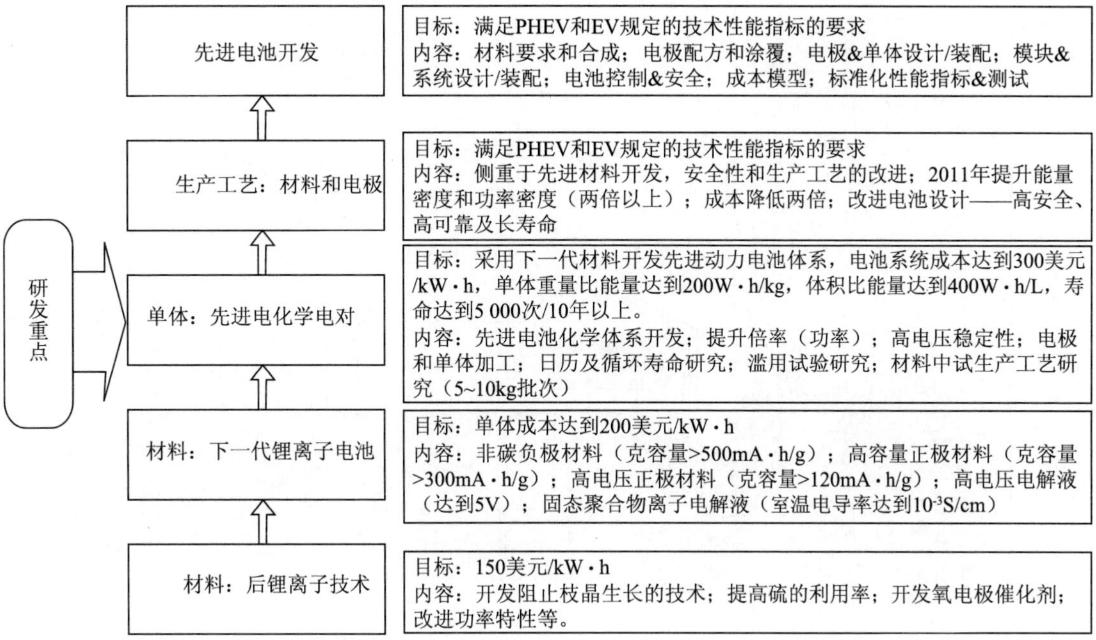

图 1　2011 年美国车用动力电池研发重点

目前美国将 PHEV 电动汽车放在了优先发展的位置，其 PHEV 用动力蓄电池技术目标见表 1。

表 1　美国 PHEV 用动力蓄电池研发目标

电池性能	目前水平	目标水平（2014 年）	
		2012 (10 英里)	2014 (40 英里)
可用能量（kW·h）	3.4	3.4	11.6
成本（美元/kW·h）	700～950	500	300
循环寿命(EV 模式，次)	2500⁺	5000	3000～5000
循环寿命(HEV 模式，万次)	30	30	20～30
日历寿命（年）	6－12	10⁺	10⁺
电池系统重量（kg）	60－80	60	120
电池系统体积（L）	50⁺	40	80

面临的主要挑战：PHEV40 用动力电池的重量和体积；寿命延长（两种放电模式下工作）；成本降低等。

同时美国能源部提出了动力电池快速充电的目标，即每分钟充电可行驶 10 英里，因此对于不同车辆结构和电池容量，其充电时间如下：

①PHEV40 动力电池，其容量在 12kW·h 左右，完全充满电的时间是 4min；

②EV100 动力电池，其容量在 24kW·h 左右，完全充满电的时间是 10min；

③EV300 动力电池，其容量在 60kW·h 左右，完全充满电的时间是 30min。

备注：采用 120～180 kW 的标准充电机。

(2) 日本

日本经产省指出，“谁控制了电池，谁就控制了电动汽车”，其下属的新能源产业技术开发机构（NEDO）对动力蓄电池研发工作进行了详细的规划，并制定了路线图和行动计划，着重对锂离子动力蓄电池单体、模块、标准、评价及关键原材料进行研发攻关。 目前涉及动力电池的项目主要是下一代电池科技创新研发倡议（RISING 项目）、下一代汽车用高性能电池系统开发（Li－EAD 项目）。

日本 NEDO 汽车用动力蓄电池研发方向如图 2 所示。

日本 NEDO 汽车用动力蓄电池研发方向：日本 NEDO 安排 110 亿日元用于下一代汽车电池的开发（2007—2011 年），其研究内容及主要技术指标如图 3 所示。

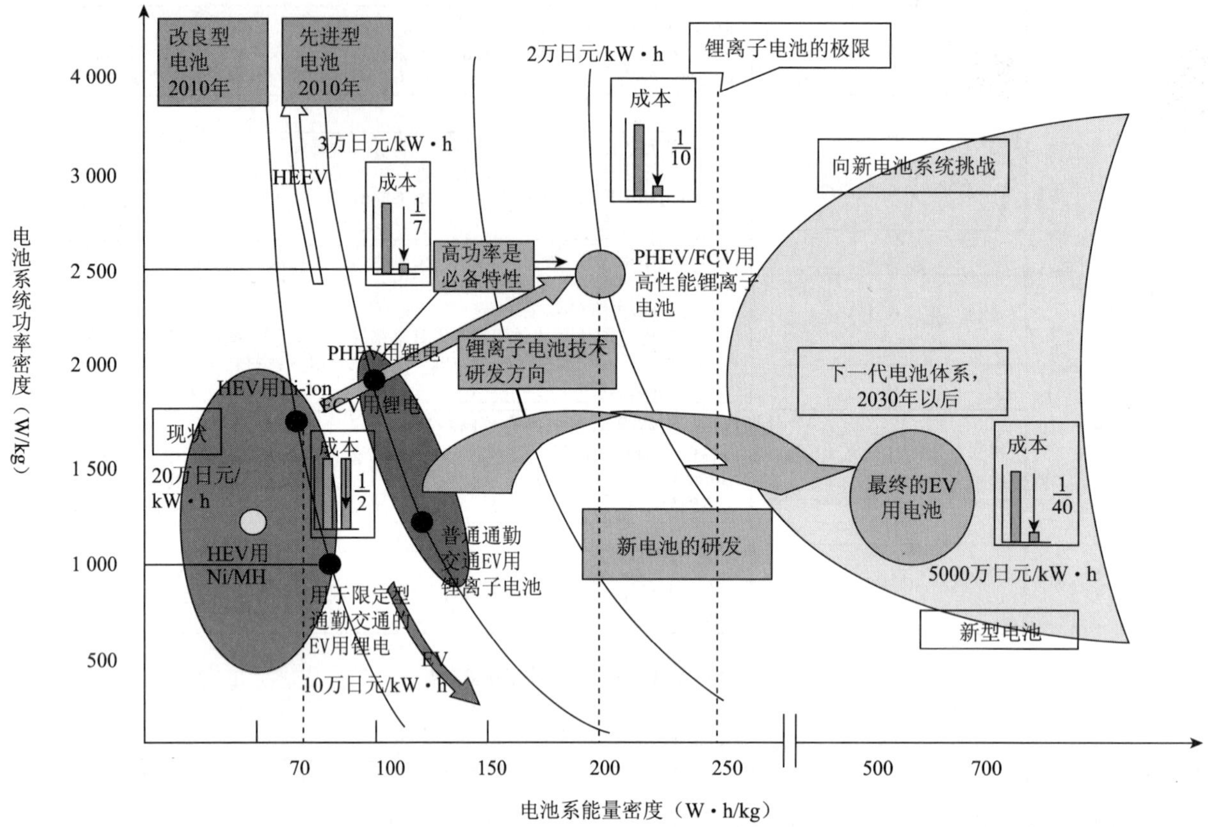

图2　日本NEDO汽车用动力蓄电池研发方向

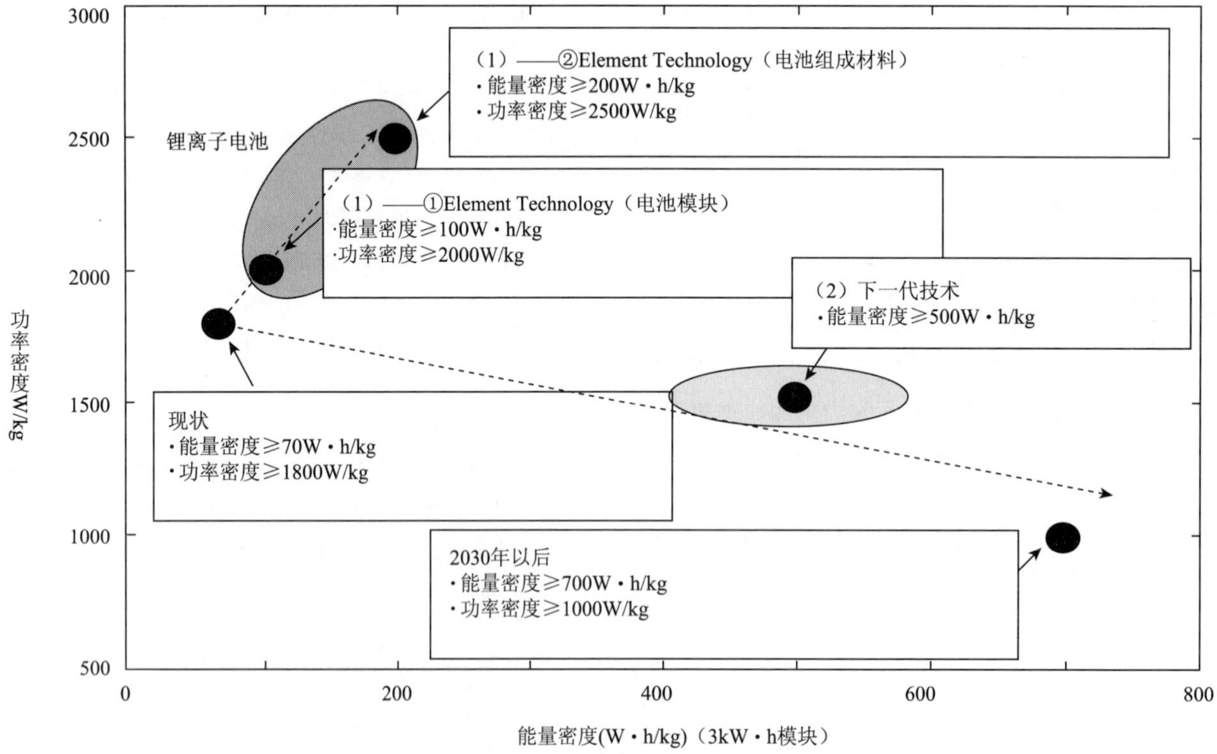

图3　日本NEDO下一代汽车电池开发研究内容及主要技术指标

日本 NEDO 安排 210 亿日元针对电池创新的先进基础科学研究（2009—2015 年），其研究内容及主要技术指标如图 4 所示。

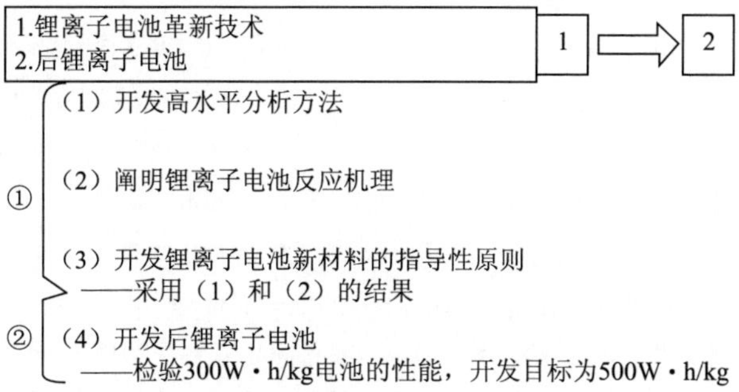

图 4　日本 NEDO 电池创新研究内容及主要技术指标

其对车用蓄电池的发展趋势有以下判断：

①车用蓄电池的发展分为三个阶段：性能改良（2010 年之前）、先进电池（2015 年之前）和革新电池（2030 年之后）。 前两个阶段以锂离子动力蓄电池为核心，革新电池阶段则以新的电池体系为目标。

②车用蓄电池在高能量型和高功率型两个方向发展，分别满足纯电动乘用车和插电式混合电动汽车及混合电动汽车的使用技术要求。

③对于车用蓄电池的成本，也提出了明确的目标：在目前 100～200 日元/W·h 的基础上，2015 年降低到 30 日元/W·h，2020 年降低到 20 日元/W·h，2030 年之后降低到 5 日元/W·h。

(3)德国

德国联邦政府在 2009—2011 年经济刺激法案（二期）中提供 5 亿欧元支持电驱动的研发工作，涉及教研部、交通部、经济部和环境部等四个部门，14 个不同的电驱动项目中有 6 个涉及动力电池，包括电池的基础研究工作、生产技术研究、测试技术研究、示范运营及电池回收技术研究等。

德国教研部于 2008 年启动了锂电池项目（LIB2015）（2009—2015），几乎所有德国汽车和能源巨头均携资加入。 德国政府投入 6000 万欧元，企业投入 3.6 亿欧元，开展锂离子动力蓄电池及关键原材料的研发攻关工作，部分研究内容见表 2。

表 2　德国锂离子动力蓄电池及关键原材料部分研究内容

研究内容	承担单位
EV 下一代高能电池	BASF
长寿命 5V 锂离子电池	Continental
锂离子电池车用电池管理系统	INFINION
适用于高电压正极体系的氧化还原偶添加剂	Chemetall
适用于锂高能电池的改进型电解质与隔膜组合	Li－Tec
锂离子电池用新型复合纳米材料	FZ Karlsruhe
青年科学研究组－新型电极材料	FZ Karlsruhe
青年科学研究组－纳米材料与界面	IFW Dresden

为推动电动汽车的发展，德国联邦政府建立了国家电驱动平台规划，并强调：在市场准备阶段，将向电动汽车的研究和开发领域投资高达 170 亿欧元，为争取成为引导供应国做出重大贡献，到 2020 年再引导市场达到生产上百万电动汽车的目标。 其中向电动汽车用动力电池研究和开发领域投入 9.86 亿欧元，在以下几个方面开展研发工作：

①材料开发以及蓄电池技术（电池单体接线方法，改良型材料）；

②新型蓄电池技术（后锂离子技术的电池单体和材料）；

③ 安全技术和测试方法（蓄电池系统功能性安全、抗碰撞能力、运输安全性）；

④ 寿命－建模和分析法（寿命测试、蓄电池模型电化学反应）；

⑤ 批量生产的工艺技术（生产方法、生产工艺上的创新、质量保障）。

德国在国家电驱动平台规划中指出：“德国需要集成的电池单元以及蓄电池系统的生产技术。”德国在国家电驱动平台中制定了动力电池研发路线图，具体如图 5 所示。

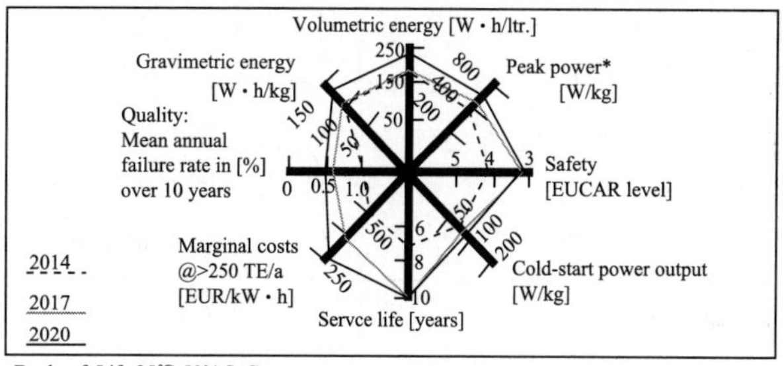

·Begln of Life.25℃.50% SoC
··Begln of Life.-25℃.50% SoC

图 5　德国动力电池研发路线图

(4)韩国

韩国知识经济部（Ministry of Knowledge and Economy）从 2004 年起支持电动汽车（HEV、PHEV 和 EV）用锂离子电池的研发工作，国拨经费总计达到 8000 多万美元，着重对锂离子动力蓄电池单体、模块、系统及关键原材料等进行攻关研究，具体内容见表 3。

表 3　韩国关于电动汽车用锂离子动力蓄电池研发资助情况

类别	项目名称	项目周期
EV & HEV	HEV 用高脉冲锂离子可充电电池研发	2004—2009
	PHEV 用能量存储系统、控制及使用技术研发	2008—2013
	kW·h 级能量存储系统用材料和模块的研发	2008—2013
	V2G 用能量存储系统研发	2009—2014
标准化	绿色汽车用中大型锂离子电池标准化的建立	2009—2012

韩国政府于 2010 年公布了“2020 电池计划”（Battery

2020 Project），计划投资124亿美元进行二次电池开发，用十年时间成为锂离子电池主导者；促进零部件和原材料的国产化；同时通过自主技术的开发，提升竞争力，促进产业增长；未来十年将培养10多个具有全球竞争力的电池企业。在该计划中，对动力电池的相关技术指标进行了制定，见表4。

表4　韩国政府"2020电池计划"中相关技术指标

项目＼年份	2009	2013	2017	2020
续驶里程（km）	100	120	200	250
比能量(W·h/kg)	-	100	180	250
成本（韩元/W·h）	1300	800	500	200

(5)中国

中国政府公布的《关于加快培育和发展战略性新兴产业的决定》将新能源汽车产业列为国家七个战略性新兴产业之一。

2012年3月27日科学技术部公布了电动汽车科技发展"十二五"专项规划，继续坚持"三纵三横"的基本研发布局，根据"纯电驱动"技术转型战略，进一步突出"三横"共性关键技术。在"三纵"方面，纯电动汽车、增程式电动汽车和插电式混合动力汽车作为纯电驱动汽车的基本类型归为一个大类；燃料电池汽车作为纯电驱动汽车的特殊类型继续独立作为一"纵"；混合动力汽车主要为常规混合动力汽车。在"三横"方面，"电池"包括动力电池和燃料电池；"电机"包括电机系统及其与发动机、变速箱总成一体化技术等；"电控"包括"电转向""电空调""电制动"和"车网融合"等在内的电动汽车电子控制系统技术。

2012年4月18日国务院讨论通过了《节能与新能源汽车产业发展规划》（2012—2020年），以纯电驱动为汽车工业转型的主要战略取向，当前重点推进纯电动汽车和插电式混合动力汽车产业化，推广普及非插电式混合动力汽车、节能内燃机汽车，提升我国汽车产业整体技术水平。争取到2015年，纯电动汽车和插电式混合动力汽车累计产销量达到50万辆，到2020年超过500万辆；2015年当年生产的乘用车平均燃料消耗量降至每百公里6.9L，到2020年降至5.0L；新能源汽车、动力电池及关键零部件技术整体上达到国际先进水平。

同时新材料产业"十二五"发展规划中，对动力电池关键材料进行了大力支持，主要内容包括：组织开发高效率、大容量（≥150mA·h/g）、长寿命（大于2000次）、安全性能高的磷酸盐系、镍钴锰三元系、锰酸盐系等锂离子电池正极材料，新增正极材料产能4.5万吨/年，推进石墨和钛酸盐类负极材料产业化，新增负极材料产能2万吨/年，加快耐高温、低电阻隔膜和电解液的开发，积极开发新一代锂离子动力电池及材料，着力实现自主化。新材料产业"十二五"重点新产品见表5。

表5　中国新材料产业"十二五"重点新产品

磷酸铁锂正极材料	比容量≥160mA·h/g、循环寿命>3000次	前驱体制备技术、气氛控制烧结技术、纳米化技术、表面碳包覆技术	锂离子动力电池
镍钴锰三元氧化物正极材料	比容量≥150mA·h/g、循环寿命>2000次	前驱体制备技术、高温固相合成技术	锂离子电池、锂离子动力电池
钴酸锂正极材料	比容量≥140mA·h/g、循环寿命>1000次	材料合成、掺杂改性技术	锂离子电池
尖晶石锰酸锂正极材料	比容量≥110mA·h/g、循环寿命>2000次	高温固相合成、元素掺杂改性技术	锂离子动力电池
高性能球形氢氧化镍电池材料	比容量≥250mA·h/g、循环寿命>2000次	控制结晶、管道式合成连续生产技术及装备	镍氢动力电池
富锂锰基固溶体	比容量≥200mA·h/g、循环寿命>2000次	前驱体制备技术、气氛控制烧结技术、纳米化技术、表面改性技术	锂离子电池、锂离子动力电池
锡基合金负极材料	比容量≥600mA·h/g、循环寿命>500次	纳米化技术、表面处理及包覆技术	锂离子电池、锂离子动力电池
六氟磷酸锂	纯度≥99.9%，酸含量≤20ppm，水分含量≤10ppm	除水工艺以及除酸工艺、干燥室	锂离子电池、锂离子动力电池

2. 动力蓄电池总体及技术进展概况

(1)日本

日本在动力电池领域的技术研发及产业化水平居世界前列，在材料体系方面正极材料基本以锰酸锂、三元材料及其混合体系为主，小部分企业采用镍钴铝和磷酸铁锂材料，负极材料基本以碳材料为主，如天然石墨及硬碳材料等，小部分企业采用钛酸锂材料。电池外壳有方形、圆柱形和软包装外壳结构；极片有卷绕和叠片等不同的生产工艺方式等。

图6为日本典型电池企业的典型产品技术指标对比图示（电池系统，不含BMS）。

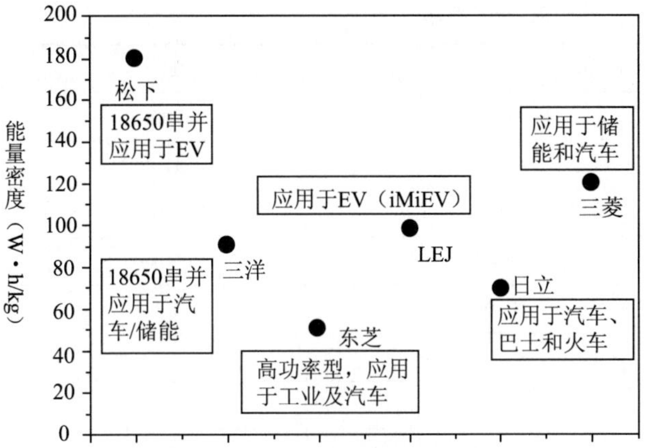

图6 日本典型电池企业的典型产品技术指标对比

(2)韩国

韩国动力电池企业总体概况见表6。

表6 韩国动力电池企业总体概况

电池企业	合资企业	合作方	备注
三星SDI	SBLimotive	德国博世	SBLimotive生产单体电池；博世电池系统集成
	Cobasys		SBLimotive全资公司
LG化学	致密能源公司（CPI）	美国通用	LG化学美国分公司
	HL绿色动力	现代Mobis	LG化学生产单体电池，现代汽车负责系统集成
SK能源	-	-	为现代汽车配套
Saeham Enertech	Enerl韩国		-
Kokam	陶氏Kokam	陶氏化学	-
EIG	-	-	-

韩国企业在正极材料方面基本上以锰酸锂、三元材料及其混合材料为主，在负极方面以石墨及软碳等为主，电池结构以软包装为主流形式。近年来，韩国在锂离子电池研发及产业化方面进展快速，总体水平目前处于世界前列。

(3)美国

在美国先进电池联合会（USABC）和美国能源部（DOE）的大力支持下，美国在车用动力电池方面开展了深入的研究工作，涵盖了基础研究、应用研究及产业化等各个方面。

其中涉及的动力电池类别有磷酸铁锂、锰酸锂和两元、三元材料体系，动力电池企业有A123、江森自控、萨福特、安能万、LG-CPI、波士顿能源及陶氏-Kokam等。

美国在动力电池基础研究水平方面处于世界前列，在动力电池产业化方面较弱。

(4)德国

德国在动力电池领域总体水平不是很高，同时动力电池企业也比较少。但目前德国联邦政府给予了强力支持，同时德国VDA在动力电池相关标准方面引导着标准的制定工作。

(5)中国

中国从第九个五年计划开始，对电动汽车用动力电池进行持续支持，对镍氢电池、锂离子电池、超级电容器单体、模块、标准、评价及关键原材料进行研发技术攻关。“十一五”期间，我国对镍氢动力电池和锂离子动力电池的具体指标分别要求见表7、表8。

表7 中国镍氢动力蓄电池“十一五”技术指标

容量规格（A·h）	6、8	30	40	60	80
功率密度（W/kg）	≥1200	≥800	≥750	≥650	≥550
能量密度（W·h/kg）	≥40	≥45	≥50	≥50	≥50
最大放电倍率	20C(20s)	9C(30s)	8C(30s)	6C(30s)	5C(30s)
最大充电倍率	8C(10s)	6C(60s)	5C(60s)	4C(60s)	3C(60s)
单体电池内阻（mΩ）	≤2.0	≤1.2	≤1.2	≤1.2	≤1.0
单体电压偏差（mV）	≤10				
单体容量偏差（%）	≤2				
使用温度范围（℃）	-25~60				
搁置温度范围（℃）	-40~80				
荷电保持能力（常温下搁置28d）	≥80%				
SOC估算误差（%）	≤5				
安全性	通过行标或规范要求				
系统循环寿命（年/万公里）	3/15				
成本（元/W·h）	≤3				

表8　中国锂离子动力蓄电池"十一五"技术指标

容量规格（A·h）	8、20	50	100
功率密度（W/kg）	≥1800	≥700	≥500
能量密度（W·h/kg）	满足整车要求	≥110	≥110
最大放电倍率	30C(20s)	6C(30s)	5C(30s)
最大充电倍率	10C(10s)	4C(60s)	4C(60s)
单体电池内阻（mΩ）	≤2.0	≤3.0	≤2.5
单体电压偏差（mV）	≤20		
单体容量偏差（%）	≤2		
使用温度范围（℃）	-25～60		
搁置温度范围（℃）	-40～80		
荷电保持能力（常温下搁置28d）	≥90%		
SOC估算误差（%）	≤5		
安全性	通过行标或规范要求		
蓄电池系统循环寿命（年/万公里）	3/15		
成本（元/W·h）	≤3	≤2	≤2

表9　中国混合动汽车用功率型动力蓄电池"十二五"技术指标(一期)

项　目	指标要求			
	镍氢		锂离子	超级电容器
	乘用车	公交车		
功率密度(W/kg)	≥900	≥700	≥1800	≥4000
能量密度(W·h/kg)	≥30	≥40	≥50	≥5
寿命	250000公里/10年		200000公里/10年	400000次/10年

表10　中国纯电驱车用动力蓄电池"十二五"技术指标(一期)

项　目	指标要求	
	锂离子模块	锂离子系统
功率密度(W/kg)	≥600	≥800
能量密度(W·h/kg)	≥120	≥85
寿命	≥1600	≥1500
应用领域	EV	PHEV

目前，中国形成了珠江三角洲、长江三角洲和北京—天津区域为主的三大动力电池产业化聚集区域，截至2010年年底，据统计在动力电池领域有近80亿元产业资金投入，年产能近200亿瓦时，总计近80家动力电池企业在进行动力电池的研发及产业化工作。按每辆装30kW·h（约合A级车续驶里程200km）电池计，可满足约30万辆电动汽车装车需求。（按50%的年产能实现计算）

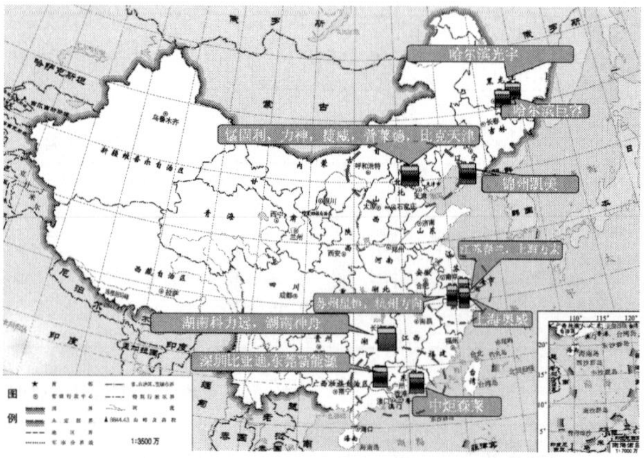

图7　中国三大动力电池产业化聚集区域示意图

镍氢动力电池方面。由于国家规划的战略重点以支持纯电驱动技术研发为主，因此对镍氢动力电池的支持力度逐渐减弱，国内各镍氢动力蓄电池生产厂家在技术研发和产业化投入方面呈现逐渐萎缩的态势，其前景主要依靠混合动力汽车市场的快速启动及集成技术成熟度和产品价格竞争力。

表11　国内镍氢动力蓄电池生产企业技术统计

企业名称	电池形状（代表产品）	外壳材料	应用领域
湖南科霸	方形（六连体）	塑料	HEV轿车和客车
中炬森莱	D型圆柱	不锈钢	HEV轿车
湖南神舟	方形	塑料	HEV客车
江苏春兰	方形	不锈钢	HEV客车
内蒙古稀奥科	D型圆柱	不锈钢	HEV轿车
上海万宏动力	圆柱环形	不锈钢	HEV轿车和客车
北京有色院	方形	塑料	燃料电池客车

锂离子电池方面。在国家政策的引导及大力支持下，目前国内锂离子动力蓄电池生产厂家众多，投资金额由千万元到亿元，直至几十亿元不等，具体情况见表12。

表12　国内动力蓄电池生产企业统计表

企业名称	材料体系（代表产品）	壳体形状	极片卷绕方式	电池形状
比亚迪	磷酸铁锂/石墨	不锈钢	卷绕+叠片	方形
天津力神	磷酸铁锂/石墨	铝壳	卷绕+叠片	方形
深圳比克	磷酸铁锂/石墨 三元材料/石墨	铝壳不锈钢	卷绕	圆柱
哈尔滨光宇	磷酸铁锂/石墨	不锈钢	叠片	方形
天津捷威	磷酸铁锂/石墨	软包装	叠片	软包装
万向电动汽车	磷酸铁锂/石墨	软包装	叠片	软包装
北京盟固利	混合材料/石墨	软包装	叠片	软包装
苏州星恒	磷酸铁锂/石墨	铝壳	叠片	方形
中航锂电	磷酸铁锂/石墨	塑料	叠片	方形
上海航天电源	磷酸铁锂/石墨	不锈钢壳	叠片	方形
宁德新能源	磷酸铁锂/石墨	不锈钢壳	卷绕+叠片	方形
湖州微宏	三元/钛酸锂		卷绕	圆柱
备注	各企业在开展代表产品批量生产的同时，积极开展技术创新，开展提升比能量、安全性和循环寿命的研究，提高性价比，推动国产材料和装备的应用。如各企业目前加强了对三元及混合材料体系的研究，加强了对富锂材料的研究，加强了对改性隔膜及新型隔膜的研究，加强了对硬碳、钛酸锂等材料的研究；加强了对高电压电解液、阻燃电解液等的研究			

中国政府通过两个五年计划的大力支持，动力电池技术水平得到了很大提升，自主研发出用于混合电动汽车的高功率型动力电池和用于纯电动汽车的高能量型动力电池，形成了镍氢和锂离子6～100A·h多个系列车用动力电池，功率密度和能量密度等关键指标明显进步。动力电池在奥运会、世博会、亚运会、全运会、大运会等重大活动的电动汽车示范应用中得到了验证，目前正在城市公交大巴车、私人购买的乘用车等领域进行规模应用。我国动力蓄电池技术水平的迅猛发展得到国际社会的高度关注和认可。

在锂动力电池方面，混合动力汽车用功率型锂离子动力电池功率密度从2002年的491W/kg提高到2010年的2178W/kg，增加了3倍多；纯电动车用高能量型锂离子电池的能量密度达到了130W·h/kg以上，单体电池的技术指标与国外处于同一水平，动力电池集成后系统的循环寿命达到了1000次以上。（见图8）

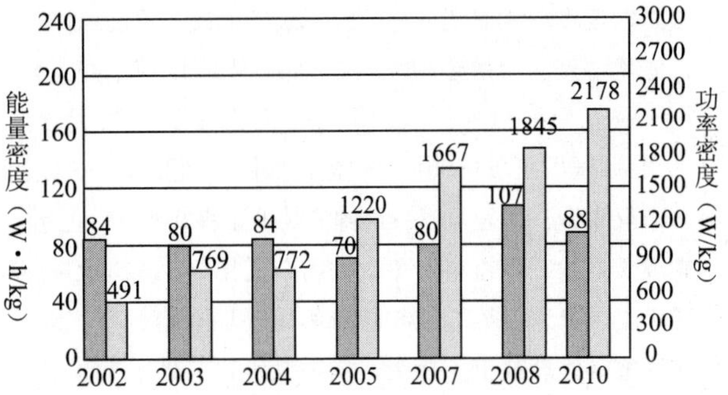

(a)

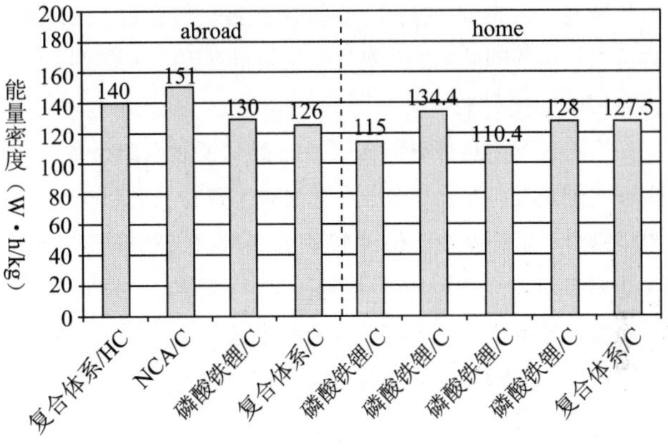

(b)

图8　中国车用锂离子电池的技术进展

在镍氢电池方面，混合动力汽车用高功率型镍氢动力电池的功率密度稳步提升，由2003年的769W/kg提高2010年的1225W/kg。我国研制的镍氢动力电池主要用于混合动力轿车和混合动力客车。（见图9）

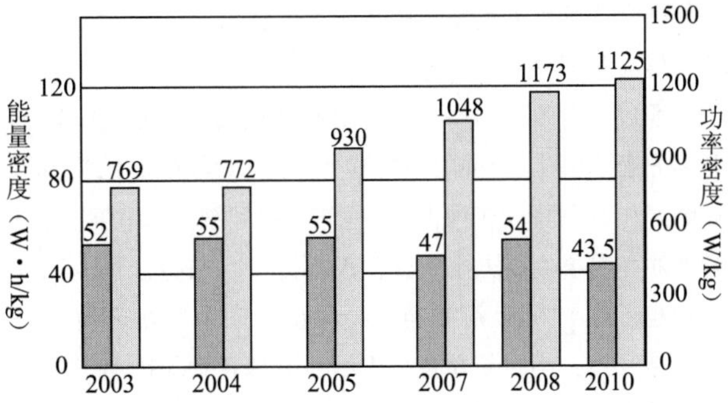

(c)

图9　中国车用镍氢电池的技术进展

3. 动力蓄电池关键原材料概况

动力电池的快速发展，带动了关键原材料的快速发展。

(1)正极材料

目前，我国形成了以京津地区、华中地区和华南地区为三大聚集地的锂离子电池正极材料产业集群，并分别以北京和天津、湖南和广东为发展中心。

国内正极材料的生产企业主要有北京当升、湖南杉杉、湖南瑞翔、余姚金和、中信国安盟固利、天津巴莫、深圳天骄、深圳源源、广州洪森、北大先行、深圳振华等。目前国内正极材料主要包括钴酸锂、锰酸锂、三元材料和磷酸铁锂，以及层状锰酸锂等其他正极材料。从近年的锂离子电池正极材料产量数据可以看出，钴酸锂的总需求量仍呈现上升趋势，但相随份额呈现下降趋势，三元材料和锰酸锂逐渐被市场接受，磷酸铁锂目前处于批量应用阶段。随着电动汽车产业的发展，将为锂离子正极材料的成长带来巨大的市场空间，以磷酸铁锂、锰酸锂、三元材料及层状锰酸锂为主的正极材料领域将得到快速的发展。

(2)负极材料

目前，国内负极材料以人造石墨与天然石墨为主，钛酸锂、硬炭及合金材料也正在开展应用研究。据统计，国内负极材料生产企业已超过40家，多数以天然石墨与低端人造石墨为主。国内企业主要有深圳贝特瑞、杉杉科技和长沙海容等企业，其中部分企业的负极材料已进入了国际高端市场，同时贝特瑞在产量方面已成为世界第一，技术水平处于世界前列。

(3)隔膜

目前，国产化的隔膜均为单层隔膜，分别是单层聚丙烯隔膜（干法，新乡格瑞恩、深圳新源材质等）和单层聚乙烯隔膜（湿法，佛山金辉、南通天丰等），实现了批量生产和销售，产品主要应用于锂离子中、低端产品，部分产品在车用动力电池中得到了应用。目前国内隔膜生产企业不断增加，资金投入不断加大，国产化隔膜的市场占有率和产品质量水平也在不断提高。

(4)电解液

通过不断改进和提高，我国的电解液产品质量已达到国际先进水平。目前国内电池生产商电解液配套已基本实现国产化，只有少部分企业使用进口电解液。国内生产电解液的主要单位有国泰华荣、天津金牛、东莞杉杉、珠海赛纬电子、广州天赐等企业，年生产能力均在千吨级以上，涉及高、中、低端各个市场，可满足我国锂离子电池生产的需要，并有部分出口。

作为锂离子电池电解液所用电解质六氟磷酸锂原料，由于生产涉及低温、高温、真空、高压、耐腐、安全以及环保等方面的多种技术和要求，设备要求高，工艺难度大，国内仅有天津化工设计研究院、天津金牛和河南的多氟多等企业能够生产，并实现了批量供货。

4. 动力蓄电池标准化概况

(1)国内方面

自“九五”以来，中国组织制定并由标准化主管部门批准发布电动车辆相关的国家标准和行业标准具体见表13。

表13　中国已制定的动力电池国家标准

序号	标准号	标准名称	备注
1	GB/T 18332.1—2009	电动道路车辆用铅酸蓄电池	MOD IEC 61982-1:2006
2	GB/T 18332.2—2001	电动道路车辆用金属氢化物镍蓄电池	自主制定
3	GB/Z 18333.1—2001	电动道路车辆用锂离子蓄电池	自主制定
4	GB/Z 18333.2—2001	电动道路车辆用锌空气蓄电池	自主制定
5	QC/T 741—2006	车用超级电容器	自主制定
6	QC/T 742—2006	电动汽车用铅酸蓄电池	自主制定
7	QC/T 743—2006	电动汽车用锂离子蓄电池	自主制定
8	QC/T 744—2006	电动汽车用金属氢化物镍蓄电池	自主制定
9	QC/T 840—2010	电动汽车用动力蓄电池产品规格尺寸	自主制定
10	QC/T 842—2010	电动汽车电池管理系统与非车载充电机之间的通信协议寸	自主制定
11	QC/T 897—2011	电动汽车用电池管理系统技术条件	自主制定
12	GB/T 27930—2011	电动汽车非车载传导式充电机与电池管理系统之间的通信协议	自主制定
13	GB/T 24533—2009	锂离子二次电池石墨类负极材料	自主制定

注：GB/T为推荐性国家标准；QC/T为汽车行业标准；GB/T为指导性国家标准。

目前正在制定的动力蓄电池相关标准内容包括循环寿命、测试规程等，正在修订的动力学相关标准包括电动汽车用锂离子蓄电池、金属氢化物镍蓄电池和超级电容器等，具体见表14。

表14　目前中国正在制定的动力蓄电池及正在修订的动力学相关标准

序号	标准名称
1	电动汽车用锂离子电池包/系统测试规程（高功率用途）
2	电动汽车用锂离子电池包/系统测试规程（高能量用途）
3	电动汽车用动力蓄电池循环性能要求
4	电动汽车用锂离子蓄电池（修订）
5	电动汽车用金属氢化物镍蓄电池（修订）
6	车用超级电容器（修订）
7	锂离子电池磷酸铁锂正极材料
8	锂离子电池钛酸锂负极材料
9	锂离子电池隔膜

(2)国际方面

针对新能源汽车和动力电池行业的快速发展，IEC和

ISO两大国际标准化组织分别制定了动力电池的相关国际标准，具体见表15。

表15 已制定的动力电池的相关国际标准

标准号	标准名称
IEC 62660－1	电动道路车辆驱动用二次锂离子电池——第一部分:性能测试
IEC 62660－2	电动道路车辆驱动用二次锂离子电池——第二部分:可靠性和滥用测试
ISO 12405－1	驱动道路车辆—锂离子动力电池包及系统测试规程——第一部分:高功率用途

同时正在制定的国际标准见表16。

表16 正在制定的动力电池

序号	标准名称
1	电驱动道路车辆—锂离子动力电池包及系统测试规程——第二部分:高能量用途
2	电驱动道路车辆—锂离子动力电池包及系统测试规程——第三部分:安全性能要求
3	电驱动道路车辆—电池系统设计—车辆驱动用锂离子电池外形尺寸要求

其中，车辆驱动用锂离子电池外形尺寸要求的标准的国际参与各方进行了深入讨论，将部分电池的规格尺寸进行了合并，规格尺寸由87种减少到50种左右。结合QC/T 842的有关内容，同时考虑到我国动力电池快速发展的现状，中国向国际标准化组织（ISO）提交了中方11类动力电池规格尺寸的参数指标，全部列入了该标准中，具体见表17。

表17 中国向ISO提交的11类动力电池规格尺寸的参数指标

形状	类型	D/W	Di/T	H	h	P	p‘
R	B	26	n. a.	65	n. a.	n. a.	n. a.
P	A	66	20	138	127	14.5	10
P	A	72	29	120	117	15	14.5
P	A	147	45	275	260	28	24
P	A	179.5 ±0.2	23.6 +0.2	181.5 +0.2	168.8 ±0.2	45.75 ±0.2	11.8 ±0.2

续表

形状	类型	D/W	Di/T	H	h	P	p‘
P	A	92	34	146	133.3 ±0.2	20 ±0.2	16 ±0.2
P	A	135.0 ±0.2	25	107 ±0.3	104.1 ±0.2	32.5 ±0.2（负极）35.0 ±0.2（正极）	12.5
P	A	99.5 ±0.15	27.5 ±0.3	374.8 ±0.3	357.8 ±0.5	W/2	10～15
P	B	118	8	390	342	59	4
F	A	343 ±3	18.5 ±0.5	254 ±2	245 ±2	80 ±2	9 ±0.2
F	A	136	8	230			

5. 下一步亟待解决的技术及管理难点

（1）加强系统集成技术研究，突破动力蓄电池及系统的安全性、一致性、可靠性与低成本等关键技术，促进动力蓄电池系统集成和模块技术的快速发展。

（2）加强电池单体、模块、电池系统（含管理系统）的安全设计及考核验证；运行环境下的可靠性与寿命等的考核验证。

（3）加快动力电池及关键材料和产业化装备等产业的国产化进程。

（4）完善动力电池评价体系软硬件建设，深入开展动力电池安全性、日历寿命、温度适应性（特别是低温下）等的考核。

（5）下一代高性能动力电池及关键原材料的研发等。

（6）加快动力电池循环利用的相关研究和示范。

（7）大力推动动力电池模块化标准的进展，适时实施动力电池市场准入制度，提升动力电池产业的良性健康发展。

（中国电子科技集团第十八研究所 肖成伟）

七、电池管理系统

新能源汽车是我国七大新兴战略产业之一，国家将加大财政补贴、税收支持力度，支持新能源汽车及相关产业的发展。电池系统是电动汽车发展的瓶颈，已被《节能与新能源汽车产业发展规划（2012—2020年）》列入需要进行重点攻关的关键技术。电池管理系统（BMS，Battery Management System）是电池系统的重要组成部分，其主要功能是通过实时监控电池状态，并对数据进行处理，将结果告知整车和充电系统，提高电池能量利用的高效性和安全性，实现车辆的优化驾驶和充电安全，提高电池使用寿命，降低运营成本。

1. BMS国内外发展情况

BMS的研究涉及电化学、电学、热学、信号处理等多个学科，需要对电池性能、整车开发流程和规范、电路设计和验证、软件开发和管理等行业从业人员给予支持，属于技术密集型产业。

(1)BMS 技术发展

BMS 的研究从最初的独立监控系统到与整车和充电设备进行数据交互和管理，再到与整车系统的优化匹配和规范开发流程，BMS 的内涵和外延都得到了大幅的拓展，其关键技术发展主要体现在如下几个方面：

①集成检测芯片的推出。随着 BMS 在乘用车市场的推广应用，BMS 通过集成化降低成本和体积是必然选择。Linear、TI、Maxim 等集成芯片企业均推出了相应的 BMS 模拟前端集成检测芯片，如 LTC680X、Bq76PL536、MAX11068 等，与离散器件方案相比，在检测速度和精度上更具优势，但在稳定性、正反向耐压、级联可靠性等方面的性能尚待进一步验证和提高。

②电池状态的估算。电池的状态估算从 SOC（State of Charge）拓展到 SOE（State of Energy）、SOF（State of Function）和 SOH（Stare of Health），从能量、最大允许充放电功率/电流和电池的健康状态等多个指标对电池的性能进行估算和评价，实现电池状态的更加准确评估。

③电池系统热管理。随着电动汽车应用区域的拓展，北方地区冬季低温下，车辆形成里程短、充电困难等问题较为突出。因此电池配置加热系统成为重要研究内容。北汽、长安、江淮以及福田等电动车辆均搭载了加热系统，方案包括加热片、空调风、保温系统等多种加热方式BMS 的热管理方案得到进一步的尝试和验证。

④电池均衡。随着运营数量的增加，电池均衡成为电动汽车推广的阻碍。定期的维护工作量大、人员投入多等问题逐渐凸显。搭载均衡功能的 BMS 成为客户的标准配置。均衡系统电流从数十毫安到数安；均衡方式从被动式、主动式到主被动式均有；基于电池电压、容量和能量的一致性评价和均衡目标也相继推出。电池系统的热系统合理设计、电池系统一致性合理评价方法以及电动汽车均衡电流的实际需求等得到系统解决，才能真正实现均衡系统的合理性和高效性。

⑤电池安全管理。电池安全一直是电池系统最基本和最重要的要求。BMS 系统通过对电池过充电、过放电、过温以及过电流等进行判断、报警及实施功率控制外，将电池系统高压互锁、绝缘检测等均纳入管理。此外，适用于汽车的湿度传感器、碰撞传感器等逐步纳入前期探索性研究。

(2)国内外相关标准制定

随着电动汽车的逐步推广应用，工信部、质监局和标准管委会等部门在电池管理系统方面就交直流充电接口、电池管理系统技术条件、电池管理系统与非车载充电机通信协议等方面组织撰写并发布了多项标准，同时包括欧美和日本等也相继在充电接口、通信协议、电气安全等方面出台电动汽车 BMS 相关标准，详见表 1，对电池管理系统进行了规范，提出了测试内容和方法。如交直流充电接口和 BMS 与非车载充电机之间的通信协议等标准已经开始执行。

表 1 电池管理系统相关标准统计

标准类型	标准编号	标准名称
国内标准	QC/T 841—2010	电动汽车用传导式充电接口
	QC/T 841—2010	电动汽车蓄电池管理系统与非车载充电机之间的通信协议
	QC/T 897—2011	电动汽车用动力蓄电池管理系统技术条件
	GB/T 20234—2011	电动汽车传导充电用连接装置
	GB/T 27930—2011	电动汽车非车载传导式充电机与电池管理系统之间的通信协议
国外标准	ISO 26262	Road vehicles—functional safety
	SAE J 1772	Electric Vehicle Conductive Charge Coupler
	CHAdeMO Rev. 0.9	Technical Specifications of Quick Charger for the Electric Vehicle

(3)国内 BMS 相关专利申请情况

目前，长安、奇瑞、比亚迪和吉利等主机厂，亿能电子、冠拓和力高等 BMS 供应商以及 ATL 和中航锂电等电池厂都在 BMS 相关领域进行专利申请，方向主要包括电池管理系统、电池一致性评价和均衡、电池 SOC 估算、充电管理、热管理、检测电路等方面。国内相关企业近三年在电池管理领域部分专利申请情况见表 2。

表 2 电池管理系统相关专利申请情况统计

相关企业名称	发明专利	实用新型
亿能电子	21	26
冠拓	0	4
力高	3	3
比亚迪	1	4

续表

相关企业名称	发明专利	实用新型
吉利	3	5
奇瑞	12	0
长安	9	1

注：数量检索来自于中华人民共和国国家知识产权局。网址：http://www.sipo.gov.cn。

（4）国内外主要科研机构

我国对 BMS 的研发起步晚于国外，开始于 20 世纪 90 年代，北京交通大学、北京理工大学、中科院电工所、北京航空航天大学、清华大学、重庆大学、中国汽车技术研究中心、中国汽车工程研究院有限公司、武汉理工大学、浙江大学、哈尔滨工业大学等科研院所相继开展相关研究，后经过几年探索和研究，在硬件系统可靠性、BMS 系统构架、BMS 系统功能定义、SOC 估算等方面取得了突破。目前北京交通大学等高校在电池一致性评价和高效均衡、电池优化充电、电池梯次利用、微网系统以及 V2G 等方面展开研究。

在国外，美国方面主要有加州大学戴维斯分校、洛杉矶分校、夏威夷大学、阿岗实验室、西北国家实验室等也在电池寿命分析、电池性能测试等方面开展研究；英国主要有谢菲尔德大学、南安普顿大学；日本青森工业研究中心、丰田、本田等也在从事 BMS 与车辆匹配等相关研究工作。

2. BMS 国内外产业发展情况

（1）国内主要 BMS 生产企业情况

国内主要 BMS 厂家包括亿能电子有限公司、长安汽车、哈尔滨冠拓电源设备有限公司、安徽力高新能源技术有限公司、深圳科列技术有限公司等。

惠州市亿能电子成立于 2006 年，致力于电动汽车和储能电站等中大型电源系统 BMS 研发、生产和销售服务。公司研制的 BMS 产品在北京奥运会、上海世博会、天津达沃斯论坛、广州亚运会等大型国际活动中得到应用。具有一支超过 70 人的电池管理系统技术开发团队，2011 年为江淮、长安、广汽、东风、北汽、福田、江淮、一汽等主机厂配套 4000 多台套 BMS。是国内供货数量最多的电池管理系统供应商。

长安汽车是国内自主开发混合动力汽车较早的企业，为自主开发的混合动力汽车配套电池管理系统，电池管理系统开发时间超过 6 年，为志翔和悦翔配套电池管理系统。

哈尔滨冠拓电源设备有限公司成立于 2002 年，公司在锂电池特性、锂电池充放电技术、锂动力电池组管理技术、电动车能源系统方面有应用经验。2011 年为山东沂星纯电动大巴、武汉宇通等提供电池管理系统。

安徽力高新能源技术有限公司研发团队源于中国科学技术大学，产品在电动汽车和备用电源等方面得到相关应用，2011 年为山东沂星纯电动大巴、武汉宇通、五洲龙等主机厂进行配套。

据统计，2011 年中国电动汽车部分车型 BMS 应用情况见表 3。

表 3　2011 年中国部分车型 BMS 应用情况统计

整车厂名称	车型	纯动/混动	数量	BMS
江淮	乘用车	纯动	1012	亿能
众泰	乘用车	纯动	569	亿能
北汽	乘用车	纯动	450	亿能
北汽	乘用车	纯动	350	ATL
比亚迪	乘用车	纯动	330	比亚迪
五洲龙	商用车	混动	700	科列
福田	商用车	纯动	370	亿能
安凯	商用车	纯动	270	国轩
五洲龙	商用车	混动	200	冠通
五洲龙	商用车	混动	200	力高

（2）国外产业发展模式情况

国外 BMS 发展主要有以下几种方式：

①整车集成方式，其中以普锐斯和松下成立合资公司为整车提供电池及管理系统，依据特定车型开发专用的电池管理系统，后续松下将为通用和日产等提供电池及管理系统。

②动力平台集成方式，以伊顿和 ACP 等为代表，将电池及管理系统、电机控制器、充电机及 DC/DC 整体打包，提供给主机厂。

③电池生产企业集成方式，以 A123 等为代表，由电池厂为自己的电池配套相应的电池管理系统。

④汽车电子专业供应商方式，以博世、德尔福等为代表，是传统汽车 ECU 的主要供应商，以其在汽车电子产品的开发经验进行拓展，进行电池管理系统的开发。

3. BMS 发展趋势

BMS 发展至今，已经从监控系统逐渐向管理系统转变，生产的车载 BMS 已广泛应用于混合动力汽车、电动汽车。BMS 的发展趋势特点主要有：

（1）集成化。由于电池管理系统部分检测功能需求逐渐成熟，为了减少电池管理系统体积、成本，提升电池管理系统的性能，电池管理系统的电量检测部分集成化已经成为发展趋势。

（2）功能细化和规范化。电池管理系统不再只是电池状态检测和报警的简单装置，如电池荷电状态（SOC）要求提高，电池健康状态（SOH）逐步提出，基于电池状态的电池最大允许充放电电流、上下电管理、延时下电、上电时间、电池安全管理、充电管理、热管理、诊断和标定、数据存储等功能要求逐渐细化，高低压接口、CAN总线、电磁兼容以及控制策略等逐渐规范。

（3）高可靠性。交变电流下的电池状态有效估算、电池管理系统抗干扰能力、数据冗余设计、多种运行模式（整车运行、整车直流充电、整车交流充电、分箱充电等）兼容等要求逐渐提上日程。

（4）开发测试流程规范化。BMS开发流程向整车开发流程和规范靠拢。软件开发采用系统建模—快速原型—ECU软硬件实现—ECU测试—实车匹配标定这样的V（Validation）型开发方案，层层验证，使系统级的设计错误能够在早期发现，不断优化，通过自动代码生成，能够便于移植；电池管理系统采用整车的开发流程，能够提升整车参数在线标定、整车测试等相关工作的融合度。

4.BMS存在问题及相关政策建议

国内电池厂、主机厂、电池管理系统专业供应商等多种企业从事电池管理系统的开发。投入分散，重复投资等问题较为严重。电动汽车市场相对较小，而电池管理系统研发需要长时间持续地投入，这导致电池管理系统价格居高不下。以北京交通大学为例，电池管理系统方面的研究超过十年；而电动汽车电池管理系统至今全国的销量累计才1.3万元余台，分散到某个电池厂或者主机厂则数量更是微乎其微。假设某电池管理系统厂家每年投入1000万进行研发，若配套数量为2000套（市场占有率达到25%），则平均每套的研发费用就达到5000元，这样的费用很难通过销售实现回收，则会导致企业生存受到很大压力，所以完全靠电池管理系统供应商通过市场行为实现快速发展难度非常大，研发投入长时间不能在产品中回收也必然导致研发投入不足，成为电动汽车电池管理系统发展的瓶颈。在产业初期，国家和地方政府集中2～3家电池管理系统供应商进行扶植，加大投入，可推动电池管理系统的快速发展，缩短与国外厂家的差距，对于实现我国电池及管理系统自主化和国际竞争力具有重要意义。

另外，电池管理系统的性能好坏，目前尚无评价标准。建议支持相关科研机构和第三方检测机构，开展电池管理系统的性能评价和测试方法研究。组织撰写关于“电池管理系统测试方法和评价方法”相关国家标准，由第三方检测机构来实施执行。建议建立电池性能参数信息库共享平台，便于电池厂、整车厂、电池管理系统企业和电池运营企业能够资源共享、全程对电池进行评价，优化升级BMS各项功能。

（北京交通大学　姜久春　王占国）

八、锂离子电池材料

1.2011年国内技术发展现状

2011年锂离子电池产业仍然保持了较快速度的增长，根据中国电池工业协会统计数据，全年锂离子电池产量29.66亿只，同比增加18.22%，电池材料的产量也相应增加。锂离子电池关键材料包括正极材料、负极材料、隔膜和电解液四种。正极材料不仅作为电极材料参与电池的化学反应，并且是锂离子的主要来源，对提高锂离子电池的能量密度和成本结构影响最大，钴酸锂仍然是应用最广泛的正极材料，需求稳步增长，振实密度随晶粒的尺寸而增加，满足智能手机和平板电脑市场对高比能量软包电池的需求。镍钴锰酸锂三元层状正极材料已开始部分替代钴酸锂应用于手机和电脑电池，近两年来，它们的压实密度、热稳定性都有较大改善，这是市场占有率提升的最重要原因。因为规模化效应和技术进步，锰酸锂价格下降明显，主要满足山寨手机、电动工具和电动自行车市场的需求，少量高端产品应用于混合电动汽车和电动汽车电池的应用，磷酸铁锂具有良好的热稳定性，是近年来热门的动力锂离子正极材料，2011年材料的容量和倍率性能得到进一步的提升，主要应用于电动汽车用动力电池和储能电池。（见表1）

表1　正极材料的性能参数

种类	参数		
	振实密度(g/cm^3)	比表面积(m^2/g)	容量(mA·h/g)
钴酸锂	>2.5	<0.3	140
三元正极材料	>2.4	<0.5	160
锰酸锂	>2.2	<1.0	110
磷酸铁锂	>1.0	10～20	150

锂离子电池负极材料仍以石墨类为主，改性人造石墨和改性天然石墨占据很大的比例，中国负极材料制造企业占全球的市场份额较高，技术水平要比正极材料高，与世界负极材料制造第一的企业日立化成差距相对较小，也进入了世界主流电池厂商的采购体系，纳米钛酸锂负极材料开始进入应用，年产不足百吨，主要应用于快充电电池。（见表2）

表2 石墨类负极材料的性能参数

种类	参数			
	振实密度(g/cm^3)	比表面积(m^2/g)	容量(mA·h/g)	首次放电效率(%)
中间相炭微球	>1.3	<2.0	315	93
改性人造石墨	>0.9	<2.2	350	93
改性天然石墨	>1.0	<3.0	350	92
钛酸锂	>1.0	5~15	160	97

国内电解液主要技术指标可达到国际先进水平，成为日韩主力电池厂供应商，室温（25°C）电导率≥10mS/cm，水分含量≤10ppm，HF含量≤30ppm。电解液锂盐六氟磷酸锂（$LiPF_6$）已部分实现了国产化，部分功能添加剂量如VC和FEC已实现了批量生产并出口。

聚烯烃微孔膜具有优良的力学性能、良好的电化学稳定性以及相对廉价的特点，是目前锂离子电池隔膜市场的主要商品。它包括聚乙烯（PE）单层膜、聚丙烯（PP）单层膜，以及PP/PE/PP三层复合微孔膜。按制备工艺的不同可以分为干法和湿法两大类，它们的主要区别在于隔膜微孔的成孔机理不同。国内采用干法工艺生产的代表性厂家较多，满足了中低端产品的需求，湿法工艺PE隔膜已经量产，但三层PP/PE/PP复合膜在国内尚不能生产。隔膜陶瓷涂层技术得到了推广，促进了国产隔膜的应用。

2.2011年国内产业发展现状

2011年中国正极材料产量达29900t，其中出口超过20%；当年钴酸锂产量达到12650t，出口量约占1/3，三元材料主要针对电动工具、山寨手机和笔记本电脑应用，年产量达到8500t，市场份额有了较大的提升。锰酸锂价格下降明显，年产量达6150t，占据正极材料市场20%的份额。但以磷酸铁锂为主要路线的中美两国电动汽车市场未见爆发性增长，加之磷酸铁锂大规模生产易有稳定性问题，制约了磷酸铁锂的应用大幅增长，2011年全国维持在2000余吨的年产量。

锂离子电池负极材料改性人造石墨和改性天然石墨占据很大的比例，且日本厂商仍占据霸主地位。

表3 2011年各负极材料的生产厂商

材料种类	厂商
中间相炭微球	川崎制铁、上海杉杉科技、天津贝特瑞
改性人造石墨	日立化成、日本碳素、昭和电工、上海杉杉科技、深圳贝特瑞
改性天然石墨	深圳贝特瑞、上海杉杉、日本碳素、三菱化学、日立粉末、青岛大华

据统计，国内负极生产厂家已超过40家，除少数几家在市场形成一定的规模外，多数以天然石墨与低端人造石墨为主，在低端领域竞争较大。深圳贝特瑞、上海杉杉和湖南海容三家企业在负极材料市场的占有率在60%以上。

我国是电解液生产大国，年产量已达到8000t。国内电解液厂商包括国泰华荣、天津金牛、东莞杉杉、新宙邦、广州天赐等10余家，其产品涵盖了高、中、低端市场，基本满足我国锂离子电池生产的需要，并有部分出口。国泰华荣占到全球市场份额的19%，电解液生产所需电解质六氟磷酸锂，主要从日本采购，2011年多氟多、天津金牛等已实现六氟磷酸锂产业化。张家港华盛已成为国际主要的电解液功能添加剂碳酸亚乙烯酯（VC）和氟代碳酸乙烯酯（FEC）的主要供应商。

随着锂离子电池产业的快速发展，我国锂电池用隔膜产量逐渐增长。锂离子隔膜主要厂家深圳市星源材质科技股份有限公司、新乡市格瑞恩新能源材料股份有限公司以及佛山市金辉高科光电材料有限公司等，单层PP隔膜和PE隔膜实现了国产化。国内干法双向拉伸隔膜产能超过5亿平方米，2011年产量超过2亿平方米，主要应用于中、低端应用市场，湿法隔膜2011年产量达到4500万平方米。但应用于动力电池等领域高端产品的三层膜国内企业研究才起步、技术还有待突破，目前高端产品基本依赖进口。

3.2011年国际相关技术及产业发展情况

2011年全球钴酸锂产量约27000t，三元材料产量约20000t，主要供应商为Umicore和日亚化学，钴酸锂的生产主要向中国转移，三元氧化物正极材料的密度进一步提升，国际德国巴斯夫、美国陶氏化学公司等获得美国阿岗国家实验室专利许可，正在开发富锂相高容量氧化物正极材料，改性尖晶石型锰酸锂材料高温循环性能得到大幅度提高，与三元材料混合生产的电池已应用于日产Leaf、通用Volt、三菱i-MieV等多种车型。

$LiFePO_4$等磷酸盐聚阴离子化合物具有成本低、资源丰富、结构稳定性与热稳定性高、循环寿命长等优点，使用热解碳对材料进行包覆并减小材料颗粒尺寸，倍率性能可得到明显提高，可作为高功率型电池来用于各类电动车。由于加拿大Phostech公司拥有德克萨斯大学、魁北克水电等单位的$LiFePO_4$专利独家授权，阻碍了该材料的推广应用，2011年专利拥有方已成立一个专门的磷酸铁锂专利授权公司，向多家公司授权生产。Phostech、A123等企业的磷酸铁锂量产较早，功率特性优异，日本大阪水泥也在越南建成磷酸铁锂工厂。

炭负极材料年产量32000t，生产地还是以日本与中国为主，约占年世界总量的90%。当前负极材料以人造石墨与天然石墨为主，其中天然石墨19000t，占59%，人造石墨10000t，两者合计市场份额接近80%，中间相类石墨约占18%。相对于硬炭，软炭因其成本上的优势将在动力车方面有更多的应用前景，石墨负极材料的研究重点将朝着高比容量、高充放电效率、高循环性能和较低成本的方向发展。为了追求更高的能量密度，很多研究者正在致力于尽可能进一步挖掘石墨的可逆容量。随着电动汽车产业对电池循环寿命和大电流充电特性的需求增加，无序炭（软、硬炭）类负极材料获得快速发展，高容量负极材料特别是硅碳复合材料比容量在450～900mA·h/g之间，用它做负极材料可以在很大程度上提高电池的能量密度，已接近应用水平。

2011年全球电解液产量约21000t，电解液主要原材料为六氟磷酸锂（$LiPF_6$），占电解液成本的50%左右，目前市场几乎被关东电化学工业、SUTERAKEMIFA、森田化学等几家日本企业垄断。2011年全球六氟磷酸锂产量在4800～5000t，其中，日本森田化学、关东电化和SUTERAKEMIFA三家公司是六氟磷酸锂的主要供应商，2011年这三家公司的总产量合计达到3600t左右，占全球总产量的约75%。

2011年隔膜销售额8亿美元，增长19%，动力锂离子电池隔膜越来越受到世界各大公司的重视。美国的Celgard公司和日本的宇部公司生产的PP/PE/PP三层隔膜，其PE层熔点较低，夹在两层PP之间可以起到熔断保险丝的作用，PP熔点较高可以提供较好的熔破温度，为电池提供了更好的安全保护。德国德固赛(Degussa)公司的Separion隔膜占据了一定的先机，其制备方法是在纤维素无纺布上复合Al_2O_3（或其他无机物），现已批量生产。埃克森美孚—东燃公司研发的最新隔膜产品通过特殊定制的高耐热性聚合物为基础制成的多层隔膜，在105℃下热收缩率仅在1%～3.5%之间，孔隙率在50%左右，而熔破温度达到了180℃～190℃，同时还保持了快速电流遮断性能和高的机械强度。日本旭化成公司也成功研发出可应用在混合动力汽车上的动力锂离子隔膜"IBS（Inorganic－blended separator）"，SK公司采用在聚烯烃隔膜表面涂覆板状无机粒子的方法制备高耐热的动力电池隔膜。杜邦公司已发布耐高温聚酰亚胺隔膜。

4. 国内外技术水平比较及下一步攻关重点

随着锂电池成为热点，电池材料企业数量持续增加，产能过剩，技术同质化，成本透明化，进入激烈的价格竞争阶段，特别是正极材料生产企业利润急剧下滑，经营困难，行业龙头企业当升科技和杉杉股份均期内报告亏损。国际上正极材料生产主要集中于少数几个大厂，投入大，研发和生产条件好，技术水平高，生产规模大，品质稳定。国际化工巨头正投入巨资研发电池新材料，如德国巴斯夫投入数亿欧元开发高容量层状氧化物正极材料，美国能源部给予巨额补贴、陶氏化学、Umicore等莫不如此。国内企业研发投入不足，主要集中于生产低端材料，企业普遍存在工艺控制不好，批次稳定性差，导致电池制造工艺控制复杂，成品率低。真正能满足高端电子产品和车用动力电池的三元材料、磷酸铁锂和锰酸锂产量较少，如日本的锰酸锂材料，常温下循环寿命能够达到2000～2500次（80%），高温55°C的循环寿命达到500～800次（80%），而国内的大多数锰酸锂材料，常温循环寿命在1200～1500次，高温循环寿命只有300～400次。

负极材料用天然石墨的资源已瓜分完毕，我国已经成为石墨负极材料的主要供应国，但需要针对车用动力电池的需求开发具备大电流充电性能的小粒径石墨负极材料，而满足HEV和PHEV电池需求的无序炭（软、硬炭）类负极材料和高容量硅碳复合材料在国内尚处于研发阶段，未能实现产业化。

国产电解液产品质量已达到与国际先进水平相媲美的地位，同时关键材料六氟磷酸锂也逐步国产化。但由于$LiPF_6$热稳定性和化学稳定性较差，对进一步提高动力和储能电池的安全性能和循环性能等有着重要的阻碍作用，因此，研究开发新型电解质锂盐及功能添加剂已经成为近年来锂离子电池电解液领域发展的主要方向，双氟磺酰亚胺锂（LiFSI）具有稳定性高、低温性能优异、环境更友好等明显优点，需要重点发展。另外，提升寿命和电池安全性能的功能添加剂也需要加强研发。

但是与国外先进企业相比，国内锂离子电池隔膜的总体技术水平还存在不少差距，尤其是高端的动力电池隔膜方面。差距主要在于隔膜的厚度、强度、孔隙率等各项性能指标得不到整体兼顾，且量产批次稳定性较差，不适用于对一致性和均一性要求极高的高端产品，导致国内绝大多数锂电厂家尚都选用进口隔膜。因此，研究开发低成本、安全性能高、稳定性强能满足动力应用要求的隔膜对于提高电池性能和降低电池成本具有重要的实际意义。还需要支持耐高温聚酰亚胺隔膜等新型隔膜的产业化技术开发。

5. 相关政策建议

基础支持基础研究，提升我们的创新能力和分析能力；发展测试评价技术和建立评价体系，引导行业的发展；加强对有潜力企业重点新产品、新技术的支持力度，提高与国外产品的竞争力，保持可持续发展；利用税收等调控手段，控制天然石墨资源的出口，保护有限资源。

（中国科学院物理研究所　黄学杰）

九、电池的安全性技术

锂离子电池因具有高比能量、高比功率，以及长循环寿命的显著优势，被公认为是目前和未来相当长一段时间内车用动力电池的首选。近年来，随着电池生产装备和工艺控制水平的日益提高，大容量锂离子电池的开发及其装车应用取得了显著进展。然而，不断发生的因锂离子动力电池引发的电动车着火焚烧事故警示人们，大容量的锂离子动力电池现阶段仍存在严重的安全隐患，并已经成为阻碍大容量、高功率锂离子动力电池商业化应用的主要技术瓶颈。本文将在简要介绍锂离子电池不安全行为的发生机制及引发因素之后，围绕电池安全性技术展开讨论。

1. 锂离子电池不安全行为的发生机制

锂离子电池的不安全行为是指电池在正常或非正常使用过程中突然发生爆炸和（/或）燃烧的现象。简单地说，电池发生爆炸、燃烧等安全性事故的根本原因在于电池内部瞬间温升过快或内压过高。作为一个密闭的反应体系，锂离子电池内部存在系列电化学和化学反应。除了正常的电极反应外，还存在许多潜在的放热副反应，包括电解质溶液的还原分解和氧化分解、正极的热分解，以及嵌锂态负极与黏结剂之间的反应等。当电池处于正常状态时，电池内部仅发生正常的充电和放电反应，副反应不会发生。但当电池充电电压过高，或者温度过高时，电池中的放热副反应被瞬间引发，在产生大量热量的同时，释放出有机小分子气体（图1和表1给出了锂离子电池中主要的放热副反应）。由于在短时间内产生的大量热量不能有效释放到电池体外，引起电池内部温度和压力的急剧上升。而温度的剧烈上升又会使副反应呈指数性的加速，释放更大量的热和小分子气体产物，此时电池进入无法控制的自加温状态，即俗称的热失控状态，电池有可能发生爆炸。当然，电池是否发生爆炸与很多因素有关，如电池的荷电状态、副反应的进行速度和发生程度、热传递速度、安全阀开启的灵敏度、外界环境温度等，因此，并非所有进入到热失控状态的电池都会发生爆炸，存在一定的概率性。但对于大容量的电池来说，由于活性物质的总量大，电池反应所涉及的能量高，而且相对于小型电池来说，电池的体表面积（外壳）更小，厚度更大，散热非常困难。因此，大容量动力锂离子电池的安全性问题更加突出。

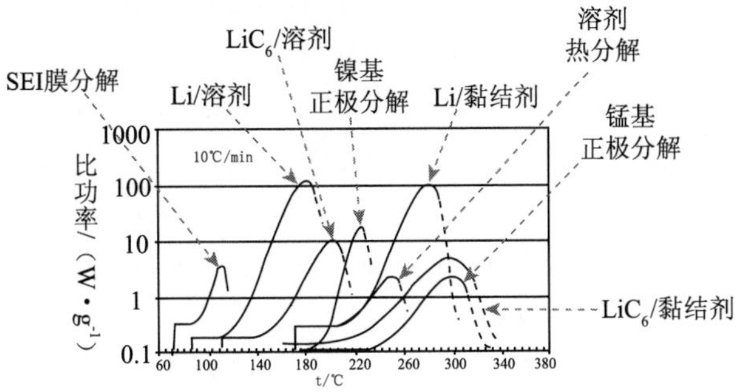

图1 锂离子电池中的主要放热副反应

表1 主要放热副反应的反应热

温度范围（℃）	反应类型	反应热（J/g）	评 述
110～150	LiC_6 与电解液的反应	350	钝化层分解
180～500	$Li_{0.3}NiO_2$ 在电解液中的分解反应	600	约在200℃释放 O_2
220～500	$Li_{4.5}CoO_2$ 在电解液中的分解反应	450	约在230℃释放 O_2
150～300	$Li_{0.1}Mn_2O_4$ 在电解液中的分解反应	450	约在300℃释放 O_2
130～220	$LiPF_6$ 与溶剂的反应	250	放热较少
240～350	LiC_6 与 PVDF 反应	1500	反应剧烈

在上述系列放热副反应中，SEI膜的分解，以及引起的电解液在电极表面的大量分解放热，被认为是导致电池温度升高，并引发电池热失控的根本原因。从事锂离子电池研究的人都知道，充满电后的锂离子电池负极还原性非常强，可以与电解液发生剧烈的化学反应，放出大量热的同时还产生有机小分子气体。但在电池的化成过程中，负极表面形成了一层具有离子导电性而非电子导电性的钝化膜。正是由于这样一层钝化膜的存在，将负极与电解液隔开，有效避免了上述反应的发生。根据目前的研究结果，负极表面钝化膜的主要组成为有机碳酸盐，其分解温度大约为130℃。当电池内部温度上升到130℃以上时，钝化膜分解，高活性炭负极裸露于电解液中，导致它们之间发生剧烈的氧化还原反应，产生的热量引起电池温度的急剧上升，并引发其他可能的放热反应，使电池进入高危状态。因此，对于锂离子电池来说，130℃是一个非常敏感的温度值。

由此，我们可以给出锂离子电池不安全行为的发生机制：当某一因素（如过充、短路等）导致电池温度升高至约130℃时，负极表面钝化膜发生分解，并引发电解液同负极嵌锂炭材料的剧烈放热反应，促使电池温度急剧上升。当电池内部局部温度升高到约220℃时，正极物质发生放热分解，并析氧。析出的高活性氧随即同电解液发生剧烈反应，产生大量的热量并形成高内压。当电池温度达到240℃以上时，还伴随炭负极同黏结剂的剧烈放热反应。如果此时电池内部没有自控机制，则可能出现胀裂、燃烧等不安全行为。

由上可知，正极材料的分解放热也是热失控反应的一种。由于各种正极的热稳定性不一样，其分解温度不尽相同，因此采用不同正极的电池安全性也不一样。如钴酸锂，以及三元复合氧化物正极在220℃～280℃的温度区间均存在分解放热反应，加剧了电池发生热失控的可能性，因此，采用该类正极的电池的安全性较差。而磷酸铁锂正极非常稳定，通常状态下不发生热分解，因此，电池安全性相对较好。但由于正极材料的分解放热仅仅是导致电池发生热失控的一种因素，其他危险性副反应在磷酸铁锂电池中仍然存在，因此，理论上磷酸铁锂电池并非绝对安全。

2. 锂离子电池的典型不安全行为

对于小型方形锂离子电池来说，由于电池壳体上的安全阀对内压变化并不十分敏感，当电池处于热失控的不安全状态时，往往先爆炸后燃烧；而对于圆柱形电池和大容量动力电池来说，由于安全阀能够及时开启，往往仅发生燃烧。由此可见，燃烧是锂离子电池最普遍的不安全行为。

锂离子电池发生燃烧的主要原因是，锂离子电池的电解质溶剂具有易燃性，且闪点过低。所谓闪点就是使可燃液体或固体能放出足量的蒸气并在所在容器内的液体或固体表面处与空气组成可燃混合物的最低温度。在锂离子电池电解液中，主要溶剂组分为有机碳酸酯类。如DMC（二甲基碳酸酯）、EMC（乙基甲基碳酸酯）、DEC（二乙基碳酸酯）等，其闪点非常低（表2给出了主要电解质溶剂的物化指标）。另外，负极碳材料、隔膜和正极导电碳也具有可燃性。当电池处于如上所述的热失控状态时，电池内部的温度和压力均很高。如果电池安全阀能够及时开启，或者电池采用非金属的软质材料为外壳时，电池往往不会发生爆炸。但因压力很大，安全阀开启或外壳破裂时，可燃性电解液蒸气和有机小分子气体以极快的速度喷出（有文献认为速度为超音速），并与壳壁发生摩擦，摩擦产生的高温足以点燃低闪点的可燃性气体组分，导致电池燃烧。因此，电池发生燃烧的概率高于电池发生爆炸的概率，但电池爆炸必定伴随着燃烧。此外，当电池开裂，并且外界环境的空气湿度较高时，空气中的水分容易与嵌有锂的碳负极发生剧烈的化学反应，并放出大量的热，也可以引起电池的燃烧。

表2　主要电解质溶剂的物化指标

Solvent	Structure	T_m, ℃	T_b, ℃	T_f, ℃	v.p @T, Torr	$\eta^{20℃}$, cP	ε_r
EC	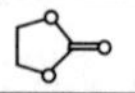	35	244	160	$0.02^{36℃}$	$1.9^{40℃}$	90
PC	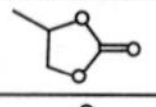	-49	242	132	$0.03^{20℃}$	2.5	65
DMC	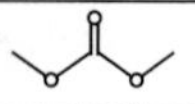	5	91	16	$40^{24℃}$	0.66	3.1
DEC	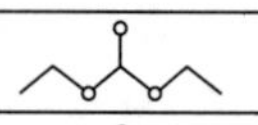	-74	126	31	$20^{20℃}$	0.75	2.8
EMC	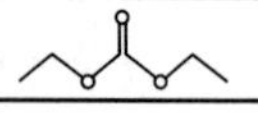	-15	107	21	$20^{20℃}$	0.89	2.9

3. 锂离子电池不安全行为的引发因素

研究表明，过充电、短路（包括内部短路和外部短路）、机械滥用（如穿刺、挤压、振动）和高温热冲击等均可导致电池发生燃烧甚至爆炸。原因是上述因素容易触发电池内部的危险性副反应。如过充电超过一定限度后，电解液势必发生氧化分解，并产生大量的热，导致电池内部温度升高。当温度上升至130℃后，负极表面的SEI膜发生分解，引发前面所述的系列放热反应。当短路发生时，电池因以非常大的电流放电，其温度也极易升至130℃以上；而挤压、穿刺、振动、跌落均可能导致电池发生短路现象，高温热冲击则可使电池直接暴露在高温环境下，因此均可能成为电池不安全行为的引发条件。

但正常使用的电池为什么也会发生安全性事故呢？大量试验结果已证实，导致正常使用条件下的电池发生爆炸、燃烧等不安全行为的主要原因是电池内部短路。尽管出厂时电池全部都通过了短路检测工序，但由于这种内部短路往往是在用户使用过程中形成的，因此非常难以发现和避免。导致内部短路的主要原因有：

①吸附在隔膜表面的导电粉尘。这是导致电池发生内部短路并最终发生不安全行为的最大隐患。当电池装配车间环境控制不利，空气中就不可避免地存在大量极片粉尘和激光焊接造成的金属粉尘。这些漂浮的粉尘有可能通过静电作用吸附在隔膜表面，卷绕时夹杂在正负极之间。夹杂的粉尘有可能给电池生产带来两方面的影响：一方面，造成电池微短路。这一部分电池可根据搁置后的电池电压发现和剔除，不会流通到用户手中，给用户带来不利影

响，仅仅降低了产品成品率。另一方面，粉尘没有完全刺穿隔膜，但存在潜在短路危险。在用户正常使用情况下，随时有可能发生安全性事故，这种情况危害性最大。其引发原因是：电池厚度与其荷电态密切相关。随电池充电进行，电池厚度增加，而放电过程中电池厚度逐渐减小。也就是说，每循环一周，电池厚度均要经历一个膨胀收缩过程。在膨胀过程中原先夹杂在正负极之间的导电微粒因受到挤压而可能刺穿隔膜，导致电池发生内部微短路，从而引发安全性事故。

②电池卷芯的正极片和负极片存在错位现象。设计电池极片时，负极的极片宽度往往较正极片宽约0.5mm到1.0mm，其目的是保证电池电芯中负极较与之相对的正极边缘宽约0.25mm到0.5mm，避免电池在充电过程中负极边缘发生析锂现象。但在卷绕时由于极片放置位不准或卷绕过程中纠偏控制不利，导致部分正极边缘较负极宽，出现部分错位现象。这样在充电过程中错位部分的负极边缘容易析出金属锂，造成电池微短路。

③极片有毛刺。如果极片分切时极片边缘存在毛刺，并且在电池生产全过程中并没有造成直接的内部短路，往往因不能被发现而作为合格产品出厂。但在正常使用过程中可能因电池厚度不断膨胀收缩导致毛刺刺透隔膜而发生内部短路，从而引发安全性事故。

④负极表面析锂。正常情况下，为避免负极表面析锂，电池设计时负极片容量往往较正极片高5%～10%。但由于涂布不均或者负极表面存在空白涂点，往往造成局部正极容量较负极高。这一部分负极表面在充电过程中极易发生金属锂的析出现象，从而有可能造成电池内部短路。此外，电池低温充电，或大电流充电，以及负极容量随循环进行衰减过快时也非常容易导致负极表面析锂，造成电池内部短路。

⑤电解液分布不均匀。当电解液分布不均时，直接的后果是电极利用率不一致。电解液分布较多的地方，电极表面过利用；而分布较少的地方则利用程度较低。充电时，过利用的负极表面容易析锂，导致电池内部短路，从而引发不安全性事故。

⑥正极材料纯度不高，含有一些游离的金属杂质。充电时金属杂质因氧化容易溶到电解液中，溶解性金属杂质在负极的低电势下极易还原成金属颗粒，并沉积在负极和隔膜表面，导致电池发生短路。典型的现象是，解剖电池后发现隔膜上沉积有许多黑点。目前国产化的磷酸铁锂材料普遍存在类似问题。

4. 提高锂离子动力电池安全性的技术措施

针对锂离子电池的安全性问题，目前制造厂家在电池产品设计、制造工艺和材料选择等方面采取了一系列应对措施。在产品设计和使用方面，主要包括：在电池壳体上设置安全阀，串联正温度系数（PTC）热敏电阻，配置安全保护电路等。

安全阀是为防止锂离子电池爆炸而设计的，通常设置在电池壳体的顶部，用来控制电池的内压。当电池处于滥用状态，过热或气体产物导致内压增大，并超过安全阀的设定值后，安全阀自动开启，释放压力，防止电池发生爆炸。PTC装置则是一种具有温度敏感性的电阻，常作为一种限流保护元件用在圆柱形电池中。当电池内部温度异常升高并超过某一阈值时，PTC元件的电阻值陡然增加，切断充电电流，防止电池内部发生热失控。在实际应用中，锂离子电池及电池组均配备有安全保护电路，及专用的电池管理系统，避免电池过充电、过放电、电流过大、过热等。

在制造环境与工艺控制方面，由于导电粉尘在隔膜表面的黏附，以及碳负极表面锂枝晶的生长均容易导致电池的内部微短路或短路，增加电池发生不安全行为的概率。因此，制造厂家一方面加强了生产车间的粉尘控制，另一方面，采取了一些降低负极表面析锂的措施。如，增加负极容量的过余量；采用自动卷绕或叠片技术，保证正负极片对齐精度；采用高性能低温电解液等。

在电池材料的选择方面，考虑到正极材料氧化分解放热是导致电池热失控的主要原因，为提高储能与动力电池的安全性，目前大容量和高功率锂离子电池主要采用热稳定性好、抗过充能力强的磷酸铁锂和锰酸锂为正极。但与钴酸锂、镍钴锰三元氧化物正极相比，磷酸铁锂和锰酸锂材料在能量密度上存在较大差距，导致了电池能量密度的大幅度下降。目前，常规小型便携式电子产品所用的钴酸锂/C电池的能量密度普遍达到了160W·h/kg以上，而磷酸铁锂/C和锰酸锂/C单体的能量密度仅110～120W·h/kg。由此可见，安全性问题已成为锂离子电池能量密度提高的主要障碍。

此外，作为一种可以有效提高电池安全性的常规技术，具有良好热关闭性能的隔膜材料已被电池厂家采用。正常使用情况下，隔膜上的微孔提供离子传输通道，当电池在异常状态下内部温度上升，温度达130℃以上时隔膜受热熔化，微孔自动封闭阻止离子的传输，从而切断充电电流。但存在的问题是，隔膜的熔化收缩往往导致正负极直接接触而短路。因此，采用惰性纳米粉体涂层增强（如氧化铝、氧化硅），已成为目前高安全性隔膜开发应用的热点。

上述安全性措施虽然在一定程度上提高了锂离子电池的使用安全性能，降低不安全行为发生的概率和危害程度，但并没有从根本上解决电池的安全性问题。例如，对于外部保护来说，压力安全阀是为了防止电池爆炸而设计的，但即使安全阀能够及时开启，也可能导致气体的燃烧；PTC电阻的作用效果受到热传导速率的限制。当热失控反应进行较快时，外置的PTC电阻往往并不能及时响应电池内部的真实温度，而失去保护作用。安全保护电路的使用增加了电池组的复杂性和生产成本，而且对串并联组成的电池组而言，实现对每只电池逐点管理的难度非常大，任何一只电池的管理失控都有可能带来严重的安全问题。对于基于磷酸铁锂和锰酸锂正极的电池来说，虽然正极的热分解反应被消除，但电池内部的其他放热反应依然存在，电池安全性只能说得到了大幅度改善，并没有从根本上解决。而电池制造环境与工艺的控制，也只能起到降低电池内部短路概率的作用。

综上所述，通过选择安全性好的电池材料、优化电池设计以及控制生产工艺等措施，在一定程度上改善了电池的安全性能，但并没有从根本上解决锂离子电池的安全性问题，因此，迫切需要发展新型的安全保护技术。

5. 锂离子电池的新型安全保护技术

发展新型的电池反应安全性控制技术，消除各种敏感性副反应发生的引发机制，彻底解决锂离子电池的安全性问题，是大容量锂离子电池进入规模化、商业化应用的前提。原则上，至少需要从防止电池电压失控、热失控，以及防止电池燃烧三方面着手。近年来，国内外研究者围绕上述目标开展了大量卓有成效的研究工作，提出了系列极具应用前景的安全性保护新技术。

(1)电池可逆过充保护技术

在防止电池电压失控方面，重点发展的是氧化还原电对穿梭剂和电压敏感隔膜两种可逆过充安全保护技术。氧化还原电对穿梭剂的作用原理为(见图2)：在电解液中加入一具有高度氧化还原可逆性的电对分子(S)。当电池处于正常充放电电压范围内时，电对添加剂分子不参与任何电极反应，并处于本征的还原态。一旦电池处于过充电状态，且充电电压达到电对的氧化电势时，还原态的电对在正极表面得到电子被电化学氧化成氧化态(S^+)，氧化态的电对(S^+)随即扩散到负极被重新还原成本征态(S)。通过这种反复的氧化还原旁路掉外部充电电流，使电池电压被钳制在一定范围内，阻止电池电压失控。目前具备这种功能的电对添加剂分子主要为二甲氧基苯的衍生物，如2,5-二叔丁基-1,4-二甲氧基苯。

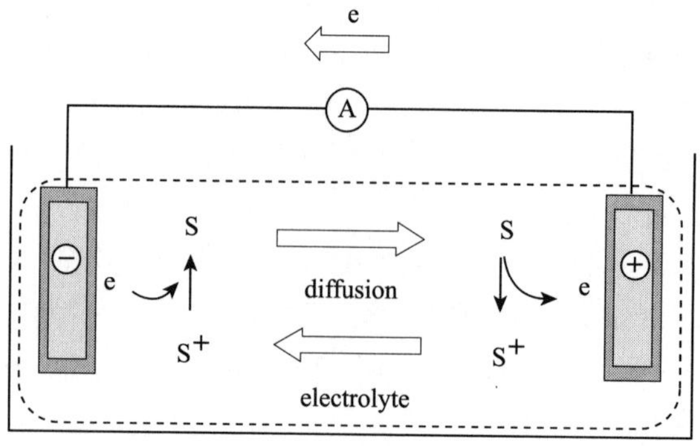

图2 氧化还原电对穿梭剂的作用原理

电压敏感隔膜也是一种内置的可逆过充保护新方法。其基本思路为：在隔膜部分微孔中填充一种具有电压敏感性质的聚合物，在正常充放电电压区间隔膜呈绝缘态，只允许离子传导；而当充电电压达到控制值时，聚合物被氧化掺杂成为电子导电态，在电池正负极之间形成聚合物导电桥，导致充电电流旁路，避免电池被过充。一旦停止对电池过充，电池电压由于聚合物导电桥的存在而降低。当低于活性聚合物材料的电氧化脱杂电势时，电压敏感隔膜又转变为绝缘态，恢复其正常的隔膜功能。因而利用一些导电聚合物在不同电势下绝缘态—导电态的可逆转变，就可以设计出具有电压开关性质的隔膜，实现电池自我的可逆过充保护。其工作原理如图3所示。从目前研究进展来看，基于聚三苯胺、聚噻吩衍生物为电压敏感材料的修饰隔膜，均可为磷酸铁锂电池提供长期稳定的可逆过充保护。

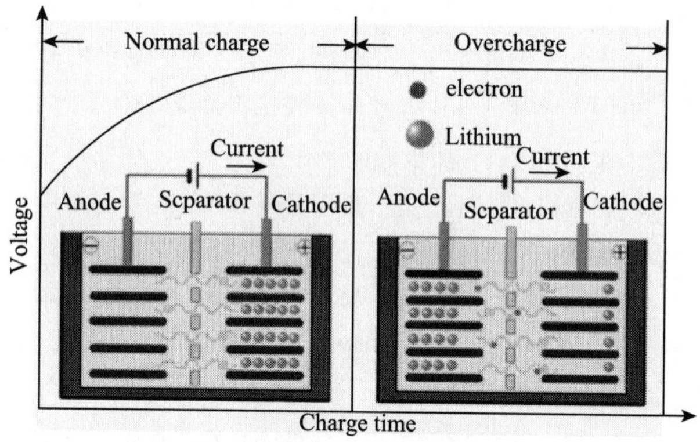

图3 电压敏感隔膜的工作原理示意图

(2)防止热失控的技术

为防止电池的热失控，人们发展了一种嵌入式、具有自激活热阻断功能的过充保护措施——温度敏感电极。其基本原理为：在正极集流体Al箔和活性层之间涂敷一薄层具有正温度敏感特征的PTC涂层。当电池发热温度升高到控制值时，PTC涂层的电阻急剧增大几个数量级，切断集流体与活性层之间的电流，抑制电极反应的进行，防止电池温度的进一步上升，从而防止电池进入到危险的热失控状态。图4为PTC电极的结构示意图。

原则上，只要选用的PTC材料具有合适的阻变温度(即居里温度)、足够的升阻比和化学稳定性，上述结构的PTC电极就能够根据自身温度变化调节电极电阻，具备

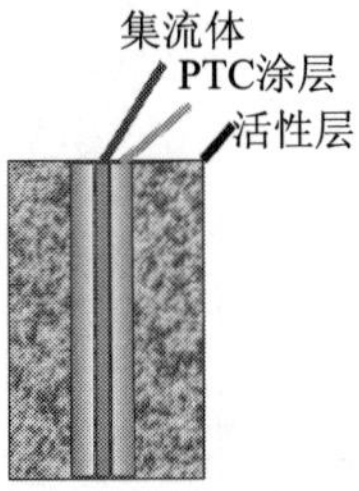

图4 PTC电极的结构示意图

自激活温度开关功能。考虑到常规的 $BaTiO_3$ 基 PTC 材料在室温下的电阻率较大，并且产生 PTC 效应时的温度较高，其本身也容易发生电化学嵌锂反应，目前这一工作所选择的 PTC 材料均为高分子基—炭黑复合物，如环氧树脂—炭黑复合物、聚乙烯—炭黑复合物、聚偏氟乙烯—炭黑复合物等。研究表明，采用合适炭黑含量的这类高分子基—炭黑复合物具有良好的 PTC 效应。在 70℃以下时，复合物的电阻基本不变；在 70℃～110℃的温度区间，电阻开始明显增加；当温度超过 110℃时，电阻几乎直线上升，表现出典型的 PTC 效应。

然而，需要指出的是：这种 PTC 电极仅对外部短路或过充引起的温升有效，对于因各种因素如挤压、穿刺、负极析锂等导致的内部短路而引起的热失控来说，往往无能为力。因为位于集流体与涂层之间的 PTC 薄层无法切断正负极活性层之间的电子传导。因此，理想的热控制方式应当是在电极活性材料的表面均匀包覆 PTC 涂层，使活性材料本身具备热敏感功能，灵敏感知微环境中的温度变化。如果 PTC 薄层非常致密且具有锂离子传导功能，则可在不影响电池正常充放电性能的情况下，完全封闭电极在敏感温度下的所有表面及体相反应，彻底解决锂离子电池的热失控问题。实现这一理想模式的关键是寻找满足原理要求的 PTC 涂层材料。

除此之外，基于电极表面热封闭，以及电池热固化的新型热控制技术也开始报道，并引起广泛的关注。热封闭电极的原理是：在电极或隔膜表面修饰一层纳米球状热熔性材料。在常温下，球状颗粒的堆积形成多孔，不影响离子的液相传输；当温度升高至球体材料的融化温度时，球体融化成致密膜，切断离子传输，使电池反应中止。而热固化电池的原理为：在电解液中加入一种可以发生热聚合的单体。当温度升高时，发生聚合使电解液固化，切断离子传输，使电池反应中止。

(3)防止电池燃烧的技术

锂离子电池电解液通常采用易燃的碳酸酯溶剂。在受热的情况下,这些溶剂易与强氧化性物质发生氢氧自由基的链式反应,从而导致燃烧发生。阻燃添加剂的加入可以使易燃有机电解液变成难燃或不可燃的电解液,降低电池放热值和电池自热率,增加电解液自身的热稳定性,从而避免电池在过热条件下的燃烧。因此,阻燃添加剂的研制已经成为最近几年来锂离子电池安全研究的重要方向。

目前用于提高锂离子电池安全性的阻燃剂主要有两大类，即含磷阻燃剂和含卤素阻燃剂。含磷阻燃剂是工业上最常用的阻燃剂，它们大部分是极性液体，具有良好的互溶性和溶盐能力，因此最早用作锂电池添加剂研究。研究表明，磷酸三甲酯(TMP)、磷酸三乙酯(TEP)、磷酸三丁酯(TBP)、磷酸三苯酯(TPP)、亚磷酸三甲酯［TMIP］、亚丙基磷酸乙酯、二甲氧基甲基磷酸酯（DMMP）等化合物都具有降低电解液燃烧的作用，但这类磷酸酯类溶剂与负极匹配性较差，导致电池充放电库伦效率低，因此，寻找匹配的成膜添加剂是推进磷酸酯类阻燃添加剂应用的关键。

另一类研究较多的是含卤素阻燃剂。卤系阻燃剂受热时,容易分解生成卤素自由基。该自由基与有机物中的氢原子生成卤化氢气体进入气相中,与气相中的氢氧自由基作用生成水蒸气,也可以与氢自由基直接作用,使其猝灭。因此，表现出有效的阻燃作用。用作锂离子电池阻燃添加剂的卤代有机阻燃化合物主要为有机氟化物,包括氟代环状碳酸酯、氟代链状碳酸酯以及烷基—全氟代烷基醚等。这类阻燃添加剂的主要应用问题是，价格昂贵以及高污染，且在与负极的电化学匹配性方面也还存在一定的问题。

（武汉大学 艾新平）

十、车用燃料电池

2011年在各级政府、企业及科研机构的努力下，国内燃料电池技术保持着良好的发展态势。“十一五”节能与新能源汽车重大项目取得的成果，为下一阶段燃料电池技术的发展奠定了良好的基础。科技部及时启动了“十二五”“电动汽车关键技术与系统集成”重大项目，从面向示范与产品验证和发展下一代技术两方面战略布局，支持与促进车用燃料电池技术的研发。基于节能与新能源重大项目的燃料电池车进行了“后世博”运行，旨在继续进行寿命与可靠性考核，为车用燃料电池改进提供更丰富的数据。此外，国内汽车企业集团的加入，为车用燃料电池技术发展注入了生机，强化了国内燃料电池研发投入，增强了燃料电池发展实力。国际上各大汽车公司仍然持续投入燃料电池汽车，通过一系列示范，燃料电池汽车性能与安全性已经得到了验证，基本明确了2015年燃料电池商业化的战略目标，目前要集中解决低成本、加氢设施等问题。

1.2011年国内技术发展情况(包含主要技术指标描述)

2011年，“十一五”国家“863计划”“节能与新能源汽车”重大专项“国产质子交换膜燃料电池电堆及关键材料的研制开发”课题（课题编号：2008AA11A105、2008AA11A106）获得了科技部的验收，分别由新源动力股份有限公司和武汉理工大学承担。通过课题的实施，在全氟磺酸树脂、复合质子交换膜、炭纸、电催化剂、膜电极组件（MEA）、双极板等国产化燃料电池关键材料及其小批量生产工艺方面取得了长足进展。新源动力以国产材料为基础研发的电堆质量比功率和体积比功率分别达到814W/kg、1043W/L，成本降低约50%，寿命超过4000h；武汉理工大学开发的燃料电池关键部件MEA及制备技术，形成了小批量生产能力，产品已出口国外。通过两个课题的实施，形成了包括关键材料、零部件和系统集成车用燃料电池全产业链的研发团队，为我国燃料电池产业化积累了经验。表1为课题验收达到的技术指标。

表1 “国产质子交换膜燃料电池电堆及关键材料的研制开发”课题验收指标

60kW燃料电池轿车发动机模块参数		达到的指标
性能指标	持续输出功率	62kW
	电压	360～520V
	模块比功率	814W/kg,1043W/L
	效率	>50%
	氢气利用率	>90%
寿命指标	寿命	>4000h
环境适应性	低温环境	-10℃～-20℃储存与启动
	空气杂质允许量	SO_2：0.1mg/m^3，NO_2：0.08mg/m^3
安全性	绝缘性	>1MΩ
	氢泄漏	电堆模块机箱内部浓度<0.5%

在此基础上，新源动力又进行了新一代电堆技术的开发，在额定功率输出、系统功率密度、额定工作点电流密度等方面都有所提升。改进了膜电极技术，使电催化剂利用率得到大幅提高；通过双极板、流场的优化以及批量化技术和质量控制环节，提高了电堆的一致性，实现了电堆性能的技术突破，目前比功率已经达到1300W/L，额定工作点的电流密度从500mA/cm^{2}提升至1000mA/cm^2，在同样功率输出情况下，体积和重量分别减小了一半（见图1、图2），该电堆技术已用于第三代“上海牌”Plug-in燃料电池轿车上。

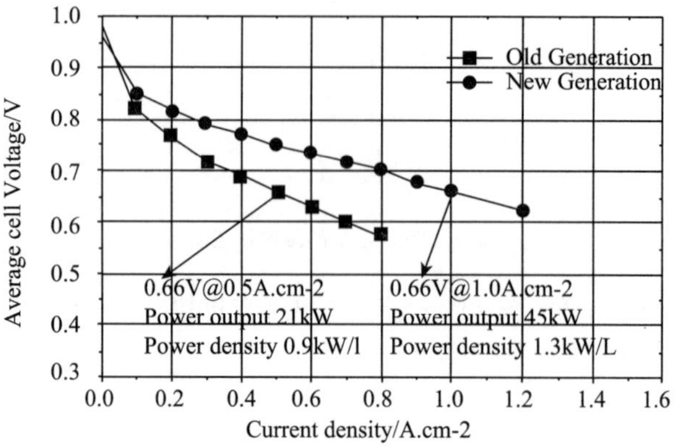

图1 国内燃料电池发动机性能

图2 国内研发的车用燃料电池模块

上汽集团自主开发的新一代燃料电池轿车——“上海牌”Plug-in燃料电池轿车也是2011年的一个技术亮点。它是基于国家863“节能与新能源汽车”项目的重大成果，利用的是上汽自主开发的国内第三代荣威750车型平台，集成了中等容量动力蓄电池、新一代燃料电池系统、可插电技术。该车采用高压储氢系统作为动力燃料源，最高车速为150km/h，在城市综合工况下的续驶里程大于350km，具有零排放、高效率、低噪声等优势。在2011年德国柏林举行的第十一届必比登挑战赛上，该车型在燃料电池汽车组拉力赛中逐鹿群雄（见图3），综合成绩名列总分第三，仅次于丰田和奥迪车。

图3 “上海牌”燃料电池轿车参加必比登挑战赛

为了适应燃料电池技术的发展，为燃料电池商业化做好准备，国家燃料电池标准委员会及时掌握国际发展动态，结合国内燃料电池研发实际，及时制定了相应的燃料电池国家标准，燃料电池标委会成员是以国内燃料电池研发人员为主体，基于自己的科研成果及技术积累，目前已经颁布或已立项燃料电池标准25项，其中自制定标准15项、采标10项，2011年制定标准7项。这些标准涵盖燃料电池材料与零部件标准、电堆与模块标准、燃料电池车辆标准、低温性能标准等。表2列出了自制定的部分燃料电池国家标准。

表2 自制定的部分燃料电池国家标准

标准类型	标准号/计划号	标准名称
术　语	GB/T 20042.1—2005	质子交换膜燃料电池　术语
燃料电池材料与零部件标准	GB/T 20042.3—2009	质子交换膜燃料电池第3部分：质子交换膜测试方法
	GB/T 20042.4—2009	质子交换膜燃料电池第4部分：电催化剂测试方法
	GB/T 20042.5—2009	质子交换膜燃料电池第5部分：膜电极测试方法
	GB/T 20042.6—2011	质子交换膜燃料电池第6部分：双极板特性测试方法
	GB/Z 27753—2011	质子交换膜燃料电池膜电极工况适应性测试方法
电堆标准	GB/T 20042.2—2008	质子交换膜燃料电池　电池堆通用技术条件
燃料电池车辆标准	GB/T 25319—2010	汽车用燃料电池发电系统　技术条件
	GB/T 23645—2009	乘用车用燃料电池发电系统测试方法
	GB/T 23646—2009	电动自行车用燃料电池发电系统　技术条件
	GB/T 28183—2011	客车用燃料电池发电系统测试方法
测试标准	GB/T 25447—2010	质子交换膜燃料电池测试台及活化台
电站发电系统	GB/Z 21743—2008	固定式质子交换膜燃料电池发电系统（独立型）性能试验方法
便携式电源	GB/Z 21742—2008	便携式质子交换膜燃料电池发电系统
低温性能	20100783－T－604	质子交换膜燃料电池低温特性测试方法

2.2011年国内产业发展情况（包含主要产业化指标描述）

2011年上汽集团与新源动力合作启动了“上汽集团‘十二五’燃料电池汽车开发”项目。该项目是国内第一个也是目前唯一一个大型汽车集团投资参与的燃料电池市场化开发项目，完全以满足车用需求为目的，不同于以往满足示范运行需求的样机开发。项目总体预算超过2.5亿元，目标是在2015年实现燃料电池汽车商业化示范运行。通过核心部件技术进步的集成，使燃料电池产品的比功率密度达到上海世博会示范运行水平的2倍；强化工程化开发，使电堆在防水防尘、低温启动、氢安全、电磁兼容、抗振、绝缘等级等方面全面提升，达到汽车零部件产品要求；同时产品的可靠性、寿命也得到显著提升。

3.2011年国际相关技术及产业发展情况

国际上，各大汽车公司对燃料电池汽车仍保持着良好的发展势头，在燃料电池寿命、可使用性、安全性等方面已与传统的内燃机汽车接近。寿命方面，美国UTC公司与美国AC Transit运输公司合作，在加州奥克兰市成功地进行了燃料电池公交车示范运行，截至2011年8月已经累积运行了10000h，远超过美国能源部制定的2015年的5000h商业化寿命目标。UTC公司的技术特点是采用自己独特的电堆结构，强化了水管理，使燃料电池在全工况内保持良好的水平衡状态；此外，在控制策略方面，尽量避开不利条件的影响，使燃料电池寿命有了显著的提高。另外，其他汽车公司也纷纷宣布，燃料电池汽车寿命已接近5000h的目标。在性能方面，Nissan公司展示的电堆功率密度已经达到2～3kW/L（见图4）。德国Mercedes－Benz F－CELL B class燃料电池汽车（见图5），基于最新一代技术，燃料电池系统体积减小40%；3个4kg的700bar氢罐，只需3min加氢，最高时速170km/h，可以－25℃储存与启动；车动力达到100kW，最大扭矩290Nm，动力性能高于2L的汽油车，百公里当量耗油量3.3L；具有高安全性与舒适性。Daimler公司3辆B型Mercedes－Benz燃料电池轿车F－CELL从2011年1月30日到6月，环绕四大洲14个国家125天（其中70d驱车）行程30000km，认为燃料电池汽车技术已经趋于成熟，但加氢站网络还不具备，全程需要用加氢车跟随。通过这次环球旅行向世人展示了燃料电池汽车的可使用性，其续驶里程、最高时速、加速性能等已与传统汽油车相当，计划在2014—2015年实现批量生产，并投放市场，价格待定。此外，2011年5月德国Audi推出了燃料电池Q5-HFC型车（见图6），98kW的燃料电池与1.3kW·h的Li离子电池构成混合动力系统，扭矩可达420Nm，最高车速为160km/h，也表现出良好的动力性能。

(a)

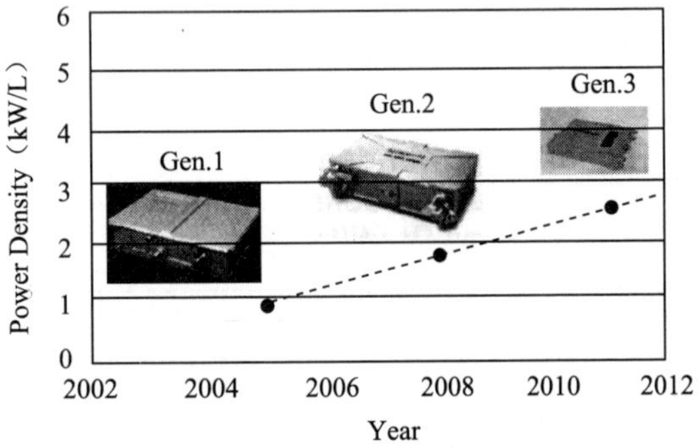

(b)

图4 Nissan公司的电堆及其功率密度进展

图5 Daimler公司B型Mercedes-Benz燃料电池轿车环球旅行

图6 Audi Q5-HFC燃料电池车

另外，在加氢系统方面，2011年Honda推出了高压太阳能水电解加氢站（见图7），实现了燃料电池技术与可再生能源的很好结合。为适应燃料电池商业化，据报道，丰田、戴姆勒、通用等11家国际汽车生产商将统一燃料电池汽车氢气供给系统的规格，氢气加注像加油一样方便，这是吸取了电动汽车普及缓慢的教训，各厂商从最初阶段就朝着统一规格的目标开展合作。目前，各汽车厂商已基本同意将统一由储存罐向车体注入氢气的连接器的规格，2012年内也将完成国际标准化组织的资格认定，这将有效促进燃料电池汽车商业化步伐。

图7 太阳能水电解制氢加氢站(Honda)

4. 国内外技术水平比较及下一步攻关重点

目前，国内外车用燃料电池在性能、安全性等方面与国际水平差距不大，通过改进系统控制策略研究，燃料电池寿命可以得到大幅提升。摆在我们面前的主要任务是要继续降低燃料电池成本，尤其是要减少Pt用量，这是我们实现燃料电池汽车商业化的前提条件。目前国内水平车用燃料电池的Pt用量为1g/kW左右，国际先进水平达到了0.3g/kW，目标应降到0.1g/kW甚至更低，如果与汽车尾气净化器同一量级，燃料汽车商业化就指日可待了。降低Pt用量可以从三条路径同时进行：

(1)研究低Pt电催化剂

由于成本与资源因素，降低车用燃料电池Pt催化剂用量势在必行。可通过控制形貌的制备方法提高Pt氧还原活性，或采用Pt-M（M为非Pt金属）催化剂，通过加入第二或第三种非Pt金属，利用电子或几何效应，达到低Pt情况下保证高活性的同时，稳定性也相应提高。目前，核壳型催化剂是研究的热点，即利用非Pt粒子为支撑核，表面Pt为壳的结构。

由于电催化反应为表面过程，只有分布在纳米粒子表面的活性组分才有可能被利用，而体相中的活性组分难于参与反应过程。核壳结构纳米催化剂能使较多的贵金属原子暴露在催化剂的表面，可有效提高贵金属Pt的利用率，从而降低Pt催化剂的用量。另外，核壳双金属之间产生的电子效应促进了壳层上活性物质的催化活性，从而对发生在贵金属表面的电化学反应起到一定的促进作用。因而，核壳结构纳米催化剂是降低Pt用量的重要技术之一。

采用欠电位沉积方法制备的Pt-Pd-Co/C单层核壳催化剂总质量比活性是商业催化剂Pt/C的3倍，利用脱合金(De-alloyed)方法制备的Pt-Cu-Co/C核壳电催化剂，质量比活性可达Pt/C的4倍。大连化物所近期采用一步法合成Pd@Pt催化剂，在水溶液中通过一次加料制得Pd@Pt

纳米粒子，其Pt外壳具有纳米枝晶结构，具有较高的电化学比表面积。通过改变金属前驱体与保护剂的种类和浓度，可调节核壳纳米金属粒子的直径、原子比，以及Pt纳米枝晶在Pd核心上的致密程度，所制备的纳米催化剂对ORR表现出较高的面积比活性和单位质量Pt催化活性。

(2)开发低Pt有序化电极

降低Pt用量的另一条途径就是通过改变电极结构，使反应物与生成物传递实现有序化，降低传质阻力。目前车用PEMFC操作电流密度的国际先进水平在$1.5A/cm^2$左右，而国内仅限于$0.8\sim1A/cm^2$，这与所采用的无序的电极结构密切相关，若能实现催化剂、离子导体均有序排列，则三相界面可以实现有序化，即可能大幅度提高传递与反应效率，从而提高Pt的利用率，其技术难点是如何把高活性、低Pt的电催化剂（如核壳结构电催化剂）担载到有序结构的基底上。

美国3M公司采用纳米结构的晶须(Nano - sized Crystalline Organic Wisker)作为支撑体，在其表面涂上一层或多层催化剂，制作出超薄催化层的纳米结构薄膜电极(Nano Structured Thin Film，NSTF)，贵金属的担载量因此而大为降低，制备的担载型Pt合金催化剂的质量比活性比商业化Pt/C提高4～5倍，膜电极的总Pt担载量降至$0.15mg/cm^2$。且活性比表面积更加稳定，在H_2 - Air系统、$2A/cm^2$运行条件下没有出现明显的传质极化。

(3)改善电堆一致性，提高电堆的功率密度

高功率密度的电堆可以在同样功率输出下使用较少的Pt。提高燃料电池电堆工作电流密度是提高电堆比功率的前提条件，而电堆一致性是制约电堆高功率运行的关键。车用燃料电池为了满足一定的功率需求，电堆通常都是由数百节单电池组成，一致性除了与燃料电池材料、部件加工的均一性有关外，还与电堆的水、气、热分配密切相关，从设计、制备、操作三方面出发进行调控，通过模拟仿真手段研究流场结构、阻力分配对流体分布的影响，找出关键影响因素，重点研究水的传递、分配与水生成速度、水传递系数、电极/流场界面能之间的关系，研究稳态与动态载荷条件对电堆阻力的影响，保证电堆在运行过程中保持均一性，从而可以大幅提升额定点工作电流密度，提升电堆的功率密度，降低成本。

5. 相关政策建议

燃料电池发动机性能及可使用性已接近内燃机，国家、各级地方政府、企业及科研机构还要继续协力推进燃料电池商业化进程。建议：第一，继续加强基础研究，降低燃料电池电催化剂Pt用量，使车用燃料电池Pt用量降到$<0.1gPt/kW$，与目前汽车尾气净化器所用的贵金属催化剂相当。第二，支持与促进加氢站技术开发，进一步降低加氢站的建设成本，逐步建立以工业副产氢为基础的加氢站，直至过渡到兼容可再生能源的制氢体系。第三，进一步提高燃料电池汽车与加氢站的安全性，并制定相应的标准与法规，为燃料电池汽车商业化做好前期准备。

致谢：

感谢科技部节能与新能源汽车重大项目的支持！感谢上汽股份集团公司、新源动力股份有限公司、武汉理工大学为本文提供的素材。

（中国科学院大连化学物理研究所 侯明 衣宝廉）

十一、驱动电机

1. 节能与新能源汽车驱动电机系统发展现状

2011年是“十二五”计划的开局之年，我国国内节能与新能源汽车驱动电机系统的应用总量已经过万，国际上以丰田Prius混合动力汽车为主要应用对象的车用电机系统已经达到了数百万台套。

从电机应用类型来说，现阶段应用效果较好的主要是永磁同步电机系统和感应异步电机系统。这两种系统的特点都比较明显，在要求电机体积紧凑、功率密度更高的应用领域，往往是稀土永磁同步电机系统更为合适。迄今为止，销量最大的几款混合动力汽车（如丰田Prius、福特Fusion、本田Insight、CIVIC和日产LEAF等），其驱动电机系统均采用永磁同步电机系统。而在对成本敏感而且体积允许的情况下，异步电机系统是一个较好的选择。现阶段的应用车型中，永磁同步电机仍是车用驱动电机的主流。其特点非常符合新能源车用驱动电机的要求：转矩密度、功率密度较高，体积小，效率高且高效区宽。鉴于磁钢价格的问题，减少重稀土用量的降地成本技术措施日趋得到业内的关注和研发应用。

我国车用电机系统的研发和产业化得到了政府的高度重视和大力支持，政府和企业的投入较大，车用电机系统产品不断增多，技术水平大幅提高。部分企业已基本具备自主研发能力和测试设备，能够和整车进行同步开发，产品性能基本满足整车需求，产品能满足小批量配套需求。个别企业产品规格较为完整，可适用于不同整车的需求。

部分专业公司通过采用系统集成设计技术，实现了电机与发动机、变速器在机械、电磁和热管理的一体化设计

与应用。在商用车领域，比较典型的就是玉柴公司将发动机与电机整合成公交车专用的混合动力专用发动机；云内动力将轿车发动机和发电机进行集成设计，形成了增程式混合动力公交车专用的 APU（发电机组）产品；以清华绿控为主，形成了将 AMT 变速器和电机集中设计的混合动力商用车专用机电耦合总成。在乘用车领域，长安、奇瑞、东风和华晨汽车公司等都将发动机和电机集成设计，研发了混合动力发动机总成，部分企业已经在混合动力轿车中进行了小批量应用；部分乘用车公司正在进行增程式轿车 APU 系统的开发；一汽、上汽和吉利汽车公司等将电机和变速器进行集成设计，将专用机电耦合总成用于强混轿车；而同济大学和青山公司也正在合作进行专用 AMT 变速器和电机集成的总成系统开发。

由于单个规格的车用驱动电机数量已经超过千辆，电机企业对电机制造工艺进行了工程化开发，如拼块式铁芯、高密度的绕线技术和整体充磁工艺等已开始用于产品实践；车用驱动电机系统的在线检测试验手段有了初步的改善。

为了适应产业化研发的需求，促进产业链建设，政府引导进行以企业主体、科研院所和高等院校参与的产业技术创新联盟建设，在电驱动领域比较典型的就是科技支撑计划支持的商用汽车与工程机械新能源动力系统产业技术创新联盟、“863 计划”及上海市政府支持的电驱动产业技术创新联盟，这些为电驱动的产业化打下了较好的基础。

在电机标准方面，已有电动汽车用电机及控制器可靠性国家标准、电动汽车用驱动电机系统故障分类及判断行业标准和电动汽车用驱动电机系统接口行业标准已经发布实施，另有电动汽车用驱动电机系统技术条件、试验方法两项国标已经送审。

2. 国内外骨干企业在驱动电机系统技术和产品研发方面的情况

在 2011 年，国家科技部、财政部、发改委、工信部等四部委和中国汽车工业协会都对行业进行了调研和摸底。在国家“十城千辆”和六个给予私人购买电动汽车补贴示范城市等多个利好政策拉动下的中国电动汽车市场，驱动电机系统几乎全部采用了国内电机生产企业的产品。在示范运营的一万多辆各种规格的电动汽车应用中，电动公交客车（其中以混合动力为主）超过了半数以上。2011 年驱动电机系统的主要生产企业有株洲所、上海电驱动、上海大郡、比亚迪、中山大洋、天津松正、福工、大连天元、襄阳宇清、上海南洋电机、尤迪电机等。

在乘用车领域，江淮、奇瑞等部分车型已进入千辆级别，电机企业也开始了相应的小批量生产。车用驱动电机企业以上海电驱动、中山大洋、上海大郡、浙江尤奈特、比亚迪等公司为主，同时有部分原来做工控系统的企业，如汇川技术、英威腾公司等也开始进入。

由中国汽车工业协会组织 T10 企业开展电动汽车关键系统调研，对国内重点电机系统企业进行实地调研，内容涉及企业基本情况、研发与制造能力、试验验证能力、产品应用及合作意愿等方面。通过对国内车用电机系统企业实地调研，综合分析各企业研发能力、制造能力及市场应用等情况，结合各企业合作意愿，研究形成 T10 企业车用电机系统调研分析报告，提出 T10 企业国内电机系统企业合作建议方案，为 T10 企业电动汽车共同行动提供参考依据。

本次调研对象为国内车用电机系统企业，包括上海电驱动、株洲所、上海大郡、联合汽车电子有限公司、华域汽车电动系统有限公司、埃泰克汽车电子（芜湖）有限公司 6 家。根据分析，这 6 家企业车用电机系统市场占有率高，基本覆盖 T10 企业新能源汽车产品。按照建议方案，这些企业可作为 T10 企业电机系统合作企业选择对象。

上海电驱动、上海大郡、联电、华域和株洲所均为整车厂配套电机系统，埃泰克仅配套电机控制器。上海电驱动和大郡为多家乘用车厂和客车厂配套电机系统，系列化产品较为齐全；联电、华域和埃泰克配套数量较少，并且目前仅为乘用车厂配套，华域和埃泰克的产品型号较为单一；株洲所主要为客车厂配套电机系统，乘用车配套电机系统产品尚处于研发阶段。

株洲所为了增加电机的产业化能力，收购了襄樊牵引电机有限公司，成立了襄阳南车电机技术有限公司。上海电驱动整合了国内车用驱动电机系统行业优势资源，具备了较为完整的车用驱动电机产品系列，部分产品已进入批量生产阶段。公司新能源汽车电机产业基地闵行工程已经完成，二期用于大批量生产能力建设的嘉定基地正在进行。上海大郡以长安志翔混合动力轿车和五洲龙混合动力客车为主要应用对象，实现了小批量生产。精进电动公司业务主要面向海外客户，为电动轿车进行了驱动电机和增程式发电机的批量生产。

近一年来不少外资零部件企业正密切关注我国的新能源汽车市场，纷纷带着关键零部件技术，与我国整车企业就配套事宜接洽，同时也抓紧调研国内的上、下游市场，并和相关的零部件企业进行交流合作。该领域国外主要单位有德国的博世、大陆和西门子公司，日本的电装、东芝、日立和安川公司以及美国德尔福公司等。在产业化市场推广方面，美国伊顿公司采用并联混合传动技术所开发的面向轻型和中型货车的并联混合传动系统在商用卡车领域应用正越来越广，其动力系统集成的电机和电池以前均采用日本日立公司系统，现在已逐步更换为国内企业的电池和电机系统，并开始应用于国内公交车市场。

日本丰田、本田和日产公司量产的电动车中，主要是自己企业研发和制造的车用驱动电机系统，同时这些公司也已开始和国内的主流电机企业交流合作，部分样机正在认证之中。美国的通用、福特和德国的宝马、奔驰、大众等公司也在积极与国内的高校、研究所和车用电机企业进行广泛的交流合作，如通用、福特正在和上海大学进行该领域的前沿技术合作。

3. 发展趋势和面临的挑战

(1)发展趋势

①高功率密度电机

一方面，汽车所需求的电机输出和能量回收功率不断提高，以满足不同工况不同车型的需求；另一方面，这种新型机电一体的传动系统尺寸受到车内空间的限制。这就需要车用电机向高出力和小尺寸发展。不断提高电机本身的功率密度，用体积重量相对较小的电机发挥更大功率，成为各汽车及电机厂商的追求方向。

为了让电动汽车的电机更加小型化且具有更大的输出功率，国际上经过多年的实践，从提高功率密度和转矩密度的角度，采用高性能的永磁材料是必然选择。

米其林新开发的一款电动轮毂中，其电机功率密度达到了4.4kW/kg，这种类型的电机也成为一个研究热点。

②少用稀土磁钢

2011年稀土钕铁硼磁钢价格的剧烈波动，引起了很多整车及驱动电机企业的关注，由于我国在稀土资源上的优势以及稀土出口政策的原因，国外很多厂商都在寻求少用稀土的电机应对策略。日本在《日本下一代车辆行动计划》中，已提出替代稀土永磁原材料电机的研究，各种替代技术也在不断涌现。美国在其新一代电力电子技术计划中也在寻求可替代永磁体的技术方案，而这些举措更凸显了目前车用驱动电机对高性能永磁体的依赖。

有些公司也开始加大力度研究少用稀土磁钢、不用稀土磁钢甚至不用磁钢的电机。一些厂商宣称在这些领域已经取得了较大成果，如：日本东芝宣称其车用永磁磁阻电机（PRM）技术能大大降低磁钢的使用量（降低66%的磁钢用量）；日本安川宣称其已开发出不用稀土磁钢的电机系统（QMET－Ⅱ），尺寸大小及效率均和原有稀土磁钢系统相同；日本电产公司宣布已开发出不用磁钢的车用驱动电机系统；大陆公司则采用电励磁的同步电机方案。

车用驱动电机的不断发展不仅要依赖先进的设计技术、制造技术，还得依赖基础原材料的不断提升与进步。

(2)面临的挑战

①技术方面

总体来说，电机系统技术在过去的一年中没有得到明显的改善，其主要表现在以下几方面：

第一，可靠性和环境适应性考核尚有不足；

第二，DC/AC和DC/DC的电力电子总成体积普遍偏大；

第三，关键电力电子元器件尚需进口，成本几乎占到控制器近一半，但目前已有部分企业开始研制并在国内控制器企业开始试用；

第四，上游产业链尚未完全形成，品质还没有完全达到汽车工业的需求。

②产业化方面

目前国内在示范运行的所有电动车辆中，几乎都采用了国内企业的电机。由于配套数量较少，多数企业在电机制造环节的投入都不太大，制造规模都较小，生产自动化水平较低，多数厂家仍采用手工绕线圈、手工装配等传统工艺，造成产品一致性较差，部分企业正在进行自动化制造和测试设备的配套研制与建设，和国外大公司尚有不小的差距。

4. 发展措施与对策

我国经过“十五”和“十一五”电动汽车的科技攻关和产业化发展，围绕“三纵三横”的发展路线，已自主开发了满足各类电动汽车需求的驱动电机系统产品，获得了一大批电机系统的相关知识产权，形成了具有核心竞争能力的车用驱动电机系统小批量生产能力。

通过采用现代车用电机系统设计理念，解决多目标高性能车用电机的极限设计与多领域精确分析仿真的技术难题；以高密度永磁电机为代表的各类车用电机取得了明显进步，电机的功率密度进一步得到提升，电机系统高效区进一步拓宽，最高效率也进一步提高，系统的最高效率达到94%以上；在关键材料与关键零部件方面，如转速位置传感器的研制、高性能低成本绝缘材料开发、车用电机专用电工钢开发和电机磁性材料的稳定性研究方面，获得了初步成果，其中位置传感器和车用电机专用电工钢已经能完全替代进口，实现批量生产。

车用电机系统在当前国家“十城千辆”工程的推动下，一方面加大电机系统关键原材料与零部件的研发投入，加强对车用电机系统的可靠性、耐久性和环境适应性验证，进一步提升电机系统的质量和性能；另一方面通过加大与配套厂商的合作力度，扩大车用电机系统的产能和检测能力，形成我国车用电机系统的产业规模。

针对我国的实际情况，建议首先应强化优势：加强关键共性技术研究，解决深层次技术难点，建设共性技术研发和检测平台，形成优势技术、优势产品、优势企业和优势产业；同时应突破瓶颈：针对关键技术，攻克难关，技术链串联，加快发展电机系统关键元器件和关键材料，形成产业链。通过各个层面的努力，尽快实现以下目标：

第一，研发满足国内外整车需要的电机、驱动系统及一体化关键总成产品，在系统性能、耐久性和系统应用技术方面达到国际同类产品的先进水平，部分企业和产品领先国际水平。

第二，掌握电机系统的优化设计技术、规模生产工艺和成本控制技术，掌握具有自主知识产权的关键技术，形成符合汽车工业标准的电机系统产品批量生产与供货能力；集中力量，支持有2～3家有基础企业做强做大，通过产业化研发，形成国际竞争能力。

（上海电驱动有限公司　贡俊）

十二、电动汽车电控技术

1.2011年我国电动汽车电子控制关键技术发展现状

2011年我国电动汽车电子控制技术取得了显著的进步，在关键技术的研发和产业化方面获得了重要的成果。

(1)整车控制器研发现状

在“十二五”国家“863”专项的促进和支持下，我国电动汽车整车控制器的研发取得了显著的进展。目前我国电动汽车整车控制器研发一方面依托整车企业进行，如一汽、东风、北汽和奇瑞等整车企业均积极开展整车控制器的研发与生产制造，另一方面依托高校和科研机构，如清华大学、同济大学、上海交通大学、北京理工大学和中科院电工所也在整车控制器的研发方面进行了深入研究。但是我国整车控制器硬件水平与国外存在一定差距，多数企业推出量产电动汽车产品时更倾向于选择国外整车控制器硬件供应商。另外，控制器基础硬件、开发工具等基本依赖进口。总体来讲，控制器产品技术水平和产业化能力还需进一步提高。

(2)能量回馈式制动防抱死系统研发现状

在能量回馈式制动系统研发领域，国内各整车厂基本上沿用原有的摩擦制动系统，在其基础上采用叠加式控制策略来控制电机回馈制动力与摩擦制动力，能量回收效率不高。清华大学在该领域进行了深入的研究，通过与企业合作，已经设计出全新的能量回馈式制动系统，通过电机回馈制动力与摩擦制动力的协调式控制策略，实现了制动能量回收效率的显著提高。该系统目前正在进行产业化开发，并在电机回馈制动与防抱死控制的融合方面进行了新的探索。

(3)分布式驱动控制研发现状

在新型分布式电驱动研究领域，中国汽车工程研究院在“轮毂电机纯电动车辆关键技术研发及产业化”项目中开展深入研究，探索轮毂电机驱动技术产业化途径。此外，奇瑞新能源推出了搭载轮毂电机驱动系统的瑞麒X1－EV，基于该轮毂电机驱动平台容易实现四轮独立驱动和独立控制，进而提高车辆的操控性。轮毂电机在电动汽车上的应用，不仅能够提高电机驱动效率的效果，还大大简化了机械传动机构，减轻整车自重，减小其传动和附加损耗。对比原有电驱动系统技术，该技术在降低成本、节能减噪，全面提高节能环保性能等各项指标和性价比方面，都拥有很大的优势，对于电动汽车达到普及型商品化要求具有强大的推动力。上述分布式电驱动汽车在电驱动系统可靠性和安全性方面与国外同类产品仍然存在一定差距。

(4)远程监控系统发展现状

在电动汽车远程监控系统的研发方面，基于成熟的GPRS/3G模块构建了无线通信系统，国内多家单位都开发出电动汽车远程监控软件，可以实现整车控制信息与外界的实时信息交互，该系统具有电动汽车充电提示、参数标定、故障回传、数据监视及储存等功能。另外，由清华大学与东风汽车股份有限公司共同开发的新能源远程监控系统已经正式投入上海TNT电动物流车队使用。该系统主要由车载终端单元、GPRS无线网络、Internet网络、数据中心和监控点5个部分组成，能实时获得车辆的运行数据，进行状态信息的远程监控和电动车辆的调度管理。电动汽车智能交通系统的构建对于国家智能交通系统的发展至关重要，通过推广电动汽车智能交通系统，能够推动关键零部件的信息化和智能化控制，将进一步助力于国家智能交通系统的发展。

2.目前存在的问题

(1)整车控制器开发流程不够规范

ISO 26262标准自2011年年底提出以来，得到了业界的强烈关注，汽车电控系统的安全分析和安全过程管理是系统能否正常运行的根本保障。目前，大多数控制器的开发过程还没有按照ISO 26262功能安全规范的标准要求进行，没有整体的安全计划、确定计划及功能安全评估计划等，也没有进行安全完整性等级判定、风险预测、失效模式及效应分析等工作，不管是硬件方面还是软件方面均没有进行详细的技术安全需求规格分析、技术安全系统设计以及功能安全分析等部分的工作。目前，控制器的开发基本还是沿用历史经验及业界已有的流程进行的，无法保障整车控制器在生命周期各个阶段中的安全性与可靠性。

(2)整车控制器软件设计不够合理

目前控制器的标准化已引起相关企业的关注，例如由全球汽车制造商、部件供应商及电子、半导体和软件系统公司，联合建立的汽车开放系统架构联盟形成的 AUTOSAR（汽车开放系统架构）标准，简化了开发流程并使 ECU 软件具有复用性，是控制器开发的一个趋势。目前，我国的控制器开发还没有完全按照这套标准体系进行，还没有真正地按照标准进行模块化、集成化和接口化，无法保障控制器软件的可控、可扩展、可维护和可集成。

(3)在故障诊断方面投入的精力不足

目前我国正处于从经验体系向科学体系转型的阶段，我国开发电动汽车整车控制器过程中在故障诊断方面与国外的差距还很大。例如在故障模拟、故障测试、故障诊断方面缺乏大量的测试与验证，在产品集成度、安全与容错、可靠性和系统应用技术方面呈现出了缺口。软件开发还停留在功能实现阶段，未能全面进行故障诊断的研究。

(4)汽车电子控制元器件的研发空白

我国在电动汽车电子控制元器件的研发方面呈现出空白状态，缺乏生产制造能力。一些关键元器件例如电池管理专用芯片、电池均衡专用芯片、电机相位传感器专用处理芯片、汽车电子领域通用的各种 MCU、传感器接口信号处理芯片、执行器驱动接口芯片、电源接口芯片、通信接口芯片等，均未形成研发和产业化能力，汽车级元器件的可靠性与稳定性远远落后于国际先进水平。芯片长期依赖进口，导致控制器硬件对外依存度高，成本难以降低。

3. 电动汽车电控系统发展建议

(1)改进整车控制器开发流程

随着电动汽车系统复杂性的提高，以及软件和机电设备的应用，来自系统失效和随机硬件失效的风险也日益增加。2011 年 11 月正式颁布的旨在提高汽车电子、电气产品功能安全的国际标准 ISO 26262，为汽车安全提供了一个生命周期（管理、开发、生产、经营、服务、报废）理念，并在这些生命周期阶段中提供必要的支持。该标准涵盖功能性安全方面包括需求规划、设计、实施、集成、验证、确认和配置的整体开发过程。未来在开发电动汽车电控系统的过程中需要按照该标准执行，以保证电控系统的安全性。

(2)把握发展机遇，加强电控系统关键零部件的研发与产业化

立足于“十一五”电动汽车重大专项的发展，在“十二五”电动汽车专项的支持下，继续推动电动汽车电控技术的发展。以混合动力汽车电子控制、纯电动车电子控制和下一代纯电驱动的电子控制关键技术为对象，分别实现产品的规模化和关键技术的研究。不仅要重视电控系统直接相关的零部件如传感器和芯片，执行器的研发和产业化同样需要受到关注，如能量回馈式制动防抱死系统的关键执行机构——集成化电磁阀块的设计与制造。

(3)寻求新的合作路径，构建产业联盟

产学研合作是突破核心技术的关键途径，通过政府政策和资金的引导，充分调动汽车企业、高等院校、科研机构形成若干个面向关键技术的产学研联盟，发展若干个可以共享的技术研发平台，持续有效地为新能源汽车电控系统的研发与产业化提供核心技术支持。同时，需要不断学习和借鉴国外新能源汽车发展的先进经验，深化关键技术、技术标准等方面的国际交流，实现我国新能源汽车技术的飞跃。

（中国科学院电工所　王丽芳）

十三、电动汽车标准化

我国的电动汽车标准化工作开始于“九五”期间，随着电动汽车示范运行力度的加大和产业化脚步的临近，电动汽车标准化工作也正在加速。2011—2012 年期间我国电动汽车标准化工作也取得了重要进展。

1. 标准化体系更加完善

2011 年，根据新能源汽车产业化要求和政府管理需要，分别受国家标准化管理委员会、工业和信息化部的委托，全国汽车标准化技术委员会分别开展了“新能源汽车标准体系”和“电动汽车综合标准化”两项课题的深入研究，系统开展新能源汽车和电动汽车标准体系研究，完成了标准体系规划、标准体系明细表、标准化工作方案与建议等工作。目前这两项工作均已接近尾声。

截至 2012 年 6 月，中国电动车辆领域已经发布的标准有 57 项（含电动摩托车标准 5 项），正在制修订和规划中的标准项目 50 余项。其中 22 项已经被《新能源汽车生产企业及产品准入管理规则》（工业和信息化部 44 号文，以下简称“准入规则”）引用，作为新能源汽车产品准入的重要依据（见图 1、图 2）。

2. 标准化制定机构进一步完善和合理

自 1998 年起，经国家标准化主管部门批准，在全国汽车标准化技术委员会（SAC/TC114）下成立了电动车辆分技术委员会（SC27），系统开展电动汽车（和电动摩托车）标准体系研究和具体标准制修订。最近几年，随着电动汽车标准化工作任务逐渐加重，同时标准制修订难度越来越大，电动车辆分标委在国家相关部委和全国汽标委的指导下，先后成立了 5 个电动汽车相关的工作组，在分委会原有委员专家团队基础上，进一步扩充了参与电动汽车标准化工作组的单位和专家力量，为标准化工作奠定了坚

实的基础。电动车辆分标委的组织框架如图 3 所示。

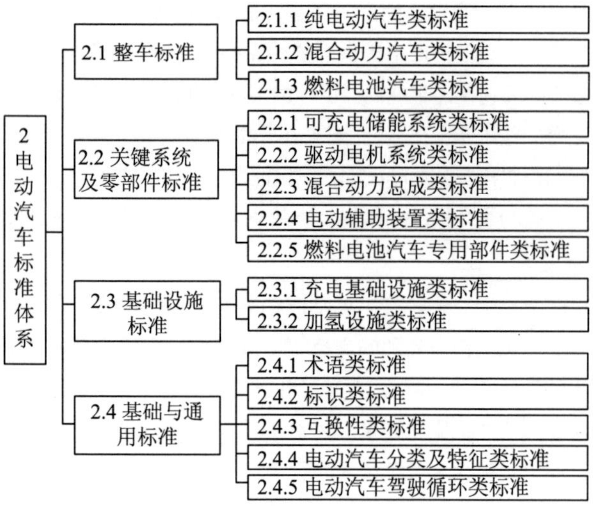

图 1　中国电动汽车标准体系规划

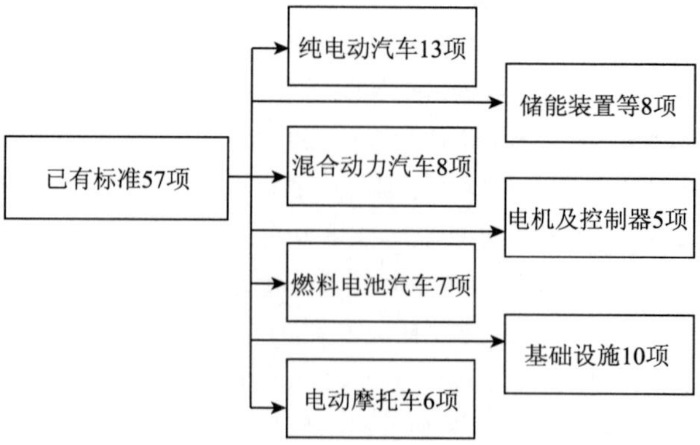

图 2　中国已经发布的电动汽车标准

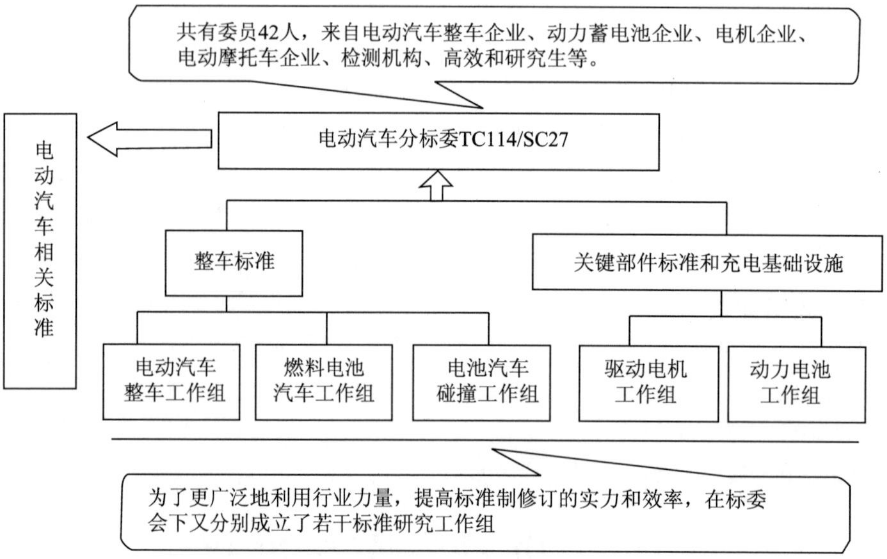

图 3　中国电动车辆分标委组织框架

3. 一批重要标准已并发布

2011 年至 2012 年上半年，12 项电动汽车由政府相关部门批准发布，这些标准见表 1。其中，GB/T 28382、GB/T 20234 等是电动汽车领域非常重要的标准，对于规范和引导行业发展具有重要意义，这些标准在行业内引起了重要反响。

表 1　中国电动汽车领域的 12 项重要标准

序号	标准编号	标准名称
1	GB/T 28382—2012	纯电动乘用车　技术条件
2	GB/T 26990—2011	燃料电池电动汽车　车载氢系统　技术要求
3	GB/T 26779—2011	燃料电池电动汽车　加氢口
4	GB/T 26991—2011	燃料电池电动汽车　最高车速　试验方法

续表

序号	标准编号	标准名称
5	GB/T 20234. 1—2011	电动汽车传导充电　充电连接装置　第 1 部分：通用要求
6	GB/T 20234. 2—2011	电动汽车传导充电　充电连接装置　第 2 部分：交流充电接口
7	GB/T 20234. 3—2011	电动汽车传导充电　充电连接装置　第 3 部分：直流充电接口
8	QC/T 893—2011	电动汽车用驱动电机系统故障分类及判断
9	QC/T 894—2011	重型混合动力电动汽车　污染物排放车载测量方法
10	QC/T 895—2011	电动汽车用传导式车载充电机
11	QC/T 896—2011	电动汽车用驱动电机系统接口
12	QC/T 897—2011	电动汽车用电池管理系统技术条件

4. 启动了一批重要标准的制修订

除了已经完成（批准发布）的标准外，还有一批（15项）重要标准正在制定过程中，其中部分标准是准入规则所引用标准的修订，有些是新制定的涉及整车安全的标准，将来很可能也会被准入规则引用。这些标准包括：

（1）GB/T 18384系列标准的修订；

（2）QC/T 741、743、744系列标准的修订；

（3）电动汽车正面碰撞要求　国家标准的制定。

5. 国际标准化工作取得突破

最近两年，全国汽标委在做好国内标准化工作的同时，加大力量积极跟踪和参与国际标准制定，并取得了重要进展。国际标准化工作取得的成绩对于在国际层面反应中国诉求，提高中国企业利益，提高我国电动汽车在国际上地位，推进电动汽车未来走出国门参与国际竞争具有重要意义。已取得重要进展和突破的国际标准见表2。

表2　已取得重要进展和突破的国际标准

内　容	国际标准编号	中国所起作用
电动汽车直流充电接口	IEC 62196－3	四个方案之一
电动汽车直流充电安全导引电路	IEC 61851－23	四个方案之一
电动汽车充电通信协议	IEC 61851－24	四个方案之一
电动汽车锂离子电池规格尺寸	ISO/IEC 16898	总提案数的1/5
电动摩托车术语	ISO 13062	项目组长
电动摩托车锂离子电池安全要求	ISO 3198	项目组长

（中国汽车技术研究中心　周荣　孟翔峰）

十四、汽车节能技术

1.2011年我国汽车节能技术的发展现状

在国际国内的石油供应形势、温室气体汽车节能标准和政策影响下，2011年我国汽车节能技术有了非常大的进步，主要表现在以下几个方面：

（1）新的"节能产品惠民工程"继续刺激企业对车辆节能技术的使用

2011年，我国对"节能产品惠民工程"补贴对象的条件进行了调整，燃料经济性要求加严了7%～9%。起初，达到这一要求的车型数量非常有限，随着各企业新一轮的技术升级，使得达到要求的车型数量大幅度增长。

（2）汽油直喷技术受到广泛的重视

在"汽车与运动"杂志社发布的2011年十佳发动机中，有5款汽油发动机采用了缸内直喷技术，比上一年有所增加。而且，自主品牌企业也都普遍重视这一技术，并不断有产品装备新车。涡轮增压直喷技术可大大提高发动机的燃油效率。VVT技术使得发动机的充气更加智能化、成为了普遍采用的、成本效益最高的节能技术。同时，全铝发动机机体、塑料进气管都得到了广泛的应用，这对降低整车的车重起到一定的作用，进一步降低了整车燃油消耗。

（3）变速器技术升级显著

企业普遍意识到，仅仅依靠发动机来节能是有限的，通过变速器的技术升级达到动力系统的高效运行是非常必要的。采用6挡手动变速器车型在逐渐增加，手动4挡变速器车型几乎绝迹，自动4挡变速器车型也在逐渐升级为5挡、6挡或更多挡变速器。

由于省去了液力变矩器，双离合器理论上要比同挡数传统AT节油。所以这一技术受到广泛的重视。许多合资企业都推出了配备双离合器变速器的车型，两个大众多款车型7挡干式双离合器配TSI发动机达到了非常好的燃油经济性，多数自主企业也开发出了先进的DCT变速器。

此外我国乘用车采用CVT变速器也逐渐增多。

重型商用车AMT经过几年的实际装车应用，也逐渐成熟，并得到广泛采用，进一步提高了多挡变速器的实际节能效果。

（4）混合动力汽车得到发展

在合资企业力推混合动力乘用车的同时，本地企业也在积极研发，并将具有自动停车—启动功能的车型推向市场。某些车型的自动停车—启动系统还有一个较人性化的设计就是当车辆始终在低速下走走停停时，系统会保护发动机以及避免频繁启停对乘员舒适性造成影响，该功能会暂时关闭。当车辆的速度超过一定车速后，该功能开启。装备自动停止—启动的长安EADO，整备质量1325kg，百公里综合油耗达到6.2L/100km的水平。

（5）工信部提出甲醇汽车示范

在当前石油价格高、进口压力大的环境下，工信部决定，部署启动全国甲醇汽车试点工作，指导和推进山西省、上海市、陕西省编制试点实施方案，加强基础性工作，积极稳妥推进甲醇汽车试点工作的开展。

（6）研发能力进一步提高

经过多年的积累，许多企业的研发实力逐渐壮大，甚至发动机产品也开始自己开发，但先进变速器开发中的核心工作还多少依赖国外公司。

（7）标准化工作促进了技术的进步

2011年最后一天，俗称"乘用车第三阶段油耗标准"

的GB 27999—2011“乘用车燃料消耗量评价方法及指标”国家标准正式发布，这个标准的要点是对企业的乘用车销售量加权平均燃料消耗量作出要求，相比第一、二阶段油耗标准，新标准更加具有“柔性”。标准从2012年开始导入，循序渐进，企业到2015年完全达到标准要求。

同一天，GB/T 27840—2011“重型商用车辆燃料消耗量测量方法”国家标准也予以发布。这个标准采用了转鼓试验和模拟软硬结合两种方法来确定重型商用车的燃料消耗量，基础车型进行实际测量，众多的变型车进行模拟计算。这样做比较符合重型商用车的特点。

商用车燃料消耗量限值标准的工作也在紧张进行中，2011年进行了大量验证性试验。作为先期的一个替代，2011年发布了QC/T 924重型商用车辆燃料消耗量限值（第一阶段）行业标准。

这些标准的发布，无疑会激励企业技术的进步。其实，企业在参加标准制定的时候就开始感受到压力，并在产品规划的时候就进行了考虑。

2. 目前存在的问题

(1)自主研发团队有待稳定

我国汽车的自主研发能力在逐渐提高，尤其是一些大的企业，一般拥有几千人规模的研发团队，其中不乏海外归来的高技术人才。但是如何稳定这支队伍是各个厂家面临的重要挑战。长期以来，由于地域、收入等问题，汽车企业技术人员跳槽现象严重，影响了汽车节能技术的稳定进步。

(2)采用新技术成本的控制

采用新技术节能一般就意味着成本的增加，直接成本和间接成本的增加幅度，对于车辆成功推向市场具有决定性的意义。汽车企业在采用新技术提升车辆的燃料经济性时，应该考虑多方面的因素，不仅要控制制造成本，也要提高系统的可靠性，使用户的维护使用成本也得到控制。

(3)先进自动变速器开发能力有待加强

相对于发动机，我国企业先进自动变速器开发的能力更弱。除少数企业自己开发变速器外，多数企业还是或多或少依赖国外开发公司进行核心技术工作。而且，自动变速器试验研究的设备和人员也有较大不足。

3. 国际发展趋势

2011年，国际能源价格持续走高、控制车辆温室气体排放呼声日渐高涨，在这种大环境下，汽车产品节能的要求越来越高。

(1)发动机进排气智能控制技术得到深入发掘

作为发动机智能化的一部分，发动机采用可变气门技术以后，可以大大提高充气效率，如果采用可变升程，还可以进一步大大减少发动机泵气损失。这项技术是一项最具成本效益优势的技术，得到了深入的发掘和应用。在最近Ward's wold上评选出来的十佳发动机除了增压和缸内直接喷射的技术亮点之外，获奖发动机无一例外采用了可变气门正时技术。这些发动机中，气门连续可变的技术得到采用，在个别发动机上还采用了气门升程可变技术，可以让发动机根据需要更加灵活地在更大范围内控制发动机的进排气。

利用进气管可变技术进行发动机的进气谐波增压，可以大幅度提高发动机的性能，而且成本较低。

丰田在最近发布的新一代凯美瑞上采用了全新双VVT-i发动机，有效利用了进气与排气双VVT-i可变气门正时技术，并新增加了智能谐波增压进气系统，利用可变式进气管，极大地提高了燃烧效率，使其综合百公里油耗达到了7.6L。

(2)变速器多挡化趋势明显

多挡变速器使得发动机工作在最佳区域的机会增加，是节省燃料的非常重要的技术措施。2012年年初公布的欧洲市场欧5排放标准乘用车新车型中，5挡变速器车型减少约1个百分点，采用7挡及以上变速器车型比例则有所增加。

美国乘用车的情况也是这样，接近70%的车型采用了6挡及6挡以上的变速器。除少量微车外，个别大排量乘用车也装备了AMT。

(3)安装Stop-Start的车型有所增加

智能停车—启动系统可以减少怠速带来的能量消耗，是低成本高效益的节能技术措施。在欧洲2012年年初公布的数据中，我们看到安装Stop-Start的车型比上年3%的比例有所增加，车型数大约占车型总数的10%。

大众一款轿车（polo）装备1.2L柴油机的轿车采用了这种系统达到了综合油耗3.5L/100km的水平。

(4)美国颁布重型商用车的温室气体排放标准

在奥巴马政府应对温室气体减排的压力下，美国2011年颁布了重型车及发动机温室气体排放法规。

重型车标准采用了一个相对来说简化的办法，在模拟的时候没有考虑具体车型所使用发动机的具体的燃料消耗量（或CO_2排放）MAP数据。这是为了使这项原本艰巨复杂的工作在短时间内更加容易操作。发动机采用单独测量方法。车辆的评价体系采用了与重型车作业量挂钩的“加仑油或克CO_2/吨英里”。

该法规的颁布无疑将促进美国重型车企业的技术进步。

(5)停缸技术开始应用于一些4缸发动机上

乘用车发动机最常用的工况是小负荷，但需要储存足够的动力满足特殊工况需要。在部分负荷时切断部分气缸的供油而使工作气缸的负荷提高可以大大改善燃料经济性。这项技术一般应用在大排量发动机上，例如8缸机上。但是随着发动机NVH技术的提高和电子技术的发展，这项技术也开始应用于小排量的4缸发动机上。

(6)低阻力技术被重视

降低风阻、摩阻、滚阻是提高汽车燃料经济性的另外一个途径。通过润滑油的升级降低摩擦、减少油耗是汽车生产商的一贯追求，发达国家汽车用润滑油等级普遍比国内高。

4. 亟待解决的问题

(1)交通环境影响汽车节能

汽车在怠速的时候白白浪费燃油，汽车行驶错误也会浪费燃料，我国在这方面的问题比较严重。一方面是交通管理的智能化还不够造成的人为的堵车、错行，另一方面是公路标志不清造成的行驶错误。当然还有驾驶人员的素质需要提高的问题。这些原因造成的浪费是汽车技术无法解决的。即使汽车带有Stop-Start系统，在停车等待的时候驱动空调照样会损耗燃料。

(2)燃料质量参差不齐

燃料的质量决定了发动机的燃烧效率，而国内的调查表明，各地的燃料质量有待稳定提高。主要的问题有硫含量，也有辛烷值低的问题。一般情况下，电控发动机会最迟点火应对辛烷值的降低，但是这样会导致燃料经济性的降低，而且严重情况下会导致爆震，损坏发动机。

5. 小结

2011年我国发布了3个汽车节能方面的标准，并且提高了“节能产品惠民工程”车型的准入门槛，这些都促进了汽车发动机技术提高、变速器技术的升级、自动停车—启动技术等的应用。与此同时，汽车企业的研发能力也有进一步提升。

但也不可否认，虽然有些产品的技术水平几乎与国外同步，但总体应用上我国汽车产品节能技术仍然有差距。例如变速器技术上的差距、核心关键技术研发能力上的差距，等等。

我们还需要全社会努力来支持汽车节能技术的采用，例如减少汽车怠速时间、为汽车行业提供价廉物美的高强度钢、高品质燃油、高品质的润滑油，等等。

（中国汽车技术研究中心　高海洋）

十五、低速电动汽车

1. 背景

目前，车速较低、尺寸较小、配置较差、主要使用铅酸动力电池的低速电动汽车凭借其低廉的购置和使用成本，在部分省市的城乡地区呈现快速发展之势。发展低速电动汽车有利也有弊，一方面在发展经济、带动就业、满足出行需求、促进节能减排等方面具有较好的经济、社会效益，另一方面，如果任由其盲目发展，可能会影响行业技术水平的提升和产业结构，不利于我国新能源汽车产业的可持续发展。

如果严格按照现行的新能源汽车生产企业及产品准入管理规则，对违规的低速电动汽车简单地采取“一刀切”的管理方式强制全部取缔，并不符合产业发展实际和市场发展规律；但如果放任不管，默许企业违规生产销售，也将影响我国新能源汽车产业的健康有序发展。因此，如何对低速电动汽车加强管理和规范，并引导其在技术水平和安全性等方面得到提升是十分必要的。

2. 国内主要生产企业发展概况

巨大的市场潜力吸引了大量企业开始投资低速电动汽车行业，由此国内生产企业数量近年来快速增加。据不完全统计，全国正在研制或小批量生产低速电动汽车的生产厂家已经远超上百家，仅山东省就拥有时风、宝雅、唐骏欧铃、比德文等20多家规模较大的生产企业。在浙江、江苏、安徽、广东和湖南等南方地区，低速电动汽车生产企业的数量也在逐年增加。

一是规模普遍较小。目前国内低速电动汽车生产企业数量众多，地区分布较为广泛。大多数为中小企业，注册资金仅为几千万元，员工不到1000人。大部分企业的低速电动汽车项目投资额较小，投资总额普遍低于10亿元，研发投入也相对较低，不符合《汽车产业发展政策》相关投资要求。绝大多数企业的低速电动汽车规划产能低于5万辆，且产能利用率严重不足。

二是缺乏生产资质。从企业类型来看，以民营企业居多，国有企业占有一定比例。绝大部分企业不具备汽车生产资质，部分企业有低速汽车、专用车或摩托车生产资质，少部分企业有货车或客车等商用车生产资质。也有个别具有乘用车资质的企业，为适应自发形成的低速电动汽车市场需求，在本企业纯电动乘用车产品的基础上，简化技术方案、调整动力性指标，也推出了使用铅酸动力电池的低速电动汽车产品。

三是生产条件较差。大部分企业仅有满足生产需要的简易厂房、库房等场地，还不具备完整的冲压、焊接、涂装和总装四大工艺的生产能力；大部分企业生产设备的自动化水平较低。

四是研究能力较低。大部分企业专业研发技术人员数量较少，研发经费投入也较小。少数企业涉足电动汽车行业较早，设立了专门的技术研发机构；部分企业设立了独立的试制部门，形成了小批量的试生产能力，能够进行整车试制并检验关键零部件的组装性能。少数企业具备整车出厂检测能力，能够进行整车可靠性试验和零部件匹配试验。

五是营销服务网络不完善。大多数企业的市场营销和售后服务体系尚不完善；部分企业依托自身传统产品体系已初步构建了低速电动汽车的销售服务体系；小部分企业已建立了多家经销商，营销网络逐步铺开；个别企业正在建立废旧动力电池的回收体系。

六是产销规模迅速攀升。据山东省经信委和山东省汽车工业协会统计：2010 年山东省生产低速电动汽车 2.97 万辆（比 2009 年增长 74.3%）；2011 年生产 7.72 万辆，其中出口 1.17 万辆；2012 年上半年生产 4.4 万辆，继续保持高速增长。江苏个别企业低速电动汽车的年出口量已接近万辆规模。在列入《公告》的产品中，奇瑞低速电动汽车 QQ3 EV 销量较大，2011 年销售 2167 辆，2012 年上半年销售 1369 辆，占全国纯电动乘用车销量的很大比重。全国其他部分省市低速电动汽车的产销量没有确切统计数据，据业内人士预测，目前全国年产销规模已超过 10 万辆。

总体来看，目前国内大部分低速电动汽车生产企业没有传统汽车的研发、生产基础，生产能力和条件较差，产品设计开发能力、生产一致性保证能力、产品销售和售后服务能力较弱，难以满足现行的新能源汽车生产企业准入要求。

3. 国内典型产品性能参数概况

目前，国内低速电动汽车产品大都是参照美国的低速车辆或欧洲的四轮机动车等类似产品的标准法规进行开发设计，以满足基本使用要求为主要设计诉求，着重追求实用性和低成本。

从外形来看，大多是在传统微型汽车的基础上进行的改装。众多低速电动汽车产品的外形与国内外畅销的微型汽车较为相似。奇瑞汽车的奇瑞牌 SQR7001EAS11、吉利汽车的豪情牌 HQ7000EE 和江南汽车的江南牌 JNJ7000EVA1 等三款低速纯电动轿车产品分别改装自各自企业传统的 QQ、熊猫和奥拓，已经进入《节能与新能源汽车示范推广应用工程推荐车型目录》。

从整体参数来看，呈现出小型化、轻量化的特点。典型产品外廓尺寸普遍较小，长宽高多数小于 3600mm × 1650mm ×1600mm；重量较轻，整备质量基本在 1000kg 之内，部分出口到欧洲的产品整备质量在 500kg 左右；乘员人数多为 4 人座或两人座。

从性能参数来看，普遍低于普通的高速纯电动乘用车。主要表现为：最高设计时速较低，大都在 60km/h 左右；续驶里程相对较短，大致 80km（较低的匀速工况）；加速性能较差，0 ~ 50km/h 的加速时间普遍超过 10s；制动性能、被动安全性能和电安全性能等重要性能大都没有经过严格的检测，有一定的安全隐患。

从配套零件来看，结构较为简单，配置较低。普遍采用廉价的铅酸动力电池，总能量较低，在 10kW·h 左右，电池寿命较短，充放电次数一般在 400 次左右；大多采用低功率的直流无刷电机或交流异步电机（个别采用永磁同步电机），额定功率在 6kW 左右；以初级电路或简单模拟电路控制为主，系统电压较低，在 48 ~ 96V 之间；基本上没有配置电制动、电转向、电空调等电气化附件，也没有装配 ABS、安全气囊等主被动安全装置。

4. 产品的标准符合性

目前，国内低速电动汽车还没有相应的国家标准和行业标准。近年来，山东聊城、湖南娄底、河北邢台等一些城市为了规范和促进本地低速电动汽车的发展，先后出台了一些地方性的管理办法，规定了低速电动汽车产品的主要技术条件。2011 年 7 月，山东省新能源汽车技术创新联盟制定发布了行业自律性企业标准《低速电动汽车通用技术条件》（Q/3700SDL 0001—2011），界定了低速电动汽车的术语和定义，本着技术参数与性能指标介于电动乘用车与非公路用旅游观光车之间的原则，提出了产品的一般要求、基本性要求、安全与环保要求、可靠性要求等技术要求，确定了低速电动汽车试验方法和检验规则以及入库、运输、储存规范。

我国传统汽车产品公告管理强制性标准检验项目目前共有 104 个大项，其中适用于纯电动乘用车的强检项目共有 63 项。纯电动乘用车还应当符合《新能源汽车产品专项检验标准目录》中所列的 13 项专项检验标准（对应 7 个检验项目）。低速电动汽车可能难以达标的项目主要有：正、侧面碰撞乘员保护，风窗玻璃除霜、除雾系统功能，制动系统，电动汽车安全要求，电磁兼容等；如产品的最高设计车速过低（低于 50km/h），部分检验项目中的试验方法也难以适用。

自 2012 年 7 月 1 日起，国家标准《纯电动乘用车技术条件》（GB/T 28382—2012）正式实施。该标准适用于使用动力蓄电池驱动、5 座以下的纯电动汽车，提出了 30min 最高车速不低于 80km/h、工况法续驶里程大于 80km 的基本要求，同时规定了电动汽车安全、质量分配、加速性能、爬坡性能、低温性能、可靠性等方面的技术指标。标准提出的安全性能、动力性能、续驶里程和可靠性对目前大部分低速电动汽车产品来说具有一定的难度。

如要符合相关标准要求，目前主要使用的铅酸动力电池和直流驱动电机的低速电动汽车产品需要进行全面的改进和提升。从统计情况分析，目前铅酸版低速电动汽车的成本约为2.5万元。如动力电池系统从铅酸升级到锂电，成本约需增加3万元；驱动电机系统从直流有刷升级到交流异步，成本需增加0.5万元；再考虑主被动安全等相关要求，整车成本将增加到7万元左右。低速电动汽车性能的提升尽管使成本增加不少，但相对于目前市场上销售的高速纯电动乘用车来说，依然具有相对的成本优势。

目前，国内已有改进后的电动乘用车产品基本符合相关强检要求：主要配置约10kW·h总能量的磷酸铁锂动力电池和10kW额定功率的交流异步电动机，整备质量约1000kg，车辆长度小于3500mm，最高车速超过85km/h，起步加速到50km/h时间小于8s，60km/h匀速的续驶里程大于75km。

5. 国外发展趋势

美国对低速车辆（LSV，主要是电动汽车）实施分类管理，法规要求相对较低，但有加严的趋势。美国国家公路交通安全管理局（NHTSA）认为要求LSV满足全尺寸车辆的安全标准不符合实际，于1998年针对LSV制定了《联邦机动车安全标准》第500号法规（49CFR571.500）及相应的测试规范（TP－500－02），对其最高设计车速、总质量、基本装备及相关试验条件、方法等做出了具体规定，同时豁免了碰撞保护等相关法规。近年来扩大LSV使用区域、提高LSV限速或增加中速车辆分类的相关提案被NHTSA否决，并声明表示将会更加关注LSV的安全问题。美国高速公路安全保险协会于2010年组织了一系列LSV的碰撞安全测试，结果显示LSV存在严重的安全隐患，为此建议提高LSV的安全标准。2011年4月，美国克莱斯勒汽车公司将其全资子公司Global Electric Motorcars（全球电动汽车公司，过去十多年内一直是美国社区电动汽车领域的领导者）出售给休旅车制造商Polaris Industries Inc。2010年9月，美国Green Tech Automotive公司宣布投资约10亿美元在美国经济相对较低迷的地区生产电动车，以刺激经济复苏并创造新的工作岗位；2012年7月，推出了首款低速电动车Mycar，仅丹麦无烟岛的订单就基本完成了2012年5000台的销售任务。

日本已经制定了超小型车（主要是电动汽车）普及发展规划，主要汽车厂商也已经开始开发超小型车并推动其普及。2012年6月，日本国土交通省发布了《超小型交通工具导入指南》，新划分出了环保性能出色、尺寸小于轻型汽车、性能高于迷你车的"超小型车"车辆类别，旨在推进使用环保车型的低碳城市建设活动。超小型车是指乘车定员1～2名，较普通机动车转弯半径小，用于近距离移动的环保车型。导入该车型的主要目的是通过使用更小型、不排放尾气的汽车，削减二氧化碳排放量，便于老年人出行和提高小规模物流业务效率。国土交通省计划于2012年下半年开始实施超小型车公路实验认证制度，并将考虑部分放松对其安全性能的要求且简化申请手续。日产在2010年11月推出了2人乘的超小型EV Nissan Mobility Concept，长2337mm、宽1191mm，重450kg，续驶里程约为100km，最高时速约为80km/h，计划于2013年向市场发售；本田于2011年推出了Micro Commuter Concept，可能于2013年着手开发可以实路行驶的超小型车；丰田车体也于2012年7月向外发售新型KOMUSU超小型车。

欧盟也正在讨论调整涉及低速电动汽车的车型划分，典型产品开始畅销，相关企业正在尝试自助租赁服务新型商业模式。欧盟对低速电动汽车的相关法规要求在2002/24/EC（两轮或三轮机动车型式认证）中有所涉及，此指令也适用于四轮机动车，包括轻型四轮机动车（L6e类）和重型四轮机动车（L7e类）。欧洲议会正在讨论进一步细化：将L6e类细分成L6Ae、L6Be－U（货运）和L6Be－P（客运），将L7e类细分成L7Ae、L7Be、L7Ce－U（货运）和L7C e－P（客运），不同的车型种类对应不同的最高设计车速和最大持续总功率要求，并考虑适度放宽对相关车型质量的限值要求。2012年上半年，法国雷诺公司生产的小型电动汽车Twizy在欧洲销量已达4000辆，高于预期水平。Twizy为双座电动汽车，有45 Urban（最高时速45km/h）、Urban与Technic（最高时速80km/h）三个版本，售价分别为6990欧元、7690欧元和8490欧元（不含电池组，须另外付费租用），无ABS、ESP、助力转向、空调等舒适性配置，车门也是选装件。Twizy车身小巧、转向灵活、操控简便，长、宽、高度分别为2335mm、1228mm、1451mm，整备质量仅为467kg；高配版本配备功率15kW的电动机和能量6.1kW·h的锂离子蓄电池，最大可提供57N·m的动力输出，从静止加速到60km/h用时8.1s，续驶里程大于80km。雷诺公司于2012年9月开始在伊夫林省圣康坦市向市场提供50辆Twizy的自助租赁服务。

6. 发展思路建议

尽管低速电动汽车价格较低，使用经济、便利，有较大的市场需求，但由于存在一定的交通安全隐患（行驶速度低、安全性能差）和环境污染隐患（主要使用铅酸动力电池），相关职能部门对其发展和管理思路难以达成一致意见。为寻求解决方案，建议将"短途"而非"低速"概念作为第一特征来研究如何降低电动汽车成本，核心思路是在不降低安全性和最高设计车速等主要动力性能的前提下，通过技术提升、调整续驶里程和舒适性等性能来有效控制产品成本，开发出一类高性价比、适合市场需求的短途纯电动乘用车产品。

建议将短途纯电动乘用车定位于小型化、轻量化、短途化，能够基本达到现有强检相关要求，并基本符合《纯电动乘用车技术条件》相关技术指标。一是安全性要求不能降低，应满足主、被动安全（包括各类碰撞实验）的国家标准要求。二是最高车速与加速时间等动力性能的设计应能够满足交通安全和畅通的要求，同时要兼顾车辆的技术经济性。三是续驶里程应按照不同用户的不同使用需求，考虑差异化、个性化的配置。四是动力电池可考虑不同的选配方案；铅酸电池技术成熟、可靠性好、成本合理，起步阶段应用铅酸动力电池推动短途纯电动乘用车产业发展较为现实，但必须强化铅酸动力电池产业链各个环节的环保控制；与此同时，建议配套相关激励政策，进一步加快从铅酸电池到锂离子电池的转型进程，以带动新能源汽车技术进步和关键零部件产业的发展。具有高性价比的短途纯电动乘用车将具有较大的市场潜力，极有可能是推动我国新能源汽车产业化的一个很好的切入点。

（中国汽车技术研究中心　方海峰　黄永和　张雷　朱一方　马胜）

十六、天然气发动机

1.2011 年我国天然气发动机技术发展状况

2011 年中国天然气汽车产业在政府和市场的双重驱动下，保有量已从 2000 年的不足 1 万辆发展到目前的 100 万辆。天然气产业及相关配套保障设施的快速发展，为天然气汽车带来了千载难逢的历史机遇。国内天然气汽车由区域化的市场需求转为覆盖全国大部分地区，促进了天然气发动机行业的蓬勃发展。

国内乘用车天然气发动机继续延续以汽油/天然气两用燃料、天然气气道喷射、两个 ECU 控制为主要特点的技术格局，国内大部分汽车厂开发和生产这种天然气轿车产品。

重型天然气发动机在市场需求和国家排放升级的推动下，技术不断进步。主要表现在以下几个方面：

(1)天然气发动机设计专用化

市场要求重型天然气发动机必须具有与重型柴油机相同的性能，在这种要求的推动下，一些发动机公司摒弃了以往不改变模具、尽量与柴油机通用的设计原则，取而代之的是采用天然气发动机专用化的开发原则，追求天然气发动机动力性和可靠性俱佳。气缸盖、点火系统等制约发动机动力性和可靠性的零件逐渐实现专用化开发。一汽的重型天然气发动机多采用四气门气缸盖，通过全新开发铸造火花塞孔、特殊进排气道的天然气专用气缸盖，彻底解决了火花塞处经常出现的漏油漏水以及气缸盖开裂问题。上柴的一些四气门天然气发动机也采用了铸造火花塞孔的气缸盖设计。针对特定天然气发动机的高能量点火线圈、铱金火花塞被开发出来，来实现稀薄混合气状态下的可靠点火，同时，通过结构上的特殊设计解决点火线圈电极腐蚀、护套失效等问题。

(2)实现稳定燃烧的稀燃技术

用户对重型天然气发动机动力性的要求不断提高，发动机的强化程度不断提高。为保持天然气发动机的排气温度和热负荷水平在允许的范围内，高强化程度下的稳定稀薄燃烧技术成为重型天然气发动机开发的关键。一汽开发的十字形燃烧室、微缩口型燃烧室，使缸内产生大量的小尺度的湍流，进而增强缸内局部空间的湍流动能，促进了火焰传播，提高了燃烧速度和燃烧稳定性，使热效率有所增加。重汽通过配气相位优化来改善回火的技术使发动机的燃烧更加稳定。

(3)国Ⅴ排放促进技术升级

国家从 2012 年 1 月 1 日起开始执行 GB 17691—2005《车用压燃式、气体燃料点燃式发动机与汽车排气污染物排放限值及测量方法》中的中国Ⅴ阶段排放标准。2011 年各发动机公司开始采用各种技术路线开发达到国Ⅴ排放标准的天然气发动机，有的采用稀薄燃烧加氧化催化器，有的采用稀薄燃烧加 SCR 和氧化催化器，有的采用当量比燃烧加 EGR 和氧化催化器的技术路线。各种技术路线从开发难度、使用可靠性和成本等方面各有优缺点，采用稀薄燃烧加氧化催化器路线的发动机变化最小，采用稀薄燃烧加 SCR 和氧化催化器路线的发动机成本最高，当量比燃烧加 EGR 和氧化催化器路线的发动机热负荷和油耗需要着重控制。究竟哪种技术路线最适合中国国情还有待于市场验证。目前，玉柴采用稀薄燃烧加 SCR 和氧化催化器开发的达到国Ⅴ排放标准的天然气发动机已经在北京公交车上应用。Cummins 采用稀薄燃烧加氧化催化器实现国Ⅴ排放的 B5.9Ge 型天然气发动机已申报了产品公告。

(4)柴油微引燃缸内直喷技术产品化

国内火花点火式天然气发动机全面应用后，各发动机公司投入更多的资金和人力进行新技术的研究和产业化开发。潍柴动力和西港动力将高压直喷天然气技术应用在 WP12 高压共轨柴油机上，开发了国内首款重型高压直喷天然气发动机，据介绍，该发动机采用高压共轨直喷燃料系统，在压缩上止点前用5%的柴油喷入气缸引燃，95%的天然气以300bar的压力喷入到气缸内成为主燃料燃烧做功。其动力性与WP12柴油机动力性完全相同，比火花塞点燃式燃气发动机功率大约20%，扭矩大20%～25%。采用氧化型催化器达到国Ⅴ排放水平，与柴油机相比颗粒物排放降低约70%，CO_2降低约20%。发动机的热负荷低于火花塞点燃式燃气发动机。

(5)柴油/天然气双燃料发动机实现产品销售

2011年9月中机中心提出了《柴油/天然气双燃料发动机认证试验的建议》提案，多年来由于没有发动机认证试验标准而无法申报公告的柴油/天然气双燃料发动机实现了产品化。随着柴油机电控技术的普遍应用，解决了机械泵小油量很难精确控制而制约双燃料发动机发展的问题，一些发动机公司在电控柴油机的基础上，增加控制天然气供给的辅助控制系统，开发出柴油/天然气双燃料发动机。据报道，重庆恒通威龙·风景压缩天然气/柴油双燃料客车和陕汽德龙F3000 6＊4柴油/天然气双燃料牵引车都已经获得国Ⅲ排放公告，批量投放市场。

2.2011年国内企业发展情况

2011年，随着国内天然气重卡市场需求的急剧增长，各企业将天然气发动机及整车作为战略产品规划和开发，天然气发动机和整车产品不断推出，很多公司的主销机型或车型都有天然气产品。

有的汽车公司跨行业广泛合作，拓展天然气重卡产业链，有的公司做强内功，周密规划。2011年陕汽集团联合新疆广辉实业股份有限公司、中国石油华油公司、中国海油粤港能源发展有限公司、潍柴动力西港新能源发动机有限公司等产业链条上各环节的企业，共同发布《中国绿色经济新能源重卡联盟公约》，携手推进天然气重卡发展。同时，陕汽已在全国范围内布局天然气重卡产业，形成了山西大同、陕西榆林、内蒙古乌海、安徽淮南和新疆乌鲁木齐等天然气产品生产基地。

一汽集团公司将天然气产品确定为战略产品，从发动机到整车，从产品策划、开发、试验验证、生产到销售和服务进行全面规划和投资。无锡柴油机厂作为一汽重型天然气发动机生产企业，从生产制造、出厂测试、质量保证、销售和服务等各个环节进行了全面的能力建设，保证生产的天然气发动机具有与柴油机同样的质量和信誉。一汽解放公司通过生产线的改造，实现了天然气车与柴油车共线生产，保证了良好的整车制造质量。

中国重汽、北奔、联合重卡等企业都把天然气重卡产品作为战略车型，加入到推广天然气重卡的大军，中国重卡的能源格局正在改变。

天然气发动机电控系统零部件供应商也在不断增加。以前，很多零部件供应商因为天然气发动机产量很少而不愿进行天然气发动机零部件的开发。2011年，部分具有相当实力的零部件供应商开始重视中国天然气市场。比如Bosch公司开始积极向OEM推荐其天然气电控系统，合作开发的政策也越来越灵活。这将对一直以来由Woodward、Econtrols和其他规模较小的公司供应天然气电控系统的格局形成冲击。同时，一些发动机公司将电控系统作为核心技术进行开发，2011年玉柴开发的电控系统开始在北京天然气公交车上应用。一汽继采用其自主电控系统的CA6SE天然气发动机在长春成功使用之后，正在其各个系列的天然气发动机上全面进行电控系统匹配开发。

3.2011年国际相关技术及产业发展情况

(1)实现欧Ⅴ/欧Ⅵ和EPA2010的排放技术

虽然国外天然气重卡应用量较少，但技术成熟。已经采用缸内可视化手段对天然气稀薄燃烧和当量比燃烧的缸内流动和燃烧的特点进行了详细研究，并开发出稀薄燃烧加氧化催化器或者采用当量比燃烧加EGR和三元催化器实现欧Ⅴ、欧Ⅵ、EPA2010排放法规的技术，并已经实现产品应用。稀薄燃烧加氧化催化器实现EPA2010和欧Ⅴ的技术已经在Cummins公司的B系列天然气发动机和MAN公司的天然气发动机上应用。当量比燃烧加EGR和三元催化器实现EPA2010排放法规的技术已经在Cummins公司的L和X系列天然气发动机上应用，这些发动机的动力性和经济性水平都很高。

(2)使用柴油机和天然气的RCCI技术

采用天然气和柴油的活性控制压燃技术（RCCI）正在作为最前沿的燃烧技术被研究。威斯康星大学根据天然气燃料具有比汽油更低的活性，利用天然气与柴油两种燃料之间更大的活性差来控制最大压升率实现宽范围RCCI运行。

威斯康星大学利用KIVA3V和CHEMKIN软件进行了发动机宽工况下的性能优化。在使碳烟、NO_x、CO、UHC排放以及燃油耗最低的目标下，对两种燃料比例、两种燃料的喷射正时、每次喷射的柴油量、柴油喷射压力和EGR率进行了优化。对典型的重型发动机工况进行了研究。研究发现，在不使用EGR情况下在达到13.5bar平均指示压力时发动机仍能保持高的热效率和低排放。低增压比的天然气/柴油情况下即能满足美国EPA 2010排放法规，在高增压比情况下可以进一步降低机内NO_x排放。

(3)采用预燃室的稀燃技术

鉴于稀薄燃烧发动机存在稀燃极限，超过稀燃极限会造成发动机失火、燃烧和排放恶化，MAHLE公司进行了采用预燃室实现更稀薄燃烧的技术研究。其在一台0.4L排量的单缸发动机上采用预燃室内布置天然气喷射器和火花塞，主燃烧室内气道喷射天然气，在预燃室内采用火花塞点火的方式点燃预燃室内的天然气混合气，这些燃烧的天然气混合气喷射到主燃烧室，实现湍流喷射点火。据介绍，湍流喷射点火由于产生多个宽范围分布的点火源而降低了火焰传播距离，缩短了燃烧持续期，实现了很高的燃烧速率。与其他低温燃烧技术（HCCI）相比，可以在不采用复杂控制反馈的情况下，扩大爆震极限和稀燃极限。与当量比燃烧比较，燃油经济性可以改善12%～20%，NO_x排放可以降低99%以上。

4. 下一步攻关重点

(1)国Ⅴ排放技术开发

自2013年1月1日起，国内将禁止销售达不到国Ⅴ排放标准的重型天然气汽车，因此，2012年各公司必将重点开发国Ⅴ天然气发动机，开发适合中国国情的高性价比的实现国Ⅴ排放的燃烧技术是决定发动机市场竞争力的关键。无论是稀薄燃烧还是当量比燃烧都将是下一步的重点研究技术。不同燃烧技术路线下的后处理系统是另一个重点技术，必须开发高转化效率和高耐久性的后处理系统。OBD技术是第三个需要攻关的技术，这是由于天然气发动机从国Ⅳ升级到国Ⅴ排放后新增加了OBD诊断要求，而大部分国Ⅳ天然气电控系统没有OBD诊断功能。

(2)重型天然气发动机可靠性技术

2011年，重型天然气发动机获得了市场认可，但是，随着天然气发动机使用量的增加，也出现了活塞拉缸开裂、气缸盖开裂、增压器损坏、火花塞损坏等各种各样的可靠性问题，可靠性技术必将是下一步攻关的重中之重。使发动机在不同燃气成分、不同使用条件、不同海拔高度等状况下都具有良好的可靠性将是各公司天然气发动机成败的关键。

（一汽技术中心　窦慧莉）

第二篇

节能与新能源汽车相关政策与规划

一、国家主要扶持政策

1. 工业转型升级规划(2011—2015 年)(新能源汽车节选)

前言

“十一五”期间，面对国际国内环境的深刻变化和风险挑战，在党中央、国务院的正确领导下，工业保持平稳较快发展，结构调整取得积极成效，有力地促进了经济社会又好又快发展。

“十二五”时期是全面建设小康社会的关键时期，是深化改革开放、加快转变经济发展方式的攻坚时期。 工业是我国国民经济的主导力量，是转变经济发展方式的主战场。 今后五年，我国工业发展环境将发生深刻变化，长期积累的深层次矛盾日益突出，粗放增长模式已难以为继，已进入到必须以转型升级促进工业又好又快发展的新阶段。 转型就是要通过转变工业发展方式，加快实现由传统工业化向新型工业化道路转变；升级就是要通过全面优化技术结构、组织结构、布局结构和行业结构，促进工业结构整体优化提升。 工业转型升级是我国加快转变经济发展方式的关键所在，是走中国特色新型工业化道路的根本要求，也是实现工业大国向工业强国转变的必由之路。

《工业转型升级规划（2011—2015 年）》是指导今后五年我国工业发展方式转变的行动纲领，是落实《中华人民共和国国民经济和社会发展第十二个五年规划纲要》的具体部署，是工业领域其他规划的重要编制依据。

《工业转型升级规划（2011—2015 年）》由工业和信息化部会同发展改革委、科技部、财政部、国土资源部、环境保护部、商务部、国资委及国防科工局、烟草局等部门和单位联合编制。

第一章　“十一五”工业发展回顾和“十二五”形势分析

第一节　“十一五”工业发展取得的主要成绩

第二节　“十二五”工业转型升级面临的形势

第二章　总体思路和主要目标

第一节　指导思想和基本要求

第二节　主要目标

第三章　工业转型升级的重点任务

第一节　增强自主创新能力

> **专栏 2:实施重点产业技术创新工程**
>
> 发展产业联盟。在节能与新能源汽车、TD－SCDMA及长期演进趋势(LTE)、支线及通用飞机、重大节能环保装备、物联网、云计算、应用电子和工业软件、数字内容等若干新兴产业领域，推动一批技术创新示范企业和重点产业联盟发展。制定支持产业联盟发展的政策措施。

第二节　加强企业技术改造

第三节　提高工业信息化水平

> **专栏 4:发展信息化相关支撑技术及产品**
>
> 应用电子。突破数控系统现场总线、通信协议、高速伺服驱动等技术。加快发展车载网络、动力电池及管理控制系统、动力总成控制系统和车用芯片。突破数字化医学影像诊断、医用传感器、治疗微系统等的自主研制。促进绝缘栅双极型晶体管(IGBT)等新型器件开发和应用。发展航空机载电子设备及其相关计算机辅助设计和应用系统。研发综合船桥技术、船载全球定位系统(GPS)产品系统集成技术、船舶自动识别技术。

第四节　促进工业绿色低碳发展

第五节　实施质量和品牌战略

第六节　推动大企业和中小企业协调发展

第七节　优化工业空间布局

第八节　提升对外开放层次和水平

第四章　重点领域发展导向

第一节　发展先进装备制造业

抓住产业升级的关键环节，着力提升关键基础零部件、基础工艺、基础材料、基础制造装备研发和系统集成水平，加快机床、汽车、船舶、发电设备等装备产品的升级换代，积极培育发展智能制造、新能源汽车、海洋工程装备、轨道交通装备、民用航空航天等高端装备制造业，促进装备制造业由大变强。

节能和新能源汽车。 坚持节能汽车与新能源汽车并举，进一步提高传统能源汽车节能环保和安全水平，加快纯电动汽车、插电式混合动力汽车等新能源汽车发展。 组织实施节能与新能源汽车创新发展工程，通过国家科技计划（专项）有关研发工作，掌握先进内燃机、高效变速器、轻量化材料等关键技术，突破动力电池、驱动电机及管理系统等核心技术，逐步建立和完善标准体系；持续跟踪研究燃料电池汽车技术，因地制宜、适度发展替代燃料汽车。 加快传统汽车升级换代，提高污染物排放标准，减少污染物排放；稳步推进节能和新能源汽车试点示范，加快充、换电设施建设，积极探索市场推广模式。 完善新能源汽车准入管理，健全汽车节能管理制度。 大力推动自主品牌发展，鼓励优势企业实施兼并重组，形成 3～5 家具有核心竞争力的大型汽车企业集团，前 10 强企业产业集中度达到90%。到2015年，节能型乘用车新车平均油耗降至5.9L/100km；新能源汽车累计产销量达到50万辆。

专栏9：重大技术装备创新发展及示范应用工程

节能与新能源汽车。重点开展柴油机高压共轨技术等高效内燃机技术、先进变速器和汽车电子控制技术的研发与应用。大幅提高小排量发动机的技术水平和性能。支持开展普通混合动力汽车技术研发。重点突破动力电池核心技术，支持电机及驱动系统，以及电动空调、电动转向、电动制动器等的研发和产业化，支持开展燃料电池电堆、燃料电池发动机及其关键材料的核心技术研发。支持建设新能源汽车共性技术平台。

第二节　调整优化原材料工业

第三节　改造提升消费品工业

第四节　增强电子信息产业核心竞争力

第五节　提高国防科技工业现代化水平

第六节　加快发展面向工业生产的相关服务业

第五章　保障措施及实施机制

第一节　完善保障措施

第二节　健全实施机制

国务院

二〇一一年十二月三十日

2. 产业关键共性技术发展指南(2011年)(新能源汽车节选)

前言

为贯彻科学发展观，落实《国民经济和社会发展第十二个五年规划纲要》，充分调动社会资源，引导市场主体行为，指导产业关键共性技术发展方向，促进产业技术进步，实现工业和通信业的转型升级和结构优化，我部组织编制了《产业关键共性技术发展指南（2011年）》，用于指导产业关键共性技术的发展和应用。

产业关键共性技术是能够在多个行业或领域广泛应用，并对整个产业或多个产业产生影响和瓶颈制约的技术。产业共性关键技术研发是一项长期的基础性工作。由于关键共性技术的研究难度大、周期长，特别是在基础材料、关键工艺、核心元部件、系统集成等方面的关键共性技术，已经成为制约我国产业持续健康发展的核心问题；产业关键共性技术的研究开发是工业和通信业发展的基础，也是我国构建现代产业体系，加快转变发展方式，培育和发展战略性新兴产业，促进产业结构优化升级，增强自主创新能力和核心竞争力的关键环节。

产业关键共性技术发展指南(2011年)

一、节能环保与资源综合利用

1. 高效/高压大功率节能电机驱动系统技术
2. 大容量电炉生产高品质工业硅节能关键技术
3. 热带无头/半无头轧制节能关键技术
4. 点燃式内燃机缸内直喷节能关键技术
5. 铝电解槽新型阴极钢棒结构节能技术
6. 电石法聚氯乙烯行业无汞触媒技术
7. 扣式碱性锌锰电池无汞化技术与装备技术
8. 电解锰电解后序工段连续抛沥逆洗及自控技术
9. 再制造产业关键、共性技术
10. 富硅高铁尾矿深度分选及大宗高值综合利用关键技术
11. 复杂难选矿资源综合利用高效专属药剂分子设计及合成技术
12. 赤泥 CO_2 脱碱及大宗整体综合利用关键技术
13. 矿产资源综合利用选矿设备关键共性技术
14. 广西桂中高铁铝土矿资源综合利用关键技术

二、原材料工业

（一）钢铁

1. 新一代可循环钢铁流程工艺与装备技术
2. 低品位难选矿综合选别与利用技术
3. 高效率、低成本洁净钢平台技术
4. 新一代TMCP（控轧控冷）技术
5. 高炉炼铁 CO_2 减排与利用关键技术开发

（二）有色金属

1. 低碳低盐无氨氮稀土分离提纯工艺新技术
2. 各向同性钐铁氮黏结磁粉关键制备技术
3. 高光效、低光衰白光LED荧光粉及其规模化制备技术
4. 功能材料用高品质稀土合金速凝片及关键设备技术
5. 大型节能环保稀土电解槽及工业制备技术
6. 满足国V标准汽车尾气催化剂的铈锆材料制备技术
7. 基于新型阳极与异型阴极联合应用的超低能耗电解铝新技术
8. 氧气底吹铅锌火法冶炼清洁工艺技术
9. 高效节能铜加工技术与高性能铜材加工技术
10. 电子级高纯多晶硅生产工艺技术
11. 低成本高比容量磷酸铁锂和富锂锰基正极材料产业化关键技术

（三）石油化工

1. 超临界二氧化碳挤出发泡高分子材料的制备工艺与成套装备关键技术
2. 节油轮胎胎面专用合成橡胶制备及应用产业化关键技术

三、装备制造业

（一）基础机械

3. 节能与新能源汽车自动变速器及关键零部件制造技术

主要技术内容：

6～8挡AT自动变速器，包括自动变速器行星齿轮机构方案优选，自动变速器换挡控制理论与方法，自动变速器试验测试技术和标准规范，自动变速器机械液压系统工程化设计开发技术，TCU软硬件工程化设计开发与整车测试标定匹配，动变速器产业化关键技术。

CVT无级变速器，包括无级变速器综合性能设计，金属带和摆销链工作机理研究与设计，摆销端面与锥盘传动副的研究，金属带、摆销链应用性能测试与效果分析，无级变速器产业化生产组织与实施。

其中，6～8挡AT自动变速器，6～8个前进挡，输入扭矩180～320Nm，产品可靠性和总成寿命达到国际先进水平；AMT与DCT比传统机械变速器每百公里节油5%～10%，AMT换挡响应时间≤0.65s，DCT实现无动力中断换挡，换挡平顺性、产品可靠性和总成寿命达到国际先进水平。TCU寿命≥6000h；CVT无级变速器，传动效率达到94%，金属带带环各层受力不均匀度≤5%，带环拉应力降低20%～27%，轴向压力减少20%，传动效率提高1.2%，百公里综合油耗降低5%；链式CVT在变速比较大的低高速区效率较高，最佳燃效比现有带式CVT提高4%～5%；锥轮锥盘锥面角度公差≤40″，两轴径同轴度≤0.008mm，球道跳动≤0.012mm，寿命大于25万公里。

（二）智能制造装备

（三）复合材料制备

（四）高档印刷装备

（五）节能与新能源汽车

1. 纯电动乘用车总体技术

主要技术内容：

小型纯电动乘用车技术；增程式电动乘用车技术。

其中A00级纯电动乘用车整车整备质量≤850kg，最高车速≥80km/h，0～50km/h加速时间≤7s，续驶里程（城市工况）≥80km，经济性（城市工况）≤10kW·h/100km。

A0级纯电动乘用车整车整备质量≤1100kg，最高车速≥100km/h，0～50km/h加速时间≤7s，50～80km/h加速时间≤8s，续驶里程（城市工况）≥100km，经济性（城市工况）≤13kW·h/100km。

A级增程式电动乘用车整车整备质量≤1300kg，最高车速≥100km/h，0～50km/h加速时间≤7s，50～80km/h加速时间≤8s，续驶里程（工况法）≥80km（纯电动模式），含增程续驶里程（工况法）≥150km，经济性（城市工况）≤15kW·h/100km。

A0级增程式电动乘用车整车整备质量≤1100kg，最高车速≥100km/h，0～50km/h加速时间≤7s，50～80km/h加速时间≤8s，续驶里程（工况法）≥60km（纯电动模式），含增程续驶里程（工况法）≥120km，经济性（城市工况）≤13kW·h/100km。

2. 动力电池关键技术

主要技术内容：

能量型锂离子动力电池关键技术，功率型动力电池关键技术，锂离子动力电池和隔膜生产关键设备技术，动力电池电极材料技术，性能及安全性评价技术，自激发安全保护技术。

其中能量型电池模块（1kW·h），能量密度达到150W·h/kg，功率密度达到1000W/kg（PHEV），500W/kg（EV），成本≤2元/W·h，寿命达到10年以上；

功率型电池模块（0.3kW·h），功率密度达到2000W/kg，能量密度达到70W·h/kg，成本≤2元/W·h，寿命达到10年20万公里。

3. 汽车电子技术

主要技术内容：

发动机电子控制系统技术；自动变速器电子控制系统技术；底盘控制系统技术；整车控制器、汽车电控附件、汽车智能化等技术。

4. 汽车节能技术

主要技术内容：

微度混合动力汽车技术与标配；中度混合动力汽车关键技术；1L及以下排量高性能小型化乘用车技术；高效变速器关键技术；汽车轻量化技术；替代燃料汽车技术与应用。

其中微度混合动力汽车与基础车相比能量消耗降低率≥10%（城市工况），可靠性（系统的启停次数）≥60万次，与基础车相比制造成本增加≤1500元。

中度混合动力汽车与基础车相比能量消耗降低率≥30%，混合动力主要部件平均故障间隔里程≥10000km，混合动力主要部件使用寿命≥15万公里，与基础车相比制造成本增加≤1.5万元。

1L及以下排量的高性能小型化乘用车整车工况油耗小于4.5L/100km（按我国的工况法测试）。

5. 混合动力商用车动力系统关键技术

主要技术内容：

混合动力总成的系统集成研究，混合动力商用车关键零部件的技术开发。

其中混合动力商用车节油率≥25%～30%（采用工况法检测和实际线路运行检测的方法进行检测）；可靠性与

寿命指标，平均故障间隔里程≥1万公里，寿命≥80万km；混合动力系统（含储能装置但不含发动机）的总成本≤15万元。

（六）轨道交通装备

（七）船舶与海洋工程装备

（八）航空装备

（九）卫星及应用

四、消费品工业

（一）纺织

（二）轻工

3. 锂离子电池关键材料技术

主要技术内容：

锂离子电池隔膜、正极材料、负极材料、电解质等材料开发与制备技术。

（三）食品

（四）生物医药

五、电子制造业

（一）集成电路

（二）平板显示

（三）太阳能光伏

（四）动力电池及超级电容器

1. 高效能、高一致性电池

主要技术内容：

一致性单体电池的自动化生产技术；电池组件、电池包与供电系统优化设计技术。

2. 超级电容器技术

主要技术内容：

提高超级电容器的比功率与比能量的材料技术和结构设计技术；超级电容器与电池混合应用系统的研究。

（五）LED照明

（六）物联网技术

（七）数字家庭音视频

（八）移动智能终端

（九）计算机

（十）汽车电子

1. 节能与新能源汽车电子控制关键技术

主要技术内容：

电池管理技术；电机控制技术；整车控制技术；智能网络技术；车载信息系统技术。

六、软件和信息技术服务业

七、通信业

八、信息化和生产性服务业

工业和信息化部

二〇一一年七月一日

3. 关于加强节能与新能源汽车示范推广安全管理工作的函

各节能与新能源汽车示范推广试点城市办公厅：

为贯彻落实2011年7月27日国务院常务会议关于加强交通等重点领域安全生产的会议精神，切实保障节能与新能源汽车示范运行安全，科技部、财政部、工业和信息化部、发展改革委等四部门，就加强节能与新能源汽车示范运行安全管理函告如下：

一、充分认识节能与新能源汽车示范推广安全管理的重要意义

节能与新能源汽车正处于规模化进入市场的起步阶段，也是市场培育和产业化发展的关键时期，节能与新能源汽车示范推广的安全问题不仅涉及人民群众的生命财产安全，也关系到战略性新兴产业的培育，事关节能与新能源汽车发展大局，要坚持走科学发展的道路，坚持以人为本，处理好速度质量效益的关系，把安全高于一切的理念落实到示范、管理的全过程。各试点城市和节能与新能源汽车生产、运营单位要高度重视生产安全，把保障安全放在工作首位，在产品设计、制造安装、运行使用等环节，牢牢把握安全关，确保节能与新能源汽车安全示范推广。

二、加强节能与新能源汽车示范运行安全管理的具体措施

（一）试点城市要立即开展全面、系统、彻底的安全隐患排查，对发现的安全隐患，必须限期改正。要针对排查出的突出隐患，狠抓制度落实，切实纠正责任不到位的现象，真正做到依法监管。各级领导及相关工作人员要牢固树立安全意识，常抓不懈，抓紧完善安全管理体系，实行安全责任制并落实到人，制定和完善安全管理制度，制定安全事故处理预案，加强防范监管，狠抓落实。

（二）试点城市要进一步加强示范运行车辆的安全监控。所有示范运行的节能与新能源汽车应与《节能与新能源汽车示范推广应用工程推荐车型目录》确认的技术状态严格一致，对投入示范运行的插电式混合动力汽车、纯电动汽车要全部安装车辆运行技术状态实时监控装置，特别是要加强对动力电池和燃料电池工作状态的监控。对混合动力汽车按一定比例进行实时监控。

（三）试点城市要建立事故预警信息系统及事故紧急处置机制。依托试点城市示范运行信息管理平台，实时跟踪车辆运行状态，如发现异常情况，应及时向驾驶员、车辆运营和维护单位及相关政府部门发布警示信息，做到早发现、早处置。各城市要建立安全事故报告制度，制定事故处理预案，一旦有安全事故发生，事故处置要做到高效、有序，力争把损失降低到最小。

（四）试点城市要加强对相关从业人员的技术培训。

要研究编制安全技术培训教材，对车辆驾驶员、充换电站从业人员、车辆维修人员等进行专业的安全技术培训，考核合格后才能上岗，重要岗位的工作人员要实行持证上岗。

（五）车辆运营单位要建立车辆定期检查、维护制度，特别是要加强对动力电池在内的动力系统的检查维护，不仅要重视动力电池本身的技术状态，还要重视电池单体间、模块间的连接点、电力线等环节，避免因接点松动、污染，导致电阻增加产生电火花和自燃，因而引发事故。

（六）充换电站运营单位要制定严格的安全管理规章制度，做到"规章制度上墙、任务责任到人"，在为车辆充换电过程中要认真按照操作规程进行规范操作，避免人为因素误操作导致安全事故。同时，要对充电设施的线路、设备进行定期检查，及时排查安全隐患，做到防患于未然。

（七）试点城市应积极开展节能与新能源汽车安全技术研究。根据车辆示范运行实际情况，积极组织车辆制造、运营单位开展安全技术专项研究，特别是针对载客量大的电动公交客车，应在运行实践中不断摸索和应用行之有效的主动安全和被动安全产品技术，加强阻燃型车用新材料和车载快速灭火装置的研发应用。

（八）节能与新能源汽车整车及关键零部件设计、制造单位，要牢固树立"质量至上"的意识，建立汽车产品质量责任制，强化产品安全技术研究，强化产品安全试验，严格按照国家相关产品管理要求和技术标准为市场提供安全、可靠的产品，保证产品一致性，在源头上杜绝安全隐患。同时，要积极配合试点城市及车辆运营单位，做好车辆的维护保障，以及产品技术改进，加强汽车产品售后服务。

（九）试点城市要在 8 月底前组织一次全面的安全大检查，9 月 20 日以前将相关工作措施及检查结果报四部委。

（十）试点城市要充分发挥舆论监督作用，加强电动汽车示范运行安全和产品质量宣传报道，营造试点城市和节能与新能源汽车生产、运营单位重视安全、质量、服务的社会氛围。

（十一）四部委将节能与新能源汽车示范运行安全管理摆在试点城市工作考核的突出位置，并将成立试点城市工作评估督导专家组，结合试点城市评估工作，不定期对各城市安全管理工作进行检查。

请各试点城市认真按照国家有关安全生产的管理规定和本通知的要求，做好节能与新能源汽车的安全运行管理工作，确保节能与新能源汽车示范推广工作科学、安全发展。

特此通知。

科技部
财政部
工信部
国家发展改革委
二〇一一年八月十八日

4. 关于进一步做好节能与新能源汽车示范推广试点工作的通知

有关省、自治区、直辖市、计划单列市财政厅（局）、科技厅（科委、局）、工业和信息化主管部门、发展改革委：

节能与新能源汽车示范推广试点启动以来，各项工作进展顺利，有效促进了我国节能与新能源汽车技术和产业发展。为进一步做好试点工作，现提出如下要求：

一、对试点城市的工作要求

试点城市政府是节能与新能源汽车示范推广试点工作的责任主体和实施主体，要认真落实《财政部 科技部关于开展节能与新能源汽车示范推广试点工作的通知》（财建〔2009〕6 号）、《财政部 科技部 工业和信息化部 国家发展改革委关于扩大公共服务领域节能与新能源汽车示范推广有关工作的通知》（财建〔2010〕227 号）、《财政部 科技部 工业和信息化部 国家发展改革委关于增加公共服务领域节能与新能源汽车示范推广试点城市的通知》（财建〔2010〕434 号）、《财政部 科技部 工业和信息化部 国家发展改革委关于开展私人购买新能源汽车补贴试点的通知》（财建〔2010〕230 号）等文件要求，加快研究制定相关配套政策措施，切实做好试点组织工作。

（一）建立健全试点工作组织机构。试点工作要由政府主要领导同志负责，建立责任制，由专人负责日常组织管理和协调工作。

（二）按照示范推广实施方案和年度工作计划，加大自主创新产品示范推广力度，确保实现年度车辆推广目标。

（三）建立健全示范运行安全监督管理机制，落实各环节安全责任主体，定期进行安全检查，相关情况及时上报。

（四）研究制定新能源汽车示范推广鼓励政策。在落实好中央试点政策的同时，要积极研究针对新能源汽车落实免除车牌拍卖、摇号、限行等限制措施，并出台停车费、电价、道路通行费等扶持政策，广泛调动政府、企事业单位和个人购买、使用节能与新能源汽车的积极性。

（五）大力推进基础设施建设。制定充电基础设施建设规划，为个人新能源汽车用户在其住宅小区停车位或工作场所停车位配套建设充电桩，该类充电桩与新能源车辆的配比不得低于 1∶1；对购买新能源汽车的用户提供充电设施建设的服务；此外，在政府机关和商场、医院等公共设施及社会公共停车场，适当设置专用停车位并配套充电桩；同时，城市要调配资源建设少而精且覆盖示范运行区域的快速充电网络。

（六）严格执行国家和行业标准。汽车企业、关键零部件企业、充电基础设施企业要严格执行充电接口、通信协议等相关国家和行业标准，并按照国家和行业最新颁布标准及时调整。

（七）建立公平竞争的市场秩序。2011 年年底前各试点城市要主动清理已有的相关地方性政策法规，涉及外地产品在招投标、享受地方优惠政策等环节的歧视性政策要予以废止。试点城市要公开发布示范运行产品需求信息，采用招标方式，促进生产企业发挥技术、质量、价格、服务优势，有序参与市场竞争。要支持建立行业协会、各类企事业和社会中介服务等多方面力量组成的新能源汽车推广联盟开展工作。

（八）加强示范运行的监控和评价。对示范运行车辆、动力电池和配套基础设施日常运行状态进行监控，采集、统计和分析运行数据，规范数据档案管理，定期进行技术状态和运行效果评估。

（九）加强中央财政补助资金的使用管理，做好中央财政预拨付资金申请及年度清算工作。各试点城市要及时对车辆生产企业或用户兑付补助资金，不得延误。积极落实地方财政相关配套资金，优化资金投向，重点支持充电设施和使用等环境建设。

（十）按时上报四部委试点工作进展情况。在月末结束 5 日内上报上个月示范运行相关数据；在季度结束 5 日内上报试点工作进展及问题建议；年度结束 15 日内上报年度试点工作总结。

二、对示范产品生产企业的要求

整车和关键零部件企业要抓住试点有利时机，加快产品研发和技术改进，增强上下游配套能力，完善售后服务，努力提高产品水平和市场份额，尽快降低生产成本，加快产业化和市场化。

（一）整车企业要按照《新能源汽车生产企业及产品准入管理规则》（工产业〔2009〕第 44 号公告）的要求，组织新能源汽车产品的申报和生产。示范推广的节能与新能源汽车必须纳入《节能与新能源汽车示范推广应用工程推荐车型目录》。

（二）整车及零部件和充电设施生产等相关企业，要向社会公开相关产品的性能参数和使用信息，如纯电动汽车和插电式混合动力汽车的一次充电续驶里程、混合动力汽车的节油率、动力电池的充电方式、时间、寿命等，以及上述产品的保修、保换条款，确保用户全面了解和正确使用相关产品。

（三）整车企业要保证上市销售产品技术参数、配置和性能指标等与主管部门批准发布的产品状态相一致。

（四）整车及零部件和充电设施生产等相关企业，要建立完善的售后服务保障体系，加强相关技术人员培训，合理布局服务网络，信守产品保修等售后服务承诺。

（五）整车或电池租赁企业要建立动力电池回收处理体系，落实动力电池回收责任，制定相关的回收服务承诺，建立相应的处理能力。

（六）整车及动力电池和充电设施生产等相关企业，要建立健全示范运行产品技术跟踪体系，建立产品运行数据库，掌握产品技术状态，及时做好技术改进工作。企业要加强产品标准的研究制定，要加强相关试验、研究能力建设。

三、试点工作的评估与考核

节能与新能源汽车示范推广已进入新阶段，切实规范和加强对试点工作的管理，提高示范的水平和质量，是今后试点组织工作的重中之重。

（一）加强对试点工作的监督和动态评估管理。定期对试点城市工作成效、年度计划执行、鼓励政策制定、基础设施建设、标准执行、市场开放、示范跟踪评价、科技创新以及财政资金使用管理等进行检查评估。年度末，对各试点城市工作进展情况进行年度考评总结。对未能通过年终考评的试点城市，或未按照有关要求开展工作的城市，取消其试点城市资格。

（二）加强对示范产品和企业的动态管理。严格执行新能源汽车企业及产品准入管理制度。对《节能与新能源汽车示范推广应用工程推荐车型目录》实行动态管理，对进入目录的产品，定期进行市场销售量核查，对一年内未销售的产品，取消该目录。要对目录产品在试点城市的实际运行状态进行抽样测试，凡产品配置、技术状态与目录严重不符的，取消该产品目录。对进入目录的企业，如清退目录产品达到 50% 以上的，取消该企业参与试点的资格。

（三）成立试点工作咨询督导专家组，负责对各试点城市示范推广工作进行咨询和检查督导。由科技部电动汽车重大项目管理办公室，协助四部委和咨询督导专家组开展日常工作。

（四）试点工作推进过程中，四部委将依据各自职能分工，进一步加强试点工作协调联动机制，细化和完善相关政策，加强对试点工作指导、督查和服务。加强试点城市经验交流，组织试点城市与企业间供需见面交流活动，积极推进自主创新产品示范推广。

附件：试点城市年度评估表（略）

财政部办公厅

科技部办公厅

工业和信息化部办公厅

发展改革委办公厅

二〇一一年十月十四日

5. 关于调整节能汽车推广补贴政策的通知

财建〔2011〕754 号

各省、自治区、直辖市、计划单列市财政厅（局）、发展改革委、工业和信息化主管部门，有关企业：

自2010年6月1日财政部、国家发展改革委、工业和信息化部启动节能汽车推广工作以来，我国节能汽车市场占有率大幅提升，节能汽车技术进步明显加快。为继续引导和鼓励汽车生产企业加大节能技术研发投入，促进产品结构优化升级，逐步降低油耗水平，根据行业节能技术进步、油耗标准推进等情况，财政部、国家发展改革委、工业和信息化部报经国务院批准同意，决定对现行节能汽车推广补贴政策进行调整。现将调整有关事项通知如下：

一、现行节能汽车推广补贴政策执行到2011年9月30日。推广企业要认真总结2010年6月1日—2011年9月30日推广情况，编制补贴资金清算报告，于2011年10月31日前由省级财政部门会同发展改革委、工业和信息化主管部门审核后上报财政部。财政部、国家发展改革委、工业和信息化部将组织专项核查并根据核查情况对补贴资金进行清算。

二、从2011年10月1日起实施新的节能汽车推广补贴政策。

（一）推广车辆要达到产品综合燃料消耗量标准，具体限值如下：

整车整备质量（CM）kg	具有两排及以下座椅且装有手动挡变速器的车辆 L/100km	具有三排或三排以上座椅或装有非手动挡变速器的车辆 L/100km
CM≤750	4.8	5.2
750 <CM≤865	5.1	5.4
865 <CM≤980	5.3	5.7
980 <CM≤1090	5.6	6.0
1090 <CM≤1205	6.0	6.3
1205 <CM≤1320	6.3	6.6
CM >1320	6.7	6.9

（二）推广补贴标准不变，即对消费者购买节能汽车继续给予一次性3000元定额补助，由生产企业在销售时兑付给购买者。

（三）其他有关事项按《“节能产品惠民工程”节能汽车（1.6L及以下乘用车）推广实施细则》（财建〔2010〕219号）执行。有关核查工作暂按《“节能产品惠民工程”节能汽车（1.6L及以下乘用车）推广专项核查办法》（工信部联装〔2010〕566号）执行。

请各地和有关推广企业认真做好节能汽车推广补贴政策调整的宣传、解释和执行工作，确保推广工作顺利进行。

财政部

国家发展改革委

工业和信息化部

二〇一一年九月七日

6. 外商投资产业指导目录（2011年修订）（新能源汽车节选）

鼓励外商投资产业目录

一、农、林、牧、渔业

二、采矿业

三、制造业

（一）农副食品加工业

（二）食品制造业

（三）饮料制造业

（四）烟草制品业

（五）纺织业

（六）皮革、皮毛、羽毛（绒）及其制品业

（七）木材加工及木、竹、藤、棕、草制品业

（八）造纸及纸制品业

（九）石油加工、炼焦及核燃料加工业

（十）化学原料及化学制品制造业

（十一）医药制造业

（十二）化学纤维制造业

（十三）塑料制品业

（十四）非金属矿物制品业

（十五）有色金属冶炼及压延加工业

（十六）金属制品业

（十七）通用设备制造业

（十八）专用设备制造业

20. 汽车动力电池专用生产设备的设计与制造。

（十九）交通运输设备制造业

1. 汽车发动机制造及发动机研发机构建设：升功率不低于70kW的汽油发动机、升功率不低于50kW的排量3L以下柴油发动机、升功率不低于40kW的排量3L以上柴油发动机、燃料电池和混合燃料等新能源发动机。

2. 汽车关键零部件制造及关键技术研发：双离合器变速器（DCT）、电控机械变速器（AMT）、汽油发动机涡轮增压器、黏性连轴器（四轮驱动用）、自动变速器执行器（电磁阀）、液力缓速器、电涡流缓速器、汽车安全气囊用气体

发生器、燃油共轨喷射技术（最大喷射压力大于2000Pa）、可变截面涡轮增压技术（VGT）、可变喷嘴涡轮增压技术（VNT）、达到中国Ⅴ阶段污染物排放标准的发动机排放控制装置、智能扭矩管理系统（ITM）及耦合器总成、线控转向系统、柴油机颗粒捕捉器、低地板大型客车专用车桥、吸能式转向系统、大中型客车变频空调系统、汽车用特种橡胶配件，以及上述零部件的关键零件、部件。

3. 汽车电子装置制造与研发：发动机和底盘电子控制系统及关键零部件，车载电子技术（汽车信息系统和导航系统），汽车电子总线网络技术（限于合资），电子控制系统的输入（传感器和采样系统）输出（执行器）部件，电动助力转向系统电子控制器（限于合资），嵌入式电子集成系统（限于合资、合作）、电控式空气弹簧，电子控制式悬挂系统，电子气门系统装置，电子组合仪表，ABS/TCS/ESP系统，电路制动系统（BBW），变速器电控单元（TCU），轮胎气压监测系统（TPMS），车载故障诊断仪（OBD），发动机防盗系统，自动避撞系统，汽车、摩托车型试验及维修用检测系统。

4. 新能源汽车关键零部件制造：能量型动力电池（能量密度≥110W·h/kg，循环寿命≥2000次，外资比例不超过50%），电池正极材料（比容量≥150mA·h/g，循环寿命2000次不低于初始放电容量的80%），电池隔膜（厚度15～40μm，孔隙率40%～60%）；电池管理系统，电机管理系统，电动汽车电控集成；电动汽车驱动电机（峰值功率密度≥2.5kW/kg，高效区：65%工作区效率≥80%），车用DC/DC（输入电压100～400V），大功率电子器件（IGBT，电压等级≥600V，电流≥300A）；插电式混合动力机电耦合驱动系统。

5. 大排量（排量>250mL）摩托车关键零部件制造：摩托车电控燃油喷射技术（限于合资、合作）、达到中国摩托车Ⅲ阶段污染物排放标准的发动机排放控制装置。

（二十）电气机械及器材制造业

10. 直线和平面电机及其驱动系统开发与制造。

11. 高技术绿色电池制造：动力镍氢电池、锌镍蓄电池、锌银蓄电池、锂离子电池、太阳能电池、燃料电池等（新能源汽车能量型动力电池除外）。

12. 电动机采用直流调速技术的制冷空调用压缩机、采用CO_2自然工质制冷空调压缩机、应用可再生能源（空气源、水源、地源）制冷空调设备制造。

（二十一）通信设备、计算机及其他电子设备制造业

15. 新型电子元器件制造：片式元器件、敏感元器件及传感器、频率控制与选择元件、混合集成电路、电力电子器件、光电子器件、新型机电元件、高分子固体电容器、超级电容器、无源集成元件、高密度互连积层板、多层挠性板、刚挠印刷电路板及封装载板。

（二十二）仪器仪表及文化、办公用机械制造业

（二十三）工艺品及其他制造业

9. 机动车充电站、电池更换站建设、经营。

五、交通运输、仓储和邮政业

六、批发和零售业

八、科学研究、技术服务和地质勘查业

九、水利、环境和公共设施管理业

十、教育

十一、卫生、社会保障和社会福利业

十二、文化、体育和娱乐业

注：1.《内地与香港关于建立更紧密经贸关系的安排》及其补充协议、《内地与澳门关于建立更紧密经贸关系的安排》及其补充协议、《海峡两岸经济合作框架协议》及其补充协议、我国与有关国家签订的自由贸易区协议另有规定的，从其规定。

2. 国务院专项规定或产业政策另有规定的，从其规定。

国家发展和改革委员会

商务部

二〇一一年十二月二十四日

二、各省、自治区、直辖市、计划单列市支持政策及法律法规

1. 北京市“十二五”时期汽车产业发展规划（新能源汽车节选）

序言

经过多年发展，北京汽车工业已成为拉动北京工业增长、带动城乡就业、推动工业结构调整、走新型工业化道路的重要力量。“十一五”期间，北京汽车产销、产值年均增速均超过20%。2010年，北京汽车工业实现产值近2000亿元，占全市工业产值的比重达到15%，整体竞争力和对工业的支撑作用进一步增强。

未来五年，是北京汽车工业夯实基础、提升核心竞争力的重要阶段，是实现由追赶者向竞争者、由国内竞争向参与国际竞争转变的重要战略机遇期。为抓住机遇，推动

北京汽车产业跻身于国际一流，为首都经济社会发展发挥更大作用，特制定本规划。

本规划依据《北京市国民经济和社会发展第十二个五年规划纲要》《北京市“十二五”时期工业发展规划》等文件和国家及北京市汽车产业相关政策编制。规划年限为2011年至2015年。

一、当前面临的竞争形势和挑战

（一）全球汽车产业正经历变革

（二）中国汽车工业正处于由大转强的发展阶段

1. 产业规模将持续快速增长。

2. 自主创新全面加快。“十一五”以来，国家和各大企业对自主开发更加重视，自主品牌企业得到的支持力度明显增强，国内零部件研发生产能力提高。通过发展新能源汽车和突破传统汽车重点技术，“十二五”期间，我国汽车技术水平将继续提升，自主创新能力将明显增强。

3. 外向型发展趋势明显。

4. 汽车产业结构调整力度加大。

（三）北京汽车工业发展面临全新挑战

二、指导思想、总体思路与发展目标

（一）指导思想

（二）总体思路

以重大项目为抓手，夯实产业基础，培育一批具有国际竞争力的汽车企业，加快产业调整升级。推进自主创新和自主品牌乘用车发展，巩固并扩大商用车竞争优势，提升合资合作水平，促进节能与新能源汽车研发和产业化，强化本地配套能力，推动汽车二、三产业融合，同时着眼全球，实现产业外向型发展，打造具有较强核心竞争力的汽车产业集群。

（三）发展目标

2015年，北京汽车工业产值力争达到5600亿元。具体目标为：

区域竞争地位稳步提高。2015年，北京汽车工业产值在国内省市和主要城市排名进入前列，努力带动并实现与周边区域的协调发展，成为国内外汽车工业发展的重要力量。

支撑作用进一步增强。2015年工业增加值率力争达到全市工业平均水平，对全市工业和首都经济的贡献显著提升。

产业竞争力不断提升。力争培育一个产值3000亿元以上跨国企业集团、三个千亿元以上整车企业、若干个百亿元零部件企业。北汽福田成长为世界级商用车企业。自主品牌轿车企业在国内轿车市场占据一定份额。

新能源汽车技术和应用规模国际领先。在整车集成及动力电池等关键零部件研发制造领域具备国际一流水平。同时跟踪推进节能与新能源汽车其他技术产业化。

资源利用效率更高。规模以上工业耗能总量和新鲜水耗用总量分别控制在135万吨标煤和2500万立方米左右。

三、重点工作

（一）推进自主创新，增强产业核心竞争力

加紧建设和推进一批重大项目，增强产业竞争力。

1. 提升自主品牌整车产业实力。加快关键技术的消化、吸收和再创新，推进北汽自主品牌乘用车高端基地建设，塑造北京自主品牌中高端轿车形象。支持将北汽有限公司打造为国内一流的越野车、军车、SUV产品生产基地。支持北京长安汽车公司建设成为长安汽车在国内的中高端轿车和电动汽车研发制造基地，以及发动机、变速箱等关键零部件的生产基地。推动北汽福田公司一批重点项目尽快建成，加大研发投入，完善产品结构，提高盈利能力，打造具有国际竞争力的跨国汽车企业。

2. 增强零部件自主研发制造与配套能力。

（二）抢占高点，打造国际领先的新能源汽车产业

充分发挥资源优势，加强与在京科研院所合作，积极引入国际一流先进技术，高水平、多技术路线地促进电动汽车产业发展，建设电动汽车全绿色产业链。重点推进纯电动汽车整车及其关键零部件的研发和产业化，兼顾混合动力汽车发展，密切跟踪燃料电池及其他先进技术路线的新能源汽车发展，将北京打造成为国际一流的电动汽车研发制造中心。

掌控新能源汽车研发制造关键技术。加大研发投入，通过自主开发和引进、消化、吸收再创新等多种方式，重点突破电池及其管理系统、电机及其控制系统、整车控制系统等领域的核心技术，抢占技术高点。

完善产业链建设。推动自主品牌整车企业建设电动汽车生产线。促进合资整车企业明确在京电动汽车发展规划，加快关键技术本地化。以整车企业为龙头，培育动力电池、电机、电动助力转向、电动助力制动、电动空调等关键零部件及电池隔膜等上下游产品在京形成产业链，带动充电设备、检测设备等相关行业的发展。到2015年，建成一批具有国际竞争力的动力电池、电机等研发制造企业。

创新电动汽车示范运营模式。探索电动汽车整车租赁、电池租赁等多种商业运营模式，建立电动汽车租赁服务、电池梯级利用与回收再利用体系，形成一批电动汽车服务企业和专业化电池回收企业。在公交、公务、公安、环卫、出租、邮政、物流等领域扩大示范运行，逐步推广私人购买电动汽车，使北京成为国内外在用电动汽车最多的城市。同时，统筹规划，科学确定充电设施的建设规模和选址布局，完善标准制定，集中力量开展充电配套设施建设。

推进新能源汽车与新能源产业协调发展。鼓励使用风

能、太阳能等绿色能源为电动汽车充电，使绿色能源贯穿电动汽车产业链的全过程。促进电池的梯级利用，通过增加电池储能、电池回收等产业链环节，分摊电动汽车电池成本。

（三）面向国际，建设具有国际竞争力的汽车产业

1. 不断提升合资合作水平。

2. 建设面向全球供应的高端零部件产业体系。

（四）营造氛围，推进汽车二、三产业融合

（五）合理规划，促进产业集群化发展

统筹空间资源，强化手段，加强产业布局的主动性，严格土地集约利用，在北部、东北部、东南部、西南部等地区，优化整车布局，建设新能源汽车、高端零部件、专用车等特色产业基地，并充分发挥北京的地域优势，带动周边省市地区的协调发展，成为环渤海区域汽车产业集群中心。

（六）全球布局，推动产业外向型发展

四、保障措施

（一）推动重大项目落地和建设

（二）制定并完善新能源汽车发展支持政策

制定并出台鼓励本市新能源汽车产业发展的政策和具体措施。充分发挥“北京新能源汽车联席会议制度”作用，在土地、规划、资金等方面优先保障新能源汽车发展，鼓励私人购买、使用新能源汽车，营造国内最好的新能源汽车发展环境。

（三）增强产业持续融资能力

（四）拓展产品市场

（五）促进人才集聚

北京市经济和信息化委员会

二〇一一年十月二十七日

2. 北京市关于加快培育和发展战略性新兴产业的实施意见（新能源汽车节选）

为全面贯彻落实《国务院关于加快培育和发展战略性新兴产业的决定》（国发〔2010〕32 号）和《北京市国民经济和社会发展第十二个五年规划纲要》，提升战略性新兴产业在全市经济发展中的支柱地位，将北京建设成为具有全球影响力的科技创新中心和国家战略性新兴产业策源地，特制定本意见。

一、加快培育和发展战略性新兴产业是推动本市率先形成创新驱动发展格局的重要引擎

加快培育和发展战略性新兴产业，是加快转变经济发展方式的必然要求，对于本市率先实现创新驱动发展，成为全国加快转变经济发展方式的标杆和火炬手，推动经济社会可持续发展具有重大战略意义。

（一）加快培育和发展战略性新兴产业是掌握产业发展主动权、支撑国家创新中心建设的迫切需要。

（二）加快培育和发展战略性新兴产业是加快经济发展方式转变、提升可持续发展能力的重要途径。

（三）加快培育和发展战略性新兴产业是建设中国特色世界城市的有力支撑。

二、建设具有全球影响力的战略性新兴产业科技创新中心

根据国家确定的战略性新兴产业发展重点，立足首都产业基础，现阶段重点培育和发展产业基础好、技术能力强、带动效应高的新一代信息技术、生物、节能环保、新材料、新能源汽车、新能源、航空航天、高端装备制造等产业。

（一）指导思想。

（二）基本原则。

1. 统筹规划，重点推进。

2. 创新驱动，高端引领。

3. 资源集成，体制创新。

4. 需求拉动，政府引导。

（三）发展目标。到 2015 年，战略性新兴产业的支柱地位进一步提升，对产业结构升级的推动作用显著增强，增加值占全市地区生产总值的比重达到 25% 左右，在新一代信息技术、新材料等领域形成若干千亿级产业集群，在生物、节能环保、新能源汽车、新能源、航空航天、高端装备制造等领域突破一批关键核心技术，转化一批重大科技创新成果，形成一批百亿级产业集群，打造一批年销售收入过 500 亿元的大型企业，涌现出一大批“专、特、精、新”的中小企业。

三、明确发展重点，加快形成支柱产业

按照“创新驱动、高端发展、重点跨越、引领示范”的发展方向，构建“以新一代信息技术为引擎，以生物、节能环保、新材料、新能源汽车为突破，以新能源、航空航天、高端装备制造为先导”的战略性新兴产业格局，深度推进产业结构优化升级。

（一）新一代信息技术产业领先发展。

（二）生物产业跨越发展。

（三）节能环保产业规模发展。

（四）新材料产业特色发展。

（五）新能源汽车产业突破发展。加强新能源汽车的技术开发、规模生产、配套设施建设和运营服务体系构建，打造完整的新能源汽车产业链。完善电动车辆国家工程实验室等技术研发及测试平台，大力推进充电设施建设及充电技术标准、规范的制定，提升北京新能源汽车整车及关键零部件的开发能力。以发展纯电动汽车为主攻方向，以发展混合动力汽车为补充，推动动力电池、驱动电

机、电子控制等三大关键系统和关键附件的产业化，建设和完善整车平台，提高新能源汽车产业化能力。统筹规划，加大政策引导力度，加快建设新能源汽车充电站等配套基础设施，积极发展新能源汽车运营服务体系，扩大新能源汽车的示范应用规模。

（六）新能源产业高端发展。

（七）航空航天产业集群发展。

四、提升持续创新能力，完善创新发展平台

充分发挥首都科技智力优势，加强创新制度安排，促进创新资源的高效配置和综合集成，构建“以企业为主体、以创新平台为支撑、以新型产业组织为纽带”的产业创新发展格局。

（一）完善中关村创新平台。

（二）强化创新基础平台。

（三）打造企业技术创新平台。强化企业技术创新能力建设，发挥首都科技条件平台作用，结合“十百千工程”“瞪羚计划”“G20（北京生物医药产业跨越发展工程）”等高技术企业培育工程的实施，选择300家以上重点企业，以“一企一策”的方式提升重点企业的技术创新水平，培育一批具有全球影响力的创新型企业。以企业为主体，在新一代信息技术、新能源汽车等重点领域创制一批新标准，加快建立有利于战略性新兴产业发展的行业标准和重要产品技术标准体系。加强企业与高校、科研院所的合作，在物联网、云计算、生物、航空航天、轨道交通等领域共建一批国家和市级工程（技术）研究中心、工程实验室和企业技术中心，突破一批重大关键技术，到2015年，市级工程研究中心和工程实验室达到50家和200家以上。完善以企业为主体、市场为导向、产学研相结合的技术创新体系，鼓励企业联合研究机构通过委托研发、技术许可、技术转让、技术入股等多种形式，开展多要素、多样化的政产学研用合作。

（四）壮大新型产业组织平台。

五、促进创新成果产业化，打造新兴产业高地

统筹城市空间战略调整和功能优化配置，全面推进中关村国家自主创新示范区建设，集中力量打造“两城、两带”，按照“专业突出、产业集聚、功能聚合、土地集约”的基本原则，以战略性新兴产业领域的重大项目建设和创新成果产业化为抓手，着力促进高端产业的集聚发展和低端产业的置换退出，深入推进产业结构升级和空间布局优化，加快形成若干产业链完善、规模效应明显、特色鲜明的百亿级和千亿级产业基地，显著提升北京产业的核心竞争力和对区域发展的辐射带动作用。

（一）加快建设数字电视产业基地。

（二）巩固提升移动通信产业基地。

（三）做强做大软件产业基地。

（四）完善集成电路产业基地。

（五）壮大生物医药产业基地。

（六）优化发展新材料产业基地。

（七）加快发展新能源汽车产业基地。加快昌平新能源汽车设计制造产业工程基地、采育新能源汽车科技产业园、窦店高端现代制造业产业基地等建设。完善纯电动乘用车关键系统、关键附件及整车的研发平台建设，推动基础设施设备研发及制造。做大做强本市重点骨干企业，积极吸引国内外优势整车制造及关键零部件企业落地，发展自主品牌的新能源汽车，形成包括标准、电机、电控、电池、整车制造等在内的完整产业链。到2015年，新能源汽车产业基地销售收入达到300亿元。

（八）打造航空航天产业基地。

（九）提升高端装备产业基地。

六、推动创新成果应用，大力实施示范应用工程

（一）三网融合试点城市建设工程。

（二）云计算服务创新发展试点示范城市建设工程。

（三）电子商务示范城市建设工程。

（四）物联网示范应用工程。

（五）智能交通系统建设工程。

（六）新能源汽车示范应用工程。面向形成汽车产业竞争新优势的需要，以“十城千辆”示范应用工程建设和私人购买新能源汽车补贴试点推广为契机，引领全国新能源汽车的示范应用。探索推进整车租赁、电池租赁等多种新兴商业运营模式，建立租赁服务、电池梯次利用与回收再利用体系，培育一批优质的服务企业和专业化电池回收企业。加快配套设施建设，在公共服务领域，集中建设熊猫环岛、航天桥、小营、四惠、马家楼等充（换）电站；在个人消费领域，集中建设电池更换示范站、100座快速充电站和3.6万个慢速充电桩，配套建设2座电池回收处理站、10座专业维修服务站、2座信息采集处理站和示范运行管理信息化平台。加大政府采购力度，鼓励和引导金融机构为电动汽车推广应用提供信贷、担保等金融支持。促进纯电动公交大客车在公共交通领域的普及应用，推广纯电动汽车在环卫领域的示范应用，在市政、出租、邮政等公共服务领域推广使用新能源汽车，到2012年，新能源汽车在公共领域的示范应用规模达到5000辆。积极推进私人购买新能源汽车补贴试点，鼓励私人购买新能源汽车，到2012年私人领域新能源汽车应用力争达到3万辆。

（七）智能电网综合示范工程。按照国家建设坚强智能电网的整体部署，加强与国家电网公司的战略合作，开展智能电网的试点建设。实施未来科技城智能电网综合示范工程，建设满足智能电网标准的2座220kV和5座110kV变电站，推进建设分布式电源接入及微电网、超导输电、配电自动化、智能小区/楼宇、用电信息采集系统、电动汽车充电设施、营业厅互动化、智能需求侧管理、智能电网可视化平台、物联网及通信信息网络、智能路灯及监控系统等项目。积极推动智能电网建设标准和规范制定，推进新能源发电并网与智能调度、大容量储能调峰、电动汽车智能充电等技术的开发与应用，加快推动平谷兆瓦级垂直轴风力发电机、昌平高压直流输电等装备的研发和产业化。推进智能电网在重点区县的试点建设，加快建设延庆绿色能源示范县，加大顺义智能电网住宅区示范力度，实现新能源、分布式电源的就地消纳接入和并网运行。

（八）太阳能示范应用工程。

（九）轨道交通装备示范应用工程。

七、加快先行先试，完善保障措施

（一）完善财税政策配套。

（二）强化科技资本对接。

（三）加快人才特区建设。

（四）健全知识产权体系。

（五）增强科技服务支撑。

（六）培育发展民营经济。

（七）提升开放合作水平。

（八）营造良好市场环境。积极培育市场，支持商业模式创新和完善市场准入制度。完善新技术新产品政府采购和应用推广服务，在本市300亿元的政府采购总额中，统筹安排200亿元资金，采购战略性新兴产业的技术和产品。创新消费模式，积极推进电子商务、合同能源管理、现代废旧商品回收利用、智能电网、新能源汽车租赁等新型商业模式。推进药品集中采购制度。完善新能源汽车的项目和产品准入标准。完善并严格执行节能环保法规标准，积极推行能效标识制度，推动建立和完善主要污染物和碳排放交易制度。建立促进三网融合高效有序开展的政策和机制。

八、加强统筹协调，做好组织落实

（一）统筹协调，构建推进战略性新兴产业发展的工作机制。

（二）强化落实，保障战略性新兴产业相关政策的出台和重点任务的完成。

（三）加强宣传，营造战略性新兴产业发展的良好氛围。

北京市人民政府

二〇一一年七月二十一日

3. 天津市关于加快节能与新能源汽车示范推广工作的意见

为贯彻落实《国务院关于印发汽车产业调整和振兴规划的通知》（国发〔2009〕5号）及《财政部科技部关于开展节能与新能源汽车示范推广试点工作的通知》（财建〔2009〕6号）、《财政部科技部工业和信息化部国家发展改革委关于扩大公共服务领域节能与新能源汽车示范推广有关工作的通知》（财建〔2010〕227号）要求，加快实施我市节能与新能源汽车示范推广工作，推进节能与新能源汽车产业发展，现提出如下意见：

一、做好节能与新能源汽车示范推广工作的重要意义

（一）做好节能与新能源汽车示范推广工作，有助于推动我市加快建设宜居生态型城市和资源节约型、环境友好型社会，发挥我市在推进京津冀和环渤海区域经济振兴中的重要作用。

（二）做好节能与新能源汽车示范推广工作，有助于推进汽车产业快速发展和战略性新兴产业培育，提升节能与新能源汽车关键核心技术的研发水平，打造世界一流的节能与新能源汽车研发与制造基地，实现汽车产业跨越式发展。

节能与新能源汽车是指普通型混合动力汽车、插电式混合动力汽车、纯电动汽车和燃料电池汽车。

二、指导思想和发展目标

（一）指导思想。贯彻落实科学发展观，依托我市现有产业基础，坚持全面推进与重点突出相结合、自主创新与技术引进相结合、市场为主和政府推动相结合，加快形成以三个重点领域（公共交通、公务通勤、特定区域）、三个推广层次（区域、线路、车队）、两个网络体系（基础设施、售后服务）为核心的节能与新能源汽车示范推广体系，推动我市节能与新能源汽车消费及产业快速发展。

（二）发展目标。2011年在全市公共交通、公务通勤等领域示范推广550辆节能与新能源汽车。到2012年年底，全市节能与新能源汽车示范推广总数达到1500辆以上，充电站（桩）等基础设施建设初具规模，满足示范推广车辆的运行需要，形成较完整的节能与新能源汽车产业链。到2015年，我市节能与新能源汽车应用规模进一步扩大，带动相关产业快速发展。

三、主要措施

（一）做好资金补贴工作。

按照财建〔2009〕6号文件及相关政策规定，确保资金补贴落到实处。以市和区县两级财政为主，有关企事业单位密切配合，在中央财政购车补贴基础上，今明两年内，安排市环保局、市商务委、市科委资金共3000万元。其中，利用环保专项资金对购买我市生产的新能源汽车并开展示范运行的运营单位，按照中央补贴的10%给予补贴，两年约1500万元；利用商业发展资金对新能源汽车销售网点建设给予适当补贴，两年约500万元；利用科技发展资金对示范推广车辆的技术改造提升和运营数据监控管理平台建设给予补贴，两年约1000万元。所安排的环保专项资金、商业发展资金和科技发展资金按照目前资金用途及管理办法，由项目实施单位按照现行资金管理渠道分别向市环保局、市商务委、市科委申报。

（二）制定激励措施。

加大节能与新能源汽车政府采购力度。机关、事业单位和团体组织使用财政性资金进行汽车采购时，在保证公平竞争并符合国家政策法规的前提下，优先采购节能与新能源汽车产品。在公交、邮政等公共服务领域逐步推广使用节能与新能源汽车。

制定出台优惠政策，降低节能与新能源汽车使用成本。在示范推广车辆的车身两侧喷涂“节能与新能源汽车示范推广车辆”标识，实行停车和高速公路通行收费优惠政策。对列入国家道路机动车辆生产企业及产品公告的示范推广车辆，公安交管部门优先办理牌照、年检等业务，纯电动汽车上牌时不须经排气检测可直接发放机动车环保合格标志。根据国家规定的电价政策，对示范推广车辆充电给予价格优惠。此项工作由市发展改革委负责，相关部门配合。

（三）加强应用环境建设。

做好充电设施选址与建设工作。充电设施建设的选址、数量等，要满足示范推广车辆的需要，并与城市发展规划有效衔接。在示范推广车辆的集中区域、具备条件的加油站及重点路线和主要运营单位，根据实际需求，建设电动汽车公共充电设施。支持电力企业等投资建设公共充电设施，鼓励居民小区、公共停车场等配套安装一定数量的充电设施。此项工作由市规划局、市建设交通委、市国土房管局、市科委、市环保局、市商务委共同负责，相关部门配合。

制定售后服务保障管理办法，做好示范推广车辆的维护保养工作。将售后服务承诺作为选择供应商的重要考核指标之一，要求企业建立售后服务应急保障机制。整车企业应派技术人员对示范推广车辆进行技术服务，对动力蓄电池等关键零部件必须提供不低于3年或15万公里（以先到者为准）的质保期限。此项工作由市科委、市商务委负责，相关部门配合。

建设示范推广车辆数据采集与信息化管理平台，积极与国家示范推广车辆数据采集与信息化管理平台系统对接。要求各示范运营单位必须按照规定对示范推广车辆进行数据监测和信息采集，并提供给天津市节能与新能源汽车示范推广工作领导小组办公室，示范推广车辆生产厂家、关键零部件供应商必须安排技术人员给予支持。此项工作由市科委负责，相关部门配合。

做好节能与新能源汽车示范推广的宣传工作，通过媒体、网络等平台，积极宣传节能与新能源汽车示范推广的相关政策，形成有利于节能与新能源汽车发展的社会舆论氛围。此项工作由市科委负责，相关部门配合。

（四）推进技术研发和自主创新。

充分依托天津市新能源汽车产业技术创新战略联盟，加强关键共性技术研发，将节能与新能源汽车示范运行中的关键共性技术列入我市技术研发和自主创新重点领域给予支持。

鼓励企业、高校、科研单位积极联合申报国家节能与新能源汽车科技项目，申报相关领域的国家级、省部级科技平台。对符合条件的项目，按国家和本市有关规定给予支持。此项工作由市科委负责。

（五）推动产业发展。

加大资金支持力度，推进节能与新能源汽车及零部件企业产业化步伐，重点支持具有自主知识产权的关键核心技术实现产业化。积极争取国家技术改造等专项资金支持，推进企业技术改造和升级。吸引和支持境内外整车及零部件企业来津投资建厂，将节能与新能源汽车生产项目优先列入市级重点项目计划。此项工作由市经济和信息化委负责。

四、加强组织领导

建立分工明确、密切配合的工作机制。形成以市节能与新能源汽车示范推广工作领导小组统筹协调，各运营单位、运营服务支撑单位、基础设施建设单位等密切配合的工作机制。市节能与新能源汽车示范推广工作领导小组各成员单位要分工协作，结合各自职能，确保相关工作任务落实。各有关部门要把节能与新能源汽车示范推广工作列入重要日程，制定有效措施，扎实有序推进。有关区县人民政府要结合实际，制定相关政策和具体工作方案并抓好落实。建立以政府机关、运营单位、基础设施建设单位、示范区域的负责单位、节能与新能源汽车整车和零部件供应商、专家组以及其他相关部门为主体的有效沟通机制。

天津市科学技术委员会
天津市财政局
天津市经济和信息化委员会
天津市发展和改革委员会
二〇一一年九月三十日

4. 重庆市“十二五”科学技术和战略性新兴产业发展规划(新能源汽车节选)

为全面贯彻落实党的十七届五中全会、胡锦涛总书记“314”总体部署和《国务院关于推进重庆市统筹城乡改革和发展的若干意见》（国发〔2009〕3号）、《国务院关于加快培育和发展战略性新兴产业的决定》（国发〔2010〕32号）精神，加快转变经济发展方式、建设长江上游的科技创新中心和科研成果产业化基地，进一步夯实创新型城市建设基础，根据《重庆市国民经济和社会发展第十二个五年规划纲要》《重庆市中长期科学和技术发展规划纲要（2006—2020）》，制定本规划。

发展愿景

一、形势与使命

（一）宏观形势

（二）发展基础

（三）主要问题

（四）历史使命

二、指导思想、发展思路与总体目标

（一）指导思想

（二）发展思路

战略性新兴产业发展坚持“放眼全球、科学规划，发挥优势、重点突破，开放引进、无中生有，创新模式、跨越提升，龙头带动、集群发展”，以推动老工业基地发展方式转变为主线，以改革开放创新为动力，发挥产业、科研、人才、政策等综合优势，着力增强综合创新能力，推动我市经济发展走上创新驱动新轨道，力争建成国家重要的战略性新兴产业基地。将新一代信息产业打造成为重要支柱产业，做大做强高端装备制造、节能与新能源汽车、节能环保三大优势产业，培育新材料、生物、新能源三大先导产业。实施“2+10”产业链集群建设方案，建设笔记本电脑和离岸数据开发处理“2”个全球重要基地，培育通信设备、集成电路、节能与新能源汽车、环保装备、轨道交通装备、生物医药、新材料、风电装备、光源设备、仪器仪表等“10”个重大产业集群。

（三）总体目标

科学技术

三、促进工业转型升级与现代服务业发展

（一）支撑战略性新兴产业发展

根据“2+10”战略性新兴产业和航空航天等高技术产业的发展需求，加强产业关键核心技术和前沿技术研究，实施以打造主导产品和产业链（群）为标志的重大科技专项，开展重大科技应用示范，培育新的市场需求，壮大高新技术企业，提升产业技术创新能力。

推进产业核心关键技术突破。把突破一批支撑战略性新兴产业发展的关键共性技术作为科技发展的优先任务，集中优势力量进行攻关，突破新一代信息终端及配套、云计算、通信、物联网、集成电路设计与制造、节能与新能源汽车、汽车电子、节能环保装备等产业核心关键技术，并掌握自主知识产权，引导产业链向高端延伸，为增强战略性新兴产业的核心竞争力奠定坚实基础，加快推动战略性新兴产业成为我市支柱产业和优势、先导产业。

专栏1：重点产业关键技术创新

1. 新一代信息终端及配套关键技术
2. 云计算关键技术
3. 通信关键技术
4. 物联网关键技术
5. 集成电路设计与制造关键技术
6. 节能与新能源汽车关键技术

开展汽油机缸内直喷、高压共轨燃油喷射、废气涡轮增压、新型LNG发动机、轻型高速柴油机、轻量化和先进传动系等节能汽车技术攻关。研发电动汽车动力电池、驱动电机、电子控制等关键技术；重点开发小型化、轻量化节能汽车，推动新型混合动力汽车、微型增程式电动汽车、小型纯电动轿车、纯电快充公交客车及专用车等产品开发。

7. 汽车电子关键技术

攻克汽车整车电子控制平台、汽车底盘与车身关键控制系统、车载智能仪表及智能信息终端、车联网、人车路协同与车载信息服务等一批关键核心技术，形成一批技术标准、应用规范和核心专利，推进相关技术和产品在整车平台上的应用示范。

8. 节能环保装备关键技术
9. 城市轨道交通装备与高铁零部件关键技术
10. 新材料关键技术
11. 新能源装备及零部件关键技术
12. 新型医疗器械关键技术
13. 新药创制关键技术
14. 智能仪器仪表关键技术
15. 航空航天关键技术与装备

实施重大科技专项。加强国家和我市创新资源的高效配置和综合集成，建立以重大专项培育新兴产业的机制。瞄准国家科技重大专项战略部署，鼓励和支持有实力的企业、科研院所和高等院校积极承接国家科技重大专项项目，探索完善中央地方联合实施国家重大科技专项项目的新模式；依托两江新区、国家高新技术产业开发区、西永微电园等重点园区，积极引进国家科技重大专项成果在渝产业化。按照“2+10”战略性新兴产业布局，在节能与新能源汽车、新材料、生物医药等领域组织实施市级重大科技专项，突破一批产业核心关键技术，开发一批首台套重大产品，促进形成一批战略性新兴产业集群。

开展重大科技应用示范。瞄准科技含量高、成长性好、预期经济社会效益显著的产业，实施重大科技应用示范工程。在节能与新能源汽车、新材料和生物医药等产业中，选择处于产业化初期，市场机制还未能发挥有效作用的重大产品和技术，积极推动产品运营各环节的有效整合，以政策合力培育市场，引导产业聚集，延长配套产业链，建立“标志性成果—市场培育—产业配套”的战略性新兴产业培育体系。

专栏2:产业科技应用示范

1. 节能与新能源汽车应用示范

大力推进汽车轻量化、小型化;开展中度及重度混合动力汽车、纯电动微型面包车、纯电动轿车和快充纯电动公交大巴等新型汽车示范应用;建设节能与新能源汽车产业技术标准体系和检验检测系统;到2015年,建立1~3条混合动力及纯电动公交示范线路,推广应用10个以上的节能与新能源汽车产品。

2. 高性能金属材料及复合材料在3C电子产品和交通装备中的应用示范

3. LED应用示范

4. 国产创新医疗器械应用示范

（二）改造提升传统产业

（三）加强现代服务业科技创新

（四）打造两江新区科技创新示范区

建设科技研发机构集聚高地。围绕两江新区“一心四带”战略空间布局，积极建设国家级研发基地，引进国家级大院大所和跨国公司技术研发机构。重点建设中国科学院重庆绿色智能技术研究院、重庆市科学技术研究院、中国汽车工程研究院、长安集团汽车研发总部等大型研发机构。鼓励我市科研机构、高等院校和大型企业联合共建或与市外、国外知名研究机构合作建设重点实验室、工程（技术研究）中心、博士后工作站等研发机构。

专栏6:中国科学院重庆绿色智能技术研究院

专栏7:重庆市科学技术研究院(新材料基地)

建设科技成果转化高地。建设科技资源共享、科技检测、专利信息服务、技术交易、科技成果转化等科技公共服务平台。重点在节能与新能源汽车、现代物流、软件服务外包、生物医药等领域建设一批专业孵化器，在高端装备制造、电子信息、新能源等领域建设一批生产力促进中心。建设中国西部科技成果转化协作网、中国西部专利信息服务中心。

专栏8:两江新区世纪创新创业城

专栏9:中国西部专利信息服务中心

建设战略性新兴产业示范基地。结合战略性新兴产业总体布局，积极打造产业特色明显、创新能力强、科技含量和附加值高、资源能源消耗少、污染排放低、辐射带动作用强的战略性新兴产业示范基地，吸引具有自主知识产权核心技术的企业落户两江新区，推动两江新区产业高端高质化、集约绿色化。到2015年，在云计算及数据处理、电子信息、节能与新能源汽车、高端装备、生物医药、现代物流、轨道交通、直升机及航空等领域建设一批国家级高新技术产业化基地。

专栏10:节能与新能源汽车城

在两江新区建设国际水平的节能与新能源汽车研发总部,国内先进的测试评价中心、汽车共性技术研发平台,建设全国最大的汽车主题文化公园。到2015年,聚集整车及关键零部件企业50家以上,节能与新能源汽车产值达到200亿元,建成国家节能与新能源汽车高新技术产业化基地。

专栏11:两江生物医药产业园

重点依托两江新区,建设新药研发、医疗电子等技术创新服务平台,生物医药孵化器、中试基地等产业化服务平台,以及科技金融、检测认证等中介服务平台,支撑原料药、化学药、中药、生物技术药物和医疗器械五大产业集群发展。到2015年,培育年产值过亿元的生物医药大品种30~40个,引进全球生物医药100强企业5~8家,年产值达200亿元,建成西部生物医药产业高地。

四、强化农业科技创新与应用

以保障粮食安全、生态安全和提升农产品质量、安全水平与农业竞争力为重点，深入开展农业科技基础性工作，推动农业科技创新与应用，促进统筹城乡发展和“两翼”农户万元增收。

（一）加强农业技术创新与集成应用

（二）强化基层科技服务

（三）开展新农村建设科技示范

（四）助推“两翼”特色农业产业发展

五、推动科技惠及民生

（一）促进人口健康水平提高

（二）增强公共安全保障能力

（三）推进城乡生态与居住环境改善

（四）加强资源开发与利用

（五）提高公众科学素养

六、推进科技创新能力建设

（一）加快科技人才队伍建设

（二）推进科技研发基地建设

（三）加强基础研究

（四）促进科学技术与哲学社会科学互动

（五）加强产业园区科技支撑

（六）加快科技成果孵化体系建设

（七）发展科技公共服务体系

战略性新兴产业

七、加快建设两大全球性产业基地

（一）亚洲最大笔记本电脑基地

（二）国内最大离岸数据开发处理中心

八、做大做强10个重大产业集群

根据新兴产业发展的规律特点，大力推行产业链垂直整合模式，突出重点，分类推动，抢占先机，争取通信设备、集成电路、节能与新能源汽车、环保装备、轨道交通装备、生物医药、新材料、风电装备、光源设备、仪器仪表等10个产业集群分别建设成为国家重要的产业集群。

（一）通信设备产业集群

（二）集成电路产业集群

（三）节能与新能源汽车产业集群

发挥汽车工业龙头企业的整车及集成技术优势，加大新产品开发力度，以纯电动汽车为主攻方向，以混合动力汽车为转型过渡期的重点，建立节能与新能源汽车推广配套体系，扩大试点示范，建成国内纯电动和混合动力汽车主要的研发生产基地，力争2015年产值超过300亿元。

——混合动力汽车整车：发挥龙头企业整车制造优势，重点发展中度、重度和Plug－in混合动力型轿车，积极推进柴电混合动力客车和气电混合动力客车产业化，争取具有自动起停功能的微混系统成为乘用车标准配置，混合动力整车产量达到70万辆。

——纯电动汽车整车：推进微型增程式电动汽车、纯电动微型轿车、公交客车、纯电动专用车等开发及产业化。积极跟踪、培育燃料电池汽车、氢动力电池汽车和太阳能电动汽车。力争纯电动（含低速纯电动）和插电式混合动力汽车产销达到30万辆。

——动力电池：立足整车对动力电池的需求，引进国际动力电池前十强企业，本地化生产动力电池组。大力发展锂离子电池、镍氢电池、燃料电池、氢动力电池和电容电池，做大动力电池产业。建设磷酸铁锂、锰酸锂等锂离子动力电池正负极材料、隔膜、电解液研发生产基地，推动电池低成本、高容量、长寿命、高性能发展。

——驱动电机：整合市内军工、国有及民营电机生产企业，推进多规格、多品种电机研发及产业化，力争将重庆建成国内主要的节能与新能源汽车驱动电机生产基地。大力发展自主优势的稀土永磁驱动电机。建设IGBT、关键传感器、高性能绝缘材料和高性能永磁材料研发生产基地。

——控制系统：鼓励引进技术，加强合作，积极发展电机控制器、整车控制系统及电池管理系统等产品，建设电控专用部件生产基地。

专栏38：节能与新能源汽车产业集群重大项目

长安集团新能源汽车项目、力帆纯电动轿车项目、隆鑫沃佩电动车项目、恒通纯电动客车项目，年产节能与新能源汽车50万辆；年产动力锂电池、电池隔膜、阳极材料等各100万（台）套，年产20万吨电解液，年产15亿只单体电池项目、年产75万台驱动电机项目、车身控制模块、电机控制系统、总线控制系统、电池管理系统、整车控制系统等各年产200万套项目。

（四）环保装备产业集群

（五）轨道交通装备产业集群

（六）生物医药产业集群

（七）新材料产业集群

（八）风电装备产业集群

（九）光源设备产业集群

（十）仪器仪表产业集群

九、引导产业合理布局

遵循“集群发展、垂直整合”的思路，优先引导布局“1+2+4+N”开发区，将两江新区、西永微电园打造成为战略性新兴产业核心集聚区，沿主城外环布局产业环形发展带，在有条件和优势的区域性中心和工业强区促进产业点状发展，引导战略性新兴产业形成“双核带动、一环多点”的空间布局。

（一）“双核”——两大核心集聚区

充分发挥政策洼地优势，吸引产业要素和龙头企业高度集聚，重点引导布局新兴信息产业、高端装备产业、节能环保产业、节能与新能源汽车产业，积极培育生物产业、新材料产业、新能源产业，力争两大核心集聚的战略性新兴产业规模占全市的比重达到75%以上。

——两江新区：重点发展笔记本电脑、离岸数据开发处理、轨道装备、新能源、节能与新能源汽车、环保装备、仪器仪表、生物医药、高技术服务业，引导建设国家级交通装备、新能源及环保装备基地，国家信息产业基地重点集聚区，国家生物产业基地核心区，研发总部及国家高技术服务产业基地，国家级仪器仪表产业基地，国家节能与新能源汽车制造基地，航空产业基地，云计算、物联网示范基地等。

（二）“一环多点”配套支撑

——一环：依托高新区、经开区、西彭、江津、建桥、璧山、花溪、同兴等外环沿线工园区打造战略性新兴产业环形发展带。重点布局以笔电配套部件及关键材料、通信设备及部件等为重点的新一代信息产业，以新能源整车及零部件、汽车电子为重点的节能与新能源汽车产业，以生物医药、医疗器械为重点的生物产业，以高性能合金材料为重点的新材料产业，以轨道交通零部件、船舶及配套制造、数控机床为重点的高端装备制造业，以风电装备及配套制造为重点的新能源产业，以环保装备、LED为重点的节能环保产业。

体制机制创新

十、强化政策法规大扶持

（一）建立稳定的投入增长机制

（二）完善产业市场培育政策

鼓励创新产品开展大规模示范应用，积极争取国家各项培育计划支持。推进实施智慧重庆、绿色三峡等市场培育工程，拓展笔记本电脑、通信设备、物联网、下一代互联网，小型化、轻量化节能汽车，混动、纯电汽车，新型医疗器械和节能环保产品等市场规模。

（三）加强政策法规研究

（四）推进政策法规实施

十一、加强工作大统筹

（一）推动科技与经济社会部门联动合作

（二）加强科技系统资源统筹与共享

十二、推进重点领域改革大突破

（一）加强科技管理机制创新

（二）健全科技评价体系

（三）完善产学研结合机制

（四）促进军民融合科技创新

（五）创新有利于产业发展的体制机制

十三、强化金融大支撑

（一）优化股权投资

（二）拓宽融资渠道

（三）健全多层次资本市场体系

十四、实施知识产权大战略

（一）强化知识产权政策导向

（二）建设知识产权保护模范城市

（三）推动产业结构调整

十五、扩大开放大合作

（一）深化国内外科技合作

（二）推动产业开放发展

规划实施保障

十六、健全规划实施监督机制

（一）加强规划实施的协调推进

（二）加强规划实施的实时监督与约束

（三）加强规划实施进展的阶段评估

（四）加强规划实施绩效的分类评价与激励

重庆市科学技术委员会

二〇一一年七月二十九日

5. 重庆市关于进一步推进新能源公务车示范运行工作方案

市机关事务局 市财政局 市科委：

我市是全国首个启动节能与新能源汽车“十城千辆”示范推广应用的城市。市政府第41次常务会议通过了《重庆市节能与新能源汽车示范运行实施方案》，明确要求全市到2011年前完成新能源汽车示范推广1150辆，其中公务车300辆，到目前为止，推进缓慢。为确保新能源汽车推广任务圆满完成，借鉴其他兄弟城市的经验，结合我市实际情况，特制订本方案。

一、分解新能源公务车示范推广任务。将300辆新能源公务车示范推广任务指标分解到市级部门和区县（自治县），市和区县两级财政分别根据财力落实新能源公务车购置经费。市级部门任务指标由市机关事务局牵头完成，区县任务指标由各区县（自治县）公务车主管部门牵头完成，市机关事务局、市财政局予以协助配合和督促。

二、缩短政府补贴兑付时限。市财政局要按照《重庆市购买新能源汽车财政补贴实施办法及流程》规定，根据汽车公司申报数量及时拨付补贴资金，缩短向用户兑付补贴时限。

三、加大新能源公务车宣传推广力度。市科委要采取多种形式宣传推广新能源汽车。同时，新能源汽车公司要在保障产品质量、做好售后服务上下工夫，以优良的产品品质和优质的售后服务赢得用户的信赖和支持。

附件：新能源汽车示范推广任务分解表（略）

重庆市机关事务局

重庆市财政局

重庆市科学技术委

二〇一〇年十一月二十三日

6. 河北省新能源产业“十二五”发展规划(2011—2015年)(新能源汽车节选)

发展新能源产业是调整能源结构、改善生态环境、转变发展方式和用能方式的必然要求，也是培育新的经济增长点、提升整体竞争力、带动相关产业发展的战略选择。为推进我省新能源产业又好又快地发展，制定本专项规划。

本规划中的新能源产业是指新的能源资源开发利用和传统能源生产利用方式变革过程中形成的相关产业，主要包括风能、太阳能、生物质能、核能、煤的清洁利用、智能电网和车用新能源基础设施等。

一、发展现状和面临形势

（一）资源状况。

（二）发展现状。

（三）主要问题。

（四）面临形势。

二、指导思想、基本原则和发展目标

（一）指导思想。

（二）基本原则。

（三）发展目标。

三、发展方向和重点

（一）大型风电基地建设工程。

（二）太阳能利用工程。

（三）生物质能开发利用工程。

（四）智能电网建设工程。

（五）煤炭资源清洁综合利用工程。

（六）新能源科技装备工程。

（七）新能源汽车供能设施示范工程。

按照“先示范再推广、先公益再普及”的原则，开展充电式混合动力、纯电动、燃料电池、液化天然气（LNG）等新能源汽车推广应用工作，在石家庄、唐山、廊坊、保定等市公交系统先行示范，配套建设快速充电站、蓄能电池更换站、LNG 加注站以及停车设施充电系统等服务网络，及时总结经验，逐步向其他领域和城市推广。

（八）热力集中利用示范工程。

四、政策措施

（一）努力增加财政投入。

（二）加大政策扶持力度。

（三）大力推进战略合作。

（四）建立健全标准体系。

（五）做好环境影响评价。

（六）切实加强组织协调。

附：河北省新能源产业“十二五”期间重点建设项目（略）

河北省人民政府

二〇一〇年六月二日

7. 吉林省人民政府关于加快培育和发展战略性新兴产业的实施意见（新能源汽车节选）

各市（州）人民政府，长白山管委会，各县（市）人民政府，省政府各厅委办、各直属机构：

战略性新兴产业是以重大技术突破和重大发展需求为基础，对经济社会全局和长远发展具有重大引领带动作用，知识技术密集、物质资源消耗少、成长潜力大、综合效益好的产业。为贯彻落实《国务院关于加快培育和发展战略性新兴产业的决定》（国发〔2010〕32 号）精神，按照省委关于“落实科学发展观，加快发展方式转变，积极发展战略性新兴产业”的总体要求和部署，现就我省加快培育和发展战略性新兴产业提出如下实施意见。

一、统一思想，抓住机遇，加快培育和发展战略性新兴产业

（一）加快培育和发展战略性新兴产业是实现可持续发展的必然选择。

（二）加快培育和发展战略性新兴产业是转变经济发展方式的重大举措。

（三）加快培育和发展战略性新兴产业是抢占未来发展制高点的迫切需要。

二、理清思路，明确目标，做大做强战略性新兴产业

依据国家总体部署，结合我省区域特征和产业基础，重点培育和发展生物医药、生物化工、电子信息、新材料、新能源、新能源汽车、先进装备制造、节能环保、文化、旅游等十大战略性新兴产业。

（一）总体思路。

以邓小平理论和“三个代表”重要思想为指导，深入贯彻落实科学发展观，准确把握未来市场需求变化和技术发展趋势，依托我省产业基础和比较优势，坚持市场化运作和创新发展，强化规划引导和政策扶持。突破精深加工和原料替代技术，构建生物化工产业发展高地；集聚各类要素，引领国内新能源汽车产业发展；加快光电子技术产业化、民用化，做大做强光电子产业基地；进一步扩大现代中药、生物疫苗、资源类新材料、汽车电子、电力电子元器件及设备、风能及风电设备等产业规模，形成一批具有独特竞争优势的拳头产品；推动碳纤维复合材料、有机高分子材料、纳米材料突破关键技术和大规模开发应用，抢占产业发展制高点；发挥品牌优势，大力发展文化和旅游产业，走出一条具有吉林特色的战略性新兴产业发展之路。

（二）基本原则。

1. 坚持政府推动与市场运作相结合。
2. 坚持引进合作与自主创新相结合。
3. 坚持整体推进与重点突破相结合。
4. 坚持立足当前与着眼长远相结合。

（三）发展目标。

1. 产业规模快速扩张。
2. 产业结构明显优化。
3. 创新能力大幅提升。

三、立足省情，突出优势，推动重点产业领域快速健康发展

（一）生物医药产业。

（二）生物化工产业。

（三）电子信息产业。

（四）新材料产业。

（五）新能源产业。

（六）新能源汽车产业。

紧紧抓住当前新能源汽车产业发展的有利时机，以整车发展为带动，以产学研协作为手段，着力推动纯电动汽车率先突破产业化，引领国内新能源汽车产业发展。

集中省内汽车产业的优势资源，依托一汽等企业，积极推进自主品牌新能源汽车产业化，加快一汽大众新宝来纯电动轿车项目建设，构建新能源汽车整车研发制造体系，打造以长春市为核心的新能源汽车产业基地。提高纯电动中型客车的性能及可靠性，鼓励城市环卫车、游览车、机场转运车和邮电传送用车等小型特种纯电动车辆的研制，拓展电动汽车示范领域。突破电池、电机、电控技术，加快开发动力电池及管理系统、动力控制系统、动力电机、车用开关及控制器等关键技术和产品，推进产业化，构建新能源汽车零部件配套体系。抓好长春“千辆”示范工程，积极支持吉林、辽源等进入示范推广试点城市。跟踪发展燃料电池汽车及其他替代能源汽车。

（七）先进装备制造业。

（八）节能环保产业。

（九）文化产业。

（十）旅游产业。

四、强化创新，着力转化，支撑战略性新兴产业加速发展

（一）提高区域创新能力。

（二）提升产业创新能力。

（三）增强企业创新能力。

（四）强化人才支撑作用。

（五）加快重大科技成果转化和产业化。

五、培育市场，深化合作，营造战略性新兴产业发展环境

（一）创新模式、完善标准，创造良好的市场环境。

做好国家重大应用示范工程实施工作，支持市场拓展和商业模式创新，引导消费模式转变，实施全民健康、绿色发展、智能制造、材料换代、信息惠民等重大应用示范工程。加强新能源并网及储能、新能源汽车等领域的市场配套基础设施建设。在物联网、节能环保服务、新能源应用、信息服务、新能源汽车推广等领域，支持企业大力发展有利于扩大市场需求的专业服务、增值服务等新业态。积极推行合同能源管理、现代废旧商品回收利用等新型商业模式。完善标准体系建设，加快全省药品质量保障体系升级，进一步完善长白山道地药材品种规范化种植、养殖标准体系建设，提高药材质量标准，支持临床必需、疗效确切、安全性高、价格合理的创新药物优先进入省医保目录。

（二）搭建平台、拓宽渠道，创造良好的合作环境。

六、统筹规划，政策扶持，保障战略性新兴产业有序发展

（一）制定规划。

（二）建立财政投入增长机制。

（三）落实税收激励政策。

（四）拓宽融资渠道。

（五）加强组织协调。

吉林省人民政府

二〇一一年二月二十二日

8. 吉林省支柱优势产业跃升计划（2011—2015年）（新能源汽车节选）

根据《中共吉林省委吉林省人民政府关于加快经济发展方式转变的若干意见》（吉发〔2010〕19号，以下简称《意见》）和省委九届十一次全会《关于制定国民经济和社会发展第十二个五年规划的建议》要求，依据吉林省“十二五”工业发展规划纲要，制定本计划。

一、指导思想、基本原则和主要目标

（一）指导思想。

（二）基本原则。

1. 坚持扩大总量与产业优化升级相结合。
2. 坚持市场主导与政策引导相结合。
3. 坚持自主创新与引进消化吸收相结合。
4. 坚持改造提升传统产业与培育战略性新兴产业相结合。

（三）主要目标。

1. 产业结构明显优化。
2. 企业组织结构更加合理。
3. 产品结构不断改善。
4. 技术结构不断升级。
5. 产业集聚特征显著。
6. 可持续发展能力不断增强。

二、主要任务

按照《意见》中确定的汽车、石化、农产品加工三大支柱产业和装备制造、电子信息、医药、冶金、建材、轻纺等优势产业，依据我省“十二五”工业发展规划纲要中确定的产业发展方向和目标，在现有产业基础上，进一步明确全省支柱优势产业跃升的主要任务，全力打造九大千亿级产业。

（一）汽车产业。

全省汽车产业在一汽集团的带动下，整车生产能力大幅提高，汽车零部件企业得到了同步发展，形成了集汽车研发、整车制造、零部件配套、专用车生产为一体的较为完整的汽车产业体系，自主品牌优势明显。2010年，省内汽车产量达到160万辆，其中轿车112万辆、客车12万辆、载货汽车36万辆。自主品牌车达到65辆。全省规模以上企业468户，汽车零部件配套产品3500多种，为一汽配套率为38%。能够生产各类专用车300多种，产量7.5万辆。混合动力客车实现了批量生产，B70、B50等多款插电式混合动力及纯电动汽车进入了试制阶段，研发水平在国内领先。汽车产业完成产值3966亿元，实现增加值1091亿元。

“十二五”期间，依托一汽集团，大力发展汽车产业，突出整车产能扩张、自主品牌打造、新能源汽车产业化、零部件配套体系建设和自主研发能力提升，进一步提高国内市场份额。

1. 汽车整车。力争形成400万辆份生产能力，其中红旗、奔腾、解放、佳宝等自主品牌产能要达到200万辆，合资合作品牌达到200万辆；专用汽车达到25万辆；新能源汽车达到20万辆，其中纯电动车10万辆以上。

2. 汽车零部件。建立完善的汽车零部件配套体系，形成零部件专业化、系统化、模块化配套能力。大力发展汽车电子控制系统、车载信息系统、网络信息系统等高技术汽车电子产品，增加省内高端产品配套份额。同时，延伸零部件上游产业链，推动化工、冶金、轻工等行业为汽车产业配套。一汽集团省内零部件配套率达到50%。

3. 汽车研发。加强汽车零部件研发体系建设，把一汽技术中心打造成具有国际先进水平的研发机构；在长春、吉林两大汽车园区建设为中小企业提供技术支撑的公共研发平台；促进汽车零部件龙头企业建立企业技术中心，形成国家、省和企业三级零部件研发体系。

4. 汽车服务业。重点发展汽车金融、生产性物流等服务业，支持一汽集团加快建立汽车金融公司，开展汽车消费信贷等业务；加快建立汽车信息、共性技术研发、试验检测、产品认证、培训等公共服务平台；建设汽车主题公园、赛车场、汽车博物馆，发展汽车体育和汽车旅游；完善汽车营销与售后服务、汽车租赁、二手车交易、汽车保险、报废回收的法规、规章和管理制度，推动汽车服务业健康发展。

到2015年，把我省汽车产业建设成为国内整车规模最大、研发实力最强、具有国际竞争力的世界级汽车产业基地、国家级汽车及零部件出口基地和新能源汽车研发产业基地。全省汽车产业总产值达到8000亿元，年均增长15%；工业增加值达到2000亿元，年均增长13%。其中，零部件工业产值2600亿元，年均增长21%。

（二）石油化工产业。

（三）农产品加工业。

（四）装备制造产业。

（五）电子信息产业。

截至“十一五”末，我省电子信息产业初步形成了以光电子、汽车电子和软件产业为主体的产业格局。2010年，全省电子信息产业完成产值409亿元，实现增加值108亿元。

“十二五”期间，依托现有产业基础和技术优势，要在光电子、汽车电子、新型元器件等领域实现国内领先地位。

1. 光电子。

2. 汽车电子。要在车载电子产品、车身控制系统、动力控制系统、底盘控制系统等领域，实现规模化生产，达到国内先进水平

3. 新型元器件。

4. 新一代信息技术。

5. 软件及信息服务。

到2015年，把我省国家（长春）光电子产业基地、国家（长春）汽车电子产业园、国家长春和吉林软件园建设成为在国内具有一定影响力的研发生产基地。全省电子信息产业实现产值1300亿元，年均增长26%；实现增加值350亿元，年均增长26%。

（六）医药产业。

（七）冶金产业。

（八）建材产业。

（九）轻工纺织产业。

三、工作措施

（一）“五个一批”重点项目建设工程。

（二）技术创新“双百”工程。

（三）“百强”企业培育工程。

（四）工业“节能降耗”工程。

（五）特色工业园区建设工程。

（六）“两化融合”工程。

（七）企业素质提升工程。

四、保障措施

（一）加强要素保障。

（二）加强融资平台建设。

（三）加大招商引资力度。

（四）加强组织领导。

吉林省人民政府

二〇一一年四月十一日

9. 吉林省人民政府关于支持新能源汽车产业发展的若干政策意见

各市（州）人民政府，长白山管委会，各县（市）人民政府，省政府各厅委办、各直属机构：

为进一步贯彻落实国务院《汽车产业调整和振兴规划》，推进我省新能源汽车及关键核心部件的研发，做好

新能源汽车的示范推广，加快推动新能源汽车产业化进程，现提出如下意见：

一、高度重视新能源汽车产业的发展。新能源汽车是汽车产业未来发展方向，我省要紧跟国内外新能源汽车发展趋势，抢占发展先机，积极发展新能源汽车产业，使我省新能源汽车保持国内先进水平。

二、积极做好新能源汽车产业发展规划和实施工作。相关部门要结合实际，制定我省新能源汽车产业发展规划，研究相关政策措施。省内汽车生产企业和从事汽车产业相关研究的大专院校、科研单位要通力合作，加强新能源汽车的研发。各相关部门要全力支持新能源汽车的研发与产业化发展。

三、加强吉林省新能源汽车产业联盟的建设。联盟要以一汽集团为依托，联合省内相关企业、大专院校及科研单位形成相互分工协作、优势互补、成果共享的产业共同体。

四、支持一汽集团加强自主品牌新能源汽车的研发。一汽集团要积极推动混合动力汽车产业化，加大纯电动汽车研发力度，并且跟踪其他替代燃料汽车的研究。

五、积极培育和构建省内新能源汽车自主配套体系。一汽集团要加强对省内配套企业的支持和指导，相关企业要加强与一汽集团的紧密协作，积极承担新能源汽车关键核心零部件的自主研发任务。

六、支持省内客车企业积极研发纯电动客车。联合省内零部件企业和科研院所共同开展技术攻关，提高纯电动客车的性能及可靠性，实现高性能纯电动客车小批量生产，满足示范推广应用需要，并陆续开发其他纯电动专用车辆。

七、重点支持三大关键核心部件的研发。集中力量，开展对动力电池、驱动电机、电控系统三大关键核心部件技术攻关，掌握核心技术，形成自主配套能力。

八、设立省级新能源汽车产业发展专项资金。重点对新能源汽车产业联盟成员单位和纳入规划的省内自主品牌新能源汽车及关键核心零部件的研发项目给予支持。对示范推广和私人购买新能源汽车给予适当补贴。

九、支持长春、吉林、辽源示范推广新能源汽车。长春市要按照第一批国家节能与新能源汽车示范推广试点城市和私人购买新能源汽车试点城市的要求，抓好示范推广工作。

十、对我省进入国家新能源汽车示范推广的城市在示范推广期间购买省内生产的自主品牌混合动力公交客车和纯电动公交客车给予补贴。具体补贴办法按照购车价格扣除国家补贴后，对新能源汽车与同类传统车型差额部分由省、市分摊。对尚未进入国家新能源汽车示范推广城市的辽源市推广的纯电动公交客车，省财政给予适当补贴。

十一、长春市和辽源市要对推广新能源客车示范运营的公交企业，根据示范运营车辆数量和运营成本增加情况给予一定补贴，用于日常车辆的保养及维护。

十二、支持我省新能源汽车示范推广配套设施建设。电力部门要做好示范充电站（桩）的建设和运营，充电站（桩）运营执行物价部门批准的价格政策。各地政府要简化充电站（桩）建设的行政审批手续，优先安排建设用地。

十三、支持长春市开展私人购买新能源汽车试点工作。对长春市私人购买、登记注册和使用的新能源汽车，除享受国家政策补贴外，省、市政府按照分摊原则给予一定额度的补贴。

十四、省、市（州）政府公务用车管理部门要把省内生产的自主品牌新能源轿车纳入政府采购计划。省市两级政府要逐年提高新能源轿车（含混合动力）在公务轿车中的采购比例。

十五、省内新能源汽车及关键核心零部件的研发及产业化项目，省财政厅、科技厅、工信厅、发展改革委要在专项资金等方面，给予重点支持，加大资金支持力度。

十六、省内新能源汽车及关键核心零部件生产企业经过有关部门认定后，可享受国家高新技术企业的相关优惠政策。

十七、省政府相关部门要积极向财政部、科技部、工信部和国家发展改革委申报我省新能源汽车及关键核心零部件的产业化、科研攻关和示范推广项目，争取国家资金支持。

十八、省、市（州）公安交通管理部门对示范运营新能源车辆要及时核发和更换试验用临时号牌。

十九、对省内新能源汽车骨干人才给予奖励。对省内从事新能源汽车及关键零部件技术攻关带头人，经省新能源汽车推进组认定报省政府同意后，给予每人每年一次性资金奖励，所需资金在省新能源汽车产业发展专项资金中列支。

本意见由省工信厅会同有关部门负责解释。

吉林省人民政府

二〇一一年四月二十日

10. 江苏省2011年新能源汽车产业发展行动计划

为进一步贯彻落实《江苏省汽车产业调整和振兴规划纲要》和《江苏省新能源汽车产业发展专项规划纲要》，加快新能源汽车及零部件的研发制造和产业化步伐，提升江苏汽车产业竞争力，从2010年起，省经济和信息化委每年制定发布新能源汽车产业发展年度行动计划（以下简称“行动计划”），着力推进全省新能源汽车产业发展。

2011年行动计划已于日前发布实施。

“行动计划”明确，2011年新能源汽车产业发展年度目标是，加强新能源汽车整车设计与匹配技术以及动力电池及管理系统、驱动电机及控制系统等关键产品设计制造技术研发创新，加快整车开发进程，全省列入国家汽车产品公告和推荐车型目录的新能源汽车产品数量超过20个。初步形成新能源汽车关键核心部件的规模化生产能力。部分企业的产品在通过示范运行考核后，实现小批量生产和销售。示范运行范围以及参与示范运行车辆进一步扩大，示范运行配套基础设施建设开始启动。

“行动计划”明确了2011年四项重点工作。一是以示范推广运行促进产业规模壮大。配合苏州、南通两市做好“十城千辆”示范运行，制定示范运行方案，加快配套基础设施建设，严格车辆产品采选程序，形成较大运行规模。抢抓机遇、创造条件，争取使常州、盐城、扬州市列入国家首批小型低速纯电动汽车示范运行城市。以这些城市新能源汽车或车辆的试点示范应用为契机，鼓励和支持整车制造龙头骨干企业和核心关键零部件（系统）研发制造企业加快应用性新技术、新产品的研发和推广，加快产业化进程，壮大产业规模。二是以重大项目建设促进龙头企业发展。结合国家节能与新能源汽车发展规划和省“十二五”汽车工业发展规划的实施，在新能源汽车整车和电池、电机、电控等关键零部件与系统以及电动汽车充电站等配套设施方面，排出一批关键创新技术、一批研发创新平台、一批改造升级项目、一批重组整合项目，实施资源集聚、政策聚焦和优势集中，促进新能源汽车产业链关键节点和重点环节的龙头骨干企业加快发展、提升水平，形成参与市场化竞争的能力。三是以特色基地培育促进发展水平提升。充分利用大企业、大集团和特色企业的技术优势和产品优势，强化配套，完善提升产业链，在南京、常州、苏州、盐城等地，培育若干个在整车、电池、电机、电控及材料等方面各具特色并具有较高技术水平的产业基地，提升产业集聚化、集约化发展水平。四是以人才资源整合促进创新能力提高。把握国际国内汽车产业大规模调整重组的机遇，制定扶持政策，营造良好的环境氛围，吸纳一批行业领军人才、高端专业人才和高校、研发机构到龙头骨干企业和产业基地领衔项目攻关、设立研发工作室、院士工作站，创设研发型企业和建立研发测试平台。开展各种形式的联合协作、技术攻关，推进新能源汽车整车与零部件配套同步研发及产业化，促进全省新能源汽车研发创新能力和技术水平的快步提升。

为加快新能源汽车产业发展，“行动计划”提出了四项工作举措：一是进一步加强协同整合。组织制定专项规划、研究出台配套政策。同时充分发挥省汽车行业协会、省新能源汽车产业联盟的作用，加强和推动行业内、企业间和国内外高校、科研院所及研发机构的联合协作，促进资源整合、人才交流、信息沟通，促进研发创新和高新技术产业化。配合省电力公司和省有关部门在全省范围内尤其是相关示范城市做好电动汽车运行配套设施（充电装置等）的规划布局和建设，协调新能源汽车及相关设备的招投标管理，加快新能源汽车示范应用步伐。二是进一步加强政策引导。加强与国家有关主管部门的协调配合，落实好有关新能源汽车研发和测试平台建设、企业和产品准入、产业化项目、示范运营配套基础设施建设等方面的财政、税收优惠政策，落实好新能源汽车示范推广和消费者购车的财政补贴政策；继续落实省汽车产业调整和振兴规划以及新能源汽车发展的相关扶持政策，调研并提出我省新能源汽车发展的专项政策措施。三是进一步加强技术支撑。继续扶持行业龙头骨干企业加强（国家级或省级）企业技术中心建设，进一步加大投入，完善软硬件条件，加快新能源汽车应用技术及产品开发。继续支持和推动相关企业加强与南理工、东南大学、江苏大学等省内高校以及有关科研院所共建研发平台、联合开发专有技术。积极支持相关企业“走出去”，收购兼并海外研发型企业、研发机构和研发团队，建立海外研发基地，实现研发目标自主确定、研发过程自主控制、研发成果自主支配。加强知识产权保护，支持优势企业和技术领先企业开展专有技术开发和专利申报，积极参与新能源汽车相关技术标准和产品标准的制修订。四是进一步加强行业服务。按照国家汽车产业政策和《新能源汽车生产企业及产品准入管理规则》等政策法规的相关规定与要求，做好新能源汽车生产企业及产品的准入管理工作，积极帮助和推动相关企业完备生产条件，争取尽早获得国家准入许可，加快推进产品示范运行。对列入省有关部门年度重点计划的新能源汽车相关建设项目、技术研发项目和技术改造项目实施重点跟踪和服务，协调和推动相关企业加强与银行、证券等机构的合作。加强对行业重点企业和重点产品的推介，办好第二届新能源汽车展览会，组织相关企业积极参加国内外汽车专业展会。充分利用省新能源汽车产业联盟平台，组织开展产业对接和国内外行业技术交流研讨活动，促进我省新能源汽车研发制造和推广应用。

江苏省经济和信息化委员会

二〇一一年六月八日

11. 山东省新能源汽车产业“十二五”规划

汽车工业是国民经济的支柱产业，随着能源危机、环境污染、气候变暖等问题的日益突出，加快转变汽车产业发展方式，大力发展新能源汽车，已成为国内外汽车产业实现可持续发展的必然选择。为深入贯彻省政府《关于推进新能源汽车产业发展的若干意见》和《关于加快培育和发展战略性新兴产业的实施意见》，抓住机遇，尽快把我省新能源汽车发展成为具有较强竞争力的战略性新兴产业，特制定本规划。

一、"十一五"发展回顾

（一）取得的成绩。

"十一五"以来，我省新能源汽车产业走"适应市场、自主发展"的路子，在各级政府的大力支持下，取得较快发展，截至2010年年底，全省新能源汽车行业拥有各类生产企业70多家，其中整车生产企业34家，关键零部件企业40多家，2010年全省生产各类新能源汽车3万多辆，主要车型包括混合动力客车、纯电动客车、低速电动车、旅游观光车、电动货车、电动环卫车、警用巡逻车、高尔夫球场车等十多个品种，已形成门类齐全、品种丰富、零部件配套体系较健全的新能源汽车产业格局。

1. 新能源客车具有一定优势。中通客车股份公司开发生产的纯电动客车、增程式纯电动客车、电—电混合纯电动客车、混合动力客车、插电式混合动力客车，技术先进，外形美观，已形成全系列的新能源客车产品型谱，既适用于城市公共交通，又能满足社会团体和旅游市场，产品已销往国内外市场，具有较强的市场竞争力；山东中文沂星电动车公司自主研发的双层城市电动公交车，使用全铝、全承载车身技术，具有续驶里程长、充电时间短、载客量大等特点，发展潜力巨大；齐鲁客车制造公司、烟台舒驰客车公司、烟台中上汽车公司、威海广泰空港设备公司等企业，也在新能源汽车开发和生产上取得实际进展，成为我省发展新能源客车新的增长点。

2. 低速电动轿车具备规模化生产能力。山东时风集团具备年产10万辆低速电动车的生产能力，山东唐骏欧铃汽车制造有限公司具备年产5万辆低速电动车能力。山东宝雅新能源汽车股份有限公司、山东比德文电动车公司等企业，具备年产5000辆的能力。这些企业开发生产的低速电动车，具有外形美观、价格便宜、操作方便、使用费用低等优点，深受市场欢迎，部分产品因产品性能稳定、符合欧美等国家产品标准，已批量出口国外市场，为低速电动车的发展探索和积累了经验。

3. 新能源专用车具有较好的发展基础。目前，全省已有威海广泰空港设备公司、山东福田雷沃国际重工股份公司、东营蒙德金马机车公司、山东寿光万龙实业公司、山东英克莱集团、山东哲人新能源科技发展有限公司等企业从事新能源专用车开发生产，产品主要包括电动飞机牵引车、旅游观光车、电动除雪车、警用巡逻车、高尔夫球车、电动环卫车、电动搬运车、电动医疗专用车等品种，为我省新能源专用车的大发展奠定了重要基础。

4. 新能源汽车零部件配套能力不断提高。到2010年年底，全省已有新能源汽车零部件企业40多家，磷酸铁锂离子电池、聚合物锂离子电池、电池智能控制管理系统、开关磁阻电机、永磁无刷直流电机、电控制系统、CAN总线系统、自动变速器、汽车空调等关键零部件，已形成一定配套能力。与动力电池技术水平和质量紧密相关的电池隔膜、正负极材料等原材料关键技术，相继实现突破，部分产品填补了国内空白，为全省新能源汽车产业协调发展提供了有力保障。

（二）存在的问题和不足。

我省新能源汽车产业发展虽然已经取得一定成绩，但产业发展中仍存在一些矛盾和不足。一是产业总体规模小，新能源汽车产量占全省汽车产量的比重不到2%，尚未形成经济规模。二是缺少规模大竞争力强的大企业，全省新能源汽车企业中只有中通客车、中文沂星实现了批量生产，其他企业尚处起步阶段。三是产品结构不够合理，多数产品是以铅酸电池为动力的低速电动车，还没有国家鼓励发展的高端新能源乘用车产品。四是盲目投资现象开始显现，近两年，全省投资新能源汽车电池和电机的企业均超过10家，在新能源汽车推广使用还处于导入期的阶段，企业投资面临较大风险。

二、"十二五"面临的形势

（一）新能源汽车已经成为世界汽车产业发展的战略重点。

汽车产业是能源消耗性产业，随着能源和环境问题的日益突出，发展新能源汽车已成为国际社会应对全球石油危机和减少碳排放的战略举措。特别是国际金融危机以后，世界各汽车生产大国更是将发展新能源汽车作为应对金融危机、调整产业结构、振兴本国经济的重要手段，纷纷出台政策措施，大力推动新能源汽车的技术研发和推广使用，旨在抢占未来汽车产业战略调整的制高点。以混合动力汽车、纯电动汽车、燃料电池汽车为代表的新能源汽车及关键零部件技术不断实现突破，既加快了汽车产业结构调整步伐，又为持续健康发展增添了新动力。美国奥巴马政府以"能源新政"为执政纲领，大力推动新能源汽车的生产和使用，政府在新能源汽车研发、购买新能源汽车、政府采购等方面投巨资进行补贴，仅新能源汽车研发补贴金额就达到24亿美元。美国三大汽车巨头也联合成立了美国先进电池联盟，集三家科研力量，争取在新能源汽车及其电池组研发和生产上取得新突破。日本虽然已是新能源汽车及动力电池研究和应用最先进的国家之一，但为了继续保持其优势地位，日本政府又对购买新能源汽车加大了补贴力度，并制定了"下一代汽车与燃料行动"政府行动计划，进一步推进新能源汽车产业发展。德、法等欧洲主要汽车生产国也纷纷采取各种措施鼓励新能源汽车发展，制定了“欧洲清洁交通”行动计划，有的还建立了专门的新能源汽车研发机构，政府投巨资支持新能源汽车研发，甚至用立法来促进新能源汽车发展。新能源汽车已经成为国际汽车产业发展的大趋势和新一轮竞争焦点。

（二）我国新能源汽车产业发展速度明显加快。

我国政府高度重视新能源汽车产业，“八五”“九五”“十五”期间分别实施了电动汽车关键技术攻关、清洁汽车行动、“863 计划”电动汽车重大专项，“十一五”又将电动汽车与清洁燃料汽车合并列入“863 计划”。国际金融危机后，国务院又在《汽车产业调整和振兴规划》中明确提出“实施新能源汽车战略”，相继实施了“节能与新能源汽车示范推广试点”“私人购买新能源汽车试点”“节能产品惠民工程”等多种政策措施，2010 年国务院又将新能源汽车确定为七大战略性新兴产业之一，加快培育和发展，力争通过政府引导、财政支持、市场驱动，抢占新能源汽车产业国际竞争制高点，为新能源汽车产业的大发展创造了良好的环境。在国家政策引导下，国内各省市和汽车生产企业发展新能源汽车的热情不断提高，投资力度不断加大，发展速度明显加快。目前，国内已有 16 家中央企业联合成立了“中央企业电动车产业联盟”，全力推进新能源汽车发展，北京、重庆、吉林、江苏、安徽等省市也纷纷组建产业联盟，为新能源汽车产业的快速发展搭建平台。各汽车生产巨头也迅速行动，开始投资建厂，着力发展新能源汽车，我国新能源汽车产业已经步入发展的快车道。

（三）我省具备发展新能源汽车产业的良好条件。

一是省委、省政府高度重视新能源汽车产业发展。2009 年以来，在深入贯彻落实国家各项支持新能源汽车发展政策的同时，结合我省实际，相继出台了《关于推进新能源汽车产业发展的若干意见》《山东省新能源汽车示范推广财政扶持办法》《山东省新能源汽车关键零部件财政扶持暂行办法》《关于加快培育和发展战略性新兴产业的实施意见》等政策措施，为新能源汽车产业发展提供了有力的政策保障。二是有良好的产业发展基础。中通客车、中文沂星等企业开发的新能源客车技术先进，性能稳定，具备了规模化生产的条件；山东时风、山东宝雅、唐骏欧铃等企业开发生产的低速电动车及旅游观光车等专用车，市场知名度高，产品性价比好，具有广阔的发展前景。山东润峰集团、荣成荣佳电机公司、山东申普汽车控制技术公司等企业，开发生产的锂离子电池、电机、电控系统等关键零部件，技术成熟，性能稳定，具有较强的配套能力，成为我省发展新能源汽车产业的重要支撑。三是拥有巨大的消费市场。2010 年，我省拥有城市公交车 2.3 万辆，随着城市化进程的加快，以及农村道路交通条件的不断改善，今后一个时期，公交客车需求将持续增长。目前，全省私人保有乘用车仅为 479.8 万辆，每千人不到 50 辆，均低于广东、上海、浙江、北京、江苏等省市，私人汽车消费市场增长空间巨大。以上都为新能源汽车的发展提供了难得的机遇和有利条件。

三、指导思想、基本原则和目标

（一）指导思想。

以科学发展观为指导，以转变汽车产业发展方式、培育战略性新兴产业为目标，坚持走“创新驱动、扶优扶强、协调发展”的路子，以培育骨干企业和优势产品为切入点，加强企业自主创新能力建设，加快重点产品产业化进程，加大新能源汽车推广使用力度，优先发展新能源客车和乘用车，科学发展低速电动车，加快发展新能源专用车，积极发展新能源汽车关键零部件，培植一批具有较强竞争力的大企业，尽快把我省建设成为品种齐全、优势突出、配套完善、竞争力强的新能源汽车生产大省。

（二）基本原则。

1. 坚持自主创新与技术合作相结合。支持企业自主创新，鼓励开展技术合作，提高新产品新技术开发能力，建立具有自主知识产权和核心竞争力的技术创新体系。

2. 坚持政府引导与市场推动相结合。建立产业发展协调机制，落实相关政策，加大政府推动力度，引导市场消费，培育新能源汽车消费市场。

3. 坚持突出重点与集约发展相结合。实施大企业、大项目带动战略，着力扶持重点企业、重点产品，加快产业化速度，形成规模优势。

4. 坚持整车与关键零部件协调发展。围绕整车发展，着力支持关键零部件技术开发和产业化，提高配套能力，形成整车与配套零部件协调发展的格局。

（三）发展目标。

1. 产业规模进一步扩大。到 2015 年，全省新能源汽车生产规模达到 25 万辆，其中新能源客车 2 万辆，新能源乘用车 10 万辆，低速电动车 8 万辆，新能源专用车 5 万辆。以上四大主导产品，产品种类全、型号丰富、技术性能先进、节能安全效果好，基本满足城乡日益多样化的运输需要和百姓越来越多的个性化要求，并有 20% 以上的产品出口国际市场。培育形成一批自主创新能力强、产品技术先进、品牌知名度高的新能源汽车整车及关键零部件企业，成为国内新能源汽车生产大省。

2. 自主创新能力明显提高。到 2015 年，全省新能源汽车研发投入占销售收入的比重达到 5% 以上，重点企业都建立起比较完善的技术开发体系，全省整车产品开发速度快、技术水平高、竞争力强，关键技术指标居全国同行业领先水平。掌握动力电池、驱动电机、控制系统等关键零部件核心技术，能够根据整车发展需要，及时开发新产品、新技术，实现与整车同步发展。

3. 产品种类齐全、结构优化。到2015年，全省新能汽车品种覆盖客车、乘用车（含轿车、低速电动车、SUV和MPV客车）、专用车各个领域，动力方式包括油电混合、锂离子电池、新型高能铅酸电池、超级电容、燃料电池及其他替代燃料等，满足各个层次消费群体的需要，产品结构实现向多样型、高端化转变，到2015年，中高端产品占全部产品的比重力争达到50%以上。

4. 零部件配套能力显著增强。支持动力电池、驱动电机、控制系统等关键零部件企业加大研发投入，突破核心技术，提高生产装备水平，扩大生产规模，实现与整车同步发展。到2015年，全省新能源汽车关键零部件全部实现省内配套，并能大量供应省外市场，力争超过20%的产品进入国际市场。

四、发展重点

围绕培育战略性新兴产业，紧跟国内外发展趋势，实施新能源汽车战略，“十二五”期间，我省将着力构建三大支撑平台、突破四类关键技术、重点发展五大类产品。

（一）构建三大支撑平台。

1. 新能源汽车技术研发平台。以省科学院自动化研究所（汽车电子实验室）为核心，联合中通客车等新能源汽车及关键零部件企业及省内外高校汽车工程学院，组建山东省新能源汽车技术中心，对新能源汽车关键共性技术进行联合研发，为新能源汽车产业发展提供技术支撑。

2. 新能源汽车产业化推进平台。建立由经信、发改、财政、科技等部门组成的新能源汽车产业化推进工作机制，负责新能源汽车产业发展推进工作，研究制定推进新能源汽车产业发展的政策措施，协调解决产业发展中遇到的问题，为新能源汽车产业发展提供组织保障。

3. 新能源汽车市场推广使用平台。建立由交通、经信、财政、科技、公安、住建、电力等部门组成的新能源汽车市场推广使用工作机制，负责新能源汽车市场推广工作，研究制定促进新能源汽车推广使用的政策措施，协调解决新能源汽车推广使用过程中遇到的重大问题，为新能源汽车的推广使用提供支撑。

（二）着力突破四类关键技术。

1. 整车共性技术。依托骨干企业，加大研发投入，重点在整车和系统集成、网络通信和控制技术、强电安全技术、电磁兼容性技术、整车轻量化技术、整车匹配标定和实验技术、系统标定和优化技术、智能感应及显示技术、失效模式、故障诊断和容错控制技术、热管理技术等方向实现突破，着力提高整车安全性、可靠性、稳定性、操控性和节能性。

2. 动力系统及原材料技术。支持优势企业通过自主研发、技术合作、引进消化吸收再创新等方式，在锂离子电池成组技术、电池系统集成和控制技术、电池组管理系统、充电技术、正负极材料、电池隔膜等方面实现突破，着力提高电池比能量、安全性、稳定性、使用寿命及原材料质量水平。同时积极推进油电（液）混合动力发动机、代用燃料发动机、超级电容器、燃料电池、镍氢电池等技术和产品的开发，为发展动力多元化的节能和新能源汽车提供技术支持。

3. 驱动电机及控制系统技术。鼓励现有企业，通过产学研用联合开发，在驱动电机及其控制技术、驱动系统总成、控制器模块、CAN总线传输与控制系统、系统热管理、位置/转速传感器、高性能绝缘材料、高性能永磁材料、电力电子元器件IGBT等方面实现突破，着力提高电机及控制系统的可靠性、耐久性、适应性，实现驱动电机及控制系统的集成化、永磁化和数字化。

4. 电动辅助系统技术。鼓励引导传统汽车零部件企业，围绕配套支持新能源汽车发展，加大新产品新技术开发，在电动空调、电动转向、电制动、电动真空系统、电动水泵、电动涡轮增压器、自动变速器、高速减速器等方面实现突破，着力提高电动辅助零部件的技术性能、可靠性和耐用性。

（三）重点发展五大类产品。

1. 新能源客车。支持中通客车、中文沂星电动汽车、齐鲁客车、烟台舒驰客车等企业，以混合动力客车和纯电动客车为重点，加大技术开发投入，加快新车型开发，进一步提高整车技术水平，扩大生产能力，形成规模优势。鼓励企业加快传统客车升级改造，通过自主创新和技术改造，加快开发天然气、燃料电池、氢燃料、生物质燃料等新能源客车，丰富我省新能源客车品种。引导烟台中上汽车公司通过联合重组、合资合作，加快新能源客车产业园区建设，尽快形成生产能力，把超级电容客车打造成我省的优势产品。到2015年，全省新能源客车生产规模达到2万辆。

2. 新能源乘用车。支持北汽福田加快潍坊新能源汽车生产基地建设，完善配套设施，保障生产要素供应，尽快生产新能源迷迪客车和MPV客车。支持荣成华泰汽车公司优化产品结构，加快混合动力和纯电动轿车及SUV客车开发进程，尽快实现产业化。鼓励通用东岳、通用五菱、吉利汽车、广汽吉奥等乘用车生产企业，开发生产新能源轿车和交叉型乘用车，为我省新能源汽车产业发展增添新的活力。到2015年，全省新能源乘用车生产规模达到10万辆。

3. 低速电动车。支持山东时风、山东五征、山东宝雅、唐骏欧铃、山东比德文、福田雷沃国际重工、山东哲人等规模较大的企业，加快技术改造，提升生产装备水平，引用欧美等国家的质量标准，提高产品质量，扩大低速电动车出口规模。引导企业加大研发投入，提高整车匹配、动力系统、控制系统等关键技术的水平；加强质量标准体系建设，提高低速电动车的安全性、可靠性、耐用性和节能效果；按照国家机动车有关标准组织生产，提高低速电动车行业整体素质。支持具备条件的企业，积极争取国家公告资质，发展高端电动轿车产品。鼓励现有企业与有资质的企业进行联合重组，实现规模化生产，使我省低速电动车企业资源充分发挥社会效益、环境效益和经济效益。到2015年，全省低速电动车生产规模达到8万辆。

4. 新能源专用车。依托现有企业，重点发展纯电动货车、电动飞机牵引车、机场摆渡车、旅游观光车、电动除雪车、警用巡逻车、高尔夫球车、电动环卫车、电动搬运车、电动医疗专用车等产品。支持唐骏欧铃、东营蒙德金马机车公司、威海广泰空港设备公司、东安黑豹等公告内汽车生产企业，加快技术改造和新产品开发，扩大符合国家公告要求的电动车生产规模，尽快把新能源车发展成优势产品。支持山东英克莱、山东比德文、山东哲人等企业，结合企业特点，发挥经营优势，加快开发电动专用车新产品，拓展新领域，使新能源专用车向技术含量高、专用功能强、特色品种多的方向发展。到2015年，全省新能源专用车生产规模达到5万辆。

5. 关键零部件。按照整体推进、突出重点、技术优先、协调发展的原则，选择各领域中技术开发能力强、拥有核心技术、产品技术先进、具有一定生产规模的企业，加大扶持力度，促其迅速成长为行业领军企业。支持山东润峰集团、潍坊威能环保电源、威海东生能源、海特电子等企业，重点发展锂离子电池，尽快形成规模优势，到2015年，动力电池比能量达到150W·h/kg，成本降至2元/W·h。引导山东瑞宇蓄电池、山东圣阳电源公司，加快开发新型高能量铅酸电池，满足新能源汽车配套要求。支持荣成荣佳电机、淄博休普电机、淄博得普达电机等企业，加快发展永磁无刷电机、开关磁阻电机，提高产品技术性能，扩大生产规模。支持山东申普汽车控制技术公司、山东美邦电子科技公司、聊城博通新技术开发公司等企业，加快开发生产新能源汽车CAN总线传输系统、电池组管理系统、车载快速充电系统、电机控制器、智能控制管理系统、故障诊断系统等，提高生产配套能力。支持潍柴动力和山东莱动、盛瑞传动股份公司、山东通盛制冷设备公司，加快开发新能源汽车用混合动力发动机、自动变速器、电动空调，尽快形成产业规模；引导相关零部件企业，加快开发生产新能源汽车用电动转向、电制动、电动真空系统、电动水泵、电动涡轮增压器等零部件，增加零部件生产品种，提高本省配套能力。支持烟台卓能电池材料有限公司、莱州联友金浩新型材料公司、济宁无界科技公司、久兆新能源科技公司，加强电池膈膜和正负极材料技术开发，加快产业化项目建设，尽快形成规模化配套能力。到2015年，混合动力发动机、电池、电机、电控系统、汽车空调、自动变速器等关键零部件及电池材料，在完全满足我省新能源汽车发展需要的基础上，能够大量供应省外市场，并有超过20%的产品进入国际市场。

五、保障措施

（一）落实支持新能源汽车发展的相关政策。一是认真贯彻国务院和省政府关于加快培育和发展战略性新兴产业的意见，将新能源汽车作为战略性新兴产业纳入全省汽车工业整体规划。二是落实国家“节能与新能源汽车示范推广试点”“节能产品惠民工程”等政策措施，促进我省新能源汽车产业发展。三是落实省政府《关于推进新能源汽车产业发展的若干意见》《山东省新能源汽车示范推广财政扶持办法》《山东省新能源汽车关键零部件财政扶持暂行办法》等政策，充分发挥产业政策在新能源汽车产业发展初期的强大推动作用。

（二）加强新能源汽车自主创新能力建设。强化企业在自主创新中的主体地位，引导创新要素向优势企业集聚。支持企业与高等院校、科研院所共建高水平的技术开发机构和人才培养基地。组织整车企业、科研院校、关键零部件企业，建立跨行业的技术创新联盟，搭建节能与新能源汽车共性技术研发平台，集中力量，加快开发共性技术和关键核心技术。加大财政对技术创新工作的支持力度，将经信、科技等部门的科技资金向新能源汽车产业倾斜，合力支持新能源汽车及零部件技术开发。

（三）扩大新能源汽车推广使用范围。做好国家节能与新能源汽车示范推广试点，在做好济南市示范推广试点的基础上，加大省级示范推广工作力度，扩大新能源客车示范推广范围和规模。促进低速电动车推广使用，积极争取国家将我省确定为低速电动车试点省，以低速电动车重点生产企业所在地（县、市）为试点，建立完善相关管理办法，有序开展低速电动车示范推广，总结经验，适时在全省范围推广使用，促进低速电动车健康发展。

（四）完善新能源汽车充电设施。各试点城市要将新能源汽车充电设施建设纳入城市总体规划，适度超前开展充电网络建设，建立以个人和公共停车位分散充电为主的充电系统，科学确定充电设施的建设规模和选址分布。各试点城市应加大政府投资力度，吸引社会资金参与充电设施建设，根据当地电力供应和土地资源状况，因地制宜建设慢速充电桩或公共快速充电设施，鼓励成立独立运营的充换电企业，制定分时段的充电价格定价机制，引导消费者合理选择充电时段，逐步形成充电设施建设与管理的市场化、社会化商业运营模式。

（五）支持新能源汽车重大项目建设。按照以企业为主、政府引导和市场化运作的原则，多渠道筹措资金，加大对重点企业、重点项目的投入，到2015年，全省新能源汽车产业总投资达到200亿元。重点支持以新能源客车、新能源乘用车及关键零部件为主的关系全省新能源汽车产业发展大局的重大建设项目，省里每年在技术改造项目、科技创新项目、新能源汽车零部件专项资金安排上给予倾斜，促进产业快速发展。有关市也要根据全省规划要求，将新能源汽车列入发展重点，支持重点企业加快重大项目建设，尽快形成生产能力和产业优势。

（六）推进企业联合重组与合资合作。按照汽车工业发展要求，遵循市场经济发展规律，积极推进企业联合重组与合资合作，培育具有较强竞争力的大型企业集团。一是支持中通客车等拥有国家公告资质的新能源汽车企业兼并重组省内企业，整合资源，提高研发和生产能力，扩大市场优势。二是引导具备条件的低速电动车企业与省内外有资质的企业进行联合重组，使其生产设施尽快发挥经济效益。三是鼓励关键零部件企业与国内外优势企业进行合资合作，提高产品技术水平，扩大生产规模，尽快发展成为技术水平高、生产规模大、品牌影响力强的大型新能源汽车关键零部件企业。

（七）加强组织领导。各市要结合本地实际，成立由有关部门组成的管理机构，加强对发展新能源汽车工业的领导，研究、协调、解决新能源汽车产业发展中的重大问题。具体负责制定中长期发展规划，组织实施新能源汽车专项，监控经济运行情况，协调行业间及企业间的关系，指导企业联合重组、合资合作、投资融资、市场推广、科技进步及信息交流等。有关市和部门要围绕把新能源汽车培植成我省的战略性新兴产业制定工作措施，确保国家和省里出台的鼓励新能源汽车发展政策落到实处，对新能源汽车产业发展中的重大问题要及时协调解决。加强新能源汽车产业联盟等中介组织的建设，广泛吸纳各行各业的专业人才，进一步完善服务功能，强化服务意识，提高服务质量和水平，为全省新能源汽车产业发展服务。

山东省经济和信息化委员会
山东省科学技术厅
山东省财政厅
山东省交通运输局
二〇一一年五月三十日

12. 山东省汽车工业“十二五”规划（新能源汽车节选）

汽车工业产业链长、资金和技术密集、经济带动力强，是国民经济重要的支柱产业。“十一五”以来，我省认真贯彻《山东省人民政府关于加快汽车工业发展的意见》，积极落实《山东省汽车工业2003—2010年发展规划》和《山东省汽车工业调整振兴规划》，汽车工业发展取得显著成就。“十二五”期间，是我省汽车工业深化调整，实现由大变强的关键时期，为引导全省汽车工业加快结构调整，转变发展方式，特制定本规划。

一、“十一五”发展回顾

（一）取得的成绩。

1. 成为全国重要的汽车生产基地。

2. 产业结构调整取得实效。

3. 行业技术装备水平显著提高。

4. 零部件配套能力明显增强。

5. 对外经济取得较快发展。

（二）存在的问题和不足。

1. 产品结构不尽合理。

2. 自主开发能力薄弱。

3. 汽车零部件产业集中度低。

二、“十二五”面临的形势

（一）国际发展趋势。

2008年以来，受国际金融危机冲击，世界各国经济的增速出现明显回落，汽车产业也受到较大影响，世界汽车产业格局正在发生新调整、新变化，形成了新的产业发展趋势。

一是汽车产业发展受到各国政府高度重视。

二是新能源汽车成为新兴产业发展的重点。汽车生产大国纷纷将发展新能源汽车上升到国家战略，为之提供巨额财政支持，以抢占新兴产业制高点。各大汽车制造商也加大资金投入，在混合动力汽车、纯电动汽车、燃料电池汽车等新能源汽车及关键零部件技术开发和生产上实现突破，新能源汽车有望成为今后企业开拓市场的拳头产品。

三是新产品新技术的开发应用成为竞争的关键。

四是企业联合重组大潮再度兴起。

五是世界汽车产业重心向新兴市场转移速度加快。

（二）国内发展环境。

目前，我国汽车消费已经由导入期转为普及期。2010年，全国汽车保有量已超过7500万辆，每千人保有汽车达到58辆，但不仅低于世界平均水平的128辆，较美德等发达国家的950辆相差更远。随着我国国民经济的稳定增长，以及人均GDP的不断提高，今后相当长一段时间，我国汽车消费仍将保持稳定增长趋势。据有关专家预测，当全国汽车保有量超过2.6亿辆时，汽车需求将趋向稳定，届时，汽车的普及率将达到每千人200辆，我国汽车市场潜力巨大。但是，受能源紧缺、燃油价格上涨、环境保护、交通拥堵等因素制约，今后几年，我国汽车产业增速将趋于平稳，年均增长速度将保持在10%左右，二、三线城市和农村地区汽车消费将会普遍增长，成为推动产销量增加的主要力量。预计2015年全国汽车产量将超过2500万辆。随着汽车生产企业的不断扩张，产能过剩将日益突出，汽车产业的竞争将更加激烈，新产品、新技术以及重点消费市场成为竞争焦点。激烈竞争将促使汽车产业加快结构调整，注重开发应用先进电子信息技术、节能减排技术、高安全可靠性技术、新材料及轻量化技术、新能源汽车技术、智能自动化工艺技术成为汽车产业未来的发展方向，联合重组、合资合作，也将在更大区域、更宽空间展开。

（三）山东发展机遇。

三、指导思想、基本原则和目标

（一）指导思想。

深入贯彻落实科学发展观，以转变发展方式为宗旨，以建设汽车工业强省为目标，大力推进产业结构调整，以自主创新和技术改造为动力，着力发展壮大中高档乘用车和新能源汽车，着力改造提升商用车技术水平，着力提高零部件质量和配套能力，着力增强产业核心竞争力，推动汽车工业走上创新驱动、结构优化、高质高效、集约发展的轨道，建成具有较强竞争力的汽车工业强省。

（二）基本原则。

（三）发展目标。

1. 产业规模增长一倍。
2. 建成八大汽车生产基地。
3. 培育一批大型企业集团。
4. 产品门类齐全、结构优化。
5. 技术创新能力显著增强。
6. 节能和新能源汽车形成规模优势。以混合动力汽车、纯电动汽车和燃料电池汽车为重点，加大科技开发投入，掌握新能源汽车关键核心技术，拥有自主创新能力；带动电池、电机、电控等新能源汽车配套零部件发展，完全满足省内配套需要；突破醇氢燃料汽车关键技术，加快推广应用节能和新能源技术。到2015年，全省节能和新能源汽车生产规模达到25万辆，力争30万辆，形成规模优势。

四、发展重点

（一）突破四类关键技术。

1. 关键共性技术。
2. 节能环保技术。
3. 电子信息技术。
4. 新能源汽车技术。鼓励新能源汽车企业加大研发投入，联合有关科研单位和零部件企业，共同开发电池、电机、电控、混合动力变速器等关键零部件，降低研发和制造成本，提高新能源汽车技术水平，推动纯电动汽车、混合动力汽车及其关键零部件的产业化。

（二）重点发展六大类产品。

1. 乘用车。
2. 载货车。
3. 客车。
4. 新能源汽车。支持中通客车、齐鲁汽车、烟台舒驰、山东沂星、唐骏欧铃等公告企业积极研发混合动力、纯电动汽车产品。鼓励山东时风、山东宝雅等新能源汽车企业扩大低速电动汽车出口，争取纳入国家公告资质。依托省内院校和科研院所，搭建节能与新能源汽车共性技术研发平台，加快共性技术和关键核心技术攻关；依托中通客车、山东沂星，实施新能源汽车及零部件联合开发，带动全省新能源汽车系列化、标准化和产业化。支持有条件的企业研发燃料电池汽车(FCEV)、氢发动机汽车以及双燃料汽车等新能源汽车。

按照龙头引领、科技支撑、产业推进、政策保障、突出特色的发展战略，在推进新能源汽车发展时，一是鼓励引导重点城市，依托龙头企业或科研单位建立以大型混合动力和纯电动客车、低速电动汽车、场地专用车的产品研发体系，为发展新能源汽车提供技术支撑；二是支持已取得国家公告的中通客车等新能源汽车企业，积极参与新能源客车示范工程；鼓励场地专用车在省内旅游景区、机场、大型社区等开展示范性运营；为新能源汽车发展提供拓宽市场空间。三是加强分类指导，重点支持研发符合标准、具有较高技术水平的低速电动汽车生产企业，积极争取国家准入支持；鼓励有资质的企业通过联合重组现有企业，实现规模化生产，使我省低速电动车企业资源充分发挥社会效益、环境效益和经济效益。到2015年，全省节能和新能源汽车生产规模达到25万辆，力争30万辆，形成规模优势。

5. 专用车。
6. 零部件。纯电动汽车用动力电池、驱动电机、电控系统、混合动力汽车用动力耦合及传动装置等新能源汽车关键零部件。到2015年，全省汽车零部件工业销售收入达到2800亿元，其中高技术含量、高附加值的总成件、电子件比重达到65%，乘用车零部件比重达到50%；载货车省内配套率达到90%，乘用车省内配套率达到80%，汽车及零部件出口交货额达到100亿美元，成为品种全、质量水平高、配套能力强、出口规模大的零部件生产强省。

（三）建设八大汽车生产基地。

1. 重点建设四个千亿级整车生产基地。

（1）济南基地。

（2）青岛基地。

（3）烟台基地。

（4）潍坊基地。

以轻型载货车、新能源汽车、发动机、变速器为发展重点，支持北汽福田诸城汽车厂和山东凯马汽车加快技术改造，进一步提高工艺技术装备水平，扩大轻卡生产能力。支持北汽福田加快新能源汽车项目建设，及早形成产业规模。支持潍柴动力扩大新型高性能大功率发动机产能，增产适合中小功率载货汽车用发动机品种，提高载货车省内发动机配套能力。支持盛瑞传动加快发展先进变速器，形成规模优势。到2015年，潍坊市汽车生产规模达到80万辆。

2. 加快培育四个百亿级生产基地。

山东省经济和信息化委员会办公室

二〇一一年六月八日

13. 河南省关于加强企业技术改造促进产业优化升级的意见(新能源汽车节选)

各省辖市人民政府，省人民政府各部门：

为贯彻落实科学发展观，转变经济发展方式，加强企业技术改造，促进产业优化升级，经省政府同意，现提出如下意见：

一、重要意义

二、指导思想和基本原则

（一）指导思想

（二）基本原则

1. 坚持政策引导和市场主导相结合。

2. 坚持扩大投资规模与结构优化调整并重。

3. 坚持壮大骨干企业与发展中小企业相协调。

4. 坚持提升战略支撑产业与发展战略新兴产业并举。利用高新技术和先进适用技术改造提升战略支撑产业，提高工艺、技术和装备水平，促进技术升级，提高生产效率，降低生产成本，提高企业和产品市场竞争力。重点支持电子信息、生物医药、新材料、新能源、新能源汽车等产业技术改造，加快培育形成一批掌握核心和关键技术、拥有自主知识产权的高新技术企业。

5. 坚持自主创新与引进利用相结合。

三、主要目标

四、重点改造领域和方向

（一）大力发展高成长性产业

汽车及零部件工业。围绕关键零部件—主要总成—整车产业链，以壮大产业规模和增强核心竞争力为主线，以郑汴产业带百万辆汽车基地建设为重点，加快郑州宇通集团、郑州日产公司、海马公司、中国恒天集团和开封奇瑞公司等整车项目建设，配套建设郑州经开区、中牟、开封汽车零部件产业园项目，推进中原内配公司、许昌传动轴公司、中航新乡公司、中轴集团等骨干零部件企业产业园建设，以整带零、以零促整，实现整车与零部件集聚发展、互动发展。

（二）改造提升传统优势产业

（三）积极培育先导产业

新能源汽车。培育动力电池、电控、电机、整车产业链。建设郑州电动汽车整车、新乡和洛阳动力电源系统等特色园区，突破电池隔膜、锂电性能、电控等核心技术，培育动力电池及材料产业链，提升核心零部件配套能力，以示范运营促发展。

（四）加快产业集聚，搭建技术改造平台

（五）加快自主创新，强化技术改造支撑

（六）承接产业转移，促进产业升级

（七）加强节能减排，提高发展质量

（八）加快“两化”融合，提高发展水平

五、保障措施

（一）加强对技术改造工作的组织领导

（二）建立技术改造项目管理体系

（三）制定实施技术改造规划

（四）拓宽技术改造项目融资渠道

（五）加大财政支持力度

（六）落实技术改造优惠政策

（七）强化技术改造服务指导

（八）落实技术改造工作责任

河南省人民政府办公厅

二〇一一年七月五日

14. 湖南省汽车工业“十二五”发展规划

一、汽车工业发展现状与发展趋势

（一）湖南汽车工业发展现状

湖南省现有规模以上汽车和零部件企业400余家，其中列入国家车辆生产企业及产品公告的39家，涵盖轿车、载货车、越野车、专用车、客车（含新能源客车）、三轮汽车及低速货车等6大类。“十一五”以来，我省汽车工业取得了可喜的成绩：2010年规模以上汽车企业完成工业总产值890.8亿元，生产整车31.1万辆，是“十一五”初的3.3倍，特别是基本型乘用车（轿车）高速增长，实现产销11.6万辆，5年增长58倍。汽车工业即将进入千亿产业行列。

“十一五”期间，湖南省汽车工业发展的主要特点：一是发展势头强劲。共生产整车85.48万辆，年均增幅22.38%，2009年汽车工业占全省GDP的比重超过5%，成为全省经济发展支柱产业之一。二是产业结构优化。轿车的“突破口”已经打开；轻、中、重型载货车系列齐全；工程专用车在国内比较优势明显；长株潭地区集聚了我省汽车工业70%以上的要素资源，集群发展已成雏形。三是新能源汽车发展加快。我省在新能源电池、电机、车用控制系统、混合动力客车等方面具有技术研发优势，产品也越来越受市场青睐，在示范推广数量及节能减排效果位居全国13个示范城市的首位。四是政策作用显现。《湖南省人民政府关于支持汽车产业发展的若干政策意见》及相关配套措施实施后，激励作用凸显，行业发展热情空前高涨。

同时，湖南省汽车工业发展中也存在许多困难和问题：一是总量规模偏小。全省汽车产量仅占全国总产量的1.7%，全国省（市）排名17位。二是零部件配套水平低。零部件工业缺乏汽车发动机和变速器等一批具有较高技术水平的关键零部件生产企业，产业链短缺。三是技术创新能力薄弱。大多数汽车生产企业技术研发能力较差，具有整车研发能力的企业寥寥无几。四是专业技术人才成为行业发展瓶颈。汽车企业中、高级职称技术员和汽车高级管理人才比例偏低，非技术和技术工人比例较大。人才技术结构不合理，尤其缺乏汽车研发方面的人才。

（二）“十二五”汽车工业发展趋势

1. 自主创新步伐加快。

2. 个性化需求增多。

3. 竞争方式发生改变。

4. 集聚发展成为趋势。

二、湖南省汽车工业发展面临的机遇与挑战

（一）发展的机遇

1. 市场需求旺盛

2. 区位优势凸现

3. 政策环境良好

4. 龙头带动增强

（二）面临的挑战

1. 生产成本持续上升

2. 政策标准逐步趋严

3. 市场竞争更加激烈

4. 新能源汽车市场化加速

全球共同面临的能源、环境压力催生了新能源汽车市场化发展步伐。新能源汽车市场化加速，一是对传统燃油汽车产品市场造成冲击，二是如何发挥我省在新能源汽车研发领域具有一定的比较优势，加快产业化进程，实施新能源汽车带动战略，将是一场严峻考验。

三、指导思想和目标任务

（一）指导思想

按照市场化、规模化、精品化、差异化的发展方向，坚持整车带动与零部件跟进并举、重点突破与全面推进并举、壮大产业规模与产业结构升级并举，形成以长株潭汽车产业集群为中心向周边辐射，以轿车、专用汽车为两翼带动其他车型（包括新能源汽车）的发展，以关键零部件为重点提高零部件配套能力的产业发展格局，建设具有创新能力强、技术水平高、规模效益显著、持续发展能力好、拥有较为完善的配套体系和产业竞争能力的汽车工业制造基地。

（二）发展目标

（三）发展方向

1. 推动整车快速发展。迅速壮大乘用车经济规模；加快发展专用车产品上规模、上水平、出品牌、出特色；提升新能源关键技术研发能力和系统、整车制造水平，加快新能源汽车及核心技术的成果产业化。

2. 突破零部件发展瓶颈。优先发展发动机、自动变速器、汽车电子等关键零部件，加快引进和培育省内零部件配套体系建设，特别是轿车、专用汽车零部件配套体系建设，完善产业链，优化产业结构。

3. 加快自主创新能力建设。建立我省汽车公共技术服务平台，在产品研发、标准研制、国际互认、项目评价、信息服务、招商引资等多方面提供支撑和服务。

（四）发展重点

1. 完善区域产业布局。

2. 加快重点项目实施。加快引进、开发一批重点项目，推进一批重大项目建设。重点推进湖南吉利年产30万辆轿车技术改造项目、广汽菲亚特年产25万辆轿车（一期14万辆）生产基地、长沙比亚迪年产80万辆轿车、微型面包车（一期40万辆）、纯电动大巴生产基地、长丰集团永州基地年产20万辆整车技术改造项目、北汽股份株洲公司年产20万辆整车建设项目、长沙福田年产30万辆重中轻型载货汽车生产基地、长沙众泰年产20万辆轿车生产基地、陕汽环通年产5万辆重中型载货汽车生产基地、广汽三菱年产30万辆乘用车项目等在建项目的实施，尽快形成200万辆以上的生产能力。

3. 打造专用车品牌优势。

4. 加快新能源汽车产业化进程。加快新能源汽车研发与产业化进程，拓展新能源汽车市场，打造湖南新能源汽车强省地位。加快南车时代第二期扩能改造项目建设，尽快形成节能与新能源汽车整车10000台、驱动电机及控制系统20000套；支持长沙比亚迪客车有限公司在现有产能基础上进行改造，2012年形成5000台纯电动客车、10000台底盘生产能力；在新能源汽车三大核心技术领域，支持科力远在大功率高温镍氢、镍锌动力电池产品做大做强，支持南车时代、湘潭电机在新能源汽车驱动电机及控制系统产业化升级，鼓励南车时代与科力远、湘潭电机、长丰集团科技园等企业紧密合作，进行系统集成创新，不断开发新的新能源汽车产品，保持和扩大我省现有的新能源汽车技术优势，延伸和完善新能源汽车产业链，争做全国新能源城市客车的龙头生产企业，并逐步进入新能源轿车等其他车型领域，力争新能源汽车产品辐射国内外市场。

5. 快速提升零部件配套水平。

6. 加快汽车服务平台建设。

四、保障措施

1. 充分发挥政府的宏观指导和协调服务作用

2. 加快市场培育和拓展步伐

3. 保障行业发展资金需求

五、规划实施

湖南省人民政府

二〇一一年六月十四日

15. 广东省战略性新兴产业基地(新能源汽车)评审办法(暂行)

第一条 为提高战略性新兴产业基地（新能源汽车）管理的科学性、公正性，规范基地评审工作，根据《广东省战略性新兴产业基地建设管理办法》（粤新兴产业办函〔2011〕2号）等有关规定，制定本办法。

第二条 省发展改革委负责组织开展战略性新兴产业基地（新能源汽车）的评审工作，最后报省促进战略性新兴产业发展领导小组（以下简称“领导小组”）统一认定并授牌。

第三条 申报战略性新兴产业基地（新能源汽车）应具备以下基本条件：

（一）具有思路清晰、切实可行的总体发展规划，以及明确可行的目标；

（二）具有相对集聚的空间布局，产业集中度高，产业特色明显；

（三）有龙头企业、重大项目带动，有一定产业基础，可以在本行政区或跨行政区形成较为完整的产业链；

（四）有较为健全的技术创新平台并已取得关键技术突破，拥有自主知识产权并能形成核心竞争力；

（五）具有良好的发展环境和吸引国内外投资、合作的良好条件，当地政府有扶持基地发展的优惠政策措施；

（六）省发展改革委在申报通知中要求的其他条件。

第四条 各地级以上市（含佛山市顺德区）发展改革部门按照申报通知的要求，具体组织开展申报工作，经当地政府同意后，将申报材料报省发展改革委。

第五条 评审程序。评审主要包括要件准入、集中答辩和实地考察三个环节。

（一）要件准入。由省发展改革委、省财政厅负责对各地申报的材料进行登记、造册，并按照上述第三条中的基本条件进行符合性审查，确定进入集中答辩环节的基地名单。

（二）集中答辩。集中答辩由评审小组负责完成。评审小组成员共7名，包括2名政府部门人员和5名新能源汽车技术专家、产业经济专家以及工程咨询专家，其中技术专家不少于3名。政府部门人员由省发展改革委、省财政厅各派1人，其他专家在新能源汽车专家库中随机抽取。进入答辩环节的基地在评审小组指定的地点和时间进行集中答辩，答辩具体程序如下：

（1）听取汇报。由基地相关负责人向评审小组汇报基地的建设方案。汇报要求采用PPT（多媒体演示）形式，时间控制在15分钟以内。

（2）质疑答辩。评审小组根据申报材料和现场汇报材料，提出质疑，申报单位进行答辩，时间控制在20分钟以内。

（3）专家评分。根据汇报以及答辩情况，评审小组成员认真填写评分表，由专家组组长收齐后交工作人员。

（4）综合评价。工作人员将得分汇总后，省发展改革委、省财政厅结合分值排序情况，确定进入实地考察的基地名单。

（三）实地考察。评审小组现场考察基地的龙头企业及相关配套企业，出具考察意见。

第六条 省发展改革委、省财政厅根据考察意见，经综合平衡后，提出拟支持的基地名单并报送领导小组办公室汇总。

第七条 本办法由省发展改革委负责解释。

广东省发展和改革委员会

二〇一一年八月一十七日

16. 广东省战略性新兴产业专项资金新能源汽车示范应用项目资金管理办法

第一章 总则

第一条 为规范省战略性新兴产业专项资金支持新能源汽车示范应用的资金管理，提高财政资金的使用绩效，根据《广东省省级财政专项资金管理暂行规定》（粤府〔2006〕37）号、《广东省战略性新兴产业发展专项资金管理办法（试行）》（粤财工〔2010〕276号）、《广东省战略性新兴产业专项资金新能源汽车发展项目管理办法》（粤发改高技术〔2011〕191号）以及《省新能源汽车发展工作联席会议第一次会议纪要》（省府工作会议纪要〔2010〕132号）等有关文件精神，制定本办法。

第二条 新能源汽车示范应用资金（以下简称“补助资金”）是指省财政战略性新兴产业发展专项资金中安排的用于补助新能源汽车示范推广的资金。

第三条　新能源汽车示范应用项目（以下简称“示范应用项目”）是指获得省财政资金补助，在大中城市、行业或特定区域开展新能源汽车试验运行，对全省新能源汽车推广应用具有示范作用的项目。

第二章　补助范围及标准

第四条　补助资金重点补助插电式混合动力汽车、纯电动汽车、燃料电池汽车，兼顾补助 LNG（天然气）汽车等其他新能源汽车。

第五条　省财政对各地示范应用项目进行分类补助，其中珠三角地区的珠海、佛山、惠州、东莞、中山市为Ⅰ类，东西北地区为Ⅱ类，江门、肇庆市参照Ⅱ类标准执行。

Ⅱ类补助标准应高于Ⅰ类补助标准。

第六条　补助资金包括购车补助和示范环境补助。其中，购车补助只针对插电式混合动力汽车、纯电动汽车、燃料电池汽车，示范环境补助针对各类新能源汽车。补助额度具体计算办法见附件。

第七条　补助资金用于支持项目承担单位购买新能源汽车、建设充电充气和维修维护配套设施、补贴充气充电及其他费用等。

第三章　资金管理

第八条　示范应用项目确定后，项目承担单位编制具体示范工作计划，明确项目示范内容、年度示范车辆车型和数量目标、投资预算及资金来源、实施期限等，并按程序报省发展改革委、省财政厅（省示范城市项目需先经所在市人民政府同意）。

示范工作计划将作为安排省财政资金补助额度以及项目验收的主要依据。

第九条　省发展改革委、财政厅根据各示范应用项目提出的示范工作计划，按照第六条计算出各项目获得的省财政资金补助额度，并联合下达示范应用项目投资计划。

第十条　省财政厅根据项目投资计划，预拨 50%的示范应用项目补助资金给项目承担单位。

第十一条　示范应用项目完成后，省发展改革委、省财政厅对项目进行省财政补助资金清算。

（一）示范应用项目单位认真总结示范应用工作，编制补助资金清算报告并报送省发展改革委、省财政厅。

（二）省发展改革委、省财政厅对项目进行现场检查，核定项目实际完成的新能源汽车示范规模，并按照第六条计算出该项目最终获得的省财政补助额度（超出不补）。考核合格的，省财政厅根据项目最终补助额度，将补助资金余额拨给项目应用单位。不合格的，不再拨付资金并收回已拨付资金。如预拨资金额度大于项目最终补助额度，则予以追缴超出部分资金。

第四章　项目管理和验收

第十二条　补助资金项目实行合同管理，正式立项的项目单位需与省发展改革委签订项目合同。

第十三条　项目完成后，项目承担单位应在 2 个月内向省发展改革委申请进行验收。

第十四条　项目验收的组织工作，由省发展改革委会同省财政厅进行。

第十五条　项目验收以签订的合同、项目承担单位编制的示范工作计划等为依据，对项目所取得的成果、经费使用情况等作出客观评价。

第十六条　示范应用项目因故取消、因不可抗力原因无法继续实施，或继续实施已无必要时，项目承担单位应及时向省发展改革委、省财政厅申报项目终止。

第五章　监督与管理

第十七条　省发展改革委和省财政厅共同负责对示范应用项目实施情况开展监督检查，项目承担单位应自觉接受监督，如实提供相关资料，执行有关部门依法作出的检查意见。

项目承担单位每年 1 月 31 日前向省发展改革委、财政厅提交上年度项目进展报告。

第十八条　省财政示范应用补助资金必须专款专用，并严格按照资金开支范围支出。严禁使用补助资金支付各种罚款、捐款、赞助、对外投资等，严禁以任何方式变相谋取私利。

第十九条　对骗取、挤占、截留或挪用省财政资金，擅自改变资金用途，以及其他违反财政纪律行为，按照《财政违法行为处罚处分条例》（国务院令第 427 号）等有关规定处理。

第六章　附则

第二十条　示范应用项目的申报、评审、批准、管理、验收等本办法未尽事宜，按照《广东省战略性新兴产业专项资金新能源汽车发展项目管理办法》执行。

第二十一条　如《广东省战略性新兴产业发展专项资金管理办法（试行）》《广东省战略性新兴产业专项资金新能源汽车发展项目管理办法》发生变化，本办法遵其修改。

第二十二条　本办法由省财政厅会同省发展改革委负责解释。

第二十三条　本办法自印发之日起实施。

附件：广东省新能源汽车示范应用补助资金计算标准

示范应用项目补助总额 = 购车补助 + 示范环境补助

一、购车补助

购车补助只补助插电式混合动力汽车、纯电动汽车、燃料电池汽车，补助标准如下：

车型	动力类型	补助标准（万元/辆）	备注
一、Ⅰ类地区：			
十米以上客车	插电式混合动力	10	
	纯电动	15	
乘用车和轻型商用车	插电式混合动力	1.5	
	纯电动	2	
二、Ⅱ类地区：			
十米以上客车	插电式混合动力	15	
	纯电动	25	
乘用车和轻型商用车	插电式混合动力	2.5	
	纯电动	3	

注：因燃料电池汽车短期内尚不具备商业化条件，故其补助标准另行制定。

购车补助 = Σ（示范车辆数量 ×对应车型购车补助标准）。

二、示范环境补助

示范环境补助针对各类新能源汽车，补助标准为每辆车1万元。

广东省发展和改革委员会

广东省财政厅

二〇一一年二月二十五日

17. 广东省战略性新兴产业发展专项资金新能源汽车发展项目管理办法

第一章　总则

第一条　为加快我省新能源汽车产业发展，规范新能源汽车项目管理，提高广东省战略性新兴产业发展专项资金中用于支持新能源汽车发展的资金的使用效益，根据《广东省战略性新兴产业发展专项资金管理办法（试行）》（粤财工〔2010〕276号）和省政府有关文件精神，制定本办法。

第二条　广东省新能源汽车发展资金（以下简称“新能源汽车资金”）是指在省战略性新兴产业发展专项资金中切块安排，专门用于支持新能源汽车发展的省财政资金；广东省新能源汽车发展项目（以下简称“新能源汽车项目”）是指获得新能源汽车资金支持的项目。

第三条　新能源汽车资金以项目为依托，重点支持重大生产、研发及产业化、公共平台、示范应用项目，兼顾产业基地、配套设施建设等。

第四条　新能源汽车项目由省发展改革委会同省财政厅组织实施。

省发展改革委负责组织项目申报、竞争性评审、项目管理，下达项目计划，对项目实施情况进行监督检查，组织项目验收，并配合省财政厅开展绩效评价工作。

省财政厅配合省发展改革委组织项目申报、竞争性评审，审核、下达资金项目计划，负责办理资金拨付手续，对资金使用情况进行监督检查和开展绩效评价工作。

第二章　资金使用范围

第五条　新能源汽车资金重点支持纳入省新能源汽车产业发展规划的项目，主要包括以下四类：

（一）重大生产类。主要支持投资大、带动强的新能源汽车整车制造与关键零部件重大生产项目。

（二）研发及产业化类。主要支持新能源汽车关键技术和产品的研发及产业化。

（三）公共平台类。主要支持新能源汽车共性技术研发服务平台和公共检测平台建设项目。

（四）示范应用类。主要支持省新能源汽车推广应用示范城市开展新能源汽车示范应用。

新能源汽车资金原则上按照2∶1的比例分别支持产业发展类和示范应用类项目，并根据当年各类项目的实际需求适当调整。

第六条　新能源汽车资金对以单个承担单位为主体的项目支持额度为1000万～5000万元，对产业集群项目支持额度为3000万～8000万元，支持方式为贷款贴息、无偿补助或以奖代补。

第七条　根据项目的实际情况，新能源汽车项目的支持额度需超过第六条规定的，须报省战略性新兴产业领导小组批准。

第三章　项目申报及评审

第八条　申请新能源汽车项目必须符合以下条件：

（一）重大生产、研发及产业化、公共平台类项目

1. 项目承担单位为省内注册的企业，或企业与企业、高校、科研机构的联合体；其中公共平台类项目的承担单位为企业、高校、科研机构或其联合体。

2. 项目总投资原则上不低于5000万元，其中申请单位自筹资金不低于总投资的50%。

3. 项目具备科技引领和创新驱动能力，代表中（长）期产业发展和技术进步方向，拥有新能源汽车产业核心技术或处于产业链关键环节，项目整体技术水平达到国内一流，能够填补国内空白、替代进口或突破国外专利和技术封锁，能够获取自主知识产权并实现产业化。

4. 项目实施能够带动形成相应的产业集聚，完善产业链配套，做大做强产业集群。

5. 项目承担企业必须具备良好的生产条件、先进的生产及研发设备。

6. 项目承担单位拥有国内先进水平以上的研发团队，领军人才和创新性人才在行业具有较大影响力。

（二）示范应用类

1. 项目承担单位为省新能源汽车推广应用示范城市政

府，或市政府委托的政府机构或企业（单位）。

2. 项目投资按照该市新能源汽车示范应用规模确定，原则上不低于5000万元，其中申请单位自筹资金不低于总投资的50%。

3. 项目实施能够形成不低于300辆的新能源汽车示范应用规模，并形成良好的辐射和带动效果。

项目所需具备的其他条件，由省发展改革委、财政厅在发布项目申报指南时予以进一步明确。

第九条　项目的申报与审批。

（一）发布年度申报指南。省发展改革委会同省财政厅发布年度项目申报指南，对项目申报的领域、条件、期限与程序等提出具体要求。

（二）组织申报。各地级以上市、佛山市顺德区、紫金县、封开县、兴宁市、南雄市和省直有关单位、省直属企业按照申报指南的要求组织所属企业（单位）开展申报工作。地方项目由当地发展改革部门会同财政部门共同申报。

（三）成立竞争性评审小组。评审小组成员共15名，包括省发展改革委、经济和信息化委、科技厅、财政厅、外经贸厅各1名，以及10名新能源汽车技术专家、产业经济专家、工程咨询专家和财务专家等，其中技术专家不少于7名。部门人员由各部门派出，其他专家在新能源汽车专家库中随机抽取。

（四）书面评审。评审小组审查项目申报材料并提出书面审查意见，确定进入公开答辩环节的项目名单。

（五）公开答辩。申报单位进行公开答辩，评审小组现场打分确定进行实地考察的项目名单。

（六）实地考察。评审小组对项目进行实地考察，出具考察意见，提出拟扶持项目名单。

（七）项目公示。评审结果由省发展改革委报省财政厅审核后，在省发展改革委网站或相关媒体上进行公示，公示时间为7个工作日。

（八）项目确认。公示结束后，省发展改革委会同省财政厅联合将评审结果上报省促进战略性新兴产业发展领导小组确认，确定最终获得扶持资金的项目。

省监察厅负责派员对竞争性评审进行全过程监督。

具体竞争性评审办法由省发展改革委会同省财政厅另行制定。

第四章　项目实施

第十条　项目实施工作由项目承担单位负责，项目所在地发展改革、财政部门或所属省属单位督促，省发展改革委会同省财政厅总体指导与协调。

第十一条　建立项目定期报告制度。项目承担单位必须于每年1月31日前向省发展改革委、财政厅提交上年度项目进展报告。年度报告将作为以后年度申报项目资格审查的重要依据。报告内容包括资金到位情况、当年完成投资、累计完成投资、项目进度，以及存在问题和解决问题的措施等。

第十二条　项目形成的成果属项目承担方所有。项目完成后，项目承担单位应及时总结和申请验收。所取得的技术成果应以适当方式向社会公布，并首先在广东实现产业化或推广应用。特殊项目成果的管理按国家有关规定执行。

第十三条　项目调整。项目实施过程中发生重大变化的，项目承担单位应及时提出调整方案，并按调整情况报批：

项目投资规模调整累计达到总投资的10%，技术方案重大变化，项目承担单位变更，或建设地点变化超出本市范围的项目，经项目所在地发展改革、财政部门或所属省属单位审核后，报省发展改革委、省财政厅批准；项目承担单位更名，项目投资规模调整累计在10%以下，技术方案一般性调整，建设地点在本市范围内变化的项目，由项目承担单位报项目所在第发展改革、财政部门或所属省属单位批准，并报省发展改革委、财政厅备案。

第十四条　项目终止。扶持项目因不可抗拒因素导致技术、市场、建设条件等变化，使得项目无法继续实施或失败的，项目承担单位应及时向省发展改革委、财政厅报告并申请终止项目。

第十五条　项目撤项。对于擅自不按项目批准的建设方案组织实施，或因其他违规行为，经审计部门、稽察部门的审计、稽查确认已无法继续实施或已失败的项目，省发展改革委、财政厅审核后可做出撤项决定，并全额追回省级财政投资。

第五章　项目验收

第十六条　项目的验收工作由省发展改革委、财政厅负责组织实施。

第十七条　项目具备以下条件，可申请验收：

（一）重大生产类、研发及产业化类、公共平台类项目已按经批准的项目建设方案完成项目建设内容，并达到预定的生产（服务）能力；示范应用类项目已完成预定的示范规模。

（二）项目建设文件、图纸、资料、档案齐全。

（三）已按国家财务制度与有关规定审定报表与报告，对项目已进行竣工财务决算，且账目清楚、账物相符、手续齐全、管理完善。

第十八条　项目验收以项目申报材料、项目投资计划、项目资金使用计划、项目调整批准文件等作为考核的基本依据，对项目所取得的科技成果水平、应用效果和对经济社会的影响、实施的技术路线、攻克的关键技术的方案和效果、知识产权的形成和管理、项目实施的组织管理经验和教训、科技人才的培养和队伍的成长、经费使用的合理性等，应做出客观的、实事求是的评价。

第十九条 项目验收程序，一般应符合下列要求：

（一）项目验收工作需在项目完成后半年内完成。

（二）项目承担单位在完成任务、做好总结的基础上，及时通过所在地发展改革、财政部门或所属省属单位向省发展改革委、省财政厅提出验收申请并提交有关验收资料。

（三）省发展改革委会同省财政厅组织召开现场验收会，作出验收结论。

第二十条 确因客观条件导致项目无法按期完成的，项目承担单位必须于项目期满前3个月以书面形式提出延期验收申请，说明原因及延长时限，省发展改革委、财政厅视情况予以批复。

项目完成后不能在半年内组织验收的项目，由项目所在地发展改革、财政部门或所属省属单位向省发展改革委、财政厅申请延期验收，并明确计划验收日期。

对完成后无故不进行验收，或逾期两年不能验收的项目，省发展改革委、财政厅可视情节作出撤项并追回省财政投资等决定。

第二十一条 未通过验收的项目，项目承担单位可在接到通知半年内，整改完善有关项目材料后，提出再验收申请。如再次未通过验收，项目承担单位三年内不得再承担同类项目，省发展改革委、财政厅视情况追回全部或部分省财政投资。

需要提出再验收的项目，项目承担单位应在接到通知30日内提出复议申请。

第二十二条 项目完成满一年后，由项目所在地发展改革、财政部门或所属省属单位组织项目承担单位对项目的运行状况、技术发展、经济与社会效益等进行综合评价，编写项目后评估报告报省发展改革委、财政厅。

第六章 附则

第二十三条 如《广东省战略性新兴产业发展专项资金管理办法（试行）》（粤财工〔2010〕276号）发生变化，本项目管理办法遵其修改。

第二十四条 本办法由省发展改革委和省财政厅负责解释。

第二十五条 本办法自印发之日起实施。

广东省发展和改革委员会

广东省财政厅

二〇一一年二月二十五日

18. 海南省关于加快培育和发展战略性新兴产业的实施意见(新能源汽车节选)

各市、县、自治县人民政府，省政府直属各单位：

战略性新兴产业是引导未来经济社会发展的重要力量，培育和发展战略性新兴产业是党中央、国务院确定的抢占世界新一轮经济和科技发展制高点的重大战略。当前，海南国际旅游岛建设发展正处于关键时期，为深入贯彻落实《国务院关于加快培育和发展战略性新兴产业的决定》（国发〔2010〕32号）精神，加快培育和发展我省战略性新兴产业，现提出如下实施意见。

一、积极主动抢抓机遇，加快培育和发展战略性新兴产业

二、鼓励创新发展，将战略性新兴产业加快培育成为我省先导产业和支柱产业

按照国家统一部署，近阶段重点培育和发展生物、新能源、新材料、新一代信息技术、高端装备制造、节能环保、新能源汽车等战略性新兴产业。

（一）指导思想。

（二）基本原则。

（三）发展目标。

三、立足省情，努力实现重点领域快速健康发展

（一）生物产业。

（二）新能源产业。

（三）新材料产业。

（四）新一代信息技术产业。

（五）高端装备制造产业。

（六）节能环保产业。

（七）新能源汽车产业。以海马汽车为依托，大力推进高能效、低排放节能汽车产业发展。着力突破动力总成一体化集成与模块化设计等整车技术、动力电池、电子控制领域关键产业化核心技术，推进插电式混合动力汽车、纯电动汽车推广应用和产业化。开展燃料电池汽车相关前沿技术研发。

四、强化科技创新，提升产业核心竞争力

（一）加强产业关键核心技术和前沿技术研究。

（二）强化企业技术创新能力建设。

（三）加快落实人才强省战略和知识产权战略。

（四）实施重大产业创新发展工程。

（五）建设产业创新支撑体系。

（六）推进重大科技成果产业化和产业集聚发展。

五、积极培育市场，营造良好市场环境

充分发挥市场的基础性作用，充分调动企业积极性，加强基础设施建设，积极培育市场，规范市场秩序，为各类企业健康发展创造公平、良好的环境。

（一）组织实施重大应用示范工程。坚持以应用促发展，围绕提高人民群众健康水平、缓解环境资源制约等紧迫需求，选择处于产业化初期、社会效益显著、市场机制难以有效发挥作用的重大技术和产品，统筹衔接现有实验示范工程，抓住国家组织实施全民健康、绿色发展、智能制造、信息惠民等重大应用示范工程的机会，推进实施良种推广、金太阳示范工程和太阳能光热光电建筑应用示范工程、节能和新能源汽车示范推广工程、电子商务、电子政务、电子农务、旅行服务信息化、数字化医疗卫生服务平台示范工程、海水淡化示范工程等，引导消费模式转变，培育市场，促进产业发展。

（二）支持市场拓展和商业模式创新。鼓励绿色消费、循环消费、信息消费，创新消费模式，促进消费结构升级，扩大终端用能产品能效标识实施范围。加强新能源并网及储能、新能源汽车等领域的市场配套基础设施建设，稳妥推进新能源汽车充电站或充电桩规划建设。在物联网、节能环保服务、新能源应用、信息服务、新能源汽车推广等领域，支持企业大力发展有利于扩大市场需求的专业服务、增值服务等新业态。积极推行合同能源管理、现代废旧商品回收利用等新型商业模式。推进建设战略性新兴产业研发、制造、产品评估中心和面向国际市场的产品交易中心。

（三）完善标准体系和市场准入制度。

六、扩大对外开放，提高国际化发展水平

通过国际合作，加快引进和掌握关键核心技术，提升我省自主发展能力与核心竞争力。

（一）大力推进国际科技合作与交流。

（二）切实提高国际投融资合作的质量和水平。

（三）大力支持企业跨国经营。

七、加大财税金融政策扶持力度，引导和鼓励社会投入

加快培育和发展战略性新兴产业，必须健全财税金融政策支持体系，加大扶持力度，引导和鼓励社会资金投入。

（一）加大财政支持力度。

（二）完善税收激励政策。

（三）支持金融机构加大信贷投放。

（四）积极发挥多层次资本市场的融资功能。

（五）大力发展创业投资和股权投资基金。

八、切实加强战略性新兴产业生产的要素保障

九、加强组织领导，推进体制机制创新

加快培育和发展战略性新兴产业是我国新时期经济社会发展的重大战略任务，是实现海南国际旅游岛建设发展战略目标的根本保障，必须大力推进改革创新，加强组织领导和统筹协调，为战略性新兴产业发展提供动力和条件。

（一）加强组织协调。

（二）深化重点领域改革。

（三）加强宏观规划引导。

海南省人民政府

二〇一一年五月六日

19. 陕西省加快培育和发展战略性新兴产业的意见（新能源汽车节选）

各设区市人民政府，省人民政府各工作部门、各直属机构：

为贯彻落实《国务院关于加快培育和发展战略性新兴产业的决定》（国发〔2010〕32 号），把握世界新科技革命和产业革命的历史机遇，抢占新一轮科技和经济发展制高点，发挥我省科技资源和产业优势，加快培育和发展战略性新兴产业，推进产业结构优化升级，提高产业核心竞争力，现提出如下意见。

一、指导思想、基本原则和发展目标

（一）指导思想。

以科学发展观为指导，把加快培育和发展战略性新兴产业放在推进产业结构升级、加快经济发展方式转变的突出位置，以统筹科技资源改革为动力，以推进重大产业示范工程为抓手，以强化自主创新能力建设为支撑，坚持集群化、园区化发展，加大政策扶持力度，优化产业发展环境，把高端装备制造、新一代信息技术、新能源、新材料等产业培育成为支柱产业；把生物、节能环保、新能源汽车等产业培育成为先导产业，支撑和引领全省经济社会跨越式发展。

（二）基本原则。

（三）发展目标。

二、发展重点

（一）高端装备制造产业。

（二）新一代信息技术产业。

（三）新能源产业。

（四）新材料产业。

（五）生物产业。

（六）节能环保产业。

（七）新能源汽车产业。发挥我省在控制技术、工业自动化、电池材料等领域的科技资源优势，依托行业龙头企业的示范带动效应，积极培育发展插电式混合动力汽车、纯电动汽车、纯电动客车和纯电动码头牵引车等，加快发展新能源汽车用动力电池系统、控制系统、充电系统、充电桩和充电站系统等，推进新能源汽车产业规模化发展。

三、实施重大创新发展工程

（一）突破一批关键技术。

（二）实施一批重大项目。

（三）构建核心产业链。

（四）建设产业示范基地。

四、科技创新体系建设

（一）知识创新基础工程。

（二）产业创新发展工程。

（三）产业创新支撑工程。

（四）研究院建设工程。

（五）产业联盟建设工程。

（六）创新型城市建设工程。

五、保障措施

（一）加强对战略性新兴产业发展的统筹协调。

（二）建立多元化的投融资体系。

（三）落实国家促进战略性新兴产业发展的税收政策。

（四）建设高素质人才队伍。

（五）深化国际合作和交流。

（六）营造良好的产业发展环境。组织实施重大应用示范工程，加大政府采购新型生物制品、半导体照明、太阳能电池、新能源汽车等产品力度，积极培育战略性新兴产业市场。加强产业重点区域金融、物流、信息、担保等服务体系建设，完善市场准入管理制度，加强审查、评价、认证认可和监管，营造良好的产业发展环境。进一步完善知识产权保护机制，依法保障知识产权所有者的权益，支持我省战略性新兴产业研发成果优先在省内进行转化。在战略性新兴产业重点领域，每年选择一批基础条件好、发展潜力大、产业关联度高、带动作用强的龙头企业，作为创新试点单位，在科研开发、专利授权、成果转化、企业重组、制度创新等方面给予重点扶持，为企业做大做强提供基础条件。依托具有优势的产业集聚区，培育一批创新能力强、创业环境好、特色突出、集聚发展的战略性新兴产业示范基地，延伸产业链条，加大招商引资力度，吸引外部资源进入园区，形成以龙头企业为主导、中小企业配套、上下游产业合理布局的区域产业发展格局，辐射带动全省战略性新兴产业快速发展。

陕西省人民政府

二〇一一年七月三日

20. 甘肃省“十二五”车用天然气加气站发展规划

为进一步规范全省车用天然气加气站建设和管理，促进全省车用天然气市场健康有序发展，按照省委、省政府确定的“四抓三支撑”总体工作思路和“中心带动、两翼齐飞、组团发展、整体推进”区域发展战略，在认真总结《甘肃省加油（气）站2005—2010年建设发展规划》执行情况的基础上，结合全省国民经济和社会发展“十二五”规划纲要和车用天然气的供求状况，制定本规划。

一、车用天然气产业发展现状及面临的形势

甘肃毗邻塔里木、准格尔、吐哈、柴达木等我国重要的天然气资源基地，是我国西气东输和从中亚诸国进口天然气管道输送的咽喉要地。省内庆阳、平凉等市拥有丰富的油气资源，现已探明庆阳市地下天然气储量为460亿~500亿立方米，尚有大量煤层气和可燃气约300亿立方米，开发前景非常广阔。自国家实施“西油东送”“西气东输”等能源输送战略工程以来，有多条油气管道穿境而过，已成为“承东启西、接南济北”的油气能源运输大动脉和战略通道。特别是省会兰州市在西气东输天然气管道网络中处于枢纽位置。西气东输一线工程从瓜州进入甘肃后，横贯河西走廊，二线支线（中卫—靖边）横跨陇东高原，沿线的嘉峪关、酒泉、张掖、金昌、武威、兰州、庆阳、平凉等市都可以享受到优先供给的气源。随着中卫—贵阳天然气管道的建设，天水市和陇南市也可享受气源。以涩宁兰管道兰州末站为中心，可向兰州及周边白银市、定西市、临夏州、甘南藏族自治州供气。根据各大天然气管道在我省沿线主要城市的路由及开口情况，全省14个市州均将有天然气大管道经过，天然气利用发展潜力巨大。

根据我省经济社会发展规划、能源发展规划和天然气利用现状，充分考虑全省工农业生产、城市发展、新农村建设等对天然气需求的增长，预测到2015年全省天然气需求量为49亿立方米，比2010年的26.7亿立方米增长83.5%。需求最大的是兰州市，需求总量为23.54亿立方米，其次是临夏州为8.16亿立方米，第三是嘉峪关市为3.92亿立方米。2015年上述3个市州的天然气需求将占全省的70%左右。从需求结构上来看，呈现城市供气（包括车用天然气）、工业燃料、化工行业“三足鼎立”的态势。到2015年城市燃气需求量为17.79亿立方米，占全省需求量的36.6%，其中车用天然气的需求量为4.9亿立方米，占10%；工业燃料需求量为15.2亿立方米，占31.4%；化工行业需求量为15.14亿立方米，占31%；发电行业约占1%。

我省天然气汽车产业发展起步于2001年，经过近十年的发展，有了一定的基础，对调整能源结构、促进节能减排、改善大气环境、满足城市交通需要作出了积极贡献，取得了明显的经济和社会效益。目前，全省已有汽车燃气改装厂22家，年改装能力1万辆，已完成改装车辆4.6万辆，其中城市公交0.5万辆、出租车1.1万辆，其他机动车3万辆。同时“十一五”期间，全省共审批建设加气站57座，已建成运营的天然气加气母子站和标准站有39座，其中兰州市18座，临夏州4座，酒泉市10座，嘉峪关市1座，庆阳市2座，白银市4座。但总体看，天然气利用工作进展很不平衡，目前尚有9个市州没有形成天然气加气网络，现有加气站数量少、网络布局不完善和“加气难”的问题严重制约了全省车用天然气市场的发展。

“十二五”时期是我国深入推进小康社会建设、实现经济结构战略转型的关键时期。在国际能源危机不断加剧、跨国石油石化寡头竞争日益激烈、国内油气市场全面开放的大背景下，发展车用天然气、提高清洁能源消费是我省实现能源利用多样化和缓解石油供求矛盾的必然要求，也是发挥比较优势、延伸产业链、带动经济社会发展的客观需要，对于调整全省能源结构、促进节能减排、改善环境质量，提高运输业效益、促进经济社会可持续发展具有重要意义。我们必须通过科学规划、合理布局，逐步形成竞争有序、保障有力、与全省经济社会发展相适应的车用天然气销售体系。

二、规划范围、期限及编制依据

（一）规划范围。我省行政区域内的车用天然气加气站，包括车用压缩天然气（CNG、LCNG）加气站、车用液化天然气（LNG）加气站。

（二）规划期限。2011—2015年。

（三）规划编制依据。

1.《中华人民共和国城市规划法》；

2.《特种设备安全监察条例》（国务院令第549号）；

3.《城镇燃气管理条例》（国务院令第583号）；

4. 国家发展改革委《关于印发天然气利用政策的通知》（发改能源〔2007〕2155号）；

5.《城市道路交通规划设计规范》（GB 50220—95）；

6.《城市居住区规划设计规范》（GB 50180—93）；

7.《建筑设计防火规范》（GB J16—87）；

8.《汽车加油加气站设计与施工规范》（GB 50156—2002）2006年版；

9.《国务院办公厅关于进一步支持甘肃经济社会发展的若干意见》（国办发〔2010〕29号）；

10.《甘肃省人民政府办公厅关于印发甘肃省高速公路网规划（2009年调整）的通知》（甘政办发〔2009〕197号）；

11.《甘肃省人民政府办公厅批转省发改委等部门关于规范压缩天然气汽车产业发展意见的通知》（甘政办发〔2006〕110号）；

12.《甘肃省人民政府办公厅批转省经委等部门关于规范和加强燃气汽车改装及安全管理规定的通知》（甘政办发〔2008〕65号）。

三、规划指导思想和原则

（一）指导思想。以科学发展观为指导，根据全省“十二五”经济社会发展规划纲要，以调整能源结构、治理环境污染、促进节能减排、加快经济发展为目的，按照统筹城乡发展、保障市场供应、优化布局结构、科学制定目标的原则，结合城市发展、社会主义新农村建设和公路交通网络建设，合理规划全省天然气加气站布局，提高加气站服务功能和档次，促进资源效益最大化。逐步建立起与全省经济社会发展相适应、满足广大消费者需要，布局合理、竞争有序、安全环保、技术先进、管理科学、功能完善、服务规范的现代化车用压缩天然气销售服务网络体系。

（二）基本原则。

1. 统筹协调，保障供应。根据各市州上报的加气母子站和标准站网络建设规划，结合目前全省加气母子站和标准站现状，充分考虑未来5年内城市发展、小城镇改造、新农村建设和高速、国道、省道、县乡公路新建、扩建的发展趋势，按照合理的服务半径，最大限度地满足燃气汽车的加气需求。

2. 布局合理，竞争有序。按照布局与消费增长相适应的要求，充分考虑“十二五”期间燃气汽车保有量及增量等因素，合理确定加气站的数量、规模、功能。要坚持可持续发展和资源有序利用，严格控制建设总量，防止恶性竞争和重复建设。要积极引进天然气专业龙头企业，采用独资、合资、联合经营的方式加快我省天然气加气站网络布局。要鼓励民间资本采用独资、合资等方式参与天然气加气站建设，实现加气站行业科学有序发展。

3. 安全规范，方便消费。加气站的选址，应符合城市总体规划、国土资源利用规划、环境保护、公安消防、安全生产、应急救援等方面的规定。要避开人流密集区、重要建筑物及地下构筑物、塌陷地及泄洪道，加气机、压缩机、CNG储气设施与周围建筑物、构筑物、交通线的安全距离应在消防规定的安全距离以上；新建加气站尽量选在交通便利的地方，城区加气站应靠近城市交通干道或设在出入方便的次要干道上。同时应处理好方便加气与不影响交通之间的关系。农村加气站应靠近公路和主要服务对象。

四、规划目标任务和布局方案

通过深入分析未来5年全省宏观经济形势，充分考虑经济结构调整，交通运输发展，天然气生产、销售和价格趋势，新能源和替代能源发展等影响因素，对天然气市场供求趋势进行科学预测。同时综合考虑全省各市州经济发展水平、国土面积、城市规模、人口增长、天然气资源、车辆保有量、过境车流量、道路发展情况等因素，按照因地制宜、方便消费的思路布局加气站网络建设。在天然气管道经过的市州政府所在地城市，原则上布局建设1个加气母站，负责向本区域CNG加气子站供气；县城可设1～2个LCNG加气站，道路交通枢纽和人口聚集的较大乡镇也可通过建设加气站带燃气管网的方式解决当地居民用气问题；在新建、扩建、改造的国道、省道公路和新建高速公路服务区配套建设LNG加气站；大型厂矿企业所在地、物流量比较集中地方建设LNG加气站或储备站局。“十二五”期间，全省共规划建设压缩天然气加气站205座，其中母站11座、CNG和LNG加气子站194座（见附件1、附件2）。到“十二五”末，全省加气站总量达到262座，平均单站日销量力争达到5300立方米。

五、规划实施保障措施

（一）实行总量控制和市场准入。全省范围内的车用天然气加气站审批、建设、管理等工作严格执行本规划。要严格贯彻国家天然气管理的相关政策，以本规划为基础，认真执行车用天然气市场的准入制度。要按照市场规律和广大消费者需求，科学合理布局，避免重复建设，使全省加气站网络建设稳步规范推进，确保规划的各项任务落到实处。各地政府要将本规划作为整顿和规范车用天然气市场的重要依据。

（二）密切配合，强化监管。各级发展改革、工信、建设、商务、交通运输、国土资源、安监、质监、环保、消防、工商、税务等部门要各司其职、各负其责、加强联系、强化管理，共同维护车用天然气市场秩序，使全省加气站的建设、经营、管理工作逐步走向法制化、规范化轨道。对不符合或无规划、违规建设的加气站要坚决取缔；对存在安全隐患的加气站要限期整改，对不整改或限期整改不合格的要予以关停；对虽在规划内但设施落后达不到技术规范要求的加气站，要通过更新改造，使其符合相应的规范标准，经整改仍未达标的，应逐步退出车用天然气市场。

（三）强化行业自律。通过主管部门指导、骨干企业发起、经营者自愿联合的形式，成立甘肃省车用天然气行业协会。通过协会加强企业与政府的沟通联系，规范市场竞争秩序，提高经营管理水平，促进全省天然气行业科学发展。

附件：1.“十二五”各市州加气站规划表

2.“十二五”各市州加气站规划明细表

附件1

“十二五”各市州加气站规划表

单位：座

市州	至2010年已批加气站数	“十二五”规划加气站数量				至2015年加气站数	备注
		小计	母站	CNG	LNG		
兰州	13	33	1	31	1	46	
嘉峪关	5	4	-	3	1	9	“十一五”已建成1座加气母站
酒泉	10	17	-	9	8	27	
张掖	-	16	1	14	1	16	
金昌	1	6	1	4	1	7	
武威	2	17	1	10	6	19	
白银	7	10	1	6	3	17	
定西	-	12	1	10	1	12	
庆阳	8	15	1	11	3	23	
平凉	6	13	-	10	3	19	“十一五”已审批1座加气母站
天水	-	17	1	15	1	17	
陇南	1	18	1	15	2	19	
临夏	4	14	1	12	1	18	
甘南	-	13	1	11	1	13	
合计	57	205	11	161	33	262	

附件 2

"十二五"各市州加气站规划明细表

小计	序号	加油站名称	性质	建设地点	备注
兰州市（33 座）					
母站 1 座	1	兰州市加气母站	新建	兰州市	
CNG 31 座	2	南山中路加气站	新建	南山路中段	
	3	南山西路加气站	新建	南山路西固西段	
	4	南山东路加气站	新建	南山路东段	
	5	滩新村加气站	新建	城关区滩新村	
	6	后五泉加气站	新建	城关区后五泉	
	7	青什 CNG 加气子站	新建	青白石什川地区	
	8	栓马沟加气站	新建	省职业技术学院西北角，拴马沟以东	
	9	七里河区八里窑镇加气站	新建	七里河区八里窑镇	
	10	彭家坪加气站	新建	七里河区彭家坪	
	11	马滩加气站	新建	七里河区马滩	
	12	培黎广场加气站	新建	培黎广场西侧现状路北段	
	13	农沙片加气站	新建	安宁区北滨河路北侧	
	14	沙井驿三岔路口加气站	新建	沙井驿三岔路口至东兴铝业公司	
	15	北环路东入口加气站	新建	北环路旁	
	16	北环路西出口加气站	新建	北环路旁	
	17	雁滩加气站	新建	城关区雁滩	
	18	寺儿沟 CNG 加气子站	新建	西固区寺儿沟 50 路终点站	
	19	河口片区加气站	新建	河口 312 国道以北下车村	
	20	红古加气站 1	新建	红古区海石湾	
	21	红古加气站 2	新建	红古区窑街	
	22	永登县加气站	新建	城关镇西街 13 社	
	23	皋兰县加气站	新建	东环路西侧佛光包装厂南侧	
	24	榆中县加气站	新建	环城路西侧	
	25	榆中县甘草店加气站	新建	榆中县甘草店	
	26	和平开发区加气站	新建	金川工业园东北角	
	27	兰州新区秦王川东加气站	新建	兰州新区	
	28	兰州新区秦王川南加气站	新建	兰州新区	
	29	兰州新区秦王川西加气站	新建	兰州新区	
	30	兰州新区秦王川北加气站	新建	兰州新区	
	31	兰州至中川快速通道加气站	新建	兰州至中川快速通道	
	32	兰州至中川快速通道（安秦路）南端加气站	新建	兰州至中川快速通道旁	
LNG1 座	1	兰州 LNG 加气站	新建	兰州市	
酒泉市（17 座）					
CNG 9 座	1	酒泉新火车站加气站	新建	酒泉新火车站附近	
	2	酒泉工业园区西园加气站	新建	酒泉中小企业创业园西南角	
	3	酒嘉快速通道加气站	新建	酒嘉快速通道中段	
	4	酒泉热电厂加气站	新建	酒泉南郊工业园热电厂附近	
	5	肃州区汽车加气站	新建	肃州区新老城区接合部	
	6	金塔县鼎新镇加气站	新建	金塔县鼎新镇	
	7	玉门市新市区加气站 1	新建	玉门市新市区新城区昌盛路	
	8	玉门市新市区加气站 2	新建	玉门市新市区老城区	
	9	瓜州县柳园加气站	新建	瓜州县柳园镇	

续表

小计	序号	加油站名称	性质	建设地点	备注
LNG 8 座	1	酒泉 LNG 加气站	新建	酒泉市城区	
	2	肃北县马鬃山镇明水 LNG 加气站	新建	肃北县马鬃山镇明水	
	3	肃北县马鬃山镇云母图 LNG 加气站	新建	肃北县马鬃山镇云母图	
	4	肃北县马鬃山镇垒墩子 LNG 加气站	新建	肃北县马鬃山镇垒墩子	
	5	肃北县马鬃山镇 LNG 加气站	新建	肃北县马鬃山镇	
	6	阿克塞县长草沟 LNG 加气站	新建	阿克塞县红柳湾镇长草沟（G215 线 231 公里处以西 30 米）	
	7	阿克塞县阿勒腾乡海子八段 LNG 加气站	新建	阿克塞县阿勒腾乡海子八段（G215 线 315 公里处以东 30 米）	
	8	瓜州柳沟 LNG 加气站	新建	瓜州县柳沟	
嘉峪关市（4 座）					
CNG 3 座	1	嘉峪关市 312 国道东侧加气站	新建	嘉峪关市 312 国道东侧	
	2	嘉峪关市南市区加气站	新建	嘉峪关市南市区	
	3	嘉峪关市北市区加气站	新建	嘉峪关市新华北路	
LNG 1 座	1	嘉峪关 LNG 加气站	新建	嘉峪关市 312 国道西侧	
张掖市（16 座）					
母站 1 座	1	张掖市加气母站	新建	张掖市甘州区	
CNG 14 座	2	张掖市甘州北区加气站	新建	张掖市甘州区	
	3	张掖市甘州东区加气站	新建	张掖市甘州区	
	4	张掖市甘州西区加气站	新建	张掖市甘州区	
	5	张掖市甘州南区加气站	新建	张掖市甘州区	
	6	张掖市甘州新区加气站	新建	张掖市甘州区	
	7	张掖市新墩加气站	新建	张掖市张肃公路 2 公里处	
	8	张掖市苑区加气站	新建	张掖市张火公路 1 公里处	
	9	山丹县加气站	新建	张掖市山丹县	
	10	肃南县加气站	新建	张掖市肃南县	
	11	高台县加气站	新建	张掖市高台县	
	12	高台县南华加气站	新建	张掖市高台县南华镇	
	13	临泽县加气站	新建	张掖市临泽县	
	14	民乐县开盛加气站	新建	张掖市民乐县城东	
	15	民乐县生态工业园区加气站	新建	张掖市民乐县生态工业园区	
LNG 1 座	1	张掖 LNG 加气站	新建	张掖市甘州区	
金昌市（6 座）					
母站 1 座	1	金昌天然气母站（含一子站）	新建	金昌市常州路以西，天美路以南	
CNG 4 座	2	金昌天然气汽车加气站二站	新建	金昌市河雅路南段东侧	
	3	金昌天然气汽车加气站三站	新建	金昌市河雅路以西，泰安路以南	
	4	金昌市河西堡加气站	新建	永昌县河西堡镇	
	5	永昌县东关加气站	新建	连霍高速公路永昌县出入口	
LNG 1 座	1	金昌 LNG 加气站	新建	太西煤集团公司物流园区	
武威市（17 座）					
母站 1 座	1	武威市加气母站	新建	武威市	
CNG 10 座	2	武威市西片区加气站	新建	凉州区	
	3	武威市东片区加气站	新建	凉州区	
	4	武威市南片区加气站	新建	凉州区	
	5	武威市北片区加气站	新建	凉州区	
	6	凉州区武南镇加气站	新建	凉州区武南镇	

续表

小计	序号	加油站名称	性质	建设地点	备注
CNG 10 座	7	凉州区黄羊镇加气站	新建	凉州区黄羊镇	
	8	金武高速公路区域加气站	新建	金武高速公路区域	
	9	民勤县城加气站	新建	民勤县城	
	10	古浪县城加气站	新建	古浪县城	
	11	天祝县城加气站	新建	天祝县城	
LNG 6 座	1	武威 LNG 加气站	新建	武威市城区	
	2	武威新能源装备制造业园区 LNG 加气站	新建	武威新能源装备制造业园区	
	3	武威煤炭集散中心 LNG 加气站	新建	煤炭集散中心	
	4	古浪鑫淼工业园区 LNG 加气站	新建	古浪县鑫淼工业园区	
	5	民勤县红沙岗 LNG 加气站	新建	民勤县红沙岗镇	
	6	天祝县炭山岭 LNG 加气站	新建	天祝县炭山岭镇	
白银市（10 座）					
母站 1 座	1	白银市加气母站	新建	白银市区	
CNG 6 座	2	白银市区加气站 1	新建	白银市区	
	3	白银市区加气站 2	新建	白银市区	
	4	白银市区加气站 3	新建	白银市区	
	5	平川区加气站	新建	平川区	
	6	景泰县城区加气站	新建	景泰县城区	
	7	靖远县城区加气站	新建	靖远县城区	
LNG 3 座	1	白银 LNG 加气站	新建	白银市区	
	2	靖远煤电 LNG 加气站	新建	靖远、平川银三角地区	
	3	会宁县 LNG 加气站	新建	会宁县	
定西市（12 座）					
母站 1 座	1	定西市加气母站	新建	安定区	
CNG 10 座	2	安定区加气站 1	新建	安定区	
	3	安定区加气站 2	新建	安定区	
	4	安定区加气站 3	新建	安定区	
	5	安定区加气站 4	新建	安定区	
	6	陇西县城加气站	新建	陇西县城	
	7	陇西县文峰镇加气站	新建	陇西县文峰镇	
	8	岷县城区加气站	新建	岷县县城	
	9	漳县城区加气站	新建	漳县县城	
	10	临洮县城加气站	新建	临洮县城	
	11	渭源县城加气站	新建	渭源县城	
LNG 1 座	1	巉口服务区 LNG 加气站	新建	天定高速公路巉口服务区	
庆阳市（15 座）					
母站 1 座	1	庆阳市加气母站	新建	西峰区	
CNG 11 座	2	西峰西郊加气站	新建	西峰西环路	
	3	西峰北郊加气站	新建	西峰城北	
	4	西峰东郊加气站	新建	西峰城东	
	5	西峰南郊加气站	新建	西峰城南	
	6	华池县城区加气站	新建	华池县城	
	7	合水县城区加气站	新建	合水县城	
	8	宁县城区加气站	新建	宁县县城	
	9	宁县长庆桥加气站	新建	宁县长庆桥镇	

续表

小计	序号	加油站名称	性质	建设地点	备注
CNG 11 座	10	正宁县城区加气站	新建	正宁县城	
	11	镇原县城区加气站	新建	镇原县城	
	12	环县城区加气站	新建	环县县城	
LNG 3 座	1	庆阳 LNG 加气站	新建	庆阳市	
	2	正南煤田 LNG 加气站	新建	正南煤田	
	3	环县矿区 LNG 加气站	新建	环县矿区	
平凉市（13 座）					
CNG 10 座	1	平凉滨河南路加气站	新建	平凉市滨河南路与解放路立交桥下西南角	
	2	崆峒滨河北路加气站	新建	平凉城区 312 国道过境段	
	3	华亭城区加气站	新建	华亭县城	
	4	华亭安口加气站	新建	华亭县安口矿区	
	5	崇信加气站	新建	崇信县	
	6	泾川城区加气站	新建	泾川县城	
	7	灵台城区加气站	新建	灵台县城	
	8	静宁城区加气站 1	新建	静宁县城	
	9	静宁城区加气站 2	新建	静宁县城	
	10	庄浪城区加气站	新建	庄浪县城	
LNG 3 座	1	华亭矿区 LNG 加气站	新建	华亭县安口镇	
	2	崇信矿区 LNG 加气站	新建	崇信县矿区	
	3	西平高速公路 LNG 加气站	新建	西平高速公路平凉过境段	
天水市（17 座）					
母站 1 座	1	天水市加气母站	新建	秦州区	
CNG 15 座	2	秦州区加气站 1	新建	秦州区	
	3	秦州区加气站 2	新建	秦州区	
	4	秦州区加气站 3	新建	秦州区	
	5	秦州区加气站 4	新建	秦州区	
	6	秦州区加气站 5	新建	秦州区	
	7	麦积区加气站 1	新建	麦积区	
	8	麦积区加气站 2	新建	麦积区	
	9	秦安县城区加气站 1	新建	秦安县城	
	10	秦安县城区加气站 2	新建	秦安县城	
	11	张家川县城区加气站	新建	张家川县城	
	12	清水县城区加气站	新建	清水县城	
	13	武山县城区加气站 1	新建	武山县城	
	14	武山县城区加气站 2	新建	武山县城	
	15	甘谷县城区加气站 1	新建	甘谷县城	
	16	甘谷县城区加气站 2	新建	甘谷县城	
LNG 1 座	1	天水高速公路 LNG 加气站	新建	天宝高速公路天水过境段	
陇南市（18 座）					
母站 1 座	1	陇南市加气母站	新建	武都区城关镇	
CNG 15 座	2	武都区城关加气站 1	新建	武都区城关镇	
	3	武都区城关加气站 2	新建	武都区城关镇	
	4	武都区城关加气站 3	新建	武都区城关镇	
	5	武都区两水加气站	新建	武都区两水镇	
	6	武都区洛塘加气站	新建	武都区洛塘镇	

续表

小计	序号	加油站名称	性质	建设地点	备注
CNG 15 座	7	康县城关加气站	新建	康县城关镇	
	8	礼县城关加气站	新建	礼县城关镇	
	9	西和县城关加气站	新建	西和县汉源镇	
	10	成县城关加气站	新建	成县城关镇	
	11	成县抛沙加气站	新建	成县抛沙镇	
	12	徽县城关加气站	新建	徽县城关镇	
	13	两当县城关加气站	新建	两当县城关镇	
	14	文县城关加气站	新建	文县城关镇	
	15	文县碧口加气站	新建	文县碧口镇	
	16	宕昌县城关加气站	新建	宕昌县城关镇	
LNG 2 座	1	成县 LNG 加气站	新建	成县铅锌矿区	
	2	陇南高速公路 LNG 加气站	新建	陇南市武都区	
临夏州（14 座）					
母站 1 座	1	临夏州加气母站	新建	临夏市	
CNG 12 座	2	临夏市城区加气站 1	新建	临夏市	
	3	临夏市城区加气站 2	新建	临夏市	
	4	临夏市城区加气站 3	新建	临夏市	
	5	临夏县土桥镇加气站	新建	临夏县土桥镇	
	6	积石山县吹麻滩加气站	新建	积石山县吹麻滩镇	
	7	永靖县盐锅峡开发区加气站	新建	永靖县盐锅峡镇	
	8	永靖县刘家峡新区加气站	新建	永靖县刘家峡镇	
	9	东乡县城区加气站	新建	东乡县锁南镇	
	10	和政县城关加气站	新建	和政县城关镇	
	11	广河县城关加气站	新建	广河县城关镇	
	12	康乐县附城镇加气站	新建	康乐县附城镇	
	13	康乐县城关加气站	新建	康乐县城	
LNG 1 座	1	临夏县 LNG 加气站	新建	临夏县	
甘南州（13 座）					
母站 1 座	1	甘南藏族自治州加气母站	新建	合作市	
CNG 11 座	2	合作市加气站 1	新建	合作市	
	3	合作市加气站 2	新建	合作市	
	4	合作市加气站 3	新建	合作市	
	5	合作市加气站 4	新建	合作市	
	6	舟曲县城区加气站	新建	舟曲县城	
	7	夏河县城区加气站	新建	夏河县城	
	8	临潭县城区加气站	新建	临潭县城	
	9	卓尼县城区加气站	新建	卓尼县城	
	10	迭部县城区加气站	新建	迭部县城	
	11	碌曲县城区加气站	新建	碌曲县城	
	12	玛曲县城区加气站	新建	玛曲县城	
LNG 1 座	1	甘南高速公路 LNG 加气站	新建	甘南藏族自治州合作市	

甘肃省“十二五”加气站规划汇总表　　单位:座

序号	市州	母站	CNG	LNG	合计	备注
1	兰州	1	24	1	26	
6	酒泉	–	14	2	16	
3	嘉峪关	–	3	1	4	
7	张掖	1	14	1	16	
5	金昌	1	4	1	6	
4	武威	1	12	2	15	
10	白银	1	6	3	10	
11	定西	1	10	1	12	
8	庆阳	1	11	2	14	
9	平凉	–	9	3	12	
2	天水	1	15	1	17	
12	陇南	1	15	1	17	
13	临夏	1	8	1	10	
14	甘南	1	11	–	12	
合计		11	156	20	187	

甘肃省2011—2015新建、迁建、改造加气站规划明细表

序号	市州	新建(座)	迁建(座)	改造(座)	小计	2011			2012			2013			2014			2015			备注
						新建(座)	迁建(座)	改造(座)	新建(座)	迁建(座)	改造(座)	新建(座)	迁建(座)	改造(座)	新建(座)	迁建(座)	改造(座)	新建(座)	迁建(座)	改造(座)	
1	兰州	30	–	4	34	8	–	1	7	–	2	5	–	1	8	–	–	2	–	–	
6	酒泉	25	–	–	25	5	–	–	9	–	–	7	–	–	2	–	–	2	–	–	
3	嘉峪关	4	–	–	4	–	–	–	–	–	–	1	–	–	1	–	–	2	–	–	
7	张掖	8	–	5	13	–	–	–	2	–	1	3	–	1	3	–	2	–	–	1	
5	金昌	5	–	–	5	2	–	–	–	–	–	1	–	–	1	–	–	1	–	–	
4	武威	15	–	–	15	–	–	–	3	–	–	5	–	–	4	–	–	3	–	–	
10	白银	8	–	–	8	–	–	–	–	–	–	2	–	–	3	–	–	3	–	–	
11	定西	9	–	–	9	–	–	–	–	–	–	1	–	–	4	–	–	4	–	–	
8	庆阳	9	–	–	9	–	–	–	9	–	–	–	–	–	–	–	–	–	–	–	
9	平凉	7	1	–	8	1	1	–	2	–	–	2	–	–	2	–	–	–	–	–	
2	天水	15	–	–	15	–	–	–	–	–	–	1	–	–	5	–	–	9	–	–	
12	陇南	15	–	4	19	–	–	–	–	–	–	–	–	–	4	–	2	11	–	2	
13	临夏	8	–	–	8	–	–	–	–	–	–	–	–	–	5	–	–	3	–	–	
14	甘南	11	–	–	11	–	–	–	–	–	–	–	–	–	2	–	–	9	–	–	
合计		169	1	13	183	16	1	1	32	–	3	28	–	2	44	–	4	49	–	3	

甘肃省人民政府办公厅

二〇一一年六月二十九日

21. 长春市人民政府关于支持新能源汽车发展若干政策

为全面落实《长春市私人购买新能源汽车试点工作方案》，加快推进新能源汽车的推广使用，促进新能源汽车产业快速发展，制定如下政策。

一、在试点期间购买新能源汽车的用户，享受国家和地方财政补贴。国家补贴标准为3000元/kW·h，其中，插电式混合动力乘用车最高补助5万元/辆，纯电动乘用车最高补助6万元/辆。中央补贴直接拨付生产企业。地方补贴标准为新能源汽车售价的20%，其中，插电式混合动力乘用车最高补助4万元/辆，纯电动乘用车最高补助4.5万元/辆。购买新能源汽车由市政府免费配置一套充电器，地方财政补贴资金列入地方财政年度总预算。

二、鼓励先行先试。在《长春市私人购买新能源汽车试点方案》规定目标16000辆地方补贴总额不变的前提下，采取分段式补贴办法。对购买首批5000辆新能源汽车用户，地方财政补贴标准上调30%；第二批5000辆按地方财政补贴标准执行；第三批6000辆地方财政补贴标准下调30%。

三、鼓励出租车等营运业户选择新能源汽车。试点期间，新增一批新能源汽车出租车。对新成立的全部使用新能源汽车的出租汽车公司，在按照第一条、第二条标准给予地方财政补贴的基础上，政府另行按每台2000元的额度一次性补助试运营补贴资金；根据城市发展需求，在未来新增出租车资质审批中优先考虑使用新能源汽车的企业和个人。现有出租车车辆报废更新时，安排一定比例的新能源汽车，2012年比例在20%左右，以后逐年提高。

四、将新能源汽车纳入政府采购目录并实行优先采购。2011年政府采购新能源汽车的比例不低于总采购量的20%，并逐年提高。

五、对动力电池组租赁企业，市财政给予一次性补助，其中纯电动汽车电池每辆份补助1万元，插电式混合动力汽车电池每辆份补助5000元。对动力电池租赁企业、汽车租赁企业、以租代售经营企业，市中小企业担保公司提供贷款担保，减半收取担保费用。

六、对新能源汽车的充电设施建设（充电站、换电站、充电桩、充电场及相关辅助设施）进行统一规划，按建设要求，做好预留和调整。对新建和改造的居民小区，要将充电设施的设置、安装纳入建设标准予以考核验收。

七、将新能源汽车充电设施建设用地纳入土地利用总体规划和年度用地计划，在用地指标、土地预留、土地征用、土地供应等方面给予保障和优惠。

八、各级规划、城建、市容管理、房地、园林、市政公用等部门采取特事特办原则，建立新能源汽车充电设施审批绿色通道，加快审批速度，提高审批效率，对分布范围广、数量较多的充电桩建设实行“打捆”审批。充电设施施工过程中，对原有道路、绿地及其他公共、公用设施，因施工产生破损、迁移等，由施工单位负责恢复原貌或按要求进行改建，相关部门免收相关费用。

九、鼓励新能源汽车推广应用。在我市市区内，新能源汽车上路行驶不受尾号限行限制。对新能源汽车用电（包括充电站、换电站、充电桩等）按一般商业用电峰谷电价收费。

十、对产能达到10000辆或年产值15亿元以上的新能源整车生产项目；产能达到5000万安时或年产值5亿元以上的动力电池项目；产能达到1万台或年产值5亿元以上的电动汽车驱动电机项目；产能达到10000台（套）或年实现产值3亿元以上的新能源动力总成项目，支持项目优先立项、备案，并优先享受政府的项目补助、贴息支持。

十一、对新能源汽车产能达到10000辆或年实现销售收入15亿元以上的整车生产企业，一次性奖励领导班子30万元。

十二、设立新能源汽车重大科技专项。安排专项资金，重点支持新能源汽车动力模块、整车技术等的研发，着力突破动力电池、驱动电机和控制系统等关键核心技术，推动混合动力汽车和纯电动汽车及关键零部件的产业化。

十三、对列入市企业技术创新项目计划的新能源汽车产学研合作项目和重大技术研发项目，通过我市专项资金给予30万元一次性资金补助。

十四、支持企业在新能源汽车关键、核心部件技术上突破。在新能源汽车电机、电池、电控等核心部件研发方面，对消化吸收国外先进技术实现国产化的研发团队、自主研发核心部件使生产成本大幅度下降的研发团队、关键技术有重大突破的研发团队，市政府给予5万~10万元的一次性奖励。

十五、通过战略性新兴产业资金支持平台对新能源汽车整车和关键零部件企业优先给予担保贷款、低息贷款、贷款贴息、配套资助等支持。

十六、对域外企业来长投资新建新能源汽车核心零部件配套企业，优先享受《关于鼓励域外企业来长投资新建汽车及轨道客车核心零部件配套企业的优惠政策》（长府发〔2011〕1号）中的相关政策。

长春市人民政府
二〇一一年九月十九日

22. 杭州市私人购买使用新能源汽车试点财政补助资金管理办法（试行）

为加快汽车产业技术进步，着力培育战略性新兴产业，推进节能减排，加强我市财政补助资金管理工作，根据《财政部 科技部 工业和信息化部 国家发展改革委关于开展私人购买新能源汽车补贴试点的通知》（财建〔2010〕230号）精神和我市试点实施方案的要求，特制定本办法。

一、资金来源

2010—2012年期间，中央财政和地方财政［包括市和区、县（市）财政］安排专项资金，对杭州市私人购买和使用新能源汽车实行补助。

本办法所称新能源汽车主要指插电式（plug－in）混合动力乘用车和纯电动乘用车，其动力电池均不包括铅酸电池。

二、补助内容和对象

（一）中央财政主要对私人购买、登记注册和使用新能源汽车给予一次性补助；地方财政主要对私人购买、使用新能源汽车和充电站等配套基础设施建设、电池回收等给予补助。

（二）私人购买和使用新能源汽车财政补助包括私人直接购买、整车租赁、电池租赁等补助内容。

1. 直接购买补助：私人用户直接向汽车生产企业或销

售机构（包括销售公司和4S店，下同）购买新能源汽车，财政对汽车生产企业或销售机构给予补助，汽车生产企业或销售机构按扣除补助后的价格将新能源汽车销售给私人用户。

2. 整车租赁补助：租赁企业向汽车生产企业或销售机构购买新能源汽车，用于向私人用户出租。财政对汽车生产企业或销售机构给予补助，汽车生产企业或销售机构按扣除补助后的价格将新能源汽车销售给租赁企业。

3. 电池租赁补助：财政对电池租赁企业给予补助，电池租赁企业按扣除补助后的价格向私人用户出租新能源汽车电池，并提供电池维护、保养、更换等服务。

4. 充电设施补助：财政对充电设施建设单位，按充电配套基础设施建设项目实际投入额（不含土地等投入）给予补助。

5. 电池回收补助：财政按新能源汽车和电池生产企业实际回收电池数量给予补助。

三、申请补助的销售(租赁)企业条件

（一）新能源汽车生产企业或销售机构以及新能源汽车产品必须符合财建〔2010〕230号文件和我市试点实施方案的相关条件与要求。

（二）整车租赁和电池租赁企业应具有一定的规模，注册资本原则上不低于300万元，具备完善的租后服务体系；用于租赁的动力电池应符合新能源汽车产品对电池的各项要求。

（三）销售和租赁新能源汽车或电池的企业，应向杭州市节能与新能源汽车发展协调小组办公室备案，备案内容包括财建〔2010〕230号文件及本办法规定的申请补助条件、销售价格和租赁价格等相关材料，完善售后服务的证明材料、整车和电池按一定折扣回收的承诺书等。

四、补助标准

（一）中央财政补助标准。

根据动力电池组能量确定。对满足支持条件的新能源汽车，按3000元/kW·h给予补助。其中，插电式混合动力乘用车最高补助5万元/辆，纯电动乘用车最高补助6万元/辆。

（二）地方财政补助标准。

1. 直接购买整车的，根据动力电池组能量给予补助。其中，插电式混合动力乘用车的动力电池组能量超过10kW·h的部分，给予每辆2000元/kW·h的补助，最高补助3万元/辆；纯电动乘用车动力电池组能量超过20kW·h的部分，给予每辆3000元/kW·h的补助，最高补助6万元/辆。同时，对每辆车按0.09元/km的标准给予充电补助，最长补助期限为3年或最高补贴里程为6万公里（以先到者为准）。

2. 租赁整车的，根据租赁合同，按每辆车0.09元/km的标准给予充电补助，最长补助期限为3年或最高补贴里程为6万公里（以先到者为准）。同时，截至2012年12月31日，给予整车租赁费50%的补助，每辆车最高补助1000元/月。

3. 租赁裸车的（即租赁不含电池系统的纯电动乘用车，其动力电池单独向租赁企业租赁，享受电池租赁补助），根据租赁合同，于2011年年底前给予裸车租赁费50%的补助，每辆车最高补助1000元/月；2012年内，给予裸车租赁费30%的补助，每辆车最高补助600元/月。

4. 租赁电池的，根据租赁合同，按每辆车0.50元/km的标准给予电池租赁费补助，最长补助期限为3年或最高补贴里程为6万公里（以先到者为准）。

5. 单位组织职工一次性购买新能源汽车10辆以上的，每辆车给予3000元补助；个人以燃油车换购新能源汽车的，每辆车给予3000元补助。

6. 在杭州市实施的纳入城市统一规划的充电站等配套基础设施建设项目，按实际投入额（不含土地等投入）给予20%的补助。

7. 对新能源汽车和电池生产企业回收废电池的，按照实际回收量，给予15元/kW·h的电池回收补助。

萧山、余杭区及五县（市）的充电站等配套基础设施建设项目的补助资金，由当地财政承担，其余补助资金由市财政承担。

五、申请程序和资金下达

（一）直接购买。

1. 直接购买新能源汽车补助包括中央财政的购车补助和地方财政的购车补助、充电费补助。

2. 由直接销售新能源汽车的生产企业或销售机构提出补助申请，填写《私人购买新能源汽车财政补助资金汇总表》《私人购买和租赁新能源汽车的充电费财政补助资金申请表》并提供以下材料的复印件：

（1）销售给私人用户的发票；

（2）购车者的杭州市居民身份证或暂住证；

（3）购车者在杭州市车辆管理部门登记注册的车辆行驶证；

（4）说明车辆动力电池组能量（kW·h）等关键零部件信息的有效材料。

其中，单位组织职工个人一次性购买新能源汽车10辆以上的，由组织单位提供团购证明材料并填写《团购和换购新能源汽车财政补助资金申请表》；个人以燃油汽车换购新能源汽车的，由个人提供包括燃油汽车行驶证、新能源汽车行驶证以及燃油汽车报废凭据等相关证明，并填写《团购和换购新能源汽车财政补助资金申请表》。

3. 充电费补助资金。财政按每辆车行驶6万公里计算的充电应补金额的35%预拨给新能源汽车生产企业或销售机构，再由生产企业或销售机构拨付给个人，并将有关购车记录和资金拨付等资料移交给市政府确定的专门机构。新能源汽车行驶满3年或6万公里（以先到者为准）后，个人可根据实际行驶的公里数，向市政府确定的专门机构提出补助资金清算，清算结果高于已拨付补助额的，差额部分由财政给予补足，低于已拨付补助额的，差额部分不再扣回。

（二）整车租赁。

1. 整车租赁补助包括中央财政的购车补助和地方财政的整车租赁费补助、充电费补助。

2. 由整车租赁企业提出补助申请，填写《私人购买新能源汽车财政补助资金汇总表》《私人购买和租赁新能源汽车的充电费财政补助资金申请表》和《私人租赁新能源汽车财政补助资金申请表》，并提供以下材料的复印件：

（1）生产企业或销售机构将新能源汽车销售给租赁企业的发票；

（2）租赁企业的营业执照、税务登记证和在杭州市车辆管理部门登记注册的车辆行驶证；

（3）说明车辆动力电池组能量（千瓦时）等关键零部件信息的有效材料；

（4）租赁企业与私人用户的整车租赁协议。

3. 充电费补助资金。财政按每辆车行驶6万公里计算的充电应补金额的35%预拨给整车租赁企业。新能源汽车行驶满3年或6万公里（以先到者为准）后，租赁企业可根据实际行驶公里数，向市政府确定的专门机构提出补助资金清算，清算结果高于已预拨补助额的，差额部分由财政给予补足，低于已预拨补助额的，差额部分不再扣回。

（三）裸车租赁。

由租赁企业提出裸车租赁费补助申请，填写《私人租赁新能源汽车财政补助资金申请表》，并提供以下材料的复印件：

1. 租赁企业的营业执照和税务登记证；

2. 租赁车辆的发票、车辆行驶证；

3. 私人租赁者的杭州市居民身份证或暂住证；

4. 租赁企业与私人租赁者的裸车租赁协议。

（四）电池租赁。

1. 电池租赁补助包括中央财政的电池租赁补助和地方财政的电池租赁费补助。

2. 由电池租赁企业提出补助申请，填写《私人租赁新能源汽车电池财政补助资金申请表》，并提供以下材料的复印件：

（1）租赁企业的营业执照和税务登记证；

（2）私人租赁者的杭州市居民身份证或暂住证、车辆行驶证；

（3）租赁企业购入动力电池的累计数量及发票；

（4）租赁企业与私人用户的电池租赁协议；

（5）说明动力电池组能量（千瓦时）信息的有效材料。

3. 电池租赁企业与租赁者个人签订电池租赁协议后，向个人提供最长补助期限为3年或最高补贴里程为6万公里（以先到者为准）的电池租赁消费卡（一车一卡），并提供电池的充电、维护、保养、更换等服务。

4. 对电池租赁补助资金实行分期拨付，首期资金在签订租赁协议后，按每辆车行驶6万公里计算的电池租赁费应补金额的35%预拨，剩余资金在每年底进行结算，实行多退少补。

（五）充电站建设。

由充电站等配套基础设施建设单位提出补助申请，填写《充电站、充电桩等配套基础设施建设项目财政补助资金申请表》，并提供以下材料的复印件：

1. 项目实施单位的营业执照和税务登记证；

2. 项目批准或备案（核准）文件；

3. 提供会计师事务所的项目审计报告及财务投资清单（主要包括形成固定资产的配电、充电、更换、监控、通讯系统等投入，不含土地等投入）；

4. 项目竣工验收报告。

（六）电池回收。

新能源汽车和电池生产企业可申请地方财政的废电池回收补助。由电池生产企业按照实际回收量，填写《新能源汽车电池生产企业回收废电池财政补助资金申请表》，并提供废电池回收有关凭证资料。

补助资金原则上每月申请一次，也可视情况定期进行申请。申请补助的企业应将申请表和材料装订成册，分别报市财政局、经委审核后，确定财政补助资金计划，并拨付资金。其中，萧山、余杭区及五县（市）的充电站等配套基础设施建设补助资金，由建设单位直接向当地财政和相关部门提出申请。

六、监督管理

（一）新能源汽车生产企业及其经销商要严格区分企业销售优惠和政府财政补贴，不得将财政补贴纳入企业优惠额度，不得以已享受价格优惠等为由拒不兑付补贴，不得因财政补贴而提高新能源汽车销售、租赁价格，确保消费者切实享受国家财政补贴。

（二）企业要对申报材料的真实性和产品一致性负责。对产品与申报材料不符，性能指标未达到要求，以及提供虚假信息、骗取补助资金的，将视情节轻重给予申请企业追缴补助资金、通报批评、取消资格等处罚。

（三）补助资金必须专款专用，任何单位不得以任何理由、形式截留、挪用。对违反规定的，将依照《财政违法行为处罚处分条例》（国务院令第427号）和有关规定，依法追究有关单位和人员的责任。

本办法由市财政局、经委、科技局、发改委负责解释。

2010年5月31日至2012年12月31日期间，私人直接购买、整车租赁和电池租赁新能源汽车的可享受本财政补助政策。

杭州市政府

二〇一一年二月十二日

附件1　私人购买新能源汽车财政补助资金汇总表

编制单位（盖章）：

联系人及电话：　　　　填报日期：　　年　　月　　日

月拨付补助资金（万元）	中央财政		月销售数量（辆）	
	市财政			
累计拨付补助资金（万元）	中央财政		累计销售数量（辆）	
	市财政			

序号	车辆型号	汽车生产企业	车牌号码	购车者	电池组能量（kW·h）	补助标准（万元/辆）		销售数量（辆）	拨付补助资金（万元）	
						中央财政	市财政		中央财政	市财政

附件2　私人购买和租赁新能源汽车的充电费财政补助资金申请表

编制单位(盖章)：　　　　联系人及电话：　　　　填报日期：　　年　　月　　日

序号	车牌号码	私人用户	身份证号码	形式（购买或租赁）	实际行驶里程（结算时填写）	补助标准（公里/辆）	申请补助资金（万元）	备注
	合计							

附件3　团购和换购新能源汽车财政补助资金申请表

编制单位（盖章）：　　　　联系人及电话：　　　　填报日期：　　年　　月　　日

序号	团购组织单位	车牌号码	车主姓名	换购燃油车号码	补助标准（公里/辆）	申请补助资金（万元）
	合计					

附件4　私人租赁新能源汽车财政补助资金申请表

编制单位（盖章）：　　　　联系人及电话：　　　　填报日期：　　年　　月　　日

序号	车牌号码	租赁合同号	租赁形式（整车或裸车）	租赁人	租赁期限（起止年月）	租赁价格（月/辆）	补助标准（月/辆）	申请补助资金（万元）		备注
								本次申请	累计申请	
	合计									

附件5　　　　　　私人租赁新能源汽车电池财政补助资金申请表

编制单位（盖章）：　　　　　　联系人及电话：　　　　　　填报日期：　　年　　月　　日

序号	车牌号码	电池编号	电池租赁消费卡卡号	租赁合同号	租赁人	租赁期限起止日期（或公里数）	实际行驶里程（清算时填写）	补助标准（公里/辆）	申请补助金（万元）	备注
	合计									

附件6　　　　　　充电站、充电桩等配套基础设施建设项目财政补助资金申请表

申请单位（盖章）：　　　　　　联系人及电话：　　　　　　填报日期：　　年　　月　　日

序号	基础设施建设项目名称	实施时间（起止年月）	计划总投资（万元）	批准或备案（核准）文件	实际完成总投资（万元）	申请补助资金（万元）	备注
	合计						

附件7　　　　　　新能源汽车电池生产企业回收废电池财政补助资金申请表

申请单位（盖章）：　　　　　　联系人及电话：　　　　　　填报日期：　　年　　月　　日

序号	电池信息码	回收的电池能量	生产时间	报废时间	废电池的使用单位	申请补助资金（万元）
	合计					

23. 合肥市节能与新能源汽车财政补助资金管理办法（暂行）

第一章　总则

第一条　为贯彻落实《关于开展节能与新能源汽车示范推广试点工作的通知》（财建〔2009〕6号）和《关于开展私人购买新能源汽车补贴试点的通知》（财建〔2010〕230号）及国家四部委批复的合肥市试点工作方案精神，加快培育新能源汽车产业，加强节能与新能源汽车财政补助资金管理，提高资金使用效益，特制定本办法。

第二条　本办法适用于新能源汽车整车及关键部件生产企业，全市公共服务领域推广使用节能与新能源汽车的单位，购买、登记注册和使用新能源汽车的个人。

第三条　本办法所指动力电池不包括铅酸电池。

第四条　补助资金按照科学合理、公正透明的原则安排使用，不限制补助车辆的品牌、车型、产地、经销商。

第五条　市财政局、市新能源汽车推广领导小组办公室（市科技局）组织实施财政补贴资金发放及管理工作。

第二章　补助范围和标准

第六条　公共服务领域示范推广新能源汽车，对购买和使用单位给予补助。私人直接购买新能源汽车，对汽车生产企业给予补助，汽车生产企业按扣除补助后的价格将新能源汽车销售给私人用户。

第七条　示范推广试点期间，对符合下列条件的新能源汽车给予补助。

（一）新能源汽车产品纳入《节能与新能源汽车示范推广应用工程推荐车型》目录，企业保证所销售新能源汽车与目录产品的一致性。

（二）申请财政补助的车辆需在本市登记注册。

（三）新能源汽车整车及动力电池等关键部件生产企业具备一定的产能规模及售后服务体系，并承诺对动力电池按一定的折旧率进行回收。生产企业对动力电池等关键部件必须提供一定质保期限。公共服务领域，不低于3年

或15万公里（以先到者为准）的质保期限；私人领域，不低于5年或10万公里（以先到者为准）的质保期限。

（四）私人领域，纯电动乘用车动力电池组能量不低于15kW·h，插电式混合动力乘用车动力电池组能量不低于10kW·h（纯电动模式下续驶里程不低于50km）。

（五）私人领域，汽车生产企业销售新能源汽车应向消费者提供按照国家有关标准规定的试验方法测定的产品性能参数保证：在纯电动模式下行驶的汽车30min最高车速、插电式混合动力汽车的最高时速、0～50km/h加速时间、最大爬坡度、百公里耗电量（工况法）、续驶里程（工况法）、电机类型和功率、动力电池类型及总储电量、充电（快充、慢充）方式和时间、车载充电机的功率和输入电压等。

（六）公共服务领域，示范推广单位必须采取招标方式择优采购节能与新能源汽车，并确定示范推广的节能与新能源汽车车型、数量、价格以及售后服务等。

第八条 符合以上条件的新能源汽车，按照一定标准给予补助：

（一）兑现公共服务领域及私人领域示范推广新能源汽车中央财政补助资金。

（二）市财政在新能源汽车关键技术研发等方面给予重点支持。

（三）以旧换新：对私人用户以自有燃油汽车换购新能源汽车，市财政给予3000元/辆的一次性补助。

（四）电池回购：市财政设立电池回购专项资金，按照整车厂500元/辆、市财政200元/辆标准提取资金专户存储，专门用于新能源汽车动力电池回收处理，实际开支时以电池回收处理情况拨付。

第三章 补助资金的申请

第九条 申请新能源汽车购车补助的单位或个人，按照下列程序办理：

（一）应与本办法进行认真核对，确保符合条件。

（二）根据购买使用的汽车车型、数量和规定的补助标准等向市财政局提出资金申请报告，并提供以下材料：

公共服务领域主要有：与生产企业签订的中标协议、购销合同等有关凭证；车辆购进发票等有关凭证；第三方检测机构出具的检测报告；其他需要提供的材料。

私人领域主要有：汽车生产企业和经销商（或汽车租赁企业）的组织机构代码证、工商营业执照复印件；申请补助产品的《节能与新能源汽车示范推广应用工程推荐车型》目录；第三方检测机构出具的产品有关参数证明文件；产品销售凭证；本市相关部门核发的机动车登记证书和行驶证复印件；与新能源汽车生产企业同名的单位基本账户开户许可证复印件；对于私人消费者申请以旧换新补助资金的，须提供旧燃油车用户及本人身份证复印件、新能源汽车购车发票复印件。

第四章 补助资金的审核与发放

第十条 市财政局收到补助资金申请材料后，牵头会同有关部门进行审核，并核定补助金额。

第十一条 对不符合补助要求的，市财政局在5个工作日内告知申请单位；对符合补助要求的，经市政府批准后，市财政局于5个工作日内将规定的补助资金拨付到位。

第十二条 补助资金原则上分次拨付。

在公共领域推广新能源汽车，相关单位签订购销合同等后，经市新能源汽车推广领导小组办公室核实，报经市政府批准后，市财政拨付中央预拨到账资金的70%；车辆上牌并正式运营后，经市新能源汽车推广领导小组办公室核实并报经市政府批准后，市财政拨付中央预拨到账资金的30%。

在私人领域推广新能源乘用车，需上牌并正式上路应用，经市新能源汽车推广领导小组办公室核实并报经市政府批准后，市财政一次性拨付中央财政预拨资金。

中央财政补助资金剩余款项待国家部委预拨资金清算结束后进行拨付。

第五章 监督管理

第十三条 市财政局对补助资金进行跟踪检查和监督管理，确保资金使用合理。

第十四条 单位或个人对申报材料的真实性和产品一致性负责。对产品与申报材料不符，性能指标没达到要求，以及提供虚假信息、骗取补助资金的，将视情节轻重对申请单位或个人给予追缴补助资金、通报批评、取消资格等处罚。

第十五条 补助资金必须专款专用，任何单位或个人不得以任何理由、形式截留、挪用。对违反规定的，将依照《财政违法行为处罚处分条例》（国务院令第427号）等有关规定，依法追究有关单位和人员的责任。

第六章 附则

第十六条 私人领域个人购车时，需先向经销商缴纳押金，押金数额与拟申请财政补助资金额度一致，在提供本市机动登记证书和行驶证复印件后20个工作日内，押金予以全额退还。

第十七条 本办法由市财政局、市科技局负责解释。

第十八条 本办法自发布之日起执行，有效期至新能源汽车试点期结束。

附表1 合肥市公共服务领域推广新能源汽车补助资金申请表

附表2 合肥市公共服务领域推广新能源汽车补助资金

申请表

附表3 合肥市私人领域推广新能源汽车补助资金申请表

附表4 合肥市私人领域推广新能源汽车补助资金申请表

附表5 合肥市私人领域推广新能源汽车补助资金申请表

附表6 合肥市私人领域推广新能源汽车以旧换新补助资金申请表

附表7 合肥市私人领域推广新能源汽车电池回收费用补助资金申请表

附表1　　合肥市______年公共服务领域推广新能源汽车补助资金申请表

编制单位：

序号	汽车生产企业	车辆型号	车辆种类	新能源类型	车辆运营单位	车辆识别代码（VIN）	车辆牌照	补助标准（万元）	购买价格（万元）	发票号	购买时间		
											年	月	日

申请单位
签章：
年　月　日
联系电话：

市新能源汽车推广领导小组办公室
签章并加注意见：
年　月　日
联系电话：

市财政局
签章并加注意见：
年　月　日
联系电话：

附表2　　合肥市______年公共服务领域推广新能源汽车补助资金申请表

车辆识别代码（VIN）	车辆牌照	电池						电机					整车控制系统		
		种类	总容量（kW·h）	购买价格（万元）	发票号	生产企业	识别代码	种类	额定功率（kW）	购买价格（万元）	发票号	生产企业	购买价格（万元）	发票号	生产企业

申请单位
签章：
年　月　日
联系电话：

市新能源汽车推广领导小组办公室
签章并加注意见：
年　月　日
联系电话：

市财政局
签章并加注意见：
年　月　日
联系电话：

附表3　　合肥市______年私人领域推广新能源汽车购车补助资金申请表

编制单位：

序号	汽车生产企业	车辆型号	新能源类型	补助标准（万元）	购买价格（万元）	销售数量（辆）	补助资金合计（元）	总计（元）

申请单位
签章：
年　月　日
联系电话：

市新能源汽车推广领导小组办公室
签章并加注意见：
年　月　日
联系电话：

市财政局
签章并加注意见：
年　月　日
联系电话：

附表 4

合肥市______年私人领域推广新能源汽车购车补助资金申请表

编制单位:

序号	汽车生产企业	车辆型号	新能源类型	车主	车辆识别代码（VIN）	车辆牌照	补助标准（万元）	购买价格（万元）	发票号	购买时间		
										年	月	日

申请单位
签章:
年　月　日
联系电话:

市新能源汽车推广领导小组办公室
签章并加注意见:
年　月　日
联系电话:

市财政局
签章并加注意见:
年　月　日
联系电话:

附表 5

合肥市______年私人领域推广新能源汽车补助资金申请表

编制单位:

车辆识别代码（VIN）	车辆牌照	电池						电机					整车控制系统		
		种类	总容量（kW·h）	购买价格（万元）	发票号	生产企业	识别代码	种类	额定功率（kW）	购买价格（万元）	发票号	生产企业	购买价格（万元）	发票号	生产企业

申请单位
签章:
年　月　日
联系电话:

市新能源汽车推广领导小组办公室
签章并加注意见:
年　月　日
联系电话:

市财政局
签章并加注意见:
年　月　日
联系电话:

附表 6

合肥市______年私人领域推广新能源汽车以旧换新补助资金申请表

编制单位:

序号	传统车		二次用户			新能源汽车		换购用户		补贴标准（元）	发票号	购买时间		
	车辆识别代码（VIN）	车辆牌照	姓名	身份证号码	过户时间	车辆识别代码（VIN）	车辆牌照	姓名	身份证号码			年	月	日

申请人
签章(字):
年　月　日
联系电话:

市新能源汽车推广领导小组办公室
签章并加注意见:
年　月　日
联系电话:

市财政局
签章并加注意见:
年　月　日
联系电话:

附表 7　　　合肥市______年私人领域推广新能源汽车电池回收费用补助资金申请表

编制单位：

序号	回收单位	电池						补贴标准（元）
		类型	生产企业	识别代码	总能量（kW·h）	行驶里程	充放电次数	

申请单位	市新能源汽车推广领导小组办公室	市财政局
签章：	签章并加注意见：	签章并加注意见：
年　月　日	年　月　日	年　月　日
联系电话：	联系电话：	联系电话：

合肥市财政局

二〇一一年十一月二十五日

24. 南昌市国家低碳试点工作实施方案（新能源汽车节选）

当前，气候变暖是全人类面临的共同挑战。发展低碳经济，是我国应对气候变化、转变增长方式的必然选择，是资源节约型和环境友好型社会、生态文明建设的重要内容，是我国实现 2020 年二氧化碳减排目标的唯一途径。21 世纪以来，从“既要金山银山，更要绿水青山”的提出，到“生态立市”“科学崛起、绿色发展”理念深入实施，再到鄱阳湖生态经济区战略的实施，南昌市始终致力于闯出一条绿色的发展道路。为落实党的十七大精神，落实科学发展观，促进经济发展方式的转变，南昌市提出了“建设低碳城市、实现绿色崛起”的发展目标。经国家发改委批准，南昌市被列为国家首批低碳经济试点城市。现根据试点工作要求，结合实际，制定本实施方案。

一、开展低碳试点工作的背景和意义

（一）发展背景

1. 发展水平

2. 生态环境

3. 能源消费

4. 二氧化碳排放

5. 工作基础

（二）开展低碳试点工作的意义

1. 有利于实现南昌可持续发展

2. 有利于开辟南昌未来发展空间

3. 有利于推进鄱阳湖生态经济区建设

4. 有利于全面提升南昌开放水平

5. 有利于创新型试点城市建设

二、总体要求

（一）指导思想

（二）基本原则

（三）主要目标

三、主要任务

（一）调整产业结构，转变经济发展方式

1. 调整产业结构

2. 构建低碳排放为特征的产业体系

优先发展太阳能光伏、绿色照明、服务外包、文化旅游四大产业，重点发展新能源汽车、现代物流业、航空制造、新能源设备、生物与新医药、新材料等六大产业，构建以低碳排放为特征的新兴产业体系。

新能源汽车产业。以国家节能与新能源汽车示范推广试点城市为契机，以示范应用工程为引导，以混合动力、纯电动汽车及其关键零部件为突破口，形成较为完善的节能与新能源汽车产业链。到 2015 年，形成节能与新能源汽车年产 3 万辆，销售收入达 100 亿元。

（二）优化能源结构，提高低碳能源比重

1. 推广可再生能源

2. 积极引入核电

3. 提高天然气使用比重

（三）推进节能降耗，提高能源利用效率

1. 推行工业节能减排

2. 推进建筑节能

3. 发展低碳交通

严格执行排放标准。机动车严格执行国Ⅳ标准，新增公交车辆执行欧Ⅳ排放标准。扩大市区高污染机动车辆限行范围，鼓励提前淘汰主城区高污染机动车辆。加强机动车管理，鼓励购买小排量、新能源等环保节能型汽车，发展低排放、低能耗交通工具，推广使用电动汽车。结合停车场和加油站，建设充电设施体系。2012 年完成 1000 辆节能与新能源汽车的投放，在公交车、出租车、公务车中推广使用节能与新能源汽车。

加快轨道交通建设。加快地铁建设，2016 年完成地铁 1 号、2 号线建设，2020 年完成 3 号线建设，形成由 1、

2、3号线组成的轨道交通骨架网。

加速水运现代化建设。抓住国家黄金水道和鄱阳湖生态经济区建设的大好机遇，积极推进南昌港建设，到2015年，建设1000至2000吨级泊位14个，500至1000吨级泊位8个，新增港口年吞吐能力735万吨，集装箱年吞吐能力16万标箱。重点建设鸡山、昌东、樵舍三个港区。

建设智能交通网络。推进四县五区公交一体化，加快畅通工程建设，发展智能交通系统，全面推进城市交通信息化动态管理，推进多种交通方式无缝对接。推行公交优先，按照“总体规划、试点先行、稳步实施、逐渐成网”的原则制定公交专用道规划并加紧推行，建立快速公交系统。采用特定区域限制非公共交通车辆等办法优化交通组织。

发展“免费自行车”服务系统。研究提高中心城区路边停车收费水平、重要道路征收拥堵行驶费、高峰期限行等措施，限制传统能源私家车出行。有计划、分步骤实施“免费自行车”行动，方便市民换乘公共交通，实行积分奖励制度，鼓励市民低碳出行。

（四）发展生态农业，增加林业碳汇

1. 发展生态农业

2. 增加林业碳汇

（五）构建低碳社会，倡导低碳生活

1. 提高低碳意识

2. 优化城市规划

3. 开展教育培训

4. 倡导低碳生活

（六）创新体制机制，建立低碳技术支撑体系

1. 创新体制机制

2. 建设低碳技术创新平台

3. 加快低碳技术人才引进和培养

4. 加快低碳技术的研发和成果转化

（七）低碳示范建设

1. 打造四大低碳示范区域

2. 建设七个低碳示范基地

建设薄膜太阳能电池示范基地、LED绿色照明示范基地、新能源汽车示范基地、低碳建筑与设计示范基地、低碳创意产业示范基地、现代农业低碳示范基地和低碳生活设施（低碳住区、低碳校园、低碳医院、低碳街区、低碳停车场等）示范基地。

3. 培育一批低碳示范企业

4. 建设八项低碳示范工程

建设并网光伏电站工程、可再生能源建筑示范工程、“十城千辆”工程、“十城万盏”工程、城市现代交通体系建设工程、城市生态环境建设工程、节能照明灯推广工程和天然气管网建设工程等八项低碳示范工程。

四、具体工作与组织实施

（一）组织协调

（二）工作责任

（三）时间安排

（四）评价考核

五、重点项目

结合南昌市开展国家低碳城市试点工作的主要任务，着重抓好光伏、LED、服务外包、文化旅游、低碳技术服务平台、低碳交通等项目，将相关工作要求落到实处。（见附件）

附件：南昌市开展国家低碳城市试点近期重点项目（略）

南昌市人民政府

二〇一一年十一月二日

25. 郑州市关于支持新能源汽车产业发展的意见

各县（市、区）人民政府，市人民政府有关部门、各有关单位：

新能源汽车是指插电式混合动力汽车、纯电动汽车、燃料电池汽车。为加快我市新能源汽车产业发展，提升新能源汽车的自主创新能力和综合竞争力，推进新能源汽车的产业化进程，努力建成国家重要的新能源汽车生产基地，提出如下意见，请认真贯彻执行。

一、指导思想

深入贯彻落实科学发展观，紧抓“加快郑州都市区建设、打造中原经济区核心增长极”的发展机遇，围绕“打造百万辆汽车生产基地”的总体要求，以发展电动客车、电动工程车、电动轿车为主攻方向，以电机、电池、电控系统等关键核心技术研发为突破，坚持自主创新，加强协作配套，完善基础设施，扩大示范运营，加快规模化、市场化进程，力争把我市建设成为在全国有重要影响力的新能源汽车生产基地。

二、发展目标

产业规模。到2015年，力争新能源汽车生产能力达到10万辆，销售收入达到300亿元以上，2～3个车型市场份额居全国前列。

技术水平。到2015年，整车及主要零部件研发、生产和检测检验体系完备，掌握一批关键核心技术，整车及关键总成的开发能力达到国际先进水平。

三、政策措施

（一）支持自主研发与创新

1. 加强企业自主创新能力建设。鼓励新能源汽车及关键零部件企业建设国家、省、市级自主创新示范企业、重点实验室、重要科研设施和基地，并按国家和省、市有

关规定给予支持。

2. 支持产学研联合攻关。鼓励新能源汽车及关键零部件生产企业、高等院校、科研院所之间加强合作，联合建立技术研发平台、检测试验机构等，着力攻克电动汽车“电机、电池、电控系统”等关键核心技术，提升我市在新能源汽车领域的自主研发能力。

3. 由市工业和信息化委员会会同市直有关部门，每年组织汽车企业实施一批新能源汽车重大技术攻关和产业化项目，由市财政按照企业项目投入的10%给予补贴。

4. 鼓励企业研发新车型进入国家节能与新能源汽车示范推广应用工程，对于列入工业和信息化部《节能与新能源汽车示范推广应用工程推荐车型目录》的新能源车型，市财政给予一次性奖励10万元。

5. 鼓励企业积极申报国家“863”、“973”、科技支撑、重点新产品、高技术产业发展、技术改造等各类计划。对列入国家节能与新能源汽车重点项目的，市财政按照国家补助标准给予1∶1配套支持。

6. 鼓励有条件的新能源汽车企业积极参与各类标准的制定。作为新能源汽车领域新制（修）定国际标准、国家标准、行业标准的起草单位，且标准已正式发布的，按照《郑州市标准化战略奖励实施细则（试行）》（郑质监发〔2010〕48号）予以奖励；鼓励本地企业制定郑州市新能源汽车联盟标准，并参照制定行业标准的奖励办法予以奖励。

（二）促进产业规模化发展

1. 鼓励新能源汽车产业投资。对来本市投资新能源汽车及关键零部件研发、检测、试验的建设项目，按照郑州市技改补助的有关规定给予补贴。

2. 支持新能源汽车企业做大做强。对于新能源整车生产企业，各类新能源汽车年产销量首次突破1000辆、5000辆、10000辆的，分别给予30万元、60万元、100万元的一次性奖励，用于支持新能源汽车产业的研发。

3. 鼓励重点新能源汽车企业通过外引内联、战略收购、兼并重组等方式，整合优势资源，优化产业布局，扩张产业规模。

4. 鼓励新能源汽车企业提高本地配套率，降低生产成本。新能源汽车整车企业采购本地生产的动力电池、电机及电控系统等关键零部件，本地年采购额在1000万元以上且本地配套率达到20%以上的，以上年为基数，本地采购额每提高10%，由市财政给予10万元的奖励，最高奖励资金不超过300万元。

5. 鼓励有条件的县（市、区）建立新能源汽车及关键零部件产业基地，支持以新能源汽车及关键零部件为主导产业的特色园区建设，对符合条件的入驻企业和项目，在项目审批、资金、土地、人才和产业配套等方面按照相关规定予以支持。

（三）加快新能源汽车推广使用

1. 推进新能源汽车示范运营。落实“十城千辆”节能与新能源汽车示范推广试点实施方案，支持新能源汽车生产企业探索新能源汽车示范运营模式，深化示范运营管理，巩固示范运营成果。

2. 扩大示范运营范围。鼓励在供电、公交、环卫、邮政、出租等公共服务领域推广使用新能源汽车，积极开展示范运营，并争取国家财政补助资金支持。

3. 设立新能源汽车展示园区，在园区内推行新能源汽车示范运营，开展试乘试驾活动等，宣传示范运营效应，扩大新能源汽车影响力。

4. 加大新能源汽车政府采购力度。将本地生产且符合国家标准的新能源汽车纳入政府采购目录，机关、事业单位和团体组织使用财政性资金进行汽车采购时，在同等条件下优先采购本地生产的新能源汽车。

5. 鼓励单位、个人购置新能源汽车。对于单位购买本地生产列入工业和信息化部《节能与新能源汽车示范推广应用工程推荐车型目录》新能源汽车的，市财政按国家补贴标准给予1∶1配套补贴。研究制定我市私人购买新能源汽车财政补助政策，并积极申请将我市列入“私人购买新能源汽车补贴试点”城市。

6. 划定新能源汽车示范区域，对在区域内行驶的新能源汽车，凭相关手续进行示范运营。

7. 鼓励新能源汽车生产企业与示范运营单位、大专院校共建信息化管理平台，采集新能源汽车示范运行的各种动态数据，为企业提供包括车辆实际工况试验、车辆性能改进、车辆性能评估在内的车辆研发、改进、制造的整体解决方案。

（四）推动基础配套设施建设

1. 将新能源汽车充电站建设用地纳入城市发展规划、控制性详细规划、土地利用总体规划，并优先考虑，保障新能源汽车充电站建设用地需求。

2. 加快新能源汽车标准化充（换）电站、充电桩等基础配套设施建设，在城市路网、居民区、公共停车场、高速公路服务区、重要公路沿线等地完善电动汽车充电设施。鼓励社会力量参与配套设施建设，对于经验收合格的充（换）电设施，按设备投资额的5%给予投资者一次性补贴，最高补贴金额不超过300万元。

（五）加大资金支持力度

1. 在市产业发展引导资金中设立新能源汽车产业发展专项资金，专项用于新能源汽车产业发展。

2. 鼓励金融机构创新金融产品和服务方式，加大对符合条件的新能源汽车研发和产业化项目、产业基地、基础设施和公共服务平台项目提供信贷、担保支持。支持创投资金进入新能源汽车领域，鼓励私募投资基金、民间资金参与新能源汽车产业发展。

3. 优先推荐新能源汽车企业进入上市辅导，积极支持符合条件的企业在境内外上市、发行公司债券和企业债券等，支持已上市的重点企业采取增资扩股、发行可转换债券等进行再融资。

（六）加快专业人才引进和培育

1. 鼓励有条件的企业建立人才引进发展资金，用于引进新能源汽车领域国内外优秀人才和技术团队。对新能源汽车企业引进的院士、自主创新领军人才和高层次人才并参与新能源汽车产业化工作的，按照市政府《郑州市引进高层次人才暂行办法》发放补贴，并在研发、住房、医疗、子女就学等方面给予优先保障；对为郑州市新能源汽车产业发展做出突出贡献的，给予重奖。

2. 加强专业人才培养。支持高等院校和科研机构设立新能源汽车相关学科和研究基地，建立产学研合作机制，培养新能源汽车产业发展所需的专业人才。鼓励各类培训机构加强与新能源汽车企业用工需求的衔接，开展“订单式”“定向式”培训，为企业输送实用人才。

四、组织推动

1. 成立郑州市新能源汽车产业发展领导小组，由市政府主要领导任组长，市政府有关部门为成员，协调整合各方面资源，研究解决实际问题，加快推进新能源汽车产业发展。领导小组下设办公室，办公室设在市工信委，负责日常工作。

2. 组建新能源汽车产业联盟，围绕新能源汽车整车生产和关键技术研发，推动产、学、研、用有机结合，促进新能源汽车产业健康发展。

郑州市人民政府

二〇一一年九月二十一日

26. 海口市节能与新能源汽车示范推广财政补助资金管理暂行办法

第一条 为加强我市节能与新能源汽车示范推广财政补助资金（以下简称“示范推广补助资金”）管理，确保资金专款专用，提高资金使用效益，根据财政部、科技部关于《节能与新能源汽车示范推广财政补助资金管理暂行办法》及财政部科技部工业和信息化部国家发展改革委《关于扩大公共服务领域节能与新能源汽车示范推广有关工作的通知》（财建〔2010〕227号）的规定，结合我市的实际，制定本办法。

第二条 本办法所称节能与新能源汽车主要指混合动力汽车、纯电动汽车和燃料电池汽车。

第三条 示范推广补助资金按照科学合理、公正透明的原则安排使用，并接受社会各方面监督。

第四条 根据节能与新能源汽车特点以及我市的交通现状，示范推广补助资金主要补助对象是公交、出租、公务、环卫和邮政等公共服务领域。

第五条 根据中央和地方财政的专项示范推广补助情况，经市科工信部和市财政部门审核，对我市购买和使用节能与新能源汽车相关公共服务领域单位给予一次性定额补助。对节能与新能源汽车的配套设施建设及维护保养等相关支出给予适当补助。

第六条 示范推广补助资金专项用于购买节能与新能源汽车和节能与新能源汽车的配套设施建设及维护保养等相关支出。

第七条 示范推广单位必须采取招标方式择优采购节能与新能源汽车，并确定示范推广的节能与新能源汽车车型、数量、价格以及售后服务等。

第八条 补助标准主要依据节能与新能源汽车与同类传统汽车的基础差价，并适当考虑规模效应、技术进步等因素确定。公共服务用乘用车和轻型商用车示范推广具体补助标准见附表1；城市公交客车示范推广具体补助标准见附表2；特种车辆补助标准参照上述补助标准确定。

第九条 示范推广单位根据购买使用的汽车车型、数量和规定的补助标准等提出资金申请报告（见附表3），并提供下述材料：

（一）与生产企业签订的中标协议、购销合同等有关凭证；

（二）车辆购进发票等有关凭证；

（三）第三方检测机构出具的检测报告；

（四）地方配套资金安排和使用情况；

（五）其他需要提供的材料。

第十条 示范推广单位的资金申请报告由市科技部门受理，按属地原则，经市财政、科技部门审核后，报省财政和科技部门。

第十一条 市财政和科工信部门对企业资金申请报告复核后，分别于每年3月20日、8月20日前联合上报省财政和科技部门。

第十二条 示范推广单位对申报材料的真实性负责。对弄虚作假、骗取财政补助资金的单位，将扣回补助资金，并取消示范推广单位的资格（见附表4）。

第十三条 示范推广补助资金必须专款专用，任何单位不得以任何理由、形式截留、挪用。对违反规定的，将依照《财政违法行为处罚处分条例》（国务院令第427号）等有关规定，依法追究有关单位和人员的责任。

第十四条 本办法由市财政部门和科工信部门负责

解释。

第十五条 本办法自印发之日起施行。

附表1 公共服务用乘用车和轻型商用车示范推广补助标准

附表2 十米以上城市公交客车示范推广补助标准（略）

附表3 节能与新能源汽车示范推广财政补助资金申请表（略）

附表4 节能与新能源汽车示范推广财政补助资金申请汇总表（略）

海口市财政局办公室

二〇一一年三月十日

27. 金华市区关于新能源汽车推广应用的政策意见（试行）

婺城区、金东区人民政府，市政府有关部门：

为落实《浙江省人民政府办公厅关于金华市新能源汽车推广应用试点方案的复函》（浙政办函〔2011〕46号）精神，加快市区新能源汽车试点进程，拓展本地新能源汽车市场，特制定本意见。

一、推广车型

启动阶段（为期3个月）选用浙江康迪车业有限公司生产的KD5010XXY型纯电动汽车作为试点车型。3个月后，推广车型扩大至青年汽车集团的纯电动公交车和众泰JNJ7000EVA1、JNJ6400EVL2型纯电动汽车（由在市区注册独立法人销售公司销售）。

二、政策措施

（一）对金华市区单位和居民购买新能源汽车进行财政补贴。

1. 购买铅酸电池纯电动汽车，采用阶梯形式给予财政补贴，第1～500辆，每辆补贴3.2万元；第501～1500辆，每辆补贴2万元；第1501～3000辆，每辆补贴1.6万元。

2. 购买青年汽车集团生产的纯电动公交车，按销售价的50%给予补助，每辆最高补贴50万元，补助车辆数由市政府确定。

3. 购买锂电池纯电动汽车，每辆补贴8万元。

4. 2011—2012年，省财政和市财政每年各安排1500万元，专项用于金华市区新能源汽车推广应用补助。财政补助指标用完为止。

（二）鼓励公共事业部门购买新能源汽车。税务、城管、工商、电力、邮政、供水、电信、移动、联通等在试点区域内设有众多服务网点，或需为客户提供上门服务的公共事业部门，要积极响应市政府号召，踊跃购买新能源汽车作为交通工具。

（三）把新能源汽车列入市政府采购目录。将康迪、众泰、青年等新能源汽车产品列入政府采购目录，引导本地公共机构购买本地产品。

（四）金华市区试点范围设立纯电动汽车专用停车位。

三、补助对象

金华市区购买新能源汽车的单位和居民。

四、资金申请和下达

由购车单位和居民提出补助申请，填写《购买新能源汽车财政补助资金申请表》，并提供以下材料的复印件：

（一）购车发票；

（二）购车单位的营业执照或购车居民的身份证；

（三）在金华市车辆管理部门登记注册的车辆行驶证（查验原件）；

（四）购买者的开户银行账号或银行卡号；

（五）其他需要提供的材料。

申报材料一式两份，报市经信委初审后，由市财政局在次月10日前审核拨付给购车单位和居民。

五、组织领导

成立由市政府分管领导担任组长，分管秘书长担任副组长，婺城区政府、金东区政府，市发改委、经信委、科技局、公安局、财政局、国土资源局、建设局、规划局，金华经济技术开发区管委会和金华电业局等单位负责人为成员的金华市新能源汽车推广应用试点工作领导小组，领导小组下设办公室（设在市经信委），具体负责新能源汽车推广应用试点日常工作。

购车单位和居民对申报材料的真实性负责。提供虚假信息，骗取财政补助资金的，将依照《财政违法行为处罚处分条例》和有关规定，追究有关单位和人员的责任。

六、附则

本意见由市经信委负责解释。

金华市人民政府办公室

二〇一一年八月十五日

28. 金华市区新能源汽车推广应用实施方案

按照市政府提出的“稳步推进、逐步推广”试点要求和《金华市人民政府办公室关于市区新能源汽车推广应用的政策意见（试行）》（金政办发〔2011〕75号）文件精神，为确保金华市区新能源汽车推广应用试点工作有序开展，制定本方案。

一、2011年度推广目标

1. 铅酸电池纯电动汽车300辆以上；

2. 锂电池纯电动汽车30辆以上；

3. 增程式超级电容公交车12辆。

二、推广车型及价格

1. 康迪KD5010XXY型铅酸电池纯电动汽车，裸车4.3

万元/辆（配置空调，不含电池）；配套销售金华三方新能源汽车服务公司首套电池，6000元/套。

2. 众泰可更换电池的锂电池纯电动汽车，15万元/辆（不含电池），电池押金2000元/辆。

3. 青年12米插电增程式超级电容公交车，125万元/辆。

推广车型须列入国家工信部《车辆生产企业及产品公告》。上述车型车辆在推广期内原则上不得涨价。如遇特殊情况确需涨价的，须报市区新能源汽车推广应用工作领导小组办公室审核，并经市政府同意。

三、补助政策

1. 购买铅酸电池纯电动汽车的，采用阶梯方式给予财政补助。第1～500辆，每辆补助3.2万元；第501～1500辆，每辆补助2万元；第1501～3000辆，每辆补助1.6万元。购买锂电池纯电动汽车的，每辆给予财政补助8万元。购买青年汽车集团增程式超级电容公交车的，每辆给予财政补助50万元，同时享受公交车更新财政补助政策。

2. 财政补助对象为金华市区购买新能源汽车的单位和个人。单位须为注册登记在金华市区的法人，个人须为金华市区常住户口居民。

3. 推广车型以扣除财政补助后价格予以销售。铅酸电池、锂电池纯电动汽车按全价开具机动车销售发票，铅酸电池单独开具发票；公交车按扣除财政补助后的价格开具机动车销售发票。

4. 购车补助款由车辆销售单位（4S店）统一申报，经市经信委初审后，报市财政局审核确定。市财政局于次月10日前将购车补助款拨付给车辆销售单位。购车单位和个人须填写《购买新能源汽车财政补助资金申请表》，并提供购车发票、法人组织机构代码证或居民身份证、车辆行驶证及其他需要提供材料的复印件（一式两份）。

四、充换电设施建设及充电计价

1. 确保在年内建成满足300辆新能源汽车运营需要的铅酸电池充电配套设施。

2. 确定12路公交线（汽车南站至汽车东站往返线路）为市区新能源公交车推广试点线路。相关充电设施由金华电业局负责建设。建设费用由金华电业局承担20%，其余部分在新能源汽车财政补助经费中列支。

3. 由金华电业局负责按照3000辆车运营保本目标测算铅酸电池和锂电池充换电价格。推广期内，铅酸电池换电价格为35元/次，锂电池换电价格为50元/次。

五、相关约定

1. 单位和居民购买推广新能源汽车的，按国家规定缴纳车辆购置税。

2. 每张身份证限购1辆新能源汽车，单位购买新能源汽车的不得将产权设置在个人名下。

3. 享受财政补助车辆自购车之日起3年内不得转户，违反规定的由市经信委、财政部局共同负责追回补助款。

4. 车辆商业保险由购车单位和居民自行选择办理。

5. 全面推广之前购买新能源汽车的单位和居民，符合条件的，按本办法享受一定财政补助。

6. 车辆销售不配充电器。

六、职责分工

1. 市经信委负责做好市区新能源汽车推广应用牵头工作，协调解决实施过程有关具体问题，并及时向市政府报告进展情况，提出下步推广计划。

2. 市财政局负责做好购车财政补助政策兑现工作，并监督企业按规定销售新能源汽车。

3. 市公安局负责为新能源汽车上牌提供专窗服务，并在市区范围内为新能源汽车设立一定数量专用停车位。

4. 市物价局负责做好电池充电成本论证工作，并向市区新能源汽车推广应用工作领导小组提交电池充电价格审核意见。

5. 市公交公司负责牵头制订新能源公交车营运和充电设施建设方案，经专家论证后组织实施。

6. 金华电业局负责做好充换电设施建设及运营服务工作。

7. 新能源汽车各生产企业按照市政府要求，做好新能源汽车的生产、销售、产品维护和应急服务等工作，具备条件企业应承担相应的充换电设施建设任务。

8. 金华三方新能源汽车服务公司负责提供动力电池租赁、维护、回收、机动抢修等一条龙服务。

七、推广宣传

1. 新能源汽车推广工作2011年10月10日正式启动。启动仪式由市政府主办，市经信委、浙江康迪车业有限公司、众泰控股集团承办。

2.《金华日报》《金华晚报》和金华电视台发布新能源汽车推广公告。

金华市人民政府办公室

二〇一一年九月二十七日

29. 三门峡市电动汽车产业发展实施意见(暂行)

为加快推动我市电动汽车产业发展，促进产业结构转型升级，根据《河南省人民政府关于加快电动汽车产业发展的意见》（豫政〔2009〕88号）和《河南省电动汽车产业发展规划（暂行）》（豫政〔2010〕86号印发）精神，结合实际，特制定如下实施意见。

一、充分认识发展电动汽车产业的重大意义和发展机遇

（一）重大意义

电动汽车由于其节能和低污染等优点，成为当代汽车发展的主要方向，其研发与应用已成为汽车工业发展的整体趋势，成为汽车产业新的增长点。大力发展电动汽车产业，延伸产业链条，完善产业配套体系，对推动我市产业结构调整、构建现代产业体系、实现经济社会跨越式发展具有重要的战略意义。

（二）现状和机遇

近年来，我市的电动汽车产业已具备一定的基础，在电动汽车研发和产业化方面均实现了突破性进展，打造了一批实力雄厚的电动汽车研发机构和人才队伍，创造了一批有较强竞争力的自主知识产权技术成果。其中三门峡速达交通节能科技有限公司的电动汽车驱动再生制动控制器、内置式永磁同步电机、电池能源管理系统三大关键零部件性能处于国际先进水平；三门峡戴卡轮毂制造有限公司的汽车轮毂生产技术和产品规模处于世界前列；三门峡兴邦特种膜科技发展有限公司的纳米纤维膜性能和制造水平均处于国内领先水平；三门峡豫西机床有限公司的混合动力电动汽车变速箱、三门峡中原量仪股份有限公司的汽车零部件在线检测控制系统、三门峡仪电有限公司的车用开关等与电动汽车产品有关的企业均具备较高的研发能力和制造水平；三门峡化工机械有限公司、河南骏通车辆有限公司、三门峡新华水工机械有限公司、三门峡中天实业有限公司和豫西轴承有限公司等实力雄厚的装备制造工业企业，已逐步走上健康发展的快车道。国务院相继制定一系列政策措施鼓励发展电动汽车产业，全国范围内的汽车工业正处于新的调整重组期。目前，《河南省电动汽车产业发展规划（暂行）》已将我市确定为豫西纯电动轿车生产基地和纯电动汽车示范运营城市，在我市建设纯电动轿车整车试验检测研发中心。面对电动汽车产业发展的重大机遇和日趋激烈的竞争态势，各级、各部门一定要抢抓机遇，充分利用现有基础，乘势而上，强化措施，把电动汽车产业作为战略先导产业优先发展。

二、指导思想、工作思路和发展目标

（一）指导思想

以科学发展观为统领，按照统一领导、系统运作、分步实施、扎实推进的原则，坚持重点推进与多路突击相结合、自主创新与技术引进相结合、关键零部件生产与整车技术提升相结合、整车研发与示范运营相结合、政府推动与市场拉动相结合，充分依托技术和资源优势，大力发展纯电动轿车和汽车零部件产业，加快推动电动汽车产业化和市场化，迅速提高我市电动汽车产业规模和竞争优势，将我市建设成为全省乃至全国重要的电动汽车及其部件研发生产基地。

（二）工作思路

1. 以电动汽车关键零部件为核心。大力支持三门峡速达交通节能科技有限公司研究、制造电动汽车驱动再生制动控制器、内置式永磁同步电机、电池能源管理系统三大关键零部件。充分发挥我市现有装备制造业能力，鼓励现有制造企业积极参与电动汽车有关零部件的研制和开发，加快整车上下游企业联合研发。

2. 以纯电动轿车为发展方向。重点培育三门峡速达交通节能科技有限公司生产纯电动微型车和中级轿车，坚持以整带零和以零促整相结合，突破关键技术，推动整车、电池及关键零部件全面发展，提升产业核心竞争力，推出具有自主知识产权的纯电动轿车。

3. 以示范运营为手段。立足实际，面向河南，率先在城市经济型电动轿车方面取得突破，使市场开发和技术成熟过程相吻合，以成熟产品带动市场开发，以成熟市场促进产品研发，加快电动汽车市场化进程。

（三）发展目标

到2015年，纯电动轿车年产量达10万辆以上，电动汽车关键零部件年产50万套以上，汽车轮毂年产500万只，变速箱年产10万套，纳米纤维膜年产2600万平方米，其他汽车零部件达到一定规模，形成专业化的、有竞争优势的产业集群；实现电动汽车产业年产值500亿元。

三、近期重点任务

（一）科学规划

以建设豫西纯电动轿车生产基地建设、纯电动轿车整车试验检测研发中心和汽车零部件产业发展为主要任务，科学规划布局，形成专业化分工明确、社会化配套协作、规模化协调发展的产业集群。

（二）建设纯电动轿车整车试验检测研发中心

以三门峡速达节能新能源科技研究院为基础，建设纯电动轿车整车试验检测研发中心，形成纯电动轿车关键零部件和整车的研发、试验、数据检测完备系统，2015年前通过国家级技术中心验收认证。

（三）建设豫西纯电动轿车生产基地

1. 重点培育三门峡速达交通节能科技有限公司生产纯电动微型和中级轿车，到2015年形成年产10万辆的规模。尽快编制可行性研究报告，开展相关技术标准、图纸资料的设计工作，加强电动汽车各项技术经济指标的检测，实现纯电动整车规模化生产。完成电动汽车产品公告和准入，争取3～5个车型进入工业和信息化部颁布的《全国机动车辆生产企业及产品公告》。按照《新能源汽车生产企业及产品准入管理规则》，做好电动汽车准入的各项技术和标准的准备工作，力争到2012年有2～3个车型完成国家新能源汽车生产企业及产品准入。

2. 重点发展三门峡速达交通节能科技有限公司的电动

汽车三大关键零部件项目。以年产50万套电动汽车驱动再生制动控制器、内置式永磁同步电机、电池能源管理系统三大核心零部件为目标，全力做好项目规划、标准编制、图纸设计和项目建设的有关工作。到2015年，在电动汽车动力系统、控制系统、管理系统、车架制造等方面形成核心技术，尽快覆盖省内市场，并面向全国拓展。

3. 做强做大汽车零部件产业。依托整车企业和骨干零部件企业，推进汽车零部件产业集聚发展，着力提高同步开发、专业制造和规模配套能力。围绕传动轴、气缸套、轮毂、转向器、减振器、车架、汽车电子、汽车装修等产品，加快推进技术装备更新改造，重点鼓励三门峡戴卡轮毂制造有限公司、三门峡化工机械有限公司、三门峡中原量仪股份有限公司、三门峡豫西机床有限公司、三门峡中天实业有限公司、河南骏通车辆有限公司、三门峡仪电有限公司和豫西轴承有限公司等企业参与电动汽车有关零部件的研制，形成有力支撑我市整车产业发展、有效参与国内外市场竞争的零部件产业规模。

支持三门峡戴卡轮毂制造有限公司铝合金轮毂工程技术研究中心建设，推进铸造旋压轻量化轮毂、汽车发动机铝合金缸盖缸体、轿车用铝镁合金整体式转向节和电动轿车配套等项目建设。

支持三门峡市豫西机床有限公司年产10万台汽车混合动力变速箱项目建设，尽快开展技术引进、图纸设计和设备购进，力争到2011年年底形成一定规模的生产能力。支持三门峡中原量仪股份有限公司的汽车零部件在线检测控制系统、河南骏通车辆有限公司发展加工电动汽车零部件、三门峡仪电有限公司的汽车专用灯、三门峡润德实业有限公司的汽车内装修等项目的建设。

4. 大力发展电池隔膜材料和锂电池工业，做大做强动力模块产业。支持三门峡兴邦特种膜科技发展公司电池隔膜材料的研发与生产，特别是纤维离子膜的生产，重点加快推动年产2600万平方米纳米纤维膜项目建设，扩大市场占有率，抢占锂离子动力电池制造技术制高点，降低生产成本，加快构建汽车动力电池产业链。

（四）加快充电基础设施规划和建设

供电部门要加快市区电动汽车充电基础设施的规划和建设，加快中心城市快速充电网络建设，完善充电站网络布局，为电动汽车充电提供快捷便利条件。

（五）搞好示范运营

市政府有关部门要研究制定相关配套政策，率先在市区和各县（市）城区出租车、公务车、邮电专用车等行业使用电动汽车，以完善的示范运营带动电动汽车产业化进展。积极争取国家节能和新能源汽车示范工程政策支持。

（六）建立电动汽车城和电动汽车大学

将我市现有装备制造企业纳入电动汽车制造总体布局，通过招商引资方式引进或新建一部分技术先进的汽车零部件制造企业，逐步打造专业电动汽车制造城。充分利用现有的技术和人才优势，筹建电动汽车大学，为电动汽车产业发展提供人才支撑。

四、政策措施

（一）加强组织领导。市政府成立了以市长杨树平同志为组长的三门峡市新能源汽车产业发展工作领导小组（三政文〔2010〕118号），负责研究制定电动汽车产业发展行动计划，制定完善相关配套政策，协调解决电动汽车产业发展中的重大问题。领导小组下设办公室，负责做好统筹协调、政策组织实施及其他日常工作。领导小组各成员单位要加强协作，协调解决电动汽车产业发展中的有关问题，确保相关工作落实到位。有关县（市、区）政府要把电动汽车产业发展列入重要工作日程，制定切实措施，扎实有序推进。

（二）研究配套政策。积极争取国家、省对我市电动汽车的研发、产业化、生产准入、示范运营等政策支持。市政府有关部门要研究制定电动汽车研发、销售、购买和示范运营等方面的相关配套政策，推进基础设施建设和生产性服务业发展，加快电动汽车产业化和市场化。

1. 将电动汽车项目纳入全市重点项目序列，建立协调推进机制，加快推进前期工作，确保项目顺利实施。

2. 电动汽车享受高新技术、环保、新能源、节能和综合利用等方面的扶持政策。

3. 从现在起3年内，对电动汽车的研发、项目建设和示范运营中涉及市本级以下的税收，依法征收后用于支持电动汽车产业发展，涉及的行政事业性收费除上交省级以上外，其余全免。

4. 把电动汽车及关键零部件纳入政府采购范围。

5. 研究制定政府部门和事业单位优先采购电动汽车的政策措施，鼓励企事业单位购置电动汽车参与示范运营，号召全社会积极参与电动汽车的推广使用。

6. 启动充电维护站和停车场等公共场所充电设施建设，将电动汽车充电站建设用地纳入城市规划，按规划用途给予用地保障。利用电价优惠政策，促进电动汽车充电站正常运行。

7. 制定涉及公安交通方面的政策措施。

（三）大力招商引资。鼓励多方联盟，推动电动汽车企业积极开展技术和股权等深层次合作，不断拓宽合作领域，建立充满活力的开放型产业体系。加大招商引资力度，促进省内外优势零部件企业与我市有关企业开展战略合作，争取省内外汽车零部件企业落户我市。

（四）加大资金投入。市财政每年安排一定数额的专项资金，用于支持电动汽车产业化和市场推广等工作。积极争取国家和省技术进步和技术改造专项资金、电动汽车产业发展专项资金、中央预算内结构调整专项资金，科技经费、工业结构调整专项资金和高新技术产业化专项资金等财政专项经费，向电动汽车研发和产业化倾斜。将电动汽车关键零部件研发、检测和产业化重点攻关项目列入重大科技专项。加快出台电动汽车资金补贴及优惠办法。

（五）拓宽融资渠道。加大电动汽车产业金融支持力度，落实创业投资税收优惠政策，鼓励创投资金进入电动汽车领域。支持骨干企业通过上市融资、合资等方式，多渠道筹集资金。积极引进外资投入电动汽车产业发展，鼓励民间资本、社会资源等参与电动汽车产业发展。充分发挥市担保体系的作用，提供融资担保支持，促进电动汽车产业快速健康发展。

（六）实施电动汽车人才工程。建立高层次人才的引进和培养、选拔机制，积极引进高层次汽车技术人才和经营管理人才。建立产业技术工人培养、培训机制，着力打造一支高素质的产业工人队伍。出台人才工程专项管理办法，明确各类人才、各层次人才享受的优惠待遇，研究制定人才队伍稳定办法。

附件：有关部门工作责任分工（略）

三门峡市人民政府

二〇一一年二月十日

30. 珠海市新能源汽车产业发展规划（2011—2020年）

根据工业和信息化部《新能源汽车生产企业及产品准入管理规则》，新能源汽车是指采用非常规的车用燃料作为动力来源（或使用常规的车用燃料、采用新型车载动力装置），综合车辆的动力控制和驱动方面的先进技术，形成的技术原理先进、具有新技术、新结构的汽车，包括混合动力汽车、纯电动汽车（BEV，包括太阳能汽车）、燃料电池电动汽车（FCEV）、氢发动机汽车、其他新能源（如高效储能器、二甲醚）汽车等各类别产品。根据对新能源汽车种类的界定，新能源汽车还包括LNG客车、CNG出租车等。

为贯彻落实《珠江三角洲地区改革发展规划纲要》《广东省关于加快建设现代产业体系的决定》《广东省汽车产业调整和振兴规划》和《广东省电动汽车发展行动计划》精神，抓住新能源汽车产业高速发展的机遇，发挥我市潜力优势，把新能源汽车产业发展为我市战略性新兴产业的重点产业，推动全市产业结构优化升级，促进节能减排和生态文明城市建设，特制定本规划。规划期为2011—2020年。

一、产业现状与面临的形势

（一）产业现状

近年来，珠海大力发展新兴产业，积极引进新能源汽车及其上下游企业，涌现出不少具有良好发展前景的企业，从整车制造到电池、电机、电控等关键零部件和充电设备的产业链条已具雏形。初步统计，珠海已有十多家新能源汽车企业，2009年实现工业总产值5.27亿元。产业发展呈现出以下几个特点：

一是具备一定的整车生产能力。珠海银通新能源有限公司（下称“银通公司”）与一汽客车公司合作的新能源客车总装基地，可年产2000辆纯电动客车，二期工程建成后可年产1万辆纯电动客车。珠海市广通汽车有限公司（下称“广通公司”）具备年产3000辆新能源客车的能力。珠海精确电子制品有限公司具备年产1800辆纯电动客车的生产能力。

二是动力电池等关键技术取得一定突破。银通公司研发的“空芯环型”结构锂离子电池，通过了国家级电池检测中心测试，具有完全自主知识产权。其首期工程投资9亿元，可年产1亿安时电池。二期工程建成后可达到年产10亿安时电池、500MW储能堆的产能，有望成为全国最大的动力电池、储能电池生产基地。

三是已拥有动力电池、电机、电控等生产企业。动力电池方面，除了银通公司外，还有生产动力电池的珠海高密锂电能有限公司、筹备磷酸铁锂动力电池正极材料项目的珠海金峰航电源科技有限公司、生产锂离子电池电解液的珠海市赛纬电子材料有限公司等企业。电机和电控系统方面，珠海市蓝海科技有限公司可年产2000套动力和电控总成；珠海英搏尔电气有限公司，2002年以来已销售超过20万套的电动车及清洁能源车电气系统。此外，珠海还具有生产充电设备的能力，珠海泰坦科技股份有限公司是2008年北京奥运会、2010年上海世博会和广州亚运会电动汽车充电设备供应商。

四是公共服务平台加紧建立。珠海北京理工大学研究院、北京理工大学珠海学院，依托北京理工大学电动车辆国家工程实验室、中国北方车辆研究所“863”电动车动力电池试验室，积极筹建广东省电动车辆工程实验室。2010年8月，银通公司被广东省政府、教育部、科技部认定为“新能源汽车产学研产业化基地”。

五是示范推广加快步伐。市政府制定了绿色公交推进计划，以公交车更换为切入点，大力推广应用新能源汽车。2010年10月1日，珠海启动试运行全省第一条纯电动公交线路，到年底将陆续有20台纯电动公交车投入运营。此外，8台LNG公交车也已投入运营。

尽管珠海新能源汽车产业已引进和培育了一批项目，但在激烈的市场竞争中，产业发展基础仍然比较薄弱，当前行业规模较小，应用基础设施配套不完善，整体竞争力不强，投入不足、人才缺乏等困难比较突出。

（二）面临的机遇

国家及省大力鼓励和支持，新能源汽车产业发展前景广阔。我国虽已成为汽车生产大国和全球最大的汽车消费市场，但传统汽车领域的技术水平和自主开发能力与世界先进水平仍有较大差距。而能源紧缺和节能减排是影响汽车产业发展的两大突出因素，为此，国家决定加快发展新能源汽车产业，着力突破制约新能源汽车发展的关键技术，尽快实现规模产业化，加快汽车产业结构调整转型，抢占世界汽车产业制高点。近两年，国家有关部门相继出台《新能源汽车生产企业及产品准入管理规则》《节能与新能源汽车示范推广财政补助资金管理暂行办法》《私人购买新能源汽车试点财政补助资金管理暂行办法》，即将出台《节能与新能源汽车发展规划（2011—2020年）》，启动了“十城千辆节能与新能源汽车示范推广应用工程”（以下称“十城千辆工程”），明确了发展目标、技术路线和财政扶持力度，重点支持新能源汽车关键技术研发和产业化、零部件生产、示范推广及试点城市基础设施建设。

广东省将新能源汽车产业列为当前重点发展的三大战略性新兴产业之一，出台了《广东省电动汽车发展行动计划》，明确了发展目标：到2015年，形成20万辆以上电动汽车产能，产量占汽车总产量的5%左右；到2020年，基本建成具有较为完善的产业支撑体系、规模和技术水平领先的全国新能源汽车产业基地。印发了《广东省新能源汽车产业发展工作方案（2010—2012年）》，要求各市、各有关部门高度重视新能源汽车产业发展工作，共同推进相关工作。即将出台《广东省新能源汽车产业发展“十二五”规划》。

未来十年，将是我国新能源汽车产业快速发展的重要时期，产业和市场规模将达到世界第一。珠海要牢牢把握发展机遇，推进发展新能源汽车产业。

（三）面临的挑战

珠海发展新能源汽车产业，依然面临严峻的挑战：

一是传统汽车产业基础薄弱。新能源汽车产业的发展必须有传统汽车产业的相关技术作为支撑，而珠海传统汽车产业基础薄弱。目前，仅有广通公司、珠海市茂达汽车工业有限公司两家整车企业取得工业和信息化部汽车产品公告，全行业生产规模偏小，研发投入少，配套产业链不完整，关键零部件依赖外购，缺乏高水平的研发服务平台支撑，缺少关键核心技术。

二是资金投入不足。新能源汽车开发、制造成本高，许多关键技术需要不断攻关完善，前期企业投入资金大，需要政府给予一定的财政扶持。珠海经济实力相对较弱，对新能源汽车产业的财政支持力度受到一定限制。

三是缺乏专业人才支撑。发展新能源汽车产业需要一定的专业技术人才，目前珠海高校尚未设置汽车专业相关学科，高端专业人才与复合型人才稀缺，引进困难。

四是竞争对手强劲。国际跨国汽车集团占据技术优势，在新能源汽车高端技术领域形成垄断；国内十大汽车集团纷纷布局，抢占新能源汽车的未来市场；多个城市将新能源汽车产业作为战略性新兴产业重点扶持，深圳、南昌等三批25个城市入选“十城千辆工程”，获得国家补助资金。

二、指导思想与发展目标

（一）指导思想

全面落实科学发展观，认真贯彻国家和省关于培育和发展新能源汽车产业的战略部署，紧紧抓住新能源汽车产业高速发展的机遇，把新能源汽车产业作为促进战略性新兴产业发展的重要抓手，坚持产业发展与推广应用并举，以整车制造为龙头，优先发展动力电池、电机、电控系统关键零部件，鼓励发展充电设备，有效统筹整合资源，推动新能源汽车推广应用与产业技术开发、生产制造紧密结合，优化发展环境，完善产业链，力争成为全省重要的新能源汽车生产基地和全国重要的新能源汽车关键零部件生产基地，成为全省新能源汽车推广应用示范的优秀城市。

（二）基本原则

1. 坚持龙头带动。汽车产业资本、技术密集度高，上下游产业关联度高，必须大力扶持整车龙头企业，带动相关配套产业发展，形成产业集聚。

2. 坚持突出重点。立足珠海产业基础和实际，瞄准动力电池、电机、电控系统三大关键零部件领域，集中力量，重点突破，形成领先优势。

3. 坚持外引内联。优化发展环境，大力招商引资，吸引国内外有实力的新能源汽车整车和零部件企业投资建厂。推动企业兼并重组，整合要素资源。

4. 坚持分步推进。重点突破新一代动力蓄电池、驱动电机、电控系统等零部件关键技术，夯实产业发展基础。整车制造以客车、市政公用工程专用车先行，乘用车跟进发展。

5. 坚持创新驱动。加强企业自主创新能力建设，推动产学研创新联盟。创新体制机制，建立新能源汽车配套设施投资、运营和管理新模式。

（三）发展目标

1. 总体目标

到2015年，新能源客车形成规模化生产，动力电池等关键零部件具有国际先进水平并形成产业化，建设成为全省重要的新能源汽车关键零部件生产基地，成为全省新能源汽车推广应用示范的优秀城市。

到2020年，建设成为全省重要的新能源汽车生产基地和全国重要的新能源汽车关键零部件生产基地，成为全国新能源汽车推广应用示范的优秀城市。

2. 产业发展目标

（1）总量目标

到2015年，形成年产新能源客车1万辆、磷酸铁锂动力电池5亿安时、动力总成和电控系统10万套的生产能力，实现100亿元以上新能源汽车产业规模。

到2020年，形成年产新能源客车5万辆、乘用车10万辆、新一代锂离子动力电池10亿安时、动力总成和电控系统20万套的生产能力，实现800亿元以上新能源汽车产业规模。

（2）技术目标

到2015年，混合动力、纯电动汽车以及动力总成、电控系统等关键零部件的各项技术指标达到国内先进水平，动力电池的能量密度、安全性等主要指标达到国际先进水平，具有成本价格优势。

到2020年，新能源汽车整车及关键零部件的主要技术指标达到国际先进水平。

（3）结构目标

到2015年，形成1～2家年产值100亿元以上的大型企业，建立以企业为主体的新能源汽车产学研联盟和技术研发中心。

到2020年，形成1家年产值500亿元以上的大型企业集团和2～3家年产值100亿元以上的大型企业，具备新能源汽车整车和关键零部件的自主研发能力。

3. 推广应用目标

（1）公交车

到2012年，不少于700辆新能源公交车（其中纯电动公交车200辆）投入运营。

到2015年，公交车全部更换为新能源客车，其中纯电动公交车不少于500辆。

（2）出租车

适时启动燃油出租车更换计划，逐步采用纯电动汽车、CNG汽车。 到2015年，新增不少于300辆纯电动出租车。

（3）乘用车

鼓励全市行政事业单位、国有企业、社会团体、非公企业和个人推广应用混合动力、纯电动市政公用工程专用车、乘用车和轻型商用车。

（4）配套设施

到2012年，建成不少于12座LNG充气站。

到2012年，力争公交充电站达到8座，其中快充站3座，慢充站5座；公用快充充电站达到3座；充电桩达到600个。 到2015年，力争公交充电站达到25座，其中快充站8座，慢充站5座；公用快充充电站达到12座；充电桩达到7300个。

组建1～2家电动汽车电池租赁服务公司，为社会团体、企业和个人使用新能源汽车提供电池快速更换和保养维修服务。

三、发展重点和产业布局

（一）发展重点

1. 整车制造

大力扶持银通公司、广通公司等龙头企业，以LNG客车为切入点，重点发展技术和市场推广相对成熟的纯电动和混合动力客车、市政公用工程专用车，尽快形成规模生产能力，凭借技术领先优势和成本价格优势，占有较大市场份额。 同时，通过技术引进和自主开发，掌握整车与系统集成、整车轻量化、整车匹配标定与试验、系统标定与优化、网络通信与总线控制、智能感应及显示、强电安全、电磁兼容性、热管理、失效模式、故障诊断和容错控制等新能源汽车整车关键共性技术，为跟进发展纯电动和混合动力乘用车完成技术积累。

（1）纯电动客车和市政公用工程专用车。

掌握纯电动汽车动力电池系统集成和控制、驱动系统总成匹配和控制、能量回收、分配与优化控制、高速减速器、电池充电等关键技术。

（2）混合动力客车和市政公用工程专用车。

高起点发展中度、重度的插电式混合动力客车和市政公用工程专用车，掌握混合动力汽车机电耦合、专用发动机和自动变速箱、整车和系统动态协调控制、能量回收、分配与优化控制等关键技术。

（3）纯电动和混合动力乘用车。

从纯电动和小型混合动力乘用车（相当于1.5L排量，以下传统汽车）起步，逐步向多车型、系列化发展。 随着新能源汽车市场推广应用条件的成熟和消费用户需求的增长，实现规模化生产。

2. 关键零部件

大力扶持银通公司等骨干企业，以动力电池及管理系统、电机及驱动系统、整车电控系统总成为重点，构建关键零部件产业链，夯实产业发展基础。

（1）动力电池及管理系统。

以磷酸铁锂电池为重点，加快开发新一代更高能量密度和安全性能、更长循环寿命的动力电池以及电池系统集成和管理技术，实现动力电池成组和控制总成供货能力。突破高性能电池正极材料、电池隔膜材料等关键技术，实现本地化生产。 采用先进实用工艺，通过规模化生产，大幅降低生产成本，增强产品市场竞争力。密切跟踪国内外氢燃料电池最新发展技术，积极参与氢燃料电池堆、石墨电池膜、电池加湿器、散热器、高压供气系统等关键技术开发，为未来发展燃料电池汽车作好战略性技术储备。

（2）电机及驱动系统。

重点发展15～100kW及以上大功率、高性能、高可靠性、长寿命永磁同步电机及控制系统，实现电机和驱动系统总成供货能力。突破驱动电机及其控制、系统集成、系统热管理、位置/转速传感器、高性能绝缘材料、高性能永磁材料、电力电子元器件IGBT（车用绝缘栅双极晶体管）等关键技术，实现本地化、规模化生产。

（3）整车电控系统总成。

重点开发能实现整车、电动机/发电机、发动机、蓄电池、动力分离装置、动力控制单元统一管理和柔性变换控制的新一代动力总成控制系统，实现高性能、高可靠性的整车电控系统总成供货能力。

3. 配套设施设备

重点发展固定式整车直流充电设备、电池置换分箱式充电设备、车载式移动充电设备、便携式充电设备、动力蓄电池维护及测试系统等，实现成套供应能力，推动新能源汽车基础配套设施建设。

4. 科技公共服务平台

依托珠海大学园区教学科研基础，积极与国内外机构开展交流合作，建设新能源汽车重点实验室、产品检验检测及认证中心，通过与企业建立紧密的产学研合作关系，为企业输送工程技术创新和应用型人才，推动新能源汽车产业跨越式发展。近期，积极争取国家和省有关部门支持，依托北京理工大学电动车国家工程实验室和广东省质量监督电池检验站，在银通新能源汽车产业园设立广东省电动汽车工程技术实验中心和国家电动车用电池质量监督检验中心。

5. 公交车试运行线路

在现有新能源公交车试运行线路基础上，在产业园区开通若干线路，用于园区内公共交通。待条件成熟后，推广至全市公交线路。

（二）产业布局

三灶科技工业园重点发展纯电动汽车整车制造，电池、电机、电控关键零部件以及电池的正负极材料、隔膜及充电设备等行业，建设纯电动汽车制造基地。南屏科技工业园重点发展LNG客车。逐步引导整车制造企业向高栏港经济区、富山工业园集聚。横琴新区、香洲区、珠海高新区重点发展与新能源汽车相关的研发产业。

四、主要任务和措施

（一）加强组织保障

成立市新能源汽车产业发展联席会议，对接省新能源汽车产业发展联席会议。联席会议下设专职办公室，明确各相关部门工作任务分工和进度，专人、专责做好长期工作。

（二）加快建设广东省新能源汽车推广应用示范城市

按照《珠江三角洲地区改革发展规划纲要》赋予我市的发展定位和建设珠江口西岸核心城市、生态文明新特区和科学发展示范市的要求，建设广东省新能源汽车推广应用示范城市，开展新能源汽车应用示范试点工作。积极申报成为国家“十城千辆工程”试点城市，取得国家财政支持。

（三）加快实施一批关键重点技术改造项目

围绕“新能源汽车整车形成经济规模生产能力，新一代动力电池、电机、电控系统关键零部件实现规模产业化能力”的目标，加强企业技术中心和行业研发、实验、检测公共服务平台建设，制定重点技术改造项目总体规划，重点支持一批特色优势企业加大技术改造力度，壮大成为技术领先、工艺先进和市场竞争力强的龙头企业。

（四）大力开展招商引资

借助我国巨大的汽车消费市场优势、广东汽车产业的集聚优势、珠海市新能源汽车产业的发展潜力，以良好的投资环境，积极吸引汽车跨国公司、国际汽车零部件生产商、汽车设计研发技术公司投资建厂、设立设计研发中心，积极吸引国内有实力的乘用车整车和零部件企业投资建厂。对发展新能源汽车产业具有“取长补短、壮大基础、提升实力”重要作用的项目，要集中更好的土地资源和优惠政策，给予大力支持和服务。

（五）大力推动企业联合兼并重组

推动银通公司等企业发挥龙头作用，通过增资扩股、股权置换等方式联合重组整车及零部件企业，整合有效资源，扩大整车生产规模。促进整车企业与零部件企业组建上下游产业联盟，形成新能源汽车整车与零部件“同步开发、同步生产、风险分担、利益共享”的紧密合作机制。

（六）积极组建产学研技术创新联盟

以生产企业为主体，联合国内外科研攻关能力强的大学、科研机构，组建市新能源汽车产学研技术创新联盟，承担新能源汽车关键基础和共性科技攻关项目，建立具有国际先进水平的公共试验基地和检验检测中心，协调统一行业标准，帮助企业实现新产品新技术新工艺的自主研发和产业化。支持珠海企业参加国家及省新能源汽车产业联盟，及时掌握新能源汽车产业的最新发展动态，争取更多的技术创新资源。

（七）积极发展新能源汽车服务业

加快发展汽车研发设计、生产性物流、销售与售后服务、汽车租赁、二手车交易、消费信贷、停车保管、车辆报废回收等新能源汽车服务业，延伸产业链，充分发挥对社会经济的巨大带动作用。积极开拓新能源汽车电池充电、租赁维修、报废拆解回收服务新领域，把电池回收处理与生产放在同等位置统筹规划发展。制定相关制度法规、技术标准与回收方案，为新能源汽车产业可持续发展提供有力保障。

五、产业扶持政策

（一）产业促进

1. 从2011年起，每年从战略性新兴产业发展专项资金中切块安排一定资金，支持新能源汽车研发、产业化和推广应用。鼓励各区、经济功能区设立配套资金。

2. 对取得工业和信息化部汽车产品公告的新能源汽车的基本车型、扩展车型、推荐车型，并在珠海生产的，给予一次性补助。

3. 新能源汽车企业当年固定资产项目投资额超过一定金额的，对项目实际发生的银行贷款给予贴息。

4. 对到珠海投资建设新能源乘用车整车厂、专用发动机和变速箱、电控系统、电力电子元器件、高性能材料等关键零部件厂的重大项目，根据税收贡献情况给予特别优惠，实行“一事一议”政策。

5. 将新能源汽车项目用地纳入现代产业发展用地，执行《关于促进扩大内需支持现代产业发展用地的若干意见》（粤国土资利用发〔2009〕71号），优先保障项目用地计划。

（二）研发支持

6. 鼓励国内外企业、高校、科研院所等单位在珠海建立新能源汽车研发机构，经有关部门认定为国家、省、市工程技术研究中心和重点实验室，给予一定的资金资助。

7. 对获得的新能源汽车相关专利等知识产权，依照《珠海市专利申请资助管理办法》进行资助，对具有重大社会效益或经济效益的知识产权项目给予奖励。

（三）推广应用

8. 将新能源汽车纳入政府采购目录，鼓励本市各级政府优先采购市自产（含原生产企业与本市企业联合改装、总装）车型。鼓励我市公交及其他企业优先自行采购市自产（含原生产企业与本市企业联合改装、总装）车型，或小规模采购试运行。

本市各级政府购置的新能源公务用车不计入各单位的定编指标或者单独下达。

9. 给予新能源公交车、出租车适当的购车补贴。

10. 给予纯电动公交车一定的运营补贴。

11. 对企事业单位及个人购买使用新能源汽车及其他相关产品实施优惠政策。

12. 充气站、充电站等新能源汽车配套基础设施投资采用特许经营方式进行，并按照项目投资额给予补助。

（四）其他

13. 发放试验车上路临时牌照。对于企业新研发的车型，为确保其安全性能，不断改进技术，可以对该类车型发放临时牌照，让其在指定的线路上进行试运行。

14. 建设新能源汽车信息化管理平台。采集示范车辆运行的各种动态数据，统计运行基础数据，分析技术经济指标，为应用示范推广工程提供数据支撑。

15. 鼓励和支持新能源汽车企业和研发机构引进高层次人才。对重点高层次人才，按市有关政策发放补贴，并对其子女教育、家属就业和医疗保障等给予优先安排。

16. 鼓励珠海高校开设新能源汽车专业技能课程，支持重点企业设立博士后工作站，培养后备人才。支持企业加强内部员工的培训，按照现有人才政策，优先给予补助。

17. 在珠海设立的新能源汽车企业，符合办理因公出国条件的，可为其员工申办因公出国手续，并可视任务情况，为员工申请一次审批，全年有效的任务批件；对符合条件的境外高层次人才和投资者提供出入境及居留便利。

主要工作任务分工及进度表

序号	工作任务及内容	工作要求	牵头单位	参与单位	完成时间
1	成立市新能源汽车产业发展联席会议，指导全市发展新能源汽车产业工作		市发展改革局	各成员单位	2011年
2	实施新能源汽车产业化专项，推进省现代产业500强和市“7·50”工程中新能源汽车项目建设，吸引境内外整车生产企业和零部件厂商投资建厂	新增1～2个项目落户，尤其是电机项目	市发展改革局、科工贸信局、投资促进局		2011—2012年

续表

序号	工作任务及内容	工作要求	牵头单位	参与单位	完成时间
3	贯彻落实国家《新能源汽车生产企业及产品准入管理规则》，支持我市企业和产品获得行业准入资格	银通新能源取得准入资格，广通、茂达扩大准入产品，重点是纯电动乘用车	市科工贸信局		2011—2012 年
4	组织市新能源汽车行业协会，组织企业、高校、科研机构和应用单位参加，构建产业协调与合作平台	建立协会并运作	市发展改革局		2011 年
5	建设公共技术创新平台，支持申报组建国家及省级工程（研究）中心、工程实验室、重点实验室，建设一批市级工程实验室和工程中心	争取北京理工大学珠海学院申报省新能源汽车工程实验室获批设立	市发展改革局、科工贸信局、财政局		2011—2012 年
6	组织推进关键共性技术研发，通过科技攻关招标等方式，掌握一批关键核心技术	安排启动一批技术攻关项目，部分项目 2012 年前完成	市发展改革局、科工贸信局、		2011—2012 年
7	开展标准化工作，支持泰坦科技充电设施标准化规范等申请省、国家推荐标准	制定标准编制计划，上报泰坦科技充电设施标准规范申请省、国家推荐标准	市质监局	珠海供电局、市行业协会成员单位。	2011—2012 年
8	申报国家“十城千辆”工程试点城市，获取国家财政补助	争取申报成功	市科工贸信局	市发展改革局、财政局	2011 年
9	申报广东省新能源汽车推广应用示范城市	争取申报成功	市发展改革局		2010 年（已获批）
10	编制充电设施建设规划，将其纳入城乡规划	出台建设规划	珠海供电局	市交通运输局、住房与城乡规划建设局、科工贸信局	2011 年（已提交送审稿）
11	建设新能源汽车充电、充气公共设施	建成基本满足示范应用要求的公共设施	珠海供电局、中国海油珠海公司	市科工贸信局、交通运输局	
12	实行电动汽车停车优先，公共停车场、市政道路停车场划出电动汽车停车位，繁华商业区开设专用停车位	出台实施办法	市市政园林局、市公安交警支队	横琴区、各区、经济功能区，市住房与城乡规划建设局	2011 年
13	设立新能源汽车办证绿色通道，优先办理新能源汽车入户、年检等业务，纯电动汽车上牌时无须排气检测即可直接发放环保标志；临时上路行驶、用于科研试验的样车，优先发放临时牌	出台实施办法	市公安局、环保局		2011 年
14	开展公交路线示范运营	2010 年 10 月 1 日前，拿出两条线路示范运营。以后逐步加大示范运营力度	市公交集团公司	珠海市银通新能源公司	2011 年
15	开展新能源汽车政府采购及示范应用	出台采购办法	市财政局		2011 年

续表

序号	工作任务及内容	工作要求	牵头单位	参与单位	完成时间
16	建立一次性购车补助制度，对公交、出租等领域购买新能源汽车给予购车补助，补助总量预设上限	出台实施办法并启动实施	市发展改革局	市科工贸信局、财政局	
17	实施电动汽车充电价格优惠，对公共充电实施电价给予优惠，对开展电动汽车市场化运营管理业务企业用于电动汽车电池充电给予同样优惠	出台实施办法	市物价局	市科工贸信局、珠海供电局	2011 年
18	给予纯电动乘用车通行、停车收费优惠	出台实施办法	市物价局	市交通运输局、市公安局	2011 年
19	拓宽产业融资渠道，引导金融、创投机构支持产业融资，支持企业发行企业债券和上市	形成良好的产业融资环境	市金融工作局		2011 年
20	制定新能源汽车产业发展专项资金管理办法	出台办法	市发展改革局	市新能源汽车产业发展联席会议成员单位	2011 年
21	编制新能源汽车环境影响报告书		市环保局		2011 年

“十二五”新能源汽车产业重点项目表

序号	项目名称	建设单位	建设内容及规模	建设期	总投资（亿元）	选址
1	高性能磷酸铁锂动力电池和高效钛酸锂储能电池扩建项目	珠海银通新能源有限公司	建筑面积 7.5 万平方米，年产 10 亿安时锂离子电池，1 万辆新能源客车（包括纯电动、混合动力和 LNC 车）及 10 万套电动车动力总成	2004—2015 年	50	三灶科技工业园
2	新能源汽车项目	珠海市广通汽车有限公司	建筑面积 3.5 万平方米，主要建设纯电动客车生产线 1 条及电池、电机、政策检测线 1 条	2010—2012 年	2	三灶科技工业园
3	无变速箱无级变速混合动力驱动总裁	珠海市蓝海节能科技有限公司	建筑面积 12 万平方米，建成年产 2000 套系统的生产线，提供 2000 台纯电动客车的动力总成	2010—2011 年	1.5	南屏科技工业园
4	高安全性聚合物锂离子动力电池生产项目	珠海市光宇电池有限公司	建筑面积 2.3 万平方米，日产 1.7 万只锂离子动力电池	20096—2011 年	0.52	新青科技工业园
5	年产 10 万套电动汽车电机及驱动系统项目	珠海市英博尔电器有限公司	建筑面积 0.4 万平方米，年产 10 万套电机及驱动系统	2010—2013 年	0.4	高新区主园区
6	年产 5000t 非水电解液项目	珠海市赛维电子材料有限公司	建筑面积 1.57 万平方米，年产锂离子电池电解液 4000t、锂一次电池电解液 600t、超级电容器电解液 400t	201—2012 年	1	高栏港经济区
7	新建电动汽车充电设备生产线项目	珠海市泰坦自动化技术有限公司	建筑面积 7 万平方米，年产充电设备 500 套，产值 2 亿元	2011—2013 年	2.3	香洲区
8	二次电池材料生产基地技术改造项目	珠海金峰航电源科技有限公司	建筑面积 3.75 万平方米，进行电动汽车电池用磷酸铁锂材料产品生产线的改造。改造后，可新增产能 1800t/a	2009—2011 年	1	高新区主园区

珠海市人民政府办公室

二〇一一年三月十七日

31. 东莞市推动电动汽车关键技术及产业发展实施意见

为应对环保、能源危机及产业升级的新形势与新要求，加快电动汽车关键技术及产业发展，培育我市战略性新兴产业，形成新的经济增长点，根据国家《汽车产业调整和振兴规划》（国发〔2009〕5号）、《广东省汽车产业调整和振兴规划》（粤府〔2009〕77号）、《广东省电动汽车发展行动计划》（粤府函〔2010〕50号）、《关于实施科技东莞工程建设创新型城市的意见》（东府〔2006〕72号）以及《转发市经贸局关于促进汽车产业发展意见的通知》（东府办〔2009〕57号）精神，制定本意见。

一、发展意义

发展电动汽车有利于缓解能源紧缺和环境污染的双重压力。2009年我市汽车保有量79.56万辆，东莞每百户家庭汽车拥有量全省最高，随之而来的能源消耗与尾气污染日益增加。面对能源紧缺和环境污染的双重压力，发展节能与新能源汽车刻不容缓。电动汽车是新能源汽车的主要发展方向，有利于缓解能源紧缺压力、降低空气污染、减少碳排放。

发展电动汽车有利于培育和发展战略性新兴产业。电动汽车是国家鼓励发展的战略性新兴产业，全国各省市（包括广东省）都纷纷制定电动汽车发展计划，力争抢占电动汽车产业发展的制高点。将电动汽车关键技术及产业发展列为我市重点培育发展的战略性新兴产业，可以推动我市产业结构调整与优化升级，培育新的经济增长源，增强东莞的自主创新能力。

二、发展目标

我市将深入贯彻落实科学发展观，积极落实国家重点发展电动汽车的产业政策，主动融入广东省电动汽车产业体系，围绕建设创新型城市的目标，坚持创新引领和差异化发展原则，发挥我市现有的产业基础，建立以整车厂为龙头、核心产业链为支柱、共性技术平台为支撑的产业体系；建立以公共交通为主线、特种专用车为辅助、商务公务应用为补充、并逐渐发展社会用车的应用网络以及相应的基础设施；建立产学研合作、粤港合作和国际合作并举的电动汽车创新开发体系，力争用10年左右时间，将我市打造成特色明显、技术领先、有核心竞争力的电动汽车产业基地。其中：

——到2015年，在全市初步建立适应电动汽车产业发展的政策环境、配套设施网络和技术创新平台，引进或培育2～3家有自主核心技术和品牌的整车生产商，初步实现电动汽车在城市公交系统、部分区域和行业的规模应用，全市电动汽车累计产销量超过20000辆，电动汽车保有量超过10000辆，把东莞打造成国内主要的电动汽车研发与生产基地、电动汽车核心零部件聚集基地、电动汽车应用服务基地。

三、重点任务

（一）加快制定政策，完善发展环境

制定产业发展、财政补贴、政府优先采购、贷款贴息、税费减免等政策，以及电动汽车使用过程中的相关优惠措施，支持电动汽车整车厂的培育和引进、电动汽车的技术研发、相关产品制造以及消费；制定用地优惠、电价补偿、特许经营等政策，引导社会力量参与基础设施建设与运营服务。包括：

抓紧制定《东莞市电动汽车产业发展规划（2010—2020年）》，明确我市电动汽车产业发展目标、定位、策略、工作重点和保障措施等。此项工作由市发改局会同市科技局、经信局负责。

制定东莞市扶持电动汽车产业发展的若干政策，包括制定我市培育和引进电动汽车整车厂和关键零部件厂的相关政策、有关重大关键技术研发的鼓励政策、加快电动汽车示范应用和政府采购的财政补贴政策等。此项工作由市发改局、科技局、经信局、外经贸局、财政局、公安局、交通局负责。

制定《东莞市电动汽车应用示范工程实施方案》，推动电动汽车在我市的示范应用。此项工作由市发改局、经信局、科技局、交通局、财政局和松山湖管委会、常平镇负责。

制定《东莞市推进电动汽车应用环境建设实施方案》，推动与电动汽车示范应用配套的充电网络、营运管理等应用环境建设。此项工作由市发改局、供电局、科技局、住建局、经信局、交通局、公安局负责。

（二）加强科技支撑，推进自主创新

引导电动汽车企业加大研发力度，提高我市电动汽车自主创新能力，包括：

加快电动汽车关键技术研发。将电动汽车关键技术列入我市重点支持领域，通过重大科技专项、粤港关键领域重点突破联合招标、技术改造等专项，支持电动汽车行业的自主创新。此项工作由市科技局、发改局、经信局负责。

建设公共技术服务平台。加强产学研合作，依托东莞中山大学研究院以及松山湖创新平台资源，联合清华大学深圳研究院等国内外相关科研机构，建设电动汽车技术研发支撑平台，开展核心技术研发和新产品开发服务，鼓励电动汽车骨干企业、相关机构组建工程实验室、工程中心和重点实验室等。此项工作由市发改局、科技局、经信局负责。

建设检测试验中心。依托市质检中心、研究机构和相关单位建设电动汽车检测试验中心，为电动汽车关键技术研发提供试验基础。此项工作由市质监局、发改局、科技局、经信局负责。

参与标准研究。根据我市的基础和优势，大力参与锂离子电池、轻量化电动汽车、微型电动车、特种车等电动汽车标准的研究和制定。积极推动专利标准化和标准产业化。此项工作由市质监局、发改局、科技局、经信局负责。

（三）加快示范应用，培育市场需求

以部分公共交通路线、物流快递、公共服务（如环卫、公安巡逻）等行业和松山湖、常平镇等区域为示范对象，加快电动汽车示范推广应用，通过应用示范工程带动基础设施建设，完善示范车辆性能，积累应用经验，强化社会认识，带动市场普及。包括：

开展电动汽车应用示范。加强与国家、省及周边地区合作，积极参与国家节能与新能源汽车示范推广试点工作，积极参与广东省电动汽车示范工程，选取城巴部分路线、松山湖、常平镇等若干区域开展电动公交车、出租小汽车的示范运营；支持大型企业集团和物流服务企业开展特种电动汽车的应用；鼓励各机关单位、企事业单位采购电动汽车。此项工作由市发改局、科技局、经信局、交通局、财政局和松山湖管委会、常平镇负责。

加大电动汽车政府采购力度。在我市企业研发生产的电动汽车达到接待和执法工作的要求后，考虑逐步加大各级政府部门新增接待用车和执法用车采购电动汽车的比例。此项工作由市财政局、发改局负责。

鼓励本市企事业单位和个人购买本市研发生产的电动汽车。对购买电动汽车的单位和个人，市财政将给予一定补贴，并优先鼓励公交车公司和出租车公司购买电动汽车。具体标准由市财政局会市发改局、交通局制定。

（四）加大基础设施建设，建立应用环境

由政府牵头，引导社会力量共同参与电动汽车充电与维修、电池维护与回收等基础设施建设，创新公共充电设施的管理机制和商业模式，加快形成覆盖广泛、布局合理、快速方便的公共充电网络。包括：

建设公共充电网络。在电动汽车示范区域率先规划建设电动汽车公共充电设施（包括普通充电设备和快速充电站），并按照准公共设施进行管理。示范区域内的加油站、居民小区和公共停车场要配套安装一定数量的充电设施。鼓励电网公司、投资机构、节能服务企业等社会资本投资建设公用充电设施。对电动汽车公共充电设施（含停车场私有车位）的用电价格给予优惠，原则上按不高于普通工业销售电价收取电费，并执行峰谷电价，以鼓励在用电低谷时段对电动汽车进行充电；支持有条件的企业开展电动汽车电池市场化运营业务，该类企业用于电动汽车电池充电所用电量享受同等电价优惠政策。此项工作由市发改局、供电局、科技局、住建局、交通局、经信局负责。

建立优先机制。公安交通管理部门优先办理电动汽车的入户、年检等业务，纯电动汽车新入户上牌时不须经排气检测可直接发放机动车污染物排放环保标志，积极探索微型电动车在我市指定路段上路的管理模式，对需要临时上道路行驶的用于科研试验的电动汽车样车，优先发放临时行驶车号牌。此项工作由市发改局、公安局、环保局负责。

降低使用成本。对用于营运业务的电动汽车，按国家有关优惠政策对营运费用、车船税、统缴费和停车费用实行减免或补贴。此项工作由市发改局、交通局、经信局、财政局、物价局负责。

（五）加快引进培育，推动产业发展

围绕电动汽车关键技术及产业发展要求，坚持引进和培育相结合的原则，整合和集聚境内外电动汽车产业资源，逐步形成较为完善并具有明显优势的电动汽车产业链，将东莞打造成为我省主要的电动汽车产业基地，推动我市电动汽车产业快速发展。包括：

加快引进电动汽车整车生产企业和关键零部件企业。加强与境内外电动汽车生产企业的联系和合作，吸引和支持境内外1～2家电动汽车整车生产企业和一批零部件企业来莞投资和合作建厂；加快培育本地电动汽车整车生产企业和关键零部件企业。依托我市现有微型电动车、特种电动车和动力电池的优势，培育整车龙头企业，加快发展动力电池产业；鼓励电网公司、相关创投企业、新能源公司等单位积极参与城市电动汽车充电网络建设，积极培育电动汽车应用服务产业。此工作由松山湖管委会、虎门港管委会和市发改局、科技局、经信局、外经贸局等部门负责。

加快松山湖电动汽车产业园建设。发挥松山湖科技产业园的高科技定位和环保优势，在园区内进行电动汽车产业园的规划，营造浓厚的招商氛围，加大电动汽车相关企业、技术与人才的引进力度，尽快形成比较完整的电动汽车产业链，力争使松山湖电动汽车产业园成为全省乃至全国重点电动汽车产业园。此工作由松山湖管委会和市发改局、科技局、经信局负责。

电动汽车生产项目可优先列入市级重点项目计划，并争取列入省级重点项目计划；积极协助我市电动汽车生产项目申请国家、省电动汽车产业化专项计划；积极争取我市电动汽车企业和产品获得行业准入资格。此项工作由市发改局、科技局、经信局、外经贸局负责。

四、保障措施

（一）加强组织统筹

建立统筹协调机制。在市政府的统一领导下，成立东莞市电动汽车产业发展领导小组（领导小组办公室设在市发改局），统筹协调我市电动汽车产业发展的重大问题。包括研究和编制东莞电动汽车产业发展规划，制定东莞电动汽车产业发展政策与法规，统筹发展东莞电动汽车重大科技及产业化项目等。

成立电动汽车咨询专家组。在东莞市电动汽车产业发展领导小组的领导下，由东莞中山大学研究院、清华大学深圳研究院、东莞有关电动汽车骨干企业、省内外及香港高校及研究机构的相关专家组成东莞市电动汽车咨询专家组，主要负责研究和起草我市电动汽车关键技术及产业发展计划，编制重大专项计划指南，检查监督项目执行情况等。此项工作由市发改局、科技局负责。

组建电动汽车产业技术联盟。加强产学研合作，依托电动汽车产业的骨干企业成立东莞电动汽车产业技术联盟，集合产业链上下游资源，推动整个电动汽车产业的发展。此项工作由市发改局、科技局负责。

（二）设立市级电动汽车产业发展专项资金

从2011年起，每年由市财政在战略性新兴产业发展专项资金中安排电动汽车产业发展专项资金，由市发改局会同市财政局统筹管理。主要用于加强电动汽车关键技术研发、应用示范、标准体系和配套设施等建设，重点支持电动汽车用动力电池、电机、电控系统及相关高性能关键技术和产品的研发和生产；支持电动汽车技术研发、检测和试验公共服务平台建设；支持电动汽车示范应用工程开展，支持电动汽车基础设施和应用环境建设；支持电动汽车产业重大项目建设；支持本市企事业单位和个人购买本市研发生产的电动汽车；支持电动汽车领域专项研究等。

（三）加快人才聚集

利用好省、市人才及团队的扶持政策，实行引进和培育并举的方针，一方面积极引进国内外电动汽车行业领军团队来莞创业，另一方面利用本地企业优势，积极培育电动汽车行业专才，在东莞形成电动汽车行业的“人才洼地”。此工作由市人力资源局负责。

（四）加大宣传力度

通过各种媒体大力宣传，提升电动汽车社会认可度。通过组织开展电动汽车应用示范、电动汽车论坛和展览、松山湖电动汽车文化园建设等措施，加大宣传，加强舆论引导，充分展示电动汽车的发展成果及其优点，提高社会各界对电动汽车的认知和接受程度，形成广大群众易于接受、乐于使用电动汽车的良好氛围。

东莞市人民政府

二〇一〇年九月十五日

32. 中山市电动汽车示范推广工作方案（2010—2012年）

为加快电动汽车在我市推广应用，推动新能源汽车产业快速发展，促进节能减排和城市生态文明建设，我市将逐步在公共服务领域开展电动汽车示范推广工作。根据国家、省、市的有关精神，结合我市实际情况，制定本工作方案。

一、指导思想

以科学发展观为指导，按照市委、市政府总体要求，将电动汽车推广应用与节能减排相结合，按照“政府引导、市场配置、企业运作”的原则，通过示范经营，逐步推广应用，带动电动汽车产业快速发展，努力建设环境节约型和环境优化型社会，为中山建设“三个适宜”新型城市做出贡献。

二、总体思路与工作原则

按照“以示范带市场，以示范促产业”的思路，坚持政府主导与市场参与相结合、鼓励企业参与投资运营的方式，在公交、出租、公务、环卫、邮政等公共领域有计划、分阶段推广应用电动汽车，并以我市现有产业基础为依托，促进电动汽车产业在我市快速发展。首先积极筹建公交示范营运线，投入电动公交车进行示范运营，进而实现在公交系统的规模应用；率先在市区推广电动环卫车辆普及应用，逐步提高电动公务车比例；坚持示范推广与产业发展相结合，从资金、政策、机制等方面全方位予以支持，全力以赴推动电动汽车产业发展。工作中注重遵循以下原则：

（一）在推广思路上，坚持阶段推广与全面推进相结合的原则。采取“以点带线、由线到面”的推广方式，以建设示范线路进行电动汽车推广应用为切入点，进而实现在出租、公务、环卫等公共领域的规模应用，并积极探索私人电动汽车的运营模式。

（二）在工作目标上，坚持示范推广与产业发展并重的原则。以电动汽车的示范推广带动产业发展，以产业发展支撑示范推广，达到节能减排和带动产业发展的双重目的。

（三）在实施组织上，坚持政府推动与市场为主相结合的原则。在电动汽车示范推广初期采取加强政府推动、鼓励市场参与的方式，努力培育推广环境，探索运营模式，重点在公共服务领域推广电动汽车；具备条件时过渡到以市场为主，逐步推进电动汽车在私人用车及其他领域的推广应用。

三、工作目标

2010—2012年投入纯电动汽车示范数量不少于200辆，其中公交车50辆，公务乘车30辆，环卫车120辆。具体投入安排如下：

（一）2010年投入电动公交车不少于10辆，进行示范运营；

（二）2011年投入电动公交车20辆、公务乘车15辆、环卫车70辆；

（三）2012年投入电动公交车20辆、公务乘车15辆、环卫车50辆。

至2015年，我市各个领域电动汽车推广示范数量不少于500辆。推广车型以纯电动汽车为主，并从国家《节能与新能源汽车示范推广应用工程推荐车型目录》中选择。

四、主要任务

根据省、市有关推进新能源汽车产业发展和推广应用的相关精神及工作部署，结合我市实际，2010—2012年我市电动汽车示范推广主要任务是：

（一）完善电动汽车发展环境。出台鼓励电动汽车推广应用和产业发展的政策措施，完善政策环境；加强充电站及其他维修维护等配套体系建设；建立工作协调机制，加强规划指导和统筹协调，促进形成各相关部门各负其责、密切配合、共同促进电动汽车示范推广和产业发展的良好态势。

（二）加快编制专项规划。借鉴国内外电动汽车充电设施规划建设经验，尽快编制全市域电动汽车充电站专项规划，为电动汽车的示范应用提供保障；启动中山市电动汽车产业发展规划编制工作，明确我市电动汽车产业的思路、目标、任务和措施，实现电动汽车示范推广与产业发展相结合。

（三）探索电动公共汽车运营模式。积极学习国家级示范城市的先进经验，坚持政府推动与市场参与相结合的原则，充分调动民营资本的积极性，在建设公交示范线路进行示范运营的基础上，积极探索民营投资与国有资本合作模式，通过租赁、特许经营等方式，顺利推进电动汽车在我市的推广应用。

（四）提升技术水平，培育壮大电动汽车产业。以我市新能源汽车电驱动系统技术为核心，加快建设电动汽车公共技术研发、监测和实验平台；突破和掌握一批关键核心技术，加快建立充电站技术规范的标准体系；加快重大项目的引进和建设，壮大核心企业和上下游配套企业，打造我市电动汽车完整产业链。

（五）形成良好的电动汽车认知应用氛围。在示范应用的基础上，加大宣传力度，加强舆论引导，充分展示电动汽车的优点，提高社会各界对电动汽车的认知和接受程度，形成广大群众易于接受、乐于使用电动汽车的良好氛围。

五、重点工作

（一）编制电动汽车充电站建设整体规划。学习国家级示范城市充电站规划方面的先进经验，围绕我市电动汽车示范推广试点目标，综合考虑基础设施利用率，结合我市加油站与天然气汽车加气站的空间布局，并根据城市交通发展需要，编制指导性好、适用性强的电动汽车充电站建设专项规划，为我市电动汽车的推广应用奠定基础。

（二）确定电动汽车推广示范线路。以城市公交为重点和突破口，结合客流、站点设置，合理安排一至两条公交示范线路进行电动公交车示范运营，待各种配套条件完善后再适当增加电动公共汽车示范数量，真正发挥示范带动作用。不断总结示范线路运营经验，创新电动公共汽车运营模式，争取做到线路成熟一条开通一条，努力实现在公共交通领域全面推广应用电动汽车。

（三）建设电动汽车充电设施。为满足前期投入示范运营的电动公共汽车和环卫用车的充电及维护要求，须在示范线路的首尾站建立快速充电设施，并利用市公共汽车站内现有场地建立小型充电站和维护站，有效对电动公共汽车实施充电、维修维护。同时，在电动汽车充电设施建设整体规划基础上，根据各镇区发展实际，结合现有加油站和天然气汽车加气站的空间布局，逐步推进全市电动汽车专用充电场和维护站的建设工作。

（四）创新电动汽车运营模式。为顺利开展我市电动汽车的示范运营工作，进一步调动电动汽车核心零部件生产企业的积极性，以达到推广应用中社会资源的优化配置，初步尝试用民营企业购车、电池生产厂家提供电池、我市公交公司租用的模式开展运营，同时主动向国家级示范城市学习，积极吸取运营模式的创新因素，改进并创新我市电动汽车运营模式。

（五）完善电动汽车推广应用政策环境。制定电动汽车充电价格优惠政策和推广应用期补助办法；研究出台电动汽车停车优先及办证绿色通道等政策的具体实施细则；研究对各类型电动汽车停车费和道路通行费实行优惠的可行性和操作办法；努力向省级部门争取电动汽车推广应用的各项优惠政策；进一步研究制定充电设施建设、安全性、使用维护等标准，率先建立较为完善的电动汽车地方标准体系。

（六）设立电动汽车推广应用和产业发展专项资金。努力争取国家及省级财政对试点城市的专项补贴资金和产业扶持资金，并在此基础上加大我市财政支持力度，设立电动汽车推广应用和产业发展专项资金。研究制定电动汽车购车补助制度，参照国家、省以及其他地市做法，对我市公交、出租、公务等领域购买电动汽车给予购车补助。

（七）推进产业技术创新，发展壮大我市电动汽车产业。以我市现有产业为依托，鼓励开展电动汽车关键技术攻关，除加强对新能源汽车电驱动系统及高校电机研发外，加大对动力电池以及其他关键零部件的研发力度。通过电动汽车的示范应用，努力引进动力电池以及其他零部件生产企业进驻中山，延伸电动汽车产业链条，争取发展整车制造项目，发展壮大我市电动汽车产业。

（八）建立新能源汽车产业发展和推广应用联席会议制度。为便于与省级部门工作衔接，对原中山市发展电动汽车工作联席会议制度进行调整，建立以市政府主要领导为召集人，市发展改革局、经济和信息化局、科技局、交通运输局、财政局、中山供电局、住房城乡建设局、质量技术监督局、城乡规划局、城市建设投资集团有限公司、公交公司等为成员单位的中山市新能源汽车产业发展和推广应用联席会议制度，定期召开联席会议，加强对我市电动汽车推广应用和产业发展的规划指导。

（九）组织电动汽车产业发展论坛。定期邀请电动汽车领域相关专家学者、生产企业、高校、科研机构、应用单位，就我市电动汽车推广应用、产业发展、整体规划、技术发展线路、配套扶持政策等方面进行研讨，在讨论意见的基础上，形成改进方案，进一步促进我市电动汽车的推广应用和产业发展。

（十）加强电动汽车宣传与引导。充分利用媒体、会议、网络等各种渠道，积极主动向社会大众展示我市电动汽车的推广应用成绩和产业发展情况，宣传推广使用电动汽车的优点、意义以及对节能减排的作用，正确引导社会认识，形成良好的电动汽车认知应用氛围，使广大群众逐步了解接受并乐意使用，从而加快电动汽车在我市的推广应用，并促进相关产业在我市快速发展，创造新的经济增长点。

附件

中山市电动汽车产业化示范推广工作任务分工表

序号	工作任务	工作内容	牵头部门	参与部门
1	编制新能源汽车产业发展规划	研究编制中山市新能源汽车产业发展规划，明确我市发展新能源汽车产业的思路、目标、任务、技术路线和推进措施等	市发展改革局	市经济和信息化局、市科技局
2	编制电动汽车充电站规划	围绕我市电动汽车示范推广试点目标，结合城市交通发展需要，制定指导性强、适用性强的规划，明确2010—2012年建设任务	中山供电局	市发展改革局、市城乡规划局
3	将电动汽车充电设施纳入城乡规划	城乡规划要向充电设施特别是快速充电站倾斜，出台相关实施办法逐步在新建加油站、居民小区和公共停车场配套安装一定数量的充电设施，对现有加油站、居民小区和公共停车场进行加建，为下一步更广范围推广作准备	市住房城乡建设局	市城乡规划局、中山供电局
4	研究制定电动汽车充电价格优惠政策	结合省有关政策，对电动汽车公共充电设施、企业在开展电动汽车电池市场化运营管理业务时的用电价格给予优惠	市物价局	中山供电局
5	制定电动公交车示范运营方案	借鉴其他城市经验，积极引进民营投资，通过合作、租赁、特许等经营模式创新，推进我市电动公交车示范工作	市国资委	城投集团、大洋电机
6	合理安排电动公交车推广示范线路	结合客流、站点设置，合理安排示范线路，真正发挥示范带动作用	市交通运输局	公交公司
7	做好公交车示范线充电站建设	按照广东省新能源汽车推广应用示范市要求，配合首条公交示范线运行，启动富华总站、沙溪乐群、火炬区轻轨站场充电站建设	中山供电局	市交通运输局、城投集团、公交公司
8	建立电动车入户绿色通道	优先办理电动汽车入户、年检等业务，做好车辆管理工作	市公安局	城投集团、市交通运输局

续表

序号	工作任务	工作内容	牵头部门	参与部门
9	制定新能源汽车产业化示范推广专项资金管理暂行办法	鼓励和支持我市公交、环卫、出租、公务等领域推广应用电动汽车，出台相关扶持政策	市发展改革局	市财政局
10	组织电动汽车产业发展论坛	邀请电动汽车领域相关专家学者、生产企业代表、科研机构，就我市电动汽车发展、推广应用、技术发展线路、配套扶持政策等方面进行研讨	市发展改革局	市交通运输局、城乡规划局、中山供电局、科技局、国资委、住房城乡建设局、城投集团、公交公司、大洋电机
11	编制电动汽车产业技术路线图	根据国家、省电动汽车产业技术路线，结合我市实际，科学编制电动汽车产业技术路线图	市科技局	
12	落实国家税收优惠政策	落实国家在企业研发支出税前加计扣除等方面的税收优惠政策	市地税局	各有关部门
13	组织推进关键共性技术研发	安排一批技术攻关项目，通过关键共性技术攻关招标等方式，组织开展汽车用动力电池、电机、控制系统等关键技术和产品研发	市科技局	市发展改革局
14	建设公共技术创新平台	在新能源汽车领域，支持申报组建国家工程（研究）中心、工程实验室、重点实验室等，建立一批省级工程实验室和工程中心	市发展改革局、市科技局	
15	实施新能源汽车产业化专项	用好国家、省有关政策，建设一批新能源汽车产业化项目，重点支持具有自主知识产权的关键核心技术实现产业化	市发展改革局	
16	做好推进新能源汽车项目招商引资工作	鼓励境内外整车和零部件生产企业到我市投资，全力推进新能源汽车重大项目建设	市发展改革局	市经济和信息化局、市外经贸局、市科技局
17	做好电动汽车推广应用宣传工作	就电动汽车环保性、安全性、发展方向、政策解读等进行宣传报道	市发展改革局	宣传部门
18	筹备电动公交车首发仪式	邀请省、市领导嘉宾参与我市电动公交车首发仪式	城投集团	市交通运输局、市发展改革局

中山市人民政府办公室

二〇一一年二月十八日

33. 泰州市区推广使用天然气燃料汽车实施意见

为进一步优化能源结构，加快低碳城市建设步伐，加大天然气燃料汽车推广使用力度，现根据国家、省相关规定，结合市区实际，提出以下意见：

一、指导思想

坚持以科学发展观为指导，按照“市场引导、企业运作、车主自愿”的原则，根据“环保、安全、经济”的要求，有序推进车用天然气加气站点建设，规范汽车燃气动力改装行业管理，努力推进资源节约型、环境友好型城市建设。

二、发展目标

优化车用天然气加气站（CNG、LNG）布局，加快站点建设，形成“布局合理、资源互补、竞争有序”的车用天然气供气网络；加快推进公交、客运、出租以及环卫等车辆燃气动力改装步伐，全面提升市区车辆清洁能源使用水平。

三、推广措施

（一）加快车用天然气加气站建设

1. 加气站选址应符合城市总体规划和专业利用规划，

按照“科学规划、因地制宜、分步实施、形成网络”的原则，有序推进实施。

2. CNG加气站按照CJJ 84—2000《汽车用燃气加气站设计规范》、SY 0092—98《汽车用压缩天然气加气站设计规范》等标准执行；油气合建站按照按GB 50156—2002《汽车加油加气站设计与施工规范》（2006年版）及CNG加气站建设相关标准执行；LNG加气站暂参照美国《液化天然气的生产储存和处理》（NFPA 59A）以及国内相关规范执行。

如有国家最新标准出台，应依照相应标准执行。

3. 为保障燃气利用的安全性，提高居民管道用气的稳定性，新建CNG加气站及油气合建站以子站为主，LNG加气站原则上独立建站。

4. 鼓励现有及拟建公交停车场，在具备规划建站条件的基础上，增建车用天然气加气站或油气合建站。

（二）规范汽车燃气动力改装行业管理

1. 汽车燃气动力改装企业须依法取得相关特种设备许可资质，并经工商部门登记注册，取得企业法人资格；须建立健全质量保证体系，制定相应的管理制度；改装、检测设备以及厂房场地、技术工人须符合相关要求。

2. 汽车燃气动力改装企业须按要求向质监部门提出书面申请报告，通过相关审查后由质监部门给予资质认定，并向社会公布。

3. 汽车燃气动力改装企业对改装后的汽车质量负责，并出具改装汽车合格证书，按照“一车一档”原则建立改装汽车档案。改装车辆使用的车载气瓶须经质监部门登记注册。

（三）天然气燃料汽车改装

天然气燃料汽车动力改装须到获得资质认定的企业进行，改装收费按经价格部门批复的标准执行。汽车改装后，车主凭车辆改装合格证、气瓶质检报告，到公安车管部门登记备案。城市公交、城际客运、环卫及出租车原则上由相应管理部门统一组织，按计划进行改装。

四、组织领导及分工

成立市区推广使用天然气燃料汽车工作领导小组，指导、协调推广使用天然气燃料汽车工作。领导小组由分管市领导担任组长，成员单位由市发改委等部门和单位组成。领导小组办公室设在市发改委，负责具体协调和推广工作。成员单位名单及具体分工如下：

（一）市发改委。牵头组织实施《泰州市区推广使用天然气燃料汽车实施意见》；负责车用天然气加气站工程建设项目的核准工作；负责协调天然气气源，保障车用天然气的稳定充足供应。

（二）市经信委。参与油气合建站管理等相关工作。

（三）市公安局。受理车辆改装登记备案，负责改装汽车上路行驶及其他车管业务管理（具体管理办法由市公安局另行规定）。

（四）市住建局。负责车用天然气加气站布点优化调整以及建设等相关管理工作。

（五）市城管局。负责组织协调环卫车辆“油改气”工作。

（六）市交通局。负责协调城市公交、城际客运以及出租车“油改气”工作，组织协调公交站场车用天然气加气站建设相关工作。

（七）市环保局。负责指导机动车尾气检测机构的相关工作，引导超标排放的公益性车辆改装为天然气燃料汽车。

（八）市安监局。负责汽车燃气动力改装企业负责人、安全管理人员及特种作业人员资格考核、发证工作。

（九）市工商局。负责对经批准运营的车用天然气加气站、汽车改装企业办理营业执照经营范围变更手续。

（十）市质监局。组织开展车用天然气加气站、汽车燃气动力改装企业特种设备的安全监察；负责天然气充装特种设备、车用气瓶的使用登记工作；开展汽车燃气动力改装企业资质认定相关组织工作；负责车用天然气加气站、汽车燃气动力改装企业特种设备作业人员的培训、考核，核发《特种设备作业人员操作证》（具体办法由市质监局另行规定）。

（十一）市消防支队。负责车用天然气加气站工程建设项目的消防审核和验收。

（十二）市保险行业协会。负责协调改装车辆相关参保、续保问题。

五、工作要求

推广使用天然气燃料汽车是促进节能减排、改善市区空气环境、提高市民生活质量、创建生态文明城市的重要举措，各相关单位要从科学发展的高度，按照职责分工，加强配合，确保把推广应用天然气燃料汽车工作的各项措施落到实处。

本意见自印发之日起执行。

泰州市人民政府

二〇一〇年十二月八日

34. 惠州市关于加快培育和发展战略性新兴产业的若干意见（新能源汽车节选）

各县、区人民政府，市政府各部门、各直属机构：

为贯彻落实《国务院关于加快培育和发展战略性新兴产业的决定》（国发〔2010〕32号）、《珠江三角洲地区改革发展规划纲要（2008—2020年）》和省委、省政府关于加快发展战略性新兴产业的战略部署，切实加快培育和发展我市的战略性新兴产业，结合我市实际，现提出以下意见，请认真贯彻落实。

一、加快培育和发展战略性新兴产业的重要意义、指导思想、基本原则和总体目标

（一）重要意义。

（二）指导思想。

（三）基本原则。

（四）总体目标。

二、加快培育和发展战略性新兴产业的重点方向

结合国家和省的产业发展导向，立足我市实际情况和科技、产业基础，现阶段重点培育和发展高端新型电子信息、半导体照明（LED）、新能源汽车、新材料、新能源、节能环保和生物等七个产业。按实现规模化产业的建设时序，分率先突破和布局发展两个层次推进，率先突破高端新型电子信息、半导体照明（LED）和新能源汽车产业，布局发展新材料、新能源、节能环保和生物产业。同时，调动其他产业市场主体积极性，发挥市场配置资源的基础性作用，以市场为主培育发展其他产业类型。

（一）高端新型电子信息产业。

（二）半导体照明（LED）产业。

（三）新能源汽车产业。

重点在动力电池、电控系统及相关高性能关键技术和产品上取得突破。在动力电池方面，支持发展镍氢动力电池、锂离子以及磷酸铁锂动力电池，加快正极材料、锂离子隔膜材料、锂离子电解液材料等配套产业发展，推进电芯及单体电池、电池成组、动力电池组（PACK）及其控制系统的产业化，引导发展超级电容和新一代铅酸电池。在电机和控制系统方面，引导发展大功率永磁同步电机及其控制系统，发展电力电子模块、高可靠控制器、传感器、智能仪表、能量优化管理系统等配套产业。鼓励发展纯电动汽车、插电式混合动力汽车、中混以上混合动力汽车等整车研发及产业化。推进新能源汽车推广应用示范城市建设。

（四）新材料产业。

（五）新能源产业。

（六）节能环保产业。

（七）生物产业。

三、加快培育和发展战略性新兴产业的政策措施

（一）加大财税支持力度。

（二）拓宽产业融资渠道。

（三）落实土地优惠政策。

（四）提升自主创新能力。

（五）引导产业集聚发展。

科学布局园区发展。贯彻落实市委、市政府《关于加快推进产业园区发展的实施意见》（惠市委发〔2009〕31号）。注重优化产业结构，突出产业特色，紧密结合当地的科技、产业状况，科学确定各自的产业布局、重点领域和主导产业，大力提高产业集聚水平，形成各自的产业特色和核心竞争力。大亚湾开发区重点抓好高端新型电子信息、LED、新能源汽车、新材料、新能源等产业园区建设。仲恺高新区重点抓好高端新型电子信息、LED、新能源汽车、新材料、新能源、节能环保等产业园区建设，完善“一区四园”管理模式。惠城区重点抓好高端新型电子信息、LED、新材料、新能源、节能环保、生物等产业园区建设。惠阳区重点抓好高端新型电子信息、新材料、新能源、节能环保等产业园区建设。博罗县重点抓好高端新型电子信息、LED、新能源汽车、新材料、新能源、节能环保、生物等产业园区建设。惠东县重点抓好高端新型电子信息、新能源汽车、节能环保、生物等产业园区建设，着力抓好东莞凤岗（惠东）产业转移工业园建设。龙门县以东莞（惠州）产业转移工业园为载体，重点发展高端新型电子信息、新材料、节能环保等产业。

（六）深化国际交流合作。

（七）加强招商引资引技。

四、加快培育和发展战略性新兴产业的保障机制

（一）加强组织领导。

（二）加强规划引导。

（三）加强统计监测。

（四）加强绩效考核。

惠州市人民政府

二〇一一年五月五日

三、国外政府及企业主要政策和行动规划

1. 美国能源部《2015 年前部署 100 万辆电动汽车》分析报告

2011 年 2 月 8 日，为实现 2015 年前部署 100 万辆电动汽车的目标，美国能源部发布了《2015 年前部署 100 万辆电动汽车》分析报告，列出了实现该目标拟采取的三大举措：

一、让价格更具竞争力，将抵税政策改为直接返现

现有购买电动车的抵税政策（最多每辆车 7500 美元）

需在消费者报税后返还。现在总统已建议改为直接在销售时返还给购车者，无须等待退税。

二、通过新的研发投入加快技术创新

在经济刺激计划的基础上，在2012财年预算建议中将加大电动车驱动系统、电池和能源存储技术的研发投入。

三、通过竞争性拨款激励社区投资建设电动车基础设施

将设立一个新项目，为30个社区提供竞争性拨款，以激励社区将电动车基础设施建设作为优先领域。

2. 美国能源部加速氢存储技术研究

2011年12月6日，美国能源部启动了4项研究项目。向两个国家实验室、一个大学实验室，以及一个独立的研究实验室提供700多万美元（约4416万元人民币）资助，成立了研究项目。这些研究项目主要研究如何降低氢压缩存储技术的费用以及开发新的氢存储材料，新的存储材料将大大提升储存能力。

获得注资的四个研究项目如下：

西北太平洋国家实验室，位于华盛顿里奇兰，资助额210万美元（约1325万元人民币）

隶属能源部的西北太平洋国家实验室，与福特汽车公司、林肯复合材料公司、东丽碳纤维美国公司以及AOC公司合作，主要研究如何减少氢压缩存储系统的费用。该项目主要对碳纤维复合材料进行改良，设计、生产出氢存储罐，降低生产高压氢存储罐的费用，与现有技术相比，降低至少1/3。

美国加州大学欧文分校休斯研究实验室（HRL），位于加州马里，资助额120万美元（约757万元人民币）

休斯研究实验室将引进利用液体存储氢的新理念，该液体可以有效地吸收并释放氢气。它拥有多孔的结构，可以吸收更多的氢气。休斯研究实验室将运用这一理念开发合成材料，可以储存高密度的氢，储存相当于散装液体储存量50倍的氢。

劳伦斯伯克利国家实验室，位于加州伯克利，资助额210万美元（约1325万元人民币）

隶属能源部的劳伦斯伯克利国家实验室，与美国国家标准与技术研究院和美国通用汽车公司合作，将合成可以高度吸附氢的新材料。该小组将会开发并测试“有机金属框架”材料，它的表面可以吸附高密度的氢，它的表面被设计出许多毛孔，可以存储一定温度下的氢。

俄勒冈大学，位于俄勒冈州尤金，资助额为200万美元（约1262万元人民币）

俄勒冈大学与阿拉巴马大学、能源部的西北太平洋国家实验室以及Protonex科技公司合作，一起开发并测试新的氢存储材料。研究中的化学存储材料可以给液体提供动力，使氢存储材料获得新生，在特定的温度和压力范围内，适用于车载及固定燃料电池应用。

3. 德国电动汽车发展规划及企业动向

一、德国政府促进电动汽车发展的规划和举措

（一）最新出台的总体规划

2011年5月8日，德国联邦经济部与交通部联合发布了《德国联邦政府国家电动汽车发展规划》（以下简称《规划》），其目标是：至2020年德国上路的电动及混合动力汽车达100万辆，至2030年至少达到600万辆，至2050年电动交通网络覆盖全德城市区域。该规划包括三个实施阶段：第一阶段（2009—2011年），在发展规划正式颁布之前，德联邦政府投入的研发资金总额已达5亿欧元，这也是2009年启动的德国经济刺激计划的重要组成部分。研发重点包括电池技术、电力驱动技术、混合动力技术以及公共电力交通网络的构建等；第二（2012—2016年）及第三（2017—2020年）阶段，除进一步加大研发力度外，还将大力开展电动汽车的全国推广普及和商务应用开发等，以期使德国成为全球电动汽车技术及市场的引领者。

（二）主要措施

《规划》包含了德国为促进其电动汽车产业发展的多项具体措施，主要内容如下：

1. 建立并依托统一的研发与发展平台（F&E - Programm），加速实现德国电动汽车的全球市场引领地位。德国将以其经济部（BMWi）、交通部（BMVBS）、教育研发部（BMBF）及环保部（BMU）等四大政府部门的多项资助框架为主体，结合企业与民间组织的积极参与，建立健全一个统一、综合、高效的研究与发展平台，加速实现德国电动汽车的世界引领地位。在此平台基础上，德国将重点加大对电能储存技术的研发力度。电能储存暨电池技术是电动车的核心技术，德国历来大力支持对其的研发。德教育研发部于2008年发起锂电池联盟（Lithium - ion Battery Alliance，LIB 2015），各界至今投入的资金已超过4亿欧元；德经济部2009年开始实施“蓄电池项目计划”，并为此提供2500万欧元资金；未来还将以电能储存技术为研发核心，完善电动车的充电设备及电网并入等基础设施建设。

2. 通过视窗（Schaufenster Projekt）及灯塔（Leuchtturm Projekt）两大工程，让更多的企业、组织及民众参与到德国电动汽车的发展过程中来，以期加快电动汽车的市场普及进程。视窗工程计划投入资金达1.8亿欧元。上述四部委将通过与德国各地方政府、中小企业、民间组织乃至民众的合作，组织开展大量的电动汽车及其技术的展示及推广活动，让更多的德国人了解并支持国家大力发展电动汽车的战略。灯塔工程将在视窗工程发展成熟之后开启，它不同于前者的全方位展示及宣传，将重点推广电动汽车的电池、驱动、城市交通电网等技术与基础设施。

3. 加强对电动汽车专业人才的培养力度。高技术人才是科研的核心要素，是德国发展电动汽车技术的基石。2011年6月，德联邦教育研发部组织召开全国教育研讨会，重点探讨了如何完善电动汽车专业技术人才的教育体系等问题。德教研部未来将投入相应资金，建立健全全国电动汽车专业教育及再教育网络，同时加大对各级学校、科研机构的支持力度。

4. 建立电动汽车产业的权威标准与认证体系。成熟的产业必然具备完备的国际标准及认证体系，德国计划成为全球电动汽车行业的引领者，确立其权威的标准和认证体系势在必行。德国在加快技术创新速度的同时，还将通过与美、法、中、印、韩等国的合作，重点确立锂电池、充电插头、电网设备等产品以及整车质量的权威标准与认证体系。

5. 完善公共充电设施，保障清洁能源供给。公共充电站点的布局稀疏是阻碍电动汽车普及的重要因素之一，德国将加大对充电设备的技术研发及推广力度，争取早日实现充电站遍布主要城市交通网络的目标。为实现至2020年德国清洁能源比重达35%的既定目标，提高电动及混合动力汽车的清洁电力来源比例十分重要。联邦政府将一如既往地给予新能源发电技术充足的政策和资金支持。

6. 出台一系列的优惠及刺激消费政策，鼓励消费者购买电动汽车。在电动汽车刚进入市场的初级阶段，其价格往往较普通汽车高出不少。为鼓励更多消费者选择电动汽车，德政府将出台一系列特殊政策，包括为电动汽车配备特殊牌照，设置大量专属停车位和行车道，并允许其使用公交车专用道；2015年年底之前购买的纯电动汽车免交车辆税，且期限从5年延至10年；拟于2013年出台新规，电动汽车占汽车销售总量的比例不得低于10%。

7. 加强国际合作。德政府计划通过一系列措施加强电动汽车行业的国际合作，包括组织召开大型国际研讨会，提供电动汽车行业的信息交流与共享平台；在欧盟框架内加强与其他成员国的合作，并积极参与欧盟新能源汽车政策的制定；在确立电动汽车行业标准及认证体系方面，重点与美、法、中、印、韩等国合作；将以2010年7月建立的“中德新能源汽车平台”以及2011年6月两国签署的《中德关于建立电动汽车战略伙伴关系的联合声明》为依托，积极展开对华合作。

二、德国电动汽车企业动向

（一）大众公司。2010年3月1日，大众公布了其电动汽车发展计划。近期目标为：2011年试投放500辆E-Golf电动汽车；2013年将推出大众新一代“E-Up”，续航里程达130km；其旗下的捷达、朗逸等品牌的电动汽车也将于2013年开始在中国量产，最高时速均超过130km，续航里程达150km；其旗下子品牌奥迪已开发出一款以TT为蓝本的增程型混合动力概念车，使用一台小排量单缸发动机为其车载电池充电，续航能力得以大大加强。大众的电动汽车战略市场包括欧洲、北美和中国，其长远目标是到2018年成为全球电动车市场引领者，电动汽车占公司总销售额的比例达到3%。

在对华合作方面，大众于2009年5月与比亚迪签署备忘录，计划在混合动力和纯电动车领域开展广泛合作；在2010年4月的北京车展上，宣布将于2013年开始在华量产电动汽车；2011年4月开始，在北京启动了全球首个电动车示范活动，投入10余辆纯电动及混合动力汽车，在中国国家博物馆周边为公众提供免费的交通服务。

（二）宝马公司。宝马将其电动汽车发展项目称为“BMWi”，在该框架内，自2008年起已有600辆MINI E纯电动汽车在全球进行了路试；2009年首次推出混合动力车ActiveHybrid 7和ActiveHybrid X6，并于2011年开始在欧美进行路试；2010年3月，以宝马1系为原型的BMW ActiveE高效电动汽车面世，这是宝马自MINI E之后的第二款纯电动车；2011年年初，宝马宣布BMWi正式成为其旗下的第4个子品牌，并推出MCVi3及i8等两款全新电动概念跑车，有望于2013年率先在德国上市。

在对华合作方面，宝马计划于2012—2014年将MINI E及ActiveE等系列电动汽车引入中国；未来还将在中国建立新能源汽车的本地研发和采购体系，并进行大量的电动汽车实路测试。

（三）戴姆勒公司。戴姆勒旗下的奔驰公司于2009年推出B系F-CELL氢燃料及新版Smart电动汽车，续航里程分别达400和115km。2010年3月，戴姆勒与比亚迪签署备忘录，宣布双方将在深圳成立合资公司并创立全新电动汽车品牌，新品牌电动车有望于2013年面世。此外，双方还计划在中国建立用于开发和测试电动汽车的技术中心。

4. 德国政府计划资助电动车项目

2011年8月15日，德国政府为加速发展电动车，将拨款2亿多欧元资助电动车的研发。资助金额拟用于4～6个所谓电动车“样板项目”，为普通百姓提供生动形象的样板展示。该计划补贴项目的受益者包括汽车制造商、电力提供商，以及城市公用设施和公共交通产业的相关公司。

5. 德国修订汽车能耗标识法规以适应电动汽车发展

2011年8月26日，德国修订了《汽车能耗标识法》的有关规定，特别针对电动汽车的能耗标识做出了新的规定，以适应未来电动汽车的发展。新的法规于2011年年底生效实施。新法规修订后将使现有的汽车能耗标识规定能够适应新能源车辆的有关要求。新型车辆标签除了为消费者提供直接的能耗数据，还利用类似家电能耗标签的方式，用不同颜色的标签直观地展示该车型与同级车辆比较的能耗效率优劣。对二氧化碳排放量的标识，也不仅简单的提供排放数据，而是考虑到车辆的自重因素，向消费者展示车型的排放效率。新型标识也适用于电动汽车的耗电量标识。根据新法规，购买汽车的客户可以获得每年的车辆税、每年的能源成本（燃料和耗电）等信息，这样用户就可以评估长期使用成本，作出购买决策。

6. 德国政府开始"电动汽车展示"项目

2011年11月10日，德国联邦经济技术部、联邦交通部、联邦环保部、联邦教研部共同启动了"电动汽车展示"项目，该项目主要是电动汽车的大规模区域示范和试点活动，结合了电动汽车发展中最新的创新元素，提高德国电动汽车的国际影响力。"电动汽车展示项目"在联邦范围内的启动，是德国联邦政府在2011年5月18日通过的《电动汽车政府计划》的一个重要措施，也是联邦政府采纳的德国电动汽车平台5月16日第二次报告的建议的结果。对于整个"展示项目"计划联邦政府共提供了1.8亿欧元的资助，其中联邦经济部和交通部每家资助了6700万欧元，联邦环保部资助2500万欧元，联邦教研部资助2000万欧元。该示范和试点计划的很大一部分投入将来自参与企业的配套资金，政府的资助将起到杠杆效应的作用。申请该项政府资助的企业和科研机构同有关州、市和地区的地方政府共同合作申请项目，联邦政府已组织独立专家小组在2012年3月对申请进行评估。

7. 欧委会督促成员国加速落实清洁汽车政策措施

2011年12月14日，欧委会出台文件，要求成员国加快落实促进清洁能源汽车发展的政策措施如下：

1. 政策环境。积极制定和完善法律法规，创造有利于清洁能源汽车的发展环境，平衡投资者的收益。清洁能源汽车包括：排放量显著降低的传统燃料汽车、电动汽车、天然气燃料汽车、生物质燃料汽车和氢燃料汽车。

2. 市场需求。扩大清洁能源汽车的市场需求，例如加速"绿色"城区、城市试点、公共采购等的步伐。尽快推出高压充电设施的欧盟统一标准，加快公共场所、商业中心、停车场等充电设施的部署。充实各种清洁燃料汽车基础设施建设。

3. 研发创新。进一步加大清洁能源汽车技术的研发投入力度，产学研密切结合，鼓励公私合作研发创新，加快新技术成果的推广应用。目前的研发关键仍然是提高燃料电池的功效，以及降低消费者的购车和运行成本。

4. 采取措施。强化公众的环境保护意识和制定具体措施，激励消费者购买清洁能源汽车，例如采取奖励补偿或个人所得税抵扣等刺激方式已取得较好效果。在燃料电池尚未统一标准化的情况下，更换充电电池可以吸引潜在的电动汽车消费者。

5. 公共交通。公共交通汽车利用清洁能源技术相对容易实现，与传统公共交通相比已具备竞争力。且公共交通在保护环境、城区空间、市民健康、交通堵塞以及消除欧盟区域差别等方面具有无可争辩的优势。

目前，欧盟二氧化碳（CO_2）总排放量的40%来自交通运输行业。2010年，小排放汽车的销售量同比增长59%。

8. 日本再次实施环保汽车购买补助措施

2011年12月20日，日本经济产业省将环保汽车购买补助措施编入了2011年度第4次补充预算案内，并从当日起生效。购买达到一定省油标准的环保汽车将可获得10万日元（约8000元人民币）的补助；轻型汽车为7万日元；卡车、客车需达到2015年度的油耗标准，具体补助金额为大型车90万日元、中型车40万日元、小型车20万日元。此次环保汽车购买补助措施的截止时间是2013年1月31日，由于补助金额仅有3000亿日元，因此很有可能提前结束。

9. 日本推出电动汽车采购新优惠措施

2011年11月9日，日本国土交通省推出一项鼓励引进电动汽车的新优惠措施，对于积极购买电动公交车和出租车的企业，政府将予以较大幅度的补贴。这项补贴涉及电动汽车购买费用、快速充电设施费用以及公交车站点的建设费用。新优惠措施将对引进电动公交车的企业补助达50%，对出租车的补助为30%，对地震灾区的两项补助均为50%。

10. 英国力推电动车补贴计划

2011年1月10日，英国政府推出一项针对电动汽车的补贴政策，购车人将享受每辆车最多5000英镑的高额补贴。这项电动车补贴计划规定，本国消费者购买节能电动汽车（每公里二氧化碳排放量需少于75g）最高可获得5000英镑的购车补贴。在首批被公布可享受英国政府购车补贴的电动汽车名单中，三菱、戴姆勒和标致雪铁龙生产的电动汽车成功入围。

11. 法国政府鼓励和支持清洁汽车发展

2011年10月3日，为鼓励和支持清洁汽车的发展，法国政府决定将订购2.5万辆电动汽车，其中1万辆用于邮政运输，5000辆作为公务用车。法国政府拟对每公里碳排放低于50g的电动汽车给予5000欧元/辆的补贴，对每公里碳排放低于100g的混合动力汽车给予2000欧元/辆的补贴。有关议案将提交议会讨论。

12. 巴黎电动车租赁“Autolib”计划

2011年10月2日，巴黎推出公共电动汽车租借系统，取名为“Autolib”计划（auto是汽车，lib是自由“liberate”的缩写）。它是全球首个提供公共电动汽车租借服务的系统，由巴黎市政府与开发电动汽车的法国博洛雷集团共同推出。“Autolib”计划试运行为期两个月，公共电动汽车租借系统仅限在以巴黎为中心的法兰西岛地区推行。在试运行阶段，汽车租借站点开放了33个，一共提供66辆电动汽车供100位租户试用。“Autolib”计划试运行于2011年12月5日已正式启用，届时，公共电动汽车的数量将增至250辆，所有的巴黎市民都可以享用。

13. 加拿大安大略省大力普及电动车充电站

2011年8月29日，加拿大安大略省拨款8000万加元，鼓励在全省各地设立电动汽车充电站。公众或私营企业可向省府提交建议书，获省府选中后便可获政府资助。当局希望此举能令更多充电站分布省内多个地点，让电动车用户随时随地可充电，以推动电动汽车的普及。

14. 加拿大政府补贴私人购车推动新能源发展

2011年11月10日，在加拿大不列颠哥伦比亚省（B. C.）购买新能源车（包括纯电动、混合动力和天然气），将可享受最高5000美元的政府优惠补贴。此优惠补贴来自于B. C省用于加速清洁能源汽车推广的政府拨款1700万美元。补贴资金为2500～5000美元不等，并在2012月1日起正式实施，范围包括新型电池驱动汽车、氢燃料电池汽车、混合动力电动车和天然气驱动汽车。如果车主在家庭安装电动充电桩，也将获得由LiveSmart BC提供的500美元补贴。环保部门部长Terry Lake同时承诺将投资650万美元建设电动汽车充电站以及氢燃料补给站。

15. 韩国政府拟出台电动车购买激励政策

2011年10月17日，韩国政府实施电动车购买激励政策，为购买电动车的消费者免除420万韩元（约合人民币2.52万元）的税收。该新政策已于2011年12月1日生效，购买新电动车的消费者消费税可免除5%，注册税可免除7%，总体来说，大概可以使消费者节省420万韩元。除了税收激励政策，韩国政府还公布了电动车辆的燃油标准。

16. 西班牙政府批准一揽子鼓励措施推动电动汽车发展

2011年5月6日，西班牙政府通过了一项皇家法令，基于“2010—2014推动西班牙电动汽车融合计划”中的“2010—2012行动方案”宏观框架，提出在2011年对电动汽车的购买实行直接补贴措施。同时，在此框架下，西班牙政府也颁布了另一项皇家法令，对充电经销商的业务定位进行了调整，使得作为代理商的他们能够再次销售电能用于为电动汽车充电。此外，这一法令也创建了一个新的名为“supervalle”的接入计价表，通过该计价表的推行，能够让汽车在夜间充电享受到更优惠的价格。西班牙政府对电动汽车消费的补贴力度最高将达到税前销售价格的25%，但每辆汽车包括电池在内的最高补贴金额不超过6000欧元，补贴对象为个人用户或私人车队。同时，对于与其他类型的电动车，如公共汽客车、长途汽车的补贴力度最高也达到税前销售价格的25%，但依据车型和所属自治区的不同，最高补贴金额为15000欧元或30000欧元。

17. 西班牙政府建立专网发放电动汽车购车直补资金

2011年6月24日，西班牙部长理事会授权西班牙工旅贸部与西班牙“汽车安全技术研究基金会”（FITSA）签署协议，共同建立“电动汽车购车补贴网上办理平台”（SITVE），以方便2011年向购买电动汽车者提供直接购车补贴。根据“2010—2014年西班牙电动汽车发展计划”，2011年西班牙政府提供的购车直接补贴共计7200万欧元，每辆家用车购车直接补贴最高为6000欧元，相当于税前销售价格的25%，如购置电动公共汽车或载重车，每车最高补贴可达1.5万～3万欧元。

18. 菲律宾投资署发布《2011年投资优先计划实施细则》

2011年8月11日，菲律宾投资署发布《2011年投资优先计划实施细则》，该细则在“造船”项目下增加了“船体分解、回收”子项目，并允许建造电动汽车充电站（至少5个）、为电动汽车生产电池部件的项目享受税收优惠。

19. 葡萄牙政府制定措施鼓励购买纯电动汽车

2011年7月20日，为鼓励民众购买100%电动车，葡萄牙政府实行了一系列购车鼓励措施。目前已公布或已生效的措施有：

（1）前5000名购买纯电动车的个人，享有政府提供的购车补贴5000欧元；

（2）针对批量购买纯电动汽车的公司，给予减免车辆税和流通税的优惠政策，并减免50%的企业所得税；

（3）购买纯电动车后六个月内，可免缴电费。

20. 澳大利亚公布汽车业转型方案

2011年3月10日，澳大利亚公布了“汽车业转型方案”（Automotive Transformation Scheme）。这一总额为34亿澳元的转型方案是国家“更加绿色未来新型汽车计划（A New Car Plan for a Greener Future）”的核心内容。它资助澳大利亚的汽车厂商和零部件制造商从2011年1月1日起开发下一代的汽车技术，即装备澳大利亚最为重要的产业来迎接未来10年的竞争。按照计划，在2011—2015年的第一阶段，国家“戴帽（Capped）”下达资助经费15亿澳元；2016—2020年的第二阶段提供10亿澳元。从2011—2017年间，国家还将不戴帽支持汽车生产的辅助资金8.47亿澳元。该计划由创新、工业与科研部内主管工业计划的澳大利亚工业局负责组织实施。

21. 土耳其确定电动汽车消费税率

2011年3月3日，土耳其政府宣布了一项特别的适用于电动汽车的三级税率。该税率是按照电力驱动装置的额定功率来计算的。发动机额定功率低于85kW的为3%的税率。在85～120kW的税率为7%，而超过120kW的相应税率则增至15%。

22. 斯洛文尼亚采取措施刺激电动汽车消费

2011年2月15日，斯洛文尼亚政府将为电动汽车充电提供新的基础设施网络，包括建设充电站，制定标准等。对购买电动车的消费者，政府将补助5000欧元，从2012年通过斯洛文尼亚生态基金开始实施，法人获得与自然人同样的待遇。2012—2014年，政府每年提供100万欧元；2012年，计划为200辆电动车（非豪华型）提供补贴。2012年，政府将完成电动车市场分析报告，并确定2012年补贴额。

第三篇 企业事业单位发展概况

生产企业

中国第一汽车集团股份有限公司

一、发展概况

2011年是迈向“十二五”的开始，是中国新能源汽车从产品示范运行走向商业化运行的关键时期，也是新能源汽车从技术开发转向产品开发的关键时期。2011年4月19日，中国第一汽车股份有限公司董事长徐建一在上海车展上发布了一汽“蓝途战略”，在新能源汽车技术方面，一汽将以“技术上可能、经济上可行、环境上可容”为发展原则，坚持节能汽车和新能源汽车两条腿走路，密切跟踪氢燃料、生物燃料技术。“十二五”期间，一汽将仍然以强混合动力汽车技术为主线，完成从A级到C级的强混合动力汽车及插电式混合动力汽车系列车型开发，并建立批量生产能力与商业化销售体系；同时一汽也将在A00以及A0车上持续开发新一代高性能纯电动轿车平台，在“十二五”末期实现小批量销售。

一汽在“十五”“十一五”期间连续承担国家“863计划”电动汽车重大专项。经十年攻关，在轿车方面，完成了奔腾B70HEV混合动力轿车、奔腾B50PHEV插电式混合动力轿车和奔腾B50EV纯电动轿车开发，奔腾混合动力轿车项目荣获2011年度中国汽车工业科学技术进步一等奖；在客车方面已经完成4款底盘、6款整车的产品开发，截至2011年10月底，一汽混合动力客车累计销售162辆，累计运行里程超过3000万公里；B70HEV经德国Tü V认证，节油率超过35%（NEDC工况），CO_2排放水平为125g/km，达到欧洲2015年CO_2排放法规；B50PHEV节油率60%以上（NEDC工况），CO_2排放水平为76g/km，达到欧洲2020年CO_2排放法规；混合动力客车节油率30%（国家城市客车典型循环工况），达到国际先进水平；B50EV纯电动轿车采用高效电驱动系统，实现了电机与高速减速器的集成设计；采用高能量密度锂离子动力电池储能系统，实现了电池组与下部车身的机、电、热一体化设计；开发了整车能量管理系统，在NEDC工况下整车能量消耗率小于16kW·h/100km，续驶里程大于120km，满足私人用户在城市工况下的日常使用需求。2011年8月22日，中国第一汽车股份有限公司研发的奔腾B50PHEV插电式混合动力轿车和奔腾B50EV纯电动轿车正式下线，标志着长春市正式推广私人使用新能源汽车，也标志着中国第一汽车股份有限公司的新能源汽车产业迈向了新的征途。

二、生产经营

中国第一汽车集团公司新能源汽车分公司，公司占地面积60000m^2，一期总投资1亿元，并已通过了ISO 9001质量体系认证。

2011年项目建成，形成了单班10000辆/年的批量生产能力，生产车型包括HEV、PHEV、EV等新能源轿车产品，承担整车装配、调试、检测、返修以及各主要总成分装工作。主要工艺过程为：漆后车身利用工艺车送至装配线→内饰装配→底盘装配→最终装配调整→整车检测。生产线由总成装配、整车装配、整车调整检测组成。检测线设备包括四轮定位仪、大灯检测仪、侧滑试验台、转毂试验台、尾气排放仪，保证了整车关键点的质量稳定性。

公司拥有汽车整车出厂安全检测线，该线采用了全数字通信，全自动联网，检测数据和结果自动采集、打印，避免检测结果受人为因素干扰，保证了准确性。配置了车速试验台、烟度计、排放分析仪、轴重/制动试验台等设备。组建了总成零部件检测试验室，配备整车控制器试验测试平台、动力驱动系统台架试验台等专用检测设备。严格按程序文件、作业指导书或相关工艺文件操作，确保产品生产一致性。从而有效地保证了产品质量，并实现了质量问题的追溯式管理。

三、产能建设

2011年项目建成，形成了单班10000辆/年的批量生产能力，生产车型包括HEV、PHEV、EV等新能源轿车产品。2011年8月22日，中国一汽新能源轿车下线暨首批新能源轿车投放仪式在中国一汽新能源汽车分公司新装配线举行，也标志着长春市正式推广私人使用新能源汽车，也标志着中国一汽以汽车领域新兴产业的重大成果迈向了节能环保的蓝色征途。预计2012年年末还将有100辆奔腾新能源轿车陆续投入示范运行。

四、技术进展及研发能力进展

经过十年的自主开发，中国第一汽车股份有限公司建立了电动汽车整车构型分析、性能控制、控制策略、关键总成、试制、试验以及产品认证等开发流程，制定了整车及关键总成试验规范40项、试验标准10项；自主完成了混合动力专用发动机、电机耦合AMT自动变速器以及整车控制器等关键总成产品开发；掌握了整车性能控制、控制策略以及电机、电池控制等核心技术；自主完成了电动汽车的标定技术开发，包括整车驾驶性、经济性、排放以及环境适应性等。

2011年2月中国第一汽车股份有限公司成立了电动车

部，负责电动汽车整车、电驱动系统以及储能系统的技术与产品开发，目前有技术人员150余人，其中博士10人，硕士研究生95人，建立了国内领先的插电式混合动力轿车动力总成试验台、整车控制系统开发试验台、电驱动系统开发试验台以及动力电池试验台。

中国第一汽车股份有限公司技术中心将前期积累的深度混合动力汽车开发经验成功应用于红旗H7 PHEV的开发，目前已经完成了整车技术方案设计与功能样车试制，该车将于2012年4月参加“2012年德国汉诺威工业博览会”和“2012（第十二届）北京国际汽车展览会”，并于2015年实现批量投产。

五、主要产品

整车			
序号	名称	型号	类别
1	奔腾B50纯电动车	CA7005EV	纯电动轿车
2	奔腾B50插电式混合动力	CA7155PHEV	插电式混合动力轿车
3	奔腾B50插电式混合动力	CA7155PHEV1	插电式混合动力轿车
4	解放混合动力公交客车	CA6124SH8	油电混合动力客车
5	解放混合动力公交客车	CA6120URH2	天然气混合动力客车

零部件		
序号	名称	型号
1	动力电池总成（春兰）	CAB040AN1
2	动力电池总成（中航锂电）	CAB360EL1
3	动力电池总成（力神）	CAB050EL1
4	动力电池总成（ATL）	CAB060EL1
5	动力电池总成（力神）	CAB050EL2
6	动力电池总成（力神）	CAB066EL1
7	动力电池总成（LG）	CAB005PL1
8	动力电池总成（ATL）	CAB035AL1
9	B70混合动力轿车动力电机（电驱动）	CAM200PT1
10	EV轿车电机（电驱动）	CAM220PT1
11	EV客车电机（南车时代）	9100210－k04
12	混合动力客车电机（电驱动）	

六、2011年1—12月企业在新能源汽车方面的经济指标统计

1. 一汽客车有限公司

指标名称	本期累计	同期累计	增长率（%）	增长额（提高百分点）
2011年营业收入（万元）	995000.00	0	-	-
营业成本（万元）	17166560.18	4841847.65	254.54	254.54
营业税金及附加（万元）	49750.00	0	-	-
营业利润（万元）	-16171560.18	-4841847.65	-234.00	-234
管理费用（万元）	17081597.29	4865824.91	251.05	251.05
财务费用（万元）	-305419.32	-23977.26	-1173.79	-1173.79
2011年年末职工人数（人）	33	11	200	200
2011年年末工程技术人员（人）	11	4	175	175
2011年年末资产总计（万元）	172897601.34	108580231.83	59.23	59.23

2. 中国一汽集团股份有限公司新能源汽车分公司

指标名称	本期累计	同期累计
2011 年营业收入（万元）	108 091	110 392
营业成本（万元）	99 636	101 645
营业税金及附加（万元）	376	655
营业利润（万元）	-11 800	-14 615
销售费用（万元）	5 768	4 996
管理费用（万元）	11 161	11 300
财务费用（万元）	828	495
其中：利息支出（万元）	701	551
工业总产值（全年价）（万元）	106 493	114 379
工业销售产值（全年价）（万元）	109 152	115 506
工业增加值（万元）	5 131	18 416
2011 年年末资产总计（万元）	190 344	132 441
2011 年利润总额（万元）	-3 216	-11 787

东风汽车公司

一、发展概况

东风汽车公司是中国特大型国有骨干企业，构建有完整的研发体系，拥有雄厚的技术、研发基础和丰富的人才资源，产品和技术覆盖乘用车、商用车、新能源汽车及其核心总成等方面，综合研发能力居国内领先水平。

为实现打造一个“永续发展的百年东风，面向世界的国际化东风，在开放中自主发展的东风”的事业愿景，东风汽车公司将自主创新能力的建设和新能源汽车事业作为支撑公司发展的战略重点。 东风公司董事长、党委书记徐平明确要求，大力发展新能源汽车是汽车行业的发展趋势，也是东风公司实施可持续发展战略的必由之路，东风要把发展新能源汽车当作东风发展战略的首要任务之一，抢占技术制高点和市场份额。

二、研发和产业化进展

东风公司是国内最早从事新能源汽车研发的企业之一，早在“九五”期间，东风汽车公司就研发了纯电动轿车、纯电动中巴和燃料电池中巴；2001 年，又率先成立了东风电动车辆股份有限公司，专门从事电动汽车及其关键技术的研究开发；“十五”期间，东风汽车公司承担了国家“863”计划电动汽车重大专项“混合动力城市公交客车”和“混合动力轿车”的开发；“十一五”期间，东风汽车公司继续承担国家“863”项目，并致力于电动汽车的产业化。

2003 年，东风汽车公司又率先发起成立电动汽车示范运营公司，致力于电动汽车的商业化示范运行。

2009 年 6 月，我国首个国家级电动汽车专利产业化试点基地——东风电动汽车产业园试点基地隆重揭牌，为东风新能源汽车创新成果的知识产权化、商品化和产业化搭建优良平台。

2010 年 1 月，东风混合动力城市客车节能减排关键技术成果荣获 2009 年度国家科技进步二等奖。

2011 年，东风公司调整新能源汽车事业体制，对东风电动车辆股份有限公司增资重组，为东风公司新能源汽车事业打造更合理的发展平台。

三、主要产品

依靠在新能源汽车领域的国内领先优势，东风公司在混合动力、纯电动和燃料电池汽车以及整车控制系统、动力电池系统和电机驱动系统方面进行了深入研究和产业化推进。

目前东风公司已有 22 个车型进入节能与新能源推荐目录，覆盖了从乘用车到商用车领域，从混合动力到纯电动车型。 主要产品有天翼纯电动大客车、天翼纯电动厢式物流车、帅客纯电动 MPV、奥丁纯电动 SUV 等纯电动车型以及 12m 混合动大客车、S30 - BSG 混合动力轿车等混合动力车型。 同时，纯电动 A000 级平台车型正在开发中，已在 2012 年北京车展展出 ET 样车。

伴随着新能源汽车整车的开发，东风汽车公司积累了一系列核心技术，包括整车集成开发与整车控制技术、电池管理系统技术、电机及控制系统技术等，并对其中的重要技术申请了130余项专利。

四、示范运营情况

东风公司积极推进新能源汽车的示范运营工作，截至目前，公司已有近700台各类新能源汽车投入示范运营。其中，超过500台混合动力大客车投入武汉市“十城千辆”示范运营工作，63台天翼纯电动大客车在襄阳、唐山等地示范运营，逾百台各类纯电动SUV和MPV车型在国家电网和郑州开展示范运营。2010年5月25日，首批50辆东风风神S30－BSG混合动力轿车交付武汉市政府，标志着东风公司在新能源汽车事业上实现乘商并举，在新能源汽车产业化道路上迈出坚实的步伐。

五、发展规划

2010年8月12日，东风公司在武汉召开“东风汽车公司节能与新能源战略发布会”，发布了东风公司新能源汽车发展规划。东风汽车公司将自主创新与新能源汽车放在更加重要的战略位置，更加明确地将纯电动乘用车作为中长期的战略重点，将混合动力汽车作为阶段性产业化重点并与传统汽车的节能技术开发相结合，立足整车集成与整车控制，整合电动汽车与核心资源，建立共性技术优势，探索纯电动汽车的商业应用模式。

到2015年，混合动力汽车保有量达10万辆，纯电动车具备产业化条件并形成5万辆的产销规模；

为此，公司安排了30亿元的专项经费，专门用于节能与新能源产品技术的开发和产业化，在汽车产业升级中实现跨越式发展。

郑州宇通客车股份有限公司

一、发展概况

2011年，郑州宇通客车股份有限公司领导高度重视，公司上下同心协力，在节能与新能源汽车领域的团队建设、核心技术研发、试验能力、产能建设和产品建设方面都取得了明显的进展。

1. 团队建设方面

到2011年为止，已形成以8名博士、24名硕士为核心的80人研发团队，已全面覆盖包括总体设计、系统集成、控制策略、电控技术、电机控制、车载能源、电气技术等研究方向。另有技术中心1000多名研发人员提供共性技术支持。

2. 核心技术研发方面

全面掌握新能源客车整车控制核心技术及多项关键技术，在混合动力系统和纯电动系统的自主研发过程中，宇通采用了先进的“V”形开发流程，全面掌握新能源客车整车控制核心技术，以及多项关键技术（包括：整车匹配与集成技术、发动机快速启停技术和节能型电动转向技术等），实际线路节油率可达30%。纯电动客车的测试电耗低于0.8°（不开空调）。已成功开发宇通“安节通”车联网系统，目前已装车5000余台。正在承担“十二五”国家“863”“宇通插电式混合动力城市客车产业化技术攻关”项目、“基于新型商业模式示范城市的电动客车综合示范”项目，已成功入选“十二五”国家科技计划交通领域预备项目库。

3. 试验能力方面

为了全面提升及验证节能与新能源客车的节油率、可靠性、安全性以及稳定性等，宇通已投资近2亿元进行新能源客车试验能力建设，包括新能源客车动力系统试验台、硬件在环仿真试验台、车载电源系统试验台、电附件系统试验台等研发设备。仅2010年在德国开发定制的新能源客车动力系统试验台，就投入了2200万元。

4. 产能建设方面

正在建设的节能与新能源客车生产基地，总投资24亿元，将形成年产6000辆节能型客车和4000辆新能源客车的生产能力。

5. 产品及表现方面

已取得15个混合动力客车公告、5个纯电动客车公告，销售区域涵盖了郑州、杭州、苏州、天津、海口、昆明、北京、广州等城市，并出口海外，销量超过674台，累计运行里程已超过2500万公里。

6. 知识产权方面

2011年，共申报专利38项，发表学术论文2篇。

二、生产经营

2011年，新能源客车累计销售674台，销售区域涵盖了郑州、苏州、杭州、广州、天津、海口、昆明等城市。共销售包括CNG、LNG和LPG在内的NG类客车5384台。

三、产能建设

2011年7月20日，公司计划斥资24.35亿元打造的节能与新能源客车基地奠基仪式在郑州国际物流园区隆重举行，这也标志着迄今为止国内规模最大的节能与新能源客车研发制造基地正式开建。公司节能与新能源客车的阶段性市场目标是：2012年，推出从10到18m混合动力城市客车和7到14m纯电动城市客车；2015年，实现市场节能与新能源客车产品的全覆盖。新基地占地千余亩，预计于

1年后建成，届时，基地将拥有新能源客车动力系统试验台、硬件在环仿真试验台、车载电源系统试验台、辅助系统试验台、转毂试验台、发动机性能试验台、电动车充电站等研发设备，全面提升宇通节能与新能源客车的研发水平。同时，基地的兴建将为公司带来1万台客车的产能，其中节能型客车6000辆/年、新能源客车4000辆/年。

四、技术进展及研发能力进展

宇通客车新能源技术部已形成以8名博士、24名硕士为核心的80人研发团队，以及技术中心1000多名研发人员的技术支持团队，申请国家专利38项。“ZK6126MGQA9混合动力城市客车开发项目”已通过省级鉴定，并荣获郑州市科技进步一等奖。宇通研发了多项行业内独有新技术，如：发动机IST（智能启停）技术、高效的电动液压助力转向系统、高强度钢轻量化等独有技术，整车在安全性、可靠性、经济性上处于行业领先地位。宇通还建立了国内最专业的新能源车辆远程监控系统，结合CAN网络技术和信息传输技术，对车辆状态、动力电池、动力系统、电辅助系统等进行远程无线、实时监控，后台备份数据，实现故障诊断自动化、运营维护数值化、安全监控自动化。

正在承担“十二五”国家“863”“宇通插电式混合动力城市客车产业化技术攻关”项目和“十二五”国家“863”“基于郑州示范城市的电动客车与支撑平台综合示范”项目，参与“十二五”国家“863”“客车用玉柴中度混合动力总成产业化技术攻关”项目和“增程/插电式商用车驱动系统总成开发”项目。“节能与新能源城市客车研发及产业化”项目列入河南省重大科技专项等。

宇通客车新能源项目已获得15款油电、气电混合动力产品公告，5款纯电动产品公告，可满足主流市场产品需求。宇通新能源客车销售区域涵盖了郑州、杭州、苏州、天津、海口、昆明、北京、广州等城市，并出口海外，销量超过674台。平均节油率超过30%，节能减排效果显著。

宇通节能与新能源基地投入使用后，将拥有新能源客车动力系统试验台、硬件在环仿真试验台、车载电源系统试验台、电驱动系统测试试验台、电辅助系统试验台、电动车充电站等研发设备，全面提升宇通节能与新能源客车的研发水平。

五、主要产品

整车			
序号	名称	型号	类别
1	宇通牌ZK6126CHEVGQCA型混合动力电动城市客车	ZK6126CHEVGQCA	混联式油电混合动力
2	宇通牌ZK6180CHEVGQAA型混合动力电动城市客车	ZK6180CHEVGQAA	混联式油电混合动力
3	宇通牌ZK6106PHEVG1型混合动力电动城市客车	ZK6106PHEVG1	混联式油电混合动力
4	宇通牌ZK6126CHEVG2型混合动力电动城市客车	ZK6126CHEVG2	混联式油电混合动力
5	宇通牌ZK6120CHEVG1型混合动力电动城市客车	ZK6120CHEVG1	混联式气电混合动力
6	宇通牌ZK6126EGA9型纯电动客车	ZK6126EGA9	纯电动
7	宇通牌ZK6125BEVGQAA型纯电动客车	ZK6125BEVGQAA	纯电动
8	宇通牌ZK6120BEVGQAA型纯电动客车	ZK6120BEVGQAA	纯电动
9	宇通牌ZK6110HNQ1E型燃气客车	ZK6110HNQ1E	天然气（CNG/LNG）
10	宇通牌ZK6110HNQ1Z型燃气客车	ZK6110HNQ1Z	天然气（CNG/LNG）
11	宇通牌ZK6121HN1Y型燃气客车	ZK6121HN1Y	天然气（CNG/LNG）
12	宇通牌ZK6121HN1Z型燃气客车	ZK6121HN1Z	天然气（CNG/LNG）
13	宇通牌ZK6122HNQ1E型燃气客车	ZK6122HNQ1E	天然气（CNG/LNG）
14	宇通牌ZK6122HNQ1Y型燃气客车	ZK6122HNQ1Y	天然气（CNG/LNG）
15	宇通牌ZK6127HNQDA型燃气客车	ZK6127HNQDA	天然气（CNG/LNG）
16	宇通牌ZK6127HNQEA型燃气客车	ZK6127HNQEA	天然气（CNG/LNG）
17	宇通牌ZK6110HNQ1Y型燃气客车	ZK6110HNQ1Y	天然气（CNG/LNG）
18	宇通牌ZK6122HNQ11E型燃气客车	ZK6122HNQ11E	天然气（CNG/LNG）
19	宇通牌ZK6122HN01Z型燃气客车	ZK6122HN01Z	天然气（CNG/LNG）

六、合资合作

宇通与北京理工大学、广西玉柴机器股份有限公司、中信国安盟固力动力科技有限公司、上海电驱动有限公司和塞恩斯能源科技有限公司协作申请的“十二五”“863”项目“宇通插电式混合动力城市客车产业化技术攻关”已全面展开，并在新能源核心技术研发方面取得了重大突破。在此基础上，2012年1月，宇通作为课题牵头申请单位，联合北京理工大学、河南科技大学、郑州市公共交通总公司等协作单位，获得国家科技部“十二五”“863”项目“基于郑州示范城市的电动客车与支撑平台综合示范”资助，实现整车研发与示范技术的衔接，以期推进新能源客车的产业化进程。

七、发展规划

宇通客车将确立“纯电驱动”的技术转型战略，在实现混合动力客车产业化的基础上，加大插电式混合动力客车、纯电动客车的投入力度，开展以燃料电池客车为代表的下一代纯电驱动客车研究。积极参与标准、检测与数据平台建设：在测试评价领域，重点针对整车电控核心技术，建立混合动力系统试验台、软硬件在环仿真试验台、整车环境模拟实验室；在电池方面，建立车载能源系统试验室，包括动力电池、超级电容、燃料电池相关测试设备；在电机方面，建立电机性能测试试验台、电机控制系统试验台。重点突破整车电控核心技术，全面掌握电池、电机测试评价技术。

八、2011年企业在新能源汽车方面的经济指标统计

指标名称	本期累计	同期累计	增长率（%）	增长额
2011年营业收入（万元）	48660	20921	133	27739

深圳市五洲龙汽车有限公司

一、2011年发展概况

2011年是五洲龙公司不平凡的一年，公司正大迈步向前发展。在过去的一年里，五洲龙公司全体员工发扬了自强不息、踏实苦干的优良作风，无论是在内部管理还是在外部经营上都力求突破，不断完善企业制度，积极吸取先进的管理理念，注重培养全体职工的质量意识和责任意识，锐意进取，大胆创新，不断提升技术水平，千方百计抢抓生产任务，积极开拓国内、国际市场、寻找新途径，大力地进行了开源节流工作，企业发展取得了长足的进步。

二、生产经营

2011年，公司实施了“精品工程”，主要是围绕提高生产效率和提升产品质量来进行的，目标完成率达到95%以上。2011年公司加强了质量工作，以ISO 9001为标准，落实“全面质量管理”，加强生产体系管理，提高管理水平，强化了流程控制，在2011年生产系统共制定14项标准和计划类型，初步搭建了管理构架，其重点放在计划管理，现场管理和优化流程提升产能上，全面推行生产计划管理，生产现场“5S”管理和零部件送料管理。

2011年公司销售量达到2150辆，其中混合动力单层公交车1600辆，混合动力双层大巴20辆，纯电动支线巴士50辆，纯电动大巴80辆。销售总额达到15.1878亿元，同比2010年销售量增长了38.75%，销售额增长了44%。综合业绩显著提高。2011年公司新能源/清洁能源的销售量占总销售量的94.32%，新能源/清洁能源销售额占总销售额的97.49%，实现了公司向新能源市场倾斜的重大目标。

三、产能建设

生产部编制各类生产管理规定，为了保障公司销售订单按时间节点落实完成生产，把影响生产的各要素进行分析、归纳，明确相关职能部门的职责和要求，落实各职能部门的职责，通过《生产计划管理规定》的实施，使生产管理从无序生产向有序生产转变。

经过一年的努力，运用《月生产计划》《周生产计划》和周生产例会制度，使生产进程中出现的问题被及时发现，问题多的部门及车间逐一显现，为快速地解决问题提供了依据，最大限度地保证了生产的有序进行。

大力推行生产现场及办公场所“5S”管理，采取周检查及考核制度，奖罚到人，使生产现场的环境得到有效提升，特别是准备车间、涂装车间及焊装车间的生产环境得到较大改观。

为使进一步提升产能、改进仓库管理成为可能，严格实施零部件送料制，目前总装车间的各类物料实现了百分之百的送料制，效果明显，2012年将逐步在各车间实行送料制。通过制度的管理和培训，使操作员工的设备维护意识得到了提高，在操作工人和维修工人的同时努力下，全年设备的完好率达到了98%以上，设备故障率2%以下。公司深圳总部目前年产能达到1万台左右。

四、技术进展及研发能力进展

技术创新是公司的核心竞争力，在过去的一年里，电动车中心和技术中心对于新能源汽车的技术改进和升级进行积极探索，均取得了很大的成绩。

工程中心建设工程基建部分已经全部完成，投入使用，混合动力测控系统、高精度功率分析仪、数字示波器，汽车尾气分析仪，精密噪声分析仪，LCR电桥等设备完成购置，已投入新能源汽车实验室使用，其余部分的设备均已签订购买合同，待办理好相关入关手续即可到厂并

安装调试。2011年，公司累积申请各种专利达20件，其中发明专利有10件，囊括工程中心研究任务的所有方面，在实际应用方面取得良好的效果，深得用户好评。

作为工程中心所依托的深圳市五洲龙汽车有限公司，从2000年开始研发混合动力客车，2005年以来先后5次承担实施国家“863”节能与新能源汽车项目计划。参与制定国家新能源汽车准入国家新能源汽车财政补贴等标准。以深圳市五洲龙汽车有限公司为依托，在工程中心的推动下，五洲龙混合动力大巴目前已经进入大规模示范运营阶段，为国内投放规模最大的新能源汽车企业，工程中心也成为我国南方最大的新能源汽车研发、生产基地，带动深圳乃至广东的新能源汽车产业发展，为我国新能源汽车的发展起到了很大的推动作用。

五、主要产品

整车		
名称	型号	类别
插电式混合动力大巴	FDG6115HEVG2	混合动力
插电式纯电驱大巴	FDG6113EVG	纯电动
插电式纯电动大巴	FDG6117EVG	纯电动
零部件		
名称		型号
钛锰合金电池		

六、合资合作

英国亚历山大·丹尼斯公司（Alexander Dennis Limited，其前身是TransBus International）是一家在客车整车、客车底盘及工程技术领域有超过200年历史的世界著名客车生产企业。该公司是欧洲客车市场的领导者。其生产的双层大巴占据全球市场份额第一的位置，已成为伦敦市的文化象征。在北京奥运会闭幕式上亮相的那辆红色双层巴士出尽了风头，吸引了众多关注的目光。

五洲龙公司与英国亚历山大·丹尼斯公司在充分了解的基础上，相互认可对方的研发实力、生产能力、工艺水平和市场拓展能力，双方达成了长期合作的意向，签订了长达17年的分步合作框架协议。五洲龙在合作的过程中不断吸收外方优秀的产品设计、工艺流程、质量控制等方面的经验，缩短自己在客车制造领域和世界先进水平。

安徽安凯汽车股份有限公司

一、发展概况

安徽安凯汽车股份有限公司是国家定点生产高、中档，大、中型豪华客车及客车底盘的大型企业。公司是国家火炬重点高新技术企业、国家创新型试点企业，拥有国家电动客车整车系统集成工程技术研究中心、国家级博士后科研工作站和省级优秀企业技术中心。公司主要产品有“安凯·SETRA”、“安凯”牌系列公路客车、旅游客车、公交客车、系列客车专用底盘和新能源客车，产品囊括8～18m全系列，年综合生产客车及底盘能力达18000辆。安凯豪华客车及底盘先后荣获安徽省名牌产品、安徽省免检产品等殊荣，安凯牌被评为安徽省著名商标，产品已获得68项专利，“AK”品牌被评为2010—2011年度“安徽出口名牌”，且公司产品已出口到美国、澳大利亚、中国香港、迪拜等发达国家和地区，并通过了海湾国家GCC认证、澳大利亚ADR认证、伊朗E－MARK认证、美国DOT认证。2011年产销客车5069辆，销售收入22.29亿元，利润总额8222万元。

二、生产经营

公司抢抓市场机遇，围绕年度工作方针，以十项管理活动为抓手，科学布局、系统规划，通过公司上下的共同努力，新能源项目、营销体系建设、研发和基础管理能力提升等工作取得了一定成效，为“十二五”实现更大的发展打下了基础。

2011年，客车板块整体销售规模再上新台阶，各项业务均取得了较好的发展。合计销售各类客车11700辆，同比增长16.85%，完成全年内部确保指标的96.93%；合计实现销售收入58.83亿元，同比增长9.93%，完成确保指标的96.44%。利润总额1.54亿元，同比增长32.23%，超额完成预算指标。销量位列行业第四位，增幅在前15家客车企业中位列第一位。

三、产能建设

根据企业发展的需要，公司不断加大技改投入，扩大生产规模，一批新厂房，如股份公司完检车间，老厂房改造项目，如客车二厂、新能源车间等陆续完工投入使用，使各生产线的生产能力得到显著提升，产销规模扩大，经营质量和效益大幅提升，厂区环境和面貌也发生了翻天覆地的变化。2010年安凯客车实现“万台下线”，跻身中国客车业“第一军团”，成为安凯发展史上重要的里程碑，2011 年产销客车进一步增长，销量位列行业第四位。

四、技术及研发能力进展

公司目前新能源客车的研发以纯电动客车和增程式电动客车为主，该研发路线完全符合国家发展新能源汽车的产业政策。研发了 11m、12m 纯电动公交客车和 12m 纯电动旅游大巴等三款纯电动客车，在整车上应用了自主研发的整车控制系统，并通过试验验证，各项性能指标稳定，特别在爬坡度方面等动力性能有了大大的提升，达到项目合同书的技术指标要求。研发了 12m 串联式混合动力客车、12m 混联式混合动力客车、11m 并联式混合动力客车等三款混合动力客车，并通过试验验证，各项性能指标达到项目合同书的技术指标要求。

为进一步促进安凯研发的建设，建立了电动客车的研发体系，建有高水平的功能齐全的电动客车研发、试验检测平台，购置了 DSPACE、CRUISE 等研发软硬件及电机和电池试验台，基本具备了电动客车产品研发、试验检测和生产能力。并申请国家实验室认证，已通过文审和初审。

五、主要产品

整车			
序号	名称	型号	类别
1	安凯牌 HFF6100G03PHEV 型混合动力城市客车	HFF6100G03PHEV	混合动力城市客车
2	安凯牌 HFF6124G03EV 型纯电动城市客车	HFF6124G03EV	纯电动城市客车
3	安凯牌 HFF6122G03EV 型纯电动城市客车	HFF6122G03EV	纯电动城市客车
4	安凯牌 HFF6125G03EV 型纯电动城市客车	HFF6125G03EV	纯电动城市客车
5	安凯牌 HFF6120G03SHEV 型混合动力城市客车	HFF6120G03SHEV	混合动力城市客车
6	安凯牌 HFF6112G03EV 型纯电动城市客车	HFF6112G03EV	纯电动城市客车
7	安凯牌 HFF6127K46EV－2 型纯电动客车	HFF6127K46EV－2	纯电动客车
8	安凯牌 HFF6127K46EV－3 型纯电动客车	HFF6127K46EV－3	纯电动客车
9	安凯牌 HFF6100G03EV 型纯电动城市客车	HFF6100G03EV	纯电动城市客车
10	安凯牌 HFF6101G03EV 型纯电动城市客车	HFF6101G03EV	纯电动城市客车

六、发展规划

进行新建新能源汽车研发中心，新建新能源客车整车、全桁架式新能源客车专用底盘及关键动力总成生产基地，项目建成后达到年产 6000 辆新能源客车整车及全桁架式新能源客车专用底盘、12000 套新能源客车关键动力总成（包括整车控制系统、驱动电机、电机控制器）研发和生产能力。

七、2011 年企业在新能源汽车方面的经济指标统计

指标名称	本期累计	同期累计	增长率（%）	增长额（提高百分点）
2011 年营业收入（万元）	20600	13135	57.3	57.3
营业成本（万元）	16266	11647	39.6	39.6
营业税金及附加（万元）	420	372	12.9	12.9
营业利润（万元）	5640	1481	280	280

柳州五菱汽车有限责任公司

一、发展概况

柳州五菱汽车有限责任公司是经政府授权经营的大型国有独资企业，拥有 30 年的汽车设计经验，是中国汽车工业 30 强、中国制造业企业 500 强、国家高新技术企业、全国大型工业企业 500 强和信息化企业 500 强之一，多次荣获“全国文明单位”。

2011 年柳州五菱汽车有限责任公司营业收入达 120.66 亿元，已经发展成为融整车、零部件、发动机三大业务为一体的科技型领军企业，其中零部件产品在中国汽车零部件综合竞争力排名中排第 8 位，微型改装车的行业市场占有率达到了 28%，发动机产品在微车发动机行业市场占有率达到了 22.02%，综合竞争实力处于国内领先地位，是西南地区汽车产业链的重要组成部分。

柳州五菱汽车有限责任公司自 2003 年开始进入新能源汽车领域，业务涉及新能源汽车核心零部件和整车。2009 年，公司研制的两款微型电动货车获得产品公告，成为广西首家获得新能源车生产资质的企业。同时，公司抓住国家鼓励新能源汽车发展的契机，提升了新能源产品的创新能力，强化了新能源汽车产品的研发及产业化工作，并承担了国家“863”新能源项目任务。

1. 承担了国家“863”新能源项目任务，任务课题：面向新型商业模式的中小型纯电动商用车现状与发展

趋势。

2. 初步搭建了新能源汽车三大核心技术的研发平台（动力电池应用及高效管理、电机驱动控制、整车控制技术）。

3. 完成了大功率、高压、水冷电机驱动控制器的开发，完成了两款电动变频空调系统的开发。

4. 完成了两款车型（新型纯电动观光车和纯电动五菱之光）的开发，完成了纯电动城市小公交车型首台功能样车的开发。

5. 实现了成品车型（纯电动社区车）性能、质量的全面优化提升。

二、生产经营

面对国内外复杂多变的经济形势和日益激烈的市场竞争，柳州五菱汽车有限责任公司员工万众一心、抓住机遇，在产品研发、品牌塑造、市场开拓、质量提升、海外创汇等方面取得显著成绩，经营业绩喜人。

2011 年，柳州五菱汽车有限责任公司营业收入达 120.66 亿元、利润 50253 万元、税金 43080 万元，其中三大主业之一得汽车零部件营业收入 54.69 亿元，销售零部件 125 万台套，同比增长 14.1%；发动机业务营业收入 39.42 亿元，发动机销售 67.5 万台，同比增长 10.5%；专用汽车整车业务销售 39654 台，同比增长 22%，位于国内领先地位，其中微型电动货车、电动社区车实现批量出口美国及东南亚地区。

三、产能建设

在国内范围，柳州五菱汽车有限公司目前已形成以柳州生产基地为核心，青岛北方制造基地，主要配套山东、华东、华北等汽车市场，2011 年山东青岛分公司零部件销售产值达 20 亿元；重庆西南制造基地，主要配套重庆、湖北等汽车市场，已形成 20 万台/年的零部件产能。柳州、青岛、重庆三地零部件制造基地的部署，构成了“三足鼎立”“南北呼应”辐射全国的态势，已形成年产 130 万台套微型汽车零部件、80 万台汽车发动机、10 万台整车的标准产能。

四、技术进展及研发能力进展

柳州五菱汽车有限责任公司对新能源汽车技术的研究开发，有近十年的经验，特别是对电机驱动控制技术、整车控制技术及动力电池应用和高效管理技术的研究。目前，在该三大技术领域，公司已经熟悉并初步掌握了采用先进矢量控制策略的电机控制技术，建立了电池包应用管理及性能全面评估测试方法的技术知识体系和知识库，组建了软、硬件一体化的整车控制技术体系。

2011 年柳州五菱汽车有限责任公司的新能源汽车技术研发能力大步向前发展，公司搭建了新能源汽车动力电池应用及高效管理研究平台、电机驱动控制技术研究平台，并完善了整车控制技术研究平台。

1. 采购了国际先进的动力电池检测/模拟仪等主要设备，结合现有系统体系，构建了汽车动力电池应用及高效管理研究平台，可开展动力电池编程充/放电试验和动力电池模拟试验，并进行整车工况模拟，电池 SOC 变化量分析及纯电动车变载荷运行时的电池测试等，提升了企业的电池应用及高效管理水平。

2. 采购了国际先进的电机测试台架，结合已有的仿真软件、测试系统，共同构建电机控制技术研发平台，可实现对电机及控制器控制策略仿真、性能验证及样机模拟，如对电机的控制方式及策略进行虚拟仿真和实测，评价其调速的快速性、输出扭矩的准确性及电机的功率效率等，使企业更深入地掌握电机驱动控制技术。

3. 结合电池包、电机控制技术平台，完善了整车控制技术研发平台，可在试验室建立整车虚拟试验场。针对小型代步车、货车、客车等不同车型，进行整车性能仿真试验及整车台架试验，可预测整车成品的最高车速、最大爬坡度、加速时间和续驶里程等，对车辆的动力性、经济性、可靠性研究具有重大的意义，全面增强了企业的整车控制技术能力。

五、主要产品

整车			
序号	名称	型号	类别
1	五菱牌 LQG5020CCYBEV 型纯电动仓栅式运输车	LQG5020CCYBEV	纯电动货车
2	五菱牌 WLD1142Q1P 型电动货车	WLD1142Q1P	纯电动货车
3	五菱牌 WLD1040Q5 型电动社区车	WLD1040Q5	纯电动客车
4	五菱牌 WLD2080 型电动观光车	WLD2080	纯电动观光车
5	五菱牌 WLD1113 型电动观光车	WLD1113	纯电动观光车
6	五菱牌 WLD4020C 型电动社区车	WLD4020C	纯电动观光车
7	五菱牌 GL6481NCQ 型客车	GL6481NCQ	汽油 NG 双燃料客车
8	五菱牌 GL6505NCQ 型客车	GL6505NCQ	汽油 LNG 双燃料客车

续表

零部件		
序号	名称	型号
1	车用异步电机驱动器	CAMC223320YA

六、合资合作

柳州五菱汽车有限公司以合作创新的理念，建立开放的产学研运行模式，广泛引进技术、人才、项目或者依托高等院校与科研单位共同开发新产品、新技术。技术中心的课题与大专院校、研究院相结合，组成专题项目动态组进行共同研究开发，注重国际、国内交流与合作，充分利用社会科技资源，提高技术中心的研究开发能力和水平。

2011 年，柳州五菱汽车有限公司组织并联合多所国内知名高等院校进行新能源汽车技术研究，与北方工大、天津大学、西北工大等著名院校建立长期稳定的合作关系，合作范围包含电机驱动控制技术、电源管理系统、动力电池应用、高压安全防护等新能源汽车核心技术。深入研究新能源前沿技术理论，完善新能源汽车试验验证能力，通过对新能源汽车核心零部件开发、动力电池及电池管理系统研究开发，已掌握动力电池组性能的全面评价方法和相关能源管理策略，并逐渐建立起了相应的检测试验能力，已在自主开发的多款整车产品上进行了成功应用。

截至 2011 年，公司共承接省部级以上重点科技项目 11 项，部分已经完成鉴定及成果申报。其中，获国家科学技术进步一等奖 1 项；获广西科技进步二等奖 2 项、三等奖 2 项；获柳州市科技进步奖一等奖 3 项、二等奖 1 项、三等奖 1 项。公司十分重视核心技术知识产权保护和相关法规标准的研究，至今已获授权专利 79 项，其中发明专利 3 项、实用新型 42 项、外观设计 34 项。

七、发展规划

柳州五菱汽车有限责任公司的新能源汽车业务发展规划如下：

1. 零部件方面。紧握新能源汽车的核心技术——电机驱动控制、整车控制技术，开展多款性能优良的新能源汽车电机驱动控制器、电动变频空调及整车控制器等核心零部件研发及产业化工作。

2. 纯电动整车方面。针对新能源汽车现有的技术特点，选择中短途、中低速运行为主的车型作为发展方向，如纯电动城市小公交、纯电动城市物流车、纯电动市政服务用车、纯电动城市乘用车等车型。

3. 混合动力整车方面。充分利用现有的汽油车小型客车平台，结合深厚的纯电动车整车技术，开发并产业化多款动力性能强、节能效果好的混合动力车车型。

八、2011 年节能与新能源汽车关键零部件产销量统计数据

	2011 年生产			
	产品类型		数量（台/套）	同期增长（%）
电子控制	动力系统	电源控制	-	-
		电机控制	110	5.2
		动力总成	-	-
		发动机	-	-
	2011 年销售			
	产品类型		数量（台/套）	同期增长（%）
	动力系统	电源控制	-	-
		电机控制	103	5.1
		动力总成	-	-
		发动机	-	-

北汽福田汽车股份有限公司

一、发展概况

依托 1 个设计院、10 个设计中心、9 大职能部门、2000 余人的国家级企业技术中心——工程研究总院及投入超 12 亿元的国内领先的重点实验室，借助新能源汽车产业联盟各优势资源力量，福田公司于 2003 年开始进行新能源汽车产品研发，累计投入资金超 10 亿元，重点就新能源汽车电控技术、整车集成技术、动力电池成组及管理等核心技术展开突破。由福田公司自主研发的新能源汽车整车控制器平台，采用 32 位双芯片设计，基于国际先进的软硬件设计标准，系统具备良好的安全性和拓展性，已在全系列产品平台应用。

其中，2011 年度欧辉客车在节能与新能源汽车方面共计完成 22 个项目开发，其中城间 NG 客车项目 8 项，城市客车 NG 项目 8 项，混合动力项目 2 项，纯电动项目 4 项。目前，欧辉客车已形成了全系列的节能（NG 清洁能源）车型的产品资源，并在新能源汽车领域结合市场需求重点拓展了 12m 系列串联混合动力及 10.5m 并联混合动力客车产品的开发，同期开展了 600V 平台纯电动客车产品的开发，形成了第二代纯电动产品系列，同时在国内首家开展了轮边电驱动技术的研究和应用，首家开发了电驱动桥的纯电

动客车产品。2011年年底欧辉客车已经拥有17个新能源产品，其中已经有9个产品列入国家关于节能与新能源汽车示范推广应用工程推荐车型目录。

二、生产经营

2011年福田公司共计销售新能源汽车数量2065辆（358辆混合动力欧辉客车、67辆纯电动欧辉客车、436辆燃气欧辉客车、1004辆纯电动环卫车、200辆纯电动迷迪出租车）。

其中，欧辉客车产品由于在能源汽车领域相对领先的品质，混合动力及纯电动销售同比增长较多，分别达到16.1%和97.8%以上。在节能与新能源汽车出口方面，NG产品在国内首家实现了CNG产品技术出口（印度），NG产品整车出口沙特、卡塔尔等国家和地区；新能源汽车混合动力客车出口中国台湾、墨西哥、俄罗斯等地，纯电动客车客车出口西班牙等地。

三、产能建设

当前，已建成沙河欧辉新能源汽车制造基地及部分南海工厂，可年生产客车车型20000辆；怀柔欧曼新能源制造基地、密云多功能工厂等完成一期建设，可年生产电动迷迪、电动卡车底盘（2T/3T/8T/16T）等车型8000辆。

四、技术进展及研发能力进展

福田公司自2003年启动新能源汽车研发以来，重点就整车控制器技术、电机控制器技术、电池管理技术、整车集成技术等启动技术攻关及产业化开发。现开发人员超200人，其中海外留学人才、博士等高学历人才占50%以上。专利共计申请232件，其中发明专利137件，占总专利的59%。

整车控制器方面，根据整车控制器产品特征及国际标准开发流程，福田新能源整车控制器研发团队已系统掌握整车控制器等新能源汽车的关键电子产品的电气系统、系统结构、硬件系统、策略层软件、底层软件和系统测试的关键技术；现在已成功完成了16位整车控制器平台产品的开发并正在开展32位控制器平台产品的研发工作。

电机控制器方面，福田在电动车用电机控制领域，已经形成高可靠性电机控制器硬件和软件开发应用平台，形成了电机控制器总成的研发和小批量生产能力，可支撑目前在研电动车和量产电动车的持续发展。

在电池系统开发领域，正在进行多平台电池系统的开发，包括能量型电池平台、功率型电池平台和混合型电池平台，涵盖了EV、HEV、PHEV等多个电池系统，使用车型包括大巴、轻卡环卫车、多功能车、中重卡环卫车等，使福田汽车在新能源汽车领域产品谱系更加完整，将进一步提高市场竞争力。

整车研发方面，欧辉客车已经形成了节能汽车整车自主开发的能力，建立了比较完善的关于NG（CNG/LNG）产品设计规范要求，特别在燃气系统安全设计方面形成了一定的优势，在国内首家成功研发了国五产品系列，现已经批量服务于首都（北京）公共交通；新能源汽车领域，已经建立了相对完善的整车自主开发能力，特别在整车控制、动力（平台）系统匹配优化及能量（动力电池）系统方面的定义能力，形成了完整的自主开发体系。现有产品覆盖为8～18m的城市客车、7.9～12m的城间客车和新能源客车等，目前拥有13个车身平台、11个底盘平台和210多个产品资源，全部具有独立知识产权。

五、主要产品

整车			
序号	名称	型号	类别
1	MIDI纯电动汽车（自主方案）	BJ6438EVAA3	纯电动汽车
2	MIDI纯电动汽车（ACP）	BJ6438EV3	纯电动汽车
3	8t纯电动环卫车自主开发方案	BJ1081VEE0A	纯电动底盘
4	欧曼_16t纯电动环卫车	BJ5163EKF0D-AA	纯电动底盘
5	欧曼_16t纯电动增程环卫车	BJ5163GSSEV4	纯电动增程式底盘
6	5t电动矿车	BJ1051VEE0A	纯电动汽车
7	2t电动环卫车	BJ1020EV10	纯电动汽车
8	2t加强型电动环卫车	BJ1031EVJA1	纯电动汽车
9		BJ1031EVJA2	纯电动汽车
10	纯电动城市客车	BJ6105EVCA	纯电动
11		BJ6123C6B4D	纯电动
12		BJ6123C6B4D-1	纯电动

续表

整车			
序号	名称	型号	类别
13	混合动力城市客车	BJ6123EVCA	纯电动
14		BJ6123EVCA－1	纯电动
15		BJ6105PHEVCA	柴油混合动力
16		BJ6113C7M4D	柴油混合动力
17		BJ6113C7M4D－1	柴油混合动力
18		BJ6123C7B4D	柴油混合动力
19		BJ6123C7B4D－1	柴油混合动力
20		BJ6123PHEV－1	柴油混合动力
21		BJ6123PHEVCA	柴油混合动力
22		BJ6123SHEVCA	柴油混合动力
23		BJ6123PHEV	天然气混合动力
24	燃料电池混合动力城市客车	BJ6123C6N4D	镍氢动力电池
25	客车	BJ6110U8MTB－1	LNG/CNG
26		BJ6126U8MTB－1	LNG/CNG
27		BJ6126U8MTB	LNG/CNG
28		BJ6900U7ACB	LNG/CNG
29		BJ6900U7ACB－1	LNG/CNG
30	城市客车	BJ6123C7BCD	LNG/CNG
31		BJ6123C7BCD－1	LNG/CNG
32		BJ6831C6MCB－1	LNG/CNG
33		BJ6123C7BTD	LNG/CNG
零部件			
序号	名称	型号	
1	30kW 电机控制器	FTIVT090	
2	60kW 电机控制器	FTIVT120	
3	100kW 电机控制器	FTIVT200	
电池			
序号	名称	型号	类别
1	8t 环卫车电池系统	SPIM23300260，180Ah384V	锰酸锂
2	8t 环卫车电池系统	R5B0S4 ，180Ah384V	磷酸铁锂
3	16t 环卫车电池系统	SPIM23300260，360Ah384V	锰酸锂
4	2t 环卫车电池系统	V0D5N0,60Ah384V	磷酸铁锂
5	3t 环卫车电池系统	SPIM14245190，70Ah384V	锰酸锂
6	Midi 纯电动出租车电池系统	29/135/220/72Ah 384V	磷酸铁锂
7	功率型动力电池	P008	磷酸铁锂电池

六、合资合作

1. 动力系统合作。 在迷迪平台上，采用与 ACP、IAT 等国际一流公司合作开发动力系统的开发方式，同时积极与法雷奥、波士顿等企业交流，本着引进与消化吸收相结合的原则，提升产品竞争力。目前迷迪自主方案1.0版产品已在北京延庆累计运营12个月，单车运营里程超2万公里，运营状态良好。

2. 高校合作。近年来，由福田公司牵头承担多项国家“863”及市科委资金支持项目，充分借用高校技术攻关能力及优势资源，共同就电动汽车集成开发、整车控制策略、电池管理、电机控制等进行重点突破，加速产业化开发进程。

七、发展规划

1. 新能源汽车产品。基于市场需求，未来可形成车型覆盖乘用车、卡车、客车领域，技术路线覆盖纯电动（包括插电增程）、混合动力、燃料电池等多种路线，最终形成7个平台15个产品系列百余款新能源汽车车型。

2. 产能规划。到“十二五”中期，福田公司将建设完成以北京密云多功能工厂、怀柔欧曼工厂、沙河欧辉工厂、南海新能源客车四大新能源汽车生产基地布局，形成5.1万辆/年新能源汽车生产能力。其中：沙河欧辉新能源制造基地产能3000辆/年，怀柔欧曼新能源中重型货车基地5000辆/年，密云新能源多功能车基地27500辆/年，南海新能源客车1.5万辆/年。

八、2011年节能与新能源汽车关键零部件产销量统计数据

	2011年生产		
	产品类型	功率（kW）	数量（台套）
	永磁同步电机1	5.5	20
	永磁同步电机2	30	100
	永磁同步电机3	35	812
	永磁同步电机4	65	130
	无刷直流电机	0.8	200
驱动电机	合计		
	2011年销售		
	永磁同步电机1	5.5	20
	永磁同步电机2	30	100
	永磁同步电机3	35	812
	永磁同步电机4	65	130
	无刷直流电机	0.8	200
	合计		

深圳市比亚迪汽车有限公司

一、2011年发展概况

发展至今，比亚迪汽车产业分布在深圳坪山、西安、北京、上海、惠州、长沙、韶关七大工业园，在整车制造、模具研发、车型开发等方面都达到了国际领先水平，产业格局日渐完善并已迅速成长为中国最具创新能力的新锐品牌。

2008年12月15日，全球第一款不依赖充电站的双模电动车比亚迪F3DM在深圳上市，吹响了解决能源紧缺、二氧化碳减排和环境污染三大问题的号角。2010年3月29日，面向私人销售的F3DM低碳版在深圳上市，截至目前累计销量已近1300辆。在比亚迪双模电动车的过渡下，纯电动车时代亦不再遥远。2010年1月，e6纯电动车获准公告上市；2010年5月，比亚迪e6纯电动出租车，即全球首批纯电动出租车，批量推出上路运营，面向私人销售的e6先行者分别于2011年10月26日、11月28日在深圳、杭州先期上市，单月销量近100辆。2010年1月，K9纯电动客车研发成功；同年9月，K9正式下线；2011年，K9在深圳、长沙、海口、西安、韶关分别投入载客试运营。比亚迪逐步确立全球新能源汽车领域的领先地位！

在国内，2011年比亚迪相继在杭州、上海、合肥、长春、北京这五个私人购买新能源汽车补贴试点城市顺利成立汽车销售有限公司，为新能源汽车的进一步商业化推广奠定基础。

此外，比亚迪已经分别与新加坡、荷兰鹿特丹市政府、智利环保部、德国法兰克福市政府、阿根廷工业部、美国赫兹公司等就新能源汽车推广展开实质性的合作。

二、产能建设

2011年年底，比亚迪的新能源汽车产能分别为：纯电动轿车（e6）1000台，插电式混合动力轿车（F3DM）3000台，纯电动客车（K9）5000台。

并且计划在2015年年底，将产能扩大为：纯电动轿车（e6）50000台，插电式混合动力轿车（F3DM）50000台，纯电动客车（K9）10000台。

三、技术进展及研发能力进展

汽车工程研究院作为比亚迪汽车技术研发中心，目前已拥有造型、车身、底盘、内外饰、电器、夹具与模具设计制造、整车集成、整车及零部件检测、CAE、NVH分析等一系列关键技术和整车研发能力。已经成功开发比亚迪F3、F3R、F6、F0、S8、G3、L3、M6、F3DM、e6等车型，在研发车型遍及家轿、商务、SUV系列以及电动汽车系列等。

四、合资合作

国际合作方面，2010年7月30日，“深圳比亚迪戴姆勒新技术有限公司”在深圳挂牌成立，全球最资深的传统汽车发明者奔驰与全球最年轻的电动汽车技术先锋比亚迪已展开合作，共同研制开发的新能源汽车将于2013年正式推出。

2012年3月30日下午，深圳比亚迪戴姆勒新技术有限公司DENZA腾势品牌在深圳市洲际酒店隆重发布，正式宣告了中国首个专注于电动汽车的品牌诞生。深圳市副市长唐杰，国家发展改革委、商务部、工信部、国家工商总局等政府部门领导，公司总裁王传福、高级副总裁吴经胜，深圳比亚迪戴姆勒新技术有限公司董事会主席华立新（Uirich Walker）、深圳比亚迪戴姆勒新技术有限公司首席执行官廉玉波、首席运营官罗林格（Arno Roehringer），一起与来自全国100余家媒体现场见证了这一具有里程碑意义的盛会。

整场品牌发布会以“EV the Future”为主题，在极具现代感与科技感的氛围中为人们展示了DENZA腾势品牌追求纯净自然的环保愿景。深圳市副市长唐杰在致辞中表示，比亚迪作为年轻的民族汽车品牌在发展中拥有着旺盛的生命力，此次比亚迪戴姆勒联手发布的DENZA腾势品牌在中国乃至世界汽车发展史上具有里程碑式的意义，标志着中国汽车产业发展进入新的阶段。他指出，深圳已成为全球电动车保有量最多的城市，但主要集中在公共交通和出租车领域，希望比亚迪戴姆勒的合作能使电动车早日走入家庭、走向全世界。深圳比亚迪戴姆勒新技术有限公司董事会主席华立新（Uirich Walker）在发布会上表示，“中国是极具潜力的电动车市场之一，我们希望通过与比亚迪的合作聚合双方各自优势，专注于生产适合中国市场的电动汽车，领先于中国乃至世界汽车行业”。

海马轿车有限公司

一、发展概况

海马轿车有限公司位于郑州市经济技术开发区航海东路1689号第十七大街，占地面积3000多亩。建成中牟第一工厂、郑州第二工厂、上海研发中心、技术中心、开封零部件工业园、郑州物流中心、电动汽车研发生产基地，以及生活配套设施。第三工厂和30万台发动机项目建设中。

2011年是海马轿车有限公司“十二五”规划开局之年，也是公司抢抓机遇，加快发展，实现各项工作再上新水平的重要一年。面对宏观调控、节能惠民政策取消、欧债危机等复杂多变的国内外经济形势，在集团正确领导和支持下,在全体员工的齐心努力下，我们按照“百万业态五百亿关”战略目标和以“四推进、四实现”为经营方针，围绕“四轮一机”，坚持稳健策略，狠抓基础管理，在各领域各个方面做出了扎实有效的工作，企业核心竞争力得到进一步巩固和提高，为“十二五”持续、稳步、健康发展奠定基础。

2011年，海马轿车有限公司在已进入国家节能与新能源汽车示范推广应用工程推荐车型目录的海马王子中速纯电动汽车的基础上，根据示范运行、可靠性、碰撞、涉水等试验发现的问题进行整改，在安全性能、可靠性等方面共完成67项改进，其中，65项达到预期目标，2项待标定测试验证。完成5项改进的申报专利，完成7台样车试制，基本实现碰撞安全、电磁兼容、涉水安全、能量回收、底盘调校开发等目标。同时，进行相应的海马王子高速纯电动汽车开发，完成工程设计和验证样车试制准备工作，并进行福仕达电动化改制工作，完成ET1样车试制，各项试验测试结果显示，均满足并优于设计开发目标。

二、产能建设

发动机工厂建成投产，自主研发的发动机取得丰硕成果，初步形成自主研发能力。第三工厂于2010年年底开工，项目进展顺利，2012年年底将建成投产。

三、技术进展及研发能力进展

第一平台470M系列（1.0～1.2L）发动机历时三年，12月份实现SOP，即将全系搭载上市。其主要技术性能指标在微车行业处于领先地位。

第二平台发动机474Q N系列1.3L、1.5L发动机完成生产通过性验证，1.6L、1.5T发动机一次性点火成功，实现性能达标。

继2010年海马王子中速纯电动汽车在郑州投入示范运行以来，累计安全运行近30万公里，大量试验数据证明，海马王子纯电动汽车在碰撞安全性、涉水通过性、整车用电安全、能量回收等领域取得技术性突破，性能稳定性、整车可靠性等多项性能指标满足产业化要求。2011年7月，进入国家节能与新能源汽车示范推广应用工程推荐车型目录。同年9月在上海国际电动汽车示范区面向公众试乘试驾。基于海马王子平台的紧凑型高速纯电动汽车也已完成整车设计和系统开发。

同时，作为Z系列重要拓展补充车型的福仕达纯电动汽车已完成ET1样车试制，最高时速可达到120km/h,续驶里程180km，性能达到开发目标。

四、主要产品

整车			
序号	名称	型号	类别
1	海马王子纯电动	HMA7000BEV	纯电动轿车
2	福仕达纯电动	HMA6380S30BEV	纯电动轻型客车
3	福仕达	ZQ6380A62F	轻型客车
4	福仕达 · 腾达	ZQ6410A62F	轻型客车
5	海马王子	HMA7110AA2F	轿车
6	海马爱尚	HMA7101AA2F	轿车

零部件		
序号	名称	型号
1	整车控制器	Q02A21089100
2	发动机	HMA GM10 - VF
3	发动机	HMA GM10 - VF1
4	发动机	HMA GM10 - NR
5	发动机	HMA GM12 - NR

五、合资合作

1. 天海科技

与郑州天海科技签订整车控制器合作开发协议，由海马轿车有限公司提供具有专利权的整车控制器全部资料和样品实物，郑州天海模拟开发原型样品，并试制海马轿车有限公司改版设计的改进样品，为核心关键零部件寻找共同开发合作加工厂商，保证供货能力，为产业化生产铺平道路。

以郑州天海母公司河南天海电器为依托，合作开发智能化仪表，要求实现集成 BMS、驱动电机、电机控制器参数显示，指示安全系统运行状态，倒车雷达功能，远程故障诊断、报警功能，互联网功能，预约操作功能，GPS 定位和导航功能，部件具有很好的电磁兼容性能，能够准确接收和发送 CAN 总线信息。

2. 二十七所

借助二十七所新能源汽车电子产品研发能力和试验检验平台，合作开展部件及整车电磁兼容，电池成组技术和电池管理系统技术，电机及其控制系统技术，智能充电管理技术，再生制动和能量回收技术，智能仪表及车载信息系统技术等方面的研究和开发。

3. 天津松正

天津松正致力于提供新能源电动汽车驱动系统解决方案及核心配件。根据海马轿车有限公司福仕达车型特点和中速电动汽车开发需求，与天津松正联合开发一款满足中速、适合复杂路面、续驶里程长且同轴的电动后桥，同时能适应未来增程式电动汽车的开发。

4. 河南环宇

为研究电池成组技术、电池管理系统等关键技术，借助河南省内电池开发生产优势，通过技术合作和攻关的形式，由双方成立联合工作小组，各自建立试验室并比对试验结果，对方免费提供电池组交由海马轿车有限公司进行装车和试验验证。

5. 深圳沃特玛

基于深圳沃特玛采取电池管理主动平衡技术，结合海马轿车有限公司海马王子平台纯电动汽车开发需求，为寻找合理的电池布置和管理方案，由海马轿车有限公司提供电池箱体尺寸和电池布置空间，对方进行电池布置，并免费提供电池组交由海马轿车有限公司进行装车和试验验证。

6. 海南试验场

为将已调出的能量再生制动回馈功能稳固化，借助海南试验场的试验检验能力，委托其免费标定油电制动分配比例，对方可同时建立标定标准。并请海南试验场进行整车载荷谱测量，为整体式电池包与全新下车身开发中所需的 CAE 分析提供输入实际载荷。

六、发展规划

2012 年，整车销售（含海外销售）确保 8 万台，挑战 9 万台。

在 2011 年质量年的基础上巩固成果，完善体系，从严控制，持续有效提升产品质量竞争力。统筹调配、合理利用现有资源，严格流程和标准，满足新品开发进度、质量和成本要求。全力确保发动机批量生产的稳定性和可靠性，全力培养和塑造专业化动力团队，要依托新动力赢得新未来。

切实开展车身和整体式电池包开发，将电池箱体作为车身底板进行联合开发，合理布置箱体内电池组位置摆放和固定、拆卸方式，为紧凑型电动汽车电驱动平台产业化在产品上提供坚实保障。

以电池、电控、电机三大核心技术为关键突破口，开展电池组技术条件研究，电池管理系统开发，整车基本性能仿真与优化技术研究，交流电机控制器开发。同时，并行开展电动汽车用电安全防护设计标准，智能化仪表和网络化开发平台，再生制动系统开发平台，远程实时监控分析系统，电动车城市行驶工况，电磁兼容性能控制标准等技术提升研究。

长城汽车股份有限公司

一、发展概况

2011年11月，长城汽车股份有限公司自主研发的长城C20EV车型通过中机车辆技术服务中心纯电动准入审核，确认长城汽车股份有限公司研发、生产条件满足《新能源汽车企业及产品准入管理规则》中纯电动车准入的要求，并发布公告。在混合动力技术方面，长城汽车坚持以开发高效率动力平台为目标进行技术研发，自主研发的插电式混合动力平台技术将搭载到长城汽车的轿车、SUV两大品类全系车型。

二、生产经营

长城汽车2011年实现营业收入301.41亿元，同比增长31.13%；实现营业利润40.79亿元，同比增长37.44%；净利润35.56亿元，同比增长25.77%。每股收益1.23元，同比增长25.06%。截至2011年12月31日，公司总资产为333.71亿元，同比增长40.82%，发展潜力获得了国际资本市场的肯定。

长城汽车在国际、国内两个市场一直保持着领先优势。在国内市场，哈弗SUV已连续9年保持了全国销量第一，并于2011年率先突破60万辆；风骏皮卡连续14年在全国保持了市场占有率、销量第一。作为家轿领域的后起之秀，长城轿车自2011年以来连续多月进入乘用车销售榜十强。

在国际市场，自1998年首次出口以来，长城汽车在出口量和出口金额方面连续多年名列前茅；目前产品销往全球100多个国家和地区，其中意大利、澳大利亚、俄罗斯、智利等市场表现抢眼。此外，长城已在十几个国家建立了组装厂，其中2012年2月投产的保加利亚组装厂，是中国第一个在欧盟建立的汽车组装厂。

三、产能建设

长城汽车股份有限公司拥有哈弗SUV、长城轿车、风骏皮卡三大品牌，四个整车生产基地，80万辆产能，具备发动机、变速器等核心零部件的自主配套能力，下属控股子公司28家，参股公司5家，员工45000余人。

四、技术进展及研发能力进展

新能源技术研发方面，长城汽车股份有限公司技术中心内部成立新能源工程研究院，作为新能源核心技术及核心产品的专业研发团队。先后完成了多款纯电动汽车、混合动力汽车产品开发。开发产品包括欧拉纯电动汽车、精灵纯电动汽车、长城C20EV、长城V80 Plug-in混合动力汽车、哈弗H6增程式混合动力汽车、哈弗E插电式混合动力汽车。

五、主要产品

整车			
序号	名称	型号	类别
1	长城牌CC7002BMA00BEV型纯电动轿车	CC7002BMA00BEV	纯电动轿车
2	长城牌CC7130SM06轿车	CC7130SM06	节能车型
3	长城牌CC7132SM06轿车	CC7132SM06	节能车型
4	长城牌CC7150SM05轿车	CC7150SM05	节能车型
5	长城牌CC7130SM07轿车	CC7130SM07	节能车型
6	长城牌CC7150SM06轿车	CC7150SM06	节能车型
7	长城牌CC7152SM05轿车	CC7152SM05	节能车型
8	长城牌CC7150SM07轿车	CC7150SM07	节能车型
9	长城牌CC7132SM07轿车	CC7132SM07	节能车型

续表

整车			
序号	名称	型号	类别
10	长城牌 CC7152SM07 轿车	CC7152SM07	节能车型
11	长城牌 CC7151AMA26 轿车	CC7151AMA26	节能车型
12	长城牌 CC7150CE05 轿车	CC7150CE05	节能车型
13	长城牌 CC7150CE06 轿车	CC7150CE06	节能车型
14	长城牌 CC7151AMA07 轿车	CC7151AMA07	节能车型
15	长城牌 CC7151AMA06 轿车	CC7151AMA06	节能车型
16	长城牌 CC7152SM06 轿车	CC7152SM06	节能车型
17	长城牌 CC7130AM03 轿车	CC7130AM03	节能车型
18	长城牌 CC7130BM06 轿车	CC7130BM06	节能车型
19	长城牌 CC7150CE07 轿车	CC7150CE07	节能车型
20	长城牌 CC7150CE08 轿车	CC7150CE08	节能车型
21	长城牌 CC7150CE0D 轿车	CC7150CE0C	节能车型
22	长城牌 CC7150CE0D 轿车	CC7150CE0D	节能车型
23	长城牌 CC7151AMA0A 轿车	CC7151AMA0A	节能车型
24	长城牌 CC7151AMA0B 轿车	CC7151AMA0B	节能车型
25	长城牌 CC7151SMA05 轿车	CC7151SMA05	节能车型
26	长城牌 CC7151SMA07 轿车	CC7151SMA07	节能车型
27	长城牌 CC7152BMA0J 轿车	CC7152BMA0J	节能车型
28	长城牌 CC7152BMA0K 轿车	CC7152BMA0K	节能车型

六、合资合作

长城汽车股份有限公司在新能源技术领域与清华大学、吉林大学、同济大学以及北京航空航天大学等高等院校进行了大量项目合作及学习研讨活动，积极应用国际一流新能源供应商的高质量产品，并确立了长远的战略合作关系。

七、发展规划

新能源汽车产品：长城汽车股份有限公司开展纯电动汽车、混合动力汽车的产业化开发。在BSG混合动力产品、ISG混合动力产品、Plug－in混合动力产品、纯电动产品等技术方向上开展技术平台化开发，预计2015年批量生产并投放市场。

湖南南车时代电动汽车股份有限公司

一、2011年发展概况

湖南南车时代电动汽车股份有限公司（以下简称“南车时代电动”）是中国南车打造新能源装备产业的重要业务主体，由中国南车旗下的南车株洲电力机车研究所有限公司控股。

2011年，南车时代电动实现混合动力客车销售700多台、节能与新能源汽车动力系统1000多台套，实现销售收入近10亿元。公司自成立以来，累计向市场投放混合动力公交车1600多台、节能与新能源汽车动力系统近3000台套，市场占有率全国领先。整车车辆运营总里程2亿多公里，车辆平均节油率达到20%以上，出勤率和满越率分别达到98%和96%。

2011年9月，南车时代电动助推“株洲市公交车电动化三年行动计划”提前1年完成，株洲市城区所有公交车辆全部被置换成由南车时代电动制造的混合动力公交车。

目前，南车时代电动已经形成了7～12m并联式混合动力、串联式混合动力、混联式混合动力、增程式纯电驱动以及纯电动等不同技术路线的城市公交客车、高级商务车、特种专用车等多种车型的完整产品型谱。公司先后成为北京奥运会、上海世博会、广州亚运会、天津达沃斯论坛、德州世界太阳能大会等国际性盛会所用纯电动商用车（含客车）、驱动电机系统、电池管理系统、地面充电机产品唯一或最大的供应商，以“源自铁路、原创动力”而享誉业界的电动汽车动力系统并为国内10多家主机厂配套。

二、产能建设

2008年，南车时代电动一期工程建成投产，公司具备了年产3000辆电动客车整车及10000套系统及关键零部件的生产能力，并建成了装备先进、手段齐全、专业性强的电动汽车综合试验检测中心。

为满足公司多元化车型的产能需求，更好地拓展国内外市场，进一步提升产品环境试验检测能力，2011年启动了“试验检测能力及产能提升”二期工程建设，公司将具备年产10000辆电动客车整车及20000套系统及关键零部件的生产能力和更加先进的试验检测能力。

三、技术进展及研发能力进展

公司长期致力于电动汽车共性技术和关键核心技术的科研攻关，累计已投入5亿余元用于电动汽车核心技术的研发，形成了电机驱动系统开发技术、储能系统集成技术、整车控制与网络集成技术、动力系统总成技术及电动整车开发技术等五大核心技术，并在此基础上，搭建了并联、混联、串联、增程式以及纯电动五大整车及动力系统产品系列。

2011年，公司成功申报了央企电动车联盟12项电动汽车电机项目共性技术的研发项目，纯电动乘用车驱动电机系统首台样机研制成功。TEG6129PEV增程式城市客车在中国（昆明）新能源公交客车大赛中获得冠军。目前，公司拥有授权的发明专利50多项、实用新型专利60项、外观设计专利20项、授权软件著作权10项，企业标准40余项。

公司建有投资5000多万元的电动汽车专业试验检测中心，包含电驱动系统试验室、动力系统试验室、APU系统试验室、动力电池试验室、电源技术试验室等5个专业试验室。该试验检测中心功能的完整性和设备的先进性处于国内领先水平，是湖南省重点试验室。“十二五”期间，公司将把试验检测中心建设成为国家级的电动汽车试验检测开放平台。

四、主要产品

整车			
序号	名称	型号	类别
1	混联式混合动力客车	TEG6129CHEV	混合动力城市客车
2	并联混合动力客车	TEG6101PHEV	混合动力城市客车
3	并联混合动力客车	TEG6102PHEV	混合动力城市客车
4	并联AMT混合动力客车	TEG6127PHEV	混合动力城市客车
5	串联混合动力客车	TEG6128SHEV	混合动力城市客车
6	串联混合动力客车	TEG6121SHEV	混合动力城市客车
7	并联混合动力客车	TEG6129PHEV	混合动力城市客车
8	并联混合动力客车	TEG6103PHEV	混合动力城市客车
9	混合动力客车	TEG6106PHEV	混合动力城市客车
10	混合动力客车	TEG6125PHEV	混合动力城市客车
11	混合动力客车	TEG6126PHEV	混合动力城市客车
12	串联式混合动力客车	TEG6129SHEV	混合动力城市客车
13	混合动力客车	TEG6129PHEV - N50	混合动力城市客车
14	纯电动城市客车	TEG6120EV	纯电动城市客车
15	纯电动城市客车	TEG6120EV1	纯电动城市客车
16	增程式纯电驱动城市客车	TEG6750PEV	增程式混合动力城市客车
17	增程式纯电驱动城市客车	TEG6120PEV	增程式混合动力城市客车

零部件		
序号	名称	应用范围
1	并联（MT/AMT）混合动力系统总成	适用于大型客车、中客
2	串联式混合动力系统总成	适用于大型客车、环卫工程车
3	混联式混合动力系统总成	适用于大型客车、中客
4	增程式纯电驱动系统总成	适用于大型客车、商务车
5	纯电动系统总成	适用于大型客车、中客、轻客、乘用车、环卫车
6	无轨电车系统总成	

五、合资合作

2011年1月6日，公司控股股东南车株洲所与辽宁曙光汽车集团签订合资合作协议，双方将共同致力于将南车时代电动打造成为中国节能与新能源客车的旗舰企业，届时曙光汽车集团将成为南车时代电动第二大股东。

六、发展规划

“十二五”期间，南车时代电动将以“成为国内一流、国际知名的新能源汽车以及关键零部件提供商”为愿景，以“为社会创造绿色安全的交通工具，为股东创造持续增长的投资收益，为员工创造成就自我的发展平台，为顾客创造超越期望的使用价值”为使命，努力实现“做节能与新能源客车技术领先者和首选供应商，新能源乘用车和特种车核心部件技术拥有者和优选供应商，销售规模力争在2015年突破100亿元”的“十二五”战略目标。

厦门金龙旅行车有限公司

一、2011年发展概况

早在2000年，厦门金龙旅行车有限公司就开始接触国内外先进的混合动力技术，不断积累相关经验，将新能源客车研发作为一项重要工作；2007年取得北京奥运混合动力订单，2008年取得45台杭州公交混合动力订单，2009年“十城千辆”示范推广政策进一步推动了厦门金龙旅行车有限公司在新能源客车领域的开发和市场推广步伐。

开发方面：2002年至今，厦门金龙旅行车有限公司先后自主研发了四代混合动力系统。

市场方面：2006年至今，完成新能源车型批量销售的城市有14个，其中有8个是“十城千辆”城市，并出口芬兰。

厦门金龙旅行车有限公司新能源车型在各大国内外比赛中荣获了一系列荣誉，在2010年第一届中国（杭州）和2011年第二届中国（昆明）新能源公交客车精英赛中蝉联节油冠军。

2011年，厦门金龙旅行车有限公司在第三代混合动力系统的基础上进一步开发了（GHS4）第四代混合动力系统，该系统配备专用自动变速箱，满足高架、长坡、隧道、桥、拥堵等城市公交路况，实现全道路适应。 搭载GHS4系统的XML6105JHEV28C车型在南通市新能源客车招标节油比赛中勇获节油冠军。

二、生产经营

厦门金龙旅行车有限公司新能源车型历经多年市场推广，具有低油耗、低排放、低噪声、操控简便等优点，更兼备了高性价比、低营运成本、稳定可靠等优势，获得了营运单位的高度肯定，取得了良好的销售业绩。

厦门金龙旅行车有限公司混合动力客车已批量推广到国内外14个城市，当前市场保有量达1000多台。 在市场化竞争城市，厦门金龙旅行车有限公司混合动力的市场占有率达50%以上，厦门金龙旅行车有限公司的混合动力客车已成为国内市场批量化生产中最成熟的新能源车型之一。

三、产能建设

厦门金龙旅行车有限公司是国内第一家实现混合动力客车大批量销售及运营的企业，已在现有产线中融入混合动力生产工艺，可实现年产混合动力客车5000辆。

现有新能源车型包含：XML6125JHEV28C、XML6125JHEV38C、XML6125JHEV88C、XML6115JHEV28C、XML6115JHEV38C、XML6115JHEV88C、XML610JHEV28C、XML6105JHEV38C、XML6105JHEV88C等，产品涵盖10m、11m和12m等不同车型。

四、技术进展及研发能力进展

在新能源客车产业化发展方面，厦门金龙旅行车有限公司建立了新能源汽车产品研发平台、转鼓测试平台、产业化技术创新平台，具备了良好的开发和试验条件。

厦门金龙旅行车有限公司作为“福建省汽车电子和电驱动技术重点实验室”的成员单位，与高校的技术合作，为混合动力系统提供了更好的技术提升支撑平台。

通过与清华大学、同济大学、上海交通大学、中国科学院深圳先进技术研究院进行联合攻关，在混合动力汽车的研究、设计和制造方面具有了丰富的经验。

厦门金龙旅行车有限公司插电式公交车XML6125JHEV88C已经在厦门集美公交实现试运行，运行效果良好；厦门金龙旅行车有限公司纯电动公交车XML6125JEV10C已经在厦门公交实现试运行，运行效果良好；厦门金龙旅行车有限公司纯电动中巴已研制成功；厦门金龙旅行车有限公司纯电动海狮已经研制成功。

历经多年自主研发和市场批量化推广运营，厦门金龙旅行车有限公司在整车控制器、动力匹配设计、强电安全防护、电机性能研究、储能元件优化应用等方面积累了很多宝贵的经验，目前已开发出了全道路适应的第四代混合动力系统，该系统的车型在南通市新能源客车招标节油比赛中勇获节油冠军，目前已进行批量化生产。

五、主要产品

整车			
序号	名称	型号	类别
1	金旅牌XML6125JHEV28C型混合动力城市客车	XML6125JHEV28C	城市客车
2	金旅牌XML6115JHEV28C型混合动力城市客车	XML6115JHEV28C	城市客车
3	金旅牌XML6105JHEV28C型混合动力城市客车	XML6105JHEV28C	城市客车
4	金旅牌XML6125JHEV88C型插电式混合动力城市客车	XML6125JHEV88C	城市客车
5	金旅牌XML6125JEV10C型纯电动城市客车	XML6125JEV10C	城市客车

金龙联合汽车工业（苏州）有限公司

一、2011年发展概况

作为“十城千辆”示范推广工程第二批试点城市，苏州市通过政企校三方合作模式，加大科技创新力度，加快新能源汽车产业发展。据了解，目前苏州市的公交企业已在苏州市区道路投入运行的新能源客车保有量达到204辆（包括天然气车在内）。通过加大政府资金扶持和校企合作，苏州市推进实施“混合动力客车研发及产业化”项目。该项目由苏州金龙客车承担，列入江苏省科技成果转化专项资金项目，总投入6000万元，其中省拨经费400万元。同时，苏州金龙还与上海交通大学建立了良好的合作关系，共同研发混合动力客车，目前样车通过检测，并取得销售许可。总投入3000万元的“海格新能源客车研究院”，则致力于打造国内领先技术平台。苏州市加大扶持力度，在苏州市科技计划立项中给予200万元资金扶持。研究院通过自主创新研发，形成新能源客车关键技术体系，打造完善且领衔的我国新能源客车技术平台。总投入2800万元的G－BOS智慧运营系统开发，获得市科技计划立项支持45万元，目前已装备部分客车。该系统主要包括建立油耗分析、维修保养计划等功能的软件服务平台，为企业实现安全管理和节能减排目标提供有力的“工具”。2011年上半年，苏州市还与清华大学签署协议，共建清华大学苏州汽车研究院。研究院借助清华大学的学科优势、人才优势和吴江市、相城区的区位优势、产业优势，计划用三到五年，建立新能源汽车、车用动力电池及系统、特种车和Telematics（应用无线通信技术的车载电脑系统）研发中心。目前，研究院与苏州金龙客车合作，已有两台装备其自主研发的新能源公交车投入使用。另外，2011年9月20日，苏州园区公交公司首批10辆液化天然气（LNG）公交车投入215路公交线路试用。据了解，试用如达预期目标，液化天然气公交车将在园区逐步推广。

二、生产经营

金龙联合汽车工业（苏州）有限公司开发的并联混合动力、混联混合动力、纯电动、增程式、氢燃料电池等，车长从7m到12m全系列的新能源客车产品，已在昆明、苏州、海口、天津等地运行，其中燃料电池客车还出口到新加坡为青奥会服务。至2011年年底，苏州金龙已经售出新能源客车500辆，其中纯电动车10辆、混合动力车499辆（包括插电式混合动力车100辆）、燃料电池车1辆。

三、产能建设

苏州金龙海格客车联合清华大学、上海交通大学、东莞新能源科技有限公司，成立海格新能源客车研究院，同时苏州金龙还设立专门的新能源客车研发小组，人数已达12人，投入资金2000万元，已经配置了完整的新能源客车研发、试验等设备，目前已形成1000辆的生产能力，正逐步建成专门的新能源客车试制车间，形成完善的新能源客车设计和开发技术能力，计划至2015年年产能力达到3000辆。

四、技术进展及研发能力进展

至2011年年底，开发了并联混合动力、混联混合动力、纯电动、增程式等多种模式的新能源客车，已经初步完成从7m到12m全系列新能源车型的布置。

苏州金龙海格客车与苏州创元投资发展集团公司以及苏州工业园区管委会合作成立海格新能源电驱动公司，至2011年年底，形成了一支以4名博士为主导，人数达40余人的技术队伍，已经初步开发出新能源客车控制系统的核心技术。

五、主要产品

整车			
序号	名称	型号	类别
1	海格牌KLQ6129GEV1型纯电动城市客车	KLQ6129GEV1	城市客车

续表

整车			
序号	名称	型号	类别
2	海格牌KLQ6109GCEV1型混合动力城市客车	KLQ6109GCEV1	城市客车
3	海格牌KLQ6119GHEV1型混合动力城市客车	KLQ6119GHEV1	城市客车
4	海格牌KLQ6129GHE2型混合动力城市客车	KLQ6129GHE2	城市客车

六、合资合作

1. 与西门子合作开发海格牌KLQ6129GEV1纯电动车，采用西门子驱动电机和电控系统，运用较为先进的低地板底盘制造技术，研制出具有一定先进技术水平的新能源产品。

2. 与塞恩斯合作开发Plug-in（插电式）客车，车型为海格牌KLQ6129GQHEV2混合动力车，采用塞恩斯电池和控制系统，研制出适合目前我国公共交通发展现状的产品。

3. 与伊顿、采埃孚合作开发10m、11m的并联混合动力车，车型为海格牌KLQ6109GHEV2、KLQ6119GHEV2混合动力车，采用比较可靠的伊顿单轴并联混合系统、采埃孚并联混合系统，具有较好的经济性和可靠、稳定的运行性能。

七、发展规划

苏州金龙海格客车计划逐年扩大新能源客车的生产，到2015年形成年产3000辆的产能，同时一方面巩固、发展与苏州创元投资发展集团公司以及苏州工业园区管委会合作成立的海格新能源电驱动公司，整合苏州相关行业、企业资源，打造新能源汽车产业链，另一方面完成各类新能源客车研发、试验、检测等设备的配置，联合清华大学、上海交通大学、东莞新能源科技有限公司成立海格新能源客车研发中心，打造一支行业领先的新能源客车研发团队，完全掌握新能源客车的核心技术，完成包括纯电动、并联混合、混联混合、插电式等各种新能源车型的研发，形成拥有自主专利和较高技术水平的新能源客车体系。

成都客车股份有限公司

一、发展概况

成都客车股份有限公司成立于1952年，是交通部、建设部、四川省和成都市重点支持的客车骨干生产企业。公司生产的蜀都牌系列客车产品包括城市公交、公路、旅游团体、专用客车、新能源客车、专用校车等多个系列，车长从5m到18m，从普档到高档近百个品种的客车产品进入国家工信部的汽车产品公告。销售区域覆盖四川、贵州、云南、青海、西藏、宁夏、内蒙古、湖南、湖北、陕西等多个地区，在中西部城市公交行业占有相当的市场份额。公司累计生产超过万辆的燃气客车，技术水平及市场占有率全国领先。作为四川省、成都市重点支持的新能源汽车骨干企业，成都客车股份有限公司一直专注于车辆节能技术的研究与应用，并积极投身于新能源客车的研发与推广。企业紧跟市场需求和主流技术方向，发挥自身优势，整合资源，从技术先进性、成熟度、成本、产业配套等多维度中寻求平衡，努力探索出了一条高标准、重实用、有特色的新能源客车发展道路。

公司在2011年销售客车2900辆，实现销售收入12.89亿元，实现利税6242.83万元，其中节能与新能源客车销售2741辆，销售收入9.88亿元。

经过近几年的高速发展，公司确立了自身在四川及中西部客车行业的领先地位，“蜀都”品牌在行业内的知名度也有了大幅提升，公司将进一步加大节能与新能源客车核心技术研发投入，形成自有的、国内领先的整车控制核心技术。同时，在现有燃气客车、混合动力客车、纯电动客车的技术平台上，根据市场需求进一步拓展新能源客车的产品线并加大电动客车产品生产能力的建设力度，实现持续、快速、健康的发展。

二、产能建设

公司现位于成都现代工业港，占地面积11.9万平方米，建筑面积5.83万平方米，建有冲压、焊装、涂装、总装客车生产线和整车全自动检测线，达到年产大、中型客车5000辆的生产能力。

2011年，围绕提高产能，严控质量，降低成本的中心任务，公司在新工艺、新材料的推广应用、工艺改进、工艺装备更新，以及工艺文件的完善及规范等方面开展了一系列工作：

1. 建设了底盘装配线，可进行燃气客车底盘和新能源客车底盘的装配调试。

2. 通过配置专用设备，强化人员培训，进一步提高了电动客车专用装配线的生产效率，完善了电动客车的检验规范。

3. 进一步加强了燃气客车零部件和整车的安全检测。

4. 进一步加大专用地沟和举升设备、检测设备的投入，提高了车辆调试的效率和质量。

5. 对壳体分离工艺的推行作了前期探索，完成了壳体分离工艺样车的验证工作，进一步完善了工艺布局，新增了部分生产设备。

6. 为进一步提高产品抗腐蚀能力，公司推广使用了达克罗标件和 PVC 底盘喷涂工艺，并进一步完善了镀锌钢板、铝合金车身材料的使用规范。

7. 对内饰件和电器线束的阻燃性能进行充分比较和试验，并完善了整车线束的检测。

8. 完成了对骨架片件阴极电泳的完整试验，收集了重要的控制参数，为下一步采用阴极电泳全面提升防腐能力打好了基础。

三、技术进展及研发能力进展

公司拥有一个省级技术中心，中心现有技术人员百余人，其中博士、硕士和具有高级职称人员占 50% 以上。技术中心下设车身、底盘、发动机、仿真分析、电器、电动汽车等专业研究室，及燃气发动机试验室和低温实验室、仿真分析实验室、油漆化工实验室、电器实验室、电动汽车等多个专业实验室，着重对整车匹配、客车安全、可靠性、能量管理、NVH 控制等核心技术开展研究。已形成了一支以行业专家为业务带头人，以企业多年累积的专业技术人员为中坚，以优秀技师为骨干的拥有较强自主开发和创新能力的技术研发团队。

公司主要产品是服务于城市公交交通事业的各类城市客车，按车辆长度划分主要有 5 ~ 12m 单层客车、16 ~ 18m 铰接客车、11m 双层客车，按燃料划分主要有燃气客车（CNG 及 LNG）、纯电动客车、气—电混合动力客车及常规燃油客车。

公司一直专注于车辆节能减排技术的研究与应用，并积极投身绿色新能源客车的研发与推广。在由传统内燃机汽车向电动汽车过渡、转型的过程中，公司一方面坚持实施过渡战略，深入推进传统客车节能减排技术的研究应用，大力发展燃气客车，已逐步掌握了以燃气发动机适应性精确匹配与优化和燃气系统安全为特色的核心技术。另一方面，公司积极实施转型战略，探索掌握电动汽车的核心技术，抓好混合动力和纯电动客车的研发与运用，专注于整车匹配和控制来打造自己的核心技术。与相关高校和企业开展合作，联合建设国际一流水准的电动汽车实验室，并努力创建国家级工程技术中心，对电动客车整车匹配、电机控制、制动能量回收、电气安全等关键技术开展深入研究。为高效、安全地推进新能源客车的产业化奠定基础。公司目前已完成 5 款新能源车型的研发，并已陆续投入试运行，反响良好。在 2012 年 3 月举行的第七届中国国际客车大赛上，公司新产品 CDK6122CSHEV 增程式混合动力城市客车荣获“CIBC 年度最具影响力新能源客车奖”。

四、主要产品

整车			
序号	名称	型号	类别
1	蜀都牌 CDK6182CR 城市客车	CDK6182CR 系列	燃气客车
2	蜀都牌 CDK6122CR 城市客车	CDK6122CR 系列	燃气客车
3	蜀都牌 CDK6101C 城市客车	CDK6101C 系列	燃气客车
4	蜀都牌 CDK6941C 城市客车	CDK6941C 系列	燃气客车
5	蜀都牌 CDK6822C 城市客车	CDK6822C 系列	燃气客车
6	蜀都牌 CDK6782C 城市客车	CDK6782C 系列	燃气客车
7	蜀都牌 CDK6732C 城市客车	CDK6732C 系列	燃气客车
8	蜀都牌 CDK6701C 城市客车	CDK6701C 系列	燃气客车
9	蜀都牌 CDK6122CAEV 型纯电动城市客车	CDK6122CAEV	纯电动城市客车
10	蜀都牌 CDK6122CABEV 型纯电动城市客车	CDK6122CABEV	纯电动城市客车
11	蜀都牌 CDK6122CA1BEV 型纯电动城市客车	CDK6122CA1BEV	纯电动城市客车
12	蜀都牌 CDK6122CA2BEV 型纯电动城市客车	CDK6122CA2BEV	纯电动城市客车
13	蜀都牌 CDK6122CHEV 型混合动力城市客车	CDK6122CHEV	混合动力城市客车
14	蜀都牌 CDK6122CSHEV 型混合动力城市客车	CDK6122CSHEV	混合动力城市客车

五、合资合作

公司从2005年起，先后与一汽集团、东风集团、上海汽车、北汽福田、上柴股份、玉柴机器、伊顿、艾里逊、西门子等公司开展电动汽车的前期研发合作工作。

2007年，先后与西南交大车辆工程学院、西华大学汽车学院、同济大学建立了战略合作伙伴关系，在客车车身技术、整车性能匹配优化、NVH工程等方面开展了多项合作。

2008年，公司与美中绿色能源促进会签订了合作协议。根据协议，双方在混合动力客车、纯电动客车以及其他新能源汽车领域进行深入的技术交流和合作研发。

2009年，与四川东风电机厂、宝生电池等开展技术合作。与美国通用开展高效能传动系统的研究应用合作。

2010年4月，公司与上海雷博新能源技术有限公司签订合作协议，利用双方优势，强强联合，联合开发三款纯电动（电池+电容）客车。

2010年5月，公司与电子科技大学签订战略合作协议，计划在5年内建成国际一流水准的电动汽车实验室，创建国家级工程技术中心。并以此为依托，联合国内外科研院所和高等院校，积极开展电动客车前沿技术的研究工作。

六、发展规划

公司根据国家新能源汽车产业政策的导向，在充分整合国内外技术资源的基础上，一方面实施过渡战略，积极推进传统汽车的节能技术发研究、应用，并大力发展燃气客车和插电式混合动力客车，巩固行业优势地位。另一方面实施转型战略，积极推进纯电动力客车的研发、应用，形成有自主知识产权的电动汽车核心控制技术，面向城市公交、旅游观光市场，提供技术先进性和实用性均衡的纯电动客车产品。近期主要工作如下：

1. 加大核心技术研发投入

瞄准国际一流水准，在2015年之前，建成高水平的电动客车实验室，并创建国家级工程技术中心，开展电动客车前沿技术（电机及整车控制）的研究工作，形成自有的、国内领先的整车控制核心技术。

在现有燃气客车、混合动力客车、纯电动客车的技术平台上，根据市场需求进一步拓展新能源客车的产品线：适用于城市BRT系统的18m级的混合动力客车、适用于城市支线交通的纯电动中小型客车、适用于旅游景区的7～9m纯电动观光车、适用于200km里程中短途城际客运的燃气混动客车。

2. 加大电动客车生产能力的建设力度

在原有投入基础上，公司将投资4000万元，新建厂房17000m²，新增主要设备20余台（套），建成电动客车底盘线、客车车身阴极电泳线、电动客车专用装配线。到2015年，公司将新建至少3条电动客车专用生产线。

七、2011年企业在新能源汽车方面的经济指标统计

指标名称	本期累计	同期累计	增长率（%）
2011年营业收入（万元）	98777	58596	68.5
营业成本（万元）	90882	53873	68.7
营业税金及附加（万元）	147	101	45.5
营业利润（万元）	3658	1248	193
销售费用（万元）	782	649	20.5
管理费用（万元）	3489	2509	39
财务费用（万元）	-181	216	-16.2
其中：利息支出（万元）	191	357	-46
工业总产值（全年价）（万元）	104212	59553.7	74.9
工业销售产值（全年价）（万元）	105660	58957.7	79.2
工业增加值（万元）	13586	8387	61.9
2011年年末职工人数（人）	1080	994	8.6
2011年年末工程技术人员（人）	116	87	33
2011年年末资产总计（万元）	64007	68772	-6.9
2011年利润总额（万元）	3933	1516	159
2011年产品销售率（%）	98	99	1
销售利润率（%）	3.78	1.62	133

丹东黄海汽车有限责任公司

一、发展概况

丹东黄海汽车有限责任公司始建于1951年，前身是中国人民志愿军后勤部汽车修理厂，此后逐步发展到汽车改装、汽车制造，是集汽车、特种专用车、底盘及其零部件的开发设计、制造和销售于一身的制造企业。主导产品是“黄海牌”大、中型客车及特种专用车。丹东黄海汽车有限责任公司下设：负责新产品研发和产品应用的客车研究院；负责自制零部件生产的制件分厂；负责整车装配的客

车整车生产分厂；负责国内销售的营销总公司及国外销售的海外营销公司；采购、供应、物流、生产、质量等相关辅助部门。多年来，黄海客车在大中型公交客车市场保有量全国第一，是中国公交客车的旗舰品牌，其技术中心被认定为国家级企业技术中心。同时，“黄海牌”大中型客车被评为中国名牌产品，“黄海商标”被认定为中国“驰名商标”。

二、生产经营

目前，黄海客车车长范围6～18m，除可满足国内用户对公交、旅游、长途、机关团体用车的需求，同时远销中东、东南亚、南美及非洲等30多个国家和地区。

2008年奥运会的主办城市北京，协办城市上海、天津、青岛、沈阳均大批量采购黄海公交车，用于奥运会服务，总数量超过5000辆；2009年哈尔滨第24届世界大学生冬运会及济南第11届全运会，也均大批量采购黄海客车作为运动会期间的主要公交用车。

三、产能建设

丹东黄海汽车有限责任公司占地面积52万平方米，公司拥有冲压生产线、车架生产线、车身焊装线、涂装线、底盘装配线、内饰装配线、整车检测线等13条高水平的客车专业生产线，是国内客车企业中生产设备最多、最完备的企业之一。黄海客车现拥有辽宁丹东及江苏常州两大生产基地，具有年产客车整车14000辆、客车底盘6000辆的生产能力。

四、主要产品

整车			
序号	名称	型号	类别
1	黄海牌 DD6129HES11 型混合动力城市客车	DD6129HES11	城市客车
2	黄海牌 DD6118HES21 型混合动力客车	DD6118HES21	城市客车
3	黄海牌 DD6129CHEV1 型混合动力客车	DD6129CHEV1	城市客车
4	黄海牌 DD6129EV11 型纯电动客车	DD6129EV11	城市客车
5	黄海牌 LNG 城际客车	DD6125B01	城际客车
6	黄海牌 LNG 城市客车	DD6118S23	城际客车
7	黄海牌 LNG 城市客车	DD6141S05	城际客车

五、合资合作

2006年，丹东黄海汽车有限责任公司与德国MAN商用车辆股份公司合作，全面引进MAN公司的低地板及BRT客车技术，逐步形成了完善的产品开发和生产平台，制造生产水平得到大幅提升。2011年，丹东黄海汽车有限责任公司同中国最大的电传动系统供应商“南车时代电动汽车股份有限公司”联姻，形成了“技术、市场、资金、制造”等多项优势互补，意在打造中国新能源客车龙头企业。

六、发展规划

2012年3月21日，黄海新能源汽车产业基地在丹东开工建设。此次黄海新能源汽车产业基地规划面积1155亩，项目总投资25亿元，总建筑面积20多万平方米，初步规划于2013年10月完工。具体的产品定位，除了生产常规动力大中型客车外，还将生产新能源客车产品，包括纯电动客车、混合动力客车、超级电容客车及LNG重卡等。目前初步的产能规划是客车1万辆，其中整车6000辆，客车底盘4000辆，客车整车中新能源客车的生产规模是3000辆，LNG重卡1万辆。

哈飞汽车股份有限公司

一、2011年发展概况

哈飞汽车股份有限公司隶属于中国长安汽车集团，是中国汽车骨干生产企业和研发基地。公司从20世纪50年代开始涉足汽车领域，现有职工4862人。占地面积128万平方米，建筑面积42万平方米。

公司目前的主要产品有哈飞骏意、路尊小霸王、新民意等微型客车与货车系列，路宝微型轿车系列，赛马经济型轿车系列及新能源汽车。另有为长安品牌的S460微型客车及B501轿车。哈飞路宝、哈飞赛豹荣获“中国汽车自主创新成果大典集成创新奖”。哈飞赛马轿车荣膺“中国汽车自主创新成果大典引进、消化吸收再创新奖”，哈飞民意连续两年被J. D. Power评为微客市场新车质量冠军。哈飞路宝、哈飞民意多次蝉联中国汽车节油群英会冠军。哈飞赛豹成为第一个进入国家工信部生产目录的三厢纯电动轿车。作为国家“863”计划课题项目，赛豹纯电动轿车在美国高速公路保险协会（IIHS）NCAP正面40%

偏置碰撞测试中成功通过，成为国际上第一辆成功完成该项试验的锂离子动力电池纯电动轿车。哈飞汽车的发展战略：微车为主，新能源为辅；品质可靠，技术领先。

二、生产经营

2011年，哈飞汽车生产整车122240辆，其中全年出口整车和散件突破4万台，同比增加12%，创历史新高。同年12月，首辆出口美国的哈飞赛豹纯电动车正式下线。截至2011年12月末，公司生产销售整车264万辆，其中出口22.6万辆。

三、产能建设

哈飞汽车在"十五"和"十一五"期间，通过开发哈飞路宝、哈飞赛马、哈飞赛豹、哈飞民意、哈飞锐意等多个新车型，同时建成了"新一号工程"，使轿车产能达到5万辆，微型客车产能达到20万辆，微型货车产能达到8.5万辆，哈飞汽车总产能达到33.5万辆。

四、技术进展及研发能力进展

公司全面推进CA－PDS研发流程，打造国内一流水平的研发体系，以重庆总院为标杆，借鉴总院的体系流程，总结、提炼研发规律，持续优化CA－PDS研发流程，打造具有国内一流水平的研发体系。加强成本正向分析，降低材料成本占比。参照总院模式导入零部件DFC工作流程，借鉴总院零部件成本测算模板，实施DFC成本设计，改变成本控制力低的现状，将材料成本占比控制在78%以下。发挥平台优势，提高通用化率。充分利用丰富的平台资源，在新车的研发过程中，全面考虑成本和利润问题，努力将车型的通用化率提升到75%以上，为产品注入竞争力。大力发展新能源汽车，全面掌握新能源技术。要掌握纯电动车、混合动力车的核心技术，保持国内新能源汽车领跑者的位置，并大力推进哈飞赛豹电动车和民意电动货车的批量生产和上市。大力发展新能源汽车，全面掌握新能源技术。掌握纯电动车、混合动力车的核心技术，保持国内新能源汽车领跑者的位置，并大力推进哈飞赛豹电动车和民意电动货车的批量生产与上市。

五、主要产品

整车			
序号	名称	型号	类别
1	哈飞骏意		
2	哈飞新民意		
3	哈飞路宝年度款		
4	哈飞赛豹纯电动轿车		

六、合资合作

1996年，公司与意大利宾尼法瑞那（Pininfarina）公司联合设计开发出了哈飞中意微型客车，经专家组评审鉴定，哈飞中意车外形和内部设计达到了国际先进水平，整车性能达到了国内先进水平。2002年，哈飞与宾法公司再度合作，共同开发出哈飞路宝两厢轿车，2004年，双方又共同开发出哈飞赛豹三厢轿车。与此同时，还引进日本三菱技术联合开发出了哈飞赛马，独立设计开发出了哈飞民意、哈飞锐意等多个新车型。2009年，中国兵装集团与中航工业汽车重组，哈飞汽车并入中国长安汽车集团，踏上了专业发展轨道，实现了质的飞跃。2011年哈飞汽车与中国长安对标学习，使之在管理方面有了很大的提升。

七、发展规划

根据市场需求和发展规划目标，加强研发的市场定位，保证精准开发。根据项目需要及吸收国外先进技术，不断地更新和完善标准件体系。对电动车技术（如控制策略、电器部件结构、布局等）进行前瞻性研究；在人员队伍情况改善后，加大电磁兼容技术以及智能化、模块化、舒适化、人机交互电气设备等方向、领域的研究、应用。规范投资管理，严控费用支出。加强政府沟通，争取政策落实到位，通过与高等院校及政府部门的合作，开展相关技术研究和基础设施的建设，不断地提升哈飞汽车的企业技术开发能力和管理水平。

东南（福建）汽车工业有限公司

一、2011年发展概况

东南汽车在2011年通过了工信部的生产准入审查，并取得了得利卡纯电动车产品公告，实现了新能源汽车的产品小批量生产。东南汽车联合福建省汽车集团公司、河南新乡新能电动车公司开发了V3换电式纯电动车，采用底盘式换电，单电池续航里程达到160km，并可以实现3min全自动换电。目前已经有50台出租车在新乡市示范运行，截至2011年年底，V3电动车运行良好，在新乡市获得了良好口碑。

二、生产经营

东南汽车在2011年取得得利卡纯电动车的产品公告，实现了产品小批量生产，具备产品量产能力。目前正在进行区域示范运行阶段，还未进行大批量生产、销售。

三、产能建设

新能源汽车在东南汽车原有的商用车生产线及新能源车试装车间进行生产，生产流程按现有车型生产流程：冲压—焊接—涂装—总装（电池包装配除外，电池包的储存、装配在研发中心实验室试装车间完成）。冲压车间有两条冲压生产线，全部采用自动化生产；一条全自动下料线，主要生产大型内外覆盖件和结构件，年生产能力达20万台（双班），其余中小型零件委外生产；焊接车间利用原得利卡汽油车焊接线生产新能源车型，整线采用可编程工业控制器进行自动化控制生产，生产能力为5万台/年。

四、技术进展及研发能力进展

东南汽车研发中心，经过多年的积累、学习、实践与沉淀，已可熟练地利用不同的设计、仿真软件、工作站、三坐标测量机、底盘测量系统等先进的软件与设备，进行整车内外造型设计、零部件的三维结构设计、工艺分析、碰撞模拟分析与运动分析校核，并在工作站中完成整车零部件的电子装配与检查等。东南汽车试验室取得了“国家CANS认可实验室”称号。拥有三坐标测量机，汽车国Ⅲ、国Ⅳ、国Ⅴ排放检测系统，多通道道路模拟机，环境仓等国际上先进的测量分析系统。能够承担整车的动力性、燃油经济性、制动性能、平顺性、操纵稳定性、可靠性等试验，并有能力进行汽车零部件的台架试验和基础研究。通过不断地自主创新，促进技术进步，先后已推出东南、三菱、克莱斯勒、道奇四大品牌；“得利卡”“富利卡”“菱利”“菱帅”“V3菱悦”“三菱蓝瑟”“三菱菱绅”“三菱戈蓝”“克莱斯勒大捷龙”“道奇凯领”“三菱君阁”“蓝瑟翼神”等十二大系列车型。2009年由东南汽车主导联合福建工程学院、福建福工混合动力有限公司、东莞新能源科技有限公司（ATL）共同开发了东南牌得利卡纯电动车，现已取得产品公告。V5是完全自主开发的车型，以东南V3菱悦为基础，通过全新的造型设计引领时尚潮流；通过加长加宽设计出充足的乘坐空间；通过全新搭载新动力和优化匹配，提升动力性，同时兼顾经济性，满足各项国家法规，实现时尚、低油耗、高性价比的亮点。现在正在同步开发自主品牌的V5、V6车型及新能源汽车，发展车型有V3插电式混合动力车型（采用CVT无级变速箱）、V3换电式纯电动车型以及V5E增程式纯电动轿车。

五、主要产品

整车			
序号	名称	型号	类别
1	得利卡纯电动车	DN6490MBEV	纯电动乘用车
2	得利卡纯电动邮政车	DN5020XYZBEV	纯电动邮政车
3	得利卡纯电动厢式运输车	DN5020XXYBEV	纯电动厢式运输车

六、发展规划

东南汽车根据国家的财政补贴政策，从现有的车型出发制定的公司发展规划如下：DELICA车型，拟发展邮政车或小型公交巴士车，理由是邮政车或巴士运行线路规则，续驶里程要求不高，可自建充电站；邮政业由于对SEM品牌的认可，目前已有大量的采购实绩。后续再行发展V3菱悦车型的换电式纯电动汽车，并综合考虑市场使用状况，拟发展增程型电动车，提升续航能力。

南京依维柯汽车有限公司

一、2011年发展概况

南京依维柯汽车有限公司（NAVECO）于1995年12月26日由中华人民共和国对外贸易经济合作部批准成立，于1996年3月1日正式运行，是由中国南京汽车集团有限公司（上海汽车全资子公司）和意大利菲亚特集团依维柯公司共同出资成立的中外合资经营汽车公司。公司注册资本25.27亿元，合资双方各占50%的股份。公司现有在册员工6900余人，占地面积132万平方米，建筑面积44.4万平方米。公司主要从事开发、制造商用车辆及零部件；在国内、外市场销售自产产品，并提供咨询及售后服务。

经过技术和合资合作，在中央和地方政府的支持下，公司已发展成为中国一流的商用车公司。目前，公司拥有依维柯和跃进两大产品平台，产品线横跨客车、卡车、厢货、越野车、底盘和专用车，拥有超过500种丰富车型。为响应国家节能减排政策，贯彻执行国家新能源战略，推动国家环保事业的发展，进一步提升公司自主创新能力，形成公司新的竞争优势。南京依维柯汽车有限公司在新能源汽车领域已取得技术上突破并形成产业化，成功推出纯电动服务车NJ5056XFWD、纯电动客车NJ6593ERD等新能源车型。2011年，南京依维柯汽车有限公司继续加大了新能源汽车研发力度，在核心技术方面取得重大突破，主要是进行了纯电动轻卡、Plug-in混合动力轻客、Plug-in混合动力军用越野车等项目的研发。

二、生产经营

2011年，南京依维柯汽车有限公司共生产新能源汽车10辆，销售10辆。分别是：纯电动服务车生产7辆，销售7辆；纯电动客车生产3辆，销售3辆。

三、产能建设

按照《新能源汽车生产准入管理规则》要求，南京依维柯汽车有限公司，在传统汽车总装线完成新能源基型车装配的基础上，建成了新能源汽车整车装配车间，进行电机、电池及电附件（电动转向、电动制动）的装配与调试。

建立了全面的新能源汽车生产管理程序，对产品的生产、技术、质量等都有具体的程序要求，生产过程严格按照程序文件、作业指导书或相关工艺文件。整车满足确认的技术规范要求，并通过检测机构检测和强制性检测。通过产品设计技术认可、质量认可及批准程序，以确保进入正式生产阶段的产品满足生产一致性要求。

目前，南京依维柯汽车有限公司具备年产新能源汽车5000辆的生产能力。

四、技术进展及研发能力进展

1. 跃进牌纯电动轻型卡车已完成工程样车开发，完成动力性试验和经济性试验，对产品可靠性和耐久性设计进行了相关验证。

2. 依维柯A42 Plug-in柴电混合动力客车已完成样车开发，完成动力性试验和经济性试验，初步达到设计要求，正在进一步优化设计，提高系统工作的可靠性，2012年将完成公告申报。

3. 依维柯Plug-in混合动力军用越野车正在进行样车开发，已取得阶段性成果。

4. 具备了相对完善的新能源汽车研发能力。对新能源汽车共性技术，即新能源整车集成、动力匹配、整车控制技术、高压电安全、故障诊断、通信、标定等关键技术开展了广泛深入的研究。

5. 开展了新能源汽车用AMT系统研究工作，以优化发动机和驱动电机的工作区间，获得良好的经济性和动力性。

6. 开展了基于OSEK/VDX标准体系研究工作，为建立完善的开放的汽车电子控制系统平台做好了相关工作。

7. 开展了基于无线网络技术的远程诊断监控与诊断服务功能。

8. 建立了相对完善的轻型商用车开发平台（如开发、集成、测试验证等）与生产平台。

五、主要产品

整车			
序号	名称	型号	类别
1	依维柯牌NJ5056XFWD型纯电动服务车	NJ5056XFWD	服务车
2	依维柯牌NJ6593ERD型纯电动客车	NJ6593ERD	客车
3	跃进牌NJ1027PBEVNZ型纯电动单排载货汽车	NJ1027PBEVNZ	载货汽车
4	跃进牌NJ1027PBEVNS型纯电动双排载货汽车	NJ1027PBEVNS	载货汽车
5	依维柯牌混合动力客车		客车

零部件		
序号	名称	型号
1	整车控制器	
2	高压配电系统	

六、发展规划

“十二五”末，南京依维柯汽车有限公司将形成依维柯、跃进两大系列新能源产品，产品技术路线包含插电式混合动力、纯电动、燃料电池3种，同时将具备年产30000辆新能源汽车生产规模。

江西博能上饶客车有限公司

一、发展概况

江西博能上饶客车有限公司从2005年开始着手新能源汽车开发的技术准备工作，相继研发出了天然气客车（出口）、油—气混合客车（出口）等一系列新能源车型。2009年，公司联合中国科学院电动车辆研发中心暨上海中科深江电动车辆有限公司开发新能源汽车，成立了专门的新能源汽车开发团队，设计开发上饶牌纯电动客车。2010年5月，公司成功研制了后置后驱SR6700HBEV纯电动客车，经过国家机动车质量检测中心的强制性检测和可靠性测试，该车性能全部达到国家标准要求。2010年12月，公司正式通过国家工信部组织的新能源汽车企业准入现场审查，获得了新能源客车生产资质。

二、生产经营

2011年，江西博能上饶客车有限公司从调整产品格局入手，以校车为主力，做大国内市场，校车销售名列国内校车销售前五名、广东省校车销售第一，主要经济指标同比增长近60%，实现产销量1000余台，新增利润800余万元，获得财政、科技等财政补贴300余万元，出口及出口研发等项目获得了100余万元补贴。

2011年，江西博能上饶客车有限公司成功开发了SR6700SHEV插电式串联混合动力客车、SR6110CHEV混联式混合动力城市客车，并列入在国家工信部234批次公告；SR6700HBEV纯电动客车实现了批量销售。

同时，公司通过与军队、消防、公安等客户合作，研发成功了多款高智能通信指挥车，适用于消防、维稳、公安、救灾等，且在2011年实现了批量生产和销售，已经取得了良好的业绩和利润。

三、产能建设

2010—2011年，江西博能上饶客车有限公司投资3700多万元用于新能源汽车车间改造和新能源汽车研发，包括电动汽车产品研发、混合动力汽车产品研发、新能源汽车开发专用试验及检测设备购置、与科研机构技术合作、关键技术攻关、技术咨询和人才引进等，已经形成了新能源汽车研发、试制、生产能力。

四、技术进展及研发能力进展

2011年，江西博能上饶客车有限公司成功研发了SR6700SHEV插电式串联混合动力客车、SR6110CHEV混联式混合动力城市客车，并设计优化了具有自主知识产权的整车控制系统及整车相关电控系统，健全了整车动力系统测试实验室，能够独立进行整车匹配计算、过程仿真、产品设计、试制、检测和验证，实现了整车电驱系统的工程化应用。通过与中国科学院在资金、技术、品牌上的深入合作，已经掌握了新能源汽车三大核心技术及先进的私家车制造技术，并能够将其熟练地运用到实际生产中。

五、主要产品

整车			
序号	名称	型号	类别
1	纯电动客车	SR6700HBEV	客车
2	插电式串联混合动力客车	SR6700SHVE	客车
3	混联式混合动力城市客车	SR6110CHEV	城市公交

零部件		
序号	名称	型号
1	整车控制器	SR－KZQ

六、合资合作

2011年，江西博能上饶客车有限公司强化与战略投资者中国科学院和江西出版集团的沟通与交流，与中国科学院在资金、技术、品牌上进行深化合作，中国科学院下属机构中国科学院电动汽车研发中心（暨上海中科深江电动车辆有限公司）以技术等无形资产入股上饶客车，获得公司16%的股权，目前已经完成相关工商登记注册。江西博能上饶客车有限公司、江西出版集团、中国科学院电动汽车研发中心（暨上海中科深江电动车辆有限公司）三方共同努力将江西博能上饶客车有限公司建设成为新能源汽车研发和产业化基地。

七、发展规划

在“十二五”期间，江西博能上饶客车将遵循“传统客车做规模，特种车、专用车做利润，高档车做品牌，新能源车做行业地位”的发展原则，逐步使新能源车、特种车成为利润增长点、品牌形象点和社会贡献点。

公司将严密结合国家产业政策，抓住当前汽车发展的机遇，通过不断深入地与中国科学院紧密合作，加大投入，加快发展，以重塑上饶客车品牌为中心，力争3年内企业上市，用5年时间把博能上饶客车建设成为客车行业的一流企业，其中新能源汽车位于客车行业前列，再用3～5年时间把博能上饶客车建设成为全国最好并有国际影响力的汽车制造企业。其发展举措为：

1. 建立一支高效的产品开发、生产及营销队伍，消化应用中国科学院电动车辆研发中心的技术，快速形成新能源客车产品，快速推向市场。

2. 积极研发、完善新能源公交系列产品和新能源专用车系列产品。

3. 依托中科院的技术优势和品牌优势，以现有新能源客车产品为主，大力开拓高端接待用车市场、公交市场和专用车市场。

4. 完善新能源电动汽车检测中心，争取建立省级或国家级新能源汽车工程研究中心，提高上饶客车在新能源汽车行业中的地位。

5. 加大宣传力度，积极参加各类新能源汽车展览会、研讨会及博览会，大力推广上饶客车新能源客车系列产品，形成上饶客车新能源品牌效应。

八、2011 年企业在新能源汽车方面的经济指标统计

指标名称	本期累计
2011 年营业收入（万元）	17316
营业成本（万元）	13935
营业税金及附加（万元）	0
营业利润（万元）	3412
销售费用（万元）	403
管理费用（万元）	1337
财务费用（万元）	504.7
其中：利息支出（万元）	504.7
工业总产值（全年价）（万元）	25465
工业销售产值（全年价）（万元）	17316
工业增加值（万元）	3016
2011 年年末职工人数（人）	706
2011 年年末工程技术人员（人）	233
2011 年产品销售率（%）	100
销售利润率（%）	8.5

桂林客车工业集团有限公司

一、发展概况

新能源客车是全球汽车工业发展的方向。 世界主要国家为保障能源安全，都在加快新能源汽车研发和市场开拓的步伐，我国也正在加紧新能源客车的研发和推广，以缩小在这个领域上与世界先进水平的差距。

桂林客车工业集团有限公司成立于 1962 年，前身为桂林汽车配件厂，经过 40 余年的发展，已成为国内客车生产大型企业，在国内客车行业具有一定实力和较高知名度，是桂林市及广西重点骨干企业和重要的客车生产基地。 为配合国家新能源汽车发展的产业政策，加快新能源汽车的推广应用工作，桂林客车工业集团有限公司获得多项技术专利的新能源纯电驱动客车，经过自主研发和示范运行，正处于量产和产业化阶段。

二、生产经营

目前公司的主要产品为 5 ~ 12m 各类公路车，有旅游车、城市客车、卧铺客车和学校专用校车及底盘共 60 多个车型。 产品主要销售往广西、广东、湖南、贵州及全国各地。 市场占有率达 4.1%。

三、产能建设

公司位于桂林市苏桥经济开发区苏桥（工业）园广州街 9 号，占地面积 250 亩，生产厂房、办公楼、检测线、仓库等建筑面积达 5 万平方米，拥有水旋喷漆室、烘干室、喷胶发泡室、打磨室、玻璃钢打磨室、电动平移车、集中供油与总装加油装置、前处理磷化浸漆线、干式喷漆室、CO_2 气体保护焊机、交流弧焊机、直流氩弧焊机、液压板料折弯机、剪板机、快速液压铆接机、张拉蒙皮机、单面点焊机、双面点焊机、数控弯管机、单边板链输送线等设备，产能达到年产各类客车及底盘 8000 辆。

四、技术进展及研发能力进展

为配合国家新能源汽车发展的产业政策，加快新能源汽车的推广应用工作，公司于 2011 年开始了新能源客车自主研发平台的建设，建成后能够实现纯电动汽车量产车型的产业化，将使客车企业具有完全不依赖外部配件供应商的技术而独立研发新能源客车的技术实力，从而成为当地经济腾飞的新的发动机，带动地方经济快速健康发展。

同时，公司还实施并成功运行了 PDM 系统，以帮助提高公司新能源客车的研发效率，有效管理研发成本，提升公司产品在同行业企业中的竞争力。

五、主要产品

整车			
序号	名称	型号	类别
1	桂林牌 GL6120BEV 型纯电动城市客车	GL6120BEV	城市客车
2	桂林牌 GL6100BEV 型纯电动城市客车	GL6100BEV	城市客车
3	桂林牌 GL6120PHEV 型混合动力城市客车	GL6120PHEV	城市客车

六、合资合作

2006 年 9 月桂客集团以增资扩股方式与上海铭源实业集团有限公司组建成立桂林客车工业集团有限公司，2010 年 2 月又以增资扩股的方式引入了中静实业集团有限公司

和柳州五菱汽车有限责任公司加盟集团公司，进一步加强了企业的综合实力，目前企业注册资本30434.46万元，其中上海铭源实业集团有限公司占股32.1510%、桂林市国有资产投资经营有限公司占股30.8854%、中静汽车投资有限公司和柳州五菱汽车有限责任公司各占股18.4818%。

七、发展规划

近年来，公司大力投入新能源客车整车研究，先后为多台纯电动客车投入使用积累了一定的整车试制生产经验。由于新能源汽车部件供应商总是跟不上整车需求，公司决定自主研发控制系统以加快新能源客车的发展速度。本项目的顺利完成将使公司在新能源客车行业具备国内领先水平，从而大大提升桂林客车品牌的国内地位。

东风扬子江汽车（武汉）有限责任公司

一、2011年发展概况

2011年6月13日，公司正式获得国家新能源汽车生产准入资质，扬子江纯电动城市客车进入国家《节能与新能源示范推广应用工程推荐车型目录》，列入工信部第226批车型公告。

2011年10月28日，扬子江纯电动公交车正式投放武汉公交579路运行。

2011年11月25日，公司最大的新能源项目、国家新能源重点工程、占地592亩的锂离子电池生产基地在江夏大桥新区破土奠基。

二、生产经营

2011年累计销售节能与新能源汽车900台，占总销量的0.9%。

三、产能建设

新能源客车生产基地占地面积近300亩，生产面积达14万平方米，该项目总投资6.8亿元。生产基地生产经营占地面积18.8万平方米，生产建筑面积14万平方米，建有联合厂房、综合楼、研发楼等生产、办公建筑，其中联合厂房下设准备、焊装、前处理、涂装、底盘、总装六大生产线，拥有生产、科研、运输设备共1100余台（套）。生产基地装备数控开卷校平纵横剪线、涂装电泳漆处理技术、电热张拉工艺等国内领先、国际一流的新能源客车生产装备，公司年产能10000台，是中西部最大的新能源城市客车生产基地。

四、技术进展及研发能力进展

2011年1月，武汉纯电动城市客车电机及其控制器通过国家客车质量监督检验中心（重庆）强制检验；武汉纯电动城市客车采用的动力电池通过北方汽车质量监督检验鉴定试验所（北京）强制检验。

2011年3月7日，工信部委派新能源汽车生产企业及产品准入审核小组莅临公司，就公司申报新能源汽车生产企业及产品准入的申请进行了为期两天的审查工作。

2011年4月18日，工信部委派新能源汽车生产企业及产品准入审核小组莅临公司进行新能源生产企业及产品准入复审。

2011年6月中旬，扬子江汽车正式通过国家工信部《新能源汽车生产企业及产品准入管理规则》的审核。

通过对研发背景、扶持政策、市场需求、技术准备、量产能力评估等五大方面进行调研和认证，完成了产业化可行性分析。

目前，客车工程研究院（技术中心）已能够独立完成纯电动城市客车整车结构设计并掌握车载能源、驱动电机、变速器的匹配与选型等关键技术，同时具备了研发下一代纯电动客车整车控制系统、电机及其控制系统、电池管理系统等核心技术的能力。

五、主要产品

整车			
序号	名称	型号	类别
1	扬子江第四代WG6120BEVHM型纯电动公交客车	WG6120BEVHM	纯电动汽车
2	WG6120PHEVAA型油电混合公交客车	WG6120PHEVAA	油电混合
3	WG6120DHA型无轨电车系列	WG6120DHA	纯电动
4	WG6110NQC型LNG/CNG公交客车	WG6110NQC	LNG/CNG

六、合资合作

1. 扬子江汽车在湖北首个新能源试点城市武汉南四环江夏高新开发区投资1亿元，合资组建了新能源汽车专业制造基地。

2. 在湖北地区第二个新能源试点城市襄阳，成立了扬子江亿兴新能源发展有限公司。总投资42.9亿元，首期投资13亿元，到“十二五”末，全部产值将达200亿元。

3. 新奥燃气发展有限公司、扬子江汽车、武汉科峰战略投资顾问有限责任公司合资成立湖北新奥扬子江清洁能源有限公司。

4. 在原有新能源事业部基础上引进高层次人才和加大投入，建立新能源车辆工程研究院，从事新能源三大核心零部件的研发与设计工作。

七、发展规划

未来5年，公司将构建传统客车、新能源客车及新能源车零部件的三大产业平台，组建集团公司，形成大规模新能源整车及零部件研发、制造产业链。

八、2011年新能源汽车关键零部件产销量统计数据

1. 动力电池

动力电池	生产				
			容量（A·h/a）	数量（套）	同期增长（%）
	锂电池	磷酸铁锂	17971200	208	22
	销售				
	锂电池	磷酸铁锂	30240000	350	42

2. 驱动电机

驱动电机	生产				
	产品类型		功率（kW）	数量（台套）	同期增长（%）
	永磁同步电机	150	50	36	
	销售				
	永磁同步电机	150	50	36	

续表

3. 电子控制

电子控制	生产			
	产品类型		数量（台/套）	同期增长（%）
	动力系统	电源控制	220	37
		电机控制	50	36
		动力总成	50	36
	底盘		50	23
	车身及被动安全		50	23
	销售			
	产品类型		数量（台/套）	同期增长（%）
	动力系统	电源控制	220	37
		电机控制	50	36
		动力总成	50	36
	底盘		50	23
	车身及被动安全		50	23

江西凯马百路佳客车有限公司

一、2011年发展概况

江西凯马百路佳客车有限公司（原企业名称：江西客车厂）位于江西省南昌市昌北经济技术开发区，是国务院国资委直属企业恒天集团在江西省重点投资企业，公司以生产高品质、高端豪华客车为主，已形成12大产品系列100多个品种，涵盖了6～27m的各型号高档旅游客车、城市客车、团体客车、公路客车、特种客车及房车，并具备批量生产混合动力客车、纯电动客车能力，年生产能力达5000辆。

公司已取得ISO 9001、3C等相关行业认证，并具备生产符合美国DOT产品认证、澳大利亚ADR产品认证和欧盟ECE产品认证的豪华旅游客车和城市巴士的生产技术条件，产品远销欧美、澳洲、非洲等多个国家和地区，其中在澳洲进口客车品牌市场占有率排名第二。

根据集团公司战略发展需要，在继续做强、做大高端客车的同时要加快发展新能源客车，加快百路佳的结构性调整和战略发展，重点加强新能源客车的研发及试造，目前为江西省唯一进入国家推荐目录的大型纯电动客车生产企业。

江西凯马百路佳客车有限公司自2007年以来加大对新能源汽车资金投入，开展对新能源客车的产品研发及试造工作，通过与电池及控制系统供应商的战略性合作，先后投入巨资开展对新能源客车三大核心技术之一控制器的研发以及控制器生产线、整车检测线的建设工作，同时百路佳公司拥有世界一流的生产加工及检测设备。

目前江西凯马百路佳已有JXK 6120AG、JXK 6113BEV、JXK 6113BEV1三款纯电动公交车和四款JXK 6122CHEV、JXK 6122PHEV、JXK 6116BCHEV、JXK 6116BPHEV混合动力公交车进入国家推荐公布的新能源公告目录，特别是JXK 6120AG纯电动城市公交车，由外籍专家共同参与开发，外观造型和内饰由中外设计大师联合设计，拥有多项国家外观专利，线条流畅，弧度明显，同时也是较早列入工信部《节能与新能源汽车示范推广应用工程推荐车型目录》的纯电动公交车型之一。

二、生产经营

2011年，在国家相关政策的大力扶持下，百路佳新能源客车的研发、生产、销售均取得了重要成绩。截至2011年12月，百路佳新能源客车具有推荐目录车型7款，

累计生产新能源客车86台，产值达6733万元，其中出口26台，分别销往澳大利亚、匈牙利、美国、中国台湾等多个国家和地区；国内推广新能源车辆60台。

江西凯马百路佳客车有限公司生产的新能源汽车成功地达到了国际先进标准，先后得到了澳大利亚、美国当地政府的高度认可，并在澳大利亚运营两年以上，市场反映非常好，并因优异的性能和卓越表现，分别获得国际客车联盟颁发的最佳新能源汽车奖和最佳新能源巴士奖，计划在未来的3年里争取欧洲、澳洲、美国30%的混合动力客车的市场占有率；同时。 在国内方面，将陆续生产系列新能源产品用以替代现有的传统燃油车，从而发挥新能源车优势，保护环境资源。

2008年6月实现首批混合动力客车出口澳大利亚，并参加了7月初在墨尔本举行的国际车展，得到了与会专业人士的好评，取得巨大反响。

2008年9月混合动力客车再次出口到澳大利亚，得到了澳大利亚维多利亚州政府的高度认可，并表示将开辟专线专营来自中国南昌的百路佳客车。

2008年11月首批纯电动城市公交车JXK 6120AG成功下线并销往中国台湾地区。

2009年4月百路佳公司携两款纯电动客车参加上海国际客车展，其中，JXK 6120AG车型获得“年度最佳新能源巴士奖”，JXK 6830获得“年度最佳新能源客车奖”。

2010年2月、3月，公司生产的纯电动客车、混合动力客车陆续在南昌、杭州、南京取得示范运行。

2011年3月20日，第十一届世界客车博览会亚洲展会在上海汽车会展中心开幕，JXK 6113BEV型纯电动城市客车荣获“2011年度最佳巴士安全装备奖”，同日举行JXK 6600纯电动小巴士出口美国新品发布会。

2011年8月南昌公共交通公司经过招标，陆续采购百路佳46辆混合动力公交车、10辆纯电动公交车。 并服务于第七届城运会。 根据南昌公交公司应用情况，混合动力公交车实际使用情况良好，并顺利通过国家四部委验收。

2011年11月百路佳新能源客车以“参会代表”和“指定接待车提供方”双重身份参加第二届世界低碳与生态经济大会，并展示了JXK 6122混合动力客车、JXK 6113BEV纯电动客车两款成熟新能源车型，受到与会人员好评。

江西凯马百路佳客车有限公司为实现新能源客车产业化，将原有的厂房和生产线进行了改造，增加了零部件厂房及专业的新能源客车检测线，配备了先进的检测仪器装备，形成了具有年产混合动力客车600辆和纯电动客车400辆生产能力的新能源客车生产流水线。

三、产能建设

2011年4月16日，中国恒天百路佳客车正式隆重启动“百路佳公司新能源客车项目”奠基仪式。 依据公司百路佳客车新能源建设发展规划，百路佳将启动“新能源客车项目”规划项目，项目总投资达7亿元，陆续建设新能源研发大楼、新能源客车专用厂房、整车实验检测车间、高端人才综合大楼项目。

整个项目分两期，预计5年时间完成，其中，一期投资2亿元，新能源研发大楼投资1亿元，总建筑面积10000m^2。 该研发大楼主要用于新能源客车的研发与设计，建立了涵盖软件开发实验室、新产品研发实验室、测功机试验室等在内的12个专业实验室和监测室，致力于提升与创新新能源汽车的技术和工艺；电动新能源客车专用厂房及外国专家、高端人才综合大楼投资1亿元，其中，电动新能源客车专用厂房建筑面积为10000m^2，重点建立完整的新能源汽车三大件（电机、电池、控制器）生产线，高端人才综合大楼建筑面积为20000m^2，一期工程的完工，将形成1000辆新能源客车的新增生产能力，年新增销售收入15亿元，年新增税利约1.5亿元。

二期项目是一期项目的补充和扩大，预计投资5亿元，重点扩大电控生产线、电池生产线，在一期的基础上进一步扩大规模，培育发展电动汽车整车开发—动力电池—驱动电机—电子控制系统—充（换）电系统—电动汽车应用产业链，围绕产业链开展技术攻关和生产应用。 推动发展天然气汽车（CNG、LNG）、生物质燃料汽车，通过整合调整，打造形成纯电动汽车、混合动力汽车、燃气汽车3条新能源汽车产品链，形成新能源汽车的产业化规模。 二期工程的完工，将形成3000辆新能源客车的新增生产能力，年新增销售收入约30亿元，年新增税利约2亿元。

四、技术进展及研发能力进展

江西凯马百路佳客车有限公司拥有先进的管理队伍和勇于创新的技术研发团队。 2007年即开始研发并生产锂电池纯电动客车，产品销售到国外多个国家和地区，是国内最早从事锂电池纯电动客车和混合动力客车开发的技术团队之一，目前公司已配备先进的控制器生产线、检测线，并购置相关技术设备，在新能源汽车研发和生产方面积累了丰富的经验。 为了加强锂电池纯电动客车和混合动力客车的技术开发力量，公司还成立了新能源客车事业部，专门开发与生产国内外市场需要的混合动力客车和锂电池纯电动客车。 事业部有技术人员50多人，与驻厂的澳大利亚ADR外籍专家工作组、美国DOT外籍专家工作组、欧洲ECE专家组的外国专家在锂电池纯电动客车的开发和销往国际市场的新能源客车开发上进行国际技术合作，使得百路佳新能源汽车的研发具有良好的国际技术合作基础。

江西凯马百路佳客车有限公司加强技术研发，与国内知名大专院校开展“校企”合作，组建成立重点实验室，在新能源汽车、各种载运工具与装备的控制技术、安全技术等方面进行了卓有成效的研究，在国内同行业有较大影响。目前公司已与华东交通大学载运工具与装备江西省重点实验室/教育部省部共建重点实验室共同开展了有关的研究工作，并取得初步进展。研发团队成员曾参与完成国家“863”课题3项，主持完成省部级课题3项，获上海市科技进步二等奖1项。

江西凯马百路佳客车有限公司已完成了对新能源客车的动力性匹配设计软件、基于蓄电池SOC状态的制动能量回收技术的研发；开发出电动力客车动力部件运行参数的数字化仪表集成显示系统；钻研出一种嵌入式太阳能电池的客车顶棚；开发出纯电动客车产业化专用的多种调试设备，诸如电动化底盘调试平台、动力系统网络调试平台，及客车动力系统调试平台；形成具有自主知识产权的混合动力城市客车驱动与控制系统技术，保证新能源产品批量生产所需。同时公司建立了从客车造型设计、结构设计、有限元分析、图档管理、工艺流程到设计制造全过程的计算辅助工程设计系列，大大缩短了新产品的开发周期。

五、主要产品

整车			
序号	名称	型号	类别
1	混合动力城市客车	JXK6116BPHEV	M3
2	混合动力城市客车	JXK6122CHEV	M3
3	混合动力城市客车	JXK6122PHEV	M3
4	混合动力城市客车	JXK6116BCHEV	M3
5	纯电动城市客车	JXK6120AG	M3
6	纯电动城市客车	JXK6113BEV	M3
7	纯电动城市客车	JXK6113BEV1	M3
8	天然气城市客车	JXK6113BCNG	M3

六、合资合作

江西凯马百路佳客车有限公司通过多渠道积极加强技术交流与合作，通过产学研、重点实验建设等多种形式对新能源客车核心关键技术进行研发，不断取得新的突破。通过与技术依托单位清华大学一起对新能源汽车的动力性匹配设计软件、基于蓄电池SOC状态的制动能量回收技术进行开发和再创新，对引进系统的运行测试、分析，对该纯电动力系统的参数匹配技术、动力系统的结构组成、能量分配控制算法、动力系统部件工作状态的切换方式、系统控制技术等方面，以及对系统的软件进行编制、测试。

同时加强与国内新能源系统供应商的共同合作开发，陆续引进湖南南车时代的并联式混合动力系统、玉柴系统，并与万向集团、中瑞蓝科等公司加强纯电动客车的技术合作。同时公司与世界知名电车系统供应公司洽谈，将在技术领域多方位参与合作研发。

江西凯马百路佳客车有限公司在技术研发方面一直走在同行业前列，核心技术领先世界。

七、发展规划

江西凯马百路佳客车有限公司规划利用5年时间，在新能源领域客车领域产销进入国内前三名，在核心技术、核心团队、品牌知名度、营销渠道方面形成四大核心竞争力。

掌握新能源车辆及关键零部件核心技术应用，具有稳定专业的技术、营销、管理团队，拥有专业的“三电”系统、混合动力系统及整车匹配研发设计团队，具有年产3000台新能源车辆的产能规模，使百路佳客车成为国内新源客车和特种车的领军企业。

利用5年时间将百路佳品牌打造成为国际新能源客车知名品牌，定位于中高端客车和新能源车辆，成为新能源车辆和高品质客车的代名词，“百路佳新能源客车专家”，及其他客车企业不可取代的品牌资源。

在全国范围推广使用百路佳新能源客车，重点服务于城市公共交通系统。公司在国内市场采取直销为主，经销为辅的发展策略，加大对重点大客户的推介力度，以江西省为重要市场，以点带面，辐射全国。

八、2011年企业在新能源汽车方面的经济指标统计

指标名称	本期累计	同期累计	增长率（%）	增长额（万元）
2011年营业收入（万元）	23048.24	20820.32	10.7	2227.92
营业成本（万元）	19106.13	18076.69	5.69	1029.44
营业税金及附加（万元）	15.76	0.54	2818.52	15.22
营业利润（万元）	-9.7	-163.32	94.06	153.62
销售费用（万元）	1442.45	1004.29	43.63	438.16

续表

指标名称	本期累计	同期累计	增长率（%）	增长额（万元）
管理费用（万元）	1918.40	1602.62	19.7	315.78
财务费用（万元）	575.04	284.43	102.17	290.61
其中：利息支出（万元）	389.88	266.73	46.17	123.15
工业总产值（全年价）（万元）	23168.13	22049.68	5.07	1118.45
工业销售产值（全年价）（万元）	23048.24	20820.32	10.7	2227.92
工业增加值（万元）	3202.48	2641.37	21.24	561.11
2011 年年末职工人数（人）	576	450	21.9	126
2011 年年末工程技术人员（人）	289	263	9.0	26
2011 年年末资产总计（万元）	34706.10	24945.63	39.13	9760.47
2011 年利润总额（万元）	213.42	171.71	24.29	41.71
2011 年产品销售率（%）	99.48	94.42	5.36	5.06
销售利润率（%）	0.93	0.82	13.41	0.11
工业经济效益综合指数（%）	121.26			

中国重汽集团成都王牌商用车有限公司

一、2011 年发展概况

中国重汽集团成都王牌商用车有限公司积极组织人力和物资资源，于 2010 年 8 月组建成立了纯电动汽车研发所，及时投入了研发工作，并于 2011 年 2 月完成了 16t 纯电动洒水车设计方案的评审工作，2011 年 3 月完成了样车的设计和评审工作，2011 年 4—7 月完成了 16t 纯电动洒水车的样车试制和改进工作，2011 年 8 月样车通过合格评审。 并获得成都市 15 台 16t 纯电动洒水车的销售订单。2011 年 10 月正式开始电动汽车生产准入资质审查申报工作和产品公告申报工作，并于 2012 年 2 月通过专家审核。目前已有代表性产品 16t 纯电动洒水车、3t 纯电动垃圾收运车；将继续计划推出纯电动的载货汽车、纯电动的皮卡车、纯电动的其他环卫类专用车等。 中国重汽集团成都王牌商用车有限公司是融电动车底盘及专用上装设备全方位自行设计、生产、销售为一体。

二、生产经营

中国重汽集团成都王牌商用车有限公司于 2012 年 3 月 6 日首批 4 台纯电动洒水车正式交付成都园林局用户，3 月 20 日全部 15 台纯电动洒水车按期交付用户，目前已全部投入使用。 经过对产品使用过程的现场跟踪调查结果和用户对产品的反映情况来看，产品使用效果良好，得到了用户的好评。

由于第一阶段 16t 纯电动洒水车的顺利完成并交付使用，为其他纯电动专用车的研发和生产奠定了基础，积累了经验，目前企业又开始了第二阶段纯电动专用汽车的研发工作，并同时总结经验，完善生产工艺，完善检测方法和手段，为后续的有序生产保质保量地打好基础。

三、产能建设

中国重汽集团成都王牌商用车有限公司各级领导十分重视电动专用车项目的研发，投入巨额资金 3900 万元用于电动专用车研发、试制及生产项目，其中固定资产投资 2980 万元，流动资金 920 万元。 占用厂房 3500m^2，组建底盘改装生产线 1 条，总装生产线 1 条，充电线 1 条，检测线 1 条，电池储存室一间及其他辅助设施若干，新增电池管理及检测系统、充电设备、电动车专用试验台、底盘台架试验台、电动车电场和磁场测量设备、绝缘检测设备、动力系统台架试验平台、整车性能检测线等设备 8 套，配置技术人员 6 人、检验人员 8 人、管理人员 6 人，各工种生产人员 90 人。

公司对项目进行了周密的规划，并指定专人对项目的实施进行指导与监督。 2012 年 3 月完成生产线的改建，2012 年 5 月完成生产设备的订购、2012 年 8 月完成生产线安装调试、2012 年 10 月生产线试运行、2012 年 12 月项目全部竣工验收。 到时可完全满足年产 1000 台各类电动专用汽车的研发及生产需求。 目前，生产项目的改建和产品研发的工作正在按预定计划顺利进行。

四、技术进展及研发能力进展

中国重汽集团成都王牌商用车有限公司研发出的 16t 纯电动洒水车和 3t 纯电动垃圾收运车已进入技术稳定阶段，可进行批量生产。 同时公司正在加大力度，提升技术力量，从技术、工艺、质量控制等方面增加更多的专业人员，分工细化，责任明确，扩大产品研发范围，除不断扩展纯电动环卫车品种外，还瞄准纯电动的公务用车、纯电动的商务用车、纯电动的工程用车、纯电动的城市物流运输用车等市场；总质量吨位从1t、3t、5t、8t、10t、12t到16t；并计划使续驶里程从现在的100km向200km突破。

五、主要产品

整车			
序号	名称	型号	类别
1	王牌牌CDW5164GSSEV型纯电动洒水车	CDW5164GSSEV	环卫类专用车
2	王牌牌CDW5030ZLJEV型纯电动垃圾收运车	CDW5030ZLJEV	环卫类专用车

零部件		
序号	名称	型号
1	整车控制器	QH010

六、发展规划

2011年年底，中国重汽集团成都王牌商用车有限公司专门为电动专用车建立了一条占地面积约1800m^{2}的车间生产线，年生产能力初步可达到200辆，并配备了电机动力系统综合试验台架试验房、电池入厂检验室、电机电控入厂检验室、电池专用存放库、电机电控件专用存放库、整车控制器组装实验室、电动车电机、电池、电控、及上装专用装置组装专属场地、电动车充电桩及充电区位、成品存放区位等。计划于2012年扩大一倍达到年生产能力为450辆，三年内扩大到年生产1000辆的融研发、设计、工艺、生产、检测为一体的产能目标，同时组建一支专业的销售和售后服务保障队伍。

北京华林特装车有限公司

一、2011年发展概况

北京华林特装车有限公司（以下简称“华林公司”）成立于1993年10月，专门生产销售城市环卫车辆及环卫专用设备。企业注册资本3000万元，主要加工设备为数控激光切割机、数控弯管机、数控板料折弯机、焊机、天车等，设有专用烤漆房。主要产品包括压缩式垃圾车、洒水车、车厢可卸式垃圾车、自装卸式垃圾车及纯电动环卫车五大系列70多种车型。2011年，华林公司本着科技创新提升企业竞争实力的原则，开拓研发思路，不断丰富产品序列，员工上下一心，共同努力，发挥大家的主观能动性，加强产学研相结合的方式，尤其是在电动环卫车方面再接再厉取得了丰硕的成果，相继开发了5个新车型。

华林公司产品现已覆盖全国大部分省、市地区，在产品相对集中地区设立了售后服务中心，以优质、及时、快捷服务的特点，努力创造优质服务品牌，形成了良好的“品牌”效应。华林公司以诚信为最高理念，立志于用户满意，始终以融入环卫事业建成行业龙头企业为目标而努力奋进。

二、生产经营

2011年生产环卫车辆1060台，实现工业生产总值3亿元，其中纯电动环卫车辆963台，完成了公司制定的各项生产经营指标。

三、产能建设

根据公司的发展需要，也为了适应电动环卫车大批量生产，公司购进了一大批新式焊接设备及数控加工设备，并在车间内部重新划分了工位，从而实现了固定工位的流水线形式的生产，达到每月200台以上的生产能力，这也为公司承接更大批量的订单打下了坚实的基础。

四、技术进展及研发能力进展

2011年公司技术部在纯电动洒水车和纯电动压缩式垃圾车的基础上，响应北京市纯电动环卫车示范运行的号召，与北京理工大学和北汽福田研究院积极配合，贯彻落实“人文北京、绿色北京、科技北京”的理念，及时跟进，大胆创新，又相继开发了纯电动自卸式垃圾车（铝合金箱体）、桶装垃圾运输车（翼开和栏杆）、新式餐厨垃圾车和清洗车。公司纯电动车辆的公告截至2011年年底已经达到了22个。正是基于以上的技术储备，公司在2011年年底又与北京市政府的相关部门签订了928辆纯电动环卫车参与北京市电动环卫车示范运行的协议。

结合电动环卫车的特点，公司2011年相继申报了关于纯电动环卫车的实用新型专利6项、外观专利6项，目前已经全部取得证书。

五、合资合作

在纯电动车领域，华林公司积极与北京理工大学、北汽福田汽车股份有限公合作，在纯电动车辆底盘设计过程就参与其中，根据上装的不同对车辆底盘设计提出相应布置及其他技术要求，使纯电动车能够最大限度地适应环卫作业需求。

安源客车制造有限公司

一、产能建设

现有混合动力客车生产与公司传统客车生产线混线生产，原有生产线具备5000台/年的产能。根据混合动力客车的特殊性，特别是在动力系统、能源系统、控制系统与传统客车的不同，结合常规客车的生产工艺路线和安源客车的实际情况，在公司现有的传统客车生产线上增加混合动力客车生产所需的专用工位和专用设备，使之具备混合动力客车生产的所有条件。

二、主要产品

整车			
序号	名称	型号	类别
1	安源牌PK6113PHEV型混合动力城市客车	PK6113PHEV	混合动力城市客车

天津清源电动车辆有限责任公司

一、2011年概况

天津清源电动车车辆有限责任公司（以下简称“清源公司”）围绕纯电动汽车、混合动力汽车整车及电驱动系统、电池管理系统、整车控制系统、充电机和电动辅助系统等关键零部件进行科研开发与生产，已经具备了相应的设计开发、批量生产、试验和检测能力。在电动汽车相关技术领域，特别是在动力总成开发上已取得重大技术突破。清源公司建立了完整的电动汽车整车及关键子系统的开发流程，不断提高项目管理水平，引进和研制了设计开发试验检测所需的多种设备，技术实力进一步提高。清源公司始终坚持品牌战略、人才战略、标准战略、专利战略的有机结合，在电动车行业取得明显成绩。

在电动汽车整车开发方面，共开发出纯电动乘用车、纯电动货车、纯电动专用车（如举升车、邮政车、垃圾车、服务车、专用运输车等）、纯电动轿车、混合动力轿车、纯电动中巴车和混合动力城市公交车等7个系列20多个车型。

在电动汽车关键零部件的开发方面，在国内率先开发基于CAN总线系统的控制系统，同时开发了峰值功率从4kW一直到150kW的电机驱动系统、电池管理系统（锂电及镍氢电池）、电动真空制动辅助系统、车载充电机、电动汽车专用仪表等，这些关键零部件除了公司自用外，还用于其他汽车公司的有关整车产品和技术服务中，为后续配套打下了坚实基础。

清源公司投资建立了电动汽车生产基地、产品开发中心和检测试验中心。电动汽车生产基地建成国内第一条年产2万辆整车装配生产线和3万套动力总成生产线。产品开发中心配备CAX系统、虚拟现实系统、光栅扫描系统、三坐标测量系统和样车制作系统，能够进行电动汽车的整车和关键零部件的设计、油泥模型制作及样车和样件的试制等。电动汽车检测试验中心配备底盘测功机、动态测功机、稳态测功机、电池模拟器等系统，能够完成纯电动汽车、混合动力电动汽车和燃料电池电动汽车动力总成、动力电池、控制器等电动汽车关键零部件的研究、试验和检测工作。

二、2011年科研项目及成果

1. 科技开发

（1）承担科技部、天津市科委等纵向项目14项，其中“清源电动汽车技术平台研究开发”等8项已经通过验收；“下一代高性能纯电动轿车动力系统技术平台研发”等6项按照计划顺利进行。

（2）公司为东南得利卡、阁瑞斯电动车、天津美亚、LDev2纯电动汽车、赛豹Plug-in混合动力轿车、无锡交通客车、北汽纯电动多用途乘用车、普天快换电池纯电动轿车、牡丹纯电动客车、日新纯电动客车、小型增程器研发、轮毂电机纯电动轿车开发等多家国内整车厂和企业提供改装设计试制电动汽车的技术服务，共计承接横向项目17项。

（3）自立的“纯电动轿车电机控制器工程化开发”等9项课题大部分已经完成，其余都在进行之中。

（4）对高尔夫车和游览车进行改进设计，新车型预计2012年投入市场。新开发了低速电动汽车48V专用动力总成及2～4种旅游观光车和厂内搬运车。

（5）开发了两种锂电厢式运输车新车型，并上了国家汽车产品公告。

2. 科技成果

（1）“通用化、系列化的电动汽车电机驱动系统研发”获中汽中心科技成果一等奖、2011年度天津市科技进步三等奖。

（2）“基于虚拟仪器的车用电机控制电路测试系统”

获中汽中心第17届学术交流会优秀论文二等奖。

(3)"基于虚拟仪器的电动汽车电机控制自动测试系统及方法"等项目申请专利18项，其中发明专利9项。

三、2011年科研设施及科研能力建设

(1)空载试验台开发元旦前完成方案制定，部件采购，年底完成系统搭建及初步调试。

(2)完成直流辅助系统优化、高压直流供电电缆敷设优化等试验辅助设备改进。

(3)完成CAN总线上位机监控软件及自动运行的监控软件的开发。

(4)完成"十二五"国家"863"项目设备采购调研，共计13种测试试验设备仪器的采购选型、报价和技术咨询。

四、2011年国际合作

2011年9月，公司总经理赵春明赴德国参加中德电动车标准合作小组启动会及技术交流。同时，参考借鉴国外同类标准，公司参与起草电动汽车传导充电用连接装置国家标准。

五、主要产品

整车		
序号	型号	名称
1	QY5020GKC－08BEVA	纯电动高空作业车
2	QY5020XFWBEVEC	纯电动服务车
3	QY5020XYZBEVEC	纯电动邮政车

续表

整车		
序号	型号	名称
4	QY5020XXYBEVYC	纯电动厢式运输车
5	QY5020ZLJBEVYC	纯电动垃圾车
6	QY5020ZXXBEVYC	纯电动车厢可卸式垃圾车
7	QY5021ZLJBEVYC	纯电动垃圾车
8	QY5020XFWBEVEL	纯电动服务车
9	QY5020XYZBEVEL	纯电动邮政车
10	QY5020XXYBEVEL	纯电动厢式运输车
11	QY5020XXYBEVYL	纯电动厢式运输车
零部件		
序号	型号	名称
1	TQJ－12/25－YC－1	电机控制器
2	TQJ－20/60－YB－1	电机控制器
3	TQJ－30/90－YB－1	电机控制器
4	TQK－45/75－YB－1	电机控制器
5	TQK－75/120－YB－1	电机控制器
6	XYQ－7.5－1AH	电机及其控制系统
7	QYPCU0102	电机及其控制系统
8	QYKZL－04W30	电机及其控制系统
9	QYKZL－05W30	电机及其控制系统
10	QYKZL－05W40	电机及其控制系统

上海燃料电池汽车动力系统有限公司

一、2011年发展概况

上海燃料电池汽车动力系统有限公司是专门致力于新能源汽车动力系统技术领域的技术与产品研发的高科技公司。主营业务包括：新能源汽车动力系统集成与控制技术研究与服务、动力系统关键技术及零部件开发与生产销售、动力系统及关键零部件试验研究与服务、新能源汽车示范运行技术保障服务等。公司在2011年3月通过TS 16949质量体系认证。

公司完成了我国第一代至第四代燃料电池轿车动力平台研发，成功开拓出"电电混合、动力系统平台、副产氢气纯化和高压储氢"的中国燃料电池轿车技术发展之路，掌握了燃料电池汽车动力系统平台集成与匹配、动力系统总成控制、车载电流变与驱动控制、燃料电池发动机系统集成、车载供氢系统集成、车载信息技术与远程监控、热管理、氢安全与电安全、动力总成与关键零部件测试、动力系统向整车集成、车辆运行考核与示范运行技术保障等在内的自有核心技术。

在燃料电池轿车动力系统技术平台基础上，公司还成功将技术移植应用于燃料电池客车及串联式混合动力客车，开发出城市客车双动力系统平台；应用于微型车和场地车，开发出纯电动轿车和微型车、燃料电池场地车和纯电动场地车动力系统平台；应用于混合动力轿车，开发出混合动力轿车动力总成控制系统。

目前，公司已形成了完整的新能源汽车动力系统研究开发体系，造就了一支具有丰富实践经验的科技队伍，建立起较为完备的开发平台和研究测试环境，并形成了动力系统集成及关键零部件中试生产能力。开发与试验环境包括动力系统硬件在环开发试验平台、燃料电池系统测试平台、电机及驱动系统测试平台、动力蓄电池测试平台、电子负载、恒温箱、控制系统在线检测平台等；形成的中试生产能力包括动力总成ECU装配与检测生产线、电流变与驱动控制单元总成产品装配线、燃料电池发动机总成装配线、供氢系统总成装配线、动力系统调试与标定工作生产线，目前已形成动力系统集成年产千套级、控制器及驱动

单元等关键零部件年产万套级的产业化能力。

二、生产经营

上海燃料电池汽车动力系统有限公司力争成为中国新能源汽车动力系统技术领域的总成产品和服务的优秀与知名供应商。主要产品包括：系列化、平台化新能源汽车动力总成控制器；新能源汽车集成动力控制单元总成；新能源汽车远程监控车载终端模块和后台服务平台；5/50kW燃料电池发动机总成产品；轮边驱动总成。主要提供的技术服务包括：新能源汽车动力系统集成与控制技术服务；新能源汽车动力底盘集成技术服务；新能源汽车运行支持与保障技术服务；车载供氢系统集成及其匹配技术服务。

在2011年，公司承接了几大重点项目，取得了经济效益和社会效益的双丰收。

（1）后世博燃料电池汽车示范运行与技术保障。为世博燃料电池客车、燃料电池轿车及燃料电池观光车后续在上海嘉定电动汽车国家示范运行区开展示范运行提供技术支持、数据采集分析与保障工作。

（2）深圳世界大学生运动会燃料电池汽车示范运行项目。开展并完成60辆燃料电池观光车动力底盘集成与制造、2辆增程式燃料电池客车增程器的配套研发与装车试验、移动加氢站建设，在大运会上开展示范运行并取得圆满成功。

（3）面向产业化的燃料电池轿车关键技术与整车集成开发。优化燃料电池汽车动力系统结构、控制及安全性能策略，总体提升了动力系统总成的性能和技术指标。并建立和完善了一套符合ISO/TS 16949质量管理体系认证开发、设计、生产和检验流程与规范。

三、产能建设

1. 新能源汽车动力总成控制器与动力控制单元装配中试生产线

完善并形成生产线在线检测能力建设，包括在线检测系统（ICT）及生产线线后检测设备（EOL）设计线上及线后测试台，形成年产万套级动力总成控制器ECU和动力控制单元PCU的装配与产品验收检测能力。

2. 动力系统产业化基地开工建设

规划有新能源汽车动力总成试验室、燃料电池发动机系统试验室、控制器开发试验室、动力控制单元开发试验室、整车转鼓性能调试标定试验室的公司综合楼和生产试验中心一期工程于2011年5月22日开工建设，至“十二五”末期将形成平台化/系列化电动汽车动力系统嵌入式ECU单班年产2万套、集成电力电子控制单元PCU单班年产2万套、其他汽车电子模块单班年产1.5万套的综合装配制造与质量保障能力及千套级燃料电池发动机、轮边驱动总成中试装配能力，并形成综合技术开发及试验检测产业化支撑能力。

四、技术进展及研发能力进展

1. 技术进展方面

（1）燃料电池轿车动力系统技术平台研发。研究和确定了面向示范燃料电池轿车动力系统优化总体方案，针对三种车型开展动力系统向整车集成设计工作，针对车载电源升压供电方案开展动力驱动单元的改进优化设计。

（2）纯电动轿车动力系统产业化技术研究。完成面向产业化纯电动微型车动力系统平台样车的集成研制、试验考核及动力总成控制器、动力控制单元、电机及减速器、辅助驱动控制器、动力电池及管理系统等关键零部件产品定型；针对整车客户需求完成两款纯电动轿车动力系统集成、试验样车研制及测试试验。

（3）新能源汽车动力总成控制器（ECU）产业化研究。完成满足各型新能源汽车动力总成控制需求的32位通用型、高可靠性动力总成控制器ECU产品化开发并形成产品系列，建立了包括符合汽车电子国际/行业规范、满足匹配标定与离线故障诊断的应用软件支持环境，在燃料电池汽车、纯电动轿车、混合动力轿车动力总成控制及燃料电池发动机总成控制、车载供氢系统管理等领域实现应用。

（4）新能源汽车动力控制单元产业化开发与应用。针对客户应用开展动力控制单元产品结构优化，形成同时满足中级燃料电池轿车、纯电动轿车及双动力电驱动客车用90kW级PCU产品及DC/DC变换、主驱动控制、辅助驱动控制等的产品模块，开发出60kW级混合动力驱动控制单元并已进入试验室试验阶段。

2. 研发能力方面

新能源汽车动力总成测试平台。完成测试平台的完善配套建设，测试平台由大功率测功机、整流逆变设备、驱动电机、扭矩仪等设备和支撑、传动、连接等装置组成，可根据任务需求开展动力总成、电机及控制器、燃料电池系统、动力蓄电池等关键零部件匹配测试试验工作，可以实现惯量模拟及汽车行驶阻力模拟、一次电源模拟、二次电源模拟、PCU调试、动力系统联调、回馈制动等试验与调试功能，一次电源模拟功率（单向）大于55kW，二次电源模拟功率（双向）大于30kW，电力测功机吸收功率大于80kW，可加载电机转速范围为0～12000rpm，最大可加载电机负载转矩大于250N·m。

五、主要产品

序号	名称
1	电动汽车动力系统总成控制器（ECU）
2	电动汽车集成动力控制单元总成（PCU）
3	2kW隔离12V DC/DC变换器（DCL）

续表

序号	名称
4	5kW 车载燃料电池发动机系统总成
5	25kW 车载燃料电池发动机系统总成

六、发展规划

上海燃料电池汽车动力系统有限公司依托同济大学汽车学院和新能源工程中心的强大技术依靠，发挥公司特有的集项目型和生产型业务模式。 公司在未来将致力于发展成为新能源汽车动力系统技术领域的总成产品和服务供应商。

作为国内最早也是最先研制燃料电池发动机总成产品的企业，公司计划发展面向产业化、面向整车厂，打造完全拥有自主知识产权的燃料电池动力系统集成商，并实现总成产品在客车、轿车和微车上的全系列应用。 在此基础上，公司也积极开发包括嵌入式 ECU、集成化电子控制单元及多功能车载远程监控系统，实现产品优化和定型，最终达到年产万套级的规模化生产。

除了新能源汽车动力系统产品的研制，为整车企业提供新能源动力系统领域的技术支持和方案设计与优化也是公司的核心业务之一。 公司为整车企业提供包括新能源动力系统集成、动力底盘方案设计与开发、车载供氢系统匹配与集成以及新能源汽车各类示范运行活动的技术服务。经过了北京奥运会、上海世博会、广州亚运会和深圳大运会等重大活动中新能源汽车示范运营项目的磨炼，积累了丰富的项目经验，培养了一支敢打硬仗的技术力量。 在未来，公司将积极拓展同整车企业的交流与合作，为之提供行之有效的新能源汽车动力系统集成的解决方案及技术支持与保障服务。

福建冠龙新能源汽车科技有限公司

一、2011 年发展概况

福建冠龙新能源汽车科技有限公司是一家专业从事新能源客车驱动总成研发、生产的高新科技企业，拥有敢于创新的专业技术团队和良好的开发平台。 核心技术包括变频驱动技术、内燃机—电机匹配技术、制动能回收技术等。 产品具有多次大批量上线运营的实践经验，通过对系统控制策略及各种参数的优化调整，产品性能稳定可靠；充分依靠与多家整车厂合作的良好平台，加大研发力度，严抓器件选购，贯彻质量标准，勇于创新，在确保产品品质的基础上，对新产品的研发取得突破性进展。

二、生产经营

2011 年福建冠龙新能源汽车科技有限公司生产销售新能源汽车气电混合系统、油电混合系统、带有怠速启停的气电混合系统、带有怠速启停的油电混合系统、纯电动系统、两挡箱系统总计 600 多台，与厦门金旅客车、苏州海格、上海申龙、中国重汽、郑州宇通等多家客车厂达成合作关系。 产品在杭州、昆明、海口、天津、厦门、张家港、苏州、南通等地批量上线运营。

三、技术进展及研发能力进展

2011 年福建冠龙新能源汽车科技有限公司在原有新能源汽车气电混合系统、油电混合系统的基础上研究开发了新能源汽车带有怠速启停的气电混合系统、带有怠速启停的油电混合系统，提高了系统的安全性、稳定性、舒适性、节油率等，降低了系统的故障率，尾气排放达到欧Ⅳ标准。 在一般工况下，新能源汽车油电混合系统的节油率为 20%～30%，新能源汽车带有怠速起停的油电混合系统的节油率为 30%～40%。

四、主要产品

整车			
序号	名称	型号	类别
1	新能源汽车气电混合系统	GL－HEV3090－11	10.5～12m 城市公交
2	新能源汽车油电混合系统	GL－HEV3090－10	10.5～12m 城市公交
3	新能源汽车带有怠速启停的气电混合系统	GL－HEV1090－13	10.5～12m 城市公交
4	新能源汽车带有怠速启停的油电混合系统	GL－HEV1090－12	10.5～12m 城市公交
5	新能源汽车纯电动系统	GL－EV2090－10	10.5～12m 城市公交
6	新能源汽车两挡箱系统	GL－HEV1090－14	10.5～12m 城市公交

零部件		
序号	名称	型号
1	混合动力整车控制器	GL－ZK3385－10

续表

零部件		
序号	名称	型号
2	混合动力电机控制器	GL－DK1090－10
3	混合动力驱动电机	GL－QD1090－10
4	异步发电机	YQDF160－25/2200
5	助力转向泵	YUQCI132S－4

天津力神电池股份有限公司

一、2011 年发展概况

天津力神电池股份有限公司（以下简称“天津力神”）创立于1997年，是一家拥有自主知识产权核心技术的股份制高科技企业，专注于锂离子蓄电池的技术研发、生产和经营。现具有5亿安时锂离子电池的年生产能力，产品囊括了圆形、方形、聚合物电池、动力电池、光伏、超级电容器六大系列几百个型号，应用范围涵盖了个人电子消费产品、电动工具、交通运输和储能等领域。天津力神是迄今国内投资规模最大、技术水平最高的锂离子电池生产企业，市场份额稳居全球前五，成为中国锂电的代表性品牌。

公司注册资本12.5亿元，总资产60亿元。营销网络覆盖了欧洲、北美、亚洲等国家和地区，客户既包括苹果、三星、摩托罗拉、LG、戴尔、惠普、诺基亚、TTI、BDK、Valence、沃达丰等国际巨头，也包括联想、华为、中兴、TCL等国内的行业领导者，物流中心遍布世界各地。

天津力神秉承技术质量、国际一流、绿色能源、造福人类的经营理念，坚持高端市场定位，致力于为客户提供整体电源解决方案。通过不断地技术提升，产品性能和质量均达到世界一流水平。公司内设力神研究院、国家级博士后科研工作站、国家级企业技术中心，以及国际一流水平的安全测试中心（国内电池行业唯一一家通过UL授权的目击实验室），为增强企业发展持续性提供了有力的保障。

放眼未来，以风能、光伏发电和新能源汽车等为代表的新能源产业已成为各国重点产业发展方向，凸显出不可估量的市场潜力。天津力神将进一步提升综合实力，大力发展各应用领域电源配套研发，为世界提供更优质的能源解决方案，为人类社会的可持续发展贡献力量！

2011年动力电池产能达到2亿安时，可以为两万辆电动车提供电池配套。

二、产能建设

2015年，动力电池产能达到20亿安时，可以为20万辆电动车提供电池配套。

湖南科霸汽车动力电池有限责任公司

一、2011 年发展概况

2011年是湖南科霸汽车动力电池有限责任公司（以下简称“科霸公司”）实现跨越的一年。技术上公司从国内一流的镍氢动力电池生产企业一跃成为世界一流的混合动力汽车动力电池制造商。

2011年1月31日，科霸公司全资收购日本松下公司旗下湘南工厂（包括车载用镍氢电池的生产设备、销售、研发部门及客户资源在内的资产，及相关的知识产权使用权与100%股权），成立湘南CORUN ENERGY株式会社，同年5月1日完成交割，从此位于中国和日本的两家新能源汽车动力电池生产企业开始比翼齐飞，创造非凡。

湘南CORUN ENERGY株式会社位于日本神奈川县茅崎市，前身为松下公司旗下专门从事汽车动力电池生产的公司，早在20世纪90年代就开始介入车载用镍氢电池事业，是全球最早实现镍氢汽车动力电池规模化生产的企业，在混合动力汽车车载镍氢电池领域走在了最前沿，被称为“世界最初的HEV电池量产工厂”，已牵引市场十几年。公司为丰田第一代PRIUS和本田CIVIC等车型提供动力电池，自1997年以来，累计生产销售动力电池38万台套。

2011年，科霸公司在接管湘南工厂的第一年就实现了赢利。科霸公司应用成熟的湘南产品开拓中国市场，与重庆长安新能源汽车有限公司进行了深入合作，完成了道路评价实验、油耗实验、夏季实验、冬季实验、道路可靠性实验，实现了批量装车示范运行。

科霸公司自主研发生产的镍氢动力电池在2011年内完

成了两家乘用车客户的A样车开发，和一家商用车客户的开发并完成了公告。

除HEV汽车市场外，科霸公司还对储能市场进行了调研和开发，2011年成功完成了两个微电网储能项目的实施和验收，其中深圳南山智能电网大厦楼宇项目是中国首个微网分布式新能源储能系统，目前系统运行稳定，各项性能指标正常。

科霸公司始终专注于为全球领先电动汽车客户提供卓越的动力电池产品和真诚服务，矢志成为全球最值得信赖的专业汽车动力电池及能量包制造企业，为全球战略合作伙伴提供最先进的动力电池能源解决方案。

二、生产经营

在混合动力汽车市场，2011年5—12月，科霸公司旗下日本湘南工厂累计完成产销量28350台套混合动力汽车用镍氢动力电池，主要销往国际大型车厂。2011年12月，科霸公司与重庆长安新能源汽车有限公司签订了出售共计4000条电池模组的合同（计200台套混合动力汽车用电池），电池由日本湘南工厂生产提供，此次与国内汽车企业实现首次合作，对公司混合动力电池在国内市场的开拓与推广有重要意义。

我国已把节能与新能源汽车列入战略性新兴产业之一，作为国家发展战略，通过示范推广，进一步明晰技术路线，有效带动节能与新能源汽车技术、人才、产业等资源的快速集聚。科霸公司坚定不移地走混合动力路线，同时以客户为导向，以市场为导向，为客户创造价值。

在储能市场，完成两个示范项目的实施与验收。2011年9月，在深圳南山智能电网大厦成功建成国内首个微网分布式新能源储能系统，填补了我国新能源系统领域的技术空白，具有划时代的意义。储能系统采用日本湘南工厂生产的高能动力镍氢电池，不间断运行7个月后电池一致率达到99.89%，功率最高达5MW，使用寿命8年，安全性能高、稳定性能强、使用寿命长、放电功率大且可循环利用无污染。系统以低消耗和资源循环利用为基础，将楼宇中的节能管理技术、智能控制技术和储能技术整合在一起，不仅实现了能效的最大化，更实现了生活办公的安全智能化；对单个楼宇可提供电能30%～38%，每年节约标准煤100t以上，每年减少碳排放370t以上。

三、产能建设

科霸公司目前已经具备了生产最高端镍氢动力电池的能力，拥有成熟的动力电池技术、日式管理经验、精益制造体系、质量控制体系、产品追踪和统计方法，为技术进一步提升奠定了稳定的基础，更为中国镍氢电池产业的跨越式发展提供了强有力的动力。

科霸公司拥有4条全自动化组装生产线、世界领先的镍氢动力电池生产与检测设备，建设有独立的洁净生产车间进行产品的生产制造，确保产品质量和性能的一致性。月产能达1,000,000只，年产近15万台套产品。湘南CO-RUN ENERGY株式会社建有全球最先进的动力电池全自动化生产线，具备生产最高端动力电池的能力。

同时，站在湖南科力远新能源股份有限公司（以下简称“科力远公司”）的整体产业布局中，科霸公司具有无与伦比的优势。科力远公司在电池产业上下游体系涵盖了原材料、二次电池、汽车动力电池、能源动力系统、储能领域和渠道营销网络，已形成完整的产业链和合理的产业布局。面向未来，科霸公司将充分利用科力远公司的品牌优势和行业地位，整合产业链上下游资源，进一步增强企业经营能力和行业主导能力，为电动汽车提供完整的动力解决方案。

四、技术进展及研发能力进展

1. 电池开发

科霸公司在2011年度成功开发了第二代方形汽车动力电池（CP9），在结构上和电性能上都较第一代产品有了提升。首先在结构设计上，解决了第一代电池由于结构问题导致的一些性能缺陷。CP9电池通过改变结构设计，提高单模块的可靠性；通过增加电池侧面接触凸台高度，增加电池通风散热风道，提升电池的散热性能。在电性能方面，改善正负极配方，重新评价正负极主要材料，通过优化配方添加剂等手段，提高了电池的储存性能和循环寿命。

2. BMS开发

科霸公司在2011年度完成了第二代电池管理系统（BMS）的开发，通过安时积分法、开路电压法、卡尔曼滤波法等SOC估算方法的组合使用，建立SOC估算模型，提高了SOC估算精度；引入绝缘电阻等检查手段，实时检测电池组及高压总线的绝缘情况保证安全性；通过电磁兼容性分析和改进，确保电池管理系统具有优良的抗干扰能力，同时保证系统对外产生的干扰度最低。

3. 能量包开发

使用红外热成像技术、温度场仿真技术和多点分布探头等方式实现对电池能量包内部温度分布的测量，掌握在通风状态下电池温度的分布情况；利用流体仿真分析、烟雾发生器等手段实现对冷却效果和冷却均匀性的评估，通过优化模块组合结构、能量包内电池排布结构等，保证能量包内电池温度的一致性。通过模块结构调整完成了风道设计，以及各种器件包括动力、信号线束的排布和规划，实现能量包结构设计与热管理、电控管理的协调统一，成功开发了标准化能量包。

五、主要产品

序号	名称	型号
1	混合动力乘用车能量包	
2	储能系统能量包	

六、发展规划

随着能源短缺与环境污染等问题的日益凸显，加速了各国对新型能源的开发与应用，新能源产业已经成为世界主要国家抢占新一轮经济和科技发展制高点的重大战略。自科力远公司成功收购湘南工厂以来，就具备了生产最高端镍氢动力电池的能力。因此将湘南工厂的成熟技术和经验复制到中国，实现湘南工厂的中国化是将来的主要发展规划。湘南工厂的中国化并不是简单地将湘南工厂搬到中国，而是指在吸收湘南先进技术和管理方法的基础上，实现在国内使用国产材料能够生产出最高端的镍氢动力电池。按照此发展规划方针路线，实现湘南工厂中国化，科力远公司将拥有成熟的动力电池技术、日式管理经验、精益制造体系、质量控制体系、产品追踪和统计方法，再加上材料中国化的成本优势，为科力远公司技术提升奠定了稳定的基础，更为中国镍氢电池产业的跨越式发展提供了强有力的动力。

湘南工厂中国化这个发展规划的总体目标是建设完成完整的先进 HEV 动力电池包生产线，降低材料成本和销售成本，扩大市场份额，实现公司盈利。

佛山市顺德区精进能源有限公司

一、2011 年发展概况

目前，佛山市顺德区精进能源有限公司（AEE）在全国范围内，包括佛山、重庆、深圳、广西等地共建有四大生产基地，总面积将近 40 万平方米，并在中国香港、美国、日本、韩国、欧洲、中国台湾、印度、新加坡、以色列等国家和地区设有分公司和办事处，现员工总数已超过 3000 人。公司专门为电动汽车、电动摩托车、电动自行车、UPS、通信设备、航模玩具、数码产品、笔记本、电动工具等行业设计和制造各种创新的锂电池，致力于以客户为中心的解决方案。

二、产能建设

AEE 为适应市场变化，引进全球最先进高适应的自动化生产线，同时计划在国内外扩建分厂，并与重庆市两江新区签署协议，投资 35 亿元，建设西部最大、年销售值超过 70 亿元的锂离子电池项目。整体生产基地产能：数码电池日均产量达 15 万只、动力电池 35 万只、18650 电池 13 万只、铝壳电池 30 万只。

三、技术进展及研发能力进展

2011 年精进能源在国内设立有研究院和产品研发中心，而且 AEE 拥有一支由资深的电池博士、专家、高级工程师、分析师组成的强大团队。AEE 还从日本聘请多个经验丰富的电池专家负责对公司员工进行不间断的培训工作，以提高员工的能力，力求使自己的产品尽善尽美。

四、2011 年节能与新能源汽车零部件产销量统计数据

			生产		
			容量（A·h）	数量（套）	同期增长（%）
动力电池	锂电池	磷酸铁锂	100000	1000	300
		锰酸锂	-	-	-
		三元体系	30000000	3000000	500
	合计		30100000	3001000	800
			销售		
	产品类型				
	锂电池	磷酸铁锂	10000	1000	-
		锰酸锂	-	-	-
		三元体系	30000000	3000000	-
	合计		30100000	3000000	-

Boston－Power 公司

一、Boston－Power 公司背景

Boston－Power 公司由一位业界资深专家于 2005 年创办，是屡获殊荣的下一代锂离子（lithium－ion）电池、模块、模组和系统供应商，目标是帮助建立一个完善的电池行业来支持现今发展最蓬勃的市场之一——电动汽车。

Boston－Power 在企业家精神和卓越承诺的推动之下，成为技术领导者和高效的全球企业，迅速扩大生产能力和资源来满足世界各地，尤其是中国市场对可靠电源的增长需求。公司总部位于美国马萨诸塞州。Boston－Power 在亚洲运营六西格玛级（Six Sigma－level）生产设施，能够为全球客户提供所需的具有超级品质的锂离子电池产品。

Boston－Power 的旗舰产品 Swing® 和 Sonata® 锂离子电池专为广泛的应用提供电源而设，是新一代更持久、更快充电、更安全和更环保的可持续电池的基础。Swing 产品为纯电动车和插电式混合动力车（Battery Electric/Plug－In Hybrid Electric Vehicle，BEV/PHEV），以及电力蓄能应用提供了无与伦比的能量。Boston－Power 的 Sonata 产品为便携式电源和笔记本电脑市场提供了行业领先的性能，是首个通过与世界首屈一指笔记本电脑供应商惠普（HP）公司的战略关系而推向市场的产品。Sonata 产品采用强调整体系统方法的设计，能够为这些终端应用提供电源，如今 Boston－Power 的电池已进行大批量生产，公司的突破性技术拥有超过 150 项专利，并且成功地与关键战略客户和合作伙伴建立了牢固的合作关系。

在中国，Boston－Power 与中国电动汽车制造商建立了稳定的合作关系，并在江苏溧阳扩大生产能力。溧阳电池工厂目前正在建造中，将确保中国 OEM 客户的电池供货。Boston－Power 视中国为电动汽车的战略市场，并设立北京技术中心为客户提供最佳的产品和技术服务。

二、Boston－Power 的解决方案

Boston－Power 将化学和机械工程专业技术与标准普通形式锂离子电池批量制造方面的经验相结合，从根本上提升了能源电池的充电循环寿命，并克服了安全问题和传统 18650 圆柱锂离子电池（Cylindrical lithium－ion Battery）的其他限制。Boston－Power 的现代化电池具备化学和机械规格方面的创新，帮助建立了突破性电池技术平台的基础。Boston－Power 结合下述几种发明和策略，极大地改进了电池技术：

（1）开发具有专利保护的新型棱镜形电池（Prismatic Battery）外形，直接帮助增强能源电池的能量密度和充电循环寿命性能。

（2）专有的专利保护化学成分，连同棱镜形电池，有效实现先进的充电循环寿命性能。

（3）通过将这些可堆叠电池与低成本的现货电子产品、热管理、测试和生产与检验能力相结合，实现便于组装或“堆叠”的电池设计，从而形成大型高效蓄能系统。

（4）通过严格的专有车间控制系统，实现有效和无错误的电池制造，从而减少召回的可能性并增强安全特性。

（5）关注过往的电池电源缺陷，推动公司开发业界领先的高能解决方案，同时极大地减少安全问题。

通过这些创新，Boston－Power 的先进电池系统可提供如下服务：

（1）长时间运行于高能量密度（490W·h/L 或 207W·h/kg），是现今锂离子电池的最高能量密度之一；拥有预计可达 10 年的可靠使用寿命，提供现今市场上最长的使用寿命保证。

（2）绝不妥协的更长充电循环寿命［在 100% 放电深度（Depth of Discharge，DOD）下超过 1,000 次循环］。

（3）快速充电（在笔记本电脑方面，一般电池需要 2～3h，而 Boston Power 的电池只需充电 30min；至于电动汽车，一般需时为 10～12h，Boston－Power 的只需充电3～6 h）。

（4）多重独特的安全特性。

（5）宽工作温度范围。

（6）为客户提供高成本效益和成本竞争力的替代选择，在整个设备运行时期内，实现最低的总体运营成本（Total cost of Ownership，TOC）。

（7）通过一系列广泛的清洁技术应用，实现灵活性和多功能性。

（8）在欧盟获得北欧生态环保标签（Nordic Ecolabel）的环保认证，在中国获得中环联合认证中心（China Environmental United Certification Center，CEC）的认证。

三、产品概览

1. Boston－Power 产品

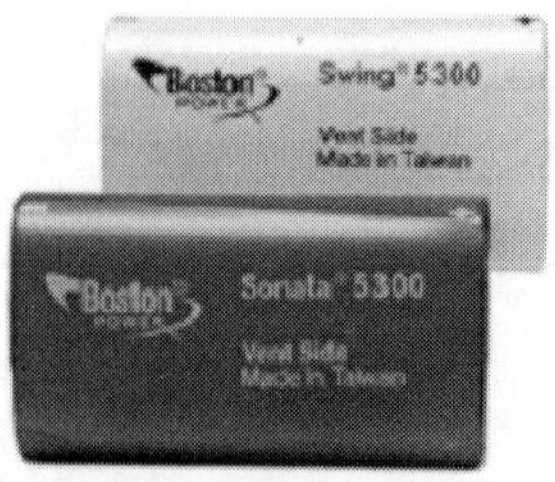

Boston－Power 的 Swing 和 Sonata 电池基于扁平的椭圆形棱镜设计，外形尺寸相当于两个传统 18650 锂离子电池。这些电池采用单一技术平台来驱动，可以安装在模块中并与现

货电子系统相连接，而且可以结合在各种结构中，以便为各种市场应用提供最稳健的解决方案。电池设计包括一个铝壳，支持高能量密度，具有可靠的充电循环寿命和多重独特安全特性。

Boston - Power 具备结合出色性能与环保职责的能力，获得了北欧生态环保标签（Nordic Ecolabel）和中国中环联合认证中心（China Environmental United Certification Center，CEC）的认证。今天，Sonata 和 Swing 这两种电池都在 Boston - Power 设于亚洲的先进锂离子电池制造工厂中批量生产，而且可以扩大到每月生产数百万块电池。

2. Boston - Power Swing Key 模块

Boston - Power 的 Swing Key™ 产品是高容量“构建”模块，设计用于实现先进的可再充电蓄能系统（Swing RESS™）的快速供货，面向电动汽车应用。Swing Key 模块结合了小型电池的安全性和性能优势与大型电池的大容量和实现简便性。将一组 Swing® 电池安装到一个平行结构中，便可以建立高能量密度的长寿命分布式气冷解决方案，并提供以下关键优势：

（1）无与伦比的系统安全性。电池级多重分布式安全特性和机械性能稳健的模块设计相结合。

（2）高成本效益的热管理。集成通道用于有效的气冷，无须额外的硬件。

（3）通用硬件。在所有模块中实现硬件兼容，并兼容下一代 Swing 电池。

（4）易于实施。高容量解决方案，采用简单的总线排连接和稳健的机械设计，只需最少的系统安装硬件。

今天，Swing Key 模块构成了几个示范产品组合的基础，为特定用途电动汽车和现有车辆架构的电气化改造提供了最佳解决方案。

3. Swing RESS™

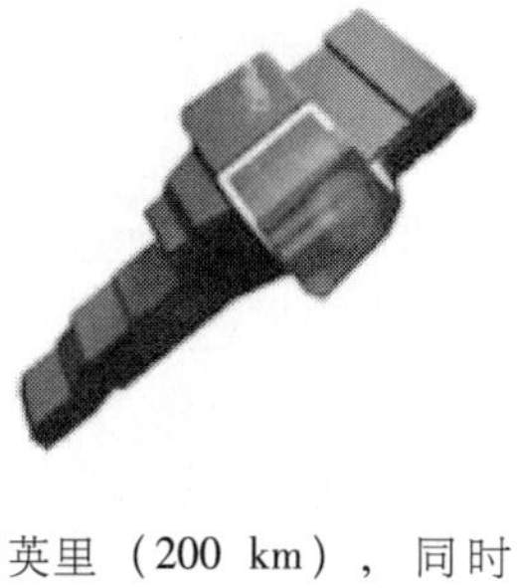

Swing RESS™ 是最先进的可再充电蓄能系统（Rechargeable Energy Storage System，RESS），用于现今的运输市场，提供市场领先的远程电动汽车驾驶体验，C 类车辆可以超过 125 英里（200 km），同时使电池重量和体积要求最小化。

业界领先的系统性能如下：

（1）更多的可用能量：按重量至少多 45%；按体积至少多 50%。

（2）10 年可靠使用寿命。

（3）宽工作温度范围，从 -40℃ 到 70℃（放电）。

（4）已验证的现场安全记录。

电动汽车的一个基本要求是长久的电池充电循环寿命，Swing 系统可以提供十年如一的高电池性能，在业界领先的 90% 放电深度（Depth of Discharge，DOD）条件下，提供超过 2000 次循环的充电循环寿命；或在 75% 的 DOD 条件下，超过 3500 次循环。

Swing 独特的电池设计实现了高效的热管理。相比铁外壳电池，其铝壳具有 5 倍的导热系数，并且使用比较便宜的空基系统或比较简单的液基系统。其出色的散热性能实现了更有效的封装冷却，并允许进行符合成本效益的布局，用于批量生产。

对于汽车制造商而言，安全性是至关重要的问题，必须作为系统设计概念来考虑，以期确保一致的总体安全性。没有单一的材料和特性可以确保电池的安全性。这就是为什么在 Swing 电池系统的设计和生产的每个方面，Boston - Power 都考虑安全因素的原因。

4. Boston - Power 电池模块

Boston - Power 高能量密度 Swing Medley™ 和 Swing Tempo™ 电池模块的制造方案是使用通用外形尺寸电池，并将其连接在一起作为单一的机械和电气单元。这些模块提供了高能量密度和长寿命解决方案，用于电动汽车、电力和蓄能，以及军用系统。

Boston - Power 的电池模块采用下一代锂离子技术平台，提供以下关键优势：

（1）紧凑的占位面积。高能量密度带来多达 50% 的空间和重量节省。

（2）长久的充电循环和使用寿命。在各种循环模式和工作温度范围下，寿命达到 10 年以上，具有 1000 次充电循环。

（3）灵活性。模块架构可从 1 千瓦时扩展到数兆瓦时。

（4）安全性。电池级多重分布式安全特性，集成监测电子装置提供系统级冗余安全。

（5）热性能。集成式液体冷却设计。

（6）可持续性。Swing® 电池获得北欧生态环保标签认证。

四、Boston - Power 产品应用

Boston - Power 的先进锂离子电池技术平台能够轻易扩

展，为广泛的应用从大型电动汽车和下一代电力蓄能系统到小型消费电子产品提供电源。通过在所有主要的电池设计要素，包括化学配方、机械工程，以及电池级和系统级电气设计中进行显著的改进，Boston－Power 创建了先进的技术平台，带来具有高能量密度、可靠的充电循环寿命、快速充电、多重独立安全特性，以及关注环境持续性的电池系统。今天，Boston－Power 通过先进的高质量批量生产来满足扩大的需求，为不断增长的现有和新兴的产业及应用提供突破性技术。

1. 运输电动汽车

Boston－Power 的 Swing 电池、模块、模组和系统提供了可靠的能量密度和电力的最佳组合，用于远程纯电动车（Battery Electric Vehicle，BEV）和插电式混合动力车（Plug－in Hybrid Electric Vehicle，PHEV）应用，实现了良好的距离和驱动性能。

Swing 锂离子电池具有高能量密度、长充电循环寿命和大功率，设计用于满足汽车工业的性能目标要求，比如美国先进电池联合会（United States Automotive Battery Consortium，USABC）、SAE 和 ISO。这使得 Swing 电池成为 BEV 和 PHEV 的理想解决方案，适用范围包括小型轿车到豪华车型，以及轻型商用车辆（Light Commercial Vehicle，LCV）。

特别地，Boston－Power 的 Swing 电池可以提供 207W·h/kg 的能量密度（相比现今磷酸锂铁和 NiMH 解决方案高出两倍），结合 1500W/kg 的脉冲功率（2S）和 440W/kg 的恒定功率，可以提升车辆加速度——显著超越 USABC 设定的 BEV 和 PHEV－40 能量密度及功率目标。

2. 小型特定功能电动车

由于，Boston－Power 的 Swing 产品线设计用于高里程数电动运输，因此也是较小型的运输应用的理想选择，比如小型特定功能电动车（Small Task Oriented Vehicles，STOV）和社区电动车（Neighborhood Electric Vehicle，NEV）。高能量和长寿命提供了出色的性能并降低了运行及保修成本。

3. 电力蓄能

替代能源如风能和太阳能，现正进入电网。然而，来自这些可再生技术的能源产生依赖于可变的环境条件（例如阳光和风力强度），必须与可靠的储能来源配对，从而提供可以与电网要求可靠地匹配的电力。对于这些可再生能源，Boston－Power 的高能量密度锂离子电池解决方案实现了符合成本效益的有效蓄能。

电力企业正在评估各种规模（电网级、变电站和住宅）的蓄能，用于时间和负载转移（削峰填谷）、频率控制和电网备用。其优势包括改进的电力品质和可靠性，以及延缓扩大容量的大型设备支出。风能和太阳能的使用不断扩大，加上更好地利用夜间发电，将可减少发电的碳排放量。目前正在开发的一项应用就是社区蓄能（Community Energy Storage，CES），多个 25～75 kW·h 的电池蓄能单元连接至电力变压器，用于变电站层的负载均衡和削峰填谷解决方案。

Boston－Power 通过结合高能量密度、模块和长充电循环寿命解决方案与先进的电池管理能力，能够提供适合且可靠的可扩展蓄能平台，满足下一代电力蓄能应用的要求。

4. 便携式电源

Boston－Power 的 Sonata 电池采用特殊设计来满足笔记本电脑用户的需求，包括更长的运行时间、更长的寿命和更快的充电速度，以及笔记本电脑供应商对于更高安全性和改进客户满意度的需求。由于 Sonata 电池具有更长的充电循环寿命，惠普（HP）公司能够提供业界首个三年电池质保，对于通常使用寿命为三年的笔记本电脑，为用户提供如同新电池的性能，同时通过减少废弃电池的数量，为环境保护尽一份力。此外，华硕（Asus）公司是首个在其 B 系列商用笔记本电脑产品线中提供 Sonata 长寿命电池作为标准配置的 PC OEM 厂商。

Sonata 电池的优势同样可以应用到其他便携式应用中，包括医疗、军用、工业和通信市场，如手持式扫描仪、医疗监视器、制氧器、加固型 PDA、现场试验设备和 IP 电话。

河南太行新能源科技有限公司

一、2011 年发展概况

河南太行新能源科技有限公司隶属河南科隆集团，是新乡太行电源（集团）有限责任公司（原国营第七五五厂）改制重组后的新型规模化电源企业，是我国“一五”期间兴建的第一个研制和生产各类蓄电池专业基地；国家“863 计划”重大专项 HEV 汽车用电池正极材料研发及产业化基地；国家万吨镍氢电池正极材料国债项目、国家火炬计划项目承建单位；国家“863 计划”增程式乘用车电源合作单位等。

公司先后取得军工产品质量体系认证、国家二级保密资格认证、QPL 军品生产线认证及 UL 国际认证单位，是中国化学与物理电源行业协会副理事长单位、国家大型一类企业、国家一级计量合格企业、总装备部装备承制单位、军工电子装备科研生产单位、国家高新技术企业、全国电子元器件百强企业。公司通过了ISO 9001—2008质量体系认证，拥有3条贯彻国家军用标准生产线，年生产能力达5亿安时；具备年4.8亿瓦时动力锂电池产能，可以配套4.8万辆乘用车或者配套2000辆大型客车。

2011年公司为我国“863计划”重大专项“蛟龙号”载人潜水器研制开发的深海耐压系列电池，作为“蛟龙号”潜水器的主动力电源、辅助动力电源、应急救生电源，为“蛟龙号”5000m海试取得成功提供了全套的能源保障。

2011年，占地2000多亩的新能源汽车电源动力系统总成及新能源专用车产业化项目，在新乡市平原新区新能源产业园开工建设。

2011年公司与广汽集团合作承担“863计划”增程式纯电动汽车项目并完成了样车试制。

公司生产的磷酸铁锂动力电池通过国家201所的强制检测，已成功应用于电动大巴车市场，公司生产的动力型锂离子电池EV、HEV电源系统已得到上海申沃、河南宇通、河南少林、安凯、亚星等国内众多家整车厂商的认可。公司与郑州宇通合作生产的高性能纯电动城市客车（ZK6126EGA9），是河南省第一辆投入运营的纯电动客车，也是河南省第一辆上国家工信部公告的纯电动客车，目前已安全运行近两年达15万公里。

二、生产经营

2011年太行科技电源产业实现了快速提升、跨越式发展。全年科隆集团（太行科技）新能源产业实现销售收入近12亿元，并完成了一大批技术改造与提升项目。其中：

1. 国家“863计划”重大专项HEV汽车用电池正极材料研发及产业化基地项目完成了国家验收。

2. 年产1.2亿安时的动力型锂离子电池三期项目建成投产，使得动力型锂离子电池产能得到巨大提高。

3. 2011年公司与宇通客车合作完成纯电动公交车和纯电动观光车项目，在郑州市两条公交线路正式开始商业化运营。

4. 2011年作为主要运营商参加新乡市电动出租车公司的组建，并开始300辆底盘换电式纯电动出租车的示范运营工作。

5. 2011年选用太行科技公司电源系统纯电动客车，在新乡市1路、2路、16路、37路、25路等公交线路正式运营。

6. 2011年与亚星客车合作的豪华纯电动客车正式投入运营、与普拉格公司合作的增程式客车投入了示范运营。

7. 2011年完成了《快换式电动汽车电池系统》项目的省级技术鉴定，乘用车底盘换电技术方案实现了突破性进展，并在新乡市电动出租车得到应用，受到了全国政协万钢副主席的高度评价。

8. 2011年获得了35项国家专利授权。

9. 2011年在军工科研项目研制取得丰硕成果。

（1）完成XYG110－（1）产品设计鉴定，该产品取得三型鱼雷的配套资格，扩展了公司产品的市场范围。

（2）签订了战术通用直升机项目（直20项目）的研制合同。

（3）7－HKM－182航空蓄电池（4月19日）通过由总参陆航装备局（空装）组织的设计鉴定。

（4）储备电池项目通过总装预研立项并签订研制合同。

三、产能建设

1. 年产12亿安时动力型二次电池项目

在广泛结合国内外新能源产业发展趋势、国家及河南省、新乡市新能源产业政策以及公司现状和发展规划的基础上，公司在“十二五”期间规划新增投资20亿元，实施年产12亿安时动力型二次电池项目，其中新能源车用动力锂电池产能6亿安时（根据市场需要将持续扩大产业规模，力争实现产能10亿安时），军品、铁路、通信、储能、民用等电池5亿安时，新型超级动力电池1亿安时，届时将新增产值60亿元。

计划在牧野区国家化学与物理电源产业园区现有新太行电池产业园区内新增投资20亿元（分三期建设），建设年产6亿安时动力型锂离子电池生产能力（根据市场发展需要，适时对4号、7号厂房规划由原规划的一层改建为三层，新增建筑面积约8万平方米，新增产能2亿～4亿安时，届时总产能可达到10亿安时动力型锂离子电池生产规模）；建设年产军用、航空、铁路、通信等工业电池5亿安时，新型超级动力电池1亿安时的生产线。

2. 中原经济区新能源汽车电源动力系统总成产业化项目开工建设

河南省重点项目“新能源汽车电源动力系统总成产业化基地”，总体规划占地2000亩，计划总投资50亿元，建设年产3万套新能源汽车动力系统。全部建成后，年总产值将达到150亿元。届时将成为国内最大的新能源汽车动力系统总成产业化基地。项目的实施，可吸引国内外优秀的电池、电机、管理系统以及整车制造企业落户平原新区。

该项目是以动力电池电源系统为牵头单位，实现新能源汽车产业链“集聚、集约、集中”化发展的联合项目。即联合国内新能源车企、电池、电池管理系统、电机、电控、充电机、车用增程器等产业链相关单位，在新乡市平原新区实现产业链聚集，联合打造国内新能源汽车电源动力系统总成基地，为国内外新能源汽车的研发、生产和市场开拓及售后服务提供产业服务。

四、技术进展及研发能力进展

先后承担了2008年国家“863”节能与新能源汽车重大专项、国家火炬计划、2009年企业技术创新基金、2010年河南省高新技术产业化、2010年新乡市科技重大专项等产业化任务并取得了较好效果。 公司具有新能源汽车电源系统研究开发的实力及产业化能力：

1. 拥有国内一流的研发人才和试验装备并建有博士后科研工作站和三个专业化研究所，组建了高水平的研发队伍。

2. 建有河南省企业技术中心、河南省制冷器件工程技术研究中心、河南省高效二次电池材料工程技术研究中心等科技创新平台，为企业可持续发展提供保障。

3. 拥有国际一流的汽车仿真实验室等试验设施。

通过合作，搭建了一个包括2位中国化学与物理电源行业协会副理事长、5位行业内知名专家（其中3位享受国务院特殊津贴）、5位留学归国的博士为主导的专业团队，专职对电动汽车进行研发。 经过多年研究，已获授权专利70余项，解决了新能源汽车中的几十个技术难题。 通过与清华大学、北科大、北理工、北京交大、上海交大、郑州大学等科研单位合作，形成了成熟的整车方案和电池及管理系统方案。 已分别与上海申沃、宇通、日产、双环、吉利等单位合作，完成了12m、10m纯电动客车、轿车、商务车、工程车、微型车等车型组装成电动汽车的开发，运行效果良好。

公司通过军品质量体系认证，长期为战机、舰艇、坦克配套电源系统，现为大飞机、动车组建设项目进行配套，先后承担了为太平洋运载火箭、神舟号、0910国庆阅兵等国防重点工程和国家重点项目研制配套产品的任务。 曾获得国家优质产品银质奖（国内蓄电池行业获得的最高荣誉）、国家科技进步奖、部级优质产品奖、部级质量管理奖等多项荣誉。 多次受到信息产业部和总装备部的表彰。 河南省科学技术厅对公司新能源汽车用高性能锂离子电池系统及快换式电动汽车电池系统方面进行了科技成果鉴定。

五、主要产品

零部件		
序号	名称	型号
1	高安全高容量型磷酸铁锂电池	IFR26650MP－3300mA·h
2	高安全高功率型磷酸铁锂电池	IFR18650P－1100mA·h
3	高容量长寿命型电池	INR18650E－2200mA·h
4	高功率长寿命型三元电池	INR18650P－1500mA·h
5	电动工具用三元锂电池组	3SINR18650P－1300mA·h
6	笔记本电脑用锂电池组	3S2PINR18650－2200mA·h
7	航模、电动玩具用三元锂电池组	2SINR18650P－1500mA·h
8	矿灯照明用磷酸铁锂电池组	3PIFR18650－1500 mA·h
9	电动客车用电源系统	THE39400
10	底盘换电式电源系统	THE135－150
11	储能式电源系统	THE12－300
12	底盘外置异形电源系统	THE330－97

六、合资合作

1. 与广汽集团合作开发“863计划”增程式纯电动汽车项目。

2. 与郑州宇通合作开发纯电动公交车和纯电动观光车进行示范运营。

3. 与郑州宇通合作开发强混电动公交车。

4. 与扬州亚星合作开发豪华纯电动客车。

5. 与杭州普拉格合作开发增程式客车。

6. 与江铃汽车及南昌大学合作开发江铃全顺纯电动商用车。

7. 与柳州五菱合作开发小巴客车。

8. 与陆地方舟合作开发景逸、风尚、爱迪尔等车型，实现批量化生产。

9. 与新乡新能公司合作开发凌悦纯电动车，已批量投入新乡出租车示范运营。

10. 积极开拓传统优势领域军用电源，已成功开发THE240－3、THE240－8.5、THE40－12、THE24－45、THE－20等产品。

11. 与资阳机车厂合作开发混合动力机车。

12. 与杭州赛恩斯能源科技有限公司、上海航天、北京航天等建立战略合作关系，开展电源系统方面的技术研发，全面提升动力电源系统研发实力。

七、发展规划

到2012年，各类镍氢、锂电高效二次电源材料规模达到1.5万吨；高效、大功率、大容量二次电池及电池组产能达到7亿安时。

到2015年，实现动力锂电池年生产能力达12亿安时，具备配套50万辆乘用车或2万辆大型客车的能力。

深圳市科列技术有限公司

一、2011年发展概况

2011年是科列技术高速发展的一年，相继成为2011深圳大运会千辆新能源汽车、“十城千辆”新能源汽车的锂电池管理系统（BMS）的核心供应商。

公司产品应用范围覆盖了电动大巴、混动大巴、电动轿车、场地低速车、通信基站、风光电网储能及UPS后备电源等各行各业。在深圳、厦门、昆明、沈阳、武汉、杭州等城市获得了批量应用，并配套出口到荷兰、中国台湾、越南、南非、加拿大等国家和地区。获得BMS相关发明专利2项、实用新型专利4项，取得8项软件著作权，并获得深圳市双软企业，且积极申报国家高新技术企业。

二、生产经营

公司已经与沃特玛、长河、国通青山、华锂、宝龙等众多锂电池厂和通信企业建立了战略合作关系，亦已经与五洲龙、金龙、金旅、扬子江、东风、青年、桂客等大型客车，以及长丰、日产、奇瑞等众多轿车厂家建立良好的合作关系。

三、产能建设

公司2012年12月正式搬迁至1500m^{2}的新办公厂房，加上原有外协厂，目前已满足年产1万套大巴用BMS系统，5万套轿车用BMS系统，5000套储能用BMS系统，10万套通信用BMS系统。并满足新上项目车载充电机1万套的供货能力。随着锂电产品应用的普及和BMS产品销量的增加，预计2013年将会满负荷生产。

四、技术进展及研发能力进展

公司BMS产品在业界处于领先地位，其中：

“主动均衡”为国内首创，并申请了发明专利。任意单体间5A的均衡能力有效弥补电池差异，延长电池寿命，提高续航里程。

“无线传输”为国内首创，远程实时监控，使电池维护更精准。

“容量管理”国内积分速度最快，微秒级高速积分，容量计算更准确。

“高压管理”国内绝缘监测等级最高，高达1000V的母线漏电检测，保护人身安全。

“CAN总线”。内外标准CAN总线端口，数据传输更稳定，抗干扰能力强。

另外，还申请了“电动汽车用磷酸铁锂电池充电保护装置”发明专利、“通信基站用磷酸铁锂电池充电保护装置”等实用新型专利；公司所有产品均已申请相关软件产品的著作权登记证书，获得国家保护。

五、主要产品

序号	名称	应用场合
1	电混动车BMS解决方案	应用涵盖电混动大巴、轿车、电动低速车等
2	通信锂电BMS解决方案	应用涵盖可自由并机机架式、单机箱式等
3	储能锂电BMS解决方案	应用涵盖电池簇并联式、逆变器并联式等
4	UPS锂电BMS解决方案	应用涵盖高压直流UPS锂电BMS等
5	电力直流锂电BMS解决方案	应用涵盖电力系统直流电源等
6	锂电池充电机解决方案	车载充电机

六、合资合作

为了适应新能源产业发展的需要，加强校企间的“产、学、研”合作，培养学生的实践能力和创新精神，提高教育质量，同时为促进企业技术创新及经济的快速发展，双方本着互惠互利、优势互补、共同发展的原则，科列技术与西安交通大学就生产、教学与科研合作事宜达成了战略合作协议。

上海电驱动有限公司

一、2011年发展概况

上海电驱动有限公司于2008年7月8日正式成立，2010年，公司研发团队得到了迅速壮大，至2011年年底，形成了一支由100余名研发人员组成的、以青年科技人员为主的、朝气蓬勃的研发团队，团队人员研究方向覆盖了电机及其控制器领域的各个方面，包括永磁电机的电磁设计、机械设计、控制算法、控制器硬件、控制软件、系统的可靠性以及电力电子集成、机电耦合装置集成等。

在“十二五”开局之年的2011年，上海电驱动有限公司承担了多项国家“863计划”项目，继续在燃料电池与纯电动轿车/客车、混合动力轿车/客车、微型纯电动轿车、轮毂驱动电动轿车车用永磁电机及其控制器的设计技术、产业化关键工艺技术等方面展开研究工作，致力于电动汽车“三横三纵”中的关键部件“电机驱动系统和控制单元”的产业化能力建设及技术提升，向行业领军企业迈进。

2011年1月，公司“车用高密度永磁电机驱动系统”项目被授予上海市科技进步一等奖；公司“筹建上海汽车电驱动工程技术研究中心”项目通过验收；公司被评为科技部世博科技先进集体，公司总经理被评为世博科技先进个人。

2011年11月,公司车用永磁电机系统被推荐为2011年度品牌产品。

2011年年底，上海电驱动有限公司在闵行区沧源科技园完成近20000m^{2}的研发生产基地建设，于2012年11月竣工并投入使用，车用驱动电机系统的产业化生产能力得到了明显提高，形成了年产50000台套的生产能力，产能得到了进一步的提升。

同时，上海电驱动有限公司作为第一批进入嘉定区新能源汽车产业基地的企业,共规划占地123亩，预计将形成新能源车用电机系统年产18万台套的批量生产能力。

上海电驱动有限公司以市场为导向，以产品为纽带，以自主创新为动力，不断提高核心竞争力。公司自成立以来，发展迅速，总收入从2008年的167万元、2009年的2712万元、2010年的7283万元，迅速发展到2011年的11421万元。

二、生产经营

上海电驱动有限公司是专门从事新能源汽车电机及其控制器研发、生产、销售的企业。目前的主导产品为一系列拥有自主知识产权的、适用于燃料电池与纯电动轿车/客车、混合动力轿车/客车、微型纯电动轿车、轮毂驱动电动轿车等不同车型的四大系列车用永磁电机驱动产品，公司的车用永磁驱动电机系统占国内同步开发车型所用系统的50%以上，占有了一定的市场份额。

上海电驱动有限公司在生产经营管理方面，全面执行TS 16949质量体系。公司生产经营管理主要抓员工管理、生产作业管理、质量管理、采购与外协管理、现场环境管理和仓储、物流管理等。

三、产能建设

为配合产品研发，上海电驱动有限公司组建了1个永磁电机驱动系统重点实验室和1个研发试制平台。

为满足汽车电机产业化的需要，公司在硬件设施方面增添了线切割机床，购置了内、外圆磨床、平面磨床和加工中心、CNC数控车床、电火花穿孔机、三坐标测量仪等。公司还组建了两条车用电机驱动系统柔性化生产线，其中一条用于车用电机的批量生产，另一条用于车用电机驱动器批量生产线,目前达到了年产50000台套的生产能力。

为进一步扩大产能，新征用地123亩，进行“新能源汽车电机系统产业化能力建设项目”的厂房建设，已于2011年11月开工。产业化基地建设完成后，上海电驱动有限公司车用驱动电机系统的产业化生产能力将得到大幅提升，预计将形成新能源车用电机系统年产18万台套的批量生产能力。

四、技术进展及研发能力进展

上海电驱动有限公司注重人才团队的建设，形成了一支以青年科技人员为主的朝气蓬勃的研发团队，有研发人员148名，其中：高工7人，工程师35人，博士2人，硕士研究生24人，被聘为国家“863计划”节能与新能源汽车重大项目总体专家组专家1名，上海市领军人才后备队1名。

研发团队通过承担多项国家“863”等重大项目，在车用永磁电机及其控制器的设计技术、产业化关键工艺技术等方面，取得了一系列重大突破，拥有大量具有自主知识产权的技术，主要包括：高密度永磁电机多领域多层面集成设计技术、车用高密度电机与机电耦合装置的一体化集成技术、控制器电力电子集成设计技术、高密度永磁电机的多模式矢量控制技术、高密度永磁电机系统的热分析与热能管理技术、高密度轻量化永磁电机批量生产工程技术等；并成功研发出一系列车用永磁电机及其控制器产品，积累了丰富的经验，奠定了坚实的理论和实践基础。

上海电驱动有限公司在车用电机驱动控制系统方面已申请专利14项（其中发明专利4项、实用新型专利10项），已获授权专利11项（其中发明专利1项、实用新型专利10项）。

上海电驱动有限公司拥有一个集电机电磁设计、热场分析、结构设计、工艺设计、控制器软件设计、硬件设计、电机测试功能于一体的、先进的现代设计平台，为新产品的快速、高效研发创造了充足的条件保障。

五、合资合作

为了高起点、高水平、高标准地大力发展新能源汽车用永磁电机及其控制器产业，上海安乃达驱动技术有限公司、北京中科易能新技术有限公司、宁波韵升股份有限公司和核心团队，集中优势资源，共同成立上海电驱动有限公司，通过资源和产业链整合，把各自有关新能源汽车用永磁电机及其控制器的技术成果和业务集中投入到新组建的上海电驱动有限公司，进行优势资源的综合利用。在人才培养、技术进步等方面，公司注重与高校的合作。

六、发展规划

公司积极投身科技攻关和产业化的发展，围绕“三纵三横”的技术路线，进行车用永磁电机及其驱动系统研发和产业化开发，构建车用永磁电机及其驱动系统产品系列，开展车用电机及其驱动系统可靠性、耐久性与热分析热管理等关键技术研究，车用电机及其驱动系统大规模生产、制造与检测能力建设，完美产品技术规范，推广国产化核心关键部件驱动电机系统的产业化。

形成车用驱动电机及其驱动系统产品系列，功率范围覆盖3～120kW;建立年产18万台/套的车用驱动电机系统规模生产线与在线检测能力。

七、2011 年节能与新能源汽车零部件产销量统计数据

1. 驱动电机

	2011 年生产			
	产品类型	功率（kW）	数量（台套）	同期增长（%）
驱动电机	交流异步电机	0	0	0
	无刷直流电机	0	0	0
	开关磁阻电机	0	0	0
	永磁同步电机	3～120	5166	404
	永磁磁阻电机	0	0	0
	其他	0	0	0
	合计	3～120	5166	404
	2011 年销售			
	交流异步电机	0	0	0
	无刷直流电机	0	0	0
	开关磁阻电机	0	0	0

续表

	2011 年销售			
驱动电机	永磁同步电机	3～120	5020	414
	永磁磁阻电机	0	0	0
	其他	0	0	0
	合计	3～120	5020	414

2. 电子控制

	2011 年生产			
	产品类型		数量（台/套）	同期增长（%）
电子控制	动力系统	电源控制	0	0
		电机控制	5248	206
	合计		5248	206
	2011 年销售			
	产品类型		数量（台/套）	同期增长（%）
	动力系统	电源控制	0	0
		电机控制	5020	202
	合计		5020	202

精进电动科技（北京）有限公司

一、2011 年发展概况

精进电动科技（北京）有限公司（以下简称“精进电动”）的产品包括电动汽车、增程电动汽车、混合动力汽车、插电混合动力汽车等新能源汽车的驱动电机系统。公司在北京拥有一个国际水平的研发中心，在上海建有我国第一个新能源汽车用电机的批量生产基地。目前，公司的驱动电机产量、销量和出口额均居中国新能源汽车电机领域的第一。2011 年产销驱动电机总功率千瓦数已经进入全球独立驱动电机供应商的前五位。

精进电动拥有一支国际化、全面化的驱动电机产业化团队，贯穿商业拓展、销售、研发、生产、质量控制、供应链管理、项目管理、售后服务的整个价值链。精进电动自主研发的产品已经全面地覆盖了节能与新能源汽车的所有主要技术路线（纯电动、插电混合动力、深度混合动力、中/轻度混合动力、启停系统），市场涵盖商用车、乘用车和乘用轿车等。公司致力创新，形成了国际领先的高功率密度、高转矩密度的技术特色。

精进电动已获得多个“十二五”“863”重大项目，包括 2 项电机攻关的牵头项目和 5 个新能源汽车的协作项目。同时完成 2010 年上海市经信委新能源汽车电机高新技术产业化项目。公司也得到了汽车行业的认可，2010 年荣获了《中国汽车报》中国电动汽车全产业评选年度优秀驱动电机供应商；2011 年获得中国新能源汽车最佳创新力电机企业；作为国内新能源汽车电机产业的唯一代表，公司参与了中美清洁能源研究项目并承担电机研发。

二、生产经营

精进电动自创业以来开发的最有代表性的产品是 150kW（驱动）、175kW（发电）电动汽车及增程电动汽车电机。该产品是国际上功率最高、功率密度最高的电动汽车用永磁同步电机，出口美国菲斯科汽车公司，为Karma 增程电动豪华跑车配套，6 年供货合同总额 5 亿美元，是我国新能源汽车电机第一个“走出去”的大批量生产项目。2011 年已经生产近万台并批量出口交付。该项目也获得了国家“十二五”“863”专项的支持，2010 年获中关村十大创新成果奖。

国际上功率最高、功率密度最大的新能源汽车用永磁同步电机

装有精进电动驱动电机的美国菲斯科增程电动汽车

同时，精进电动也在推进大量具有高度创新性的产品的研发和产业化：

1. 60 kW 和 90 kW 级电动汽车和插电混合动力汽车电机系统。

2. 国际上第一个直接耦合的商用柴油机 ISG 混合动力电机。

3. 国际上转矩最高的大客车用混合动力单电机系统。

4. 国际领先的具有转矩矢量功能的混合动力四轮驱动电机系统。

5. 国内第一代动力分流式强混合动力变速箱电机系统。

6. 国内第一套完全自主开发的BSG电机和控制器。

7. 国际上总电功率最高的客车用强混合动力双电机系统。

三、产能建设

精进电动的生产基地坐落在上海市嘉定区，厂房面积15000m²，分两期工程，按年产能20万台规划建设（目前一期工程已经投产）。2011年12月一期生产线已经达到150秒/台的生产节拍。2011年生产近1万台，2012年产将达到3万台。

该生产基地自行开发研制了大量永磁电机生产的关键设备和生产工艺，包括自行设计开发了自动预充磁转子组装机、快速塑封磁钢设备、电机总装线，同时与国际领先的电机生产设备公司共同开发了全自动下线检测设备、高速自动动平衡机、动力线超声焊接设备等专用设备。精进电动上海的生产线是目前国际上最领先的高性能汽车驱动电机生产线之一。

目前，精进电动的北京、上海研发和生产均已获得了ISO 9001和TS 16949的认证。

四、技术进展及研发能力进展

精进电动的主要人员都有着丰富的、国际化的新能源电机设计、生产、管理经验。公司研发、生产的电机在功率密度方面国际领先，并具有低噪声，低振动，抗热、抗振，可靠耐用的特点。

公司拥有强大的数字化设计平台、高速计算工作站，可进行大量的分析、仿真、校核工作。精进电动将进一步提升、扩大研发和试验认证能力，建设一个能够支持多个产品项目同时开发的平台。精进电动也同步建立了一套科学的开发流程和管理体系。开发流程严格遵循国际上采用的概念样机—性能样机—样机认证—生产认证的流程，严格耐心地做好每一步工作，确保科研成果具有产业化的质量保障，并且符合ISO 9001和TS 16949体系要求。

公司已经在北京打造了一个国际领先的新能源汽车电机研发中心。该中心已经建立起了世界上最先进的电机开发和试验平台，包括世界上总装机功率最大的汽车电机可靠性试验台组（6组台架，总装机功率2.4MW）、进口的330kW和250kW电机动态性能试验台、50kW稳态试验台架、超速考核试验台、高速低功率电机试验台，装备最精良的进口大型三综合（快温变、湿度、振动）试验设备、进口盐雾—温湿试验设备等；先进的电机试制生产线；先进的检测中心，包括三坐标测量仪、光学影像测量仪、超声波探伤仪、光谱分析仪等先进设备。

五、发展规划

在未来三到五年，精进电动本着“为汽车电动化制造世界上最好的电机”的企业目标，继续全面提高公司体系和团队建设，集中精力搞好目前各个批量产业化合同的生产和质量，推进新一轮的新产品和技术创新。

精进电动将建设第二个生产基地和全新的研发中心，致力于把自主研发的项目推向产业化，成为国际上有影响力的企业。新生产基地将安装两条国际先进的电机生产线和和一条控制器生产线，同时打造更大批量、国际化的电机和控制器供应商体系和物流体系，并实现最具国际竞争力的成本结构。研发中心的建设也将把目前的单套设备发展到多套，满足多个产品项目平行推进的要求，并增加电机控制器和电机系统开发关键设备（电磁兼容实验室、控制系统快速原型实验室、汽车电子关键元器件实验室、硬件在环试验平台）。

福建尤迪电机制造有限公司

一、2011年发展概况

福建尤迪电机制造有限公司（以下乐“尤迪电机”）创建于2005年11月，坐落在享有中国“中小型电机之都”美誉的福安市秦溪洋工业区，系国家高新技术企业。企业素以“驱动绿色未来”为历史使命，致力于新能源汽车电机全系列产品的研发与制造。主要产品有:节能与新能源汽车驱动电机、车用发电机、车用空调专用电机、车用水箱冷却风扇专用电机、特种电机系列等。在混合动力客车驱动电机领域，尤迪电机持续多年在业内保持领先优势，主导产品YHD-280混合动力驱动电机占国内混动驱动电机市场近20%，是我国节能与新能源汽车行业最主要的关键零配件供应商之一。

2011年，尤迪电机完成汽车电机产值5963.9万元，完成销售5766.7万元，企业效益连续多年高速增长。合作伙伴在厦门金龙、厦门金旅、苏州金龙、宇通客车、安徽安凯、福工动力、福建冠龙等国内众多一线客车制造企业和优秀系统供应商的基础上，先后与南车时代、天津松正、上海大郡等优秀企业达成了战略合作协议。

2011年，尤迪电机先后荣获第二届中国新能源公交客车精英赛冠军配套动力、第二届中国新能源客车精英赛

“优秀动力奖”、2011年度节能与新能源汽车产业创新力50强、2011年度节能与新能源汽车产业“年度最佳创新力电机”等多项荣誉，进一步奠定了尤迪电机在业内的领先和优势地位。

2011年5月，尤迪电机新型混合动力系统被国家科技部正式列入“国家火炬计划”，项目编号：2011GH41278，同时列为福建省2012年省重点建设项目，这标志着尤迪电机从驱动电机本体的研发与制造，逐步向驱动控制系统研发迈进。同时，年设计生产新能源驱动电机1.5万台套的尤迪新能源工业园于2011年11月被福建省发展改革委正式确立为福建省重大科技专项并破土动工，一期工程将于2012年年底正式投入使用，为尤迪电机在今后的跨越式发展奠定了牢固基础。

二、生产经营

2011年，福建尤迪电机制造有限公司在产能建设、产品研发、品牌塑造、市场开拓、质量提升、技术合作等方面均取得了长足进步，全年混合动力驱动电机实现产量1100多台，同比增长300%。

经过多年的快速发展，尤迪电机现已形成了年产新能源驱动电机4000多台套的生产能力，锻炼凝聚了研发、生产、品管、采购等各方面的优秀专业团队，员工队伍稳定、高效。2011年，在原有混合动力驱动电机的基础上，增程式驱动电机、纯电动驱动电机、车用发电机、车用空调专用电机、车用水箱冷却风扇专用电机均已进入了量产阶段，形成了以新能源汽车驱动电机为主体的多品种车用电机系列。

2011年5月，福建尤迪电机制造有限公司西安研发中心正式挂牌成立。西安研发中心的成立标志着尤迪电机以“大专院校”“研究所”“本部技术中心”为体系支撑的“三级研发体系”已完全建立，产品研发的速度与质量大幅度提高，完成了以市场需求为导向、面向客户提供方案解决的研发导向转变。

技术合作领域，在“福建省新能源汽车产业技术联盟”的框架平台上，尤迪电机与福建工程学院、福州大学的合作日渐紧密，承担的省重大专题项目中的车用空调专用电机、车用水箱冷却风扇专用电机部分已顺利完成，并进入到量产阶段。与福州大学的协作项目“车用打气泵”、国家中小企业创新基金项目“杆式超声电机”均已顺利通过了项目验收。

2011年，企业主商标“UDE”先后被福建省人民政府认定为“福建省著名商标”和“福建省名牌产品”。知识产权方面，先后荣获福建省科技成果转化重点企业、福建省知识产权试点企业等荣誉。这些荣誉的获得，一方面标志着尤迪电机品牌化战略的成功实施，另一方面也是对企业大力开展科技创新和成果转化工作的肯定。

三、产能建设

尤迪电机现已形成了年产新能源驱动电机4000多台套的生产能力，但面对新能源汽车产业的蓬勃发展，产能制约因素在不久的将来必会凸显。2011年，尤迪电机新能源汽车工业园一期1.5万台套项目正式启动，并被列入福建省重大科技专项。

该项目位于福建省福安市湾坞工业集中区，工业园总规划用地面积500亩，总投资89000万元。一期项目规划为83.55亩，已于2011年内完成全部征地手续和图纸设计，2012年第一季度正式破土动工。建设内容包括轴类、壳类、盖类等零件金加工车间、电工（绕、嵌、整）车间、驱动电机制造及实验车间、仓库，建筑面积31540m^2，建成达产后，最终可形成年产新能源客车混合动力驱动电机1.5万台生产规模，预计2012年年底建成投产。

四、技术进展及研发能力进展

尤迪电机经过多年科技攻关和技术积累，形成了一支专业分布合理、理论与实践集合、技术经验丰富的汽车电机研发团队，研发方向也完成了从单一驱动电机向新能源汽车全系列电机产品的转换。凭借拥有国内路跑公里数最长的驱动电机的实践优势，2011年尤迪电机对旗下驱动电机的技术升级和全系列电机产品的研发均迈上了一个新的台阶。

1. 驱动电机

AC三相异步混合动力驱动电机是尤迪电机拥有自主知识产权即发明专利的一款新型混合动力汽车驱动电机，也是目前国内应用最为广泛的一款混动驱动电机，装车数量当前高达2000多台，平均节油率达14.63%，应用该驱动电机的大型公交客车最低百公里油耗16.7L（按满载乘客测试），为中国混合动力客车用驱动电机行业节油率第一。2011年，在实际路跑数据累积高达5000万公里的基础上，对工作效率、本体重量、冷却方式、气缸与电机一体化设置等方面做了进一步的技术升级，形成了混合动力、增程式、纯电动、风冷式、水冷式、大巴车用、中小型车用等多种可满足不同客户需求的驱动电机全系列产品，并在国内一线客车厂家与系统厂家的实际应用中获得了高度评价。

2. 新能源汽车用空调专用电机

该产品系福建省重大专题《混合动力客车及其关键部件研发及产业化》的子课题项目，采用了无位置传感技术和无刷直流专用电机，成功地解决了传统空调电机使用寿命短、可靠性差、不易调速、电能消耗大等缺点。该产品现已进入量产阶段。

3. 新能源汽车用水箱冷却风扇专用电机

该产品系福建省重大专题《混合动力客车及其关键部

件研发及产业化》的子课题项目，采用了无位置传感技术和无刷直流专用电机，可根据水温的扇热需求来调节动力转速，可满足不用型号的新能源客车对于水箱冷却风扇专用电机的需求。 该产品现已进入量产阶段。

五、主要产品

零部件		
序号	名称	型号
1	混合动力驱动电机	YHD280M—4
2	纯电动驱动电机	YCD280m—4
3	新能源汽车用空调专用电机	YTD132S—4
4	新能源汽车用水箱冷却风扇专用电机	KDF400—6

六、合资合作

1. 院校合作

与福州大学、福建工程学院、清华大学、西北工业大学等高等院校建立了长期稳固的合作关系，合作路径多样，从理论支持到关键技术的突破均有着良好合作记录和成果。

2. 福建省新能源汽车产业技术联盟

该产业联盟集中了福建省新能源汽车行业一线的科研院校、整车厂家和关键零部件厂家，致力于混合动力客车关键零部件研发及其产业化的全面开展，联盟单位包括福建工程学院、厦门金龙客车、福工动力、三明齿轮箱厂、宁德新能源等。

3. 合作厂家

与厦门金龙、厦门金旅、苏州金龙、宇通客车、安徽安凯、南车时代、福工动力、天津松正、上海大郡等一线整车与系统厂家均保持着良好的合作关系，有着良好的合作记录和成功的电机方案解决案例。

七、发展规划

1. 致力于新一代混合动力驱动电机的研发和推广，完善产品体系，满足多种车型，为整车和系统厂家提供全系列的混合动力驱动电机解决方案。

2. 致力于纯电动驱动电机的研发与推广，采用三相异步、永磁同步、开关磁阻等多种形式，为整车和系统厂家提供最贴近实际市场需求的纯电动驱动电机解决方案。

3. 完善车型应用，向多种车型延伸，在原有基础上，开发适合校车、环保车、警用车、货车等车型适用的新能源汽车驱动电机。

4. 致力于新能源汽车全系列电机的研发和推广，在原有车用发电机、空调专用电机、冷却风扇专用电机、车用打气泵的基础上，向新能源汽车用车窗专用电机、座椅调节电机、车用超声波电机等领域迈进。

5. 积累技术储备，锻造研发队伍，由新能源汽车驱动电机提供商逐步向新能源汽车驱动系统提供商迈进。

八、2011 年企业在新能源汽车方面的经济指标统计

指标名称	本期累计	同期累计	增长率（%）	增长额
2011 年营业收入（万元）	2053	584	251	1469
营业成本（万元）	1069	394	171	675
营业税金及附加（万元）	–	–	–	–
营业利润（万元）	985	190	418	795
销售费用（万元）	41	14	193	24
管理费用（万元）	156	44. 73	249	111. 27
财务费用（万元）	98	15	5. 53	83
其中：利息支出（万元）	71. 7	12	498	59. 7
工业总产值（全年价）（万元）	2131	601	255	1530
工业销售产值（全年价）（万元）	2131	601	255	1530
工业增加值（万元）	767	133. 27	476	633. 73
2011 年年末职工人数（人）	112	110	2	–
2011 年年末工程技术人员（人）	31	21	–	–
2011 年年末资产总计（万元）	8191	4967	65	3224
2011 年利润总额（万元）	1158	825	40	333
2011 年产品销售率（%）	93	90	4	–
销售利润率（%）	20. 09	15. 57	0. 29	4052
工业经济效益综合指数（%）	–			

九、2011 年节能与新能源零部件产销量统计数据

	2011 年生产			
	产品类型	功率（kW）	数量（台套）	同期增长（%）
驱动电机	交流异步电机	110	1180	240
	无刷直流电机	-	-	-
	开关磁阻电机	-	-	-
	永磁同步电机	-	-	-
	永磁磁阻电机	-	-	-
	其他	-	-	-
	合计	110	1180	240
	2011 年销售			
	交流异步电机	110	1100	251
	无刷直流电机	-	-	-
	开关磁阻电机	-	-	-
	永磁同步电机	-	-	-
	永磁磁阻电机	-	-	-
	其他	-	-	-
	合计	110	1100	251

华域汽车电动系统有限公司

一、2011 年发展概况

华域汽车电动系统有限公司（以下简称“华域电动”）成立于 2011 年 3 月，注册资本 7000 万元，由华域汽车和贵州航天共同出资，致力于新能源汽车驱动电机及其控制系统的研发和批量生产。

公司办公地点位于上海浦东张江高科技园区内，生产基地位于江苏昆山。主营业务包括：研发、生产、销售各类电机及其控制系统，并提供相关的技术咨询和技术服务，售后服务。

华域电动依托上汽零部件巨头华域汽车及拥有近半个世纪电机研发经验的贵州航天，投身于新能源汽车驱动电机及控制系统的自主研发及生产，目前已拥有从基础研究、系统设计，到产品开发等全系统完整的驱动电机研发能力以及逐步建立了批量生产能力。在“2011 年度新能源汽车产业创新力评选”中，华域电动被评选为 50 强公司之一。

二、生产经营

公司目前的核心产品为新能源汽车纯电动车用电机及控制系统，现有产品中的 50kW 永磁同步驱动电机将于 2012 年第四季度实现量产，并在 2014 年形成 9 万台/年的批产产能。2016 年，公司新能源汽车车用电机年销售额将达到 4.51 亿元。

公司目前现有及在研的新能源汽车车用电机产品有：50kW、75kW、90kW 驱动电机及其相关控制系统。2012—2016 年期间，华域电动将着重对驱动电机实现多功率等级、多层次系列化的研发，并由目前的“单一平台单一产品”向“系统集成化产品”方向发展。

三、产能建设

华域电动目前的主要产品为新能源汽车车用电机及控制器。公司拥有独立的转子生产线、定子生产线、电枢生产线、总装生产线。2012 年将形成 3.75 万台/年小批量生产产能。到 2014 年年底将形成 9 万台/年批产产能。

作为国内为数不多的实现新能源驱动电机量产化企业，华域电动拥有先进、完善的高度自动化生产设备及流水线。目前主要配备有：转子铆接机、转子螺母锁紧机、动平衡设备、轴承压机、转子入定子设备、槽绝缘成型插入机、立式绕线机、嵌线机、线圈扩涨机、中间整形机、最终整形机、单头绑扎机、电枢测试仪、定子滴漆滚浸机、定子测试仪等。

四、技术进展及研发能力进展

华域电动依托投资方——华域汽车和贵州航天的强大科研实力及高端科研人员，目前已拥有 4 个发明创造专利，并已组建一支以航天核心技术人员为主的研发团队，拥有研发人员 34 名。同时，研发队伍的规模将在“十二五”期间保持稳定的增长。

公司自成立以来，其科研团队努力探索、勇于创新，利用原有的设计研发能力，最终实现了针对新能源汽车车用电机及其控制系统的专用研发软件、硬件平台的建设，使研发能力得到了较大的提升。目前新能源汽车车用电机

研发所需的工具软件、通用仪器、仪表均已投入使用。

在试验设施方面，公司目前拥有：

1. 专用试验台，可覆盖125kW及以下驱动电机及其控制系统的所有温度性能试验。

2. DV（设计验证）试验室、PV（生产验证）试验室。可完成温度冲击、温度循环、高温储存、低温储存、潮湿、化学喷淋、高温耐久、跌落、防护等级（IP67）等试验，可覆盖80%以上的新能源整车对电机的DV、PV试验要求。

上海赢双电机有限公司

一、2011年发展概况

上海赢双电机有限公司是一家专业研发和生产各种型号旋转变压器的新技术企业。目前公司研发团队技术精湛，生产工艺成熟，测试设备先进、精确，能够快速满足客户的各种定制旋转变压器的需求。

公司通过承担国家“863计划”重大专项新能源汽车电机系统中的传感器子课题项目，在混合动力汽车、纯电动汽车和燃料电池汽车的电机系统中的磁阻式旋转变压器的设计、生产和制造工艺等方面的研究取得了一系列重大突破，公司自主研发的磁阻式旋转变压器已随着国内重点新能源汽车电机驱动系统企业的产品应用于各大知名汽车企业的整车中，公司的部分磁阻式旋变产品随着各整车企业的示范车成功应用于2011年深圳世界大学生运动会中。

2011年由上海大学、上海赢双电机有限公司、上海电驱动有限公司联合自主创新项目“新能源汽车高密度永磁电机系统”荣获“2011中国国际工业博览会银奖”。

在2011年，上海赢双电机有限公司又承担了国家和市区的几个政府主导的研究项目，主要有：

1. 国家“863”科研计划项目“乘用车电驱动系统全产业链开发”——车用旋转变压器项目。

2. 上海科委科研计划项目“电动汽车电驱动产业链产品技术标准与应用示范”车用旋转变压器技术标准项目。

3. 闵行区科技项目“节能电机用磁阻式旋转变压器”。

公司在企业内部建立了质量管理体系，为客户提供高品质、高质量的产品成为企业全体员工的共同理念。企业在员工队伍的培养、业务能力的提升、企业文化的塑造等各个方面进一步加强了内部建设，为满足国家新能源车用旋转变压器的需求和企业可持续发展奠定了坚实的基础。

二、生产经营

上海赢双电机有限公司2011年共生产了数万台磁阻式旋转变压器应用于各大汽车厂家的新能源车，包括纯电动汽车、混合动力轿车及客车、燃料电池汽车、电动环卫车、电动叉车、电动场馆车及低速电动车等；此外，一部分磁阻式旋变还应用于EPS系统中。为满足国家电动汽车产业化配套需求，公司组建了磁阻式旋转变压器自动化生产线，一些旋变试制品已出口至国外相关企业。磁阻式旋转变压器已完成产品系列化开发，其外径目前已开发了从φ37mm到φ225mm各种尺寸旋变逾20个品种，可满足从微型电动车到混合动力大客车等各车型的需求。

三、产能建设

2011年，公司新建了两条具有自主产权的磁阻式旋转变压器自动化生产线，可满足几个特定品种旋变年120000套的配套需求，为了跟随国外主流新能源汽车电机厂家的电机产业向中国转移的趋势，同时也为了满足数年后的国内电动汽车电机系统中旋变的需求，公司新增约5000m^2厂房，用于后续的旋转变压器生产能力建设，初步计划三年后可达年产60万套的旋转变压器生产配套能力。

四、技术进展及研发能力进展

公司非常注重人才队伍建设，已形成一支以教授专家带队的青年科技工程技术人员为主的研发团队。通过承担国家“863计划”等重大科研项目研制任务，锻炼了技术及生产队伍，同时在新能源汽车电机系统中的磁阻式旋转变压器的设计、生产和制造工艺等方面的研究取得了丰富的经验。基于汽车电机实际工作环境的恶劣性考虑，公司2011年在产品的可靠性上做了大量的研究工作，现在公司的量产产品绕组采用了全密封保护，即使公司的旋变在油污中也是可以稳定可靠地工作的。

五、主要产品

零部件		
序号	名称	型号
1	旋转变压器	YSJ52XU9733
2	旋转变压器	YS132XU9736
3	旋转变压器	YS160XU9738
4	旋转变压器	YS225XU9736

六、发展规划

随着我国提高资源利用效力，实现节能减排战略的推进以及新能源汽车的大力发展，旋变的市场需求将迅速提高。公司对未来产品的考虑及发展规划如下：

1. 上海赢双电机有限公司与上海大学共建产学研基地。

2. 以市场为导向，对现有产品进一步完善，通过研发不断提高产品性能，以希望达到国际领先水平。

3. 提高专业化生产水平，扩大生产能力，形成旋变制造工艺产业链。

4. 规划三年内年产 60 万套的旋转变压器生产配套能力。

武汉理工通宇新源动力有限公司

一、2011 年发展概况

武汉理工通宇新源动力有限公司成立于 2010 年 7 月，是一家拥有自主知识产权、致力于新能源汽车驱动系统及关键零部件生产的高新技术企业，集设计、研发、制造、销售和服务于一体，旨在打造 EMT 国家级工程技术中心和华中地区最大的 EMT 系统总成生产基地。公司位于华中地区最具竞争力的“中国光谷”——武汉东湖国家自主创新示范区。公司地址为武汉市东湖开发区理工大学科技园。

公司首期注册资金 5000 万元，由武汉理工大学和河南通宇冶材集团分别以无形资产和货币资金共同投入发起设立，是武汉理工大学在电动汽车动力系统方面的科研成果转化及产业化基地。公司依赖于武汉理工大学汽车工程学院已有技术基础和技术沉淀，始终致力于基于电驱动自动变速器（EMT）的电动汽车动力系统的研发、生产和销售。产品形成系列化，并通过国家机动车质量监督检验中心（重庆、襄阳）检测，受到全国各大汽车企业的高度关注，广泛用于各种新能源汽车，包括纯电动汽车、混合动力汽车和燃料电池汽车。该技术为国内首创，产品处于国际先进地位，拥有较强的核心竞争力。公司一贯重视质量管理体系建设，并于 2010 年顺利通过 ISO/TS 16949:2009 质量管理体系认证，并获得 IATF 认证证书。

公司拥有本科及以上学历技术人员 50 多人，其中博士后 3 人、博士 5 人、硕士 23 名；拥有一批高、中级工程技术骨干和丰富实践经验，技术过硬的高、中级技术及各类技工队伍，具有极强的汽车驱动系统及关键零部件自主研发、技术设计和应用能力。公司拥有新能源汽车驱动系统相关技术专利 10 多项，其中，核心技术专利被评为湖北省优秀专利奖。公司分别从动力系统结构布置、电机与变速器集成布置、电驱动变速器操纵机构、自动变速动力耦合装置、混合动力汽车控制技术以及电驱动变速器控制技术等机械结构及控制技术方面形成了相关专利的保护体系，形成核心技术的技术壁垒。

公司获得的专利：

1. 已授权发明专利

（1）多级高效变频调速电动汽车驱动装置及控制方法，专利号：ZL 2004 1 0013404. 0。

（2）混合动力电动轮胎门式吊船机，专利号：ZL 2004 1 0012876. 4。

（3）双离合自动变速动力耦合器，专利号：ZL 2005 1 0018787. 5。

（4）基于公交线路的串联式混合动力城市公交客车控制方法，专利号：ZL 2004 1 0013403. 6。

（5）电动汽车电机自动变速驱动系统，专利号：ZL 200910061844. 6。

（6）电动汽车电机自动变速控制系统，专利号：ZL 200910061843. 1。

2. 已授权实用新型专利

（1）混合动力电动汽车控制装置，专利号：ZL 2004 20075937. 7。

（2）电动汽车变速器操纵机构，专利号：ZL 200920085396. 9。

（3）电动汽车自动变速动力系统，专利号：ZL 200920085397. 3。

（4）电动汽车用高压配电系统，专利号：ZL 201120056534. 8。

（5）一种编码器在自动变速器上的布置结构，专利号：ZL 201120323099. 0。

（6）一种用于自动变速器中的位置开关方式档位传感器，专利号：ZL 201120323097. 1。

（7）电驱动机械式自动变速器中电机与变速器的轴系结构，专利号：ZL 201120323098. 6。

3. PCT 国际申请

电动汽车电机自动变速驱动系统，国际申请号：PCT/CN 2010/000143 。

优先权日：2009 年 4 月 27 日，发文日：2010 年 2 月 11 日。

公司研发、生产的基于 EMT 的电动汽车驱动系统已成功应用于东风汽车、郑州宇通、安凯客车、南京金龙、扬州亚星、武汉扬子江、襄樊旅行车、洛阳中集凌宇、杭州万向和深圳雷天能源的纯电动、混合动力和燃料电池汽车，车辆累计行驶里程已经超过 30 万公里，用户反应使用状况良好。

二、生产经营

武汉理工通宇新源动力有限公司是一家处于高赢利发展阶段的公司，法定经营形式是“有限责任”公司，主营新能源动力系统和控制系统及其零部件的设计、开发、生产及销售。公司核心产品为基于电驱动机械式自动变速器（EMT）的电动汽车动力系统，已开发出多种型号的电驱动机械式自动变速器和关键零部件，实现了产品系列化。该产品适用于各类电动汽车，包括纯电动汽车、混合动力汽车和燃料电池汽车，该项技术为国内首创，产品处于国内领先地位，有较强的核心竞争力。产品质量可靠，性能稳定，可广泛配套应用于各种商用车、城市客车、公路客车及乘用车，现已形成批量生产。

目前，武汉理工通宇新源动力有限公司已开发出全系列EMT电驱动系统，包括矢量控制交流变频电机控制器、针对不同控制策略的EMT系统控制器暨整车控制器、电动汽车数据采集及故障诊断系统、气电式自动变速器自动执行机构、液压式自动变速器自动执行机构、气动式自动离合器执行机构、液压式自动离合器执行机构等。上述产品可广泛用于公交、环卫、工程机械、旅游通勤及乘用车领域。公司与东风汽车、郑州宇通、东风扬子江、南京金龙、安凯客车、陕汽、上汽通用五菱等整车企业合作，开发出了基于EMT的纯电动城市客车/公路客车、plug in混合动力城市客车/公路客车，以及纯电动环卫车通用底盘、plug-in混合动力电动环卫车通用底盘。

三、产能建设

武汉理工通宇新源动力有限公司已形成批量生产能力。2011年投资6000万元，建设EMT实验平台和产业化基地，EMT系统总成实现1500台套/年的产能。到2015年，EMT系统总成年产能将达到10000台套，实现含税销售10亿元，实现利税总额1亿元。

四、技术进展及研发能力进展

武汉理工通宇新源动力有限公司为武汉理工大学在电动汽车动力系统方面的科研成果转化基地，拥有新能源汽车驱动系统相关技术专利十多项，其中发明专利5项、实用新型5项，并申报受理PCT国际专利1项。EMT核心专利获得湖北省优秀专利项目奖，核心技术获得湖北省2012年技术发明一等奖。

为了适应我国电动汽车研究与开发的新形势，整合和发挥学校相关学科的技术优势，武汉理工通宇新源动力有限公司研发团队承担了国家在电动汽车领域的重大科技与开发项目，完成了“武汉市混合动力电动大客车开发”、教育部“混合动力电动汽车性能计算与仿真软件开发”，承担国家“十一五”863重大专项“混合动力电动轿车多能源动力总成控制系统开发”，以及湖北省、武汉市有关配套项目。2010年公司获批武汉市重大科技攻关项目“电机自动变速驱动系统研究”；2011年公司获批国家863电动汽车专项下一代纯电驱动前瞻技术研究类“基于EMT的电驱动系统研究与开发”，在电动汽车电驱动系统的集成与控制方面，形成自主开发能力，是国内电动汽车研究与开发领域的重要的力量之一，在国内具有较大的影响。

五、主要产品

零部件		
序号	名称	型号
1	基于EMT的纯电动汽车驱动系统	20kW/40kW/60kW/80kW
2	基于EMT的混合动力汽车驱动系统	40kW/60kW/80kW，匹配各种型号发动机
3	EMT电驱动机械式自动变速器	2挡200N·m 4挡400N·m 4挡1000N·m 5挡3000N·m
4	气动式自动变速器执行机构	4挡/5挡
5	液压式自动变速器执行机构	2挡/4挡
6	气动式自动离合器执行机构	
7	液压式自动离合器执行机构	
8	矢量控制交流变频电机控制器	30kW水冷（风冷） 75kW水冷（风冷） 90kW水冷（风冷） 120kW水冷（风冷） 160kW水冷（风冷） 200kW水冷（风冷）
9	EMT系统控制器（整车控制器）	12V/24V
10	高压管理系统	-

六、合资合作

武汉理工通宇新源动力有限公司是由武汉理工大学和河南通宇冶材集团分别以无形资产和资金共同投入发起设立。

武汉理工大学是教育部直属的全国重点大学，是首批列人国家“211工程”重点建设的高校。武汉理工大产业集团有限公司是以武汉理工大学科技产业为集合的科技型企业，是经教育部批准的武汉理工大学唯一的国有独资型资产经营公司及对外投资主体。武汉理工大产业集团有限公司现有注册资本1.2亿元人民币，主要经营范围包括：资产经营和管理、转化科技成果、投资高新技术项目、孵化科技企业等。

河南通宇冶材集团创建于1998年4月，是一家主要从事冶金保护材料、耐火材料新产品的研究、开发、生产、销售，集医疗保健和旅游开发为一体的现代化民营企业。

七、发展规划

基于电驱动变速器的电动汽车动力系统的研究成果将在定型后直接用于批量生产，推动该技术在其他系列车型中的应用，研究成果广泛应用于微型车、轻型车、重型商用车等领域，全面阻击国外电驱动系统向我国新能源汽车业的渗透。

到2013年，EMT系统总成年产能将达到5000台套；到2015年，EMT系统总成年产能将达到10000台套，实现含税销售10亿元，实现利税总额1亿元。

到2015年，计划实现研发鉴定成果20项，实现鉴定成果10项，完成发明专利申报20～30项，国际专利3～5项。

八、2011年1—12月企业在新能源汽车方面的经济指标统计

项目	本期累计
2011年营业收入（万元）	1132
营业成本（万元）	511
营业税金及附加（万元）	0
营业利润（万元）	621
销售费用（万元）	43
管理费用（万元）	491
财务费用（万元）	-35.49
其中：利息支出（万元）	
工业总产值（全年价）（万元）	1150
工业销售产值（全年价）（万元）	1135
工业增加值（万元）	1050
2011年末职工人数（人）	58
2011年末工程技术人员总数（人）	37
2011年末资产总计（万元）	6589
2011年利润总额（万元）	186

江苏裕成（集团）公司

一、2011年发展概况

江苏裕成集团通过20多年的发展，目前已经成为拥有6个子公司，驱动电机、控制器、通信电子、整车三大产业，总资产超过9.5亿元，2011年销售总额超过12亿元的工业集团公司。

常州市裕成电机有限公司/常州市裕成雅科电机有限公司，是专业生产电动自行车电动摩托车用永磁无刷轮毂电机和汽车电机的著名生产厂家。产品以“裕成”商标注册。

公司占地面积6.5万平方米，建筑面积4万平方米，公司注册资金40575万日元，拥有装配生产线10条，喷涂生产线1条，数控车床21台，普通机床设备50余台，电机专用设备滴漆机5台。

两大电机公司现有员工2400余人，其中技术人员325人（其中具有高级职称的27人），质量管理人员122人。产品主要有三大型号，2011年生产各类电动自行车用轮毂电机280万台，全国市场占有率连续8年保全国第一，被中国自行车协会统计认定产量和销售均为第一军团。

公司的发展得到社会各界的重视和支持，连年被授予较高荣誉：公司在1998年通过ISO 9001质量体系认证，2003年又建立了QS 9000质量体系并通过认证注册。2004年获得“江苏名牌”产品称号，2005年获得国家免检。2010年电动汽车汽车驱动电机通过TS 16949质量体系认证，产品通过了CCC、CE和UL认证。2012年“裕成”商标被国家商评委认定为“中国驰名商标”。

公司看准电动汽车的发展前景，不断提高技术水平和创新能力，每年，裕成公司为进口美国、德国、日本、瑞士和丹麦的设备和检测设备投入巨资，努力提高产品质量和提升产品生产能力。2011年“裕成牌电机”荣获国家驰名商标。公司承诺：成为汽车整车厂最有价值的优秀供应商。公司秉承“制造一流的产品、提供一流的服务”的宗旨，依托雄厚的技术，生产力量不断开拓，全力打造“裕成”品牌，竭诚为国内外广大客商服务。

二、生产经营

在电动汽车领域，裕成公司引进国外最先进技术，开发的高功率密度交流驱动系统（电机及控制器）具有极高的性价比。在续驶里程250km以下短途电动汽车的产业化运用上具有极高的竞争力。

对于A0级及A00级轻型电动汽车，根据世界电动汽车技术的发展状态及实践的总结，能使电动汽车最先市场化和产业化的推荐配置：

电动汽车总质量在1500kg以下，使用96VDC150Ah高性能铅酸电池，标称/峰值8～10kW/30kW/35kW无稀土动力驱动系统，最高车速≥100km/h，续驶里程≥180km

（匀速40～50km/h），满载爬坡≥20%，30min最高车速=90km/h。该配置已经在德国及欧洲地区国家获得极高的评价，相关车型已经畅销。

96V纯电动大巴驱动技术：四驱动方案+差速控制+整车控制+行驶模式控制，最少的能耗及极佳的性价比。

另外，72V系统及120V系统也可以根据客户需要配置。

2011年裕成集团总销售为12.4亿元，其中电驱动系统产业方面的生产经营规模为6.7亿元。

三、产能建设

交流变频电机及永磁同步电机引进美国生产线，已建工程产能为10万台/年。

控制器引进意大利全自动控制器生产线，在建工程15万套/年。

四、主要产品

1. 电动摩托车、电动自行车、微型电动汽车、电动场地车（游览观光车、高尔夫车、环卫车、消防车、警务车等）。

2. 驱动电机，有直流串励牵引电机（1.2～8kW）、直流他励牵引电机（1～10kW）、提升泵电机、助力转向电机、永磁无刷轮毂电机\永磁同步驱动电机（5～30kW）\交流变频驱动电机（5～125kW）等。

3. 驱动控制器（四轮车用部分），有永磁无刷控制器、直流串励控制器（48\72V）直流他励控制器（72～80V）交流变频驱动控制器（48\72\96\120\144V）等。

五、合资合作

与具有较强技术研发能力的国内外科研机构及企业进行技术合作，也合资建设重大电驱动项目。

六、发展规划

争取使用3～5年的时间，将裕成公司建设成国内具有较强实力的轻型电动汽车电驱动产业中试基地及产业化基地，争取进入电驱动产业全国前3位。

七、2011年节能与新能源汽车零部件产销量统计数据

1. 驱动电机

	生产			
	产品类型	功率（kW）	数量（台套）	同期增长（%）
驱动电机	交流异步电机	5～40	2400	82
	无刷直流电机	0	670	92
	开关磁阻电机	7.5～30	30	300
	永磁同步电机	6～14	450	420
	永磁磁阻电机	12	2	-
	其他	1～8	17200	112
	合　计	-	20752	199.5
	销售			
	交流异步电机	5～40	2320	94
	无刷直流电机		592	102
	开关磁阻电机	7.5～30	23	310
	永磁同步电机	6～14	450	420
	永磁磁阻电机	12	2	-
	其他	1～8	16400	118
	合　计	-	19787	212

2. 电子控制

电子控制	生产			
	产品类型		数量（台/套）	同期增长（%）
	动力系统	电机控制	1045	-
		动力总成	1045	-
		变速箱	72	-
	合计		1045	-
	销售			
	产品类型		数量（台/套）	同期增长（%）
	动力系统	电机控制	997	-
		动力总成	997	-
		变速箱	65	-
	合计		997	-

湘电莱特电气有限公司

一、2011年发展概况

湘电莱特电气有限公司（以下简称“湘电莱特”）前身为湘潭电机股份有限公司电动汽车项目部，在“十一五”期间承担国家“863计划”“节能与新能源汽车重大项目”课题，对电机系统集成设计及整车匹配技术进行了深入研究，对驱动电机系统的使用工况和性能需求进行了工程化验证，形成了系列化的产品。在永磁同步发电机驱动系统、交流感应电机驱动系统、混合动力发动机总成等电动车关键零部件方面，建立了产业基础。

湘电股份于2011年1月引进美国莱特工程技术公司先进电机电控技术，由双方共同投资成立的中美合资企业，是研发、生产、销售新型高效电机及其控制系统、电动车辆及其关键零部件、风力发电设备及配套零件的高新科技公司。公司于2011年6月份正式投产，建成国内首条年产万台的非晶电机生产线及永磁同步发电机驱动系统、交流感应电机驱动系统、混合动力发动机总成等电动车关键零部件生产能力。

二、生产经营

公司预计2012年完成生产总值5100万元，其中出口非晶电机产品1200万元，电动车关键零部件及高效节能电机4000万元。

三、产能建设

公司建成国内首条年产万台的非晶电机生产线及永磁同步发电机驱动系统、交流感应电机驱动系统、混合动力发动机总成等电动车关键零部件生产能力及成套设备试验能力。

四、技术进展及研发能力进展

公司承担了“十一五”国家“863计划”“节能与新能源汽车”重大项目“串并联混合动力车用驱动电机系统研发”课题目前已与东风二汽、一汽夏利、上海华普、浙江吉利汽车签订了合作协议，为其配套驱动电机及控制器系统，在已开发的336V、110kW并联混合动力客车用驱动电机系统平台上，拓展研发432V、120kW串联式混合动力车用驱动电机系统；在已开发的144V、18kW吉利混合动力轿车用永磁同步驱动电机及控制器基础上拓展研发42V、9kW低压大电流永磁同步电机系统；144V、15kW永磁同步电机系统；144V、7.5kW轮毂电机，形成系列化产品。

拥有发明专利10余项，实用新型专利20余项，公司在国内驱动电机领域大规模产业化优势明显。

五、主要产品

零部件
非晶驱动系统
非晶发电机
永磁同步电机

六、发展规划

湘电莱特将通过技术和产品领先战略，依托湘电电机品牌优势，着力打造新能源汽车关键部件产业，成为国内车用驱动电机及控制系统首选供应商，预计在电动汽车电机及控制系统市场上占据15%以上的份额。利用非晶电机损耗小的特点开发特种高效节能电机，成为全球领先的高效节能电机和驱动系统开发及电动汽车电驱动平台方案解决商。力争在2015年建成国家级的电动汽车关键零部件工程实验室，形成电机、控制机系统的制造能力，掌握电机、控制、电池系统集成技术，形成驱动系统平台产销10亿元。

2016年起公司将以关键零部件、电传动为核心竞争力，逐步拓展整车研制领域，打造具有全球影响力的新能源汽车核心部件及整车研制基地，到2020年形成41.2亿元的产业规模。

七、2011年节能与新能源汽车零部件产销量统计数据

1. 驱动电机

	生产			
	产品类型	功率（kW）	数量（台套）	同期增长（%）
驱动电机	交流异步电机	5	500	-
	无刷直流电机	-	-	-
	开关磁阻电机	-	-	-
	永磁同步电机	30	100	-
	永磁磁阻电机	-	-	-
	其他	5.5	1000	-
	合计	-	1600	-
驱动电机	销售			
	交流异步电机	5	600	-
	无刷直流电机	-	-	-
	开关磁阻电机	-	-	-
	永磁同步电机	30	120	-
	永磁磁阻电机	-	-	-
	其他	5.5	1200	-
	合计	—	2000	—

2. 电子控制

	生产			
电子控制	产品类型		数量（台/套）	同期增长（%）
	动力系统	电源控制	-	-
		电机控制	1600	-
	合计		1600	-
	销售			
	产品类型		数量（台/套）	同期增长（%）
	动力系统	电源控制	-	-
		电机控制	2000	-
	合计		2000	—

深圳市蓝海华腾技术有限公司

一、2011年发展概况

深圳市蓝海华腾技术有限公司是一家拥有完全自主知识产权，专业致力于变频器、伺服驱动器、电动汽车电机控制器等电力电子产品的研发、制造、销售和服务的“国家高新技术企业”和“双软企业”。荣获科技部创新基金立项、变频器行业协会“技术创新”奖、中国电工技术学会“最具竞争力自主品牌”奖、质量优秀奖、全国公交系统混合动力汽车精英大赛的冠军奖等奖项，被评为中国变频器十佳企业、十大国产品牌奖之一。

二、生产经营

深圳市蓝海华腾技术有限公司纯电动/混合动力汽车电机控制器也拥有完整的系列，功率范围涵盖3～280kW，已经被国内多家主流客车厂配套使用，连续两届在全国新能源公交客车精英赛中获得冠军的客车均配套使用蓝海华腾电机控制器；并已累计2000多台在北京、上海、杭州、南京、成都、大连、苏州、呼和浩特、南通、无锡、昆山、萧山、厦门、海口、昆明、天津、扬州、泰州、张家港、深圳、香港、澳门、芬兰等城市连续运行，受到一致好评。

三、产能建设

深圳市蓝海华腾技术有限公司在电机驱动的核心控制技术上拥有与国际领先技术同步的矢量控制技术和转矩控制技术，通过不断的技术创新和广泛的国际技术交流，全面掌握各项核心技术，同时具有完善的产业化设计和生产能力，拥有丰富的标准产品系列、各行业专机系列、中压690V/1140V系列等产品。产品广泛应用于电动汽车驱动、冶金、起重、油田、机床、金属加工、建材、石材、木材加工、陶瓷、塑胶、空压机、洗衣机、供水、空调、市政工程、纺织、印刷、矿山、化工等各行业，产品电压等级涵盖200V、400V、690V、1140V，产品功率范围覆盖0.4～3000kW，可满足各类高、中、低端市场的应用需求。

四、技术进展及研发能力进展

技术进展及研发能力进展良好，公司不断加大研发投入，已获得一定数量的相关专利、软件著作权。

五、主要产品

零部件		
序号	名称	型号
1	蓝海华腾混合动力/纯电动汽车电机控制器	V5-H-4T5.5G
2		V5-H-4T7.5G
3		V6-H-2D45G
4		V6-H-2D55G
5		V6-H-4D200G
6		V6-H-2D90G

德国大陆集团

德国大陆集团2011年销售额为305亿欧元，是全球领先的汽车零部件供应商之一。集团业务涵盖制动系统、动力总成及底盘的系统和零部件、仪表、信息娱乐系统、汽车电子、轮胎及工业橡胶制品，致力于提升驾乘安全和环境保护。德国大陆集团也是汽车网络通信领域的卓越合作伙伴。大陆集团在全球约有167000名员工，遍及46个国家。

大陆集团不仅在电子汽车中拥有大量的创新组件和高水平的专业知识，而且还拥有强大的开发团队——大陆工程服务（CES）。该团队在低成本下，利用现有大规模生产技术为各种小型系列和应用服务。

自从2006年起，大陆工程服务（CES）开始活跃于工程服务领域，并在2010年涉足中国市场。CES可以提供不同领域，包括刹车安全工程、底盘工程、驾驶员辅助系统、混合动力电动车、变速箱、发动机控制、排气后处理、车身电子、仪表、AUTOSAR软件、系统集成等的工程咨询及服务。结合混合动力事业部的产品，可以提供从概念分析、可行性研究、样车开发测试到批量生产的混合动力电动车一站式全套服务。

混合动力和电动汽车将提高动力与减少油耗完美组合。今天的内燃机将逐步演变为未来的零排放电动车，这一进程将鼓励众多替代传动系统配置的研发。因此，作为模块化设计的结果，扩展性和灵活性对系统变得至关重要。在适用于混合动力及电动车的所有关键部件方面，德国大陆集团的模块化系统（从功率电子、锂离子电池和电机一直到完整的系统解决方案）已经实现了这个目标。这些模块满足特定车辆的技术要求，可安装在从紧凑型车到运动型多功能车（SUV）的各类车型中，以及所有驱动系统中，如电动、混合动力和燃料电池驱动。这种设计的灵活性有助于加快客户的产品上市速度，降低开发成本。

自2010年以来，德国大陆集团用于电动传动系统的关键部件（功率电子、电机、能量存储系统）要么已实现全线量产，要么已达到量产启动阶段。这些部件可安装于混合动力车、燃料电池车和纯电动车。例如，从2010年起，德大陆集团的电机初步生产能力为每年60000台。到2011年，德国大陆集团将为一家欧洲汽车生产商的量产电动车提供首个纯电动驱动系统。混合动力及电动车业务单元在2008年成为全球首家锂离子电池量产的供应商，且目前正在生产用于混合动力车的锂离子电池。

艾尔维汽车工程技术（上海）有限公司

一、2011年发展概况

艾尔维汽车工程技术（上海）有限公司（IAV）作为全球领先的工程服务公司，与众多整车厂和供应商有着密切的合作关系。近30年来，IAV已经形成了行业内全面技术能力。

IAV技术精湛，却又触手可及。IAV的分公司遍布德国、欧洲、亚洲和美洲。不论何时何地，IAV在全球超过4000名员工共同承诺为客户提供一流的服务。

IAV中国成立于2005年，坐落在上海国际汽车城，通过跨领域的合作，进行先进研究和开发活动。公司不仅拥有一流的技术设备，更有着一批技术出众、激情无限的工程师，为客户的项目提供从初始创意到量产的专业服务。

客户包括：Audi，Bentley，BMW，Bombardier，Bosch，Bugatti，Chrysler，Claas，Continental，Daimler，Delphi，Faurecia，FAW－Volkswagen，Fiat，Ford，Freudenberg，General Motors，Honda，Liebherr，BMW，Motorsport，MAN，MWM International，Mercedes－Benz，Opel，Porsche，PSA Peugeot Citroën，Renault，Sabic，Schaeffler，Seat，Skoda，smart，Toyota，Volkswagen，Shanghai Volkswagen，ZF Group，etc。

二、产能建设

简而言之，IAV公司能够提供全方位的专业创新技术服务：从概念设计到量产，从小型车到卡车。

公司的专家致力于：动力总成电子系统，动力总成概念设计和集成，内燃机，变速箱，底盘，汽车电子，汽车安全，驾驶舱，电力牵引，内饰，外饰，系统功能集成，混合动力车，电动车技术，气体燃料车，重型卡车动力总成，产品生命周期，开发方法和工具，等等。

三、技术进展及研发能力进展

30年来，IAV与全球知名汽车制造商及零部件供应商联合开展了多个创新项目，如对横置前驱的8/9挡混合动力双离合变速器系统和8挡混合动力自动行星齿轮变速器系统的结构优化、Dual Drive®无级变速全混合动力变速器开发、DrivePacEV80®纯电驱单元开发。这些项目是对IAV专业水平的最好证明。

四、发展规划

在2012年，IAV将会继续致力于和一流整车制造商和供应商的合作，全面拓展全球的业务。

菲尼克斯(中国)投资有限公司

一、2011年发展概况

菲尼克斯（中国）投资有限公司是德国菲尼克斯电气集团在华子公司，是集团公司亚太地区业务中心。德国菲尼克斯电气集团是全球公认的电气连接、电子接口、防雷技术和工业自动化系统解决方案的领袖企业。

1993年起，菲尼克斯电气在中国投资，积极组建销售网络、生产基地和研发中心。截至2011年年底，菲尼克斯电气在中国拥有5家子公司、23个办事处、3个市场与技术中心和200多家分销合作机构，为电力、风电、通讯、机械、建筑、冶金、石油、化工、交通运输、汽车制造和烟草等工业领域提供世界一流产品、解决方案和优质高效服务。现有员工1600多人，年销售额超过16亿元。

在19年的发展历程中，菲尼克斯（中国）投资有限公司始终保持业务的高速增长，1996年以来市场占有率居国内同行首位，2009年起位居菲尼克斯电气集团海外第一位。目前，菲尼克斯（中国）投资有限公司已成为菲尼克斯电气全球重要的生产基地、研发基地、物流枢纽、竞争力中心和战略中心，是菲尼克斯电气全球2020战略的重要支柱。

2011年菲尼克斯（中国）投资有限公司主要业绩及荣誉如下：

1. 2011年，菲尼克斯（中国）投资有限公司销售额继续领跑全球各子公司，成为菲尼克斯电气全球2020战略的重要支柱。

2. 2011年，菲尼克斯亚太物流（南京）有限公司成立，是跨国公司在南京设立的首家亚太物流中心。亚太物流中心的投入使用加速实现货物快速响应、客户反馈快速响应等本土化服务，使菲尼克斯电气更贴近行业、贴近客户、贴近市场的产品需求。

3. 2011年，菲尼克斯电气（南京）研发工程中心有限公司迎来五周年的庆典，通过五年的时间，菲尼克斯电气中国研发公司在工业连接装置、自动化控制系统、浪涌保护领域的技术研发水平均处于世界一流，打造了菲尼克斯电气中国公司本土核心竞争力。

4. 荣获2011年度“中国电气工业100强”“中国电气工业竞争力10强”称号。

5. 荣获1996—2011年间“中国自动化领域最具影响力的领军企业”称号。

6. 荣获2011年度中国自动化领域“最佳雇主”称号。

二、技术进展及研发能力进展

菲尼克斯电气电动汽车充换电连接器项目自2010年开始立项以来，公司直接研发投入已达2000万元，主要包括以下几个方面：

1. 用于项目的前期市场调研和专家咨询，以便确定项目研发的技术定位和具体研发方向。

2. 为公司研发人员提供拥有大容量信息处理和高性能的图形、图像处理功能的工作站、设计软件、辅助设计工具等研发设备，用于产品的设计和开发。

3. 筹建了世界先进的电气电涌防护实验室、机电实验室和QM实验室等，为项目提供技术领先、质量可靠的一体化测试实验平台。

4. 项目产品通过美国UL、欧洲CE等相关认证的费用，用以证实项目产品的高质量和高性能性。

5. 研发试制过程中所需的原材料、快速成型等样品的购买和模具的投入。

6. 建立了项目的技术管理平台，为项目提供知识产权、项目管理、流程建设等技术管理服务等，以确保项目的顺利完成。

通过电动汽车充换电设备项目的实施，形成技术成熟、功能齐全的电动汽车充电和换电连接装置。产品符合国际标准，并适用于多种电动汽车充电桩和充电站，产品均经过第三方严格测试和相关行业的产品资质认证，并形成一定销售。通过本项目的研发，为电动汽车行业基础设施建设提供重要的技术和支撑，推动充电接口装置和换电接口装置等系列方案研究和试验验证，为标准技术参数的确定提供重要的技术支持，促进中国电动汽车产业的长远发展，并为全球电动汽车的发展做出贡献。

三、主要产品

1. 电动汽车充电连接器：符合IEC 62196－2的交流充电接口，IEC交直流组合式充电接口，符合GB/T 20234.2—2011的交流充电接口，符合GB/T 20234.3—2011的直流充电接口。

2. 电动大巴换电连接器。

3. 用于充电基础设施的电子器件：导轨接线端子、PCB接线端子、不间断电源、电涌保护装置、充电控制模块、无线通信模块、人机界面、电能数据采集。

四、合资合作

长期以来，菲尼克斯电气与国电南瑞科技股份有限公司、中国装备许继集团等国家电力行业的龙头企业进行了长期的技术合作，合作开发了一系列技术领先、安全性高、可靠性强的连接装置，并建立了长期的战略合作伙伴关系。

电动汽车作为国家的战略性新兴产业，发展步伐日趋加快。为了推动我国电动汽车充换电产业的发展，促进我国电动汽车的发展进程，菲尼克斯电气积极响应中国的产业发展战略，靠技术创新追踪新能源汽车发展领域技术前沿，公司再次与南瑞、许继等行业巨头牵手，共同合作相关电动车辆充换电的技术开发，并实现产业化。该项目的实施和完善，将为更大地推广新能源汽车奠定坚实的技术基础，将为实现我国汽车产业可持续发展作出应有的贡献。

伟世通(亚太)上海有限公司

一、2011年发展概况

伟世通（亚太）上海有限公司（以下简称“伟世能”）是全球领先的汽车零部件供应商，为汽车生产商设计和生产创新的空调、电子和内饰产品。公司总部位于美国密歇根州范布伦镇，并在中国上海和英国切姆斯福德设有地区总部；公司在27个国家设有分支机构，员工约25000人（不含合资企业员工）。公司的能力全方面地涵盖市场调研、研发与测试、高品质制造和及时交付。

进入亚太市场超过30年，伟世通建立了无可匹敌的业务布局，已在中国、印度、韩国、日本、泰国、菲律宾、印度尼西亚和澳大利亚拥有60家生产工厂、研发中心和客服中心。

自1994年以来，伟世通与中国的各大汽车集团携手创办了多家合资企业，从而确立了广泛的业务范围。如今，伟世通在中国拥有28家分支机构，其中包括亚太区总部、24家工厂、2家销售与技术服务处，以及中国技术中心，以提供全方位的生产与研发能力。

伟世通的创新产品、研发能力和广泛的业务布局不断获得客户嘉奖。伟世通坚持投资中国市场以彰显其对华的长期承诺。

二、生产经营

2011年伟世通合并报表下的营业额为80.5亿美元，其中42%来自亚太区。若包括非合并报表下合资企业则2011年伟世通营业总额达120亿美元，其中亚太区的主要部分来自中国。

目前，伟世通已在华建立了24家生产企业，业务遍布所有中国主要地区，以满足当地国际及本土客户的多样化需求。这些工厂均具备生产空调、电子和内饰产品的全方位能力，可为高端车型提供先进技术，也能满足经济型车对于低成本技术的需求。

此外，伟世通在华工厂也具备为新能源车提供产品的能力，并且所有的工厂均遵循了节能、节水、减排、减废的最优生产实践规范。

三、产能建设

为满足不断扩大的国内外客户的需求，伟世通持续在快速增长的中国市场新开或扩建生产、研发设施。产能的扩建和布局的扩张使公司能更好地及时提供产品，进一步加强产品线供应，支持客户的成长。

四、技术进展及研发能力进展

凭借领先的技术、深入的市场理解、雄厚的本地人才资源，伟世通能提供创新且成本经济的解决方案。

中国技术中心作为内饰和电子技术研发基地，为中国和全球各地出售的主要产品和平台提供研发服务。伟世通中国空调系统实验室，为汽车生产商提供完整的零部件测试。此外，伟世通在中国的多家工厂也具备现场研发能力，增强了公司的研发能力，确保其产品能满足本地市场的独特需求，并更快响应客户要求。

伟世通的创新技术被国内和国际汽车制造商广泛运用，满足他们从高端车到两轮摩托等各种车型的不同需要。

此外，伟世通一直积极致力于为电动、混合动力和新能源车开发环保产品。公司目前的大部分产品均可运用于新能源车。减少对环境的影响是伟世通一贯努力实现的目标。

公司的环保产品和解决方案主要侧重于以下四个方面：低排放以及高燃油效率；轻量化以及小包装；环保型材料；降低能耗及能源再利用。

五、主要产品

伟世通为传统和新能源车提供以下产品：

空调

空调箱；压缩机；空调管路；发动机冷却系统。

电子

（1）音响和信息娱乐

音响主机；信息娱乐系统；车载连接方案；高端音响组件。

（2）信息系统与控制

汽车仪表盘；驾驶信息显示；集成中控装饰面板；空调控制系统。

（3）车身电子

动力总成控制；车身；安全与功能控制模块。

内饰

座舱模块系统；仪表板；副仪表板；门板。

六、合资合作

伟世通在华成功的关键在于过去的十几年中所建立的

战略合作伙伴关系。自从1994年与上汽集团合资成立延锋伟世通以来，伟世通已与多家中国本土汽车厂商建立伙伴关系，其中主要包括：华域汽车，即上汽集团旗下的汽车零部件集团；重庆长安工业集团；东风汽车；富奥；北京海纳川，即北汽集团旗下的汽车零部件子公司；江铃汽车；马自达；奇瑞汽车。

伟世通先进的技术和管理运营方面的最佳实践，结合本土合作伙伴深入的市场认知，为双方创建了双赢的模式。通过与主要的中国汽车厂商的合作，伟世通对于能为中国本土汽车行业发展略尽薄力而深感骄傲。

广西玉柴机器股份有限公司

一、2011年发展概况

广西玉柴机器股份有限公司（以下简称“玉柴”）是目前中国最大的内燃机生产基地，现有总资产119亿元，净资产46亿元，员工8000多人。主要产品为YC6J、YC6A、YC4B、YC4A、YC6G、YC4E、YC4D、YC4G、YC6L、YC6M、YC4F、YC4W、YC6T、YC6K、YC6C等轻、中、重型系列柴油发动机，2000多个品种，功率覆盖12～10000kW，产品全部通过ISO 9001、QS－9000质量认证，车用产品全系列达标国4以上排放标准，年生产能力80万台，是商用车、乘用车、工程机械、农业机械、船舶及发电机组、国防装备等的首选配套动力，产品畅销30多个国家和地区，以卓越的品质赢得国内外用户的认可，柴油发动机社会保有量超过300万台。

玉柴享有良好的社会美誉度和公众诚信度，先后获得“全国用户满意产品”“中国名牌产品”“中国十大诚信企业”“全国质量管理奖”“全国文明单位”“中国驰名商标”“国家级高新技术企业”“国家认定企业技术中心成就奖”等荣誉。同时，玉柴以其绿色动力和绿色制造对中国节能减排事业做出了突出贡献，获得了“2008中国节能减排功勋企业”“中国内燃机工业诞辰100周年成就奖”殊荣，是行业内唯一荣获“中国汽车行业自主创新奖”的发动机企业，树立了行业典范。

公司设立了45个海内外办事处，2500多个服务站，向海内外用户提供最专业、最快捷、最满意的销售服务。公司同中国汽车工业和工程机械行业的佼佼者建立起长期的战略合作伙伴关系，形成了与市场共赢的价值理念体系，业务已经延伸到亚、欧、美、非四大洲，建立起营销服务一体化的前沿阵地。

玉柴在燃烧开发技术、低排放开发技术、机械开发技术方面处于国际领先水平，并在多个领域填补了我国汽车发动机技术的空白，我国第一台排放达标国4、国5柴油发动机均在玉柴诞生，第一台轿车用柴油机、第一台达标国4的天然气发动机、第一台城市客车混合动力（ISG）、世界首台可再生空气混合动力、低碳节能高效发动机实现装车试运行等先进技术成果不断涌现，率先在国内实现国4、国5和混合动力批产。2011年，玉柴研发成功国内首台排放达标欧6柴油发动机。

二、生产经营

2011年，全年累计实现发动机销量超53万台，销售收入152亿元，利润10亿元，税金7亿元，为集团“十二五”规划打造“千亿玉柴”打好了坚实基础，提供了良好保证。

三、产能建设

玉柴已建成了亚州第一大、具有国际先进生产装备的铸造中心，主要生产线分布在铸造厂、冷加工厂、发动机一厂、发动机二厂、发动机三厂、技术装备厂，能生产轻、中、重型系列柴油发动机，2000多个品种，功率覆盖12～10000kW。

四、技术进展及研发能力进展

公司在技术创新方面一直处于国内领先地位，2011年在国家级企业技术中心729家技术创新能力评比中玉柴技术中心排名第36位，在内燃机行业中排名第一位。

公司不断消化吸收国外先进技术，推动国产发动机零部件技术升级和产业化，尤其在核心技术的电控技术和排放后处理技术的开发上，投入大量资金进行前期开发，并将创造出来的技术成果共享给整个行业，为民族品牌产品的电控系统提供试验验证平台，使国产电控系统、后处理系统等关键零部件完成了技术开发，实现了产业化，使国产发动机在市场中具有强大竞争力，打破了国外寡头的技术垄断，为整个行业争取了话语权。主要产品覆盖卡车、客车、乘用车、工程机械、农业机械、船电六大领域，共15大系列2000多个品种的重、中、轻、微型多缸柴油机、气体发动机及混合动力系统，功率覆盖6～25000kW，形成了国内最丰富、最完整的柴油发动机谱系，全系列产品以大功率、大扭矩、高可靠、低油耗、低排放、低噪声、适配性强的特点和完善便捷的服务，成为国内车用、船用、工程机械、农业机械、发电设备、国防装备等领域的首选动力，产品畅销30多个国家和地区，以卓越的品质赢得国内外用户的认可。

玉柴自主知识产权硕果累累，截至2011年12月底，玉柴共拥有有效专利803件，连续6年专利申请量排名广西企业第一，其中2011年玉柴专利申请总量（301件）排名广西第一，发明专利的申请量（84件）排名广西第一。

主导产品YC6L柴油机的研发与产业化获得2011年度广西科技进步特别贡献奖，YC6T柴油机获得广西优秀新产品奖一等奖，YC4F柴油机获得机械工业科技进步二等奖，商用车混合动力总成系统获得玉林市科技进步一等奖。

五、主要产品

零部件		
序号	名称	型号
1	YC4DN天然气发动机	YC4D140N－40、YC4D120N－40
2	YC6LN天然气发动机	YC6L280N－40、YC6L260N－40、YC6L240N－40
3	YC6LN天然气发动机	YC6L280N－50、YC6L260N－50、YC6L240N－50
4	YC6MKN天然气发动机	YC6MK375N－40、YC6MK340N－40、YC6MK320N－40、YC6MK290N－40
5	YC6KN天然气发动机	YC6K400N－40、YC6K380N－40
6	YC6TN天然气发动机	YC6T480N－T2

加拿大西港创新公司

一、2011年发展概况

加拿大西港创新公司（以下简称“西港”）成立于1995年，是天然气发动机技术全球领先者。西港研发、生产的以天然气为主要燃料的替代燃料发动机被广泛应用在轻型、中型、重型及超大马力领域。西港总部位于加拿大温哥华，在全球10个国家设有分支机构，向全球20多个国家提供天然气及LPG发动机。西港凭借专利技术，通过与世界领先的原始设备制造商合作，研发、生产及销售领先的天然气发动机产品。西港与制造商的战略关系使西港无须大量的投资即可获得强大的生产能力和全球范围的供应链及销售网络。西港已成功在加拿大多伦多证券交易所“WPT”和美国纳斯达克“WPRT”上市。

西港轻型主要为轻型汽车和工业市场提供高质量天然气发动机产品、燃料系统和相关零部件。西港轻型通过建立的新的OEM合作伙伴关系，加快业务发展并壮大售后服务。凭借其在意大利、瑞典、阿根廷以及美国的强大生产能力向欧洲、亚洲及美洲供应其产品。西港重型系统自1999年开始研发，并在加拿大、澳大利亚和加利福尼亚进行了大量试验和测试。2007年3月，西港重型卡车系统实现了商业化并在北美和澳大利亚广泛推广使用。2011年年底，在中国，潍柴西港公司以潍柴重型发动机为平台开发出适合中国市场的领先的高压直喷液化天然气发动机。

二、生产经营

西港清洁、低排放的发动机技术涵盖了轻型、中型、重型领域，并通过旗下多个业务单元及合资公司在市场上实现了商业化。

1. 西港重型(Westport HD)

西港重型是西港旗下的一个业务单元，目前为北美重型卡车市场供应15L天然气发动机。西港重型凭借专利研发平台，为重型柴油发动机和卡车市场提供天然气技术解决方案。西港重型系统的核心是西港高压直喷（HPDI）专利技术。该技术提供天然气燃料环保性和经济效益的同时，保持了同等柴油发动机高效、大马力、大扭矩及可靠性的优势。

2. 潍柴西港(WWI)

2010年7月，西港、潍柴动力以及香港培新公司共同出资创建了潍柴动力西港有限公司（以下简称“潍柴西港”）。潍柴西港致力于向国内外公交、客车及重卡市场研发、生产、销售领先的替代燃料发动机及零部件。潍柴西港位于山东省潍坊市，年产能达5万台发动机。2012年3月，基于潍柴WP12L本体机研发的中国首台配备西港高压直喷（HPDI）技术的天然气发动机上市。

3. 康明斯西港(CWI)

康明斯西港是西港和康明斯公司的合资公司，研发、生产、销售发动机及相关技术产品，其中包括燃料系统、控制器、空气处理器、过滤器、排放解决方案和电力发动机。康明斯西港产品在康明斯北美工厂生产，产品主要针对北美市场，向北美卡车和公交等交通市场研发、生产、销售火花塞点火（SI）技术天然气发动机，排量在5.9～12L之间。

4. 西港轻型(Westport LD)

西港轻型为制造商供应领先技术的压缩天然气（CNG）和液化石油气（LPG）发动机及燃料系统。在北美，西港轻型为轻型汽车提供旗下WINGTM动力系统的全整合、低成本方案——供商用车和乘用车使用的领先的、完整的双燃料（天然气/汽油）系统。该系统已被应用在福特F250和F350系列轻型货车上。在瑞典，西港轻型为沃尔沃V70双燃料车供应AFV燃料系统。同时，西港轻型也提供旗下 OMVL 和 Emer 品牌的相关产品及服务。

三、替代燃料技术领先供应商

替代燃料系统技术是西港业务的基础。西港自成立以来不断投资研发出世界领先的气体燃料系统和发动机技术。至今，西港在全球拥有 200 多项技术专利、400 多项申请专利。全球领先的发动机制造商采用西港不同的专利技术，使西港技术在全球得以商业化。西港投资 3 亿多美元专注于研发能保持柴油发动机性能、燃料经济性及耐久性，同时又可持续环保的天然气发动机产品。

西港重型系统的核心是其专利的高压直喷技术，这一技术保留柴油发动机性能的同时，有效降低了燃料成本及氮氧化物等的排放。

HPDI 技术适和应用在大马力发动机产品上，例如铁路、矿业及船用领域。2011 年和 2012 年，西港在技术研发上取得了如下主要进展：

1. 2012 年 2 月 27 日，西港宣布与一家全球领先的发动机制造商签订研发协议，共同为北美市场研发配备西港高压直喷（HPDI）专利技术的重卡发动机。

2. 2012 年 2 月 20 日，康明斯西港宣布全新开发 ISX12L 用于自卸车、牵引车、重卡/拖头、垃圾车等上的重型天然气发动机。

3. 2011 年 12 月，西港宣布与美国最大的铁路机车制造商易安迪（EMD）公司达成合作协议，共同开发铁路机车天然气燃料系统。

4. 2011 年 10 月 12 日，西港宣布全资收购位于瑞典的 AFV 公司。AFV 自 2009 年起成为沃尔沃双燃料货车 V70 天然气燃料系统的唯一供应商。

5. 2011 年 9 月 28 日，西港宣布推出 WiNG 动力系统——CNG 双燃料系统。该系统应用在福特 F250、F350 系列轻型货车上，为全方位集成解决方案，能为用户节约大量燃料成本。

6. 2011 年 7 月 5 日，西港宣布全资收购了 Emer，全球领先的 CNG 及 LPG 燃料系统供应商；

7. 2011 年 6 月 28 日，西港宣布与通用汽车公司达成协议，为其研发领先的天然气发动机技术。

8. 2011 年 5 月 17 日，西港宣布与 Caterpillar 公司达成协议，为 Caterpillar 一些设备研发高压直喷天然气燃料系统。

9. 2011 年 4 月 5 日，西港宣布与 Heckmann（一家专注于解决全球水问题，尤其是石油和天然气开采与生产问题的公司）、Encana 天然气公司及 Peterbilt 共同合作，为其车队研发天然气卡车替换其现有传统柴油卡车。

10. 2011 年 2 月 22 日，西港宣布 UPS 将采用配备西港重型系统的 LNG 卡车。

四、主要产品

1. 天然气发动机

（1）火花塞点火（SI）天然气发动机

公司名称	排量	产品系列
Juniper	5L 以下	天然气发动机，LPG 发动机
康明斯西港（CWI）	5.9～11.9L	天然气发动机： B 系列（195～230Hp） C 系列（250～280Hp） ISL 系列（250～320Hp）
潍柴西港（WWI）	4.76～12L	天然气发动机： WP5NG （160～180Hp） WP6NG （210～240Hp） WP7NG （210～260Hp） WP10NG （260～300Hp） WP12NG （330～380Hp）

（2）高压直喷（HPDI）天然气发动机

公司名称	排量	产品系列
加拿大西港创新公司	12～15L	LNG 发动机： HD 400，HD 475，HD 450
潍柴西港 （WWI）	12L	LNG 发动机： WP12NG_HP（480Hp）

2. 高压直喷车用 LNG 储罐

主要有 70 加仑、100 加仑和 120 加仑三种。

3. 西港轻型天然气车燃料系统及零部件

公司名称	主要产品
AFV	沃尔沃汽车燃料系统
EMER	机上和机下系统及零部件：减压器、过滤器、ECU、气缸、加气阀、管路、CNG&LPG 装置及其他配件
OMVL	机上系统和零部件：减压器、过滤器、混合器、ECU 及其他配件
Juniper	完整的发动机：5L 以下天然气及 LPG 发动机
WING Power System	天然气发动机、燃料系统、福特 F 系列两用燃料（CNG/gasoline）卡车

五、合资公司与合作

西港已经和行业内主要发动机制造商和卡车制造商建立了紧密的战略合作关系，其中包括沃尔沃、康明斯、潍柴、Kenworth、Peterbilt、Freightliner 及 Paccar。西港组建了战略合资公司，包括康明斯西港和潍柴西港。西港同时积极开展与全球天然气能源公司的合作，比如 Shell 和 Encana。

杭州新亚低温工业设备有限公司

一、发展概况

杭州新亚低温工业设备有限公司主要从事低温设备的研发、生产、销售。产品广泛应用于能源、军工、冶金、石化等行业。主要低温设备产品包括：LNG 潜液泵，LCNG 高压泵，液氧、液氮、液氩离心泵、高压泵，LCNG 空温式汽化器，液氧、液氮、液氩空温式汽化器，LNG 加液枪、回气枪等。

二、产能建设

杭州新亚低温工业设备有限公司成立于 1999 年，位于杭州市西湖区，是一个高新技术开发为主体，集科、工、贸为一体的新型现代化企业。公司现有员工 150 余人，厂房占地面积 30 多亩，包括生产车间和实验基地。

三、技术进展及研发能力进展

公司于 2004 年为国内首批油改气发电厂成功研制了液化天然气中压输送泵，实现了 LNG 泵国产化。2006 年年底承担了“十一五”国家“863 计划”“LNG/LCNG 汽车加注站专用设备的研究开发及产业化”课题，于 2008 年年底完成课题任务，所有设备完全国产。同时与四川空分集团等单位合作承担“863 计划”“LNG 站用成套设备研究开发”课题。

“LNG/LCNG 汽车加注站专用设备的研究开发及产业化”课题任务中包括 LNG 站用潜液泵、加液枪、回气枪、LCNG 站用高压泵、高压汽化器等设备的研制，在课题执行过程中从设计到制造的每一个环节都力求做到精益求精，从样机到产品的定型过程中，研究人员对其进行了严格的低温液氮及 LNG 试验。潜液泵作为新型的浸没式低温液体泵，该泵具有连续运行时间长、零泄漏的特点，保证了设备的安全可靠运行。加液枪、回气枪采用内置单向阀结构，在连接过程中阀门自动打开介质通过，在脱离时阀门自动关闭无泄漏，整个加注过程操作方便，连接时间短可在几秒内完成。

潜液泵、加液枪、回气枪等设备使用范围广泛，应用于 LNG 汽车加气站、LNG 接收站、管道输送、充装 LNG 运输槽车等方面。现阶段，潜液泵已经在海南中油嘉润天然气公司的 50 多个 LNG 汽车加气站无故障运行，加气站日加气量可达 600 多辆车，到目前为止运行近 4 年间，各项性能参数都达到设计指标，满足用户现场使用要求，运行一切正常。加气枪、回气枪已有数千套在海南中油嘉润、中国海油、华气厚普、贵阳公交、港华燃气、杭州公交等单位使用。

四、主要产品

序号	名称	型号
1	低温潜液泵	IBZ－12/220
2	LNG 加液枪	0502. 200
3	LNG 回气枪	0501. 200
4	往复式高压低温液体泵	DBP－1500/250
5	空温式储罐增压汽化器	QQ200/25
6	空温式放散汽化器	QQ180/25

科研院所及检验测试机构

中国汽车技术研究中心

一、2011 年发展概况

2011 年，中国汽车技术研究中心在节能与新能源汽车的政策法规、标准制定、测试评价等方面开展研究工作，为国家有关部门制定我国节能与新能源汽车相关政策法规提供技术支撑。在硬件建设方面，2011 年，隶属于中汽中心的国家轿车质量监督检验中心逐步建立了从新能源整车到关键零部件的国家级综合性第三方测试评价技术服务平台。

二、2011 年科研项目及成果

1. 电动汽车相关标准的研究与制定

2011 年中国汽车技术研究中心在新能源汽车标准化领域新设立国家科技部“863 计划”课题两项，分别是“电动汽车整车及零部件技术标准研究”和“电动汽车充放电接口及安全防护技术研究与标准制定”。启动和执行新能源汽车标准研究项目 40 余项，其中发布标准 11 项，分别是国家标准 GB/T 20234. 1—2011 电动汽车传导充电用连接装置第 1 部分：通用要求、GB/T 20234. 2—2011 电动汽车传导充电用连接装置第2部分：交流充电接口、GB/T 20234.3—2011电动汽车传导充电用连接装置第3部分：直流充电接口、GB/T 26990—2011燃料电池电动汽车车载氢系统技术条件、GB/T 26991—2011燃料电池电动汽车最高车速试验方法、GB/T 26779—2011燃料电池电动汽车加氢口；行业标准QC/T 893—2011电动汽车用驱动电机系统故障分类及判断、QC/T 894—2011重型混合动力的电动汽车污染物排放车在测量方法、QC/T 895—2011电动汽车用传道士车载充电机、QC/T 896—2011电动汽车用电机系统接口、QC/T 897—2011电动汽车用电池管理系统技术条件

2. 政策法规研究

牵头完成了国家“863计划”课题《小型纯电动汽车技术规范和法规体系研究》的研究任务，提出了归类、投资、准入、交通、标准等管理体系框架及配套措施，顺利通过了课题验收，获评审专家一致好评。开展国家科技支撑计划课题《天津市电动汽车规模示范信息化管理平台建设及动力总成控制系统开发与应用》、“863计划”课题《电动汽车能源环境效益分析与电池回收体系研究》和中德合作项目《车用动力电池回收利用技术及管理体系研究》等相关研究工作，完成了年度考核目标。

3. 测试评价技术研究

开展了国家“863”重大项目“电动汽车测试评价技术研究”研究工作，包括电动汽车整车、关键零部件测试评价技术研究，并进行与之相配套的测试评价软件和硬件条件的建设。整车测试评价技术研究的内容包括：电动汽车及动力传动系统能量消耗、排放、安全、可靠性等综合性能测试技术及快速评价方法，车辆噪声振动、制动能量回收技术、电磁兼容等共性技术测试评价方法；关键零部件测试评价技术研究的内容包括：动力电池包及系统、电机及控制系统、电动汽车整车控制系统、电动化附件等的综合性能测试评价方法、可靠性与耐久性快速评价方法研究。

4. 科研攻关

由中汽中心汽车工程院开展的双行星排混合动力总成（CATARC Hybrid System，CHS）研究项目，具有技术含量高、节能潜力大、排放性能改善程度高的特点，兼备动力耦合装置、变速器、离合器三大总成功能，自身构成电子自动变速器，传动环节少，能量转换损失少，传动效率高，零件少，结构简单，成本低廉等诸多优点，该方案可有效地降低混合动力汽车整车售价，有利于混合动力汽车推广使用，产业化前景看好。

三、2011年科研设施及科研能力建设

建立了从新能源整车到关键零部件的国家级综合性第三方测试评价技术服务平台，其中，关键零部件平台方面，主要包含动力电池单体、动力电池模块、动力电池包及其管理系统、动力电机及其控制器、车载充电机、DC/DC、充电接口、电动化附件等。在测试评价技术研究能力方面，覆盖基本性能研究、循环寿命研究、安全性研究、环境适应性研究等多项内容。轿检中心的节能与新能源汽车研究能力达到国内领先、国际一流的水平。重型燃料电池汽车排放、能耗实验室。

（1）重型转鼓等共用重型设备已实现。

（2）轻型燃料电池汽车排放、能耗实验室。

（3）新能源汽车关键零部件测试实验室建设工作，包括动力电池及其管理系统、动力电机及其控制器、车载充电机、DC/DC、充电接口等。实验室建筑面积6000m^2，于2012年6月投入使用。测试能力方面，将覆盖750V/300kW以下动力电池、20000rpm/440kW以下动力电机的各项研究工作。

（4）EMC测试实验室。配备了10米法电波暗室，进行整车或关键零部件EMC测试项目。

（5）NVH测试实验室。配备10米法消声室，进行整车或关键零部件NVH测试项目。

（6）环境适应性检测实验室。测试能力方面，包括温湿度、温度湿度振动三综合、温度冲击、沙尘、淋雨、机械冲击、机械振动、盐雾腐蚀、水平冲击、海拔模拟等。

四、2010年国际合作与交流情况

1.“中德电动汽车及气候保护”项目

基于德国政府与中国政府在2010年7月签署的《关于两国在气候保护和电动汽车领域合作的谅解备忘录》，受德国环境部和中国科技部委任，德国技术合作公司和中国汽车技术研究中心联合实施，通过在电动汽车标准、能源利用效率、电池回收利用等方面的研究，为两国政府相关部门、研究机构的决策提供帮助和参考。

2. 参与国际标准化组织活动

2011年中国汽车技术研究中心与欧洲、日本、美国等汽车工业发达国家和地区进行了较多的合作与交流，多次协助中国政府参加联合国世界车辆法规协调论坛（WP29）；多次参与国际标准化组织ISO和IEC的工作会议；在科技部与德国交通部建立的新能源汽车合作框架下与德国多家企业、标注化机构和高校进行了合作，签署了多项标准研究的合作项目；同日本经产省、东京电力公司以及丰田、日产、本田等企业进行了多番交流。

3. 研发合作

CATARC与Infineon公司签订合作协议，作为“亚洲首选合作伙伴”。

中国科学院宁波材料技术工程研究所

一、2011年发展概况

中国科学院宁波材料技术与工程研究所先进制造技术研究所复合材料制造与装备团队创建于2008年，目前已与国内多家科研单位和企业建立起良好的合作关系，建立较完备的贯穿复合材料材料研究—结构设计—工艺开发一体化的科研条件，拥有包括高精度树脂注胶机、干态预浸机、热压罐、纤维织物数控裁床、预浸料排布机、纤维铺缝机、轨道式干燥箱、模温机、纤维/基体界面黏结强度仪、万能试验机、机械手、曙光服务器等在内的科研装备20多台/套。在“十一五”期间已完成电动车项目配套示范性碳纤维复合材料车身大面积异型覆盖件的研制，主要包括发动机罩、翼子板、车门外板、后厢盖等部件，已在高性能低成本碳纤维复合材料制备技术和大面积异型复合材料设计与制造技术等研究方面取得若干重要成果，将逐步建成国内第一条低成本复合材料车身结构件制造示范线。宁波材料所复合材料制造与装备团队的目标是以自主创新和集成创新为动力，建立国内具有一流水平的，集装备、设计、制造、试验体系完整，手段齐全的先进复合材料技术装备平台。

2011年，依托中科院知识创新工程重要方向项目，整合相关兄弟单位在树脂基体以及先进制造等相关技术，通过合理有效的结构设计，采用碳纤维增强材料的织物预成型体和低成本的“快速液态模塑成型技术”，研制出大面积异型用于汽车的复合材料部件，展示出复合材料能够大幅减轻整车重量的效果，对于提高电动车的行驶性能具有重要的实际意义。成功试制的复合材料汽车部件有发动机罩、车顶盖、左右翼子板、左右车门外板及后门总成、前保险杠总成、后保险杠总成，以及各类车身小组件共40余个部件。试制的复合材料部件总重31.36kg，替代钢制件91.73kg，整车减重60.37kg，减重百分比65.8%，减重后可有效提高电动车行驶里程约50km。

在快速成型热塑性碳纤维复合材料用于汽车结构件方面也取得了较好的成果，先后进行了电动车底板缩比件制备、碳纤维增强聚苯硫醚（PPS）、聚丙烯（PP）复合材料层压板的制备和相关性能测试，为下一步工作打下了基础。

二、2011年科研项目及成果

2011年顺利完成中国科学院知识创新工程重要方向项目“电动车用碳纤维复合材料结构件RTM制备技术研究”的结题验收；“863”项目申请已经完成入库和出库，目前参与到奇瑞汽车有限公司“国产碳纤维快速热压成型关键技术研究”的课题中，已完成课题经费预算编制；申请获得宁波市重大攻关项目“电动车用碳纤维复合材料大型覆盖件制造技术”，研究工作已经取得了一定的进展；与宁波敏实集团有限公司合作研发的微型低速电动车项目中，通过低成本材料体系的设计、预成型体技术、多点注射RTM模具设计及RTM成型工艺等的研究，汽车底板RTM成型工艺的研究已取得阶段性成果。

三、2011年科研设施及科研能力建设

复合材料制造及装备团队进行了相关的平台建设。

1. 热塑性复合材料示范线建设，目前500t的框架式液压机已经制造完成并进行了预验收，地基和机房地平已基本完成，下一步会进行安装调试；双钢带压机，其中主机和液压站已到货，目前主机已安装就位；热塑性复合材料板材预热和输送装置由左国坤、王志坚团队研制，目前主机和电控部分已经完成。

2. 自主研发了干态预浸成型设备，并根据试运行期存在的问题进行了相应的改装完善。

3. 自主研发高精度RTM注胶机，RTM1已与左国坤团队共同研制完成，下一步将在RTM1的研制基础上进行约10项改进，研制新型的高精度RTM注胶机。

4. 国内首家纤维变角度铺放（Variable Angle Towing）制备技术体系科研平台已经搭建完成并投入使用。

5. 购置了杰特水切割设备（水刀），已经安装完成并投入使用。

6. 自主设计定制了适用于热塑性复合材料RTM工艺的设备，已经安装完成开始使用。

四、技术进展及研发能力进展

1. 在热塑性碳纤维复合材料用于汽车部件原位聚合液态成型技术方面：采用环状对苯二甲酸丁二醇酯（CBT）的原位聚合，成功制备了连续纤维增强聚环状对苯二甲酸丁二醇酯（PCBT）复合材料，树脂固化前注胶时间可达15min；己内酰胺阴离子开环聚合制备连续纤维增强热塑性复合材料的研究也取得了重要的进展，制备的复合材料性能优异；针对以上两种树脂体系，采用VAIR工艺进行了电动车底板缩比件制备工艺的探索，已初见成效。自主研发了高精度RTM注胶机用于RTM高精度注射。

2. 在热塑性碳纤维复合材料干态预浸成型技术方面：自主研发了干态预浸成套设备，应用这些设备成功制备了碳纤维增强聚苯硫醚（PPS）复合材料层压板，目前正在准备有关碳纤维增强聚苯硫醚（PPS）热塑性复合材料防撞梁的研制工作；碳纤维增强聚丙烯（PP）复合材料的制备也

取得了良好的进展，下一步将用改性PP与碳纤维制备预浸料。

3. 纤维曲线铺放技术制备碳纤维复合材料结构件的研究方面取得良好进展，主要集中在解决开孔复合材料层合板应力集中问题和提高复合材料层合板屈曲性能方面。为了获得综合性能优异的复合材料制件，目前已完成电动汽车底板弯曲刚度和扭转刚度的计算，并对电动汽车防撞梁进行了优化设计。

相关研究内容申请了16项发明专利和6项实用新型专利，发表论文6篇，投稿3篇。

五、主要产品

发动机罩、车顶盖、左右翼子板、左右车门外板、后门总成、前保险杠总成、后保险杠总成。

六、合资合作

1. 参与到奇瑞汽车有限公司“国产碳纤维快速热压成型关键技术研究”的课题中，已完成课题经费预算编制。

2. 与宁波敏实集团有限公司合作研发微型低速电动车项目，通过低成本材料体系的设计、预成型体技术、多点注射RTM模具设计及RTM成型工艺等的研究，汽车底板RTM成型工艺的研究已取得阶段性成果。

七、发展规划

车用复合材料是国家未来新材料产业的重要方向，预计产业规模可达数百亿元。中国科学院宁波材料技术与工程研究所先进制造技术研究所复合材料制造与装备团队2012年将碳纤维复合材料车用结构件制备技术进行小批量试生产和产业化研究，研究成果未来可直接转化为规模化生产能力，可为我国国民经济社会发展提供高性能低成本的新材料制造技术。预期产业化后，年新增销售收入5000万元，年新增利税1500万元。如果本研究成果应用于重型卡车、大型客车、电动车、轿车、高速列车等产业，按碳纤维复合材料年需求量10万吨计算，可创造直接经济效益250亿元。本项目涉及热塑性树脂基复合材料的一些基础领域的研究工作，研究成果将实现材料设计、结构设计、工艺开发、制品检测以及应用与研究一体化，大大缩短从研究到应用的进程，可为我国的相关技术研究节约大量研究费用，其间接经济效益和社会效益十分可观。

中国北方车辆研究所

一、主要研究领域

（1）动力电池共性技术：动力电池分选及一致性控制技术；动力电池热、电、结构仿真设计研究；动力电池模块化、标准化；动力电池安全机理。

（2）动力电池测试标准的制修订：QC/T 743—2006、QC/T 744—2006的修订工作。参与了电动摩托车相关的ISO标准术语与测试规程的制定工作。

（3）动力电池测试评价技术、动力电池指标体系及评价体系研究。

二、2011年科研项目及成果

（1）成功申报了国家“863计划”现代交通技术领域课题《动力电池及关键材料共性技术及评价体系研究》，获经费支持870万元。

（2）成功申报了北京市科委课题《动力电池成组技术测试平台建设》课题，获经费支持200万元。

（3）作为北京理工大学的协作单位参与了《北京市新能源汽车运行保障体系建设》课题，获经费支持50万元，负责“北京市电动车用高能量型锂离子动力电池系统订货入选技术规则”的起草工作。

（4）作为许继集团的协作单位，共同申报了国网总部科技项目（2012年第二批）领域三、“电动汽车与储能技术”项目——“电动汽车充换储放一体化站设计、实施及运营优化关键技术研究与示范”课题1。

三、2011年科研设施及科研能力建设

1. 科研设施建设

（1）完成了新型动力电池试验室的建设工作，投入资金1500万元，试验室建筑面积3000m^2。

（2）新购置了动力电池系统测试分析仪（AV900），动态载荷仿真试验台（Bitrode FTV 750BS）、动力电池模块一致性测试分析仪（Bitrode FTV250/60，Arbin BT2000）、动力电池火烧试验台、动态环境模拟试验系统（六自由度摇摆台+高低温交变湿热箱）、500t四柱液压机、高速摄像机等11台套测试设备，已投入使用。

2. 科研能力建设

联合北京大学、北京理工大学、中科院物理所等高校及研究所进行有关动力电池测试评价体系、动力电池模块热、电、结构仿真、安全机理等领域展开联合攻关以及人才培养工作，提升中国北方车辆研究所动力电池试验室的科研能力。

四、2011年国际合作

（1）与美国阿岗试验室进行中美动力电池循环寿命对比测试

（2）与GE在电动汽车用钠盐电池测试规范及测试评价上进行合作。

五、主要产品

主要提供新能源车用动力电池系统检测、评价服务。

中国科学院大连化学物理研究所

一、主要研究领域

中国科学院大连化学物理研究所针对车用燃料电池面临的耐久性、成本等瓶颈问题，围绕着燃料电池核心材料、关键零部件、燃料电池过程与系统控制策略等方面开展研究工作，旨在推进车用燃料电池的技术进步、加快燃料电池商业化步伐。

1. 燃料电池核心材料与部件方面

（1）高活性、高稳定性的低 Pt 二元或三元 P－M 电催化剂、核壳型低 Pt 催化剂。

（2）低成本的非 Pt 催化剂、抗中毒电催化剂。

（3）高比表面积、抗氧化、高导电性的催化剂担体。

（4）高稳定性、高质子传导的质子交换膜。

（5）碱性固体电解质阴离子交换膜。

（6）高温聚合物质子交换膜。

（7）低 Pt 燃料电池膜电极组件的开发。

（8）导电、耐腐蚀的薄金属双极板。

（9）高比功率燃料电池电堆与模块。

2. 燃料电池过程与系统控制策略方面：

（1）燃料电池杂质中毒机理与解决对策。

（2）燃料电池低温储存与启动过程的研究。

（3）燃料电池动态过程衰减机理与解决对策。

3. 其他方面

（1）聚合物水电解制氢技术。

（2）再生燃料电池技术。

（3）高效、新型电化学储能技术。

二、2011 年科研项目及成果

1. 在研的科研项目

（1）“863”主题项目“燃料电池与分布式发电系统技术”，起止时间 2011 年 1 月—2013 年 12 月。

（2）“863”课题“下一代燃料电池系统研究与开发”，起止时间 2011 年 1 月—2013 年 12 月。

（3）“863”课题“5kW 级燃料电池关键材料和系统集成技术开发”子课题“5kW 级燃料电池系统所需膜电极开发”，起止时间 2010 年 7 月—2012 年 6 月。

（4）自然科学基金重点项目“燃料电池单分子催化到电堆成流过程的科学与化工问题研究”，起止时间 2010 年 1 月—2013 年 12 月。

（5）自然科学基金项目“基于高温燃料电池的 Nafion/无极复合膜微结构与水传递特性的研究”，起止时间 2011 年 1 月—2013 年 12 月。

（6）自然科学基金项目“金属离子对质子交换膜燃料电池膜电极污染过程及机理研究”，起止时间 2011 年 1 月—2013 年 12 月。

（7）中国科学院方向性项目“基于光氢互补的太阳能－水电池供电技术研究”，起止时间 2010 年 5 月—2012 年 4 月。

（8）中国科学院院地合作项目“汽车燃料电池应用示范”，起止时间 2011—2013 年。

2. 2011 年通过验收的项目

（1）自然科学基金项目“大面积质子交换膜燃料电池局部失效特性的研究”。

（2）自然科学基金项目“质子交换膜燃料电池微结构与暂态特性研究”。

（3）“863”课题“5kW 级燃料电池关键材料和系统集成技术开发”子课题“5kW 级燃料电池系统所需膜电极开发”。

3. 2011 年发表文章与申请专利

（1）发表论文：14 篇。

（2）申请专利：16 项。

三、2011 年科研设施及科研能力建设

2011 年新增单元式电子负载、箱式气氛炉、电化学分析仪、雕刻机、图形工作站、紫外可见分光光度计等仪器设备并对新实验室的气体管路和通风设施进行了安装和布置，总费用为一百余万元，进一步完善了燃料电池表征及评价平台、燃料电池关键部件加工平台，提高了综合研究能力，为完成项目创造了条件。

2011 年在原有团队的基础上，进一步补充人才，新引进研究人员 5 人，包括化工机械、应用化学、化学工程与工艺等专业人才，其中具有高级职称 1 人，博士学历 1 人，本科学历 3 人。目前团队共有科研人员 27 人，其中高级职称 9 人，中级职称 7 人，是一支专业及年龄结构合理、实用的燃料电池专业人才团队。

四、2011 年国际合作

（1）2011 年 7 月，瑞典 lund 大学 Jinliang Yuan 教授来所进行学术报告“Multi－scale and physics Fuel Cell Modleling Development”。

（2）2011 年 8 月，台湾燃料电池伙伴联盟来所访问，双方就燃料电池的应用和产业化等问题进行了交流。

（3）2011 年 10 月，挪威 SINFEL 研究院材料与化学部 Anders Odegard 教授来访进行学术交流。

（4）2011 年 9 月参加在希腊举行的第二届燃料电池衰减问题国际专题讨论会，并做分会口头报告及墙报。

（5）2011 年 11 月参加在韩国举办的第八届新能源与可再生能源国际论坛，并做分会口头报告。

五、主要产品

燃料电池发动机材料与零部件，包括：燃料电池电催化剂、膜电极、双极板、电堆及模块等；燃料电池聚合物水电解制氢装置。

中汽中心汽车工程研究院

一、主要研究领域

为突破混合动力汽车关键核心技术——动力总成技术，打破国外公司对经典的行星齿轮混联耦合技术和专用自动变速器技术的长期垄断，自 2003 年起，中国汽车技术研究中心（CATARC）混合动力汽车研发团队历经多年磨砺，研制出双行星排混合动力总成（CATARC Hybrid System，CHS）。它具有技术含量高、节能潜力大、排放性能改善程度高的特点，兼备动力耦合装置、变速器、离合器三大总成功能，自身构成电子自动变速器。具有传动环节少，能量转换损失少，传动效率高，零件少，结构简单，成本低廉等诸多优点。该方案可有效地降低混合动力汽车整车售价，有利于混合动力汽车推广使用，产业化前景看好。

二、2011 年科研项目及成果

多年来，缺乏性能优良的动力耦合执行机构及相应的控制技术一直是困扰我国深度混联混合动力汽车发展的技术瓶颈。中国汽车技术研究中心正是针对这一长期困扰行业的关键共性问题，开发出 CHS 混合动力总成。CHS 混合动力总成在成本、功率密度、电功率比、效率、可靠性等方面取得了重大突破。与目前国内现有混合动力总成相比，具有下列五方面的特点：

1. 轻量化方面，该产品“小而有劲”，通过降低机电转换比例、提高电机转速、纯电动模式下实现双电机驱动等技术，把功率密度和转矩密度提高到了极致，使得混合动力总成的体积比常规自动变速器还小，同时解决了我国混合动力汽车加速、爬坡能力不足的共性问题。以某 12m 公交车为例，与国内用得最多的“发电机 + 离合器 + 电动机”混联结构比较，总成自重由 900kg 下降到 420kg，减轻 53%，最大输出转矩由 1800N·m 提升到 2700N·m，提高 50%。

2. 高效化方面，实现了发动机和车轮之间的转速解耦，为发动机运行于最优工作线提供了最大可能。利用发动机独立于车轮运转，动力以机械传递为主，专用永磁同步电机、优化能量流等技术，使得总效率比国内现有“发电机 + 离合器 + 电动机”混联结构提高 10%。

3. 集成化方面，采用独特的双行星排结构，集成了动力耦合、自动变速、自动离合三大功能，直接装在发动机后面，形成深度混联混合动力系统，也适用于插电式结构，还可自由取电，用于特种车辆。

4. 节能化方面，CATARC 混合动力总成自身构成无级自动变速且节能效果显著。应用于某 SUV，按 NEDC 工况测量，城市工况下节油 40%、综合工况下节油 28%；应用于某 12m 公交车，满载运行在城市公交车路线，丹东公交 101 路公交车，综合油耗平均为 26.5L；郑州公交 9 路公交车，综合油耗平均为 28L。按照中国城市典型工况油耗测试平均为 22.48L。

5. 实用化方面，由于小而有劲，以 12m 公交车为例，与国内现有“发电机 + 离合器 + 电动机”混联结构比较，成本下降 8 万元左右。

三、2011 年科研设施及科研能力建设

拥有国内一流的混合动力研发技术团队，具备如下能力：

1. 混合动力总成设计开发能力。
2. 双行星排变速机构设计与加工配套能力。
3. 双行星排专有的混合动力整车控制策略。
4. 混合动力整车控制器硬件设计与开发能力。
5. 混合动力整车系统集成、仿真与优化匹配能力。
6. 整车控制系统硬件在环（HILS）仿真能力。
7. 驱动电机、动力电池评价能力。
8. CAN 总线设计与分析能力。

四、2011 年国际合作

CATARC 与 Infineon 公司签订合作协议，作为“亚洲首选合作伙伴”。

北京理工大学

一、主要研究领域

1. 电动车辆设计理论、系统集成与控制技术研究。
2. 电池成组应用技术、车载能量源安全和高效利用技术研究。
3. 高效高能量密度一体化电驱动系统及整车部件电动化技术研究。

4. 电动车辆核心技术在特种车辆上的应用技术研究。

5. 电动车辆发展战略、政策、技术标准和规范研究。

二、2011 年科研项目及成果

承担科技部“863”课题、北京市科委、北京市标准化研究所等科研项目 12 项，包括整车动力系统平台、电机、电池等关键技术攻关，受北汽福田、中山大洋电机、上海汽车集团、广州汽车集团和重庆长安汽车公司等委托，承担 22 项研发课题，包括纯电动环卫车、客车、轿车等整车研发服务，以及电机、电池等关键部件研发与测试等任务。 围绕电动汽车核心关键部件——电驱动系统和动力电池组，开展检验检测、性能评价的方法研究，完善测试条件，重点完善“电动车辆动力驱动系统开发与测试平台”和“动力电池成组技术开发及测试平台”，形成检测功能相对齐全、测试方法和规范相对完善的电动汽车用驱动电机与电池成组测试公共平台。 主持和参与了多项国家标准和行业标准的建设，其中包括完成了《电动汽车驱动电机系统可靠性试验方法》《电动汽车驱动电机系统第 1 部分：技术条件》和《电动汽车驱动电机系统第 2 部分：试验方法》3 项国家标准的制定和修订工作。

三、2011 年科研设施及科研能力建设

在原有的整车测试实验平台、电机测试实验平台、电池测试实验平台基础上，增加了如下测试和实验平台，拓展了实验测试能力。

1. 建立了车用中小型驱动电机检测实验台，加载功率 150kW，转速范围 0 ~ 15000rpm，转矩范围 0 ~ 400Nm，台架电池模拟 500V/300A，同时在该实验台上，可以完成高低温负载的加载，－40℃ ~ 130℃。

2. 建立了电池温度冲击实验台，高温冲击 60℃ ~ 150℃，低温冲击 －40℃ ~ －10℃，容积 1000mm ×1000mm ×1200mm。

3. 建立了大功率电子负载，电压范围 0 ~ 500V，电流范围 1mA ~ 500A，功率范围 0 ~ 160kW。

4. 购置了电池模拟器 750V/500A/250kW。

5. 建立了电动汽车充电机综合测试平台，电压范围 0 ~ 700V，功率范围 0 ~ 250kW。

四、2011 年国际合作

派骨干教师到英国南安普敦大学进行校际交流，增进了双边师生合作与交流关系。 派团到德国柏林工业大学访问，双方作为中德电动汽车技术中心成员单位，探讨联合申请相关国际合作项目事宜。 应香港理工大学之邀作为协办单位出席参与组织并组团参与了“动力电子系统技术及应用国际研讨会”，扩大了国际影响。 实验室领导及技术骨干与波兰华沙理工大大学进行了多轮互访和交流，促成了波兰财政部来华来访，探讨双方电动汽车合作事宜。 2011 年 9 月，实验室在北京举办“电动车辆技术国际研讨会”，邀请波兰、英国、美国等国知名企业、科研院所以及国内相关行业知名专家做专题技术报告，同时，针对关键技术开展分组的论文交流和研讨，有助于探索国际交流新体制、建立更多渠道的国际交流与合作关系。 2011 年 11 月，实验室领导应巴塞罗那市政府邀请，带队参加智能城市世界博览会和国际电动汽车企业大会 EVI，同时拜访 IDIADA Automotive Technology、加泰罗尼亚投资促进会，参观巴塞罗那市交通运输公司等，增进了实验室与西班牙政府、企业和相关机构的合作关系。

五、主要产品

电动汽车驱动电机试验检测平台、电动汽车动力电池组试验检测平台、电动汽车充电机综合测试平台。

哈尔滨工业大学电动车辆研究中心

一、主要研究领域

哈尔滨工业大学电动车辆研究中心主要从事电动车辆电气系统仿真与设计，电机及其控制系统、能量管理系统的研究与开发以及汽车电子与计算产品的研发。 在电动汽车电气系统参数匹配与设计，控制策略设计与优化，高性能电机及其控制系统，电池均衡与管理技术，无线充电技术，电驱动系统故障诊断和容错技术，可靠性、振动与噪声等方面开展了广泛而深入的研究。

二、2011 年科研项目及成果

1.“电动汽车关键零部件低温性能技术研究”

实现电动汽车在低温以及大温差环境下的零部件关键技术突破。 进行电动汽车低温以及大温差环境下的零部件关键技术研究。 在增程式电动汽车和搭建的实验平台上，对研制的电机系统、电池系统和充电系统进行实验验证。成果包括：

（1）电机和控制器满足不同温度特性变化的设计方法。

（2）电机控制器低、高温保护，故障诊断和容错设计方法。

（3）电机及控制器低温预热及高温冷却散热方法。

（4）在低温和高温差变化范围下快速充放电过程中电池组 SOC 的准确估计方法及其稳定性设计方法。

（5）在大电流充放电条件下的电池管理系统快速均衡控制方法。

(6) 与动力锂电池的温度特性相适应的冷、热管理技术。

(7) 电池寿命预测和健康状态估计技术。

(8) 充电机工作可靠性设计方法。

2. “电动汽车用多相永磁容错电机系统的研究”

与传统的三相电机驱动系统相比，多相电机驱动系统具有功率密度高、低速性能好、能实现低压大功率输出、可靠性高、输出转矩脉动小、有更多的控制资源等优点。成果主要包括：

(1) 高功率密度的多相电机的设计方法和多相电机的建模。

(2) 多相电机驱动系统和容错控制技术。

(3) 五相、双三相电动汽车电机及其控制系统。

3. “电动汽车与电网双向交互终端及电动汽车智能充放电控制系统研究”

进行电动汽车与电网互动（V2G）技术的基础研究。成果包括：

(1) 电动汽车与电网双向交互系统仿真模型。

(2) 电动汽车电池更换站电动汽车动力电池箱与电网双向互动技术。

(3) 电动汽车与电网交互的协调控制策略。

(4) 电动汽车智能充放电控制系统需求分析和总体构架。

(5) 电动汽车智能充放电控制系统与电动汽车、充放电设施及电网相关系统间的通信信息模型。

4. “电动车辆驱动用电机产业化”

研究开发电动车辆驱动用电机及其控制系统，已经开发了功率 6～200kW，类型：交流感应和永磁同步系列电机。

5. “工程运输车辆无线充电系统”

受日本公司委托研制出了 1.5kW 工厂生产物料移动运输小车自动非接触式充电系统。

6. “公铁两用牵引车电驱动及控制系统”

研制出了动车组检测定位牵引用公铁两用牵引车电驱动及控制系统。

7. 轮式驱动串联混合动力驱动系统

主要研究了大功率轮式电机和发电机。

8. 电动汽车电气可靠性与安全性研究

主要研究电动汽车电机及其控制系统、电池系统、高压总成等的安全性管理、故障诊断技术、容错控制技术等。

三、2011 年科研设施及科研能力建设

中心依托于电驱动与电推进技术教育部重点实验室和国家精密微特电机系统工程技术研究中心。

中心建有“电动汽车电传动系统实验与测试平台”；“电动汽车电机系统实验与测试平台”“微特电机多场耦合仿真设计平台”。拥有奥地利 AVL 电动汽车动力试验平台，美国 ARbin BT2000 电池测试系统，德国迪卡龙 BS 450－500 IGBT 型电源模拟器，DSPACE 控制系统性能仿真器，HD－710，HD－810 测功机，日本恒河 6550 型功率分析仪，ANSYS 电磁场计算软件，EMSS 机电系统分析软件，XRPRT 电机设计软件，2208 型噪声检测仪，OR100 数采系统等。

中心有教师 20 余人，教授/博士研究生导师 10 余人，博士、硕士研究生 100 余人。

四、2011 年国际合作

与法国混合动力汽车联盟（French National Network on HEVs）合作，进行混合动力汽车的建模和控制研究工作。建立基于 PHEBUS 和 EVT 的混合动力汽车的 EMR（Energetic Macroscopic Representation）模型对 PHEBUS 和 EVT 进行对比研究。认为 EVT 可以完全实现 PHEBUS 的全部功能与性能，EVT 可以代替 PHEBUS 行星齿轮，如果对于基于 EVT 的混合动力车进行优化设计，其性能可以超过 PHEBUS。

五、主要产品

1. 电动汽车驱动电机、发电机、ISG。

(1) 感应式电机及其控制系统。

(2) 永磁同步式电机及其控制系统。

(3) 电气变速器（EVT）。

2. 电池管理系统、电容均衡及管理系统。

3. 无线充电系统、充电机。

4. 纯电动汽车车辆管理单元及液晶显示系统。

5. 车载电机故障检测仪。

吉林大学

一、2011 年发展概况

针对混合动力客车动力总成系统的研究与开发，吉林大学对混合动力主控器 HCU 的双 CPU 设计、控制系统电磁兼容性及抗干扰优化设计、能量管理及优化控制策略，驾驶员意图解析算法等关键基础展开了深入的研究，取得了重要进展。通过实车测试，采用 GB/T 19754—2005 所规定的中国典型城市公交循环进行试验，动力性指标均满足国标要求，平均节油率达 25.2%，为我国电动汽车的产业

化提供了技术支撑。

围绕国家“973”项目“低温燃烧新型的汽油机复合燃烧系统及相关基础问题的研究”，成功开发出装备无凸轮电控液压驱动全可变气门机构的原理性样机，可实现火花点火（SI）和可控自燃（CAI）两种燃烧模式，并搭建了测试试验平台。完成了不同内部再循环废气实现方式（负气门重叠策略，排气门晚关策略以及排气门二次开启策略等）对缸内再循环废气量、温度以及对CAI燃烧过程影响的试验研究。得到了不同内部再循环废气实现方式可实现CAI燃烧的工作区域以及区域内的EGR率分布、发动机性能以及燃烧特征参数等的变化规律；创造性地将一维发动机工作过程模拟计算软件GT-Power和零维化学反应模拟软件CHEMKIN耦合建立了一维仿真平台。对不同内部再循环废气实现方式对缸内再循环废气量、温度以及对CAI燃烧过程的影响进行了仿真研究。仿真结果与试验结果吻合良好，对深入研究具有科学指导意义；通过把异辛烷和正庚烷混合燃料的化学动力学反应机理耦合到CFD计算软件STAR-CD中建立了三维仿真平台。对不同的内部再循环废气实现方式对缸内流场、温度场和浓度场的影响进行了模拟研究。所得结果对于从微观尺度上理解不同内部再循环废气实现方式对燃烧过程的影响有理论指导意义和科学价值。

针对未来超低排放发动机对于燃料及燃烧特性的要求，结合国家自然科学基金项目，系统地开展了燃料理化特性对于内燃机燃烧及超细微粒排放影响机理的研究。建立了柴油机瞬态工况测控系统，开发了排气微粒采集的二级稀释系统，基于TSI3090微粒粒径分析仪及二级稀释系统，建立了柴油机瞬态工况微粒粒度分布测试系统，可满足瞬态工况微粒粒度分布测试的要求。以欧IV柴油、天气合成柴油（GTL）、含氧燃料生物柴油（BTL）按不同比例配比，获得了不同理化特性的燃料。试验研究了燃料特性及燃烧边界条件对于高压共轨柴油机不同稳态及瞬态工况下燃烧及微粒粒度分布的影响规律。确定了新一代超低排放柴油机排气中微粒的理化特性、粒度分布规律、影响因素，燃料特性及燃烧边界条件对微粒粒度分布的影响程度和范围。揭示了柴油机不同工况下微粒排放粒径分布特征，燃料特性对于燃烧与排放污染物特别是超细微粒排放的影响机理，为减少柴油机微粒特别是超细微粒排放量提供了理论依据。

依托潍柴—吉林大学的校企“面向国V的重型柴油机后处理系统控制与OBD技术开发研究”项目，开发了分别基于规则、模型和闭环反馈的SCR后处理系统的尿素喷射策略、OBD及故障诊断策略，利用MATLAB/SIMULINK软件平台实现了整套软件系统的在环仿真，基于自主设计开发的执行器驱动电路，在发动机台架上实现以上控制和诊断策略，达到了国V排放标准，为SCR系统的逐步国产化奠定了坚实的基础。

二、2011年科研项目及成果

1. 企业项目“潍柴混合动力汽车动力总成设计与开发”和国家科技支撑计划“通用的商用车与工程机械模块化混合动力总成”。

2. 国家“973”项目“低温燃烧新型的汽油机复合燃烧系统及相关基础问题的研究”。

3. 国家自然科学基金项目“燃料理化特性对于内燃机燃烧及超细微粒排放影响机理的研究”。

4. 企业项目“面向国V的重型柴油机后处理系统控制与OBD技术开发研究”。

三、2011年科研设施及科研能力建设

1. 成功开发出装备无凸轮电控液压驱动全可变气门机构的原理性样机，可实现火花点火（SI）和可控自燃（CAI）两种燃烧模式，并搭建了测试试验平台。

2. 建立了基于光源前置消光法的可视化燃烧气，进行了喷射、燃烧、碳烟排放可视化实验研究，取得了一系列研究成果。

国家轿车质量监督检验中心

一、总体情况

国家轿车质量监督检验中心（以下简称“轿检中心”）隶属于中国汽车技术研究中心，在新能源汽车方面重点开展整车及其关键零部件测试评价研究工作。2011年，随着中汽中心新院区建设项目的如火如荼开展，轿检中心逐步建立了从新能源整车到关键零部件的国家级综合性第三方测试评价技术服务平台，其中，关键零部件平台方面，主要包含动力电池单体、动力电池模块、动力电池包及其管理系统、动力电机及其控制器、车载充电机、DC/DC、充电接口、电动化附件，等等。在测试评价技术研究能力方面，覆盖基本性能研究、循环寿命研究、安全性研究、环境适应性研究等多项内容。轿检中心的节能与新能源汽车研究能力达到国内领先、国际一流的水平。

二、目前测试能力及相关研究

轿检中心主要提供新能源汽车整车及其关键零部件（动力电池及其管理系统、动力电机及其控制器、充电接口、车载充电机、DC/DC等）检测及认证服务。

1. 2011年，动力电池测试试验室测试设备陆续到货安

装调试完成，于6月份正式投入运行，完成40余项企业委托及公告强检测试项目，累计创收200多万元。

2. 完成“动力电池测试评价技术研究”中汽中心级课题项目的全部研究工作，在动力电池单体、模块、包各个层级开展测试评价技术研究工作，完成了国内外文件资料的归纳汇总、测试评价能力的软件和硬件建设、与厂家项目合作的交流、行业权威机构比对工作等，并发表了研究论文4篇、研究报告1册。

3. 开展了国家“863”重大项目“电动汽车测试评价技术研究”研究工作，包括电动汽车整车、关键零部件测试评价技术研究，并进行与之相配套的测试评价软件和硬件条件的建设。整车测试评价技术研究的内容包括：电动汽车及动力传动系统能量消耗、排放、安全、可靠性等综合性能测试技术及快速评价方法，车辆噪声振动、制动能量回收技术、电磁兼容等共性技术测试评价方法；关键零部件测试评价技术研究的内容包括：动力电池包及系统、电机及控制系统、电动汽车整车控制系统、电动化附件等的综合性能测试评价方法、可靠性与耐久性快速评价方法研究。

4. 进行了国家电网课题“电动汽车动力电池梯次利用技术研究与示范”申报工作，主要开展电动汽车用动力电池与电网系统储能电池的结合技术研究。

5. 进行了东丽区科技型中小企业发展专项资金产学研合作项目“电动汽车用锂离子动力电池安全测试平台建设”申报工作，主要开展动力电池安全性测试平台研究工作。

三、检验测试能力建设

2011年，轿检中心继续完善了新能源汽车整车及其关键零部件测试评价技术平台的建设，重点进行了以下6个方面的科研设施和科研能力建设：

1. 重型燃料电池汽车排放、能耗实验室。重型转鼓等共用重型设备已实现，其他配套设备设施仍有待配备。

2. 轻型燃料电池汽车排放、能耗实验室。轻型转鼓已到位4台，氢安全等其他配套设施仍有待配备。

3. 新能源汽车关键零部件测试实验室建设工作，包括动力电池及其管理系统、动力电机及其控制器、车载充电机、DC/DC、充电接口等。实验室建筑面积6000m^2，2012年6月投入使用。测试能力方面，将覆盖750V/300kW以下动力电池、20000rpm/440kW以下动力电机的各项研究工作。

4. EMC测试实验室。配备了10米法电波暗室，进行整车或关键零部件EMC测试项目。

5. NVH测试实验室。配备10米法消声室，进行整车或关键零部件NVH测试项目。

6. 环境适应性检测实验室。测试能力方面，包括温湿度、温度湿度振动三综合、温度冲击、沙尘、淋雨、机械冲击、机械振动、盐雾腐蚀、水平冲击、海拔模拟等。

四、2011年国际合作

1. 2011年，轿检中心积极打造新能源汽车及其零部件产品出口认证检测服务平台，提供产品出口欧盟国家、海湾地区、澳大利亚、美国等国家和地区的认证检测服务，拓展了中心业务发展方向。

2. 与美国安全检测试验室（UL）合作，开展新能源汽车检测试验室认可合作业务，特别是动力电池检测认可试验室，形成了初步合作意向。

3. 开展与美国A123公司、德国奔驰公司、日本三洋电池公司、日本LEJ电池公司、韩国SBL电池公司等进行新能源汽车动力电池方面的交流与合作。

4. 参与国际标准化组织活动，参加联合国世界车辆法规协调论坛（WP29）；参与国际标准化组织ISO和IEC的工作会议。

第四篇

重点省、自治区、直辖市、计划单列市节能与新能源汽车发展情况

北京市

一、2011年节能与新能源汽车发展概况

为推进“十城千辆”示范工程顺利实施，加快新能源汽车产业发展，在北京市新能源汽车联席会部署指导下，北京市新能源汽车研发、产业化及示范推广工作顺利开展。

为更好地推进北京市新能源汽车的研发与示范应用，组建了北京市新能源汽车发展促进中心作为专职机构支撑新能源汽车相关工作。推动政产学研用合作，研发新能源汽车主导车型，共实现34款纯电动车型列入国家车辆产品公告目录。构建以整车为龙头，涵盖动力电池、电机等环节的核心产业链。

北京市还积极组织落实新能源汽车示范运营的各项工作，在环卫、出租、公交等领域进一步扩大运行规模，搭建全市统一的电动汽车运营保障平台，所有示范运营车辆都纳入平台管理，实施三级监控，实现电动车辆在线监控和故障实时处理。

北京市全部公共领域示范车辆已经累计运行7100万公里（其中纯电动汽车运行约520万公里），年综合减排$CO_2$18010.32吨，节油588.6万升。

二、北京市节能与新能源汽车生产经营

2011年，北京市各主要新能源汽车企业在生产经营方面都有长足的进步：

1. 北汽新能源公司共生产699辆纯电动汽车，其中M30RB纯电动汽车250辆，C30DB纯电动轿车350辆，Q60FB纯电动轿车99辆。

2. 北汽福田公司2011年总计销售纯电动环卫车及纯电动迷迪出租车1200台。

3. 长安汽车2011年在北京长安新能源车间内生产100台，并于2012年年初投放北京房山作为纯电动出租车示范运行。

三、节能与新能源汽车示范推广情况

2011年，北京市在节能与新能源汽车示范推广上的工作取得了一定进展；北京市新增1520辆新能源汽车。其中：纯电动环卫车1000辆、纯电动乘用车520辆；颁布实施了《北京市纯电动汽车示范推广市级补助暂行办法》，明确了补助方式、标准及对象；采用了“车电分离、电池租赁”的商业模式。

为保障车辆的示范运营，2011年，北京市投入财政经费3000万元，搭建统一的电动汽车运营保障平台。所有示范运营车辆都纳入平台管理，实施三级监控，实现电动车辆在线监控和故障实时处理。实现了运行车辆与监控平台的准确对接，已具备2000辆电动汽车运行监控的能力，2012年年底将具备5000辆运行监控能力。为配合保障平台的运行，北京市还制定了《电动汽车远程监控技术规范无线通信协议》《电动汽车远程监控技术规范车辆信息采集与传输终端》。

四、基础设施建设

为保障新能源汽车示范推广，北京市统筹规划，积极推进充换电站基础设施建设。

通过采用充换电有机结合，由市电力公司牵头，建成高安屯、北土城等4座大中型充换电站，万泉河、呼家楼等15个充电桩群，可为1800辆各类电动车提供充换电服务。其中，高安屯充换电站以垃圾发电为主要能源，同时融合了光伏、风电等新能源技术，是目前国内规模最大的智能化充换电站，可满足400辆电动汽车充换电需求。

五、节能与新能源汽车项目投融资及建设情况

2011年北京市财政投入资金5.02亿元，其中中央财政资金0.74亿元、市级财政资金4.28亿元，用于新能源汽车示范运营及产业发展。一是按照北京市《2011年新能源汽车工作方案》，市财政下达预算3.01亿元，完成区县环卫电动车采购任务，落实出租车购车市级补助资金，拨付2吨环卫电动车购置税补助，确保新能源汽车财政补助政策有效落实；二是利用重大科技统筹资金2.01亿元，支持纯电动车充电站建设、产业化开发等科技研发建设项目，加大扶持力度，推动产业发展。

六、节能与新能源汽车产业基地及园区建设情况

2011年北京市继续大力投入支持新能源汽车产业基地及园区的建设。建成了以一园两基地——昌平新能源汽车设计制造产业基地、采育新能源汽车科技产业园、房山高端现代制造产业基地为主的新能源汽车产业核心区。目前累计完成投资23亿元，实现产能7万辆/年，动力电池1.7亿安时/年，稀土永磁同步电机3万套/年。

七、主要扶持政策及措施

1. 2011年市财政局会同市科委、市发展改革委、市市政市容委研究并制发了《关于印发〈北京市纯电动汽车示范推广市级补助暂行办法〉的通知》（京财经一〔2011〕2730号），对北京市发展纯电动车市级补助原则及车辆充电等相关运营费用标准予以明确，为北京市公共领域纯电动车示范运营推广提供了有力的政策保证和资金保障。

2. 为进一步推动新能源汽车的推广应用，组织研究《私人购买新能源汽车实施细则》。

3. 制定出台北京市地方标准。北京市专门成立了由

政府部门牵头，相关高校、企业、协会、研究院所等40余家单位组成的标准制定工作组。完成了涉及充电基础设施、电能供给设备、电池系统、充电设施运行管理等4个方面，共16项标准的制定工作，至2011年年底已公布实施11项地方标准。

4. 从多方面入手，保障示范推广工作顺利进行。为确保节能与新能源汽车维护保障服务体系建设，北京市组织开展环卫、出租和公交领域的相关人员的培训工作，目前已完成1500人次培训。同步开展节能与新能源汽车应用的技术经济性、车辆适用性、大规模充电技术等方面的研究。

5. 重视新能源汽车文化建设和示范推广社会环境建设，充分利用电视报道、宣传视频、宣传手册和网络等多种媒体及渠道营造良好文化氛围。北京市启动了"部市共建"的北京新能源汽车体验中心和"北京新能源汽车网"建设等工作，并以北京产业整体形象参与了众多专业展会，提高了民众对新能源汽车的认知度和参与积极性，较好培育了新能源汽车细分市场。

八、北京市主要节能与新能源汽车企业

在整车方面形成了以北汽福田公司为主导的商用车和以北汽新能源公司、长安汽车公司为主的乘用车发展格局。电池方面以磷酸铁锂（北京普莱德新能源电池科技有限公司）和锰酸锂（中信国安盟固利动力科技公司）构成两大技术体系，同时积极推动北京首科喷薄科技发展有限公司的动力锂电池隔膜的中试和产业化工作。主要电机企业有大洋电机新动力科技有限公司、精进电动科技有限公司、北京中纺锐力机电有限公司等。配套充、换电设施则是以北京优科利尔能源设备有限公司和北京华商三优新能源科技有限公司为主导。

九、发展规划

1. 全面完成5000辆公共领域示范目标

加快推进电动环卫车、电动出租车的投运，到2012年6月底前，实现2011年前已确定的3510辆电动汽车全部投入运营。2012年进一步扩大在公共领域示范规模，市财政已安排不低于2.5亿元的经费，实现新增1926辆电动车示范运行，确保完成5000辆示范任务。

2. 加大力度推进基础设施网络建设

建设2000个充电桩，并试点5个以上加油充电一体化充电站，满足公务车、物流、电力保障、区域出租等充电需求。

3. 继续推进产业基地建设，合理布局北京市新能源汽车产业链

围绕重点车型，加大示范应用，推进整车规模化生产。吸引国内外优势电机、电池等企业和相关装备制造企业投资建设，实现零部件企业聚集。加快电池隔膜和IGBT（绝缘栅双极型晶体管）等新能源汽车关键材料中试和产业化。在完善30万平方米/年纳米纤维动力锂电池隔膜中试线基础上，优化生产工艺，启动建设1000万平方米/年生产线；推进年产15万只IGBT生产线建设。

4. 加大研发投入，实现创新驱动产业发展

聚焦"安全、效率、成本"，计划安排市统筹资金不低于2亿元，在整车轻量化和整车集成、电池关键材料和生产装备、电池单体一致性和成组寿命、电机效率等方面加大研发力度，实现整车总体成本降低10%。

同时，会同科技部支持北汽进行轻量化全新纯电动A0级乘用车平台开发；积极跟踪推进燃料电池车研发和示范应用；推进超级电容器、钛酸锂等快速充电电动公交车的开发和示范应用，探索运营模式，提出北京市纯电动公交车系统应用方案；组织非接触式充电设备研发和示范应用，丰富充电技术路线，因地制宜建设充换电基础网络。

5. 加强电动汽车标准及保障体系建设

完成《电动汽车电能供给与保障技术规范》其余5项标准的发布，推动全部16项标准的实施与验证。发布与实施《电动汽车标志》，实现电动车标识统一。

组织完成6000人次培训，将示范运营的全部车辆纳入统一的运营安全保障平台。

6. 出台鼓励政策，下半年适时启动私人购买新能源汽车试点工作

落实购买纯电动小客车国家与地方1:1财政补贴，出台购买纯电动小客车免予摇号，研究执行峰谷电价、阶梯电价、补电期间减免停车费等优惠政策。在住宅小区、写字楼按一定比例规划建设具备充电条件的专用停车位并纳入设计规范；在大型公共停车场、公共场合规划建设一定数量的充电设施。加快推进《私人购买新能源汽车试点补贴暂行办法》的颁布与实施。

十、2011年北京市节能与新能源汽车推广情况统计表

1. 2011年电动汽车示范推广数量

单位：辆

车型	公交车	客车	公务车	出租车	电力工程车	邮政车	环卫车	场地车	观光车	私人车	其他	合计	同期增长（%）
纯电动汽车	0	0	0	400	0	0	1000	0	0	120	0	1520	41.2
混合动力汽车	0	0	0	0	0	0	0	0	0	0	0	0	0

续表

车　型	公交车	客车	公务车	出租车	电力工程车	邮政车	环卫车	场地车	观光车	私人车	其他	合计	同期增长（%）
插电式混合动力	0	0	0	0	0	0	0	0	0	0	0	0	0
燃料电池汽车	0	0	0	0	0	0	0	0	0	0	0	0	0
其他（包括醇醚类）	0	0	0	0	0	0	0	0	0	0	0	0	0
合　计	0	0	0	400	0	0	1000	0	0	120	0	1520	29.7

2. 2011 年电动汽车示范推广车型及数量

单位：辆

车　型	公告批次	目录序号	数量
北京牌 BJ7000B3D - BEV 型纯电动轿车	233	11	220
长安牌 SC7005EV 型纯电动轿车	232	96	100
中联牌 ZLJ5071TSL 型纯电动扫路车	235	（十八）20	55
福田牌 BJ6438EV3 型纯电动多用途乘用车	223	9	200
华林牌 HLT5023ZLJEV 型纯电动自卸式垃圾车	220	（一）31	346
华林牌 HLT5031CTYEV 型纯电动桶装垃圾车	232	（一）31	250
华林牌 HLT5032CTYEV 型纯电动桶装垃圾车	234	（一）31	275
华林牌 HLT5071/72ZZZEV 型纯电动自装卸式垃圾车	222	（一）31	32
华林牌 HLT5074/76ZYSEV 型纯电动压缩式垃圾车	193	（一）31	25
天路通牌 BTL5072TSLEV 型纯电动吸尘车	208	（一）44	17

3. 2011 年燃气汽车示范运行保有量统计表

单位：辆

车　型		LPG	LNG	CNG	合计
燃气汽车	公交车	0	50	3290	3340
	客车	0	0	0	0
	出租车	0	0	0	0
	私人用车	0	0	0	0
	其他	0	0	0	0
	小计	0	50	3290	3340

4. 2011 年北京市电动汽车充电站(桩)建设情况统计表

城市名称	充电站（个）	充电机功率总计（kW）	充电桩（个）	充电站占地面积（m^2）	投资金额（万元）
北京市	15	1484	212	–	19005

上海市

一、2011 年节能与新能源汽车发展概况

2011 年，在上海市市委、市政府的正确领导和大力支持下，上海市节能与新能源汽车在世博会成功示范的基础上得到了进一步的发展。在上海市科委牵头组织协调下，上海市各相关委办局及上汽集团、巴士集团等相关整车制造、车辆运营单位积极主动参与其中，有效地完成了上海市节能与新能源汽车实施推广的相关工作。

二、上海市节能与新能源汽车生产经营

2011 年，上汽集团、中科深江等本地整车企业在世博新能源汽车成功示范的积极推动下，加大各类新能源汽车的开发投入。上汽集团通过旗下子公司着手新能源乘用车、商用车等多方面新车型的研发工作。其中 2011 年度上汽荣威 750 混合动力轿车正式上市，全年生产 500 辆销售至全国各地。申沃客车开发了新一代的纯电动公交和混合动力公交，累计销售 59 辆。

三、节能与新能源汽车示范推广情况

截至 2011 年年底，已经投入示范运行的节能与新能源汽车 1614 辆。

其中：纯电动公交客车 120 辆，超级电容公交客车 68 辆，混合动力公交客车 150 辆，混合动力轿车 350 辆，燃料电池轿车 68 辆，燃料电池公交客车 6 辆，电电（电池、电容）混合公交客车 59 辆，纯电动物流车 5 辆，纯电动工程车 10 辆，混合动力公务轿车（荣威 750）9 辆，警务用轿车 15 辆，通用汽车公司燃料电池轿车 12 辆，上汽集团燃料电池轿车 10 辆（通用公司动力系统）；纯电动特种车 245 辆，电电混合公交客车 100 辆，燃料电池观光车 100 辆，纯电动观光车 30 辆，纯电动环卫车 247 辆，私人购买 10 辆。

四、基础设施建设

截至 2011 年年底，已经建成以下基础设施：

1. 世博园区充换电站 1 座，累计充电 7806104。建设完成超级电容公交客车线路 4 条（充电架 135 个）。

2. 上海市电力公司投资充电站网已经建成充电站 7 座，充换电站 2 座，充电桩 687 个。

3. 建成世博园区和安亭固定加氢站 2 座，移动加氢站 2 个，完成加氢 27987.5kg，为燃料电池公交客车、轿车、观光车提供加氢服务 24120 次，完成了加氢站规划目标。

五、节能与新能源汽车产业基地及园区建设情况

在新形势下，上海市市委、市政府提出了新能源汽车的发展战略。按照市委、市政府的部署，上海新能源汽车零部件产业基地位于上海国际汽车城北部，规划面积 $9.5km^2$，首期开发 $2km^2$。目前，基地正紧紧抓住市委、市政府推动高新技术产业化实施的机遇，全力以赴推进新能源汽车有关项目落户，力争在市委、市政府的推动下，加快形成新能源汽车及关键零部件产业的集群。

六、主要扶持政策及措施

1. 专项资金

本市新能源汽车发展专项资金、自主创新和高新技术产业化重大项目专项资金、汽车发展专项资金重点支持混合动力汽车、纯电动汽车和燃料电池汽车的整车集成和关键零部件技术突破、产业化及公共平台的建设等。对列入本市自主创新和高新技术产业化重大项目，专项资金将支持比例一般不超过项目新增总投资的 10% 给予支持；对重大产业科技攻关项目，专项资金将按照不超过项目新增总投资的 30% 给予支持。专项资金支持方式可以采用贷款贴息、资本金、无偿资助等方式予以支持。

2. 配套支持

鼓励和支持本市新能源汽车制造、研发企业申报国家重大专项、“863 计划”、科技支撑计划等项目，对获得上述国家支持的项目，将按照国家及本市的有关规定给予配套资金支持。

3. 技改与科研

鼓励和支持本市新能源汽车改造、研发企业申报市级技术改造、引进消化吸收创新、产学研攻关、小巨人计划、人才计划等项目，对符合条件的，将按照本市的有关规定给予一定比例的资金资助。

4. 私人购车补贴

在私人购车方面，上海将在国家补贴的基础上，对满足支持条件的新能源汽车给予地方补贴。补贴按 2000 元/kW·h 计算，其中插电式混合动力乘用车补贴最高 2 万元，纯电动乘用车补贴最高 4 万元。电池回收补贴按照每辆车 300 元计算。私人购车补贴政策细则已经通过上海市政府批准，尚未发布。

七、上海市主要节能与新能源汽车企业

在整车方面，上汽集团、中科申江、万象客车等企业在节能与新能源的发展规划方面都有良好的研发能力，并通过世博会新能源汽车的成功示范，在市场中占有一定的份额。

在关键零部件方面，从“十五”期间上海承担国家“863”燃料电池轿车项目以来，经过近 8 年的积累，上海已经初步建立起电动汽车关键零部件产业链，如生产燃料电池动力系统的上燃动力，生产动力蓄电池的德朗能、万宏动力，生产燃料电池发动机的上海神力、上海新源，生产车用电机的上海电驱动、上海大郡，生产超级电容的上海奥威，生产车用 DC/DC 变换器的上海同沪电器等。

在研发平台能力建设方面，上海已建成“国家燃料电池汽车及动力系统工程技术研究中心”“上海超级电容工程技术研究中心”“上海新能源汽车检测工程技术研究中心”“上海汽车电驱动工程技术研究中心”等，初步形成了上海的电动汽车及关键零部件的测试与开发能力。

八、发展规划

上海市发展和改革委员会、上海市经济和信息化委员会于 2009 年 11 月 11 日发布了《关于促进上海新能源汽车产业发展的若干政策规定》（沪府办发〔2009〕55 号），在新能源汽车技术研发和产业化、应用推广、产业基地和

检测服务、金融和人才等方面给予支持。

沪发改能源（2011）026号，上海市发展改革委关于上报《上海市“十二五”电动汽车充电设施发展规划》的报告，该规划已经报至国家能源局。

上海市经济和信息化委员会和上海市发展和改革委员会正在制定节能与新能源汽车产业规划。

九、2011年上海市节能与新能源汽车推广情况统计表

1. 2011年电动汽车示范推广数量

单位：辆

车型	公交车	客车	公务车	出租车	电力工程车	邮政车	环卫车	场地车	观光车	私人车	其他	合计
纯电动汽车	0	5	0	0	0	0	0	0	0	0	0	5
混合动力汽车	0	0	9	0	0	0	0	0	0	0	0	9
插电式混合动力	0	0	0	0	0	0	0	0	0	0	0	0
燃料电池汽车	0	0	0	0	0	0	0	0	0	0	0	0
其他（包括醇醚类）	0	0	0	0	0	0	0	0	0	0	0	0
合计	0	5	9	0	0	0	0	0	0	0	0	14

2. 2011年电动汽车示范推广车型及数量

单位：辆

车型	公告批次	目录序号	数量
常隆牌YS6128BEV型纯电动客车	222	（十）17	5
荣威牌CSA7180ACHEV型混合动力轿车	220	122	9

3. 2011年燃气汽车示范运行保有量统计表

单位：辆

车型		LPG	LNG	CNG	合计
燃气汽车	公交车	0	0	70	70
	客车	0	0	0	0
	出租车	1200	0	2500	3700
	私人用车	0	0	0	0
	其他	280000	0	0	280000
	小计	281200	0	2570	283770

4. 2011年电动汽车充电站(桩)建设情况统计表

城市名称	充电站（个）	充电机功率总计（kW）	充电桩（个）	充电站占地面积（m^2）	投资金额（万元）
上海市	9	8500	1100	10230	21323

天津市

一、2011年节能与新能源汽车发展概况

“十五”以来，天津市围绕新能源汽车技术开发、产业化及示范运行，加大组织推动和财政投入力度，逐步完善研发环境，初步形成了整车牵头，涵盖动力总成、电池及管理系统、专用零部件等较为完整的产业链，并从2002年开始推动新能源汽车示范运行工作。中国汽车技术研究中心和中电科技集团第十八研究所分别是我国新能源汽车整车和动力电池的标准制定和权威检测机构。同时，天津还聚集了力神、比克、捷威动力等国内外知名的锂离子电池研发生产企业，并形成了包括高端隔膜在内的全部电池材料研发生产能力。

二、天津市节能与新能源汽车生产经营

天津松正电动汽车技术股份有限公司通过关键技术突破，2011年共签订混合动力客车动力总成销售订单1100套，实现销售近800套，收入达到1.8亿元，形成爆发式增长。清源公司开发的幸福使者纯电动轿车实现了我国电动汽车首次批量出口美国，2006年以来已累计出口近3000辆。天津力神形成年产100万套动力电池系统的产业规模；天津比克电池有限公司动力锂离子电池设计日产能达40万只；天津市捷威动力工业有限公司开发出10A·h、20A·h和50A·h三种磷酸铁锂动力电池，形成了5000万安时的产能。天津巴莫具有2000t锂离子电池正极材料年产能、天津斯特兰具有全国最大的2000t磷酸铁锂正极材料年产能、天津金牛具有500t六氟磷酸锂和5000t锂离子电池电解液的年产能等。

三、节能与新能源汽车示范推广情况

天津市作为“十城千辆”节能与新能源汽车示范推广应用工程第二批试点城市之一，自《天津市节能与新能源汽车示范推广实施方案》于2010年9月通过国家论证以来，市委、市政府高度重视示范推广工作，领导多次批示要做好天津市节能与新能源汽车示范推广任务。市科委、市发展改革委、市财政局、市经信委等部门为圆满完成示范推广工作，在组织保障、政策制定、资金补贴、产业化等方面做了大量的工作。

为了保证示范推广工作的顺利进行，天津市成立了由主管副市长王治平任组长，市科委、市发展改革委、市财政局、市经信委、市交通港口局、市环保局、市机关事务管理局、规划局、国土房管局、滨海新区、电力公司、中国汽车技术研究中心等部门领导为成员的“天津市节能与新能源汽车示范推广协调领导小组”，并在科委设立了“节能与新能源汽车示范推广办公室”专门负责示范推广的日常相关工作；成立由研发单位、产业部门、运行部门、基础设施规划建设部门技术专家组成的“节能与新能源汽车示范推广专家组”；建立专门服务于示范运行项目的“运营及服务支撑团队”；建立各运行领域的“示范运行车队及相关组织”。

在天津市委、市政府的积极推动及各示范运行成员单位的共同努力下，天津市已经初步建立了以公共交通、公务用车、特定区域用车为主体的示范运营体系。2011年，天津市共示范推广168辆节能与新能源汽车。

四、基础设施建设

截至2011年年底，已经完成了5座充电站和327个交流充电桩的建设应用。

五、主要扶持政策及措施

在政策措施方面，由天津市科委牵头，会同财政局、发展改革委、经信委、规划局、公安交通管理局等单位已经起草完成《关于加快天津市节能与新能源汽车示范推广工作的实施意见》，明确了天津市节能与新能源汽车示范推广工作的指导思想和发展目标，制定了资金补贴、政策激励、应用环境建设、推进技术研发与自主创新以及推进产业发展的具体措施，现已由市政府转发全市执行。

六、天津市主要节能与新能源汽车企业

1. 整车：天津一汽夏利汽车股份有限公司、天津清源电动车辆有限责任公司、天津天汽集团美亚汽车制造有限公司。

2. 动力电池：天津力神电池股份有限公司、比克国际（天津）有限公司、天津市捷威动力工业有限公司。

3. 动力总成：天津市松正电动汽车技术股份有限公司、天津清源电动车辆有限责任公司。

4. 标准法规、测试评价：中国汽车技术研究中心、中国电子科技集团公司第十八研究所。

七、发展规划

到2015年，在天津市运行纯电动公交车2000辆。2012—2013年市内投运纯电动公交车1000辆，建设充换电站8座，其中标志性枢纽站2座。2014—2015年为扩展期，投运纯电动公交车1000辆，其中市区500辆、滨海新区500辆。再建设8座充换电站，其中市区4座、滨海新区4座，并考虑其他车辆充换电空间。

八、2011年天津市节能与新能源汽车推广情况统计表

1. 2011年电动汽车示范推广数量

单位：辆

车　型	公交车	客车	公务车	出租车	电力工程车	邮政车	环卫车	场地车	观光车	私人车	其他	合　计
纯电动汽车	0	0	0	80	0	20	0	0	0	0	0	100
混合动力汽车	58	0	0	0	0	0	0	0	0	0	0	58
插电式混合动力	10	0	0	0	0	0	0	0	0	0	0	10
燃料电池汽车	0	0	0	0	0	0	0	0	0	0	0	0
其他（包括醇醚类）	0	0	0	0	0	0	0	0	0	0	0	0
合　计	68	0	0	80	0	20	0	0	0	0	0	168

2. 2011 年电动汽车示范推广车型及数量

单位：辆

车　型	公告批次	目录序号	数量
安凯牌 HFF6100G03PHEV 型混合动力城市客车	232	55	5
海格牌 KLQ6109GHEV1 型混合动力电动城市客车	223	112	1
金旅牌 XML6105JHEV13C 型混合动力电动城市客车	223	124	5
金旅牌 XML6125JHEV28C 型混合动力城市客车	219	124	20
金旅牌 XML6125JHEV98C 型混合动力电动城市客车	215	124	26
南车时代牌 TEG6102PHEV 型混合动力城市客车	226	（十八）23	5
奇瑞牌 SQR7000EAS11 型纯电动轿车	206	119	80
清源牌 QY5020XYZBEVEC 型纯电动邮政车	208	（二）22	20
宇通牌 ZK6108CHEVG1 型混合动力电动城市客车	224	71	1
中通牌 LCK6101GEV 型混合动力城市客车	215	125	5

3. 2011 年燃气汽车示范运行保有量统计表

单位：辆

车　型		LPG	LNG	CNG	合计
燃气汽车	公交车	0	327	220	547
	客车	0	0	0	0
	出租车	0	0	13653	13653
	私人用车	0	0	0	0
	其他	0	0	0	0
	合　计	0	327	13873	14200

4. 2011 年天津市电动汽车充电站（桩）建设情况统计表

城市名称	充电站（个）	充电机功率总计（kW）	充电桩（个）	充电站占地面积（m^2）	投资金额（万元）
天津市	5	–	327	–	–

重庆市

一、2011 年节能与新能源汽车发展概况

两年多来，在市政府的正确领导下，在市级相关部门精诚合作下，在重庆长安和恒通公司的全力配合下，在推广实践中调整思路、积极探索，重庆市在组织保障、补贴政策、运营保障等方面做了大量、有效的准备工作，取得了一定的成绩。在示范运行方面，重庆市已组建了气电弱度混合动力出租车、油电中度混合动力公务车、混合动力大巴 3 支节能与新能源汽车示范运行车队。实现了 56 辆公交车（其中，50 辆混合动力公交车和 6 辆纯电动公交车）的上路示范，特别在乘用车推广中，重庆市成功在出租车、公务车、私人用车三大领域实现了 373 辆节能与新能源汽车的上路运行。

二、重庆市节能与新能源汽车生产经营

重庆是国内重要的汽车生产基地，具有良好的电动汽车发展的产业基础和较大优势。一是骨干企业在国内电动汽车领域的地位突出，包括重庆长安汽车、力帆乘用车、恒通、五洲龙、瑞驰、凯瑞特种车、隆鑫等汽车和摩托车企业，在国内电动汽车领域已具有一定的影响，并且建立了以整车为龙头的电动汽车产业联盟。二是研发技术力量雄厚，重庆长安、力帆和隆鑫等单位均拥有国家级企业研究中心，以及中国汽车工程研究院、重庆大学、重庆邮电大学、重庆理工大学、重庆交通大学等国家级研究机构和大专院校，承担过“863 计划”等数十项相关的国家级科研项目，开展过众多的国际科技项目合作。拥有重庆电动

汽车生产力促进中心、国家机动车质量监督检验中心（重庆）、重庆汽车检测中心的第三方的电动汽车技术服务和检测机构，并且建立了重庆市节能环保汽车技术创新联盟，在重庆市科委的支持下，启动了《重庆市电动汽车技术产业化重大专项》。三是拥有良好的国内外合作基础，市内企业与研究机构，与中国工程院、中国科学院等国内顶级科研机构的合作，以及与德国 FEV、英国 Ricardo 等国际工程咨询公司的战略合作，提高了重庆市在电动汽车领域的技术创新能力。

重庆市车企在全国累计示范销售 771 辆节能与新能源汽车，重庆市长安新能源汽车在全国多地实现了大规模运行——重庆、南昌、昆明等（南昌运行了 155 辆中混出租车、25 辆中混公务车；昆明运行了 50 辆中混出租车、5 辆中混公务车。重庆恒通新能源客车销往呼和浩特气/电混合动力客车 50 辆，销往海口气/电混合动力客车 15 辆，销往湖州电动客车 2 辆，销往唐山电动客车 2 辆，销往杭州、扬州电动客车各 1 辆）。

三、节能与新能源汽车示范推广情况

重庆市 2008 年年底率先在全国启动了节能与新能源汽车示范运行推广工作。2008 年，重庆市节能与新能源汽车示范推广 10 辆；2009 年，重庆市节能与新能源汽车示范推广 50 辆；2010 年，重庆市节能与新能源汽车示范推广 102 辆。

截至 2011 年年底，重庆市节能与新能源汽车示范推广 373 辆，其中公交车 56 辆、出租车 25 辆、公务车 225 辆，私人和企业用车 75 辆。累计行驶里程 1710 万公里。

四、基础设施建设

为配合重庆市节能与新能源汽车示范推广工作，重庆电力科学研究院编制了《重庆市“十二五”电动汽车充电设施建设规划》（以下简称《规划》）。《规划》只考虑了主城 9 区的布点，考虑到万州区作为重庆市第二大城市的定位，同时考虑电动汽车示范运行的规模效益，建议在“十三五”期间给予示范建设。《规划》提出围绕以“换电为主，插充为辅”，遵循“统一标准、统一规范、适度超前、分步实施”的原则，依托于公司电力光纤专网，并以其他通信方式为补充手段，建设电动汽车智能充电服务网络运营管理系统（以下简称“运营管理系统”）。到 2015 年全市将建设完成 1 座综合充换电站、5 座商用车充换电站、17 座乘用车充换电站、7 座电池配送站、1055 个充电桩。

2010 年重庆市在主城区建成了 50 个交流充电桩和 1 个大型充电站。2010 年 12 月，建设在江北区茶园站的充电站正式投入使用。2011 年 10 月底，重庆市在主城区建成了 100 个交流充电桩和 1 个大型充电站。在 2011 年 4 月，恒通纯电动大巴车专用充电站和 6 辆纯电动大巴车已正式运行。2011 年 9 月，国家电网在空港公交站场投入快速充电站建设，于 2012 年 5 月开始使用。2011 年 11 月，在南岸公交站场投入快速充电站建设，预计 2012 年开始使用。

五、节能与新能源汽车项目投融资及建设情况

按照长安汽车打造千亿汽车城的战略布局，拟在重庆市两江新区鱼嘴长安工业园区建设重庆长安新能源汽车研发基地。其定位于以新能源领域核心系统为重点，开展技术研发和系统集成。主要研发全系列混合动力、纯电驱动汽车，节能与新能源汽车关键零部件技术。并具备整车、系统试验、评价、试制能力，和电机、电池、电控系统等的研发、试验、试制能力。打造国家级研发和制造基地。

拟投资约 8 亿元，建设内容包括新能源基地研发大楼、建设六大试验及检测中心，包括动力总成试验中心、电机试验中心、电池试验中心、控制器试验中心、零部件试验中心、综合检测中心；一个试制中心，具备纯电动、混合动力等车型的试制能力。

六、节能与新能源汽车产业基地及园区建设情况

国家科技部 2011 年 2 月 12 日授予重庆两江新区新能源汽车国家高新技术产业化基地称号。重庆市科委还与两江新区签订了“1 + 3”的合作协议，促进两江新区打造长江上游科技创新中心、产业升级和战略性新兴产业发展。

作为国家新能源汽车高新技术产业基地，两江新区将大力建设国际先进的新能源汽车研发总部、国内最好的测试评价中心、整车制造核心区、西部汽车产业资讯高地、大型整车企业引进、汽车共性技术研发平台、创新服务体系、交通物联网、新能源汽车。预计到 2020 年，两江新区新能源汽车将达到年产 150 万辆的生产能力。

七、主要扶持政策及措施

在认真执行国家出台的相关政策的基础上，重庆市制定了《重庆市电动汽车中长期发展规划》，开展了“重庆市战略性新兴产业——新能源汽车产业发展可行性研究”并编制了《重庆市新能源汽车产业发展方案（2010—2015）》等具有指导性意义的文件，在节能与新能源汽车技术研发、示范推广等方面出台了一系列鼓励扶持政策。

重庆市为支持新能源汽车而建立混合动力汽车推广应用和示范运行组织体系与协调机制，大力支持重庆市节能与新能源汽车示范推广，在《重庆市节能与新能源汽车示范推广试点实施方案》中规定，除国家财政补贴外，重庆市财政也安排一定资金对节能与新能源汽车购置、保养等相关支出给予适当补助，如中度混合动公务车及气电弱度混合出租车减免 3 年路桥费，一次性补助 0.69 万/辆；针对私人购车，重庆市限定 100 个名额，除享受减免 3 年路

桥费的优惠，结合采购车型，参照国家补贴标准进行补贴。2009年起，重庆市出台了《重庆市购买新能源汽车财政补贴实施办法及流程（试行）》（渝科委发〔2009〕147号）和《关于重庆市节能与新能源汽车示范车辆中央财政补贴申办程序的通知》（渝科委发〔2010〕72号）两个补贴执行文件。

根据前期公务车推广“老大难”问题，在充分进行了市场调研、宣传和推广后，发现政策问题已成为重庆市新能源公务推广的瓶颈，基于此，重庆市出台了《重庆市人民政府办公厅转发市机关事务局等部门关于进一步推进新能源公务车示范运行工作方案的通知》（渝办发〔2010〕342号），为目前公务用车推广实现的重大突破奠定了坚实基础。

八、重庆市主要节能与新能源汽车企业

重庆是国内汽车及相关产业发展最为全面的城市，拥有良好的汽车摩托车产业优势。从规格上说，重庆生产的汽车有重型、轻型、微型汽车；从类型上说，包括有乘用车（轿车、微型面包车）、商用车（客车、载货车）和低速车辆（农用车）。2011年，同全国各省市比较，以省市为单位，重庆市汽车产量全国排名第二。其中，重庆长安汽车位列全国第四位。除此以外，重庆是国内摩托车三大生产基地之一。重庆拥有了汽车摩托车整车、发动机、变速箱、汽车蓄电池、汽车电子、喷油器等众多的跨国公司和本土企业，形成了汽车整车及相关零部件产业集群，已具有70%本地配套化率。

中国汽车工程研究院设有国家燃气汽车工程技术研究中心、汽车噪声振动和安全技术国家重点实验室、重庆市车辆NVH工程技术研究中心、车辆排放与节能重庆市重点实验室、车辆/生物碰撞安全重庆市重点实验室、替代燃料汽车重庆市工程实验室、博士后工作站，在汽车研发、测试方面处于国内领先水平。该院累计为长安、力帆、渝安、东风、长城、江淮、北汽福田、中国重汽、云内动力、泰国三友、丰田公司、伊朗汽车等企业开发了近40款燃气汽车和发动机。该院还利用自身强大的技术背景、专业知识、经验积累以及在行业里的知名度和影响力，受托为澳门特区政府、日本丰田汽车公司、新疆广汇实业股份有限公司等进行了相关的战略规划、发展研究、技术咨询等工作，开拓了全新的业务领域。该院累计主持承担国家三次汽车重大技术引进及国产化工作；完成900多项研究开发项目和科研课题；完成269项国家、行业标准制修订及技术经济研究项目；获得省部级以上科技成果奖149项，其中国家、省部二等奖以上奖52项，获得实用新型专利、发明专利共73项。正在进行增程式混合动力轿车的开发，2012年推出，该车将满足欧V/国V排放标准。

重庆长安汽车股份有限公司是我国四大汽车集团之一，多年跻身中国企业500强前100强和中国工业50强。拥有11个整车工厂和两个发动机工厂，形成了重庆、上海、北京、意大利都灵、日本横滨、英国诺丁汉“四国八地、各有侧重”的研发格局，拥有福特、铃木、马自达等多个国际战略合作伙伴，外籍专家70余人，国家“千人计划”7人。使长安汽车工程研究总院成为全国首批国家级企业技术中心之一，自主创新能力排名行业第一。在电动汽车的研发和产业化方面走在全国前列：成功试制中国第一台氢内燃机；成功生产中国第一辆产业化混合动力轿车杰勋，并成为国务院机关事务局唯一示范运行车且在2008年北京奥运会上实现成功运行试用。

重庆长安新能源汽车公司已经形成整车与关键零部件并进，混合动力、纯电动、燃料电池等多技术路线协调发展，产品系列化，技术产业化的发展格局。掌握了整车系统集成和标定匹配、CAN通信协议优化、安全控制策略设计、诊断系统开发等混合动力轿车关键核心技术，获得混合动力技术专利80余项，其中发明专利20项，达到国内一流、国际领先的电动汽车研发水平。

重庆恒通客车有限公司拥有一条机械化程度极高的冲压生产线，两条焊装生产线，一条涂装生产线，一条底盘生产线，两条总装线，一条整车生产线以及燃气客车装配中心和整车检测中心，并新建了一条新能源客车专用生产线。引进添置了数控开卷校平机、数控自动车顶蒙皮点焊机、多维数控弯管机、数控前轮校正仪、液压整车骨架组合机构、全天然气烘房等一流客车生产所需的各类先进设备1000余台套。目前年生产能力达到1万台客车，是中国目前最大、最先进的客车生产企业之一。恒通客车有限公司目前已经发展成为中国天然气客车产销第一、中国城市客车产销量第二的大型国有企业，拥有60年燃气客车生产经验，也是最早批量生产LNG客车的企业，先后承担国家科技部“十一五”“十二五”科技攻关项目。恒通客车采用伊顿混合动力系统生产的国内首辆11.4m级拥有完全自主知识产权的气/电混合动力客车CKZ6116HENV3，开创了以天然气为动力的全自主混合动力客车新时代，节能减排性和经济性均处于国际领先水平。

力帆集团，承担6个省部级重大科研项目，自行研发多种水冷、多气门、大排量、电喷等专利产品，累计已获国内外专利授权4771件，专利授权数全国同行第一。其中在美国、加拿大、欧盟、越南、伊朗、菲律宾、阿根廷等40多个国家和地区，申报并获授权专利77件。力帆集团博士后工作站，吸引了国内外相关专门人才，对摩托车及汽车在降低油耗、减小噪声、降低振动以及产品性能提升方面进行技术研究和技术攻关，并进行节能环保新型燃

料技术、数字集成技术、虚拟设计技术、虚拟分析技术等技术的运用和研究。生产的LF7002EV纯电动轿车采用高密度永磁驱动系统和锂离子电池系统，具有国内较先进的技术，首批25辆纯电动轿车已交付世博会警务用车。

凯瑞公司拥有国际先进的电动汽车整车及其动力系统研发和评价的软硬件条件。拥有两套多能源动力总成综合开发测试系统、HIL硬件在环仿真系统、两套电源测试和模拟设备和4套电池单体及模块的测试评价设备、两套Dspace Mirco AutoBox电动汽车控制系统开发快速控制原型；CANOe，CANStress及CANScope等总线开发工具；GT-Suite动力系统仿真软件。在电动汽车方面，重点中度混合动力、增程式混合动力、纯电动乘用车和商用车的集成开发工作，先后承担可外插充电增程式混合动力关键技术开发、纯电动汽车关键技术开发专项、轮毂电机纯电动车辆关键技术开发及产业化、重庆市电动汽车大规模示范运行技术方案研究5项纵向研究项目。

九、发展规划

到2015年，基本形成较完善的电动汽车产业链、布局合理的产业集群，建立实质运行、对产业发展具有较大促进作用的产业联盟，包括整车（客车、乘用车、商用车、低速电动汽车）到关键零部件（电池、电机、电控、电空调、电制动、电助力转向）等，电动汽车产量达到28万辆，整车销售收入达到503亿元。把重庆建设成为国内电动汽车研发和制造能力最具竞争力和影响力的城市。

2015年电动汽车整车产量销售收入规划表

公司名称	车型	产量（万辆）	销售收入（亿元）
重庆长安汽车股份有限公司	混合动力汽车	5	60
	纯电动汽车	1	14
重庆恒通客车有限公司	混合动力汽车	0.2	19
	纯电动汽车	0.1	15
重庆五洲龙新能源汽车有限公司	混合动力汽车	0.5	45
	纯电动汽车	0.2	30
小康工业集团	低速电动汽车	5	20
力帆实业（集团）股份有限公司	纯电动汽车	5	100
	低速电动汽车	5	20
	新能源客车	1	150
隆鑫机车公司	微型Plug-in车	5	30
合计		28	503

注：本方案中整车不包括弱度混合动力汽车。

十、2011年重庆市节能与新能源汽车推广情况统计表

1.2011年电动汽车示范推广数量

单位：辆

车　型	公交车	客车	公务车	出租车	电力工程车	邮政车	环卫车	场地车	观光车	私人车	其他	合　计	同期增长（%）
纯电动汽车	6	0	0	0	0	0	0	0	0	0	0	6	100
混合动力汽车	0	50	225	25	0	0	0	0	0	67	0	367	33.8
插电式混合动力	0	0	0	0	0	0	0	0	0	0	0	0	-
燃料电池汽车	0	0	0	0	0	0	0	0	0	0	0	0	-
其他（包括醇醚类）	0	0	0	0	0	0	0	0	0	0	0	0	-
合　计	6	50	225	25	0	0	0	0	0	67	0	373	—

2.2011年电动汽车示范推广车型及数量

单位：辆

车　型	公告批次	目录序号	数　量
长安牌SC6442H型混合动力客车	194	96	26
长安牌SC7152型混合动力轿车	194	96	24
长安牌SC7155A4型混合动力轿车	217	96	62

续表

车　型	公告批次	目录序号	数　量
长安牌 SC7155HEV 型混合动力轿车	224	96	180
长安牌 SC7163H1 型混合动力轿车	221	96	25
恒通客车牌 CKZ6126HENV3 型混合动力城市客车	225	127	50
恒通客车牌 CKZ6127HBEV 型纯电动城市客车	220	127	6

3. 2011 年燃气汽车示范运行保有量统计表

单位：辆

车　型		LPG	LNG	CNG	合　计
燃气汽车	公交车	0	0	13780	13780
	客车	0	0	7700	7700
	出租车	0	0	17800	17800
	私人用车	0	0	0	0
	其他	0	0	12420	12420
	小计	0	0	51700	51700

4. 2011 年重庆市电动汽车充电站(桩)建设情况统计表

城市名称	充电站（个）	充电机功率总计（kW）	充电桩（个）	充电站占地面积（m^2）	投资金额（万元）
重庆市	2	900	100	4000	2600

吉林省

一、2011 年节能与新能源汽车发展概况

1. 整车生产和研发情况

目前，吉林省节能与新能源整车生产企业共有 6 户。新能源客车具备了规模生产能力，品种涵盖了气电混合动力和纯电动模式，乘用车已经开发出 4 个系列 6 个品种，2011 年总投资 1.75 亿元的一汽新能源汽车生产线建设项目已经完成，具备单班年产 1 万辆新能源乘用车的生产能力，一汽大众自主研发的开利纯电动轿车也已进入国家生产公告目录。新能源客车具备年产 2000 辆的生产能力。其中，一汽客车有限公司以一汽技术中心为依托，结合一汽客车的技术沉淀，先后完成油电混、气电混两大产品型谱，并投入对纯电动客车的研发与制造，实现了纯电动客车整车与底盘的小批量生产。现具备年产 500 辆混合动力客车生产能力，2011 年，完成了两种混合动力客车升级产品的研发，及两种纯电动客车产品的研发。共生产混合动力客车 200 辆，纯电动客车 36 辆，纯电动客车底盘 150 台，其系列新能源客车产品已在长春、大连、昆明、呼和浩特、成都等城市运行。华奥汽车有限公司现具备年产 1000 辆新能源客车生产能力，主要产品为 11.5m 和 12m 纯电动与混合动力低地板公交客车，2011 年取得了新能源汽车生产资质，完成了 12m 纯电动、11.5m 混合动力这两款车型新能源汽车产品公告，完成 10 台 12m 纯电动车、10 台 11.5m 气电混合动力客车的小批量生产；吉林高新电动汽车有限公司具备 500 辆纯电动客车的生产能力。2010 年生产了 CA6730URE21 型纯电动城市客车 22 辆，并在长春市 239 路公交车线路上进行了示范运行。2011 年 7 月研制的纯电动城市客车（环菱牌）CCQ6750EV1 列入工信部第 225 批车辆生产企业及产品公告，同期列入第 24 批节能与新能源汽车示范推广应用工程推荐车型目录。2011 年 10 月份完成纯电动高档商务客车第一台样车的装配工作，累计行驶里程达 3000km 以上。完成两辆 7.5m 纯电动校车的试制，并与东北师范大学签订联合开发一款 7.5m 纯电动高档商务客车，完成了整车的底盘及上装部分。

2. 关键部件研发生产情况

围绕着新能源整车，吉林省形成了以长春和辽源两大新能源汽车关键部件产业研发和制造基地，组建了吉林省新能源汽车产业联盟。2011 年在联盟的带动下，联盟内企业开展的技术合作项目取得一系列的新进展。由一汽客车有限公司、富奥汽车零部件股份有限公司、启明信息技术股份有限公司的牵头，应用省内生产企业研制的动力电

池、驱动电机、电控系统三大关键部件装配的10m纯电动客车、奔腾B50纯电动轿车、开利纯电动汽车完成了整车的联调联试。富奥汽车零部件股份有限公司研制的整车控制器、驱动电机、电池和电机管理系统等关键部件已经在奔腾B50、天津威志等车型上进行了装车试验，长春北方凯达汽车技术研发有限公司与上海电驱动技术合作，建成了年产1万台套乘用车用驱动电机的生产线，启明信息技术股份有限公司承担了一汽、一汽大众新能源整车控制系统、电池管理系统等汽车电子电器设备的研发和生产，产品得到德国大众公司的认可。辽源汇丰电机有限公司研制BS-120三项异步交流电机和辽源汽车电器有限公司研制的BS-40永磁同步驱动电机经过装车试验，进入了第二轮的设计开发。辽源动力电池产业链形成一定的产能。辽源星源材料有限公司磷酸亚铁锂正极材料年生产达到2000吨，辽源市鸿图纸业有限公司年产4400万平方米电池隔膜纸项目已经开工建设。吉林中聚新能源科技有限公司辽源生产基地年产1.2亿安时锂离子电池生产线落成投产。长春国基电子科技有限公司超级电容生产能力达到120万只（3000～5000F）。

二、节能与新能源汽车示范推广情况

2009年4月，吉林省长春市正式列入国家节能与新能源汽车示范推广试点城市之一。同年11月，国家财政部、科技部《关于长春市节能与新能源汽车示范推广试点实施方案的批复》正式下发。总体目标是：2009年至2012年，示范推广的混合动力车辆达到1000辆。2010年2月份首批50辆由一汽客车生产的12m气电混合动力公交客车CA6120URH2在长春市正式上线投入示范运营，5月份第二批50辆上线运营。2011年，在省、市政府的大力支持下，长春市节能与新能源汽车示范推广工作得到稳步推进，完成了100辆气电混合动力公交客车的上线运营，截至2011年，长春市累计投入示范运营一汽客车生产的气电混合动力公交客车200辆，国家、省市补贴资金全部到位，并建立起了相应的售后服务与保养等配套设施。2010年6月1日吉林省长春市被确定为国家开展私人购买新能源汽车补贴试点5个城市之一。长春市私人购买新能源汽车试点工作开始启动，成立了长春市私人购买新能源汽车试点工作领导小组办公室。2011年8月22日一汽新能源汽车分公司首批正式批量生产的20辆奔腾（PHEV）插电式混合动力轿车和奔腾（EV）纯电动轿车在长春下线，标志着长春市正式开始推广私人使用新能源汽车。吉林省政府和长春市政府为了加快推广长春市私人购买新能源汽车方案的实施进程，根据吉林省的实际情况，计划首批采购50辆奔腾B50插电式混合动力轿车用于公务示范用车，下达了采购计划，一汽新能源汽车分公司开始了生产准备。

三、基础设施建设及运行情况

2010年，在长春市高新区投资2000万元建成一座充电站，作为吉林省首座国网标准大型充电站，占地4000m^2，设有1台大型直流充电机，9台中型直流充电机和5台交流充电桩，可同时满足15台不同型号的车辆充电。其主要功能包括，电动汽车充电、电动汽车检测、动力电池回收及修复利用、电动汽车维修、利用回收电池存储光伏发电电能、公交电动汽车上线运营及技术服务。2011年，国家电网下拨5000万元，在长春市净月开发区开始建设一座充换电站，占地3700m^2、建筑面积1741m^2、充换电设备两套180箱、电池100箱。该充换电站将在2012年建成并投入使用，除充电站的建设外，长春市也将加快推进充电桩的建设。2011年，长春供电公司分别在长春市南关区、朝阳区、宽城区的营业大厅门前安装了7个电动汽车充电桩，在西新区安装了3个充电桩，净月区安装了1个充电桩。为充分满足长春市电动汽车上路要求，长春供电公司将在3年内进一步加大充电设施建设资金投入，充分满足长春市电动汽车发展需要，陆续建成5000个充电桩。吉林省电力有限公司已经与吉林省内9个地市州签署了战略协议，统筹规划，分步实施开展电动汽车充电设施建设。计划到2015年年底，在全省投放8000个充电桩，建设160座充电站。

四、主要扶持政策

1. 吉林省政府主要扶持政策

2011年4月20日吉林省政府出台了《吉林省政府关于支持新能源汽车产业发展的若干政策意见》，共计19条，主要包括4个方面的内容。一是统一认识。要求全省要紧紧抓住发展新能源汽车产业的有利时机，高度重视新能源汽车产业对吉林省未来整个汽车产业发展的关键性地位和作用，调配好吉林省内资源积极做好新能源汽车产业发展规划和实施。二是明确组织分工。支持新能源汽车产业联盟建设，重点支持以一汽集团为理事长单位的吉林省新能源汽车产业联盟的发展和壮大，形成相互分工、优势互补、成果共享的产业共同体。三是加快新能源汽车的研发，支持一汽集团加强自主品牌新能源汽车的研发，积极推动混合动力汽车的产业化，加大纯电动汽车的研发力度，跟踪其他替代燃料汽车的研究。四是参照其他省市对新能源汽车发展所采取的政策措施，在研发试制、示范推广、充电设施建设、人才管理等方面对吉林省内从事新能源汽车工作的企事业单位给予资金等政策措施支持。2009—2011年，吉林省政府已累计安排新能源汽车产业发展专项资金3500万元，重点支持了吉林省内新能源汽车及管件零部件的研发项目。

2. 长春市政府主要扶持政策

2011年9月19日，长春市政府制定并出台了《长春市人民政府关于支持新能源汽车发展的若干政策意见》，共计16条，主要包括4个方面：一是补贴政策。为使推广工作在初始阶段打开局面，鼓励先行先试，将三年目标1.6万辆分为三部分，在地方补贴上，前5000辆提高补贴标准，中间5000辆保持原定标准，后6000辆降低补贴标准。二是扩大市场规模政策。如实行峰谷电价、购车送充电桩、不限行等。三是支持充电基础设施建设政策。充电设施网络建设是新能源汽车推广的重要前提，因此在规划、土地和施工方面制定了相关的政策措施，为电力基础设施嫌弃建设创造条件。四是产业政策。设立了对列入科技创新计划的重大技术研发项目给予补助，设立科技专项支持企业突破关键核心技术，对科研人员取得创新、开发成果给予奖励等。

五、发展规划

以国务院《汽车产业调整和振兴规划》为指导，吉林省制定并印发了《吉林省新能源汽车产业“十二五”发展规划》。从吉林省的实际出发，集中力量，紧紧抓住当前新能源汽车产业发展的有利时机，以一汽新能源整车发展为带动，以产学研协作为手段，着力推广混合动力汽车，率先突破产业化，积极开发纯电动汽车，鼓励小型特种纯电动车辆的研制。跟踪发展燃料电池汽车及其他替代能源汽车。在关键零部件上，重点突破电池、电机、电控技术。在吉林省政府的支持下，使吉林省新能源汽车研制有组织地承担各项任务，推进产业化进程，实现吉林省新能源汽车的快速发展，走在全国前列。

到2012年，吉林省新能源汽车产能达到5万辆，混合动力汽车形成批量生产能力，纯电动汽车具备产业化条件，动力电池、驱动电机、电控系统等核心部件形成自主研发能力，自主配套体系基本形成。关键零部件配套能力大幅提高，锂离子动力电池产能达到1亿安时，驱动电机和电控系统满足配套需求。完成“十城千辆”新能源汽车示范推广，吉林省内实现2000辆新能源汽车示范运营，省内新能源汽车保有量明显提高。新能源汽车扶持政策体系框架体系基本形成，新能源汽车示范补贴和个人购买新能源汽车的补贴机制基本形成。随着新能源汽车市场的扩大，到2015年，吉林省新能源汽车基本形成以混合动力、纯电动、插电式混合动力多品种全系列的新能源汽车产业基地，产能在20万辆以上，其中，纯电动占50%以上，吉林省内新能源汽车销量在当年新车销量中所占比例达到10%以上。国家支持新能源汽车发展的相关政策得到落实，省、市政府对新能源汽车示范车辆的购置、基础设施建设、日常运营等的补贴政策体系基本完善。

六、主要任务

一是集中吉林省内汽车产业的优势资源，全力支持一汽发展新能源汽车，保障一汽新能源汽车在吉林省的配套和实验示范要求。二是打造新能源整车生产基地和关键核心部件生产基地的新能源汽车产业基地，最终形成完整的新能源汽车产业体系。三是加快新能源汽车系列产品开发，拓展电动汽车示范领域，形成多品种、多系列、多领域的新能源汽车产品，满足不同领域的需要。四是加强新能源整车自主研发体系建设，加强对混合动力和纯电动汽车整车研发体系建设。五是加强新能源汽车关键核心零部件的研发。支持开展锂离子动力电池技术研究，驱动电机、动力总成控制，实现电机及控制系统省内配套。六是积极推动新能源汽车的示范推广，积极支持长春、辽源两市示范推广新能源汽车，并逐步扩大试点范围。长春市要按照第一批国家节能与新能源汽车示范推广试点城市的要求，抓好示范推广方案的落实工作。吉林市和辽源市要积极向国家科技部申请进入节能与新能源汽车示范推广试点城市。七是加快新能源汽车基础设施建设。如充电站、电池更换及车辆维护网点。八是加强技术引进和对外合资合作。

七、保障措施

一是加强对新能源汽车产业的组织协调，切实加强领导。二是研究制定支持新能源汽车发展政策，增加投人，加快新能源汽车配套基础设施建设，推进新能源汽车配套产业和生产性服务业发展，增强配套能力，延伸产业链。三是设立新能源汽车发展省级专项资金，对新能源汽车的推广应用、配套设施的建设、关键核心部件的研发及产业化给予专项资金支持。四是推进新能源汽车产业联盟的建设。发挥一汽集团在联盟中的领导作用，组织落实各个成员单位的分工和职责。五是积极培育扩展新能源汽车消费市场。加快新能源汽车在吉林省示范推广进程，引导新能源汽车向城市环卫车、游览车、机场转运车和邮电传送用车等方向发展，拓展示范领域。

八、2011年长春市节能与新能源汽车推广情况统计表

1. 2011年电动汽车示范推广数量

单位：辆

车　型	公交车	客车	公务车	出租车	电力工程车	邮政车	环卫车	场地车	观光车	私人车	其他	合　计
纯电动汽车	0	0	0	0	0	0	0	0	0	0	0	0
混合动力汽车	100	0	0	0	0	0	0	0	0	0	0	100

续表

车　型	公交车	客车	公务车	出租车	电力工程车	邮政车	环卫车	场地车	观光车	私人车	其他	合　计
插电式混合动力	0	0	0	0	0	0	0	0	0	0	0	0
燃料电池汽车	0	0	0	0	0	0	0	0	0	0	0	0
其他（包括醇醚类）	0	0	0	0	0	0	0	0	0	0	0	0
合　计	100	0	0	0	0	0	0	0	0	0	0	100

2. 2011 年电动汽车示范推广车型及数量

车　型	公告批次	目录序号	数量（单位：辆）
解放牌 CA6120URH2 型混合动力城市客车	225	1	100

黑龙江省

一、2011 年节能与新能源汽车发展概况

1. 整车生产企业情况

黑龙江省从事生产新能源汽车整车的企业共有两家，分别是哈尔滨哈飞汽车集团和黑龙江龙华新能源汽车有限公司。2006 年哈飞开始新能源汽车的研发，2008 年与天津清源公司合作，开发一款低速纯电动小货车，批量出口美国，目前已出口 800 多台。哈飞纯电动轿车已列入国家“863”项目并已经通过了国家验收，成为较早进入国家公告的新能源车型。该车采用世界领先的锂离子动力电池为动力，最高时速可达 130km 每小时，0～100km 加速不到 13s。普通充电 6～8 个小时即可将电池充满，快速充电 30min 可充满电池容量的 80%，充电一次续驶里程可达 200km，百公里耗电 15°。为将此款车打入美国市场，哈飞汽车根据美国法规要求，对哈飞赛豹纯电动汽车进行改进，在美国高速公路保险协会（IIHS）NCAP 正面 40% 偏置碰撞测试中成功通过，成为国际上第一辆成功完成该项试验的锂离子动力电池纯电动轿车。2011 年正处于项目建设阶段，2012 年可正式投产。

黑龙江龙华汽车有限公司，是由上海联孚集团在兼并重组原黑龙江汽车改装厂的基础上成立的。主要产品有电动车专用电机，太阳能电动公交车、客车，及薄膜太阳能电池。项目总投资 213120 万元，建设期为 2010 年 8 月—2015 年 8 月。项目按 5 年规划 3 期建设，一期设计生产能力为 1500 辆新能源公交车、新能源客车及专用车、10 万台汽车专用电机；二期规划生产 5000 辆新能源公交车及客车、30 万台汽车专用电机；三期规划生产 1 万辆新能源公交车及客车、100 万台汽车专用电机和 100MW 太阳能光伏组件。项目竣工达产后，可实现年销售收入 486 亿元，利税 57 亿元。项目建设自 2010 年 8 月开工，各项工作基本按照预定计划进行，截至 2011 年年底，联合厂房（总装、焊装、涂装、检测、底盘、机加）、电机厂房已建设完毕，正在进行设备安装和调试。

2. 配套企业情况

哈尔滨巨容公司已具备生产最大容量 15 万法拉电容器能力，2009 年实现产值 1662 万元，在国内超级电容产品领域仅次于上海澳优，居国内第二位。巨容公司解决了快速储能相关技术，在国际国内都处于比较领先的地位。其超级电容已在港口装载机、北京地铁车辆厂国内第一条电容储能式有轨电车等车型上运行成功，有稳定的运行记录。已与尼奥普兰（浙江青年客车）签订了合作生产纯电容客车样车的协议。按设计，使用每只 13.8 万法拉的电容器，每台车配置 408 只，一次完全充电 3～5min，可行驶 15km。另外，企业在电容管理和热量管理等方面有自己的专利技术。企业可独立完成储能、热量管理、充放电管理能量包集成。

哈尔滨光宇集团，可以生产低温特性较好的磷酸亚铁锂电池，并在迎宾路开发区建成磷酸亚铁锂电池生产线，可以为电动车提供锂电储能系统。目前，正和哈飞合作研制纯电动高速轿车，并且已经购买了磷酸铁锂有关配方的专利，机场迎宾路厂区生产线已全面开工生产。

哈尔滨冠拓电源设备有限公司，可以生产锂电池储能、热量管理、充放电管理的集成能量包，作为纯电动车的动力能源。

二、基础设施建设

1. 充电桩建设

哈尔滨市电业局规划出资 500 万元，在各主要公共区域建设 110 个充电桩及线路铺设。部分地区已经达成协议，机场、火车站、各大超市地下停车场等地正在进行协商。哈市电业局已将该规划报市发展改革委、规划局等负责部门备案，准备开工建设。

2. 充（换）电站建设

黑龙江省电力公司规划建设专用充（换）电站，投资建

站起始面积 $1000m^2$ 以上，可由政府出面协调统一锂电池规格，国家电网将完全担负换电电池所有费用，在负责充电站建设和充电服务的同时，可以为电动汽车提供更为直接的更换电池服务，提高电动汽车推广应用的实际意义。

3. 哈继充电桩运行示范站

阿城继电器股份公司凭借在国内外电力系统继电保护领域的经验和业绩，加大了对电动汽车充电桩的研发力度，同时还参与了国家电动汽车充电站标准制定，现已成功研制出锂电池充电桩，在省电科院内建成了具备商业运行条件的电动汽车充电示范站，并已成功运行。公司还进行了电动汽车充电站系统项目建设，改建智能装置制造中心，建成智能配电装置模拟试验和测试系统等。阿继现已具备年产电动汽车充电站及配电系统45套的能力。

三、节能与新能源汽车产业基地及园区建设情况

1. 齐齐哈尔新能源汽车产业园

齐齐哈尔新能源汽车产业园区位于齐市高新区，规划建设总面积10万平方公里，建设目标年产值超1000亿元。截至2011年年底，园区核心企业之一黑龙江龙华汽车有限公司完成一期投资6.42亿元。其中主要工程量为：总装和焊接车间、涂装车间、电机车间，建筑面积6.8万平方米，整体墙面、屋面安装及设备基础建设全部完成；配套设施中的能源中心、检测车间、返修车间基础全部完工；厂区道路、绿化、围墙已经全部完成，其中绿化面积超过6万平方米；供暖设备于2012年1月底前安装完毕，供电设备正在安装调试，生产设备安装调试基本完成。2012年6月中旬可以进行小批量生产。

2. 大庆新能源汽车产业园

大庆在经开区规划建设占地 $20km^2$ 的绿色汽车产业基地，发展电动汽车产业。形成以汽车电池、汽车半导体、电机电控、车身轻量化等电动汽车零部件和电动整车制造项目为主体，金融配套服务体系为支撑的绿色汽车产业发展格局。计划用5～10年的时间，实现绿色汽车产业总投资430亿元，形成年产家用电动轿车2万辆和城市公交客车1万辆的整车生产规模，打造全国重要的纯电动汽车生产和应用示范基地。

四、主要扶持政策及措施

目前，黑龙江省已将省交通通运输装备装造产业列入全省重点发展的十大产业之中，汽车产业在全省交通运输装备制造产业中占有重要地位，将在政策和资金等方面得到重点支持。根据国家对节能和新能源企业产业的发展战略，黑龙江省将会加大对节能和新能源汽车产业的支持力度，拟借鉴其他省市的做法，每年在省级财政预算中列支一定数量的专项资金，用于支持节能和新能源汽车产品研发、技术改造和实现产业化等，切实推进节能和新能源汽车产业快速发展。

五、黑龙江省主要节能与新能源汽车企业

1. 哈尔滨哈飞汽车工业集团公司。是中国汽车骨干生产企业和研发基地。主要产品有哈飞骏意、路尊小霸王、民意等微型客车与货车系列，路宝微型轿车系列，赛马、赛豹经济型轿车系列及新能源汽车。赛豹纯电动轿车在美国高速公路保险协会（IIHS）NCAP正面40%偏置碰撞测试中成功通过，成为国际上第一辆成功完成该项试验的锂离子动力电池纯电动轿车。

2. 黑龙江龙华新能源汽车公司。主要产品有电动车专用电机、太阳能电动公交车、客车，及薄膜太阳能电池。公司规划三期建设项目，一期设计生产能力为1500辆新能源公交车、新能源客车及专用车，10万台汽车专用电机。

3. 哈尔滨东安汽车发动机制造有限公司。主要从事4G1和4G9两大系列排量为1.3～2.0L汽油发动机和自动变速器（4AT/5AT）及手动变速器（MT）产品的研制、开发、生产和销售，具备年产量75万台的生产能力。

4. 哈尔滨东安汽车动力股份公司。主导产品分为F系列、K系列和DA5系列产品的研制、开发、生产和销售，具备年产量60万台的生产能力。

5. 哈尔滨光宇集团。主要生产电源产品和电力自动化设备等，公司主导产品是锂离子电池，目前国内市场占有率为5%。公司研制的磷酸铁锂电池，用于电动自行车。具备年产180万套电动自行车锂离子电池的生产能力，正在研发汽车动力电池项目。

6. 哈尔滨巨容新能源有限公司。已具备生产最大容量15万法拉电容器能力，在国内超级电容产品领域排在第二位。企业在电容管理和热量管理等方面有自己的专利技术。企业可独立完成储能、热量管理、充放电管理能量包集成。

7. 哈尔滨冠拓电源设备有限公司。生产锂电池储能、热量管理、充放电管理的集成能量包，为纯电动车的提供动力能源，其中锂电管理相关产品占国内市场80%以上份额。

8. 黑龙江中强能源科技有限公司。主要从事聚合物锂离子电池及相关产品的研发、生产和销售。产品有电动客车用电池、电动轿车用电池、电动摩托车用电池、船用电池等数百种产品。正在集中发展聚合物锂离子电池和纳米技术在电池上的应用。

六、发展规划

黑龙江省具备了发展节能和新能源汽车产业的基础优势，根据国家大力发展节能和新能源汽车产业的发展战略，为使黑龙江省汽车产业得到较快发展，省政府把节能和新能源汽车作为推进交通运输装备制造产业的重要组成

部分纳入工作日程，加大了对节能和新能源汽车产业支持力度，新建了一批节能和新能源汽车产业项目，还有一批重点项目正在具体谋划中。

一是搭建黑龙江省新能源汽车研发平台。依托哈飞纯电动车、黑龙江龙华新能源车联合成立黑龙江新能源汽车研发中心，同时整合黑龙江省在新能源汽车技术领域有研究基础和专业优势的各方资源，形成产学研一体化，不断跟踪国内外技术最新动态，掌握新能源汽车的核心设计、生产和制造技术，并适时开发系列产品。二是逐步做大关键零部件和材料产业。逐步扩大省内新能源汽车动力电池、电机、电驱控等核心部件制造业的领先优势。打造新能源汽车板材基地。把东轻飞机铝合金板材、哈天顺化工碳素纤维产品应用到新能源汽车上，大幅度减轻汽车重量，弥补当前汽车动力电池、电容重量难以减轻难题。三是组建新能源汽车产业发展联盟。应充分利用东北区域经济合作机制，加强同一汽在新能源汽车方面的合作，借助其研发和产业化领先优势扩大黑龙江省产业跟进步伐。加强院校、企业、用户、服务等各环节的沟通联合，形成合力推进新能源汽车产业发展，加快共性技术攻关，提高研发效率，改变目前省内新能源汽车相关企业互不相识，优势不能互补的局面。四是逐步推进新能源汽车应用试验示范。加快省内新能源汽车充电站建设，组织电力、城建、交通、规划、土地、消防等部门共同研究，将电动车充电站建设、管理纳入城市规划中，促进电动汽车充电站建设和正常运行。到2015年，节能和新能源汽车产能达到2万台，预计实现工业总产值100亿元，实现利税9亿元。

山东省

一、新能源汽车产业发展的基本情况

一是产业规模不断壮大。2009年以来，山东省新能源汽车产业狠抓新产品新技术研发，不断提高产品质量，努力开拓市场扩大销售，积极落实国家和省政府鼓励战略性新兴产业发展的有关政策，全省新能源汽车产业呈现出持续快速发展的良好势头。2011年，全省共生产混合动力客车、纯电动客车、低速电动车、旅游观光车等十多个品种的新能源车8.5万辆，较上年增长超过160%，其中生产新能源客车1231辆，增长190%；生产低速电动车77209辆，增长167.6%；生产旅游观光车、警用巡逻车等专用车6418辆，增长120.3%。

二是培育起一批有较好发展潜力的新能源汽车整车生产企业。全省已有中通客车股份公司、山东中文沂星电动汽车公司、山东齐鲁客车制造公司、山东哲人新能源科技发展汽车公司4家新能源客车生产企业，具有年产3000辆大中型新能源客车的生产能力。拥有山东时风集团、德州富路车业有限公司、山东唐骏欧铃汽车公司、济南宝雅新能源汽车公司、山东哲人新能源科技公司等一批低速电动车的生产企业，具有年产10万辆低速电动车的生产能力。

三是相关配套产业发展迅速。在新能源汽车整车生产的带动下，全省锂离子电池、驱动电机、电控系统等关键零部件的发展也取得明显进步，企业创新意识、生产能力、产品质量较前几年有明显提高，为新能源汽车产业大发展奠定了重要基础。

四是基础设施建设不断加快。全省已建设完成17座充换电站和545个交流充电桩。规划到2015年年末，全省充换电设施总数将达到3704个，其中集中充电站22座，充换电站142座，电池配送站540座，交流充电桩3000台，为全省新能源汽车的大规模普及应用创造良好条件。

五是新能源汽车示范推广成效明显。2010年以来，省交通厅、财政厅、省经信委等部门积极推进新能源公交车示范推广工作。目前，全省示范推广城市已由试点前的1个市扩大到17个市，成为国内首个在全省范围内推广新能源汽车的省份。

二、扶持政策及工作措施

一是出台政策意见促进新能源汽车产业快速发展。2009年出台了《山东省人民政府办公厅关于推进新能源汽车产业发展的若干意见》，把发展新能源汽车作为推动全省汽车工业结构调整升级和转变发展方式的重要举措，大力推进。国务院做出加快培育和发展战略性新兴产业的决定之后，山东省委、省政府认真落实国务院决定，在《山东省人民政府关于加快培育和发展战略性新兴产业的实施意见》中，又将新能源汽车纳入全省新能源和节能环保产业，列为重点培育和发展的支柱产业，加大政策扶持力度，促其快速发展壮大。为促进新能源汽车产业加快发展，山东相继出台了《山东省新能源汽车示范推广财政扶持办法》《山东省新能源汽车关键零部件财政扶持暂行办法》，省财政设立了专项资金扶持新能源汽车示范推广和产业发展。

二是建立山东省新能源汽车行业技术中心。为给广大企业提供技术创新平台支持，提高全省技术创新能力，2011年，省经信委协调省科学院汽车电子实验室与省内有关大学以及有关企业成立了山东省新能源汽车行业技术中心。并指导科学院与省内新能源汽车和零部件企业建立了合作关系，为“十二五”期间全省新能源汽车产业大发展提供了技术支持。

三是积极推进新能源汽车产业发展。2010年以来，省经信委多次召开地市经信委和企业座谈会，协调解决促进产业发展有关问题。2011年年底，组织召开了全省推进新能源汽车发展工作会议，会上山东大学教授做了新能源汽车技术和发展形势报告，6家企业代表做了经验交流，36家新能源汽车整车企业与50多家关键零部件企业进行了产品展示和配套合作洽谈。2011年，还指导汽车协会组织部分新能源汽车企业参加了深圳、上海新能源汽车展览，有效宣传了山东省新能源汽车企业和产品，为开拓市场扩大销售发挥了积极作用。

三、新能源汽车产业发展规划

为指导全省新能源汽车产业快速发展，省经信委组织编制了《山东省新能源汽车产业“十二五”规划》，于2011年5月，联合省科技厅、财政厅和交通厅印发。规划提出，“十二五”期间新能源汽车产业规模进一步扩大，到2015年，全省新能源汽车生产规模达到25万辆，其中新能源客车2万辆，新能源乘用车10万辆，低速电动车8万辆，新能源专用车5万辆。自主创新能力明显提高，到2015年，全省新能源汽车研发投入占销售收入比重达到5%以上，掌握动力电池、驱动电机、控制系统等关键零部件核心技术，中高端产品占比达到50%以上，新能源汽车关键零部件全部实现省内配套，将山东省建设成为品种齐全、优势突出、配套完善、竞争力强的新能源汽车生产大省。为完成以上目标，“十二五”期间，山东省将着力构建新能源汽车技术研发平台、新能源汽车产业化推进平台和新能源汽车市场推广使用平台三大支撑平台；重点突破整车共性技术、动力系统及原材料技术、驱动电机及控制系统技术、电动辅助系统技术四类关键技术；重点发展新能源客车、新能源乘用车、低速电动车、新能源专用车和新能源汽车关键零部件等五大类产品。

四、2011年山东省节能与新能源汽车推广情况统计表

1. 2011年电动汽车示范推广数量

单位：辆

车 型	公交车	客车	公务车	出租车	电力工程车	邮政车	环卫车	场地车	观光车	私人车	其他	合计
纯电动汽车	260	0	0	0	0	0	0	0	0	0	0	260
混合动力汽车	65	0	0	18	0	0	0	0	0	0	0	83
插电式混合动力	0	0	0	0	0	0	0	0	0	0	0	0
燃料电池汽车	0	0	0	0	0	0	0	0	0	0	0	0
其他（包括醇醚类）	0	0	0	0	0	0	0	0	0	0	0	0
合计	325	0	0	18	0	0	0	0	0	0	0	343

2. 2011年燃气汽车示范运行保有量统计表

单位：辆

车 型		LPG	LNG	CNC	合 计
燃气汽车	公交车	0	791	3176	3967
	客车	0	823	0	823
	出租车	0	0	48278	48278
	私人用车	0	0	0	0
	其他	0	856	0	856
	小计	0	2470	51454	53924

3. 2011年山东省电动汽车充电站(桩)建设情况统计表

城市名称	充电站（个）	充电机功率总计（kW）	充电桩（个）	充电站占地面积（m^2）	投资金额（万元）
济南市	5	302	74	-	7300
青岛市	1	450	12	1600	800
临沂市	5	-	85	-	-
泰安市	1	-	22	-	-
济宁市	1	-	-	-	-
德州市	1	-	-	-	-
威海市	1	-	-	-	-

四川省

一、2011年节能与新能源汽车发展概况

2011年四川新增CNG汽车6.22万辆，累计达31.42万辆。运行LNG汽车204余辆，整车厂生产LNG汽车已达100余辆。投运46辆电动汽车。

二、四川省节能与新能源汽车生产经营

成客厂：2011年CNG/LNG汽车3000辆（其中LNG汽车100辆）；电动汽车10辆。

川汽厂：2011年CNG汽车315辆；电动汽车4辆。

安达一汽：2011年CNG汽车428辆，LNG汽车18辆。

四川南骏：2011年CNG汽车768辆，LNG汽车2辆。气电1辆。

三、节能与新能源汽车示范推广情况

2011年，四川省新增CNG加气站27座，在建LNG加气站10座，全省CNG加气站累计为274座；新增CNG汽车6.22万辆，累计达31.42万辆，LNG汽车114辆。全年销售天然气14亿立方米，节约和替代成品油115万吨，约占省年成品油消耗量的10%，减少汽车尾气污染物排放约20万吨。推进了成都、自贡、南充、资阳清洁汽车产业装备制造基地壮大，产业链不断延伸，产品出口量增加。在国家产业政策的指导下，LNG生产厂建设速度加快，广安、广元、巴中100万立方米/日LNG厂开工建设，德阳宏润轻烃化有限公司60万立方米/日轻烃进行改建，大通天然气公司港溪40万立方米/日焊割气厂基本完工，华气天然气有限责任公司宜宾30万立方米/日LNG厂完成建设前期工作。成都客车厂LNG汽车整车生产能力基本形成，2011年生产整车已达200余辆投入市场。电动汽车试点示范取得成效，建成充电站6个、250个充电桩，投运46辆电动汽车。

四、节能与新能源汽车项目投融资及建设情况

CNG/LNG压缩机、加气机、储气瓶（井）、撬装、移动装置等已全部建成投产。

电动汽车资金自筹、合资合作；电动汽车发动机、控制系统、电池引进项目在建设中。

五、节能与新能源汽车产业基地及园区建设情况

成都、自贡、南充、资阳、德阳、乐山、绵阳CNG/LNG加气站装备生产基地、储气装置生产基地、CNG/LNG汽车、电动汽车生产基地、电池生产基地基本建成。

六、主要扶持政策及措施

天然气汽车产业继续享受国家西部大开发和鼓励类产业的各项优惠政策；继续享受省政府〔1999〕2号文相关政策；CNG站用省内管道气，不用进口气（价格高）；积极落实国家及省关于支持清洁汽车产业发展、新能源汽车推广应用等方面的优惠政策。有关部门在审批线路经营权时可对LNG汽车给予倾斜和支持。各试点城市可参照同类车型燃油补贴标准给予LNG公交车、出租车和农村客运汽车相应补贴，根据各地情况对新增或更新城市公交车、定线长途客运车采购LNG车辆给予适当补助。

参照国家《节能与新能源汽车示范推广财政补助资金管理暂行办法》对在示范期间购买成都市生产的电动汽车给予资金补贴。示范期间购买成都市生产的电动汽车并在成都市行政区域内登记上户的，免交购置税、机动车注册登记牌证工本费和“五路一桥”费;电动汽车在市内公共停车场停车,减免停车费。

对电动汽车能源供给（加电站）网络系统项目建设用地，采取划拨、出让、租赁等多种方式相结合的土地供应方式，给予一定的优惠政策；对电动汽车能源供给运营企业及充电站用电执行优惠电价。对在成都市采取“电池租赁”商业模式（即拥有车载电池所有权）从事电动汽车能源供给的运营企业，可根据其新增用户所配置的电池数量，按照实际采购价格给予10%的资金补贴。对落户成都市的电动汽车能源供给运营企业，根据其每年报废电池数量，按照实际采购价格给予5%的资金补贴，支持其对报废电池进行环保处理。

凡在成都市注册的电动汽车整车生产企业，其产品纳入《成都市地方名优产品推荐目录》。对电动汽车整车、动力电池、电机及控制系统的重点企业、重大项目，按照“一企一策”的办法予以支持。鼓励和支持电动汽车企业将具有自主知识产权的技术创新成果转化为地方和国家标准。市科技局、市质监局等部门对电动汽车相关标准化项目优先予以立项和支持。在市科技投入中重点支持电动汽车企业的技术攻关，加快突破整车集成、电池、电机及控制系统关键技术瓶颈。对于符合条件的检测机构用于电动汽车检测方面的设备投资，给予不超过检测设备投资总额30%的支持。

七、四川省主要节能与新能源汽车企业

整车生产：成都客车股份有限公司、成都安达特种车辆有限责任公司（含一汽客车）、四川汽车工业集团有限公司、四川南骏汽车有限责任公司。零部件生产：绵阳新成动力、乐山东电、博士电子控制系统、成都宝森电池等。

八、发展规划

“十二五”期间，全省新增 CNG 加气站 180 座，新增 CNG 汽车 11 万辆；建设 LNG 加气站 166 座，推广 LNG 汽车 0.83 万辆。推进电动汽车试点示范，建设充电站 38 个。建成 CNG/LNG 汽车整车制造能力 5 万辆，CNG/LNG 气瓶 15 万只，装备（装置）48 万台（套）生产能力，产业竞争力进一步提高。

“十二五”期间，全省清洁汽车产业新增产值 100 亿元，替代油料 990 万吨，减少汽车尾气一氧化碳（CO）、碳氢化合物（HC）排放 151 万吨，二氧化碳（CO_2）排放 38 万吨。新增国家技术专利 20 个以上，一批装备及关键零部件研发制造水平显著提高。

九、2011 年四川省节能与新能源汽车推广情况统计表

1. 2011 年燃气汽车示范运行保有量统计表

单位：辆

车型		LPG	LNG	CNG	合计	同期增长（%）
燃气汽车	公交车	0	204	27800	28004	11
	客车	240	0	0	240	-
	出租车	0	0	36400	36400	9
	私人用车	0	0	0	0	-
	其他	0	0	250000	250000	-
	合　计	240	204	314200	314644	—

2. 2011 年四川省乐山市电动汽车充电站(桩)建设情况统计表

城市名称	充电站（个）	充电机功率总计（kW）	充电桩（个）	充电站占地面积（m^2）	投资金额（万元）
四川省乐山市	1	200	5	8000	1200

河北省

一、新能源汽车整车企业

长城汽车在新能源领域开展了大量基础和前瞻性研发工作。长城汽车技术研究院新能源项目组是公司新能源车型的主要研发部门，成立于 2006 年，现有各类专职研发人员 59 名。目前已与清华大学、吉林大学、北京航空航天大学等国内知名科研院所建立了长久的合作关系。在混合动力方面，已完成嘉誉 PHEV 车型样车的制作，正在进行各个系统的匹配标定和实验验证工作。在纯电动车方面有精灵纯电动和欧拉纯电动，精灵纯电动车是在长城精灵的基础上研制开发的 4 人座纯电动车。该车将长城精灵的动力系统更换为 50kW 的永磁直流无刷电机，简化了机械结构，提高了传动效率，时速可达 130km，并可实现运行零排放。电池采用先进的锂离子电池，运行安全、可靠，10min 可充电 70%，续驶里程可达 180km，每百公里运行成本不足 10 元。欧拉则是全新开发的一款纯电动轻型车，该车采用锂离子动力电池，永磁同步直流电机，续驶里程 160km，最高时速 130 km，具有非常实际的量产价值。

双环汽车与美国 Wheego 公司联合开发了电动汽车——“电动小贵族”，电动小贵族低速车型单次充电可行驶 80km，还具备超过 150km 的续驶里程。小贵族电动车大批量出口美国市场，经销网络分布在美国的 15 个州。

中兴汽车也在研发一款长铃皮卡，是微油电混合动力车，目前路试已接近尾声。

上汽唐山曹妃甸绿色能源汽车项目已经正式获国家工信部批复。该项目将以制造、销售纯电动、混合动力、传统客车作为起步，在第一阶段形成年产客车 3000 辆的产能规模，其产品主要满足唐山、河北乃至华北市场需求，并根据需要将合作范围拓展至其他种类车辆。

二、低速电动车

河北省主要有御捷马公司、港龙公司、金泰公司、邢工机械等开展此类生产。

河北御捷马专用车制造有限公司由邢台清河新华橡胶密封件集团、重庆御捷汽车配件有限公司、浙江玉环公司、美国太阳公司及王德伦共同出资建设，位于邢台市清河县。已开始投资生产电动高尔夫球车、电动牵引车、电动观光游览车、电动工程车、电动巡逻车和微型电动轿车，其中微型电动轿车主要出口和销往城乡结合部。

香河港龙汽车配件有限公司位于廊坊市香河县，主要生产单双排电动皮卡车（教练车）、微型轿车、观光旅游车、警务巡逻车，目前已生产 130 台，售出 100 台。

廊坊金泰电动车有限公司最早生产电动三轮车，2007

年开始生产四轮电动车，目前实际产量150辆。

河北邢工机械制造有限公司位于邢台市任县，主要生产旅游观光车、电动微型载货车、微型电动轿车。

三、电动汽车关键零部件

1. 电机

唐山普林亿威科技有限公司的稀土永磁无刷直流电机已通过省科技厅鉴定。

2. 动力电池

保定风帆公司开发的6－DW－75免维护铅酸蓄电池为奇瑞A21HEV－BSG混合动力轿车配套使用。 公司现有锂电池生产线，主要生产手机、笔记本电脑电池。 目前已经开展动力锂电池研究。

河北神州巨电新能源科技开发有限公司位于巨鹿县，致力于新型电动汽车配套电池的生产和销售。 生产技术吸收了美国Bellcore公司和日本Sonny公司的技术，现在已实现单体500A · h批量生产。

河北钢中锂能电池有限公司位于邢台市，建有CMT－HP聚合物动力电池生产线，主要生产动力锂电池，产能达到5万安时/日。

河北敬众锂电源科技有限公司位于衡水枣强县，建有锂离子动力电池生产线，产能达到15万千瓦时/年。

3. 研究中心

由唐山市科技局牵头，曹妃甸基础设施建设投资有限公司出资建立了电动汽车研发中心，与清华大学、中科院电工所等签订了技术开发协议。

四、拟建新能源汽车项目

唐山市规划打造新能源汽车产业基地。 据唐山市电动汽车领导小组汇报：唐山市规划在曹妃甸建设20km^{2}的电动汽车产业园区，到2015年，把电动汽车产业发展成为以整车为龙头，动力电池、电机、动力总成等核心部件综合生产、配套服务，具有一流研发与成果转化能力，领先于世界电动汽车发展水平的高端产业，年产整车达到30万~50万辆。

五、2011年石家庄市燃气汽车示范运行保有量统计表

单位：辆

车型		LPG	LNG	CNG	合计	同期增长（%）
燃气汽车	公交车	0	0	2400	2400	20
	客车	0	0	0	0	-
	出租车	0	0	6710	6710	-
	私人用车	0	0	9199	9199	-
	其他	0	0	1400	1400	-
	合计	0	0	19709	19709	—

六、2011年石家庄市电动汽车充电站（桩）建设情况统计表

城市名称	充电站（个）	充电机功率总计（kW）	充电桩（个）	充电站占地面积（m^2）	投资金额（万元）
石家庄市	1	200	3	1000	1400

山西省

一、试验示范情况

山西省甲醇燃料和甲醇新能源汽车试验示范运营已有20多年时间，目前处在产业化示范运营阶段。

1. 1983年山西省参与了国家科委、交通部组织的475辆M15载重汽车的试验，历时三年，积累了甲醇掺烧方面的经验教训，为后来开展此项工作打下了一定基础。

2. 1995年中美两国专家组织的“3E研究”，即“把煤炭转化成汽车燃料的经济、环境和能源利用的生命周期”评价研究，美国福特汽车公司、麻省理工学院、清华大学、中科院、化工部、山西省等单位参与，结论是：在山西省等富煤地区把煤转化为燃料甲醇是一个重要的选择。“3E” 研究使山西省明确了方向，坚定了信心。

3. 1998—2000年，承担了国家经贸委组织的“煤制甲醇——洁净燃料汽车示范工程”项目，投入55辆甲醇中巴车，在榆次—太原等线路运行，经过两年多示范，单车行驶里程均突破35万公里。 2000年12月经过国家经贸委组织的专家验收，结论是：示范工程取得重要的阶段性成果，是对“3E” 研究结论的进一步验证和实践肯定。

4. 2003—2005年，承担了科技部安排的“甲醇燃料汽车示范工程项目”和“M85点燃式甲醇燃料轻型汽车开发项目”，分别在晋中、大同、长治三个示范区投入55辆M100甲醇中巴车，用山西省研发的6102甲醇发动机装在

大连客车厂、重庆宇通厂等单位生产的公交车上运行，2005 年 6 月通过国家科技部组织的专家验收，结论是：示范车辆尾气排放普遍达到和优于欧Ⅱ排放标准，具有良好的动力性和燃料经济性。

5. 2006 年承担了国家“863 计划”安排的“M100 甲醇汽车运行考核与应用技术研究”和“出租车甲醇应用技术研究”项目。第一个项目由长治第一汽车运输公司承担，共投入甲醇城市客车 80 辆，主要考核甲醇客车的运行环节方面的内容。该公司本着边运行边推广的原则解决了运行中的一系列问题。甲醇车和同类型汽油车（国Ⅱ车）比，替代比是 1.64 :1，功率提高 10% 左右，维修及燃料成本下降 23%，尾气监测 CO 降低 50.75%，HC 降低 79.3%。第二个项目由山西佳新公司承担，共改造出租车 2400 多辆，甲醇汽油替代比达 1.56 :1，尾气排放达国Ⅲ标准，耐醇燃油泵寿命达到 6 万公里，整车动力、加速性均保持原汽油机水平。

通过 20 多年的试验、示范和研究，山西省共取得 22 项国家发明专利和应用专利，创造了三个国内首创，研发了一批关键技术和管理方面的成果。对甲醇燃料存在的低热值、冷启动难、热气阻、遇水分层、腐蚀溶胀、高温润滑等七大难题均已得到解决，可以说，推广甲醇燃料和甲醇新能源汽车不存在技术障碍。

二、推广甲醇燃料、甲醇汽车的做法及所取得的初步成果

1. 推广甲醇燃料、甲醇汽车的做法

（1）甲醇掺烧及输配系统建设

山西省开展的甲醇掺烧主要是甲醇汽油掺烧，同时正在试验甲醇柴油掺烧。

甲醇汽油掺烧就是在车用燃料甲醇中加入少量添加剂形成变性醇，再与车用甲醇汽油组分油调和。变性甲醇燃料占 15% 的称 M15，为低比例掺烧。从 2002 年开始山西省制定了“车用燃料甲醇”“M5、M15 车用甲醇汽油”两个地方标准，并对调配站、加注站的建设标准和相应的操作规则都作了明确的规定。在标准和规定的指导下，在中国石化山西分公司的大力配合下，开展了以城市为主的低比例掺烧工作。到目前为止，全省在太原等 11 个市都在加注甲醇汽油。目前的水平是，在 −20℃ 环境温度下静置 12 小时后能正常启动，在 38℃ 高温环境下未发生气阻，腐蚀溶胀问题经检测认定已得到解决，排放经北京理工大学汽车排放实验室检测（用国Ⅲ车、京标汽油检测），M15 甲醇汽油比汽油的甲醛排放略好些，常规排放达到国Ⅳ排放限值。检测数据如下：

M15 甲醇汽油非常规污染物检测结果

单位：mg/k

车牌号	车型	行驶里程 km	汽油甲醛排放 mg/km	M15 甲醇汽油甲醛排放 mg/km
晋 ACQ280	桑塔纳	62253	1.111	0.632
晋 KJx209	桑塔纳	1000	0.683	0.277

注：轻型汽车污染物排放限值及测量方法（中国Ⅲ、Ⅳ阶段）（GB 18352.3—2005）。

M15 甲醇汽油常规污染物检测结果

单位：mg/km

车牌号	汽油 THC	汽油 CO	汽油 NO_X	M15 THC	M15 CO	M15NO_X
晋 ACQ280	0.090	0.820	0.058	0.090	0.747	0.077
晋 KJx209	0.078	0.507	0.014	0.049	0.428	0.021

注：轻型汽车污染物排放限值及测量方法（中国Ⅲ、Ⅳ阶段）（GB 18352.3—2005）。

M15 甲醇柴油混烧处于起步阶段，甲醇柴油添加剂的研究已取得了重要进展，甲醇柴油混烧中出现的互溶性、闪点、十六烷值、抗水性和稳定性等五大难题均有所解决。

（2）在用车甲醇化改造

在用车甲醇化改造是在发动机不变的情况下，通过增加一些装置使原汽、柴油车变成双燃料车。

主要有两条路线：一条是对现有的在用汽油车进行甲醇化改造，即在汽油机上增加一个甲醇—汽油电子控制器（ECU），将原燃油泵更换成耐醇的电子燃油泵并增加一个电路保护装置以解决电化学腐蚀问题，在使用过程中，对专用润滑油、甲醇品质加以控制，使在用车可以 100%～85%烧甲醇，并能自动切换成烧汽油。目前全省有三家公司在做，仅 2008 年一年就改造近 6000 余辆，现已累计改造 1 万余辆。改造后，替代比达到或优于 1.7 :1，出租车每月可节省燃油费 900 元，排放经北京理工大学汽车排放实验室检测（用国Ⅲ车、京标汽油检测），M85－100甲醇燃料与汽油的常规排放 THC、CO 优于汽油，NO_X 比汽油略差，但不影响整车排放水平，可提高一个国标号。检测数据如下：

M85 甲醇燃料常规污染物检测结果

单位：mg/(km)

车牌号	车型	行驶里程（km）	汽油 THC	汽油 CO	汽油 NO_X	M85 THC	M85 CO	M85 NO_X
晋 M42188	捷达（国Ⅱ）	202037	0.246	0.866	0.075	0.144	0.524	0.247

注：轻型汽车污染物排放限值及测量方法（中国Ⅲ、Ⅳ阶段）（GB 18352.3—2005）。

M100 甲醇燃料常规污染物检测结果（M100 燃料启动）

单位：mg/km

车牌号	车型	行驶里程（km）	汽油 THC	汽油 CO	汽油 NO_X	M100 THC	M100 CO	M100 NO_X
晋 KJN699	桑塔纳（国Ⅲ）	30970	0.221	0.786	0.036	0.087	0.675	0.085

注：轻型汽车污染物排放限值及测量方法（中国Ⅲ、Ⅳ阶段）（GB 18352.3—2005）。

另一条路线是甲醇—柴油混合燃烧。即对原柴油机基本不动，仅增加一个 ECU，并增加一个醇罐、醇泵和输醇管路。原理是由电控喷嘴将甲醇输送至柴油机进气道雾化，和涡轮增压冷却后的空气一起进入气缸，先由柴油点燃，点燃后再喷甲醇，醇、柴共同燃烧做功。目前试验的结果是：替代比可达（1.5～2）：1（柴油与甲醇按其热值比为 2.26：1），常规排放可提高一个国标档次，替代柴油部分可减排 $CO_2$47%，平均替代率在 40%，可节省燃油费 15%～20%。此项目仍处在试验示范阶段，有 20 余辆车在试运行。

随着甲醇掺烧面的扩大，输配系统建设也在不断扩大，到 2011 年年底，全省已改造加油站 1000 多座，M85－100 高比例加注站 63 座，甲醇汽油调配中心 12 处。

（3）甲醇发动机研发

早在 20 世纪 90 年代，山西省新天地发动机有限公司分别在 495、6102 汽油机的基础上自主研发了甲醇汽油发动机，为 1998—2000 年承担国家“甲醇—洁净燃料汽车示范工程”项目打下了基础，后来在大企业介入后使甲醇汽油发动机研发进入一个新阶段，甲醇柴油发动机开始起步。

一汽靖烨发动机有限公司在一汽的帮助下在原 CA6102 汽油发动机的基础上研制成系列甲醇发动机，现有 5 台试验车即解放 CA3160ME 自卸车在煤矿进行试验运营。和原汽油机比，压缩比由 7.4 提高到 10，燃料替代比控制在 1.7：1，总功率提高 10%（原机 108kW 改后 120kW）排放由原来的国 I 达到国Ⅲ。

该公司甲醇柴油发动机开发情况是：对原 CA6DF2－24 柴油机改进设计，改压燃式为点燃式，将 ECU 收集的发动机内各状态参数汇总后，通过控制 EGR 阀解决爆震、NO_X 排放多以及冷启动难等问题。将其匹配到 CA3250 自卸车上，功率为 240 马力，替代比（2.3～2.4）：1。4GV 甲醇机已做完台架试验。

山西佳新公司开发的甲醇柴油混烧技术已有 20 余辆车在试运行。山西成功集团开发的微型甲醇车已具备小批量生产条件。

（4）甲醇燃料生产

甲醇生产工艺成熟，目前是供大于求。煤制甲醇的关键是煤气化，山西省开发的“灰熔聚”气化炉专门用于劣质煤气化，现已装机使用并投产。

按目前的煤价，用劣质煤和焦炉煤气制甲醇的成本可控制在 1800 元/t 左右（原料价格：焦炉煤气 0.5 元/m^3，劣质煤 300 元/t），只要规模上去这两条工艺生产的甲醇可以和中东用天然气生产甲醇的到岸价竞争。

（5）地方标准的制定

在企业标准的基础上山西省先后出台了“M5、M15 车用甲醇汽油”“车用甲醇汽油变性醇”“车用甲醇汽油组分油”“M85、M100 车用甲醇燃料”“车用燃料甲醇”“M30 甲醇汽油”“在用车甲醇化改造通用技术条件”七个地方标准。

2. 经过多年实践取得的初步成果

（1）推广初期所遇到的一些问题基本得到解决

推广初期，对甲醇如何能作为车用燃料认识不足，遇到了许多困难，如：油品对发动机的影响、发动机动力不足、油耗偏高，常规车辆故障多等，特别是到冬天冷启动困难，夏天常有气阻发生，在掺烧比例提高后，油品分层、乳化等，甲醇对发动机及油路系统的腐蚀心中没底。在困难面前，山西省在坚持科学发展观的前提下，本着勇于创新，放手创新，不断创新，通过工程实践创新的精神和做法，解决了在示范运营中出现的问题，打开了推广甲醇燃料的新局面。

①冷启动问题。因为甲醇汽化潜热大，汽化时吸收的热量比汽油大得多，造成冷启动困难。解决办法：开发由 ECU 直接控制的低温启动装置，对 ECU 硬件进行改进，重新设计软件控制程序，解决冷启动问题；另一个办法是增加汽油小油箱、汽油喷嘴等，在环境温度较低时，汽油启动，启动后自动切换到甲醇。

②非常规排放问题。在用汽车改造为高比例甲醇汽车，甲醛排放比汽油高。目前美国要求5万英里，甲醛限值15mg；12万英里甲醛限值18mg（9.375mg/km、11.25mg/km），测试结果都在美国要求限值内。下步可通过尾气净化装置降低甲醛排放。

M85 甲醇燃料非常规污染物检测结果

车牌号	车型	行驶里程（km）	汽油甲醛排放（mg/km）	M85 甲醇汽油甲醛排放（mg/km）
晋 M42188	捷达	202037	2.035	7.634

注:轻型汽车污染物排放限值及测量方法(中国Ⅲ、Ⅳ阶段)(GB 18352.3—2005)。

M100 甲醇燃料非常规污染物检测数结果（M100 燃料启动）

车牌号	车型	行驶里程（km）	汽油甲醛排放（mg/km）	M100 甲醇汽油甲醛排放（mg/km）
晋 KJN699	桑塔纳	30970	1.278	3.868

注:轻型汽车污染物排放限值及测量方法(中国Ⅲ、Ⅳ阶段)(GB 18352.3—2005)。

③腐蚀及溶胀。甲醇对一些金属材料有腐蚀，对一些橡胶件溶胀，原因是甲醇氧化产生微量有机酸。解决办法：更换一些耐醇材料和耐溶胀材料，并采用专用的润滑油，在甲醇中加入适量腐蚀抑制剂，开发甲醇发动机专用零部件，如甲醇泵、油位传感器等。在在用车改造中，有的企业开发了油泵保护器、油位传感器抗腐蚀控制单元等解决腐蚀问题，效果明显。在早期的中巴车示范中，对运行36万公里无大修的甲醇发动机拆检和零部件检测表明：甲醇机零部件磨损在正常范围，每万公里磨损值接近汽油机水平。

④毒性问题。甲醇和汽油一样属中等毒性的有机化合物。甲醇对人体的影响主要是在生产、加注、储存过程中，有少量甲醇蒸气产生，人体通过呼吸蒸气，皮肤接触，吸入少量甲醇，对视觉系统造成影响。解决办法是甲醇燃料增加着色剂防止误饮。甲醇作为燃料使用时，只要严格按照操作规程办，使用甲醇燃料是安全的。山西省先后对各种涉醇人员，共184人进行体检均未出现与甲醇有关的病例。按美国提供的数据，甲醇蒸气在低浓度时比汽油蒸气毒性小，高浓度时两者相当，结论是：甲醇比汽油对人体危害小。相对汽油而言，甲醇是比较安全的。

（2）通过与其他替代能源比较，证明甲醇燃料是近期内最好的汽车替代能源之一

由于甲醇的元素转化率为100%，所以是最佳的二次能源，全过程热效率排序，甲醇发动机比柴油机低比汽油机高7个百分点，比天然气机高8个百分点，比电动机高29个百分点；动力性排序，甲醇机比柴油机低，比其他机都高。在发动机做功过程中，CO_2的排放，甲醇机最低。全过程CO_2排放与甲醇生产过程有关，如果采用多联产的生产工艺，甲醇生产过程中CO_2排放可以大幅度降低，比如山东国泰化工厂采用甲醇、醋酸同时生产，可减排$CO_2$42.5%（清华大学示范点）；如采用煤气化后掺入一定比例的焦炉煤气，可减排$CO_2$20%（山西太原理工大学工艺）；如将煤、电、化、冶、热联产，即煤气化后同时生产甲醇、海绵铁，并供电、供蒸气，可减排$CO_2$84%。

如果甲醇生产过程采用山东国泰工艺，全过程CO排放甲醇机是煤电电动车的78%，优于汽油机，不如柴油机及天然气机。

甲醇在常温下是液体，所以对汽车的适应性比较强，输配系统建设容易。

2011年，山西省销售M15甲醇汽油47万吨，M85～M100甲醇燃料6.4万吨，改造在用车（包括出租车、私家车）3.3271万辆，其中省内1.1513万辆，省外2.1758万辆，累计改造6.94万辆，省内2.70万辆，省外4.24万辆。甲醇燃料和甲醇汽车年销售收入60亿元，已初步实现产业化。规划到2015年甲醇汽油发展到300万吨，在用车改造达20万辆，新增甲醇载重汽车5万辆，发展甲醇灵活燃料轿车10万辆，年销售额350亿元，年节约汽油220万吨，节约柴油150万吨，并消耗燃料甲醇500万吨，焦煤煤气、劣质煤制甲醇发展到1100万吨，将完全实现产业化。

三、2011年山西省醇醚类汽车推广情况统计表

单位:辆

车 型	公交车	出租车	私人车	合 计
醇醚类汽车	80	15000	12000	27080

广东省

一、产业发展情况

1. 产业规模迅速扩大，产业体系日趋完善

经过了从“九五”开始的艰苦努力，目前广东省新能源汽车产业已涵盖了整车生产、“三大电（电池、电机、电控）”以及电池关键材料等领域，基本形成了完备的新能源汽车产业体系。初步统计，2011年全省新能源汽车产业总产值达47亿元，各类新能源汽车产量达6971辆。

2. 产业技术进步明显，创新能力稳步提升

整车产品研发进展顺利。比亚迪F3DM、e6、K9等车型已开始批量生产，广汽集团增程式纯电动传祺轿车已进行第一批工程样车试制试验。电池、电机等核心关键零部件技术发展迅速。广东省动力电池技术方面的专利申请量位居全国首位，具备量产功率7.5～130kW永磁同步电机驱动系统的能力，产品综合技术指标居国内领先水平，可满足不同整车的需要。

3. 产业标准迎头赶上

为适应产业发展需要，广东省抓紧开展新能源汽车标准体系建设工作。《广东省电动汽车充电技术通用要求》等6项新能源汽车地方性标准开始立项编制。省质监局、发展改革委组织编制了《广东省电动汽车产业标准体系规划与路线图》，从整车标准、系统及部件标准和基础设施标准等3个方面提出了72项标准预立项建议，目前已开展相关标准制定工作。

二、推广应用情况

2010年广东省开始全面实施新能源汽车推广应用示范工程，目前已将珠三角9市以及汕头、湛江、韶关、梅州、潮州、茂名等15个城市认定为省新能源汽车推广应用示范城市，其中广州、深圳为国家节能与新能源汽车示范推广试点城市。截至2011年年底，各市新能源汽车示范运行数量达1.6万辆，同比增长100%，其中电动汽车超过3900辆。新能源汽车的规模化应用成为广州亚运会、深圳大运会期间的一大亮点。

截至2011年年底广东部分市新能源汽车推广应用情况统计表

单位：辆

城市名称	纯电动汽车	混合动力汽车	LNG汽车	CNG汽车	合　计
广州市	42	570	100	0	712
深圳市	690	2283	580	0	3553
珠海市	20	0	458	0	478
佛山市	0	0	1722	1100	2822
东莞市	0	0	0	7000	7000

在推广应用的同时，广东省也注重同步推进充电基础设施建设，为电动汽车推广应用提供配套支持。截至2011年10月，广东电网公司、深圳力能加电站公司在广州、深圳、珠海、中山等地累计投运充电站65座，充电桩超过2300个，充电电量达1422MW·h。南方电网公司还分别在广州亚运城、跑马场建设了电动汽车充电、换电体验中心，积极探索不同的商业模式。

广西壮族自治区

一、2011年节能与新能源汽车发展概况

近年来，广西积极贯彻落实《国务院关于加快培育和发展战略性新兴产业的决定》精神，依托自身良好的汽车工业基础，大力培育和发展节能与新能源汽车产业并取得一定的成效。

截至2011年，广西初步形成了以桂林客车工业集团有限公司、柳州五菱汽车有限责任公司、柳州延龙汽车有限公司、上汽通用五菱汽车股份有限公司以及东风柳州汽车有限公司为核心的节能与新能源汽车整车研发及生产格局，具备了一定的节能与新能源汽车整车生产能力。其中，柳州五菱汽车有限责任公司和桂林客车工业集团有限公司已获得新能源汽车生产资质，柳州延龙汽车有限公司、上汽通用五菱汽车股份公司已向工信部申请新能源汽车生产资质。在关键零部件生产方面，有广西七星精进能源科技有限公司、桂林星辰科技有限公司、广西玉柴机器股份有限公司、柳州科尔数字化制造技术有限公司等企业。广西七星精进能源科技有限公司的主要产品有锂离子动力电池、电池管理系统，桂林星辰科技有限公司的主要产品有驱动电机、混合动力总成等，广西玉柴机器股份有限公司的主要产品为商用车混合动力总成系统等，柳州科

尔数字化制造技术有限公司产品的重点方向是直流他励控制器、交流电机控制器等。

二、广西节能与新能源汽车生产经营

2011年，柳州市共销售节能与新能源汽车853辆，其中纯电动汽车269辆、混合动力汽车4辆、启停式汽车580辆；出口162辆，出口额565万元。桂林客车工业集团有限公司全年产销新能源客车5辆，销售额为1000万元。

三、节能与新能源汽车示范推广情况

2011年，广西在南宁、桂林等市继续实施节能与新能源汽车示范推广工作。南宁市于2010年投入示范运行的8辆纯电动公交车在南宁市39路区间线运营，单边线路总长约15km，每天行驶里程120km左右，至2011年年底运行总里程为198916km；在桂林市，桂林客车工业集团有限公司研发生产的5台纯电动公交车于2011年5月18日在市区公交88路线正式投入运营。

南宁、柳州、桂林三市均已制定了城市节能与新能源汽车示范推广三年规划（2011—2013年）。根据各市的规划目标，到2013年，南宁市将在公交、公务、市政和旅游等领域推广应用节能与新能源汽车1000辆，同时建设一批充（换）电站和充电桩，初步形成配套的服务体系。柳州市企业向各市场、各领域投放示范运营的新能源汽车达到1000辆；建设充电站1座，建成公共充电桩（柜）150个；建立5家新能源汽车维修服务网点，初步形成具有柳州特色的新能源汽车示范体系。桂林市在全市范围内，推广应用新能源汽车共1000辆；建成3座纯电动汽车充电站（电池交换站）和200个纯电动汽车充电柱（柜）；建立15家新能源汽车维修服务网点；建立健全新能源汽车示范应用推广组织管理体系和新能源汽车示范运营信息化服务平台。

四、基础设施建设

目前，广西在南宁市、柳州市和桂林市都建设了电动汽车充电站并投入使用，分别是南宁国际会展中心和南宁竹溪立交的两座电动汽车充电站、柳州潭中电动汽车充电站以及位于桂林市机场路桂林福达机器厂区西侧的电动汽车充电站。

五、节能与新能源汽车项目投融资及建设情况

2011年，广西汽车行业重点企业纷纷加快节能与新能源汽车项目建设步伐。上汽通用五菱汽车股份有限公司投资8500万元建设纯电动微型汽车研发项目，重点攻克新能源汽车整车控制、专用变速箱、高压能量安全管理等核心技术，开发技术水平国内领先的纯电动汽车；柳州五菱汽车有限责任公司投资18554万元组织实施新能源汽车技术改造项目重点新能源汽车焊接生产线、装配线及公用配套改造工程，形成年产各类新能源汽车1万辆规模能力；柳州延龙汽车有限公司投资1200万元，推动纯电动汽车整车控制器的研发；桂林大宇客车有限公司的插电式混合动力客车研发项目，总投资为1500万元；桂林客车工业集团有限公司的新能源客车自主研发平台项目，总投资为15220万元；东风柳州汽车有限公司继续加快中、重度混合动力汽车的研发生产。

六、节能与新能源汽车产业基地及园区建设情况

广西根据其节能与新能源汽车产业发展的基础和现状，将重点打造柳州市节能与新能源汽车产业基地、桂林市节能与新能源汽车产业基地、梧州市新能源汽车动力电池生产基地、玉林市混合动力总成生产基地和崇左市锂离子动力电池生产基地。

1. 柳州节能与新能源汽车产业基地建设情况

目前，柳州五菱汽车有限责任公司、柳州延龙汽车有限公司、上汽通用五菱汽车股份有限公司、东风柳州汽车有限公司等四家企业具备了新能源汽车研发生产能力。产品涉及纯电动货车、纯电动乘用车、客货车、观光车和油电混合的乘用车等。其中，柳州五菱汽车有限责任公司已构建了较完整的新能源汽车开发、测试和检验的设备及手段，两款纯电动微型货车取得了国家产品公告。柳州延龙汽车有限公司已成功开发了纯电动风行、景逸乘用车、五菱之光客车、小旋风货车、小旋风垃圾收集车、依维柯电动服务车、江铃皮卡工程车，以及纯电动洒水车，压缩垃圾车等十几款电动汽车产品。上汽通用五菱汽车股份有限公司自主开发出三款新能源样车，包括纯电动微型客车五菱之光、纯电动微型轿车乐驰、混合动力交叉型乘用车五菱宏光。东风柳州汽车有限公司也已自主或联合开发出风行汽油/CNG两用燃料汽车、油电混合动力车、纯电动厢式运输车等产品，现正加紧开发微、中、重度混合动力汽车及纯电动汽车等新能源汽车产品。

2. 桂林市节能与新能源汽车产业基地建设建设情况

桂林客车工业集团有限公司有5款客车分别获得国家纯电动、插电式油电混合、燃气客车公告，还获得了电动汽车安全节能型电池箱和电动液压混合纯电动汽车两项专利，该公司有13辆纯电动公交车在南宁、桂林公交投入运营。桂林大宇客车有限公司研发生产的两款插电式油电混合动力城市客车样车和2011年4款LNG燃气客车相继成功下线，并已向国家申请公告；桂林星辰科技有限公司研发的电磁直接耦合油电混合动力引擎的技术，搭载配型桂林客车发展有限责任公司生产的V2客车其样车已于2011年4月底成功下线，现正处于整车测试阶段。桂林永鑫光机电节能技术系统开发有限公司新研发的混合动力车用模块化燃油供电系统已获得国家专利，样车已进行了路测，现进入系统改造优化阶段。

3. 梧州市新能源汽车动力电池生产基地建设情况

梧州市新能源汽车动力电池生产企业为广西七星精进

能源科技有限公司，该公司主要从事研发、制造和销售锂聚合物电池产品，其车辆用锂聚合物动力电池（公共大巴、公共小巴、特种车辆等动力电池）产品的型号有3.7V/10A·h、3.7V/20A·h、3.7V/40A·h等。公司十分重视聚合物锂电池产品的研发，其产品为桂林市客车厂、南宁市机械厂等企业以锂聚合物电池为动力的城市公交公共小巴车、城市道路清扫车等车辆配套。其年产5.7亿安时车用锂聚合物动力电池生产项目已落实项目用地，目前正开展项目前期工作。2011年，该公司车辆用锂聚合物动力电池产品销售收入超过4000万元。

4. 玉林市混合动力总成生产基地建设情况

广西玉柴机器股份有限公司与上海交通大学和上海海能汽车电子有限公司联合开发了商用车混合动力总成系统，是中国能与国外品牌竞争的主要产品。目前已开发了YC6J、YC4F、YC4E、YC4G系列混合动力专用柴油机，功率覆盖65～180马力，是国内功率覆盖范围最广的产品系列，所生产的混合动力发动机在各大城市已获批量订单，用户指定配置，是汽车厂进行系列混合动力车辆配套的理想动力。广西玉柴机器股份有限公司商用车混合动力总成系统产业化项目已经自治区核准，项目完成后将实现年产5000台混合动力总成的生产能力。

5. 崇左市锂离子动力电池生产基地建设情况

该基地的主要企业为中信大锰矿业有限责任公司。目前公司生产新能源汽车锂离子动力电池的正极材料，如锰酸锂、钴酸锂等，产能分别为年产1000t和600t。

七、主要扶持政策及措施

1. 加大财政对节能与新能源汽车产业发展的支持力度。2011年，广西财政共安排战略性新兴产业（新能源汽车）发展专项资金3620万元，对柳州五菱汽车有限责任公司等11个企业共14个项目给予了资金支持，重点支持节能与新能源汽车推广、节能与新能源汽车及关键核心部件的研发和产业化项目。

2. 加强节能与新能源汽车生产准入和标准的指导协调。工信部门认真做好节能与新能源汽车生产企业和产品准入的指导工作，积极协调和解决企业在节能与新能源汽车产品公告申报过程中的相关问题，为企业争取节能与新能源汽车生产资质创造条件。

3. 积极推进区内节能与新能源汽车的示范推广。自治区有关部门负责研究制定相关办法和政策，组织实施节能与新能源汽车的示范推广工作。

4. 加紧新能源汽车配套设施建设。广西有关部门积极研究规划新能源汽车配套设施建设，保障新能源汽车配套基础设施建设用地。结合各市示范推广规划，积极推进纯电动汽车充电站等新能源汽车配套基础设施建设。

5. 积极培育节能与新能源汽车消费市场。广西各级政府在推进示范推广的同时，积极采取措施，加强节能与新能源汽车的宣传和消费引导，大力培育本地消费市场。

八、广西主要节能与新能源汽车企业

广西主要节能与新能源汽车企业有桂林客车工业集团有限公司、柳州五菱汽车有限责任公司、柳州延龙汽车有限公司、上汽通用五菱汽车股份有限公司、东风柳州汽车有限公司、广西七星精进能源科技有限公司、桂林星辰科技有限公司、广西玉柴机器股份有限公司、桂林永鑫光机电节能技术系统开发有限公司、柳州科尔数字化制造技术有限公司等。

九、发展规划

广西节能与新能源汽车产业发展“十二五”规划目标是：到“十二五”期末，初步实现节能与新能源汽车产业化发展的全面起步，夯实节能与新能源汽车产业发展的技术和产业基础，初步形成有利于节能与新能源汽车产业发展的体制和机制。到2015年，节能与新能源汽车生产能力达到10万辆，混合动力总成生产能力达到5万套，形成多品种、多系列、多领域的节能与新能源汽车产品体系，基本建立节能与新能源汽车关键零部件体系；全区各市在公交、出租、公务、市政、邮政等领域开展推广使用节能与新能源汽车示范运营，全区节能与新能源汽车保有量进一步提高，城市公交客车、出租车等公共服务领域节能与新能源汽车占一定比例；节能与新能源汽车配套设施建设逐步完善。

十、2011年广西节能与新能源汽车推广情况统计表

1. 2011年电动汽车示范推广数量

单位：辆

车　型	公交车	客车	公务车	出租车	电力工程车	邮政车	环卫车	场地车	观光车	私人车	其他	合　计
纯电动汽车	13	0	0	0	0	0	0	0	78	0	191	282
混合动力汽车	0	0	0	0	0	0	0	0	0	0	0	0
插电式混合动力	0	0	0	0	0	0	0	0	0	0	4	4
燃料电池汽车	0	0	0	0	0	0	0	0	0	0	0	0
其他（包括醇醚类）	0	0	0	0	0	0	0	0	0	0	0	0
合　计	13	0	0	0	0	0	0	0	78	0	195	286

注：13辆纯电动公交车包括桂林市的5辆。

2.2011年电动汽车示范推广车型及数量

单位:辆

车 型	公告批次	目录序号	数量（辆）
桂林牌 GL6120BEV 型纯电动公交车	221	90	13
景逸 B12 混合动力轿车	-	-	4
五菱牌（V1）WLD1082 型电动观光车	-	（二十）09	12
五菱牌（V1）WLD1112 型电动观光车	-	（二十）09	5
五菱牌（V1）WLD2080 型电动观光车	-	（二十）09	10
五菱牌（V1）WLD2110 型电动观光车	-	（二十）09	14
五菱牌 LQG5020CCYBEV 型纯电动仓栅式运输车	222	（二十）09	1
五菱牌 WLD1040Q2 型纯电动商务车	-	（二十）09	18
五菱牌 WLD1140Q1P 型纯电动车	233	（二十）09	20
五菱牌 WLD4020C 型电动社区车	-	（二十）09	127
延龙纯电动观光车	-	-	37
延龙纯电动客货车	-	-	25

3.2011年燃气汽车示范运行保有量统计表

单位:辆

车 型		LPG	LNG	CNG	合 计
燃气汽车	公交车	0	0	0	0
	客车	0	0	0	0
	出租车	0	0	106	106
	私人用车	0	0	0	0
	其他	0	0	0	0
	合 计	0	0	106	106

4.2011年广西电动汽车充电站(桩)建设情况统计表

城市名称	充电站（个）	充电机功率总计（kW）	充电桩（个）	充电站占地面积（m^2）	投资金额（万元）
南宁市	2	921	11	2190	1165
柳州市	1	500	4	600	600

湖南省长株潭地区

一、2011年节能与新能源汽车发展概况

2011年湖南省全年示范推广588台电动公交车，其中，长沙381辆、株洲207辆。

二、长株潭地区节能与新能源汽车生产经营

截至2011年年底，湖南省引进了比亚迪汽车、南车时代电动汽车、长丰汽车、北汽福田、众泰、中联环卫等新能源汽车项目，进一步带动了电动汽车整车及关键零部件研发和产业的发展。比亚迪纯电动大巴K9已量产，实现产销309台。南车时代已累计向长株潭、天津、昆明等国内市场投放各类电动整车1600多辆，中联重科的ZLJ5071TS纯电动环卫车已有30多台销往北京、上海等城市。北汽福田生产的混合动力公交车已有200多台在长沙主要公交线路运营。众泰公司生产的新能源汽车已实现批量生产。

三、节能与新能源汽车示范推广情况

截至2011年年底，湖南省节能与新能源汽车示范推广公交车588辆（其中长沙381辆、株洲207辆），并获2011年度中央财政补助资金16429万元（为湖南省向财政

部、科技部申请预拨款资金23560万元的70%）。

四、基础设施建设

截至2011年年底，长沙市共计投入建设资金2000多万元，先后建成电动大巴、电动汽车充电站3座（汽车东站、汽车西站、大托充电站），建设直流充电机25台、交流充电桩29根（电业局营业厅、田汉大剧院附近）。已投入一台比亚迪K9纯电动大巴往返于103大巴线路（汽车东站—汽车南站）试运营。

五、节能与新能源汽车项目投融资及建设情况

经过“十一五”的发展，湖南省混合动力汽车、纯电动汽车整车研发能力由弱变强，其中南车株洲电力机车研究所有限公司于2011年1月与辽宁曙光汽车集团公司正式签署合资合作协议，两年内可形成年产10000台以上新能源客车整车与年产20000套电机驱动系统等关键零部件的产业化规模，打造中国最大的新能源客车产业化基地；长沙比亚迪有限责任公司已建设年产5000辆电动大巴及年产1万辆电动大巴底盘的生产基地。长沙市率先在全省推广比亚迪纯电动公交车，对推动湖南省战略性新兴产业培育发展和两型社会建设具有十分重要的意义；福田汽车长沙新基地建设项目将重点发展新能源汽车，实现在现有基础上年产汽车增加20万辆产能；湖南吉利汽车工业有限公司是吉利汽车在湖南湘潭的制造基地，其重点发展目标是依托湖南电动汽车技术和产业的雄厚基础，开发制造混合动力轿车。已完成混合动力功能型样车开发、工装系统总成及样车试制、总成性能可靠性试验及整车道路性能及可靠性试验，小批量试生产，并投入示范性使用。

六、节能与新能源汽车产业基地及园区建设情况

按照“区域发展、突出特色”的原则，重点扶持长沙、株洲、湘潭等市打造特色鲜明的电动汽车产业链，包括整车和基于各种类型的混合动力汽车用驱动动力系统平台（包括内燃机、发动机、驱动电机、电机控制器、DC-DC变换器、自动变速箱、动力电池组、电池管理系统等），抢占市场制高点，全面提升核心的系统配套能力。引导电动汽车各企业相对集中发展，推进各市特色产业集群形成，兴起一批电动汽车整车企业、汽车电子企业、电池研发生产企业、汽车电机企业、充电设备企业，全面形成具有综合竞争的电动汽车产业。

长沙市：重点发展电动乘用车整车、材料和电池，如锂镍钴锰氧、锰酸锂、磷酸铁锂、三元复合材料、泡沫镍、氢氧化镍、氧化锰等能源材料，镍氢动力电池、锂离子动力电池、超级电容电池等新能源器件，大力扶持动力电池以及电源管理系统的研究开发与产业化，目标成为我国新能源材料与器件产业化基地。

株洲市：重点发展电动公交车、景区观光车、微型车，同时要突出发展电动汽车电气系统总成、电动化底盘、关键零部件等产业，成为我国综合能力最强的电动汽车整车及关键零部件产业化基地。

湘潭市：重点发展混合动力轿车和驱动电机系统。

七、主要扶持政策及措施

制定了《湖南省电动汽车中长期发展规划》出台了《湖南省人民政府关于支持电动汽车产业发展的若干意见》《关于征集湖南省“十二五”新能源汽车推广规划的函》等文件。

1. 长沙市主要扶持政策及措施

（1）成立了节能与新能源汽车示范推广工作领导小组，制定下发了《长沙市节能与新能源汽车示范推广工作领导小组办公室及各成员单位职责》。

（2）设立了公交发展专项资金，对公交公司购置节能与新能源公交车优先给予补贴。

（3）设立了节能与新能源汽车重大科技专项，重点支持比亚迪开展纯电动客车、长丰新能源乘用车和中联新能源环卫车关键技术的研究与产业化开发。

2. 株洲市主要扶持政策及措施

（1）先后将新能源汽车产业发展纳入《株洲市两型社会建设行动纲要》《株洲市战略性新兴产业规划》和《株洲市新能源产业规划》重要内容。

（2）提出了《株洲市城区公交车辆电动化三年行动计划》，在2009—2012年将中心城区近700辆公交车全部换成电动或混合动力车，着力打造“绿色公交”，在全国率先实现城市公交车全部电动化，把株洲建设成为全国节能与新能源汽车示范推广样板城市。

（3）政府成立了株洲市节能与新能源汽车示范推广领导小组，由王群市长亲自担任组长，成员单位包括市科技局、发展改革委、经信委、财政局等部门。

（4）株洲市制定了工作方案，明确各部门的职责和任务，全市形成了责任明确、运转协调、保障有力的工作体系。

（5）自2010年起，连续两年把新能源汽车推广工作写入了市政府工作报告，将其作为十大民生实事之一，并纳入政绩考核，全力推进、重点落实。

湖南省电动汽车发展环境正不断得到优化，这必将进一步促进正在崛起的湖南电动汽车产业的快速发展。

八、长株潭地区主要节能与新能源汽车企业

湖南省地区主要节能与新能源汽车企业有11家。

长沙市有长沙比亚迪有限责任公司、长沙广汽长丰有限公司、北汽福田汽车股份有限公司长沙汽车厂、长沙众泰汽车工业有限公司、中联重科环卫机械分公司、湖南科霸汽车动力电池有限公司、湖南神舟科技股份有限公司、湖南丰日电源电气股份有限公司。

株洲市有湖南南车时代电动汽车股份有限公司、南车株洲电机有限公司、南方宇航科技股份有限公司

九、发展规划

湖南省电动汽车产业发展的总体思路是：攻关促部件，部件推整车，整车带示范，示范育市场，市场拉产业，进而把湖南省建设成为国家级电动汽车研发基地、示范运营基地和产业化基地。

电动汽车产业的发展必须以技术创新为基础，通过对三大关键零部件（多能源总成控制系统、电机及其控制系统、电池及其管理系统）及关键技术瓶颈的重点攻关，促进电动汽车系统及关键零部件技术的提升，推动整车技术的不断成熟，以整车技术的成熟带动电动汽车示范运营推广，通过示范带动效应培育电动汽车整车及关键零部件市场，最终拉动整个电动汽车产业的发展，形成完整的技术创新、市场成熟、产业发展的环链。

以优化产业结构和构建产业集群为重点，重点扶持纯电动和混合动力公交车、电驱动系统、动力电池三大领域的研发和产业化，壮大一批具有较强竞争力的电动汽车整车及关键零部件企业，不断提升湖南省电动汽车的自主创新能力和综合竞争力。

总体目标是：通过 5 年的努力，到 2012 年实现“121”目标。即混合动力轿车形成年产 10000 辆的生产能力，混合动力城市客车形成年产 2000 辆的生产能力，力争实现产值突破 100 亿元，并在国家“十成千辆”行动计划示范车辆中占有一定的份额，为湖南省电动汽车大规模产业化奠定基础。

建立起较完整的自主创新体系，组建电动汽车产业技术创新联盟。2012 年以前，建成电动汽车国家级工程（技术）研究中心或者国家工程实验室。

十、2011 年长株潭地区节能与新能源汽车推广情况统计表

1. 2011 年电动汽车示范推广数量

单位：辆

车　型	公交车	客车	公务车	出租车	电力工程车	邮政车	环卫车	场地车	观光车	私人车	其他	合　计	同期增长（%）
纯电动汽车	0	0	0	0	0	0	0	0	0	0	0	0	
混合动力汽车	588	0	0	0	0	0	0	0	0	0	0	588	2.8
插电式混合动力	0	0	0	0	0	0	0	0	0	0	0	0	
燃料电池汽车	0	0	0	0	0	0	0	0	0	0	0	0	
其他（包括醇醚类）	0	0	0	0	0	0	0	0	0	0	0	0	
合　计	588	0	0	0	0	0	0	0	0	0	0	588	2.8

2. 2011 年电动汽车示范推广车型及数量

单位：辆

车　型	公告批次	目录序号	数量（辆）
南车时代牌 TEG6120PHEV 型混合动力城市客车	216	（十八）23	254
南车时代牌 TEG6129PHEV 型混合动力城市客车	232	（十八）23	10
南车时代牌 TEG6102PHEV 型混合动力城市客车	232	（十八）23	197
福田牌 BJ6123PHEV－1 型混合动力城市客车	220	9	127

3. 2011 年燃气汽车示范运行保有量统计表

单位：辆

车　型		LPG	LNG	CNG	合　计
燃气汽车	公交车	0	0	392	392
	客车	0	0	0	0
	出租车	0	0	2299	2299
	私人用车	0	0	0	0
	其他	0	0	0	0
	合计	0	0	2691	2691

4. 2011 年长沙市电动汽车充电站(桩)建设情况统计表

城市名称	充电站（个）	充电机功率总计（kW）	充电桩（个）	充电站占地面积（m^2）	投资金额（万元）
湖南长沙市	3	1780	29	1500	2300

沈阳市

一、2011 年节能与新能源汽车发展概况

1. 燃气汽车方面

陕京二线天然气、大连 LNG、大唐阜新煤制气等气源即将进入沈阳市，结合陕京二线天然气管线等天然气气源即将到沈的契机，全面启动天然气汽车推广工作。编制完成了加气站布局规划，印发了《沈阳市人民政府关于进一步加强燃气汽车管理的通告》和《关于我市开展天然气汽车示范推广工作的通知》（沈发改发〔2011〕127 号），作为指导沈阳市燃气汽车发展的纲领性文件。建设 4 座天然气加气站，其中 3 座为油气合建站；发展天然气汽车 1050 辆，其中 LNG 长途客运车辆 20 辆。

2. 电动汽车方面

2011 年 5 月，国家财政部、科技部、工业和信息化部、国家发展改革委以财建〔2011〕230 号文件正式批复了沈阳市节能与新能源汽车示范推广试点实施方案。到 2011 年年底出租车行业共采购混合动力车 403 辆。2011 年 11 月，沈阳市公交公司采购日的 40 辆五洲龙生产的插电式混合动力大巴，投放在 179 路、209 路和 222 路公交线路上运营。2011 年完成 3 座充电站建设，其中暖库充电 1 座、冷库充电 2 座，同时进行了露天充电实验运行。

二、沈阳市节能与新能源汽车生产经营

沈阳市汽车产业从“十一五”后期开始步入高速成长期，产业规模和影响力持续扩大。2011 年全市汽车企业整车产销量分别为 71. 5 万辆和 73. 1 万辆。特别是宝马轿车、别克 GL8 高档商务车和雪佛兰科鲁兹轿车的大幅增长，使产品结构进一步优化。

沈阳市汽车及零部件企业工业总产值继 2010 年首次突破千亿元大关后，2011 年达到 1249. 23 亿元，同比增长 25. 8%，增幅居全市优势产业前列。汽车零部件产业形成了与整车协调发展的良好态势。北盛三期 45 万台新型发动机、三菱发动机技术更新与扩建和华晨自主发动机研发等项目都在加快进行，宝马新工厂 40 万台新型发动机项目正在落实之中；汽车零部件产值超亿元的企业已有 30 多家。

沈阳市目前集中了华晨金杯、华晨宝马、上海通用北盛等整车生产企业和 18 家规模以上汽车零部件企业，近年来节能与新能源汽车产业获得了快速发展。2008 年华晨汽车工程研究院成立了独立的新能源开发事业部。微混动力车型目前已投放市场；中华尊驰弱混动力轿车，用于大连达沃斯论坛会议指定服务用车；延程型插电式混合动力轿车，完成功能样车研制；海狮纯电动车型，完成了功能样车的生产，计划小批量定点投放市场。华晨宝马公司进入了新能源汽车的实战阶段，2011 年 4 月在上海国际车展前进行了新能源汽车发布，基于全新 BMW 5 系长轴距的插电式混合动力汽车，由华晨宝马研发并在沈阳生产，它是中国首款将尊贵和环保完美结合的高档新能源车，计划 2013 年实现量产。

三、节能与新能源汽车示范推广情况

1. 公交车

初期 40 辆混合动力公交车按照暖库、冷库和露天停车充电 3 种方式进行试运行。暖库停车充电运行线路为沈北新区 179 路公交车，配备混合动力公交车 20 辆；冷库停车充电运行线路为 209 路和 222 路公交车，原有配车数量不变，各增加 10 台混合动力公交车，初期试运营新能源公交车为深圳五洲龙生产的 40 台 FDG6111HEVG2 型混合动力公交车，运营主体为沈阳市客运集团。对剩余 560 辆车沈阳市进行了统筹考虑，完成了线路的选定和充电场站的选址，年底前招标了 100 辆新能源公交车。

2. 出租车

由沈阳市总工会组建了中华劳模出租汽车公司，实行公车公营。选用优秀的出租车司机，发挥劳模精神，以优质的服务为全市出租车行业树立样板，为引领沈阳文明风气起到示范作用。采购了 300 辆启停式混合动力出租车，产品型号 SY7150X1SHEVBA。在中华劳模出租车的带动下，安运、金环、狮城等十几家出租汽车公司购买了华晨公司产混合动力汽车，截至 2011 年 11 月底共采购了 403 台。这样沈阳市节能与新能源汽车示范推广混合动力出租车 400 台的任务就全部完成，目前超额任务总量 3 台。

3. 公务车

经过反复研究，确定公务车由公安局交警支队示范运行，分配给战斗在公安第一线的交警支队各处、大队；车型选用小型轿车，安装警灯警报器、喷涂警用标识，作为市内交通巡逻警车使用。公安局成立了纯电动公务车示范使用组织领导机构，由后勤装备处负责具体工作，并制定了工作方案。

沈阳市按照国家四部委要求，加强了安全管理、车辆维保工作，积极开展了技术培训、数据采集与分析研究，推进了信息平台建设，对电池实现实时监控，无安全事故。

四、基础设施建设

电力设施建设由省电力公司负责，主要包括外部线路、充电机和充电配套系统，以及充电监控系统，投资2600万元，现已完成对179路、222路、209路充电设施及监控实施建设。

暖库充电由蒲河新城管委会投资850万元，建成辉山交通枢纽站，为179路20台车提供暖库充电。100台纯电动公务车充电基础设施完成选址工作。

五、节能与新能源汽车项目投融资及建设情况

沈阳市东、西部汽车产业聚集区形成快速发展态势。北盛三期扩建项目形式建设，华晨宝马大东工厂新5系10万辆/年扩产改造工程完成，华晨中华15万辆A级车新工厂正式投产，铁西华晨宝马新工厂项目建设提速，在原计划的基础上，总投资从56亿元提高到100亿元，宝马X1新产品已正式装配下线。华晨和北盛汽车公司均有新能源汽车的生产计划。

金杯新能源汽车项目正在申报国家节能与新能源汽车推荐目录。

中日投资双方经过半年商谈，广汽日野确定了新能源客车的生产计划。

六、节能与新能源汽车产业基地及园区建设情况

沈北新区正在引进新能源汽车整车及零部件生产企业，拟建成沈阳新能源汽车生产基地，其中五洲龙新能源汽车项目，2011年主厂房竣工，设备安全完成80%。

七、主要扶持政策及措施

根据国家四部委批复的《沈阳市节能与新能源汽车示范推广试点实施方案》，地方财政将安排各类补贴资金1.27亿元，需市财政拨付的补贴资金列入2011年、2012年城建资金计划。

2011年补贴资金在城建计划中已经落实。对国有公交企业的购车补贴，传统车按车价的30%补贴，新能源汽车按40%给予补贴。

充电电价：直接享受辽宁省峰谷电价优惠政策。

在《沈阳市汽车产业发展的若干意见》中明确提出加快新能源汽车的研发生产。

目前充电站所在区政府给予充电站用地按照工业用地征用的优惠政策。

组建了劳模出租车国有公司，实行公车公营。

市科技部门每年将新能源汽车的研究及示范推广作为高新技术产业发展的重点予以支持。

八、沈阳市主要节能与新能源汽车企业

主要的整车企业：华晨宝马汽车有限公司、华晨中华汽车有限公司、金杯汽车股份有限公司、广汽日野汽车有限公司、上海通用沈阳北盛汽车有限公司、沈阳五洲龙新能源汽车有限公司。

主要的零部件企业：沈阳航天三菱汽车发动机制造有限公司、金杯江森自控有限公司、延锋江森座椅有限公司、李尔汽车、采埃孚伦福德车桥、沈阳213电器。

九、发展规划

《沈阳市节能与新能源汽车示范推广试点城市实施方案（2010—2012）》，确定到2012年年底推广新能源汽车1100辆。其中，混合动力公交车600辆，混合动力出租车400辆，纯电动公务车100辆；充电站30座，充电桩100个。

十、2011年沈阳市节能与新能源汽车推广情况统计表

1. 2011年电动汽车示范推广数量

单位：辆

车　型	公交车	客车	公务车	出租车	电力工程车	邮政车	环卫车	场地车	观光车	私人车	其他	合　计
纯电动汽车	0	0	0	0	0	0	0	0	0	0	0	0
混合动力汽车	0	0	0	403	0	0	0	0	0	0	0	403
插电式混合动力	40	0	0	0	0	0	0	0	0	0	0	40
燃料电池汽车	0	0	0	0	0	0	0	0	0	0	0	0
其他（包括醇醚类）		0	0	0	0	0	0	0	0	0	0	0
合　计	40	0	0	403	0	0	0	0	0	0	0	443

2. 2011年电动汽车示范推广车型及数量

单位：辆

车　型	公告批次	目录序号	数　量
五洲龙牌FDG6111HEVG2型混合动力城市客车	230	（十九）47	40
中华牌SY7150X1SHEVBAB型混合动力轿车	229	33	403

3. 2011 年沈阳市燃气汽车示范运行保有量统计表

单位：辆

车　型		LPG	LNG	CNG	合　计
燃气汽车	公交车	2125	0	375	2500
	客车	0	20	0	20
	出租车	13300	0	1500	14800
	私人用车	0	0	550	550
	其他	500	0	18	518
	合计	15925	20	2443	18388

4. 2011 年沈阳市电动汽车充电站（桩）建设情况统计表

城市名称	充电站（个）	充电机功率总计（kW）	充电桩（个）	充电站占地面积（m^2）	投资金额（万元）
沈阳市	3	400	40	3450	2523

杭州市

一、2011 年节能与新能源汽车发展概况

杭州市新能源汽车企业立足自主技术、品牌的研发，敢为人先，舍得投入，已取得初步成效。如万向集团 1999 年就开始锂离子电池研发的调研和准备，2010 年与美国 ENER1 公司签署战略合作协议，确定在杭建立锂离子电池和 pack 产业生产基地，合资公司的建设将进一步推动万向电动汽车在锂电池模块、系统方面的研发能力。赛恩斯开发出新能源汽车动力系统的实验平台，在业界具有领先水平。众泰的纯电动轿车在全国首家列入国家工信部节能与新能源汽车的公告目录。杭州市企业在挖掘自身研发潜力的同时，加强与国内整车企业的合作开发，如万向电动汽车与宇通集团、上海申沃、青年集团等，赛恩斯能源科技与厦门金旅汽车联合开发的节能与新能源客车均处于国内领先地位，产品已投入杭州市公交系统营运。产业方面，万向电动汽车、万好万家新能源集团、南都电源动力、赛恩斯能源科技等一批锂离子电池研发与制造企业落户杭州，仅万向电动汽车一家就已形成了年产 1.2 亿安时锂离子动力电池的产能，另外，杭州市还有杭州市大有科技、铁城信息科技、硕维科技、中杭电子等一批新能源汽车关键零部件制造和研发企业，主要产品中充换电设备、充换电接口、车载充电机等市场占有率均处于国内前列。与此同时，杭州市通过示范推广培育了新能源出租车公司、车网新能源汽车租赁公司及有泰租赁公司等多个示范营运企业。杭州市在全国率先创新的充换电能源供给模式，已实现 200 余辆纯电动汽车的示范运行规模。杭州市新能源汽车产业基地初具雏形。

二、杭州市节能与新能源汽车生产经营

2011 年度，万向电动汽车有限公司销售电池 2 亿元，主要客户为山东省电力公司、浙江省电力公司。众泰新能源汽科技有限公司销售纯电动汽车 400 余辆。

三、节能与新能源汽车示范推广情况

截至 2011 年年底，杭州市示范推广节能与新能源汽车共 1380 辆，其中混合动力汽车 879 辆，纯电动汽车 501 辆。按示范推广领域统计，公共领域 1197 辆，其中公交系统 866 辆，邮政 15 辆，电力 101 辆，出租车 206 辆，公务行政 9 辆，私人 183 辆（私人租赁 91 辆，私人购买 90 辆，共享租赁 2 辆）。示范车辆行驶总里程 5085 万公里，单车最高行驶里程 27 万公里，共节省柴油 350 万升、汽油 30 万升。

四、基础设施建设

截至 2011 年年底，杭州主城区已建成并投入运营 11 座，已建成尚未投入运营 9 座充换电站，处于建设中的有 14 座。另外，杭州市区（县）已建成 5 座，高速公路服务区内已建成并投入使用 5 座。

五、节能与新能源汽车项目投融资及建设情况

万向电动汽车有限公司总投资 5.8 亿元，年产 1.2 亿安时锂离子动力电池项目，建设完成；万好万家新能源集团（杭州）有限公司总投资 3 亿元，年产 1.5 亿安时锂离子电池项目，正在建设中；浙江南都电源动力股份有限公司投资 13 亿元，新型动力及储能电池项目，正在建设中。

六、节能与新能源汽车产业基地及园区建设情况

杭州市在 35km^2 的汽车产业园内规划了新能源汽车产

业园，目前已有东风裕隆、广汽吉奥建成投产，越西客车正在建设。

七、主要扶持政策及措施

1. 直接购买整车的，根据动力电池组能量给予补助。其中，插电式混合动力乘用车的动力电池组能量超过10kW·h的部分，给予每辆2000元/kW·h的补助，最高补助3万元/辆；纯电动乘用车动力电池组能量超过20kW·h的部分，给予每辆3000元/kW·h的补助，最高补助6万元/辆。同时，对每辆车按0.09元/km的标准给予充电补助，最长补助期限为3年或最高补贴里程为6万km（以先到者为准）。

2. 租赁整车的，根据租赁合同，按每辆车0.09元/公里的标准给予充电补助，最长补助期限为3年或最高补贴里程为6万公里（以先到者为准）。同时，截至2012年12月31日，给予整车租赁费50%的补助，每辆车最高补助1000元/月。

3. 租赁裸车的（即租赁不含电池系统的纯电动乘用车，其动力电池单独向租赁企业租赁，享受电池租赁补助），根据租赁合同，于2011年年底前给予裸车租赁费50%的补助，每辆车最高补助1000元/月；2012年内，给予裸车租赁费30%的补助，每辆车最高补助600元/月。

4. 租赁电池的，根据租赁合同，按每辆车0.50元/km的标准给予电池租赁费补助，最长补助期限为3年或最高补贴里程为6万公里（以先到者为准）。

5. 单位组织职工一次性购买新能源汽车10辆以上的，每辆车给予3000元补助；个人以燃油车换购新能源汽车的，每辆车给予3000元补助。

6. 在杭州市实施的纳入城市统一规划的充电站等配套基础设施建设项目，按实际投入额（不含土地等投入）给予20%的补助。

7. 对新能源汽车和电池生产企业回收废电池的，按照实际回收量，给予15元/kW·h的电池回收补助。

八、杭州市主要节能与新能源汽车企业

万向电动汽车有限公司、东风裕隆汽车有限公司、赛恩斯能源科技有限公司、浙江南都电源动力股份有限公司、万好万家新能源集团（杭州）有限公司、众泰新能源科技有限公司、杭州铁城信息科技有限公司、浙江中杭电子有限公司、杭州市大有科技发展有限公司、杭州市电动汽车服务有限公司。

九、发展规划

目标：大力扶持新能源汽车自主品牌产品设计研发，积极支持新能源汽车本地化研发产品市场化推广，努力引进国内外具有竞争力的市场化新能源汽车产品入驻，将杭州汽车产业园打造成为国内重要的新能源汽车产业园。

近期（至2012年）：形成1.1万辆的整车产能，其中新能源乘用车形成1万辆的产能，新能源商用车形成0.1万辆的生产能力；

中期（至2015年）：形成9万辆整车生产能力，其中新能源乘用车形成8.5万辆生产能力，新能源商用车形成0.5万辆生产能力。

十、2011年杭州市节能与新能源汽车推广情况统计表

1. 2011年电动汽车示范推广数量

单位：辆

车型	公交车	客车	公务车	出租车	电力工程车	邮政车	环卫车	场地车	观光车	私人车	其他	合计
纯电动汽车	0	0	3	170	44	5	0	0	0	93	0	315
混合动力汽车	369	0	0	0	0	0	0	0	0	0	0	369
插电式混合动力	0	0	5	0	0	0	0	0	0	4	0	9
燃料电池汽车	0	0	0	0	0	0	0	0	0	0	0	0
其他（包括醇醚类）	0	0	0	0	0	0	0	0	0	0	0	0
合计	369	0	8	170	44	5	0	0	0	97	0	693

2. 2011年电动汽车示范推广车型及数量

单位：辆

车型	公告批次	目录序号	数量
比亚迪牌QCJ7006BEVF型纯电动轿车	228	108	1
比亚迪牌QCJ7100ADM型混合动力轿车	228	108	9
福田牌BJ6123PHEV-1型混合动力城市客车	223	9	40
海马牌HMC7000EVM0型纯电动轿车	227	88	23
金龙牌XMQ6127GHEV4型混合动力城市客车	227	123	66
金旅牌XML6125JHEV18C型混合动力城市客车	219	124	20

续表

车 型	公告批次	目录序号	数 量
金旅牌 XML6125JHEV28C 型混合动力城市客车	228	124	140
金旅牌 XML6125JHEV93C 型混合动力电动城市客车	192	124	23
康迪牌 KD5011XXYEV 型纯电动厢式运输车	232	(十一) 27	5
宇通牌 ZK6126CHEVGQCA 型混合动力电动城市客车	222	71	70
中通牌 LCK6121HEV 型混合动力城市客车	218	125	10
众泰牌 JNJ6400EVL1 型纯电动轻型客车	232	84	24
众泰牌 JNJ6400EVL 型纯电动轻型客车	222	84	14
众泰牌 JNJ6401EVL 型纯电动轻型客车	232	84	43
众泰牌 JNJ7000EVM 型纯电动轿车	232	84	205

3. 2011 年燃气汽车示范运行保有量统计表

单位：辆

车 型		LPG	LNG	CNG	合 计
燃气汽车	公交车	0	174	0	174
	客车	0	0	0	0
	出租车	0	300	0	300
	私人用车	0	0	0	0
	其他	0	0	0	0
	合计	0	474	0	474

4. 2011 年杭州市电动汽车充电站(桩)建设情况统计表

城市名称	充电站（个）	充电机功率总计（kW）	充电桩（个）	充电站占地面积（m^2）	投资金额（万元）
杭州市	17	–	160	–	18000

合肥市

一、2011 年节能与新能源汽车发展概况

2011 年，合肥市新能源汽车产业产值达到 80 多亿元，电动客车和电动轿车生产能力分别达到 1000 辆和 2 万辆，整车与关键零部件企业达 30 余家，初步形成了较为完整的新能源汽车产业链。

二、合肥市节能与新能源汽车生产经营

2011 年，合肥市汽车整车产量为 50. 9 万辆，规模以上的汽车及零部件产业实现工业产值 642. 5 亿元。

安徽安凯汽车股份有限公司生产交付 320 辆纯电动客车，30 辆混合动力客车，整车销售收入 2. 5 亿元。 安徽江淮汽车股份有限公司生产交付纯电动轿车 1000 辆，整车销售收入 6500 万元。

三、节能与新能源汽车示范推广情况

合肥市共推广新能源汽车 2018 辆，其中，新能源客车 433 辆（430 辆纯电动客车、2 辆混合动力客车、1 辆插电式混合动力客车），新能源乘用车 1585 辆（全部是纯电动轿车）。 合肥市推广新能源汽车总量在全国 25 个试点城市中排名靠前，纯电动客车和纯电动轿车推广总量暂时排名第一。

电动公交车在合肥市区 14 条公交线路上运营总里程达 600 万公里，单车平均百公里耗电 110°，一次充满电平均续航里程 235km，单车最高行驶里程 12 万多公里。 1585 辆纯电动乘用车行驶总里程 450 万公里，单车不带空调平均百公里耗电 14°，一次充满电最高续航里程 160km，城市工况下平均续航里程 110km，单车最高行驶里程 3. 2 万公里。 2018 辆新能源汽车总行驶里程约 1050 万公里，共节省燃油约 202 万升，减少 CO_2 排放约 5282t。

主要做法与特点：一是创新模式破僵局。 合肥新能源

汽车推广在全国创新多种模式，受到广泛认同。合肥市推广纯电动客车采用电池“融资租赁”模式，推广纯电动轿车采用“定向购买”“整车租赁”模式，打开了纯电动客车、纯电动轿车推广难的局面。二是强化研发降成本。合肥市政府与合肥工业大学合作成立新能源汽车研究院，支持企业在电机、电控方面掌握关键技术，降低成本。争取科技部批准由安徽安凯汽车股份有限公司筹建国家电动客车整车系统集成工程技术研究中心。江淮同悦二代电动车比一代车的配置提高、性能提升，整车售价下降10%；安徽安凯汽车股份有限公司研制出整车控制器等，电动客车裸车售价下降20%。三是招商引资促产业。试点示范与招商引资相互促进，引进成立华霆（合肥）动力技术有限公司、合肥新生代电动马达系统有限公司、安塞锂能（合肥）公司、安徽易威斯新能源科技股份有限公司等，合肥市聚集新能源汽车产业链企业近30家，建成年产1000辆电动客车及2万辆电动轿车生产线。四是协同发展争突破。政府引导、企业发力共同推进新能源汽车产业，合肥市政府支持试点示范资金1.66亿元，争取中央财政补贴和国家电网建站资金4.36亿元，安徽江淮汽车股份有限公司、安徽安凯汽车股份有限公司和合肥国轩高科动力能源有限公司等重点企业上市募集投入资金约8亿元。

四、基础设施建设

合肥市建成5座充电站、526个充电桩、8座维保服务站，正在筹建3座充换电站、1000个充电桩。

五、节能与新能源汽车项目投融资及建设情况

经初步统计，合肥市新能源汽车产业至今投入资金约140000万元，其中合肥市财政支持新能源汽车试点示范资金16600万元，安徽江淮汽车股份有限公司、安徽安凯汽车股份有限公司和合肥国轩高科动力能源有限公司等重点企业上市募集投入资金约80000万元。

六、节能与新能源汽车产业基地及园区建设情况

合肥市以安徽江淮集团公司为整车制造主体，引进电池、电控、电机等相关新能源汽车产业链企业入驻合肥市，打造合肥新能源汽车产业基地。

七、主要扶持政策及措施

1. 公共领域

（1）购车补贴。合肥市财政给予电动公交车购车补贴，补贴标准40万元/辆，与购置传统燃油车的价格相同，180辆电动公交车共补贴7200万元。

（2）电池租赁费用。合肥市财政给予每辆电动公交车电池租赁费用20万元/年，180辆电动公交车每年支付电池租赁费用3600万元，连续支持8年。

（3）充电站建设。合肥市财政补贴经开区停保场充电站建设费用500万元。

2. 私家车领域

（1）购车补贴。2010年，合肥市财政给予585辆纯电动轿车1万元/辆的补贴。2011年起，合肥市财政按电池能量给予补贴1000元/kW·h，插电式混合动力车最高补贴1.5万元/辆，纯电动车最高补贴2万元/辆。

（2）租赁费用补贴。租赁整车的，补贴50%租赁费用（最高500元/月）；租赁电池的，补贴两年电池租赁费用；

（3）以旧换新的，追加补贴3000元/辆。

（4）电池回购专项资金。合肥市财政设立电池回购专项资金，按照整车厂500元/辆、市财政200元/辆标准提取资金专户存储，专门用于新能源汽车动力电池回收处理。

（5）充电设施补贴。合肥市财政给予充电站建设费用的5%补贴（不含基建费用），单个设施补贴不超过100万元。要求工程采取招投标形式建设，决算审计后兑现补贴资金。

八、合肥市主要节能与新能源汽车企业

安徽江淮汽车股份有限公司、安徽安凯汽车股份有限公司、合肥国轩高科动力能源有限公司、安徽巨一自动化装备有限公司、安徽力高新能源技术有限公司、安塞锂能（合肥）公司、安徽易威斯新能源科技股份有限公司、合肥同智机电控制技术股份有限公司、安徽英科智控股份公司、合肥新生代电动马达系统有限公司、合肥亚龙化工有限公司、安徽恒基伟业科技有限公司、合肥国骋新能源汽车技术有限公司、合肥华耀电子工业有限公司、华霆（合肥）动力技术有限公司、安徽络力机电科技有限公司、合肥通用电源设备有限公司、合肥协力仪表控制技术股份有限公司、合肥正阳光电科技有限责任公司、合肥瑞吉安新能源汽车科技公司

九、发展规划

2010—2012年，合肥市计划推广新能源汽车22500辆，其中在公共领域推广新能源汽车1400辆，在私人领域推广新能源21100辆，计划建设充电站20座，私家车交流充电桩30000个。

“十二五”期间，合肥抢抓国家促进中部崛起和国内外产业转移等重大机遇，将新能源汽车产业作为战略性新兴产业之一大力发展，到“十二五”末，将形成10万辆新能源乘用车和6000辆新能源客车的产能。

十、2011年合肥市节能与新能源汽车推广情况统计表

1. 2011年电动汽车示范推广数量

单位：辆

车型	公交车	客车	公务车	出租车	电力工程车	邮政车	环卫车	场地车	观光车	私人车	其他	合计	同期增长（%）
纯电动汽车	200	50	0	0	0	0	0	0	0	1000	0	1250	70
混合动力汽车	0	2	0	0	0	0	0	0	0	0	0	2	0
插电式混合动力	0	0	0	0	0	0	0	0	0	0	0	0	0
燃料电池汽车	0	0	0	0	0	0	0	0	0	0	0	0	0
其他（包括醇醚类）	0	0	0	0	0	0	0	0	0	0	0	0	0
合计	200	52	0	0	0	0	0	0	0	1000	0	1252	70

2. 2011年电动汽车示范推广车型及数量

单位：辆

车型	公告批次	目录序号	数量
江淮牌HFC7000AEV型纯电动轿车	219	56	1000
安凯牌HFF6127K46EV－1型纯电动客车	232	55	20
安凯牌HFF6127K46EV－2型纯电动客车	232	55	20
安凯牌HFF6112G03EV型纯电动城市客车	232	55	10
安凯牌HFF6100G03EV型纯电动城市客车	231	55	100
安凯牌HFF6101G03EV型纯电动城市客车	231	55	100
安凯牌HFF6110G03PHEV型混合动力城市客车	232	55	1
安凯牌HFF6120G03PHEV型混合动力城市客车	232	55	1

3. 2011年燃气汽车示范运行保有量统计表

单位：辆

车型		LPG	LNG	CNG	合计	同比增长（%）
燃气汽车	公交车	0	0	815	815	30
	客车	0	0	0	0	0
	出租车	0	0	8395	8395	0
	私人用车	0	0	0	0	0
	其他	0	0	0	0	0
	小计	0	0	9210	9210	

4. 2011年合肥市电动汽车充电站(桩)建设情况统计表

城市名称	充电站（个）	充电机功率总计（kW）	充电桩（个）	充电站占地面积（m^2）	投资金额（万元）
合肥市	5	12800	96	25000	6000

济南市

一、节能与新能源汽车示范推广情况

截至2011年年底，济南市累计示范推广节能与新能源汽车226辆，其中，混合动力公交车200辆，纯电动汽车26辆。2009年，济南公交公司购置12m混合动力新能源空调车100辆（中通80辆，福田20辆）；2010年，济南公交公司购置12m混合动力新能源空调车100辆（全部为中通汽车）；

2010年，济南供电公司购买26辆普利马纯电动公务用车。

二、基础设施建设

为配合济南市电动汽车的推广应用工作，做好充电网络的超前规划与布局，经过积极争取，济南市成为国家电网公司和山东电力集团公司的电动汽车智能充换电服务网络建设试点城市。2010年，市政府与山东电力集团公司签订了《关于加快推进电动汽车智能充换电服务网络建设合作协议》。根据协议精神，济南供电公司总投资7300万元，于2010年开工并建设完成了英贤、葛家庄、济微路、园博园、章丘等5座充电站，充电桩数量达到50个。2011年，济南供电公司继续建设电动汽车集中充换电（英雄）1座、充换电站（西客站、英贤扩建）2座、电池配送站6座以及动力电池购置以及配套供电设施等。

三、节能与新能源汽车项目投融资及建设情况

久兆新能源科技有限公司磷酸铁锂正极材料生产项目。项目占地46.4亩，建设车间、综合楼等，总建筑面积23048m^2，购置主要设备36台（套）。项目总投资12790万元，由企业自筹解决。项目于2011年7月开工建设，2012年6月底竣工。

四、主要扶持政策及措施

《济南市加快新能源汽车示范推广试点工作若干意见》（济政办字〔2011〕32号），主要内容为：

1. 扩大新能源汽车推广应用范围。鼓励市直机关和各县（市）区机关部分公务用车、景区景点旅游观光用车、环卫绿化用车、物流运输用车等有计划地推广使用电动汽车。鼓励和支持企事业单位及工作人员和广大市民购买使用电动汽车。积极支持公交、出租、环卫、邮政和物流货运等公共服务领域的单位申请节能与新能源汽车示范推广财政补助资金。

2. 将新能源汽车纳入政府采购范围对经认定纳入《济南市自主创新产品目录》的新能源汽车，同时纳入《济南市政府采购自主创新产品目录》。

3. 投放部分试点试验纯电动出租车。先期试运行200辆纯电动出租车，并从市新能源汽车示范推广经费中给予6万公里内0.5元/公里的电池使用费一次性补贴。

4. 加强新能源汽车配套设施建设。鼓励和支持国家电网企业建设济南市智能充换电服务网络。充换电站建设用地按公用事业用地办理，智能充换电网络、充电设施、电力线路走廊、电缆通道用地应在土地利用总体规划确定的建设用地范围内选址，市政府有关部门要在用地手续办理、项目审批等方面给予大力支持。

5. 鼓励新能源汽车产业发展。

五、济南市主要节能与新能源汽车企业

久兆新能源科技有限公司、山东宝雅新能源汽车股份有限公司、山东省耐特新能源科技有限公司、济南市电动汽车运营有限公司。

六、发展规划

《济南市战略性新兴产业发展规划（2010—2015年）》中提出：以插电式混合动力汽车和纯电动汽车为重点，发展整车、汽车零部件以及相关检测和管理系统。支持山东省新能源汽车技术创新联盟建设发展，推动技术创新和行业标准制定，扩大市场准入，聚合产业力量，不断完善产业链。加强耐特与山大车用高能动力电池的研发合作，推进重汽2000台新能源汽车章丘生产基地、久兆5000吨磷酸铁锂正极材料、2万套磷酸铁锂离子动力电池研发生产基地等项目建设，推动青年汽车、吉利汽车将新能源车辆生产项目落户济南，扩大宝雅低速车规模化生产，推动“国家十城千辆节能与新能源汽车示范推广应用”试点城市建设，培育国家新能源汽车产业基地。

七、2011年济南市节能与新能源汽车推广情况统计表

1. 2011年电动汽车示范推广数量

单位：辆

车　型	公交车	客车	公务车	出租车	电力工程车	邮政车	环卫车	场地车	观光车	私人车	其他	合　计
纯电动汽车	0	0	26	0	0	0	0	0	0	0	0	26
混合动力汽车	100	0	0	0	0	0	0	0	0	0	0	100
插电式混合动力	0	0	0	0	0	0	0	0	0	0	0	0
燃料电池汽车	0	0	0	0	0	0	0	0	0	0	0	0
其他（包括醇醚类）	0	0	0	0	0	0	0	0	0	0	0	0
合　计	100	0	26	0	0	0	0	0	0	0	0	126

2. 2011年电动汽车示范推广车型及数量

单位：辆

车　型	公告批次	目录序号	数　量
海马牌HMC7000EVM0型纯电动轿车	227	88	26
中通牌LCK6121HEV型混合动力城市客车	232	125	100

3. 2011 年济南市电动汽车充电站(桩)建设情况统计表

城市名称	充电站（个）	充电机功率总计（kW）	充电桩（个）	充电站占地面积（m^2）	投资金额（万元）
济南市	5	302	74	-	7300

郑州市

一、2011 年节能与新能源汽车发展概况

郑州市开发了一批节能与新能源汽车产品，在混合动力客车、电动汽车整车、电动汽车总成系统及关键零部件研发、产业化上取得了显著进展，2011 年有 8 个车型，累计 24 个车型列入国家《节能与新能源汽车示范推广应用工程推荐车型目录》。

二、节能与新能源汽车生产经营

2011 年，郑州市节能与新能源汽车生产销售 1200 辆，实现销售收入 9.3 亿元。

三、节能与新能源汽车示范推广情况

2011 年，郑州市示范推广节能与新能源汽车 501 辆，其中，混合动力公交车 431 辆、纯电动公交车 7 辆、纯电动公务车 52 辆、纯电动工程车等 11 辆。

四、基础设施建设

2011 年郑州市建成纯电动汽车大型充电站 1 座，第二座充电站正在建设中，安装充电柱（柜）193 个，建成郑州市节能与新能源汽车信息化管理平台和 5 个示范运行数据采集和监控子平台。

五、节能与新能源汽车项目投融资及建设情况

2011 年，郑州市共投入节能与新能源汽车购车资金 42330 万元，充电站、充电桩等配套建设资金 2256 万元。

六、节能与新能源汽车产业基地及园区建设情况

2011 年 7 月郑州宇通投资 24.35 亿元、占地 2000 亩、年产 1 万辆节能与新能源客车基地项目正式开建。

七、主要扶持政策及措施

2011 年 9 月 7 日，郑州市人民政府出台《郑州市关于支持新能源汽车产业发展的意见》。

八、主要节能与新能源汽车企业

郑州宇通客车股份有限公司、郑州日产汽车有限公司、河南少林汽车股份有限公司、海马轿车有限公司、中航电动汽车（郑州）有限公司。

九、2011 年郑州市节能与新能源汽车推广情况统计表

1. 2011 年电动汽车示范推广数量

单位：辆

车　型	公交车	客车	公务车	出租车	电力工程车	邮政车	环卫车	场地车	观光车	私人车	其他	合　计
纯电动汽车	7	0	52	0	11	0	0	0	0	0	0	70
混合动力汽车	431	0	0	0	0	0	0	0	0	0	0	431
插电式混合动力	0	0	0	0	0	0	0	0	0	0	0	0
燃料电池汽车	0	0	0	0	0	0	0	0	0	0	0	0
其他（包括醇醚类）	0	0	0	0	0	0	0	0	0	0	0	0
合　计	438	0	52	0	11	0	0	0	0	0	0	501

2. 2011 年电动汽车示范推广车型及数量

单位：辆

车　型	公告批次	目录序号	数　量
东风牌 ZN5033XGCH2C 型纯电动工程车	202	72	11
东风牌 ZN6440V1Y 型纯电动乘用车	222	72	6
东风牌 ZN6461W1C 型纯电动乘用车	195	72	10
东风牌 ZN6493H2C 型纯电动乘用车	195	72	7
海马牌 HMA7000BEV 型纯电动轿车	232	128	29
少林牌 SLG6120EV 型纯电动城市客车	216	126	7
少林牌 SLG6120HEV 型混合动力城市客车	216	126	1
宇通牌 ZK6126CHEVGAA 型混合动力城市客车	224	71	430

3.2011 年郑州市电动汽车充电站（桩）建设情况统计表

城市名称	充电站（个）	充电机功率总计（kW）	充电桩（个）	充电站占地面积（m^2）	投资金额（万元）
郑州市	1	120	193	8000	2256

武汉市

一、2011 年节能与新能源汽车发展概况

2011 年，武汉市节能与新能源汽车示范推广工作在国家有关部委和省、市领导的重视与关心下，在各成员单位的大力支持和积极配合下，在整车开发、示范运营、政策扶持、配套设施建设等方面稳步推进，取得良好的工作成效。2011 年出台了《市人民政府办公厅转发市科技局关于加快新能源汽车产业发展若干政策意见的通知》《关于进一步推动我市节能与新能源汽车产业发展的若干意见》《市人民政府办公厅关于进一步推动我市节能与新能源汽车应用示范和产业化发展的若干意见》，为进一步推动武汉市新能源汽车示范推广创造了良好的政策和产业环境。同时，在节能与新能源汽车示范推广工作方面，建立了决策机制，制定了新能源汽车车辆制造企业和示范运营单位的安全管理制度和安全运营机制，完善了示范运营数据的采集与监控。协调解决了武汉市纯电动公交车上线示范运营中存在的运营模式、资金、充电设施等一系列问题，2011 年 10 月 28 日，在经济开发区三角湖充电站成功举行了武汉市首批 10 台纯电动公交车上线运营启动仪式。

二、节能与新能源汽车示范推广情况

2011 年，武汉市节能与新能源汽车示范推广的总数为 581 辆，其中混合动力公交车 505 辆，混合动力轿车 50 辆，纯电动公交车 10 辆，15 辆纯电动小轿车，小型勾臂式垃圾车 1 辆，在 2010 年示范推广的基础上新增了 226 辆。

三、基础设施建设

2011 年，为满足 10 台纯电动公交车的示范运营，武汉市对车城北路充电站进行了重大扩建改造，优化了站内充电布局，新增了 6 台大型直流充电机，可一次性满足 13 台纯电动公交车同时充电的需求，按照每台直流充电机每天为 3 台纯电动公交车辆充电计算，将可以满足 24 台纯电动公交车辆的充电需求，除此之外，还可以同时为 6 台乘用车进行充电，改造后的车城北充电站已成为湖北省内充电设备数量多、充电能力最强的电动汽车充电站。

电动汽车道路工况试验及培训中心基地已于 2011 年年初开工建设，截至 2011 年 12 月底，已完成基地围墙施工、主体建筑基础、变压器接入安装、电动汽车充电区域电缆管道铺设等基础施工。于 2012 年 4 月竣工，5 月完成室内装修和设备安装调试后即可投入使用。

四、节能与新能源汽车项目投融资及建设情况

武汉市共筹集配套资金 1.54 亿元，其中：购车贷款贴息 7700 万元，基础设施建设补贴 3000 万元，研发与产业化补贴 3200 万元，营运补贴 920 万元，混合动力公交车国家补贴部分购置税补贴 580 万元。

五、节能与新能源汽车产业基地及园区建设情况

目前，以东湖国家高新区为主要集聚地，依托武汉雄厚的装备制造业基础，武汉市逐步形成了“一区、一带、一群、一链”的新能源产业发展格局，分别为东湖国家高新区新能源产业集聚区，环东湖新能源产业技术研发服务带，分布在武昌、汉口、江夏、阳逻等区域的新能源装备制造产业群，以远城区经济开发区为重点的新能源上下游配套产业链。

逐步形成了“三区五群六基地”的节能与新能源汽车产业格局。分别为沌口新动力乘用车产业园区、汉南电驱动专用汽车产业园区、以东风扬子江为龙头企业的江夏新动力客车产业园区；形成新动力乘用车产业集群、新动力客车产业集群、电驱动专用汽车产业集群、新能源动力总成产业集群、动力电池产业集群；打造节能与新能源汽车及零部件研发基地、生产基地、测试基地、示范基地、配套基地、人才及服务基地。

东风公司是国内最早从事电动汽车研发的企业之一，目前东风公司已获得新能源汽车的专利技术共 139 项，有 19 个车型进入节能与新能源推荐目录，2011 年，公司将已收购的位于武汉经济技术开发区的“中誉汽车”作为纯电动乘用车的生产基地，启动了工厂改造的相关工作。同时，对东风电动车辆股份有限公司增资的相关事宜正在积极推进中，2011 年，累计 170 台各类新能源车辆投入示范运营，其中，混合动力大客车 100 台，纯电动大客车 33 台，其他各类新能源车辆 30 余台。此外，东风电动车辆股份有限公司还销售系列纯电动场地车 700 余台。

截至目前，东风公司累计已有 700 余台各类新能源汽车在全国各地开展示范运营工作；其中，500 台混合动力城市大客车、50 台 BSG 混合动力轿车和 1 台纯电动环卫车正在武汉市示范运营。

2011 年，东风扬子江汽车（武汉）有限责任公司搬迁

到位于武汉市东西湖区金银潭机电开发区，占地面积300亩，获得国家新能源汽车整车生产准入资质。公司生产的第四代WG6120BEVHM 12米纯电动城市客车已进入国家《节能与新能源示范推广应用工程推荐车型目录》，并列入工信部第226批车型公告。该车的电池、电机、电控系统三大核心技术全部为公司自主研发。2011年10月在武汉市579路公交线路上已投放了10辆进行运营。

2011年11月，湖北国通青扬新能源汽车发展有限公司在江夏经济开发区大桥新区举行新型锂离子电池电池生产基地的奠基仪式。一期工程投资9亿元，占地面积约592亩，预计在2013年6月底完成。投产后，将形成年产电动汽车动力电池7.5亿安时的能力，可实现年销售收入30多亿元。

六、主要扶持政策及措施

一是出台了《武汉市节能与新能源汽车示范推广工作方案》，设立了专项资金，支持节能与新能源汽车的研发与产业化。为推进武汉市节能与新能源汽车产业的发展，根据《湖北省关于促进电动汽车研究与产业化的意见》精神，武汉市财政设立电动汽车专项资金，支持新能源汽车产业研发与产业化，截至目前，累计安排资金6670万元，同时争取省电动汽车专项资金5480万元，主要支持武汉市东风汽车、东风扬子江、理工新能源有限公司等企业，用于节能与新能源汽车关键零部件和整车技术的研发与产业化以及示范营运补贴。二是积极筹措配套资金，支持实施“十城千辆”试点示范工程。根据《武汉市节能与新能源示范推广工作方案》要求，武汉市共筹集配套资金1.54亿元，其中：购车贷款贴息7700万元，基础设施建设补贴3000万元，研发与产业化补贴3200万元，营运补贴920万元，混合动力公交车国家补贴部分购置税补贴580万元。三是出台扶持政策，营造宽松环境，为示范推广工作提供政策保障。武汉市在积极推进示范推广工作的同时，将新能源汽车列为武汉市15个战略性新兴产业之一，编制了中长期发展规划，出台了《关于加快新能源产业发展指导意见》（武政〔2009〕54号），从土地供应、财政税收、自主创新产品推广应用、技术创新金融支持、企业人才建设和产学研技术联盟组建等六个方面予以政策支持，同时，武汉市出台了《市人民政府办公厅关于转发武汉市加快新动力汽车产业发展实施方案的通知》（武政办〔2009〕142号）、《市人民政府办公厅转发市科技局关于加快新能源汽车产业发展若干政策意见的通知》（2011年11月）、《市人民政府办公厅关于进一步推动我市节能与新能源汽车应用示范和产业化发展的若干意见》（2012年2月），在政府采购节能与新能源汽车以及对购买新能源汽车免征本地通行的过路过桥费，对新动力轿车做出租进行运营的适当减免其示范经营期内的有偿出让费，对新能源动力汽车示范推广期间所涉及的地方税收部分实施返还等优惠政策。

七、武汉市主要节能与新能源汽车企业

武汉拥有东风汽车公司、东风扬子汽车公司、东风乘用车、东风电动汽车公司、武汉九通专用车、元丰汽车零部件公司、武汉理工宇通公司、银泰科技股份有限公司、国通清扬、中原电子等企业，已经具备电动汽车整车及关键零部件研发能力，形成了电动汽车产业链。

八、发展规划

1. 新能源汽车产业

深入贯彻落实科学发展观，按照国家节能减排和培育战略性新兴产业的总体要求，大力发展新能源汽车产业，以电驱动为武汉市汽车工业转型的主要战略取向，加快培育节能与新能源汽车产业链，提高节能与新能源汽车零部件武汉本地配套率，重建武汉专用汽车在我国的领军地位，使新能源汽车产业成为武汉市新一轮经济发展的战略先导产业和支柱产业，实现武汉市汽车产业的结构调整与升级，打造国家新能源产业基地，努力将武汉建设成为低碳经济先锋城市。

通过3～5年培育，初步形成以企业为主体的产学研技术创新体系，掌握具有自主知识产权的新能源整车和关键零部件核心技术，新能源产业整体技术达到国内领先水平，形成以武汉为核心的新能源产业聚集区和特色产业基地。培育形成3～5个新能源与新能源汽车企业集团，力争到2016年，培育产值超100亿元的龙头企业3～4个、超50亿元的核心企业4～5个，超10亿元的重点企业10～15个，新能源与新能源汽车产业总产值达到600亿元。

2. 新能源汽车示范推广

继续加大示范推广力度，2012年将在公交车推广300辆新能源汽车，在出租车推广200辆，在城管局推广100辆小型纯电动垃圾收集车，在市政府有关部门和单位以及东湖、沌口、东湖风景三个开发区新增公务用车150辆采用新能源汽车。

九、2011年武汉市节能与新能源汽车推广情况统计表

1. 2011年电动汽车示范推广数量

单位：辆

车　型	公交车	客车	公务车	出租车	电力工程车	邮政车	环卫车	场地车	观光车	私人车	其他	合　计
纯电动汽车	10	0	15	0	0	0	1	0	0	0	0	26
混合动力汽车	200	0	0	0	0	0	0	0	0	0	0	200

续表

车　型	公交车	客车	公务车	出租车	电力工程车	邮政车	环卫车	场地车	观光车	私人车	其他	合　计
插电式混合动力	0	0	0	0	0	0	0	0	0	0	0	0
燃料电池汽车	0	0	0	0	0	0	0	0	0	0	0	0
其他（包括醇醚类）	0	0	0	0	0	0	0	0	0	0	0	0
合　计	210	0	15	0	0	0	1	0	0	0	0	226

2. 2011 年电动汽车示范推广车型及数量

单位：辆

车　型	公告批次	目录序号	数　量
东风牌 EQ6110HEV 型混合动力城市客车	216	3	200
九通牌 KR5020ZXXEV 型纯电动车厢可卸式垃圾车	232	29	1
扬子江牌 WG6120BEVHM 型纯电动城市客车	232	（十七）48	10
日产 Leaf 纯电动轿车	–	–	15

3. 2011 年燃气汽车示范运行保有量统计表

单位：辆

车　型		LPG	LNG	CNG	合　计
燃气汽车	公交车	500	0	1000	1500
	客车	0	0	0	0
	出租车	2500	0	11000	13500
	私人用车	0	0	0	0
	其他	0	0	0	0
	小计	3000	0	12000	15000

4. 2011 年武汉市电动汽车充电站(桩)建设情况统计表

城市名称	充电站（个）	充电机功率总计（kW）	充电桩（个）	充电站占地面积（m^2）	投资金额（万元）
武汉市	3	2430	148	–	–

西安市

一、2011 年节能与新能源汽车发展概况

燃气。截至 2011 年年底，西安市 CNG 公交车 7200 辆，CNG 出租车 11750 辆，社会车辆 2000 辆。

电动。2011 年，西安高新区启动 50 辆纯电动大巴 K9 示范运行项目。

二、西安市节能与新能源汽车生产经营

截至 2011 年 12 月末，比亚迪 F3DM 插电式混合动力汽车累计销售 1036 辆。

三、节能与新能源汽车示范推广情况

自 2010 年 5 月起，比亚迪 e6 纯电动轿车在深圳累计投放 300 台作为出租车运行，截至 2011 年 12 月底，单车最长行驶里程已逾 17 万公里。运营期间 e6 性能表现良好，无故障，电池容量仅衰减 2%。

西安高新区已采购 50 辆纯电动大巴，于 2012 年 9 月底前全部投入使用。

四、基础设施建设

加气站。有加气站约 94 座，其中母站 5 座。

充电站。西安高新区为确保纯电动大巴车的运营，计划在区内将开通 3 条公交线路运营，并出资建设两个电动公交车充电站，以及电动公交停车场、充电桩、调度站等公交运营配套设施。两个电动车充电站分别位于锦业二路和里花水立交附近，占地共计约 19 亩，站内设置充电柜共计 50 个。其中，锦业二路充电站于 2012 年 8 月底前建成。

五、节能与新能源汽车项目投融资及建设情况

2009 年，比亚迪 F3DM 生产线在西安建成，规划产能 2 万辆。

2012 年，比亚迪推出第二代双模电动车——秦，并计划在西安投产。现正在进行生产线规划建设，规划产能 2 万辆。

六、2011 年西安市节能与新能源汽车推广情况统计表

1. 2011 年电动汽车示范推广数量

单位：辆

车 型	公交车	客车	公务车	出租车	电力工程车	邮政车	环卫车	场地车	观光车	私人车	其他	合 计
纯电动汽车	50	0	0	0	0	0	0	0	0	0	0	50
混合动力汽车	0	0	0	0	0	0	0	0	0	0	0	0
插电式混合动力	0	0	0	0	0	0	0	0	0	0	0	0
燃料电池汽车	0	0	0	0	0	0	0	0	0	0	0	0
其他（包括醇醚类）	0	0	0	0	0	0	0	0	0	0	0	0
合 计	50	0	0	0	0	0	0	0	0	0	0	50

2. 2011 年电动汽车示范推广车型及数量

单位：辆

车 型	公告批次	目录序号	数 量
陆胜牌 CK6120LGEV 型纯电动城市客车	225	79	50

3. 2011 年燃气汽车示范运行保有量统计表

单位：辆

车 型		LPG	LNG	CNG	合 计
燃气汽车	公交车	0	0	1200	1200
	客车	0	0	0	0
	出租车	0	0	11750	11750
	私人用车	0	0	0	0
	其他	0	0	2000	2000
	小计	0	0	20950	20950

4. 2011 年西安市电动汽车充电站(桩)建设情况统计表

城市名称	充电站（个）	充电机功率总计（kW）	充电桩（个）	充电站占地面积（m^2）	投资金额（万元）
西安市	2		2	4000	1200

成都市

一、2011 年节能与新能源汽车发展概况

2011 年，成都市坚持以纯电动汽车为发展方向，鼓励多种技术路线探索，支持企业技术研发，加快配套设施建设，积极推进示范运行，加强示范安全管理，带动了新能源汽车产业加快发展。全年新投入示范车辆 46 辆，其中，公交车 30 辆、出租车 2 辆、专用车 14 辆（其中电力专用车 12 辆，超年度目标 2 辆）。

新建成充电桩 250 个，新建 2 座充电站完成主体工程。引进 1 个整车、3 个关键零部件及材料项目。

二、节能与新能源汽车示范推广情况

1. 车辆运行情况

全年共落实示范车辆 46 辆，新开通公交示范线路 3 条。截至 2011 年 12 月 31 日，示范运行的 56 辆纯电动汽车（含 2010 年投运 10 辆）累计行驶 26.12 万公里，运送乘客 109.03 万人次，实现营业收入 130.4 万元，充电量 40.42 万度，平均能耗每公里 1.55°，充电饱和状态下平均最大行驶里程 130km，共节约柴油 99.9t，减少二氧化碳排

放245.1t。

2. 生产企业车辆研发情况

成都客车股份有限公司新研制的“双电”模式纯电动公交车、锂电池纯电动公交车分别于2011年7月、10月进入国家公告，新开发的镍氢电池纯电动客车、插电式混合动力客车相关检测报告已提交工信部指定的中机车辆技术服务中心。川汽集团研制的12m纯电动公交车2011年11月进入国家公告，纯电动乘用车相关检测报告已提交工信部。一汽川专研制的6t纯电动洒水车2011年12月25日通过国家公告公示。重汽王牌研制的8.5t纯电动洒水车2011年12月23日通过工信部组织的中机车辆技术服务中心专家组资格审查，新开发的纯电动垃圾收运车样车2011年6月下线。

三、基础设施建设

新建的槐树店、红旗两座充电站已完成主体工程和部分设备安装，龙泉驿区移动式应急充电站建成投用；中心城区、龙泉驿区、温江区和都江堰市等9个区（市）县新建成充电桩250个；龙泉驿充电站、石羊场充电站二期扩建工程开工；启动“5公里配送圈”工程，开展了首期5个电池配送网点的选址工作。

四、节能与新能源汽车项目建设情况

1. 着力推进重大项目

促进了投资1.35亿元的宝生新能源宽温区镍氢动力电池生产基地项目一期、投资3800万元的华川电装混合动力汽车电机技改项目建成投产；推动了投资2亿元的成都卡倍亿电动汽车电控系统生产基地项目加快建设；推进了投资20亿元的成都瑞华特电动汽车生产基地和检测中心项目土地拆迁，投资8000万元的成客公司气电混合动力及纯电动客车项目前期总评设计等工作。

2. 大力推进招商引资

促进了投资5亿元的川汽集团新能源汽车生产基地项目、投资6.4亿元的韩国SK集团锂电池隔膜项目、投资9800万美元的香港汇通恒能铁镍电池项目、投资8000多万元的中科来方年产500万平方米新型锂离子电池隔膜和1100吨水性黏合剂生产基地项目年内签约；积极跟踪对接中航锂电、比亚迪等动力电池目标企业。

五、大力建设服务环境

加强调查研究，2011年4月，成都市领导率队前往四个试点城市调研，形成了《关于深圳、杭州、合肥、大连节能与新能源汽车示范推广和产业发展的考察报告》。完善政策措施，修订完成了《扶持新能源汽车产业发展意见》初稿，起草了《成都市新能源汽车使用管理办法（试行）》《成都市新能源汽车废弃电池管理暂行规定》《成都市充换电基础设施建设导则》，制定了《新能源出租汽车运价标准》。落实扶持资金，拨付了2010年4辆电动公交车中央补助和地方配套补助资金；实施了汽车产业科技专项，对12m纯电动城市公交客车、宽温区镍氢动力电池、车用驱动电机及控制系统等28个新能源汽车及关键零部件研发项目，给予1800万元补助资金支持。加强安全示范监管，成立了节能与新能源汽车安全管理工作督查小组，建立了示范车辆和充电设施运行状态信息监控平台。增强服务能力，成立了新能源汽车产业发展联盟，依托成都电业局筹建新能源汽车应急救援服务队。

六、发展规划

编制完成了《成都市新能源汽车产业“十二五”发展规划》。

2012年全年投入各类示范车辆974辆，全面完成3年投入示范车辆1030辆的目标。

新建充电站8座；新建充电桩350个。全面完成3年建成投运13座充电站、700个充电桩的目标。

七、2011年成都市节能与新能源汽车推广情况统计表

1. 2011年电动汽车示范推广数量

单位：辆

车　型	公交车	客车	公务车	出租车	电力工程车	邮政车	环卫车	场地车	观光车	私人车	其他	合计	同期增长（%）
纯电动汽车	30	0	0	2	12	0	2	0	0	0	0	46	
混合动力汽车	0	0	0	0	0	0	0	0	0	0	0	0	
插电式混合动力	0	0	0	0	0	0	0	0	0	0	0	0	
燃料电池汽车	0	0	0	0	0	0	0	0	0	0	0	0	
其他（包括醇醚类）	0	0	0	0	0	0	0	0	0	0	0	0	
合　计	30	0	0	2	12	0	2	0	0	0	0	46	

2. 2011 年电动汽车示范推广车型及数量

单位：辆

车 型	公告批次	目录序号	数 量
常隆马可牌 YS6120DG 型纯电动城市客车	147	（十）17	10
蜀客牌 CDK6122CABEV 型纯电动城市客车	227	（二十二）10	20
东风牌 ZN6493H2C 型纯电动工程车	220	3	12
成都王牌牌 CDW5164GSSEV 型纯电动洒水车	235	101	1
远达牌 SCZ5168GSSBEV 型纯电动洒水车	235	（二十二）01	1
野马牌 SQJ6452BEV 型纯电动出租车	-	101	2

3. 2011 年成都市电动汽车充电站（桩）建设情况统计表

城市名称	充电站（个）	充电机功率总计（kW）	充电桩（个）	充电站占地面积（m^2）	投资金额（万元）
成都市	5	3130	250	19483	10045

苏州市

一、2011 年节能与新能源汽车发展概况

2011 年年末，苏州市共发展新能源公交车 93 辆，其中油电混合动力公交车 89 辆，纯电动公交车 4 辆，累计运营里程 556.15 万公里。

二、苏州市节能与新能源汽车生产经营

金龙联合汽车工业（苏州）有限公司开发的并联混合动力、混联混合动力、纯电动、增程式、氢燃料电池等，车长从 7m 到 12m 全系列的新能源客车产品，已在昆明、苏州、海口、天津等地运行，其中燃料电池客车还出口到新加坡为青奥会服务。至 2011 年年底，苏州金龙已经售出新能源客车 392 辆，其中纯电动车 10 辆，混合动力车 380 辆（包括插电式混合动力车 3 辆），燃料电池车 2 辆。

三、节能与新能源汽车示范推广情况

2010 年 5 月 31 日，苏州市正式成为“十城千辆”示范推广工程第二批试点城市。在 2010 年推广 41 辆新能源车的基础，进一步加大推广力度。2011 年，苏州市分别在 1 月、3 月、8 月、9 月陆续投入 50 辆油电混合动力和 2 辆纯电动公交车，在 12 月完成 61 辆油电混合动力公交车采购工作，并于 2012 年 2 月底全部上路上线运营，市区新能源车辆总数达到 154 辆。

四、基础设施建设

苏州供电公司截至 2011 年年底共建成 3 座换电站、1 座充换电站、80 个交流充电桩。建设和运行情况如下：

1. 省内首批高速公路服务区电动汽车换电站

2011 年 11 月底，苏州供电公司承担建设的“苏沪杭城际互联工程”江苏段 3 座换电站建设任务已经全部完成，并通过国网公司专家组验收，分别为沪宁高速阳澄湖服务区换电站 1 座、苏嘉杭高速白洋湖服务区换电站 2 座。建成后初步实现了苏沪杭之间的互联互通，满足了乘用车用户在苏沪杭地区自由行驶的要求，同时为进一步推动长三角区域的城际互联网络建设发挥了重要的示范作用。

2. 苏州市首批 80 个交流充电桩

在充分考虑充电桩部署的示范效应和合理性的前提下，现主要布设于苏州供电公司大院、营业厅网点、各县供电公司所属区域和具有示范效应的居民小区停车场内，能为电动乘用车提供整车充电服务。

3. 邓蔚路充换电站

邓蔚路充换电站自 2010 年 9 月 29 日起正式投运。至 2012 年 2 月中旬，已累计为新区公交公司的 327 路 4 辆纯电动公交车充电 931 次，保障车辆行驶总里程达 51683km，充电总电量 70357kW·h。

五、节能与新能源汽车项目投融资及建设情况

混合动力客车研发及产业化项目。该项目由苏州金龙客车承担，列入江苏省科技成果转化专项资金项目，总投入 6000 万元，其中省拨经费 400 万元，至 2011 年年底，开发了并联混合动力、混联混合动力、纯电动、增程式等多种模式的新能源客车，已经初步完成从 7m 至 12m 全系列新能源车型的布置。

六、节能与新能源汽车产业基地及园区建设情况

1. 成立了海格新能源电控科技有限公司，至 2011 年年底，已经形成了一支由 4 位博士为主导，人数达 40 余人的技术队伍，初步开发出新能源客车控制系统的核心技术。

2. 苏州金龙海格客车联合清华大学、上海交通大学、

东莞新能源科技有限公司，成立海格新能源客车研究院，同时苏州金龙还设立专门的新能源客车研发小组，人数已达12人，投入资金2000万元，已经配置了完整的新能源客车研发、试验等设备，并逐步建成专门的新能源客车试制车间，形成完善的新能源客车设计和开发技术能力，计划2015年年产能力达到3000辆。

七、主要扶持政策及措施

1. 《苏州市人民政府专题会议纪要》（〔2011〕123号），明确72辆新能源上线运营公交车的购置问题及61辆新购新能源公交车采购问题。

2. 《关于我市公交企业2011年度购车贷款贴息及担保费用的请示》（苏财综字〔2011〕36号），明确车辆采购具体补贴。

3. 《苏州市战略性新兴产业重点领域技术指引》（苏府办〔2010〕24号），提出“加强大功率锂离子电池及其管理模块生产技术研发，推进电动城市客车的开发与商业化应用，特别是大行程纯电动客车新型整车设计制造技术”。

八、苏州市主要节能与新能源汽车企业

金龙联合汽车工业（苏州）有限公司、江苏友谊汽车有限公司、张家港市江南汽车制造有限公司、昆山专用汽车制造厂、常熟华东汽车有限公司、苏州市杰作电气成套有限公司、苏州双航机电有限公司、苏州新同创汽车空调有限公司、苏州市微纳巨能新能源有限公司、苏州星恒电源有限公司、协鑫动力电池有限公司、江苏索尔新能源科技有限公司等。

九、发展规划

根据《苏州市节能与新能源汽车示范推广实施方案（2010—2012年）》要求，到2012年，苏州市共发展节能与新能源公交车辆1000辆的目标计划，其中2010年完成100辆，2011年完成300辆，2012年完成600辆。

十、2011年苏州市节能与新能源汽车推广情况统计表

1. 2011年电动汽车示范推广数量

单位：辆

车 型	公交车	客车	公务车	出租车	电力工程车	邮政车	环卫车	场地车	观光车	私人车	其他	合 计	同期增长（%）
纯电动汽车	2	0	0	0	0	0	0	0	0	0	0	2	100
混合动力汽车	50	0	0	0	0	0	0	0	0	0	0	50	128
插电式混合动力	0	0	0	0	0	0	0	0	0	0	0	0	
燃料电池汽车	0	0	0	0	0	0	0	0	0	0	0	0	
其他（包括醇醚类）	0	0	0	0	0	0	0	0	0	0	0	0	
合 计	52	0	0	0	0	0	0	0	0	0	0	52	127

2. 2011年电动汽车示范推广车型及数量

单位：辆

车 型	公告批次	目录序号	数 量
海格牌 KLQ6129GHE2 型混合动力城市公交车	216	112	35
海格牌 KLQ6129GEV 型纯电动城市公交车	217	112	2
海格牌 KLQ6129GHEV4 型混合动力城市公交车	229	112	8
宇通牌 ZK6126PHEVGQDA 型混合动力城市公交车	224	71	7

3. 2011年燃气汽车示范运行保有量统计表

单位：辆

车 型		LPG	LNG	CNG	合 计	同比增长（%）
燃气汽车	公交车	0	50	0	50	100
	客车	0	0	0	0	0
	出租车	0	0	0	0	0
	私人用车	0	0	0	0	0
	其他	0	0	0	0	0
	合 计	0	50	0	50	100

4. 2011 年苏州市电动汽车充电站(桩)建设情况统计表

城市名称	充电站（个）	充电机功率总计（kW）	充电桩（个）	充电站占地面积（m^2）	投资金额（万元）
苏州市	4	1540	11	2390	4200

南昌市

一、2011 年节能与新能源汽车发展概况

作为全国首批 13 家节能与新能源汽车示范推广试点城市，南昌市认真执行国家、省、市发展节能与新能源汽车产业政策，以现有 5 家企业技术研发中心为核心，以江铃汽车集团、江西凯马百路佳客车有限公司等主要汽车制造厂为产业基础，以新能源汽车产业技术创新联盟为纽带，通过科学规划、项目引导、人才培养等手段，努力加强节能与新能源汽车技术创新能力，推动产业化进程。在列入试点城市以后，南昌市新能源汽车产业发展迅速。江铃汽车集团、南昌大学、福瑞德科技有限公司、江西凯马百路佳客车有限公司等主要汽车生产企业均在积极研发和生产节能与新能源汽车并已取得初步成果。截至 2011 年 12 月，南昌市已有 12 个新能源汽车产品纳入了《国家节能与新能源汽车示范推广应用工程推荐车型目录》。其中江铃汽车集团 6 个、江西凯马百路佳客车有限公司 6 个。

二、南昌市节能与新能源汽车生产经营

2011 年，南昌市节能与新能源汽车销售 165 辆，产值 10233 万元。以应用促发展的产业推动政策在南昌市初见成效。

三、节能与新能源汽车示范推广情况

2011 年南昌市共推广节能与新能源汽车 274 辆。其中公交车 86 辆（含纯电动城运会服务车 10 辆，混合动力公交车 76 辆）、混合动力出租车 160 辆、混合动力公务车 23 辆、纯电动环卫车 5 辆。2010—2011 年，全市共推广应用节能与新能源汽车 574 辆，其中公交车 156 辆（含纯电动城运会服务车 10 辆，混合动力公交车 146 辆）、混合动力出租车 360 辆、混合动力公务车 53 辆、纯电动环卫车 5 辆。

南昌市节能与新能源汽车示范推广计划进度表

单位：辆

用　途	运营单位	2010 年度		2011 年度		累　计	
		计划数	完成数	计划数	完成数	计划数	完成数
公交车	公交公司	70	70	70	76	140	146
出租车	出租公司	200	200	160	160	360	360
公务车	机关事务局	30	30	30	23	60	53
城运会服务车	公交公司	0	0	20	10	20	10
环卫车	市城管委	0	0	20	5	20	5
合计数量		300	300	300	274	600	574

四、基础设施建设

在配套设施建设方面，一是全面完成了南昌市高新技术开发区首座充电站设备调试，并正式投入使用，且对该站启动二期换电站建设；红谷滩新区充电站初步设计业已完成，同时完成了 150 个充电桩的安装。二是已建成 6 个新能源汽车维修服务站，确保了新能源车的正常营运。三是搭建了示范运行管理信息平台，开展了 100 辆示范运营车辆的实时监控工作。

五、节能与新能源汽车项目投融资及建设情况

1. 江西凯马百路佳客车有限公司新能源客车建设项目

项目总投资 7 亿元，预计 5 年时间完成。整个项目分两期，规划建设新能源研发大楼、电动新能源客车专用厂房，及外国专家、高端人才综合大楼 3 个项目。其中一期投资 2 亿元，其中新能源研发大楼投资 1 亿元，总建筑面积 10000m^2。该研发大楼主要用于新能源客车的研发与设计，建立了涵盖软件开发实验室、新产品研发实验室、测功机试验室等在内的 12 个专业实验室和监测室，致力于提升和创新新能源汽车的技术及工艺；电动新能源客车专用厂房及外国专家、高端人才综合大楼投资 1 亿元，其中，电动新能源客车专用厂房建筑面积为 10000m^2，重点建立完整的新能源汽车三大件（电机、电池、控制器）生产线，高端人才综合大楼建筑面积为 20000m^2，一期工程的完工，将形成 1000 辆新能源客车的新增生产能力，年新增销售收入 15 亿元，年新增税利约 1.5 亿元。二期项目是

一期项目的补充和扩大，预计投资5亿元，重点扩大电控生产线、电池生产线，在一期的基础上进一步扩大规模，培育发展电动汽车整车开发—动力电池—驱动电机—电子控制系统—充（换）电系统—电动汽车应用产业链，围绕产业链开展技术攻关和生产应用。推动发展天然气汽车（CNG、LNG）、生物质燃料汽车，通过整合调整，打造形成纯电动汽车、混合动力汽车、燃气汽车3条新能源汽车产品链，形成新能源汽车的产业化规模。二期工程的完工，将形成2000辆新能源客车的新增生产能力，年新增销售收入30亿元，年新增税利约2亿元。

2. 江铃汽车集团新能源汽车项目

自2008年江铃集团涉足新能源汽车产业至今，通过与万向集团、南车集团、上海瑞华、清华大学、武汉理工、南昌大学、日本三井及东芝公司等科研院所合作，完成了6项新产品的开发并获得公告目录及示范运行推荐目录，“一种电动汽车换挡同步控制系统”取得了国家实用新型专利，另外6项专利已受理，正在评审过程中。截至2011年11月，江铃集团共生产各类新能源汽车79辆，其中：全顺纯电动服务车57辆、皮卡纯电动工程车12辆，并全部实现正常销售；风尚混合动力汽车4辆；风华纯电动汽车4辆、全顺纯电动商用车2辆。计划新增投资5亿元，预计2015年完成，形成各类新能源汽车生产能力1.5万辆，年新增销售收入35亿元，年新增税利约3.3亿元。

六、主要扶持政策及措施

在严格执行国家政策的基础上，认真落实《南昌市节能与新能源汽车产业发展与示范推广专项资金管理暂行办法》等政策文件，积极改进工作方法，强化管理措施，兑现各项政策。在中央财政补助方面，南昌市完成了对2010年完成的300辆示范运营车辆的审核，按照国家四部委核拨文件下达了中央财政资金2766万元。对于2011年示范运营的节能与新能源汽车，南昌市从2011年的中央财政预拨资金向市公交公司下达了一批补助资金共计2107万元，其余国家补助资金正在审批之中。在地方配套补助资金方面，为顺利推进示范推广试点工程，拨付2010年节能与新能源汽车购车地方补助资金1078万元，拨付2011年市公交公司新能源公交车购车地方补助资金2040万元。

三年来，南昌市向各示范应用单位共下拨中央财政专项资金4873万元。投入市级财政资金4390万元（含新能源汽车产品开发目录补贴780万元），引导社会投入新能源示范车辆和配套设施建设资金约1.9亿元。

七、南昌市主要节能与新能源汽车企业

江铃汽车集团、江铃控股有限公司、江西江铃汽车改装车有限公司、福瑞德科技有限公司、江西凯马百路佳客车有限公司、江西美亚能源股份有限公司。

八、2011年南昌市节能与新能源汽车推广情况统计表

1. 2011年电动汽车示范推广数量

单位：辆

车　型	公交车	客车	公务车	出租车	电力工程车	邮政车	环卫车	场地车	观光车	私人车	其他	合　计	同期增长（%）
纯电动汽车	10	0	0	0	0	0	5	0	0	0	0	15	
混合动力汽车	76	0	23	160	0	0	0	0	0	0	0	259	
插电式混合动力	0	0	0	0	0	0	0	0	0	0	0	0	
燃料电池汽车	0	0	0	0	0	0	0	0	0	0	0	0	
其他（包括醇醚类）	0	0	0	0	0	0	0	0	0	0	0	0	
合　计	86	0	23	160	0	0	5	0	0	0	0	274	

2. 2011年电动汽车示范推广车型及数量

单位：辆

车　型	公告批次	目录序号	数　量
安凯牌HFF6110G03PHEV型混合动力城市客车	232	55	30
长安牌SC7155HEV型混合动力轿车	230	96	23
丰田（TOYOTA）牌GTM7240HV型混合动力轿车	215	89	160
江铃牌JX5020ZXXMEV型纯电动环卫车	226	32	5
江西牌JXK6113BEV型纯电动城市客车	230	（十四）03	10
江西牌JXK6116BCHEV型混合动力城市客车	229	（十四）03	46

3. 2011 年南昌市电动汽车充电站(桩)建设情况统计表

城市名称	充电站（个）	充电机功率总计（kW）	充电桩（个）	充电站占地面积（m^2）	投资金额（万元）
南昌市	1	335	150	6660	1500

广州市

一、2011 年节能与新能源汽车发展概况

在市委、市政府的正确领导下，广州市新能源汽车发展工作以“三个重大突破”为统领，依托雄厚的汽车制造业基础和功能完善的汽车产业集群，协调推进研发、配套设施、示范推广与产业化，统筹产业、平台和基础设施全面发展，以国家节能与新能源汽车示范推广试点城市为契机，不断取得新突破。2011 年广州市共示范运行新能源汽车 316 辆，建成 16 个慢速充电桩及两个电动汽车换电体验中心，并获批成为省级战略性新兴产业基地（新能源汽车），广汽集团、广汽客车、广汽本田、广汽丰田、东风日产等企业的节能与新能源汽车项目都已启动，包括广汽集团插电式混合动力汽车研发及产业化项目在内的 8 个项目获得省 1.22 亿元专项资金支持。

二、广州市节能与新能源汽车生产经营

2011 年，广州汽车集团客车有限公司累计生产混合动力客车汽车 300 辆，所有车型均进入国家目录并进入示范推广推荐目录。广州汽车集团混合动力“传祺”车型已生产 32 辆，预计 2012 年可生产 200 辆。截至 2011 年年底，广汽丰田累计生产混合动力版凯美瑞 2066 辆，销售 1725 辆；广汽本田已经启动以“飞度”为原型的本田纯电动汽车的试验工作，并计划于 2012 年在黄埔区实现量产；东风汽车有限公司已经明确将纯电动汽车项目、动力电池项目落户广州市市花都区。

三、节能与新能源汽车示范推广情况

截至 2011 年年底，全市共示范推广各类新能源汽车 656 辆，其中混合动力公交客车 474 辆，纯电动公交客车 26 辆，纯电动乘用车 16 辆，混合动力公务车 96 辆，燃料电池观光车 60 辆，其中，2011 年新增示范运行混合动力公交客车 300 辆，新增纯电动乘用车 16 辆，并有 40 辆混合动力乘用车做好调试准备，待投入示范运行。在运行效果方面，至 2011 年年底，全市混合动力公交客车示范行驶里程累计达 1250 万公里，累计载客人数 3907 万；纯电动公交客车行驶里程累计达 169 万公里，累计载客人数 246 万，示范运行效果良好。

四、基础设施建设

在 2010 年已建设 1 座占地 1500m^2、可满足 50 辆纯电动公交客车充电规模的大学城充换电站和 1 座可为社会车辆充电的亚运城智能公共充电站的基础上，2011 年，广州市开始探索基础设施建设和运营的新模式。在花都区和天河区，为 16 辆纯电动乘用车配套了 16 个慢速充电桩；由南方电网和以色列 Better Place 公司合作建成一个以可替换电池、网络运营为基础的商业合作模式展示中心——广州赛马场电动汽车换电客户体验中心；启动了位于科学城的电动汽车换电客户体验中心项目的建设工作，建成后可为公务用车、公交车等各类车型提供换电服务，并将与 110kV 尖峰变电站、智能电网展示中心共同形成综合科技展示基地。

五、节能与新能源汽车项目投融资及建设情况

根据《广州市节能与新能源汽车示范推广试点实施方案》，广州市安排总额 8 亿元的示范运行配套资金用于节能与新能源汽车的示范运行，其中，节能与新能源汽车运营补贴约 2 亿元，基础设施建设补贴约 5 亿元，科研和产业化资金约 1 亿元，2011 年年底，已向社会征集组织了广州市第一批节能与新能源汽车示范推广与产业发展项目。同时，广州市积极鼓励企业争取省、国家的相关支持，截至 2011 年年底，包括广汽集团插电式混合动力汽车研发及产业化项目在内的 8 个项目获得省 1.22 亿元专项资金支持。

六、节能与新能源汽车产业基地及园区建设情况

2011 年，广州市获批成为首批广东省战略性新兴产业基地（广州新能源汽车），基地以广汽集团为龙头，涵盖范围包括：北部以白云区为主，依托广汽客车，积极引进动力电池、电机等关进零部件项目，规划建设新能源客车产业基地；东部以增城市为主，涵盖萝岗区、黄埔区，依托广汽本田、北汽乘用车公司，充分发挥增城省级“绿道”示范项目，规划建设新能源汽车体验、产业综合配套基地；南部以番禺区为主，涵盖南沙区、海珠区，依托广汽研究院、广汽乘用车公司、广汽丰田，加快建设集研发、制造、示范于一体的新能源乘用车产业基地。

在全力推进省级战略性新兴产业基地建设的同时，广州市也在积极谋划市级新能源汽车产业基地的发展工作。目前，花都新能源汽车产业基地建设工作正在有序推进中，积极推进东风日产重大项目的落地，并配合广州市战略性新兴产业基地认定的有关工作，积极推动花都新能源

汽车产业基地通过市级战略新兴产业基地认定。

七、主要扶持政策及措施

为营造良好的政策氛围，广州市先后制定了一系列推动新能源汽车产业发展的有关政策意见，《广州市发展新能源汽车行动方案》《广州市新能源汽车示范试点实施方案》《关于实施新能源汽车交通管理措施的通知》《广州市节能与新能源公交车辆技术要求（暂行）》《关于广州市交通行业发展新能源公交车相关事宜的通知》《广州市电动汽车电池回收管理的通知》等。2011年，广州市更进一步将新能源汽车产业纳入了广州市实现“三个重大突破”的战略部署中，并编制了《广州市节能与新能源汽车示范推广配套资金管理暂行办法》，开展了广州市第一批节能与新能源汽车示范推广与产业发展项目、广州市战略性新兴产业基地认定和示范工程专项预备项目的申报工作，积极引导社会资源投入到新能源汽车的研发、产业化及示范推广中。

八、广州市主要节能与新能源汽车企业

整车生产：广州汽车集团乘用车公司、广州汽车集团客车公司、广汽丰田汽车有限公司、广汽本田汽车有限公司、东风日产乘用车公司。

专用车生产：广州广日专用汽车有限公司、广州市环境卫生机械设备厂。

零部件：广州益维电动汽车有限公司、广州朗晴电动车有限公司、广州市万里路电动车有限公司、广州力柏电动科技有限公司、广州泓源电子有限公司、广州市鹏辉电池有限公司、广州八马蓄电池有限公司、广州丰江电池新技术有限公司、广州维思车用部件有限公司、广州泓钜电子有限公司。

基础设施建设：广州南方电力集团科技发展有限公司。

九、发展规划

1. *发展目标*

到2015年产业规模超400亿元，增加值达100亿元，产生销售收入达100亿元的标杆企业1～2家。以发展新能源汽车整车和关键零部件为主攻方向，建设和完善整车平台，推动动力电池、驱动电机、电子控制等三大关键系统和关键附件的产业化，提升整车及关键零部件的开发能力，实现产销节能和新能源汽车达到20万辆。建立起适应新能源汽车示范应用要求的配套设施体系、技术支撑体系和政策环境体系，将广州打造成为国内新能源汽车研发、制造和推广应用的重要基地。

2. *发展布局*

依托国家节能与新能源汽车示范推广试点城市建设，以省市共建的四大新能源汽车产业基地为主要载体，引导新能源汽车产业和企业集聚发展。其中，广州市自主品牌新能源汽车产业基地以番禺区为主要集聚区，辐射带动南沙区、海珠区，重点发展混合动力轿车、插电式混合动力、SUV混合动力及小型纯电动汽车、动力锂离子电池、电机转轴等；广州市新能源客车产业基地以白云区为主要集聚区，重点发展电动客车系列、电机、动力电池、混合动力系统、智能充电机等；广州增城经济技术开发区电动汽车产业基地以增城市为主要集聚区，辐射带动萝岗区、黄埔区，重点发展新能源16汽车整车、环卫/市政新能源专用车、大规格车用磷酸铁锂动力电池等；广州市纯电动乘用车研发与产业化基地以花都区为主要集聚区，重点发展纯电动乘用车、锂离子动力电池、电动空调等。

3. *发展重点*

加快推进混合动力汽车整车及零部件、高效储能电池、超级电容器、电动机、电控系统等研发和制造，重点开展纯电动汽车整车及关键部件的研发与产业化，引导发展燃料电池、高效储能器等其他新能源汽车配件，尽快完善快速充电、充气站和汽车动力电池检测平台建设，推广各类电动汽车充电服务的商业模式等。

十、2011年广州市节能与新能源汽车推广情况统计表

1. 2011年电动汽车示范推广数量

单位：辆

车型	公交车	客车	公务车	出租车	电力工程车	邮政车	环卫车	场地车	观光车	私人车	其他	合计	同期增长（%）
纯电动汽车	0	0	0	0	0	0	0	0	0	0	16	16	-
混合动力汽车	300	0	0	0	0	0	0	0	0	0	0	300	72.4
插电式混合动力	0	0	0	0	0	0	0	0	0	0	0	0	-
燃料电池汽车	0	0	0	0	0	0	0	0	0	0	0	0	-
其他（包括醇醚类）	0	0	0	0	0	0	0	0	0	0	0	0	-
合计	300	0	0	0	0	0	0	0	0	0	16	316	-

2. 2011 年电动汽车示范推广车型及数量

单位：辆

车　型	公告批次	目录序号	数　量
广汽牌 GZ6111HEV1 型混合动力城市客车	231	89	300

3. 2011 年燃气汽车示范运行保有量统计表

单位：辆

车　型		LPG	LNG	CNG	合　计	同期增长（%）
燃气汽车	公交车	7899	100	0	7999	5.36
	客车	0	0	0	0	0
	出租车	17671	0	0	17671	0
	私人用车	0	0	0	0	0
	其他	0	0	0	0	0
	合　计	25570	100	0	25670	1.57

4. 2011 年广州市电动汽车充电站(桩)建设情况统计表

城市名称	充电站（个）	充电机功率总计（kW）	充电桩（个）	充电站占地面积（m^2）	投资金额（万元）
广州市	3	1844.8	34	4765	约 7500

昆明市

一、2011 年节能与新能源汽车发展概况

在昆明市节能与新能源汽车示范推广试点工作领导小组的领导下，昆明市严格按照《昆明市节能与新能源汽车示范推广试点工作实施方案》（以下简称《实施方案》）的要求实施计划，完成了 2011 年节能与新能源汽车示范推广任务，所采购车辆符合推荐车型目录的一致性要求。目前，昆明市已有厦门金旅、一汽客车、丹东黄海、北汽福田、深圳五洲龙、郑州宇通、苏州金龙、厦门金龙、广汽客车、南车时代、杭州青年、长安、安徽安凯和天津清源等 16 家生产企业的 17 种车型共计 510 辆电动汽车进入昆明市示范运行，其中混合动力公交车 396 辆，纯电动公交车 4 辆，混合动力出租车 100 辆，混合动力公务车 5 辆，纯电动环卫车 5 辆。

二、昆明市节能与新能源汽车生产经营

昆明市目前无新能源汽车产业，仅东风云汽公司、云南美的客车公司和昆明船舶设备集团有限公司具有研发的纯电动汽车与增程式混合动力客车样车，暂不具备量产能力，无节能与新能源汽车整车销售。

三、节能与新能源汽车示范推广情况

1. 混合动力出租车运行及推广工作

2011 年 10 月 12 日，云南世博出租汽车有限公司获得 2011 年 50 辆新能源出租车的经营权，所采购的 50 辆重庆长安志翔中度混合动力出租车已投入示范运行。截至 2011 年 12 月 31 日，昆明市共有 100 辆中度混合动力出租车投入示范运营。

2. 电动公交车示范运行情况

2011 年 9 月 28 日，昆明市公交集团公司全面完成了 2011 年度《实施方案》计划的 200 辆电动公交客车招标采购工作，分别向厦门金旅、苏州金龙、厦门金龙、郑州宇通、广汽客车、北汽福田、南车时代、杭州青年、上海申龙及扬州亚星 11 个厂家订购了 200 辆油电混合动力公交客车。截至 2011 年年底，昆明市共有 396 辆混合动力公交客车和 4 辆纯电动公交客车投入示范运营。

3. 液化天然气汽车推广情况

在推广混合动力汽车和纯电动汽车的同时，昆明市也在积极推广代用燃料汽车，在 2010 年推广 50 辆单层 LNG 天然气汽车和 10 辆单层 CNG 天然气汽车的基础上，昆明市 2011 年再次投入 14 辆单层 CNG 天然气汽车和 2 辆双层 CNG 天然气汽车。截至 2011 年 12 月 31 日，昆明市共计有 CNG 天然气汽车和 LNG 天然气汽车 76 辆投入运营。

四、节能与新能源汽车项目投融资及建设情况

东风云南汽车有限公司已通过工信部新能源汽车准入审查，已研发纯电动客车样车；昆明船舶集团公司研发的 APU 系统已搭载苏州金龙的增程式混合动力客车并进入新

能源汽车示范推广目录。

五、主要扶持政策及措施

自2009年度至2012年度，由昆明市本级财政安排补助资金共计13120万元，按《实施方案》年度计划实施节能与新能源汽车的推广、示范、运营和维护保养等专项补贴。由昆明市财政局、昆明市科技局颁发了《昆明市节能与新能源汽车示范推广财政补助资金管理办法》，云南省财政厅和云南省科技厅也对节能与新能源汽车的示范推广和产业化发展给予了大力支持。

六、昆明市主要节能与新能源汽车企业

东风云南汽车有限公司已研发出纯电动客车样车，拟开展增程式混合动力客车研发；

昆明船舶集团公司重点研发增程式电动汽车的APU系统。

云南美的客车制造有限公司已研发出纯电动客车样车，与中南大学、昆明理工大学合作，掌握了金属燃料电池和磷酸铁锂电池的生产技术，拥有国家发明专利和实用新型专利15项，已研发出金属燃料电动客车样车。

云内动力股份有限公司拟以D09 TCI/D16TCI/D19TCI/D25TCI/D30 TCI/D38 TCI不同系列的高压共轨柴油机开发系列化的APU系统，可覆盖乘用车到商用车的增程式电动汽车范围。

七、发展规划

昆明市将严格按照《实施方案》的要求开展节能与新能源汽车示范推广工作，2012年将采购350辆混合动力和纯电动公交车、100辆中度混合动力出租车、10辆中度混合动力公务车以及20辆纯电动环卫车或邮政车，到2012年年底昆明市将实现公交、出租、公务、环卫和邮政等领域1000辆节能与新能源汽车的应用规模。

八、2011年昆明市节能与新能源汽车推广情况统计表

1. 2011年电动汽车示范推广数量

单位：辆

车型	公交车	客车	公务车	出租车	电力工程车	邮政车	环卫车	场地车	观光车	私人车	其他	合计	同期增长（%）
纯电动汽车	0	0	0	0	0	0	0	0	0	0	0	0	0
混合动力汽车	200	0	0	50	0	0	0	0	0	0	0	250	58.23
插电式混合动力	0	0	0	0	0	0	0	0	0	0	0	0	0
燃料电池汽车	0	0	0	0	0	0	0	0	0	0	0	0	0
其他（包括醇醚类）	0	0	0	0	0	0	0	0	0	0	0	0	0
合计	200	0	0	50	0	0	0	0	0	0	0	250	58.23

2. 2011年电动汽车示范推广车型及数量

单位：辆

车型	公告批次	目录序号	数量
南车时代牌TEG6129CHEV型混合动力城市客车	225	（十八）23	20
海格牌KLQ6129GHEV4型混合动力城市客车	229	112	25
申龙牌SLK6125USCHEV01型混合动力城市客车	226	（九）15	25
金旅牌XML6125JHEV28C型混合动力城市客车	219	124	20
青年牌JNP6120PHEV型混合动力城市客车	237	7	20
亚星牌JS6126GHEV型混合动力城市客车	227	49	20
安凯牌HFF6121G03PHEV型混合动力城市客车	216	55	20
福田牌BJ6123PHEV-1型混合动力城市客车	223	9	20
金龙牌XMQ6127GH5型混合动力城市客车	221	123	10
广汽牌GZ6110HEV型混合动力城市客车	217	89	10
宇通牌ZK6126CHEVGAA型混合动力城市客车	224	71	10
长安牌SC7155A4型混合动力出租车	217	96	50

3. 2011 年燃气汽车示范运行保有量统计表

单位：辆

车型		LPG	LNG	CNG	合计	同期增长（%）
燃气汽车	公交车	0	50	26	76	26.67
	客车	0	0	0	0	0
	出租车	0	0	0	0	0
	私人用车	0	0	0	0	0
	其他	0	0	0	0	0
	合计	0	50	26	76	26.67

4. 2011 年昆明市电动汽车充电站(桩)建设情况统计表

城市名称	充电站（个）	充电机功率总计（kW）	充电桩（个）	充电站占地面积（m^2）	投资金额（万元）
昆明市	1	834	152	1000	1652

西宁市

一、2011 年节能与新能源汽车发展概况

截至 2011 年 12 月底，西宁地区共建成 CNG 加气站 14 座、LNG 加气站 2 座，其中 CNG 加气站设计加气能力为 22.5 万立方米/日。完成车辆更新和改造 8128 辆，其中公交车更新和改造 2248 辆，改造率为 100%；出租车更新改造 5516 辆；其他车型数量为 364 辆。出租车更新和改造占出租车 98%。

二、西宁市节能与新能源汽车生产经营

由青海省经委、北汽控股公司牵头，由福田汽车和青海洁神集团有限公司共同出资，成立青海福田装备制造有限公司，该企业位于青海省西宁市经济开发区装备制造园。主营业务为专用车的生产制造及销售，以及对销售后的产品进行维修服务，销售各类汽车（不含专控）、专用汽车、汽车配件。销售市场主要以青海省为主，同时覆盖甘肃、宁夏、西藏三个省区。

三、节能与新能源汽车示范推广情况

西宁市自 2001 年逐年开展天然气清洁汽车推广应用工程以来卓有成效，取得了显著的社会、经济、环保和能源代替效益；建立了由市发展改革委牵头的组织机构和 CNG 项目的管理模式；构建了与 CNG 车辆规模相匹配的天然气加气网络。通过技术改造和技术攻关，不仅解决了在高海拔寒冷缺氧地区因自然条件造成的天然气加气站压缩系统能耗偏高、车辆转化装置及高压管路产生“冰堵”严重及天然气车辆动力不足等技术问题，也为今后培养了管理、技术团队，为下一步在青海省内有条件推广应用清洁能源的市、县起到了示范作用。

四、节能与新能源汽车项目投融资及建设情况

CNG 加气站的建设分别由西宁中油公司、西宁市公交公司承担，其中：西宁中油公司投资约 2730 万元，新建了生产能力为 5 万立方米/日子母站一座（其中子加气站加气能力为 1.5 万立方米/日）；西宁市公交公司投资约 1800 万元，新建了生产能力为 3 万立方米/日标准站两座，目前，均已投入运营。

五、主要扶持政策及措施

增强做好节能减排的紧迫感和责任感，强化节能减排目标责任，加大淘汰落后产能力度，严控高耗能、高排放行业过快增长，加快实施节能减排重点工程，切实加强用能管理，推动重点领域节能减排，大力度推广节能技术及产品。

六、西宁市主要节能与新能源汽车企业

1. 青海泰丰先行锂能科技有限公司万吨级磷酸铁锂产业基地，该企业主要生产电动大巴锂电池和动车启动辅助电源。

2. 青海福田装备制造有限公司，主营业务为专用车的生产制造及销售，以及对销售后的产品进行维修服务，销售各类汽车（不含专控）、专用汽车、汽车配件。

七、发展规划

1. 建立完善的天然气燃料汽车政策法规体系和管理制度。

2. 建立完善的城市 CNG 汽车安全运行监测系统。

3. 建立天然气燃料排放监控体系。

八、2011年西宁市节能与新能源汽车推广情况统计表

1. 2011年电动汽车推广情况统计表

单位:辆

车　型	公交车	客车	公务车	出租车	电力工程车	邮政车	环卫车	场地车	观光车	私人车	其他	合　计	同期增长（%）
纯电动汽车	0	0	0	0	0	0	0	0	79	0	0	79	
混合动力汽车	0	0	0	0	0	0	0	0	0	0	0	0	
插电式混合动力	0	0	0	0	0	0	0	0	0	0	0	0	
燃料电池汽车	0	0	0	0	0	0	0	0	0	0	0	0	
其他（包括醇醚类）	0	0	0	0	0	0	0	0	0	0	0	0	
合　计	0	0	0	0	0	0	0	0	79	0	0	79	

2. 2011年西宁市燃气汽车示范运行保有量统计表

单位:辆

车　型		LPG	LNG	CNG	合　计	同期增长（%）
燃气汽车	公交车	0	0	2248	2248	19.1
	客车	0	0	364	364	9.0
	出租车	0	0	5516	5516	13.2
	私人用车	0	0	311	311	11.3
	其他	0	0	79	79	7.5
	合　计	0	0	8518	8518	13.9

3. 2011年西宁市电动汽车充电站(桩)建设情况统计表

城市名称	充电站（个）	充电机功率总计（kW）	充电桩（个）	充电站占地面积（m^2）	投资金额（万元）
西宁市	1	750	10	2374	10

呼和浩特市

一、2011年节能与新能源汽车发展概况

按照《呼和浩特市节能与新能源汽车示范推广实施方案》（以下简称《实施方案》）要求，结合呼和浩特高寒高海拔实际，截至2011年年底，呼和浩特市已完成200辆气电混合动力公交客车的采购任务，其中50辆气电混合动力公交客车已投入运行5个月；建成了3家新能源公交客车维保站，均已投入运营；已启动建设示范运行管理信息化平台，新能源汽车网站已初具规模。到2012年年初，可实现对所有运行新能源汽车技术指标和经济指标的全面采集与处理。

二、基础设施建设

建成了3三家新能源公交客车维保站，均已投入运营；基本确定在火车站东站附近公交公司停车场站内建设1座纯电动公交车充电站，现报批手续和筹建工作正在进行中；为配合3辆纯电动客车的运行，内蒙古电力科学研究院在其和林县科技园区筹建1座充电站，于2012年2月投入运行。

三、主要扶持政策及措施

根据国家《节能与新能源汽车示范推广财政补助资金管理暂行办法》，制定出台了《呼和浩特市人民政府关于加快节能与新能源汽车示范推广工作的意见》和《呼和浩特市本级节能与新能源汽车示范推广财政补助资金管理暂行办法》，及时落实购车财政补贴。

四、发展规划

计划于2010—2012年期间，在公交车、市政服务用车和公务用车领域投入节能与新能源汽车600辆，其中，气电混合动力公交车390辆、纯电动公交车10辆、混合动力公务用车和市政服务用车180辆、纯电动公务车20辆。建设充换电站1个、充电柱（柜）15个，建设节能与新能源汽车维保和技术服务网点5个，培养一批节能与新能源汽车监测、评估、管理、维修服务等专业人才，初步形成较为完善的运行保障体系。

五、2011 年呼和浩特市节能与新能源汽车推广情况统计表

1. 2011 年电动汽车示范推广数量

单位：辆

车　型	公交车	客车	公务车	出租车	电力工程车	邮政车	环卫车	场地车	观光车	私人车	其他	合　计	同期增长（%）
纯电动汽车	0	0	0	0	0	0	0	0	0	0	0	0	
混合动力汽车	50	0	0	0	0	0	0	0	0	0	0	50	
插电式混合动力	0	0	0	0	0	0	0	0	0	0	0	0	
燃料电池汽车	0	0	0	0	0	0	0	0	0	0	0	0	
其他（包括醇醚类）	0	0	0	0	0	0	0	0	0	0	0	0	
合　计	50	0	0	0	0	0	0	0	0	0	0	50	

2. 2011 年电动汽车示范推广车型及数量

单位：辆

车　型	公告批次	目录序号	数　量
恒通客车牌 CKZ6126HENV3 型混合动力城市客车	225	127	50

3. 2011 年燃气汽车示范运行保有量统计表

单位：辆

车　型		LPG	LNG	CNG	合　计	同期增长（%）
燃气汽车	公交车	0	0	1944	1944	
	客车	0	0	0	0	
	出租车	0	0	5568	5568	
	私人用车	0	0	0	0	
	其他	0	0	0	0	
	合计	0	0	7512	7512	

银川市

一、2011 年节能与新能源汽车发展概况

截至 2011 年年底，银川市机动车保有量为 41.13 万辆。燃气汽车保有量 41350 辆，全部为 CNG 或双燃料汽车，其中公交车 1600 辆，出租车 5141 辆，燃气个人车辆保有量 34609 辆。2011 年，银川市整车购进 CNG 公交汽车 121 辆。银川市代用燃料汽车占出租车、公交车的比例为 100%。

天然气汽车的发展和车用汽油价格的不断上涨，带动和促进了城市代用燃料开发利用及其相关产业的发展，银川市拥有银川燃气企业 48 家、天然气汽车加气企业 22 家、加气站 35 座、天然气汽车改装厂 36 家、电动汽车充电站 1 座，各类从业人员 2200 余人。

二、节能与新能源汽车示范推广情况

银川市按照"政府引导、企业参与、科技支撑、稳步发展"的方针，以政府协调为纽带、政策扶持为动力、市场化运作为主体，充分发动社会力量参与。建立行之有效的代用燃料汽车运行模式与协调机制，建立和完善代用燃料汽车政策法规体系，严格和规范管理。制定并发布有关发展规划、建站、购车、划拨土地、减免收费、气价补贴、使用清洁汽车尾气视为达标、出租车更新入户必须是清洁汽车等一系列配套的政策。

制定了银川市交通新能源的中长期发展规划，编制了《银川市城市加油（气）站规划》《银川市天然气专项规划》，制定了规范燃料气经营和管理行为方面的地方性法规《银川市燃气管理条例》《银川市机动车排气污染检测治理和安全监督管理实施方案》等。

建立了银川市天然气汽车应用综合效益评价指标体系，运用层次分析法确定各指标的贡献权重，建立了 L－CNG 汽车产业综合效益量化评比的模型与体系，利用银川市 L－CNG 已有数据验证了该模型与体系的合理性，对未来 5 年银川市 L－CNG 汽车发展的综合效益进行分析预测。

2011年5月环保部授予银川市“国家环境保护模范城市”称号，年底银川市又获得“全国环境保护系统先进集体”荣誉。银川市2011年环境空气质量优良天数达到333天，全市环境质量进一步好转。银川市政府出台规定，除低速载货汽车、挂车、摩托车和最大总质量大于3500kg的汽油汽车外，其他各类机动车实施国Ⅳ标准。

银川市建立了代用燃料汽车电子监控管理平台，银川市公交公司完成了GPS智能调度系统，顺利通过了ISO 9001质量管理体系认证。建立一车一卡档案，利用IC卡实现车辆运行数据的信息化管理和及时搜集。全市560余辆一票制无人售票公共交通车辆上安装了固定IC卡车载机设备，在300余辆多票制公共交通车辆上布放了手持式IC卡收费设备，通过电子科技管理手段，在车辆修理、加气、安全等方面提高管理水平，节能降耗。2011年3月市公交公司获得由中国城市公共交通协会颁发的“中国低碳公交先进企业”奖。

银川市制定了《银川市“十二五”电动汽车充换电设施布局规划纲要》。作为西北第一家、全国第五家成立的电动出租车运营公司宁夏元光电动出租车运维分公司正式在银川亮相，首批20辆电动出租车将在银川试运营，车辆主体由一汽海马汽车有限公司生产。

三、基础设施建设

银川市天然气输气管网基本形成，为完善汽车加气站布点建设创造了良好的基础设施条件。现有输配系统为中压一级系统，设计压力0.4MPa。宁夏哈纳斯天然气公司建设环城高压管道，通过设置在城市中部的两座调压站向中压管网补充供气，银川市的天然气输配管网成为高中压两级系统。银川市共建成CNG汽车加气站35座，电动车充电站1座，交直流充电桩36个。2011年银川市燃气汽车年用气量12100万立方米，其中公交车用气总量是2800万立方米，出租汽车6100万立方米，其余为社会车辆使用。通过建设信息服务网络，建立代用燃料汽车安全、能耗、排放、故障、可靠性数据库，以及天然气汽车加气站设备故障、可靠性、失效形式数据库，扩大联网范围，充分发挥互联网优势，实现政府宏观管理部门、燃料加注站、车队、修理厂、生产制造企业在线录入和完善相关数据功能，实现查询、统计、修改、管理与评价的智能化，并根据需要，实现基础数据共享。通过银川市的示范带动作用，现在宁夏全区各地市都已与本平台联网，实现了全区加气站的远程监控和车用气瓶电子监管，这在全国目前是唯一的。

四、节能与新能源汽车项目投融资及建设情况

银川液化天然气厂与法国德克尼普公司合作建设两条LNG生产线，每条LNG生产线将具有年产40万吨液化天然气的能力，银川液化天然气厂将成为国内同类型中最大的液化天然气厂。宁夏哈纳斯新能源集团与沃尔沃（中国）投资有限公司等企业合作，投资12.7亿元，建设年产80万吨LNG项目，是我国陆上最大的天然气液化项目。项目建成后，年处理能力将达到2×5亿立方米天然气，日处理能力达到300万立方米天然气。在LNG物流中，储罐容积达5万立方米，拥有16个用于卡车装卸的装卸站，日装车110台，平均运距达到1300公里。宁夏宝塔石化集团清洁能源发展有限公司年产14万吨LNG工程项目已投入使用。宁夏宏兴石油有限公司年产20万吨LNG项目也已立项。上述项目的投产使用将为全市的LNG燃气车辆提供充足的气源。

五、主要扶持政策及措施

银川市代用燃料汽车的应用推广有一系列政策法规作为保障，陆续出台了《关于贯彻落实环保政策法规改进和加强节能环保领域金融服务工作的意见》《银川市人民代表大会常务委员会关于修订〈银川市燃气管理条例〉的决定》《银川市人民政府关于印发主要污染物总量减排考核等暂行办法的通知》等文件，制定了《银川市机动车排气污染防治管理办法》《银川市2008年机动车排气污染检测和监督管理实施方案》《银川市人民政府办公厅关于印发银川市机动车污染防治工作方案的通知》等管理办法。银川市质监局协调气瓶检验机构建成了车用气瓶检验站，出台了《宁夏回族自治区压缩天然气气瓶安全监察管理规定》，明确了各相关部门在车用气瓶改装、检验、充装、注册登记、注销、使用、报废气瓶销毁等环节的责任，确保工作的顺利开展。银川市城市客运管理处加大执法检查力度，严厉打击违规进行改装和充装等扰乱车用气瓶安全管理的行为，形成了良好的项目实施环境。在代用燃气汽车应用推广的同时，银川市开展了代用燃料汽车技术支撑与服务体系的研究，通过政府引导和扶持，在兼顾旧车改装和整车产品的维修管理制度基础上，逐步建立适合本地区的服务体系。

六、发展规划

通过“863计划”这一重大平台，增进与国内外其他城市在燃气汽车方面技术、管理方面研究成果的交流，进一步推进银川市代用燃料汽车事业健康、稳步发展。

2011年宁夏被交通运输部确定为天然气汽车推广试点省区，到2015年全区推广应用天然气汽车占总营运车辆的20%以上，投入使用天然气加气站70座，其中LNG加气站占30%，全区初步实现县县有加气站，高速公路、国省干道沿线加气站布局网络化。逐步实现城际间天然气汽车应用推广，推进LNG汽车的发展，将天然气汽车从市内公共交通应用延伸到城际公路运输范围，扩展天然气汽车的

车型类别和运行地域。加强LNG汽车产业引导和政策扶持，对LNG汽车及加气站的技术管理、安全运行、风险防控、应急预案、站车专用装置的维护保养等逐步分解细化，形成LNG汽车应用推广体系。

根据《银川市“十二五”电动汽车充换电设施布局规划纲要》，银川市充换电设施将形成“换电网络+充电网络”的整体布局。一级骨干充换电网络即“大型充换电站+电池配送站”模式，用于满足换电式电动汽车的换电需求；二级充换电网络即“综合型充换电站”模式，适用于换电式电动汽车和充电式电动汽车；三级充换电网络即“交流充电桩网络”模式，用于满足充电式电动汽车的充电需求。银川供电局自2010年起开始电动汽车充换电设施建设，现已在城市中心区域建成中型充电站1座，在三区、两县、一市安装独立充电桩28个。预计到2012年年底，银川供电局建设综合型换电站2座、简易换电站3座、电池配送点5个，搭建电动汽车充换电网络的基础构架；建成50个交流充电桩，进一步完善电动汽车充换电网络。“十二五”期间，银川市将建设5座大型充换电站，32个电池配送站，375个交流充电桩，车辆最长换电半径缩短至3公里，充换电服务覆盖三区、两县、一市城区范围，计划满足1万辆电动汽车的充换电需求。

七、2011年银川市节能与新能源汽车推广情况统计表

1. 2011年电动汽车示范推广数量

单位：辆

车　型	公交车	客车	公务车	出租车	电力工程车	邮政车	环卫车	场地车	观光车	私人车	其他	合　计
纯电动汽车	0	0	0	20	0	0	0	0	0	0	0	20
混合动力汽车	0	0	0	0	0	0	0	0	0	0	0	0
插电式混合动力	0	0	0	0	0	0	0	0	0	0	0	0
燃料电池汽车	0	0	0	0	0	0	0	0	0	0	0	0
其他（包括醇醚类）	0	0	0	0	0	0	0	0	0	0	0	0
合　计	0	0	0	20	0	0	0	0	0	0	0	20

2. 2011年电动汽车示范推广车型及数量

单位：辆

车　型	公告批次	目录序号	数　量
海马牌HMC7000EVM0型纯电动轿车	203	88	20

3. 2011年燃气汽车示范运行保有量统计表

单位：辆

车　型		LPG	LNG	CNG	合　计	同期增长（%）
燃气汽车	公交车	0	0	1600	1600	7.2
	客车	0	0	0	0	0
	出租车	0	0	5141	5141	0
	私人用车	0	0	34609	34609	39.4
	其他	0	0	0	0	0
	合计	0	0	41350	41350	31.4

4. 2011年银川市电动汽车充电站（桩）建设情况统计表

城市名称	充电站（个）	充电机功率总计（kW）	充电桩（个）	充电站占地面积（m^2）	投资金额（万元）
银川市	1	270	36	1900	800

乌鲁木齐市

一、2011年节能与新能源汽车发展概况

2011年，乌鲁木齐市交通能源以燃油、燃气为主。截至2011年12月20日，全市机动车保有量已达440627辆，与2010年同期相比增长30%。其中，私家车278813辆，公交车2307辆，出租车8660辆。全市加气车辆总数12万辆（包括挂外地牌照的燃气车辆），其中公交车、出租车中燃气化率已达98%，总计约1.1万辆。2011年乌鲁木齐市全市车用天然气供应量为3.8亿立方米，较2010年增加0.74亿立方米。

2009年9月，乌市引进6辆纯电动公交车上线运行，但由于该车存在电瓶故障，2010年由于电瓶短路故障造成车辆自燃，因此已将6辆车召回原厂进行维修。

二、乌鲁木齐市节能与新能源汽车生产经营

全年整车销售及改装燃气汽车约5万辆；乌鲁木齐中通客车厂生产销售CNG公交车526辆。

三、节能与新能源汽车示范推广情况

2011年，全市引进50辆CNG整车快速公交车（简称BRT），分别应用于新建的三条BRT快速公交专用线。2011年，全市补充更新出租车2000辆，全部为整车生产双燃料汽车。

四、基础设施建设

2011年全市新建30座加气站。截至2011年年底，乌鲁木齐市境内累计建成各类车用天然气加气站90座，其中压缩天然气（简称CNG）母站4座，管道站31座，子站54座，液化天然气转压缩天然气（简称L-CNG）加气站1座。

五、节能与新能源汽车项目投融资及建设情况

2011年，乌鲁木齐市社会资金投资共计约2亿元建设加气站30座，改造母站1座，增购CNG管束拖车20辆，改造既有加气站4座。

六、主要扶持政策及措施

随着燃气汽车的激增，原有加气站点已不能满足供应需要，城市加气排队现象严重，为改善加气紧张局面，2011年年初，乌鲁木齐市政府拟定在年内新建30座加气站的建设目标，并将此项工作列入民生工程，给予政府帮扶等各项措施，在短时间内，确保30座新建站在年内基本建成，其中8座站投入试运营。

在30座站建设过程中，利用液压平推技术，缩短了建设周期，并在城市土地资源紧缺的情况下，充分发挥既有加油站的分布优势，在加油站基础上，建设加油加气合建站，取得较好效果。在新建的30座加气站中，建设液压平推站18座。

2011年乌鲁木齐市为改善城市道路交通状况，新建3条BRT快速车道，购进BRT专用车辆272辆，其中50辆为CNG单一燃气汽车，为保障及方便BRT公交车加气，乌鲁木齐市引进液压平推撬装站一座，置于BRT车场内，占地小，建设周期短。

七、乌鲁木齐市主要节能与新能源汽车企业

乌鲁木齐市主要生产整车单一燃料天然气汽车企业有乌鲁木齐中通客车生产厂。

八、发展规划

乌鲁木齐市自2011年12月20日凌时起，将车用天然气销售价格由2.08元/立方米，调整至4.07元/立方米，随着价格调整，天然气销售量也由调整前的日平均122万立方米，降至105万立方米；但随着燃油价格的逐步攀升调整，车用天然气同燃油之间的价格差，依然为燃气汽车的利用提供了较大的发展空间。

按照2010年编制的乌鲁木齐市加油加气站布点规划，“十二五”期间，乌市及其周边，将建成CNG母站5～6座，建成加气站点140座左右。

九、2011年燃气汽车示范运行保有量统计表

车型		LPG	LNG	CNG	合计	同期增长（%）
燃气汽车	公交车	0	0	2085	2085	-40
	客车	0	0	0	0	0
	出租车	0		8660	8660	23.7
	私人及其他用车	0	0	113805	113805	127.6
	合计	0	0	124550	124550	107

住：由于乌鲁木齐市2011年大力发展城市快速公交，用大公交替换原公交车，因此公交车总数有所减少。

海口市

一、2011年节能与新能源汽车发展概况

1. 普力马纯电动已开发完成，取得国家产品公告，并在北京、杭州、山东、海口等地区投放进行示范运营。

2. 开发新普力马、新福美来、丘比特纯电动三个项目，取得国家产品公告，并进入国家节能与新能源汽车示范推广目录，使得海马新能源纯电动汽车向平台化发展。

3. 经过两年多的努力，于2011年自主研发成功两款海马3牌中度混合动力样车（一款车型为超级电容、一款为电池系统），为公司后续混合动力技术开发应用奠定基础。

4. 2011年承担国家高技术研究发展计划（“863计划”）“纯电动轿车研发与产业化技术攻关”课题。

二、节能与新能源汽车生产经营

从2009年开始示范运营工作至今，一汽海马汽车有限公司共生产投放纯电动普力马车227辆，分别在北京、杭州、山东、海口等地区进行示范运营，单车最高行驶里程达15万公里，总运行里程逾200万公里。

三、节能与新能源汽车示范推广情况

2011年，海口市共完成节能与新能源汽车示范推广141辆，其中：纯电动公交车30辆，纯电动出租车27辆，气电混合动力公交车50辆，油电混合动力企业用公务车34辆。

四、基础设施建设

海口市共完成充电桩建设45个，投资101.7万元。另90个充电桩已完成采购，根据纯电动汽车的需要安装；30辆纯电动公交客车充电及维保场站已完成建设，并投入使用。两个充（换）电站征地工作全面展开，并于2012年8月开工建设，年内建成投入使用。

已建成节能与新能源汽车信息化管理平台，近期建设平台统一接口，将示范运营单位、汽车生产企业的数据采集及监控平台进行整合，搭建一个既可链接国家节能与新能源汽车远程监控中心，又可与示范运营单位、汽车生产企业进行数据共享的立体化数据采集和实时监控网络，实现数据共享。

五、节能与新能源汽车项目投融资及建设情况

1. 2011年纯电动项目研发投资共计约2000万元，其中纯电动技术研发费用、试验设备投资费用约1500万元。

2. 海马3牌中度混合动力轿车研究，累计投资500多万元，成功完成两款研发用样车，积累技术经验和建立技术人才团队。

3. 国家高技术研究发展计划（“863计划”）“纯电动轿车研发与产业化技术攻关”课题将投入国拨经费920万元，一汽海马汽车有限公司及协作单位自筹资金5201.76万元。

六、节能与新能源汽车产业基地及园区建设情况

2011年年底一汽海马汽车已建成一个年产量1万多台的电动汽车专用生产车间，完成一个电动汽车检测培训中心建设的基础建设。

七、主要扶持政策及措施

一是对运营单位购买节能与新能源汽车在国家补贴的基础上给予一定比例的地方配套补贴，如纯电动公交客车国家补助50万元/辆，省、市财政各配套补助30万元/辆，混合动力客车省、市财政各按国家补助标准的30%给予配套补助等，所有投入运营的节能与新能源汽车均能享受国家、省、市三级财政购车补助。二是对充电站（桩）等基础设施的建设，市政府采用土地成本价并对基础设施的建设资金给予20%的补贴方式进行支持。三是发布公告在全市范围内开展节能与新能源汽车示范推广，并将办事流程、申报材料、补助标准等事项在网站公布，鼓励社会企业单位参与示范推广。同时，市科工信局、市发展改革委、市纪委监察局及市机关事务管理局联合发，明确要求党政机关、事业单位新增或更新公务车原则上采购节能与新能源汽车。

八、海口市主要节能与新能源汽车企业

海口市主要节能与新能源汽车整车企业有一汽海马汽车有限公司。

九、发展规划

1. 纯电动：短期内示范运营采用普力马纯电动车辆进行，纯电动项目技术研发短期内在传统车型新普力马、新福美来、丘比特车型基础上进行相应的技术研发，以满足示范运营的需求，积累相应的技术经验；纯电动长期研发规划，一汽海马汽车有限公司以量产为目标开发一款全新车型的纯电动。

2. 2016年实现一款量产化的插电式混合动力SUV车型；2020年实现混合动力技术在MPV、B级轿车、SUV车型上的全覆盖。

十、2011年海口市节能与新能源汽车推广情况统计表

1. 2011年电动汽车示范推广数量

单位：辆

车 型	公交车	客车	公务车	出租车	电力工程车	邮政车	环卫车	场地车	观光车	私人车	其他	合 计	同期增长（%）
纯电动汽车	30	0	0	27	0	0	0	0	0	0	0	57	
混合动力汽车	50	0	34	0	0	0	0	0	0	0	0	84	
插电式混合动力	0	0	0	0	0	0	0	0	0	0	0	0	
燃料电池汽车	0	0	0	0	0	0	0	0	0	0	0	0	
其他（包括醇醚类）	0	0	0	0	0	0	0	0	0	0	0	0	
合 计	80	0	34	27	0	0	0	0	0	0	0	141	

2. 2011年电动汽车示范推广车型及数量

单位：辆

车 型	公告批次	目录序号	数 量
别克牌SGM7240PHEV型混合动力轿车	224	6	30
长安牌SC7155HEV型混合动力轿车	224	96	4
常隆牌YS6120GBEV型纯电动力城市客车	228	（十）17	30
福田牌BJ6123PHEV型混合动力城市客车	223	9	2
海马牌HMC7000EVM0型纯电动轿车	227	88	27
恒通客车牌CKZ6126HNHEV4型混合动力城市客车	225	127	15
中通牌LCK6105PHENV型混合动力城市客车	226	125	33

3. 2011年燃气汽车示范运行保有量统计表

单位：辆

车 型		LPG	LNG	CNG	合 计	同期增长（%）
燃气汽车	公交车	0	255	304	559	37
	客车	0	0	0	0	0
	出租车	0	0	977	977	27
	私人用车	0	0	0	0	0
	其他	0	0	0	0	0
	合 计	0	255	1281	1536	

4. 2011年海口市电动汽车充电站(桩)建设情况统计表

城市名称	充电站（个）	充电机功率总计（kW）	充电桩（个）	充电站占地面积（m^2）	投资金额（万元）
海口市	1	315	45	-	101.7

深圳市

一、2011年新能源汽车示范推广工作情况

截至2011年年底，深圳市示范推广的各类新能源汽车总数已达3035辆，整体数量为世界第一，其中公交车2050辆（混合动力公交大巴1771辆、纯电动大巴253辆、纯电动中巴26辆），纯电动出租车300辆，燃料电池车62辆，公务车20辆，私家车603辆。其中，2011年示范推广新能源公交车2011辆（混合动力公交大巴1370辆，纯电动公交大巴253辆、纯电动中巴26辆、燃料电池车62辆、纯电动出租车300辆），私家车345辆。

二、2011年第26届大运会新能源汽车应用情况

第26届世界大学生夏季运动会于2011年8月12日到8月22日在深圳举行。为将本次大运会办成一届低碳、绿色、科技盛会，向世界展示我国在新能源汽车领域所取得的科技成就及实力，提升我国新能源汽车产业国际形象，体现

中国作为负责任大国，为应对全球气候变化和缓解能源危机所作的巨大努力和承诺，深圳市特制定了《深圳市第26届世界大学生夏季运动会新能源汽车示范推广实施方案》，开展大运会新能源汽车示范运行工作，在大运会期间，共投入1995辆大运会新能源汽车，实现安全行驶里程累计超过400万公里，载客量突破604万人次，期间未发生安全事故。同时累计产生碳减排量3146吨，大约相当于全市现有注册车辆行驶一天产生的碳排放量，1995辆新能源汽车的示范运行创造了深圳市空气质量十年以来同期最优的纪录。

三、基础设施建设情况

截至2011年年底，深圳市已建成各类充电站62座，其中公交充电站57座，社会公共充电站5座。新能源汽车累计实现安全行驶里程超过9500万公里（新能源公交车实现安全行驶里程8800万公里，纯电动出租车700万公里以上）。其中，2011年新建公交充电站33座，充电桩1800根。

四、新能源汽车产业基地建设情况

为充分发挥深圳新能源汽车产业基础和特色优势，壮大和完善新能源汽车产业链，巩固和深化深圳新能源汽车研发与产业化领先优势，深圳市在已有的产业优势基础上进一步发挥集群优势，着力打造新能源汽车产业基地。深圳新能源汽车产业基地选址于坪山新区北部，与惠州接壤，东临大鹏新区，西南与龙岗区为邻，规划用地面积约11.45平方公里。比亚迪公司二厂一期工程位于该基地内，目前已经启动，该项目用地面积约为48万平方米，投资17.2亿元，预计2012年产值约26.7亿元。五洲龙二期项目计划选址该基地，基地内也已有数家配套动力电池生产厂家入驻。目前该基地已被广东省确定为省级新能源汽车产业基地，下一步将积极争取国家级新能源汽车产业基地称号。

为使深圳新能源汽车产业基地成为全国乃至全球一个重要的新能源汽车整车与关键零部件研发、测试、制造中心。在市委、市政府的统一部署下，《深圳市新能源汽车产业基地“十二五”规划》（以下简称《规划》）编制完成并通过市政府审定。《规划》明确了深圳新能源汽车产业基地的四大功能和四大工程。四大功能包括：国家级新能源汽车产业示范基地、国家级动力电池技术创新平台、国家级新能源汽车研发及测试基地、国际新能源汽车关键零部件交易中心。四大工程包括：动力电池突破工程、创新能力提升工程、市场培育与拓展工程、国际合作促进工程。

五、主要扶持政策和措施

1. 发布《深圳市节能与新能源汽车中央购车补贴资金管理办法》，提出对满足支持一定条件的新能源汽车，按3000元/kW·h给予补贴。插电式混合动力乘用车最高补贴5万元/辆；纯电动乘用车最高补贴6万元/辆。

2. 发布《深圳市节能与新能源汽车示范推广扶持资金管理办法》，提出了市财政按照2000元/kW·h标准，对纯电动公交车进行补贴，纯电动公交大巴购车补贴标准每辆补贴50万元，同时增设出电动出租车补贴每辆6万元的标准。

3. 探索新能源公交车商业运行模式。目前我国新能源汽车正处于发展期，针对其成本高、动力电池寿命与车辆使用期不匹配、车辆运行较传统车辆有较大差别的特点，深圳市提出“融资租赁、车电分离、充维结合”的新能源公交车购买、运营及维护方案，通过引进专业运营商，采用融资租赁方式，投资运营配套充电设施，负责新能源公交车及动力电池的购置、维护和保养，为公交企业新能源公交车运营提供全面服务，减轻了车辆购置与充电设施建设当期支出压力，延长了动力电池生命周期，实现了新能源汽车的可持续商业化运营。

4. 建立新能源汽车碳计量账户。为进一步巩固示范推广成果，扩大新能源汽车应用领域，鼓励社会使用新能源汽车，深圳市与绿色出行基金等机构合作，利用大运会契机，在全国率先建立了新能源公交车碳计量账户和碳减排计量方法。将一定时期内新能源公交车经计量、核查的碳减排量，计划以自愿减排交易方式，出售给相关机构或企业，以所得收入用于补贴新能源公交，逐步减少财政补贴，初步形成政府、企业、市场三方共同扶持新能源汽车应用的良性循环机制。

六、2011年深圳市节能与新能源汽车推广情况统计

1. 2011年电动汽车示范推广数量

单位：辆

车型	公交车	客车	公务车	出租车	电力工程车	邮政车	环卫车	场地车	观光车	私人车	其他	合计	同期增长（%）
纯电动汽车	253	26	0	300	0	0	0	0	0	58	0	637	1101.9
混合动力汽车	1370	0	0	0	0	0	0	0	0	287	0	1657	148.4
插电式混合动力	0	0	0	0	0	0	0	0	0	0	0	0	0
燃料电池汽车	0	2	0	0	0	0	0	60	0	0	0	62	100
其他（包括醇醚类）	0	0	0	0	0	0	0	0	0	0	0	0	0
合计	1623	28	0	300	0	0	0	60	0	345	0	2356	227.2

2. 2011 年电动汽车示范推广车型及数量

单位:辆

车　型	公告批次	目录序号	数　量
比亚迪牌 QCJ7100 型混合动力轿车（F3DM）	179	108	287
比亚迪牌 QC7006 型纯电动轿车（e6）	203	108	358
比亚迪牌 CK6120 型纯电动城市客车（K9）	225	79	200
五洲龙牌 FDG6113EVG1 型纯电动城市客车	235	（十九）47	53
五洲龙牌 FDG6120HEVS 型混合动力双层城市客车	226	（十九）47	20
五洲龙牌 FDG6111HEVG2 型混合动力城市客车	230	（十九）47	1350
五洲龙牌 FDG6700EV 型纯电动客车	225	（十九）47	26

3. 2011 年燃气汽车示范运行保有量统计表

单位:辆

车　型		LPG	LNG	CNG	合　计	同期增长（%）
燃气汽车	公交车	0	580	0	580	
	客车	0	0	0	0	
	出租车	0	0	0	0	
	私人用车	0	0	0	0	
	其他	0	0	0	0	
	合　计	0	580	0	580	

4. 2011 年深圳市电动汽车充电站(桩)建设情况统计表

城市名称	充电站（个）	充电机功率总计（kW）	充电桩（个）	充电站占地面积（m^2）	投资金额（万元）
深圳市	33	20080	1800	11800	44000

大连市

一、2011 年节能与新能源汽车发展概况

示范车辆：共投入示范车辆 173 辆，其中混合动力客车 60 辆，纯电动客车 36 辆，纯电动服务车 77 辆。

充换电设施：建设 1 座大型换电站和两座充电站，为纯电动客车提供服务。

数据采集系统：完善了示范运行数据采集系统的相关功能，对 26 辆纯电动客车和 50 辆混合动力客车的示范运行情况进行实时监控。

产业发展：大连鹏迪电动车辆有限公司生产的纯电动服务车开始示范应用；大连天元电机股份有限公司生产的新能源驱动电机成为五洲龙汽车的唯一供货商，并在宇通公司装车试验；新源动力股份有限公司在燃料电池发动机技术领域取得了多项创新成果；大连理工大学研制的电机控制系统和大连海通信息技术有限公司研制的控制器开始装车试验。

二、大连市节能与新能源汽车生产经营

一汽客车（大连）有限公司生产并销售混合动力公交车 60 辆，纯电动客车 20 辆；大连鹏迪电动车辆有限公司生产并销售纯电动服务车 77 辆。

三、节能与新能源汽车示范推广情况

截至目前，共投放示范车辆共计 1008 辆，其中混合动力客车 252 辆，纯电动客车 56 量，混合动力出租车 500 辆、混合动力公务车 57 辆，纯电动乘用车 143 辆。

四、基础设施建设

换电站：友谊街换电站一期工程已经完工，可为 50 辆纯电动客车提供换电服务。 换电站集光—储联合供电系统为一体，屋顶装有太阳能电池板，夜间可利用大连市企业自主研发的全钒液流储能电池储存谷电，使大连市纯电动公交车充电完全实现“绿色循环能源”的应用。 金石滩换电站正在建设中，建成后可为 30 辆纯电动客车提供换电服务。

充电站：已建设 8 座，其中 3 座由运营单位建设，充电机选用自主研制产品，4 座由国网电科院设计建设，1 座由许继集团公司设计建设。

充电桩：已建设200个，分布在政府机关、高等院校和大型产业园区等的停车场内。

五、节能与新能源汽车项目投融资及建设情况

燃料电池：针对燃料电池材料、燃料电池电堆、燃料电池系统、燃料电池管理系统开发，新源动力股份有限公司累计投入近1000万元，在燃料电池电堆盒关键部件的小批量工艺设备、燃料电池电堆关键测试设备等方面进行了投入，进一步提升了燃料电池技术开发能力和工程技术验证能力，确保公司实现2015年小批量制造车用燃料电池发动机的目标。

驱动电机：大连天元电机股份有限公司累计投资5000万元对新能源汽车用驱动电机生产线进行改造，年生产能力达到40万千瓦。

六、节能与新能源汽车产业基地及园区建设情况

正在建设二十里堡汽车产业基地，其中包括节能与新能源汽车。

七、主要扶持政策及措施

对已购置的纯电动公交车按照国家与地方1∶1配套、车辆购置税费补贴50%；对混合动力公交车，采取差价补贴方式购置，即部分高于传统车价格的资金由政府补贴；为纯电动车配套的充换电设施采取企业投资与政府补贴相结合方式建设；安排了专项资金支持节能与新能源汽车的整车集成开发、关键零部件的技术突破和产业化及重点实验室建设。

八、大连市主要节能与新能源汽车企业

1. 整车

客车：一汽客车（大连）公司成为一汽集团节能与新能源客车生产基地，已于2010年11月投产，设计产能3000辆。

乘用车：鹏迪电动车公司于2009年11月成立，主要生产纯电动微型面包车、微型卡车、邮政车和垃圾车，规划产能为2万辆纯电动乘用车，微型面包车已开始示范应用；奇瑞汽车大连公司于2012年6月竣工，一期设计产能30万辆乘用车，包括中度混合与插电式混合动力轿车及纯电动轿车。

2. 核心零部件

燃料电池：新源动力自主研发的燃料电池发动机功率密度已达到300W/kg，并实现－10℃温度下启动，居国内领先地位。至2015年，产能将达到30000kW。

电机：天元电机生产的节能与新能源汽车用驱动电机具有自主知识产权，被科技部列为火炬计划，混合动力客车用交流异步牵引电机已实现批量生产；电机集团自主研发了节能与新能源汽车用水冷驱动电机，纯电动用车产品已实现量产，运行效果得到好评，正在完善提升电控系统试验能力。

电控：启明信息公司在汽车电子产品研制方面拥有自主知识产权，取得一批技术专利，开发生产的新能源整车控制器已应用于混合动力客车和纯电动客车。

3. 研发能力

燃料电池及氢源技术国家工程研究中心、洁净能源国家实验室已通过国家验收并投入使用；理工大学研制的驱动电机控制系统、海通技术公司研发的控制器已开始装车试验；交通大学动力电池检测实验室建设进展顺利。

九、发展规划

至2015年，形成百家相关企业集聚、2万辆电动汽车整车及零部件产业规模；示范运行的节能与新能源汽车达到3000辆；完成相关服务体系建设。

十、2011年大连市节能与新能源汽车推广情况统计表

1. 2011年电动汽车示范推广数量

单位：辆

车 型	公交车	客车	公务车	出租车	电力工程车	邮政车	环卫车	场地车	观光车	私人车	其他	合 计	同期增长（%）
纯电动汽车	30	6	30	0	0	0	0	0	0	0	47	113	0
混合动力汽车	60	0	0	0	0	0	0	0	0	0	0	60	0
插电式混合动力	0	0	0	0	0	0	0	0	0	0	0	0	0
燃料电池汽车	0	0	0	0	0	0	0	0	0	0	0	0	0
其他（包括醇醚类）	0	0	0	0	0	0	0	0	0	0	0	0	0
合 计	90	6	30	0	0	0	0	0	0	0	47	173	0

2. 2011年电动汽车示范推广车型及数量

单位：辆

车 型	公告批次	目录序号	数 量
安凯牌HFF6127K46EV型电动客车	195	55	6
解放牌CA6126SH8型混合动力城市客车	203	1	60

续表

车　型	公告批次	目录序号	数　量
解放牌 CA6127URE31 型纯电动客车	216	1	20
清源牌 QY5020XFWBEVEC 型纯电动服务车	117	（二）22	46
清源牌 QY5020XFWBEVEL 型纯电动服务车	117	（二）22	31
野马牌 SQJ6111B1CH 型纯电动城市客车	207	101	10

3. 2011 年大连市电动汽车充(换)电站(桩)建设情况统计表

城市名称	充电站（个）	充电机功率总计（kW）	充电桩（个）	充电站占地面积（m^2）	投资金额（万元）
大连市	2（充电站）	393	16	1400	855
大连市	1（换电站）	2400		4500	8418

厦门市

一、2011 年节能与新能源汽车发展概况

借助国家“十城千辆”示范工程的东风，厦门市新能源汽车产业驶入了加速发展的快行道。作为国内客车行业的领军企业，大、小金龙一直致力于新能源客车的研发，已掌握了相关设计和制造的核心技术，混合动力技术在国内处于领先水平，正在实现由资源整合向自主研发的转型。厦门金旅的混合动力客车已销往各大城市并出口，在国内拥有核心技术的混合动力车型中销量第一，其产品蝉联 2010 和 2011 两届全国新能源公交客车大赛冠军奖。与此同时，相关配套产业也在蓬勃发展之中。厦门宝龙工业股份有限公司、厦门华锂能源有限公司专业从事锂离子动力电池、电源管理系统研发和生产，产品已通过相关权威认证，正在进行与大、小金龙的对接工作，努力打造完整的新能源汽车产业链。

二、厦门市节能与新能源汽车生产经营

厦门整车制造企业生产的节能与新能源汽车除了支撑厦门公交运营外，还销售到国内多个地区。

厦门金龙联合汽车工业公司生产的新能源汽车分别销往杭州余杭、昆明、赣州、天津及上海等地，其中销往杭州的占绝大多数。

厦门金龙旅行车有限公司也将其生产的新能源汽车销售至杭州、昆明等地，其中杭州占较大份额，销售至杭州的新能源公交车在当地反响较好。

三、节能与新能源汽车示范推广情况

2010 年 12 月，市公交集团首批投放 4 辆混合动力客车进行公交试运营。2011 年 3 月，正式启动“十城千辆”节能与新能源汽车示范运营工作，投放 37 辆混合动力客车用于公交运营，3 辆纯电动汽车用于电力业务用车。2011 年，全市共推广节能与新能源汽车 248 辆，其中混合动力公交车 215 辆，纯电动汽车 33 辆。

四、基础设施建设

为了配合新能源汽车的运营，厦门市还前瞻性地布局并积极推进配套基础设施建设。2010 年 8 月，全省首座中型公用充电站——华荣充电站在厦投入运行，2011 年升级为充换电站，具备 400 辆次/日的小型车换电服务能力。同年 9 月，海西汽配城华天充换电站投入使用，具备日为 20 辆次小型电动汽车换电服务的能力，新建的双涵充换电站于 2012 年投入使用。

同时，在思明、湖里、海沧供电营业厅及部分小区停车场、公共停车场建成了 76 个充电桩。根据市电业局的布局规划，到 2020 年全市将建设集中充电中心 1 座、公共充换电站 8 座及公用换电网点 10 座，并将成立电动汽车服务公司，开展电池租赁及相关专业化配套服务。

五、节能与新能源汽车项目投融资及建设情况

为抢占纯电动汽车的发展先机，打造厦门市新能源汽车产业的核心竞争力，完善相关产业链，厦门市科技局组织策划了纯电动汽车重大科技专项（I 期），联合政、产、学、研、用及产业链上下游 8 家单位开展关键技术攻关。项目将研制出配备本土锂离子电池的本土品牌纯电动样车，并以此带动电池等关键技术的研发，使项目参与单位掌握电池材料、电池、电池管理、整车控制等核心技术并居于国内领先水平。项目还将在电动汽车运行管理、商业化运营、扶持政策等方面进行深入研究，使厦门市纯电动汽车产业形成发展合力。该项目获得 2000 万元市财政科技经费资助，将带动企业研发投入 9889 万元。到 2013 年项目成果验收，将实现产业化批量生产，预计销售收入累计将超过 12 亿元。为建设厦门地区新能源客车研发的公共技术服务平台，提升厦门新能源客车企业的自主创新

能力，厦门市科技经费给予1000万元资助用于建设“厦门车辆与工程机械技术研发中心——新能源客车研发”项目。

六、节能与新能源汽车产业基地及园区建设情况

厦门市节能与新能源汽车产业基础较好，厦门拥有国内知名的整车生产企业——大、小金龙，电池材料生产企业——厦门钨业，我国电化学学科前沿——厦门大学化学化工学院，同时民营资本也活跃于节能与新能源产业，以电池和电控技术为主要发展方向的宝龙工业和华锂能源实力逐渐增强，而厦门华天纯电动汽车租赁公司等则积极探索有效的纯电动汽车的商业运营模式，产业链关键环节已逐渐形成较好的配合与互动，为节能与新能源产业的发展打下坚实的基础。

七、主要扶持政策及措施

厦门市制定了《厦门市节能与新能源汽车示范推广试点实施方案》，该方案成为厦门市对推广新能源汽车进行补贴的主要依据。该方案对新能源汽车推广工程的关键环节均进行相应补贴。

1. 节能与新能源汽车研发与产业化补助

在政府科技投入中安排一定资金，支持节能与新能源汽车的产学研联合攻关，突破产业关键技术瓶颈，建设国际先进水平的节能与新能源汽车研发及产业化基地。

2. 购车补贴

按照《节能与新能源汽车示范推广财政补助资金管理暂行办法》规定的补贴标准，由中央财政对购车进行补贴，同时地方财政对纯电动公交车、纯电动企业单位用车、纯电动邮政车、纯电动电力车按照中央财政补贴标准70%在中央财政补贴基础上追加补贴。

3. 配套设施建设支持

对于社会车辆配套基础设施，通过引入市场机制，引进专业化运营企业参与厦门市新能源汽车配套基础设施的投资运营，对运营企业通过融资方式进行配套基础设施建设的，给予贷款贴息支持，贴息期限最高不超过3年。

4. 节能与新能源汽车运营补助

至2012年，地方财政安排1587.5万元，按车辆购置价格，纯电动汽车给予一次性4%的维护保养补贴，混合动力汽车给予一次性2%的维护保养补贴。

5. 节能减排奖励

至2012年，地方财政安排1000万元左右进行节能减排奖励，对于购置纯电动大中型车的单位每辆给予10万元奖励。

6. 电池更换补贴

对于纯电动汽车，在更换电池后，地方财政按照电池的价格给以50%电池更换补贴。

除此以外，厦门市还通过鼓励企业、高校、研究机构等联合申报各类科技计划项目来资助新能源汽车领域的研发及产业化。

八、厦门市主要节能与新能源汽车企业

整车制造企业：厦门金龙联合汽车工业有限公司、厦门金龙旅行车有限公司。

运营企业：厦门公交集团有限公司、厦门华天纯电动汽车租赁有限公司。

电池生产企业：厦门宝龙工业有限公司、厦门华锂新能源有限公司。

电池材料生产企业：厦门钨业股份有限公司。

九、发展规划

（1）打造更完整的新能源汽车产业链。通过实施纯电动汽车重大专项（I）期，在厦门市形成良好的示范效应，吸引知名电机、电控企业落户厦门市，弥补厦门市新能源汽车产业链的薄弱环节。

（2）不断探索有效的新能源汽车商业运营模式。通过国家科技支撑计划及重大专项的实施，鼓励企业进行商业运营模式的探索，使厦门市尽快形成较好的新能源汽车消费环境，带动新能源汽车尽快实现产业化。

（3）不断探索政府资助产业发展的新思路。在厦门市节能与新能源汽车示范推广领导小组领导下，与新能源汽车关键环节的相关企业就新能源汽车示范运行形成良好的互动、反馈机制，不断探索新的政策资助模式，鼓励产业发展。

（4）尽快向国家科技部申请成为新能源汽车私人试点城市，尽快落实私人领域推广新能源汽车的各项优惠政策措施，尽快形成更大的消费市场。

十、2011年厦门市节能与新能源汽车推广情况统计表

1. 2011年电动汽车示范推广数量

单位：辆

车型	公交车	客车	公务车	出租车	电力工程车	邮政车	环卫车	场地车	观光车	私人车	其他	合计	同期增长（%）
纯电动汽车	0	0	0	33	0	0	0	0	0	0	0	33	
混合动力汽车	215	0	0	0	0	0	0	0	0	0	0	215	
插电式混合动力	0	0	0	0	0	0	0	0	0	0	0	0	

续表

车　型	公交车	客车	公务车	出租车	电力工程车	邮政车	环卫车	场地车	观光车	私人车	其他	合　计	同期增长（%）
燃料电池汽车	0	0	0	0	0	0	0	0	0	0	0	0	
其他（包括醇醚类）	0	0	0	0	0	0	0	0	0	0	0	0	
合　计	215	0	0	33	0	0	0	0	0	0	0	248	

2. 2011 年电动汽车示范推广车型及数量

单位：辆

车　型	公告批次	目录序号	数　量
金龙牌 XMQ6127GH5 型混合动力城市客车	221	123	107
金旅牌 XML6125JHEV28C 型混合动力城市客车	219	124	108
众泰牌 JNJ6401EVL 型电动轻型客车	205	84	22
众泰牌 JNJ6410EVM2 型纯电动轻型客车	229	84	10
众泰牌 JNJ7000EVM 型纯电动轿车	222	84	1

3. 2011 年燃气汽车示范运行保有量统计表

单位：辆

车　型		LPG	LNG	CNG	合　计	同期增长（%）
燃气汽车	公交车	0	174	0	174	10
	客车	0	0	0	1479	0
	出租车	1179	300	0	0	0
	私人用车	0	0	0	0	0
	其他	0	0	0	0	0
	小计	1179	474	0	1653	0

4. 2011 年厦门市电动汽车充电站(桩)建设情况统计表

城市名称	充电站（个）	充电机功率总计（kW）	充电桩（个）	充电站占地面积（m^2）	投资金额（万元）
厦门市	2	94	76	–	–

青岛市

一、2011 年节能与新能源汽车发展概况

汽车作为地方支柱产业受到青岛市政府的高度重视。在“十二五”科技规划中，新能源汽车产业受到了极大关注和支持，利用青岛独特的地理环境优势，吸引了多家新能源汽车产业在青落户。并在产学研用相结合的方针指引下，建立了以青岛大学、山东泰丰新能源科技有限公司和中国电池工业协会相结合的“先进动力及储能系统工程技术研究中心”，构筑面向青岛市乃至全国先进动力及储能系统工程技术研发公共服务平台，积聚与培养该领域和行业高级人才，通过承担国家、山东省和青岛市重大科研项目及承担企业技术开发项目，开发先进动力及储能系统关键共性技术，形成可持续的技术创新能力，引领先进动力及储能系统产业的发展，支撑该领域企业自主研发，实现可持续发展。中心将在能源、动力领域，开展柔性及多元动力系统，新能源动力、储能电池及其管理系统，废旧电池回收循环再利用技术，先进电机驱动技术，先进动力及储能系统应用技术等方面实现技术突破，形成新型汽车动力系统成套技术，新能源电池管理及回收利用的系列技术，推动我国汽车及新能源储能电池相关标准、法规的制订，引领我国汽车及新能源储能电池行业的发展。

包括整车及新能源汽车零部件在内的产业从质和量上均有了飞跃的发展，新能源汽车重点企业发展到了 14 家，推出了多种新能源汽车产品，创造了 218541 万元的产值，实现投资额 59242 万元，形成了一个较为完备的新能源汽

车产业链。

除新能源汽车产业发展外，2011 年青岛市新能源汽车示范工程的发展也取得了较大突破，电动汽车达到了 180 多辆，运行状况良好；燃气汽车进一步得到了人们的认可，出租车的燃气化改装率已经达到了 90% 以上，公交车的燃气化率接近 22.5%，燃气化城市交通车辆总数已经达到 1.15 万辆；同时加气站的建设也加快了步伐，增长率达到 25%，总数达到了 45 座。

二、青岛市节能与新能源汽车生产经营

澳柯玛电动汽车产量达到了 60 万辆，销售额达到了 9 亿元。

青岛威能电动车辆电控有限公司，销售额 800 多万元，出口 10 万美元。

三、节能与新能源汽车示范推广情况

2011 年青岛市新能源汽车示范工程的发展也取得了较大成果，电动车从无到有累计已经达到了 182 辆，纯电动公交车达到了 40 辆，公交车配套用大型充换电站 1 座，形成了一个较为正规的电动车辆示范车队。此外，在警务、环卫等公务用车方面，增加了 142 辆，形成了多领域的示范，为将来的全面推广使用奠定了基础。

2011 年燃气车辆以较高的速度发展，新燃气公交车辆增加 440 辆，增加率为 60%，其中液化天然气汽车从无到有达到了 60 辆；出租车燃气化快速增长，由 2010 年的 5948 辆增加到 9148 辆，增加率达到了 77%；此外，私家车燃气化改装数达到了 1087 辆。燃气化车辆的增加率近 59%。

四、基础设施建设

2011 年，建充换电站 1 座；新建天然气加气站 9 座，其中 LNG 加气站 7 座。

五、节能与新能源汽车项目投融资及建设情况

2011 年，澳柯玛电动车生产基地有 3 个专用电动汽车车型经过鉴定，正在进行批量生产准备，投融资额达到了 16200 万元；海霸能源集团生产基地建设投融资额为 2600 万元，正在建设中；山东泰丰新能源科技有限公司，投融资 3000 万元，正在基本建设过程中；青岛威能电动车辆电控有限公司，2011 年投融资 2000 万元，生产基地正在建设中；青岛威能电动车辆动力系统有限公司，投融资 2000 万元，生产基地正在建设中；青岛威能环保电源有限公司，投融资 1700 万元生产基地正在建设中。合计投资：27400 万元。

节能与新能源汽车示范项目建设共投资 31842 万元，其中，电动车配套工程 13360 万元；天然气公交车投资 13240 万元，出租车投资 1536 万元，加气站建设投资 3580 万元，其他辅助基础设施建设投资 126 万元。节能与新能源汽车项目投融资总计：59242 万元。

六、节能与新能源汽车产业基地及园区建设情况

已建立的澳柯玛工业园，山东泰丰新能源科技有限公司、青岛威能电动车辆电控有限公司、青岛威能电动车辆动力系统有限公司、青岛威能环保电源有限公司组合产业园区，海霸能源集团等节能与新能源产业基地发展良好，新建和续建项目正在进行。其中，山东泰丰新能源科技有限公司、青岛威能电动车辆电控有限公司、青岛威能电动车辆动力系统有限公司、青岛威能环保电源有限公司组合产业园区正在高新区进行制造、研究基地设施建设；海霸能源集团在青岛市胶南的生产基地也在进一步完善之中。

七、主要扶持政策及措施

青岛市节能与新能源汽车产业发展以政府提倡、企业主导、产学研用结合为方针和建立工业园区吸引国内外知名企业进入、多渠道发展为政策扶持新能源汽车产业的发展。市政府积极鼓励和支持城市交通采用新能源汽车，在先行示范的情况下，稳步推进新能源汽车的推广使用。对于新能源汽车产业的发展市科技发展基金、支撑计划等均已作为重点支持对象。

八、青岛市主要节能与新能源汽车企业

青岛澳柯玛电动车有限公司、海霸能源集团、山东泰丰新能源科技有限公司、青岛威能电动车辆电控有限公司、青岛威能电动车辆动力系统有限公司、青岛威能环保电源有限公司、青岛威达兴电动车有限公司、青岛格仑特新能源车辆制造有限公司、青岛怡德利电动车制造有限公司、青岛德尔新能源车业制造有限公司、青岛朗晴电动车公司、青岛市荣升观光车配件公司、青岛宏耐新能源科技有限公司、青岛佛伦仕新能源科技有限公司等。

九、发展规划

1. 电动车整车技术研究与开发

考虑到青岛地区汽车工业总体的薄弱，基础较差，在乘用车方面进行全面的电动车开发和生产目前不具优势。因此规划电动汽车发展的道路有两条：一是引进外来技术及企业；二是针对地区汽车产业的特色，开发研究具有独特技术、国内领先水平的电动车辆。

2. 新能源汽车研究平台的建立

在新能源汽车开发过程中，必须建立起高水平的研究平台，形成具有产学研用的研究体系；必须有长期发展规划和近期发展目标。因此引进人才战略与重点支持研发机构的建设成为当务之急。

3. 电动车动力电池性能提高及产业规模化

目前，青岛地区已有电动汽车动力电池制造企业，可以说已经形成一定基础，但是存在着基础薄弱、规模相对较小、技术不够成熟等问题。而动力电池是电动汽车的关

键，因此，在现有基础上，促进企业的技术提升和产能扩大、组织研发具有高性能和高性价比的汽车动力用锂电池。

4. 电动车车辆控制管理系统的开发及技术提升

车辆控制管理系统担负着汽车工作的协调和控制任务，尤其对于电动汽车而言，从能量的输入、输出、制动能的回收以及车辆整体的协调控制等，针对不同用途的汽车，均有其独特的控制策略，所以应针对具体电动车辆开发研究相对应的控制管理系统，形成一种高起点、高性能的系统，达到产品高效能、低成本的目标。

5. 电动车及其零部件检测技术及设备的研究

电动汽车性能和质量控制将直接影响到新能源汽车产业的生存与发展。 电动汽车技术的提高及质量控制离不开先进的测试方法，离不开对车辆的关键零部件、整车的工作协调性、车辆的整体性能等进行测试和分析。 只有根据测试结果进行的技术改进和提高才能保证电动车辆的性能达到预期。 所以，电动车辆性能的测试应该与车辆的发展同步，才能保证电动车辆的健康发展和技术进步。 因此，研制整车性能的测试装置、电池性能和管理系统等的测试设备是规划的又一重点任务。

6. 电传动车辆与传统汽车耦合匹配技术

新型电动车辆设计理论和结构优化理论，建立系统集成体系，研究设计方法和设计规范;在车辆整车设计、系统集成、优化匹配、参数耦合理论研究基础上，重点进行关键部件的通用性和可靠性研究；参与或进行有关标准、法规的制定；推进电传动车辆应用环境建设。

十、2011 年青岛市节能与新能源汽车推广情况统计表

1. 2011 年电动汽车示范推广数量

单位:辆

车　型	公交车	客车	公务车	出租车	电力工程车	邮政车	环卫车	场地车	观光车	私人车	其他	合计	同期增长(%)
纯电动汽车	40	0	110	0	0	0	32	0	0	0	0	182	
混合动力汽车	0	0	0	0	0	0	0	0	0	0	0		
插电式混合动力	0	0	0	0	0	0	0	0	0	0	0		
燃料电池汽车	0	0	0	0	0	0	0	0	0	0	0		
其他（包括醇醚类）	0	0	0	0	0	0	0	0	0	0	0		
合　计	40	0	110	0	0	0	32	0	0	0	0	182	

2. 2011 年电动汽车示范推广车型及数量

单位:辆

车　型	公告批次	目录序号	数　量
申沃牌 SWB6121EV5 型纯电动城市客车	227	42	40

3. 2011 年青岛市燃气汽车示范运行保有量统计表

单位:辆

车　型		LPG	LNG	CNG	合　计	同期增长(%)
燃气汽车	公交车	0	60	1114	1174	60
	客车	0	0	1	1	-
	出租车	170	0	8978	9148	77
	私人用车	0	0	1087	1087	-
	其他	0	0	38	38	-
	合　计	170	60	11218	11448	71.3

4. 2011 年青岛市城市电动汽车充电站(桩)建设情况统计表

城市名称	充电站（个）	充电机功率总计（kW）	充电桩（个）	充电站占地面积（m^2）	投资金额（万元）
青岛市	1	450	12	1600	800

唐山市

一、2011年节能与新能源汽车发展概况

作为第二批试点城市，示范推广工作开展一年来，在国家四部委的领导下，在河北省委、省政府的大力支持下，根据国家“节能与新能源汽车示范试点”的总体部署和《唐山市节能与新能汽车示范推广实施方案》制定的总体思路，坚持示范运营与产业发展相结合、自主创新与技术引进相结合、技术创新与管理创新相结合，以示范促研发，以研发促产业。

二、节能与新能源汽车示范推广情况

截至2011年年底，已经投入示范推广工作的车辆共有47辆，累计运行55万多公里。其中，30辆豪华纯电动汽车在曹妃甸论坛上进行了试运行；10辆纯电动公交车在曹妃甸新区进行示范运营；2011年年初，唐山锂源电动汽车有限公司购置的7辆纯电动客车在首钢京唐公司开始示范运营。

三、基础设施建设

截至2011年年底，唐山市已有3座充电站投入使用。包括2009年10月为曹妃甸论坛示范车辆运营建设的唐海县海天充电站，2010年3月由华北电网唐山供电公司建设的国家电网首座典型设计的大型充电站——南湖电动汽车充电站，和2010年10月为曹妃甸公交示范线配套的充电站。在2010年年底由华北电网唐山供电公司完成了36个充电桩的建设，在市区及曹妃甸形成了8个充电桩群。

另外，华北电网唐山供电公司在唐山北郊建设的电动汽车电池快换站，已完成项目立项等手续，于2012年年底前投入使用。同时该公司正在曹妃甸工业区筹划建设一座大型电动汽车充（换）电站，将于2013年正式实施。

四、节能与新能源汽车项目投融资及建设情况

2011年5月成立注册资本1.7亿元的上汽唐山客车有限公司。工厂已经完成土建建设，开始安装设备，办公楼正在装修，2012年下半年开始试生产。上汽唐山客车有限公司（上汽唐山曹妃甸绿色能源汽车项目）建设已经得到银行贷款承诺，并得到国家工信部的批复。

纯电动客车在2011年启动车辆开发，2012年完成车辆试制车辆产品试验，后续实现大批量生产销售。纯电动客车项目获得唐山市科技的支持。

五、唐山市主要节能与新能源汽车企业

重点谋划建设了20平方公里曹妃甸电动汽车城。经过一年多的努力，现已建成12万平方米标准厂房的起步区，上汽、东风等一批项目已落户唐山市，以整车为龙头，电机、电池和电控三大核心零部件产品为主体的电动汽车产业体系已现雏形，正在曹妃甸新区形成集聚。截至2011年年底，确定引资总额11.2亿元，总投资15.8亿元，达产后可实现产值近50亿元。其中，上汽唐山客车有限公司新能源客车项目已经开工建设，一期投资3.2亿元，年产能3000辆新能源汽车，达产后可实现产值25亿元。2012年6月，其$10m^2$纯电动大巴公交车产品下线，自此唐山市将会拥有完全自主品牌的客车。曹妃甸东风纯电动车项目一期总投资约1亿元，以SKD方式生产的纯电动公交大巴已于2010年7月份下线，并与首钢京唐公司达成电动汽车租赁运营协议，投入示范运营，效果良好。河北曹妃甸锂源电动车动力电池项目已于2012年投产。拥有自主知识产权的唐山普林亿威公司电机项目，2012年初正式进驻曹妃甸工业区，总投资2.9亿元，形成年产6000套驱动总成能力，产值规模8.3亿元。金能（唐海）电池项目总投资6000万元，年产3600万安时锂离子电池，现已达产。河北（迁安）力通锂电池正极材料项目总投资3000万元，已建成年产100吨生产线一条，正在建设同等规模的第二条生产线。唐山安特微型电动汽车项目总投资1.5亿元，其中一期投资7000万元，可年产5000辆纯电动场地车，2013年初产品下线。此外，天津松正电机、北京普莱德和风帆动力电池项目已与唐山市达成协议，并落户曹妃甸新区。2011年9月，上汽唐山客车、普林亿威、天津松正电机等六家企业在曹妃甸共同签署了唐山市电动汽车产业合作推进框架协议。

六、主要扶持政策及措施

已制定了《唐山市鼓励新能源汽车产业发展与消费的优惠政策》《唐山市人民政府关于促进电动汽车推广及电动汽车充换电设施建设的优惠政策》；由唐山市人民政府与国家电网华北电网有限公司签订了关于《推进电动汽车充电设施建设战略合作协议》；在《中共唐山市委、唐山市人民政府关于2011年节能减排工作的实施意见》《关于加快先进装备制造业发展的指导意见》中提出了鼓励节能与新能源汽车的明确指导意见。明确规定每年安排财政专项资金，安排电动汽车专项经费用于支持科学技术研究、服务平台建设和产业发展贷款贴息；对新购电动汽车按国家补贴的20%给予补助，并按整车价款的2%给予运营补贴；每年还安排专项资金用于采购电动公交车。在用地、电网布置、专用设施配套等方面倾斜保障。

七、发展规划

2012年示范推广计划：新增节能与新能源汽车935

辆，其中纯电动公交车30辆、混合动力公交车170辆、混合动力乘用车22辆、纯电动出租车10辆、纯电动专用车3辆、混合动力出租车700辆

八、2011年唐山市节能与新能源汽车推广情况统计表

1. 2011年电动汽车示范推广数量

单位：辆

车　型	公交车	客车	公务车	出租车	电力工程车	邮政车	环卫车	场地车	观光车	私人车	其他	合计	同期增长（%）
纯电动汽车（超级电容请注明）	0	0	0	0	0	0	0	0	0	0	0	0	
混合动力汽车（超级电容请注明）	6	0	0	0	0	0	0	0	0	0	0	6	
插电式混合动力	0	0	0	0	0	0	0	0	0	0	0	0	
燃料电池汽车	0	0	0	0	0	0	0	0	0	0	0	0	
其他（包括醇醚类）	0	0	0	0	0	0	0	0	0	0	0	0	
合　计	6	0	0	0	0	0	0	0	0	0	0	6	

2. 2011年电动汽车示范推广车型及数量

单位：辆

车　型	公告批次	目录序号	数　量
申沃牌SWB6127HE2型混合动力城市客车	228	42	6

3. 2011年唐山市电动汽车充电站(桩)建设情况统计表

城市名称	充电站（个）	充电机功率总计（kW）	充电桩（个）	充电站占地面积（m^2）	投资金额（万元）
唐山市	1	50	10	2166	3000

廊坊市

一、2011年节能与新能源汽车发展概况

廊坊市清洁汽车发展以CNG和LNG为主要代用能源，以行驶频率高、排放污染重的公交、出租和环卫用车等城市在用车辆为重点。截至2011年12月底，全市代用燃料汽车保有量达到4560辆，其中公交车485辆，占市内公交车的比例为100%。此外，从2011年12月9日起，廊坊市首批100台LNG公交车分批次运营，这是河北省以及廊坊市公交历史上首次引进LNG公交车。廊坊目前有出租车3830辆，全部使用CNG燃料。截至2011年年底，廊坊有245辆私家车使用CNG代用燃料。

二、廊坊市节能与新能源汽车生产经营

廊坊市香河港龙汽车配件制造有限公司目前对电动汽车处于研究开发阶段，已经生产出警用电动汽车样品，其他类电动汽车产品处于研发中，没有形成规模销售。

三、节能与新能源汽车示范推广情况

通过节能与新能源汽车示范推广项目的实施，有力推动了廊坊市清洁汽车相关产业的发展。目前，廊坊市已经形成了集燃气供应，燃气汽车改装，燃气汽车维护、保养，车用加气站设备生产等较为完整的清洁汽车产业体系。据统计，清洁汽车重点推广应用城市项目自实施以来，为廊坊市新增就业岗位550个，新增就业人员1100多名。目前，廊坊市清洁汽车相关企业已发展到28家，从业人员达到2450人，实现产值4.3亿元、利税1380多万元。清洁汽车产业已经成为廊坊市快速发展的新兴行业和新的经济增长点。

四、基础设施建设

到2011年12月底，廊坊市CNG加气站已发展到14座，LNG加气站1座，月总加气量超过250万立方米，廊坊车用加气站网点布局分为东、南、西、北格局，已初步形成了遍布城区和附近郊县的车用天然气加气站网络体系，各加气站运行正常。

五、节能与新能源汽车项目投融资及建设情况

节能与新能源汽车项目截至2011年12月底，已经完成投资5640万元，形成了燃气供应，燃气汽车改装，燃气

汽车维护、保养，车用加气站设备生产等较为完整的清洁汽车产业体系。

六、节能与新能源汽车产业基地及园区建设情况

为了加快廊坊零部件产业发展，围绕京津的汽车产业，廊坊市按照“设计独特、环境一流、品位突出、符合用户要求”的原则，规划建设了总建筑面积 137884m^2、建筑占地 104031m^2 的朗森汽车产业园。园区内集中了诺维汽车内饰件（中国）有限公司、亚新科美联制动装置有限公司等知名企业。主要产品有制动钳总成、盘式制动器、汽车漆、空压机等，分别为宝马、奔驰、奥迪、丰田、本田及奇瑞、吉利等国产品牌车配套。汽车零部件产业集聚现象初步显现。

七、主要扶持政策及措施

出台了《廊坊市清洁燃料汽车推广应用管理办法》《廊坊市鼓励应用清洁燃料汽车优惠政策》，完善了建站和改车资金筹措方案、天然气加气站网点规划、扶持清洁燃料汽车发展的财税政策、车用天然气加气站土地征用政策等在内的一系列政策性文件，编制完成了《廊坊市代用燃料汽车中长期发展规划（2006—2020）》，建立健全了代用燃料汽车组织管理体系、安全运行体系、代用燃料供给体系、综合效益评价体系及相关的政策法规体系，实现了燃气汽车的规模应用，形成了以政府为引导，社会力量广泛参与的清洁汽车推广应用工作新模式。

八、廊坊市主要节能与新能源汽车企业

汽车零部件产业是廊坊开发区培育的主导产业之一，现有工业企业 30 余家，其中规模以上企业 15 家，包括汽车企业 2 家、汽车零部件企业 13 家。天合汽车零部件（廊坊）有限公司、卢卡斯伟力达廊重制动器有限公司和威意特汽车系统（中国）有限公司 3 家企业为世界 500 强企业。

九、发展规划

1. 深入开展代用燃料汽车安全运行体系研究

以推进代用燃料汽车安全运行为重点，形成集代用燃料汽车准入制度、车用燃气钢瓶检测制度、车用加气站安全运行监测制度、车用燃气安全、质量检测制度、车用燃气价格监测制度、代用燃料汽车尾气监控制度等在内的代用燃料汽车安全运行体系。

2. 建立完善清洁汽车安全运营体系

在进一步建立健全燃气汽车改装制度、车用燃气监测制度、燃气汽车定期保养制度、车用燃气价格监控制度的基础上，建立燃气安全预警机制，利用新奥集团燃气安全监控中心遍布全市的监测点对市内加气设施进行全天候监测，并定期发布燃气安全监测报告。

3. 深入开展清洁汽车推广应用工作

一是在城区在用车双燃料改造的基础上，继续向全市十个县（市、区 1）延伸，按照《全市环保五大工程实施方案》的要求，于 2013 年年底前，完成全市（包括各县、市、区）全部公交、出租车辆的双燃料改造和更新工作。二是进一步加快车用天然气加气站网点建设。到 2013 年年底，形成遍布全市及各县（市、区）的加气网点，加气网点达到 18 座，月总加气量达到 300 万立方米以上。

十、2011 年廊坊市节能与新能源汽车推广情况统计表

1. 2011 年电动汽车示范推广数量

单位：辆

车型	公交车	客车	公务车	出租车	电力工程车	邮政车	环卫车	场地车	观光车	私人车	其他	合计	同期增长（%）
纯电动汽车	0	0	0	0	0	0	0	0	0	1	0	1	
混合动力汽车	0	0	0	0	0	0	0	0	0	0	0	0	
插电式混合动力	0	0	0	0	0	0	0	0	0	0	0	0	
燃料电池汽车	0	0	0	0	0	0	0	0	0	0	0	0	
其他（包括醇醚类）	0	0	0	0	0	0	0	0	0	0	0	0	
合计	0	0	0	0	0	0	0	0	0	1	0	1	

2. 2011 年燃气汽车示范运行保有量统计表

单位：辆

车型		LPG	LNG	CNG	合计	同期增长（%）
燃气汽车	公交车	0	100	385	485	5
	客车	0	0	0	0	0
	出租车	0	0	3830	3830	11
	私人用车	0	0	245	245	22.5
	其他	0	0	0	0	0
	合计	0	100	4460	4560	

襄阳市

一、2011年节能与新能源汽车发展概况

2010年7月，襄阳市被列为第二批国家公共领域节能与新能源汽车示范推广试点城市。一年多来，该市积极贯彻国家关于推进公共领域节能与新能源汽车示范推广工作会议和相关文件精神，不断加大财政投入力度和政策支持力度，积极推进新能源汽车产业发展和示范推广工作，取得了一定的成绩：在新能源汽车产业方面，襄阳市初步形成了"两纵三横"的产业发展格局，电机、电控已批量生产，动力电池产业化进程也不断加快；在示范运营方面，已推广节能与新能源汽车83辆（其中纯电动公交车30辆、纯电动通勤车3辆、纯电动城市垃圾车50辆），襄阳市纯电动公交车投入示范运营一年多来，已安全运营60余万公里，为全国纯电动公交车的示范运营积累了重要经验。

二、襄阳市节能与新能源汽车生产经营

面对2011年全国传统汽车产业增幅大幅回落的严峻现实，襄阳市抢抓机遇，突破性发展新能源汽车产业，全力支持东风汽车股份公司新能源商用车基地、扬子江亿兴公司新能源汽车产业园、国通青山公司的大容量动力电池、宇清科技公司的驱动电机和模块及检测线等重点项目加快推进，推动了新能源汽车产业快速增长。2011年全市规模以上新能源汽车产业实现产值7.61亿元，同比增长46%。

三、节能与新能源汽车示范推广情况

截至2011年年底，襄阳市实际推广应用新能源汽车83辆，即市公交总公司新能源汽车分公司30辆、宇清公司2辆、市供电公司1辆、市政环卫车50辆，已签订采购纯电动公交车合同并在生产途中57辆；已签订采购市政环卫车合同并在生产途中100辆。

四、基础设施建设年度计划及落实情况

2011年2月28日，襄阳市第二座总投资1207万元、占地5.12亩的三桥北新能源汽车充电站也已建成并投入使用，该座充电站有6台交流充电桩和4台直流充电机，能够同时为4台大巴和6台小型轿车充电。同时，该市正在积极建设新能源汽车示范运营管理信息平台，初步建立起稳定的信息平台中心数据库，首批成功在运行中的纯电动公交车中安装了10台实时监控系统，能够初步实现对车辆运行状态、电池状态等的实时监测。

五、节能与新能源汽车项目投融资及建设情况

湖北国通青山新能源高科技有限公司自主研发的大容量锂离子动力电池顺利通过国家权威机构检测，主要性能指标达到国内领先水平，完全满足产业化要求。2011年，该公司新建两条动力电池自动化生产线，使动力电池日产能达到15万安时（装配2～3辆纯电动客车），年产能达到5000万安时。骆驼集团股份有限公司采用炭粉负极材料，具高倍率放电能力及安全性的负极材料，应用在锂离子电池的负极，解决了材料在嵌锂和脱锂过程中结构的不稳定性，提高了电池的循环寿命。研究与开发出高比能量、新型节能环保的绿色待动力锂离子电池，二期工程竣工后将到日产电池4万只的水平。

襄樊宇清电动汽车有限公司电动汽车用集成式电驱动系统，顺利通过国家试验室的权威验证，获得国家机动车质量监督检验中心（重庆）分别就两大类型电机、电机及变速箱、系统进行的国家检测，获得相应检测认证报告。项目总投资5957万元，目前完成投资4279万元，项目建成达产后，可实现年产电动汽车用集成式电驱动系统2000台/套的生产能力，其中纯电动、插电式混合动力系统各1000台/套，新增销售收入16000万元，新增利润3300万元，新增税收1122万元。2011年产品已装车78台/套，实现销售收入1560万元。

六、节能与新能源汽车产业基地及园区建设情况

2010年4月27日，襄阳市人民政府与东风汽车公司签订《促进襄阳汽车产业发展战略合作框架协议》。协议约定在2010—2015年期间，双方共同努力把襄阳建设成为100万辆级整车和发动机、变速箱、车桥等重要总成及汽车电子等零部件制造基地，东风汽车公司在新能源汽车产业的发展战略中把襄阳确定为新能源汽车研发、生产和检测基地。2010年8月，东风汽车公司正式发布其节能与新能源汽车战略，确定将在未来5年，在襄阳投入30亿元、新建占地1000亩的新能源汽车阵地，用于节能与新能源汽车的技术开发和产业化；一期规划投资6.5亿元、占地300亩的东风汽车股份有限公司新能源客车基地项目已在襄阳市高新区奠基并开工建设，并于2012年下半年投产。

国家级整车检测中心、动力质量检验中心和人才培养基地建设不断推进。2011年6月，国家质量监督检验总局已完成对襄阳市建立国家级动力质量检验中心工艺方案的评审，现已进入建设施工阶段。襄阳市相关单位正在配合国家和湖北省筹建国家电机、电池、动力系统、控制器、安全性能等试验室，以东风试车场为主体的研发、试验、检验和生产为一体的襄阳新能源汽车研发检测线正在建设。襄樊学院、襄樊职业技术学院、襄阳汽车职业技术学院，分别列入湖北省普通高等院校战略性新兴（支柱）产

业才才培养计划，相关专业已开展招生，为培养新能能源汽车产业专门人才提供保障。

七、主要扶持政策及措施

2011年10月，市委、市政府《关于加快建设“四个襄阳”推进省域副中心城市跨越发展的意见》（襄发〔2011〕23号），明确要求今后“在城市公交系统全面普及新能源汽车”。从2011年开始，市委、市政府决定进一步落实支持示范推广工作的政策，一是在国家财政补贴基础之上，对全市公交系统采购纯电动客车市政府每辆补贴30万元，对混合动力客车市政府每辆补贴20万元，对采购纯电动和混合动力通勤客车单位市政府每辆补贴15万元；二是对示范运营的车辆运行过程中属地方政府的收费项目在5年内全免。

八、襄阳市主要节能与新能源汽车企业

襄阳市主要节能与新能源汽车企业有东风汽车股份有限公司、东风襄樊旅行车有限公司、襄樊宇清电动汽车有限公司、湖北国通青山新能源高科技有限公司、骆驼集团股份有限公司、湖北追日新能源技术有限公司、湖北德普电气股份有限公司、襄樊新中昌专用汽车有限公司、湖北超亿科技有限公司、湖北凯希科技有限公司。

九、发展规划

襄阳市正在加快新能源整车、动力电池、驱动电机、驱动系统模块、电控模块等生产基建设。力争在“十二五”末，建立起配套齐全、服务完善的新能源汽车产业发展支撑体系，培育和发展一批创新型企业，建设一批重大项目并形成一批集聚度高、竞争力强、产业链完整的产业集群。全市新能源汽车整车达到2万~5万辆的产能，形成8个以上整车品系（纯电动城市客车、纯电动公路客车、纯电动厢式运输车、纯电动自卸垃圾车、纯电动乘用车、插电式混合动力城市客车、插电式混合动力公路客车、插电式混合动力特种车等），12个系列的零部件产品总成（动力电池、电池管理系统、驱动电机、电驱动自动变速箱、控制系统、电动空调、车载充电器、实时监控系统、辅助系统、车载能源模块、驱动系统模块、电控模块等），动力电池模块达到15亿~30亿安时产能、驱动系统模块和电控模块达到5万~10万套产能，新能源汽车产业实现产值500亿~1000亿元。

十、2011年襄阳市节能与新能源汽车推广情况统计表

1. 2011年电动汽车示范推广数量

单位：辆

车型	公交车	客车	公务车	出租车	电力工程车	邮政车	环卫车	场地车	观光车	私人车	其他	合计	同期增长（%）
纯电动汽车	20	0	2	0	1	0	50	0	0	0	0	73	730
混合动力汽车	0	0	0	0	0	0	0	0	0	0	0	0	–
插电式混合动力	0	0	0	0	0	0	0	0	0	0	0	0	–
燃料电池汽车	0	0	0	0	0	0	0	0	0	0	0	0	–
其他（包括醇醚类）	0	0	0	0	0	0	0	0	0	0	0	0	–
合计	20	0	2	0	1	0	50	0	0	0	0	73	–

2. 2011年电动汽车示范推广车型及数量

单位：辆

车型	公告批次	目录序号	数量
东风牌EQ6102BEVL1型纯电动城市客车	223	3	23
东风牌EQ5031ZXXBEVAC型纯电动车厢可卸式垃圾车	229	3	50

3. 2011年燃气汽车示范运行保有量统计表

单位：辆

车型		LPG	LNG	CNG	合计	同期增长（%）
燃气汽车	公交车	0	0	770	770	5
	客车	0	0	0	0	
	出租车	0	0	1700	1700	0
	私人用车	0	0	0		
	其他	0	0	0	0	
	合计	0	0	2470	2470	

4. 2011 年襄阳市电动汽车充电站（桩）建设情况统计表

城市名称	充电站（个）	充电机功率总计（kW）	充电桩（个）	充电站占地面积（m^2）	投资金额（万元）
襄阳市	2	1480	30	24506	3600

桂林市

一、汽车(汽配)工业

1. 汽车工业发展总体情况

2011 年，在国家实行多种鼓励消费政策的共同作用下，桂林市汽车工业积极开发节能与新能源汽车，优化产品结构，拓宽销售市场，保持了快速平稳发展，全年规模以上汽车工业完成总产值 56. 73 亿元，同比增长 23. 91%；实现销售收入 54. 97 亿元，同比增长 20. 67%；实现利润总额 4. 65 亿元，同比增长 72. 2%。 其中桂林客车发展有限责任公司产值、收入分别增长 188% 和 90. 43%；桂林客车工业集团有限公司（本部）产值、收入分别增长 79% 和 59. 74%。

桂林市汽车工业现有整车生产企业桂林客车工业集团有限公司（集团有全资的直属客车制造企业，并拥有控股和参股的客车生产企业上海万象汽车制造有限公司、桂林大宇客车有限公司、桂林客车发展有限责任公司），主要产品有大、中、轻型各类公路客车、城市客车、旅游客车和客车底盘、10 ~ 12m 新能源纯电动系列客车，以及福达集团有限公司、万向钱潮（桂林）汽车底盘部件有限公司、皮尔金顿（桂林）安全玻璃有限公司等 13 家规模以上零部件生产企业。

整车生产企业：桂林客车工业集团有限公司 2011 年实现客车销售 3788 台，同比（3053 台）增长 24. 07%；销售收入 8. 77 亿元，同比（9. 17 亿元）下降 4. 31%。

零部件主要生产企业：桂林福达集团有限公司 2011 年完成总产值 41. 81 亿元，同比增长 19%。 全年共生产发动机曲轴 105. 13 万根、汽车离合器 101. 85 万套、锥齿轮 13. 51 万套。

2. 市场发展情况

桂林市生产的客车主要面向全国市场，部分产品出口中东及东南亚地区。 其中在广西市场占有量排名第一，传统车在上海市场占有量排名第三。 2011 年年底，桂客集团成为全国首批获得校车生产和产品公告资质的企业，当季校车销量突破 200 台。 目前公司生产的校车在广东占有量排名第一、全国排名第六。

汽车零部件产品主要为东风康明斯发动机有限公司、东风商用车公司发动机厂、广西玉柴机器股份有限公司、东风朝阳柴油机有限责任公司、昆明云内动力股份有限公司、柳州五菱柳机动力有限公司、洛阳一拖柴油机有限公司、绵阳新晨动力有限公司、扬动发动机厂，以及东风汽车有限公司、东风柳州汽车有限公司、中国重汽集团济南商用车有限公司、北京福田北京欧曼重型汽车厂、陕西重型汽车有限公司、重庆红岩汽车有限责任公司、上海汇众汽车制造有限公司、安徽华菱重型汽车有限公司、江淮汽车公司、郑州宇通公司、郑州日产、奇瑞汽车、东南汽车、华晨金杯、长城汽车、中兴汽车等汽车生产企业配套，并为北京、上海、广州、武汉、南宁等城市公交配套。 其中离合器和曲轴产品产销量居全国同行业前列。

客车产品只有少部分出口中东及东南亚地区，出口创汇 537 万美元。 汽车零部件产品涉及出口的企业有皮尔金顿（桂林）安全玻璃有限公司、万向钱潮（桂林）汽车底盘部件有限公司、桂林星火机械制造有限公司 3 家企业，主要产品为汽车玻璃、同步器、电磁式制动器、转向球座、汽车水泵等，出口市场主要为欧美、日本等国家和地区。 2011 年累计出口创汇 3200 万美元。

3. 产业园发展情况

根据国务院《汽车产业调整和振兴规划》和《中共广西壮族自治区委员会广西壮族自治区人民政府关于做大做强做优我区工业的决定》《自治区汽车工业调整和振兴规划》的精神，为加快桂林市汽车产业发展，按照产业集群化、企业集团化、土地节约化、资源基层化的要求，结合本市汽车产业发展的实际，桂林市汽车产业园项目建设已于 2009 年 4 月正式启动。

桂林汽车产业园位于桂林苏桥经济开发区，规划面积 1000 亩，建设整车和零部件生产基地。 其中汽车整车规划总面积约 600 亩，产业定位为广西客车生产基地、西南地区新能源客车生产基地。 桂林苏桥园客车基地包含 3 个板块：第一板块是桂客集团自主客车板块，占地 250 亩，建设年产各型燃油及新能源客车 8000 辆的产能，年产值 20 亿元，项目已在 2009 年 4 月开始动工，于 2010 年 9 月桂客集团本部完成搬迁投产。 第二板块是桂客与五菱投资合作的桂林客车发展有限责任公司整厂搬迁项目，2009 年 11 月开工建设，项目占地 248 亩，总投资 2. 24 亿元，以生产轻型客车为主，建成年产 2. 5 万辆轻型客车产能，实现销售收入 20 亿元，利税 2. 2 亿元的规模。 现已完成主体工

车充电站在峨眉山市建成。该充电站占地约13亩。建设大型直流充电机终期4套、本期2套，中型直流充电机终期2套。

2011年2月28日 襄阳市三桥北电动汽车充电站建成。该充电站占地5.12亩，总投资2000多万元，为国家级电动汽车充电站示范站，装有8台充电桩。其中，6台交流充电桩供轿车充电，2台直流充电桩为公交车等大车服务。

3月

2011年3月1日 福田汽车迷迪纯电动车作为北京市首批50辆纯电动出租车在延庆正式投入运营，由北京市电力公司承建的延庆电动汽车充电站提供电动出租车充电。

2011年3月4日 我国车用燃料甲醇国家标准获得批准，将于2011年11月1日实施。车用燃料甲醇国家标准规定了车用燃料甲醇的技术要求、试验方法、检验规则及标志、包装、运输、储存和安全等，适用于车用燃料甲醇的生产、检验和销售。

2011年3月7日 科技部高新司及高技术中心在“十一五”国家重大科技成就展举办期间成功组织了电动汽车试乘试驾活动，共有1753人参加了试乘试驾。试乘试驾车辆来自一汽、东风、长安、奇瑞、北汽、江淮、比亚迪、海马、众泰、天津清源和南车时代11家企业，主要以纯电动乘用车为主。

2011年3月10日 国家电网北京电力公司完成动力电池综合检测成套装置的调试和验收。该套动力电池综合检测成套装置是一种由计算机控制的双向单通道大容量动力电池综合检测设备，适用于动力电池容量、单体电池一致性检验、循环寿命、倍率放电性能测试，能精确实现恒流、恒压、恒流恒压转换充放电以及恒功率放电。

2011年3月10日 由临沂供电公司投建的柳青河电动汽车充电站竣工并投入运行。该充电站一期工程配电总容量1250kVA，安装1250kVA变压器1台，建设直流充电桩8个、交流充电桩6个，可满足8辆电动公交车和6辆纯电动家用轿车同时充电；二期工程将建设大型集中充换电站，满足纯电动公交车和家用轿车更换电池的需求。

2011年3月11日 天津一汽夏利汽车股份有限公司“威志纯电动汽车开发及产业化”项目开工建设，项目总投资3.5亿元，包括开发整车控制系统、电源管理系统、车载充电装置、驱动电机等关键技术，并实现威志纯电动汽车产业化。

2011年3月12日 奇瑞新能源4S店在安徽省芜湖市正式开业。在开业现场，芜湖鑫源投资有限公司签订了100辆新能源汽车的购买合同，这批纯电动轿车将作为芜湖鑫源投资有限公司的办公用车。

2011年3月15日 盐城市东环路电动汽车充电站正式投运。该充电站占地面积2914m^2，建筑面积378.56m^2，总投资1070万元。该站设计配备8台充电机，其中有2台DC500V/200A中型充电机、2台DC350V/100A小型充电机和4台交流充电桩。可用于纯电动公交路线、社会小型电动专用车及乘用车的充电。

2011年3月16日 安徽省巢湖市首辆纯电动汽车被作为巢湖供电公司公务用车投入试运行。

2011年3月16日 《国民经济和社会发展第十二个五年规划纲要》正式发布。《规划纲要》中提出，新能源汽车产业重点发展插电式混合动力汽车、纯电动汽车和燃料电池汽车技术。

2011年3月19日 中国普天集团电动车运营项目落户武汉市。

2011年3月21日上午 长安集团向南昌市交付了105辆长安志翔混合动力汽车。其中，有92辆出租车、13辆公务车。

2011年3月27—28日 由中国汽车技术研究中心承担的“清源电动汽车技术平台研究开发”“纯电动—混合动力车用驱动电机系统研发”“燃料电池汽车安全性试验研究与检测评价”以及“节能与新能源汽车整车和关键零部件标准相关关键技术研究”四项“十一五”“863计划”节能与新能源汽车重大项目课题在天津市通过科技部专家组验收。

2011年3月29日 国内首个新能源汽车集中展销中心——杭州市新能源汽车展销中心开业，与其毗邻的杭州数源电动汽车换电站也正式投入使用。杭州市新能源汽车展销中心集新能源汽车展示、销售、租赁、试乘试驾、咨询等服务功能于一体。

2011年3月31日 宁夏电力公司电动汽车服务分公司正式成立，电动汽车服务公司主要负责为宁夏电动汽车用户提供专业的配套服务，引进、转化和利用电动汽车充换电先进技术，建设和运营电动汽车智能充换电服务网络。

2011年3月31日 由湖南南车时代电动汽车股份有限公司下属子公司株洲市电动汽车示范运营有限公司承担的国家“863计划”“湖南省高温条件下电动汽车试验运行技术考核”课题顺利通过专家验收。

2011年3月 奇瑞新能源汽车研发基地在上海市嘉定区开工建设，该基地占地350亩，总投资将超过10亿元。主要用于整车技术和新能源汽车核心零部件研发等综合功能的项目基地。

4月

2011年4月6日 上海市第一批私人购买的纯电动汽车在嘉定国际汽车城挂沪牌上路。首批挂牌的8辆纯电动车型分别来自力帆、奇瑞、众泰和比亚迪四家国内自主品牌车企。

2011年4月6日 河北新宇宙电动车有限公司年产3万辆电动车项目在石家庄市元氏县开工建设，该项目为河北省重点建设项目，总投资10.6亿元，建成后可形成年产1.5万辆电动汽车生产能力。

2011年4月7日 中山市沙溪镇乐群电动汽车充电站投入营运，该站总投资770多万元。

2011年4月14日 上海申沃客车有限公司接到出口北美总计500辆的电动客车订单，该笔订单总价值接近5亿元。将在三年内完成。订购方将通过改装作为当地的公交车投入使用。

2011年4月18日 四川汽车工业集团有限公司在绵阳市高新区防灾减灾园总投资30亿元的年产12万辆传统能源乘用车和新能源汽车项目破土动工。整个项目建设周期3年，预计达产后年销售收入将实现100亿元。

2011年4月18日 江西联威新能源有限公司竣工投产仪式在宜春经济开发区举行。该项目计划占地980亩，计划总投资12.6亿元，分三期进行。一期为年产100万只动力锂离子电池和年产2000万只能量型锂离子电池项目，占地297亩，总投资2.6亿元。项目投产达标后，年产值可达5亿元，实现利润及税收5200万元。第二期总投资5亿元，是在项目一期完工达产三年后扩产，计划扩建年产4000万只2.6A·h18650#锂离子电池生产线和年产300万只动力锂离子电池生产线。第三期总投资5亿元，是在项目一期完工达产五年后，合资或引资年产3000t磷酸铁锂材料产业化项目、年产2000t锰酸锂材料产业化项目、年产2000t镍钴锰酸锂材料产业化项目、年产3000t锂离子电池电解液产业化项目。

2011年4月21日 北京电力公司完成了应急式电动汽车移动充电站的研制工作。应急式移动充电站有效解决了在电动汽车服务区域大面积停电的情况下，迅速为电动车辆和充电站提供应急电源服务的问题。

2011年4月22日 上海市私人购买新能源汽车补贴细节正式对外公布。上海市民购买一辆新能源车最多将可获得国家和上海市补贴共计10万元。充电站建设方面，上海对配套设施的设备投资给予不超过20%且不超过300万元的资金支持。利息补贴政策方面，上海对融资方式所发生的贷款利息给予贴息支持，不超过3年。

2011年4月26日 江西省电力公司电动汽车服务分公司在南昌市正式成立。

2011年4月26日 湖南科力远新能源股份有限公司举行了新能源电池生产基地奠基仪式。益阳科力远新能源电池生产基地位于益阳高新区，占地204.7亩，规划建筑面积为11.8万平方米，投资约为2.9亿元，其中一期1.5亿元，二期1.4亿元，建成投产时间为2012年3月。

2011年4月29日 北京市政环卫电动汽车分布式充电站在西城区西直门桥完成投运工作。该站占地面积739.8m^2，安装14kW交流充电桩5个，可同时为10辆2t环卫电动汽车充电。

2011年4月30日 国家电网公司在北京建设的大型电动公交车充换电站——朝阳北土城充电站建设完工。该站占地面积1151.5m^2，可同时为240块电池充电。

2011年4月30日 聊城公交公司新能源环保公交车交接暨通车仪式在中通客车控股股份有限公司举行，62辆中通清洁能源公交车正式投入运行。该批车辆全部为中通客车生产的LCK6910GC，为LNG节能环保公交车。

2011年4月30日 厦门华天纯电动汽车租赁有限公司正式开业，这是福建省首家经营纯电动汽车租赁的公司。同日，首批23辆众泰纯电动汽车交车交付仪式在厦门举行。

5月

2011年5月6日 广西壮族自治区象州县举行年产1.5万tEMD后处理生产线竣工投产暨年产1万吨新能源新材料汽车动力电池专用EMD技改项目启动仪式。该项目产品是日本日产汽车公司纯动力汽车电池指定专用材料，项目投产后，年可新增工业产值1.2亿元，实现利税3000万元。

2011年5月6日 甘肃省首座电动汽车充电站正式通过验收。该充电站位于兰州供电公司110kV段家滩变电所南侧，占地约1000m^2，采用10kV供电，配置充电设备6台。其中直流充电机3台、中型充电机1台、小型充电机2台、交流充电桩3台，可供6辆电动汽车同时充电。

2011年5月9日 由江西京九电源科技有限公司总投资10亿元的高新技术蓄电池产业化项目正式与江西永修云山经济开发区签约。该项目占地450亩，年生产500万千伏安时动力型高新技术蓄电池。项目分两期建设，一期项目计划在2011年7月开工建设，2012年年底竣工投产。二期项目计划在2013年年初开工建设，2014年中旬竣工投产。一期项目建成投产后，年产值达16亿元，年上缴税款4000万元以上；整个项目建成达产达标后，预计年产值达32亿元，年上缴税款7000万元。

2011年5月16日 沈阳五洲龙新能源汽车有限公司

年产 1 万辆新能源汽车项目获批。该项目总投资 11.66 亿元，固定资产投资 9.17 亿元，新增用地 39.8 万平方米，总建筑面积 17.1 万平方米。该项目建成投产后，计划年实现销售收入 75 亿元。

2011 年 5 月 17 日　黑龙江省电力有限公司电动车动力科技分公司在哈尔滨市挂牌成立并投入运营。该公司将负责全省范围内电动汽车充电站的规划、建设和运营管理工作，全面配合全省各地市电动汽车推广计划，发展建设电动汽车充电设施及配套服务系统。

2011 年 5 月 18 日上午　由桂林客车工业集团有限公司研发生产的 5 台纯电动公交车正式投入市区的公交运营。

2011 年 5 月 19 日　中俄新材料国际科技合作示范基地在江苏常州奠基，项目总投资为 10 亿元，首期投资主要为引进俄罗斯的先进技术，形成年产 4000 万平方米的锂离子电池隔膜生产线；后期拟在吸收国外先进技术后，增加年产 6000 万平方米的生产线，最终形成年产 1 亿平方米的锂离子电池隔膜生产规模。该项目名为江苏立鼎动力锂电池隔膜材料有限公司。

2011 年 5 月 20 日　江苏省无锡新区新购置的 40 辆压缩天然气（CNG）公交车正式上路运行。

2011 年 5 月 28 日　远大瑞华电动汽车有限公司投资 33 亿元建设的纯电动汽车产业基地正式落户武汉市汉南区纱帽街幸福工业园，该基地总净用面积 500 多亩，主要生产纯电动汽车及零部件，项目建成投产后，年产 3000 辆整车及 10000 套核心零部件，产值超过百亿元。

2011 年 5 月 30 日　山西新能源汽车·机械装备制造区建设项目在晋中启动。该项目规划以山西新能源汽车、中航集团特种车辆为主体、零部件生产企业相匹配，力求将晋中建成新能源汽车及零部件生产基地。项目规划用地 9.84km^2。到 2015 年，该项目的整车生产能力将形成 45 万辆规模，总产值达到 500 亿元，零部件产业的总产值将达到 250 亿元。

2011 年 5 月 30 日上午　由敏实集团投资建设的嘉兴敏凯电动汽车项目在浙江省嘉兴市南湖区正式开工建设。敏凯电动汽车项目于 2010 年 11 月正式规划启动，项目总投资超过 15 亿元，选址为嘉兴工业园区南区，总规划用地约 1000 亩，预计全部投产后可年产 20 万辆电动汽车，实现产值约 100 亿元。

6 月

2011 年 6 月 4 日　日本松下电器投资 36 亿日元的锂电池项目正式签约落户江苏省无锡新区。

2011 年 6 月 8 日　北汽福田汽车股份有限公司注册成立新能源分公司——北汽福田汽车股份有限公司北京福田爱易科新能源工程科技分公司。该分公司主要从事电池、电控等新能源汽车核心零部件的技术研发及生产。

2011 年 6 月 10 日　由敏实集团投资兴建的敏凯电动汽车项目在浙江省嘉兴市南湖区正式开工建设。该项目总投资 4.36 亿美元，占地面积约 1000 亩，累计注册资本 2 亿美元，计划 3 年内达到年产 10 万辆电动汽车、产值约 40 亿元的目标。

2011 年 6 月 13 日　宇通插电式混合动力城市客车产业化技术攻关项目（PHEB）被列入国家“十二五”“863 计划”重大项目。

2011 年 6 月 16 日上午　总投资 1.5 亿元的甘肃博能新能源科技有限公司年产 3000 万只锂电池建设项目，在甘肃省白银平川经济开发区奠基开工。项目建成投产后预计年产值将达到 3 亿元，年净利润将达到 4350 万元。

2011 年 6 月 17 日　东风裕隆汽车有限公司向杭州市政府交付了 3 辆纯电动汽车，作为杭州市政府公务用车的示范运行车辆。

2011 年 6 月 20 日　四川黄铭锂动力年产 3000t 纳米级磷酸铁锂项目在四川德阳广汉市投产。项目运用独创的“多溶剂液相法制备纳米磷酸铁锂”工艺，实现 50nm 以下磷酸铁锂材料工业化量产。

2011 年 6 月 20 日　北京化学试剂研究所在北京成功举办了 5000t 锂离子电池电解液二期投产典礼。锂离子电池电解液二期扩产项目总投资 11226 万元。占地面积 10590m^2，建筑面积 6090m^2。

2011 年 6 月 20 日　金龙集团年产 6 亿平方米锂离子电池隔膜一期项目奠基仪式，在河南新乡平原新区“新能源新动力汽车产业园”内举行。该项目一期总投资 16 亿元，建设锂离子电池隔膜生产线 52 条，年产锂离子电池隔膜 3 亿立方米。

2011 年 6 月 28 日　中、德双方在柏林共同发表《中德关于建立电动汽车战略伙伴关系的联合声明》，并将在替代动力、电动交通以及相关并网技术方面展开深入合作。根据声明，两国将建立电动汽车战略伙伴关系，鼓励两国地方政府和企业参与合作，如共同在示范项目、商业运营和电动汽车推广方面开展合作，并就发展战略和政策法规加强交流，进一步完善相关合作机制，推动先进电动汽车在全球更广泛地应用，为解决气候、环境和交通问题作出贡献。

2011 年 6 月 28 日　中航锂电（洛阳）有限公司高新产业园正式启用，高新产业园总投资 36 亿元，园区规划用地 525 亩，总建筑面积 32 万平方米。项目建成后将形成年产 12 亿安时锂离子动力电池、35 万套电池应用系统的生产能力。同日，中航锂电（洛阳）有限公司1.2亿安时大容量锂离子动力电池生产线也顺利投产。

2011年6月28日 河南科隆集团新能源汽车电源动力系统总成及新能源专用车产业化项目在新乡市平原新区新能源产业园举行开工奠基仪式。“新能源汽车电源动力系统总成及新能源专用车产业化基地”项目总体规划占地2000亩，计划总投资50亿元，建设年产3万套新能源汽车动力系统以及年产2.5万辆电动专用车生产线。全部建成后，年总产值将达150亿元。

2011年6月29日 协鑫（集团）控股有限公司动力电池总成项目正式落户江苏苏州吴江经济技术开发区。该项目总投资180亿元，主要生产汽车用动力电池，投产后年销售额近400亿元。

2011年6月29日 上海联孚（五莲）新能源电动车及控制器产业园项目在山东省五莲县签约，该项目计划总投资30亿元，项目分三期建设，全部达产后，可形成年产5万辆新能源电动车整车控制器的能力，年可实现销售收入160亿元，利税25亿元。

2011年6月30日 山东省临沂市沂南向阳电动汽车充换电站竣工投运。该充换电站位于沂南县城区东南部，占地面积18.36亩，于2011年5月5日正式开工建设。

7月

2011年7月11日 武汉新能源汽车技术创新战略联盟在武汉成立。联盟由东风汽车公司、武汉中原电子集团有限公司、东风扬子江汽车（武汉）有限责任公司、武汉理工大学、武汉元丰汽车零部件有限公司、武汉供电公司、武汉电动汽车示范运营有限公司7家单位共同发起。

2011年7月11日 青岛薛家岛电动汽车智能充换储放一体化示范电站正式试运行。该电站位于连接青岛与黄岛的胶州湾海底隧道黄岛侧出口，占地4000m^2。可同时为120辆公交车或为360辆乘用车电池充电。在换电方面，公交车每次换电时间为6～8min，每天可更换540车次。在储放功能上，公交车充换电站放电功率为700kW。集中充电站最大储放功率为4320kW，电池梯次利用储放电功率为2000kW。可实现低谷时存储电能，在用电高峰和紧急情况下向电网释放电量，峰谷调节负荷7020kW，最大可达10520kW。

2011年7月13日 科技部《国家“十二五”科学和技术发展规划》正式发布。该规划提出，全面实施“纯电驱动”技术转型战略，实施新能源汽车科技产业化工程。继续实施“十城千辆”工程，到2015年，突破23个重点技术方向，在30个以上城市进行规模化示范推广、5个以上城市进行新型商业化模式试点应用、电动汽车保有量达100万辆、产值预期超过1000亿元。

2011年7月14日 内蒙古自治区呼和浩特市首批由重庆恒通客车有限公司提供总数50辆、总金额35400000元的新能源公交车投入运行。

2011年7月14日 奇瑞新能源汽车成功获得江苏省淮安市清河区政府采购中心的订单，4辆奇瑞QQ纯电动汽车将用于当地卫生部门执法办公。

2011年7月20日 郑州宇通客车股份有限公司节能与新能源客车基地在郑州国际物流园区正式奠基。该基地计划斥资24.35亿元，其占地近千亩，预计1年后建成。将带来1万台节能与新能源客车的产能，其中节能型客车6000辆/年、新能源客车4000辆/年。

2011年7月20日 山西省五台山首座电动汽车充换电站正式运营。这座充换电站总投资约5000万元，占地面积约9.28亩，充电区配置4台大型整车直流充电机和2台交流充电桩，每天可以为40辆各类纯电动汽车提供充电服务。

2011年7月25日 榆林汽车产业园开工奠基仪式举行，该项目将于2020年竣工，建成后将成为西北地区规模最大的汽车产业园。榆林汽车产业园占地面积18km^2，园区规划总投资240亿元，建设期限为2011—2020年。一期建成后，可实现生产新能源汽车5万辆、销售各类汽车10万辆、交易额约为380亿元、利税达21亿元，可带动2万人就业。

2011年7月28日 由国家能源局组织编制的《液化天然气（LNG）汽车加气站技术规范》行业标准完成审核并对外发布。该标准将于2011年11月1日实施。

2011年7月28日上午 新能源欧Ⅵ混合动力发动机项目在湛江市银隆广场举行签约仪式。永通能源动力集团将投资108亿元用于研发和生产新能源发动机，技术合作方由英国莲花汽车公司等世界著名专家团队组成。

2011年7月30日 深圳第26届大学生夏季运动会新能源汽车与充电设施投放仪式在深圳湾口岸公交充电站举行。

8月

2011年8月2日下午 由深圳明澳新能源投资有限公司投资的安徽中澳新能源项目在安徽省滁州市全椒县正式签约。该项目总投资14.4亿元，用地500亩，将建设一个涵盖动力、控制、总装的电动汽车产业园。该项目分三期完成，第一期启动建设一个新型高功率超级电池生产基地，建成后年产电池60万千伏安时，年销售3.5亿元；二期项目年产超级电池380万千伏安时，年销售18亿元；三期投资8亿元完成汽车控制系统、总装系统，年产电动汽

第六篇
合资合作

1月

2011年1月5日上午 美国ABAT集团与东莞市清溪镇签约，在清溪镇投资设立东莞强强新能源科技有限公司。项目投资总额8333万美元，占地总面积达到53000m^2。主要从事聚合物锂离子电池的研发、制造与销售，设计生产能力日产量80万安时，约4万只，年产值超过10亿元。

2011年1月6日 辽宁曙光汽车集团与中国南车株洲电力机车研究所有限公司在湖南株洲举行了新能源客车合资合作签约仪式。该项目包括：双方分别向南车集团株洲所下属子公司南车时代电动汽车股份有限公司和常州黄海汽车有限公司增资，共同建立混合动力和纯电动客车研发生产基地。新建5万平方米生产厂房，形成年产节能与新能源汽车整车1万台、驱动电机及控制系统等关键零部件2万套的能力。预计到2015年，实现年销售收入突破50亿元的产业规模。

2011年1月7日 重庆市人民政府与清华大学战略合作签约仪式在重庆市委办公厅举行。在市校合作的框架下，重庆五洲龙新能源汽车有限公司与清华大学签订了天然气掺氢（HCNG）客车合作研发及示范推广协议。根据协议，清华大学将负责HCNG客车示范运行的主要技术支持，重庆五洲龙新能源汽车有限公司将负责HCNG客车的整车研发与集成，为HCNG客车的示范运行提供客车产品。

2011年1月10日 山东科迅车业有限公司与南池集团共同投资建设的年产7800万只锂电池暨配套年产100万辆锂电池电动车项目在山东省曲阜市举行了签字仪式。该项目计划总投资3亿~5亿元，分两期建设，其中一期投资3亿元，注册资本1亿元，建成达产后，达到年产7800万只锂电池和配套年产100万辆锂电池电动车的生产规模，可实现年销售收入21亿元，年上缴税金1.2亿元，安置就业3000人。

2011年1月10日 韩国LG集团与重庆长安汽车股份有限公司签署了共同开发汽车用锂离子电池系统的战略合作协议。双方合作研发的首款锂电池将用于长安志翔混合动力汽车。

2011年1月10日 北汽福田汽车股份有限公司与台湾成运汽车制造股份有限公司签订了111辆福田欧V混合动力客车销售合同。

2011年1月15日 山东省济宁市鱼台县人民政府与江苏双闽新能源股份有限公司在济宁市举行LNG项目签约仪式，该项目计划投资成立鱼台县双闽新能源股份有限公司、大型能源物流中心和汽车改装厂，项目总投资5亿元，一期总投资1.2亿元，计划一期建设6座LNG汽车加注站。

2011年1月18日 科技部与美国能源部在华盛顿签署电动汽车联合示范意向书。

2011年1月18日 万向电动汽车公司与美国Enerl公司就电池及电池系统合资合作签署了框架协议。合资组建了浙江万向Enerl能源系统有限公司，该公司使用Enerl的专利技术在位于杭州占地55.3万平方英尺的万向工厂进行生产。万向电动车和Enerl分别持有该合资公司60%和40%的股份。预计电动车电池组的年产能将于2014年达到4万套。

2011年1月20日 在浙江省永康市委、市政府的积极促成下，众泰控股集团与千喜车业、正宇机电，在永康市正式签订《永康市节能与新能源汽车产业发展联盟核心企业合作框架协议》。此次合作协议的签订，旨在通过“产业联盟”的形式，整合区域产业优势，实现企业间强强联合，推动永康汽车产业的结构调整和转型升级。

2011年1月27日 北汽福田汽车股份有限公司与河南省三门峡市公共交通公司签订了10辆福田欧V混合动力客车销售合同。

2011年1月29日 在合肥市政府的主持下，安徽省电力公司与安凯汽车股份有限公司、江淮汽车股份有限公司、国轩高科动力能源有限公司举行了新能源汽车电能补给新模式合作协议签字仪式。合作协议中明确，安徽省电力公司将加快构建合肥市新能源汽车智能充换电服务网络，安凯汽车股份有限公司、江淮汽车股份有限公司和国轩高科动力能源有限公司将积极响应国家电网公司提出的“换电为主、插充为辅、集中充电、统一配送”模式，按照统一标准研发生产适合换电的车型和电池。

2月

2011年2月11日 重庆市外经贸委与三井物产株式会社签订全面战略合作协议，约定双方成立项目工作组，在新能源汽车、先进物流、基础设施开发、港湾交通设施、零售及农产品、节能环保，以及生态城开发七大领域开展合作。

2011年2月16日 北汽福田汽车股份有限公司与中山市公共交通有限公司签订了14辆福田欧V纯电动客车销售合同。

2011年2月22日 福尔布鲁克科技股份有限公司（Fallbrook）联同亚仕龙汽车科技（上海）有限公司（ASL），在上海市杨浦区设立的电动车设计中心获杨浦区政府授权正式启用。这项举措将采用福尔布鲁克科技股份有限公司（Fallbrook）的NuVinci（R）DeltaSeries

(TM) 技术。

2011年2月25日 珠海市金湾区政府与广东银通投资控股集团有限公司签订新能源产业战略合作协议，协议要求，银通公司在本月正式启动二期工程，且投资总额不低于10亿元，产值不低于20亿元。根据协议，二期工程的主要产品为：磷酸铁锂材料、钛酸锂材料、储能系统的开发和新能源汽车生产等。协议内容之一，投资9亿元的“银通新能源产业园”项目一期工程，在2010年8月已正式投产，主要产品为动力电池、储能电池、驱动系统、新能源电动客车和无人直升机等。

2011年2月26日 江苏盐城经济技术开发区与盐城师范学院举行共建盐城新能源化学储能与动力电源研究中心签约揭牌仪式。中心组建后将按照“研发并重，应用为主，立足新能源，服务‘风、电、车’”的定位，精心打造高新技术产品研发、测试、信息服务和人才培养“四个中心”，使其成为盐城新能源汽车产业发展的助推器。

3月

2011年3月8日 辽宁曙光汽车集团股份有限公司的孙公司常州黄海汽车有限公司与常州黄海麦科卡电动汽车有限公司和长江龙城科技有限公司三方拟投资组建《成立常州黄海麦科卡电动汽车有限公司的议案》通过审议。注册资本1.50亿元，其中常州黄海汽车有限公司出资9000万元，占注册资本60%；常州麦科卡以无形资产出资3000万元，占注册资本20%，龙城科技以现金出资3000万元，占注册资本20%。新公司主要进行电动车的研发和生产，一期规划产能6万辆/年。总规模至30万辆，总投资额10亿元。

2011年3月9日 由吴江经济技术开发区与清华大学联合建设的“清华大学吴江汽车研究院”项目在清华大学正式签约。根据协议，清华大学吴江汽车研究院将发挥清华大学的学科优势和人才优势，开展新能源汽车等相关技术和产品研发、技术成果转化、高端人才培养等;吴江经济技术开发区将发挥区位优势，通过技术创新、科技成果转化和专门人才培养，促进开发区经济转型和产业发展，使开发区成为汽车技术、人才和产业的集聚地。

2011年3月13日 中国北车集团公司与北京市政府签署了“十二五”战略合作协议。根据协议，北车集团将与北京市政府联手拓展高端装备制造、节能环保产品、新能源汽车、新材料、新能源等战略新兴产业。

2011年3月15日 昆山弗尔赛能源有限公司在江苏昆山高新区举行开工奠基仪式。该公司投资总额达7000万元，主要从事燃料电池系统及相关产品设计、开发、生产和销售的高科技企业。该公司并与同济大学新能源汽车工程中心合作成立“同济—弗尔赛燃料电池联合研究所”，成功完成国家“863计划电动汽车重大专项”用于微型车、观光游览车的小功率燃料电池发动机研发工作。

2011年3月16日上午 总投资20亿元的江苏益茂集团有限公司年产10万辆纯电动汽车项目在荆州市举行签约仪式。该项目占地1500亩。项目分三期建设，其中一期投资5亿元，占地500亩，计划产量3万至5万辆，本月底开工，2013年1月底前正式达产。整个项目4年内建设完成，届时可达到年产10万辆新能源电动汽车生产水平，年产值超过100亿元。

2011年3月16日 南方电网公司与以色列BetterPlace公司签署了《南方电网公司与BetterPlaceInc.公司战略合作框架协议》。根据协议，双方将在3个月内在广州建设南方电网首个电池充换站体验中心试点，让公众能更好地了解电动汽车。

2011年3月22日上午 大连市普湾新区管委会和上海瑞华集团新能源汽车项目签约仪式在大连市举行，瑞华新能源汽车项目一期投资达到20亿元，用地面积39.6万平方米，主要用于生产双电型纯电动客车和电机、电控系统、锂离子电池等核心部件。该项目投产后，年产纯电动客车3000辆，核心部件10000套，年产值50亿元，创造2亿元税收。

2011年3月25日 深圳市大富配天投资有限公司与株洲市政府在深圳市签署电动汽车项目投资合作协议，在株洲打造新能源汽车基地。

2011年3月29日 高瞻电动车有限公司与上海国际汽车城在上海签署投资协议。在该协议下，双方将正式成立合资公司，在上海市开展电动汽车租赁、经销、营运、配套服务和智能管理等一站式集成性的综合服务业务。

4月

2011年4月4日 盐城经济技术开发区与印度马恒达集团签订全面合作框架协议。双方联手悦达集团，加快推进悦达现代农业装备产业园建设，在农业装备、电动汽车、IT产业等领域扩大合作，实现新的突破。园区占地1500亩，分三期规划建设，全面建成后预计年销售额30亿元，实现利税3亿元，五年后销售可达50亿元，增加就业岗位5000个。

2011年4月6日 深圳三俊电池有限公司与襄阳高新区管委会举行签约仪式，项目总投资20亿元，拟建设动力电池生产基地、动力电池研发中心和国内销售中心。项目建成投产后，可实现年销售收入30亿~50亿元，利税8亿~15亿元。

2011年4月7日 四川天齐锂业股份有限公司与上海

航天电源技术有限责任公司在上海市闵行区航天城正式签署了《增资扩股框架协议》。根据协议，四川天齐锂业股份有限公司拟对上海航天电源技术有限责任公司进行现金增资，增资完成后，航天电源注册资本将由9000万元增加至3.5亿元，天齐锂业将因此持有航天电源20%的股份。

2011年4月8日 拜耳材料科技与奇瑞汽车股份有限公司成立奇瑞—拜耳汽车轻量化联合实验室。借助于该联合实验室，合作双方将以轻质、节能、环保汽车为目标，开发先进的汽车轻量化技术，在聚氨酯复合材料、聚碳酸酯塑料车窗用材料、新能源动力电池材料、吸音降噪材料等在汽车上的应用方面展开共同研究。

2011年4月11日 江苏新日电动车股份有限公司与重庆长安汽车股份有限公司在无锡市签订战略合作协议。

2011年4月11日 深圳拓邦股份有限公司与上海中科深江电动车辆有限公司签署了《电动汽车用锂电池送样协议书》。根据协议，拓邦股份将向中科深江提供两套电池进行装车路试。两套电池分别为：纯电动轿车用纳米磷酸铁锂电池一套，型号为TB－32100FH，单体电池额定容量为100A·h；纯电动中巴用纳米磷酸铁锂电池一套，型号为TB－32180FH，单体电池额定容量为180A·h。

2011年4月14日 上海电气集团在台北与台湾锂科科技公司签约，将在上海合作成立“先进储能电池研发实验室”并成立合资公司，共同抢占大陆电动汽车锂电池市场。

2011年4月14日 上海汽车工业（集团）总公司与德国大众汽车公司在位于德国沃尔夫斯堡的大众汽车总部共同签署了《关于设立上海大众仪征工厂和支持上海大众开发电动车的联合声明》，根据联合声明，上海大众江苏仪征项目预计投资91亿元。新的工厂将采用柔性生产方式，规划的年生产能力为30万辆整车，生产采用德国大众先进技术、符合中国用户审美需求的新款汽车产品，该项目有望于2012年年底建成投产。

2011年4月15日上午 由浙江尤奈特电机有限公司与山东久力电动轿车有限公司共同投资建设的浙江久力电动轿车项目在山东省临沂经济技术开发区举行奠基仪式，该项目总投资3亿元，主要从事各类电动轿车、各类电动高尔夫球车、电动叉车、电动运输车的生产和销售。项目全部建成后，年可产各类电动汽车3万台。

2011年4月15日上午 由常州普奇特轴承有限公司、武汉理工大学和临沂四方机械制造有限公司投资3.6亿元的沂达新能源电动汽车项目在山东省临沂经济技术开发区举行奠基仪式，主要从事电动汽车整车集成及其零部件设计、生产和销售，工模具的设计、制造及其相关的技术服务。项目建成投产后，可年产6万辆YDE系列电动汽车。

2011年4月17日 通用汽车公司与中新天津生态城投资开发有限公司签署合作备忘录，双方将共同开展可行性研究，将通用汽车开发的下一代EN－V电动联网概念车引进未来生态城，并把通用汽车在世博期间推出的“车联网”技术融入到交通基础设施中，测试未来智能城市车辆在实际环境中的运行情况。

2011年4月19日 上海中科力帆电动汽车有限公司与台湾中永电动汽车公司签订采购合约，将在台湾地区销售由中科力帆生产的纯电动汽车。台方首期购买的2辆力帆620电动轿车将用于当地相关机构的市场准入测试验证。

2011年4月20日 江淮汽车公司与富士康科技集团签署了《关于新能源汽车及汽车电子研发及产业化战略合作协议》，双方拟在新能源汽车及汽车电子研发及产业化方面建立战略合作关系。

2011年4月20日 沃尔沃集团与上海汽车共同出资1亿元组建合资公司——上海绿色客车驱动系统公司，总部设于上海，将专注组装新能源传动系统、整车匹配、样车制造及新能源传动系统测试。上海汽车集团将投资6000万元，持有新合资公司60%的股份，沃尔沃客车公司投资4000万元，持有公司40%的股份。

2011年4月21日上午 海南省政府和波恩项目投资有限公司、德国TUG新传动技术有限公司签署战略合作框架协议，根据协议，波恩项目投资有限公司和德国TUG新传动技术有限公司将引进德国大众汽车公司及亚洲知名汽车公司品牌，在海南合资建设新能源电动汽车厂。

2011年4月28日 韩国现代自动车株式会社与四川南骏汽车集团共同组建“四川现代汽车合资项目”在成都正式签约，项目落户资阳，该项目拟一期投资36亿元，生产车辆主要是商用车，即客车、货车等，同时还计划在中长期制造电动车、节能环保车、CNG车辆等新能源汽车。

2011年4月29日 上海百成投资有限公司纯电动汽车项目与晋中市榆次区政府正式签约。此次签约项目包括电动大巴制造、中巴车制造、电动轿车制造、电池制造、电机制造、充电器制造、电控制造、电动公交车制造、改装车制造等9个全资子公司及1所电动汽车大学。

5月

2011年5月11日 福邦控股有限公司全资子公司弘骏投资有限公司与山东省滨州市经济开发区管理委员会订立建立电动汽车总成配套生产基地之谅解备忘录。福邦拟在山东地区投资共8亿～10亿元建立电动汽车生产基地，包括锂动力电池、电机及电控器、研究设计中心、检测中心及电动汽车组装中心等。该基地建筑面积超逾10万平方米。

2011年5月17日 福田汽车公司与湖南巴士公共交通有限公司签订了15辆福田欧V混合动力客车销售合同。

2011年5月18日 福田汽车股份有限公司分别与北京华林特装车有限公司、北京天路通科技有限责任公司和长沙中联重工科技发展股份有限公司签订了共计1060辆用于市政环卫的福田纯电动车（含底盘）产品的采购合同。

2011年5月19日 重庆市政府与中国南车股份有限公司签订战略合作框架协议，中国南车股份有限公司计划在重庆市投资50亿元，拟建南车重庆产业园，打造年销售收入规模150亿元以上的产业化基地。该主要包括五大生产项目：动车组、高铁车辆及其零部件生产和综合服务基地；与重庆企业合作生产新能源大客车；隧道掘进机工程机械制造基地；船用发动机制造基地；积极推进新型功率开关器件、物联网等项目。

2011年5月20日 众泰控股集团与浙江大学签署全面战略合作协议，双方将从电动汽车技术研发产业化、技术交流、人才培养及创新体系建设等几个方面进行全面深度合作。

2011年5月21日 广东省发展改革委、中国南方电网、中信国安盟固利动力科技有限公司、北汽福田汽车股份有限公司与中山市政府在广州举行中山大容量锂离子动力电池暨新能源汽车生产项目签约仪式。新能源汽车产业基地初步规划面积3km^2，总投资约400亿元，预计年产值将达1000亿元。其中，中信国安盟固利投资150亿元，建设与新能源汽车相关的动力电池正负极材料、单体电池、系统集成项目，形成年产20亿安时锂离子电池的能力，年销售额预计500亿元。北汽福田投资12亿元建设新能源汽车及其零部件生产项目，建成后将形成1万辆新能源商用车和2万辆环卫、邮政运输等专用车的产能，年销售额达200亿元。广东省发展改革委将大力支持中山新能源汽车及核心零部件的研发、生产和示范推广应用，开发新能源汽车市场。南方电网将在省内积极推进充电站（桩）等新能源汽车基础设施的投资和建设，积极探索新能源汽车商业运营模式。

2011年5月25日 旭光高新材料集团有限公司与许继电气股份有限公司签订合作技术意向书，合作研发商用车电池箱技术，共同开发国家下达的新能源汽车电池开发专案。

2011年5月25日上午 由中科院大连化学物理研究所、燃料电池国家工程技术研究中心（新源动力股份有限公司）、佛山市广顺电器有限公司等机构联手合作组建的燃料电池及氢源技术国家工程研究中心华南中心暨广东省广顺新能源动力院士工作站在佛山市丹灶镇举行奠基仪式。该项目投资规模5000万元，用于研发新能源燃料电池。

2011年5月26日 同济大学与弗劳恩霍夫制造技术和应用材料研究所（不莱梅）签署了共建电动汽车联合研究所的合作备忘录。

2011年5月26日 江西特种电机股份有限公司与清华大学签订了《技术开发合同书》，拟共同开发电动汽车用永磁同步电动机和驱动控制器的研制开发。开发经费为120万元，由江西特种电机股份有限公司提供资金。

2011年5月26日 北京有色金属研究总院与北京联飞翔科技股份有限公司锂离子动力电池产业化合作项目签约暨北京鼎能开源电池科技有限公司揭牌仪式在北京市举行。

2011年5月27日上午 众泰控股集团与中国融资租赁有限公司在杭州市签署战略合作协议。此次战略合作，中国融资租赁有限公司将给予众泰控股集团5亿元的综合授信额度，双方将通过多手段的融资租赁工具，为众泰新能源汽车的市场化、产业化进程提供更为有利的资金保障及更具选择性的业务扩展模式。

6月

2011年6月1日 保定市政府与中国石油天然气股份有限公司昆仑能源有限公司签署“三位一体、气化保定”战略合作框架协议。根据协议，双方利用中国石油天然气资源，在保定市实施以管道天然气为主、以压缩天然气（CNG）为辅、以液化天然气（LNG）为亮点的“三位一体、气化保定”建设。

2011年6月3日 中通客车控股股份有限公司与山东工程技师学院校企合作高技能技工实训基地项目——“新能源客车模拟生产线落成暨揭牌仪式”在山东工程技师学院隆重举行。此次中通客车与山东工程技师学院联合开建的新能源汽车专业，主要开设汽车发动机一体化、混合动力汽车、新能源汽车装配工艺等特色课程，学习电力动力和混合动力等新能源汽车的研究，该专业由山东工程技师学院提供1000m^{2}场地，并投入100万元充实完善实训设备，中通客车控股股份有限公司提供师资、技术支持。

2011年6月9日 施耐德电气与上海电巴新能源科技有限公司建立战略合作伙伴关系，依托双方在电动汽车基础设施领域的领先技术优势，联手面向中国市场推出安全、可靠、可持续的电动汽车换电整体解决方案。

2011年6月15日 由清华大学政治经济学研究中心电动汽车项目组和河南千熙投资集团公司共同研发的“换电式电动汽车和人工维护技术低成本换电站”项目，在河南省郑州市高新技术开发区举行了成果研讨会和试车仪式。经过半个多月的路试和检测，各项技术和财务指标都显示出这项技术成果可以使电动汽车发挥更多优势。

2011年6月16日下午 启明信息技术股份有限公司与三菱电机合资签约仪式在长春举行。新成立的合资公司拟注册资本1.75亿元，启明信息占股比51%。新成立的公司全名为长春启明菱电车载电子股份有限公司。

2011年6月20日上午 由中国北方车辆研究所、湖北江山重工有限责任公司、襄阳高新区管委会三方合作成立新能源汽车（襄阳）研究院在湖北襄阳高新区举办签约仪式。新能源汽车（襄阳）研究院成立后将以公司化形式运作，建设核心技术研发区和中试基地厂区。根据规划，该研究院的产值在一至两年内有望突破3亿元，实现利税5500万元。

2011年6月20—22日 在第十届中国国际电池产品展示交易会上，山西唐一新能源科技有限公司与一汽客车有限公司成功签下3680辆电动客车动力电池供货合同。

2011年6月23日 鸡西市政府和北京汽车集团有限公司在恒山区共同举行了黑龙江普莱德新材料科技有限公司锂离子动力电池负极材料及石墨深加工项目奠基仪式。该项目由北汽集团投资，总投资额25亿元。一期投资10亿元，建设锂离子电池负极材料的研发、生产及其他石墨深加工制品的新能源产业，达到年产石墨负极材料3万吨规模，实现产值30亿元；二期投资8亿元，达到年产石墨负极材料及石墨深加工制品5万吨规模，实现产值50亿元；到2016年，投资7亿元完成三期规划，打造全球领先的锂离子电池负极材料研发、生产基地及国际一流的新能源产业基地，年产石墨负极材料及石墨深加工制品10万吨，实现产值100亿元。

2011年6月29日上午 中国石油昆仑能源华港燃气集团、镇江江天汽运集团、丹阳戎氏新能源技术有限公司合作推广使用LNG新能源汽车项目在镇江市正式签约。首批推广使用的LNG新能源汽车有20辆，主要用在长途客运上。

2011年6月29日 由陕西汽车集团有限责任公司牵头，联合新疆广汇实业股份有限公司、中国石油天然气集团公司、中国汽车工业协会等七家单位共同发起的《中国绿色经济新能源重卡战略联盟公约》在西安发布，其核心就是联合优势资源，促进新能源重卡的商业化应用。

7月

2011年7月4日 由金帝集团与西安交通大学共同创办的西安交通大学（厦门）金帝研究院签约仪式在厦门举行。西安交大（厦门）金帝研究院的重点研发领域是新能源汽车发动机、高端光电、节能环保等高新技术，还将参与研发、生产、管理的全过程。

2011年7月4日 英特尔（中国）有限公司和比亚迪公司共同启动“信息科技加速创新”活动，双方将在新能源汽车及零部件和智能汽车等领域展开合作。

2011年7月6日 四川首个电动客车整车生产基地落户广元经济开发区，该项目由广元市政府与吉林高新电动汽车有限公司、长春思达投资管理有限公司共同合作，总投资1.5亿元。于7月10日之前启动厂房建设，半年后正式投产，2012年3月下线。预计5年后，该项目将实现产值10亿元以上，年产2000辆客车整车（含电动客车）的产业规模，并将形成具有自主研发能力和广元自主知识产权、具有千辆级别市场规模的新能源汽车产业园。

2011年7月6日 南通云逸新能源汽车制造有限公司与通州经济开发区签订了落户协议，该项目于2011年9月开工建设，总投资额3亿元。该项目一期于2012年下半年投入试生产。试生产当年出产1万辆新能源汽车，3年内产能扩大到5万辆，一期全部投产后预计实现年销售收入约25亿元，年纳税约1.25亿元。

2011年7月6日 国网能源研究院与西门子（中国）有限公司在北京举行智能电网合作研究备忘录签字仪式。根据备忘录，国网能源院与西门子（中国）将积极开展电动汽车充换电服务、智能电网商业模式、分布式电源、微电网、配电自动化等领域的研究合作，通过联合攻关、技术研讨、信息和成果共享、经验交流等方式推动双方合作取得实效，为中国智能电网发展提供高水平决策建议。

2011年7月6日 东莞市永强汽车制造有限公司与意大利VE公司签署了合作协议，就新能源全地形特种汽车技术合作和技术转让达成合作意向，收购其价值人民币3亿元的品牌、核心技术和研发团队。

2011年7月8日 陕西汽车集团有限责任公司下属的子公司陕西广太专用车有限公司与德国德安公司在西安举行了合作签约仪式，双方约定将共同研制新能源道路清扫车。

2011年7月8日 在中央企业电动车联盟整车及零部件厂合作开发平台车型工作会议上，中国南车与一汽集团、长安汽车签署研发责任书，共同开发2个平台车型和3个过渡车型电动汽车。

2011年7月9日 苏、锡、常、通四家道路运输企业在北京与中国石油昆仑能源华港燃气集团签订LNG战略合作项目。签约仪式上，苏、锡、常、通四家道路运输企业还签订了共创“绿色明珠文明班线”协议书，在长三角地区率先打造绿色客运网络，标志着国内首个跨区域、大规模使用清洁能源的绿色汽车客运项目开始启动，这将为全区与江苏林海动力机械集团公司举行100万辆新能源电动车项目签约仪式。该项目总投资10亿元。一期新建厂房3.3万平方米，力争2012年3月份开工建设，2012年年底建成投产。一期建成后产能达50万辆电动车及30万辆摩托车，同时建设主要配套件（车架）生产和研发中心，年产值约30亿元。二期再投资建设厂房4万平方米，最终形成年产200万台电动车能力。

2011年12月31日 中汽中心盐城汽车试验场项目开工仪式在江苏省盐城市大丰港经济区项目所在地隆重举行。中汽中心盐城汽车试验场有限公司由中国汽车技术研究中心与盐城成大实业总公司及大丰市大丰港开发建设有限公司合资设立，注册资本5亿元。本试验场计划建设总投资20亿元，场内规划有满足汽车产品认证试验和开发试验的15种道路设施，试验道路总长60公里，主要技术指标处于国际领先水平。

第七篇

节能与新能源汽车技术成果应用案例

引领行业趋势　践行绿色承诺
杜邦以创新科技助力明日汽车

伴随着全球汽车产业的高速发展，人类所面临的拥堵、能耗、污染、安全等问题也日趋严峻。作为世界领先的汽车行业合作伙伴，杜邦公司始终与汽车产业链上各环节企业协力创新，不断为明日汽车带来高效节能、稳定安全的材料与产品。针对汽车行业的需求与趋势，杜邦公司确定了七大重点研发方向，即轻量化、新能源汽车、提高性能、降低系统成本、汽车可持续发展优化、改善舒适性以及保障汽车生产与驾乘安全。

2011—2012 年度，杜邦公司继续依托领先的研发能力与广泛的合作网络，不断将高效、环保、安全的产品和材料应用到节能与新能源汽车的主要部件中。杜邦的高性能芳纶纤维在汽车涡轮增压系统上的应用，帮助车辆在节能减排方面实现突破；杜邦最新研发的高性能、轻量化材料，帮助新一代 SIM - WIL 电动汽车的行驶里程数在当前的量产型电动车基础上大幅提升；新一代制冷剂杜邦™ Opteon™ yf，则为车用绿色环保制冷剂的研发树立了又一里程碑。诸多创新产品和技术的开发与应用，印证了杜邦致力于使未来汽车与交通运输变得更加节能、环保与安全的承诺。

提升燃烧效率　增进节能减排
杜邦高性能芳纶纤维成为汽车涡轮增压系统最佳选择

【项目简介】

Kevlar® 和 Nomex® 是杜邦公司发明的芳香族聚酰胺有机纤维，因其具有优异的耐高温、耐化学品与耐疲劳性能，已成为汽车涡轮增压胶管增强层的最佳选择，在帮助车辆提高燃烧效率、增进节能减排等方面表现优异。

涡轮增压技术通过排气能量来实现强制进气，在无须额外耗能的情况下，大幅度提升发动机的进气量，从而进一步提升燃烧效率。这种技术表现出的优势是革命性的，绝非仅仅基于传统技术的改良。在目前纯电动、燃料电池、氢动力等新能源技术尚不成熟、难以普及的情况下，无论从全球动力的发展趋势，还是已上市车型的实际表现来看，涡轮增压技术都将是未来数年内汽车动力系统的最优解决方案。

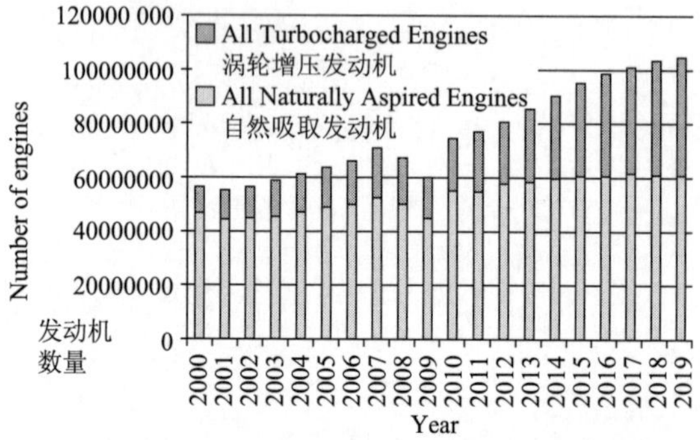

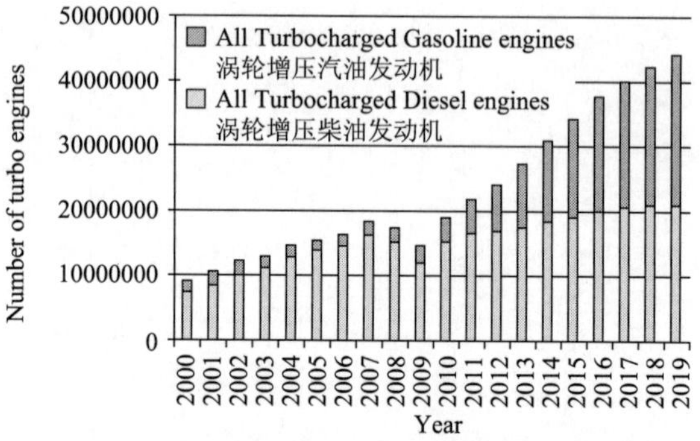

CAGR All turbo engines 所有涡轮增压发动机增长率
2012-2019=13%

CAGR All Naturally Aspired engines 所有自然吸取发动机增长率
2012-2019=1%

CAGR gasoline turbo engines 涡轮增压汽油发动机增长率
2012-2019=27%

CAGR diesel turbo engines 涡轮增压柴油发动机增长率
2012-2019=5%

	2012	2019
% of engines that are turbocharged 涡轮增压发动机比例：	30%	40%
Number of turbocharged engines 涡轮增压发动机数量：	24MM	44MM
% of diesel engines that are turbocharged 涡轮增压柴油发动机比例：	96%	98%
% of gasoline engines that are turbocharged 涡轮增压汽油发动机比例：	11%	28%

Date source IHS Autodatabase May 2012

图 1　全球轻型汽车涡轮增压发动机的增长

然而，涡轮增压技术对管路材料提出了更加苛刻的要求，包括在高温 130°C ~ 220°C 和低温 -40°C ~ -30°C 下、

高集成度与高灵活性的电动车电驱单元

Erik Schneider
IAV GmbH
Kauffahrtei 25, 09210 Chemnitz, Germany

零排放的纯电驱动系统为整车价值的提升和汽车行业的可持续发展创造了条件，未来必将成为城市里一道移动的风景线。

现行电驱解决方案通常由电动机、定传动比变速器以及差速器匹配而成。由于这种结构的集成度相对较低，故其爬坡能力、加速性能及整车效率都受到了限制。

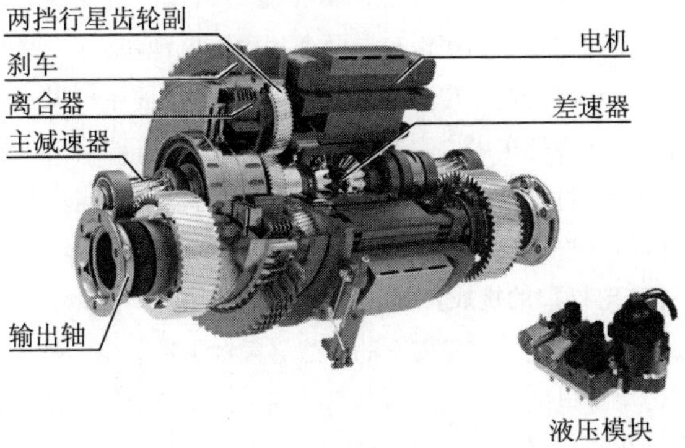

图 1　纯电动驱动单元

IAV DrivePac EV80 在纯电驱单元内使用了 2 级齿轮传动比，这样可以在较大车速范围内高效地提供车轴转矩能量，同时无须中断牵引力。该技术的另一个优点是，可以通过集成和成比例缩放，解决自适应驱动的问题。这使 IAV DrivePac EV80 可适用于不同车辆的多种驱动结构，例如电动车、燃料电池车、混合动力车和增程式电动车。

开发 IAV DrivePac EV80 的目的是生产一种能够满足爬坡能力、加速性能、整车效率和最高车速等不同需求的驱动解决方案。

使用固定传动比的电驱系统无法对车辆的所有运行要求进行优化，特别是高爬坡性能和高整车效率所需的变速器传动比差别非常大。这也是设计 IAV DrivePac EV80 作为二级动力换挡解决方案的原因。

IAV 使用一部感应电机来提供 50kW 的连续输出功率和 80kW 的最大输出功率。其连续输出扭矩为 150N·m，最大输出扭矩为 300N·m。与永磁同步电机相比，它的优点在于鲁棒性强并能快速地检测到故障，同时关闭逆变器以中断动力。

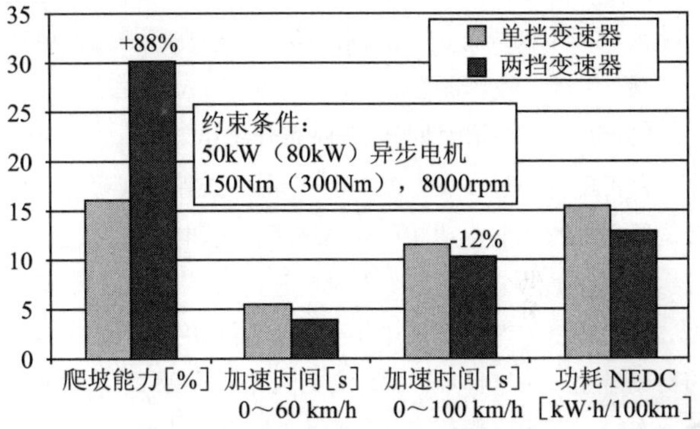

图 2　单挡、两挡变速器模拟分析

使用行星齿轮副设计的二级变速器安装在电机旁，它能提供高达 3000N·m 的车轴过载扭矩。同时，其对电机最高转速的需求仅为 8000 转/min。

为优化结构布局，将差速器安装在电机内部。由主减速器的传动比来调节整个变速系统的总传动比。主减速器安装在差速器的输出端，以满足不同的车辆需求。

与单级解决方案相比，二级输出的优点在于输出轴可以围绕主减速器的实际中心线旋转，使其能够更轻易地满足离地间隙限值的要求，或是满足其他单元的限制条件。

集成电子机油泵的液压模块能够根据需求提供主控制阀下游分支循环的压力和体积流量，提供润滑、冷却和驱动。

IAV DrivePac EV80 能应用于 A 级车（微型轿车）、B 级车（普通级轿车）与 C 级车（中级轿车），可用作电动车、燃料电池车和增程式混合动力车的电驱单元，或用作混合动力车的辅助驱动装置。

电动汽车功能安全和高压安全开发面临的挑战

Ursel Willrett.
IAV GmbH
Technical Consultant High - voltage Safety

电动汽车和混合动力汽车的高压安全问题，仅依靠绝缘厚度无法解决，这就意味着整车制造商必须开发新的安全概念。电动汽车存在的最明显的新的问题之一是电池的高电压。到目前为止，12V电压已经远远不够，因为即使是小电机也会消耗约40kW的电力。这就意味着需要3300A的电流，因此需要巨大的电缆直径。相反，300V电压，电流仅为130A。

然而，几百伏的电压是致命的。人体抵抗力约为千欧姆，当接触300V电压时，将会有300mA流经人体。但是超过50mA就是致命的。因此必须保证在正常运行期间、研讨会期间和事故期间，人们不会接触到高压电。然而，目前汽车市场上几乎没有任何专家研究这一方面。这也是为什么IAV不仅进行员工培训，还在大学进行演讲，以此来唤醒下一代工程师的意识。

【安全——高压电池与汽车外壳分离】

在正常行驶时，12V汽车电气系统和高压电动机，将会确保司机的安全。即使司机接触到高压电端子，也不会发生事故，因为端子和汽车外壳是分离的。电缆位于面板之后，只能依靠专用工具打开。还可进行绝缘测试，电池的自动监测功能可以检查绝缘电阻是否足够高，如果不是，车辆会显示报警信息。氧化连接亦很危险。导电接触不良将会导致平行电弧放电，产生电火花。在瑞士，曾发生过房屋烧毁事件，原因是在太阳能电池组件中发生了电弧放电。这也是电动汽车面临的问题，因为其携带了易燃液体和气体。在混合动力汽车中，汽油也是类似的问题存在。

【碰撞中将会发生什么?】

碰撞安全是高压安全专家面临的最大挑战。开始时，他们无法预测所有的因素，必须保护乘客和救援人员远离危险的冲击电流。第一步是建立一个大型的溃缩区：在可

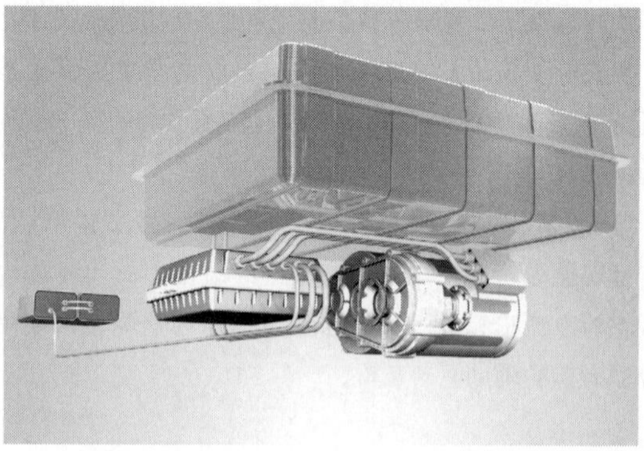

图1　安全装置示意图

能的情况下，应将高压电池置于后排座椅下方，功率电子置于发动机舱内靠近挡风玻璃处。特别是在混合动力车辆上，因为几乎没有留给额外零部件任何可用空间，不会允许所有的零部件按照理想方式布置。

在事故发生时，专家使用来自气囊控制单元和碰撞传感器的信号以快速关闭高压电。这里使用两个继电器（主接触器）在150ms之内断开高压电池和电源系统的连接。不过，危险的电能也会在电容器甚至是转动的电机之中被发现。功率电子确保电容器以可控的方式在这些地方释放电能。电机主动短路，运转得更慢同时以更快的速度释放电能。不过，全部这些都要假设功率电子和控制单元的电池—12V电池—在事故后仍然能够工作。迄今为止，IAV从碰撞试验中获得的经验并没有揭示这方面的任何问题。

要确保在车间修理电动车的时候没有任何意外发生。为了确保意外不会发生，应采取措施，例如：可插拔的维修开关允许技术人员可以分开两个独立的电池块。一旦按下开关，车辆的高压电池外不存在高压电。提供机械师足够的时间来等待车内电容器释放电能。对于普瑞斯，丰田推荐的等待时间为7s。高压电池本身的修复，应当由经过培训的专家进行操作。

【充电接口的挑战】

一些充电接口高压安全的挑战必须被解决。事实上，用于传导充电的不同的插座类型和不同的充电模式都被国际标准化组织规范了。电动车充电应当能够在不同的电网环境及全球各类充电插座下安全进行。因此依据这种充电模式（充电模式1～3为交流充电，4为直流充电），必须保障不同安全功能。在公共充电站和已应用于部分电动车的可行的安全功能包括：剩余电流装置，过电压保护，主保险和固定装置。在充电模式2、3及4中高压充电仅在信号交流确认后，及检查完所有充电接口的安全电流连接后开启。

感应充电在没有充电电缆和充电接口的情况下进行。充电系统通过气隙将电能从原线圈传递到带有副线圈的电动车上。整个充电过程没有电缆和物理接触。

第八篇

数据统计

一、产量统计

1.2011 年电动汽车产量

(1)纯电动客车

企业名称	车辆品牌	车辆名称	车辆型号	发动机型号	功率(kW)	长(mm)	宽(mm)	高(mm)	轴距(mm)	总质量(kg)	整备质量(kg)	1月	2月	3月	4月	5月	6月	7月	8月	9月	10月	11月	12月	数量(辆)	合计(辆)
长沙市比亚迪客车有限公司	比亚迪牌	纯电动城市客车	CK6120LGEV	BYD－TYC90A(双轮边电机)	150	12000	2550	3200	6200	17000	13800	0	0	0	0	0	65	57	87	1	2	6	48	267	267
安徽安凯汽车股份有限公司	安凯牌	纯电动客车	HFF6127K46EV	YTSP280L1－4Q	147	12000	2550,2500	3780,3550	6080	17800	14100	7	1	0	0	0	0	0	1	0	0	2	8	19	247
			HFF6127K46EV－1	YTSP280L1－4Q	100	12000	2550,2070	3780,3550	6080	17800	14100	0	0	0	0	19	1	0	0	0	0	0	0	20	
			HFF6127K46EV－2	QYS100－6/400	100	12000	2550,2500	3620,3550,3360	6080	18000	14100	0	0	0	0	0	0	0	0	0	0	2	0	2	
		纯电动城市客车	HFF6121G03EV	YTSP280L1－4Q	100	12000	2500	3100,3300	6100	18000	13500,13800	3	0	0	0	0	2	0	0	0	0	0	0	5	
			HFF6124G03EV	QYS100－6/400	100	12000	2550	3300	6100	18000	13500,13800	0	0	0	0	0	1	0	0	0	0	0	0	1	
			HFF6125G03EV	GLMP80L0	100	12000	2550	3100,3300	6100	18000	13500,13800	0	0	0	0	0	0	0	0	0	0	1	0	1	
			HFF6100G03EV	QYS100－6/400	100	10320	2500	2950	5100	16500	12000,12300	0	0	0	0	0	0	0	0	0	0	0	100	100	
			HFF6101G03EV	QYS100－6/400	100	10320	2500	2950	5100	16500	12000,12300	0	0	0	0	0	0	0	0	0	0	0	99	99	
宁波神马汽车制造有限公司	浙江牌	纯电动城市客车	NPS6120BEV	NPS－120	120	11985	2500	3250	6500	18000	12500	0	0	0	0	0	0	2	184	16	0	0	0	202	202
深圳市五洲龙汽车有限公司	五洲龙牌	纯电动城市客车	FDG6113EVG	YPQ220M－6	90	11490	2480	2910	5700	18000	14200	0	0	0	0	0	0	0	53	0	0	0	0	53	69
			FDG6751EVG2	DJ－2103－1－T－100－630－035－W－A0	48	7495	2340	3050	4800	10800	8250	0	0	0	0	0	0	0	16	0	0	0	0	16	
江苏常隆客车有限公司	常隆牌	纯电动客车	YS6128BEV	YQSL250L1－4	90	12000	2550	3350	6000	18000	14400,14100	0	0	11	0	0	0	0	0	0	0	0	0	11	67
		纯电动城市客车	YS6120GBEV	YTSP280L2－4Q	160	12000	2530	3080	6000	18000	12500	0	0	0	0	0	0	0	10	0	0	0	0	10	
				YQSL250L1－4	160	11770	2550	3010	6000	18000	12500	0	0	0	0	0	0	0	0	0	10	10	0	20	
	马可牌	纯电动城市客车	YS6120DG	YTSP280L2	160	12000	2530	3080	6000	18000	12500	0	0	0	6	0	10	10	0	0	0	0	0	26	

续表

企业名称	车辆品牌	车辆名称	车辆型号	发动机型号	功率(kW)	长(mm)	宽(mm)	高(mm)	轴距(mm)	总质量(kg)	整备质量(kg)	1月	2月	3月	4月	5月	6月	7月	8月	9月	10月	11月	12月	数量(辆)	合计(辆)
山东沂星电动汽车有限公司	飞燕牌	纯电动城市客车	SDL6120EVG	MDPO/S120－4－SJ	120	12000	2530	3250	6200	18000	12000	40	0	3	0	0	0	4	0	0	1	0	0	48	48
上海申沃客车有限公司	申沃牌	纯电动城市客车	SWB6121EV5	YCVF250L－4	100	11980	2550	3160	5940	18000	13900	0	0	0	0	0	0	0	0	0	4	0	40	44	44
北汽福田汽车股份有限公司	福田牌	纯电动城市客车	BJ6123C6B4D	JD132A（电动机）	100	11850	2540	3300	5800	18000	13600	0	0	7	2	0	3	0	0	0	0	0	0	12	36
			BJ6123C6B4D－1	YTD115F01	115	11850	2540	3300	5800	18000	13600	0	0	0	0	0	10	0	0	0	0	0	0	10	
			BJ6105EVCA	YTD115F01(电动机)	115	10500	2500	3050,3150	5000	17000	12500	0	0	0	0	14	0	0	0	0	0	0	0	14	
东风汽车公司	东风牌	纯电动城市客车	EQ6102BEVL1	YCVF250L－4C	100	10350	2480	3100	5600	16500	11000,11500	0	0	0	20	0	0	0	0	0	0	0	0	20	31
			EQ6102EVL	BS4－120－3000/320	120	10350	2480	2950	5600	16500	11000,11500	0	0	0	10	0	0	0	0	0	0	1	0	11	
盐城中威客车有限公司	中大牌	纯电动客车	YCK6126BEVL	JD156	100	11980	2500	3500	6200	18000	14020	30	0	0	0	0	0	0	0	0	0	0	0	30	30
广州汽车集团客车有限公司	广汽牌	纯电动城市客车	GZ6120EV1	JD132A	100	12000	2540	3200	6100	18000	13800	0	0	0	0	0	20	0	0	0	0	0	0	20	26
			GZ6120EV	YCVF250L－4	100	12000	2540	3200	6100	18000	13800	0	0	0	0	0	6	0	0	0	0	0	0	6	
一汽客车大连客车厂	解放牌	纯电动城市客车	CA6127URE31	YTD115F01	115	11995	2550	3140	6100	18000	12900	0	0	0	0	20	0	0	0	0	0	0	0	20	20
东风扬子江汽车(武汉)有限责任公司	扬子江牌	纯电动城市客车	WG6120BEVHM	YZJDJ110	110	12000	2545	3200	6300	18000	14565	0	0	0	0	0	0	0	0	0	10	0	0	10	10
江西凯马百路佳客车有限公司	江西牌	纯电动城市客车	JXK6113BEV	YCVF250L－4	100	11280	2495	3170	5400	17000	12400	0	0	0	0	0	0	0	0	0	10	0	0	10	10
重庆恒通客车有限公司	恒通客车牌	纯电动城市客车	CKZ6127HBEV	YCVF250L－4C	100	12000	2550	3385	6200	18000	12800,13300	0	0	1	6	0	0	0	0	0	1	0	0	8	8

续表

企业名称	车辆品牌	车辆名称	车辆型号	发动机型号	功率(kW)	长(mm)	宽(mm)	高(mm)	轴距(mm)	总质量(kg)	整备质量(kg)	1月	2月	3月	4月	5月	6月	7月	8月	9月	10月	11月	12月	数量(辆)	合计(辆)
河南少林汽车股份有限公司	少林牌	纯电动城市客车	SLG6120EV	JD147A	80	12000	2550	3050	6000	18000	12470	0	0	5	0	0	0	0	0	0	1	0	0	6	8
			SLG6105EV	JD147A	80	10480	2500	3110	5000	16500	11500	0	0	0	0	0	0	0	0	0	1	0	0	1	
			SLG6700EV	TQD101D	45	6980	2050	2670	3935	7000	5140	0	0	0	0	0	0	0	0	0	0	0	1	1	
金龙联合汽车工业(苏州)有限公司	海格牌	纯电动客车	KLQ6702EV	GLMP65L0	60	7020	2040	2790	3935	7200	5400	0	0	0	0	0	0	0	0	0	2	0	2	4	5
		纯电动城市客车	KLQ6129GEV	YTD115F01	115	12000	2550	3150	5900	18000	13800	0	0	0	0	0	0	0	0	0	0	0	1	1	
桂林客车工业集团有限公司	桂林牌	纯电动城市客车	GL6120BEV	DLC-120	120	12000	2500	3070,3320	6100	18000	13800,14100	5	0	0	0	0	0	0	0	0	0	0	0	5	5
江西博能上饶客车有限公司	上饶牌	纯电动客车	SR6700HBEV	SJ2103P50-B	50	7005	2040	2645	3935	6800	4680	0	0	0	0	0	0	0	0	0	0	0	1	1	1
厦门金龙联合汽车工业有限公司	金龙牌	纯电动城市客车	XMQ6127AGBEV2	YQSL250L1-4	90	11980	2550	3370	6200	18000	13300,13800	0	0	0	0	0	0	0	0	0	1	0	0	1	1
扬州亚星客车股份有限公司	亚星牌	纯电动城市客车	JS6127GHBEV	YCVF280M-8B	132	12000	2550	3090	5900	18000	13500	0	0	0	0	0	0	0	0	0	0	0	1	1	1
合计												85	1	27	44	54	118	73	351	17	43	22	301	1136	1136

注:本统计数据来源为生产厂家合格证。

2011 年，我国纯电动客车产量总计 1136 辆。其中，比亚迪 267 辆，占整个纯电动客车市场的 23.50%；安凯 247 辆，占整个纯电动客车市场的 21.74%；宁波神马 202 辆，占整个纯电动客车市场的 17.78%。上述三家企业共生产 716 辆纯电动客车，占整个纯电动客车市场的 63.00%，2/3 还多，纯电动客车行业生产相对集中。全年的生产量主要集中在 8 月和 12 月，两个月共计 652 辆，占全年总生产量的 57.39%。

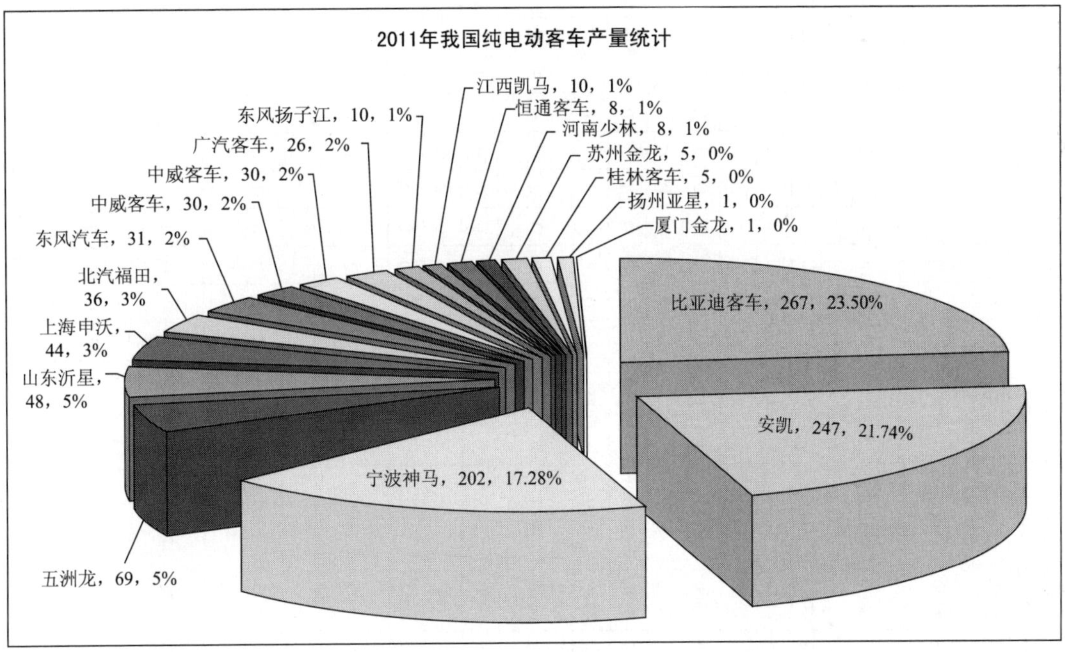

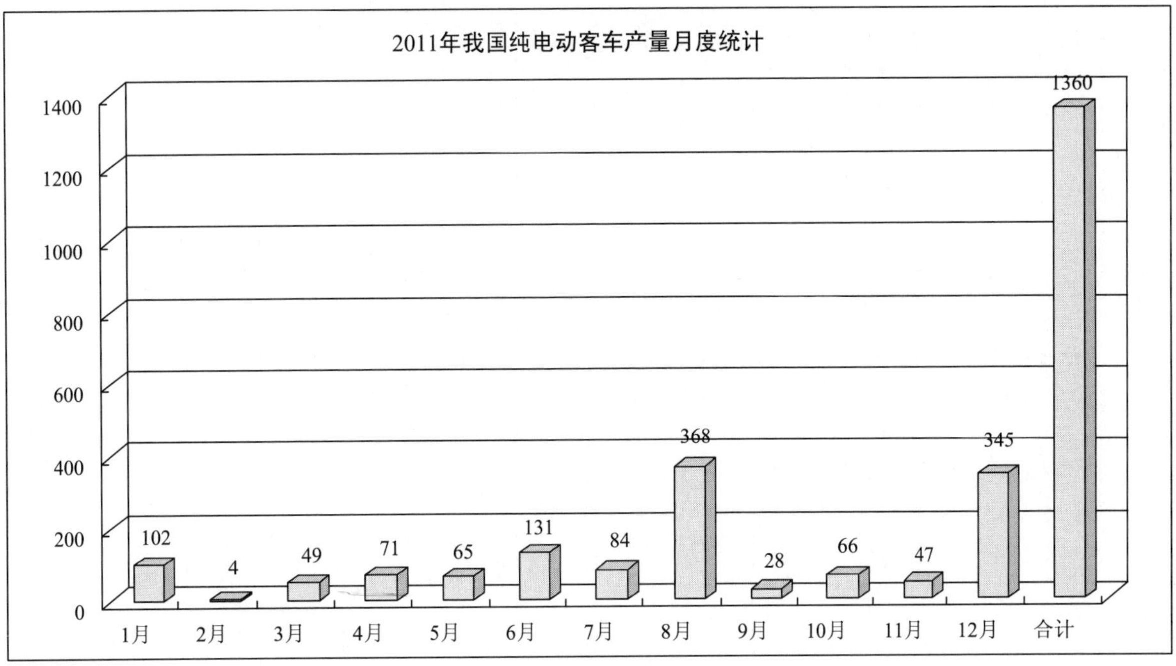

(2)纯电动乘用车

企业名称	车辆品牌	车辆名称	车辆型号	发动机型号	功率(kW)	长(mm)	宽(mm)	高(mm)	轴距(mm)	总质量(kg)	整备质量(kg)	1月	2月	3月	4月	5月	6月	7月	8月	9月	10月	11月	12月	数量(辆)	合计(辆)
奇瑞汽车股份有限公司	奇瑞牌	纯电动轿车	SQR7000EAS11	2103AAD	6	3550	1495	1485	2340	1350	1050	274	32	104	100	232	187	431	255	9	458	117	551	2750	2757
	瑞麒牌		SQR7001ELS18	2103AAG	29	3601	1587	1527	2330	1360	1060	0	0	0	0	0	0	0	0	0	0	0	7	7	
安徽江淮汽车股份有限公司	江淮牌	纯电动轿车	HFC7000AEV	BLT11/27 - 3000/312	11	4155	1650	1445	2400	1500	1200	0	0	0	0	6	1	0	0	0	0	0	982	989	989
比亚迪汽车有限公司	比亚迪牌	纯电动轿车	QCJ7006BEVF	BYD - TYC120A	75	4560	1822	1630	2830	2670,2735	2295,2360	0	0	4	0	0	0	0	267	0	9	17	23	320	320
湖南江南汽车制造有限公司	众泰牌	纯电动轿车	JNJ7000EVM	WTGSDJ - 30A	30	4089	1871	1695	2666	2150	1750	19	0	0	0	1	0	19	20	10	20	30	120	239	464
	江南牌		JNJ7000EVA	BLT5/10 - 3000/72	5	3300	1405	1410	2175	1040	740	0	0	0	0	1	0	0	0	0	0	0	0	1	
	众泰牌	纯电动轻型客车	JNJ6401EVL	BLT11/27 - 3000/312	11	3970	1570	1730	2420	1650	1350	17	3	21	27	11	13	11	17	11	0	5	38	174	
			JNJ6410EVM	GLMP25L2	30	4089	1871	1695	2666	2105	1705	0	0	0	0	0	0	0	0	0	1	0	0	1	
			JNJ6410EVM1	JNMP30L0	30	4089	1871	1695	2666	2020	1620	0	0	0	0	0	0	0	0	0	21	10	5	36	
			JNJ6410EVM2	GLMP25L2	30	4089	1871	1695	2666	2000	1600	0	0	0	0	0	0	0	0	0	1	10	0	11	
			JNJ6400EVL	BLT11/27 - 3000/312	11	3900	1555	1670	2420	1500	1200	0	0	1	0	0	0	0	0	0	0	0	1	2	
一汽海马汽车有限公司	海马牌	纯电动轿车	HMC7000EVM0	WXMP20L0(电动机)	20	4295	1705	1555	2670	1923	20	192	0	0	0	0	0	0	0	0	0	0	0	192	192
郑州日产汽车有限公司	东风牌	纯电动乘用车	ZN6493H2C	YCVF200M - 4	32	4949	1690	1895	2950	2645	2160	0	6	0	0	0	0	0	0	0	0	0	0	6	22
			ZN6461W1C	YCVF200M - 4	32	4580	1840	1820	2650	2625	2140	0	4	0	0	0	0	0	0	4	0	0	0	8	
			ZN6440V1Y	HD60 - 4	20	4420	1695	1825	2695	2460	1975	0	1	0	2	0	0	0	4	0	1	0	0	8	
重庆力帆乘用车有限公司	力帆牌	纯电动轿车	LF7002EV	SJ2103P20 - C	20	4550	1705	1495	2605	1896	1490	1	0	2	0	0	0	0	2	6	0	0	0	11	11
北汽福田汽车股份有限公司	福田牌	纯电动多用途乘用车	BJ6438EV1	YTD030W01	30	4288	1725	1728	2695	2000	1550	0	0	0	0	0	0	1	1	0	0	0	0	2	2
海马轿车有限公司	海马牌	纯电动轿车	HMA7000BEV	BLT11 - 3000/312	11	3590	1540	1486	2332	1473	1098	0	0	0	0	0	0	0	0	0	0	1	0	1	1
浙江豪情汽车制造有限公司	豪情牌	纯电动轿车	HQ7001EE	WTGSDJ30A	30	3598	1630	1465	2340	1188	1460	0	0	0	0	0	0	0	0	0	0	0	1	1	1
合　计												503	46	132	129	251	201	462	466	40	511	190	1728	4759	4759

2011 年，我国纯电动乘用车产量总计 4759 辆。 其中，奇瑞汽车股份有限公司生产 2757 辆，占全年纯电动乘用车总产量的 57.93%；安徽江淮汽车股份有限公司生产 989 辆，占全年纯电动乘用车总产量的 20.78%。 奇瑞汽车股份有限公司、安徽江淮汽车股份有限公司、比亚迪汽车有限公司、湖南江南汽车制造有限公司和一汽海马汽车有限公司 5 家公司共生产 4722 辆纯电动乘用车，占总产量的 99.22%。 从全年的月生产量来看，每个月的产量不太均衡，其中 12 月生产量为 728 辆，占全年总产量的 36.31%。

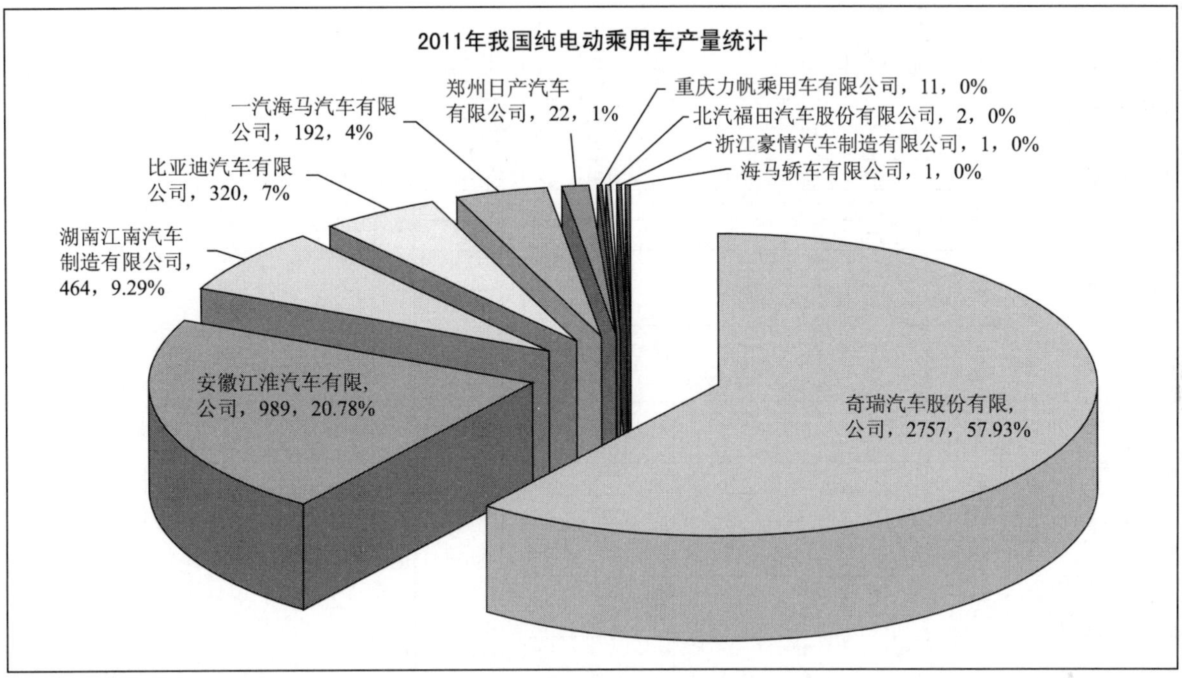

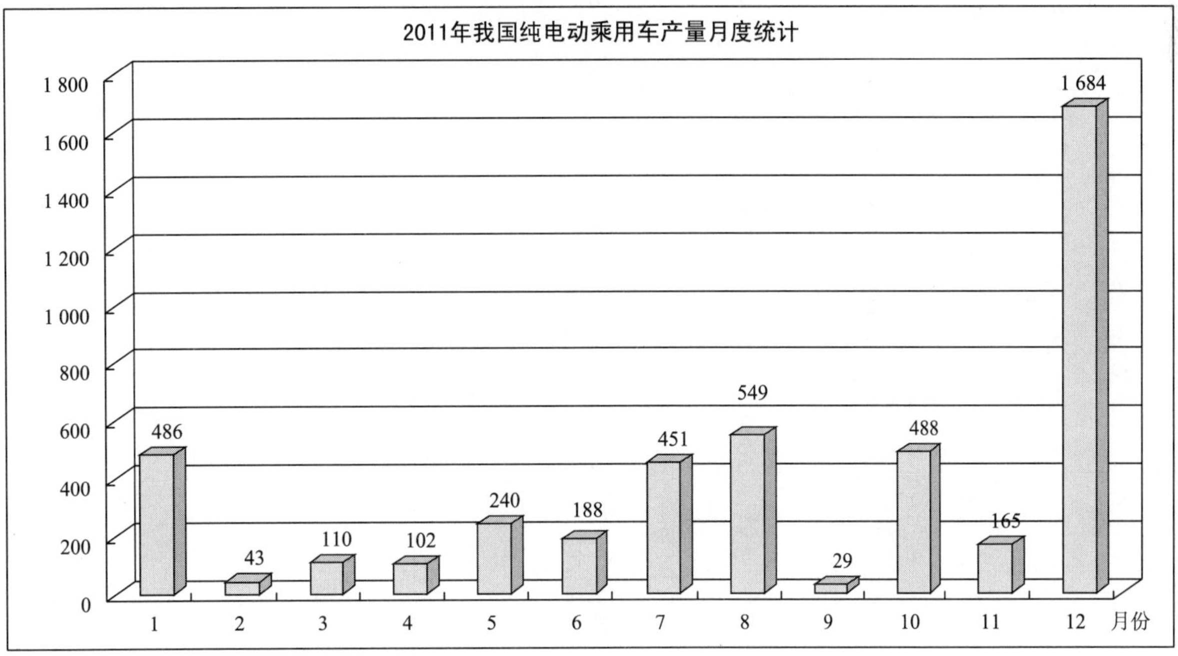

(3)纯电动专用车

企业名称	车辆品牌	车辆名称	车辆型号	发动机型号	功率(kW)	长(mm)	宽(mm)	高(mm)	轴距(mm)	总质量(kg)	整备质量(kg)	1月	2月	3月	4月	5月	6月	7月	8月	9月	10月	11月	12月	数量(辆)	合计(辆)
金华市康迪新能源车辆有限公司	康迪牌	纯电动厢式运输车	KD5010XXYEV	GLMI10A1	7.5	2860,2900	1545	1650,1590	2080	1260	980	0	0	0	0	0	0	0	0	0	0	80	69	149	149
天津清源电动车辆有限责任公司	清源牌	纯电动服务车	QY5020XFWBEVEL	YQ-7.5-1AH	7.5	3930	1505	1875	2470	1610	1059	0	0	0	0	0	0	0	0	0	0	32	30	62	62
东风汽车公司	东风牌	纯电动车厢可卸式垃圾车	EQ5031ZXXBEVAC	GLMP15L0	20	4500	1700	2010	2950	3490	2240	0	0	0	0	0	0	0	0	0	0	1	0	1	1
长沙中联重工科技发展股份有限公司	中联牌	纯电动扫路车	ZLJ5071TSL	BOMM060/110-I	60	5940	2090	2420	3360	7495	5850	0	0	0	0	0	0	0	0	0	0	0	9	9	9
合计												0	0	0	0	0	0	0	0	0	0	113	108	221	221

2011 年，我国纯电动专用车产量为 221 辆，有金华市康迪新能源车辆有限公司、天津清源电动车辆有限责任公司、东风汽车公司、长沙中联重工科技发展股份有限公司共 4 家生产企业。其中，金华市康迪新能源车辆有限公司生产纯电动专用车 149 辆，占总产量的 67%；天津清源电动车辆有限责任公司生产 62 辆，占总产量的 28%；长沙中联重工科技发展股份有限公司生产纯电动专用车 9 辆；东风汽车公司生产纯电动专用车 1 辆。从全年的月度生产情况来看，生产主要集中在 11 月和 12 月，分别生产纯电动专用车 113 辆和 108 辆。

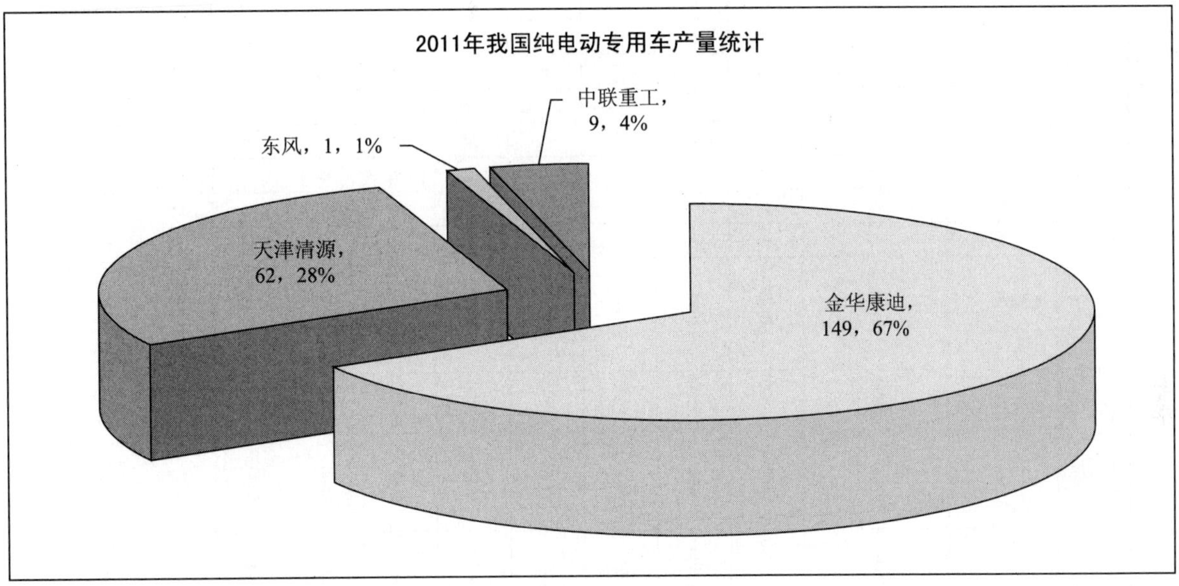

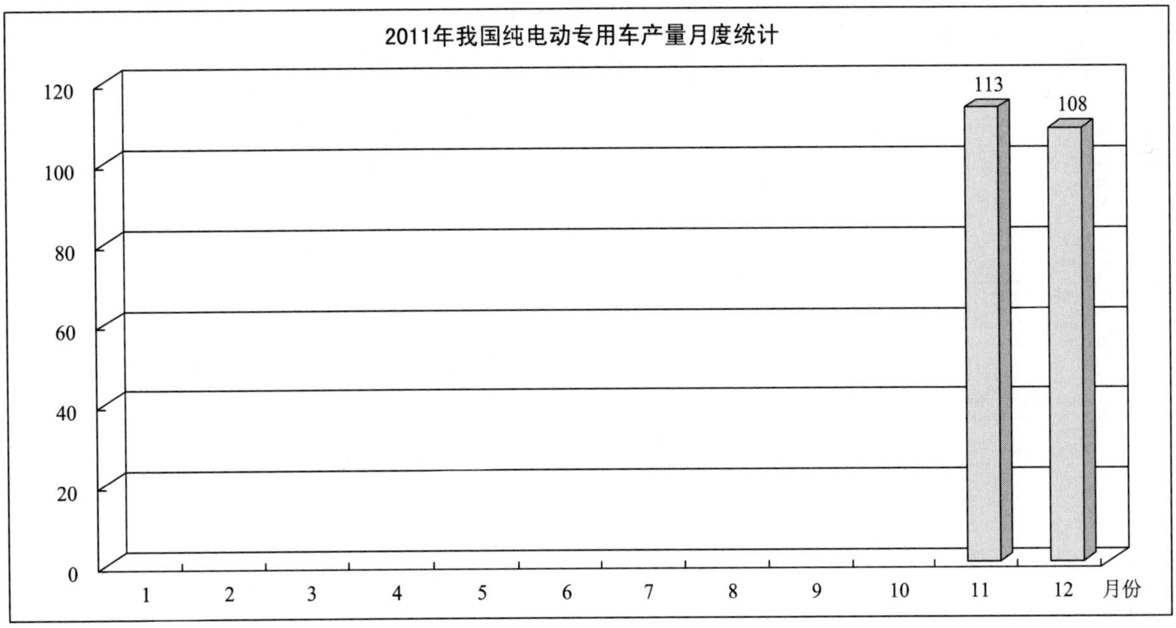

2.2011 年混合动力汽车产量

(1)混合动力客车

企业名称	车辆品牌	车辆名称	车辆型号	底盘型式/号	发动机型号	燃料种类	排量(mL)	功率(kW)	长(mm)	宽(mm)	高(mm)	轴距(mm)	总质量(kg)	整备质量(kg)	1月	2月	3月	4月	5月	6月	7月	8月	9月	10月	11月	12月	数量(辆)	合计(辆)
深圳市五洲龙汽车有限公司	五洲龙牌	混合动力城市客车	FDG6111HEVG2	FDG6110D2	ISDe185 30	混合动力	6700	136	11390	2480	3180	5500	16500	11800	65	0	0	70	166	82	262	536	0	0	0	0	1181	1201
		混合动力双层城市客车	FDG6120HEVS	承载式车身	ISDe270 41	柴油	6700	198	11995	2540	4200	6500	25000	18170	0	0	0	0	0	0	0	20	0	0	0	0	20	
湖南南车时代电动汽车股份有限公司	南车时代牌	混合动力城市客车	TEG6102PHEV	TEG6103PHEV	YC6J220 -30	柴油/混合动力	6500	162	10490	2490	3180,3000	5000	15500	11090	5	0	0	0	0	0	0	0	0	0	0	0	5	597
			TEG6102PHEV	TEG6103PHEV	YC6J220 -30	柴油/混合动力	6500	162	10490	2490	3180,3000	5000	15500	11090	0	0	18	0	120	0	0	0	0	0	0	0	138	
					SC8DK215Q3	柴油/混合动力	8270	158	10490	2490	3180	5000	15500	11090	0	0	0	0	0	110	69	85	99	20	18	0	401	
			TEG6103PHEV	TEG6104PHEV 三类	YC6J220 -30	柴油/混合动力	6500	162	10490	2490	3180	5000	15500	11240	0	0	0	0	0	0	0	0	0	0	1	0	1	
			TEG6127PHEV	TEG6121PHEV 三类	SC8DK230.1Q3	柴油/混合动力	8270	170	11980	2550	3280	6000	17500	11900	0	0	10	30	0	0	0	0	0	0	1	0	41	
			TEG6128SHEV	TEG6110SHEV 三类	YC4E160 -30	柴油	4260	118	11980	2550	3280	6000	17500	12900	0	0	0	0	0	0	0	0	0	0	1	0	1	
			TEG6129PHEV	TEG6129PHEV -N50 三类	SC8DT230Q4	柴油/混合动力	8270	170	11980	2540	3300	6000	18000	13770,13370	0	0	0	0	0	0	0	0	0	0	10	0	10	
郑州宇通客车股份有限公司	宇通牌	混合动力电动城市客车	ZK6108CHEVG1	ZK6100CHEVGC01	YC6J200 -42	混合动力	6500	147	10305	2500	3240	5000	16500	10700,11100	0	0	0	0	0	0	0	1	0	0	0	0	1	576
			ZK6126CHEVGQCA	承载式车身	YC6J200 -42	柴油/混合动力	6500	147	11990	2550	3150,2970	5875	18000	12500,12700	0	0	70	0	0	0	7	0	0	2	54	0	133	
			ZK6126CHEVGAA	ZK6118GCHEVAA	YC6J200 -42	混合动力	6500	147	11650	2500	3265,3075	5800	16500	11700	0	0	0	0	0	0	10	68	124	80	150	10	442	

续表

企业名称	车辆品牌	车辆名称	车辆型号	底盘型式/号	发动机型号	燃料种类	排量(mL)	功率(kW)	长(mm)	宽(mm)	高(mm)	轴距(mm)	总质量(kg)	整备质量(kg)	1月	2月	3月	4月	5月	6月	7月	8月	9月	10月	11月	12月	数量(辆)	合计(辆)
厦门金龙旅行车有限公司	金旅牌	混合动力城市客车	XML6105JHEV28C	承载式车身	YC6J200－42	柴油/混合动力	6500	147	10480	2500	3200	5000	16500	11230	0	0	0	0	0	0	0	0	0	0	30	0	30	383
			XML6125JHEV18C	承载式车身	ISBE4＋205B	柴油/混合动力	6700	151	11980	2540	3180	2980,6100	18000	12600	0	0	1	0	0	1	0	0	0	0	0	0	2	
			XML6125JHEV28C	XML6125JHEV28C	YC6J200－42	柴油/混合动力	6500	147	11980	2540	3100,3180	5980,6100	18000	12600	0	20	30	0	0	0	0	20	110	95	52	23	350	
		混合动力电动城市客车	XML6125JHEV93C	XML6125DHEV93C	YC6J200－40	柴油	6500	147	11980	2540	3100	5980	17800	12000	0	0	0	1	0	0	0	0	0	0	0	0	1	
北汽福田汽车股份有限公司	福田牌	混合动力城市客车	BJ6123PHEV－1	BJ6123PHEV－1	ISBE4＋225B	混合动力	6700	165	11980	2550	3050,3150	5900	17950	11300,11600	23	60	0	0	15	0	0	80	0	32	20	65	295	308
			BJ6113C7M4D	BJ6113C7M4D	ISBE220 31	柴油	5883	162	11400	2540	3150	5650	15500	10200,10500	0	0	10	0	0	0	0	0	0	0	1	0	11	
			BJ6123PHEV	BJ6123DPHEV	YC6J210N－40	混合动力	6494	155	11980	2550	3350	5900,6000	17900	12300,12600	0	0	0	0	0	0	0	0	2	0	0	0	2	
广州汽车集团客车有限公司	广汽牌	混合动力城市客车	GZ6111HEV1	GZ6111DHEV1	YC6G220－4PB	混合动力	7800	162	11490	2540	3200	5600	16500	11200	0	0	0	0	0	0	0	0	0	0	158	121	279	280
			GZ6121HEV1	GZ6121DHEV1	YC6G220－4PB	混合动力	7800	162	12000	2540	3200	6100	18000	12230	0	0	0	0	0	0	0	0	0	0	0	1	1	
厦门金龙联合汽车工业有限公司	金龙牌	混合动力城市客车	XMQ6127GH1	XMQ6121GRH1	ISBE4＋225B	混合动力	6700	165	11980	2550	3190,3070	6100	18000	12000	0	0	0	0	0	0	1	9	0	0	0	0	10	220
			XMQ6127GH3	XMQ6121GRH3	YC6J200－42	混合动力	6500	147	11980	2550	3190,3070	6000	18000	12400	0	1	0	0	0	0	0	0	0	0	0	0	1	
			XMQ6127GH4	XMQ6121GRH4	YC6J220－42	混合动力	6500	162	11980	2550	3190	6000	18000	11500,11800	0	0	2	0	0	0	0	0	0	0	0	0	2	
			XMQ6127GHEV4	XMQ6121GRHEV4	YC6J200－42	混合动力	6500	147	11980	2550	3190	6000	18000	11500,11800	0	0	0	0	0	0	0	0	39	25	1	0	65	
			XMQ6127GH5	XMQ6121GRH5	YC6J200－42	混合动力	6500	147	11980	2550	3190	6000	18000	12400	0	0	17	0	0	0	0	15	0	0	63	30	125	
		轻型客车	XMQ6530E23N	KLQ6460E23N	4RB2	混合动力	2438	102	5340	1700	2050	2890	3060	1840	0	0	3	0	1	13	0	0	0	0	0	0	17	

续表

企业名称	车辆品牌	车辆名称	车辆型号	底盘型式/号	发动机型号	燃料种类	排量(mL)	功率(kW)	长(mm)	宽(mm)	高(mm)	轴距(mm)	总质量(kg)	整备质量(kg)	1月	2月	3月	4月	5月	6月	7月	8月	9月	10月	11月	12月	数量(辆)	合计(辆)
宁波神马汽车制造有限公司	浙江牌	混合动力城市客车	NPS6100SHEVG01		D16TCID2	混合动力/电/柴油	1650	82	10385	2500	3250	4900	16500	10900	0	0	0	0	0	0	1	185	15	0	0	0	201	201
中通客车控股股份有限公司	中通牌	混合动力城市客车	LCK6121HEV	承载式车身	WP7.210 E40	柴油/混合动力	7140	155	11990	2540	3210	6000	18000	11600,11100	8	0	15	9	17	1	0	0	0	0	0	0	50	113
			LCK6101HEV	承载式车身	YC6J180－30	柴油	6500	132	10500	2500	3210	5000	16500	10780,10380	0	0	0	0	0	0	0	0	0	0	0	1	1	
			LCK6105PHENV	LCK6104RPHENV	YC6J210N－40	天然气/混合动力	6454	155	10500	2500	3260	5000,5170	16500	11200	0	0	0	0	0	0	0	0	20	0	0	0	20	
			LCK6105CHEV	LCK6104RCHEV	YC6J200－42	柴油/混合动力	6500	147	10500	2500	3260	5000,5170	16500	11600	0	0	0	0	0	0	0	0	0	0	30	0	30	
			LCK6112HEV	LCK6114RHEV	YC6J180－42	柴油	6500	132	11490	2500	3260	5400	18000	12100	0	0	0	0	0	0	0	0	0	0	0	12	12	
东风汽车公司	东风牌	混合动力电动城市客车	EQ6110HEV	EQ6110KRF3	ISDe160 31	柴油	4500	118	11000	2490	3260	5600	15500	11000	0	0	0	0	0	0	100	0	0	0	0	0	100	100
中国第一汽车集团公司	解放牌	混合动力城市客车	CA6120URH2	CA6120CRH2	CA6SE1－21E3N	混合动力	6618	158	11990	2500	3250	6100	18000	11300	22	0	0	0	0	0	0	0	0	43	17	0	82	82
上海申龙客车有限公司	申龙牌	混合动力城市客车	SLK6125USCHEV01	承载式车身	YC6J200－42	混合动力	6500	147	11980	2500	3220	6000	18000	12240	0	0	0	0	0	0	0	0	0	0	0	25	25	59
			SWB6127HE2	SWB6127HE2	F4AE3682F＊P	柴油	5880	185	11840	2500	3460	6000	17500	12600	0	0	34	0	0	0	0	0	0	0	0	0	34	
金龙联合汽车工业(苏州)有限公司	海格牌	混合动力电动城市客车	KLQ6109GHEV1	KLQ6101GHEV1	YC6J180－42	柴油	6500	132	10490	2480	3200	5100	16400	11400	0	0	0	0	0	0	0	1	0	0	0	25	26	58
			KLQ6119GHEV1	KLQ6118GHEV1	YC6J200－42	柴油	6500	147	11460	2550	3150	5700	17000	12200	0	0	0	0	0	0	0	0	0	0	0	20	20	
			KLQ6129GHEV3	KLQ6128GHEV3	SC8DK215Q3	柴油	8270	158	12000	2550	3000,3150	6100	18000	12400	10	0	0	0	0	0	0	0	0	0	0	0	10	
		混合动力城市客车	KLQ6129GQHEV1	KLQ6128GQHEV1	D19TCID1	柴油	1850	100	12000	2550	3250	6000	18000	12930	0	0	0	0	0	0	0	1	0	0	0	0	1	
			KLQ6129GHE2	KLQ6128GHE2	YC6J220－42	柴油	6500	162	12000	2550	3150	6100	18000	12400	0	0	0	0	0	0	0	1	0	0	0	0	1	

续表

企业名称	车辆品牌	车辆名称	车辆型号	底盘型式/号	发动机型号	燃料种类	排量(mL)	功率(kW)	长(mm)	宽(mm)	高(mm)	轴距(mm)	总质量(kg)	整备质量(kg)	1月	2月	3月	4月	5月	6月	7月	8月	9月	10月	11月	12月	数量(辆)	合计(辆)
安徽安凯汽车股份有限公司	安凯牌	混合动力城市客车	HFF6110G03PHEV	HFF6110D03PHEV	YC6J220 – 30	柴油	6500	162	11220	2500	2950,3150	5700	16500	10500,10700	18	0	0	0	0	0	30	0	0	0	0	0	48	55
			HFF6121G03PHEV	HFF6121D03PHEV	SC8DK215Q3	柴油	8270	158	12000	2550	3100,3250	6100	16700	11500	0	0	0	0	0	0	1	0	0	0	0	0	1	
			HFF6121G03SHEV	HFF6121D03SHEV	HFC4DA1 – 2B1	柴油	2771	80	12000	2550	3100,3300	6000	18000	13500,13800	1	0	0	0	0	0	0	0	0	0	0	0	1	
			HFF6100G03PHEV	HFF6100G03PHEV	YC4G200 – 30	柴油	5200	147	10430	2500	3170	5000	15500	10000,10300	0	0	5	0	0	0	0	0	0	0	0	0	5	
江西凯马百路佳客车有限公司	江西牌	混合动力城市客车	JXK6116BCHEV	承载式车身	YC6J200 – 42	柴油/混合动力	6500	147	11280	2495	3320	5400	16500	11500	0	0	0	0	0	0	30	0	16	0	0	0	46	46
金华青年汽车制造有限公司	青年牌	混合动力城市客车	JNP6120GHP – 1	JNP6120GHP – 1	ISBE4 + 225B	柴油/混合动力	6700	165	12000	2550	3165	5980	17650	11200	15	0	0	0	0	0	0	15	0	0	0	0	30	30
河南少林汽车股份有限公司	少林牌	混合动力电动城市客车	SLG6120HEV	承载式车身	YC6J220 – 30	混合动力	6494	162	12000	2550	3270	6000	18000	11700	0	0	5	0	0	0	0	0	0	0	0	1	6	6
扬州亚星客车股份有限公司	亚星牌	混合动力城市客车	JS6106GHEV	JS6106GDHEV	YC6J220 – 30	混合动力	6500	162	10490	2500	3120,3240	5000	15000	10800,10400	1	0	0	0	0	0	0	0	0	0	0	0	1	4
			JS6116GHEV	JS6116GDHEV											1	0	0	0	0	0	0	0	0	0	0	0	1	
			JS6126GHV	JS6126GHDV	YC6J200 – 42	混合动力	6500	147	12000	2550	3090	5900	18000	12500	1	0	0	0	0	0	0	0	0	0	0	0	1	
			JS6126GHEV1	承载式车身											0	0	0	0	0	0	0	0	0	1	0	0	1	
丹东黄海汽车有限责任公司	黄海牌	混合动力城市客车	DD6129HES11	DD6129HES11	ISDe180 30	柴油	4500	132	11980	2532	3300	5800	18000	13200	0	0	0	1	0	0	0	0	0	0	0	0	1	1
合　计															170	81	220	111	319	207	511	1037	425	298	607	334	4320	4320

2011年，我国混合动力客车产量为4320辆，包含19家混合动力客车生产企业。年产200辆以上的企业有8家。其中，深圳市五洲龙汽车有限公司生产混合动力客车1201辆，占总量的28%；湖南南车时代电动汽车股份有限公司生产混合动力客车597辆，占总量的14%；郑州宇通客车股份有限公司生产混合动力客车576辆，占总量的13%；厦门金龙旅行车有限公司生产混合动力客车383辆，占总量的9%；北汽福田汽车股份有限公司生产混合动力客车308辆，占总量的7%；广州汽车集团客车有限公司生产混合动力客车280辆，占总量的6%；厦门金龙联合汽车工业有限公司生产混合动力客车220辆，占总量的5%；宁波神马汽车制造有限公司生产混合动力客车201辆，占总量的5%。从全年的月度产量来看，每月的生产量不太稳定，下半年的产量为3212辆，占全年的74.35%。

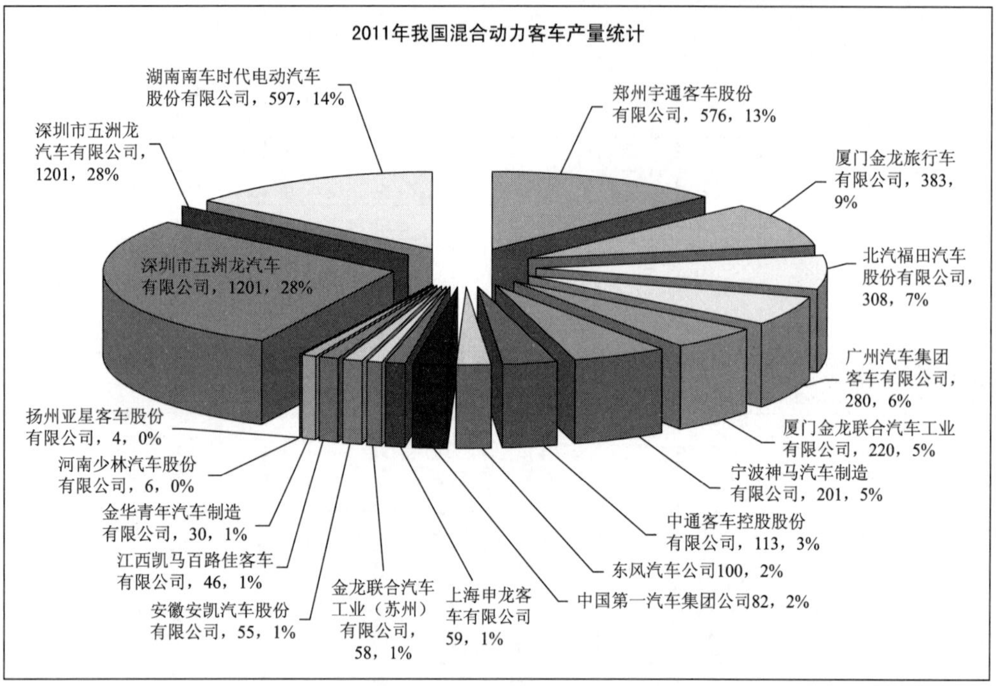

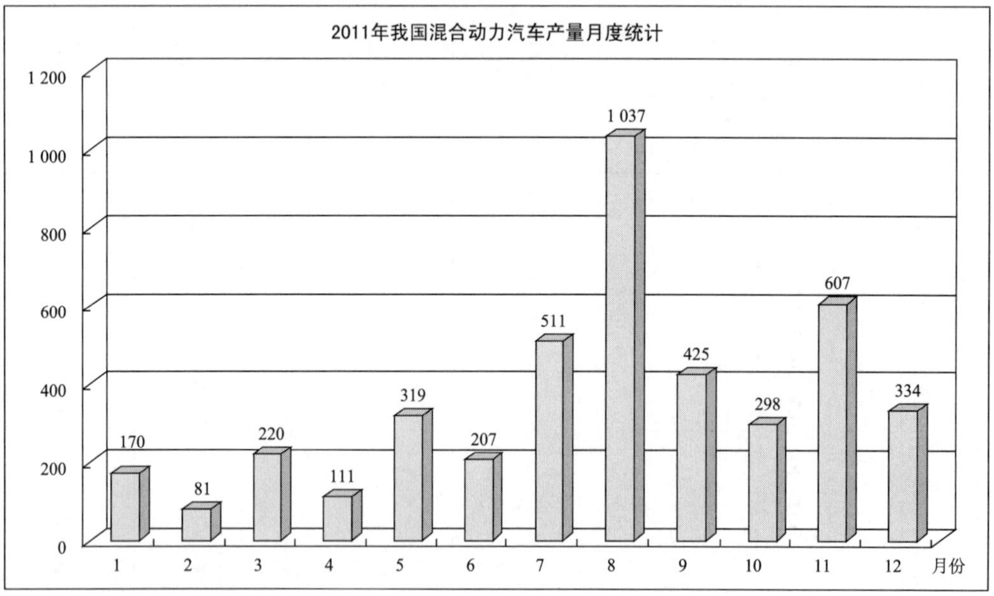

（2）混合动力轿车

企业名称	车辆品牌	车辆名称	车辆型号	发动机型式/号	燃料种类	排量(mL)	功率(kW)	长(mm)	宽(mm)	高(mm)	轴距(mm)	总质量(kg)	整备质量(kg)	1月	2月	3月	4月	5月	6月	7月	8月	9月	10月	11月	12月	数量(辆)	合计(辆)
广汽丰田汽车有限公司	丰田牌/TOYOTA	混合动力轿车	GTM7240HV	3AZ	混合动力	2362	110	4825	1820	1474	2775	2130	1670	0	0	12	10	27	66	21	92	83	152	31	0	494	503
			GTM7240HQ											0	0	0	0	2	0	5	1	0	1	0	0	9	
上海通用汽车有限公司	别克牌/BUICK	混合动力轿车	SGM7240PHEV	LUK	汽油/混合动力	2384	137	5000	1858	1493	2837	2162	1750	0	0	0	0	0	0	0	127	107	112	85	11	442	442
华晨汽车集团控股有限公司	中华牌	混合动力轿车	SY7150X1SHEVBAB	4A91S	混合动力	1499	77	4510	1758	1460	2580	1630	1240	0	300	0	40	0	0	50	5	0	12	28	0	435	437
			SY7181CSEBBB	BL18T		1793	125	4880	1800	1450	2790	1940	1580	0	0	0	1	0	0	0	0	0	0	0	0	1	
			SQR7130A217/A	SQR473F	汽油/混合动力	1297	61	4552	1750	1483	2600	1725	1350	0	0	0	0	1	0	0	0	0	0	0	0	1	
重庆长安汽车股份有限公司	长安牌	混合动力轿车	SC7155A4	JL475Q3	汽油	1497	72	4600	1800	1475	2650	1765	1390	92	0	0	0	0	0	0	0	0	0	0	0	92	332
			SC7155HEV	JL475Q3	汽油/混合动力	1497	72	4600	1800	1475	2650	1765	1390	0	0	0	0	90	0	60	50	10	10	14	6	240	
比亚迪汽车有限公司	比亚迪牌	混合动力轿车	QCJ7100ADM	BYD371QA	汽油/电	998	50	4533	1705	1520	2600	1935	1560	47	36	54		28	0	2	0	2	2	93	25	289	289
上海汽车集团股份有限公司	荣威牌	混合动力轿车	CSA7180ACHEV	18K4G	汽油/混合动力	1796	118	4846	1765	1422	2849	1977	1602	1	0	0	0	0	0	0	0	50	49	21	34	155	155
浙江吉利汽车有限公司	吉利美日牌	混合动力轿车	MR7100BH4	JL3G10A	汽油/混合动力	997	50	4635	1789	1470	2650	1953	1578	0	0	0	0	0	0	0	5	0	0	0	0	5	66
			MR7183HEV	JLγ -4G18	汽油/混合动力	1808	98	4635	1789	1470	2650	1690	1280	0	0	0	0	0	0	1	2	7	27	17	7	61	
四川一汽丰田汽车有限公司	丰田牌/TOYOTA	混合动力轿车	CA7180CHEVAE4	5ZR	汽油/混合动力	1798	73	4485	1745	1525	2700	1800	1400	0	0	0	0	0	0	0	0	0	0	0	20	20	26
			CA7180CHEVBE4	5ZR	汽油/混合动力	1798	73	4485	1745	1510	2700	1795	1395	0	0	0	0	0	0	0	0	0	0	0	4	4	
			CA7180CHEVCE4	5ZR	汽油/混合动力	1798	73	4485	1745	1510	2700	1785	1385	0	0	0	0	0	0	0	0	0	0	0	2	2	
东风汽车公司	风神牌	混合动力轿车	DFM7161B1DHEV	N6A 10FX3A PSA	汽油/混合动力	1587	78	4502	1740	1465	2610	1590	1215	0	0	0	0	3	0	0	0	0	0	0	0	3	11
			DFM7161B1B	N6A 10FX3A PSA	汽油/混合动力	1587	78	4502	1740	1465	2610	1590	1215	0	0	0	0	0	0	0	4	4	0	0	0	8	
合计														140	336	66	51	151	66	139	286	263	365	289	109	2261	2261

2011 年我国混合动力轿车产量为 2261 辆。其中，广汽丰田汽车有限公司生产混合动力轿车 503 辆，占总量的 22%；上海通用汽车有限公司生产混合动力轿车 442 辆，占总量的 20%；华晨汽车集团控股有限公司生产混合动力轿车 437 辆，占总量的 19%；重庆长安汽车股份有限公司生产混合动力轿车 332 辆，占总量的 15%；比亚迪汽车有限公司生产混合动力轿车 289 辆，占总量的 13%；上海汽车集团股份有限公司生产混合动力轿车 155 辆，占总量的 7%。从全年的月度产量来看，每月的生产量不太稳定。下半年的产量为 1451 辆，占全年的 64.18%。

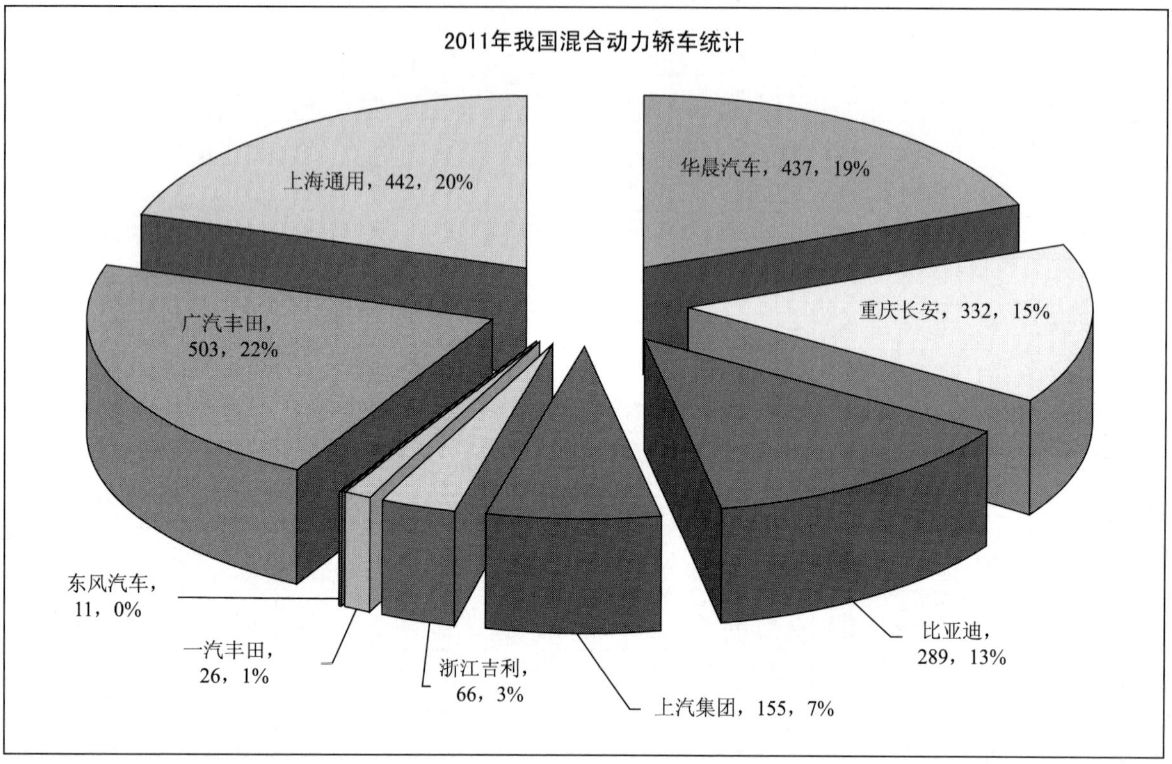

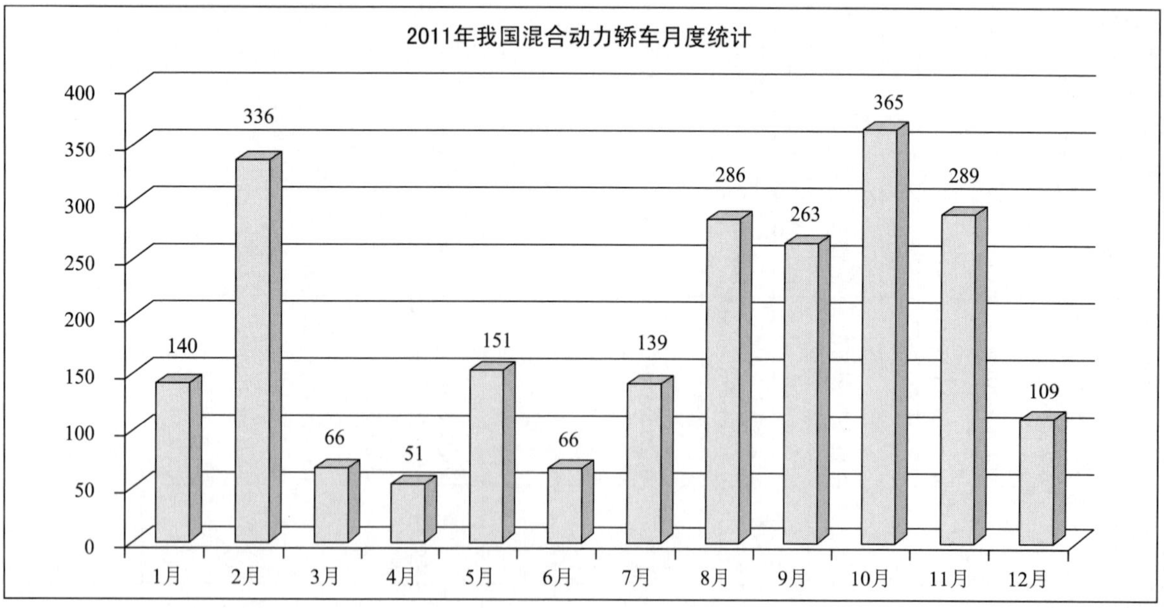

3. 2011 年两用燃料汽车产量

(1)客车/轻型客车

企业名称	车辆品牌	车辆名称	车辆型号	底盘型式/号	发动机型号	燃料种类	排量(mL)	功率(汽油/天然气)(kW)	排放依据标准	长(mm)	宽(mm)	高(mm)	轴距(mm)	总质量(kg)	整备质量(kg)	1月	2月	3月	4月	5月	6月	7月	8月	9月	10月	11月	12月	数量(辆)	合计(辆)
重庆长安汽车股份有限公司	长安牌	两用燃料轻型客车	SC6408DCNG	承载式车身	JL474QC	汽油/天然气	1298	60/52	GB 18352.3-2005 国Ⅲ	3995	1645,1735	1910	2605	1800	1170	200	0	0	0	0	0	0	0	0	0	0	0	200	4862
			SC6399E3SCNG		JL466QC		999	51.1/41		3860	1500,1580	1900	2500	1725	1125	633	18	450	0	0	0	0	0	0	0	0	0	1101	
			SC6399GCNG		JL466QG		999	50.8/41	GB 18352.3-2005 国Ⅳ	3860	1500,1580	1900	2500	1725	1125	0	0	0	0	0	0	0	360	764	818	359	1130	3431	
			SC6399GVCNG		JL466QG		999	50.8/41		3860	1500,1580	1900	2500	1725	1125	0	0	0	0	0	0	0	0	26	4	60	40	130	
重庆力帆汽车有限公司	力帆牌	轻型客车	LF6401CNG	承载式车身	LF479Q6	汽油/天然气	1299	66.5	GB 18352.3-2005 国Ⅳ	4015	1595	1900	2525	1810	1210	83	11	42	90	213	55	82	125	254	132	149	404	1640	1640
东风汽车公司	东风牌	轻型客车	EQ6400LFN2	承载式车身	BG13G/N	汽油/天然气	1300	60.5/51.5	GB18352.3-2005 国Ⅲ	4040	1560	1925	2760	1820	1100	0	0	2	5	0	0	0	0	0	0	0	0	7	109
			EQ6400LF16	承载式车身	BG13G/N-01				GB18352.3-2005(国Ⅳ阶段)	4040	1560	1925	2760	1820	1085	0	0	0	0	0	0	0	0	0	0	53	49	102	
中通客车控股股份有限公司	中通牌	混合动力城市客车	LCK6105PHENV	LCK6104RPHENV	YC6J210N-40	天然气/混合动力	6454	155	GB17691-2005 国Ⅳ GB11340-2005, GB18285-2005	10500	2500	3260	5000,5170	16500	11200	0	0	0	0	0	0	0	33	0	0	0	50	83	83

续表

企业名称	车辆品牌	车辆名称	车辆型号	底盘型式/号	发动机型号	燃料种类	排量(mL)	功率(汽油/天然气)(kW)	排放依据标准	长(mm)	宽(mm)	高(mm)	轴距(mm)	总质量(kg)	整备质量(kg)	1月	2月	3月	4月	5月	6月	7月	8月	9月	10月	11月	12月	数量(辆)	合计(辆)
重庆恒通客车有限公司	恒通客车牌	混合动力城市客车	CKZ6116HENV3	CKZ6119HEN3	YC6J190N - 30	天然气/混合动力	6454	140	GB11340 - 2005 GB18285 - 2005 GB17691 - 2005 国Ⅲ	11370	2500	3350	5600	17500	10800,11200	0	0	0	0	0	1	0	0	0	0	0	0	1	66
			CKZ6126HENV3	CKZ6129HEN3	YC6J190N - 30	天然气/混合动力	6454	140	GB11340 - 2005 GB18285 - 2005 GB17691 - 2005 国Ⅲ	11980	2500	3040	6200	18000	12050	0	0	0	0	50	0	0	0	0	0	0	0	50	
			CKZ6126HNHEV4	CKZ6129HNHEV4	YC6J210N - 40	天然气/混合动力	6454	155	GB11340 - 2005 GB18285 - 2005 GB17691 - 2005 国Ⅳ	11980	2500	3040,3200,3410	6200	18000	12350	0	0	0	0	0	0	15	0	0	0	0	0	15	
江苏九龙汽车制造有限公司	大马牌	轻型客车	HKL6540N	JS6520TDC	4RB2	汽油/天然气	2438	102/90	GB18352.3 - 2005 国Ⅲ	5380	1880	2285	3110	3450	2230	0	0	10	1	4	12	0	0	0	0	0	0	27	29
			HKL6540NA	JS6520TDCJ	4RB2		2438	102/90	GB18352.3 - 2005 国Ⅳ	5380	1880	2285	3110	3450	2280	0	0	0	0	0	0	0	0	0	0	2	0	2	
厦门金龙旅行车有限公司	金旅牌	客车	XML6532E23N	FZ6490E13N	JM491Q - ME	汽油/天然气	2237	76	GB18352.3 - 2005 国Ⅲ	5280	1700	2066,2240,1980	2890	2960	1860	0	2	4	0	0	0	0	0	0	0	0	0	6	18
			XML6502E23N	FZ6460E13N						4980	1700	2066,2240,1980	2590	2800	1800	0	0	1	2	1	1	0	0	0	0	0	0	5	
		小型客车	XML6532E13N	FZ6490E13N						5280	1700	2066,2240,1980	2890	2960	1860	0	0	0	2	2	1	0	0	0	0	0	0	5	
			XML6502E13N	FZ6460E13N						4980	1700	2066,2240,1980	2590	2800	1800	0	0	1	1	0	0	0	0	0	0	0	0	2	

续表

企业名称	车辆品牌	车辆名称	车辆型号	底盘型式/号	发动机型号	燃料种类	排量(mL)	功率(汽油/天然气)(kW)	排放依据标准	长(mm)	宽(mm)	高(mm)	轴距(mm)	总质量(kg)	整备质量(kg)	1月	2月	3月	4月	5月	6月	7月	8月	9月	10月	11月	12月	数量(辆)	合计(辆)
湖南江南汽车制造有限公司	众泰牌	轻型客车	JNJ6410S	承载式车身	182B6000	汽 油/天然气	1596	76	GB18352.3－2005 国Ⅲ	4089	1871	1695	2666	2028	1578	0	0	0	0	3	1	0	0	0	0	0	0	4	5
			JNJ6411SA		TNN4G16T00		1596	76	GB18352.3－2005(国Ⅳ)	4089	1871	1695	2666	2028	1578	0	0	0	0	0	0	0	0	0	1	0	0	1	
扬州亚星客车股份有限公司	亚星牌	两用燃料轻型客车底盘	JS6520TDCJ	JS6520TDCJ	4RB2	汽 油/天然气	2438	102/90	GB18352.3－2005 国Ⅳ	5245	1860	2438	3110	3450	980	0	0	0	0	0	0	0	0	0	0	2	0	2	2
桂林客车工业集团有限公司	五菱牌	城市客车	GL6505NGQ	承载式车身	J475QNE1	汽 油/天然气	1590	71/67.5	GB18352.3－2005 国Ⅳ	5035	1900	2450	3570	3200	2180	0	0	0	0	0	0	0	0	0	0	0	1	1	1
合 计																916	31	510	101	273	71	97	518	1044	955	625	1674	6815	6815

2011 年我国两用燃料客车产量为 6815 辆。产量主要集中在燃料加注配套较为完善的重庆地区，重庆长安汽车股份有限公司和重庆力帆汽车有限公司两家公司共生产 6502 辆轻型客车，占总产量的 95.40%。从全年的月度产量来看，每月的生产量不太稳定。下半年的产量为 4913 辆，占全年的 72.09%。

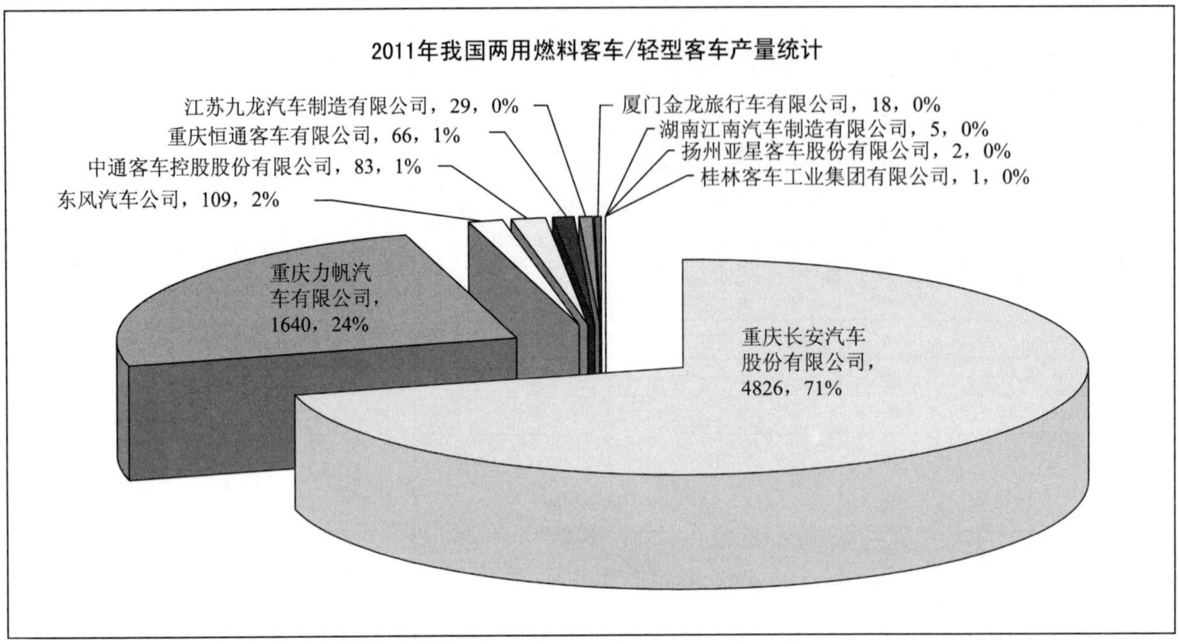

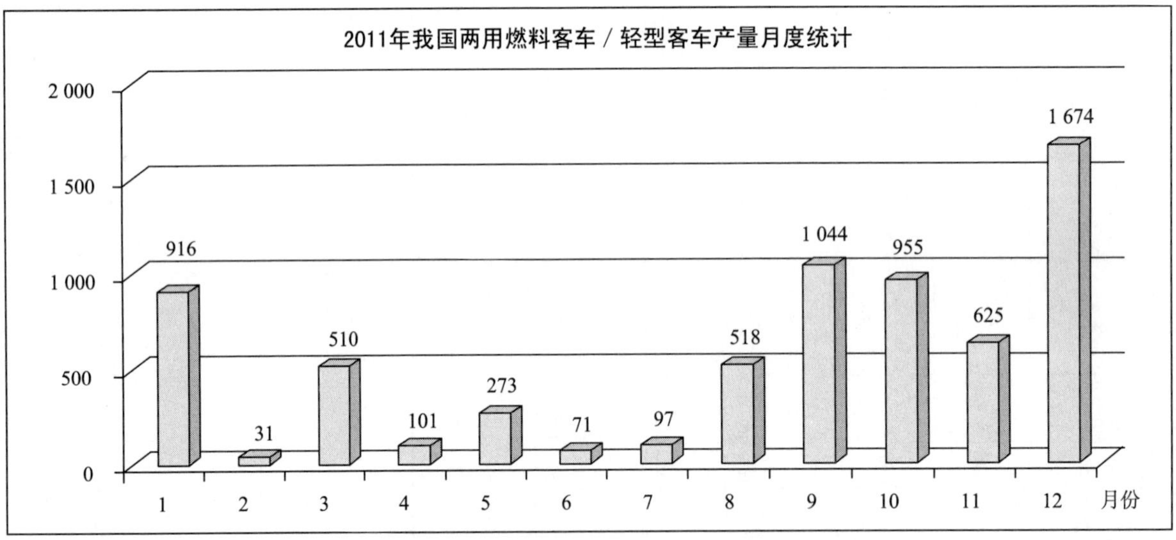

（2）轿车

企业名称	车辆品牌	车辆名称	车辆型号	发动机型号	燃料种类	排量(mL)	功率(kW)	排放依据标准	长(mm)	宽(mm)	高(mm)	轴距(mm)	总质量(kg)	整备质量(kg)	1月	2月	3月	4月	5月	6月	7月	8月	9月	10月	11月	12月	数量(辆)	合计(辆)
一汽－大众汽车有限公司	捷达牌/JETTA	两用燃料轿车	FV7160FC	BJT	汽油/天然气	1595	70/55	GB 18352.3－2005 国Ⅲ	4415	1674	1415	2471	1545	1142	1647	307	1965	0	0	0	0	0	0	0	0	0	3919	14453
			FV7160FCG	BJT				GB 18352.3－2005 国Ⅳ	4415	1674	1415	2471	1545	1142	0	0	41	1471	974	831	411	1579	898	1152	1680	1497	10534	
神龙汽车有限公司	东风雪铁龙牌	两用燃料轿车	DC7163NTA	N6A 10FX3A PSA	汽油/天然气	1587	78/67	GB 18352.3－2005 国Ⅲ	4367	1708	1413	2540	1564	1189	924	230	348	491	244	1	0	0	0	0	0	0	2238	12796
			DC7163PT	N6A 10XA4A PSA		1587	78/70	GB 18352.3－2005 国Ⅲ	4367	1708	1413	2540	1564	1189	341	218	445	803	117	2	0	0	0	0	0	0	1926	
			DC7163RT	N6A 10FX3A PSA		1587	78/67	GB 18352.3－2005 国Ⅳ	4367	1708	1413	2540	1564	1189	0	0	0	0	0	897	985	843	1138	1268	1619	1882	8632	
上海大众汽车有限公司	桑塔纳牌/SANTANA VISTA	两用燃料轿车	SVW7182PQD	BKT	汽油/天然气	1781	74/66	GB 18352.3－2005 国 III	4687	1700	1450	2656	1663	1288	1019	1315	865	1419	97	0	0	0	0	0	0	0	4715	10662
			SVW7182RQD	CKZ		1781	74/66	GB 18352.3－2005 国 IV	4687	1700	1450	2656	1655	1280	0	0	0	0	0	458	869	1077	915	1096	705	827	5947	
北京现代汽车有限公司	北京现代牌	两用燃料轿车	BH7162FMX	14EF	汽油/天然气	1599	76/65	GB 18352.3－2005 国Ⅲ	4525	1725	1425	2610	1646	1321	132	21	180	205	140	0	0	0	0	0	0	0	678	6962
			BH7162FMY	14ED		1599	82/70	GB 18352.3－2005 国Ⅳ	4525	1725	1425	2610	1646	1321	0	0	0	0	142	478	362	295	863	668	796	626	4230	
			BH7183FMY	14GB		1795	94.9/82	GB 18352.3－2005 国Ⅳ	4770	1820	1420	2700	1825	1500	0	0	0	0	50	86	876	240	22	35	138	312	1759	
			BH7200FMX	14GC		1975	101/89	GB 18352.3－2005 国Ⅲ	4770	1820	1420	2700	1825	1500	0	109	0	6	4	8	0	0	1	0	0	0	128	
			BH7200FMY	14GC		1975	101/89	GB 18352.3－2005 国Ⅳ	4770	1820	1420	2700	1825	1500	0	0	0	0	0	87	25	4	1	41	5	4	167	

续表

企业名称	车辆品牌	车辆名称	车辆型号	发动机型号	燃料种类	排量(mL)	功率(kW)	排放依据标准	长(mm)	宽(mm)	高(mm)	轴距(mm)	总质量(kg)	整备质量(kg)	1月	2月	3月	4月	5月	6月	7月	8月	9月	10月	11月	12月	数量(辆)	合计(辆)
东风悦达起亚汽车有限公司	起亚牌	轿车	YQZ7140CNG	G4EE	汽油/天然气	1399	69.9	GB 18352.3 – 2005 国Ⅲ	4290	1695	1480	2500	1523	1173	141	133	218	443	376	20	1	0	0	0	0	0	1332	5204
			YQZ7140C4	G4EE		1399	69.9	GB 18352.3 – 2005 国Ⅳ	4290	1695	1480	2500	1533	1188	0	0	0	0	0	70	191	395	461	156	130	103	1506	
			YQZ7162CNG	G4ED		1599	82.4	GB 18352.3 – 2005 国Ⅲ	4500	1735	1470	2610	1785	1291	122	17	103	66	193	44	60	41	9	3	14	0	672	
			YQZ7162C4	G4ED		1599	82.4	GB 18352.3 – 2005 国Ⅳ	4500	1735	1470	2610	1785	1291	0	0	0	0	0	0	22	53	75	130	39	106	425	
			YQZ7180CNG	G4GB		1795	94	GB 18352.3 – 2005 国Ⅲ	4728	1820	1420	2700	1940	1534	73	66	125	76	0	0	0	0	0	0	0	0	340	
			YQZ7180C4	G4GB		1795	94	GB 18352.3 – 2005 国Ⅳ	4728	1820	1420	2700	1940	1534	0	0	0	0	0	0	411	127	31	56	236	68	929	
重庆长安铃木汽车有限公司	长安牌	轿车	SC7165	M16A2	汽油/天然气	1586	80/66	GB 18352.3 – 2005 国Ⅲ	4490	1730	1545	2500	1590	1265	454	112	219	383	113	0	0	0	0	0	0	0	1281	3251
			SC7165A	M16A3	汽油/天然气	1586	80/66	GB 18352.3 – 2005 国Ⅳ	4490	1730	1555	2500	1640	1265	0	0	0	0	0	326	302	138	300	213	233	458	1970	
比亚迪汽车有限公司	比亚迪牌	两用燃料轿车	QCJ7150A2/CNG	4G15S	汽油/天然气	1488	78/70	GB 18352.3 – 2005 国Ⅲ	4533	1705	1490	2600	1650	1275	21	4	10	39	84	2	0	0	0	0	0	0	160	2337
			QCJ7150A6/CNG	BYD473QD		1497	80/72	GB 18352.3 – 2005 国Ⅳ	4533	1705	1490	2600	1650	1275	0	0	0	0	0	0	0	62	74	102	36	32	306	
			QCJ7160A2/CNG	DA4G18		1584	73.5/65	GB 18352.3 – 2005 国Ⅲ	4533	1705	1490	2600	1650	1275	106	32	460	481	32	107	0	0	0	0	0	0	1218	
			QCJ7160A4/CNG	DA4G18		1584	73.5/65	GB 18352.3 – 2005 国Ⅳ	4533	1705	1490	2600	1650	1275	0	0	0	0	0	10	15	10	168	56	92	130	481	
			QCJ7200E3/CNG	BYD483QB		1991	103/98	GB 18352.3 – 2005 国Ⅲ	4846	1822	1465	2740	1880	1505	19	11	29	2	0	96	11	0	0	0	0	0	168	
			QCJ7200E/CNG	BYD483QB		1991	103/98	GB 18352.3 – 2005 国Ⅳ	4846	1822	1465	2740	1880	1505	0	0	0	0	0	0	0	4	0	0	0	0	4	

续表

企业名称	车辆品牌	车辆名称	车辆型号	发动机型号	燃料种类	排量(mL)	功率(kW)	排放依据标准	长(mm)	宽(mm)	高(mm)	轴距(mm)	总质量(kg)	整备质量(kg)	1月	2月	3月	4月	5月	6月	7月	8月	9月	10月	11月	12月	数量(辆)	合计(辆)
奇瑞汽车股份有限公司	奇瑞牌	轿车	SQR7150A156/N	SQR477F	汽油/天然气	1497	80/68	GB 18352.3 －2005 国Ⅲ	4393	1682	1424	2468	1535	1160	62	0	12	34	22	0	0	0	0	0	0	0	130	2161
			SQR7151A216/N	SQR477F		1497	80/68	GB 18352.3 －2005 国Ⅲ	4552	1750	1483	2600	1735	1360	2	0	0	0	0	0	0	0	0	0	0	0	2	
			SQR7160A216/N	SQR481F		1597	87.5/75	GB 18352.3 －2005 国Ⅲ	4552	1750	1483	2600	1740	1365	129	16	108	243	45	2	0	0	0	0	0	0	543	
			SQR7163A210/N	SQR477FD		1552	81/68	GB 18352.3 －2005 国Ⅳ	4552	1750	1483	2600	1750	1375	0	0	0	0	0	181	81	51	154	56	45	61	629	
			SQR7164A150/N	SQR477FD		1552	81/68	GB 18352.3 －2005 国Ⅳ	4393	1682	1424	2468	1553	1178	0	0	0	0	0	0	5	0	12	13	287	44	361	
			SQR7164A156/N	SQR477FD		1552	81/70	GB 18352.3 －2005 国Ⅲ	4393	1682	1424	2468	1535	1160	28	0	56	21	50	5	0	0	0	0	0	0	160	
			SQR7180B116/N	SQR481FC		1845	97/83	GB 18352.3 －2005 国Ⅲ	4770	1815	1445	2700	1890	1515	37	139	110	50	0	0	0	0	0	0	0	0	336	
重庆力帆乘用车有限公司	力帆牌	轿车	LF7130A/CNG	LF479Q4	汽油/天然气	1342	65/55	GB 18352.3 －2005 国Ⅲ	4370	1700	1473	2540	1590	1165	77	6	20	0	0	0	0	0	0	0	0	0	103	873
			LF7152/CNG	LF479Q2/PC	汽油/天然气	1498	69/60	GB 18352.3 －2005 国Ⅳ	4550	1705	1495	2605	1555	1205	0	10	45	68	65	64	32	50	5	150	119	116	724	
			LF7160L1/CNG	LF481Q4	汽油/天然气	1587	78/66	GB 18352.3 －2005 国Ⅲ	4370	1700	1473	2540	1595	1170	0	4	1	0	0	2	2	0	0	0	0	0	9	
			LF7162C/CNG	LF481Q4	汽油/天然气	1587	78/66	GB 18352.3 －2005 国Ⅲ	4550	1705	1495	2605	1615	1210	25	0	8	0	0	4	0	0	0	0	0	0	37	
天津一汽夏利汽车股份有限公司	威志牌	两用燃料轿车	CA7150UE3M	5A +	汽油/天然气	1498	75/64	GB 18352.3 －2005 国Ⅲ	4245	1680	1500	2425	1420	1070	160	0	239	299	1	0	0	0	0	0	0	0	699	699
一汽海马汽车有限公司	海马牌	轿车	HMC7160B4S1	HM479Q－BA	汽油/天然气	1598	85.8	GB 18352.3 －2005 国Ⅳ	4365	1695	1410	2610	1595	1220	60	65	75	0	0	0	13	35	143	201	0	16	608	608

续表

企业名称	车辆品牌	车辆名称	车辆型号	发动机型号	燃料种类	排量(mL)	功率(kW)	排放依据标准	长(mm)	宽(mm)	高(mm)	轴距(mm)	总质量(kg)	整备质量(kg)	1月	2月	3月	4月	5月	6月	7月	8月	9月	10月	11月	12月	数量(辆)	合计(辆)
华晨汽车集团控股有限公司	中华牌	轿车	SY7150X1STBAB	4A91S	汽油/天然气	1499	77/67	GB 18352.3－2005 国Ⅳ	4510	1758	1460	2580	1715	1325	0	0	0	0	50	1	0	0	0	3	1	23	78	359
			SY7160XSTBAB	4A92S		1590		GB 18352.3－2005 国Ⅳ	4510	1758	1460	2580	1715	1325	0	0	0	0	0	0	0	0	2	39	14	10	65	
			SY7162G2STBBB	BL16L		1587	87/81	GB 18352.3－2005 国Ⅳ	4648，4650	1800	1450	2790	1920	1530	0	0	0	0	2	0	0	0	2	4	5	0	13	
			SY7181BSTBBB	BL18L		1793	95/84	GB 18352.3－2005 国Ⅳ	4880	1800	1450	2790	1905	1515	0	0	0	0	0	0	0	0	0	0	0	1	1	
			SY7182BSTBBB	BL18L		1793	95/84	GB 18352.3－2005 国Ⅳ	4648	1800	1450	2790	1905	1515	0	0	0	0	1	38	163	0	0	0	0	0	202	
浙江豪情汽车制造有限公司	吉利牌	轿车	JL7152EN3	MR479QA	汽油/天然气	1498	69/62	GB 18352.3－2005 国Ⅲ	4324	1692	1435	2502	1513	1143	19	0	61	0	0	33	0	0	0	0	0	0	113	265
			JL7153BN3	JL4G15D	汽油/天然气	1498	78/70	GB 18352.3－2005 国Ⅲ	4602	1725	1485	2602	1631	1256	40	0	0	16	0	0	0	0	0	0	0	0	56	
		两用燃料轿车	JL7151K01N	MR479QA	汽油/天然气	1498	69/62	GB 18352.3－2005 国Ⅳ	4342	1692	1435	2502	1518	1143	0	0	0	0	0	0	0	0	2	4	0	0	6	
			JL7181K03N	JL4G18		1792	102/92	GB 18352.3－2005 国Ⅳ	4602	1725	1485	2602	1660	1250	0	0	0	0	0	0	0	0	0	0	0	90	90	
长城汽车股份有限公司	长城牌	轿车	CC7150CE07	GW4G15	汽油/天然气	1497	78	GB 18352.3－2005 国 Ⅳ	4452	1705	1480	2610	1585	1210	0	0	87	55	0	0	0	0	0	0	0	0	142	142
安徽江淮汽车股份有限公司	江淮牌	两用燃料轿车	HFC7200CN	HFC4NA3. B	汽油/天然气	1997	95/81	GB 18352.3－2005 国Ⅲ	4865	1805	1450	2790		1580	2	2	0	1	0	2	0	0	0	0	0	0	7	91
			HFC7150BNF	HFC4NB2. 3C	汽油/天然气	1499	83/66	GB 18352.3－2005 国Ⅳ	4590	1765	1465	2710	1760	1385	0	0	0	0	0	0	0	3	34	24	9	14	84	
重庆长安汽车股份有限公司	长安牌	两用燃料轿车	SC7151ACNG	JL475QH	汽油/天然气	1497	72/61	GB 18352.3－2005 国Ⅲ	4360	1710	1475	2515	1608	1233	30	0	53	0	1	0	0	0	2	0	0	0	86	86
浙江吉利汽车有限公司	吉利美日牌	轿车	MR7181BN3	JL4G18	汽油/天然气	1792	102	GB 18352.3－2005 国Ⅲ	4635	1789	1470	2650	1755	1380	2	0	0	32	42	0	0	0	0	0	0	0	76	76

续表

企业名称	车辆品牌	车辆名称	车辆型号	发动机型号	燃料种类	排量(mL)	功率(kW)	排放依据标准	长(mm)	宽(mm)	高(mm)	轴距(mm)	总质量(kg)	整备质量(kg)	1月	2月	3月	4月	5月	6月	7月	8月	9月	10月	11月	12月	数量(辆)	合计(辆)
湖南江南汽车制造有限公司	众泰牌	轿车	JNJ7160S	182B6000	汽油/天然气	1596	76	GB 18352.3－2005 国Ⅲ	4089	1871	1695	2666	1953	1578	0	0	0	0	1	13	0	0	0	0	0	0	14	14
上海华普汽车有限公司	朗风牌	轿车	SMA7132E3CNG	JL479Q	汽油/天然气	1342	63/56	GB 18352.3－2005 国Ⅲ	4435	1710	1430	2540	1570	1190	0	0	0	2	0	0	0	0	0	0	0	0	2	8
			SMA7151E3CNG	JL479QA		1498	69/62	GB 18352.3－2005 国Ⅲ	4435	1710	1430	2540	1570	1190	0	0	0	1	0	0	0	0	0	0	0	0	1	
	英伦牌	两用燃料轿车	SMA7181K01N	JL4G18	汽油/天然气	1792	102/92	GB 18352.3－2005 国Ⅳ	4682	1725	1485	2602	1680	1270	0	0	0	0	0	0	0	2	0	2	0	1	5	
江西昌河铃木汽车有限责任公司	利亚纳牌	轿车	CH7160T	M16A	汽油/天然气	1586	80	GB 18352.3－2005 国Ⅲ	4350	1690	1545	2480	1640	1230	0	0	0	0	5	0	0	0	0	0	0	0	5	5
郑州日产汽车有限公司	尼桑牌	多用途乘用车	ZN6493HBD3	KA24	汽油/天然气	2388	110	GB 18352.3－2005 国Ⅲ	4949	1820	1940	2950	2410	1925	3	0	0	0	0	0	0	0	0	0	0	0	3	3
合计															5675	2817	5883	6707	2851	3868	4837	5009	5312	5472	6203	6421	61055	61055

2011年，我国两用燃料轿车产量为61055辆，总共有21家两用燃料轿车企业。其中，年产1000辆以上的有8家，分别为：一汽-大众汽车有限公司年产两用燃料轿车14453辆，占总量的24%；神龙汽车有限公司年产两用燃料轿车12796辆，占总量的21%；上海大众汽车有限公司年产两用燃料轿车10662辆，占总量的17%；北京现代汽车有限公司年产两用燃料轿车6962辆，占总量的11%；东风悦达起亚汽车有限公司年产两用燃料轿车5204辆，占总量的9%；重庆长安铃木汽车有限公司年产两用燃料轿车3251辆，占总量的5%；比亚迪汽车有限公司年产两用燃料轿车2337辆，占总量的7%；奇瑞汽车股份有限公司年产两用燃料轿车2161辆，占总量的4%。从全年的月度产量来看，除2月和5月有较大的回落外，月产量较为稳定，而且从5月份之后产量稳步回升，直到年底的12月份月产量为6421辆，接近全年的最高月产量6707辆。

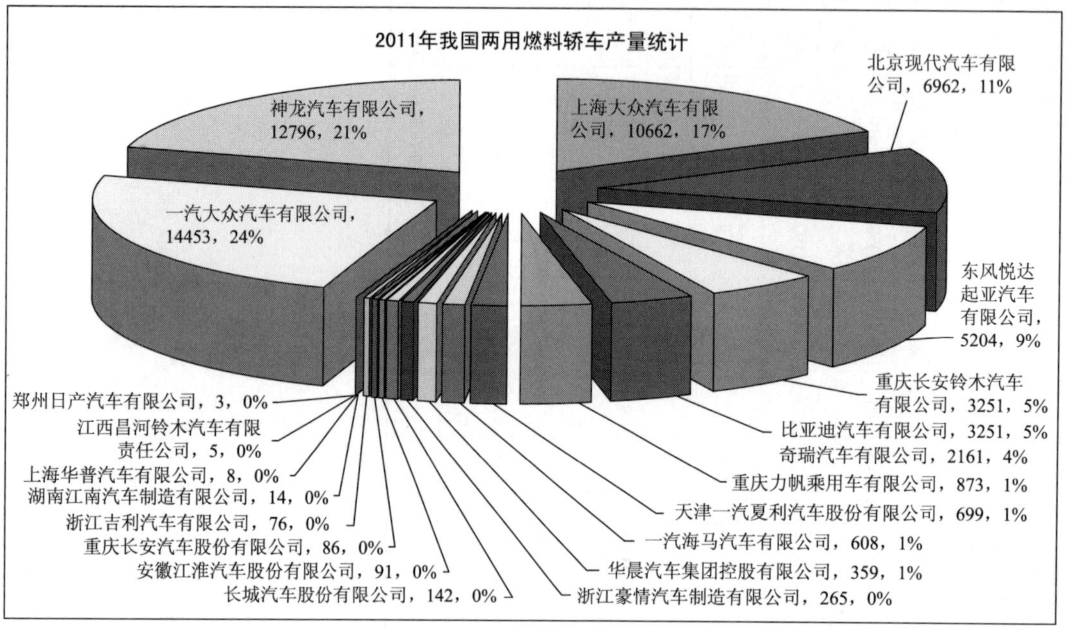

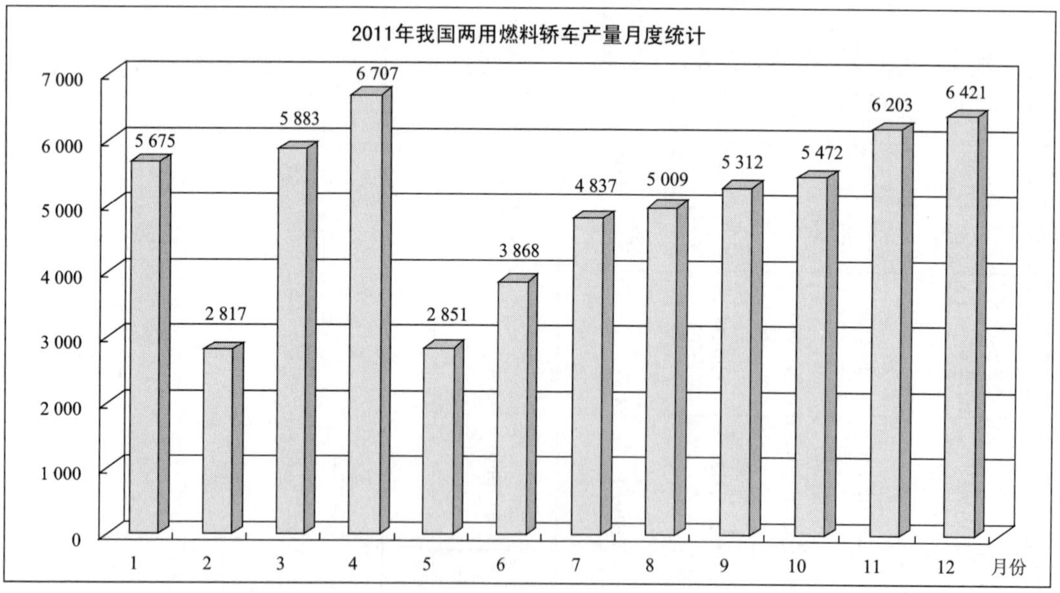

(3)货车

企业名称	车辆品牌	车辆名称	车辆型号	底盘型号	发动机型号	燃料种类	排量(mL)	功率(kW)	排放依据标准	长(mm)	宽(mm)	高(mm)	轴距(mm)	总质量(kg)	整备质量(kg)	1月	2月	3月	4月	5月	6月	7月	8月	9月	10月	11月	12月	数量(辆)	合计(辆)
重庆长安汽车股份有限公司	长安牌	载货汽车	SC1031ADS41CNG	SC1031ADS41CNG	AF10－06	汽油/天然气	997	39/31	GB 18352.3－2005(国Ⅳ阶段)	5250	1700	2080	2850,2990	3360	1280	0	0	0	0	0	0	0	0	0	0	14	5	19	239
			SC1031ADD41CNG	SC1031ADD41CNG	AF10－06	汽油/天然气	997	39/31	GB 18352.3－2005(国Ⅳ阶段)	5250	1700	2000	2850,2990	3360	1240	0	0	0	0	0	0	0	0	0	0	13	1	14	
			SC1031ADS42CNG	SC1031ADS42CNG	BG13－20	汽油/天然气	1300	60.5/52	GB 18352.3－2005(国Ⅳ阶段)	5250	1700	2080	2850,2990	3360	1280	0	0	0	0	0	0	0	0	0	0	82	11	93	
			SC1031ADD42CNG	SC1031ADD42CNG	BG13－20	汽油/天然气	1300	60.5/52	GB 18352.3－2005(国Ⅳ阶段)	5250	1700	2000	2850,2990	3360	1240	0	0	0	0	0	0	0	0	0	0	0	96	96	
		厢式运输车	SC5031XXYADD42CNG	SC1031ADD42CNG	BG13－20	汽油/天然气	1300	60.5/52	GB 18352.3－2005(国Ⅳ阶段)	5250	1700	2560	2850,2990	3360	1280	0	0	0	0	0	0	0	0	0	0	8	7	15	
		仓栅式运输车	SC5031CCYADS42CNG	SC1031ADS42CNG	BG13－20	汽油/天然气	1300	60.5/52	GB 18352.3－2005(国Ⅳ阶段)	5250	1700	2430	2850,2990	3360	1310	0	0	0	0	0	0	0	0	0	0	0	2	2	
东风汽车公司	华神牌	轻型载货汽车	DFD1031NU1	DFD1031NUJ1	491Q－ME	天然气/汽油	2237	76	GB 18352.3－2005 国Ⅳ	5450	1800	2200	3500	3440	1435	0	0	0	0	0	0	0	0	0	0	60	43	103	138
			DFD1022NU	DFD1022NUJ	4F18－F	天然气/汽油	1051	51	GB 18352.3－2005 国Ⅳ	5320	1750	2200	3300	2490	1500	0	0	0	0	0	0	0	0	0	0	6	28	34	
		厢式运输车	DFD5031XXY1	DFD1031NUJ1	491Q－ME	天然气/汽油	2237	76	GB 18352.3－2005 国Ⅳ	5450	1800	2780	3500	3440	1800	0	0	0	0	0	0	0	0	0	0	0	1	1	
东风汽车公司	华神牌	轻型载货汽车	SY1023KQ42CL	SY1023KQ42C 二类	JM491Q－ME	汽油/天然气	2237	76	GB 18352.3－2005 国Ⅳ	5285	1700	1640	3380	2475	1650	0	0	0	0	0	0	0	0	0	0	20	0	20	62
		载货汽车	SY1028HQ42CL	SY1028HQ42C 二类	JM491Q－ME	汽油/天然气	2237	76	GB 18352.3－2005 国Ⅳ	5470	1725	1690	3380	2475	1650	0	0	0	0	0	0	0	0	0	0	3	39	42	
郑州日产汽车有限公司	尼桑牌	多用途货车	ZN1033UBD4	ZN1033UBD4J 二类	KA24	汽油/天然气	2388	110/95	GB 18352.3－2005 国Ⅳ	4980	1820	1725	2950	2740	1790	0	0	0	0	0	0	0	0	0	0	32	1	33	33
合计																										238	234	472	472

2011 年，我国两用燃料货车产量为 472 辆，由 4 家公司生产。其中，重庆长安汽车股份有限公司生产两用燃料货车 239 辆，占总产量的 51%；东风汽车公司生产两用燃料货车 138 辆，占总产量的 29%；沈阳金杯车辆制造有限公司生产两用燃料货车 62 辆，占总产量的 13%；郑州日产汽车有限公司生产两用燃料货车 33 辆，占总产量的 7%。全年的产量集中在 11 月份和 12 月份，分别为 238 辆和 234 辆。

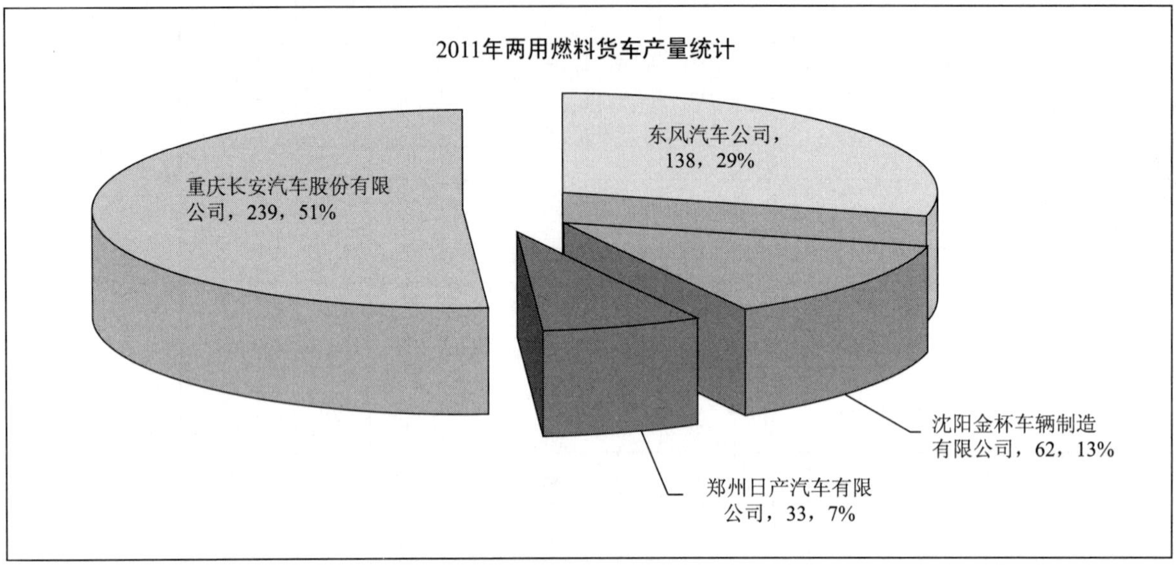

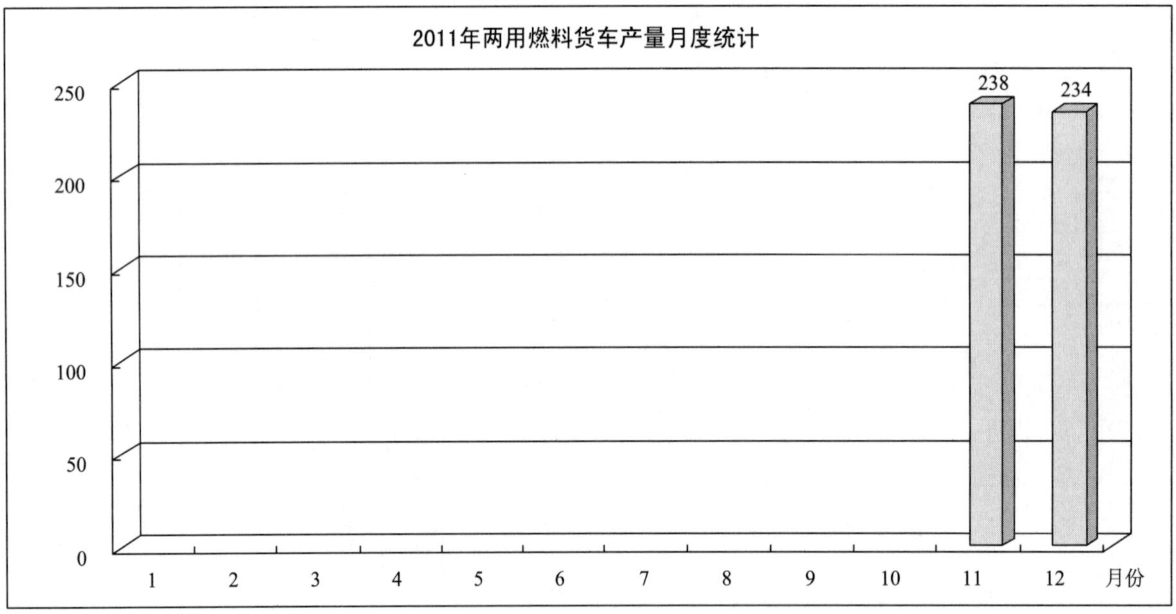

4.2011 年我国天然气客车产量

企业名称	车辆品牌	车辆名称	车辆型号	底盘型式/号	发动机型号	燃料种类	排量(mL)	功率(kW)	长(mm)	宽(mm)	高(mm)	轴距(mm)	总质量(kg)	整备质量(kg)	1月	2月	3月	4月	5月	6月	7月	8月	9月	10月	11月	12月	数量(辆)	合计(辆)
郑州宇通客车股份有限公司	宇通牌	城市客车	ZK6100HGM	ZK6990GCRM	YC6J210N－30	天然气	6454	155	10305	2500	3400，3100	5000	16000	11100	0	0	0	1	62	10	0	0	0	65	0	0	138	4642
					YC6G230N－30	天然气	7800	170	10305	2500	3400	5000	16000	11100	0	0	0	0	0	0	12	16	109	0	0	0	137	
					WP6NG210E30	天然气	6750	155	10305	2500	3240，3100	5000	16000	11100	0	0	0	0	0	0	0	0	0	0	105	107	212	
			ZK6100HNGA9	ZK6990GCRNA9	YC6G230N－40	天然气	7800	170	10305	2500	3240	5000	16000	11100	0	0	0	12	0	0	0	0	0	0	68	2	82	
			ZK6100NG1	ZK6100GCN1	NQ160N4	天然气	5975	118	10440	2500	3200	5000	15000	9500	0	0	0	0	0	0	0	0	0	0	7	0	7	
			ZK6100NGA9	ZK6100GCNA9	NQ150N	天然气	5638	110	10440	2500	3200	5000	13400	8500	0	0	0	0	10	10	4	0	17	10	0	24	75	
					NQ170N	天然气	5638	125	10440	2500	3200	5000	13400	8500	0	0	22	0	0	0	0	0	0	0	0	0	22	
			ZK6100NGB9	ZK6100GCNB9	NQ190N	天然气	5638	144	10440	2500	3300	5000	14000	8700	0	0	0	0	0	0	0	0	0	0	13	13	26	
			ZK6100NGC9	ZK6100GCNC9	CA6SH－NE3	天然气	5560	105	10440	2500	3200	5000	14000	8700	0	0	0	0	0	0	0	0	0	0	20	1	21	
			ZK6105HNG1	承载式车身	WP6NG210E40	天然气	6750	155	10500	2500	3300	5200	16500	10500	0	0	0	0	0	0	0	0	0	0	0	143	143	
			ZK6118HNGA9	ZK6112GCRNA9	WP6NG240E30	天然气	6750	177	11200	2500	3265	5400	16500	11600	0	0	0	0	0	0	0	0	1	21	3	0	25	
			ZK6120HGL	ZK6110GCRL	WP6NG240E30	天然气	6750	177	11600	2500	3400	5800	16500	12270	0	0	0	0	0	22	13	0	0	0	0	0	35	
			ZK6120HGM	ZK6110GCRM	YC6G230N－30	天然气	7800	170	11600	2500	3400	5800	16500	12270，11600	0	0	30	0	39	12	75	0	0	0	0	0	156	
			ZK6120HNG2	承载式车身	BGe5 230	天然气	5900	172	11500	2550	3200	5800	16500	11200	0	0	0	0	0	0	0	0	0	0	0	70	70	
			ZK6120HNGAA	ZK6110GCRNAA	YC6G260N－40	天然气	7800	191	11600	2500	3400，3265	5800	16500	11600	0	0	0	0	0	0	0	0	25	20	0	22	67	
			ZK6120HNGQAA	承载式车身	YC6G230N－40	天然气	7800	170	11560	2550	2950	5800	17500	11000	149	0	0	0	0	0	0	0	0	0	0	0	149	
			ZK6120NG1	ZK6120GCN1	NQ200N4	天然气	5638	147	11990	2500	3200	6200	17500	10200	0	0	0	0	0	0	0	0	0	0	0	24	24	
			ZK6125HNG1	承载式车身	YC6G260N－40	天然气	7800	191	12000	2550	3300	6000	18000	11200	0	0	0	0	0	60	0	0	0	0	0	0	60	
			ZK6128HGM	ZK6128GCRM	YC6G260N－30	天然气	7800	191	11960	2500	3265	6100	18000	12800	0	0	0	0	0	0	0	24	50	0	0	0	74	
					SC8DT230Q3	天然气	8268	170	11960	2500	3075	6100	18000	12150	0	0	0	0	0	0	0	0	0	0	8	0	8	
			ZK6128HNGA9	ZK6128GCRNA9	YC6G260N－40	天然气	9726	191	11960	2500	3265	6100	18000	12800	0	0	0	0	0	0	0	0	0	0	6	0	6	
					WP6NG240E30	天然气	6750	177	11960	2500	3075	6100	18000	12150	0	0	0	0	0	0	0	0	0	0	0	20	20	
			ZK6140HGM	承载式车身	YC6M320N－30	天然气	9839	236	13620	2550	3400	6450＋1300	23600	14850	0	0	0	0	0	0	0	0	3	0	0	0	3	
			ZK6146HNG1	承载式车身	YC6MK320N－40	天然气	10338	235	13620	2550	3300	6450＋1300	23600	14850	0	0	0	0	0	0	0	0	4	0	0	0	4	
			ZK6608NGA9	ZK6560CN	NQ120N	天然气	3759	92	6005	2240	2890	3100	6600	4900	0	0	25	0	15	0	0	0	0	0	0	0	40	
			ZK6660NG	ZK6620CN	NQ120N	天然气	3759	92	6610	2240	2830	3308	6600	4450	0	0	17	0	0	0	16	0	3	0	0	2	38	
			ZK6661NG1	ZK6620CN1	NQ120N4	天然气	3759	92	6610	2240	2940	3308	7400	5100	0	0	0	0	0	0	0	11	0	0	0	0	11	
			ZK6661NG2	ZK6620CN2	YC4D140N－40	天然气	4214	103	6610	2240	2940	3308	7400	5300	0	0	0	0	0	0	0	163	0	0	5	0	168	
			ZK6732NG	ZK6690GCN	NQ120N	天然气	3759	92	7330	2340	2930，3150	3300	9000	6100	0	0	20	19	0	14	11	0	0	17	4	18	103	
			ZK6732NGA9	ZK6690GCNA9	NQ150N	天然气	5638	110	7330	2340	3150，2390	3300	9200	6300	0	0	0	0	0	12	0	12	7	0	0	0	31	
			ZK6770HNG1	ZK6740GCRN1	YC4G180N－40	天然气	5200	132	7700	2350	3200	3500	9400	7000	0	0	0	0	0	274	125	12	0	11	55	22	499	

续表

企业名称	车辆品牌	车辆名称	车辆型号	底盘型式/号	发动机型号	燃料种类	排量(mL)	功率(kW)	长(mm)	宽(mm)	高(mm)	轴距(mm)	总质量(kg)	整备质量(kg)	1月	2月	3月	4月	5月	6月	7月	8月	9月	10月	11月	12月	数量(辆)	合计(辆)
郑州宇通客车股份有限公司	宇通牌	城市客车	ZK6770NGA9	ZK6720GCNA9	NQ150N	天然气	5638	10	7730	2340	3150	3650	9700	6850	0	0	0	0	0	0	0	0	20	0	0	0	20	
			ZK6820HGN	ZK6780GCRN	YC4G180N－30	天然气	5200	132	8160	2350	3200	3800	11000	7600	0	0	20	0	0	15	8	0	36	5	0	24	108	
			ZK6820HNGAA	ZK6780GCRNAA	YC4G180N－40	天然气	5200	132	8160	2350	3200	3800	11000	7600	0	0	0	0	0	0	113	0	40	0	30	0	183	
			ZK6842NGA9	ZK6790GCNA9	NQ150N	天然气	5638	110	8350	2430	3265,3130	4000	10800	7000	0	0	0	9	0	41	0	0	1	0	35	0	86	
			ZK6852HNGA9	ZK6820GCRNA9	YC4G180N－30	天然气	5200	132	8545	2420	3400,3205	4000	12200	8200	0	0	0	0	8	0	12	0	19	65	15	8	127	
			ZK6852HNGAA	ZK6820GCRNAA	YC4G180N－40	天然气	5200	132	8545	2420	3400,3205	4000	12200	8200	0	0	0	0	0	0	0	0	0	10	15	0	25	
			ZK6862HLGA	ZK6830GCRLA	YC4G160－4PB	天然气	5200	118	8645	2420	3205	4100	13000	8750	0	0	0	0	0	0	26	40	0	0	0	0	66	
			ZK6902HNGAA	ZK6892GCRNAA	YC4G180N－40	天然气	5200	132	8995	2420	3400	4100	12200	8750	0	0	0	0	0	0	0	0	10	0	0	0	10	
			ZK6906HGM	ZK6870GCRM	YC6J190N－30	天然气	6454	140	8995	2420	3085	4300	13200	8970	0	0	0	0	0	0	0	0	0	0	0	30	30	
			ZK6906HGN	ZK6870GCRN	YC6J210N－30	天然气	6454	155	8995	2420	3085	4300	13200	10070	0	0	0	0	0	0	6	0	0	0	0	0	6	
			ZK6926NGA9	ZK6880GCNA9	NQ150N	天然气	5638	110	9200	2500	3160	4500	13000	8300	0	0	0	0	0	11	0	0	0	0	0	0	11	
			ZK6932HNG9	ZK6900GCRNA9	WP6NG210E30	天然气	6750	155	9295	2420	3220	4550	13200	8750	0	0	0	0	0	0	0	0	0	0	5	0	5	
			ZK6936HGM	ZK6900GCRM	YC6J190N－30	天然气	6454	140	9295	2420	3400	4550	13200	9900	0	0	0	3	0	0	0	0	0	0	0	0	3	
			ZK6936HGN	ZK6900GCRN	YC6J210N－30	天然气	6454	155	9295	2420	3220	4550	13200	9900	0	0	0	48	0	6	0	0	50	0	0	0	104	
		轻型客车	ZK6608NG	ZK6560CN	NQ120N	天然气	3759	92	5995	2240	2945	3100	5780	4300	0	0	0	2	1	1	8	0	2	0	9	36	59	
		卧铺客车	ZK6122HNWQ01E	承载式车身	WP10NG336E40	天然气	9726	247	12000	2550	3950	6050	18000	14180	0	0	0	0	0	0	0	0	0	0	0	5	5	
			ZK6122HNWQ01Y	承载式车身	WP10NG336E40	天然气	9726	247	12000	2550	3950	6050	18000	14180	0	0	0	0	0	3	11	0	20	4	24	77	139	
			ZK6147HNWQBA	承载式车身	WP12NG380E40	天然气	11596	280	13670	2550	3950	6250＋1470	23000	18500	0	0	0	2	0	1	1	0	0	0	1	13	18	
		客车	ZK6110HN	ZK6107CRN	YC6G260N－30	天然气	7800	191	10800	2500	3730	5550	15900	11900	0	1	40	6	3	18	15	10	18	8	10	40	169	
			ZK6110HN01Y	ZK6107CRNA	YC6G260N－40	天然气	7800	191	10800	2500	3550	5550	15900	11900	0	0	0	0	0	0	0	10	0	0	0	1	11	
			ZK6110HN9	ZK6107CRN	YC6G260N－30	天然气	7800	191	10800	2500	3730,3550	5550	15900	11900	0	0	0	0	1	0	0	0	2	7	0	1	11	
			ZK6122HN01Y	ZK6127CRNB	WP10NG336E40	天然气	9726	247	12000	2550	3830	6050	18000	13400	0	0	0	0	0	0	0	19	0	6	0	24	49	
			ZK6122HN19	ZK6127CRN9	YC6M340N－30	天然气	9839	250	12000	2550	3830	6050	18000	13710,13400	0	0	0	0	1	0	2	0	1	0	0	0	4	
					WP12NG350E30	天然气	11596	257	12000	2550	3830	6050	18000	13710,13400	0	0	0	0	0	0	0	0	0	0	9	9	18	
			ZK6122HN29	ZK6127CRN9	YC6M340N－30	天然气	9839	250	12000	2550	3830	6050	18000	13710	0	0	0	0	0	0	1	0	0	6	2	0	9	
					WP12NG350E30	天然气	11596	257	12000	2550	3830	6050	18000	13400	0	0	0	0	0	0	0	0	0	0	0	5	5	
			ZK6122HNQ1E	承载式车身	WP10NG336E40	天然气	9726	247	12000	2550	3830,3995	6050	18000	13400	0	0	0	0	0	0	0	0	0	1	0	2	3	
			ZK6127HN9	ZK6127CRN9	YC6M340N－30	天然气	9839	250	12000	2550	3820	6050	18000	13700	0	0	0	1	0	0	0	19	0	1	0	0	21	
					WP12NG350E30	天然气	11596	257	12000	2550	3820	6050	18000	13700	0	0	0	0	0	0	0	0	0	0	0	10	10	

续表

企业名称	车辆品牌	车辆名称	车辆型号	底盘型式/号	发动机型号	燃料种类	排量(mL)	功率(kW)	长(mm)	宽(mm)	高(mm)	轴距(mm)	总质量(kg)	整备质量(kg)	1月	2月	3月	4月	5月	6月	7月	8月	9月	10月	11月	12月	数量(辆)	合计(辆)
郑州宇通客车股份有限公司	宇通牌	客车	ZK6127HNA9	ZK6127CRN9	WP12NG350E30	天然气	11596	257	12000	2550	3820	6050	18000	13700	0	0	9	0	0	0	0	0	0	0	0	18	27	
					YC6M340N-30	天然气	9839	250	12000	2550	3820	6050	18000	13700	0	0	0	8	2	10	11	17	7	3	18	0	76	
			ZK6127HNQCA	承载式车身	WP12NG380E40	天然气	11596	280	12000	2550	3955	6050	18000	13240	0	0	0	0	0	0	0	0	0	1	0	6	7	
			ZK6127HNZ9	ZK6127CRN9	YC6M340N-30	天然气	9839	250	12000	2550	3820	6050	18000	13700	0	0	0	0	0	0	0	0	1	0	0	1	2	
			ZK6147HNCA	ZK6137CRNDA	WP12NG380E40	天然气	11596	280	13670	2550	3830	6250+1470	23000	17500	0	0	0	0	0	0	1	0	0	0	0	1	2	
			ZK6660NA9	ZK6620CN	NQ120N	天然气	3759	92	6610	2240	2940	3308	6600	4800	0	0	0	7	0	6	0	0	3	2	2	34	54	
			ZK6750HN1Z	ZK6700CRN1	WP5NG165E40	天然气	4760	121	7480	2450	3210	3400	8570	6380	0	0	0	0	0	0	0	0	0	40	0	0	40	
			ZK6751CNG	ZK6710CN	NQ150N	天然气	5638	110	7470	2320	3060,2920	3800	8500	6160	0	2	0	11	5	11	0	10	15	8	8	5	75	
			ZK6752NA9	ZK6710CNA9	NQ150N	天然气	5638	110	7470	2340	3100	3800	9000	6600	0	0	0	0	0	0	10	0	0	1	3	0	14	
			ZK6792N	ZK6640CN	NQ170N	天然气	5638	125	7945	2450	3370,3230	3800	10400	7400	0	0	0	2	1	2	4	0	5	1	3	17	35	
			ZK6808HNA9	ZK6770CRN	YC4G180N-30	天然气	5200	132	8000	2470	3340,3580	3800	10300	7570	0	0	0	0	0	0	0	0		3	1	10	14	
			ZK6808HNAA	ZK6770CRNAA	YC4G180N-40	天然气	5200	132	8000	2470	3580	3800	10300	7570	0	0	0	0	0	0	0	0	2	1			3	
			ZK6808HNB9	ZK6770CRN	YC4G180N-30	天然气	5200	132	8000	2470	3340	3800	10900	8170	0	0	0	0	0	0	0	0	2	1	1	1	5	
			ZK6808HNBA	ZK6770CRNAA	YC4G180N-40	天然气	5200	132	8000	2470	3340	3800	11000	8270	0	0	0	0	0	0	0	0	0	0	8	0	8	
			ZK6809HN	ZK6770CRN	YC4G180N-30	天然气	5200	132	8040	2450	3200,3440	3800	10900	8170,7570	0	0	9	24	1	4	4	0	0	3	0	0	45	
			ZK6842NA9	ZK6660CNA	NQ190N	天然气	5638	144	8400	2450	3370	4000	10700	7500,7800	0	0	0	2	4	5	2	0	1	1	7	2	24	
			ZK6842NB9	ZK6660CNB	NQ170N	天然气	5638	125	8400	2450	3230	4000	10400	7500	0	0	0	0	0	0	2	0	0	1	1	0	4	
			ZK6858HNA9	ZK6810CRNA9	YC6J210N-30	天然气	6454	155	8543	2470	3580	4100	11920	9020	0	0	0	1	0	14	2	25	8	2	3	7	62	
			ZK6858HNAA	ZK6810CRNAA	YC6J210N-40	天然气	6500	155	8543	2470	3340	4100	11900	9000	0	0	0	0	0	0	0	0	0	4	1	0	5	
			ZK6858HNB9	ZK6810CRNA9	YC6J210N-30	天然气	6454	155	8543	2470	3340,3580	4100	11920	9020	0	0	0	0	0	0	1	0	19	0	0	1	21	
			ZK6858HNQ1Y	承载式车身	YC6J210N-40	天然气	6494	155	8543	2470	3340	4100	11800	9000	0	0	0	0	0	0	0	0	0	0	2	0	2	
			ZK6879HN	ZK6840CRN	YC6J210N-30	天然气	6454	155	8720	2450	3230,3400	4250	11980	8938	0	0	0	1	1	2	1	0	0	0	1	0	6	
					WP6NG240E30	天然气	6750	177	8720	2450	3230	4250	11980	8938	0	0	25	0	0	0	0	0	0	0	0	1	26	
			ZK6879HNA9	ZK6840CRN	YC6J210N-30	天然气	6454	155	8720	2450	3230	4250	11980	8938	0	0	0	0	1	0	0	0	1	0	0	0	2	
			ZK6888HNA9	ZK6840CRN	WP6NG240E30	天然气	6750	177	8774	2470	3580,3385	4250	11980	8938	0	0	0	34	10	0	10	16	0	15	3	0	88	
					YC6J210N-30	天然气	6454	155	8774	2470	3385	4250	11980	8938	0	0	0	0	0	0	0	0	0	0	0	10	10	
			ZK6888HNAA	ZK6840CRNAA	YC6J210N-40	天然气	6500		8774	2470	3385	4250	12700	9650	0	0	0	0	0	0	0	0	15	0	0	0	15	
			ZK6888HNB9	ZK6840CRN	YC6J210N-30	天然气	6454	155	8774	2470	3580	4250	11980	8938	0	0	0	0	1	1	1	0	4	1	1	0	9	
			ZK6908HNA9	ZK6889CRND9	YC6G260N-30	天然气	7800	191	8995	2500	3460	4300	13600	10400	0	0	0	1	0	0	6	0	2	0	29	0	38	
					WP6NG240E30	天然气	6750	177	8995	2500	3460	4300	13600	10400	0	0	0	0	1	0	0	0	0	1	0	19	21	

续表

企业名称	车辆品牌	车辆名称	车辆型号	底盘型式/号	发动机型号	燃料种类	排量(mL)	功率(kW)	长(mm)	宽(mm)	高(mm)	轴距(mm)	总质量(kg)	整备质量(kg)	1月	2月	3月	4月	5月	6月	7月	8月	9月	10月	11月	12月	数量(辆)	合计(辆)
郑州宇通客车股份有限公司	宇通牌	客车	ZK6908HNAA	ZK6889CRNAA	YC6G260N－40	天然气	7800	191	8995	2500	3460	4300	13600	10400	0	0	0	0	0	0	0	0	0	0	0	5	5	
			ZK6908HNB9	ZK6889CRND9	YC6G260N－30	天然气	7800	191	8995	2500	3460	4300	13600	10400	0	0	0	0	25	0	0	0	0	0	0	3	28	
			ZK6909HNC9	ZK6889CRNC9	WP6NG240E30	天然气	6750	177	8995	2480	3330,3500	4300	13600	10400	0	0	0	10	0	1	0	0	0	1	9	0	21	
			ZK6938HNA9	ZK6910CRNB9	WP6NG240E30	天然气	6750	177	9320	2500	3460,3630	4600	13700	10350	0	0	0	0	1	0	0	0	0	0	0	6	7	
					YC6G260N－30	天然气	7800	191	9320	2500	3460	4600	13700	10350	0	0	0	0	0	1	0	0	0	0	0	0	1	
			ZK6938HNAA	ZK6910CRNAA	YC6G260N－40	天然气	7800	191	9320	2500	3630	4600	13700	10500	0	0	0	0	0	0	0	0	0	1	0	0	1	
			ZK6938HNB9	ZK6910CRNB9	YC6G260N－30	天然气	7800	191	9320	2500	3630	4600	13700	10350	0	0	0	0	1	0	0	0	0	0	0	0	1	
			ZK6998HNA9	ZK6979CRN	YC6G260N－30	天然气	7800	191	9945	2500	3630,3460	5100	14000	10490	0	0	0	3	0	19	0	0	14	4	4	11	55	
			ZK6998HNAA	ZK6979CRNAA	YC6G260N－40	天然气	7800	191	9945	2500	3460	5100	14000	10490	0	0	0	0	0	0	0	0	0	3	0	0	3	
			ZK6998HNB9	ZK6979CRN	YC6G260N－30	天然气	7800	191	9945	2500	3460	5100	1400	10490	0	0	0	0	0	10	0	0	0	0	0	1	11	
重庆恒通客车有限公司	恒通客车牌	城市客车	CKZ6106HN3	EQ6101HN3AC	NQ190N	天然气	5638	144	10200	2500	3040,3200	5000	14000	9300	0	0	0	30	0	1	0	0	0	0	0	0	31	2819
					YC6J210N－30	天然气	6454	155	10200	2500	3350	5200	14000	9600	0	0	0	0	0	0	0	0	14	10	2	7	33	
			CKZ6106N3	EQ6980TN3AC1 CA6980D85－2	NQ150N	天然气	5638	110	10200	2500	3040	4700	13000	8100	66	0	0	0	0	0	0	0	0	0	10	0	76	
					EQ6100N－30	天然气	5420	95	10200	2500	3040	5000	13000	8100	0	0	0	13	0	0	0	0	0	0	0	0	13	
					YC6J150N－30	天然气	6500	110	10200	2500	3350,3040	5000	13000	8900	0	0	0	0	43	0	0	13	50	0	0	8	114	
			CKZ6106NA3	EQ6920KSDN3G	NQ150N	天然气	5638	110	10200	2500	3040,3200	5000	13000	8100	0	0	65	10	0	0	0	29	0	0	85	0	189	
					EQ6100N－30	天然气	5420	95	10200	2500	3040	4700	13000	8100	0	0	0	0	0	279	0	40	14	36	0	18	387	
			CKZ6116HN3	EQ6101HN3AC	YC6G230N－30	天然气	7800	170	10505	2500	3200,3350	5000	14000	10000	0	0	0	6	0	46	0	0	40	0	35	0	127	
				EQ6101KRDN	YC6J210N－30	天然气	6454	155	10505	2500	3200	5000	14000	9500	0	0	0	0	0	0	0	0	0	0	0	2	2	
			CKZ6116HN4	CKZ6109HN4	YC6G230N－40	天然气	7800	170	10505	2500	3200	5000	14000	9500	0	0	0	0	0	0	0	0	0	0	0	18	18	
			CKZ6116HNA3	EQ6111RCDN3G EQ6120HN3AC EQ6120HN3AC	SC8DT230Q3	天然气	8300	170	11370	2500	3350	5600	17500	10500	0	17	0	0	0	32	0	0	79	0	46	88	262	
					YC6G230N－30	天然气	7800	170	11370	2500	3350	5600	17500	10500	0	0	90	0	0	0	0	75	0	0	0	0	165	
			CKZ6116N3	CA6980D85－2	EQ6100N－30	天然气	5420	95	10505	2500	3040	5000	13000	8200	0	0	0	0	0	18	0	0	0	0	0	0	18	
					YC6J150N－30	天然气	6500	110	10505	2500	3040	5000	13000	9000	0	0	0	0	0	0	1	0	0	0	0	0	1	
					NQ150N	天然气	5638	110	10505	2500	3040,3200	5000	13000	8200	0	0	16	0	12	0	0	0	3	10	0	0	41	
			CKZ6116NA3	EQ6920KSDN3G	NQ150N	天然气	5638	110	10505	2500	3040	5000	14000	8200	0	0	0	0	0	0	0	0	110	0	0	0	110	
					NQ160N3	天然气	5975	118	10505	2500	3040	5000	14000	8200	0	0	0	0	5	0	0	0	0	0	0	12	17	
					EQ6100N－30	天然气	5420	95	10505	2500	3040	5000	14000	8200	0	0	10	0	0	10	0	0	0	0	0	10	30	
			CKZ6126HNA3	EQ6111RCDN3G	XL6SF3－24	天然气	7127	181	11980	2500	3410	6200	17800	12300	0	0	0	0	75	0	0	0	0	0	0	0	75	
				EQ6120HN3AC	SC8DT230Q3	天然气	8300	170	11980	2500	3410	5600	17800	12000	0	0	0	0	0	5	0	30	0	0	0	0	35	
				EQ6120HN3AC	YC6G230N－30	天然气	7800	170	11980	2500	3410	5600	17800	12000	0	0	31	0	0	0	0	0	0	0	32	0	63	

续表

企业名称	车辆品牌	车辆名称	车辆型号	底盘型式/号	发动机型号	燃料种类	排量(mL)	功率(kW)	长(mm)	宽(mm)	高(mm)	轴距(mm)	总质量(kg)	整备质量(kg)	1月	2月	3月	4月	5月	6月	7月	8月	9月	10月	11月	12月	数量(辆)	合计(辆)
重庆恒通客车有限公司	恒通客车牌	城市客车	CKZ6126NA3	EQ6120KSDN3G1	YC6J170N-30	天然气	6500	125	12000	2500	3000	6200	18000	10200	0	0	0	0	0	0	4	0	0	0	0	0	4	
			CKZ6126NB3	CKZ6129N3	NQ160N3	天然气	5975	118	12000	2500	3000	6200	18000	10400	0	20	0	0	4	0	0	0	20	0	0	0	44	
			CKZ6127HNA3	EQ6120HN3AC	WP6NG240E30	天然气	6750	177	12000	2550	3385	6200	17890	11780	0	0	0	15	0	0	0	0	0	0	0	0	15	
			CKZ6590NA3	EQ6570KN3AC	NQ120N	天然气	3759	92	5875	2100	2670	3300	5390	3900	18	0	0	20	100	0	0	0	2	0	0	11	151	
					NQ100N3	天然气	3759	79	5875	2100	2570	3300	5390	3780	0	0	0	0	0	0	0	0	0	0	7	0	7	
			CKZ6650N3	EQ6650KN3AC	NQ120N	天然气	3759	92	6450	2100	2570	3650	6000	4120	10	10	0	0	0	0	0	0	0	8	0	5	33	
			CKZ6650N4	CKZ6629N4	NQ120N4	天然气	3759	92	6470	2160	2670	3650	6000	4120	0	0	0	0	0	0	0	0	13	0	0	0	13	
			CKZ6665N3	EQ6570KN3AC	NQ120N	天然气	3759	92	6620	2240	2960	3300	6500	4500	0	0	0	4	0	0	0	0	0	0	0	0	4	
			CKZ6710N3	EQ6680KSDN3G	CY4102-N3B	天然气	3856	88	7050	2160	2640	4100	7100	4540	0	0	0	0	0	0	0	0	0	10	0	0	10	
			CKZ6751N3	EQ6720TN3AC	NQ120N	天然气	3759	92	7490	2330	2910	3650	8400	5560	0	0	0	36	0	0	0	15	0	0	0	0	51	
					NQ150N	天然气	5638	110	7490	2330	3010	3500	8400	5560	0	0	0	0	0	0	0	0	2	0	0	2	4	
			CKZ6755N3	CKZ6729N3	NQ120N	天然气	3759	92	7455	2250	2990	3500	9000	5420	0	0	14	0	0	0	0	0	0	0	0	0	14	
			CKZ6762HNA3	EQ6725HN3AC	CY4102-N3B	天然气	3856	88	7640	2200	2980	4100	9500	6580	0	0	0	0	0	40	1	0	0	0	0	0	41	
			CKZ6790CNA3	EQ6770TN3AC1	NQ170N	天然气	5638	125	7940	2380	2960	3800	9800	6920	0	0	0	0	0	0	0	0	0	12	0	0	12	
			CKZ6801N3	EQ6770TN3AC	NQ150N	天然气	5638	110	8000	2330	3010	3800	9400	6110	15	0	0	3	0	0	0	0	8	0	0	0	48	
					EQ6100N-30	天然气	5420	95	8000	2330	2910	3800	9400	5860	0	0	0	0	0	0	0	0	0	5	0	0	0	
			CKZ6840CHN3	EQ6821RCDN3G	YC6J210N-30	天然气	6454	155	8400	2450	3470	4000	11500	8300	0	0	0	0	0	0	0	0	0	0	0	0	1	
			CKZ6851HN3	EQ6820HN3AC	NQ170N	天然气	5638	125	8420	2330	2950	4000	10200	7150	0	0	0	10	0	0	0	0	0	0	0	0	0	
			CKZ6851N3	EQ6821TN3AC	NQ150N	天然气	5638	110	8420	2330	2950,3050	4000	9770	6400	0	0	0	5	10	0	0	0	0	61	0	1	77	
					EQ6100N-30	天然气	5420	95	8420	2330	2950	4000	9770	6400	0	0	0	0	0	0	0	0	10	0	0	0	10	
			CKZ6851N4	CKZ6829N4	NQ160N4	天然气	5975	118	8485	2400	3050	4000	11000	6640	0	0	0	0	0	0	0	0	0	10	0	0	10	
			CKZ6853HN3	EQ6820HN3AC	NQ170N	天然气	5638	125	8530	2500	3300	4000	12500	8400	0	0	0	0	0	0	41	0	0	0	0	0	41	
					YC4G180N-30	天然气	5200	132	8530	2500	3300	4000	12500	8400	0	0	0	0	0	0	0	0	0	0	0	10	10	
			CKZ6858N3	EQ6850TN3ACD	NQ150N	天然气	5638	110	8540	2500	3250	3900	12000	7500,6900	26	0	20	0	4	9	20	0	0	0	0	0	79	
					EQ6100N-30	天然气	5420	95	8540	2500	3100	3900	12000	6900	0	0	0	35	0	0	0	0	0	0	0	0	35	
			CKZ6858N4	CKZ6859N4	NQ160N4	天然气	5975	118	8540	2500	3100	3900	12000	6900	0	0	0	0	0	0	0	17	0	0	0	0	17	
			CKZ6913N3	EQ6900TN3AC1	EQ6100N-30	天然气	5420	95	9140	2500	3250,3050	4500	11650	8100	0	4	0	0	0	0	0	0	0	0	0	0	4	
				CA6933D82-3	NQ150N	天然气	5638	110	9140	2500	3250,3050	4500	11650	8100	0	0	30	7	13	0	1	0	0	1	17	14	83	
			CKZ6918NA3	EQ6900TN3AC1	NQ150N	天然气	5638	110	9140	2500	3250,3100	4500	11650	7200	0	0	0	2	0	0	0	0	37	0	0	0	39	
					EQ6100N-30	天然气	5420	95	9140	2500	3100	4500	11650	7200	0	0	0	0	7	0	0	0	0	0	0	0	7	
			CKZ6918NB3	EQ6900KSDN3G1	EQ6100N-30	天然气	5420	95	9140	2500	3100	4500	11650	7200	0	0	0	0	0	6	0	0	0	0	0	0	6	

续表

企业名称	车辆品牌	车辆名称	车辆型号	底盘型式/号	发动机型号	燃料种类	排量(mL)	功率(kW)	长(mm)	宽(mm)	高(mm)	轴距(mm)	总质量(kg)	整备质量(kg)	1月	2月	3月	4月	5月	6月	7月	8月	9月	10月	11月	12月	数量(辆)	合计(辆)
重庆恒通客车有限公司	恒通客车牌	城市客车	CKZ6920CHNA3	EQ6920RN3AC1	YC6G230N－30	天然气	7800	170	9195	2450	3330	4500	13500	10000	0	0	10	0	5	0	0	15	0	0	10	0	40	
			CKZ6923HN3	EQ6900HN3AC	YC6J190N－30	天然气	6500	140	9230	2500	3320	4500	12800	8900	0	0	10	20	0	0	0	0	0	0	0	0	30	
					NQ190N	天然气	5638	144	9230	2500	3320	4500	12800	8900	0	0	0	0	0	0	0	0	6	0	0	10	16	
			CKZ6953N3	EQ6980TN3AC1	EQ6100N－30	天然气	5420	95	9540	2500	3050	4700	12500	7700	0	0	0	0	0	0	1	0	0	0	0	0	1	
					NQ150N	天然气	5638	110	9540	2500	3050	4700	12500	7700	0	0	0	0	0	2	0	0	0	0	0	0	2	
			CKZ6958N3	EQ6920KSDN3G	NQ150N	天然气	5638	110	9540	2500	3250	4700	12500	7600	0	0	0	0	0	1	0	0	0	0	3	0	4	
					EQ6100N－30	天然气	5420	95	9540	2500	3250	4700	12500	7600	0	0	0	0	0	0	15	0	0	0	0	0	15	
			CKZ6998N3	EQ6920KSDN3G	EQ6100N－30	天然气	5420	95	9940	2500	3100	5000	13000	7750	0	0	0	2	0	0	1	0	0	0	0	0	3	
					NQ150N	天然气	5638	110	9940	2500	3100	5000	13000	7750	0	0	0	0	0	0	0	0	0	1	7	8	16	
中通客车控股股份有限公司	中通牌	城市客车	LCK6103GC	LCK6103RGC	YC6G230N－30	天然气	7800	170	10500	2500	3380	5000	16000	11450	s	0	0	2	0	0	0	0	0	0	0	0	2	2221
					WP6NG210E30	天然气	6750	155	10500	2500	3020,3260,3380	5000	16000	10500	0	0	0	0	0	40	0	0	26	171	116		353	
					WP6NG240E30	天然气	6750	177	10500	2500	3170	5000	16000	11450	0	0	0	0	0	0	14	0	0	0	0	63	77	
			LCK6105HGC	LCK6104RGC	YC6G230N－40	天然气	7800	170	10500	2500	3170	5000	16000	10900	0	0	0	0	0	20	0	0	0	0	0	0	20	
			LCK6109DGC	EQ6100KC4N	YC6J190N－40	天然气	6454	140	10500	2500	3100	5000	14000	8650	0	0	0	0	0	0	0	36	0	0	0	0	36	
			LCK6115HGC	LCK6114RGC	WP7NG270E40	天然气	7140	199	11490	2500	3020	5600	16500	11500	0	0	0	0	0	0	0	0	0	36	26	0	62	
			LCK6125GC	LCK6123RGC	SC8DT230Q3	天然气	8300	170	11990	2540	3170	6000	17990	12660	0	0	170	0	0	0	0	0	0	0	0	0	170	
					WP6NG240E30	天然气	6750	177	11990	2540	3020	6000	17990	12660	40	0	0	0	0	20	0	0	0	0	0	0	60	
			LCK6125HGC	LCK6124RGC	WP7NG270E40	天然气	7140	199	11990	2540	3260	6000	17990	11900	0	0	0	0	0	0	60	0	32	0	0	0	92	
			LCK6140HGC	承载式车身	WP10NG300E40	天然气	9726	220	13690	2540	3380	6200＋1500	23600	14360	0	0	0	0	0	0	0	0	0	0	0	26	26	
			LCK6180DGCA	LCK6184DGC	WP7NG260E40	天然气	7140	191	17990	2500	3460	6000＋6850	28000	15965	0	0	0	0	0	0	39	0	0	0	0	0	39	
			LCK6660CNG3	EQ6570KN3AC	NQ120N	天然气	3759	92	6620	2200	2950,2750	3300	6500	4500	0	0	0	5	0	3	0	0	0	29	10	2	49	
					CA4GNE3	天然气	3700	85	6620	2200	2750	3300	6500	4350	0	0	0	0	0	0	0	0	8	0	0	0	8	
			LCK6730CNG3	EQ6700TN3AC	NQ120N	天然气	3759	92	7320	2320	2980	3300	8120	5000	8	0	30	0	33	5	1	0	0	22	0	0	99	
				HFC6710CNY3	CA4GNE3	天然气	3700	85	7320	2320	2980	3300	7700	5000	0	0	0	0	0	0	0	0	6	0	17	0	23	
			LCK6770N3G	HFC6730NY1G3	NQ120N	天然气	3759	92	7740	2360	3000	3500	9300	6375	0	0	0	0	0	0	0	10	0	20	20	0	50	
			LCK6770N4GRH	HFC6730NY1F	YC4D140N－40	天然气	4214	103	7670	2360	3000	3500	9700	6550	0	0	0	0	0	0	0	0	0	0	0	15	15	
			LCK6841GC	LCK6781RGC	YC4G180N－30	天然气	5202	132	8430	2480	3380,3240	3900	10600	8000	18	0	0	14	0	22	0	0	47	0	0	10	111	
			LCK6850DGC	EQ6810TN3AC	NQ150N	天然气	5638	110	8545	2470	3200	4000	11000	7100	0	0	0	0	0	10	0	0	2	0	24	0	36	
					YC4G180N－40	天然气	5200	132	8545	2480	3240	4000	11000	7100	0	0	0	0	0	0	0	33	0	5	30	24	92	
			LCK6910GC	LCK6863RGC	YC6J210N－30	天然气	6454	155	9145	2500	3240	4200	12860	8765	29	39	0	0	0	0	0	0	0	0	0	0	68	
					YC6J190N－30	天然气	6454	140	9145	2500	3020	4200	12860	9200	0	0	0	0	0	0	0	0	0	0	0	124	124	
					WP6NG210E30	天然气	6750	155	9145	2500	3380	4200	12860	9200	0	0	0	62	0	20	0	0	46	0	0	0	128	

续表

企业名称	车辆品牌	车辆名称	车辆型号	底盘型式/号	发动机型号	燃料种类	排量(mL)	功率(kW)	长(mm)	宽(mm)	高(mm)	轴距(mm)	总质量(kg)	整备质量(kg)	1月	2月	3月	4月	5月	6月	7月	8月	9月	10月	11月	12月	数量(辆)	合计(辆)
中通客车控股股份有限公司	中通牌	卧铺客车	LCK6129HQCWD	承载式车身	WP10NG336E40	天然气	9726	247	11990	2550	3820	6000	18000	14400	0	0	0	0	0	0	0	0	0	5	0	0	5	
		城市客车	LCK6107HC	LCK6103RAC	YC6G260N-30	天然气	7800	191	10500	2500	3580	5170	15700	11725	0	0	0	0	0	6	2	0	6	2	0	3	19	
			LCK6107HCA	LCK6103RAC	YC6G260N-30	天然气	7800	191	10500	2500	3580	5170	16450	11725	0	0	0	1	0	0	0	0	0	0	0	0	1	
			LCK6117HCD1	LCK6104RDC	WP7NG270E40	天然气	7140	199	10980	2500	3580	5400	15900	11760	0	0	0	0	0	0	0	0	0	0	9	0	9	
			LCK6122HC	承载式车身	YC6M340N-30	天然气	9839	250	11990	2490	3800	6000	18000	13350	0	0	0	0	0	0	0	0	0	1	0	0	1	
			LCK6129HC-1	LCK6123RAC	YC6M340N-30	天然气	9839	250	11990	2550	3830	6000	18000	13860	0	0	0	1	0	0	0	0	0	0	0	0	1	
			LCK6129HCD	LCK6124RAC	WP10NG336E40	天然气	9726	247	11990	2550	3830	6000	18000	13700	0	0	0	0	0	0	0	0	0	0	0	1	1	
			LCK6601N3	EQ6570KN3AC	NQ120N	天然气	3759	92	5998	2200	2950	3308	5320	3820,3600	0	0	0	8	0	3	1	12	54	8	22	5	113	
					CA4GNE3	天然气	3700	85	5998	2200	2750	3300	5320	3600	0	0	0	0	15	0	0	0	0	0	0	0	15	
			LCK6660N4H	HFC6570NY1F	NQ120N4	天然气	3759	92	6620	2240	2820	3308	6500	4472	0	0	0	0	0	0	0	0	0	0	8	0	8	
			LCK6750N4E	EQ6690KN4AC	NQ160N4	天然气	5975	118	7495	2340	3125	3650	8500	5900	0	0	0	0	0	0	0	0	57	0	0	11	68	
			LCK6758HC	LCK6733RAC	YC4G180N-30	天然气	5202	132	7548	2420	3290	3500	10000	7270	0	0	0	0	0	5	0	0	3	0	0	0	8	
			LCK6798DC	EQ6770TN3AC1	NQ170N	天然气	5638	125	7948	2420	3400	3800	9800	7050	0	0	0	0	0	0	0	0	2	0	1	0	3	
					YC4G180N-30	天然气	5200	132	7948	2420	3290	3800	9800	7050	0	0	0	0	0	0	0	0	1	0	3	47	51	
			LCK6859HC	LCK6803RAC	WP6NG210E30	天然气	6750	155	8540	2450	3290	4100	11600	8550	0	0	0	19	0	1	0	0	8	9	0	15	52	
					TBD226B-6CNG	天然气	6234	155	8540	2450	3290	4100	11600	8550	0	0	0	0	1	0	0	0	0	0	0	0	1	
					YC6J210N-30	天然气	6454	155	8540	2450	3330	4100	11600	8550	0	0	0	0	0	0	0	0	0	0	1	0	1	
			LCK6859HC-1	LCK6803RAC	WP6NG210E30	天然气	6750	155	8540	2450	3330	4100	11600	8550	0	0	0	0	0	0	0	0	30	0	0	0	30	
					YC6J210N-30	天然气	6454	155	8540	2450	3330	4100	11600	8550	0	0	0	0	0	0	0	0	0	0	0	2	2	
			LCK6880HC	LCK6833RAC	YC6J210N-30	天然气	6750	155	8750	2450	3290	4250	11600	8550	0	0	0	0	0	0	0	0	0	0	2	11	13	
			LCK6880HC-1	LCK6833RAC	WP6NG210E30	天然气	6750	155	8750	2450	3290	4250	11600	8550	0	0	0	0	0	0	0	0	2	0	0	0	2	
			LCK6899HC	LCK6863RAC	WP6NG240E30	天然气	6750	177	8945	2450	3330	4250	11900	8850	0	0	0	5	0	0	2	0	12	1	0	20	40	
			LCK6909HC	LCK6874RAC	WP6NG240E40	天然气	6750	176	8995	2430	3350	4300	12500	8720	0	0	0	0	0	0	0	0	0	0	0	2	2	
			LCK6909HC1	LCK6874RAC	WP6NG240E40	天然气	6750	176	8995	2430	3350	4300	11900	8720	0	0	0	0	0	0	0	0	0	0	0	10	10	
			LCK6930HC	LCK6903RAC	WP6NG240E3	天然气	6750	177	9345	2420	3310	4600	12500	9450	0	0	0	0	0	0	5	0	0	0	0	0	5	
					WP6NG240E30	天然气	6750	177	9345	2420	3310	4600	12500	9450	0	0	0	0	0	0	0	0	1	2	0	4	7	
			LCK6930HC-1	LCK6903RAC	WP6NG240E30	天然气	6750	177	9345	2420	3310	4600	12500	9150	0	0	0	0	0	0	0	0	0	1	0	0	1	

续表

企业名称	车辆品牌	车辆名称	车辆型号	底盘型式/号	发动机型号	燃料种类	排量(mL)	功率(kW)	长(mm)	宽(mm)	高(mm)	轴距(mm)	总质量(kg)	整备质量(kg)	1月	2月	3月	4月	5月	6月	7月	8月	9月	10月	11月	12月	数量(辆)	合计(辆)
成都客车股份有限公司	蜀都牌	城市客车	CDK6100CAR	CA6103D92	CA6SF2-19NE3	天然气	7130	148	10445	2500	3350	5100	14500	10660	0	0	0	0	0	2	0	0	0	0	0	0	2	2182
			CDK6101CA1	CA6980D85-2	CA6SH-NE3	天然气	5560	105	10250	2500	3200	5000	13200	8200	16	0	0	0	23	0	0	0	0	43	0	0	82	
					NQ150N	天然气	5638	110	10250	2500	3200	5000	13200	8200	0	0	0	1	0	33	0	0	29	0	15	9	87	
			CDK6101CA2	CA6990CFN21	CA6SH-N1E4	天然气	5560	110	10250	2500	3200	5000	13200	8400	0	0	0	0	0	0	0	10	0	0	20	0	30	
					NQ180N	天然气	5638	132	10430	2500	3350	5000	13200	8780	0	0	0	0	0	0	0	0	21	0	0	10	31	
			CDK6101CE2	EQ6980TN3AC1	NQ150N	天然气	5638	110	10250	2500	3350	5000	13000	8550	10	0	0	1	0	6	0	0	22	17	0	0	56	
					EQ6100N-30	天然气	5420	95	10250	2500	3200	4700	13000	8200	0	0	0	0	0	0	0	0	0	0	10	3	13	
			CDK6101CA1R	CA6100CRN21	YC6J190N-40	天然气	6500	140	10490	2500	3420	5100	14500	9820	0	0	0	0	0	0	0	0	0	1	199	0	200	
			CDK6102CAR	CA6103D92	CA6SF2-19NE3	天然气	7130	148	10490	2500	3420	5100	14500	10080	0	0	0	0	0	12	0	0	0	0	0	0	12	
			CDK6122CHR	DD6129S18DK	SC8DT250Q4	天然气	8270	184	12000	2550	3420	6150	18000	12200	70	110	120	0	0	0	0	0	0	0	0	0	300	
			CDK6111CE	EQ6980TN3AC1	EQ6100N-30	天然气	5420	95	10600	2500	3200	5200	13000	8280	0	0	0	0	1	0	0	0	0	0	0	0	1	
			CDK6111CE1	EQ6105TN3AC	NQ160N3	天然气	5975	118	10600	2500	3350	5000	13400	8500	0	0	0	0	0	20	0	0	0	0	0	0	20	
			CDK6111CER	EQ6101HN3AC	NQ190N	天然气	5638	144	10615	2500	3470	5000	14000	10100	66	0	0	22	0	13	0	37	0	0	0	6	144	
			CDK6121CAR	CA6123D116-1T	SC8DT230Q3	天然气	8270	170	12000	2550	3480	6000	18000	12200	0	0	0	0	0	0	0	0	24	0	0		24	
			CDK6121CA1R	CA6120CRN23	SC8DT230Q4	天然气	8270	170	12000	2550	3480	6000	18000	12200	0	0	0	81	69	0	141	60	0	21	0	3	375	
			CDK6122CAR	CA6124D172-1N	SC8DT230Q4	天然气	8270	170	12000	2550	3420	6150	18000	12200	0	50	50	0	0	0	0	0	0	0	0	0	100	
			CDK6180CAR	CA6184DK13H	SC9DT280Q4	天然气	8820	206	17990	2550	3360	6070+7090	28000	18200	0	1	0	0	0	0	0	0	0	0	0	0	1	
			CDK6182CAR	CDK6182CAR	SC9DT280Q4	天然气	8820	206	17990	2550	3400	6000+6200	28000	18380	0	0	0	0	99	0	0	0	100	0	0	0	199	
			CDK6182CHR	DD6181S11	SC9DT280Q4	天然气	8820	206	17990	2550	3400	6000+6200	28000	18380	0	0	0	0	1	50	29	20	0	100	0	0	200	
			CDK6701CN	NJ6650YFC2	CA4GNE3	天然气	3700	85	7010	2180	2950	3500	6900	5275	0	0	0	150	0	0	0	0	0	0	0	0	150	
			CDK6822CE	EQ6783TN4AC	NQ140N4	天然气	3759	103	8170	2380	3160	3800	10400	6360	0	0	0	0	0	0	0	0	0	16	0	0	16	
			CDK6981CA	CA6963D82-3	NQ150N	天然气	5638	110	9750	2500	3150	4700	12700	7980	0	0	0	1	1	14	0	0	0	0	0	0	16	
			CDK6931CE1	EQ6900TN3AC1	EQ6100N-30	天然气	5420	95	9390	2500	3150	4700	12200	8360	0	0	0	0	0	0	0	0	1	0	10	0	11	
					NQ150N	天然气	5638	110	9390	2500	3150	4700	12200	8360	0	0	0	0	0	0	0	0	0	15	0	2	17	
			CDK6931CA1	CA6933D82-3	CA6SH-NE3	天然气	5560	105	9390	2500	3150	4500	12200	7300	0	0	0	1	0	1	0	0	0	0	0	2	4	
			CDK6731CE	EQ6700TN3AC	NQ120N	天然气	3759	92	7280	2260	2950	3300	7700	5490	0	0	0	0	0	18	1	0	0	0	0	0	19	
			CDK6781CE	EQ6740TN3AC	NQ120N	天然气	3759	92	7800	2380	3000	3650	9400	6100	0	0	0	0	0	16	32	0	16	0	0	0	64	
			CDK6851CE1	EQ6850TN3ACD	NQ150N	天然气	5638	110	8510	2380	3230	4000	12000	7530	0	0	0	0	3	0	0	0	0	0	2	0	5	
			CDK6941CA	CA6930CFN21	NQ160N4	天然气	5975	118	9420	2500	3200	4500	12500	8010	0	0	0	0	0	0	0	0	0	0	1	2	3	

续表

企业名称	车辆品牌	车辆名称	车辆型号	底盘型式/号	发动机型号	燃料种类	排量(mL)	功率(kW)	长(mm)	宽(mm)	高(mm)	轴距(mm)	总质量(kg)	整备质量(kg)	1月	2月	3月	4月	5月	6月	7月	8月	9月	10月	11月	12月	数量(辆)	合计(辆)
金龙联合汽车工业(苏州)有限公司	金龙牌	城市客车	KLQ6108GC	KLQ6101GC	CA6SF2-23E4N	天然气	7130	173	10490	2480	3200	5100	15300	10300	0	0	0	0	1	0	0	0	0	0	0	0	1	1555
					WP6NG240E30	天然气	6750	177	10490	2480	3200	5100	15300	10300	0	0	0	0	0	0	0	0	0	0	0	38	38	
					YC6J210N-30	天然气	6454	155	10490	2480	3400	5100	15300	10300	0	0	0	0	0	0	0	0	12	0	0	0	12	
					YC6G230N-30	天然气	7800	170	10490	2480	3400	5100	15300	10300	0	0	0	0	0	44	17	0	0	0	0	0	61	
			KLQ6118GC	KLQ6116GC	YC6G260N-30	天然气	7800	191	11460	2480	3400	5700	17500	11500	0	0	0	0	0	16	20	0	0	0	0	0	36	
					YC6G230N-30	天然气	7800	191	11460	2480	3400	5700	17500	11500	0	0	0	0	0	0	0	0	1	5	0	0	6	
			KLQ6128GC	KLQ6128GC	WP6NG240E30	天然气	6750	177	12000	2480	3400	6100	18000	11690	0	0	0	0	0	88	0	0	0	0	0	0	88	
			KLQ6668GC	KLQ6601GC	CY4102-N3B	天然气	3856	88	6645	2270	2920	3308	7100	4600	21	0	0	0	0	0	0	0	0	0	0	0	21	
			KLQ6770GC	KLQ6770GC	YC4G180N-30	天然气	5200	132	7749	2340	2900,3050	3600	11000	8000	18	0	17	0	0	0	30	10	0	0	8	0	83	
			KLQ6820GC	KLQ6820GC	YC4G180N-30	天然气	5200	132	8245	2440	3380,3100	3850	11500	8300	62	0	0	0	0	40	24	0	21	0	0	9	156	
			KLQ6850GC	KLQ6820GC	YC4G180N-30	天然气	5200	132	8540	2440	3400,3050	4000	11500	8055	0	0	0	20	0	0	2	0	15	40	0	12	89	
			KLQ6920GC	KLQ6891GC	YC6J210N-30	天然气	6454	155	9245	2480	3100,3380	4400	12300	9000	0	0	0	34	0	12	32	20	0	0	0	12	110	
		客车	KLQ6115HQC	KLQ6101QC	YC6G260N-30	天然气	7800	191	10740	2500	3865,3700	5420	15900	11920	0	0	0	4	0	14	18	0	6	2	1	3	48	
			KLQ6115HC	KLQ6101QC	YC6G260N-30	天然气	7800	191	10740	2500	3700	5420	15900	11920	0	0	0	0	0	0	0	0	0	0	0	1	1	
			KLQ6125B1C	KLQ6120QC	YC6M340N-30	天然气	9839	250	12000	2550	3800	6150	18000	13550	0	0	0	0	3	1	9	0	4	3	7	0	27	
					WP12NG350E30	天然气	11596	257	12000	2550	3800	6150	18000	13550	0	0	0	0	0	0	0	0	0	0	0	11	11	
			KLQ6796QC	KLQ6795QC	YC4G180N-30	天然气	5200	132	7948	2450	3365,3600	3800	10150	7570	0	0	10	0	0	0	0	21	8		2	9	50	
			KLQ6796C	KLQ6795QC	YC4G180N-30	天然气	5200	132	7948	2450	3365,3600	3800	11000	8200	0	0	0	0	0	0	0	0	2	1	1	6	10	
			KLQ6858C	KLQ6840QC	YC6J210N-30	天然气	6454	155	8545	2450	3600	4100	11900	9000	0	0	0	1	0	1	1	0	0	0	4	1	8	
			KLQ6858QC	KLQ6840QC	YC6J210N-30	天然气	6454	155	8545	2450	3365,3600	4100	11900	9000	0	0	0	0	0	0	13	0	7	2	0	19	41	
			KLQ6898QC	KLQ6860QC	WP6NG240E30	天然气	6750	177	8949	2450	3365	4340	12500	9300	0	0	10	0	0	12	0	0	0	0	21	22	65	
					YC6J210N-30	天然气	6454	155	8949	2450	3365	4340	12500	9300	14	0	0	9	0	0	3	0	13	0	0	0	39	
			KLQ6898C	KLQ6860QC	WP6NG240E30	天然气	6750	177	8949	2450	3600	4340	12500	9300	0	0	0	0	0	0	2	0	0	0	1	0	3	
	海格牌	城市客车	KLQ6109GCE4	KLQ6101GCE4	YC6G230N-40	天然气	7800	170	10490	2480	3200	5100	15500	10500	0	0	0	0	0	0	0	0	14	0	0	25	39	
			KLQ6129GCE4	KLQ6128GCE4	YC6G230N-40	天然气	7800	170	12000	2535	3485	6000	18000	11600	0	0	0	0	0	40	0	0	0	0	0	0	40	
					YC6G260N-40	天然气	7800	191	12000	2535	3200	6100	18000	11600	0	0	0	0	0	0	0	0	0	12	0	0	12	
			KLQ6770GCE4	KLQ6770GCE4	YC4G180N-40	天然气	5200	132	7749	2340	3050	3600	11000	8000	0	0	0	0	0	0	0	42	0	0	18	0	60	
			KLQ6850GCE4	KLQ6820GCE4	YC4G180N-40	天然气	5200	132	8540	2440	3105	4000	13000	8300	0	0	0	0	0	0	0	0	0	0	100	0	100	
			KLQ6935GCE4	KLQ6891GCE4	YC6J210N-40	天然气	6545	155	9265	2440	3200	4400	13200	8800	0	0	0	0	0	0	0	10	0	0	60	0	70	
			KLQ6935GC	KLQ6891GC	WP6NG210E30	天然气	6750	155	9265	2440	3200	4400	13200	8800	0	0	0	0	0	0	0	0	1	0	0	0	1	
					YC6J190N-30	天然气	6454	140	9265	2440	3450	4250	13200	8800	0	0	0	0	0	0	0	0	0	19	0	1	20	

续表

企业名称	车辆品牌	车辆名称	车辆型号	底盘型式/号	发动机型号	燃料种类	排量(mL)	功率(kW)	长(mm)	宽(mm)	高(mm)	轴距(mm)	总质量(kg)	整备质量(kg)	1月	2月	3月	4月	5月	6月	7月	8月	9月	10月	11月	12月	数量(辆)	合计(辆)
金龙联合汽车工业(苏州)有限公司	海格牌	客车	KLQ6115QC	KLQ6110QC	WP10NG300E30	天然气	9726	221	11490	2500	3635	5870	17160	12870	0	0	0	0	0	0	0	0	1	0	0	29	30	
			KLQ6125ACE4	承载式车身	YC6MK340N-40	天然气	10338	250	12000	2550	3800	6150	18000	13400	0	0	0	0	0	0	0	0	0	0	5	0	5	
					WP10NG336E40	天然气	9726	247	12000	2550	3800	6150	18000	13400	0	0	0	0	0	0	0	0	28		0	21	49	
			KLQ6125B1CE4	KLQ6120QCE4	WP10NG336E40	天然气	9726	247	12000	2550	3800	6150	18000	13400	0	0	0	0	0	0	0	35	4	4	0	34	77	
			KLQ6125AC	承载式车身	YC6M340N-30	天然气	9839	250	12000	2550	3800	6150	18000	13400	0	0	0	0	1	0	0	0	0	0	0	0	1	
					WP12NG350E30	天然气	11596	257	12000	2550	3800	6150	18000	13400	0	0	0	0	0	0	0	0	0	0	0	5	5	
			KLQ6129C	KLQ6120QC	SC9DT320Q3	天然气	8820	235	12000	2550	3700	6150	18000	12770	0	0	0	0	0	0	0	0	5	0	0	0	5	
			KLQ6129QC	KLQ6120QC	SC9DT320Q3	天然气	8820	235	12000	2550	3700	6150	18000	12770	0	0	0	0	0	2	0	0	0	0	0	0	2	
			KLQ6609C	KLQ6601GC	CY4102-N3B	天然气	3856	88	5995	2270	2950,2780	3308	5950	4460,4360	0	0	0	0	12	0	0	12	2	9	0	0	35	
厦门金龙联合汽车工业有限公司	金龙牌	城市客车	XMQ6105G5	XMQ6101GR5	YC6G230N-30	天然气	7800	170	10300	2480	3400	5000	15000	10400	0	0	0	54	9	0	0	0	20	0	0	0	83	1287
			XMQ6106G2	XMQ6102GR2	YC6G230N-30	天然气	7800	170	10480	2500	3370	5100	15500	12000	0	0	0	0	0	24	30	0	0	0	0	0	54	
					CA6SF2-23NE3	天然气	7130	180	10480	2500	3190	5100	15500	11200	0	0	0	0	0	0	0	19	0	0	0	0	19	
					YC6J210N-30	天然气	6750	155	10480	2500	3190	5100	15500	10600	0	0	0	0	0	0	0	0	20	0	0	0	20	
					WP6NG240E30	天然气	6750	177	10480	2500	3190	5100	15500	11200	0	0	0	0	0	0	0	0	0	0	0	40	40	
			XMQ6106BGN4	XMQ6102GR6	YC6G230N-40	天然气	7800	170	10480	2500	3190, 3370	5100	15500	11200	0	0	0	100	0	0	1	0	0	50	30	52	233	
			XMQ6119G2	XMQ6113GR2	CA6SL1-26E3	天然气	7700	203	11490	2550	3370	5700	16500	11400	30	0	0	0	0	0	0	0	0	0	0	0	30	
					YC6G260N-30	天然气	7800	191	11490	2550	3370	5700	16500	11400	0	0	0	0	0	42	0	0	0	0	0	0	42	
			XMQ6119G4	XMQ6113GR4	WP6NG240E30	天然气	6750	177	11490	2550	3370	5700	16500	11700	0	0	0	55	0	0	0	0	0	0	0	0	55	
			XMQ6119AGN4	XMQ6113GR7	YC6G260N-40	天然气	7800	191	11490	2550	3370	5700	16500	11100	0	0	0	0	0	0	0	0	0	0	30	0	30	
			XMQ6127AGN4	XMQ6121GR11	YC6G260N-40	天然气	7800	191	11980	2550	3370, 3190	6000	18000	12500	0	0	0	0	45	0	0	53	27	0	0	40	165	
			XMQ6801AGN4	XMQ6770GR2	YC4G180N-40	天然气	5200	132	7990	2450	3080	3750	11500	7200	0	0	0	0	0	0	0	0	16	0	0	0	16	
			XMQ6850G2	XMQ6821GR2	YC4G180N-30	天然气	5200	132	8490	2450	3080	4250	12200	7900	0	0	0	0	0	0	0	0	0	40	0	35	75	
			XMQ6850BGN4	XMQ6821GR4	YC4G180N-40	天然气	5200	132	8490	2450	3080	4250	12200	7900	0	0	0	0	0	0	0	0	0	0	0	30	30	
			XMQ6925G2	XMQ6910GR	YC6J210N-30	天然气	6454	155	9200	2450	3420	4460	13200	9500	0	0	10	0	0	0	0	0	0	10	0	0	20	
			XMQ6931G2	XMQ6900GR2	YC6J210N-30	天然气	6454	155	9300	2450	3370, 3100	4460	13200	9500	25	0	16	0	0	0	0	30	0	0	67	30	168	
		卧铺客车	XMQ6129FPN4C	承载式车身	YC6MK375N-40	天然气	10338	276	12000	2550	3940	6000	18000	14100	0	0	0	0	0	0	0	0	0	0	1	27	28	
		客车	XMQ6117Y2	XMQ6102R2	YC6G260N-30	天然气	7800	191	10600	2480	3750	5250	16200	11800	0	0	0	0	0	5	0	0	0	0	25	3	33	
			XMQ6128Y5	XMQ6120R4	YC6M340N-30	天然气	9839	250	12000	2550	3870	6000	18000	13700	0	0	0	0	15	5	0	0	6	0	0	0	26	
			XMQ6129CYN3C	XMQ6120R4	YC6M340N-30	天然气	9839	250	12000	2550	3940	6000	18000	13500	0	0	0	0	2	6	2	0	6	1	2	2	21	
			XMQ6608CNG	HFC6601CNY3	CA4GNE3	天然气	3700	85	5995	2270	2945	3308	5600	4100	0	0	0	0	0	0	0	0	0	0	0	1	1	

续表

企业名称	车辆品牌	车辆名称	车辆型号	底盘型式/号	发动机型号	燃料种类	排量(mL)	功率(kW)	长(mm)	宽(mm)	高(mm)	轴距(mm)	总质量(kg)	整备质量(kg)	1月	2月	3月	4月	5月	6月	7月	8月	9月	10月	11月	12月	数量(辆)	合计(辆)
厦门金龙联合汽车工业有限公司	金龙牌	客车	XMQ6759Y3	XMQ6730R2	YC4G180N-30	天然气	5200	132	7495	2480	3337	3500	9700	7100	0	0	0	0	0	0	0	20	0	0	0	0	20	
			XMQ6800Y2	XMQ6790R	YC4G180N-30	天然气	5200	132	7995	2480	3540	3800	10400	7350	0	0	0	0	0	0	0	0	4	0	0	1	5	
			XMQ6902Y2	XMQ6870R1	YC6G230N-30	天然气	7800	170	9005	2480	3630	4300	11990	8500	0	0	0	0	0	0	0	0	0	0	1	0	1	
			XMQ6802Y1	XMQ6780R2	YC4G180N-30	天然气	5200	132	8045	2480	3600	3850	10600	7850	0	0	0	0	0	0	0	0	0	0	1	7	8	
			XMQ6859Y4	XMQ6830R2	YC6J210N-30	天然气	6454	155	8495	2480	3630	4020	10900	8000	0	0	0	0	0	1	1	0	0	0	1	2	5	
			XMQ6879Y2	XMQ6850R2	YC6J210N-30	天然气	6454	155	8745	2480	3630	4170	11500	8200	0	0	0	5	0	0	0	0	0	0	2	0	7	
			XMQ6898Y2	XMQ6870R1	YC6G230N-30	天然气	7800	170	8945	2480	3630,3382	4300	11990	8500	0	0	0	0	0	4	0	0	1	0	0	0	5	
			XMQ6900Y5	XMQ6890R1	YC6G230N-30	天然气	7800	170	8995	2480	3545	4300	11990	8500	0	0	0	0	0	25	0	0	0	0	0	0	25	
			XMQ6902Y2	XMQ6870R1	YC6G230N-30	天然气	7800	170	9005	2480	3382	4300	11990	8500	0	0	0	0	0	0	0	0	3	0	0	0	3	
			XMQ6996Y3	XMQ6960R3	YC6G260N-30	天然气	7800	191	9895	2480	3545	5000	13700	9600	0	0	15	0	0	0	0	0	0	0	0	0	15	
			XMQ6998Y1	XMQ6970R1	YC6G260N-30	天然气	7800	191	9895	2480	3650	5000	13600	10000	0	0	0	1	0	2	1	0	0	0	0	0	4	
东风扬子江汽车（武汉）有限责任公司	扬子江牌	城市客车	WG6100NQF	EQ6102KSDN3G	EQ6100N-30	天然气	5420	95	10240	2500	3000	5000	13500	7890	0	0	0	0	0	20	0	0	0	0	0	0	20	1219
					NQ160N3	天然气	5975	110	10300	2480	3060	5370	13500	8380	0	0	0	0	0	0	0	0	69	53	0	0	122	
					NQ150N	天然气	5638	110	10300	2480	2990	5370	13500	8380	0	0	0	0	0	0	0	0	0	0	0	167	167	
			EQ6100N-30	天然气	5420	95	10240	2500	3000	5000	13500	7890	0	0	0	0	0	20	0	0	0	0	0	0	20			
			NQ160N3	天然气	5975	110	10300	2480	3060	5370	13500	8380	0	0	0	0	0	0	0	69	53	0	0	122				
			NQ150N	天然气	5638	110	10300	2480	2990	5370	13500	8380	0	0	0	0	0	0	0	0	0	0	167	167				
			WG6110NQC	EQ6100KSDN3G	NQ150N	天然气	5638	110	10830	2480	2990	5370	13000	8300	0	0	0	100	0	0	0	0	30	0	0	0	130	
					EQ6100N-30	天然气	5420	95	10700	2480	3060	5370	13000	8240	0	0	0	38	0	2	0	0	0	0	0	0	40	
			WG6111NQE	EQ6100KSDN3G	NQ150N	天然气	5638	110	10930	2480	3070	5000	13500	8380	0	0	0	0	0	0	0	0	0	0	0	14	14	
			WG6121NQOE	EQ6120KSDN3G	NQ190N	天然气	5638	144	11860	2480	3070	6300	16500	9630	0	0	0	0	0	1	0	0	0	0	0	0	1	
			WG6122NQM	SX6123GH82FT	NQ190N	天然气	5638	144	12000	2500	3070	6300	16500	9630	0	0	0	0	22	0	0	0	0	0	0	0	22	
			WG6660NQN	EQ6570KN3AC	CA4GNE3	天然气	3700	85	6640	2280	2800	3300	6500	4530	0	0	0	0	0	0	0	0	0	0	0	3	3	
			WG6810NQP	NJ6800YFC1	EQ6100N-30	天然气	5420	95	8130	2350	3000	3650	10200	6730	0	0	0	0	0	24	0	0	0	0	0	36	60	
			WG6850NHK	NJ6830YBC1	YC4G180N-30	天然气	5200	132	8535	2450	3175	3800	12000	8455	0	0	0	0	0	72	0	0	0	0	0	0	72	
			WG6900NQF	EQ6900KSDN3G	EQ6100N-30	天然气	5420	95	9040	2450	3220	4700	10600	7370	0	0	0	0	0	3	0	0	0	0	0	1	4	
			WG6940NQD	EQ6900TN3AC1	EQ6100N-30	天然气	5420	95	9450	2420	2940	4500	12200	7550	0	0	0	0	33	1	0	0	0	0	0	0	34	

续表

企业名称	车辆品牌	车辆名称	车辆型号	底盘型式/号	发动机型号	燃料种类	排量(mL)	功率(kW)	长(mm)	宽(mm)	高(mm)	轴距(mm)	总质量(kg)	整备质量(kg)	1月	2月	3月	4月	5月	6月	7月	8月	9月	10月	11月	12月	数量(辆)	合计(辆)
扬州亚星客车股份有限公司	亚星牌	城市客车	JS6101GC	JS6100GDA	NQ150N	天然气	5638	110	10450	2500	3070	5000	12200	8350	0	0	15	0	0	0	35	0	0	0	0	72	122	995
					EQ6100N-30	天然气	5420	95	10450	2500	3070,3220	5000	12200	8350	0	0	0	11	9	0	0	105	56	0	6	0	187	
			JS6106GHC	JS6103GHDC	YC6G230N-30	天然气	7800	177	10490	2500	3240,3460	5000	15000	11000	0	0	0	0	0	15	0	0	6	0	0	0	21	
					WP6NG240E30	天然气	6750	177	10490	2500	3240,3460	5000	15000	11000	0	0	10	0	0	0	40	0	0	0	0	2	52	
			JS6116GHC	JS6116GHDC	XL6SF3-24	天然气	7127	181	11490	2550	3460	5800	16500	12000	0	0	0	0	0	0	27	23	0	0	0	0	50	
					YC6G260N-30	天然气	7800	191	11490	2550	3120	5800	16500	12000	0	0	0	0	0	0	0	0	0	0	0	10	10	
			JS6116GHCJ	JS6116GHDCJ	YC6G260N-40	天然气	7800	191	11490	2550	3240	5800	16500	11600	0	0	0	0	0	0	0	0	0	0	0	56	56	
			JS6126GHCJ	JS6126GHDCJ	WP7NG260E40	天然气	7140	191	12000	2550	3240	6100	17500	11700	0	0	0	0	0	0	0	0	0	0	0	35	35	
			JS6770GHC	JS6760GHDC	XL4SF-4	天然气	4750	130	7745	2360	3300	3580	10200	7300	0	0	0	0	0	0	0	0	14	0	0	0	14	
					WP5NG180E40	天然气	4760	132	7745	2360	3300	3580	10200	7300	0	0	0	0	0	0	0	0	0	0	0	24	24	
			JS6811GHC	JS6760GHDC	YC4G180N-40	天然气	5200	132	8135	2360	3300	3580	10200	7590	0	0	0	0	0	0	0	0	20	26	0	0	46	
					XL4SF-4	天然气	4750	130	8135	2360	3300	3580	10200	7590	0	0	0	0	0	0	0	0	0	0	30	0	30	
					WP5NG180E40	天然气	4760	132	8135	2360	3300	3580	10200	7590	0	0	0	0	0	0	0	0	0	0	0	18	18	
			JS6851GHC	JS6851GHDC	YC4G180N-30	天然气	5200	132	8540	2400	3300	4100	12200	8000	0	0	0	0	0	33	0	0	0	0	22	0	55	
			JS6861GC	JS6861GDC	EQ6100N-30	天然气	5420	95	8640	2500	3070	4000	11000	7200	0	0	28	7	0	0	6	0	0	0	12	0	53	
			JS6861GCJ	JS6861GDCJ	NQ160N4	天然气	5975	118	8640	2500	3070	4000	11300	7200	0	0	0	0	0	0	0	0	0	0	0	10	10	
			JS6921GC	JS6921GDC	EQ6100N-30	天然气	5420	95	9240	2500	3070	4400	11300	7450	0	0	0	1	0	2	4	0	0	0	0	0	7	
			JS6936GHC	JS6886GHDC	XL6SF3-21	天然气	7127	160	9295	2500	3340	4210	13200	9300	0	0	0	0	0	0	15	0	0	0	0	0	15	
			JS6936GHCJ	JS6886GHDCJ	YC6J210N-40	天然气	6454	155	9295	2500	3160	4210	13200	8950	0	0	0	0	0	1	0	0	0	0	0	0	1	
					WP6NG210E40	天然气	6750	155	9295	2500	3160,3340	4210	13200	8950	0	0	0	0	0	0	0	0	0	0	30	24	54	
			JS6976GHC	JS6956GHDC	YC6J210N-30	天然气	6454	155	9745	2500	3340	4780	13200	9450	0	0	0	0	0	5	5	0	0	0	0	0	10	
			JS6981GC	JS6985GDA	EQ6100N-30	天然气	5420	95	9845	2500	3070	4700	12100	8000	0	0		13	30	1	4	0	0	0	0	0	48	
					NQ150N	天然气	5638	110	9845	2500	3070	4700	12100	8000	0	0	0	0	0	0	0	0	0	0	0	27	27	
		客车	YZL6603TC	NJ6580YFC1	CA4G25NE3	天然气	2500	78	5990	2050	3306	3308	5200	3710	0	0	0	0	0	0	1	0	0	0	0	0	1	
		双层城市客车	JS6111SHC	JS6110SHDC	WP10NG280E30	天然气	9726	206	11370	2500	4180	5500	17500	12900	0	0	0	0	0	0	23	0	0	0	0	0	23	
			JS6111SHF	JS6110SHDF	SC8DT250Q3	天然气	8300	184	11370	2500	4180	5500	17500	12900	0	0	0	0	0	0	0	0	0	6	0	0	6	
			JS6111SHCJ	JS6111SHDCJ	WP10NG280E40	天然气	9726	206	11370	2500	4180	5500	1800	12900	0	0	0	0	0	0	0	0	20	0	0	0	20	

续表

企业名称	车辆品牌	车辆名称	车辆型号	底盘型式/号	发动机型号	燃料种类	排量(mL)	功率(kW)	长(mm)	宽(mm)	高(mm)	轴距(mm)	总质量(kg)	整备质量(kg)	1月	2月	3月	4月	5月	6月	7月	8月	9月	10月	11月	12月	数量(辆)	合计(辆)
珠海市广通汽车有限公司	广通牌	城市客车	GTQ6107NGJ3	EQ6101KRDN	YC6J210N-30	天然气	6454	155	10470	2500	3140,2950	5000	14000	9700	0	0	15	60	0	0	0	0	0	0	0	0	75	898
			GTQ6107N4GJ5	EQ6101HN4AC1	YC6G230N-40	天然气	7800	170	10470	2500	3140	5000	16500	10640	0	0	100	0	0	0	0	0	0	0	0	0	100	
			GTQ6117NGJ3	EQ6111RCDN3G1	YC6G260N-30	天然气	7800	191	11480	2500	2950,3140	5800	16000	10475	0	0	0	0	0	0	0	0	35	0	40	0	75	
			GTQ6117N4GJ5	EQ6110HN4ACD	YC6G260N-40	天然气	7800	191	11480	2500	3140	5800	16500	10975	0	0	0	0	0	0	0	0	0	0	220	130	350	
			GTQ6762N4GJ	HFC6730NY1F	YC4D140N-40	天然气	4214	103	7585	2380	3040	3500	8550	6080	0	0	0	0	0	0	0	0	10	0	1	0	11	
			GTQ6857NGJ	HFC6832NYG3	YC4G180N-30	天然气	5200	132	8548	2500	3140	3900	12000	8600	11	0	0	0	0	0	0	0	0	0	0	0	11	
			GTQ6857N4GJ	HFC6832NY1F	YC4G180N-40	天然气	5200	132	8548	2500	3140	3900	12000	8600	0	30	0	0	0	0	0	0	20	0	0	0	50	
			GTQ6947NGJ3	EQ6900HN3AC	YC6J190N-30	天然气	6500	140	9455	2500	3140	4500	13500	8950	0	0	0	0	0	0	0	0	0	0	24	58	82	
		轻型客车	GTQ6510N4B1	HFC6470NY1F	NQ100N4	天然气	3759	79	5090	1900	2620	2600	4495	3400	0	0	0	98	2	0	0	16	0	0	0	28	144	
上海申沃客车有限公司	申沃牌	城市客车	SWB6107Q	SWB6107Q	CA6SF2-23E4N	天然气	7130	173	10480	2500	3400	5100	16000	11380	0	0	0	0	40	0	0	0	0	0	0	0	40	847
			SWB6107Q6	SWB6107Q6	WP6NG210E30	天然气	6750	155	10480	2500	3400	5100	16000	11380	0	0	0	0	0	0	0	0	0	278	186	0	464	
					SC8DT230Q4	天然气	8270	170	10480	2500	3400	5100	16000	11380	0	0	0	0	0	0	0	0	0	0	0	20	20	
			SWB6115Q7-3	SWB6115Q7-3	WP7NG240E40	天然气	7140	177	11420	2500	3400	5700	16900	11600	0	0	0	0	0	0	0	0	0	0	180	92	272	
			SWB6850Q	SWB6830Q	WP5NG180E40	天然气	4760	132	8540	2420	3350	4000	12200	8980	0	0	0	0	0	0	0	0	0	0	0	15	15	
			SWB6940Q	SWB6930Q	YC6J210N-40	天然气	6454	155	9436	2420	3400	5700	16900	11600	0	0	0	0	0	0	0	36	0	0	0	0	36	
丹东黄海汽车有限责任公司	黄海牌	城市客车	DD6129S09	DD6129S09	SC8DT230Q3	天然气	8300	170	11980	2532	3290	5950	18000	12600	0	0	0	0	0	0	0	0	30	0	0	0	30	843
			DD6129S02F	DD6129S02F	XL6SK-3	天然气	7127	113	11980	2550	3210	6000	18000	10700	0	0	0	0	0	0	0	0	30	0	0	0	30	
			DD6129S58	DD6129S58	SC8DT230Q3	天然气	8270	170	12000	2532	3380	6000	18000	12800	0	0	30	0	0	0	0	0	0	0	0	0	30	
			DD6129S60	DD6129S60	YC6G230N-30	天然气	7800	170	12000	2532	3380	6000	18000	12800	0	0	0	0	0	0	0	0	2	0	1	0	3	
			DD6129S61	DD6129S61	WP6NG240E30	天然气	6750	177	12000	2532	3180	6000	18000	12800	40	0	0	0	0	0	0	0	4	0	0	0	44	
			DD6129S62	DD6129S62	WP10NG260E30	天然气	9726	191	12000	2532	3380	6000	18000	12800	0	0	0	0	0	0	0	0	2	0	0	0	2	
			DD6109S05F	DD6990DS05F	CA6SH-NE3	天然气	5560	105	10200	2500	3195	5000	13200	9000	0	0	0	14	0	0	0	80	0	0	0	0	94	
			DD6109S06F	DD6990DS06F	NQ150N	天然气	5638	110	10200	2500	3195	5000	13200	9000	0	0	0	0	0	0	0	0	12	0	0	42	54	
			DD6109S25	DD6109S25	YC6J210N-30	天然气	6454	155	10490	2482	3300	5000	16000	11600	0	0	0	0	1	0	0	0	0	0	0	95	96	
			DD6109S28	DD6109S28	WP6NG210E30	天然气	6750	155	10490	2482	3150	5000	16000	11200	0	0	0	0	28	0	105	0	23	0	0	0	156	
			DD6109S29	DD6109S29	SC8DT230Q3	天然气	8270	170	10490	2482	3100	5000	16000	11200	0	0	0	0	0	20	0	0	15	0	0	0	35	
			DD6109S11	DD6109S11	YC6G230N-30	天然气	7800	170	10490	2500	3375	5000	16000	11350	0	0	0	0	0	18	0	0	0	1	0	0	19	
			DD6141S05	DD6130DS05	SC9DT320Q3	天然气	8820	235	13680	2532	3375	6300+1400	23500	15000	0	0	0	0	0	0	130	0	0	0	0	0	130	
			DD6118S23	DD6118S23	WP6NG240E30	天然气	6750	177	11310	2532	3180	5600	16000	12000	0	0	0	0	0	0	0	40	0	0	0	0	40	

续表

企业名称	车辆品牌	车辆名称	车辆型号	底盘型式/号	发动机型号	燃料种类	排量(mL)	功率(kW)	长(mm)	宽(mm)	高(mm)	轴距(mm)	总质量(kg)	整备质量(kg)	1月	2月	3月	4月	5月	6月	7月	8月	9月	10月	11月	12月	数量(辆)	合计(辆)
丹东黄海汽车有限责任公司	黄海牌	城市客车	DD6180S31F	DD6180S31F	SC8DT230Q4	天然气	8270	170	17990	2532	3570	6000+6600	28000	17900	0	0	0	0	0	0	0	0	0	0	1	0	1	
			DD6125B01	DD6125B01	YC6L280N-40	天然气	8424	206	11900	2530	3420	6000	18000	12500	0	0	0	0	0	0	0	0	0	0	0	20	20	
			DD6126B12	DD6126B12	SC8DT230Q4	天然气	8270	170	11980	2550	3420	5900	18000	12750	0	0	0	0	0	50	0	0	0	0	0	0	50	
			DD6128S26	DD6128S26	SC8DT250Q3	天然气	8300	184	11980	2545	3430	5900	18000	12800	0	0	0	0	0	0	5	0	0	0	0	0	5	
		客车	DD6119K51	DD6109DK51	SC8DT250Q3	天然气	8300	184	10800	2500	3480	5360	16500	11650	0	0	0	1	0	0	0	0	0	0	0	3	4	
四川南骏汽车有限公司	南骏牌	城市客车	CNJ6100JNB	CA6980D85-2	NQ150N	天然气	5638	110	10260	2500	3100	5000	13000	7995	0	0	0	0	0	1	0	0	0	0	1	7	9	680
				EQ6980TN3AC1	EQ6100N-30	天然气	5420	95	10260	2500	3100	5000	13000	7995	0	0	0	0	0	0	0	0	18	0	0	0	18	
			CNJ6100JQNM	CNJ6950TQNM	NQ160N4	天然气	5975	118	10490	2500	3300	5000	13270	8000	0	0	0	0	0	0	0	0	0	14	0	24	38	
			CNJ6110JNB	CNJ6950JNB	NQ150N	天然气	5638	110	10800	2500	3225	5370	13500	8740	0	0	0	64	0	0	0	0	0	0	0	0	64	
			CNJ6660ENG1B	CNJ6590NB EQ6570KN3AC	NQ120N	天然气	3759	92	6580	2550	3160	3300	7080	4740	15	0	0	0	0	0	0	0	0	0	0	0	15	
					NQ120N	天然气	3759	88	6580	2250	3160,2960	3300	7080	4740	0	0	0	0	18	0	8	0	2	2	0	2	32	
					NQ100N3	天然气	3759	79	6580	2250	2960	3300	7080	4740	0	0	0	0	0	5	0	0	0	0	0	0	5	
			CNJ6720JNG1B	CNJ6680JNGB	NQ120N	天然气	3759	92	7220	2370	3200	3300	7330	4400	22	0	0	43	0	0	0	0	0	11	0	0	76	
					NQ120N	天然气	3759	88	7220	2370	3000	3300	7330	4400	0	0	0	0	0	0	0	0	0	0	0	10	10	
					CA4GNE3	天然气	3700	85	7220	2370	3000	3300	7330	4400	0	10	0	0	48	6	0	0	0	0	0	0	64	
					NQ100N3	天然气	3759	79	7220	2370	3000	3300	7330	4400	0	0	0	0	0	0	0	0	3	0	8	0	11	
			CNJ6750JNB	CNJ6680JNGB	NQ120N	天然气	3759	88	7460	2370	2830	3300	7700	4700	0	0	0	7	0	0	0	0	0	0	0	0	7	
			CNJ6750JQNM	CNJ6691TQNM	NQ140N4	天然气	3759	103	7495	2370	3130	3300	8500	5700	0	0	0	0	0	0	0	0	0	0	0	6	6	
			CNJ6780JNGB	CNJ6720JNGB	NQ120N	天然气	3759	88	7760	2370	3000	3650	8400	5320	7	0	0	53	1	8	51	0	21	0	14	2	157	
			CNJ6780JQNM	CNJ6721TQNM	NQ120N4	天然气	3759	92	7840	2370	3000	3650	8500	5640	0	0	0	0	0	0	0	0	28	0	0	7	35	
			CNJ6850TNB	EQ6770TN3AC	NQ150N	天然气	5638	110	8500	2400	3000	3800	9400	6200	0	0	0	0	0	1	0	0	6	0	3	17	27	
			CNJ6851TNB	CNJ6810TNB	NQ150N	天然气	5638	107	8500	2400	3000	3800	9400	6200	0	0	0	1	0	0	0	0	0	0	0	0	1	
			CNJ6870HNB	EQ6820HN3AC	NQ170N	天然气	5638	125	8680	2500	3250	4000	11500	8040	0	0	0	0	1	0	0	0	0	0	0	0	1	
			CNJ6920JNB	EQ6900TN3AC1	NQ150N	天然气	5638	110	9245	2500	3100,3300	4500	11650	7200	0	0	0	0	12	1	1	0	0	2	0	0	16	
				CNJ6900JNB	EQ6100N-30	天然气	5420	95	9245	2500	3100	4500	11650	7200	0	0	0	1	0	0	0	0	0	0	1	0	2	
		客车	CNJ6540NB	CNJ6500NB	HFC4NA1-B	天然气	2268	78	5445	1920	2500	2800	4530	3280	0	0	0	0	0	0	0	0	0	2	6	4	12	
			CNJ6601HB	CNJ6590NB	NQ100N3	天然气	3759	79	5995	2250	2860	3300	5800	4118	0	0	11	0	2	0	0	0	1	0	2	0	16	
					NQ120N	天然气	3759	88	5995	2250	2860,3060	3300	5800	4118	0	1	0	2	0	1	0	0	0	0	0	0	4	
			CNJ6751JN1B	CNJ6690NJB EQ6690KN3AC	NQ120N	天然气	3759	92	7495	2370	3200	3800	7910	5570	0	0	0	0	6	0	0	0	0	0	0	0	6	
					NQ150N	天然气	5638	110	7495	2370	3200,3000	3800	7910	5570	0	0	0	4	0	0	3		2	1	1	8	19	
					NQ150N	天然气	5638	107	7495	2370	3200	3800	7910	5570	0	0	0	0	0	2	0	0	0	0	0	0	2	

续表

企业名称	车辆品牌	车辆名称	车辆型号	底盘型式/号	发动机型号	燃料种类	排量(mL)	功率(kW)	长(mm)	宽(mm)	高(mm)	轴距(mm)	总质量(kg)	整备质量(kg)	1月	2月	3月	4月	5月	6月	7月	8月	9月	10月	11月	12月	数量(辆)	合计(辆)
四川南骏汽车有限公司	南骏牌	客车	CNJ6800RNB	CNJ6780RNB	CY4D125－N3	天然气	4725	125	7995	2460	3400	3800	10410	7680	0	0	0	0	1	0	0	0	0	0	0	0	1	
			CNJ6800TNB	CNJ6770TNB	NQ170N	天然气	5638	125	7995	2400	3300,3100	3800	9160	6508	0	0	0	0	0	12	0	0	0	0	0	6	18	
					NQ160N3	天然气	5975		7995	2400	3100	3800	9160	6508	0	0	0	0	0	0	0	0	1	2	0	0	3	
			CNJ6830RNB	EQ6810RN3AC	NQ190N	天然气	5638	144	8325	2450	3550	4000	11650	8600	0	0	0	1	1	0	0	0	0	0	0	0	2	
					NQ210N	天然气	6870	153	8325	2450	3550	4000	11650	8600	0	0	0	0	0	2	0	0	0	0	0	0	2	
			CNJ6900RNB	CNJ6870RNB	YC6J210N－30	天然气	6454	155	8995	2460	3400	4300	11900	8850	0	0	0	0	1	0	0	0	0	0	0	0	1	
安徽安凯汽车股份有限公司	安凯牌	城市客车	HFF6100G04C	HFF6103D13	NQ170N	天然气	5638	125	10140	2500	3040	4800	13500	8900	7	0	0	0	0	0	0	0	0	0	70	0	77	673
			LCK6850DGC	HFF6104D13C	YC6J210N－30	天然气	6454	155	10420	2500	3140	5000	15500	9600	16	0	0	0	0	0	0	0	0	0	0	0	16	
				HFF6104D13C	YC6J210N－30	天然气	7130	164	10320	2500	2930	5000	15500	9800	0	0	0	0	0	0	0	0	0	0	20	0	20	
			HFF6101G39C	HFF6105D13C	YC6G230N－30	天然气	8300	170	10320	2500	3250	5000	15500	9800	0	0	0	40	0	0	0	0	0	0	0	0	40	
				HFF6105D13C	WP6NG210E30	天然气	6750	155	10320	2500	2930	5000	15500	9800	0	0	0	0	0	0	18	0	0	0	44	0	62	
			HFF6111G64C	HFF6111D64C	WP6NG240E30	天然气	6750	177	11350	2500	3465	5000	15500	9600	0	0	0	0	0	12	0	0	0	0	0	0	12	
				HFF6111D64C	YC6G260N－30	天然气	7800	191	11220	2500	3240	5000	15500	9800	0	0	0	0	0	0	0	0	0	16	0	1	17	
			HFF6120GZ－4C	HFF6120DZ－4C	YC6G260N－40	天然气	7800	191	12000	2550	3250	6100	17500	11830	0	0	0	0	0	0	0	0	0	0	0	35	35	
			HFF6121G15C	承载式车身	BGe5 230	天然气	5900	172	11700	2550	3200	5800	17900	11950	0	0	0	0	0	0	0	0	0	0	45	25	70	
			HFF6124GZ－4	HFF6124DZ－4	WT615Z.280CNG	天然气	9726	206	12000	2550	3250	6100	17000	11600	0	0	0	0	0	0	0	0	40	0	0	0	40	
			HFF6127GK15	HFF6129D17	SC8DT250Q3	天然气	8300	184	11860	2500	3200	6000	16000	10200	0	0	145	0	0	0	0	0	0	0	0	0	145	
		客车	HFF6110K06C	HFF6100D06C	WP10NG260E30	天然气	9726	191	10600	2500	3550	5250	15600	11350	0	0	0	0	1	0	0	0	3	2	6	0	12	
			HFF6120K40C	HFF6120D40C	WP12NG330E30	天然气	11596	243	12000	2500	3550	6080	17300	12800	0	0	0	0	0	0	0	0	0	2	2	0	4	
			HFF6900K08C	HFF6879D35	WP6NG240E30	天然气	6750	177	8990	2500	3410	4300	12800	9500	0	0	0	0	0	0	7	33	0	1	0	12	53	
			HFF6930K58C	HFF6900D28C	WP6NG240E30	天然气	6750	177	9335	2500	3560	4500	13200	9800	0	0	0	16	0	0	0	0	0	2	6	0	24	
			HFF6850K57C	HFF6820D16C	YC6J210N－40	天然气	6494	155	8490	2400	3310	4000	11750	8650	0	0	0	0	0	0	0	0	0	0	2	1	3	
		卧铺客车	HFF6120WK79C	承载式车身	YC6MK375N－40	天然气	10338	276	12000	2550	3950	6080	18000	14100	0	0	0	10	0	0	6	0	1	6	4	6	33	
		豪华客车	HFF6120YK40C	承载式车身	YC6M340N－30	天然气	9839	250	12000	2550	3950	6080	18000	13200	0	0	0	0	0	0	0	0	1	0	0	9	10	

续表

企业名称	车辆品牌	车辆名称	车辆型号	底盘型式/号	发动机型号	燃料种类	排量(mL)	功率(kW)	长(mm)	宽(mm)	高(mm)	轴距(mm)	总质量(kg)	整备质量(kg)	1月	2月	3月	4月	5月	6月	7月	8月	9月	10月	11月	12月	数量(辆)	合计(辆)
江苏友谊汽车有限公司	友谊牌	城市客车	ZGT6102N3GA	EQ6920KSDN3G	EQ6100N－30	天然气	5420	95	10488	2490	3040	4700	13000	8630	0	0	0	0	0	1	0	0	0	0	0	0	1	596
					NQ150N	天然气	5638	110	10488	2490	3040	5000	13000	8370	0	0	0	0	0	0	20	0	0	20	0	0	40	
			ZGT6102HN3G1	HFC6100NY1G3	NQ190N	天然气	5638	144	10388	2490	3140	5000	15000	9900	0	0	0	0	0	0	0	0	1	0	0	0	1	
			ZGT6109NHS	HFC6100NY1F	YC6G230N－40	天然气	7800	170	10490	2490	3250	5000	15000	9980	0	0	0	0	0	0	0	0	0	10	0	0	10	
			ZGT6118NHS	NJ6111YBC1	YC6G230N－40	天然气	7800	170	11410	2490	3140	6580	16500	11000	0	0	0	0	0	0	0	0	0	1	0	0	1	
			ZGT6602N3G	NJ6580YFC1	CA4G25NE3	天然气	2500	78	5995	2100	2770	3308	5180	3680	0	0	0	0	0	0	0	0	56	0	0	0	56	
			ZGT6608N3G	NJ6580YFC1	CA4G25NE3	天然气	2500	78	5995	2240	2750	3308	5200	3710	0	0	0	35	0	0	5	0	0	0	4	37	81	
			ZGT6718N3G	NJ6710YFC1	CA4GNE3	天然气	3700	85	7145	2240	2790	3308	7900	4970	0	0	0	20	0	0	0	0	0	0	0	0	20	
					NQ120N	天然气	3759	92	7145	2240	2790	3308	7900	4970	0	0	0	0	0	0	0	0	0	0	0	5	5	
			ZGT6718N3G1	HFC6601CNY3	CA4GNE3	天然气	3700	85	7145	2240	2790	3308	6500	4610	0	0	0	0	0	13	0	0	0	30	0	16	59	
			ZGT6733N3G	NJ6710YFC1	CA4GNE3	天然气	3700	85	7310	2380	3010	3308	8600	5660	10	0	12	12	18	0	0	0	0	0	1	1	54	
					NQ120N	天然气	3759	92	7310	2380	3010	3308	8600	5920	0	0	0	0	0	0	2	0	0	22	0	0	24	
			ZGT6760HN3G	HFC6730CNY3	NQ120N	天然气	3759	92	7640	2380	2990,3140	3500	8550	6400	0	0	0	0	0	0	0	0	0	0	1	16	17	
			ZGT6810N3G	NJ6780YFC2	NQ120N	天然气	3759	92	8080	2380	3050	3800	9400	6210	16	24	0	11	0	0	0	0	22	0	26	0	99	
			ZGT6810N3G1	EQ6780KSDN3G	EQ6100N－30	天然气	5420	95	8080	2380	3050	3800	9800	6470	0	0	0	0	1	0	0	0	5	0	17	2	25	
			ZGT6852N3G	NJ6800YFC1	EQ6100N－30	天然气	5420	95	8480	2380	3080	4000	9800	6740	0	0	0	0	13	19	0	0	0	0	0	0	32	
			ZGT6852N3GA	EQ6810KSDN3G	EQ6100N－30	天然气	5420	95	8480	2380	3080	4000	9200	6530	0	0	0	0	0	15	0	0	5	0	47	0	67	
			ZGT6852N3GE	EQ6760KSDN3G	NQ170N	天然气	5638	125	8480	2380	3080	4000	9200	6270	0	0	0	1	0	0	0	0	1	0	0	0	2	
			ZGT6910HN3G	HFC6880CNY3	NQ190N	天然气	5638	144	9080	2470	3160	4200	12900	8100	0	0	0	0	0	0	0	0	0	2	0	0	2	
上海申龙客车有限公司	申龙牌	城市客车	SLK6105UF5N	FZ6105U5N	YC6G230N－40	天然气	7800	170	10500	2500	3220	5000	16500	11350	0	0	0	0	0	41	0	0	0	0	20	0	61	509
					SC8DT230Q4	天然气	8270	170	10500	2500	3490	5000	16500	11350	0	0	0	0	0	0	0	0	2	0	0	0	2	
			SLK6105UF6N3	FZ6105U6N3	WP6NG240E30	天然气	6750	177	10500	2500	3490	5000	15000	11100	0	0	0	0	0	29	0	0	0	0	0	0	29	
			SLK6115UF6N3	FZ6110U6N3	SC8DT250Q3	天然气	8300	184	11380	2500	3490,3250	5700	16500	12080	0	0	0	0	0	0	8	0	0	0	0	0	8	
			SLK6115UF5N	FZ6115U5N	SC8DT250Q4	天然气	8270	184	11380	2500	3490	5700	17000	12080	0	0	0	0	0	0	0	0	6	0	126	0	132	
			SLK6125UF5N	FZ6125U5N	YC6G260N－40	天然气	7800	191	11980	2500	3220	6000	18000	12530	0	0	0	0	0	0	0	0	0	0	0	4	4	
			SLK6805UF5N	FZ6775U5N	YC4G180N－40	天然气	5200	132	8000	2350	3050	3800	12200	8420	0	0	0	0	0	21	13	0	0	0	0	0	34	
			SLK6805UF5N3	FZ6775U5N3	YC4G180N－30	天然气	5200	132	7995	2350	3050	3800	11400	8020	0	0	0	0	0	0	0	0	0	0	20	0	20	
			SLK6855UF2N3	FZ6825U2N3	YC4G180N－30	天然气	5200	132	8545	2450	3200,3440	4000	12200	8900	0	0	0	0	0	1	35	10	0	0	0	0	46	
			SLK6855UF5N	FZ6825U5N	YC4G180N－40	天然气	5200	132	8545	2450	3200	4000	12200	8940	0	0	0	0	0	29	0	0	0	0	50	0	79	
			SLK6891UF6N3	FZ6861U6N3	WP6NG210E30	天然气	6750	155	8930	2420	3300	4250	12500	8840	0	0	0	0	0	0	0	0	50	0	0	28	78	

续表

企业名称	车辆品牌	车辆名称	车辆型号	底盘型式/号	发动机型号	燃料种类	排量(mL)	功率(kW)	长(mm)	宽(mm)	高(mm)	轴距(mm)	总质量(kg)	整备质量(kg)	1月	2月	3月	4月	5月	6月	7月	8月	9月	10月	11月	12月	数量(辆)	合计(辆)
上海申龙客车有限公司	申龙牌	客车	SLK6900F5N3	FZ6880A5N3	YC6G230N-30	天然气	7800	170	8995	2450	3630	4350	12900	9850	0	0	0	5	0	0	0	0	0	0	0	0	5	
			SLK6106F6N3	FZ6106A6N3	SC9DT280Q3	天然气	8820	206	10500	2500	3800	5000	15750	12080	0	0	0	0	0	0	0	0	0	1	0	0	1	
			SLK6126F6AN	FZ6126A6N	WP10NG300E40	天然气	9726	220	11995	2500	3780	6200	18000	13600	0	0	0	1	0	0	1	0	0	0	0	8	10	
一汽客车大连客车厂	解放牌	城市客车	CA6101UFN31	CA6993D85A	CA6SH-NE3	天然气	5560	105	10490	2500	3160	5000	13200	8588	0	35	65	0	30	30	0	0	1	0	2	0	163	486
			CA6101UFN32	CA6990CFN23	CA6SH-N1E4	天然气	5560	110	10490	2500	3160	5000	13200	8588	0	0	0	0	0	4	0	0	50	0	0	46	100	
			CA6112URN31	CA6104D92	WP6NG240E40	天然气	6750	176	10820	2500	3150	5400	14000	9878	0	0	24	0	0	0	0	0	0	0	0	0	24	
			CA6125URN33	CA6124D172N	CA6SL1-24E4N	天然气	7700	180	11995	2550	3490	6100	18000	12550	0	0	0	0	0	0	40	0	0	0	0	0	40	
			CA6125SH9	CA6124D116-1T	BF6M1013-26E4N	天然气	7146	203	11995	2550	3470	6100	18000	11852	0	0	0	0	0	0	0	0	0	0	65	0	65	
			CA6862SQ9	CA6833D87	CA6SH-NE3	天然气	5560	105	8593	2500	3035	4000	11000	7345	0	0	0	65	0	12	0	0	0	17	0	0	94	
河南少林汽车股份有限公司	少林牌	城市客车	SLG6100T3GE	EQ6980TN3AC1	NQ150N	天然气	5638	110	10280	2500	3130	4700	13000	8000	0	0	0	0	0	0	0	30	2	0	0	0	32	484
			SLG6105T3GER	EQ6101HN3AC	NQ190N	天然气	5638	144	10495	2500	3110	5000	14000	8900	0	0	0	0	1	13	0	0	0	0	0	0	14	
			SLG6660T3GF	HFC6601CNY3	CA4GNE3	天然气	3700	85	6620	2240	2820	3308	6500	4350	0	0	20	0	0	2	0	0	0	0	3	0	25	
			SLG6660T3GE	EQ6570KN3AC	NQ120N	天然气	3759	92	6620	2240	2820	3300	6500	4350	0	0	0	0	0	0	3	0	0	1	0	8	12	
			SLG6700T3GF	HFC6601CNY3	CA4GNE3	天然气	3700	85	7000	2245	2820	3308	6500	4480	0	0	0	2	0	0	0	0	0	0	0	0	2	
					CA4GNE3	天然气	3700	85	7000	2245	2820	3308	6500	4480	0	0	0	0	0	6	0	0	0	0	0	0	6	
			SLG6730T3GN	NJ6710YFC1	NQ120N	天然气	3759	92	7255	2360	3015	3300	7700	5070	0	0	10	0	10	0	0	17	0	0	0	12	49	
			SLG6730T3GE	EQ6700TN3AC	CA4GNE3	天然气	3700	85	7255	2360	3030	3300	7700	5070	0	0	0	26	0	21	10	0	0	1	0	0	58	
			SLG6770T3GF	HFC6710CNY3	NQ120N	天然气	3759	92	7745	2400	3020	3600	8400	5740	0	0	0	0	0	1	0	0	0	0	0	0	1	
			SLG6800T3GE	EQ6770TN3AC	NQ150N	天然气	5638	110	7990	2360	3060	3800	9400	6150	0	0	0	0	0	1	0	0	0	0	0	0	1	
					EQ6100N-30	天然气	5420	95	7990	2360	3060	3800	9400	6150	0	0	0	0	0	0	0	0	0	4	0	0	4	
			SLG6880T3GER	EQ6820HN3AC	NQ170N	天然气	5638	125	8780	2400	3020	4000	12500	7400	0	0	0	0	0	1	0	0	10	0	0	0	11	
			SLG6890T3GE	EQ6850TN3AC	EQ6100N-30	天然气	5420	95	8900	2490	3150	4200	12200	7000	0	0	0	0	2	0	0	0	0	0	0	0	2	
		客车	SLG6600T3F	HFC6601CNY3	CA4GNE3	天然气	3700	85	5995	2240	2800	3308	5990	4300	0	8	0	3	1	8	0	0	0	0	0	0	20	
					NQ120N	天然气	3759	92	5995	2240	3000	3308	5990	4300	0	0	0	0	0	0	0	0	0	0	6	0	6	
			SLG6600T3N	NJ6580YFC1	CA4G25NE3	天然气	2500	78	5995	2240	2800	3308	5200	3700	0	0	26	0	0	29	0	0	0	1	0	4	60	
			SLG6601T3N	NJ6580YFC1	CA4G25NE3	天然气	2500	78	5995	2240	3095	3308	5200	3490	0	0	0	0	0	0	0	0	1	0	0	0	1	
			SLG6751T3E	EQ6690KN3AC	EQ6100N-30	天然气	5420	95	7480	2330	2990	3800	7800	5200	0	0	0	0	3	0	0	0	0	0	0	0	3	
					NQ150N	天然气	5638	110	7480	2330	3190,2990,3285	3800	7800	5350	0	3	0	12	0	3	0	0	9	1	1	7	36	
			SLG6840T3E	EQ6822TN3AC	NQ170N	天然气	5638	125	8440	2450	3350,3250	4000	7800	7900	0	0	0	6	0	6	0	0	0	0	0	1	13	

续表

企业名称	车辆品牌	车辆名称	车辆型号	底盘型式/号	发动机型号	燃料种类	排量(mL)	功率(kW)	长(mm)	宽(mm)	高(mm)	轴距(mm)	总质量(kg)	整备质量(kg)	1月	2月	3月	4月	5月	6月	7月	8月	9月	10月	11月	12月	数量(辆)	合计(辆)
新疆中通客车有限公司	西域牌	城市客车	XJ6108GC	EQ6100KSDN3G	YC6J150N-30	天然气	6500	110	10430	2490	3120	5000	13500	8595	0	0	11	0	0	0	0	0	0	0	0	0	11	455
					NQ160N3	天然气	5975	118	10430	2490	3120	5000	13500	8595	0	0	0	0	10	0	80	120	0	0	0	10	220	
			XJ6660C	EQ6580KSN30	NQ115N	天然气	3759	85	6615	2240	2820	3300	7260	4630	0	0	14	10	0	0	0	0	0	0	0	2	26	
			XJ6720GC	EQ6570KSDN3G1	NQ120N	天然气	3759	92	7180	2350	2860	3100	7400	4300	0	0	0	0	0	0	0	0	0	2	0	0	2	
			XJ6740GC	EQ6680KTCN30	NQ120N	天然气	3759	92	7360	2280	3000	3300	9000	5505	0	0	0	2	2	0	0	0	0	0	0	0	4	
			XJ6741GC	EQ6700KSDN3G	NQ120N	天然气	3759	92	7360	2350	2860	3300	8600	5100	0	0	0	1	0	6	0	10	1	3	8	10	39	
			XJ6830GC	EQ6780KSDN3G	EQ6100N-30	天然气	5420	95	8260	2400	3020	3800	9800	5950	0	0	0	11	0	3	0	0	6	0	33	20	73	
		客车	XJ6600TC1	EQ6580KSN30	NQ115N	天然气	3759	85	5995	2260	2830,2930	3300	5660	4080	0	0	0	3	2	1	1	0	0	0	0	0	7	
					NQ120N	天然气	3759	92	5995	2260	2830,2930	3300	5660	4080	0	0	0	0	0	0	0	0	3	,1	13	28	44	
			XJ6661TC	EQ6580KSN30	NQ115N	天然气	3759	85	6640	2260	2830	3300	7080	4690	0	0	0	0	1	0	0	0	1	0	0	0	2	
				EQ6570KSDN3G1	NQ120N	天然气	3759	92	6640	2260	2830,2930	3300	7080	4690	0	0	0	0	0	5	0	0	0	3	0	2	10	
			XJ6661TC1	EQ6580KSN30	NQ115N	天然气	3759	85	6640	2260	2930	3300	7080	4690	0	0	0	1	0	7	3	0	0	0	0	0	11	
				EQ6570KSDN3G1	NQ120N	天然气	3759	92	6640	2260	2830	3300	7080	4690	0	0	0	0	0	0	0	0	0	2	2	1	5	
			XJ6859HC	LCK6803RAC	TBD226B-6CNG	天然气	6234	155	8495	2450	3290	4100	11300	8250	0	0	0	0	1	0	0	0	0	0	0	0	1	
常州黄海汽车有限公司	黄海牌	城市客车	DD6100NQG2	DD6990NQG2	NQ150N	天然气	5638	110	10300	2500	3230	4900	13500	9300	0	0	0	0	0	0	2	0	0	0	0	0	2	436
			DD6110G05	DD6110G05	CA6SL1-26E4N	天然气	7700	194	11400	2500	3300	5700	16500	11800	0	0	0	80	0	0	0	0	0	0	0	0	80	
			DD6118S26	DD6118S26	YC6G230N-30	天然气	7800	170	11310	2532	3380	5600	16000	12000	0	0	0	0	0	33	0	0	0	0	0	0	33	
			DD6118S23	DD6118S23	WP6NG240E30	天然气	6750	177	11310	2532	3380	5600	16000	12000	0	0	0	0	0	20	0	0	0	0	0	0	20	
			DD6120G27	DD6120G27	CA6SL1-26E4N	天然气	7700	194	11980	2500	3260	6000	18000	12200	0	0	0	0	120	180	0	0	0	0	0	0	300	
			DD6850NQG2	DD6830NQG2	NQ150N	天然气	5638	110	8540	2400	3000	4000	11100	6900	0	0	0	0	0	0	1	0	0	0	0	0	1	
安徽江淮客车有限公司	合客牌	城市客车	HK6940HGQ	HFC6880CNY3	YC6J210N-30	天然气	6454	155	9400	2420	3170	4200,4400	12900	8670,8870	14	0	0	0	0	2	0	0	0	0	0	0	16	404
					CA6SF2-19NE3	天然气	7130	148	9400	2420	3170	4200,4400	12900	8670,8870	0	0	0	0	0	0	0	0	0	0	0	9	9	
			HK6850HGQ	HFC6832NYG3	YC4G180N-30	天然气	5200	132	8500	2420	3070	3900	12000	7700	0	0	0	20	5	0	10	0	29	44	0	174	282	
			HK6668GQ	HFC6601CNY3	NQ120N	天然气	3759	92	6620	2240	2995	3308	6800	4450	0	0	0	6	0	0	0	0	6	0	9	4	25	
			HK6105HGQ	HFC6100CNY3	YC6G260N-30	天然气	7800	191	10430	2500	3070	5000	15500	9900	0	0	0	0	15	11	0	0	1	0	0	0	27	
			HK6746GQ	HFC6710CNY3	NQ120N	天然气	3759	92	7390	2420	3050	3600	8400	5600	0	0	0	0	0	0	0	0	15	0	0	14	29	
		客车	HK6608Q	HFC6601CNY3	NQ120N	天然气	3759	92	5990	2240	2995	3308	5900	4400	0	0	0	2	0	0	1	0	0	0	1	0	4	
			HK6119HQ	HFC6101CNY3	YC6G260N-30	天然气	7800	191	10690	2500	3620	5300	15780	11800	0	0	0	0	0	0	0	0	1	0	0	0	1	
			HK6129HQ	HFC6124CNY3	YC6M340N-30	天然气	9839	250	11990	2540	3565	6050	18000	13700	0	0	0	0	0	0	0	0	0	0	0	10	10	
			HK6867HQ	HFC6840NYG3	YC6J210N-30	天然气	6454	155	8620	2450	3180	4100	11800	8400	0	1	0	0	0	0	0	0	0	0	0	0	1	

续表

企业名称	车辆品牌	车辆名称	车辆型号	底盘型式/号	发动机型号	燃料种类	排量(mL)	功率(kW)	长(mm)	宽(mm)	高(mm)	轴距(mm)	总质量(kg)	整备质量(kg)	1月	2月	3月	4月	5月	6月	7月	8月	9月	10月	11月	12月	数量(辆)	合计(辆)
东风特种汽车有限公司	东风牌	城市客车	EQ6661PT3	EQ6570KN3AC	NQ100N3	天然气	3759	79	6570	2250	2780	3300	6500	4420	50	0	10	0	0	0	0	0	0	0	2	1	63	368
				EQ6570KSDN3G	NQ120N	天然气	3759	92	6570	2250	2780	3300	6500	4420	0	8	0	0	0	0	0	0	0	1	0	0	9	
				EQ6570KSDN3G	CA4GNE3	天然气	3700	85	6570	2250	2780	3300	6500	4420	0	0	0	16	0	0	0	0	0	0	0	0	16	
			EQ6890PTN3	EQ6820HN3AC1	NQ170N	天然气	5638	125	8910	2480	3430	4000	12000	7800	0	0	0	0	0	10	0	0	0	0	0	0	10	
			EQ6710PT3	EQ6641TN3AC	NQ120N	天然气	3759	92	7120	2250	2950	3300	7195	5050	0	0	0	0	0	0	0	0	0	0	0	2	2	
					CA4GNE3	天然气	3700	85	7120	2250	2950	3300	7195	4850	0	0	0	0	0	0	0	0	0	0	7	0	7	
			EQ6730CTN	EQ6693TN4AC	NQ120N4	天然气	3759	92	7260	2340	2850	3300	9000	5480	0	0	0	0	0	0	0	0	0	0	0	6	6	
			EQ6751PTN3	EQ6720TN3AC	NQ120N	天然气	3759	92	7540	2360	2950	3650	8300	5340	0	0	0	2	0	0	0	0	1	2	1	2	8	
			EQ6770CHTN	EQ6750HN4AC	NQ140N4	天然气	3759	103	7740	2340	3210	3650	10500	7250	0	0	0	0	0	0	0	0	10	0	0	0	10	
		客车	EQ6606PTN3	EQ6570KN3AC	CA4GNE3	天然气	3700	85	5990	2250	2990	3300	5860	4180	7	2	0	0	0	0	0	0	6	0	16	0	31	
					NQ120N	天然气	3759	92	5990	2250	2780	3300	5860	4180	0	0	0	5	14	26	4	0	0	23	0	30	102	
			EQ6661PTN5	EQ6570KN3AC	NQ120N	天然气	3759	92	6570	2250	2780	3300	6400	4420	0	0	0	1	3	0	4	0	0	0	0	0	8	
					CA4GNE3	天然气	3700	85	6570	2250	2990	3300	6400	4420	0	1	0	0	0	2	0	0	0	0	2	0	5	
			EQ6750PTN3	EQ6690KN3AC	NQ150N	天然气	5638	110	7480	2360	3160	3800	8100	5550	14	0	0	2	12	7	3	0	1	0	0	1	40	
			EQ6792PTN3	EQ6770TN3AC1	NQ170N	天然气	5638	125	7940	2430	3290	3800	9800	7070	0	0	0	3	0	1	1	0	1	4	5	34	49	
			EQ6730PT1	EQ6690KN3AC	NQ120N	天然气	3759	92	7280	2250	3060	3800	7400	4800	0	0	0	0	0	0	0	0	0	0	2	0	2	
北汽福田汽车股份有限公司	福田牌	城市客车	BJ6100C8MTB	BJ6100C8MTB	WP6NG240E30	天然气	8300	170	10500	2500	3350	5000	15500	10500	0	0	0	40	0	0	0	0	0	0	0	0	40	350
					WP6NG240E30	天然气	6750	177	10500	2500	3350	5000	15500	10200	0	0	0	0	1	40	0	0	0	0	0	0	41	
			BJ6121C7MTB－2	BJ6121BL0DN	YC6G260N－30	天然气	7800	191	11980	2550	3250	6230	17950	11900	0	0	0	0	0	0	0	0	38	0	0	0	38	
			BJ6123C7BTD	承载式车身	YC6L240N－50	天然气	8424	177	11700	2550	3200	5800	17950	11500	0	0	0	0	0	0	0	0	0	0	0	90	90	
			BJ6123C7BCD	BJ6123BL0DN	YC6G260N－40	天然气	7800	191	11980	2550	3400	5900	17950	12200	0	0	0	0	35	0	0	0	0	0	0	0	35	
			BJ6930C7MCB	BJ6910BH0AD	YC6J210N－30	天然气	6454	155	9260	2400	3220	4450	12965	9000	0	0	0	0	16	0	0	0	0	0	0	0	16	
			BJ6901C6MCB	BJ6870BK0DD	WP6NG210E30	天然气	6750	155	8990	2450	3280	4250	13200	8900	0	0	0	0	0	0	48	0	0	0	0	0	48	
		客车	BJ6830U6LCB	BJ6820BG0DA	YC6J210N－30	天然气	6454	155	8349	2430	3400	3950	11380	8500	0	0	0	6	0	0	0	0	0	0	0	0	6	
			BJ6126U8MTB	BJ6126BL04N	YC6M320N－30	天然气	9839	236	12000	2550	3780	6150	18000	13700	0	0	0	0	2	0	0	0	0	1	0	0	3	
			BJ6126U8MTB－1	BJ6126U8MTB－1	WP10NG336E40	天然气	9726	247	12000	2550	3780	6150	18000	13700	0	0	0	0	0	0	1	0	4	5	0	0	10	
			BJ6110U7LCB－1	BJ6102BK0DK	WP7NG260E40	天然气	7140	191	10680	2500	3600	5170	15330	11670	0	0	0	0	0	0	0	0	0	5	1	0	6	
			BJ6110U8MTB	BJ6102U8MTB	SC8DT250Q3	天然气	8300	184	10680	2500	3600	5170	15480	11500	0	0	0	0	0	0	0	0	1	0	3	0	4	
			BJ6900U7ACB	承载式车身	YC6G230N－40	天然气	7800	170	8995	2450	3380	4425	12800	9000	0	0	0	0	0	0	0	0	0	0	13	0	13	

续表

企业名称	车辆品牌	车辆名称	车辆型号	底盘型式/号	发动机型号	燃料种类	排量(mL)	功率(kW)	长(mm)	宽(mm)	高(mm)	轴距(mm)	总质量(kg)	整备质量(kg)	1月	2月	3月	4月	5月	6月	7月	8月	9月	10月	11月	12月	数量(辆)	合计(辆)
河北长安汽车有限公司	长安牌	城市客车	SC6101NA3	CA6993D85A	CA6SH－NE3	天然气	5560	105	10200	2500	3010	5000	13200	7950	0	1	0	0	25	0	0	0	0	0	0	0	26	310
			SC6662NG3	SC6580DN1G3	CA4GNE3	天然气	3700	85	6600	2260	2805	3300	6850	4450,4600	0	0	0	0	0	0	0	0	0	0	1	0	1	
					NQ120N	天然气	3759	92	6600	2260	2805,2955	3300	6850	4450,4600	0	0	0	0	0	0	0	0	0	27	0	5	32	
			SC6607N1G3	SC6580DN1G3	NQ100N3	天然气	3759	79	5995	2220	2780	3300	5635	4150	0	0	0	0	0	0	0	0	0	0	10	0	10	
			SC6721NG3	SC6681NG3	CA4GNE3	天然气	3700	85	7166	2310	2910	300	7720	5640,5440	10	0	0	0	0	0	0	0	0	0	0	8	18	
					NQ120N	天然气	3759	92	7166	2310	3110,2910	3300	7720	5640,5440	0	0	9	5	5	0	0	0	28	0	0	0	47	
			SC6732NG3	SC6681NG3	NQ120N	天然气	3759	92	7258	2360	2980	3300	7720	5440	0	0	0	1	0	0	1	0	0	0	0	0	2	
			SC6751HNG3	SC6730DNG3	NQ120N	天然气	3759	92	7455	2380	3050	3300	9400	6000	0	0	0	0	27	10	0	0	0	0	0	0	37	
			SC6781HNG3	SC6730DNG3	NQ120N	天然气	3759	92	7750	2340	3050	3500	9400	6200	0	0	0	0	0	0	0	0	0	0	0	32	32	
			SC6820NG3	SC6740DNG3	CA6SH－NE3	天然气	5560	105	8155	2380	3060	3800	9400	6000	0	0	0	10	0	0	0	0	0	0	0	0	10	
			SC6842NG3	HFC6782NY1G3	NQ120N	天然气	3759	92	8360	2380	3050	3800	10500	6850	0	0	0	0	0	0	0	0	0	0	3	16	19	
			SC6850ENG3	EQ6820KTCN30	NQ170N	天然气	5638	125	8500	2380	3060	4000	12000	6700	0	0	0	0	0	2	0	0	0	0	1	0	3	
			SC6910HNJ3	HFC6880CNY3	YC6J190N－30	天然气	6454	140	9090	2490	3050	4200	12900	8200	0	0	0	0	0	0	0	0	0	0	0	22	22	
		客车	SC6608BFNG3	SC6580DNG3	CA4G25NE3	天然气	2500	78	5990	2120	2665	3300	5100	3550	0	0	0	16	2	3	5	0	0	1	7	0	34	
			SC6607NG3	SC6580DN1G3	NQ100N3	天然气	3759	79	5995	2220	2780	3300	5635	4150	0	0	0	0	2	0	0	0	0	0	0	0	2	
					NQ120N	天然气	3759	92	5995	2220	2780	3300	5635	4150	0	0	0	0	0	0	0	0	0	0	5	7	12	
			SC6726NG3	SC6650NG3	NQ120N	天然气	3759	92	7260	2280	2880	3800	7140	4720	0	0	0	0	1	0	0	0	0	0	0	2	3	
东风南充汽车有限公司	东风牌	城市客车	EQ6751PCN30	EQ6740KTN30	NQ120N	天然气	3759	92	7495	2360	3040	3800	8620	5300	0	0	20	0	1	12	0	0	6	2	0	0	41	308
			EQ6730PCN30	EQ6680KTCN30	NQ120N	天然气	3759	92	7345	2280	3100	3300	7880	5150	0	0	0	0	3	0	0	0	0	0	7	1	11	
			EQ6660PCN30	EQ6580KSN30	NQ115N	天然气	3759	85	6640	2250	3000	3300	7080	4610	0	0	0	1	4	2	20		2	12	1	4	46	
			EQ6860PCN30	EQ6820KTCN30	NQ170N	天然气	5638	125	8590	2480	3260	4000	12000	7000	0	0	0	0	1	7	0	0	0	0	0	0	8	
			EQ6810PCN31	EQ6780KTN31	NQ170N	天然气	5638	125	8100	2360	3040	3800	9480	5515	0	0	0	0	11	0	3	0	2	0	1	8	25	
			EQ6963PCN	EQ6893KTCN	NQ190N	天然气	5638	140	9600	2480	3460	4700	13500	7500	0	0	0	0	9	0	0	0	0	0	0	0	9	
		客车	EQ6600PCN30	EQ6580KSN30	NQ115N	天然气	3759	85	5998	2250	2800	3300	5650	4068	8	0	32	9	15	3	3	0	30	4	0	39	143	
			EQ6750PCN31	EQ6690KSN31	NQ150N	天然气	5638	110	7495	2360	3100	3800	8382	6120	0	0	0	0	4	3	0	0	2	0	0	6	15	
			EQ6750PCN30	EQ6690KSN30	NQ120N	天然气	3759	92	7495	2360	3060	3800	7662	5400	0	0	0	0	0	0	1	0	1	7	0	1	10	

续表

企业名称	车辆品牌	车辆名称	车辆型号	底盘型式/号	发动机型号	燃料种类	排量(mL)	功率(kW)	长(mm)	宽(mm)	高(mm)	轴距(mm)	总质量(kg)	整备质量(kg)	1月	2月	3月	4月	5月	6月	7月	8月	9月	10月	11月	12月	数量(辆)	合计(辆)
四川汽车工业股份有限公司	野马牌	城市客车	SQJ6101B1N4	EQ6983TN4AC1	NQ160N4	天然气	5975	118	9990	2500	3300	5000	13500	8460	0	0	0	0	0	0	0	0	0	0	6	0	6	299
			SQJ6101B1N3	EQ6980TN3AC1	NQ150N	天然气	5638	110	10120	2500	3300	5000	13000	8120	20	10	0	10	2	0	0	0	0	0	0	0	42	
			SQJ6111B1N3H	EQ6101HN3AC	NQ190N	天然气	5638	144	10600	2500	3050	6200	14000	9000	0	0	0	0	0	40	0	0	0	0	32	0	72	
			SQJ6121B1N3H	EQ6120HN3AC	NQ230N	天然气	6870	172	11990	2550	3500	6200	18000	12000	0	0	0	0	0	0	0	0	0	0	0	30	30	
			SQJ6661B1N3	EQ6570KN3AC	NQ120N	天然气	3759	92	6580	2300	3030，2850	3300	6500	4290	0	0	0	0	0	10	8	0	0	1	0	0	19	
			SQJ6851B1N3	EQ6770TN3AC	NQ150N	天然气	5638	110	8495	2400	3280	3800	9800	6420	12	1	0	0	0	7	0	0	6	0	0	0	26	
			SQJ6781B1N3	EQ6720TN3AC	NQ120N	天然气	3759	92	7760	2340	3150	3650	8400	5540	0	0	23	0	0	2	0	0	0	0	0	0	25	
			SQJ6961B1N3	EQ6900TN3AC1	NQ150N	天然气	5638	110	9640	2500	3150，3300	4500	12200	7455	0	0	0	0	0	10	0	0	5	0	0	9	24	
		客车	SQJ6600B1N3	EQ6570KN3AC	NQ120N	天然气	3759	92	5995	2220	2960，2780	3300	6000	4370,4500	0	0	0	1	2	4	2	0	0	0	0	0	9	
			SQJ6600B1N4	EQ6570KN4AC2	NQ120N4	天然气	3759	92	5995	2220	2780	3300	6100	4470	0	0	0	0	0	0	0	0	0	1	2	0	3	
			SQJ6750B1N3	EQ6690KN3AC	NQ120N	天然气	3759	92	7495	2340	2980，3140	3800	8100	5700	0	0	0	0	1	4	0	0	0	0	0	0	5	
					NQ150N	天然气	5638	110	7495	2340	3140，2980	3800	8100	5835	0	0	0	1	0	0	3	0	0	1	0	0	5	
			SQJ6760B1N3	EQ6690KN3AC	NQ150N	天然气	5638	110	7630	2340	3140	3800	8100	5835	0	0	0	0	2	1	8	0	0	0	0	0	11	
			SQJ6840B1N3H	EQ6810RN3AC	NQ190N	天然气	5638	144	8445	2450	3450	4000	11540	8650	0	0	0	0	0	8	0	0	0	0	0	0	8	
			SQJ6800B1N4	EQ6780TGN4AC	NQ160N4	天然气	5975	118	7990	2380	3300	3800	9800	6970	0	0	0	0	0	0	0	0	0	2	1	0	3	
			SQJ6800B1N3	EQ6770TN3AC	NQ150N	天然气	5638	110	7990	2380	3200	3800	9085	6700	8	0	0	0	0	0	1	0	0	0	0	0	9	
			SQJ6930B1N3H	EQ6920RN3AC1	NQ230N	天然气	6870	172	9340	2480	3390	4500	13100	9820	0	0	0	0	0	0	2	0	0	0	0	0	2	
深圳市五洲龙汽车有限公司	五洲龙牌	城市客车	FDG6113NG	EQ6110HN4AC	WP10NG260E40	天然气	9726	191	11090	2500	3180	5300	16500	10500	60	0	130	48	0	0	0	0	0	0	0	0	238	280
					YC6G260N－40	天然气	7800	191	11090	2500	3180	5300	16500	10500	0	0	0	0	0	42	0	0	0	0	0	0	42	
厦门金龙旅行车有限公司	金旅牌	城市客车	XML6105J18CN	承载式车身	CA6SF2－23E4N	天然气	7130	173	10480	2500	3660	5000	16500	11540	0	0	0	141	0	0	0	0	0	0	0	0	141	278
			XML6105J18CN	承载式车身	CA6SF2－23E4N	天然气	7130	173	10480	2500	3660	5000	16500	11540	0	0	0	0	39	0	0	20	0	0	0	0	59	
					YC6G230N－40	天然气	7800	170	10480	2500	3660	5000	16500	11540	0	0	0	0	0	0	0	0	0	0	10	0	10	
			XML6105J13CN	XML6105D13CN	WP6NG240E30	天然气	6750	177	10480	2500	3200	5000	16200	11540	0	0	0	0	0	0	0	0	0	1	0	0	1	
			XML6115J13CN	XML6115D13CN	YC6G230N－30	天然气	7803	170	11490	2540	3450	5700	17000	10825	0	0	0	0	0		2	0	0	0	0	0	2	
			XML6125J18CN	承载式车身	YC6G260N－40	天然气	7800	191	11980	2540	3450	6100	18000	12320	0	0	0	0	0	35	0	0	0	0	0	0	35	
			XML6845J13CN	XML6815D13CN	YC4G180N－30	天然气	5202	132	8390	2460	3120	4000	11400	8500	0	0	0	0	0	0	0	0	0	0	0	2	2	
			XML6895J13CN	XML6865D13CN	CA6SF2－19NE3	天然气	7130	148	8930	2460	3340	4250	12500	9100	0	0	0	1	0	0	0	0	0	0	0	0	1	
		双层城市客车	XML6116J18CNS	承载式车身	SC8DT250Q4	天然气	8270	184	11300	2540	4200	5500	18000	12660	0	0	0	0	0	0	0	0	0	1		0	1	

续表

企业名称	车辆品牌	车辆名称	车辆型号	底盘型式/号	发动机型号	燃料种类	排量(mL)	功率(kW)	长(mm)	宽(mm)	高(mm)	轴距(mm)	总质量(kg)	整备质量(kg)	1月	2月	3月	4月	5月	6月	7月	8月	9月	10月	11月	12月	数量(辆)	合计(辆)
厦门金龙旅行车有限公司	金旅牌	客车	XML6103J13N	XML6103D13N	YC6G260N-30	天然气	7800	191	10490	2500	3760	5300	15200	11530	0	0	0	5	0	0	0	12	0	0	0	0	17	
			XML6113J13N	XML6103D23N	YC6G260N-30	天然气	7800	191	10730	2500	3760	5520	15600	11700	0	0	0	0	0	0	0	0	0	0	0	1	1	
			XML6127J63N	承载式车身	YC6G260N-30	天然气	7800	191	11985	2540	3580	6300	16750	11520	0	0	0	1	0	0	0	0	0	0	0	0	1	
			XML6998J13N	XML6970D13N	YC6G230N-30	天然气	7803	170	9945	2500	3630	5100	13500	9990	0	0	0	0	0	0	0	0	4	0	0	0	4	
			XML6858J13N	XML6830D13N	YC6J210N-30	天然气	6454	155	8540	2430	3430	4100	11830	8940	0	0	0	0	0	0	0	0	1	0	0	0	1	
			XML6897J13N	XML6860D13N	YC6G230N-30	天然气	7803	170	8945	2500	3650	4300	13000	9600	0	0	0	0	0	0	0	0	0	0	0	2	2	
中车集团西安骊山汽车制造厂	骊山牌	城市客车	LS6670N	EQ6570KN3AC	CA4GNE3	天然气	3700	85	6660	2240	2760	3300	6500	4300	0	0	0	5	0	25	4	0	0	4	0	0	38	233
				HFC6601CNY3 EQ6580KSN30	NQ115N	天然气	3759	85	6660	2240	2760	3300	6500	4300	0	0	0	0	0	0	0	0	0	0	11	6	17	
			LS6729N	HFC6601CNY3	CA4GNE3	天然气	3700	85	7220	2240	2830	3308	6500	4200	0	2	0	0	0	0	0	0	0	10	0	0	12	
				HFC6601CNY3	NQ120N	天然气	3759	92	7220	2240	2830	3308	6500	4200	0	0	0	0	0	0	0	0	8	0	0	4	12	
			LS6760N	EQ6700TN3AC	CA4GNE3	天然气	3700	85	7600	2380	3000	3300	7700	4700	0	0	0	0	0	54	16	0	0	0	0	0	70	
				EQ6700TN3AC	NQ120N	天然气	3759	92	7600	2380	3000	3300	7700	4700	0	0	0	6	14	0	0	0	4	1	1	5	31	
			LS6910N	EQ6900KSDN3G	EQ6100N-30	天然气	5420	95	9100	2480	3050	4700	10600	6690	0	0	0	6	5	4	10	0	2	4	4	1	36	
		客车	LS6761N	EQ6690KSDN3G	NQ150N	天然气	5638	110	7590	2380	3160	3900	8200	5580	0	0	0	1	0	0	0	0	0	0	1	0	2	
			LS6600N	EQ6570KN3AC	CA4GNE3	天然气	3700	85	5995	2240	2760	3308	5650	4100	0	0	0	0	1	1	0	0	0	3	5	5	15	
陕西汽车集团有限责任公司	陕汽牌	城市客车	SX6100FNG	SX6983GF81FT	NQ170N	天然气	5638	125	10200	2500	3210,3050	5000	14500	9400	0	0	0	0	0	0	0	30	0	0	36	57	123	224
			SX6121NG	SX6122GK62T	WP10NG260E30	天然气	9726	191	11990	2500	3240	6200	18000	12770	20	0	0	0	0	0	0	0	0	0	0	20	40	
				SX6123GL81T	YC6G230N-30	天然气	7800	170	11990	2500	3350	6200	18000	12770	0	0	0	0	0	1	0	0	0	0	0	0	1	
			SX6850GGN	SX6824GG81T	YC4G180N-40	天然气	5200	132	8540	2450	3150	4100	12000	6100	0	0	0	0	0	0	0	0	30	0	0	0	30	
			SX6122GGFN	SX6124GG82FT	NQ180N	天然气	5638	132	11990	2500	3080	6300	16500	10120	0	0	0	0	0	0	0	0	0	0	0	30	30	
金华青年汽车制造有限公司	青年牌	豪华旅游客车	JNP6105GC	承载式车身	YC6G230N-40	天然气	7800	170	10500	2500	3165	5100	15800	10250	0	0	0	0	0	0	0	0	0	17	0	0	17	178
			JNP6120LNG	承载式车身	YC6G260N-40	天然气	7800	191	12000	2550	3200,3165	5980	18000	11500	0	0	0	0	0	0	0	20		56	0	0	76	
			JNP6120GC	承载式车身	BGe5 230	天然气	5900	172	11600	2550	3340	5980	18000	11800	0	0	0	0	0	0	0	0	0	0	0	60	60	
			JNP6122DCN-1	承载式车身	WP10NG336E40	天然气	9726	247	12000	2550	3430	6100	18000	13300	0	0	0	0	0	0	6	0	0	0	0	0	6	
					YC6MK340N-40	天然气	10338	250	12000	2550	3430	6100	18000	13300	0	0	0	0	0	0	0	0	0	0	7	0	7	
			JNP6127LN	承载式车身	YC6MK340N-40	天然气	10338	250	12000	2550	3850	5800	17200	13200	0	0	0	0	0	0	0	0	4	0	0	8	12	
广州汽车集团客车有限公司	广汽牌	城市客车	GZ6770SN1	GZ6730DSN1	YC4D140N-40	天然气	4214	103	7680	2350	3000	3500	10500	6800	0	0	0	0	0	0	0	0	20	0	20	0	40	160
			GZ6100SN	GZ6100DSN1	YC6J210N-40	天然气	6454	155	10460	2500	3270	5000	16200	10500	0	0	0	0	0	0	0	0	0	35	0	0	35	
			GZ6110SN	GZ6110DSN1	YC6G230N-40	天然气	7800	170	11490	2540	3120	5600	16500	11250	0	0	0	0	0	0	0	0	0	0	0	85	85	

续表

企业名称	车辆品牌	车辆名称	车辆型号	底盘型式/号	发动机型号	燃料种类	排量(mL)	功率(kW)	长(mm)	宽(mm)	高(mm)	轴距(mm)	总质量(kg)	整备质量(kg)	1月	2月	3月	4月	5月	6月	7月	8月	9月	10月	11月	12月	数量(辆)	合计(辆)
东风汽车股份有限公司	东风牌	城市客车	DFA6660KN3CD	EQ6570KN3AC	NQ120N	天然气	3759	92	6600	2260	2800	3300	6500	4350	20	0	0	9	0	8	0	0	0	0	0	0	37	153
			DFA6681TN3G	EQ6640TN3AC	CA4GNE3	天然气	3700	85	6800	2240	2900	3100	7195	4850	0	0	0	1	0	0	0	0	10	2	0	0	13	
			DFA6750TN3G	EQ6720TN3AC	NQ120N	天然气	3759	92	7498	2360	3000	3500	8260	5330	0	0	0	0	4	0	0	0	0	1	0	0	5	
			DFA6720TN3G	EQ6700TN3AC	NQ120N	天然气	3759	92	7200	2300	2900	3300	7690	5000	0	0	0	0	0	1	0	0	0	0	7	0	8	
			DFA6820TN3G	EQ6770TN3AC	EQ6100N－30	天然气	5420	95	8100	2360	2860	3800	8800	5600	0	0	0	0	2	0	0	0	28	0	0	0	30	
		客车	DFA6600KN3CD	EQ6570KN3AC	NQ120N	天然气	3759	92	5998	2260	2830	3300	5300	3800	21	0	0	7	19	13	0	0	0	0	0	0	60	
佛山市飞驰汽车制造有限公司	飞驰牌	城市客车	FSQ6851JNG	HFC6810NY1F	YC4G180N－40	天然气	5200	132	8500	2380	3080	3900	12000	8180	0	0	0	0	0	37	0	26	63	0	0	0	126	131
		客车	FSQ6110DN	EQ6100HN4AC1	YC6G230N－40	天然气	7800	191	10600	2490	3570	5000	16500	10800	0	0	0	0	0	0	0	0	0	0	5	0	5	
成都安达特种车辆有限责任公司	川马牌	城市客车	CAT6780DET	EQ6720TN3AC	NQ120N	天然气	3759	92	7760	2340	3150	3650	8400	5400	0	0	14	0	0	0	0	0	0	0	0	0	14	110
			CAT6720DET	EQ6700TN3AC	NQ120N	天然气	3759	92	7220	2340	2870	3300	7450	4700	0	0	0	1	0	0	7	0	0	0	0	0	8	
			CAT6110DET	EQ6101HN3AC	NQ150N	天然气	5638	110	10600	2470	3230	5000	13000	8400	0	0	0	0	1	0	0	0	0	0	0	0	1	
			CAT6660EET	EQ6570KN4AC2	NQ120N4	天然气	3759	92	6580	2300	3030	3300	6500	4300	0	0	0	0	0	0	0	0	0	1	0	0	1	
			CAT6660DET	EQ6570KN3AC	NQ120N	天然气	3759	92	6580	2300	2850	3300	6500	4300	0	0	0	2	2	2	2	0	5	0	0	19	32	
			CAT6850EET	EQ6780TN4AC	NQ160N4	天然气	5975	118	8500	2420	3200	3800，4000	10700	6200，6400	0	0	0	0	0	0	0	0	6	1	0	0	7	
		客车	CAT6750DET	EQ6690KN3AC	NQ150N	天然气	5638	110	7495	2320	3110	3800	8100	5800	0	0	0	0	5	0	0	0	0	0	0	4	9	
			CAT6750DHT	HNQ6690NE	NQ120N	天然气	3759	92	7465	2320	3010	3800	7450	5000	0	0	0	2	1	3	0	0	0	0	1	0	7	
				HNQ6690NE	NQ100N3	天然气	3759	79	7465	2320	3010	3800	7450	5180	0	0	0	0	0	0	2	0	0	0	0	5	7	
			CAT6800DYT	CA6783D298	NQ160N3	天然气	5975	118	7990	2380	3100，3250	3800	9450	6700	0	0	0	0	0	0	2	0	0	0	0	0	2	
			CAT6750DHT	EQ6770TN3AC1	NQ160N3	天然气	5975	118	7990	2380	3250	3800	9400	6700	0	0	0	0	1	4	0	0	0	3	0	2	10	
				EQ6770TN3AC1	NQ170N	天然气	5638	125	7990	2380	3250	3800	9400	6700	0	0	0	0	0	0	2	0	0	0	0	0	2	
			CAT6800EET	EQ6780TGN4AC	NQ160N4	天然气	5975	118	7990	2380	3250	3800，4000	9600	6800	0	0	0	0	0	0	0	0	2	0	0	1	3	
			CAT6760DET	EQ6690KN3AC	NQ150N	天然气	5638	110	7630	2300	3130	3800	8100	5680	0	0	0	1	0	3	1	0	0	1	0	1	7	

续表

企业名称	车辆品牌	车辆名称	车辆型号	底盘型式/号	发动机型号	燃料种类	排量(mL)	功率(kW)	长(mm)	宽(mm)	高(mm)	轴距(mm)	总质量(kg)	整备质量(kg)	1月	2月	3月	4月	5月	6月	7月	8月	9月	10月	11月	12月	数量(辆)	合计(辆)
贵州万达客车股份有限公司	万达牌	城市客车	WD6100N	EQ6980TN3AC1	EQ6100N-30	天然气	5420	95	10200	2500	3410	5000	13000	8800	0	0	0	1	0	0	0	0	0	0	0	0	1	85
			WD6100HN	EQ6101HN3AC	EQD210N-30	天然气	6234	154	10500	2500	3020,3170	5000	14500	9620	0	0	0	0	0	0	10	0	0	0	0	0	10	
			WD6660CN	EQ6570KN3AC	CA4GNE3	天然气	3700	85	6550	2200	2850	3300	6500	1250	25	0	0	0	0	0	1	0	1	2	5	0	34	
					NQ120N	天然气	3759	92	6550	2200	3100	3300	6500	4450	0	0	0	0	3	0	0	0	0	0	0	0	3	
			WD6780TN	EQ6720TN3AC	NQ150N	天然气	5638	110	7800	2360	3300	3650	8400	5600	0	0	0	4	0	1	1	0	0	0	0	0	6	
			WD6720CN	EQ6650KN3AC	NQ120N	天然气	3759	92	7160	2300	2880	3650,3800	7450	4600,4750	0	0	0	0	0	0	0	0	0	0	9	0	9	
			WD6720TN	EQ6700TN3AC	CA4GNE3	天然气	3700	85	7250	2320	3000	3300	7700	4950,5100	0	0	0	0	0	1	0	0	0	0	0	0	1	
			WD6610CN	EQ6570KN3AC	CA4GNE3	天然气	3700	85	6080	2100	2750	3300	6500	4200	0	0	0	2	0	0	0	0	0	0	0	0	2	
			WD6860HN	EQ6820HN3AC	NQ170N	天然气	5638	125	8555	2420	3300	4000	12500	8400	0	0	0	0	12	0	0	0	0	0	0	0	12	
		客车	WD6608CN	EQ6570KN3AC	NQ120N	天然气	3759	92	5995	2230	3050	3300	5850	4350	0	0	0	0	3	1	0	0	0	1	0	0	5	
					CA4GNE3	天然气	3700	85	5995	2230	2820	3300	5850	4200	0	0	0	1	0	0	0	0	0	0	0	0	1	
			WD6750CN	EQ6690KN3AC	NQ150N	天然气	5638	110	7470	2320	3280	3800	8100	5600,5750	0	0	0	0	0	1	0	0	0	0	0	0	1	
四川省客车制造有限责任公司	峨嵋牌	城市客车	EM6100HNG	EQ6100KRN	NQ190N	天然气	5638	114	10400	2500	3450	5000	16000	9400,9800	46	1	0	0	0	16	0	0	0	0	0	0	63	83
			EM61022A1N3	EQ6963KTCN	NQ190N	天然气	5638	140	10080	2480	3460	5000	14500	8100,8455	0	0	0	0	0	0	0	0	0	20	0	0	20	
中国重汽集团济南豪沃客车有限公司	黄河牌	城市客车	JK6105GC	ZZ6107GH1CC	YC6J210N-30	天然气	6494	155	10450	2500	3400	5000	16500	11760,11460	0	0	0	0	0	0	0	0	0	0	2	2	4	80
			JK6109GDN	EQ6983TN4AC1	NQ160N4	天然气	5975	118	10500	2500	3140	5000	13000	8400,8800	0	0	0	0	0	0	0	0	0	0	0	12	12	
			JK6129GN	ZZ6127GM1DC	YC6G260N-40	天然气	7800	191	11990	2550	3240	6000	18000	12150,12600	0	0	0	0	0	0	0	0	0	0	0	11	11	
			JK6129GC	ZZ6127GM1CC	T10.27-40	天然气	9726	196	11990	2550	3180	6000	18000	12150,12600	0	0	0	0	0	0	0	0	0	0	0	1	1	
			JK6668GDC	EQ6570KN3AC	CA4GNE3	天然气	3700	85	6620	2250	2820	3300	6500	4350,4500	0	0	0	0	0	0	0	0	0	0	0	2	2	
			JK6839GN	ZZ6787GG1DC	YC4G180N-40	天然气	5200	132	8260	2500	3400	3800	12000	8425,8750	0	0	0	0	0	0	0	0	0	0	30	0	30	
			JK6859DGC	EQ6770TN3AC	NQ150N	天然气	5638	110	8500	2400	3200	3800,3900	9800	3800,3900	0	0	0	0	0	0	0	0	0	0	0	17	17	
		客车	JK6858HNA	ZZ6827HH1DC	YC6J210N-40	天然气	6454	155	8540	2430	3300	4100	11600	8400,8180	0	0	0	0	0	0	0	0	0	0	0	3	3	

续表

企业名称	车辆品牌	车辆名称	车辆型号	底盘型式/号	发动机型号	燃料种类	排量(mL)	功率(kW)	长(mm)	宽(mm)	高(mm)	轴距(mm)	总质量(kg)	整备质量(kg)	1月	2月	3月	4月	5月	6月	7月	8月	9月	10月	11月	12月	数量(辆)	合计(辆)
一汽客车(成都)有限公司	解放牌	客车	CDL6606DT	CDL6570DT	NQ100N3	天然气	3759	79	5990	2025	2650	3200	4900	3300	8	0	10	2	7	1	1	0	0	0	0	0	29	70
					CA4G25NE3	天然气	2500	78	5990	2025	2610	3200	4900	3300	0	0	0	0	0	0	0	0	2	0	0	0	2	
			CDL6608DT	CDL6608DT	NQ100N3	天然气	3759	79	5995	2185	2750,2650	3200	5440	3540,3640	0	0	0	0	0	10	0	0	3	0	10	0	23	
			CDL6701DT	CDL6701DT	NQ120N	天然气	3759	92	6990	2185	2750	3935	6500	4300	0	0	0	1	0	6	0	0	2	0	0	6	15	
			CDL6930DECNG	CDL6930DECNG	NQ190N	天然气	5638	140	9340	2480	3470	4500	12900	9400	0	0	0	0	0	1	0	0	0	0	0	0	1	
东风汽车有限公司	东风牌	城市客车	EQ6700PDN3G	EQ6670KSDN3G	CA4GNE3	天然气	3700	85	7000	2200	2800	3650	7400	4360	0	0	0	0	0	0	0	0	0	0	4	0	4	68
		客车	EQ6600HDN3G	EQ6570KSDN3G	CA4GNE3	天然气	3700	85	5998	2200	2800	3300	6500	4270	0	0	0	0	1	16	3	0	0	0	0	0	20	
				EQ6570KSDN3G1	NQ120N	天然气	3759	92	5998	2200	2800	3300	6500	4270	0	0	0	0	0	0	0	0	14	4	9	2	29	
			EQ6750HDN3G	EQ6690KSDN3G	NQ150N	天然气	5638	110	7490	2360	3230	3900	8330	5730	0	0	0	0	0	0	0	0	0	0	1	3	4	
			EQ6700HDN3G	EQ6670KSDN3G	CA4GNE3	天然气	3700	85	7000	2200	2800	3650	7400	4480	0	0	0	0	0	0	0	0	10	0	0	1	11	
四川坤鼎车业有限公司	科威达牌	城市客车	KWD6821QNG	EQ6780KTN31	NQ170N	天然气	5638	125	8160	2360	3280	3800	9680	6800	0	0	0	0	0	0	0	0	6	10	0	0	16	54
			KWD6661QNG1	EQ6570KSDN3G1	NQ120N	天然气	3759	92	6640	2230	2880	3100	7400	4570	0	0	0	0	0	0	0	0	0	0	3	0	3	
		客车	KWD6601QN1	EQ6580KSN30	NQ115N	天然气	3759	85	5995	2230	2980	3300	630	4450	0	0	0	3	0	0	0	0	3	0	0	2	8	
			KWD6601QN2	EQ6570KSDN3G1	NQ120N	天然气	3759	92	5995	2230	2980	3100	6600	4300	0	0	0	0	0	0	0	0	1	1	0	0	2	
			KWD6661QN3	EQ6580KSN30	NQ115N	天然气	3759	85	6640	2230	2840,3090	3300	6950	4650	0	0	0	1	1	4	0	0	2	1	0	2	11	
			KWD6661QN4	EQ6580KSN30	NQ115N	天然气	3759	85	6640	2230	2840	3300	7150	4750	0	0	0	3	0	3	0	0	0	0	1	1	8	
			KWD6751QN2	HNQ6690NE	NQ120N	天然气	3759	92	7495	2300	2920	3650	7800	5250	0	0	0	0	0	0	0	0	0	0	1	0	1	
			KWD6751QN4	EQ6690KSN31	NQ150N	天然气	5638	110	7495	2360	3250	3800	8580	6080	0	0	0	0	5	0	0	0	0	0	0	0	5	
包头北奔重型汽车有限公司	北奔牌	城市客车	ND6110G	ND6110WDT3	WP6NG240E30	天然气	6750	177	10730	2500	3380	5000	15000	10800	0	0	0	0	0	2	0	0	0	0	0	0	2	51
			ND6110G1	ND6110WDT3	WP6NG240E30	天然气	6750	177	10730	2500	3380	5000	15000	10800	0	0	0	0	0	0	0	0	49	0	0	0	49	
一汽客车(无锡)有限公司	解放牌	城市客车	XQ6660SQ9	HFC6601CNY3	CA4GNE3	天然气	3700	85	6600	2240	2780	3308	6500	4200	0	0	0	4	0	4	0	0	0	0	0	3	11	46
			CA6121URN80	CA6120CRN23	BF6M1013－26E4N	天然气	7146	195	12000	2530	3250	6100	18000	12800	0	0	0	0	0	0	10	11	0	0	0	0	21	
			CA6100UFN80	CA6990CFN21	CA6SH－N1E4	天然气	5560	110	10400	2480	3090	5000	12250	8250	0	0	0	0	0	0	0	0	0	0	14	0	14	

续表

企业名称	车辆品牌	车辆名称	车辆型号	底盘型式/号	发动机型号	燃料种类	排量(mL)	功率(kW)	长(mm)	宽(mm)	高(mm)	轴距(mm)	总质量(kg)	整备质量(kg)	1月	2月	3月	4月	5月	6月	7月	8月	9月	10月	11月	12月	数量(辆)	合计(辆)
奇瑞商用车(安徽)有限公司	奇瑞牌	城市客车	SQR6100N	承载式车身	YC6J190N-30	天然气	6454	140	10470	2500	3276	5000	16300	10700	0	0	0	0	0	0	0	0	0	6	36	0	42	42
东风汽车公司	东风牌	城市客车	DHZ6900LN1	DHZ6900LND1	YC6J190N-40	天然气	5600	140	9050	2490	3350	4250	14000	10550	0	0	0	0	0	0	0	0	38	0	2	0	40	40
安源客车制造有限公司	安源牌	城市客车	PK6850EHN3	EQ6820HN3AC	NQ170N	天然气	5638	125	8510	2420	3280	4000	12500	8000	0	0	0	0	21	0	0	0	0	0	0	1	22	32
					YC4G180N-30	天然气	5200	132	8510	2420	3280	4000	12500	8000	0	0	0	0	0	0	0	0	0	0	10	0	10	
湖北新楚风汽车股份有限公司	楚风牌	城市客车	HQG6660ESRL3	EQ6570KN3AC 三类	CA4GNE3	天然气	3700	85	6600	2280	2800	3300	6475	4200	10	0	0	0	0	0	0	21	0	0	0	0	31	31
中国第一汽车集团公司	解放牌	城市客车	CA6120URN21		CA6SL1-24E4N	天然气	7700	180	11990	2500	3330				0	0	0	0	0	30	0	0	0	0	0	0	30	30
烟台舒驰客车有限责任公司	舒驰牌	城市客车	YTK6961G1	ND6940WDT0	WP6NG210E30	天然气	6750	155	9600	2440	3140	4500	12450	8050	0	0	0	0	0	2	0	0	0	0	0	0	2	29
		客车	YTK6110GC	ND6110WDT2	WP6NG240E30	天然气	6750	177	10730	2500	3380	5000	15000	10500	0	0	0	0	0	0	1	0	0	0	0	0	1	
			YTK6110GC2	ND6110WDT2	WP6NG240E30	天然气	6750	177	10730	2500	3380	5000	15000	10500	0	0	0	0	0	0	0	0	7	0	0	0	7	
			YTK6126T	ND6120WD30	WT615Z.280CNG	天然气	9726	206	12000	2550	3700	6000	17600	13310	0	0	0	0	0	0	0	0	5	0	0	0	5	
			YTK6890T	ND6851WD30	TBD226B-6CNG	天然气	6234	155	8890	2490	3410	4195	11950	8914	0	0	0	0	0	3	0	0	3	3	5	0	14	

续表

企业名称	车辆品牌	车辆名称	车辆型号	底盘型式/号	发动机型号	燃料种类	排量(mL)	功率(kW)	长(mm)	宽(mm)	高(mm)	轴距(mm)	总质量(kg)	整备质量(kg)	1月	2月	3月	4月	5月	6月	7月	8月	9月	10月	11月	12月	数量(辆)	合计(辆)
上海万象汽车制造有限公司	象牌	城市客车	SXC6105GN	GL6106GRCN	YC6G230N-30	天然气	7800	170	10500	2490	3260	5100	16100	11200	0	0	0	0	22	0	0	0	0	0	0	0	22	22
安徽省广通汽车制造有限公司	安通牌	客车	CHG6602EKNG	HFC6601CNY3	CA4GNE3	天然气	3700	85	5990	2280	2850	3308	6500	3800	7	0	0	0	0	7	0	0	2	0	0	1	17	19
			CHG6751EKNG	EQ6690KSDN3G	NQ150N	天然气	5638	110	7545	2420	3120	3120	8630	5920	0	0	0	0	0	0	0	0	1	0	0	0	1	
		城市客车	CHG6662ESNG	HFC6601CNY3	NQ120N	天然气	3759	92	6590	2280	2910	3308	6500	4150	0	0	0	0	0	1	0	0	0	0	0	0	1	
山东齐鲁汽车制造有限公司	齐鲁牌	城市客车	BWC6100NG	SX6103GH81T	NQ230N	天然气	6870	172	10460	2498	3520	5000	15000	10250	0	0	0	0	0	16	0	0	0	0	0	0	16	17
			BWC6770NG	EQ6760KSDN3G	NQ170N	天然气	5638	125	7740	2340	3050	3800	9800	6800	0	0	0	0	0	1	0	0	0	0	0	0	1	
长沙梅花汽车制造有限公司	同心牌	城市客车	TX6910CNG	HFC6880CNY3	YC6J210N-30	天然气	6454	188	9095	2495	3280	4200	12500	7990	0	0	0	0	0	0	0	16	0	0	0	0	16	17
		客车	TX6601CNG	EQ6570KN3AC	NQ120N	天然气	3759	88	5980	2260	2920	3300	5940	4000	0	0	0	0	1	0	0	0	0	0	0	0	1	
安徽长丰扬子汽车制造有限责任公司	扬子牌	城市客车	YZK6930CNG4	EQ6881RC4N	YC6J190N-40	天然气	6500	140	9340	2480	3050	4500	12000	7440	0	0	0	0	0	0	0	0	0	0	0	16	16	16
重庆五洲龙新能源汽车有限公司	五洲龙牌	城市客车	WZL6780NGT4	NJ6801YFC1	NQ140N4	天然气	3759	103	7800	2380	3100	3800	9000	6000	0	0	0	0	0	0	0	0	0	0	6	6	12	12

续表

企业名称	车辆品牌	车辆名称	车辆型号	底盘型式/号	发动机型号	燃料种类	排量(mL)	功率(kW)	长(mm)	宽(mm)	高(mm)	轴距(mm)	总质量(kg)	整备质量(kg)	1月	2月	3月	4月	5月	6月	7月	8月	9月	10月	11月	12月	数量(辆)	合计(辆)
安徽华夏车辆制造有限公司	华夏牌	客车	AC6600KJN	HFC6570NY1F	NQ120N4	天然气	3759	92	5980	2260	2850	3080	6500	4850	0	0	0	0	0	0	0	0	0	0	10	0	10	10
湖南衡山汽车制造有限公司	衡山牌	城市客车	HSZ6661CNG	EQ6570KSDN3G	CA4GNE3	天然气	3700	85	6560	2270	2770	3300	6600	4180	0	0	0	0	1	0	0	0	0	0	0	1	2	8
		客车	HSZ6602CNG	EQ6570KSDN3G	CA4GNE3	天然气	3700	85	5996	2270	2770	3300	5180	3595	0	0	0	0	6	0	0	0	0	0	0	0	6	
成都大运汽车集团有限公司	大运牌	客车	CGC6800AN3	CGC6770AN3	NQ150N	天然气	5638	110	7990	2380	3300	3800		6960	0	0	0	5	0	0	0	0	0	0	0	0	5	5
重庆市川江车辆制造有限公司	川江牌	客车	CJQ6601KE	YZ6600KE	NQ120N	天然气	3759	92	5980	2220	2950	3300	5982	4100	0	1	0	0	0	0	3	0	0	0	1	0	5	5
洛阳中集凌宇汽车有限公司	凌宇牌	城市客车	CLY6771CNGA	EQ6720TN3AC	NQ120N	天然气	3759	92	7700	2340	3010	3650	8400	5400	0	0	0	0	0	0	1	0	0	0	0	0	1	2
			CLY6850HCNGA	EQ6820HN3AC	NQ170N	天然气	5638	125	8510	2492	3025	4000	12150	7400	0	0	0	0	0	0	0	0	0	0	0	1	1	
桂林客车工业集团有限公司	桂林牌	城市客车	GL6120NGGH	承载式车身	SC8DT250Q3	天然气	8300	184	11990	2500	3320	6000	18000	11450	0	0	0	0	1	0	0	0	0	0	0	0	1	1
重庆力帆汽车有限公司	力帆牌	城市客车	LF6760T	LF6707T	NQ150N	天然气	5638	110	7600	2360	2950	3650	8500	6050	0	0	0	0	0	0	0	0	0	1	0	0	1	1
合计															1245	394	1745	2413	1698	3642	2064	1826	3048	2176	3651	4587	28489	28489

2011年，我国天然气客车产量为28489辆，有61家企业生产天然气客车，生产相对分散。前十家企业的产量为18655辆，占总产量的65.48%。其中，郑州宇通客车股份有限公司生产天然气客车4642辆，占总产量的6%；重庆恒通客车有限公司生产天然气客车2819辆，占总产量的10%；中通客车控股股份有限公司生产天然气客车2221辆，占总产量的8%；成都客车股份有限公司生产天然气客车2182辆，占总产量的8%；金龙联合汽车工业（苏州）有限公司生产天然气客车1555辆，占总产量的5%；厦门金龙联合汽车工业有限公司生产天然气客车1287辆，占总产量的5%；东风扬子江汽车（武汉）有限责任公司生产天然气客车1219辆，占总产量的4%。

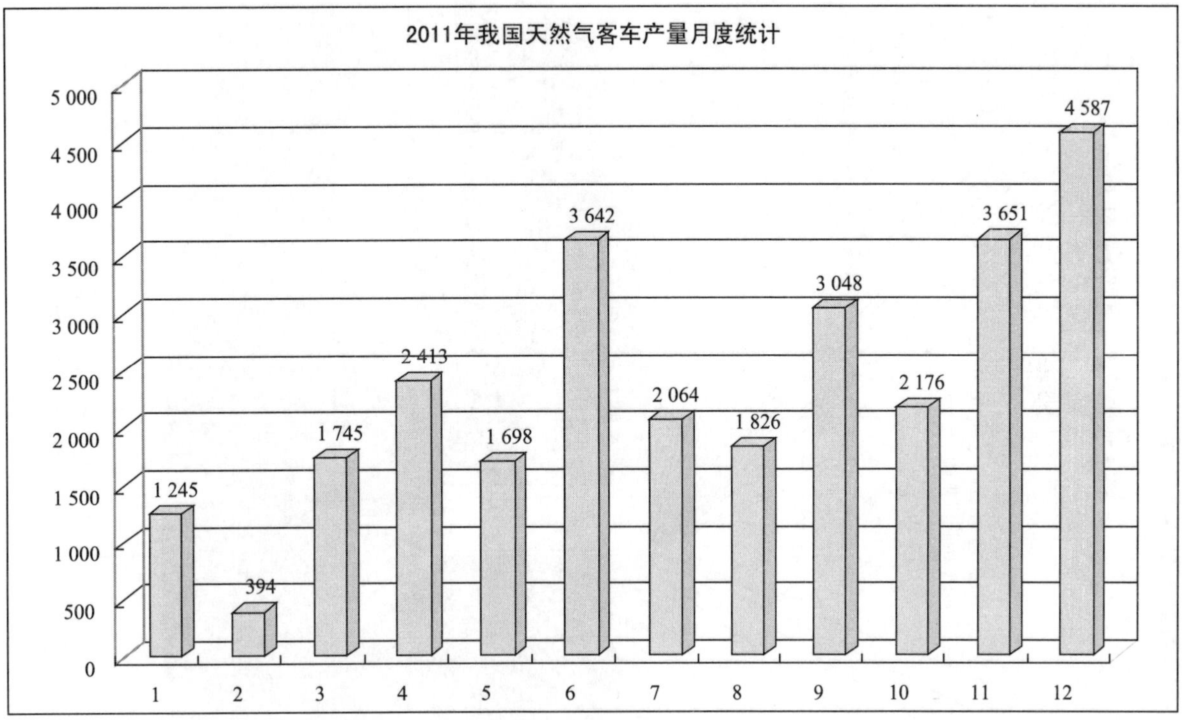

2011年我国天然气客车产量统计表

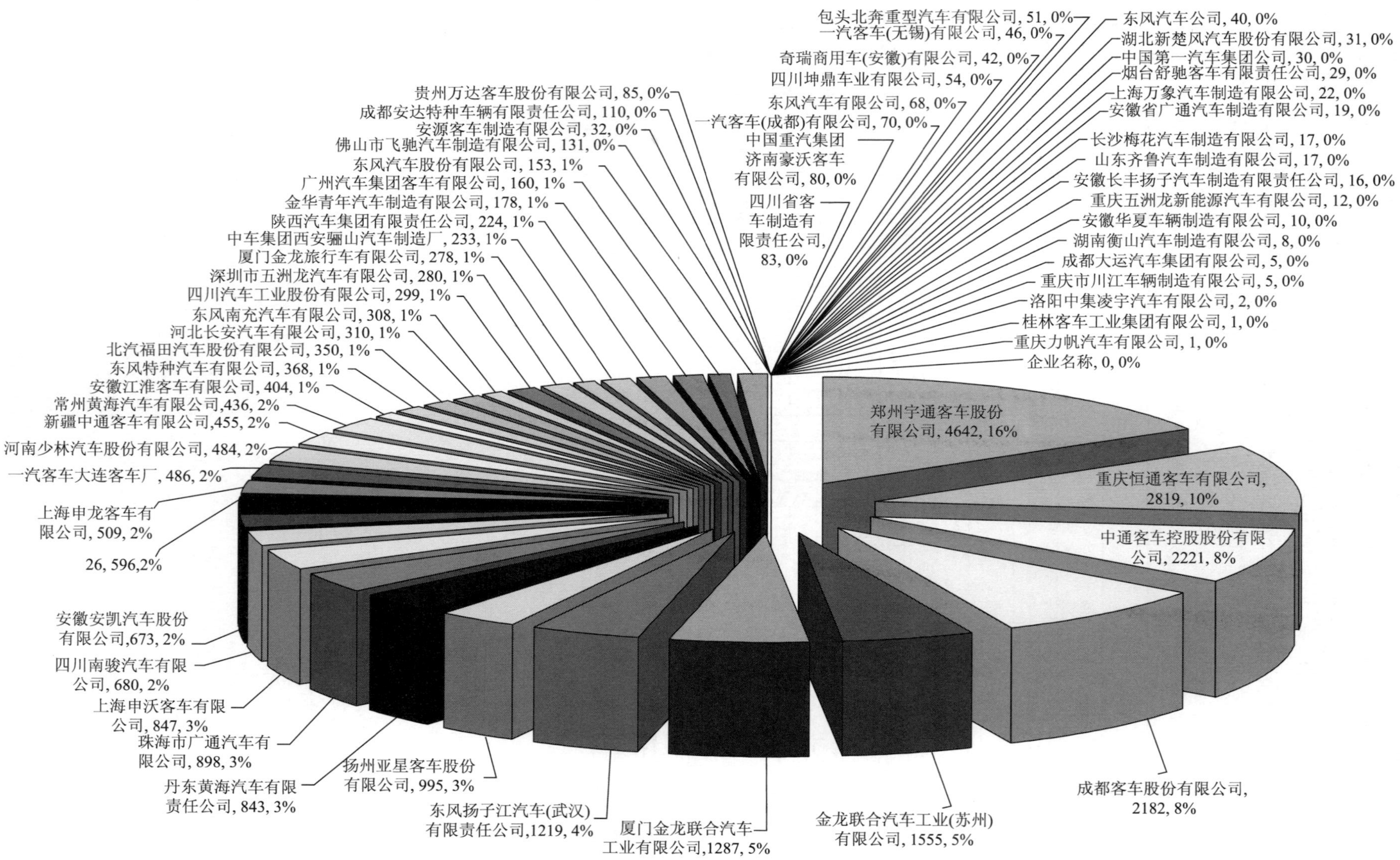

5.2011 年我国天然气牵引汽车、载货汽车、自卸汽车及其他汽车产量

企业名称	车辆品牌	车辆名称	车辆型号	底盘型式/号	发动机型号	燃料种类	排量(mL)	功率(kW)	长(mm)	宽(mm)	高(mm)	轴距(mm)	总质量(kg)	整备质量(kg)	准牵引总质量(kg)	半挂车鞍座最大允许总质量(kg)	1月	2月	3月	4月	5月	6月	7月	8月	9月	10月	11月	12月	数量(辆)	合计(辆)
陕西汽车集团有限责任公司	陕汽牌	牵引汽车	SX4186NN361T		WP10NG300E40	天然气	9726	220	6150	2490	3624	3600	18000	7540	28000，31000，34000	10330，10265	0	0	0	0	0	0	0	0	0	0	0	1	1	349
			SX4255NR384T		WT615Z300NG	天然气	9726	220	7475	2490	3710	3800+1350	25000	11000	32000	13870	0	0	0	0	23	0	0	0	0	0	0	0	23	
					WT618Z350NG	天然气	11590	257	7475	2490	3670	3800+1350	25000	11000	32000	13870	0	0	0	0	0	0	0	0	0	0	0	5	5	
			SX4255NT384TL		WP12NG380E40	天然气	11596	280	7475	2490	3730	3800+1350	25000	9750	39000	15120	0	0	0	0	23	0	0	0	0	0	0	81	104	
			SX4256NR299TL		WP12NG350E40	天然气	11590	257	6920	2490	4000	1500+2900	25000	7800	34000，38000	17070，17005	0	0	0	0	0	0	0	0	0	0	0	51	51	
			SX4256NT384T		WP12NG380E40	天然气	11596	280	7475	2490	3670	3800+1350	25000	8800	40000	16070	0	0	0	0	3	0	0	0	0	0	0	0	3	
					WP12NG330E40	天然气	11596	243	7475	2490	3710	3800+1350	25000	8800	40000	16070	0	0	0	0	0	0	0	0	0	0	0	45	45	
			SX4256NT384TL		WP12NG380E40	天然气	11596	280	7475	2490	3730	3800+1350	25000	8800	40000	16005	0	0	0	0	2	0	0	0	0	0	0	19	21	
			SX4256NT384TLZ		WP12NG350E40	天然气	11596	257	7475	2490	3730	3800+1350	25000	8800	38000	16005	0	0	0	0	0	0	0	0	0	0	0	34	34	
		自卸汽车	SX3315DT456TL1	SX3315DT456TL1	WP12NG380E30	天然气	11590	280	11230	2490	3450	1800+4500+1350，1800+4300+1350	31000	15050			0	0	0	0	0	0	0	0	0	0	0	16	16	
			SX3255BN384T	SX3255BN384T	SC9DT280Q3	天然气	8820	206	8636	2490	3450	3800+1350，4000+1350	25000	12500			0	0	0	0	0	0	0	0	0	0	0	5	5	
			SX3316DT456TL1	SX3316DT456TL1	WP12NG350E40	天然气	11596	257	11230	2490	3450	1800+4500+1350，1800+4300+1350，1800+4575+1400，1800+4375+1400	31000	15050			0	0	0	0	0	0	0	0	0	0	0	5	5	
		载货汽车	SX1256DN384TL	SX1256DN384TL	WP10NG300E40	天然气	9726	220	8730	2490	3162	3775+1400	25000	9900	9900		0	0	0	0	0	0	0	0	0	0	0	36	36	

续表

企业名称	车辆品牌	车辆名称	车辆型号	底盘型式/号	发动机型号	燃料种类	排量(mL)	功率(kW)	长(mm)	宽(mm)	高(mm)	轴距(mm)	总质量(kg)	整备质量(kg)	准牵引总质量(kg)	半挂车鞍座最大允许总质量(kg)	1月	2月	3月	4月	5月	6月	7月	8月	9月	10月	11月	12月	数量(辆)	合计(辆)
中国重汽集团济南卡车股份有限公司	豪泺牌	牵引汽车	ZZ4187M3817C1C		WT615.93	天然气	9726	213	6300	2496	2958	3800	18000	7170	34700	10700	0	0	0	0	1	0	0	0	0	0	0	0	1	267
			ZZ4187N4217C1LB		WT615.94	天然气	9726	235	6700	2496	3668	4200	18000	7300	34500	10570,10505	0	0	0	0	0	0	0	0	0	0	0	1	1	
			ZZ4257N3847C1C		WT615.95	天然气	9726	250	7390	2496	3718	3825+1350	25000	10700	35700,38100	14170	0	0	0	0	0	0	0	0	0	0	0	6	6	
			ZZ4257N3847C1CB		WT615.95	天然气	9726	250	7390	2496	3668	3825+1350	25000	9210	39550	15595	0	0	0	0	6	0	0	0	0	0	0	37	43	
			ZZ4257N3847C1L		T12.38-30	天然气	11596	279	7375	2496	2958	3825+1350	25000	8800	37600,40000	16070	0	0	0	0	0	0	0	0	0	0	0	43	43	
			ZZ4257N3847C1LH		WT615.95	天然气	9726	250	7375	2496	3668	3825+1350	25000	9600	39200	15270	0	0	0	0	37	0	0	0	0	0	0	110	147	
		自卸汽车	ZZ3317N3567C1L	ZZ3317N3567C1L	WT615.95	天然气	9726	250	10150	2496	3450	1800+3500+1350,1800+3500+1400	31000	15390			0	0	0	0	0	0	0	0	0	0	0	5	5	
			ZZ3317N4667C1L	ZZ3317N4667C1L	WT615.95	天然气	9726	250	11450	2496	3450	1800+4600+1350	31000	15200			0	0	0	0	0	0	0	0	0	0	0	20	20	
			ZZ3317N4667C1C	ZZ3317N4667C1C	WT615.95	天然气	9726	250	11045	2496	3450	1800+4600+1350,1800+4575+1400	31000	15500			0	0	0	0	0	0	0	0	0	0	0	1	1	
包头北奔重型汽车有限公司	北奔牌	牵引车	ND4252B38J		WP12NG380E40	天然气	11596	280	7535	2495	3180	3850+1450	25000	9970	38835	14900	0	0	0	0	63	0	0	0	0	0	0	38	101	131
			ND42500B38J7		WP12NG380E40	天然气	11596	280	7640	2500	3530	3850+1450	25000	8800	40000	16070	0	0	0	0	30	0	0	0	0	0	0	0	30	
东风汽车有限公司	东风牌	半挂牵引车	DFL4251A12		YC6MK375N-30	天然气	10338	276	7560	2500	3700	3900+1350	25000	8800	36200	16070	0	0	0	0	7	0	0	0	0	0	0	74	81	85
		自卸汽车	EQ3250GD3GN	EQ3250GD3GNJ	EQD210N-30	天然气	6234	154	9000	2489	3120	5340+1300	24900	11905			0	0	0	0	0	0	0	0	0	0	0	4	4	
东风汽车公司	特商牌	牵引汽车	DFE4160VF1		YC6G260N-40	天然气	7800	191	6400	2490	3100	39,504,200	16400	6205	30000	10000	0	0	0	0	0	0	0	0	0	0	0	46	46	75
			DFE4250VF2		YC6M340N-30	天然气	9839	250	7465	2490	3700	3850+1300,3850+1350	25000	8805	40000	16000	0	0	0	0	0	0	0	0	0	0	0	2	2	
			DFE4250VF4		YC6MK375N-40	天然气	10338	276	7515	2490	3700	3850+1300,3850+1350	25000	8805	40000	16000	0	0	0	0	0	0	0	0	0	0	0	2	2	
		自卸汽车	DFE3310VF5	DFE3310VFJ5	WP12NG380E40	天然气	11596	280	12000	2500	3350	1950+4500+1350,1950+4500+1450	31000	14800			0	0	0	0	0	0	0	0	0	0	0	15	15	
			DFE3310VF1	DFE3310VFJ	YC6M320N-30	天然气	9839	236	10400	2500	3500	1950+3800+1300	31000	14800			0	0	0	0	0	0	0	0	0	0	0	10	10	

续表

企业名称	车辆品牌	车辆名称	车辆型号	底盘型式/号	发动机型号	燃料种类	排量(mL)	功率(kW)	长(mm)	宽(mm)	高(mm)	轴距(mm)	总质量(kg)	整备质量(kg)	准牵引总质量(kg)	半挂车鞍座最大允许总质量(kg)	1月	2月	3月	4月	5月	6月	7月	8月	9月	10月	11月	12月	数量(辆)	合计(辆)
太原长安重型汽车有限公司	远威牌	半挂牵引车	SXQ4251M7N-4		WP12NG350E40	天然气	11596	257	7545	2498	3700	3800+1350	25000	10300	38505	14570,14505	0	0	0	0	0	0	0	0	0	0	0	20	20	23
			SXQ4250M6N1-4		WP10NG300E40	天然气	9726	220	7545	2498	3700	2000+3000	25000	9305	32500	15565,15500	0	0	0	0	0	0	0	0	0	0	0	1	1	
		自卸汽车	SXQ3252G4N-4	SXQ3252GJ4N-4	SC8DT230Q4	天然气	8270	170	8690	2498	3150	1950+3500	25000	11905			0	0	0	0	0	0	0	0	0	0	0	2	2	
河北华北石油油田专用车改装厂	油龙牌	供液车	YLL5318TGY4	DFE3310VFJ5	YC6MK375N-40	天然气	10338	276	12000	2500	3200	1950+4500+1350,1950+4500+1450	31000	15450			0	0	0	0	0	0	0	0	0	0	0	21	21	21
中国重汽集团济南商用车有限公司	斯达-斯太尔牌	牵引汽车	ZZ4251N3841C1CH		WT615.95	天然气	9726	250	7170	2490	3700	3800+1350	25000	9800	39000	15005	0	0	0	0	10	0	0	0	0	0	0	0	10	19
					WT615.95	天然气	9726	250	7170	2490	2920	3800+1350	25000	9800	39000	15005	0	0	0	0	0	0	0	0	0	0	0	1	1	
			ZZ4251N3841C1LH		WT615.95	天然气	9726	250	7170	2490	3870	3800+1350	25000	9800	39000	15005	0	0	0	0	1	0	0	0	0	0	0	0	1	
	豪运牌		ZZ4255N3845C1C		WT615.94	天然气	9726	235	7450	2496	3720	3825+1350	25000	9800	36600	15070	0	0	0	0	5	0	0	0	0	0	0	0	5	
			ZZ4255N3845C1L		WT615.95	天然气	9726	250	7450	2496	3250	3825+1350	25000	9800	39000	15005	0	0	0	0	0	0	0	0	0	0	0	2	2	
东风南充汽车有限公司	嘉龙牌	自卸汽车	DNC3120GN-30	DNC3120GNJ-30	NQ210N	天然气	6870	153	7100	2500	2950	42,004,500	11965	6780			0	0	0	0	0	0	0	0	0	0	0	10	10	18
	东风牌	载货汽车	EQ1120FN-30	EQ1120FNJ-30	NQ100N3	天然气	3759	79	9000	2480	2700	5300	12010	6005			0	0	0	0	0	0	0	0	0	0	0	5	5	
		厢式运输车	EQ5162GXXYN-30	EQ1162GNJ-30	NQ190N	天然气	5638	144	10000	2480	3450	5800	15900	7715			0	0	0	0	0	0	0	0	0	0	0	2	2	
		小学生校车	EQ6660PCN31	EQ6660PCN31	NQ115N	天然气	3759	85	6640	2280	3000	3300	5830	3850			0	0	0	0	0	0	0	0	0	0	0	1	1	
一汽解放青岛汽车厂	解放牌	平头天然气牵引车	CA4163P1K2NA80		WP10NG260E40	天然气	9726	191	6055	2493	2890	3750	16490	6660	29545	9635	0	0	0	0	2	0	0	0	0	0	0	2	4	9
			CA4258P2K15T1N-A80		WP12NG380E40	天然气	11596	280	7443	2490	3350	3800+1350	25000	8805	40000	16055	0	0	0	0	1	0	0	0	0	0	0	4	5	

续表

企业名称	车辆品牌	车辆名称	车辆型号	底盘型式/号	发动机型号	燃料种类	排量(mL)	功率(kW)	长(mm)	宽(mm)	高(mm)	轴距(mm)	总质量(kg)	整备质量(kg)	准牵引总质量(kg)	半挂车鞍座最大允许总质量(kg)	1月	2月	3月	4月	5月	6月	7月	8月	9月	10月	11月	12月	数量(辆)	合计(辆)
北汽福田汽车股份有限公司	福田牌	半挂牵引汽车	BJ4253SMFCB-4		WP12NG380E40	天然气	11596	280	7525	2495	3410	3825+1350	25000	8805	40000	16000	0	0	0	0	4	0	0	0	0	0	0	0	4	4
奇瑞商用车(安徽)有限公司	集瑞联合牌	牵引汽车	SQR4251N6ZT4		YC6MK375N-40	天然气	10338	276	7515	2500	3905	3825+1350	25000	8750	40000	16055	0	0	0	0	2	0	0	0	0	0	0	1	3	4
		自卸汽车	SQR3311N6T6-1	SQR3311N6T6-E1	YC6MK375N-40	天然气	10338	276	10520	2500	3560	1950+4350+1350, 1950+3850+1350	31000	14945			0	0	0	0	0	0	0	0	0	0	0	1	1	
张家港韩中深冷科技有限公司	韩中深冷牌	低温液体加注车	ZHJ5241GDJ	DFE1250VFJ	WP10NG300E40	天然气	9726	220	10180	2500	3360	4900+1300	23500	17425			0	0	0	0	0	0	0	0	0	0	0	3	3	3
张家港中集圣达因低温装备有限公司	圣达因牌	低温液体运输车	SDY5312GDYT	SX3316DT456TL	WP12NG350E40	天然气	11596	257	11855	2500	3650	1800+4500+1350, 1800+4300+1350, 1800+4575+1400, 1800+4375+1400	31000	22095			0	0	0	0	0	0	0	0	0	0	0	3	3	3
安徽华菱汽车股份有限公司	华菱之星牌	压缩天然气牵引汽车	HN4250PT32C9M3		SC9DT320Q3	天然气	8820	235	7460	2495	3560	3900+1350	25000	9405	37000	15400	0	0	0	0	3	0	0	0	0	0	0	0	3	3
长沙中联重工科技发展股份有限公司	中联牌	清洗车	ZLJ5161GQXE3		NQ190N	天然气	5638	144		8150	2470	2850					0	0	0	0	0	0	0	0	0	0	0	1	1	1
合计																					223							792	1015	1015

2011 年，我国天然气牵引汽车、载货汽车、自卸汽车及其他汽车产量为 1015 辆。前 5 家的产量为 907 辆，占总产量的 89.35%。分别为：陕西汽车集团有限责任公司，产量为 349 辆；中国重汽集团济南卡车股份有限公司，产量为 267 辆；包头北奔重型汽车有限公司，产量为 131 辆；东风汽车有限公司，产量为 85 辆；东风汽车公司，产量为 75 辆。生产也主要集中在 5 月和 9 月，产量分别为 223 辆和 792 辆。

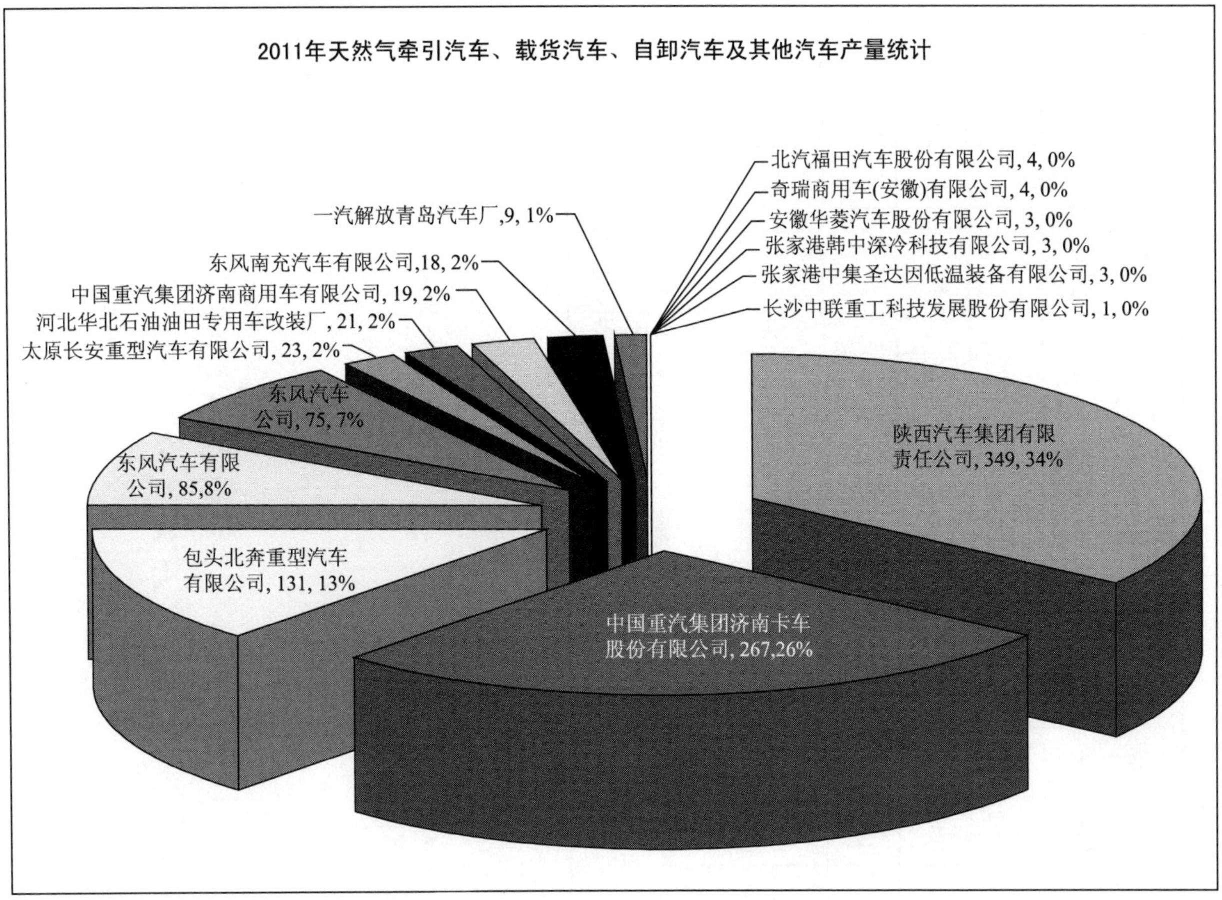

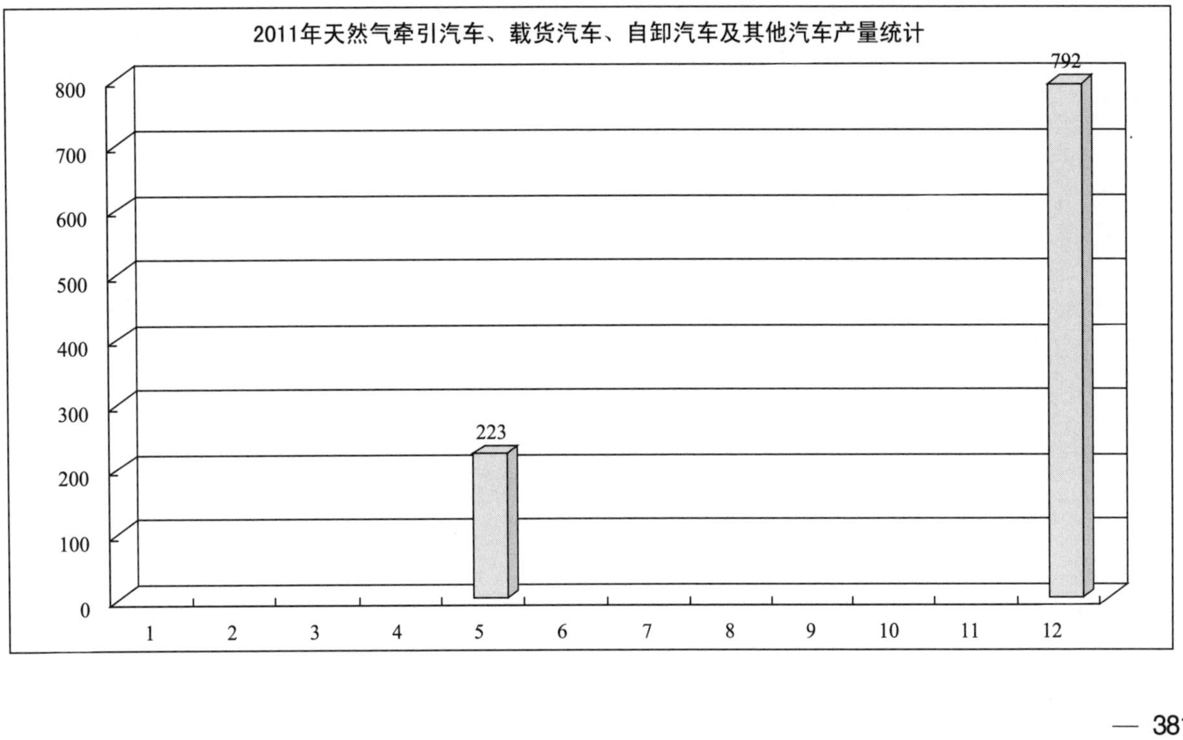

6.2011年我国液化石油气客车产量

企业名称	车辆品牌	车辆名称	车辆型号	底盘型式/号	发动机型号	燃料种类	排量(ml)	功率(kW)	长(mm)	宽(mm)	高(mm)	轴距(mm)	总质量(kg)	整备质量(kg)	1月	2月	3月	4月	5月	6月	7月	8月	9月	10月	11月	12月	数量(辆)	合计(辆)
广州汽车集团客车有限公司	广汽牌	城市客车	GZ6110SV	GZ6110DSV	YC6G220-4PB	液化石油气	7800	162	11490	2540	3200	5600	17800	11650	124	0	0	0	0	0	0	0	0	0	0	0	124	213
			GZ6120SV1	GZ6120DSV1	YC6G240-4PB	液化石油气	7800	177	12000	2540	3200	6100	18000	11950	89	0	0	0	0	0	0	0	0	0	0	0	89	
郑州宇通客车股份有限公司	宇通牌	城市客车	ZK6862HLGA	ZK6830GCRLA	YC4G160-4PB	液化石油气	5200	118	8645	2420	3205	4100	1,220,013,000	8750	100	0	0	0	0	0	0	0	0	0	0	0	100	159
			ZK6105HLGQAA	承载式车身	YC6G220-4PB	液化石油气	7800	162	10500	2500	3150	5200	16500	1,100,011,450	59	0	0	0	0	0	0	0	0	0	0	0	59	
厦门金龙联合汽车工业有限公司	金龙牌	城市客车	XMQ6106AGP4	XMQ6102GR4	YC6G220-4PB	液化石油气	7800	162	10480	2500	30,703,190	5100	15500	1,020,010,500	0	59	0	0	0	0	0	0	0	0	0	0	59	59
金华青年汽车制造有限公司	青年牌	豪华城市客车	JNP6182LPG	承载式车身	YC6MK300P-40	液化石油气	10338	221	18000	2550	3205	5720+6200	28000	18220	0	2	0	0	0	0	0	0	0	0	0	0	2	2
合计																											433	433

2011 年，我国液化石油气客车产量为433 辆。 有4 家企业生产，分别为：广州汽车集团客车有限公司生产液化石油气客车213 辆，占总产量的49%；郑州宇通客车股份有限公司生产液化石油气客车159 辆，占总产量的37%；厦门金龙联合汽车工业有限公司生产液化石油气客车59 辆，占总产量的14%；金华青年汽车制造有限公司生产液化石油气客车2 辆。 生产主要集中在1 月份和2 月份，产量分别为372 辆和61 辆。

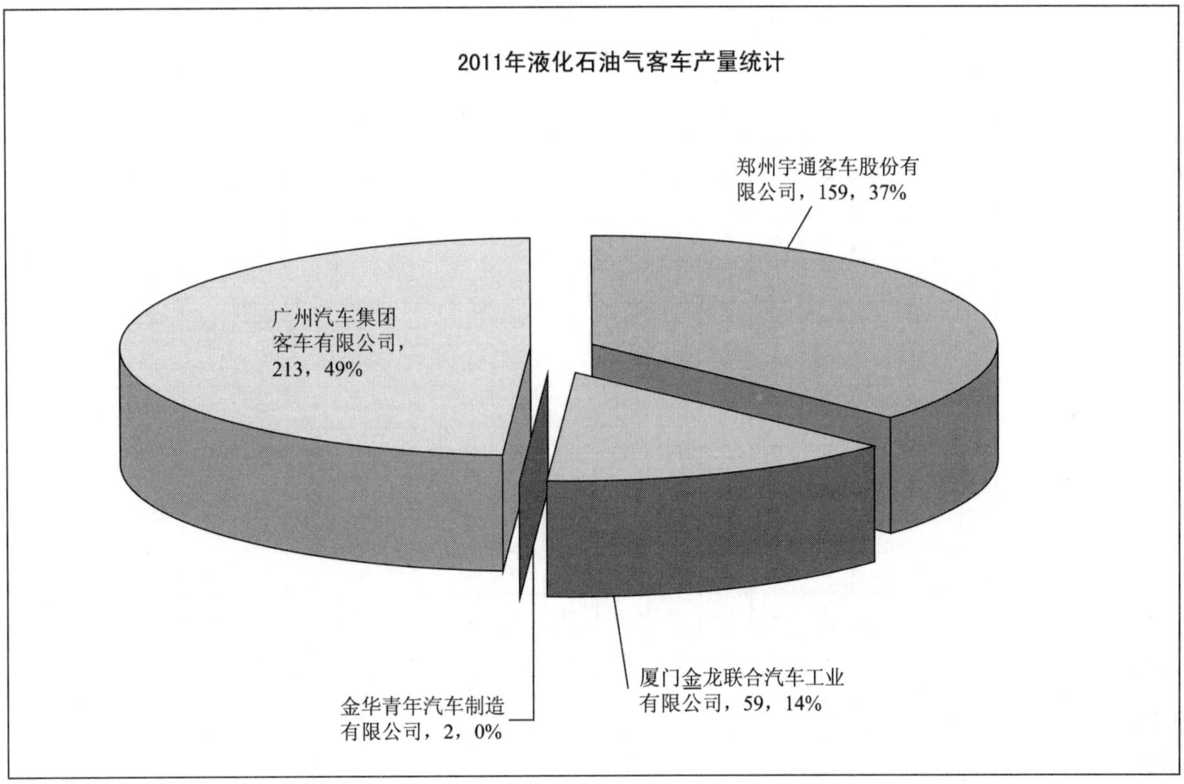

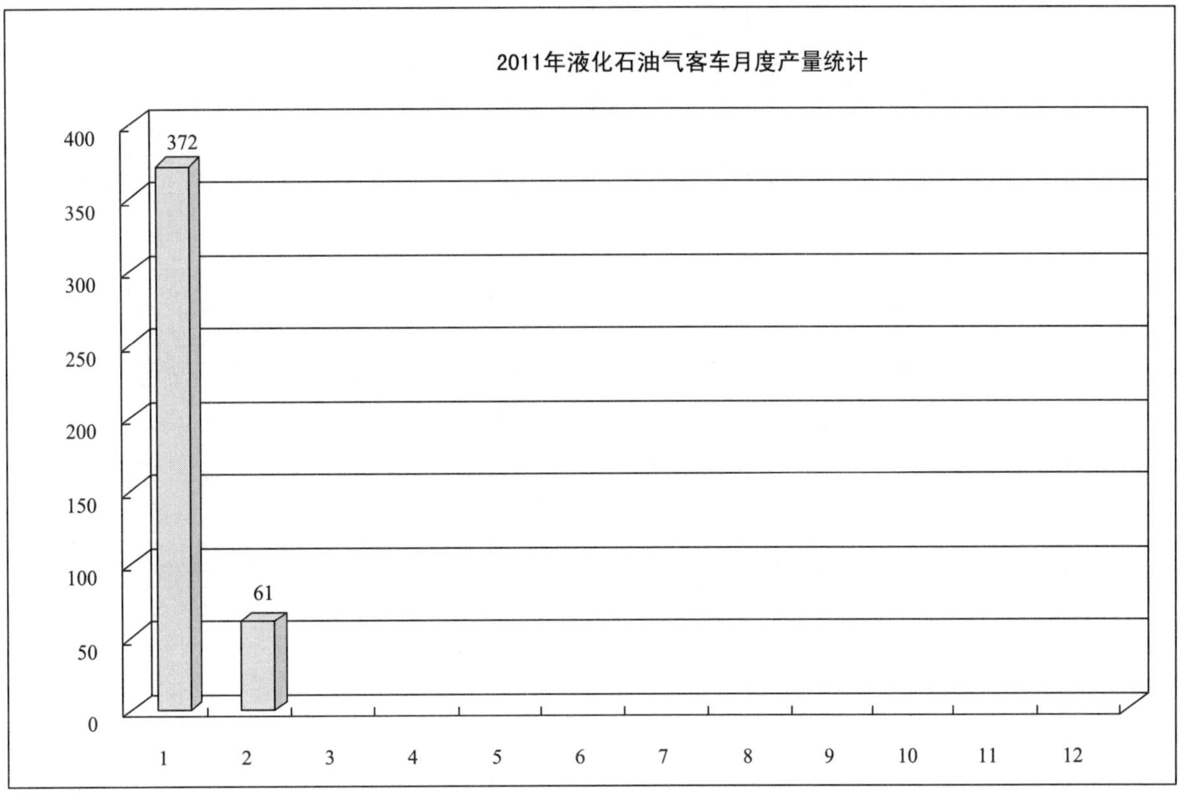

二、示范推广

1.2011年电动汽车示范推广统计

单位：辆

													混合动力汽车							插电式混合动力汽车							燃料电池汽车				合计
		公交车	客车	公务车	出租车	电力工程车	邮政车	环卫车	场地车/观光车	私人车	其他	小计	公交车	客车	公务车	出租车	私人车	其他	小计	公交车	客车	公务车	出租车	私人车	其他	小计	公交车	客车	场地车/观光车	小计	
1	深圳市	253	26	0	300	0	0	0	0	58	0	637	1370	0	0	0	287	0	1657	0	0	0	0	0	0	0	0	2	60	62	2356
2	北京市	0	0	0	400	0	0	1000	0	120	0	1520	0	0	0	0	0	0	0	0	0	0	0	0	0	0	0	0	0	0	1520
3	合肥市	200	50	0	0	0	0	0	0	1000	0	1250	0	2	0	0	0	0	2	0	0	0	0	0	0	0	0	0	0	0	1252
4	杭州市	0	0	3	170	44	5	0	0	93	0	315	369	0	0	0	0	0	369	0	0	5	0	4	0	9	0	0	0	0	693
5	长株潭地区	0	0	0	0	0	0	0	0	0	0	0	588	0	0	0	0	0	588	0	0	0	0	0	0	0	0	0	0	0	588
6	郑州市	7	0	52	0	11	0	0	0	0	0	70	431	0	0	0	0	0	431	0	0	0	0	0	0	0	0	0	0	0	501
7	沈阳市	0	0	0	0	0	0	0	0	0	0	0	0	0	0	403	0	0	403	40	0	0	0	0	0	40	0	0	0	0	443
8	重庆市	6	0	0	0	0	0	0	0	0	0	6	0	50	225	25	67	0	367	0	0	0	0	0	0	0	0	0	0	0	373
9	广州市	0	0	0	0	0	0	0	0	0	16	16	300	0	0	0	0	0	300	0	0	0	0	0	0	0	0	0	0	0	316
10	广西自治区	8	0	0	0	0	0	0	78	0	191	277	0	0	0	0	0	4	4	0	0	0	0	0	0	0	0	0	0	0	281
11	南昌市	10	0	0	0	0	0	5	0	0	0	15	76	0	23	160	0	0	259	0	0	0	0	0	0	0	0	0	0	0	274
12	昆明市	0	0	0	0	0	0	0	0	0	0	0	200	0	0	50	0	0	250	0	0	0	0	0	0	0	0	0	0	0	250
13	厦门市	0	0	0	33	0	0	0	0	0	0	33	215	0	0	0	0	0	215	0	0	0	0	0	0	0	0	0	0	0	248
14	武汉市	10	0	15	0	0	0	1	0	0	0	26	200	0	0	0	0	0	200	0	0	0	0	0	0	0	0	0	0	0	226
15	青岛市	40	0	110	0	0	0	32	0	0	0	182	0	0	0	0	0	0	0	0	0	0	0	0	0	0	0	0	0	0	182
16	大连市	30	6	30	0	0	0	0	0	0	47	113	60	0	0	0	0	0	60	0	0	0	0	0	0		0	0	0	0	173

续表

													混合动力汽车							插电式混合动力汽车							燃料电池汽车				合计
		公交车	客车	公务车	出租车	电力工程车	邮政车	环卫车	场地车/观光车	私人车	其他	小计	公交车	客车	公务车	出租车	私人车	其他	小计	公交车	客车	公务车	出租车	私人车	其他	小计	公交车	客车	场地车/观光车	小计	
17	天津市	0	0	80	0	0	20	0	0	0	0	100	58	0	0	0	0	0	58	10	0	0	0	0	0	10	0	0	0	0	168
18	海口市	30	0	0	27	0	0	0	0	0	0	57	50	0	34	0	0	0	84	0	0	0	0	0		0	0	0	0	0	141
19	济南市	0	0	26	0	0	0	0	0	0	0	26	100	0	0	0	0	0	100	0	0	0	0	0	0	0	0	0	0	0	126
20	长春市	0	0	0	0	0	0	0	0	0	0	0	100	0	0	0	0	0	100	0	0	0	0	0	0	0	0	0	0	0	100
21	西宁市	0	0	0	0	0	0	0	79	0	0	79	0	0	0	0	0	0	0	0	0	0	0	0	0	0	0	0	0	0	79
22	襄阳市	20	0	2	0	1	0	50	0	0	0	73	0	0	0	0	0	0	0	0	0	0	0	0	0	0	0	0	0	0	73
23	苏州市	2	0	0	0	0	0	0	0	0	0	2	50	0	0	0	0	0	50	0	0	0	0	0	0	0	0	0	0	0	52
24	西安市	50	0	0	0	0	0	0	0	0	0	50	0	0	0	0	0	0		0	0	0	0	0	0	0	0	0	0	0	50
25	呼和浩特市	0	0	0	0	0	0	0	0	0	0	0	50	0	0	0	0	0	50	0	0	0	0	0	0	0	0	0	0	0	50
26	成都市	30	0	0	2	12	0	2	0	0	0	46	0	0	0	0	0	0	0	0	0	0	0	0	0	0	0	0	0	0	46
27	珠海市	20	0	0	0	0	0	0	0	0	0	20	0	0	0	0	0	0	0	0	0	0	0	0	0	0	0	0	0	0	20
28	银川市	0	0	0	20	0	0	0	0	0	0	20	0	0	9	0	0	0	0	0	0	0	0	0	0	0	0	0	0	0	20
29	上海市	0	5	0	0	0	0	0	0	0	0	5	0	0	9	0	0	0	9	0	0	0	0	0	0	0	0	0	0	0	14
30	唐山市	0	0	0	0	0	0	0	0	0	0	0	6	0	0	0	0	0	6	0	0	0	0	0	0	0	0	0	0	0	6
31	桂林市	5	0	0	0	0	0	0	0	0	0	5	0	0	0	0	0	0	0	0	0	0	0	0	0	0	0	0	0	0	5
32	廊坊市	0	0	0	0	0	0	0	0	1	0	1	0	0	0	0	0	0	0	0	0	0	0	0	0	0	0	0	0	0	1
33	乌鲁木齐市	0	0	0	0	0	0	0	0	0	0	0	0	0	0	0	0	0	0	0	0	0	0	0	0	0	0	0	0	0	0
合计		721	87	318	952	68	25	1090	157	1272	254	4944	4223	52	291	638	354	4	5562	50	0	5	0	4	0	59	0	2	60	62	10627

注:表中统计了没有上公告的车型588辆。

2011 年是我国“十二五”规划的开局之年，也是我国全面开展“节能与新能源汽车”示范工作的重要一年，电动汽车示范推广工作取得了重大进展。根据表中的统计，截至 2011 年年底，我国 33 个省、市、自治区共示范推广新能源汽车 10627 辆。其中：纯电动汽车 4944 辆，占 46.52%；混合动力汽车 5562 辆，占 52.34%；插电式混合动力汽车 59 辆，占 0.56%；燃料电池汽车 62 辆，占 0.58%。与 2010 年相比，纯电动汽车增长幅度大于混合动力汽车的增长幅度，燃料电池汽车推广数量急剧减少。

在私人购买领域共推广电动汽车 1629 辆，包括：深圳市电动汽车 345 辆；北京市私人购买新能源汽车 120 辆；合肥市私人购买新能源汽车 1000 辆；杭州市私人购买新能源汽车 97 辆；重庆市私人购买新能源汽车 67 辆。私人购买新能源汽车领域占示范推广总量的 15.34%。鉴于除深圳市有少量私人购买电动汽车以外，多数城市的私人购买行为主要集中在车企内部或租赁公司，所以“狭义”的私人购买尚未真正启动。

在公共服务领域示范推广新能源汽车 8997 辆，包括公交车 4994 辆、客车 141 辆、公务车 614 辆、出租车 1590 辆、环卫车 1090 辆、其他推广领域（包括电力工程车、邮政车、环卫车、场地车、观光车、）568 辆，公共服务领域示范推广新能源汽车占示范推广总量的 84.66%。公共服务领域电动汽车推广在电动汽车示范推广工作中仍然扮演着主要角色。

2.2011 年电动汽车推广车型及数量——按车辆品牌划分

序号	生产企业	车　型	公告批次	目录序号	应用城市	数量（辆）	合计（辆）
1	深圳五洲龙汽车有限公司	五洲龙牌 FDG6111HEVG2 型混合动力城市客车	230	（十九）47	深圳市	1350	1489
		五洲龙牌 FDG6111HEVG2 型混合动力城市客车	230	（十九）47	沈阳市	40	
		五洲龙牌 FDG6113EVG1 型纯电动城市客车	235	（十九）47	深圳市	53	
		五洲龙牌 FDG6120HEVS 型混合动力双层城市客车	226	（十九）47	深圳市	20	
		五洲龙牌 FDG6700EV 型纯电动客车	225	（十九）47	深圳市	26	
2	安徽江淮汽车股份有限公司	江淮牌 HFC7000AEV 型纯电动轿车	219	56	合肥市	1000	1000
3	北京华林特装车有限公司	华林牌 HLT5023ZLJEV 型纯电动自卸式垃圾车	220	（一）31	北京市	346	928
		华林牌 HLT5031CTYEV 型纯电动桶装垃圾车	232	（一）31	北京市	250	
		华林牌 HLT5032CTYEV 型纯电动桶装垃圾车	234	（一）31	北京市	275	
		华林牌 HLT5071/72ZZZEV 型纯电动自装卸式垃圾车	222	（一）31	北京市	32	
		华林牌 HLT5074/76ZYSEV 型纯电动压缩式垃圾车	193	（一）31	北京市	25	
4	比亚迪汽车有限公司	比亚迪牌 QCJ7006BEVF 型纯电动轿车	228	108	杭州市	1	905
		比亚迪牌 QCJ7100ADM 型混合动力轿车	228	108	杭州市	9	
		比亚迪牌 QCJ7006 型纯电动轿车（e6）	203	108	深圳市	358	
		比亚迪牌 QCJ7100 型混合动力轿车（F3DM）	179	108	深圳市	287	
5	长沙市比亚迪客车有限公司	比亚迪牌 CK6120 型纯电动城市客车（K9）	225	79	深圳市	200	
		陆胜牌 CK6120LGEV 型纯电动城市客车	225	79	西安市	50	
6	郑州宇通客车股份有限公司	宇通牌 ZK6126PHEVGQDA 型混合动力城市公交车	224	71	苏州市	7	518
		宇通牌 ZK6108CHEVG1 型混合动力电动城市客车	224	71	天津市	1	
		宇通牌 ZK6126CHEVGAA 型混合动力城市客车	224	71	郑州市	430	
		宇通牌 ZK6126CHEVGAA 型混合动力城市客车	224	71	昆明市	10	
		宇通牌 ZK6126CHEVGQCA 型混合动力电动城市客车	224	71	杭州市	70	
7	重庆长安汽车股份有限公司	长安牌 SC6442H 型混合动力客车	194	96	重庆市	26	494
		长安牌 SC7005EV 型纯电动轿车	232	96	北京市	100	
		长安牌 SC7152 型混合动力轿车	194	96	重庆市	24	
		长安牌 SC7155A4 型混合动力出租车	217	96	昆明市	50	
		长安牌 SC7155A4 型混合动力轿车	217	96	重庆市	62	
		长安牌 SC7155HEV 型混合动力轿车	224	96	重庆市	180	
		长安牌 SC7155HEV 型混合动力轿车	230	96	南昌市	23	
		长安牌 SC7155HEV 型混合动力轿车	224	96	海口市	4	
		长安牌 SC7163H1 型混合动力轿车	221	96	重庆市	25	

续表

序号	生产企业	车 型	公告批次	目录序号	应用城市	数量（辆）	合计（辆）
8	湖南南车时代电动汽车股份有限公司	南车时代牌 TEG6102PHEV 型混合动力城市客车	232	（十八）23	长株潭地区	197	486
		南车时代牌 TEG6102PHEV 型混合动力城市客车	226	（十八）23	天津市	5	
		南车时代牌 TEG6120PHEV 型混合动力城市客车	216	（十八）23	长株潭地区	254	
		南车时代牌 TEG6129CHEV 型混合动力城市客车	225	（十八）23	昆明市	20	
		南车时代牌 TEG6129PHEV 型混合动力城市客车	232	（十八）23	长株潭地区	10	
9	华晨汽车集团控股有限公司	中华牌 SY7150X1SHEVBAB 型混合动力轿车	229	33	沈阳市	403	403
10	北汽福田汽车股份有限公司	福田牌 BJ6123PHEV－1 型混合动力城市客车	223	9	杭州市	40	389
		福田牌 BJ6123PHEV－1 型混合动力城市客车	220	9	长株潭地区	127	
		福田牌 BJ6123PHEV－1 型混合动力城市客车	223	9	昆明市	20	
		福田牌 BJ6123PHEV 型混合动力城市客车	223	9	海口市	2	
		福田牌 BJ6438EV3 型纯电动多用途乘用车	223	9	北京市	200	
11	厦门金龙旅行车有限公司	金旅牌 XML6105JHEV13C 型混合动力电动城市客车	223	124	天津市	5	362
		金旅牌 XML6125JHEV18C 型混合动力城市客车	219	124	杭州市	20	
		金旅牌 XML6125JHEV28C 型混合动力城市客车	228	124	杭州市	140	
		金旅牌 XML6125JHEV28C 型混合动力城市客车	219	124	昆明市	20	
		金旅牌 XML6125JHEV28C 型混合动力城市客车	219	124	厦门市	108	
		金旅牌 XML6125JHEV28C 型混合动力城市客车	219	124	天津市	20	
		金旅牌 XML6125JHEV93C 型混合动力电动城市客车	192	124	杭州市	23	
		金旅牌 XML6125JHEV98C 型混合动力电动城市客车	215	124	天津市	26	
12	东风汽车公司	东风牌 EQ5031ZXXBEVAC 型纯电动车厢可卸式垃圾车	229	3	襄阳市	50	319
		东风牌 EQ6102BEVL1 型纯电动城市客车	223	3	襄阳市	23	
		东风牌 EQ6110HEV 型混合动力城市客车	216	3	武汉市	200	
13	郑州日产汽车有限公司	东风牌 ZN5033XGCH2C 型纯电动工程车	202	72	郑州市	11	
		东风牌 ZN6440V1Y 型纯电动乘用车	222	72	郑州市	6	
		东风牌 ZN6461W1C 型纯电动乘用车	195	72	郑州市	10	
		东风牌 ZN6493H2C 型纯电动乘用车	195	72	郑州市	7	
		东风牌 ZN6493H2C 型纯电动工程车	220	3	成都市	12	
14	湖南江南汽车制造有限公司	众泰牌 JNJ6400EVL1 型纯电动轻型客车	232	84	杭州市	24	319
		众泰牌 JNJ6400EVL 型纯电动轻型客车	222	84	杭州市	14	
		众泰牌 JNJ6401EVL 型纯电动轻型客车	232	84	杭州市	43	
		众泰牌 JNJ6401EVL 型电动轻型客车	205	84	厦门市	22	
		众泰牌 JNJ6410EVM2 型纯电动轻型客车	229	84	厦门市	10	
		众泰牌 JNJ7000EVM 型纯电动轿车	232	84	杭州市	205	
		众泰牌 JNJ7000EVM 型纯电动轿车	222	84	厦门市	1	
15	安徽安凯汽车股份有限公司	安凯牌 HFF6100G03EV 型纯电动城市客车	231	55	合肥市	100	313
		安凯牌 HFF6100G03PHEV 型混合动力城市客车	232	55	天津市	5	
		安凯牌 HFF6101G03EV 型纯电动城市客车	231	55	合肥市	100	
		安凯牌 HFF6110G03PHEV 型混合动力城市客车	232	55	合肥市	1	
		安凯牌 HFF6110G03PHEV 型混合动力城市客车	232	55	南昌市	30	
		安凯牌 HFF6112G03EV 型纯电动城市客车	232	55	合肥市	10	
		安凯牌 HFF6120G03PHEV 型混合动力城市客车	232	55	合肥市	1	
		安凯牌 HFF6121G03PHEV 混合动力城市客车	216	55	昆明市	20	
		安凯牌 HFF6127K46EV－1 型纯电动客车	232	55	合肥市	20	
		安凯牌 HFF6127K46EV－2 型纯电动客车	232	55	合肥市	20	
		安凯牌 HFF6127K46EV 型纯电动客车	195	55	大连市	6	

续表

序号	生产企业	车 型	公告批次	目录序号	应用城市	数量（辆）	合计（辆）
16	广州汽车集团客车有限公司	广汽牌 GZ6110HEV 型混合动力城市客车	217	89	昆明市	10	310
		广汽牌 GZ6111HEV1 型混合动力城市客车	231	89	广州市	300	
17	北京汽车股份有限公司	北京牌 BJ7000B3D－BEV 型纯电动轿车	233	11	北京市	220	220
18	厦门金龙联合汽车工业有限公司	金龙牌 XMQ6127GH5 型混合动力城市客车	221	123	昆明市	10	183
		金龙牌 XMQ6127GH5 型混合动力城市客车	221	123	厦门市	107	
		金龙牌 XMQ6127GHEV4 型混合动力城市客车	227	123	杭州市	66	
19	中国第一汽车集团公司	解放牌 CA6120URH2 型混合动力城市客车	225	1	长春市	100	180
		解放牌 CA6126SH8 型混合动力城市客车	203	1	大连市	60	
		解放牌 CA6127URE31 型纯电动客车	216	1	大连市	20	
20	广汽丰田汽车有限公司	丰田（TOYOTA）牌 GTM7240HV 型混合动力轿车	215	89	南昌市	160	160
21	中通客车控股股份有限公司	中通牌 LCK6101GEV 型混合动力城市客车	215	125	天津市	5	148
		中通牌 LCK6105PHENV 型混合动力城市客车	226	125	海口市	33	
		中通牌 LCK6121HEV 型混合动力城市客车	218	125	杭州市	10	
		中通牌 LCK6121HEV 型混合动力城市客车	232	125	济南市	100	
22	海马轿车有限公司	海马牌 HMA7000BEV 型纯电动轿车	232	128	郑州市	29	
23	一汽海马汽车有限公司	海马牌 HMC7000EVM0 型纯电动轿车	227	88	杭州市	23	125
		海马牌 HMC7000EVM0 型纯电动轿车	227	88	海口市	27	
		海马牌 HMC7000EVM0 型纯电动轿车	227	88	济南市	26	
		海马牌 HMC7000EVM0 型纯电动轿车	203	88	银川市	20	
24	重庆恒通客车有限公司	恒通客车牌 CKZ6126HENV3 型混合动力城市客车	225	127	重庆市	50	121
		恒通客车牌 CKZ6126HENV3 型混合动力城市客车	225	127	呼和浩特	50	
		恒通客车牌 CKZ6127HBEV 型纯电动城市客车	220	127	重庆市	6	
		恒通客车牌 CKZ6126HNHEV4 型混合动力城市客车	225	127	海口市	15	
25	天津清源电动车辆有限责任公司	清源牌 QY5020XFWBEVEC 型纯电动服务车	117	（二）22	大连市	46	97
		清源牌 QY5020XFWBEVEL 型纯电动服务车	117	（二）22	大连市	31	
		清源牌 QY5020XYZBEVEC 型纯电动邮政车	208	（二）22	天津市	20	
26	奇瑞汽车股份有限公司	奇瑞牌 SQR7000EAS11 型纯电动轿车	206	119	天津市	80	80
27	金龙联合汽车工业（苏州）有限公司	海格牌 KLQ6129GHE2 型混合动力城市公交车	216	112	苏州市	35	71
		海格牌 KLQ6109GHEV1 型混合动力电动城市客车	223	112	天津市	1	
		海格牌 KLQ6129GEV 型纯电动城市公交车	217	112	苏州市	2	
		海格牌 KLQ6129GHEV4 型混合动力城市公交车	229	112	苏州市	8	
		海格牌 KLQ6129GHEV4 型混合动力城市客车	229	112	昆明市	25	
28	上海申龙客车有限公司	申龙牌 SLK6125USCHEV01 型混合动力城市客车	226	（九）15	昆明市	25	71
		申沃牌 SWB6121EV5 型纯电动城市客车	227	42	青岛市	40	
		申沃牌 SWB6127HE2 型混合动力城市客车	228	42	唐山市	6	
29	江西凯马百路佳客车有限公司	江西牌 JXK6113BEV 型纯电动城市客车	230	（十四）03	南昌市	10	56
		江西牌 JXK6116BCHEV 型混合动力城市客车	229	（十四）03	南昌市	46	
30	中联重科股份有限公司	中联牌 ZLJ5071TSL 型纯电动扫路车	235	（十八）20	北京市	55	55
31	江苏常隆客车有限公司	常隆马可牌 YS6120DG 型纯电动城市客车	147	（十）17	成都市	10	45
		常隆牌 YS6120GBEV 型纯电动力城市客车	228	（十）17	海口市	30	
		常隆牌 YS6128BEV 型纯电动客车	222	（十）17	上海市	5	

续表

序号	生产企业	车　型	公告批次	目录序号	应用城市	数量（辆）	合计（辆）
32	上海通用汽车有限公司	别克牌 SGM7240PHEV 型混合动力轿车	224	6	海口市	30	30
33	扬州亚星客车股份有限公司	亚星牌 JS6126GHEV 型混合动力城市客车	227	49	昆明市	20	20
34	成都客车股份有限公司	蜀客牌 CDK6122CABEV 型纯电动城市客车	227	（二十二）10	成都市	20	20
35	金华青年汽车制造有限公司	青年牌 JNP6120PHEV 型混合动力城市客车	237	7	昆明市	20	20
36	北京天路通科技有限责任公司	天路通牌 BTL5072TSLEV 型纯电动吸尘车	208	（一）44	北京市	17	17
37	日产汽车公司	日产 Leaf 纯电动轿车#	–	–	武汉市	15	15
38	桂林客车工业集团有限公司	桂林牌 GL6120BEV 型纯电动城市客车	221	90	桂林市	5	13
		桂林牌 GL6120BEV 型纯电动公交车	221	90	广西壮族自治区	8	
39	四川汽车工业集团有限公司	野马牌 SQJ6111B1CH 型纯电动城市客车	207	101	大连市	10	12
		野马牌 SQJ6452BEV 型纯电动出租车 *	–	101	成都市	2	
40	东风扬子江汽车（武汉）有限责任公司	扬子江牌 WG6120BEVHM 型纯电动城市客车	232	（十七）48	武汉市	10	10
41	上海汽车集团股份有限公司	荣威牌 CSA7180ACHEV 型混合动力轿车	220	122	上海市	9	9
42	河南少林汽车股份有限公司	少林牌 SLG6120EV 型纯电动城市客车	216	126	郑州市	7	8
		少林牌 SLG6120HEV 型混合动力城市客车	216	126	郑州市	1	
43	江西江铃汽车集团改装车有限公司	江铃牌 JX5020ZXXMEV 型纯电动环卫车	226	32	南昌市	5	5
44	金华市康迪新能源车辆有限公司	康迪牌 KD5011XXYEV 型纯电动厢式运输车	232	（十一）27	杭州市	5	5
45	东风柳州汽车有限公司	景逸 B12 混合动力轿车#	–	–	广西自治区	4	4
46	中国重汽集团成都王牌商用车有限公司	成都王牌牌 CDW5164GSSEV 型纯电动洒水车	235	101	成都市	1	1
47	武汉九通汽车厂	九通牌 KR5020ZXXEV 型纯电动车厢可卸式垃圾车	232	29	武汉市	1	1
48	一汽（四川）专用汽车有限公司	远达牌 SCZ5168GSSBEV 型纯电动洒水车	235	（二十二）01	成都市	1	1
合　计							10039

注：表中没有统计未上公告的车型计588辆，故总量比384页“2011年电动汽车示范推广”中的总量少588辆。包括：深圳市示范运行的燃料电池客车2辆，燃料电池场地车60辆；广州市示范运行的其他纯电动汽车16辆；青岛市示范运行的纯电动公务车110辆，纯电动环卫车32辆；广西自治区示范运行的纯电动观光车78辆，其他纯电动汽车190辆；西宁市纯电动观光车79辆；广东省珠海市示范运行的纯电动汽车20辆；廊坊市私人购买纯电动汽车1辆。

(1)纯电动客车

序号	生产企业	车 型	公告批次	目录序号	应用城市	数量（辆）	合计（辆）
1	安徽安凯汽车股份有限公司	安凯牌 HFF6100G03EV 型纯电动城市客车	231	55	合肥市	100	256
		安凯牌 HFF6101G03EV 型纯电动城市客车	231	55	合肥市	100	
		安凯牌 HFF6112G03EV 型纯电动城市客车	232	55	合肥市	10	
		安凯牌 HFF6127K46EV－1 型纯电动客车	232	55	合肥市	20	
		安凯牌 HFF6127K46EV－2 型纯电动客车	232	55	合肥市	20	
		安凯牌 HFF6127K46EV 型电动客车	195	55	大连市	6	
2	长沙市比亚迪客车有限公司	比亚迪牌 CK6120 型纯电动城市客车（K9）	225	79	深圳市	200	250
		陆胜牌 CK6120LGEV 型纯电动城市客车	225	79	西安市	50	
3	深圳五洲龙汽车有限公司	五洲龙牌 FDG6113EVG1 型纯电动城市客车	235	（十九）47	深圳市	53	79
		五洲龙牌 FDG6700EV 型纯电动客车	225	（十九）47	深圳市	26	
4	江苏常隆客车有限公司	常隆马可牌 YS6120DG 型纯电动城市客车	147	（十）17	成都市	10	45
		常隆牌 YS6120GBEV 型纯电动城市客车	228	（十）17	海口市	30	
		常隆牌 YS6128BEV 型纯电动客车	222	（十）17	上海市	5	
5	上海申沃客车有限公司	申沃牌 SWB6121EV5 型纯电动城市客车	227	42	青岛市	40	40
6	东风汽车公司	东风牌 EQ6102BEVL1 型纯电动城市客车	223	3	襄阳市	23	23
7	中国第一汽车集团公司	解放牌 CA6127URE31 型纯电动客车	216	1	大连市	20	20
8	成都客车股份有限公司	蜀客牌 CDK6122CABEV 型纯电动城市客车	227	（二十二）10	成都市	20	20
9	桂林客车工业集团有限公司	桂林牌 GL6120BEV 型纯电动城市客车	221	90	桂林市	5	13
		桂林牌 GL6120BEV 型纯电动城市客车	221	90	广西壮族自治区（不包括桂林）	8	
10	江西凯马百路佳客车有限公司	江西牌 JXK6113BEV 型纯电动城市客车	230	（十四）03	南昌市	10	10
11	东风扬子江汽车（武汉）有限责任公司	扬子江牌 WG6120BEVHM 型纯电动城市客车	232	（十七）48	武汉市	10	10
12	四川汽车工业集团有限公司	野马牌 SQJ6111B1CH 型纯电动城市客车	207	101	大连市	10	10
13	河南少林汽车股份有限公司	少林牌 SLG6120EV 型纯电动城市客车	216	126	郑州市	7	7
14	重庆恒通客车有限公司	恒通客车牌 CKZ6127HBEV 型纯电动城市客车	220	127	重庆市	6	6
15	金龙联合汽车工业（苏州）有限公司	海格牌 KLQ6129GEV 型纯电动城市公交车	217	112	苏州市	2	2
合 计							791

（2）纯电动乘用车

序号	生产企业	车 型	公告批次	目录序号	应用城市	数量（辆）	合计（辆）
1	安徽江淮汽车股份有限公司	江淮牌 HFC7000AEV 型纯电动轿车	219	56	合肥市	1000	1000
2	比亚迪汽车有限公司	比亚迪牌 QCJ7006BEVF 型纯电动轿车	228	108	杭州市	1	359
		比亚迪牌 QCJ7006 型纯电动轿车（e6）	203	108	深圳市	358	
3	北京汽车股份有限公司	北京牌 BJ7000B3D－BEV 型纯电动轿车	233	11	北京市	220	220
4	湖南江南汽车制造有限公司	众泰牌 JNJ7000EVM 型纯电动轿车	232	84	杭州市	205	319
		众泰牌 JNJ7000EVM 型纯电动轿车	222	84	厦门市	1	
		众泰牌 JNJ6400EVL1 型纯电动轻型客车	232	84	杭州市	24	
		众泰牌 JNJ6400EVL 型纯电动轻型客车	222	84	杭州市	14	
		众泰牌 JNJ6401EVL 型纯电动轻型客车	232	84	杭州市	43	
		众泰牌 JNJ6401EVL 型纯电动轻型客车	205	84	厦门市	22	
		众泰牌 JNJ6410EVM2 型纯电动轻型客车	229	84	厦门市	10	
5	北汽福田汽车股份有限公司	福田牌 BJ6438EV3 型纯电动多用途乘用车	223	9	北京市	200	200
6	海马轿车有限公司	海马牌 HMA7000BEV 型纯电动轿车	232	128	郑州市	29	125
7	一汽海马汽车有限公司	海马牌 HMC7000EVM0 型纯电动轿车	227	88	杭州市	23	
		海马牌 HMC7000EVM0 型纯电动轿车	227	88	海口市	27	
		海马牌 HMC7000EVM0 型纯电动轿车	227	88	济南市	26	
		海马牌 HMC7000EVM0 型纯电动轿车	203	88	银川市	20	
8	重庆长安汽车股份有限公司	长安牌 SC7005EV 型纯电动轿车	232	96	北京市	100	100
9	奇瑞汽车股份有限公司	奇瑞牌 SQR7000EAS11 型纯电动轿车	206	119	天津市	80	80
10	郑州日产汽车有限公司	东风牌 ZN6440V1Y 型纯电动乘用车	222	72	郑州市	6	23
		东风牌 ZN6461W1C 型纯电动乘用车	195	72	郑州市	10	
		东风牌 ZN6493H2C 型纯电动乘用车	195	72	郑州市	7	
11	日产汽车公司	日产 Leaf 纯电动轿车#	–	–	武汉市	15	15
12	四川汽车工业集团有限公司	野马牌 SQJ6452BEV 型纯电动出租车	242	101	成都市	2	2
合 计							2443

注：表中包括型进口车型 15 辆#。

（3）纯电动专用车

序号	生产企业	车 型	公告批次	目录序号	应用城市	数量（辆）	合计（辆）
1	北京华林特装车有限公司	华林牌 HLT5023ZLJEV 型纯电动自卸式垃圾车	220	（一）31	北京市	346	928
		华林牌 HLT5031CTYEV 型纯电动桶装垃圾车	232	（一）31	北京市	250	
		华林牌 HLT5032CTYEV 型纯电动桶装垃圾车	234	（一）31	北京市	275	
		华林牌 HLT5071/72ZZZEV 型纯电动自装卸式垃圾车	222	（一）31	北京市	32	
		华林牌 HLT5074/76ZYSEV 型纯电动压缩式垃圾车	193	（一）31	北京市	25	
2	天津清源电动车辆有限责任公司	清源牌 QY5020XFWBEVEC 型纯电动服务车	117	（二）22	大连市	46	97
		清源牌 QY5020XFWBEVEL 型纯电动服务车	117	（二）22	大连市	31	
		清源牌 QY5020XYZBEVEC 型纯电动邮政车	208	（二）22	天津市	20	
3	东风汽车公司	东风牌 EQ5031ZXXBEVAC 型纯电动车厢可卸式垃圾车	229	3	襄阳市	50	

续表

序号	生产企业	车　型	公告批次	目录序号	应用城市	数量（辆）	合计（辆）
4	郑州日产汽车有限公司	东风牌 ZN5033XGCH2C 型纯电动工程车	202	72	郑州市	11	73
		东风牌 ZN6493H2C 型纯电动工程车	220	3	成都市	12	
5	中联重科股份有限公司	中联牌 ZLJ5071TSL 型纯电动扫路车	235	（十八）20	北京市	55	55
6	北京天路通科技有限责任公司	天路通牌 BTL5072TSLEV 型纯电动吸尘车	208	（一）44	北京市	17	17
7	江西江铃汽车集团改装车有限公司	江铃牌 JX5020ZXXMEV 型纯电动环卫车	226	32	南昌市	5	5
8	金华市康迪新能源车辆有限公司	康迪牌 KD5011XYEV 型纯电动厢式运输车	232	（十一）27	杭州市	5	5
9	中国重汽集团成都王牌商用车有限公司	成都王牌牌 CDW5164GSSEV 型纯电动洒水车	235	101	成都市	1	1
10	武汉九通汽车厂	九通牌 KR5020ZXXEV 型纯电动车厢可卸式垃圾车	232	29	武汉市	1	1
11	柳州五菱汽车工业有限公司	五菱牌 LQG5020CCYBEV 型纯电动仓栅式运输车	222	（二十）09	广西壮族自治区	1	1
12	一汽（四川）专用汽车有限公司	远达牌 SCZ5168GSSBEV 型纯电动洒水车	235	（二十二）01	成都市	1	1
合　计							1184

（4）混合动力客车

序号	生产企业	车　型	公告批次	目录序号	应用城市	数量（辆）	合计（辆）
1	深圳五洲龙汽车有限公司	五洲龙牌 FDG6111HEVG2 型混合动力城市客车	230	（十九）47	深圳市	1350	1410
		五洲龙牌 FDG6111HEVG2 型混合动力城市客车	230	（十九）47	沈阳市	40	
		五洲龙牌 FDG6120HEVS 型混合动力双层城市客车	226	（十九）47	深圳市	20	
2	郑州宇通客车股份有限公司	宇通牌 ZK6126PHEVGQDA 型混合动力城市公交车	224	71	苏州市	7	518
		宇通牌 ZK6108CHEVG1 型混合动力电动城市客车	224	71	天津市	1	
		宇通牌 ZK6126CHEVGAA 型混合动力城市客车	224	71	郑州市	430	
		宇通牌 ZK6126CHEVGAA 型混合动力城市客车	224	71	昆明市	10	
		宇通牌 ZK6126CHEVGQCA 型混合动力电动城市客车	222	71	杭州市	70	
3	湖南南车时代电动汽车股份有限公司	南车时代牌 TEG6102PHEV 型混合动力城市客车	232	（十八）23	长株潭地区	197	486
		南车时代牌 TEG6102PHEV 型混合动力城市客车	226	（十八）23	天津市	5	
		南车时代牌 TEG6102PHEV 型混合动力城市客车	216	（十八）23	长株潭地区	254	
		南车时代牌 TEG6129CHEV 型混合动力城市客车	225	（十八）23	昆明市	20	
		南车时代牌 TEG6129PHEV 型混合动力城市客车	232	（十八）23	长株潭地区	10	
4	厦门金龙旅行车有限公司	金旅牌 XML6105JHEV13C 型混合动力电动城市客车	223	124	天津市	5	362
		金旅牌 XML6125JHEV18C 型混合动力城市客车	219	124	杭州市	20	
		金旅牌 XML6125JHEV28C 型混合动力城市客车	228	124	杭州市	140	
		金旅牌 XML6125JHEV28C 型混合动力城市客车	219	124	昆明市	20	
		金旅牌 XML6125JHEV28C 型混合动力城市客车	219	124	厦门市	108	
		金旅牌 XML6125JHEV28C 型混合动力城市客车	219	124	天津市	20	
		金旅牌 XML6125JHEV93C 型混合动力电动城市客车	192	124	杭州市	23	
		金旅牌 XML6125JHEV98C 型混合动力电动城市客车	215	124	天津市	26	

续表

序号	生产企业	车 型	公告批次	目录序号	应用城市	数量（辆）	合计（辆）
5	广州汽车集团客车有限公司	广汽牌 GZ6110HEV 型混合动力城市客车	217	89	昆明市	10	310
		广汽牌 GZ6111HEV1 型混合动力城市客车	231	89	广州市	300	
6	东风汽车公司	东风牌 EQ6110HEV 型混合动力城市客车	216	3	武汉市	200	200
7	北汽福田汽车股份有限公司	福田牌 BJ6123PHEV-1 型混合动力城市客车	223	9	杭州市	40	189
		福田牌 BJ6123PHEV-1 型混合动力城市客车	220	9	长株潭地区	127	
		福田牌 BJ6123PHEV-1 型混合动力城市客车	223	9	昆明市	20	
		福田牌 BJ6123PHEV 型混合动力城市客车	223	9	海口市	2	
8	厦门金龙联合汽车工业有限公司	金龙牌 XMQ6127GH5 型混合动力城市客车	221	123	昆明市	10	183
		金龙牌 XMQ6127GH5 型混合动力城市客车	221	123	厦门市	107	
		金龙牌 XMQ6127GHEV4 型混合动力城市客车	227	123	杭州市	66	
9	中国第一汽车集团公司	解放牌 CA6120URH2 型混合动力城市客车	225	1	长春市	100	160
		解放牌 CA6126SH8 型混合动力城市客车	203	1	大连市	60	
10	中通客车控股股份有限公司	中通牌 LCK6101GEV 型混合动力城市客车	215	125	天津市	5	148
		中通牌 LCK6105PHENV 型混合动力城市客车	226	125	海口市	33	
		中通牌 LCK6121HEV 型混合动力城市客车	218	125	杭州市	10	
		中通牌 LCK6121HEV 型混合动力城市客车	232	125	济南市	100	
11	重庆恒通客车有限公司	恒通客车牌 CKZ6126HENV3 型混合动力城市客车	225	127	重庆市	50	115
		恒通客车牌 CKZ6126HENV3 型混合动力城市客车	225	127	呼和浩特市	50	
		恒通客车牌 CKZ6126HNHEV4 型混合动力城市客车	225	127	海口市	15	
12	金龙联合汽车工业（苏州）有限公司	海格牌 KLQ6129GHE2 型混合动力城市公交车	216	112	苏州市	35	69
		海格牌 KLQ6109GHEV1 型混合动力电动城市客车	223	112	天津市	1	
		海格牌 KLQ6129GHEV4 型混合动力城市公交车	229	112	苏州市	8	
		海格牌 KLQ6129GHEV4 型混合动力城市客车	229	112	昆明市	25	
13	安徽安凯汽车股份有限公司	安凯牌 HFF6100G03PHEV 型混合动力城市客车	232	55	天津市	5	57
		安凯牌 HFF6110G03PHEV 型混合动力城市客车	232	55	合肥市	1	
		安凯牌 HFF6110G03PHEV 型混合动力城市客车	232	55	南昌市	30	
		安凯牌 HFF6120G03PHEV 型混合动力城市客车	232	55	合肥市	1	
		安凯牌 HFF6121G03PHEV 混合动力城市客车	216	55	昆明市	20	
14	江西凯马百路佳客车有限公司	江西牌 JXK6116BCHEV 型混合动力城市客车	229	（十四）03	南昌市	46	46
15	上海申龙客车有限公司	申龙牌 SLK6125USCHEV01 型混合动力城市客车	226	（九）15	昆明市	25	31
		申沃牌 SWB6127HE2 型混合动力城市客车	228	42	唐山市	6	
16	扬州亚星客车股份有限公司	亚星牌 JS6126GHEV 型混合动力城市客车	227	49	昆明市	20	20
17	金华青年汽车制造有限公司	青年牌 JNP6120PHEV 型混合动力城市客车	237	7	昆明市	20	20
18	河南少林汽车股份有限公司	少林牌 SLG6120HEV 型混合动力城市客车	216	126	郑州市	1	1
合 计							4325

（5）混合动力轿车

序号	生产企业	车 型	公告批次	目录序号	应用城市	数量（辆）	合计（辆）
1	华晨汽车集团控股有限公司	中华牌 SY7150X1SHEVBAB 型混合动力轿车	229	33	沈阳市	403	403

续表

序号	生产企业	车　型	公告批次	目录序号	应用城市	数量（辆）	合计（辆）
2	重庆长安汽车股份有限公司	长安牌 SC7152 型混合动力轿车	194	96	重庆市	24	368
		长安牌 SC7155A4 型混合动力出租车	217	96	昆明市	50	
		长安牌 SC7155A4 型混合动力轿车	217	96	重庆市	62	
		长安牌 SC7155HEV 型混合动力轿车	224	96	重庆市	180	
		长安牌 SC7155HEV 型混合动力轿车	230	96	南昌市	23	
		长安牌 SC7155HEV 型混合动力轿车	224	96	海口市	4	
		长安牌 SC7163H1 型混合动力轿车	221	96	重庆市	25	
3	比亚迪汽车有限公司	比亚迪牌 QCJ7100 型混合动力轿车（F3DM）	179	108	深圳市	287	296
		比亚迪牌 QCJ7100ADM 型混合动力轿车	228	108	杭州市	9	
4	广汽丰田汽车有限公司	丰田（TOYOTA）牌 GTM7240HV 型混合动力轿车	215	89	南昌市	160	160
5	上海通用汽车有限公司	别克牌 SGM7240PHEV 型混合动力轿车	224	6	海口市	30	30
6	重庆长安汽车股份有限公司	长安牌 SC6442H 型混合动力客车	194	96	重庆市	26	26
7	上海汽车集团股份有限公司	荣威牌 CSA7180ACHEV 型混合动力轿车	220	122	上海市	9	9
8	东风柳州汽车有限公司	景逸 B12 混合动力轿车#	–	–	广西壮族自治区	4	4
合　计							1296

注：表中包括进口车型4辆#。

3.2011 年电动汽车推广车型及数量——按推广地区划分

序号	城市名称	车　型	公告批次	目录序号	数量（辆）	合计（辆）
1	深圳	比亚迪牌 CK6120 型纯电动城市客车（K9）	225	79	200	2294
		比亚迪牌 QCJ7006 型纯电动轿车（e6）	203	108	358	
		比亚迪牌 QCJ7100 型混合动力轿车（F3DM）	179	108	287	
		五洲龙牌 FDG6111HEVG2 型混合动力城市客车	230	（十九）47	1350	
		五洲龙牌 FDG6113EVG1 型纯电动城市客车	235	（十九）47	53	
		五洲龙牌 FDG6120HEVS 型混合动力双层城市客车	226	（十九）47	20	
		五洲龙牌 FDG6700EV 型纯电动客车	225	（十九）47	26	
2	北京	北京牌 BJ7000B3D－BEV 型纯电动轿车	233	11	220	1520
		长安牌 SC7005EV 型纯电动轿车	232	96	100	
		中联牌 ZLJ5071TSL 型纯电动扫路车	235	（十八）20	55	
		福田牌 BJ6438EV3 型纯电动多用途乘用车	223	9	200	
		华林牌 HLT5023ZLJEV 型纯电动自卸式垃圾车	220	（一）31	346	
		华林牌 HLT5031CTYEV 型纯电动桶装垃圾车	232	（一）31	250	
		华林牌 HLT5032CTYEV 型纯电动桶装垃圾车	234	（一）31	275	
		华林牌 HLT5071/72ZZZEV 型纯电动自装卸式垃圾车	222	（一）31	32	
		华林牌 HLT5074/76ZYSEV 型纯电动压缩式垃圾车	193	（一）31	25	
		天路通牌 BTL5072TSLEV 型纯电动吸尘车	208	（一）44	17	

续表

序号	城市名称	车型	公告批次	目录序号	数量（辆）	合计（辆）
3	合肥	安凯牌 HFF6100G03EV 型纯电动城市客车	231	55	100	1252
		安凯牌 HFF6101G03EV 型纯电动城市客车	231	55	100	
		安凯牌 HFF6110G03PHEV 型混合动力城市客车	232	55	1	
		安凯牌 HFF6112G03EV 型纯电动城市客车	232	55	10	
		安凯牌 HFF6120G03PHEV 型混合动力城市客车	232	55	1	
		安凯牌 HFF6127K46EV－1 型纯电动客车	232	55	20	
		安凯牌 HFF6127K46EV－2 型纯电动客车	232	55	20	
		江淮牌 HFC7000AEV 型纯电动轿车	219	56	1000	
4	杭州	比亚迪牌 QCJ7006BEVF 型纯电动轿车	228	108	1	693
		比亚迪牌 QCJ7100ADM 型混合动力轿车	228	108	9	
		福田牌 BJ6123PHEV－1 型混合动力城市客车	223	9	40	
		海马牌 HMC7000EVM0 型纯电动轿车	227	88	23	
		金龙牌 XMQ6127GHEV4 型混合动力城市客车	227	123	66	
		金旅牌 XML6125JHEV18C 型混合动力城市客车	219	124	20	
		金旅牌 XML6125JHEV28C 型混合动力城市客车	228	124	140	
		金旅牌 XML6125JHEV93C 型混合动力电动城市客车	192	124	23	
		康迪牌 KD5011XXYEV 型纯电动厢式运输车（邮政）	232	（十一）27	5	
	杭州	宇通牌 ZK6126CHEVGQCA 型混合动力电动城市客车	222	71	70	
		中通牌 LCK6121HEV 型混合动力城市客车	218	125	10	
		众泰牌 JNJ6400EVL1 型纯电动轻型客车	232	84	24	
		众泰牌 JNJ6400EVL 型纯电动轻型客车	222	84	14	
		众泰牌 JNJ6401EVL 型纯电动轻型客车	232	84	43	
		众泰牌 JNJ7000EVM 型纯电动轿车	232	84	205	
5	长株潭地区	福田牌 BJ6123PHEV－1 型混合动力城市客车	220	9	127	588
		南车时代牌 TEG6102PHEV 型混合动力城市客车	232	（十八）23	197	
		南车时代牌 TEG6102PHEV 型混合动力城市客车	216	（十八）23	254	
		南车时代牌 TEG6129PHEV 型混合动力城市客车	232	（十八）23	10	
6	郑州	东风牌 ZN5033XGCH2C 型纯电动工程车	202	72	11	501
		东风牌 ZN6440V1Y 型纯电动乘用车	222	72	6	
		东风牌 ZN6461W1C 型纯电动乘用车	195	72	10	
		东风牌 ZN6493H2C 型纯电动乘用车	195	72	7	
		海马牌 HMA7000BEV 型纯电动轿车	232	128	29	
		少林牌 SLG6120EV 型纯电动城市客车	216	126	7	
		少林牌 SLG6120HEV 型混合动力城市客车	216	126	1	
		宇通牌 ZK6126CHEVGAA 型混合动力城市客车	224	71	430	
7	沈阳	五洲龙牌 FDG6111HEVG2 型混合动力城市客车	230	（十九）47	40	443
		中华牌 SY7150X1SHEVBAB 型混合动力轿车	229	33	403	
8	重庆	长安牌 SC6442H 型混合动力客车（5 座）	194	96	26	373
		长安牌 SC7152 型混合动力轿车	194	96	24	
		长安牌 SC7155A4 型混合动力轿车	217	96	62	
		长安牌 SC7155HEV 型混合动力轿车	224	96	180	
		长安牌 SC7163H1 型混合动力轿车	221	96	25	
		恒通客车牌 CKZ6126HENV3 型混合动力城市客车	225	127	50	
		恒通客车牌 CKZ6127HBEV 型纯电动城市客车	220	127	6	
9	广州	广汽牌 GZ6111HEV1 型混合动力城市客车	231	89	300	300

续表

序号	城市名称	车　型	公告批次	目录序号	数量（辆）	合计（辆）
10	南昌市	安凯牌 HFF6110G03PHEV 型混合动力城市客车	232	55	30	274
		长安牌 SC7155HEV 型混合动力轿车	230	96	23	
		丰田（TOYOTA）牌 GTM7240HV 型混合动力轿车	215	89	160	
		江铃牌 JX5020ZXXMEV 型纯电动环卫车	226	32	5	
		江西牌 JXK6113BEV 型纯电动城市客车	230	（十四）03	10	
		江西牌 JXK6116BCHEV 型混合动力城市客车	229	（十四）03	46	
11	昆明市	安凯牌 HFF6121G03PHEV 混合动力城市客车	216	55	20	250
		长安牌 SC7155A4 型混合动力出租车	217	96	50	
		福田牌 BJ6123PHEV－1 型混合动力城市客车	223	9	20	
		广汽牌 GZ6110HEV 型混合动力城市客车	217	89	10	
		海格牌 KLQ6129GHEV4 型混合动力城市客车	229	112	25	
		金龙牌 XMQ6127GH5 型混合动力城市客车	221	123	10	
		金旅牌 XML6125JHEV28C 型混合动力城市客车	219	124	20	
		南车时代牌 TEG6129CHEV 型混合动力城市客车	225	（十八）23	20	
		青年牌 JNP6120PHEV 型混合动力城市客车	237	7	20	
		申龙牌 SLK6125USCHEV01 型混合动力城市客车	226	（九）15	25	
		亚星牌 JS6126GHEV 型混合动力城市客车	227	49	20	
		宇通牌 ZK6126CHEVGAA 型混合动力城市客车	224	71	10	
12	厦门市	金龙牌 XMQ6127GH5 型混合动力城市客车	221	123	107	248
		金旅牌 XML6125JHEV28C 型混合动力城市客车	219	124	108	
		众泰牌 JNJ6401EVL 型电动轻型客车	205	84	22	
		众泰牌 JNJ6410EVM2 型纯电动轻型客车	229	84	10	
		众泰牌 JNJ7000EVM 型纯电动轿车	222	84	1	
13	武汉市	东风牌 EQ6110HEV 型混合动力城市客车	216	3	200	226
		九通牌 KR5020ZXXEV 型纯电动车厢可卸式垃圾车	232	29	1	
		日产 Leaf 纯电动轿车 *	－	－	15	
		扬子江牌 WG6120BEVHM 型纯电动城市客车	232	（十七）48	10	
14	大连市	安凯牌 HFF6127K46EV 型电动客车	195	55	6	173
		解放牌 CA6126SH8 型混合动力城市客车	203	1	60	
		解放牌 CA6127URE31 型纯电动客车	216	1	20	
		清源牌 QY5020XFWBEVEC 型纯电动服务车	117	（二）22	46	
		清源牌 QY5020XFWBEVEL 型纯电动服务车	117	（二）22	31	
		野马牌 SQJ6111B1CH 型纯电动城市客车	207	101	10	
15	天津市	安凯牌 HFF6100G03PHEV 型混合动力城市客车	232	55	5	168
		海格牌 KLQ6109GHEV1 型混合动力电动城市客车	223	112	1	
		金旅牌 XML6105JHEV13C 型混合动力电动城市客车	223	124	5	
		金旅牌 XML6125JHEV28C 型混合动力城市客车	219	124	20	
		金旅牌 XML6125JHEV98C 型混合动力电动城市客车	215	124	26	
		南车时代牌 TEG6102PHEV 型混合动力城市客车	226	（十八）23	5	
		奇瑞牌 SQR7000EAS11 型纯电动轿车	206	119	80	
		清源牌 QY5020XYZBEVEC 型纯电动邮政车	208	（二）22	20	
		宇通牌 ZK6108CHEVG1 型混合动力电动城市客车	224	71	1	
		中通牌 LCK6101GEV 型混合动力城市客车	215	125	5	

续表

序号	城市名称	车 型	公告批次	目录序号	数量（辆）	合计（辆）
16	海口市	别克牌 SGM7240PHEV 型混合动力轿车	224	6	30	141
		长安牌 SC7155HEV 型混合动力轿车	224	96	4	
		常隆牌 YS6120GBEV 型纯电动力城市客车	228	（十）17	30	
		福田牌 BJ6123PHEV 型混合动力城市客车	223	9	2	
		海马牌 HMC7000EVM0 型纯电动轿车	227	88	27	
		恒通牌 CKZ6126HNHEV4 型混合动力城市客车	225	127	15	
		中通牌 LCK6105PHENV 型混合动力城市客车	226	125	33	
17	济南市	海马牌 HMC7000EVM0 型纯电动轿车	227	88	26	126
		中通牌 LCK6121HEV 型混合动力城市客车	232	125	100	
18	长春市	解放牌 CA6120URH2 型混合动力城市客车	225	1	100	100
19	襄阳市	东风牌 EQ5031ZXXBEVAC 型纯电动车厢可卸式垃圾车	229	3	50	73
		东风牌 EQ6102BEVL1 型纯电动城市客车	223	3	23	
20	苏州市	海格牌 KLQ6129GHE2 型混合动力城市公交车	216	112	35	52
		海格牌 KLQ6129GEV 型纯电动城市公交车	217	112	2	
		海格牌 KLQ6129GHEV4 型混合动力城市公交车	229	112	8	
		宇通牌 ZK6126PHEVGQDA 型混合动力城市公交车	224	71	7	
21	西安市	陆胜牌 CK6120LGEV 型纯电动城市客车	225	79	50	50
22	呼和浩特市	恒通客车牌 CKZ6126HENV3 型混合动力城市客车	225	127	50	50
23	成都市	常隆马可牌 YS6120DG 型纯电动城市客车	147	（十）17	10	46
		成都王牌牌 CDW5164GSSEV 型纯电动洒水车	235	101	1	
		东风牌 ZN6493H2C 型纯电动工程车	220	3	12	
		蜀客牌 CDK6122CABEV 型纯电动城市客车	227	（二十二）10	20	
		远达牌 SCZ5168GSSBEV 型纯电动洒水车	235	（二十二）01	1	
		野马牌 SQJ6452BEV 型纯电动出租车 *	-	101	2	
24	青岛市	申沃牌 SWB6121EV5 型纯电动城市客车	227	42	40	40
25	银川市	海马牌 HMC7000EVM0 型纯电动轿车	203	88	20	20
26	上海市	常隆牌 YS6128BEV 型纯电动客车	222	（十）17	5	14
		荣威牌 CSA7180ACHEV 型混合动力轿车	220	122	9	
27	广西	桂林牌 GL6120BEV 型纯电动公交车	221	90	8	13
		景逸 B12 混合动力轿车 *	-	-	4	
		五菱牌 LQG5020CCYBEV 型纯电动仓栅式运输车	222	（二十）09	1	
28	唐山市	申沃牌 SWB6127HE2 型混合动力城市客车	228	42	6	6
29	桂林市	桂林牌 GL6120BEV 型纯电动城市客车	221	90	5	5
合 计						10039

注：表中没有统计未上公告的车型计 588 辆，故总量比 384 页“2011 年电动汽示范推广”中的总量少 588 辆。包括：深圳市示范运行的燃料电池客车 2 辆，燃料电池场地车 60 辆；广州市示范运行的其他纯电动汽车 16 辆；青岛市示范运行的纯电动公务车 110 辆，纯电动环卫车 32 辆；广西自治区示范运行的纯电动观光车 78 辆，其他纯电动汽车 190 辆；西宁市纯电动观光车 79 辆；广东省珠海市示范运行的纯电动汽车 20 辆；廊坊市私人购买纯电动汽车 1 辆。

(1)纯电动客车

序号	应用城市	车 型	公告批次	目录序号	数量（辆）	合计（辆）
1	深圳市	比亚迪牌 CK6120 型纯电动城市客车（K9）	225	79	200	279
		五洲龙牌 FDG6113EVG1 型纯电动城市客车	235	（十九）47	53	
		五洲龙牌 FDG6700EV 型纯电动客车	225	（十九）47	26	

续表

序号	应用城市	车 型	公告批次	目录序号	数量（辆）	合计（辆）
2	合肥市	安凯牌 HFF6100G03EV 型纯电动城市客车	231	55	100	250
		安凯牌 HFF6101G03EV 型纯电动城市客车	231	55	100	
		安凯牌 HFF6112G03EV 型纯电动城市客车	232	55	10	
		安凯牌 HFF6127K46EV－1 型纯电动客车	232	55	20	
		安凯牌 HFF6127K46EV－2 型纯电动客车	232	55	20	
3	西安市	陆胜牌 CK6120LGEV 型纯电动城市客车	225	79	50	50
4	青岛市	申沃牌 SWB6121EV5 型纯电动城市客车	227	42	40	40
5	大连市	安凯牌 HFF6127K46EV 型电动客车	195	55	6	36
		解放牌 CA6127URE31 型纯电动客车	216	1	20	
		野马牌 SQJ6111B1CH 型纯电动城市客车	207	101	10	
6	成都市	常隆马可牌 YS6120DG 型纯电动城市客车	147	（十）17	10	30
		蜀客牌 CDK6122CABEV 型纯电动城市客车	227	（二十二）10	20	
7	海口市	常隆牌 YS6120GBEV 型纯电动城市客车	228	（十）17	30	30
8	襄阳市	东风牌 EQ6102BEVL1 型纯电动城市客车	223	3	23	23
9	广西壮族自治区	桂林牌 GL6120BEV 型纯电动公交车	221	90	8	8
10	南昌市	江西牌 JXK6113BEV 型纯电动城市客车	230	（十四）03	10	10
11	武汉市	扬子江牌 WG6120BEVHM 型纯电动城市客车	232	（十七）48	10	10
12	郑州市	少林牌 SLG6120EV 型纯电动城市客车	216	126	7	7
13	重庆市	恒通客车牌 CKZ6127HBEV 型纯电动城市客车	220	127	6	6
14	上海市	常隆牌 YS6128BEV 型纯电动客车	222	（十）17	5	5
15	桂林市	桂林牌 GL6120BEV 型纯电动城市客车	221	90	5	5
16	苏州市	海格牌 KLQ6129GEV 型纯电动城市公交车	217	112	2	2
合 计						791

(2)纯电动乘用车

序号	应用城市	车 型	公告批次	目录序号	数量（辆）	合计（辆）
1	合肥市	江淮牌 HFC7000AEV 型纯电动轿车	219	56	1000	1000
2	北京市	福田牌 BJ6438EV3 型纯电动多用途乘用车	223	9	200	520
		北京牌 BJ7000B3D－BEV 型纯电动轿车	233	11	220	
		长安牌 SC7005EV 型纯电动轿车	232	96	100	
3	深圳市	比亚迪牌 QCJ7006 型纯电动轿车（e6）	203	108	358	358
4	杭州市	比亚迪牌 QCJ7006BEVF 型纯电动轿车	228	108	1	310
		海马牌 HMC7000EVM0 型纯电动轿车	227	88	23	
		众泰牌 JNJ7000EVM 型纯电动轿车	232	84	205	
		众泰牌 JNJ6400EVL1 型纯电动轻型客车	232	84	24	
		众泰牌 JNJ6400EVL 型纯电动轻型客车	222	84	14	
5	天津市	奇瑞牌 SQR7000EAS11 型纯电动轿车	206	119	80	80

续表

序号	应用城市	车　型	公告批次	目录序号	数量（辆）	合计（辆）
6	郑州市	东风牌 ZN6440V1Y 型纯电动乘用车	222	72	6	52
		东风牌 ZN6461W1C 型纯电动乘用车	195	72	10	
		东风牌 ZN6493H2C 型纯电动乘用车	195	72	7	
		海马牌 HMA7000BEV 型纯电动轿车	232	128	29	
7	厦门市	众泰牌 JNJ7000EVM 型纯电动轿车	222	84	1	33
		众泰牌 JNJ6401EVL 型电动轻型客车	205	84	22	
		众泰牌 JNJ6410EVM2 型纯电动轻型客车	229	84	10	
8	海口市	海马牌 HMC7000EVM0 型纯电动轿车	227	88	27	27
9	济南市	海马牌 HMC7000EVM0 型纯电动轿车	227	88	26	26
10	银川市	海马牌 HMC7000EVM0 型纯电动轿车	203	88	20	20
11	武汉市	日产 Leaf 纯电动轿车	–	–	15	15
12	成都市	野马牌 SQJ6452BEV 型纯电动出租车	242	101	2	2
合　计						2443

注：表中包括进口车型共 17 辆。

(3)纯电动专用车

序号	应用城市	车　型	公告批次	目录序号	数量（辆）	合计（辆）
1	北京市	中联牌 ZLJ5071TSL 型纯电动扫路车	235	（十八）20	55	1000
		华林牌 HLT5023ZLJEV 型纯电动自卸式垃圾车	220	（一）31	346	
		华林牌 HLT5031CTYEV 型纯电动桶装垃圾车	232	（一）31	250	
		华林牌 HLT5032CTYEV 型纯电动桶装垃圾车	234	（一）31	275	
		华林牌 HLT5071/72ZZZEV 型纯电动自装卸式垃圾车	222	（一）31	32	
		华林牌 HLT5074/76ZYSEV 型纯电动压缩式垃圾车	193	（一）31	25	
		天路通牌 BTL5072TSLEV 型纯电动吸尘车	208	（一）44	17	
2	大连市	清源牌 QY5020XFWBEVEC 型纯电动服务车	117	（二）22	46	77
		清源牌 QY5020XFWBEVEL 型纯电动服务车	117	（二）22	31	
3	襄阳市	东风牌 EQ5031ZXXBEVAC 型纯电动车厢可卸式垃圾车	229	3	50	50
4	天津市	清源牌 QY5020XYZBEVEC 型纯电动邮政车	208	（二）22	20	20
5	成都市	成都王牌牌 CDW5164GSSEV 型纯电动洒水车	235	101	1	14
		东风牌 ZN6493H2C 型纯电动工程车	220	3	12	
		远达牌 SCZ5168GSSBEV 型纯电动洒水车	235	（二十二）01	1	
6	郑州市	东风牌 ZN5033XGCH2C 型纯电动工程车	202	72	11	11
7	杭州市	康迪牌 KD5011XXYEV 型纯电动厢式运输车	232	（十一）27	5	5
8	南昌市	江铃牌 JX5020ZXXMEV 型纯电动环卫车	226	32	5	5
9	广西壮族自治区	五菱牌 LQG5020CCYBEV 型纯电动仓栅式运输车	222	（二十）09	1	1
10	武汉市	九通牌 KR5020ZXXEV 型纯电动车厢可卸式垃圾车	232	29	1	1
合　计						1184

(4)混合动力客车

序号	应用城市	车 型	公告批次	目录序号	数量（辆）	合计（辆）
1	深圳市	五洲龙牌 FDG6111HEVG2 型混合动力城市客车	230	（十九）47	1350	1370
		五洲龙牌 FDG6120HEVS 型混合动力双层城市客车	226	（十九）47	20	
2	长株潭地区	福田牌 BJ6123PHEV－1 型混合动力城市客车	220	9	127	588
		南车时代牌 TEG6102PHEV 型混合动力城市客车	232	（十八）23	197	
		南车时代牌 TEG6120PHEV 型混合动力城市客车	216	（十八）23	254	
		南车时代牌 TEG6129PHEV 型混合动力城市客车	232	（十八）23	10	
3	郑州市	少林牌 SLG6120HEV 型混合动力城市客车	216	126	1	431
		宇通牌 ZK6126CHEVGAA 型混合动力城市客车	224	71	430	
4	杭州市	福田牌 BJ6123PHEV－1 型混合动力城市客车	223	9	40	369
		金龙牌 XMQ6127GHEV4 型混合动力城市客车	227	123	66	
		金旅牌 XML6125JHEV18C 型混合动力城市客车	219	124	20	
		金旅牌 XML6125JHEV28C 型混合动力城市客车	228	124	140	
		金旅牌 XML6125JHEV93C 型混合动力电动城市客车	192	124	23	
		宇通牌 ZK6126CHEVGQCA 型混合动力电动城市客车	222	71	70	
		中通牌 LCK6121HEV 型混合动力城市客车	218	125	10	
5	广州市	广汽牌 GZ6111HEV1 型混合动力城市客车	231	89	300	300
6	厦门市	金龙牌 XMQ6127GH5 型混合动力城市客车	221	123	107	215
		金旅牌 XML6125JHEV28C 型混合动力城市客车	219	124	108	
7	昆明市	安凯牌 HFF6121G03PHEV 混合动力城市客车	216	55	20	200
		福田牌 BJ6123PHEV－1 型混合动力城市客车	223	9	20	
		广汽牌 GZ6110HEV 型混合动力城市客车	217	89	10	
		海格牌 KLQ6129GHEV4 型混合动力城市客车	229	112	25	
		金龙牌 XMQ6127GH5 型混合动力城市客车	221	123	10	
		金旅牌 XML6125JHEV28C 型混合动力城市客车	219	124	20	
		南车时代牌 TEG6129CHEV 型混合动力城市客车	225	（十八）23	20	
		青年牌 JNP6120PHEV 型混合动力城市客车	237	7	20	
		申龙牌 SLK6125USCHEV01 型混合动力城市客车	226	（九）15	25	
		亚星牌 JS6126GHEV 型混合动力城市客车	227	49	20	
		宇通牌 ZK6126CHEVGAA 型混合动力城市客车	224	71	10	
8	武汉市	东风牌 EQ6110HEV 型混合动力城市客车	216	3	200	200
9	吉林市	解放牌 CA6120URH2 型混合动力城市客车	225	1	100	100
10	济南市	中通牌 LCK6121HEV 型混合动力城市客车	232	125	100	100
11	南昌市	安凯牌 HFF6110G03PHEV 型混合动力城市客车	232	55	30	76
		江西牌 JXK6116BCHEV 型混合动力城市客车	229	（十四）03	46	

续表

序号	应用城市	车 型	公告批次	目录序号	数量（辆）	合计（辆）
12	天津市	安凯牌 HFF6100G03PHEV 型混合动力城市客车	232	55	5	68
		海格牌 KLQ6109GHEV1 型混合动力电动城市客车	223	112	1	
		金旅牌 XML6105JHEV13C 型混合动力电动城市客车	223	124	5	
		金旅牌 XML6125JHEV28C 型混合动力城市客车	219	124	20	
		金旅牌 XML6125JHEV98C 型混合动力电动城市客车	215	124	26	
		南车时代牌 TEG6102PHEV 型混合动力城市客车	226	（十八）23	5	
		宇通牌 ZK6108CHEVG1 型混合动力电动城市客车	224	71	1	
		中通牌 LCK6101GEV 型混合动力城市客车	215	125	5	
13	大连市	解放牌 CA6126SH8 型混合动力城市客车	203	1	60	60
14	重庆市	恒通客车牌 CKZ6126HENV3 型混合动力城市客车	225	127	50	50
15	海口市	福田牌 BJ6123PHEV 型混合动力城市客车	223	9	2	50
		恒通牌 CKZ6126HNHEV4 型混合动力城市客车	225	127	15	
		中通牌 LCK6105PHENV 型混合动力城市客车	226	125	33	
16	苏州市	海格牌 KLQ6129GHE2 型混合动力城市公交车	216	112	35	50
		海格牌 KLQ6129GHEV4 型混合动力城市公交车	229	112	8	
		宇通牌 ZK6126PHEVGQDA 型混合动力城市公交车	224	71	7	
17	呼和浩特市	恒通客车牌 CKZ6126HENV3 型混合动力城市客车	225	127	50	50
18	沈阳市	五洲龙牌 FDG6111HEVG2 型混合动力城市客车	230	（十九）47	40	40
19	唐山市	申沃牌 SWB6127HE2 型混合动力城市客车	228	42	6	6
20	合肥市	安凯牌 HFF6110G03PHEV 型混合动力城市客车	232	55	1	2
		安凯牌 HFF6120G03PHEV 型混合动力城市客车	232	55	1	
合 计						4325

（5）混合动力轿车

序号	应用城市	车 型	公告批次	目录序号	数量（辆）	合计（辆）
1	沈阳市	中华牌 SY7150X1SHEVBAB 型混合动力轿车	229	33	403	403
2	重庆市	长安牌 SC6442H 型混合动力客车（5 座）	194	96	26	317
		长安牌 SC7152 型混合动力轿车	194	96	24	
		长安牌 SC7155A4 型混合动力轿车	217	96	62	
		长安牌 SC7155HEV 型混合动力轿车	224	96	180	
		长安牌 SC7163H1 型混合动力轿车	221	96	25	
3	深圳市	比亚迪牌 QCJ7100 型混合动力轿车（F3DM）	179	108	246	287
4	南昌市	长安牌 SC7155HEV 型混合动力轿车	230	96	23	183
		丰田（TOYOTA）牌 GTM7240HV 型混合动力轿车	215	89	160	
5	昆明市	长安牌 SC7155A4 型混合动力出租车	217	96	50	50
6	海口市	别克牌 SGM7240PHEV 型混合动力轿车	224	6	30	34
		长安牌 SC7155HEV 型混合动力轿车	224	96	4	
7	杭州市	比亚迪牌 QCJ7100ADM 型混合动力轿车	228	108	9	9
8	上海市	荣威牌 CSA7180ACHEV 型混合动力轿车	220	122	9	9
9	广西	景逸 B12 混合动力轿车 *	–	–	4	4
合 计						1296

注：表中包括进口车型 4 辆 *。

4.2011年代用燃料汽车(含CNG、LNG、LPG及醇醚类)示范推广保有量统计

单位:辆

序号	应用城市	LPG						LNG						CNG						醇醚类						合计
		公交车	客车	出租车	私人用车	其他	小计	公交车	客车	出租车	私人用车	其他	小计	公交车	客车	出租车	私人用车	其他	小计	公交车	客车	出租车	私人用车	其他	小计	
1	四川省	0	240	0	0	0	240	204	0	0	0	0	204	27800	0	36400	0	250000	314200	0	0	0	0	0	0	314644
2	上海市	0	0	1200	0	280000	281200	0	0	0	0	0	0	70	0	2500	0	0	2570	0	0	0	0	0	0	283770
3	乌鲁木齐市	0	0	0	0	0	0	0	0	0	0	0	0	2085	0	8660	113805	0	124550	0	0	0	0	0	0	124550
4	山东省	0	0	0	0	0	0	791	823	0	0	856	2470	3176	0	48278	0	0	51454	0	0	0	0	0	0	53924
5	重庆市	0	0	0	0	0	0	0	0	0	0	0	0	13780	7700	17800	0	12420	51700	0	0	0	0	0	0	51700
6	银川市	0	0	0	0	0	0	0	0	0	0	0	0	1600	0	5141	34609	0	41350	0	0	0	0	0	0	41350
7	山西省	0	0	0	0	0	0	0	0	0	0	0	0	0	0	0	0	0	0	80	0	15000	12000	0	27080	27080
8	广州市	7899	0	17671	0	0	25570	100	0	0	0	0	100	0	0	0	0	0	0	0	0	0	0	0	0	25670
9	西安市	0	0	0	0	0	0	0	0	0	0	0	0	7200	0	11750	0	2000	20950	0	0	0	0	0	0	20950
10	石家庄市	0	0	0	0	0	0	0	0	0	0	0	0	2400	0	6710	9199	1400	19709	0	0	0	0	0	0	19709
11	沈阳市	2125	0	13300	0	500	15925	0	20	0	0	0	20	375	0	1500	550	18	2443	0	0	0	0	0	0	18388
12	济南市	0	0	0	0	0	0	0	0	0	0	0	0	1130	0	8043	0	7250	16423	0	0	0	0	0	0	16423
13	武汉市	500	0	2500	0	0	3000	0	0	0	0	0	0	1000	0	11000	0	0	12000	0	0	0	0	0	0	15000
14	天津市	0	0	0	0	0	0	327	0	0	0	0	327	0	0	13873	0	0	13873	0	0	0	0	0	0	14200
15	青岛市	0	0	170	0	0	170	60	0	0	0	0	60	1114	1	8978	1087	38	11218	0	0	0	0	0	0	11448
16	兰州市	0	0	0	0	0	0	0	0	0	0	0	0	2500	0	6738	0	0	9238	0	0	0	0	0	0	9238
17	合肥市	0	0	0	0	0	0	0	0	0	0	0	0	815	0	8395	0	0	9210	0	0	0	0	0	0	9210
18	西宁市	0	0	0	0	0	0	0	0	0	0	0	0	2248	364	5516	311	79	8518	0	0	0	0	0	0	8518
19	呼和浩特市	0	0	0	0	0	0	0	0	0	0	0	0	1944	0	5568	0	0	7512	0	0	0	0	0	0	7512
20	东莞市	0	0	0	0	0	0	0	0	0	0	0	0	0	0	7000	0	0	7000	0	0	0	0	0	0	7000
21	廊坊市	0	0	0	0	0	0	100	0	0	0	0	100	385	0	3830	245	0	4460	0	0	0	0	0	0	4560
22	北京市	0	0	0	0	0	0	50	0	0	0	0	50	3290	0	0	0	0	3290	0	0	0	0	0	0	3340
23	哈尔滨市	1091	0	0	0	0	1091	0	0	0	0	0	0	2210	0	0	0	0	2210	0	0	0	0	0	0	3301
24	佛山市	0	0	0	0	0	0	1722	0	0	0	0	1722	0	0	1100	0	0	1100	0	0	0	0	0	0	2822
25	长株潭地区	0	0	0	0	0	0	0	0	0	0	0	0	392	0	2299	0	0	2691	0	0	0	0	0	0	2691
26	襄阳市	0	0	0	0	0	0	0	0	0	0	0	0	770	0	1700	0	0	2470	0	0	0	0	0	0	2470
27	厦门市	0	0	1179	0	0	1179	174	0	300	0	0	474	0	0	0	0	0	0	0	0	0	0	0	0	1653
28	海口市	0	0	0	0	0	0	255	0	0	0	0	255	304	0	977	0	0	1281	0	0	0	0	0	0	1536

续表

序号	应用城市	LPG						LNG						CNG						醇醚类						合计
		公交车	客车	出租车	私人用车	其他	小计	公交车	客车	出租车	私人用车	其他	小计	公交车	客车	出租车	私人用车	其他	小计	公交车	客车	出租车	私人用车	其他	小计	
29	贵阳市	0	0	0	0	0	0	1500	0	0	0	0	1500	0	0	0	0	0	0	0	0	0	0	0	0	1500
30	张家港市	0	0	0	0	0	0	90	0	0	0	0	90	0	0	500	0	50	550	0	0	0	0	0	0	640
31	深圳市	0	0	0	0	0	0	580	0	0	0	0	580	0	0	0	0	0	0	0	0	0	0	0	0	580
32	杭州市	0	0	0	0	0	0	174	0	300	0	0	474	0	0	0	0	0	0	0	0	0	0	0	0	474
33	珠海市	0	0	0	0	0	0	458	0	0	0	0	458	0	0	0	0	0	0	0	0	0	0	0	0	458
34	广西南宁市	0	0	0	0	0	0	0	0	0	0	0	0	0	0	106	0	0	106	0	0	0	0	0	0	106
35	昆明市	0	0	0	0	0	0	50	0	0	0	0	50	26	0	0	0	0	26	0	0	0	0	0	0	76
36	苏州市	0	0	0	0	0	0	50	0	0	0	0	50	0	0	0	0	0	0	0	0	0	0	0	0	50
合计		11615	240	36020	0	280500	328375	6685	843	600	0	856	8984	76614	8065	224362	159806	273255	742102	80	0	15000	12000	0	27080	1106541

5.2011年我国节能与新能源汽车示范推广——关键零部件数据统计

（1）电池及超级电容（企业排名以企业名称拼音字母排序）

序号	电池生产厂家	电池类型	电池型号	电池系统电压（V）	电池组容量（A·h）	电池组能量（kW·h）	车　型	车辆数量（辆）
1	安耐信（北京）储能技术有限公司	磷酸铁锂蓄电池	ANX－1280－1	600	500	300	纯电动客车	6
2	北大先行科技产业有限公司	磷酸铁锂动力电池	PUIFP25/110/270	384	400	153.6	纯电动压缩式垃圾车	25
			PUIFP25/110/270	384	180	69.12	纯电动吸尘车	17
3	北京普莱德新能源电池科技有限公司	磷酸铁锂蓄电池	29/135/220－60Ah	384	60	23.04	纯电动自卸式垃圾车	346
			PUIFP25/110/270	384	200	76.8	纯电动扫路车	55
4	北京普莱德新能源电池科技有限公司 北京普莱德新能源电池科技有限公司 哈尔滨光宇电源股份有限公司 北京普莱德新能源电池科技有限公司	磷酸铁锂电池	29/135/220－66Ah 29/135/220/72Ah FP31136225A 29/135/220/72Ah	326	66	21.516	纯电动轿车	220
5	比克国际（天津）有限公司	磷酸铁锂蓄电池	26650MP	384	100	38.4	混合动力城市客车	46
6	比亚迪股份有限公司	磷酸铁锂蓄电池	FADM07305	330	57	18.81	混合动力轿车	296
			FADM07315	316	200	63.2	纯电动轿车	358

续表

序号	电池生产厂家	电池类型	电池型号	电池系统电压（V）	电池组容量（A·h）	电池组能量（kW·h）	车　型	车辆数量（辆）
7	常州高博能源材料有限公司	磷酸铁锂蓄电池	AHR32113Ultra－B	115	4	0.46	混合动力轿车	9
8	超威电源有限公司	铅酸蓄电池	12V100Ah	144	100	14.4	纯电动环卫车	5
9	超威电源有限公司，浙江天能电池有限公司	铅酸	3DM180（超威） 6－DM－150AH（天能）	72	180	12.96	纯电动轿车	80
10	东莞新能源科技有限公司	磷酸铁锂	18650－3.2V/1.1Ah	358	100	35.8	混合动力城市客车	1390
		磷酸铁锂锂离子方形蓄电池	25/135/180－45Ah	326	90	29.34	纯电动轿车	100
11	广东五州龙电源科技有限公司	磷酸铁锂	HEV100Ah	333	700	233.1	纯电动城市客车	53
12	哈尔滨光宇电源股份有限公司	磷酸铁锂	EV－100－36V	336	100	33.6	混合动力双层城市客车	20
			FP3291146A	345.6	40	13.824	混合动力城市客车	300
		磷酸铁锂动力电池	FP3291146A－20Ah	345.6	40	13.824	混合动力城市客车	5
13	合肥国轩高科动力能源有限公司 华霆（合肥）动力技术有限公司	磷酸铁锂动力电池	1865140，18650	320	50	16	纯电动轿车	1000
14	合肥国轩高科动力能源有限公司 深圳市沃特玛电池有限公司	磷酸铁锂电池	GXIFP32400，WTMIFR32400	531	400	212.4	纯电动城市客车	100
			1865140，3.2V 10AH	531	400	212.4	纯电动城市客车	100
			1865140，3.2V 10AH	538	450	242.1	纯电动城市客车	10
			1865140，3.2V 10AH	544	500	272	型纯电动客车	20
15	河南环宇赛尔新能源科技有限公司	磷酸铁锂蓄电池	HYLFP46182295/100Ah	336	100	33.6	纯电动乘用车	6
16	湖北国通青山新能源高科技有限公司	磷酸铁锂电池	GF－Life－160A1	384	640	245.76	纯电动城市客车	10
17	湖南神舟科技股份有限公司 重庆长安新能源汽车有限公司	金属氢化物镍蓄电池	QNFT6－3，ND06ACHN	144	40	5.76	混合动力轿车	112
18	湖南神舟科技股份有限公司/春兰集团	镍氢电池	280QNFG40－3/280QNFG40FG	336	40	13.44	混合动力城市客车	200
19	惠州比亚迪电池有限公司	磷酸铁钴锂蓄电池	FADM07315	316	200	63.2	纯电动轿车	1
			FADM07315	540	600	324	纯电动城市客车	250
20	江苏春兰清洁能源研究院有限公司	镍氢电池	DY336－40Ah	336	40	13.44	混合动力城市客车	160
21	江苏伊思达电池有限公司	锰酸锂电池	26650	292.6	70	20.482	纯电动轿车	29
22	力神迈尔斯动力电池系统有限公司	磷酸铁锂电池	LP2770120AC	332.8	66	21.9648	纯电动车厢可卸式垃圾车	1
23	南京中大青山电动汽车有限公司	磷酸铁钒锂动力电池	ZDLFP13078238160	563	400	225.2	纯电动城市客车	23
24	上海江森自控国际蓄电池有限公司	铅酸蓄电池	AGM 60Ah－H5	12	60	0.72	混合动力轿车	403

续表

序号	电池生产厂家	电池类型	电池型号	电池系统电压（V）	电池组容量（A·h）	电池组能量（kW·h）	车 型	车辆数量（辆）
25	深圳比克电池有限公司	三元锂离子电池	H18650CB	346	106	36.676	纯电动多用途乘用车	200
26	深圳市长河动力技术有限公司	磷酸铁锂蓄电池	PL20185270	345.6	60	20.736	混合动力城市客车	20
27	深圳市沃特玛电池有限公司	磷酸铁锂	3.2V－100AH	336	250	84	纯电动客车	26
28	天津蓝天电池股份有限公司	铅酸密封电池	6DMJ150	72	150	10.8	纯电动服务车	66
29	天津力神电池股份有限公司	磷酸铁锂	LP2770106AB	72	150	10.8	纯电动服务车	31
30	天空能源（洛阳）有限公司	锂离子电池	SE180AHA	416	3.2	1.3312	纯电动城市客车	10
		磷酸铁锂	SE180AHA	320	180	57.6	纯电动轿车	206
31	万向电动汽车有限公司	聚合物锂离子动力电池	8L12－100MA	316.8	120	38.016	纯电动工程车	23
			8L12－100MA	316.8	120	38.016	纯电动乘用车	17
		聚合物锂离子动力电池	IFP152/40/256	576	60	34.56	混合动力城市客车	6
		聚合物磷酸铁锂动力电池	IFP152/40/256	73.6	300	22.08	纯电动厢式运输车	5
		磷酸铁锂蓄电池	IFP152/40/256	576	360	207.36	纯电动城市客车	10
		聚合物磷酸铁锂电池	L100－60－0001	336	100	33.6	纯电动轻型客车	14
		磷酸铁锂动力蓄电池	CE12	320	75	24	纯电动轿车	96
		锂离子动力电池	WX12I3222	537.6	264	141.9264	纯电动城市客车	40
32	微宏动力（湖州）有限公司	磷酸铁锂蓄电池	26650E	564	336	189.504	纯电动城市客车	6
		钛酸锂蓄电池	MPS0225T	334.4	25	8.36	混合动力城市客车	15
33	咸阳威力克能源有限公司	磷酸铁锂锂离子电池	VLP28/82/118	358	40	14.32	混合动力城市客车	110
34	浙江超威电源（集团）有限公司	铅酸电池	6DM100	96	100	9.6	纯电动仓栅式运输车	1
35	浙江兴海能源科技有限公司 天空能源（洛阳）有限公司	磷酸铁锂电池	38120,SE100AHA	336	80	26.88	纯电动轻型客车	67
			38120,SE100AHA	307.2	60	18.432	纯电动轻型客车	22
36	中航锂电（洛阳）有限公司	磷酸铁锂蓄电池	SE180AHA	384	180	69.12	纯电动洒水车	1
			SE100AHA	320	100	32	纯电动车厢可卸式垃圾车	50
			SE100AHA	550	500	275	纯电动城市客车	13
37	中航锂电（洛阳）有限公司	锂离子电池	SE180AHA	374	720	269.28	纯电动城市客车	7
38	中航锂电（洛阳）有限公司 东莞新能源科技有限公司	磷酸铁锂	CA60FI,29/135/220－66AH	307.2	60	18.432	纯电动轻型客车	10
39	中山中炬森莱高技术有限公司 湖南神舟科技股份有限公司	金属氢化物镍蓄电池	QNYD6;QNFT6－3	144	40	5.76	混合动力客车	50

续表

序号	电池生产厂家	电池类型	电池型号	电池系统电压（V）	电池组容量（A·h）	电池组能量（kW·h）	车　型	车辆数量（辆）
40	中信国安盟固利动力科技有限公司	锰酸锂型锂离子蓄电池	SPIM23300260	395	360	142.2	纯电动客车	20
			SPIM23300260	388.8	360	139.968	纯电动城市公交车	2
			SPIM14245190	385	70	26.95	纯电动桶装垃圾车	525
			SPIM23300260－2P	384	180	69.12	纯电动自装卸式垃圾车	32
		锰基锂离子动力电池	SPIM08HP	346	32	11.072	混合动力城市公交车	35
			SPIM08HP	346	16	5.536	混合动力城市客车	66
			SPIM08HP	352	16	5.632	混合动力城市客车	115
			SPIM08HP	360	16	5.76	混合动力城市客车	189
41	中信国安盟固利动力科技有限公司 苏州新中能源科技有限公司	锰酸锂蓄电池	SPIM16HP，DPMP16N	346	16	5.536	混合动力城市客车	33
42	中信国安盟固利新能源科技有限公司	锂离子电池	SPIM24300260	592	100	59.2	纯电动城市客车	10
43	重庆长安新能源汽车有限公司	金属氢化物镍蓄电池	ND06ACHN	144	90	12.96	混合动力轿车	207
44	Automotive Energy Supply	锂离子电池	E70－11	360	66	23.76	纯电动轿车	15
45	Hitachi Vehicle Energy，Ltd.	锰酸锂电池	CPC0044	115	4.4	0.506	混合动力轿车	30
46	PANASONIC EV ENERGY CO.，LTD.	镍氢电池	G9280－33050	244.8	6.5	1.5912	混合动力轿车	160
47	安耐信（北京）储能技术有限公司 上海三玖电气设备有限公司	磷酸铁锂蓄电池 无机电解质电极对称型 超级电容	DLP85300320－250AH 单体 UCEY－2.7V3000F 模块 UCEY－48/165F	538	500	269	纯电动力城市客车	30
		磷酸铁锂蓄电池 无机电解质电极对称型 超级电容	DLP85260395－300Ah UCEY－2.7V/3000F	550	600	330	纯电动城市客车	20
		磷酸铁锂动力电池 超级电容	DLP85300320－250Ah UCEY－2.7V3000F 模块 UCEY－48V165F	544	500	272	纯电动客车	5
48	合肥国轩高科动力能源有限公司 Maxwell Technologies，Inc.	磷酸铁锂蓄电池 超级电容	1865140 单体 2.7V/3000F 模块 48V/165F	600	500	300	纯电动客车	20

续表

序号	电池生产厂家	电池类型	电池型号	电池系统电压（V）	电池组容量（A·h）	电池组能量（kW·h）	车型	车辆数量（辆）
49	美国麦克斯威（Maxwell）科技公司	有机电解质碳电极对称型超级电容器	BCAP3000 P	384	–	0.87	混合动力电动城市客车	28
			BMOD0165 P048	388.8	–	0.87	混合动力城市客车	20
		无机电解质碳电极对称型超级电容器	BCAP3000	384	–	0.84	混合动力城市公交车	7
			BCAP3000	384	–	0.85	混合动力电动城市客车	1
			BCAP3000	384	–	0.86	混合动力城市客车	430
			BCAP3000	384	–	0.87	混合动力城市客车	10
		超级电容	BCAP3000/BMOD0165	384	–	0.84	混合动力城市客车	117
			BCAP3000	388.8	–	0.87	混合动力电动城市客车	1
			BNOD0165FP048	480	–	0.52	混合动力城市客车	1
			BMOD0165 P048	384	–	0.84	混合动力城市客车	20
			FP3291146A－20Ah	345.6	40	13.82	混合动力城市客车	31
			BCAP3000	672	–	0.53	混合动力城市客车	20
			BCAP3000	672	–	7.42	混合动力城市客车	10
			CDX102	480	–	0.52	混合动力城市客车	1
			BMOD0165 P048	384	–	0.87	混合动力电动城市客车	26
50	美国麦克斯威（Maxwell）科技公司 LS Mtron Ltd.	有机电解质碳电极对称型超级电容器	BCAP3000 P LSUC 002R8P 3000F EA	389	–	0.87	混合动力城市客车	288
		超级电容	BMOD0165 P048（单体型号） 48V/165F（单体规格） 2.8V/3000F	480	–	0.53	混合动力城市客车	202
			BMOD0165 P048	480	–	0.53	混合动力城市客车	254
51	赛恩斯能源科技有限公司 美国麦克斯威科技公司	磷酸亚铁锂蓄电池 无机电解质碳电极对称型超级电容器	3.2V50Ah，BCAP3000	384	–	12.8，1.69	混合动力电动城市客车	70
		蓄电池＋超级电容	3.2V50Ah BCAP3000/BMOD0165	256，384	–	50，0.87	混合动力城市公交车	33
52	深圳市沃特玛电池有限公司 美国麦克斯威科技公司	磷酸铁锂电池/超级电容	3.2V－5AH，BCAP3000	256，384	–	50，0.87	混合动力城市客车	20
53	电池：深圳沃特玛电池有限公司 超级电容：美国麦克斯威科技公司 电池：微宏动力系统（湖州）有限公司 超级电容：美国麦克斯威科技公司	磷酸铁锂蓄电池/ 超级电容， 磷酸铁锂蓄电池/ 超级电容	电池：32650－5AH/ 电容：BCAP3000， 电池：MPS0304P/ 电容：BCAP3000	256，384	–	50，0.87	混合动力城市客车	25

注：统计中未含示范运行的纯电动观光车、纯电动商务车、纯电动社区车、纯电动客货车共计268辆，没有上公告和无法统计的共计31辆。

(2)电机(企业排名以企业名称拼音字母排序)

序号	电机生产厂家	电机型号	电机类型	主电机功率(kW)	车　型	车辆数量(辆)
1	北京亿马先锋汽车科技有限公司	150 MOTOR	交流感应电机	40/150	纯电动多用途乘用车	200
2	北京中纺锐利机电有限公司	KTC C180－2000	开关磁阻电机	40/60	混合动力城市客车	200
3	北汽福田汽车股份有限公司	FTTB035	永磁同步电机	35/70	纯电动垃圾车	871
4	博世汽车部件(长沙)有限公司	0 399 703 024	永磁式启动机	1.1/1.7	混合动力轿车	403
5	常州市华盛电机厂	XYQ－7.5－1AH	三相交流感应电机	7.5/26	纯电动服务车	97
6	大连春晓电动汽车研究所	YPQ250L2－4	交流电机	65/130	纯电动城市客车	10
7	大连天元电机有限公司	YPQ220M－6 型	三相感应交流电机	92/162	混合动力城市客车	1390
		YPQ220M－6 型	三相异步电动机	92/136	纯电动城市客车	53
		YPQ220M－6 型	三相异步电动机	92/136	混合动力双层城市客车	20
8	大陆汽车系统（天津）有限公司	HVMHIM	交流异步电机	8/20	混合动力轿车	9
		MGU	三相异步电机	10./15.3	混合动力轿车	30
9	大洋电机新动力科技有限公司	YTD045W01	永磁同步电机	45/85	纯电动轿车	100
		YTD115F01	交流永磁同步电动机	115/170	纯电动客车	20
10	大洋电机新动力科技有限公司 大洋电机新动力科技有限公司 大洋电机新动力科技有限公司 北京大郡晟誉驱动系统技术有限公司	YTD020W01 YTD020W01 YTD020W01 O50WA	永磁同步电机	20/45	纯电动轿车	220
11	东方电气集团东风电机有限公司	QYS100－6/400	交流异步电机	100/250	纯电动城市客车	230
12	东风电机厂有限公司	HD60－4	交流异步电机	20/60	纯电动乘用车	6
13	东风扬子江汽车(武汉)有限责任公司	YZJDJ110	直流无刷电机	110/150	纯电动城市客车	10
14	福建尤迪电机制造有限公司	YHD280M－90	三相异步	90/155	混合动力电动城市客车	1
		YHD280M－90	三相异步电动机	90/158	混合动力城市客车	20
		GL－QD1090－10	三相异步	90/155	混合动力城市客车	25
		YHD280M－96	三相异步	96/165	混合动力城市客车	33
		YHD280M－4	交流感应电机	65/120	混合动力电动城市客车	70
		YHD280M－4	交流电机	65/120	混合动力电动城市客车	31
		YHD280M－4	交流电机	65/120	混合动力城市客车	20
		YHD280M－4－90	交流异步电机	90/155	混合动力城市客车	117
15	广东大洋电机股份有限公司	YTD115F01	永磁同步	115/170	纯电动城市公交车	2
16	广西三立科技发展有限公司	SL－DM－060	永磁同步电机（ISG)	40/60	混合动力城市客车	36
		SL－DM－100	永磁同步电机（ISG)	50/100	混合动力城市客车	335
		SL－DM－120	永磁同步电机（ISG)	92/120	混合动力城市客车	101
17	湖南南车时代电动车股份有限公司	TQD101	永磁电机	45/60	混合动力城市客车	456
		TQD101	交流电机	45/60	混合动力城市客车	2
		JD147A	交流电机	80/180	纯电动城市客车	7
		JD156	交流异步	100/150	纯电动洒水车	1
		JD160	异步牵引电动机	110/150	混合动力城市客车	20
		JF226	永磁同步电机	50/70	混合动力城市客车	10
18	江门电机股份有限公司	KAM280HL	交流电机	65/120	混合动力电动城市客车	23
19	江苏微特利电机制造有限公司	WTGSDJ－30A	水冷变频感应电机	30/90	纯电动轿车	206
20	柳州市科尔数字化制造技术有限公司	CAMT9006YA	三相交流异步电机	6/18	纯电动仓栅式运输车	1
21	美国伊顿公司	A－7811	永磁同步电机	26/44	混合动力城市客车	189

续表

序号	电机生产厂家	电机型号	电机类型	主电机功率(kW)	车型	车辆数量(辆)
22	南昌福瑞德科技有限公司	FRDY103012A0	交流异步电机	10/20	纯电动环卫车	5
23	纽贝耳汽车科技（杭州）有限公司	BLT11/27-3000/312	永磁无刷直流电机	11/27	纯电动轻型客车	103
24	上海安乃达驱动技术有限公司 上海大郡动力控制技术有限公司	270ZWS001 DJ-2103-065-A0	永磁同步电动机	42/90	混合动力城市客车	110
25	上海大郡动力控制技术有限公司	DJ-2103-1-T-100-630-035-W-A0	永磁同步电机	48/100	纯电动客车	26
		DJ-2103-065-A0	永磁同步电动机	42/65	混合动力城市客车	5
26	上海电驱动有限公司	536YZ-XI 01AW	永磁同步电机	40/60	混合动力城市客车	10
		368TYZ-XIS02B	永磁同步电机	35/45	混合动力城市客车	33
		536YZ-XI02AW	永磁同步电机	50/100	混合动力城市客车	100
		2103AAD	永磁同步电机	6/12	纯电动轿车	80
27	上海电驱动有限公司 伊诺华公司	TYC-168-260-8-C M17000AB	交流驱动电机 三相异步电机	30/90	混合动力城市客车	100
28	上海南洋电机有限公司	YTSP280L1-4Q	交流异步电机	147/291	纯电动客车	26
		YTSP280L2-4Q	交流电机	160/280	纯电动城市客车	10
		YQSL250L1-4	三相交流异步电机	90/250	纯电动力城市客车	35
		YQSL250L1-4	变频调速三相异步电动机	90/250	纯电动城市客车	20
29	深圳大地和电机有限公司 大洋电机新动力科技有限公司	GLMP20L1 YTD020W01	永磁同步电机	20/40	纯电动车厢可卸式垃圾车	1
30	深圳市比亚迪汽车有限公司	BYD-TYC120A	永磁同步电机	75/120	纯电动轿车	1
		F3DMB-2103	永磁同步电机	37/50	混合动力轿车	296
		BYD-TYC160A	永磁同步电机	110/160	纯电动轿车	358
		BYD-TYC160B	永磁同步电机	110/160	纯电动城市客车	50
		BYD-TYC90A	永磁同步电机	75/90	纯电动城市客车	200
31	深圳市大地和电气有限公司	GLMP15L0	永磁同步电机	20/40	纯电动车厢可卸式垃圾车	50
		GLMP25L2	永磁同步电机	30/60	纯电动轻型客车	10
32	深圳市大康电气有限公司	GLMI10A1	交流异步电机	7.5/15	纯电动厢式运输车	5
33	盛能动力科技（深圳）有限公司	SYNE-YX280W-4	交流异步电动机	80/170	混合动力城市客车	46
34	泰安泰山新动力电机有限公司	XDLC-120	无刷永磁电机	120/150	纯电动城市客车	13
35	天津市松正电动汽车技术股份有限公司	MIM090-384S	三相异步交流感应电机	100/140	混合动力电动城市客车	1
36	万向电动汽车有限公司	WXMP20L0	车用永磁同步电机	20/40	纯电动轿车	96
		YCVF250L-4	三相交流感应电机	100/200	纯电动城市客车	40
		YCVF250L-4	交流感应电动机	100/200	纯电动城市客车	10
		YCVF280M-8D YCVF280S-6C	三相交流感应电机	110/220	混合动力城市客车	6
37	厦门金龙旅行车有限公司	GHS280M-4	交流异步电机	90/155	混合动力城市客车	308
38	襄樊特种电机有限公司	IPF152/40/256	交流电机	32/64	纯电动工程车	11
		YCVF200M-4	交流电机	32/64	纯电动乘用车	17
		YCVF200M-4	交流电机	32/64	纯电动工程车	12
		YCVF250L-4C	交流异步电机	100/200	纯电动城市客车	6
39	襄樊宇清电动车有限公司	YCVF250L-4C	交流异步电机	100/200	纯电动城市客车	23
40	伊诺华公司	M10000DA	交流异步电机	30/90	混合动力城市客车	60

续表

序号	电机生产厂家	电机型号	电机类型	主电机功率(kW)	车 型	车辆数量(辆)
41	浙江达可尔汽车电子科技有限公司	YZ131001	永磁同步内转子电机	13/19.5	混合动力客车	50
42	浙江达可尔汽车电子科技有限公司 重庆长安新能源汽车有限公司	YZ131001,SL000AQL	永磁同步内转子电机	13/19.5	混合动力轿车	112
43	浙江尤奈特电机有限公司	BLT11/27-3000/312	永磁直流无刷电机	11/27	纯电动轿车	1000
		BLT11-3000/312	永磁无刷直流电机	11/27	纯电动轿车	29
44	郑州宇通客车股份有限公司	YTM280-CV2	三相交流异步电机	95/180	混合动力城市客车	447
45	中山大洋电机股份有限公司	BOMM060/110-I	三相永磁同步电机	60/110	纯电动自装卸式垃圾车	32
		BOMM060/110-I	三相永磁同步电机	60/110	纯电动压缩式垃圾车	25
		BOMM060/110-I	三相永磁同步电机	60/110	纯电动扫路车	55
		BOMM130/170-I	三相永磁同步电机	130/170	纯电动洒水车	1
		BOMM060/110-I	永磁交流同步电机	60/110	纯电动吸尘车	17
46	重庆长安新能源汽车有限公司	SL000AQL	永磁同步内转子电机	13/19.5	混合动力轿车	207
47	NISSAN	EM61	永磁同步电机	40/80	纯电动轿车	15
48	TOYOTA MOTOR CORPORATION	2JM	交流电机	22/44	混合动力轿车	160

注:统计中未含示范运行的纯电动观光车、纯电动商务车、纯电动社区车、纯电动客货车共计268辆,没有上公告和无法统计的共计31辆。

三、2011年我国主要城市电动汽车充电站(桩)建设情况统计

序号	城市名称	充换电站(个)	充电机功率总计(kW)	充电桩(个)	充电站占地面积(m^2)	投资金额(万元)
1	北京市	15	1484	212	-	19005
2	上海市	9	8500	1100	10230	21323
3	天津市	5	-	327	-	-
4	重庆市	2	900	100	4000	2600
5	青岛市	1	450	12	1600	800
6	沈阳市	3	400	40	3450	2523
7	郑州市	1	120	193	8000	2256
8	厦门市	2	94	76	-	-
9	西宁市	1	750	10	2374	10
10	杭州市	17	-	160	-	18000
11	南昌市	1	335	150	6660	1500
12	苏州市	4	1540	11	2390	4200
13	昆明市	1	834	152	1000	1652
14	合肥市	5	12800	96	25000	6000
15	长沙市	3	1780	29	1500	2300
16	合肥市	5	12800	96	25000	6000
17	武汉市	3	2430	148	-	-
18	济南市	5	302	74	-	7300
19	石家庄市	1	200	3	1000	1400
20	大连市	3	2793	16	5900	9273
21	临沂市	5	-	85	-	-
22	泰安市	1	-	22	-	-
23	济宁市	1	-	-	-	-

续表

序号	城市名称	充换电站（个）	充电机功率总计（kW）	充电桩（个）	充电站占地面积（m^2）	投资金额（万元）
24	德州市	1	–	–	–	–
25	威海市	1	–	–	–	–
26	银川市	1	270	36	1900	800
27	成都市	5	3130	250	19483	10045
28	深圳市	33	20080	1800	11800	44000
29	襄阳市	2	1480	30	24506	3600
30	广州市	3	1844.8	34	4765	约7500
31	西安市	2	–	2	4000	1200
32	桂林市	1	1000	7	4000	800
33	南宁市	2	921	11	2190	1165
34	柳州市	1	500	4	600	600
35	唐山市	1	50	10	2166	3000
36	海口市	1	315	45	–	101.7

第九篇
附　录

一、节能与新能源汽车标准目录

1. 电动汽车

序号	标准号	标准名称	标准英文名称	发布部门	标准主要内容	代替标准号	发布日期	实施日期
1	GB/T 26779—2011	燃料电池电动汽车加氢口	Fuel cell electric vehicles—Refuelling receptacle	全国汽车标准化技术委员会	本标准规定了燃料电池电动汽车加氢口的定义、型式、要求、试验方法、检验规则。 本标准适用于使用压缩氢气为工作介质，工作压力不超过35MPa，工作环境温度为 -40℃ ~60℃的燃料电池电动汽车。		2011-07-20	2012-01-01
2	GB/T 26990—2011	燃料电池电动汽车车载氢系统 技术条件	Fuel cell electric vehicles - Onboard hydrogen system - Specifications	全国汽车标准化技术委员会	本标准规定了燃料电池电动汽车的车载氢系统的技术条件。 本标准适用于使用压缩氢作为燃料，在环境温度15℃时，工作压力不超过35MPa的燃料电池电动汽车。		2011-09-29	2012-03-01
3	GB/T 26991—2011	燃料电池电动汽车最高车速试验方法	Fuel cell electric vehicles - Maximum speed test method	全国汽车标准化技术委员会	本标准规定了燃料电池混合动力电动汽车最高车速的试验方法。 本标准适用于使用压缩氢气的燃料电池混合动力电动汽车（FCHEV）。		2011-09-29	2012-03-01
4	QC/T 893—2011	电动汽车用驱动电机系统故障分类及判断	Failure classification and assessment of electrical machine system for electric vehicle	全国汽车标准化技术委员会	本标准规定了电动汽车用驱动电机系统故障的确认原则、故障模式和故障分类。 本标准适用于各类电动汽车用驱动电机系统。		2012-12-20	2012-07-01
5	QC/T 894—2011	重型混合动力电动汽车污染物排放车载测量方法	On Board Measurement Methods for Emissions from Heavy-Duty Hybrid Electric Vehicles	全国汽车标准化技术委员会	本标准规定了混合动力电动汽车在底盘测功机或场地上进行车载排放试验的试验方法。 本标准适用于最大总质量超过3500kg的混合动力电动汽车。		2012-12-20	2012-07-01
6	QC/T 895—2011	电动汽车用传导式车载充电机	On-board conductive charger for electric vehicles	全国汽车标准化技术委员会	本标准规定了电动汽车传导式车载充电机的基本构成、参数、功能、要求、试验方法、包装、储运方法及标志与标识。 本标准适用于纯电动汽车及可外接充电式混合动力电动汽车的车载充电机。		2012-12-20	2012-07-01

续表

序号	标准号	标准名称	标准英文名称	发布部门	标准主要内容	代替标准号	发布日期	实施日期
7	QC/T 896—2011	电动汽车用驱动电机系统接口	Interface of electrical machine system for electric vehicles	全国汽车标准化技术委员会	本标准规定了电动汽车用驱动电机系统的电气接口型式、信号定义，对驱动电机系统的机械接口做了通用性的规定。 本标准适用于电动汽车用驱动电机系统，不适用于车用辅助电机系统。		2012－12－20	2012－07－01
8	QC/T 897—2011	电动汽车用电池管理系统技术条件	Technical specification of battery management system for electric vehicles	全国汽车标准化技术委员会	本标准规定了电动汽车用电池管理系统的术语与定义、要求、试验方法、检验规则、标志等。 本标准适用于电动汽车用动力电池管理系统。		2012－12－20	2012－07－01
9	GB/T 20234.1—2011	电动汽车传导充电用连接装置 第1部分：通用要求	Connection set of conductive charging for electric vehicles － Part 1：General requirements	全国汽车标准化技术委员会	本部分规定了电动汽车充电连接装置的定义、要求、试验方法和检验规则。 本部分适用于电动汽车传导式充电用的充电连接装置。	GB/T 20234—2006	2011－12－22	2012－03－01
10	GB/T 20234.2—2011	电动汽车传导充电用连接装置 第2部分：交流充电接口	Connection set for conductive charging of electric vehicles － Part 2：AC charging coupler	全国汽车标准化技术委员会	本部分规定了电动汽车交流充电接口的功能定义、结构尺寸。 本部分适用于符合GB/T XXXX.1要求的电动汽车传导式充电用的交流接口。其额定工作值满足如下要求：交流额定电压不超过250V AC，频率50Hz，额定电流不超过32A AC。 本部分规定了交流充电接口适用于车辆侧的充电连接；对于充电模式3的连接方式A和B，本部分也适用于供电设备侧的充电连接。		2011－12－22	2012－03－01
11	GB/T 20234.3—2011	电动汽车传导充电用连接装置 第3部分：直流充电接口	Connection set for conductive charging of electric vehicles － Part 3：DC charging coupler	全国汽车标准化技术委员会	本部分规定了电动汽车直流充电接口的功能定义、结构尺寸。 本部分适用于符合GB/T XXXX.1要求的充电模式4及连接方式C用的车辆接口。其额定工作值满足如下要求：交流额定电压不超过750V DC，额定电流不超过400A DC。		2011－12－22	2012－03－01

续表

序号	标准号	标准名称	标准英文名称	发布部门	标准主要内容	代替标准号	发布日期	实施日期
12	GB/T 27930—2011	电动汽车非车载传导式充电机与电池管理系统之间的通信协议	Communication protocols between off - board conductive charger and battery management system for electric vehicle	中国电力企业联合会	本标准规定了电动汽车非车载传导式充电机（以下简称“充电机”）与电池管理系统（Battery Management System,以下简称“BMS”）之间的通信协议。 本标准适用于采用传导式充电方式的电动汽车用非车载充电机。本标准数据传输采用低位先发送的格式。正的电流值代表放电，负的电流值代表充电。		2011 - 12 - 22	2012 - 03 - 01
13	GB/T 28183—2011	客车用燃料电池发电系统测试方法	Test methods of fuel cell power system for bus	中国电器工业协会	本标准规定了客车用燃料电池发电系统测试方面的术语和定义、技术要求、燃料电池发电系统的测试项目指标、试验过程及测试方法、燃料电池发电系统绝缘性测试、质量测试、试验结果整理和试验报告。 本标准规定的测试内容包括：燃料电池发电系统密封性测试、常温起动性能测试、工况法性能测试、绝缘性测试和质量测量。 本标准适用于客车用质子交换膜燃料电池发电系统。		2011 - 12 - 30	2012 - 06 - 01

2. 代用燃料汽车

序号	标准号	标准名称	标准英文名称	发布部门	标准主要内容	代替标准号	发布日期	实施日期
1	QC/T 691—2011	车用天然气单燃料发动机技术条件	Technical specification of Single - fuel natural gas vehicle engine	全国汽车标准化技术委员会	本标准规定了汽车用天然气单燃料发动机（包括压缩天然气及不带液态喷射的液化天然气发动机）的技术要求、试验方法、检验规则、标志、包装、运输及贮存。本标准适用于压缩天然气储气瓶公称工作压力不大于 20MPa 和液化天然气储气瓶公称工作压力不大于 1.6MPa 的汽车用单燃料发动机。	QC/T 691—2002	2011 - 05 - 18	2011 - 08 - 01
2	QC/T 692—2011	汽油/天然气两用燃料发动机技术条件	Technical specification of Gasoline/NG Bi - fuel Engine	全国汽车标准化技术委员会	本标准规定了汽车用汽油/天然气两用燃料发动机的技术要求、试验方法、检验规则、标志、包装、运输和贮存。本标准适用于压缩天然气储气瓶公称工作压力不大于 20MPa 的汽车用汽油/天然气两用燃料发动机。	QC/T 692—2002	2011 - 05 - 18	2011 - 08 - 01

续表

序号	标准号	标准名称	标准英文名称	发布部门	标准主要内容	代替标准号	发布日期	实施日期
3	QC/T 693—2011	液化石油气发动机技术条件	Technical specification of Liquefied petroleum gas engine	全国汽车标准化技术委员会	本标准规定了车用液化石油气发动机的技术要求、试验方法、检验规则、标志和贮运。 本标准适用于车用汽油/液化石油气两用燃料发动机和液化石油气单燃料发动机。	QC/T 693—2002	2011－05－18	2011－08－01
4	QC/T 693—2011	液化石油气发动机技术条件	Technical specification of Liquefied petroleum gas engine	全国汽车标准化技术委员会	本标准规定了车用液化石油气发动机的技术要求、试验方法、检验规则、标志和贮运。 本标准适用于车用汽油/液化石油气两用燃料发动机和液化石油气单燃料发动机。	QC/T 693—2002	2011－05－18	2011－08－01
5	QC/T 691—2011	车用天然气单燃料发动机技术条件	Technical specification of Single－fuel natural gas vehicle engine	全国汽车标准化技术委员会	本标准规定了汽车用天然气单燃料发动机（包括压缩天然气及不带液态喷射的液化天然气发动机）的技术要求、试验方法、检验规则、标志、包装、运输及贮存。 本标准适用于压缩天然气储气瓶公称工作压力不大于20MPa和液化天然气储气瓶公称工作压力不大于1.6MPa的汽车用单燃料发动机。	QC/T 691—2002	2011－05－18	2011－08－01
6	QC/T 692—2011	汽油/天然气两用燃料发动机技术条件	Technical specification of Gasoline/NG Bi－fuel Engine	全国汽车标准化技术委员会	本标准规定了汽车用汽油/天然气两用燃料发动机的技术要求、试验方法、检验规则、标志、包装、运输和贮存。 本标准适用于压缩天然气储气瓶公称工作压力不大于20MPa的汽车用汽油/天然气两用燃料发动机。	QC/T 692—2002	2011－05－18	2011－08－01
7	GB/T 26605—2011	车用燃料用二甲醚	Dimethyl ether for motor vehicle fuel	全国化学标准化技术委员会	本标准规定了车用燃料用二甲醚的要求、试验方法、检验规则及标志、包装、运输、贮存和安全。 本标准适用于甲醇气相法或液相法脱水生成的车用燃料用二甲醚，或由合成气直接合成的车用燃料用二甲醚。 该产品用于车用燃料的原料。		2011－06－16	2011－11－01
8	GB/T 26780—2011	压缩天然气汽车燃料系统碰撞安全要求	The safety requirement of fuel system for compressed natural gas vehicle in the collision	全国汽车标准化技术委员会	该标准规定了压缩天然气汽车燃料系统碰撞安全的技术要求和试验方法；适用于燃料系统采用压缩天然气的M1类汽车，包括采用两用燃料压缩天然气汽车、单一燃料压缩天然气汽车，其他相关类型车辆也可参照执行。		2011－07－20	2012－01－01

续表

序号	标准号	标准名称	标准英文名称	发布部门	标准主要内容	代替标准号	发布日期	实施日期
9	GB/T 26980—2011	液化天然气(LNG)车辆燃料加注系统规范	Liquefied natural gas(LNG) vehicular fueling systems code	全国石油天然气标准化技术委员会	本标准规定了液化天然气(LNG)车辆燃料系统加注设施防止火灾和爆炸采取的合理保护措施。 本标准适用于储罐容积不超过 $265m^3$ 的各种类型液化天然气(LNG)车辆燃料系统加注设施,以及LNG－CNG(压缩天然气)转化设施的设计、安装、操作和维护。 本标准不适用于本标准生效以前已经建成或已被批准建造安装的设施、设备和结构装置,另有说明的除外。		2011－09－29	2012－01－01
10	GB/T 27876—2011	压缩天然气汽车维护技术规范	Technical specification for the maintenance of compressed natural gas vehicle	全国汽车维修标准化技术委员会	本标准规定了压缩天然气（以下简称“CNG”）汽车维护的作业安全、分级和周期、基本作业项目和技术要求及质量保证。 本标准适用于压缩天然气汽车,包括压缩天然气单燃料汽车和压缩天然气/汽油两用燃料汽车。		2011－12－30	2012－06－01
11	GB/T 27877—2011	液化石油气汽车维护技术规范	Technical specification for the maintenance of liquefied petroleum gas vehicle	全国汽车维修标准化技术委员会	本标准规定了液化石油气汽车维护的作业安全、分级和周期、基本作业项目和技术要求及质量保证。 本标准适用于液化石油气汽车,包括液化石油气单燃料汽车和液化石油气/汽油两用燃料汽车。		2011－12－30	2012－06－01
12	GB 17258—2011	汽车用压缩天然气钢瓶	Steel cylinders for the on－board storage of compressed natural gas as a fuel for automotive vehicles	全国气瓶标准化技术委员会	本标准规定了汽车专用压缩天然气钢瓶的型式和参数、技术要求、试验方法、检验规则、标志、涂敷、包装、运输和贮存等。本标准适用于设计、制造公称工作压力为16～20MPa（本标准压力均指表压），公称容积为30～120L，工作温度为－50℃～60℃的钢瓶。按本标准制造的钢瓶，只允许充装符合有关标准的，且经脱水、脱硫和脱轻油处理后，每标准立方米水份含量不超过8mg和硫化氢含量不超过20mg的作为燃料的天然气。本标准不适用于压缩天然气充气站用的贮气钢瓶，也不适用于复合材料气瓶。	GB 17258—1998	2011－12－30	2012－12－01

二、2011年车辆生产企业及产品公告（节能与新能源汽车节选）

1. 混合动力汽车及底盘

序号	企业名称	《目录》序号	商　标	产品名称	产品型号	公告日期	公告批次
1	北汽福田汽车股份有限公司	9	福田牌	混合动力客车底盘	BJ6123	2011年1月31日	第222批
2	郑州宇通客车股份有限公司	71	宇通牌	混合动力电动城市客车	ZK6126、ZK6180	2011年1月31日	第222批
3	江西凯马百路佳客车有限公司	（十四）03	江西牌	混合动力城市客车	JXK6122	2011年1月31日	第222批
4	湖南南车时代电动汽车股份有限公司	（十八）23	南车时代牌	混合动力城市客车	TEG6103、TEG6106	2011年1月31日	第222批
5	浙江吉利汽车有限公司	52	吉利美日牌	混合动力轿车	MR7180、MR7181	2011年3月2日	第223批
6	安徽安凯汽车股份有限公司	55	安凯牌	混合动力城市客车	HFF6100	2011年3月2日	第223批
7	安徽安凯汽车股份有限公司	55	安凯牌	混合动力客车底盘	HFF6100	2011年3月2日	第223批
8	金龙联合汽车工业（苏州）有限公司	112	海格牌	混合动力电动城市客车	KLQ6119、KLQ6109	2011年3月2日	第223批
9	金龙联合汽车工业（苏州）有限公司	112	海格牌	混合动力客车底盘	KLQ6101、KLQ6118	2011年3月2日	第223批
10	厦门金龙联合汽车工业有限公司	123	金龙牌	混合动力城市客车	XMQ6127	2011年3月2日	第223批
11	厦门金龙联合汽车工业有限公司	123	金龙牌	混合动力客车底盘	XMQ6121	2011年3月2日	第223批
12	厦门金龙旅行车有限公司	124	金旅牌	混合动力城市客车	XML6105、XML6115	2011年3月2日	第223批
13	上海通用汽车有限公司	6	别克（BUICK）牌	混合动力轿车	SGM7240	2011年4月6日	第224批
14	北汽福田汽车股份有限公司	9	福田牌	混合动力城市客车	BJ6123	2011年4月6日	第224批
15	安徽安凯汽车股份有限公司	55	安凯牌	混合动力城市客车	HFF6120	2011年4月6日	第224批
16	安徽安凯汽车股份有限公司	55	安凯牌	混合动力客车底盘	HFF6120	2011年4月6日	第224批
17	郑州宇通客车股份有限公司	71	宇通牌	混合动力电动城市客车	ZK6106、ZK6108、ZK6126	2011年4月6日	第224批
18	郑州宇通客车股份有限公司	71	宇通牌	混合动力电动客车底盘	ZK6100、ZK6118	2011年4月6日	第224批
19	重庆长安汽车股份有限公司	96	长安牌	混合动力轿车	SC7155	2011年4月6日	第224批
20	一汽客车（无锡）有限公司	（十）10	解放牌	混合动力城市客车	CA6121	2011年4月6日	第224批
21	湖南南车时代电动汽车股份有限公司	（十八）23	南车时代牌	混合动力城市客车	TEG6126、TEG6129	2011年4月6日	第224批
22	郑州宇通客车股份有限公司	71	宇通牌	混合动力电动城市客车	ZK6126	2011年5月3日	第225批

续表

序号	企业名称	《目录》序号	商　标	产品名称	产品型号	公告日期	公告批次
23	一汽海马汽车有限公司	88	海马牌	混合动力多用途乘用车	HMC6446	2011 年 5 月 3 日	第 225 批
24	一汽海马汽车有限公司	88	海马牌	混合动力轿车	HMC7165、HMC7166	2011 年 5 月 3 日	第 225 批
25	中通客车控股股份有限公司	125	中通牌	混合动力城市客车	LCK6105	2011 年 5 月 3 日	第 225 批
26	中通客车控股股份有限公司	125	中通牌	混合动力客车底盘	LCK6104	2011 年 5 月 3 日	第 225 批
27	重庆恒通客车有限公司	127	恒通客车牌	混合动力客车底盘	CKZ6129	2011 年 5 月 3 日	第 225 批
28	重庆恒通客车有限公司	127	恒通客车牌	混合动力城市客车	CKZ6126	2011 年 5 月 3 日	第 225 批
29	江西凯马百路佳客车有限公司	（十四）03	江西牌	混合动力城市客车	JXK6116	2011 年 5 月 3 日	第 225 批
30	湖南南车时代电动汽车股份有限公司	（十八）23	南车时代牌	混合动力城市客车	TEG6129、TEG6125	2011 年 5 月 3 日	第 225 批
31	重庆五洲龙新能源汽车有限公司	（二十一）07	五洲龙牌	混合动力城市客车	WZL6100	2011 年 5 月 3 日	第 225 批
32	浙江吉利汽车有限公司	52	吉利美日牌	混合动力轿车	MR7182、MR7183	2011 年 6 月 9 日	第 226 批
33	中通客车控股股份有限公司	125	中通牌	混合动力城市客车	LCK6105	2011 年 6 月 9 日	第 226 批
34	中通客车控股股份有限公司	125	中通牌	混合动力客车底盘	LCK6104	2011 年 6 月 9 日	第 226 批
35	上海申龙客车有限公司	（九）15	申龙牌	混合动力城市客车	SLK6125	2011 年 6 月 9 日	第 226 批
36	深圳市五洲龙汽车有限公司	（十九）47	五洲龙牌	混合动力双层城市客车	FDG6120	2011 年 6 月 9 日	第 226 批
37	北汽福田汽车股份有限公司	9	福田牌	混合动力城市客车	BJ6123	2011 年 7 月 13 日	第 227 批
38	北汽福田汽车股份有限公司	9	福田牌	混合动力城市客车底盘	BJ6123	2011 年 7 月 13 日	第 227 批
39	长城汽车股份有限公司	15	长城牌	混合动力轿车	CC7150	2011 年 7 月 13 日	第 227 批
40	上海申沃客车有限公司	42	申沃牌	混合动力城市客车	SWB6117	2011 年 7 月 13 日	第 227 批
41	上海申沃客车有限公司	42	申沃牌	混合动力客车底盘	SWB6117	2011 年 7 月 13 日	第 227 批
42	扬州亚星客车股份有限公司	49	亚星牌	混合动力城市客车	JS6126	2011 年 7 月 13 日	第 227 批
43	桂林客车工业集团有限公司	90	桂林牌	混合动力城市客车	GL6120	2011 年 7 月 13 日	第 227 批
44	金龙联合汽车工业（苏州）有限公司	112	海格牌	混合动力城市客车	KLQ6129	2011 年 7 月 13 日	第 227 批
45	金龙联合汽车工业（苏州）有限公司	112	海格牌	混合动力客车底盘	KLQ6128	2011 年 7 月 13 日	第 227 批
46	厦门金龙联合汽车工业有限公司	123	金龙牌	混合动力城市客车	XMQ6127	2011 年 7 月 13 日	第 227 批
47	厦门金龙联合汽车工业有限公司	123	金龙牌	混合动力客车底盘	XMQ6121	2011 年 7 月 13 日	第 227 批
48	扬州亚星客车股份有限公司	49	亚星牌	混合动力城市客车	JS6126	2011 年 8 月 24 日	第 228 批

续表

序号	企业名称	《目录》序号	商　标	产品名称	产品型号	公告日期	公告批次
49	广州汽车集团客车有限公司	89	广汽牌	混合动力城市客车	GZ6111	2011 年 8 月 24 日	第 228 批
50	广州汽车集团客车有限公司	89	广汽牌	混合动力城市客车底盘	GZ6111	2011 年 8 月 24 日	第 228 批
51	四川一汽丰田汽车有限公司	100	丰田（TOYOTA）牌	混合动力轿车	CA7180	2011 年 8 月 24 日	第 228 批
52	金龙联合汽车工业（苏州）有限公司	112	海格牌	混合动力城市客车	KLQ6129	2011 年 8 月 24 日	第 228 批
53	金龙联合汽车工业（苏州）有限公司	112	海格牌	混合动力客车底盘	KLQ6128	2011 年 8 月 24 日	第 228 批
54	深圳市五洲龙汽车有限公司	（十九）47	五洲龙牌	混合动力城市客车	FDG6115	2011 年 8 月 24 日	第 228 批
55	广州汽车集团客车有限公司	89	广汽牌	混合动力城市客车	GZ6121	2011 年 9 月 19 日	第 229 批
56	广州汽车集团客车有限公司	89	广汽牌	混合动力城市客车底盘	GZ6121	2011 年 9 月 19 日	第 229 批
57	金龙联合汽车工业（苏州）有限公司	112	海格牌	混合动力城市客车	KLQ6129	2011 年 9 月 19 日	第 229 批
58	金龙联合汽车工业（苏州）有限公司	112	海格牌	混合动力客车底盘	KLQ6128	2011 年 9 月 19 日	第 229 批
59	厦门金龙联合汽车工业有限公司	123	金龙牌	混合动力城市客车	XMQ6106	2011 年 9 月 19 日	第 229 批
60	厦门金龙联合汽车工业有限公司	123	金龙牌	混合动力客车底盘	XMQ6102	2011 年 9 月 19 日	第 229 批
61	湖南南车时代电动汽车股份有限公司	（十八）23	南车时代牌	混合动力城市客车	TEG6129	2011 年 9 月 19 日	第 229 批
62	东风汽车公司	3	东风牌	混合动力电动城市客车	EQ6120	2011 年 9 月 19 日	第 229 批
63	东风汽车公司	3	东风牌	混合动力电动客车底盘	EQ6110、EQ6120	2011 年 9 月 19 日	第 229 批
64	安徽安凯汽车股份有限公司	55	安凯牌	混合动力城市客车	HFF6122、HFF6123	2011 年 10 月 20 日	第 230 批
65	安徽安凯汽车股份有限公司	55	安凯牌	混合动力客车底盘	HFF6122、HFF6123	2011 年 10 月 20 日	第 230 批
66	金龙联合汽车工业（苏州）有限公司	112	海格牌	混合动力城市客车	KLQ6129、KLQ6109	2011 年 10 月 20 日	第 230 批
67	金龙联合汽车工业（苏州）有限公司	112	海格牌	混合动力客车底盘	KLQ6101、KLQ6128	2011 年 10 月 20 日	第 230 批
68	金龙联合汽车工业（苏州）有限公司	112	海格牌	混合动力电动城市客车	KLQ6109	2011 年 10 月 20 日	第 230 批
69	厦门金龙联合汽车工业有限公司	123	金龙牌	混合动力城市客车	XMQ6127	2011 年 10 月 20 日	第 230 批
70	厦门金龙联合汽车工业有限公司	123	金龙牌	混合动力客车底盘	XMQ6121	2011 年 10 月 20 日	第 230 批
71	广州汽车集团客车有限公司	89	广汽牌	混合动力城市客车	GZ6111	2011 年 11 月 8 日	第 231 批
72	广州汽车集团客车有限公司	89	广汽牌	混合动力城市客车底盘	GZ6111	2011 年 11 月 8 日	第 231 批
73	中通客车控股股份有限公司	125	中通牌	混合动力城市客车	LCK6101	2011 年 11 月 8 日	第 231 批
74	上海申龙客车有限公司	（九）15	申龙牌	混合动力城市客车	SLK6105、SLK6115	2011 年 11 月 8 日	第 231 批

续表

序号	企业名称	《目录》序号	商　标	产品名称	产品型号	公告日期	公告批次
75	深圳市五洲龙汽车有限公司	（十九）47	五洲龙牌	混合动力城市客车	FDG6121	2011 年 11 月 8 日	第 231 批
76	深圳市五洲龙汽车有限公司	（十九）47	五洲龙牌	混合动力宣传车	FDG5120X	2011 年 11 月 8 日	第 231 批
77	长春华奥汽车制造有限公司	40	金华奥牌	混合动力城市客车	CCA6110	2011 年 12 月 28 日	第 232 批
78	长春华奥汽车制造有限公司	40	金华奥牌	混合动力客车底盘	CCA6110	2011 年 12 月 28 日	第 232 批
79	扬州亚星客车股份有限公司	49	亚星牌	混合动力城市客车	JS6106、JS6126	2011 年 12 月 28 日	第 232 批
80	郑州宇通客车股份有限公司	71	宇通牌	混合动力电动城市客车	ZK6120	2011 年 12 月 28 日	第 232 批
81	广汽丰田汽车有限公司	89	丰田（TOYOTA）牌	混合动力轿车	GTM7251	2011 年 12 月 28 日	第 232 批
82	重庆恒通客车有限公司	127	恒通客车牌	混合动力城市客车	CKZ6116	2011 年 12 月 28 日	第 232 批
83	重庆恒通客车有限公司	127	恒通客车牌	混合动力客车底盘	CKZ6119	2011 年 12 月 28 日	第 232 批
84	江西凯马百路佳客车有限公司	（十四）03	江西牌	混合动力城市客车	JXK6116	2011 年 12 月 28 日	第 232 批

2. 纯电动汽车及底盘

序号	企业名称	《目录》序号	商　标	产品名称	产品型号	公告日期	公告批次
1	郑州宇通客车股份有限公司	71	宇通牌	纯电动城市客车	ZK6120、ZK6125	2011 年 1 月 31 日	第 222 批
2	郑州日产汽车有限公司	72	东风牌	纯电动乘用车	ZN6440	2011 年 1 月 31 日	第 222 批
3	北京华林特装车有限公司	（一）31	华林牌	纯电动洒水车	HLT5165GSS	2011 年 1 月 31 日	第 222 批
4	北京华林特装车有限公司	（一）31	华林牌	纯电动桶装垃圾运输车	HLT5021JHQ	2011 年 1 月 31 日	第 222 批
5	北京华林特装车有限公司	（一）31	华林牌	纯电动桶装垃圾运输车	HLT5022CTY	2011 年 1 月 31 日	第 222 批
6	北京华林特装车有限公司	（一）31	华林牌	纯电动桶装垃圾运输车	HLT5023JHQ	2011 年 1 月 31 日	第 222 批
7	北京华林特装车有限公司	（一）31	华林牌	纯电动桶装垃圾运输车	HLT5024CTY	2011 年 1 月 31 日	第 222 批
8	北京华林特装车有限公司	（一）31	华林牌	纯电动自卸式垃圾车	HLT5020ZLJ、HLT5022ZLJ	2011 年 1 月 31 日	第 222 批
9	北京华林特装车有限公司	（一）31	华林牌	纯电动自装卸式垃圾车	HLT5072ZZZ	2011 年 1 月 31 日	第 222 批
10	江苏常隆客车有限公司	（十）17	常隆牌	纯电动客车	YS6128	2011 年 1 月 31 日	第 222 批
11	金华市康迪新能源车辆有限公司	（十一）27	康迪牌	纯电动厢式运输车	KD5011X	2011 年 1 月 31 日	第 222 批
12	柳州五菱专用汽车制造有限公司	（二十）09	五菱牌	纯电动仓栅式运输车	LQG5020CCY	2011 年 1 月 31 日	第 222 批
13	东风汽车公司	3	东风牌	纯电动城市客车	EQ6102	2011 年 3 月 2 日	第 223 批

续表

序号	企业名称	《目录》序号	商　标	产品名称	产品型号	公告日期	公告批次
14	东风汽车公司	3	东风牌	纯电动客车底盘	EQ6102	2011 年 3 月 2 日	第 223 批
15	北汽福田汽车股份有限公司	9	福田牌	纯电动多用途乘用车	BJ6438	2011 年 3 月 2 日	第 223 批
16	北汽福田汽车股份有限公司	9	福田牌	纯电动洒水车	BJ5163GSS	2011 年 3 月 2 日	第 223 批
17	北汽福田汽车股份有限公司	9	福田牌	纯电动桶装垃圾运输车	BJ5020CTY	2011 年 3 月 2 日	第 223 批
18	北汽福田汽车股份有限公司	9	福田牌	纯电动压缩式垃圾车	BJ5071TCA	2011 年 3 月 2 日	第 223 批
19	北汽福田汽车股份有限公司	9	福田牌	纯电动自卸式垃圾车	BJ5020ZLJ	2011 年 3 月 2 日	第 223 批
20	北京华林特装车有限公司	（一）31	华林牌	纯电动桶装垃圾运输车	HLT5025CTY、HLT5026CTY	2011 年 3 月 2 日	第 223 批
21	丹东黄海汽车有限责任公司	29	黄海牌	纯电动城市客车	DD6129	2011 年 4 月 6 日	第 224 批
22	丹东黄海汽车有限责任公司	29	黄海牌	纯电动客车底盘	DD6129	2011 年 4 月 6 日	第 224 批
23	重庆长安汽车股份有限公司	96	长安牌	纯电动轿车	SC7001	2011 年 4 月 6 日	第 224 批
24	上海申龙客车有限公司	（九）15	申龙牌	纯电动城市客车	SLK6121	2011 年 4 月 6 日	第 224 批
25	重庆瑞驰汽车实业有限公司	（二十一）14	瑞驰牌	纯电动厢式运输车	CRC5020X、CRC5021X	2011 年 4 月 6 日	第 224 批
26	重庆瑞驰汽车实业有限公司	（二十一）14	瑞驰牌	纯电动仓栅式运输车	CRC5020CCY	2011 年 4 月 6 日	第 224 批
27	一汽－大众汽车有限公司	2	开利牌	纯电动轿车	FV7002	2011 年 5 月 3 日	第 225 批
28	东风汽车公司	3	东风牌	纯电动载货汽车底盘	EQ1031	2011 年 5 月 3 日	第 225 批
29	东风汽车公司	3	东风牌	纯电动车厢可卸式垃圾车	EQ5031ZXX	2011 年 5 月 3 日	第 225 批
30	北汽福田汽车股份有限公司	9	福田牌	纯电动城市客车	BJ6105、BJ6123	2011 年 5 月 3 日	第 225 批
31	奇瑞汽车股份有限公司	119	瑞麒牌	纯电动轿车	SQR7000	2011 年 5 月 3 日	第 225 批
32	北京汽车股份有限公司	11	北京牌	纯电动客车	BJ6400	2011 年 5 月 3 日	第 225 批
33	安徽安凯汽车股份有限公司	55	安凯牌	纯电动城市客车	HFF6124	2011 年 5 月 3 日	第 225 批
34	安徽安凯汽车股份有限公司	55	安凯牌	纯电动客车底盘	HFF6124	2011 年 5 月 3 日	第 225 批
35	长沙市比亚迪客车有限公司	79	比亚迪牌	纯电动城市客车	CK6120	2011 年 5 月 3 日	第 225 批
36	长沙市比亚迪客车有限公司	79	比亚迪牌	纯电动城市客车底盘	CK6120	2011 年 5 月 3 日	第 225 批
37	湖南江南汽车制造有限公司	84	江南牌	纯电动载货车	JNJ1021	2011 年 5 月 3 日	第 225 批
38	桂林客车工业集团有限公司	90	桂林牌	纯电动城市客车	GL6100	2011 年 5 月 3 日	第 225 批
39	上海申龙客车有限公司	（九）15	申龙牌	纯电动城市客车	SLK6105	2011 年 5 月 3 日	第 225 批

续表

序号	企业名称	《目录》序号	商　标	产品名称	产品型号	公告日期	公告批次
40	张家港市江南汽车制造有限公司	（十）46	春洲牌	纯电动城市客车	JNQ6100	2011 年 5 月 3 日	第 225 批
41	江西博能上饶客车有限公司	（十四）02	上饶牌	纯电动客车	SR6700	2011 年 5 月 3 日	第 225 批
42	江西凯马百路佳客车有限公司	（十四）03	江西牌	纯电动城市客车	JXK6113	2011 年 5 月 3 日	第 225 批
43	深圳市五洲龙汽车有限公司	（十九）47	五洲龙牌	纯电动城市客车	FDG6113	2011 年 5 月 3 日	第 225 批
44	深圳市五洲龙汽车有限公司	（十九）47	五洲龙牌	纯电动客车	FDG6700	2011 年 5 月 3 日	第 225 批
45	重庆瑞驰汽车实业有限公司	（二十一）14	瑞驰牌	纯电动售货车	CRC5020X	2011 年 5 月 3 日	第 225 批
46	上海申沃客车有限公司	42	申沃牌	纯电动城市客车	SWB6121	2011 年 6 月 9 日	第 226 批
47	上海申沃客车有限公司	42	申沃牌	纯电动客车底盘	SWB6121	2011 年 6 月 9 日	第 226 批
48	厦门金龙联合汽车工业有限公司	123	金龙牌	纯电动城市客车	XMQ6127	2011 年 6 月 9 日	第 226 批
49	厦门金龙联合汽车工业有限公司	123	金龙牌	纯电动客车底盘	XMQ6110	2011 年 6 月 9 日	第 226 批
50	厦门金龙旅行车有限公司	124	金旅牌	纯电动城市客车	XML6125	2011 年 6 月 9 日	第 226 批
51	上海申龙客车有限公司	（九）15	申龙牌	纯电动城市客车	SLK6855	2011 年 6 月 9 日	第 226 批
52	东风扬子江汽车（武汉）有限责任公司	（十七）48	扬子江牌	纯电动城市客车	WG6120	2011 年 6 月 9 日	第 226 批
53	湖南南车时代电动汽车股份有限公司	（十八）23	南车时代牌	纯电动客车	TEG6750、TEG6751	2011 年 6 月 9 日	第 226 批
54	江西江铃汽车集团改装车有限公司	（十四）15	江铃牌	纯电动车厢可卸式垃圾车	JX5020ZXX	2011 年 6 月 9 日	第 226 批
55	中国第一汽车集团公司	1	解放牌	纯电动客车底盘	CA6120	2011 年 7 月 13 日	第 227 批
56	天津天汽集团美亚汽车制造有限公司	16	美亚牌	纯电动邮政车	TM5010XYZ	2011 年 7 月 13 日	第 227 批
57	上海申沃客车有限公司	42	申沃牌	纯电动城市客车	SWB6121	2011 年 7 月 13 日	第 227 批
58	上海申沃客车有限公司	42	申沃牌	纯电动客车底盘	SWB6121	2011 年 7 月 13 日	第 227 批
59	南京汽车集团有限公司	44	依维柯牌	纯电动客车	NJ6593	2011 年 7 月 13 日	第 227 批
60	南京汽车集团有限公司	44	依维柯牌	纯电动客车底盘	NJ6573	2011 年 7 月 13 日	第 227 批
61	安徽安凯汽车股份有限公司	55	安凯牌	纯电动城市客车	HFF6122	2011 年 7 月 13 日	第 227 批
62	安徽安凯汽车股份有限公司	55	安凯牌	纯电动客车底盘	HFF6122	2011 年 7 月 13 日	第 227 批
63	比亚迪汽车有限公司	108	比亚迪牌	纯电动轿车	QCJ7006	2011 年 7 月 13 日	第 227 批
64	金龙联合汽车工业（苏州）有限公司	112	海格牌	纯电动客车	KLQ6702	2011 年 7 月 13 日	第 227 批
65	河南少林汽车股份有限公司	126	少林牌	纯电动城市客车	SLG6106	2011 年 7 月 13 日	第 227 批

续表

序号	企业名称	《目录》序号	商　标	产品名称	产品型号	公告日期	公告批次
66	河南少林汽车股份有限公司	126	少林牌	纯电动客车	SLG6700	2011 年 7 月 13 日	第 227 批
67	河南少林汽车股份有限公司	126	少林牌	纯电动客车底盘	SLG6680	2011 年 7 月 13 日	第 227 批
68	海马轿车有限公司	128	海马牌	纯电动轿车	HMA7000	2011 年 7 月 13 日	第 227 批
69	吉林省高新电动汽车有限公司	（七）09	环菱牌	纯电动城市客车	CCQ6750	2011 年 7 月 13 日	第 227 批
70	深圳市五洲龙汽车有限公司	（十九）47	五洲龙牌	纯电动城市客车	FDG6113	2011 年 7 月 13 日	第 227 批
71	成都客车股份有限公司	（二十二）10	蜀都牌	纯电动城市客车	CDK6122	2011 年 7 月 13 日	第 227 批
72	上海通用汽车有限公司	6	赛欧(SAIL)牌	纯电动轿车	SGM7000	2011 年 8 月 24 日	第 228 批
73	上海申沃客车有限公司	42	申沃牌	纯电动城市客车	SWB6121	2011 年 8 月 24 日	第 228 批
74	上海申沃客车有限公司	42	申沃牌	纯电动客车底盘	SWB6121	2011 年 8 月 24 日	第 228 批
75	安徽安凯汽车股份有限公司	55	安凯牌	纯电动城市客车	HFF6125	2011 年 8 月 24 日	第 228 批
76	安徽安凯汽车股份有限公司	55	安凯牌	纯电动客车底盘	HFF6125	2011 年 8 月 24 日	第 228 批
77	湖南江南汽车制造有限公司	84	众泰牌	纯电动轻型客车	JNJ6401	2011 年 8 月 24 日	第 228 批
78	江苏常隆客车有限公司	（十）17	常隆牌	纯电动城市客车	YS6120	2011 年 8 月 24 日	第 228 批
79	东风汽车公司	3	东风牌	纯电动自卸式垃圾车	EQ5030ZLJ	2011 年 9 月 19 日	第 229 批
80	上海大众汽车有限公司	5	天越（TANTUS）牌	纯电动轿车	SVW7007	2011 年 9 月 19 日	第 229 批
81	上海申沃客车有限公司	42	申沃牌	纯电动城市客车	SWB6117	2011 年 9 月 19 日	第 229 批
82	上海申沃客车有限公司	42	申沃牌	纯电动客车底盘	SWB6117	2011 年 9 月 19 日	第 229 批
83	扬州亚星客车股份有限公司	49	亚星牌	纯电动城市客车	JS6127	2011 年 9 月 19 日	第 229 批
84	江西昌河铃木汽车有限责任公司	59	利亚纳牌	纯电动轿车	CH7000	2011 年 9 月 19 日	第 229 批
85	湖南江南汽车制造有限公司	84	众泰牌	纯电动轻型客车	JNJ6410	2011 年 9 月 19 日	第 229 批
86	厦门金龙联合汽车工业有限公司	123	金龙牌	纯电动城市客车	XMQ6127	2011 年 9 月 19 日	第 229 批
87	厦门金龙联合汽车工业有限公司	123	金龙牌	纯电动客车底盘	XMQ6110	2011 年 9 月 19 日	第 229 批
88	上海万象汽车制造有限公司	（九）26	象牌	纯电动城市客车	SXC6120	2011 年 9 月 19 日	第 229 批
89	福建龙马环卫装备股份有限公司	（十三）16	福龙马牌	纯电动扫路车	FLM5070TSL	2011 年 9 月 19 日	第 229 批
90	重庆五洲龙新能源汽车有限公司	（二十一）07	五洲龙牌	纯电动城市客车	WZL6100	2011 年 9 月 19 日	第 229 批
91	中国第一汽车集团公司	1	解放牌	纯电动客车底盘	CA6120	2011 年 10 月 20 日	第 230 批

续表

序号	企业名称	《目录》序号	商　标	产品名称	产品型号	公告日期	公告批次
92	东风汽车公司	3	东风牌	纯电动载货汽车底盘	EQ1030	2011 年 10 月 20 日	第 230 批
93	北京汽车股份有限公司	11	北京牌	纯电动厢式运输车	BJ5020X	2011 年 10 月 20 日	第 230 批
94	安徽安凯汽车股份有限公司	55	安凯牌	纯电动城市客车	HFF6112	2011 年 10 月 20 日	第 230 批
95	安徽安凯汽车股份有限公司	55	安凯牌	纯电动客车	HFF6127	2011 年 10 月 20 日	第 230 批
96	安徽安凯汽车股份有限公司	55	安凯牌	纯电动客车底盘	HFF6112	2011 年 10 月 20 日	第 230 批
97	东南（福建）汽车工业有限公司	58	东南牌	纯电动厢式运输车	DN5020X	2011 年 10 月 20 日	第 230 批
98	东南（福建）汽车工业有限公司	58	东南牌	纯电动乘用车	DN6490	2011 年 10 月 20 日	第 230 批
99	东南（福建）汽车工业有限公司	58	东南牌	纯电动邮政车	DN5020X	2011 年 10 月 20 日	第 230 批
100	湖南江南汽车制造有限公司	84	众泰牌	纯电动轻型客车	JNJ6401	2011 年 10 月 20 日	第 230 批
101	奇瑞汽车股份有限公司	119	奇瑞牌	纯电动轿车	SQR7000	2011 年 10 月 20 日	第 230 批
102	江西凯马百路佳客车有限公司	（十四）03	江西牌	纯电动城市客车	JXK6113	2011 年 10 月 20 日	第 230 批
103	成都客车股份有限公司	（二十二）10	蜀都牌	纯电动城市客车	CDK6122	2011 年 10 月 20 日	第 230 批
104	东风汽车公司	3	东风牌	纯电动客车底盘	EQ6124	2011 年 11 月 8 日	第 231 批
105	北汽福田汽车股份有限公司	9	福田牌	纯电动多用途乘用车	BJ6438	2011 年 11 月 8 日	第 231 批
106	安徽安凯汽车股份有限公司	55	安凯牌	纯电动城市客车	HFF6100、HFF6101	2011 年 11 月 8 日	第 231 批
107	安徽安凯汽车股份有限公司	55	安凯牌	纯电动客车底盘	HFF6100、HFF6101	2011 年 11 月 8 日	第 231 批
108	厦门金龙联合汽车工业有限公司	123	金龙牌	纯电动轻型客车	XMQ6530	2011 年 11 月 8 日	第 231 批
109	中上汽车有限公司	（十五）44	中上牌	纯电动城市客车	ZS6121	2011 年 11 月 8 日	第 231 批
110	东风汽车公司	3	东风牌	纯电动载货汽车底盘	EQ1020	2011 年 12 月 28 日	第 232 批
111	北汽福田汽车股份有限公司	9	福田牌	纯电动轻型载货汽车底盘	BJ1031、BJ1020	2011 年 12 月 28 日	第 232 批
112	北京现代汽车有限公司	11	首望牌	纯电动轿车	BH7000	2011 年 12 月 28 日	第 232 批
113	长春华奥汽车制造有限公司	40	金华奥牌	纯电动城市客车	CCA6120	2011 年 12 月 28 日	第 232 批
114	长春华奥汽车制造有限公司	40	金华奥牌	纯电动客车底盘	CCA6120	2011 年 12 月 28 日	第 232 批
115	湖南江南汽车制造有限公司	84	众泰牌	纯电动轿车	JNJ7000	2011 年 12 月 28 日	第 232 批
116	一汽海马汽车有限公司	88	海马牌	纯电动轿车	HMC7000	2011 年 12 月 28 日	第 232 批
117	重庆长安汽车股份有限公司	96	长安牌	纯电动轿车	SC7005	2011 年 12 月 28 日	第 232 批

续表

序号	企业名称	《目录》序号	商 标	产品名称	产品型号	公告日期	公告批次
118	北京华林特装车有限公司	（一）31	华林牌	纯电动桶装垃圾运输车	HLT5030CTY、HLT5031CTY	2011 年 12 月 28 日	第 232 批
119	北京华林特装车有限公司	（一）31	华林牌	纯电动自卸式垃圾车	HLT5023ZLJ	2011 年 12 月 28 日	第 232 批
120	武汉九通汽车厂	（十七）52	九通牌	纯电动车厢可卸式垃圾车	KR5020ZXX	2011 年 12 月 28 日	第 232 批
121	中联重科股份有限公司	（十八）20	中联牌	纯电动餐厨垃圾车	ZLJ5070TCA	2011 年 12 月 28 日	第 232 批

3. 代用燃料汽车及底盘

序号	企业名称	《目录》序号	商 标	产品名称	产品型号	公告日期	公告批次
1	安徽江淮汽车股份有限公司	56	江淮牌	两用燃料轿车	HFC7150	2011 年 1 月 31 日	第 222 批
2	上海大众汽车有限公司	5	桑塔纳牌（SANTAN AVISTA）	两用燃料轿车	SVW7182	2011 年 4 月 6 日	第 224 批
3	北京现代汽车有限公司	11	北京现代牌	两用燃料轿车	BH7162、BH7183、BH7200	2011 年 4 月 6 日	第 224 批
4	浙江豪情汽车制造有限公司	52	吉利牌	两用燃料轿车	JL7151	2011 年 4 月 6 日	第 224 批
5	上海华普汽车有限公司	52	英伦牌	两用燃料轿车	SMA7181	2011 年 5 月 3 日	第 225 批
6	中国第一汽车集团公司	1	解放牌	液化天然气半挂牵引车	CA4250	2011 年 6 月 9 日	第 226 批
7	浙江豪情汽车制造有限公司	52	吉利牌	两用燃料轿车	JL7181	2011 年 6 月 9 日	第 226 批
8	浙江吉利汽车有限公司	52	吉利美日牌	两用燃料轿车	MR7182	2011 年 6 月 9 日	第 226 批
9	上海华普汽车有限公司	52	英伦牌	两用燃料轿车	SMA7242	2011 年 7 月 13 日	第 227 批
10	重庆长安汽车股份有限公司	96	长安牌	两用燃料客车	SC6399	2011 年 7 月 13 日	第 227 批
11	中国第一汽车集团公司	1	解放牌	液化天然气半挂牵引车	CA4250	2011 年 8 月 24 日	第 228 批
12	天津一汽夏利汽车股份有限公司	18	威志牌	两用燃料轿车	CA7150	2011 年 8 月 24 日	第 228 批
13	浙江豪情汽车制造有限公司	52	吉利牌	两用燃料轿车	JL7151	2011 年 8 月 24 日	第 228 批
14	扬州亚星客车股份有限公司	49	亚星牌	两用燃料轻型客车底盘	JS6520	2011 年 9 月 19 日	第 229 批
15	一汽解放青岛汽车厂	64	解放牌	天然气载货汽车	CA1250	2011 年 9 月 19 日	第 229 批
16	一汽解放青岛汽车厂	64	解放牌	天然气载货汽车底盘	CA1250	2011 年 9 月 19 日	第 229 批
17	一汽解放青岛汽车厂	64	解放牌	天然气牵引车	CA4226	2011 年 9 月 19 日	第 229 批
18	郑州日产汽车有限公司	72	日产（NISSAN）牌	两用燃料多用途乘用车	ZN6442	2011 年 11 月 8 日	第 231 批
19	中国第一汽车集团公司	1	解放牌	柴油自卸汽车	CA3252	2011 年 12 月 28 日	第 232 批

续表

序号	企业名称	《目录》序号	商　标	产品名称	产品型号	公告日期	公告批次
20	中国第一汽车集团公司	1	解放牌	柴油自卸汽车底盘	CA3252	2011 年 12 月 28 日	第 232 批
21	东风汽车公司	3	风神牌	两用燃料轿车	DFM7160	2011 年 12 月 28 日	第 232 批
22	南京长安汽车有限公司	96	长安牌	两用燃料客车	SC6408	2011 年 12 月 28 日	第 232 批

三、节能与新能源汽车示范推广应用工程推荐车型目录

序号	企业名称	《目录》序号	《目录》批次	《目录》日期	《公告》批次	商　标	产品名称	产品型号
1	郑州宇通客车股份有限公司	71	19	2011 年 1 月 31 日	第 222 批	宇通牌	纯电动城市客车	ZK6120BEVGQAA
2	郑州宇通客车股份有限公司	71	19	2011 年 1 月 31 日	第 222 批	宇通牌	纯电动城市客车	ZK6125BEVGQAA
3	郑州日产汽车有限公司	72	19	2011 年 1 月 31 日	第 222 批	东风牌	纯电动乘用车	ZN6440V1Y
4	广州汽车集团客车有限公司	89	19	2011 年 1 月 31 日	第 222 批	广汽牌	混合动力城市客车	GZ6121HEV
5	北京华林特装车有限公司	(一) 31	19	2011 年 1 月 31 日	第 222 批	华林牌	纯电动自卸式垃圾车	HLT5020ZLJEV
6	北京华林特装车有限公司	(一) 31	19	2011 年 1 月 31 日	第 222 批	华林牌	纯电动桶装垃圾运输车	HLT5021JHQLJEV
7	北京华林特装车有限公司	(一) 31	19	2011 年 1 月 31 日	第 222 批	华林牌	纯电动桶装垃圾运输车	HLT5022CTYEV
8	北京华林特装车有限公司	(一) 31	19	2011 年 1 月 31 日	第 222 批	华林牌	纯电动自卸式垃圾车	HLT5022ZLJEV
9	北京华林特装车有限公司	(一) 31	19	2011 年 1 月 31 日	第 222 批	华林牌	纯电动桶装垃圾运输车	HLT5023JHQLJEV
10	北京华林特装车有限公司	(一) 31	19	2011 年 1 月 31 日	第 222 批	华林牌	纯电动桶装垃圾运输车	HLT5024CTYEV
11	北京华林特装车有限公司	(一) 31	19	2011 年 1 月 31 日	第 222 批	华林牌	纯电动自装卸式垃圾车	HLT5072ZZZEV
12	北京华林特装车有限公司	(一) 31	19	2011 年 1 月 31 日	第 222 批	华林牌	纯电动洒水车	HLT5165GSSEV
13	江苏常隆客车有限公司	(十) 17	19	2011 年 1 月 31 日	第 222 批	常隆牌	纯电动客车	YS6128BEV
14	金华市康迪新能源车辆有限公司	(十一) 27	19	2011 年 1 月 31 日	第 222 批	康迪牌	纯电动厢式运输车	KD5011XXYEV
15	柳州五菱专用汽车制造有限公司	(二十) 09	19	2011 年 1 月 31 日	第 222 批	五菱牌	纯电动仓栅式运输车	LQG5020CCYBEV
16	东风汽车公司	3	20	2011 年 3 月 2 日	第 223 批	东风牌	纯电动城市客车	EQ6102BEVL1
17	北汽福田汽车股份有限公司	9	20	2011 年 3 月 2 日	第 223 批	福田牌	纯电动桶装垃圾运输车	BJ5020CTYEV－2
18	北汽福田汽车股份有限公司	9	20	2011 年 3 月 2 日	第 223 批	福田牌	纯电动自卸式垃圾车	BJ5020ZLJEV－2
19	北汽福田汽车股份有限公司	9	20	2011 年 3 月 2 日	第 223 批	福田牌	纯电动压缩式垃圾车	BJ5071TCAEV－1

续表

序号	企业名称	《目录》序号	《目录》批次	《目录》日期	《公告》批次	商　标	产品名称	产品型号
20	北汽福田汽车股份有限公司	9	20	2011 年 3 月 2 日	第 223 批	福田牌	纯电动洒水车	BJ5163GSSEV－3
21	北汽福田汽车股份有限公司	9	20	2011 年 3 月 2 日	第 223 批	福田牌	纯电动多用途乘用车	BJ6438EV3
22	金龙联合汽车工业（苏州）有限公司	112	20	2011 年 3 月 2 日	第 223 批	海格牌	混合动力电动城市客车	KLQ6129GHEV3
23	北京华林特装车有限公司	（一）31	20	2011 年 3 月 2 日	第 223 批	华林牌	纯电动桶装垃圾运输车	HLT5025CTYEV
24	北京华林特装车有限公司	（一）31	20	2011 年 3 月 2 日	第 223 批	华林牌	纯电动桶装垃圾运输车	HLT5026CTYEV
25	丹东黄海汽车有限责任公司	29	21	2011 年 4 月 6 日	第 224 批	黄海牌	纯电动城市客车	DD6129EV11
26	重庆长安汽车股份有限公司	96	21	2011 年 4 月 6 日	第 224 批	长安牌	纯电动轿车	SC7001EVB
27	厦门金龙旅行车有限公司	124	21	2011 年 4 月 6 日	第 224 批	金旅牌	混合动力电动城市客车	XML6105JHEV13C
28	上海申龙客车有限公司	（九）15	21	2011 年 4 月 6 日	第 224 批	申龙牌	纯电动城市客车	SLK6121USBEV
29	重庆瑞驰汽车实业有限公司	（二十一）14	21	2011 年 4 月 6 日	第 224 批	瑞驰牌	纯电动厢式运输车	CRC5021XXY－QBEV
30	重庆瑞驰汽车实业有限公司	（二十一）14	21	2011 年 4 月 6 日	第 224 批	瑞驰牌	纯电动厢式运输车	CRC5020XXY－QBEV
31	重庆瑞驰汽车实业有限公司	（二十一）14	21	2011 年 4 月 6 日	第 224 批	瑞驰牌	纯电动厢式运输车	CRC5020XXY－LBEV
32	重庆瑞驰汽车实业有限公司	（二十一）14	21	2011 年 4 月 6 日	第 224 批	瑞驰牌	纯电动仓栅式运输车	CRC5020CCY－QBEV
33	一汽－大众汽车有限公司	2	22	2011 年 5 月 3 日	第 225 批	开利牌	纯电动轿车	FV7002XBEV
34	东风汽车公司	3	22	2011 年 5 月 3 日	第 225 批	东风牌	纯电动车厢可卸式垃圾车	EQ5031ZXXBEVAC
35	北汽福田汽车股份有限公司	9	22	2011 年 5 月 3 日	第 225 批	福田牌	纯电动城市客车	BJ6105EVCA
36	北汽福田汽车股份有限公司	9	22	2011 年 5 月 3 日	第 225 批	福田牌	纯电动城市客车	BJ6123EVCA
37	北汽福田汽车股份有限公司	9	22	2011 年 5 月 3 日	第 225 批	福田牌	纯电动城市客车	BJ6123EVCA－1
38	北京汽车股份有限公司	11	22	2011 年 5 月 3 日	第 225 批	北京牌	纯电动客车	BJ6400L3R－BEV
39	安徽安凯汽车股份有限公司	55	22	2011 年 5 月 3 日	第 225 批	安凯牌	混合动力城市客车	HFF6100G03PHEV
40	安徽安凯汽车股份有限公司	55	22	2011 年 5 月 3 日	第 225 批	安凯牌	纯电动城市客车	HFF6124G03EV
41	郑州宇通客车股份有限公司	71	22	2011 年 5 月 3 日	第 225 批	宇通牌	混合动力电动城市客车	ZK6126CHEVGQCA
42	长沙市比亚迪客车有限公司	79	22	2011 年 5 月 3 日	第 225 批	陆胜牌	纯电动城市客车	CK6120HGEV
43	长沙市比亚迪客车有限公司	79	22	2011 年 5 月 3 日	第 225 批	陆胜牌	纯电动城市客车	CK6120LGEV
44	长沙市比亚迪客车有限公司	79	22	2011 年 5 月 3 日	第 225 批	陆胜牌	纯电动城市客车	CK6120LGEV1
45	桂林客车工业集团有限公司	90	22	2011 年 5 月 3 日	第 225 批	桂林牌	纯电动城市客车	GL6100BEV

续表

序号	企业名称	《目录》序号	《目录》批次	《目录》日期	《公告》批次	商　标	产品名称	产品型号
46	奇瑞汽车股份有限公司	119	22	2011 年 5 月 3 日	第 225 批	瑞麒牌	纯电动轿车	SQR7000BEVS181
47	厦门金龙联合汽车工业有限公司	123	22	2011 年 5 月 3 日	第 225 批	金龙牌	混合动力城市客车	XMQ6127GH4
48	厦门金龙旅行车有限公司	124	22	2011 年 5 月 3 日	第 225 批	金旅牌	混合动力城市客车	XML6105JHEV28C
49	厦门金龙旅行车有限公司	124	22	2011 年 5 月 3 日	第 225 批	金旅牌	混合动力城市客车	XML6115JHEV28C
50	厦门金龙旅行车有限公司	124	22	2011 年 5 月 3 日	第 225 批	金旅牌	混合动力电动城市客车	XML6105JHEV13C
51	上海申龙客车有限公司	（九）15	22	2011 年 5 月 3 日	第 225 批	申龙牌	纯电动城市客车	SLK6105USBEV
52	张家港市江南汽车制造有限公司	（十）46	22	2011 年 5 月 3 日	第 225 批	春洲牌	纯电动城市客车	JNQ6100BEV
53	江西博能上饶客车有限公司	（十四）02	22	2011 年 5 月 3 日	第 225 批	上饶牌	纯电动客车	SR6700HBEV
54	江西凯马百路佳客车有限公司	（十四）03	22	2011 年 5 月 3 日	第 225 批	江西牌	纯电动城市客车	JXK6113BEV
55	深圳市五洲龙汽车有限公司	（十九）47	22	2011 年 5 月 3 日	第 225 批	五洲龙牌	纯电动城市客车	FDG6113EVG
56	深圳市五洲龙汽车有限公司	（十九）47	22	2011 年 5 月 3 日	第 225 批	五洲龙牌	纯电动城市客车	FDG6113EVG1
57	深圳市五洲龙汽车有限公司	（十九）47	22	2011 年 5 月 3 日	第 225 批	五洲龙牌	纯电动客车	FDG6700EV
58	东风汽车公司	3	23	2011 年 6 月 9 日	第 226 批	东风牌	纯电动自卸式垃圾车	EQ5030ZLJBEVAC
59	北汽福田汽车股份有限公司	9	23	2011 年 6 月 9 日	第 226 批	福田牌	混合动力城市客车	BJ6123PHEVCA
60	上海申沃客车有限公司	42	23	2011 年 6 月 9 日	第 226 批	申沃牌	纯电动城市客车	SWB6121EV3
61	厦门金龙联合汽车工业有限公司	123	23	2011 年 6 月 9 日	第 226 批	金龙牌	纯电动城市客车	XMQ6127AGBEV2
62	厦门金龙旅行车有限公司	124	23	2011 年 6 月 9 日	第 226 批	金旅牌	纯电动城市客车	XML6125JEV10C
63	上海申龙客车有限公司	（九）15	23	2011 年 6 月 9 日	第 226 批	申龙牌	纯电动城市客车	SLK6855USBEV
64	江西江铃汽车集团改装车有限公司	（十四）15	23	2011 年 6 月 9 日	第 226 批	江铃牌	纯电动车厢可卸式垃圾车	JX5020ZXXMEV
65	东风扬子江汽车（武汉）有限责任公司	（十七）48	23	2011 年 6 月 9 日	第 226 批	扬子江牌	纯电动城市客车	WG6120BEVHM
66	湖南南车时代电动汽车股份有限公司	（十八）23	23	2011 年 6 月 9 日	第 226 批	南车时代牌	纯电动客车	TEG6751EV
67	重庆瑞驰汽车实业有限公司	（二十一）14	23	2011 年 6 月 9 日	第 226 批	瑞驰牌	纯电动售货车	CRC5020XSH－QBEV
68	上海申沃客车有限公司	42	24	2011 年 7 月 13 日	第 227 批	申沃牌	纯电动城市客车	SWB6121EV5
69	上海申沃客车有限公司	42	24	2011 年 7 月 13 日	第 227 批	申沃牌	纯电动城市客车	SWB6121EV6
70	南京汽车集团有限公司	44	24	2011 年 7 月 13 日	第 227 批	依维柯牌	依维柯纯电动客车	NJ6593ERD
71	安徽安凯汽车股份有限公司	55	24	2011 年 7 月 13 日	第 227 批	安凯牌	纯电动城市客车	HFF6122G03EV

续表

序号	企业名称	《目录》序号	《目录》批次	《目录》日期	《公告》批次	商 标	产品名称	产品型号
72	郑州宇通客车股份有限公司	71	24	2011 年 7 月 13 日	第 227 批	宇通牌	混合动力电动城市客车	ZK6106PHEVG1
73	郑州宇通客车股份有限公司	71	24	2011 年 7 月 13 日	第 227 批	宇通牌	混合动力电动城市客车	ZK6126PHEVGQDA
74	郑州宇通客车股份有限公司	71	24	2011 年 7 月 13 日	第 227 批	宇通牌	混合动力电动城市客车	ZK6126CHEVGAA
75	重庆长安汽车股份有限公司	96	24	2011 年 7 月 13 日	第 227 批	长安牌	混合动力轿车	SC7155HEV
76	比亚迪汽车有限公司	108	24	2011 年 7 月 13 日	第 227 批	比亚迪牌	纯电动轿车	QCJ7006BEVL
77	金龙联合汽车工业（苏州）有限公司	112	24	2011 年 7 月 13 日	第 227 批	海格牌	纯电动客车	KLQ6702EV
78	厦门金龙联合汽车工业有限公司	123	24	2011 年 7 月 13 日	第 227 批	金龙牌	混合动力城市客车	XMQ6127GHEV4
79	河南少林汽车股份有限公司	126	24	2011 年 7 月 13 日	第 227 批	少林牌	纯电动城市客车	SLG6106EV
80	河南少林汽车股份有限公司	126	24	2011 年 7 月 13 日	第 227 批	少林牌	纯电动客车	SLG6700EV
81	重庆恒通客车有限公司	127	24	2011 年 7 月 13 日	第 227 批	恒通客车牌	混合动力城市客车	CKZ6126HNHEV4
82	海马轿车有限公司	128	24	2011 年 7 月 13 日	第 227 批	海马牌	纯电动轿车	HMA7000BEV
83	吉林省高新电动汽车有限公司	（七）09	24	2011 年 7 月 13 日	第 227 批	环菱牌	纯电动城市客车	CCQ6750EV1
84	上海申龙客车有限公司	（九）15	24	2011 年 7 月 13 日	第 227 批	申龙牌	混合动力城市客车	SLK6125USCHEV01
85	安源客车制造有限公司	（十四）05	24	2011 年 7 月 13 日	第 227 批	安源牌	混合动力城市客车	PK6113PHEV
86	湖南南车时代电动汽车股份有限公司	（十八）23	24	2011 年 7 月 13 日	第 227 批	南车时代牌	混合动力城市客车	TEG6125PHEV
87	湖南南车时代电动汽车股份有限公司	（十八）23	24	2011 年 7 月 13 日	第 227 批	南车时代牌	混合动力城市客车	TEG6129SHEV
88	湖南南车时代电动汽车股份有限公司	（十八）23	24	2011 年 7 月 13 日	第 227 批	南车时代牌	混合动力城市客车	TEG6129CHEV
89	湖南南车时代电动汽车股份有限公司	（十八）23	24	2011 年 7 月 13 日	第 227 批	南车时代牌	混合动力城市客车	TEG6129PHEV
90	湖南南车时代电动汽车股份有限公司	（十八）23	24	2011 年 7 月 13 日	第 227 批	南车时代牌	混合动力城市客车	TEG6106PHEV
91	湖南南车时代电动汽车股份有限公司	（十八）23	24	2011 年 7 月 13 日	第 227 批	南车时代牌	纯电动客车	TEG6750EV
92	深圳市五洲龙汽车有限公司	（十九）47	24	2011 年 7 月 13 日	第 227 批	五洲龙牌	纯电动城市客车	FDG6113EVG2
93	成都客车股份有限公司	（二十二）10	24	2011 年 7 月 13 日	第 227 批	蜀都牌	纯电动城市客车	CDK6122CABEV
94	上海通用汽车有限公司	6	25	2011 年 8 月 24 日	第 228 批	赛欧（SAIL）牌	纯电动轿车	SGM7000EV
95	上海通用汽车有限公司	6	25	2011 年 8 月 24 日	第 228 批	别克（BUICK）牌	混合动力轿车	SGM7240PHEV
96	北汽福田汽车股份有限公司	9	25	2011 年 8 月 24 日	第 228 批	福田牌	混合动力城市客车	BJ6123PHEV
97	上海申沃客车有限公司	42	25	2011 年 8 月 24 日	第 228 批	申沃牌	纯电动城市客车	SWB6121EV7

续表

序号	企业名称	《目录》序号	《目录》批次	《目录》日期	《公告》批次	商　标	产品名称	产品型号
98	上海申沃客车有限公司	42	25	2011 年 8 月 24 日	第 228 批	申沃牌	纯电动客车底盘	SWB6121EV7
99	安徽安凯汽车股份有限公司	55	25	2011 年 8 月 24 日	第 228 批	安凯牌	纯电动客车底盘	HFF6125D03EV
100	安徽安凯汽车股份有限公司	55	25	2011 年 8 月 24 日	第 228 批	安凯牌	纯电动城市客车	HFF6125G03EV
101	安徽安凯汽车股份有限公司	55	25	2011 年 8 月 24 日	第 228 批	安凯牌	混合动力城市客车	HFF6120G03SHEV
102	湖南江南汽车制造有限公司	84	25	2011 年 8 月 24 日	第 228 批	众泰牌	纯电动轻型客车	JNJ6401EVL5
103	湖南江南汽车制造有限公司	84	25	2011 年 8 月 24 日	第 228 批	众泰牌	纯电动轻型客车	JNJ6401EVL4
104	江苏常隆客车有限公司	（十）17	25	2011 年 8 月 24 日	第 228 批	常隆牌	纯电动城市客车	YS6120GBEV
105	东风汽车公司	3	26	2011 年 9 月 19 日	第 229 批	东风牌	纯电动轿车	EQ7000AC2BBEV
106	东风汽车公司	3	26	2011 年 9 月 19 日	第 229 批	东风牌	纯电动自卸式垃圾车	EQ5030ZLJBEVAC
107	上海大众汽车有限公司	5	26	2011 年 9 月 19 日	第 229 批	天越（TANTUS）牌	纯电动轿车	SVW7007BEV
108	上海申沃客车有限公司	42	26	2011 年 9 月 19 日	第 229 批	申沃牌	纯电动城市客车	SWB6117EV4
109	扬州亚星客车股份有限公司	49	26	2011 年 9 月 19 日	第 229 批	亚星牌	纯电动城市客车	JS6127GHBEV
110	江西昌河铃木汽车有限责任公司	59	26	2011 年 9 月 19 日	第 229 批	利亚纳牌	纯电动轿车	CH7000BEV
111	郑州宇通客车股份有限公司	71	26	2011 年 9 月 19 日	第 229 批	宇通牌	混合动力电动城市客车	ZK6108CHEVG1
112	湖南江南汽车制造有限公司	84	26	2011 年 9 月 19 日	第 229 批	众泰牌	纯电动轻型客车	JNJ6410EVM
113	湖南江南汽车制造有限公司	84	26	2011 年 9 月 19 日	第 229 批	众泰牌	纯电动轻型客车	JNJ6410EVM1
114	湖南江南汽车制造有限公司	84	26	2011 年 9 月 19 日	第 229 批	众泰牌	纯电动轻型客车	JNJ6410EVM2
115	金龙联合汽车工业（苏州）有限公司	112	26	2011 年 9 月 19 日	第 229 批	海格牌	混合动力城市客车	KLQ6129GQHEV2
116	金龙联合汽车工业（苏州）有限公司	112	26	2011 年 9 月 19 日	第 229 批	海格牌	混合动力电动城市客车	KLQ6109GHEV1
117	金龙联合汽车工业（苏州）有限公司	112	26	2011 年 9 月 19 日	第 229 批	海格牌	混合动力城市客车	KLQ6129GQHEV1
118	金龙联合汽车工业（苏州）有限公司	112	26	2011 年 9 月 19 日	第 229 批	海格牌	混合动力城市客车	KLQ6129GHEV4
119	金龙联合汽车工业（苏州）有限公司	112	26	2011 年 9 月 19 日	第 229 批	海格牌	混合动力电动城市客车	KLQ6119GHEV1
120	厦门金龙联合汽车工业有限公司	123	26	2011 年 9 月 19 日	第 229 批	金龙牌	纯电动城市客车	XMQ6127AGBEV3
121	厦门金龙联合汽车工业有限公司	123	26	2011 年 9 月 19 日	第 229 批	金龙牌	纯电动城市客车	XMQ6127AGBEV4
122	中通客车控股股份有限公司	125	26	2011 年 9 月 19 日	第 229 批	中通牌	混合动力城市客车	LCK6105CHEV
123	上海万象汽车制造有限公司	（九）26	26	2011 年 9 月 19 日	第 229 批	象牌	纯电动城市客车	SXC6120GBEV

续表

序号	企业名称	《目录》序号	《目录》批次	《目录》日期	《公告》批次	商 标	产品名称	产品型号
124	福建龙马环卫装备股份有限公司	（十三）16	26	2011 年 9 月 19 日	第 229 批	福龙马牌	纯电动扫路车	FLM5070TSLEV
125	江西凯马百路佳客车有限公司	（十四）03	26	2011 年 9 月 19 日	第 229 批	江西牌	混合动力城市客车	JXK6116BCHEV
126	江西凯马百路佳客车有限公司	（十四）03	26	2011 年 9 月 19 日	第 229 批	江西牌	混合动力城市客车	JXK6122PHEV
127	江西凯马百路佳客车有限公司	（十四）03	26	2011 年 9 月 19 日	第 229 批	江西牌	混合动力城市客车	JXK6122CHEV
128	重庆五洲龙新能源汽车有限公司	（二十一）07	26	2011 年 9 月 19 日	第 229 批	五洲龙牌	纯电动城市客车	WZL6100EVG
129	北京汽车股份有限公司	11	27	2011 年 10 月 20 日	第 230 批	北京牌	纯电动厢式运输车	BJ5020XXYV3R – BEV
130	扬州亚星客车股份有限公司	49	27	2011 年 10 月 20 日	第 230 批	亚星牌	混合动力城市客车	JS6126GHEV
131	扬州亚星客车股份有限公司	49	27	2011 年 10 月 20 日	第 230 批	亚星牌	混合动力城市客车	JS6126GHEV1
132	安徽安凯汽车股份有限公司	55	27	2011 年 10 月 20 日	第 230 批	安凯牌	纯电动城市客车	HFF6112G03EV
133	安徽安凯汽车股份有限公司	55	27	2011 年 10 月 20 日	第 230 批	安凯牌	纯电动客车	HFF6127K46EV – 2
134	安徽安凯汽车股份有限公司	55	27	2011 年 10 月 20 日	第 230 批	安凯牌	纯电动客车	HFF6127K46EV – 3
135	东南（福建）汽车工业有限公司	58	27	2011 年 10 月 20 日	第 230 批	东南牌	纯电动厢式运输车	DN5020XXYBEV
136	东南（福建）汽车工业有限公司	58	27	2011 年 10 月 20 日	第 230 批	东南牌	纯电动邮政车	DN5020XYZBEV
137	东南（福建）汽车工业有限公司	58	27	2011 年 10 月 20 日	第 230 批	东南牌	纯电动乘用车	DN6490MBEV
138	郑州宇通客车股份有限公司	71	27	2011 年 10 月 20 日	第 230 批	宇通牌	混合动力电动城市客车	ZK6126CHEVG2
139	湖南江南汽车制造有限公司	84	27	2011 年 10 月 20 日	第 230 批	众泰牌	纯电动轻型客车	JNJ6401EVL2
140	湖南江南汽车制造有限公司	84	27	2011 年 10 月 20 日	第 230 批	众泰牌	纯电动轻型客车	JNJ6401EVL3
141	奇瑞汽车股份有限公司	119	27	2011 年 10 月 20 日	第 230 批	奇瑞牌	纯电动轿车	SQR7000BEVS11
142	奇瑞汽车股份有限公司	119	27	2011 年 10 月 20 日	第 230 批	奇瑞牌	纯电动轿车	SQR7000BEVS111
143	中通客车控股股份有限公司	125	27	2011 年 10 月 20 日	第 230 批	中通牌	混合动力城市客车	LCK6105PHENV
144	江西凯马百路佳客车有限公司	（十四）03	27	2011 年 10 月 20 日	第 230 批	江西牌	纯电动城市客车	JXK6113BEV1
145	成都客车股份有限公司	（二十二）10	27	2011 年 10 月 20 日	第 230 批	蜀都牌	纯电动城市客车	CDK6122CA1BEV
146	北汽福田汽车股份有限公司	9	28	2011 年 11 月 8 日	第 231 批	福田牌	纯电动多用途乘用车	BJ6438EV2
147	安徽安凯汽车股份有限公司	55	28	2011 年 11 月 8 日	第 231 批	安凯牌	纯电动城市客车	HFF6100G03EV
148	安徽安凯汽车股份有限公司	55	28	2011 年 11 月 8 日	第 231 批	安凯牌	纯电动城市客车	HFF6101G03EV
149	四川汽车工业股份有限公司	101	28	2011 年 11 月 8 日	第 231 批	野马牌	纯电动城市客车	SQJ6121B1BEV

续表

序号	企业名称	《目录》序号	《目录》批次	《目录》日期	《公告》批次	商　标	产品名称	产品型号
150	厦门金龙联合汽车工业有限公司	123	28	2011年11月8日	第231批	金龙牌	纯电动轻型客车	XMQ6530DBEV
151	厦门金龙联合汽车工业有限公司	123	28	2011年11月8日	第231批	金龙牌	混合动力城市客车	XMQ6106AGHEV
152	中上汽车有限公司	（十五）44	28	2011年11月8日	第231批	中上牌	纯电动城市客车	ZS6121BEV
153	湖南南车时代电动汽车股份有限公司	（十八）23	28	2011年11月8日	第231批	南车时代牌	混合动力城市客车	TEG6103PHEV
154	北京现代汽车有限公司	11	29	2011年12月28日	第232批	首望牌	纯电动轿车	BH7000BEVAA
155	长春华奥汽车制造有限公司	40	29	2011年12月28日	第232批	金华奥牌	纯电动城市客车	CCA6120BEV
156	上海申沃客车有限公司	42	29	2011年12月28日	第232批	申沃牌	混合动力城市客车	SWB6117SHEV
157	湖南江南汽车制造有限公司	84	29	2011年12月28日	第232批	众泰牌	纯电动轿车	JNJ7000EVM1
158	湖南江南汽车制造有限公司	84	29	2011年12月28日	第232批	众泰牌	纯电动轿车	JNJ7000EVM2
159	一汽海马汽车有限公司	88	29	2011年12月28日	第232批	海马牌	纯电动轿车	HMC7000AH0BEV
160	一汽海马汽车有限公司	88	29	2011年12月28日	第232批	海马牌	纯电动轿车	HMC7000BM0BEV
161	一汽海马汽车有限公司	88	29	2011年12月28日	第232批	海马牌	纯电动轿车	HMC7000CS0BEV
162	桂林客车工业集团有限公司	90	29	2011年12月28日	第232批	桂林牌	混合动力城市客车	GL6120PHEV
163	重庆长安汽车股份有限公司	96	29	2011年12月28日	第232批	长安牌	纯电动轿车	SC7005EV
164	金龙联合汽车工业（苏州）有限公司	112	29	2011年12月28日	第232批	海格牌	混合动力电动城市客车	KLQ6109GCHEV1
165	金龙联合汽车工业（苏州）有限公司	112	29	2011年12月28日	第232批	海格牌	混合动力城市客车	KLQ6129GHEV5
166	厦门金龙联合汽车工业有限公司	123	29	2011年12月28日	第232批	金龙牌	混合动力城市客车	XMQ6127GHEV5
167	北京华林特装车有限公司	（一）31	29	2011年12月28日	第232批	华林牌	纯电动自卸式垃圾车	HLT5023ZLJEV
168	北京华林特装车有限公司	（一）31	29	2011年12月28日	第232批	华林牌	纯电动桶装垃圾运输车	HLT5030CTYEV
169	北京华林特装车有限公司	（一）31	29	2011年12月28日	第232批	华林牌	纯电动桶装垃圾运输车	HLT5031CTYEV
170	武汉九通汽车厂	（十七）52	29	2011年12月28日	第232批	九通牌	纯电动车厢可卸式垃圾车	KR5020ZXXEV
171	中联重科股份有限公司	（十八）20	29	2011年12月28日	第232批	中联牌	纯电动餐厨垃圾车	ZLJ5070TCABEV
172	湖南南车时代电动汽车股份有限公司	（十八）23	29	2011年12月28日	第232批	南车时代牌	混合动力城市客车	TEG6129PEV
173	湖南南车时代电动汽车股份有限公司	（十八）23	29	2011年12月28日	第232批	南车时代牌	混合动力城市客车	TEG6129PHEV－N50
174	重庆五洲龙新能源汽车有限公司	（二十一）07	29	2011年12月28日	第232批	五洲龙牌	混合动力城市客车	WZL6100PHEVGEG3

四、节能与新能源汽车示范推广应用工程推荐车型参数

1. 混合动力汽车

(1)红旗牌 CA7155PHEV 型混合动力汽车

生产企业		中国第一汽车集团公司		
整车	公告批次	228		
	目录序号	1		
	识别代号	LFP83ACC ×××××××××		
	依据标准	GB 18352.3－2005 国Ⅳ		
	外形尺寸(长×宽×高)(mm)	4600×1785×1435		
	总质量 (kg)	2009	整备质量 (kg)	1634
	轴距 (mm)	2675	轴荷 (kg)	981/1028
	底盘型号	承载式车身	生产厂家	中国第一汽车集团公司
发动机	发动机型号	CA4GA5H	发动机生产商	天津一汽夏利汽车股份有限公司内燃机制造分公司
	发动机排量 (mL)	1497	发动机功率 (kW)	75
电机	电机类型	永磁同步电机	电机型号	200TYZ－XS05D
	电机峰值功率 (kW)	40	电机连续功率 (kW)	20
	电机连续扭矩 (N·m)	130	电机峰值扭矩 (N·m)	260
	电机生产企业	上海电驱动有限公司		
电池	电池类型	磷酸铁锂蓄电池	电池型号	GG－AMV－R5D5A7－0100
	电压 (V)	3.2	容量 (A·h)	35
	电池额定电压 (V)	320	电池额定容量 (A·h)	35
	电池生产企业	东莞新能源科技有限公司(ATL)		
性能指标	最高车速 (km/h)	170	0～50m/h 加速时间 (s)	14
	最大爬坡度 (%)	30	油耗(L/100km)	3.2

(2)比亚迪牌 QCJ7100ADM 型混合动力轿车(比亚迪双模电动车 F3DM)

生产企业		深圳市比亚迪汽车有限公司		
整车	公告批次	228		
	目录序号	108		
	识别代号	LG XC 76 D2 ××××××		
	依据标准	-		
	外形尺寸(长×宽×高)(mm)	4533×1705×1520		
	总质量 (kg)	2055	整备质量 (kg)	1560
	轴距 (mm)	2600	轴荷 (kg)	1100/945
	底盘型号	-	生产厂家	-
发动机	发动机型号	371QA	发动机生产商	比亚迪
	发动机排量 (mL)	1.0	发动机功率 (kW)	50
电机	电机类型	永磁同步电机	电机型号	-
	电机峰值功率 (kW)	-	电机连续功率 (kW)	-
	电机连续扭矩 (N·m)	-	电机峰值扭矩 (N·m)	400
	电机生产企业	比亚迪		

续表

生产企业		深圳市比亚迪汽车有限公司		
电池	电池类型	铁电池	电池型号	-
	电压（V）	330	容量（A·h）	50
	电池额定电压（V）	3.2	电池额定容量（A·h）	50
	电池生产企业	比亚迪		
性能指标	最高车速（km/h）	>140	0～100（或0～50）m/h 加速时间（s）	<10.5
	最大爬坡度（%）	≥30	油耗(L/100km)	2L

(3)解放牌CA6120URH1型混合动力城市客车

生产企业		中国第一汽车集团公司		
整车	公告批次	197		
	目录序号	1		
	识别代号	LFN0SLFS×××××××××		
	依据标准	GB 17691－2005 国Ⅲ GB 3847－2005		
	外形尺寸(长×宽×高)(mm)	11990×2500×3250		
	总质量（kg）	18000	整备质量（kg）	10700
	轴距（mm）	6100	轴荷（kg）	6500/11500
	底盘型号	CA6120CRH1	生产厂家	中国第一汽车集团公司
发动机	发动机型号	BF6M2012－22E3	发动机生产商	道依茨一汽(大连)柴油机有限公司
	发动机排量（mL）	6060	发动机功率（kW）	171
电机	电机类型	交流异步	电机型号	M1000DA
	电机峰值功率（kW）	90	电机连续功率（kW）	30
	电机连续扭矩（N·m）	80	电机峰值扭矩（N·m）	220
	电机生产企业	美国 Enova 电机公司		
电池	电池类型	镍氢	电池型号：DY336－40	-
	电压（V）	336	容量（A·h）	40
	电池额定电压（V）	336	电池额定容量（A·h）	40
	电池生产企业	江苏春兰新能源研究院有限公司		
性能指标	最高车速（km/h）	>85	0～50m/h 加速时间（s）	<30
	最大爬坡度（%）	30	油耗(L/100km)	<30

(4)南车时代牌 TEG6102PHEV 型混合动力城市客车

生产企业		湖南南车时代电动汽车股份有限公司		
整车	公告批次	228		
	目录序号	十八 (23)		
	识别代号	LHWMJ73B ××××××××× LHWMJ74B ×××××××××		
	依据标准	GB 17691－2005 (国Ⅲ) GB 3847－2005		
	外形尺寸(长×宽×高)(mm)	10490×2490×3180/3000		
	总质量 (kg)	15500	整备质量(kg)	11090
	轴距 (mm)	5000	轴荷(kg)	5000/10500
	底盘型号	TEG6103PHEV	生产厂家	湖南南车时代电动汽车股份有限公司
发动机	发动机型号	YC6J220－30 YC6J200－30 SC8DK215Q3 WP7.210E30	生产厂家	广西玉柴机器股份有限公司 广西玉柴机器股份有限公司 上海柴油机股份有限公司 潍柴动力股份有限公司
	发动机排量 (mL)	6500 6500 8270 7140	发动机功率 (kW)	162 147 158 155
电机	电机类型	永磁同步电机	电机型号	TQD101
	电机峰值功率 (kW)	45	电机连续功率 (kW)	60
	电机连续扭矩 (N·m)	159	电机峰值扭矩 (N·m)	250
	电机生产企业	湖南南车时代电动汽车股份有限公司		
电池	电池类型	超级电容	电池型号	BCAP3000,2.8V/3000F
	电压 (V)	2.7,2.8	容量 (F)	3000,3000
	电池额定电压 (V)	-	电池额定容量 (A·h)	-
	电池生产企业	Maxwell Technologies, Inc. LS Mtron Ltd.		
性能指标	最高车速 (km/h)	85	0～50m/h 加速时间 (s)	19.7
	最大爬坡度 (%)	≥20	油耗(L/100km)	27.6

(5)南车时代牌TEG6127PHEV型混合动力城市客车

生产企业		湖南南车时代电动汽车股份有限公司		
整车	公告批次	221		
	目录序号	十八 (23)		
	识别代号	LHWMK94B ×××××××××		
	依据标准	GB 17691－2005 (国Ⅲ) GB 3847－2005		
	外形尺寸(长×宽×高)(mm)	11980×2550×3280/3000		
	总质量 (kg)	17500	整备质量(kg)	11090
	轴距 (mm)	6000	轴荷(kg)	6000/11500
	底盘型号	TEG6121PHEV	生产厂家	湖南南车时代电动汽车股份有限公司
发动机	发动机型号	YC6J220－30 SC8DK230.1Q3 SC8DK250Q3	生产厂家	广西玉柴机器股份有限公司 上海柴油机股份有限公司 上海柴油机股份有限公司
	发动机排量 (mL)	6500 8270 8270	发动机功率 (kW)	162 170 184
电机	电机类型	永磁同步电机	电机型号	TQD101
	电机峰值功率 (kW)	45	电机连续功率 (kW)	60
	电机连续扭矩 (N·m)	159	电机峰值扭矩 (N·m)	250
	电机生产企业	湖南南车时代电动汽车股份有限公司		
电池	电池类型	超级电容	电池型号	BCAP3000
	电压 (V)	2.7	容量 (F)	3000
	电池额定电压 (V)	-	电池额定容量 (A·h)	-
	电池生产企业	Maxwell Technologies, Inc.		
性能指标	最高车速 (km/h)	75	0～50m/h加速时间 (s)	22.5
	最大爬坡度 (%)	≥20	油耗(L/100km)	27.6

(6)南车时代牌TEG6129PHEV型混合动力城市客车

生产企业		湖南南车时代电动汽车股份有限公司		
整车	公告批次	225		
	目录序号	十八 (23)		
	识别代号	LHWMK94B ×××××××××		
	依据标准	GB 17691－2005 (国Ⅳ) GB 3847－2005		
	外形尺寸(长×宽×高)(mm)	11980×2540×3300		
	总质量 (kg)	18000	整备质量(kg)	13100,12800
	轴距 (mm)	5900	轴荷(kg)	6500/11500
	底盘型号	TEG6123PHEV	生产厂家	湖南南车时代电动汽车股份有限公司

续表

生产企业		湖南南车时代电动汽车股份有限公司		
发动机	发动机型号	SC8DK230Q4	生产厂家	上海柴油机股份有限公司
	发动机排量（mL）	8270	发动机功率（kW）	170
电机	电机类型	永磁同步电机	电机型号	JF226
	电机峰值功率（kW）	50	电机连续功率（kW）	70
	电机连续扭矩（N·m）	310	电机峰值扭矩（N·m）	610
	电机生产企业	湖南南车时代电动汽车股份有限公司		
电池	电池类型	超级电容	电池型号	BCAP3000
	电压（V）	2.7	容量（F）	3000
	电池额定电压（V）	-	电池额定容量（A·h）	-
	电池生产企业	Maxwell Technologies, Inc.		
性能指标	最高车速（km/h）	70	0～50m/h 加速时间（s）	21.39
	最大爬坡度（%）	≥20	油耗(L/100km)	28.07

(7)南车时代牌 TEG6129CHEV 型混合动力城市客车

生产企业		湖南南车时代电动汽车股份有限公司		
整车	公告批次	225		
	目录序号	十八（23）		
	识别代号	LHWMK94B ×××××××××		
	依据标准	GB 17691－2005（国Ⅳ） GB 3847－2005		
	外形尺寸(长×宽×高)(mm)	11980×2540×3300		
	总质量（kg）	18000	整备质量(kg)	13500/13200
	轴距（mm）	5900	轴荷(kg)	6500/11500
	底盘型号	TEG6121CHEV	生产厂家	湖南南车时代电动汽车股份有限公司
发动机	发动机型号	SC8DK230Q4	生产厂家	上海柴油机股份有限公司
	发动机排量（mL）	8270	发动机功率（kW）	170
电机	电机类型	异步牵引电动机	电机型号	JD160
	电机峰值功率（kW）	110	电机连续功率（kW）	150
	电机连续扭矩（N·m）	900	电机峰值扭矩（N·m）	2500
	电机生产企业	湖南南车时代电动汽车股份有限公司		
电池	电池类型	超级电容	电池型号	BCAP3000
	电压（V）	2.7	容量（F）	3000
	电池额定电压（V）	-	电池额定容量（A·h）	-
	电池生产企业	Maxwell Technologies, Inc.		
性能指标	最高车速（km/h）	70	0～50m/h 加速时间（s）	23.84
	最大爬坡度（%）	≥20	油耗(L/100km)	25.38

(8)宇通牌ZK6126CHEVGQCA 型混合动力电动城市客车

生产企业		郑州宇通客车股份有限公司		
整车	公告批次	234		
	目录序号	71		
	识别代号	-		
	依据标准	-		
	外形尺寸(长×宽×高)(mm)	11990×2550×3150/2970		
	总质量(kg)	18000	整备质量(kg)	12500/12700
	轴距(mm)	5875	轴荷(kg)	6000/12000
	底盘型号	承载式车身	生产厂家	郑州宇通客车股份有限公司
发动机	发动机型号	YC6J200-42	发动机生产商	玉柴
	发动机排量(mL)	6500	发动机功率(kW)	147
电机	电机类型	交流感应电机	电机型号	YHD280M-4
	电机峰值功率(kW)	120kW	电机连续功率(kW)	65
	电机连续扭矩(N·m)	776 N·m	电机峰值扭矩(N·m)	2200 N·m
	电机生产企业	福建省福工混合动力技术开发有限公司		
电池	电池类型	超级电容	电池型号	CBP24050A BMOD0165
	电压(V)	384	容量(A·h)	-
	电池额定电压(V)	-	电池额定容量(A·h)	-
	电池生产企业	赛恩斯能源科技有限公司,美国麦克斯威科技公司		
性能指标	最高车速(km/h)	85	0~50m/h 加速时间(s)	-
	最大爬坡度(%)	-	油耗(L/100km)	-

(9)宇通牌ZK6180CHEVGQAA 型混合动力电动城市客车

生产企业		郑州宇通客车股份有限公司		
整车	公告批次	234		
	目录序号	71		
	识别代号	-		
	依据标准	-		
	外形尺寸(长×宽×高)(mm)	18000×2550×3200/3280		
	总质量(kg)	28000	整备质量(kg)	18000/18500
	轴距(mm)	5725,6150	轴荷(kg)	6500/10500/11000
	底盘型号	承载式车身	生产厂家	郑州宇通客车股份有限公司
发动机	发动机型号	YC6J220-42	发动机生产商	玉柴
	发动机排量(mL)	6500	发动机功率(kW)	162
电机	电机类型	交流感应电机	电机型号	YCVF280M-8D
	电机峰值功率(kW)	240	电机连续功率(kW)	110
	电机连续扭矩(N·m)	787	电机峰值扭矩(N·m)	2000
	电机生产企业	万向电动汽车有限公司		
电池	电池类型	超级电容器	电池型号	BMOD0165
	电压(V)	720	容量(A·h)	-
	电池额定电压(V)	-	电池额定容量(A·h)	-
	电池生产企业	美国麦克斯威科技公司		
性能指标	最高车速(km/h)	80	0~50m/h 加速时间(s)	-
	最大爬坡度(%)	-	油耗(L/100km)	-

(10)宇通牌 ZK6106PHEVG1 型混合动力电动城市客车

生产企业		郑州宇通客车股份有限公司		
整车	公告批次:	234		
	目录序号:	71		
	识别代号:	-		
	依据标准:	-		
	外形尺寸(长×宽×高)(mm)	10469×2500×3150/2970		
	总质量(kg):	16500	整备质量(kg)	10700/11100
	轴距(mm):	5000	轴荷(kg)	5500/11000
	底盘型号:	承载式车身	生产厂家	郑州宇通客车股份有限公司
发动机	发动机型号	YC6J200-42	发动机生产商	玉柴
	发动机排量(mL)	6500	发动机功率(kW)	147
电机	电机类型	三相交流异步电机	电机型号	YTM280-CV2
	电机峰值功率(kW)	180	电机连续功率(kW)	95
	电机连续扭矩(N·m)	1100	电机峰值扭矩(N·m)	2100
	电机生产企业	郑州宇通客车股份有限公司		
电池	电池类型	超级电容	电池型号	BMOD0165
	电压(V)	384	容量(A·h)	-
	电池额定电压(V)	-	电池额定容量(A·h)	-
	电池生产企业	美国麦克斯威科技公司		
性能指标	最高车速(km/h)	85	0~50m/h 加速时间(s)	-
	最大爬坡度(%)	-	油耗(L/100km)	-

(11)宇通牌 ZK6126CHEVG2 型混合动力电动城市客车

生产企业		郑州宇通客车股份有限公司		
整车	公告批次	234		
	目录序号	71		
	识别代号	-		
	依据标准	-		
	外形尺寸(长×宽×高)(mm)	11990×2550×3150/2970		
	总质量(kg)	18000	整备质量(kg)	12500/12700
	轴距(mm)	5875,6100	轴荷(kg)	6500/11500
	底盘型号	承载式车身	生产厂家	郑州宇通客车股份有限公司
发动机	发动机型号	ISBE4+205B YC6J200—42	发动机生产商	广西玉柴机器股份有限公司 康明斯公司
	发动机排量(mL)	6700 6500	发动机功率(kW)	151 147
电机	电机类型	三相异步交流感应电机	电机型号	YTM280—CV2
	电机峰值功率(kW)	180	电机连续功率(kW)	95
	电机连续扭矩(N·m)	1100	电机峰值扭矩(N·m)	2100
	电机生产企业	郑州宇通客车股份有限公司		
电池	电池类型	超级电容	电池型号	BMOD0165
	电压(V)	384	容量(A·h)	-
	电池额定电压(V)	-	电池额定容量(A·h)	-
	电池生产企业	美国麦克斯威科技公司		
性能指标	最高车速(km/h)	85	0~50m/h 加速时间(s)	-
	最大爬坡度(%)	-	油耗(L/100km)	-

(12)宇通牌 ZK6120CHEVG1 型混合动力电动城市客车

生产企业		郑州宇通客车股份有限公司		
整车	公告批次	232		
	目录序号	71		
	识别代号	-		
	依据标准	-		
	外形尺寸(长×宽×高)(mm)	11500×2550×3200/3150/2950		
	总质量(kg)	16500,18000	整备质量(kg)	11400/12000
	轴距(mm)	5800	轴荷(kg)	5500/11000,6500/11500
	底盘型号	承载式车身	生产厂家	郑州宇通客车股份有限公司
发动机	发动机型号	YC6J210N—40	发动机生产商	广西玉柴机器股份有限公司
	发动机排量(mL)	6494	发动机功率(W)	155
电机	电机类型	三相异步交流感应电机	电机型号	YTM280—CV2
	电机峰值功率(kW)	180	电机连续功率(kW)	95
	电机连续扭矩(N·m)	1100	电机峰值扭矩(N·m)	2100
	电机生产企业	郑州宇通客车股份有限公司		
电池	电池类型	超级电容	电池型号	BMOD0165
	电压(V)	384	容量(A·h)	-
	电池额定电压(V)	-	电池额定容量(A·h)	-
	电池生产企业	美国麦克斯威科技公司		
性能指标	最高车速(km/h)	85	0~50m/h 加速时间(s)	-
	最大爬坡度(%)	-	油耗(L/100km)	-

(13)安凯牌 HFF6120G03PHEV 型混合动力客车

生产企业		安徽安凯汽车股份有限公司		
整车	公告批次	216		
	目录序号	55		
	识别代号	LA86J0LU×××××××××		
	依据标准	GB 17691—2005 国Ⅲ GB 3847—2005		
	外形尺寸(长×宽×高)(mm)	12000×2550×2950/3170		
	总质量(kg)	18000	整备质量(kg)	11200/11500
	轴距(mm)	11200	轴荷(kg)	6500/11500
	底盘型号	HFF6120D03PHEV	生产厂家	安徽安凯汽车股份有限公司
发动机	发动机型号	YC6J220—30,ISBE4+205B	发动机生产商	广西玉柴机器股份有限公司 康明斯公司
	发动机排量(mL)	6500,6700	发动机功率(kW)	162,151
电机	电机类型	永磁电动机	电机型号	TQD101
	电机峰值功率(kW)	67	电机连续功率(kW)	45
	电机连续扭矩(N·m)	167	电机峰值扭矩(N·m)	250
	电机生产企业	-		
电池	电池类型	超级电容	电池型号	-
	电压(V)	48.6	容量(F)	超级电容单体165
	电池额定电压(V)	486	电容个数(个)	10
	电池生产企业	-		
性能指标	最高车速(km/h)	80	0~50m/h 加速时间(s)	≤30
	最大爬坡度(%)	24.4	油耗(L/100km)	30.4

（14）安凯牌 HFF6120G03SHEV 型混合动力客车

生产企业		安徽安凯汽车股份有限公司		
整车	公告批次	224		
	目录序号	55		
	识别代号	LA86G0KU×××××××××		
	依据标准	GB 17691—2005 国Ⅲ GB 3847—2005		
	外形尺寸(长×宽×高)(mm)	12000×2550×2970/3150		
	总质量（kg）	17500	整备质量（kg）	11580/11080
	轴距（mm）	6000	轴荷（kg）	6500/11000
	底盘型号	HFF6120D03SHEV	生产厂家	安徽安凯汽车股份有限公司
发动机	发动机型号	YC4G180—40	发动机生产商	广西玉柴机器股份有限公司
	发动机排量（mL）	5200	发动机功率（kW）	132
电机	电机类型	-	电机型号	1PV5138
	电机峰值功率（kW）	205	电机连续功率（kW）	85
	电机连续扭矩（N·m）	220	电机峰值扭矩（N·m）	530
	电机生产企业	-		
电池	电池类型	锰酸锂电池	电池型号	8
	电压（V）	3.6	容量（A·h）	-
	电池额定电压（V）	650	电池额定容量（A·h）	24
	电池生产企业	-		
性能指标	最高车速（km/h）	70	0～50m/h 加速时间（s）	25
	最大爬坡度（%）	20	油耗(L/100km)	24.10L/100km（空调关闭） 33.02L/100km（空调开启）

（15）安凯牌 HFF6100G03PHEV 型混合动力客车

生产企业		安徽安凯汽车股份有限公司		
整车	公告批次	223		
	目录序号	55		
	识别代号	LA86D0KU×××××××××		
	依据标准	GB 17691—2005 国Ⅲ GB 3847—2005		
	外形尺寸(长×宽×高)(mm)	10430×2500×3070/3170		
	总质量（kg）	15500	整备质量（kg）	10000/10300
	轴距（mm）	5000	轴荷（kg）	5500/10000
	底盘型号	HFF6100D03PHEV	生产厂家	安徽安凯汽车股份有限公司
发动机	发动机型号	YC4G200—30	发动机生产商	广西玉柴机器股份有限公司
	发动机排量（mL）	5200	发动机功率（kW）	147
电机	电机类型	永磁同步电机	电机型号	-
	电机峰值功率（kW）	60	电机连续功率（kW）	40
	电机连续扭矩（N·m）	260	电机峰值扭矩（N·m）	400
	电机生产企业	-		
电池	电池类型	磷酸铁锂电池	电池型号	-
	电压（V）	3.2	容量（F）	10
	电池额定电压（V）	345.6	电池额定容量（A·h）	40
	电池生产企业	-		
性能指标	最高车速（km/h）	80	0～50m/h 加速时间（s）	≤25
	最大爬坡度（%）	22	油耗(L/100km)	25.26

(16)安凯牌 HFF6122G03SHEV 型混合动力客车

生产企业		安徽安凯汽车股份有限公司		
整车	公告批次	230		
	目录序号	55		
	识别代号	LA86G0GU ×××××××××		
	依据标准	GB 17691—2005 国Ⅳ GB3847—2005		
	外形尺寸(长×宽×高)(mm)	12000×2550×2970/3150		
	总质量(kg)	18000	整备质量(kg)	13500/13800
	轴距(mm)	6100	轴荷(kg)	6500/11500
	底盘型号	HFF6122D03SHEV	生产厂家	安徽安凯汽车股份有限公司
发动机	发动机型号	HFC4DA1—2C	发动机生产商	安徽江淮汽车股份有限公司
	发动机排量(mL)	2771	发动机功率(kW)	88
电机	电机类型	水冷交流变频电机	电机型号	QYS100—6/400
	电机峰值功率(kW)	250	电机连续功率(kW)	100
	电机连续扭矩(N·m)	1005	电机峰值扭矩(N·m)	2400
	电机生产企业	-		
电池	电池类型	磷酸铁锂电池	电池型号	-
	电压(V)	3.2	容量(F)	10
	电池额定电压(V)	538	电池额定容量(A·h)	300
	电池生产企业	-		
性能指标	最高车速(km/h)	80	0~50m/h 加速时间(s)	≤25
	最大爬坡度(%)	≥15	油耗(L/100km)	13

(17)福田牌 BJ6123PHEV—1 型混合动力城市客车

生产企业		北汽福田汽车股份有限公司		
整车	公告批次	231		
	目录序号	9		
	识别代号	LVCD6B0D ×××××××××		
	依据标准	Q/QCBFC 1591—2011		
	外形尺寸(长×宽×高)(mm)	11980×2550×3050/3150(带空调)		
	总质量(kg)	17950	整备质量(kg)	11300/11600(带空调)
	轴距(mm)	5900	轴荷(kg)	6450/11500
	底盘型号	BJ6123PHEV—1	生产厂家	北汽福田汽车股份有限公司
发动机	发动机型号	ISBE4+205B ISBE4+225B	发动机生产商	康明斯公司 康明斯公司
	发动机排量(mL)	6700 6700	发动机功率(kW)	151 165
电机	电机类型	永磁同步电机	电机型号	A-7811
	电机峰值功率(kW)	-	电机连续功率(kW)	-
	电机连续扭矩(N·m)	-	电机峰值扭矩(N·m)	-
	电机生产企业	-		
电池	电池类型	锂离子动力电池	电池型号	SPIM08H(储能装置单体型号)
	电压(V)	-	容量(A·h)	-
	电池额定电压(V)	-	电池额定容量(A·h)	-
	电池生产企业	-		
性能指标	最高车速(km/h)	90	0~50m/h 加速时间(s)	-
	最大爬坡度(%)	20(报告中检验结果)	油耗(L/100km)	-

(18)福田牌 BJ6123PHEV 型混合动力城市客车

生产企业		北汽福田汽车股份有限公司		
整车	公告批次	231		
	目录序号	9		
	识别代号	LVCD6B0D ×××××××××		
	依据标准	Q/QCBFC 1591—2011		
	外形尺寸(长×宽×高)(mm)	11980×2550×3350		
	总质量（kg）	17900	整备质量（kg）	12300/12600（带空调）
	轴距（mm）	5900,6000	轴荷（kg）	6400/11500
	底盘型号	BJ6123DPHEV	生产厂家	北汽福田汽车股份有限公司
发动机	发动机型号	YC6J210N—40	发动机生产商	广西玉柴机器股份有限公司
	发动机排量（mL）	6494	发动机功率（kW）	155
电机	电机类型	永磁同步电机	电机型号	A—7811
	电机峰值功率（kW）	-	电机连续功率（kW）	-
	电机连续扭矩（N·m）	-	电机峰值扭矩（N·m）	-
	电机生产企业	-		
电池	电池类型	锰基锂离子动力电池	电池型号	SPIM08H（储能装置单体型号）
	电压（V）	-	容量（A·h）	-
	电池额定电压（V）	-	电池额定容量（A·h）	-
	电池生产企业	-		
性能指标	最高车速（km/h）	90	0～50m/h 加速时间（s）	-
	最大爬坡度（%）	20	能耗(L/100km)	-

(19)福田牌 BJ6123PHEVCA 型混合动力城市客车

生产企业		北汽福田汽车股份有限公司		
整车	公告批次	233		
	目录序号	9		
	识别代号	LVCD6B0D ×××××××××		
	依据标准	Q/QCBFC 1591—2011		
	外形尺寸(长×宽×高)(mm)	11980×2550×3050/3150（带空调）		
	总质量（kg）	17950	整备质量（kg）	11300/11600（带空调）
	轴距（mm）	5900	轴荷（kg）	6400/11500
	底盘型号	BJ6123PHEVDA	生产厂家	北汽福田汽车股份有限公司
发动机	发动机型号	ISBE4 + 205B ISBE4 + 225B	发动机生产商	康明斯公司 康明斯公司
	发动机排量（mL）	6700 6700	发动机功率（kW）	151 165
电机	电机类型	永磁同步电机	电机型号	A－7811
	电机峰值功率（kW）	-	电机连续功率（kW）	-
	电机连续扭矩（N·m）	-	电机峰值扭矩（N·m）	-
电池	电池类型	锰酸锂蓄电池	电池型号	IMC6－48（储能装置单体型号）
	电压（V）	-	容量（A·h）	-
	电池额定电压（V）	-	电池额定容量（A·h）	-
性能指标	最高车速（km/h）	90	0～50m/h 加速时间（s）	-
	最大爬坡度（%）	20（报告中检验结果）	油耗(L/100km)	-

(20)五洲龙牌 FDG6115HEVG2 型混合动力客车

生产企业		深圳市五洲龙汽车有限公司		
整车	公告批次	228		
	目录序号	(十九)47		
	识别代号	LA9ACCBA ×××MC1 ×××		
	依据标准	GB17691 -2005 国Ⅳ,GB3847 -2005		
	外形尺寸(长×宽×高)(mm)	11490×2500×3140		
	总质量(kg)	18000	整备质量(kg)	13000
	轴距(mm)	5600	轴荷(kg)	6500/11500
	底盘型号	五洲龙底盘	生产厂家	深圳市五洲龙汽车有限公司
发动机	发动机型号	YC6J200 -42	发动机生产商	广西玉柴机器股份有限公司
	发动机排量(mL)	6494	发动机功率(kW)	146
电机	电机类型	三相异步电机	电机型号	YPQ220M -6
	电机峰值功率(kW)	153	电机连续功率(kW)	90
	电机连续扭矩(N·m)	1170	电机峰值扭矩(N·m)	1800
	电机生产企业	大连天元电机股份有限公司		
电池	电池类型	磷酸铁锂	电池型号	-
	电压(V)	-	容量(A·h)	-
	电池额定电压(V)	-	电池额定容量(A·h)	-
	电池生产企业	深圳市沃特玛电池有限公司		
性能指标	最高车速(km/h)	70	0~100(或0~50)m/h 加速时间(s)	≤25
	最大爬坡度(%)	≥15	油耗(L/100km)	-

(21)广汽牌 GZ6121HEV 型混合动力城市客车

生产企业		广州汽车集团客车有限公司		
整车	公告批次	229		
	目录序号	89		
	识别代号	LGZ4KY0F ×××××××××		
	依据标准	GB 17691—2005(国Ⅲ) GB 18285—2005,GB 11340—2005		
	外形尺寸(长×宽×高)(mm)	12000×2540×3200		
	总质量(kg)	18000	整备质量(kg)	12230
	轴距(mm)	6100	轴荷(kg)	6500/11500
	底盘型号	GZ6121DHEV	生产厂家	广州汽车集团客车有限公司
发动机	发动机型号	YC6J180P -30	发动机生产商	广西玉柴机器股份有限公司
	发动机排量(mL)	6500	发动机功率(kW)	132
电机	电机类型	永磁同步电机	电机型号	536YZ - XI02A W
	电机峰值功率(kW)	永磁同步电机	电机连续功率(kW)	-
	电机连续扭矩(N·m)	100	电机峰值扭矩(N·m)	-
	电机生产企业	上海电驱动有限公司		
电池	电池类型	磷酸铁锂电池	电池型号	VLP28/82/118
	电压(V)	358	容量(A·h)	40
	电池额定电压(V)	3.2	电池额定容量(A·h)	10
	电池生产企业	咸阳威力克能源有限公司		
性能指标	最高车速(km/h)	80	0~100(或0~50)m/h 加速时间(s)	-
	最大爬坡度(%)	-	油耗(L/100km)	-

(22)金旅牌 XML6115JHEV28C 型混合动力客车

生产企业		厦门金龙旅行车有限公司		
整车	公告批次	223		
	目录序号	124		
	识别代号			
	依据标准	GB/T 19754—2005		
	外形尺寸(长×宽×高)(mm)	11390×2545×3182		
	总质量 (kg)	17000	整备质量 (kg)	11720
	轴距 (mm)	5703	轴荷 (kg)	5990/11010
	底盘型号	-	生产厂家	-
发动机	发动机型号	YC6J200—42	发动机生产商	广西玉柴机器股份有限公司
	发动机排量 (mL)	6500	发动机功率 (kW)	147
电机	电机类型	三相交流异步电机	电机型号	GHS280M-4
	电机峰值功率 (kW)	155	电机连续功率 (kW)	90
	电机连续扭矩 (N·m)	-	电机峰值扭矩 (N·m)	1950
	电机生产企业	厦门金龙旅行车有限公司		
电池	电池类型	超级电容	电池型号	BMOD0165 P048
	电压 (V)	388.8	容量 (A·h) ：41.25F	-
	电池额定电压 (V)	-	电池额定容量 (A·h)	-
	电池生产企业	美国 Maxwell technologies. Inc.		
性能指标	最高车速 (km/h)	75.2	0～100 (或0～50) m/h 加速时间 (s)	19.6
	最大爬坡度 (%)	-	油耗(L/100km)	29.42

(23)海格牌 KLQ6129GHEV3 型混合动力电动城市客车

生产企业		金龙联合汽车工业 (苏州) 有限公司		
整车	公告批次	221		
	目录序号	112		
	识别代号	LKLR1KSB××××××××× LKLR1KSC×××××××××		
	依据标准	GB 17691—2005 (国Ⅲ) GB 3847-2005		
	外形尺寸(长×宽×高)(mm)	12000×2550×3000/3150		
	总质量 (kg)	18000	整备质量 (kg)	12400
	轴距 (mm)	6100	轴荷 (kg)	6500/11500
	底盘型号	KLQ6128GHEV3	生产厂家	金龙联合汽车工业 (苏州) 有限公司
发动机	发动机型号	SC8DK215Q3	发动机生产商	上海柴油机股份有限公司
	发动机排量 (mL)	8270	发动机功率 (kW)	158
电机	电机类型	三相异步电机	电机型号	YHD280M-4
	电机峰值功率 (kW)	-	电机连续功率 (kW)	65
	电机连续扭矩 (N·m)	-	电机峰值扭矩 (N·m)	2200
	电机生产企业	福建尤迪电机有限公司		
电池	电池类型	磷酸亚铁锂	电池型号	3.2V50Ah
	电压 (V)	-	容量 (A·h)	-
	电池额定电压 (V)	3.2	电池额定容量 (A·h)	50
	电池生产企业	赛恩斯能源科技有限公司		
性能指标	最高车速 (km/h)	80	0～50m/h 加速时间 (s)	20.2
	最大爬坡度 (%)	20	油耗(L/100km)	31.8

(24)海格牌 KLQ6129GQHEV2 型混合动力城市客车

生产企业		金龙联合汽车工业（苏州）有限公司		
整车	公告批次	229		
	目录序号	112		
	识别代号	LKLR1KS5 ×××××××××		
	依据标准	GB 17691—2005（国Ⅳ） GB 3847—2005		
	外形尺寸(长×宽×高)(mm)	12000×2550×3250		
	总质量（kg）	18000	整备质量（kg）	12930
	轴距（mm）	6000	轴荷（kg）	6500/11500
	底盘型号	KLQ6128GQHEV2	生产厂家	金龙联合汽车工业（苏州）有限公司
发动机	发动机型号	YC4FA130-40	发动机生产商	广西玉柴机器股份有限公司
	发动机排量（mL）	2982	发动机功率（kW）	95
电机	电机类型	交流异步电动机	电机型号	YPQ280M-6M
	电机峰值功率（kW）	165	电机连续功率（kW）	-
	电机连续扭矩（N·m）	-	电机峰值扭矩（N·m）	2532
	电机生产企业	赛恩斯能源科技有限公司		
电池	电池类型	磷酸亚铁锂电池	电池型号	3.2V100Ah（单体）
	电压（V）	3.2	容量（A·h）	100
	电池额定电压（V）	512	电池额定容量（A·h）	100
	电池生产企业	赛恩斯能源科技有限公司		
性能指标	最高车速（km/h）	84.5	0～50m/h 加速时间（s）	23.4
	最大爬坡度（%）	20	油耗(L/100km)	31.5

(25)海格牌 KLQ6109GHEV1 型混合动力电动城市客车

生产企业		金龙联合汽车工业（苏州）有限公司		
整车	公告批次	223		
	目录序号	112		
	识别代号	1FS9 ×××××××××		
	依据标准	GB 17691—2005（国Ⅳ） GB 3847—2005		
	外形尺寸(长×宽×高)(mm)	10490×2480×2950/3200		
	总质量（kg）	16400	整备质量（kg）	11400
	轴距（mm）	5100	轴荷（kg）	5500/10900
	底盘型号	KLQ6101GHEV1	生产厂家	金龙联合汽车工业（苏州）有限公司
发动机	发动机型号	YC6J180-42	发动机生产商	广西玉柴机器股份有限公司
	发动机排量（mL）	6500	发动机功率（kW）	132
电机	电机类型	三相异步	电机型号	YHD280M-90
	电机峰值功率（kW）	-	电机连续功率（kW）	90
	电机连续扭矩（N·m）	-	电机峰值扭矩（N·m）	1910
	电机生产企业	福建尤迪电机有限公司		
电池	电池类型	单体超级电容	电池型号	BCAP3000/BMOD0165/
	电压（V）	2.7	容量（A·h）	3000F
	电池额定电压（V）	总电压 388.8	电池额定容量（A·h）	总容量 41.25F
	电池生产企业	美国麦克斯威科技公司		
性能指标	最高车速（km/h）	80	0～50m/h 加速时间（s）	26.9
	最大爬坡度（%）	20	油耗(L/100km)	31.5

(26)海格牌 KLQ6129GQHEV1 型混合动力城市客车

生产企业		金龙联合汽车工业（苏州）有限公司		
整车	公告批次	227		
	目录序号	112		
	识别代号	LKLR1KS6 ×××××××××		
	依据标准	GB 17691—2005（国Ⅳ） GB 3847—2005		
	外形尺寸(长×宽×高)(mm)	12000×2550×3250		
	总质量（kg）	18000	整备质量（kg）	12930
	轴距（mm）	6000	轴荷（kg）	6500/11500
	底盘型号	KLQ6128GQHEV1	生产厂家	金龙联合汽车工业（苏州）有限公司
发动机	发动机型号	D19TCID1	发动机生产商	昆明雷默动力系统有限公司
	发动机排量（mL）	1850	发动机功率（kW）	100
电机	电机类型	交流异步电动机	电机型号	YQD280-6-75-90
	电机峰值功率（kW）	185	电机连续功率（kW）	-
	电机连续扭矩（N·m）	-	电机峰值扭矩（N·m）	2500
	电机生产企业	哈尔滨电机厂（昆明）有限责任公司		
电池	电池类型	磷酸铁锂电池	电池型号	3.2V100Ah（单体）
	电压（V）	3.2	容量（A·h）	100
	电池额定电压（V）	总电压512	电池额定容量（A·h）	-
	电池生产企业	赛恩斯能源科技有限公司		
性能指标	最高车速（km/h）	80	0~50m/h加速时间（s）	21.0
	最大爬坡度（%）	20	油耗(L/100km)	31.2

(27)海格牌 KLQ6129GHEV4 型混合动力城市客车

生产企业		金龙联合汽车工业（苏州）有限公司		
整车	公告批次	229		
	目录序号	112		
	识别代号	LKLR1KSC ×××××××××		
	依据标准	GB 17691—2005（国Ⅳ） GB 3847—2005		
	外形尺寸(长×宽×高)(mm)	12000×2550×3000/3150		
	总质量（kg）	18000	整备质量（kg）	12400
	轴距（mm）	6100	轴荷（kg）	6500/11500
	底盘型号	KLQ6128GHEV4	生产厂家	金龙联合汽车工业（苏州）有限公司
发动机	发动机型号	YC6J220-42	发动机生产商	广西玉柴机器股份有限公司
	发动机排量（mL）	6500	发动机功率（kW）	162
电机	电机类型	三相异步电动机	电机型号	YHD280M-96
	电机峰值功率（kW）	165	电机连续功率（kW）	96
	电机连续扭矩（N·m）	-	电机峰值扭矩（N·m）	1973
	电机生产企业	福建尤迪电机有限公司		
电池	电池类型	赛恩斯能源科技有限公司	电池型号	3.2V50Ah(单体)
	电压（V）	3.2	容量（A·h）	50
	电池额定电压（V）	总电压256	电池额定容量（A·h）	50
	电池生产企业	赛恩斯能源科技有限公司		
性能指标	最高车速（km/h）	80	0~50m/h加速时间（s）	22.2
	最大爬坡度（%）	20	油耗(L/100km)	29.2

(28)海格牌 KLQ6119GHEV1 型混合动力电动城市客车

生产企业		金龙联合汽车工业（苏州）有限公司		
整车	公告批次	223		
	目录序号	112		
	识别代号	LKLR1HSA ×××××××××		
	依据标准	GB17691－2005（国Ⅳ） GB 3847－2005		
	外形尺寸(长×宽×高)(mm)	11460×2550×3000/3150		
	总质量（kg)	17000	整备质量（kg)	12200
	轴距（mm)	5700	轴荷（kg)	5500/11500
	底盘型号	KLQ6118GHEV1	生产厂家	金龙联合汽车工业（苏州）有限公司
发动机	发动机型号	YC6J200－42	发动机生产商	广西玉柴机器股份有限公司
	发动机排量（mL)	6500	发动机功率（kW)	147
电机	电机类型	三相异步	电机型号	YHD280M－90
	电机峰值功率（kW)	-	电机连续功率（kW)	90
	电机连续扭矩（N·m)	-	电机峰值扭矩（N·m)	1910
	电机生产企业	福建尤迪电机有限公司		
电池	电池类型	单体超级电容	电池型号	BCAP3000/BMOD0165
	电压（V)	2.7	容量（A·h)	3000F
	电池额定电压（V)	总电压 388.8	电池额定容量（A·h)	总容量 41.25F
	电池生产企业	美国麦克斯威科技公司		
性能指标	最高车速（km/h)	80	0～50m/h 加速时间（s)	26.9
	最大爬坡度（%)	20	油耗(L/100km)	31.9

(29)海格牌 KLQ6109GCHEV1 型混合动力电动城市客车

生产企业		金龙联合汽车工业（苏州）有限公司		
整车	公告批次	230		
	目录序号	112		
	识别代号	LKLR3FSA ×××××××××		
	依据标准	GB 11340－2005, GB 18285－2005, GB 17691－2005（国Ⅳ）		
	外形尺寸(长×宽×高)(mm)	10490×2480×2950/3200		
	总质量（kg)	16400	整备质量（kg)	11400
	轴距（mm)	5100	轴荷（kg)	5500/10900
	底盘型号	KLQ6101GCHEV1	生产厂家	金龙联合汽车工业（苏州）有限公司
发动机	发动机型号	YC6J190N－40	发动机生产商	广西玉柴机器股份有限公司
	发动机排量（mL)	6500	发动机功率（kw)	140
电机	电机类型	三相异步电机	电机型号	HC－HDM109010
	电机峰值功率（kW)	155	电机连续功率（kW)	-
	电机连续扭矩（N·m)	-	电机峰值扭矩（N·m)	1950
	电机生产企业	福建尤迪电机有限公司		
电池	电池类型	超级电容	电池型号	BCAP3000(单体)
	电压（V)	2.7	容量（A·h)	3000
	电池额定电压（V)	总电压 388.8	电池额定容量（A·h)	-
	电池生产企业	美国麦克斯威科技公司		
性能指标	最高车速（km/h)	80	0～50m/h 加速时间（s)	23.5
	最大爬坡度（%)	20	油耗(L/100km)	38.4

（30）海格牌 KLQ6129GHEV5 型混合动力城市客车

生产企业		金龙联合汽车工业（苏州）有限公司		
整车	公告批次	230		
	目录序号	112		
	识别代号	LKLR1KSA ×××××××××		
	依据标准	GB 17691－2005（国Ⅳ） GB 3847－2005		
	外形尺寸(长×宽×高)(mm)	12000×2550×3000/3150		
	总质量（kg）	18000	整备质量（kg）	12400
	轴距（mm）	6100	轴荷（kg）	6500/11500
	底盘型号	KLQ6128GHEV5	生产厂家	金龙联合汽车工业（苏州）有限公司
发动机	发动机型号	YC6J200－42	发动机生产商	广西玉柴机器股份有限公司
	发动机排量（mL）	6500	发动机功率（kW）	147
电机	电机类型	永磁同步电动机	电机型号	SL－DM－120
	电机峰值功率（kW）	120	电机连续功率（kW）	－
	电机连续扭矩（N·m）	－	电机峰值扭矩（N·m）	791
	电机生产企业	广西三立科技发展有限公司		
电池	电池类型	锰酸锂蓄电池	电池型号	SPIM14245190（单体）
	电压（V）	3.6	容量（A·h）	35
	电池额定电压（V）	总电压 346	电池额定容量（A·h）	总容量 35
	电池生产企业	中信国安盟固利动力科技公司		
性能指标	最高车速（km/h）	80	0～50m/h 加速时间（s）	25.5
	最大爬坡度（%）	20	油耗(L/100km)	30.2

（31）桂林牌 GL6120PHEV 型混合动力城市客车

生产企业		桂林客车工业集团有限公司		
整车	公告批次	233		
	目录序号	90		
	识别代号	LGLCD5F3 ×××××××××		
	依据标准	GB 17691－2005（国Ⅳ） GB 3847－2005		
	外形尺寸(长×宽×高)(mm)	12000×2500×3070/3320		
	总质量（kg）	17500	整备质量（kg）	12200/12500
	轴距（mm）	6100	轴荷（kg）	6200/11300
	底盘型号	－	生产厂家	－
发动机	发动机型号	YC4G180－40	发动机生产商	广西玉柴机器股份有限公司
	发动机排量（mL）	5200	发动机功率（kW）	132
电机	电机类型	交流异步电动机	电机型号	YCVF280M－8C
	电机峰值功率（kW）	220	电机连续功率（kW）	110
	电机连续扭矩（N·m）	－	电机峰值扭矩（N·m）	－
	电机生产企业	襄樊宇清电动汽车有限公司		
电池	电池类型	磷酸铁锂电池	电池型号	3.2V－100Ah
	电压（V）	3.2	容量（A·h）	100
	电池额定电压（V）	576	电池额定容量（A·h）	200
	电池生产企业	深圳市沃特玛电池有限公司		
性能指标	最高车速（km/h）	80	0～50m/h 加速时间（s）	－
	最大爬坡度（%）	－	油耗(L/100km)	－

(32)蜀都牌CDK6122CSHEV型混合动力城市客车

生产企业		成都客车股份有限公司		
整车	公告批次	235		
整车	目录序号	二十二(10)		
整车	识别代号	-		
整车	依据标准	-		
整车	外形尺寸(长×宽×高)(mm)	12000×2550×3420		
整车	总质量(kg)	18000	整备质量(kg)	13350
整车	轴距(mm)	6150	轴荷(kg)	6500/11500
整车	底盘型号	SWB6127SHEV2	生产厂家	上海申沃客车有限公司
发动机	发动机型号	SC5DT180Q4	发动机生产商	上海柴油机股份有限公司
发动机	发动机排量(mL)	5308	发动机功率(kW)	132
电机	电机类型	异步牵引电动机	电机型号	JD156
电机	电机峰值功率(kW)	150	电机连续功率(kW)	额定功率100
电机	电机连续扭矩(N·m)	额定扭矩810	电机峰值扭矩(N·m)	2500
电机	电机生产企业	湖南南车时代电动汽车股份有限公司		
电池	电池类型	磷酸亚铁锂电池	电池型号	3.2V100Ah
电池	电压(V)	333	容量(A·h)	200
电池	电池额定电压(V)	3.2	电池额定容量(A·h)	100
电池	电池生产企业	赛恩斯能源科技有限公司		
性能指标	最高车速(km/h)	70	0~100(或0~50)m/h加速时间(s)	≤30
性能指标	最大爬坡度(%)	20	油耗(L/100km):气耗(m^3/100km)	30

(33)江西牌JXK6116BCHEV型混合动力客车

生产企业		江西凯马百路佳客车有限公司		
整车	公告批次	225		
整车	目录序号	(十四)03		
整车	识别代号	LA9CJKMT3ABJXK001		
整车	依据标准	GB/T 19750-2005 QC/T 900-1997		
整车	外形尺寸(长×宽×高)(mm)	11280×2495×3320		
整车	总质量(kg)	16500	整备质量(kg)	11500
整车	轴距(mm)	5400	轴荷(kg)	5500/11000
整车	底盘型号		生产厂家	
发动机	发动机型号	YC6J200-42	发动机生产商	广西玉柴机器股份有限公司
发动机	发动机排量(mL)	6500	发动机功率(kW)	147
电机	电机类型	交流异步电动机	电机型号	SYNE-YX280W-4
电机	电机峰值功率(kW)	-	电机连续功率(kW)	-
电机	电机连续扭矩(N·m)	-	电机峰值扭矩(N·m)	-
电机	电机生产企业	-		
电池	电池类型	磷酸亚铁锂电池	电池型号	26650MP
电池	电压(V)	3.2	容量(A·h)	2.7
电池	电池额定电压(V)	-	电池额定容量(A·h)	-
电池	电池生产企业	比克国际(天津)有限公司		
性能指标	最高车速(km/h)	80	0~100(或0~50)m/h加速时间(s)	20
性能指标	最大爬坡度(%)	20	油耗(L/100km)	26.7

(34)江西牌 JXK6122CHEV 型混合动力客车

生产企业		江西凯马百路佳客车有限公司		
整车	公告批次	222		
	目录序号	(十四) 03		
	识别代号	LA9CJLMT19BJXK001		
	依据标准	GB/T 19750 - 2005 QC/T 900 - 1997		
	外形尺寸(长×宽×高)(mm)	11980×2495×3220		
	总质量 (kg)	18000	整备质量 (kg)	12500
	轴距 (mm)	6000	轴荷 (kg)	6500/11500
	底盘型号	-	生产厂家	-
发动机	发动机型号	ISDe 210 41	发动机生产商	东风康明斯发动机有限公司
	发动机排量 (mL)	6700	发动机功率 (kW)	155
电机	电机类型	交流感应电动机	电机型号	YCVF280M - 8
	电机峰值功率 (kW)	-	电机连续功率 (kW)	-
	电机连续扭矩 (N·m)	-	电机峰值扭矩 (N·m)	-
	电机生产企业	万向电动汽车有限公司		
电池	电池类型	磷酸亚铁锂电池	电池型号	WX12I3215
	电压 (V)	3.2	容量 (A·h)	60
	电池额定电压 (V)	-	电池额定容量 (A·h)	-
	电池生产企业	万向电动汽车有限公司		
性能指标	最高车速 (km/h)	75	0～100 (或0～50) m/h 加速时间 (s)	18
	最大爬坡度 (%)	20	油耗(L/100km)	35

(35)江西牌 JXK6122PHEV 型混合动力客车

生产企业		江西凯马百路佳客车有限公司		
整车	公告批次	222		
	目录序号	(十四) 03		
	识别代号	LA9BJKMT9ABJXK001		
	依据标准	GB/T 19750 - 2005 QC/T 900 - 1997		
	外形尺寸(长×宽×高)(mm)	11980×2495×3350		
	总质量 (kg)	18000	整备质量 (kg)	12500
	轴距 (mm)	6000	轴荷 (kg)	6500/11500
	底盘型号	-	生产厂家	-
发动机	发动机型号	ISDe 210 41	发动机生产商	东风康明斯发动机有限公司
	发动机排量 (mL)	6700	发动机功率 (kW)	155
电机	电机类型	交流感应电动机	电机型号	YCVF280M - 8
	电机峰值功率 (kW)	-	电机连续功率 (kW)	-
	电机连续扭矩 (N·m)	-	电机峰值扭矩 (N·m)	778
	电机生产企业	比克国际 (天津) 有限公司		
电池	电池类型	磷酸亚铁锂电池	电池型号	26650MP
	电压 (V)	3.2	容量 (A·h)	2.7
	电池额定电压 (V)	-	电池额定容量 (A·h)	-
	电池生产企业	万向电动汽车有限公司		
性能指标	最高车速 (km/h)	80	0～100 (或0～50) m/h 加速时间 (s)	20
	最大爬坡度 (%)	20	油耗(L/100km)	27.7

(36)江西牌 JXK6116BPHEV 型混合动力客车

生产企业		江西凯马百路佳客车有限公司		
整车	公告批次	222		
	目录序号	(十四) 03		
	识别代号	LA9BJLMS0BBJXK001		
	依据标准	GB/T 19750 - 2005 QC/T 900 - 1997		
	外形尺寸(长×宽×高)(mm)	11280×2895×3320		
	总质量 (kg)	16500	整备质量 (kg)	11500
	轴距 (mm)	5400	轴荷 (kg)	5500/11000
	底盘型号	-	生产厂家	-
发动机	发动机型号	YC6J200 - 42	发动机生产商	广西玉柴机器股份有限公司
	发动机排量 (mL)	6500	发动机功率 (kW)	147
电机	电机类型	永磁同步电池	电机型号	SL - DM - 120
	电机峰值功率 (kW)	45	电机连续功率 (kW)	35
	电机连续扭矩 (N·m)	316	电机峰值扭矩 (N·m)	400
	电机生产企业	广西三立科技发展有限公司		
电池	电池类型	锰系高功率锂离子	电池型号	DPMP16N
	电压 (V)	3.6	容量 (A·h)	16
	电池额定电压 (V)	-	电池额定容量 (A·h)	-
	电池生产企业	苏州新中能源科技有限公司		
性能指标	最高车速 (km/h)	80	0～100 (或0～50) m/h 加速时间 (s)	17.7
	最大爬坡度 (%)	20	油耗(L/100km)	27.5

(37)上饶牌 SR6110CHEV 型混联式混合动力城市客车

生产企业		江西博能上饶客车有限公司		
整车	公告批次	第234批		
	目录序号	(十四) 02		
	识别代号	LE3BJJNW ×××××××××		
	依据标准	GB 3847 - 2005 GB 17691 - 2005 (国Ⅳ)		
	外形尺寸(长×宽×高)(mm)	11490×2500×3110/3365(带空调)		
	总质量 (kg)	17500	整备质量 (kg)	12000
	轴距 (mm)	5980	轴荷 (kg)	6000/11500
	底盘型号	SR6111CHEV	生产厂家	江西博能上饶客车有限公司
发动机	发动机型号	YC4G180 - 40	发动机生产商	广西玉柴发动机有限公司
	发动机排量 (mL)	5200	发动机功率 (kW)	132
电机	电机类型	永磁同步电池	电机型号	SJ2103P100 - L0
	电机峰值功率 (kW)	167	电机连续功率 (kW)	88
	电机连续扭矩 (N·m)	420	电机峰值扭矩 (N·m)	800
	电机生产企业	上海中科深江电动车辆有限公司		
电池	电池类型	磷酸铁锂电池	电池型号	TB - 32180FH
	电压 (V)	576	容量 (A·h)	180
	电池额定电压 (V)	3.2	电池额定容量 (A·h)	180
	电池生产企业	深圳拓邦股份有限公司		
性能指标	最高车速 (km/h)	85	0～100 (或0～50) m/h 加速时间 (s)	≤25
	最大爬坡度 (%)	25	油耗(L/100km)	-

(38)上饶牌 SR6700SHEV 型插电式串联混合动力客车

生产企业名称		江西博能上饶客车有限公司		
整车	公告批次	第 234 批		
	目录序号	(十四) 02		
	识别代号	LE3MAEPL ×××××××××		
	依据标准	GB 3847 – 2005 GB 17691 – 2005 (国Ⅳ)		
	外形尺寸(长×宽×高)(mm)	7005×2040×2645		
	总质量 (kg)	6800	整备质量 (kg)	4550
	轴距 (mm)	3935	轴荷 (kg)	2480/4320
	底盘型号	SR6701SHEV	生产厂家	江西中科博能上饶客车有限公司
发动机	发动机型号	D19TCID3	发动机生产商	昆明雷默动力系统有限公司
	发动机排量 (mL)	1850	发动机功率 (kW)	82
电机	电机类型	永磁同步电池	电机型号	SJ2103P50 – B
	电机峰值功率 (kW)	80	电机连续功率 (kW)	50
	电机连续扭矩 (N·m)	238	电机峰值扭矩 (N·m)	382
	电机生产企业	上海中科深江电动汽车有限公司		
电池	电池类型	磷酸亚铁锂电池	电池型号	TB – 32100FH
	电压 (V)	380	容量 (A·h)	100
	电池额定电压 (V)	3.2	电池额定容量 (A·h)	100
	电池生产企业	深圳拓邦股份有限公司		
性能指标	最高车速 (km/h)	100	0～100 (或0～50) m/h 加速时间 (s)	≤25
	最大爬坡度 (%)	20	油耗(L/100km)	–

(39)黄海牌 DD6129HES11 型混合动力客车

生产企业		丹东黄海汽车有限责任公司		
整车	公告批次	第 227 批		
	目录序号	29		
	识别代号	LDD04C01 ×××××××××		
	依据标准	GB 17691 – 2005 (国Ⅲ) GB 3847 – 2005		
	外形尺寸(长×宽×高)(mm)	11980×2532×3300		
	总质量 (kg)	18000	整备质量 (kg)	12800/13200
	轴距 (mm)	5800	轴荷 (kg)	6500/11500
	底盘型号	DD6129HES11	生产厂家	丹东黄海汽车有限责任公司
发动机	发动机型号	ISDe18030	发动机生产商	东风康明斯发动机有限公司
	发动机排量 (mL)	4500	发动机功率 (kW)	132
电机	电机类型	车用变频调速三相交流牵引电池	电机型号	YCVF280M – 8A
	电机峰值功率 (kW)	–	电机连续功率 (kW)	–
	电机连续扭矩 (N·m)	–	电机峰值扭矩 (N·m)	–
	电机生产企业	襄樊特种电机有限公司		
电池	电池类型	镍氢电池	电池型号	QNFG60
	电压 (V)	–	容量 (A·h)	–
	电池额定电压 (V)	–	电池额定容量 (A·h)	–
	电池生产企业	泰州春兰研究院		
性能指标	最高车速 (km/h)	80	0～100m/h 加速时间 (s)	–
	最大爬坡度 (%)	–	油耗(L/100km)	–

(40)黄海牌 DD6118HES21 型混合动力客车

生产企业		丹东黄海汽车有限责任公司		
整车	公告批次	第 228 批		
	目录序号	29		
	识别代号	LDD04D01 ×××××××××		
	依据标准	GB 17691－2005（国Ⅲ） GB 3847－2005		
	外形尺寸(长×宽×高)(mm)	11310/11450×2532×3100/3300		
	总质量（kg）	16000	整备质量（kg）	11400/11870
	轴距（mm）	5600,5740	轴荷（kg）	5500/10500
	底盘型号	DD6118HES21	生产厂家	丹东黄海汽车有限责任公司
发动机	发动机型号	YC6J220－30	发动机生产商	广西玉柴机器股份有限公司
	发动机排量（mL）	6500	发动机功率（kW）	162
电机	电机类型	永磁同步电池	电机型号	TQD101
	电机峰值功率（kW）	－	电机连续功率（kW）	－
	电机连续扭矩（N·m）	－	电机峰值扭矩（N·m）	－
	电机生产企业	湖南南车时代电动汽车股份有限公司		
电池	电池类型	超级电容器	电池型号	－
	电压（V）	－	容量（A·h）	－
	电池额定电压（V）	－	电池额定容量（A·h）	－
	电池生产企业	Maxwell Technologies,Inc		
性能指标	最高车速（km/h）	80	0～100m/h 加速时间（s）	－
	最大爬坡度（%）	－	油耗(L/100km)	－

(41)安源牌 PK6113PHEV 型混合动力城市客车

生产企业		安源客车制造有限公司		
整车	公告批次	232		
	目录序号	(十四)05		
	识别代号	LPKA74A3 ×××××××××		
	依据标准	GB 17691－2005(国Ⅲ) GB3847－2005		
	外形尺寸(长×宽×高)(mm)	11495×2500×3150/3230		
	总质量（kg）	16500	整备质量（kg）	11360
	轴距（mm）	5600	轴荷（kg）	5500，11000
	底盘型号	－	生产厂家	安源客车制造有限公司
发动机	发动机型号	YC6J190－30	发动机生产商	广西玉柴机器股份有限公司
	发动机排量（mL）	6500	发动机功率（kW）	140
电机	电机类型	永磁同步电池	电机型号	TDQ101
	电机峰值功率（kW）	60	电机连续功率（kW）	45
	电机连续扭矩（N·m）	167	电机峰值扭矩（N·m）	250
	电机生产企业	湖南南车时代电动汽车股份有限公司		
电池	电池类型	超级电容	电池型号	BMOD0165 P048
	电压（V）	2.7	容量（A·h）	3000F
	电池额定电压（V）	480	电池额定容量（A·h）	16.5F
	电池生产企业	Maxwell Technologies,Inc.		
性能指标	最高车速（km/h）	76	0～50m/h 加速时间（s）	21
	最大爬坡度（%）	>10	油耗(L/100km)	28

2. 纯电动汽车

(1) 安凯牌 HFF6100G03EV 型纯电动城市客车

生产企业		安徽安凯汽车股份有限公司		
整车	公告批次	231		
	目录序号	55		
	识别代号	LA86E0HT ×××××××××		
	依据标准	-		
	外形尺寸(长×宽×高)(mm)	10320×2500×2950/3150		
	总质量 (kg)	16500	整备质量 (kg)	12000/12300
	轴距 (mm)	5100	轴荷 (kg)	6000/10500
	底盘型号	HFF6100D03EV	生产厂家	安徽安凯汽车股份有限公司
电机	电机类型	交流异步电池	电机型号	QYS100-6/400
	电机峰值功率 (kW)	250	电机连续功率 (kW)	100
	电机连续扭矩 (N·m)	1005	电机峰值扭矩 (N·m)	2400
	电机生产企业	东方电气集团东风电机有限公司		
电池	电池类型	磷酸铁锂电池	电池型号	-
	电压 (V)	600	容量 (A·h)	400
	电池额定电压 (V)	3.2	电池额定容量 (A·h)	10
	电池生产企业	-		
性能指标	最高车速 (km/h)	70	0~50m/h 加速时间 (s)	25
	最大爬坡度 (%)	15	能耗 (kW·h/100km)	90

(2) 安凯牌 HFF6124G03EV 型纯电动城市客车

生产企业		安徽安凯汽车股份有限公司		
整车	公告批次	232		
	目录序号	55		
	识别代号	LA86G0HT ×××××××××		
	依据标准	-		
	外形尺寸(长×宽×高)(mm)	12000×2550×3100/3300		
	总质量 (kg)	18000	整备质量 (kg)	13500/13800
	轴距 (mm)	6100	轴荷 (kg)	6500/11500
	底盘型号	HFF6124D03EV	生产厂家	安徽安凯汽车股份有限公司
电机	电机类型	水冷交流变频电机	电机型号	QYS100-6/400
	电机峰值功率 (kW)	250	电机连续功率 (kW)	100
	电机连续扭矩 (N·m)	1005	电机峰值扭矩 (N·m)	2400
	电机生产企业	东方电气集团东风电机有限公司		
电池	电池类型	磷酸铁锂电池	电池型号	-
	电压 (V)	600	容量 (A·h)	350
	电池额定电压 (V)	3.2	电池额定容量 (A·h)	10
	电池生产企业	-		
性能指标	最高车速 (km/h)	80	0~50m/h 加速时间 (s)	25
	最大爬坡度 (%)	15	能耗 (kW·h/100km)	110

(3)安凯牌 HFF6122G03EV 型纯电动城市客车

生产企业		安徽安凯汽车股份有限公司		
整车	公告批次	232		
	目录序号	55		
	识别代号	LA86G0GT ×××××××××		
	依据标准	-		
	外形尺寸(长×宽×高)(mm)	12000×2550×2950/3150		
	总质量 (kg)	18000	整备质量 (kg)	13500/13800
	轴距 (mm)	6100	轴荷 (kg)	6500/11500
	底盘型号	HFF6122G03EV	生产厂家	安徽安凯汽车股份有限公司
电机	电机类型	交流异步电池	电机型号	YTSP280L1-4Q
	电机峰值功率 (kW)	350	电机连续功率 (kW)	147
	电机连续扭矩 (N·m)	1160	电机峰值扭矩 (N·m)	2761
	电机生产企业	上海南洋电机有限公司		
电池	电池类型	磷酸铁锂电池	电池型号	-
	电压 (V)	600	容量 (A·h)	500
	电池额定电压 (V)	3.2	电池额定容量 (A·h)	10
	电池生产企业	-		
性能指标	最高车速 (km/h)	80	0～50m/h 加速时间 (s)	25
	最大爬坡度 (%)	13	能耗 (kW·h/100km)	110

(4)安凯牌 HFF6123G03EV 型纯电动城市客车

生产企业		安徽安凯汽车股份有限公司		
整车	公告批次	234		
	目录序号	55		
	识别代号	LA86G0HT ×××××××××		
	依据标准	-		
	外形尺寸(长×宽×高)(mm)	12000×2550×2950/3150		
	总质量 (kg)	18000	整备质量 (kg)	13500/13800
	轴距 (mm)	6100	轴荷 (kg)	6500/11500
	底盘型号	HFF6123D03EV	生产厂家	安徽安凯汽车股份有限公司
电机	电机类型	交流变频电机	电机型号	QYS100-6/400
	电机峰值功率 (kW)	250	电机连续功率 (kW)	100
	电机连续扭矩 (N·m)	1005	电机峰值扭矩 (N·m)	2400
	电机生产企业	东方电气集团东风电机有限公司		
电池	电池类型	磷酸铁锂电池	电池型号	-
	电压 (V)	538	容量 (A·h)	500
	电池额定电压 (V)	3.2	电池额定容量 (A·h)	100
	电池生产企业	-		
性能指标	最高车速 (km/h)	80	0～50m/h 加速时间 (s)	25
	最大爬坡度 (%)	15	能耗 (kW·h/100km)	110

(5)安凯牌 HFF6127K46EV－2 型纯电动客车

生产企业		安徽安凯汽车股份有限公司		
整车	公告批次	232		
	目录序号	55		
	识别代号	LA81K1HT ×××××××××		
	依据标准	-		
	外形尺寸(长×宽×高)(mm)	12000×2550/2500×3620/3550/3360		
	总质量（kg）	18000	整备质量（kg）	14100
	轴距（mm）	6080	轴荷（kg）	6500/11500
	底盘型号	承载式车身	生产厂家	安徽安凯汽车股份有限公司
电机	电机类型	交流异步电池	电机型号	QYS100－6/400
	电机峰值功率（kW）	250	电机连续功率（kW）	100
	电机连续扭矩（N·m）	1005	电机峰值扭矩（N·m）	2400
	电机生产企业	东方电气集团东风电机有限公司		
电池	电池类型	磷酸铁锂电池	电池型号	1865140
	电压（V）	544	容量（A·h）	350
	电池额定电压（V）	3.2	电池额定容量（A·h）	10
	电池生产企业	合肥国轩高科动力能源有限公司		
性能指标	最高车速（km/h）	80	0～50m/h 加速时间（s）	25
	最大爬坡度（%）	18	能耗（kW·h/100km）	110

(6)安凯牌 HFF6127K46EV－3 型纯电动客车

生产企业		安徽安凯汽车股份有限公司		
整车	公告批次	232		
	目录序号	55		
	识别代号	LA81K1HT ×××××××××		
	依据标准	-		
	外形尺寸(长×宽×高)(mm)	12000×2550/2500×3620/3550/3360		
	总质量（kg）	18000	整备质量（kg）	14100
	轴距（mm）	6080	轴荷（kg）	6500/11500
	底盘型号	承载式车身	生产厂家	安徽安凯汽车股份有限公司
电机	电机类型	永磁同步电池	电机型号	GLMP80L0
	电机峰值功率（kW）	180	电机连续功率（kW）	100
	电机连续扭矩（N·m）	350	电机峰值扭矩（N·m）	800
	电机生产企业	深圳大地和电气有限公司		
电池	电池类型	磷酸铁锂蓄电池，超级电容	电池型号	1865140
	电压（V）	544	容量（A·h）	500
	电池额定电压（V）	3.2	电池额定容量（A·h）	10
	电池生产企业	合肥国轩高科动力能源有限公司		
性能指标	最高车速（km/h）	80	0～50m/h 加速时间（s）	25
	最大爬坡度（%）	20	能耗（kW·h/100km）	110

(7)安凯牌 HFF6112G03EV 型纯电动城市客车

生产企业		安徽安凯汽车股份有限公司		
整车	公告批次	232		
	目录序号	55		
	识别代号			
	依据标准	-		
	外形尺寸(长×宽×高)(mm)	11220×2550×2950/3150		
	总质量(kg)	17500	整备质量(kg)	13000/13300
	轴距(mm)	5700	轴荷(kg)	6500/11000
	底盘型号	HFF6112D03EV	生产厂家	安徽安凯汽车股份有限公司
电机	电机类型	交流异步电池	电机型号	QYS100-6/400
	电机峰值功率(kW)	250	电机连续功率(kW)	100
	电机连续扭矩(N·m)	1005	电机峰值扭矩(N·m)	2400
	电机生产企业	东方电气集团东风电机有限公司		
电池	电池类型	磷酸铁锂蓄电池,超级电容	电池型号	-
	电压(V)	538	容量(A·h)	400
	电池额定电压(V)	3.2	电池额定容量(A·h)	10
	电池生产企业	-		
性能指标	最高车速(km/h)	80	0~50m/h 加速时间(s)	25
	最大爬坡度(%)	20	能耗(kW·h/100km)	100

(8)安凯牌 HFF6125G03EV 型纯电动城市客车

生产企业		安徽安凯汽车股份有限公司		
整车	公告批次	232		
	目录序号	55		
	识别代号	LA86G0HT×××××××××		
	依据标准	-		
	外形尺寸(长×宽×高)(mm)	12000×550×3100/3300		
	总质量(kg)	18000	整备质量(kg)	13500/13800
	轴距(mm)	6100	轴荷(kg)	6500/11500
	底盘型号	HFF6125D03EV	生产厂家	安徽安凯汽车股份有限公司
电机	电机类型	永磁同步电池	电机型号	GLMP80L0
	电机峰值功率(kW)	180	电机连续功率(kW)	100
	电机连续扭矩(N·m)	350	电机峰值扭矩(N·m)	800
	电机生产企业	深圳大地和电气有限公司		
电池	电池类型	磷酸亚铁锂电池	电池型号	-
	电压(V)	538	容量(A·h)	350
	电池额定电压(V)	3.2	电池额定容量(A·h)	10
	电池生产企业	-		
性能指标	最高车速(km/h)	80	0~50m/h 加速时间(s)	25
	最大爬坡度(%)	18	能耗(kW·h/100km)	110

(9)宇通牌 ZK6126EGA9 型纯电动客车

生产企业		郑州宇通客车股份有限公司		
整车	公告批次	232		
	目录序号	71		
	识别代号	-		
	依据标准	-		
	外形尺寸(长×宽×高)(mm)	11650×2500×3075/3265		
	总质量（kg）	18000	整备质量（kg）	12500/13100
	轴距（mm）	5800	轴荷（kg）	6500/11500
	底盘型号	承载式车身	生产厂家	郑州宇通客车股份有限公司
电机	电机类型	交流异步电池	电机型号	YCVF280M2-8B
	电机峰值功率（kW）	220	电机连续功率（kW）	110
	电机连续扭矩（N·m）	-	电机峰值扭矩（N·m）	-
	电机生产企业	-		
电池	电池类型	磷酸铁锂动力电池	电池型号	IFR26650
	电压（V）	-	容量（A·h）	-
	电池额定电压（V）	-	电池额定容量（A·h）	-
	电池生产企业	河南新太行电源有限公司		
性能指标	最高车速（km/h）	80	0～50m/h 加速时间（s）	-
	最大爬坡度（%）	-	能耗（kW·h/100km）	-

(10)宇通牌 ZK6125BEVGQAA 型纯电动客车

生产企业		郑州宇通客车股份有限公司		
整车	公告批次	232		
	目录序号	71		
	识别代号	-		
	外形尺寸(长×宽×高)(mm)	12000×2550×3200/3280		
	总质量（kg）	18000	整备质量（kg）	13500/14000
	轴距（mm）	5875	轴荷（kg）	6500/11500
	底盘型号	承载式车身	生产厂家	郑州宇通客车股份有限公司
电机	电机类型	交流异步电池	电机型号	YCVF280M2-8B
	电机峰值功率（kW）	220	电机连续功率（kW）	110
	电机连续扭矩（N·m）	-	电机峰值扭矩（N·m）	-
	电机生产企业	万向电动汽车有限公司		
电池	电池类型	磷酸亚铁锂蓄电池	电池型号	3.2V 100AH
	电压（V）	-	容量（A·h）	100
	电池额定电压（V）	-	电池额定容量（A·h）	-
	电池生产企业	赛恩斯能源科技有限公司		
性能指标	最高车速（km/h）	80	0～50m/h 加速时间（s）	-
	最大爬坡度（%）	-	能耗（kW·h/100km）	-

(11)宇通牌 ZK6120BEVGQAA 型纯电动客车

生产企业		郑州宇通客车股份有限公司		
整车	公告批次	232		
	目录序号	71		
	识别代号	-		
	外形尺寸(长×宽×高)(mm)	11990×2550×3200/3500		
	总质量（kg）	18000	整备质量（kg）	11500/12000
	轴距（mm）	6050	轴荷（kg）	6500/11500
	底盘型号	承载式车身	生产厂家	郑州宇通客车股份有限公司
电机	电机类型	交流异步电池	电机型号	JD149
	电机峰值功率（kW）	120	电机连续功率（kW）	80
	电机连续扭矩（N·m）		电机峰值扭矩（N·m）	-
	电机生产企业	中国南车集团株洲电力机车研究所		
电池	电池类型	锂离子动力电池	电池型号	SE100AHA
	电压（V）	-	容量（A·h）	100
	电池额定电压（V）	-	电池额定容量（A·h）	-
	电池生产企业	天空能源（洛阳）有限公司		
性能指标	最高车速（km/h）	80	0～50m/h 加速时间（s）	-
	最大爬坡度（%）	-	能耗（kW·h/100km）	-

(12)扬子江牌 WG6120BEVHM 型纯电动城市客车

生产企业		东风扬子江汽车（武汉）有限责任公司		
整车	公告批次	226		
	目录序号	（十七）48		
	识别代号	LWEGNTTH×××××××××		
	依据标准	-		
	外形尺寸(长×宽×高)(mm)	12000×2545×3200		
	总质量（kg）	18000	整备质量（kg）	13000
	轴距（mm）	6300	轴荷（kg）	13000
	底盘型号	-	生产厂家	-
电机	电机类型	三相异步	电机型号	WTM280W-6/400
	电机峰值功率（kW）	160	电机连续功率（kW）	80
	电机连续扭矩（N·m）	477	电机峰值扭矩（N·m）	954
	电机生产企业	武汉理工大学		
电池	电池类型	磷酸铁锂电池	电池型号	-
	电压（V）	-	容量（A·h）	-
	电池额定电压（V）	576	电池额定容量（A·h）	480
	电池生产企业	东风扬子江汽车（武汉）有限责任公司		
性能指标	最高车速（km/h）	≥80	0～100（或0～50）m/h 加速时间（s）	≤25
	最大爬坡度（%）	20	能耗（kW·h/100km）	0

(13)五洲龙牌 FDG6113EVG 型纯电动大巴

生产企业		深圳市五洲龙汽车有限公司		
整车	公告批次	232		
	目录序号	(十九) 47		
	识别代号	LA9BCDBG × × ×MC1 × × ×		
	依据标准			
	外形尺寸(长×宽×高)(mm)	11490×2440×3050		
	总质量 (kg)	12500	整备质量 (kg)	14200
	轴距 (mm)	4800	轴荷 (kg)	6500/11500
	底盘型号	五洲龙底盘	生产厂家	深圳市五洲龙汽车有限公司
发动机	电机类型	三相异步电机	电机型号	YPQ220M－6
	电机峰值功率 (kW)	136	电机连续功率 (kW)	90
	电机连续扭矩 (N·m)	1170	电机峰值扭矩 (N·m)	1800
	电机生产企业	大连天元电机股份有限公司		
电池	电池类型	磷酸铁锂	电池型号	－
	电压 (V)	－	容量 (A·h)	－
	电池额定电压 (V)	－	电池额定容量 (A·h)	－
	电池生产企业			
性能指标	最高车速 (km/h)	80	0～100 (或0～50) m/h 加速时间 (s)	≤25
	最大爬坡度 (%)	≥15	能耗(kW·h/100km)	－

(14)五洲龙牌 FDG6117EVG 型纯电动大巴

生产企业		深圳市五洲龙汽车有限公司		
整车	公告批次	237		
	目录序号	(十九) 47		
	识别代号	LA9BCDBG × × ×MC1 × × ×		
	依据标准			
	外形尺寸(长×宽×高)(mm)	11490×2480×3110		
	总质量 (kg)	18000	整备质量 (kg)	14500
	轴距 (mm)	6000	轴荷 (kg)	6500/11500
	底盘型号	五洲龙底盘	生产厂家	深圳市五洲龙汽车有限公司
电机	电机类型	三相异步电机	电机型号	YPQ220M－6
	电机峰值功率 (kW)	136	电机连续功率 (kW)	90
	电机连续扭矩 (N·m)	1170	电机峰值扭矩 (N·m)	1800
	电机生产企业	大连天元电机股份有限公司		
电池	电池类型	磷酸铁锂	电池型号	－
	电压 (V)	－	容量 (A·h)	－
	电池额定电压 (V)	－	电池额定容量 (A·h)	－
	电池生产企业			
性能指标	最高车速 (km/h)	80	0～100 (或0～50) m/h 加速时间 (s)	≤25
	最大爬坡度 (%)	≥15	能耗(kW·h/100km)	－

(15)蜀都牌 CDK6122CABEV 型纯电动力城市客车

生产企业		成都客车股份有限公司		
整车	公告批次	227		
	目录序号	二十二 (10)		
	识别代号	-		
	依据标准	-		
	外形尺寸(长×宽×高)(mm)	12000×2550×3220		
	总质量 (kg)	18000	整备质量 (kg)	14100
	轴距 (mm)	6150	轴荷 (kg)	6500/11500
	底盘型号	CA6120CREV23	生产厂家	中国第一汽车集团公司
电机	电机类型	变频调速三相异步电动机	电机型号	YQSL250L1-4
	电机峰值功率 (kW)	250	电机连续功率 (kW)	额定 90
	电机连续扭矩 (N·m)	额定 866	电机峰值扭矩 (N·m)	2512
	电机生产企业	上海南洋电机有限公司		
电池	电池类型	磷酸亚铁锂电池	电池型号	DLP85260395-300Ah
	电压 (V)	550	容量 (A·h)	600
	电池额定电压 (V)	3.2	电池额定容量 (A·h)	300
	电池生产企业	北京安耐信储能技术有限公司		
性能指标	最高车速 (km/h)	80	0~50m/h 加速时间 (s)	20
	最大爬坡度 (%)	20	能耗 (kW·h/100km)	-

(16)蜀都牌 CDK6122CA1BEV 型纯电动力城市客车

生产企业		成都客车股份有限公司		
整车	公告批次	229		
	目录序号	二十二 (10)		
	识别代号	-		
	依据标准	-		
	外形尺寸(长×宽×高)(mm)	12000×2550×3220		
	总质量 (kg)	18000	整备质量 (kg)	14100
	轴距 (mm)	6150	轴荷 (kg)	6500/11500
	底盘型号	CA6120CREV22	生产厂家	中国第一汽车集团公司
电机	电机类型	变频调速三相异步电动机	电机型号	YCVF280M-4
	电机峰值功率 (kW)	220	电机连续功率 (kW)	额定 110
	电机连续扭矩 (N·m)	额定 761.3	电机峰值扭矩 (N·m)	1530
	电机生产企业	襄樊特种电机有限公司		
电池	电池类型	磷酸亚铁锂电池	电池型号	SE180AHA
	电压 (V)	576	容量 (A·h)	360
	电池额定电压 (V)	3.2	电池额定容量 (A·h)	180
	电池生产企业	中航锂电(洛阳)有限公司		
性能指标	最高车速 (km/h)	80	0~50m/h 加速时间 (s)	20
	最大爬坡度 (%)	20	能耗 (kW·h/100km)	-

(17)蜀都牌 CDK6122CA2BEV 型纯电动力城市客车

生产企业		成都客车股份有限公司		
整车	公告批次	236		
	目录序号	二十二（10）		
	识别代号	-		
	依据标准	-		
	外形尺寸(长×宽×高)(mm)	12000×2550×3220		
	总质量（kg）	18000	整备质量（kg）	14100
	轴距（mm）	6150	轴荷（kg）	6500/11500
	底盘型号	CA6120CREV22	生产厂家	中国第一汽车集团公司
电机	电机类型	交流异步电池	电机型号	YCVF280M2-6B
	电机峰值功率（kW）	200	电机连续功率（kW）	额定 110
	电机连续扭矩（N·m）	额定 1050	电机峰值扭矩（N·m）	1910
	电机生产企业	襄樊特种电机有限公司		
电池	电池类型	金属氢化物镍蓄电池	电池型号	QNF90
	电压（V）	576	容量（A·h）	270
	电池额定电压（V）	1.2	电池额定容量（A·h）	90
	电池生产企业	四川宝生新能源电池有限公司		
性能指标	最高车速（km/h）	80	0～50m/h 加速时间（s）	23
	最大爬坡度（%）	20	能耗（kW·h/100km）	-

(18)江西牌 JXK6120AG 型纯电动城市客车

生产企业		江西凯马百路佳客车有限公司		
整车	公告批次	214		
	目录序号	（十四）03		
	识别代号	LA9DJLMT88BJXK001		
	依据标准	GB/T 18388-2005 QC/T 900-1997 GB 7258-2004		
	外形尺寸(长×宽×高)(mm)	11980×2495×3180		
	总质量（kg）	18000	整备质量（kg）	13200
	轴距（mm）	6100	轴荷（kg）	6500/11500
电机	电机类型	变频异步	电机型号	YCVF250L-4
	电机峰值功率（kW）	200	电机额定功率（kW）	100
	电机连续扭矩（N·m）	-	电机峰值扭矩（N·m）	-
	电机生产企业	万向电动汽车有限公司		
电池	电池类型	锂电池	电池型号	IFP152/40/256
	电压（V）	3.2	容量（A·h）	60
	电池额定电压（V）	-	电池额定容量（A·h）	-
	电池生产企业	万向电动汽车有限公司		
性能指标	最高车速（km/h）	75	0～100（或 0～50）m/h 加速时间（s）	15
	最大爬坡度（%）	20	能耗（kW·h/100km）	-

(19)江西牌JXK6113BEV型纯电动城市客车

生产企业		江西凯马百路佳客车有限公司		
整车	公告批次	225		
	目录序号	(十四) 03		
	识别代号	LA9DJLMS1ABJXK001		
	依据标准	GB/T 18388－2005 QC/T 900－1997 GB 7258－2004		
	外形尺寸(长×宽×高)(mm)	11280×2495×3170		
	总质量 (kg)	17000	整备质量 (kg)	12400
	轴距 (mm)	5400	轴荷 (kg)	5500/11500
电机	电机类型	交流感应电动机	电机型号	YCVF250L－4
	电机峰值功率 (kW)	200	电机连续功率 (kW)	100
	电机连续扭矩 (N·m)	640	电机峰值扭矩 (N·m)	1200
	电机生产企业	万向电动汽车有限公司		
电池	电池类型	磷酸亚铁锂电池	电池型号	10S360Ah
	电压 (V)	3.2	容量 (A·h)	60
	电池额定电压 (V)	-	电池额定容量 (A·h)	-
	电池生产企业	万向电动汽车有限公司		
性能指标	最高车速 (km/h)	75	0～100 (或0～50) m/h 加速时间 (s)	15
	最大爬坡度 (%)	20	能耗 (kW·h/100km)	-

(20)江西牌JXK6113BEV1型纯电动城市客车

生产企业		江西凯马百路佳客车有限公司		
整车	公告批次	225		
	目录序号	(十四) 03		
	识别代号	LA9DJLMS3BBJXK437		
	依据标准	GB/T 18388－2005 QC/T 900－1997 GB 7258－2004		
	外形尺寸(长×宽×高)(mm)	11280×2495×3170		
	总质量 (kg)	17000	整备质量 (kg)	12400
	轴距 (mm)	5400	轴荷 (kg)	5500/11500
	底盘型号	-	生产厂家	-
电机	电机类型	交流感应电动机	电机型号	QYS100－6/240
	电机峰值功率 (kW)	200	电机连续功率 (kW)	100
	电机连续扭矩 (N·m)	640	电机峰值扭矩 (N·m)	1200
	电机生产企业	东方电气集团东风电机有限公司		
电池	电池类型	磷酸亚铁锂电池	电池型号	IFP174－1,IFP174－2
	电压 (V)	3.2	容量 (A·h)	2.8
	电池额定电压 (V)	-	电池额定容量 (A·h)	-
	电池生产企业	比克国际(天津)有限公司		
性能指标	最高车速 (km/h)	80	0～100 (或0～50) m/h 加速时间 (s)	15
	最大爬坡度 (%)	20	能耗 (kW·h/100km)	-

(21)桂林牌 GL6120BEV 纯电动城市客车

生产企业		桂林客车工业集团有限公司		
整车	公告批次	221		
	目录序号	90		
	识别代号	LGLCD5E3 ×××××××××		
	外形尺寸(长×宽×高)(mm)	12000×2500×3070/3320		
	总质量 (kg)	18000	整备质量 (kg)	13800/14100
	轴距 (mm)	6100	轴荷 (kg)	6500/11500
	底盘型号	–	生产厂家	–
电机	电机类型	无刷永磁电机	电机型号	XDLC－120
	电机峰值功率 (kW)	150	电机连续功率 (kW)	120
	电机连续扭矩 (N·m)	–	电机峰值扭矩 (N·m)	–
	电机生产企业	泰安泰山新动力电机有限公司		
电池	电池类型	磷酸铁锂电池	电池型号	SE100AHA
	电压 (V)	3.2	容量 (A·h)	100
	电池额定电压 (V)	550	电池额定容量 (A·h)	500
	电池生产企业	中航锂电(洛阳)有限公司		
性能指标	最高车速 (km/h)	80	0～50m/h 加速时间 (s)	–
	最大爬坡度 (%)	–	能耗 (kW·h/100km)	–

(22)海格牌 KLQ6702EV 型纯电动城市客车

生产企业		金龙汽车联合工业(苏州)有限公司		
整车	公告批次	227		
	目录序号	112		
	识别代号	LKLS6BB8 ×××××××××		
	外形尺寸(长×宽×高)(mm)	7020×2040×2790		
	总质量 (kg)	7200	整备质量 (kg)	5400
	轴距 (mm)	3935	轴荷 (kg)	2600/4600
	底盘型号	KLQ6702EV 三类	生产厂家	金龙联合汽车工业(苏州)有限公司
电机	电机类型	永磁同步电池	电机型号	GLMP65L0
	电机峰值功率 (kW)	120	电机连续功率 (kW)	–
	电机连续扭矩 (N·m)	–	电机峰值扭矩 (N·m)	850
	电机生产企业	深圳大地和电气有限公司		
电池	电池类型	磷酸铁锂电池	电池型号	29/135/220－60Ah
	电压 (V)	336	容量 (A·h)	180
	电池额定电压 (V)	3.2	电池额定容量 (A·h)	60
	电池生产企业	东莞新能源科技有限公司		
性能指标	最高车速 (km/h)	80	0～50m/h 加速时间 (s)	11.1
	最大爬坡度 (%)	20	能耗 (kW·h/100km)	0

(23)海格牌 KLQ6129GEV1 型纯电动城市客车

生产企业		金龙汽车联合工业（苏州）有限公司		
整车	公告批次	236		
	目录序号	112		
	识别代号	-		
	外形尺寸(长×宽×高)(mm)	12000×2550×3150		
	总质量（kg）	18000	整备质量（kg）	13800
	轴距（mm）	5900	轴荷（kg）	6500+11500
	底盘型号	KLQ6118GEV	生产厂家	金龙汽车联合工业（苏州）有限公司
电机	电机类型	三相异步电动机	电机型号	1PV5135*2
	电机峰值功率（kW）	120*2	电机连续功率（kW）	67*2
	电机连续扭矩（N·m）	-	电机峰值扭矩（N·m）	430*2
	电机生产企业	上海众联能创新能源科技有限公司		
电池	电池类型	锂电池	电池型号	LP2770120AC
	电压（V）	534	容量（A·h）	264
	电池额定电压（V）	3.2	电池额定容量（A·h）	16.5
	电池生产企业	天津力神电池股份有限公司		
性能指标	最高车速（km/h）	≥80	0～50m/h 加速时间（s）	≤25
	最大爬坡度（%）	≥18	能耗（kW·h/100km）	0

(24)陆胜牌 CK6120HGEV 型纯电动城市客车(比亚迪牌纯电动客车 K9)

生产企业		深圳市比亚迪汽车有限公司		
整车	公告批次	225		
	目录序号	79		
	识别代号	LC04S54S××××××××××		
	依据标准	-		
	外形尺寸(长×宽×高)(mm)	12000×2550×3300		
	总质量（kg）	18000	整备质量（kg）	13800
	轴距（mm）	6200	轴荷（kg）	6500/11500
电机	电机类型	永磁同步电机	电机型号	BYD-TYC160B
	电机峰值功率（kW）	160	电机连续功率（kW）	-
	电机连续扭矩（N·m）	-	电机峰值扭矩（N·m）	-
	电机生产企业	深圳市比亚迪汽车有限公司		
电池	电池类型	磷酸铁钴锂电池	电池型号	FADM07315
	电压（V）	540	容量（A·h）	600
	电池额定电压（V）	3.2（单体）	电池额定容量（A·h）	200（单体）
	电池生产企业	惠州比亚迪电池有限公司		
性能指标	最高车速（km/h）	≥90	0～100（或0～50）m/h 加速时间（s）	-
	最大爬坡度（%）	-	能耗（kW·h/100km）	-

(25)金旅牌 XML6125JEV10C 型纯电动客车

生产企业		厦门金龙旅行车有限公司		
整车	公告批次	226		
	目录序号	124		
	识别代号	LL3AHCJA ×××××××××		
	依据标准	GB/T 19754－2005		
	外形尺寸(长×宽×高)(mm)	11980×2540×3200		
	总质量（kg）	18000	整备质量（kg）	13800
	轴距（mm）	6200	轴荷（kg）	6000/12000
	底盘型号	承载式车身	生产厂家	厦门金龙旅行车有限公司
电机	电机类型	三相交流异步电池	电机型号	YQSL250L1－4
	电机峰值功率（kW）	250	电机连续功率（kW）	90
	电机连续扭矩（N·m）	866	电机峰值扭矩（N·m）	2420
	电机生产企业	上海南洋电机有限公司		
电池	电池类型	磷酸铁锂蓄电池，超级电容	电池型号	RH－UC02－001 UCEY－48V165F
	电压（V）	544	容量（A·h）	500
	电池额定电压（V）	3.2,2.7	电池额定容量（A·h）	－
	电池生产企业	安耐信（北京）储能技术有限公司，上海三玖电气设备有限公司		
性能指标	最高车速（km/h）	80	0～50m/h 加速时间（s）	－
	最大爬坡度（%）	18	能耗（kW·h/100km）	0

(26)上饶牌 SR6700HBEV 型纯电动客车

生产企业		江西博能上饶客车有限公司		
整车	公告批次	232		
	目录序号	(十四) 02		
	识别代号	LE3LA2KL ×××××××××		
	依据标准	GB 3847－2005 GB 17691－2005（国Ⅳ）		
	外形尺寸(长×宽×高)(mm)	7005×2040×2645		
	总质量（kg）	6800	整备质量（kg）	4680
	轴距（mm）	3935	轴荷（kg）	2480/4320
	底盘型号	SR6700HBEV	生产厂家	江西中科博能上饶客车有限公司
电机	电机类型	永磁同步电池	电机型号	SJ2103P50－B
	电机峰值功率（kW）	80	电机连续功率（kW）	50
	电机连续扭矩（N·m）	238	电机峰值扭矩（N·m）	382
	电机生产企业	上海中科深江电动汽车有限公司		
电池	电池类型	磷酸亚铁锂电池	电池型号	SE180AHA
	电压（V）	380	容量（A·h）	180
	电池额定电压（V）	3.2	电池额定容量（A·h）	180
	电池生产企业	深圳拓邦有限公司		
性能指标	最高车速（km/h）	100	0～100（或0～50）m/h 加速时间（s）	≤25
	最大爬坡度（%）	20	能耗（kW·h/100km）	－

(27)黄海牌 DD6129EV11 型纯电动客车

生产企业		丹东黄海汽车有限责任公司		
整车	公告批次	232		
	目录序号	29		
	识别代号	-		
	依据标准	-		
	外形尺寸(长×宽×高)(mm)	11980×2532×3550		
	总质量(kg)	18000	整备质量(kg)	12800/14500
	轴距(mm)	6000	轴荷(kg)	6500/11500
电机	电机类型		电机型号	JD132A
	电机峰值功率(kW)	150	电机额定功率(kW)	100
	电机连续扭矩(N·m)	-	电机峰值扭矩(N·m)	-
	电机生产企业	南车株洲电力机车研究所有限公司		
电池	电池类型	超级电容	电池型号	UCE15V80000A
	电压(V)	600	容量(A·h)	200F
	电池额定电压(V)	-	电池额定容量(A·h)	-
	电池生产企业	上海奥威科技发展有限公司		
性能指标	最高车速(km/h)	50	0~100m/h 加速时间(s)	-
	最大爬坡度(%)	-	能耗(kW·h/100km)	-

(28)环菱牌 CCQ6750EV1 型纯电动城市客车

生产企业		吉林省高新电动汽车有限公司		
整车	公告批次	227		
	目录序号	(七)09		
	识别代号	-		
	依据标准	-		
	外形尺寸(长×宽×高)(mm)	7510×2380×2815		
	总质量(kg)	8500	整备质量(kg)	6070
	轴距(mm)	3500	轴荷(kg)	3500/5000
	底盘型号	CA6710DE	生产厂家	中国第一汽车集团公司
电机	电机类型	永磁无刷直流电机	电机型号	BS60-3000/320
	电机峰值功率(kW)	120	电机连续功率(kW)	60
	电机连续扭矩(N·m)	133	电机峰值扭矩(N·m)	473
	电机生产企业	唐山普林亿威科技有限公司		
电池	电池类型	磷酸铁锂	电池型号	SE180AHA
	电压(V)	352	容量(A·h)	180
	电池额定电压(V)	3.2	电池额定容量(A·h)	180
	电池生产企业	中航锂电(洛阳)有限公司		
性能指标	最高车速(km/h)	80	0~50m/h 加速时间(s)	-
	最大爬坡度(%)	28	能耗(kW·h/100km)	0

(29)春洲牌JNQ6100BEV型纯电动城市客车

生产企业		张家港市江南汽车制造有限公司		
整车	公告批次	225		
	目录序号	22		
	识别代号	LA9ACBE23BSJJNXXX		
	依据标准	-		
	外形尺寸(长×宽×高)(mm)	10500×2470×3000/3250		
	总质量(kg)	15000	整备质量(kg)	10500
	轴距(mm)	5000	轴荷(kg)	3500/7000
电机	电机类型	交流感应电机	电机型号	YCVF250L-4
	电机峰值功率(kW)	200	电机连续功率(kW)	100
	电机连续扭矩(N·m)	640	电机峰值扭矩(N·m)	1200
	电机生产企业	万向电动汽车有限公司		
电池	电池类型	磷酸铁锂离子电池	电池型号	WX12I3215
	电压(V)	-	容量(A·h)	-
	电池额定电压(V)	3.2	电池额定容量(A·h)	60
	电池生产企业	万向电动汽车有限公司		
性能指标	最高车速(km/h)	77	0~100(或0~50)m/h加速时间(s)	13.5
	最大爬坡度(%)	15	能耗(kW·h/100km)	-

(30)象牌SXC6120GD-1型纯电动城市客车

生产企业		上海万象汽车制造有限公司		
整车	公告批次	232		
	目录序号	(九)26		
	识别代号	LWXCE5E3×××××××××		
	依据标准	-		
	外形尺寸(长×宽×高)(mm)	11960×2540×3080/3260		
	总质量(kg)	18000	整备质量(kg)	14100
	轴距(mm)	6100	轴荷(kg)	6500/11500
	底盘型号	-	生产厂家	-
电机	电机类型	异步交流电机	电机型号	YTSP280L1-4Q
	电机峰值功率(kW)	291	电机连续功率(kW)	100
	电机连续扭矩(N·m)	978	电机峰值扭矩(N·m)	≥2850
	电机生产企业	上海南洋电机有限公司		
电池	电池类型	磷酸亚铁锂电池	电池型号	ANX-1280-1
	电压(V)	544	容量(A·h)	500
	电池额定电压(V)	3.2	电池额定容量(A·h)	100
	电池生产企业	安耐信(北京)储能技术有限公司		
性能指标	最高车速(km/h)	85	0~50km/h加速时间(s)	16.6
	最大爬坡度(%)	20	能耗(kW·h/100km)	88.14

(31)象牌 SXC6120GBEV 型纯电动城市客车

生产企业名称			上海万象汽车制造有限公司	
整车	公告批次	232		
	目录序号	(九) 26		
	识别代号	LWXCE5E4 × × × × × × ×		
	依据标准	-		
	外形尺寸(长×宽×高)(mm)	11960×2540×3080/3260		
	总质量 (kg)	18000	整备质量 (kg)	14100
	轴距 (mm)	6100	轴荷 (kg)	6500 / 11500
	底盘型号	-	生产厂家	-
电机	电机类型	无刷永磁交流电机	电机型号	YGDLC-120
	电机峰值功率 (kW)	150	电机连续功率 (kW)	120
	电机连续扭矩 (N·m)	642	电机峰值扭矩 (N·m)	1720
	电机生产企业	泰安阳光动力电机有限公司		
电池	电池类型	磷酸铁锂蓄电池	电池型号	SE100AHA
	电压 (V)	550	容量 (A·h)	500
	电池额定电压 (V)	3.2	电池额定容量 (A·h)	100
	电池生产企业	中航锂电 (洛阳)有限公司		
性能指标	最高车速 (km/h)	85	0~50km/h 加速时间 (s)	19.1
	最大爬坡度 (%)	20	能耗 (kW·h/100km)	88.45

(32)常隆牌 YS6128BEV 型纯电动客车

生产企业			江苏常隆客车有限公司	
整车	公告批次	222		
	目录序号	(十) 17		
	识别代号	LA91HSH1 × × ×AYS × × ×		
	依据标准	-		
	外形尺寸(长×宽×高)(mm)	12000×2550×3350/3225		
	总质量 (kg)	18000	整备质量 (kg)	14400/14100
	轴距 (mm)	6000	轴荷 (kg)	6500/11500
电机	电机类型	电动汽车驱动电机	电机型号	YQSL250L1-4
	电机峰值功率 (kW)	250	电机连续功率 (kW)	90
	电机连续扭矩 (N·m)	866	电机峰值扭矩 (N·m)	2420
	电机生产企业	上海南洋电机有限公司		
电池	电池类型	磷酸铁锂电池	电池型号	DLP85300320-250Ah
	电压 (V)	2.5-3.65	容量 (A·h)	250
	电池额定电压 (V)	3.2	电池额定容量 (A·h)	250
	电池生产企业	安耐信 (北京) 储能技术有限公司		
性能指标	最高车速 (km/h)	80	0~50m/h 加速时间 (s)	24
	最大爬坡度 (%)	≥20	能耗 (kW·h/100km)	-

(33)常隆牌 YS6120GBEV 型纯电动城市客车

生产企业			江苏常隆客车有限公司	
整车	公告批次	232		
	目录序号	(十) 17		
	识别代号	LA91HRL1 × × ×AYS × × ×		
	依据标准	–		
	外形尺寸(长×宽×高)(mm)	12000×2550×3310/2956		
	总质量(kg)	18000	整备质量(kg)	13400/13100
	轴距(mm)	6100	轴荷(kg)	6500/11500
	底盘型号	–	生产厂家	–
电机	电机类型	电动汽车驱动电机	电机型号	YQSL250L1 –4
	电机峰值功率(kW)	250	电机连续功率(kW)	90
	电机连续扭矩(N·m)	866	电机峰值扭矩(N·m)	2420
	电机生产企业	上海南洋电机有限公司		
电池	电池类型	磷酸铁锂电池	电池型号	DLP85300320 –250Ah
	电压(V)	2.5～3.65	容量(A·h)	250
	电池额定电压(V)	3.2	电池额定容量(A·h)	250
	电池生产企业	安耐信(北京)储能技术有限公司		
性能指标	最高车速(km/h)	80	0～50m/h 加速时间(s)	17
	最大爬坡度(%)	18	能耗(kW·h/100km)	–

(34)福田牌 BJ6123C6B4D 型纯电动城市客车

生产企业			北汽福田汽车股份有限公司	
整车	公告批次	203		
	目录序号	9		
	识别代号	LVCB4L4D × × × × × × ×		
	依据标准	Q/QCBFC 1771—2010		
	外形尺寸(长×宽×高)(mm)	11850×2540×3300		
	总质量(kg)	18000	整备质量(kg)	13600
	轴距(mm)	5800	轴荷(kg)	6500/11500
	底盘型号	承载式车身	生产厂家	–
电机	电机类型	异步牵引电动机	电机型号	JD132A
	电机峰值功率(kW)	–	电机连续功率(kW)	–
	电机连续扭矩(N·m)	–	电机峰值扭矩(N·m)	–
	电机生产企业	–		
电池	电池类型	锂离子电池	电池型号	SPIM23300260(储能装置单体型号)
	电压(V)	–	容量(A·h)	–
	电池额定电压(V)	–	电池额定容量(A·h)	–
	电池生产企业	–		
性能指标	最高车速(km/h)	80	0～50)m/h 加速时间(s)	–
	最大爬坡度(%)	20(报告中检验结果)	能耗(kW·h/100km)	–

(35)福田牌 BJ6123C6B4D－1 型纯电动城市客车

生产企业			北汽福田汽车股份有限公司	
整车	公告批次	217		
	目录序号	9		
	识别代号	LVCB4L4D ×××××××		
	依据标准	Q/QCBFC 1771—2010		
	外形尺寸(长×宽×高)(mm)	11850×2540×3300		
	总质量（kg）	18000	整备质量（kg）	13600
	轴距（mm）	5800	轴荷（kg）	6500/11500
	底盘型号	承载式车身	生产厂家	-
电机	电机类型	永磁同步电机	电机型号	YTD115F01
	电机峰值功率（kW）	-	电机连续功率（kW）	-
	电机连续扭矩（N·m）	-	电机峰值扭矩（N·m）	-
	电机生产企业	-		
电池	电池类型	磷酸铁锂型蓄电池	电池型号	PUIFP46/153/287（储能装置单体型号）
	电压（V）	-	容量（A·h）	-
	电池额定电压（V）	-	电池额定容量（A·h）	-
	电池生产企业	-		
性能指标	最高车速（km/h）	80	0～50m/h 加速时间（s）	-
	最大爬坡度（%）	20（报告中检验结果）	能耗（kW·h/100km）	-

(36)福田牌 BJ6105EVCA 型纯电动城市客车

生产企业			北汽福田汽车股份有限公司	
整车	公告批次	233		
	目录序号	9		
	识别代号	LVCB4L4D ×××××××		
	依据标准	Q/QCBFC 1771—2010		
	外形尺寸(长×宽×高)(mm)	10500×2500×3050/3150（带空调）		
	总质量（kg）	17000	整备质量（kg）	12000/12500（带空调）
	轴距（mm）	5000	轴荷（kg）	5630/11370
	底盘型号	承载式车身	生产厂家	-
电机	电机类型	永磁同步电机	电机型号	YTD115F01
	电机峰值功率（kW）	-	电机连续功率（kW）	-
	电机连续扭矩（N·m）	-	电机峰值扭矩（N·m）	-
	电机生产企业	-		
电池	电池类型	锰酸锂蓄电池	电池型号	SPIM23300260
	电压（V）	-	容量（A·h）	-
	电池额定电压（V）	-	电池额定容量（A·h）	-
	电池生产企业	-		
性能指标	最高车速（km/h）	80	0～50m/h 加速时间（s）	-
	最大爬坡度（%）	20（报告中检验结果）	能耗（kW·h/100km）	-

(37)福田牌 BJ6123EVCA 型纯电动城市客车

生产企业			北汽福田汽车股份有限公司	
整车	公告批次	233		
	目录序号	9		
	识别代号	LVCB4L4D ×××××××		
	依据标准	Q/QCBFC 1771—2010		
	外形尺寸(长×宽×高)(mm)	11850/2540/3300		
	总质量(kg)	18000	整备质量(kg)	13600
	轴距(mm)	5800	轴荷(kg)	6500/11500
	底盘型号	承载式车身	生产厂家	-
电机	电机类型	永磁同步电机	电机型号	YTD115F01
	电机峰值功率(kW)	-	电机连续功率(kW)	-
	电机连续扭矩(N·m)	-	电机峰值扭矩(N·m)	-
	电机生产企业	-		
电池	电池类型	锰酸锂蓄电池	电池型号	SPIM23300260
	电压(V)	-	容量(A·h)	-
	电池额定电压(V)	-	电池额定容量(A·h)	-
	电池生产企业	-		
性能指标	最高车速(km/h)	80	0~50m/h 加速时间(s)	-
	最大爬坡度(%)	20(报告中检验结果)	能耗(kW·h/100km)	-

(38)福田牌 BJ6123EVCA-1 型纯电动城市客车

生产企业			北汽福田汽车股份有限公司	
整车	公告批次	233		
	目录序号	9		
	识别代号	LVCB4L4D ×××××××		
	依据标准	Q/QCBFC 1771—2010		
	外形尺寸(长×宽×高)(mm)	11850/2540/3300		
	总质量(kg)	18000	整备质量(kg)	13600
	轴距(mm)	5800	轴荷(kg)	6500/11500
	底盘型号	承载式车身	生产厂家	-
电机	电机类型	永磁同步电机	电机型号	YTD115F01
	电机峰值功率(kW)	-	电机连续功率(kW)	-
	电机连续扭矩(N·m)	-	电机峰值扭矩(N·m)	-
	电机生产企业	-		
电池	电池类型	磷酸铁锂电池	电池型号	29/135/220-60Ah
	电压(V)	-	容量(A·h)	-
	电池额定电压(V)	-	电池额定容量(A·h)	-
	电池生产企业	-		
性能指标	最高车速(km/h)	80	0~50m/h 加速时间(s)	-
	最大爬坡度(%)	20(报告中检验结果)	能耗(kW·h/100km)	-

(39)红旗牌 CA7005EV 型纯电动轿车

生产企业			中国第一汽车集团公司	
整车	公告批次	228		
整车	目录序号	1		
整车	识别代号	LFPHC7CC ×××××××		
整车	依据标准	-		
整车	外形尺寸(长×宽×高)(mm)	4800×1785×1435		
整车	总质量(kg)	1865	整备质量(kg)	1490
整车	轴距(mm)	2675	轴荷(kg)	878/987
整车	底盘型号	承载式车身	生产厂家	中国第一汽车集团公司
电机	电机类型	永磁同步电机	电机型号	270TYZ-XS02R
电机	电机峰值功率(kW)	90	电机连续功率(kW)	42
电机	电机连续扭矩(N·m)	100	电机峰值扭矩(N·m)	210
电机	电机生产企业	上海电驱动有限公司		
电池	电池类型	磷酸铁锂蓄电池	电池型号	FC-F60-V0D5N0-04SE
电池	电压(V)	3.2	容量(A·h)	60
电池	电池额定电压(V)	326	电池额定容量(A·h)	60
电池	电池生产企业	东莞新能源科技有限公司(ATL)		
性能指标	最高车速(km/h)	145	0～50m/h 加速时间(s)	14.3
性能指标	最大爬坡度(%)	>25	能耗(kW·h/100km)	-

(40)哈飞牌 HFJ7001EV 型纯电动轿车

生产企业			哈飞汽车股份有限公司	
整车	公告批次	234		
整车	目录序号	-		
整车	识别代号	LKHAJ585 ×××××××		
整车	依据标准	-		
整车	外形尺寸(长×宽×高)(mm)	4434×1708×1480		
整车	总质量(kg)	2000	整备质量(kg)	1625
整车	轴距(mm)	1480	轴荷(kg)	975/1025
整车	底盘型号	-	生产厂家	哈飞汽车
电机	电机类型	永磁交流电机	电机型号	20080-011
电机	电机峰值功率(kW)	100	电机连续功率(kW)	60
电机	电机连续扭矩(N·m)	191	电机峰值扭矩(N·m)	300
电机	电机生产企业	UQM		
电池	电池类型	磷酸铁锂动力电池	电池型号	LP2770120AC
电池	电压(V)	330	容量(Ah)	99
电池	电池额定电压(V)	-	电池额定容量(Ah)	-
电池	电池生产企业	天津力神电池股份有限公司		
性能指标	最高车速(km/h)	130	0～100(或0～50)m/h 加速时间(s)	4.5
性能指标	最大爬坡度(%)	30	能耗(kW·h/100km)	0

(41) 长城牌 CC7002BMA00BEV 型纯电动轿车

生产企业			长城汽车股份有限公司	
整车	公告批次	233		
	目录序号	15		
	识别代号	LGWEDRA4XXXXXXXXX		
	依据标准	GB/T 18385—2005 GB/T 18386—2005 3GB/T 18388—2005		
	外形尺寸(长×宽×高)(mm)	3880×1727×1594		
	总质量（kg）	1695	整备质量（kg）	1320
	轴距（mm）	2460	轴荷（kg）	744/576
	底盘型号	承载式车身	生产厂家	长城汽车股份有限公司
电机	电机类型	液冷式永磁同步电机	电机型号	264TYZ－XS08AC
	电机峰值功率（kW）	60	电机连续功率（kW）	-
	电机连续扭矩（N·m）	-	电机峰值扭矩（N·m）	180
	电机生产企业	上海电驱动有限公司		
电池	电池类型	磷酸铁锂蓄电池	电池型号	N－BACJSDLDC－01
	电压（V）	326	容量（A·h）	61.2
	电池额定电压（V）	326	电池额定容量（A·h）	61.2
	电池生产企业	比克国际（天津）有限公司		
性能指标	最高车速（km/h）	135	0～50m/h 加速时间（s）	≤7
	最大爬坡度（%）	12	能耗（kW·h/100km）	-

(42) 开利牌 FV7002XBEV 型纯电动轿车

生产企业名称			一汽－大众汽车有限公司	
整车	公告批次	225		
	目录序号	2		
	识别代号	LFVMA915 ×××××××		
	依据标准	-		
	外形尺寸(长×宽×高)(mm)	4540×1775×1446		
	总质量（kg）	1875	整备质量（kg）	1500
	轴距（mm）	2610	轴荷（kg）	961/914
	底盘型号	承载式车身	生产厂家	一汽－大众汽车有限公司
电机	电机类型	永磁同步电机	电机型号	270TYZ－XS02R
	电机峰值功率（kW）	90	电机连续功率（kW）	-
	电机连续扭矩（N·m）	-	电机峰值扭矩（N·m）	-
	电机生产企业	上海电驱动有限公司		
电池	电池类型	磷酸铁锂蓄电池	电池型号	26650E
	电压（V）	336	容量（A·h）	60
	电池额定电压（V）	3.2	电池额定容量（A·h）	60
	电池生产企业	微宏动力系统（湖州）有限公司		
性能指标	最高车速（km/h）	135	0～50m/h 加速时间（s）	-
	最大爬坡度（%）	-	能耗（kW·h/100km）	-

(43)天越(TANTUS)牌 SVW7007BEV 型纯电动轿车

生产企业名称			上海大众汽车有限公司	
整车	公告批次	229		
	目录序号	5		
	识别代号	LSVA1218 ×××××××		
	依据标准	-		
	外形尺寸(长×宽×高)(mm)	4608×1743×1465		
	总质量 (kg)	2005	整备质量 (kg)	1630
	轴距 (mm)	2610	轴荷 (kg)	910/1095
电机	电机类型	SVW7007BEV	电机型号	永磁同步电机
	电机峰值功率 (kW)	90	电机连续功率 (kW)	-
	电机连续扭矩 (N·m)	-	电机峰值扭矩 (N·m)	-
	电机生产企业	上海电驱动有限公司		
电池	电池类型	磷酸铁锂电池	电池型号	AMP20M1HD-A
	电压 (V)	294	容量 (A·h)	80
	电池额定电压 (V)	-	电池额定容量 (A·h)	-
	电池生产企业	上海捷新动力电池系统有限公司		
性能指标	最高车速 (km/h)	125	0~50m/h 加速时间 (s)	-
	最大爬坡度 (%)	-	能耗 (kW·h/100km)	-

(44)海马牌 HMC7000BM0BEV 型纯电动轿车

生产企业			一汽海马汽车有限公司	
整车	公告批次	232		
	目录序号	88		
	识别代号	HMC7000BM0BEV		
	依据标准	-		
	外形尺寸(长×宽×高)(mm)	4384/4426×1718×1634/1604		
	总质量 (kg)	1890	整备质量 (kg)	1515
	轴距 (mm)	2670	轴荷 (kg)	910/980
电机	电机类型	永磁同步电机	电机型号	EM1136
	电机峰值功率 (kW)	40	电机连续功率 (kW)	-
	电机连续扭矩 (N·m)	-	电机峰值扭矩 (N·m)	-
	电机生产企业	上海电驱动有限公司		
电池	电池类型	磷酸铁锂蓄电池	电池型号	PA11
	电压 (V)	307	容量 (A·h)	-
	电池额定电压 (V)	3.2	电池额定容量 (A·h)	-
	电池生产企业	万向电动汽车有限公司		
性能指标	最高车速 (km/h)	100	0~50m/h 加速时间 (s)	≤20
	最大爬坡度 (%)	25	能耗 (kW·h/100km)	-

(45)海马牌 HMC7000CS0BEV 型纯电动轿车

生产企业			一汽海马汽车有限公司	
整车	公告批次	232		
	目录序号	88		
	识别代号	HMC7000CS0BEV		
	依据标准	-		
	外形尺寸(长×宽×高)(mm)	4535×1740×1480		
	总质量（kg）	1835	整备质量（kg）	1460
	轴距（mm）	2615	轴荷（kg）	885/950
电机	电机类型	永磁同步电机	电机型号	EM1136
	电机峰值功率（kW）	40	电机连续功率（kW）	-
	电机连续扭矩（N·m）	-	电机峰值扭矩（N·m）	-
	电机生产企业	上海电驱动有限公司		
电池	电池类型	磷酸铁锂蓄电池	电池型号	FA16
	电压（V）	336	容量（A·h）	-
	电池额定电压（V）	-	电池额定容量（A·h）	-
	电池生产企业	万向电动汽车有限公司		
性能指标	最高车速（km/h）	100	0～50m/h 加速时间（s）	≤20
	最大爬坡度（%）	25	能耗（kW·h/100km）	-

(46)海马牌 HMC7000AH0BEV 型纯电动轿车

生产企业			一汽海马汽车有限公司	
整车	公告批次	232		
	目录序号	88		
	识别代号	HMC7000AH0BEV		
	依据标准	-		
	外形尺寸(长×宽×高)(mm)	3890/3918×1695/1725×1480/1518		
	总质量（kg）	1555	整备质量（kg）	1180
	轴距（mm）	2500	轴荷（kg）	725/830
电机	电机类型	永磁同步电机	电机型号	GLMP20L1 电动机 EM1136 电动机
	电机峰值功率（kW）	40	电机连续功率（kW）	-
	电机连续扭矩（N·m）	-	电机峰值扭矩（N·m）	-
	电机生产企业	深圳大地和电气有限公司,上海电驱动有限公司		
电池	电池类型	磷酸铁锂蓄电池	电池型号	MA01
	电压（V）	336	容量（A·h）	-
	电池额定电压（V）	3	电池额定容量（A·h）	-
	电池生产企业	万向电动汽车有限公司		
性能指标	最高车速（km/h）	100	0～50m/h 加速时间（s）	≤20
	最大爬坡度（%）	25	能耗（kW·h/100km）	-

(47)海马牌 HMA7000BEV 型纯电动轿车

生产企业			海马轿车有限公司	
整车	公告批次	227		
	目录序号	128		
	识别代号	LMVABEDW ×××××××		
	依据标准	-		
	外形尺寸(长×宽×高)(mm)	3590×1540×1486		
	总质量(kg)	1473	整备质量(kg)	1098
	轴距(mm)	2332	轴荷(kg)	733/740
	底盘型号	承载式车身	生产厂家	-
电机	电机类型	永磁无刷直流电机	电机型号	BLT11-3000/312
	电机峰值功率(kW)	27	电机连续功率(kW)	11
	电机连续扭矩(N·m)	35	电机峰值扭矩(N·m)	180
	电机生产企业	浙江尤奈特电机有限公司		
电池	电池类型	锰酸锂	电池型号	26650
	电压(V)	-	容量(A·h)	70
	电池额定电压(V)	288	电池额定容量(A·h)	70
	电池生产企业	江苏伊思达电池有限公司		
性能指标	最高车速(km/h)	80	0~100(或0~50)m/h加速时间(s)	4.6
	最大爬坡度(%)	35.2	能耗(kW·h/100km)	-

(48)海马牌 HMA6380S30BEV 型纯电动轿车

生产企业			海马轿车有限公司	
整车	公告批次	-		
	目录序号	-		
	识别代号	LMVACEEX ×××××××		
	依据标准	-		
	外形尺寸(长×宽×高)(mm)	3836×1566×1865		
	总质量(kg)	1900	整备质量(kg)	1387
	轴距(mm)	2515	轴荷(kg)	664/723
	底盘型号	承载式车身	生产厂家	-
电机	电机类型	交流异步电机	电机型号	-
	电机峰值功率(kW)	90	电机连续功率(kW)	30
	电机连续扭矩(N·m)	80	电机峰值扭矩(N·m)	240
	电机生产企业	江苏威特利电机有限公司		
电池	电池类型	磷酸铁锂	电池型号	32650
	电压(V)	3.2	容量(A·h)	5
	电池额定电压(V)	364.8	电池额定容量(A·h)	70
	电池生产企业	深圳沃特玛电池有限公司		
性能指标	最高车速(km/h)	120	0~100(或0~50)m/h加速时间(s)	15.1
	最大爬坡度(%)	22.1	能耗(kW·h/100km)	-

(49)比亚迪纯电动轿车 e6

生产企业			深圳市比亚迪汽车有限公司	
整车	公告批次	-		
	目录序号	108		
	识别代号	-		
	依据标准	-		
	外形尺寸(长×宽×高)(mm)	4560×1822×1630		
	总质量（kg）	-	整备质量（kg）	2295
	轴距（mm）	-	轴荷（kg）	-
	底盘型号	-	生产厂家	-
电机	电机类型	永磁同步电机	电机型号	-
	电机峰值功率（kW）	75	电机连续功率（kW）	-
	电机连续扭矩（N·m）	-	电机峰值扭矩（N·m）	450
	电机生产企业	比亚迪		
电池	电池类型	铁电池	电池型号	-
	电压（V）	330	容量（A·h）	200
	电池额定电压（V）	3.3	电池额定容量（A·h）	200
	电池生产企业	比亚迪		
性能指标	最高车速（km/h）	>140	0~100（或0~50）m/h加速时间（s）	≤12
	最大爬坡度（%）	>30	能耗（kW·h/100km）	0

(50)福田牌 BJ6438EV2 型纯电动多功能乘用车

生产企业			北汽福田汽车股份有限公司	
整车	公告批次	231		
	目录序号	9		
	识别代号	-		
	依据标准	-		
	外形尺寸(长×宽×高)(mm)	4288×1725×1728		
	总质量（kg）	2046	整备质量（kg）	1596
	轴距（mm）	2695	轴荷（kg）	979/1067
	底盘型号	-	生产厂家	-
电机	电机类型	永磁同步电机	电机型号	S2112510-EL
	电机峰值功率（kW）	-	电机连续功率（kW）	-
	电机连续扭矩（N·m）	-	电机峰值扭矩（N·m）	-
	电机生产企业	-		
电池	电池类型	锰酸锂电池	电池型号	SR-AOECL
	电压（V）	-	容量（A·h）	-
	电池额定电压（V）	-	电池额定容量（A·h）	-
	电池生产企业	-		
性能指标	最高车速（km/h）	130	0~50m/h 加速时间（s）	-
	最大爬坡度（%）	30%坡度 1min 内行驶 12m	能耗（kW·h/100km）	-

(51)福田牌 BJ6438EV3 型纯电动多用途乘用车

生产企业			北汽福田汽车股份有限公司	
整车	公告批次	227		
	目录序号	9		
	识别代号	-		
	依据标准	-		
	外形尺寸(长×宽×高)(mm)	4288×1725×1728		
	总质量(kg)	1960	整备质量(kg)	1510
	轴距(mm)	2695	轴荷(kg)	945/1015
	底盘型号	-	生产厂家	-
电机	电机类型	交流感应异步电机	电机型号	150MOTOR
	电机峰值功率(kW)	-	电机连续功率(kW)	-
	电机连续扭矩(N·m)	-	电机峰值扭矩(N·m)	-
	电机生产企业	-		
电池	电池类型	三元锂离子电池	电池型号	H18650CB
	电压(V)	-	容量(A·h)	-
	电池额定电压(V)	-	电池额定容量(A·h)	-
	电池生产企业	-		
性能指标	最高车速(km/h)	130	0~50m/h 加速时间(s)	-
	最大爬坡度(%)	30%坡度 1min 内行驶 20m	能耗(kW·h/100km)	-

(52)福田牌 BJ6438EVAA3 型纯电动多用途乘用车

生产企业			北汽福田汽车股份有限公司	
整车	公告批次	233		
	目录序号	9		
	识别代号	-		
	依据标准	-		
	外形尺寸(长×宽×高)(mm)	4288×1725×1728		
	总质量(kg)	2080	整备质量(kg)	1630
	轴距(mm)	2695	轴荷(kg)	1020/1060
	底盘型号	-	生产厂家	-
电机	电机类型	永磁同步电机	电机型号	FTTB035
	电机峰值功率(kW)	-	电机连续功率(kW)	-
	电机连续扭矩(N·m)	-	电机峰值扭矩(N·m)	-
	电机生产企业	-		
电池	电池类型	磷酸铁锂电池	电池型号	29/135/220/72Ah
	电压(V)	-	容量(A·h)	-
	电池额定电压(V)	-	电池额定容量(A·h)	-
	电池生产企业	-		
性能指标	最高车速(km/h)	110	0~50m/h 加速时间(s)	-
	最大爬坡度(%)	30%坡度 1min 内行驶 12m	能耗(kW·h/100km)	-

(53)东南牌 DN5020XYZBEV 型纯电动邮政车

生产企业			东南（福建）汽车工业有限公司	
整车	公告批次	230		
	目录序号	58		
	识别代号	LDNM7D10 ××××××× LDNB7D10 ×××××××		
	依据标准	-		
	外形尺寸(长×宽×高)(mm)	4945×1695×1970		
	总质量（kg）	2400	整备质量（kg）	1775
	轴距（mm）	2435	轴荷（kg）	1205/1195
	底盘型号	DN6490MBEV	生产厂家	东南（福建）汽车工业有限公司
电机	电机类型	永磁同步电机	电机型号	SLTD13
	电机峰值功率（kW）	90	电机连续功率（kW）	30
	电机连续扭矩（N·m）	80	电机峰值扭矩（N·m）	240
	电机生产企业	福建福安闽东亚南电机有限公司		
电池	电池类型	磷酸铁锂	电池型号	103/116/126－60
	电压（V）	3.2	容量（A·h）	20
	电池额定电压（V）	384	电池额定容量（A·h）	60
	电池生产企业	东莞新能源科技有限公司		
性能指标	最高车速（km/h）	120	0～50m/h 加速时间（s）	-
	最大爬坡度（%）	20	能耗（kW·h/100km）	-

(54)东南牌 DN5020XXYBEV 型纯电动厢式运输车

生产企业			东南（福建）汽车工业有限公司	
整车	公告批次	230		
	目录序号	58		
	识别代号	LDNM7X10 ××××××× LDNB7X10 ×××××××		
	依据标准	-		
	外形尺寸(长×宽×高)(mm)	4945×1695×1970		
	总质量（kg）	2400	整备质量（kg）	1750
	轴距（mm）	2435	轴荷（kg）	1205/1195
	底盘型号	DN6490MBEV	生产厂家	东南（福建）汽车工业有限公司
电机	电机类型	永磁同步电机	电机型号	SLTD13
	电机峰值功率（kW）	90	电机连续功率（kW）	30
	电机连续扭矩（N·m）	80	电机峰值扭矩（N·m）	240
	电机生产企业	福建福安闽东亚南电机有限公司		
电池	电池类型	磷酸铁锂	电池型号	103/116/126－60
	电压（V）	3.2	容量（A·h）	20
	电池额定电压（V）	384	电池额定容量（A·h）	60
	电池生产企业	东莞新能源科技有限公司		
性能指标	最高车速（km/h）	120	0～50m/h 加速时间（s）	-
	最大爬坡度（%）	20	能耗（kW·h/100km）	-

(55)东南牌 DN6490MBEV 型纯电动乘用车

生产企业			东南（福建）汽车工业有限公司	
整车	公告批次	230		
	目录序号	58		
	识别代号	LDNM7X10 ××××××× LDNB7X10 ×××××××		
	依据标准	-		
	外形尺寸(长×宽×高)(mm)	4945×1695×1970		
	总质量（kg)	2400	整备质量（kg)	1775
	轴距（mm)	2435	轴荷（kg)	1205/1195
电机	电机类型	永磁同步电机	电机型号	SLTD13
	电机峰值功率（kW)	90	电机连续功率（kW)	30
	电机连续扭矩（N·m)	80	电机峰值扭矩（N·m)	240
	电机生产企业	福建福安闽东亚南电机有限公司		
电池	电池类型	磷酸铁锂	电池型号	103/116/126-60
	电压（V)	3.2	容量（A·h)	20
	电池额定电压（V)	384	电池额定容量（A·h)	60
	电池生产企业	东莞新能源科技有限公司		
性能指标	最高车速（km/h)	120	0～50m/h 加速时间（s)	-
	最大爬坡度（%)	20	能耗（kW·h/100km)	-

(56)依维柯牌 NJ5056XFWD 型纯电动服务车

生产企业			南京依维柯汽车有限公司	
整车	公告批次	208		
	目录序号	44		
	识别代号	-		
	依据标准	-		
	外形尺寸(长×宽×高)(mm)	5990×2000×3050		
	总质量（kg)	5000	整备质量（kg)	3900
	轴距（mm)	3310	轴荷（kg)	1740/3260
	底盘型号	NJ6683NY6	生产厂家	南京依维柯汽车有限公司
电机	电机类型	永磁同步电机	电机型号	TYC-168-260-8-C
	电机峰值功率（kW)	90	电机连续功率（kW)	40
	电机连续扭矩(N·m)	95	电机峰值扭矩（N·m)	220
	电机生产企业	湖南南车时代电动汽车股份有限公司		
电池	电池类型	锰酸锂	电池型号	SPIM23300260
	电压（V)	3.8	容量（A·h)	90
	电池额定电压（V)	380	电池额定容量（A·h)	180
	电池生产企业	中信国安盟固利动力科技有限公司		
性能指标	最高车速（km/h)	100	0～30m/h 加速时间（s)	7.1
	最大爬坡度（%)	20	能耗（kW·h/100km)	200（纯电动续驶里程，km)

(57)依维柯牌 NJ6593ERD 型纯电动客车

生产企业			南京依维柯汽车有限公司	
整车	公告批次	227		
	目录序号	-		
	识别代号	-		
	依据标准	-		
	外形尺寸(长×宽×高)(mm)	5990×2000×3050		
	总质量（kg）	5000	整备质量（kg）	3290
	轴距（mm）	3310	轴荷（kg）	1740/3260
	底盘型号	NJ6683NY6	生产厂家	南京依维柯汽车有限公司
电机	电机类型	永磁同步交流电机	电机型号	TYC-168-260-8-C
	电机峰值功率（kW）	90	电机连续功率（kW）	40
	电机连续扭矩（N·m）	95	电机峰值扭矩（N·m）	220
	电机生产企业	湖南南车时代电动汽车股份有限公司		
电池	电池类型	锰酸锂	电池型号	SPIM23300260
	电压（V）	3.8	容量（A·h）	100
	电池额定电压（V）	380	电池额定容量（A·h）	100
	电池生产企业	中信国安盟固利动力科技有限公司		
性能指标	最高车速（km/h）	110	0～50m/h 加速时间（s）	20
	最大爬坡度（%）	20	能耗（kW·h/100km）	130（纯电动续驶里程，km）

(58)福田牌 BJ5020ZLJEV-2 型纯电动自卸式垃圾车

生产企业			北汽福田汽车股份有限公司	
整车	公告批次	232		
	目录序号	9		
	识别代号	-		
	依据标准	-		
	外形尺寸(长×宽×高)(mm)	4330×1535×1825		
	总质量（kg）	2100	整备质量（kg）	1450
	轴距（mm）	2370	轴荷（kg）	882/1218
	底盘型号	BJ1020EV7	生产厂家	北汽福田汽车股份有限公司
电机	电机类型	永磁同步电机	电机型号	YTD030W01
	电机峰值功率（kW）	-	电机连续功率（kW）	-
	电机连续扭矩（N·m）	-	电机峰值扭矩（N·m）	-
	电机生产企业	-		
电池	电池类型	磷酸铁锂	电池型号	29/135/220-60Ah
	电压（V）	-	容量（A·h）	-
	电池额定电压（V）	-	电池额定容量（A·h）	-
	电池生产企业	-		
性能指标	最高车速（km/h）	90	0～50m/h 加速时间（s）	-
	最大爬坡度（%）	36.2	能耗（kW·h/100km）	-

(59)福田牌 BJ5020CTYEV－2 型纯电动桶装垃圾运输车

生产企业			北汽福田汽车股份有限公司	
整车	公告批次	232		
	目录序号	9		
	识别代号	–		
	依据标准	–		
	外形尺寸(长×宽×高)(mm)	4920×1530×2100		
	总质量（kg）	2250	整备质量（kg）	1710
	轴距（mm）	2500	轴荷（kg）	910/1340
	底盘型号	BJ1020EV5	生产厂家	北汽福田汽车股份有限公司
电机	电机类型	永磁同步电机	电机型号	YTD030W01（电机）
	电机峰值功率（kW）	–	电机连续功率（kW）	–
	电机连续扭矩（N·m）	–	电机峰值扭矩（N·m）	–
	电机生产企业	大洋电机新动力科技有限公司（电机）		
电池	电池类型	磷酸铁锂	电池型号	29/135/220－60Ah
	电压（V）	–	容量（A·h）	–
	电池额定电压（V）	–	电池额定容量（A·h）	–
	电池生产企业	–		
性能指标	最高车速（km/h）	90	0～50m/h 加速时间（s）	–
	最大爬坡度（%）	23% 坡度持续 2 分钟	能耗（kW·h/100km）	–

(60)福田牌 BJ5071TCAEV－1 型纯电动压缩式垃圾车

生产企业			北汽福田汽车股份有限公司	
整车	公告批次	232		
	目录序号	9		
	识别代号	–		
	依据标准	–		
	外形尺寸(长×宽×高)(mm)	6500×2070×2400		
	总质量（kg）	7495	整备质量（kg）	5530
	轴距（mm）	3360	轴荷（kg）	3000/4495
	底盘型号	BJ1071VDE0A	生产厂家	北汽福田汽车股份有限公司
电机	电机类型	永磁交流同步电机	电机型号	BOMM060/110－I
	电机峰值功率（kW）	–	电机连续功率（kW）	–
	电机连续扭矩（N·m）	–	电机峰值扭矩（N·m）	–
	电机生产企业	–		
电池	电池类型	磷酸铁锂电池	电池型号	PUIFP25/110/270
	电压（V）	–	容量（A·h）	–
	电池额定电压（V）	–	电池额定容量（A·h）	–
	电池生产企业	–		
性能指标	最高车速（km/h）	80	0～50m/h 加速时间（s）	–
	最大爬坡度（%）	30% 坡度 1min 内行驶 15m	能耗（kW·h/100km）	–

(61)福田牌 BJ5163GSSEV－3 型纯电动洒水车

生产企业			北汽福田汽车股份有限公司	
整车	公告批次	232		
	目录序号	9		
	识别代号	-		
	依据标准	-		
	外形尺寸(长×宽×高)(mm)	8650×2490×2720		
	总质量（kg）	16000	整备质量（kg）	9800
	轴距（mm）	4500	轴荷（kg）	6000/10000
	底盘型号	BJ1163EV1	生产厂家	北汽福田汽车股份有限公司
电机	电机类型	永磁同步电机	电机型号	BOMM130/170－I
	电机峰值功率（kW）	-	电机连续功率（kW）	-
	电机连续扭矩（N·m）	-	电机峰值扭矩（N·m）	-
	电机生产企业	-		
电池	电池类型	磷酸铁锂锂	电池型号	PUIFP25/110/270
	电压（V）	-	容量（A·h）	-
	电池额定电压（V）	-	电池额定容量（A·h）	-
	电池生产企业	-		
性能指标	最高车速（km/h）	80	0～50m/h 加速时间（s）	-
	最大爬坡度（%）	20%坡道持续2分钟	能耗（kW·h/100km）	-

(62)瑞驰牌 CRC5020XSH—QBEV 型纯电动售货车

生产企业			重庆瑞驰汽车实业有限公司	
整车	公告批次	225		
	目录序号	（二十一）14		
	识别代号	LR83UPF6		
	依据标准	-		
	外形尺寸(长×宽×高)(mm)	4240×1660×2180		
	总质量（kg）	2000	整备质量（kg）	1330
	轴距（mm）	2515	轴荷（kg）	840/1160
	底盘型号	CRC5020QBEV	生产厂家	重庆瑞驰汽车实业有限公司
电机	电机类型	直流电机	电机型号	ZC6.3－72（电动机）
	电机峰值功率（kW）	18	电机连续功率（kW）	6.3
	电机连续扭矩（N·m）	23	电机峰值扭矩（N·m）	76
	电机生产企业	淄博休普电机电器有限公司		
电池	电池类型	铅酸免维护	电池型号	4DM135
	电压（V）	72	容量（A·h）	135
	电池额定电压（V）	8	电池额定容量（A·h）	135
	电池生产企业	浙江超威电源有限公司		
性能指标	最高车速（km/h）	75	0～50m/h 加速时间（s）	10
	最大爬坡度（%）	20	能耗（kW·h/30km）	9.7

(63)瑞驰牌 CRC5020CCY—QBEV 型纯电动仓栅式运输车

生产企业			重庆瑞驰汽车实业有限公司	
整车	公告批次	224		
	目录序号	(二十一) 14		
	识别代号	LR83UPF6		
	依据标准	-		
	外形尺寸(长×宽×高)(mm)	4240×1560×2440		
	总质量 (kg)	1960	整备质量 (kg)	1280
	轴距 (mm)	2515	轴荷 (kg)	800/1160
	底盘型号	CRC5020QBEV	生产厂家	重庆瑞驰汽车事业有限公司
电机	电机类型	直流电机	电机型号	ZC6.3-72 (发动机)
	电机峰值功率 (kW)	18	电机连续功率 (kW)	6.3
	电机连续扭矩 (N·m)	23	电机峰值扭矩 (N·m)	76
	电机生产企业	淄博休普电机电器有限公司		
电池	电池类型	铅酸免维护	电池型号	4DM135
	电压 (V)	72	容量 (A·h)	135
	电池额定电压 (V)	8	电池额定容量 (A·h)	135
	电池生产企业	浙江超威电源有限公司		
性能指标	最高车速 (km/h)	75	0~50m/h 加速时间 (s)	10
	最大爬坡度 (%)	20	能耗 (kW·h/30km)	9.7

(64)瑞驰牌 CRC5021XXY—QBEV 型纯电动厢式运输车

生产企业			重庆瑞驰汽车实业有限公司	
整车	公告批次	224		
	目录序号	(二十一) 14		
	识别代号	LR83VPG6		
	依据标准	-		
	外形尺寸(长×宽×高)(mm)	3795×1560×1925		
	总质量 (kg)	2050	整备质量 (kg)	1350
	轴距 (mm)	2515	轴荷 (kg)	870/1180
	底盘型号	CRC6350QBEV	生产厂家	重庆瑞驰汽车事业有限公司
电机	电机类型	永磁同步电机	电机型号	190ZWS011 (发动机)
	电机峰值功率 (kW)	20	电机连续功率 (kW)	8
	电机连续扭矩 (N·m)	32	电机峰值扭矩 (N·m)	80
	电机生产企业	上海电驱动有限公司		
电池	电池类型	铅酸免维护	电池型号	6DM100
	电压 (V)	144	容量 (A·h)	100
	电池额定电压 (V)	12	电池额定容量 (A·h)	100
	电池生产企业	浙江超威电源有限公司		
性能指标	最高车速 (km/h)	75	或0~50m/h 加速时间 (s)	10
	最大爬坡度 (%)	20	能耗 (kW·h/30km)	9.9

(65)瑞驰牌 CRC5020XXY—QBEV 型纯电动厢式运输车

	生产企业		重庆瑞驰汽车实业有限公司	
整车	公告批次	224		
	目录序号	(二十一) 14		
	识别代号	LR83VPG6		
	依据标准	-		
	外形尺寸(长×宽×高)(mm)	4210×1560×2110		
	总质量 (kg)	2050	整备质量 (kg)	1320
	轴距 (mm)	2515	轴荷 (kg)	800/1250
	底盘型号	CRC5021QBEV	生产厂家	重庆瑞驰汽车事业有限公司
电机	电机类型	永磁同步电机	电机型号	190ZWS011 (发动机)
	电机峰值功率 (kW)	20	电机连续功率 (kW)	8
	电机连续扭矩 (N·m)	32	电机峰值扭矩 (N·m)	80
	电机生产企业	上海电驱动有限公司		
电池	电池类型	铅酸免维护	电池型号	6DM100
	电压 (V)	144	容量 (A·h)	100
	电池额定电压 (V)	12	电池额定容量 (A·h)	100
	电池生产企业	浙江超威电源有限公司		
性能指标	最高车速 (km/h)	80	0～50m/h 加速时间 (s)	10
	最大爬坡度 (%)	20	能耗 (kW·h/30km)	9.9

(66)瑞驰牌 CRC5020XXY—LBEV 型纯电动厢式运输车

	生产企业		重庆瑞驰汽车实业有限公司	
整车	公告批次	224		
	目录序号	(二十一) 14		
	识别代号	LR83VPG6		
	依据标准	-		
	外形尺寸(长×宽×高)(mm)	4070×1560×2105		
	总质量 (kg)	2050	整备质量 (kg)	1320
	轴距 (mm)	2515	轴荷 (kg)	920/1130
	底盘型号	CRC5020QBEV	生产厂家	重庆瑞驰汽车事业有限公司
电机	电机类型	永磁同步电机	电机型号	190ZWS011 (发动机)
	电机峰值功率 (kW)	20	电机连续功率 (kW)	8
	电机连续扭矩 (N·m)	32	电机峰值扭矩 (N·m)	80
	电机生产企业	上海电驱动有限公司		
电池	电池类型	磷酸铁锂	电池型号	SH180AHA
	电压 (V)	144	容量 (A·h)	180
	电池额定电压 (V)	3.2	电池额定容量 (A·h)	180
	电池生产企业	中航锂电 (洛阳) 有限公司		
性能指标	最高车速 (km/h)	85	0～50m/h 加速时间 (s)	10
	最大爬坡度 (%)	20	能耗 (kW·h/60km)	12.76

(67)中联牌 ZLJ5070TCABEV 型纯电动餐厨垃圾车

生产企业			中联重科股份有限公司	
整车	公告批次	232		
	目录序号	(十八) 20		
	识别代号	LVBV4J0B ×××××××		
	依据标准	–		
	外形尺寸(长×宽×高)(mm)	5900×2290×2908		
	总质量 (kg)	7495	整备质量 (kg)	5453/5197
	轴距 (mm)	3360	轴荷 (kg)	3000/4495
	底盘型号	BJ1071VDE0A	生产厂家	北汽福田汽车股份有限公司
电机	电机类型	永磁同步电机	电机型号	–
	电机峰值功率 (kW)	–	电机连续功率 (kW)	–
	电机连续扭矩 (N·m)	–	电机峰值扭矩 (N·m)	–
	电机生产企业	–		
电池	电池类型	磷酸铁锂电池	电池型号	PUIFP25/110/270
	电压 (V)	–	容量 (A·h)	–
	电池额定电压 (V)	–	电池额定容量 (A·h)	–
	电池生产企业	–		
性能指标	最高车速 (km/h)	80	0~50m/h 加速时间 (s)	–
	最大爬坡度 (%)	–	能耗 (kW·h/100km)	

(68)江铃牌 JX5020ZXXMEV 型纯电动车厢可卸式垃圾车

生产企业			江西江铃汽车集团改装车有限公司	
整车	公告批次	226		
	目录序号	(十四) 15		
	识别代号	LA9AAUB1 ×××JXG ×××		
	依据标准	–		
	外形尺寸(长×宽×高)(mm)	4244×1528×1832		
	总质量 (kg)	2200	整备质量 (kg)	1440
	轴距 (mm)	2740	轴荷 (kg)	900/1300
	底盘型号	JX1020MEV	生产厂家	江西江铃汽车集团改装车有限公司
电机	电机类型	交流异步电机	电机型号	FRDY103012A0
	电机峰值功率 (kW)	20	电机连续功率 (kW)	10
	电机连续扭矩 (N·m)	32	电机峰值扭矩 (N·m)	100
	电机生产企业	南昌福瑞德科技有限公司		
电池	电池类型	铅酸电池	电池型号	6DM100 (12V100Ah)
	电压 (V)	144	容量 (A·h)	100
	电池额定电压 (V)	12 (单体)	电池额定容量 (A·h)	100
	电池生产企业	超威电源有限公司		
性能指标	最高车速 (km/h)	80	0~50m/h 加速时间 (s)	17.1
	最大爬坡度 (%)	20	能耗 (kW·h/100km)	–

(69)华林牌 HLT5165GSSEV 型纯电动洒水车

	生产企业		北京华林特装车有限公司	
整车	公告批次	222		
	目录序号	(一) 31		
	识别代号	LVBV5P4B		
	依据标准	-		
	外形尺寸(长×宽×高)(mm)	8650×2490×2720		
	总质量 (kg)	16000	整备质量 (kg)	9800
	轴距 (mm)	4500	轴荷 (kg)	6000/10000
	底盘型号	BJ1163EV1	生产厂家	北汽福田汽车股份有限公司
电机	电机类型	永磁同步电机	电机型号	BOMM130/170-I
	电机峰值功率 (kW)	170	电机连续功率 (kW)	130
	电机连续扭矩 (N·m)	650	电机峰值扭矩 (N·m)	850
	电机生产企业	中山大洋电机股份有限公司		
电池	电池类型	磷酸铁锂	电池型号	PUIFP25/110/270
	电压 (V)	384	容量 (A·h)	400
	电池额定电压 (V)	3.2	电池额定容量 (A·h)	50
	电池生产企业	北京普莱德新能源电池科技有限公司		
性能指标	最高车速 (km/h)	80	0~50m/h 加速时间 (s)	11
	最大爬坡度 (%)	20	能耗 (kW·h/100km)	0

(70)华林牌 HLT5166GSSEV 型纯电动洒水车

	生产企业		北京华林特装车有限公司	
整车	公告批次	220		
	目录序号	(一) 31		
	识别代号	LVBV5P4B		
	依据标准	-		
	外形尺寸(长×宽×高)(mm)	8650×2490×2720		
	总质量 (kg)	16000	整备质量 (kg)	9800
	轴距 (mm)	4500	轴荷 (kg)	6000/10000
	底盘型号	BJ1163EV2	生产厂家	北汽福田汽车股份有限公司
电机	电机类型	永磁同步电机	电机型号	BOMM130/170-I
	电机峰值功率 (kW)	170	电机连续功率 (kW)	130
	电机连续扭矩 (N·m)	650	电机峰值扭矩 (N·m)	850
	电机生产企业	中山大洋电机股份有限公司		
电池	电池类型	锰酸锂	电池型号	SPIM23300260
	电压 (V)	384	容量 (A·h)	360
	电池额定电压 (V)	3.8	电池额定容量 (A·h)	90
	电池生产企业	中信国安盟固利动力科技有限公司		
性能指标	最高车速 (km/h)	80	0~50m/h 加速时间 (s)	11
	最大爬坡度 (%)	20	能耗 (kW·h/100km)	0

(71)华林牌 HLT5076ZYSEV 型纯电动压缩式垃圾车

生产企业			北京华林特装车有限公司	
整车	公告批次	220		
	目录序号	(一) 31		
	识别代号	LVBV4J0B		
	依据标准	-		
	外形尺寸(长×宽×高)(mm)	6500×2070×2400		
	总质量 (kg)	7495	整备质量 (kg)	5530
	轴距 (mm)	3360	轴荷 (kg)	3000/4495
	底盘型号	BJ1071VDE0A-1	生产厂家	北汽福田汽车股份有限公司
电机	电机类型	永磁同步电机	电机型号	BOMM060/110-Ⅰ
	电机峰值功率 (kW)	110	电机连续功率 (kW)	60
	电机连续扭矩 (N·m)	220	电机峰值扭矩 (N·m)	300
	电机生产企业	中山大洋电机股份有限公司		
电池	电池类型	锰酸锂	电池型号	SPIM23300260
	电压 (V)	384	容量 (A·h)	200
	电池额定电压 (V)	3.8	电池额定容量 (A·h)	100
	电池生产企业	中信国安盟固利动力科技有限公司		
性能指标	最高车速 (km/h)	80	0~50m/h 加速时间 (s)	14
	最大爬坡度 (%)	20	能耗 (kW·h/100km)	0

(72)华林牌 HLT5074ZYSEV 型纯电动压缩式垃圾车

生产企业			北京华林特装车有限公司	
整车	公告批次	193		
	目录序号	(一) 31		
	识别代号	LVBV4J0B		
	依据标准	-		
	外形尺寸(长×宽×高)(mm)	6500×2070×2400		
	总质量 (kg)	7495	整备质量 (kg)	5530
	轴距 (mm)	3360	轴荷 (kg)	3000/4495
	底盘型号	BJ1071VDE0A	生产厂家	北汽福田汽车股份有限公司
电机	电机类型	永磁同步电机	电机型号	BOMM060/110-Ⅰ
	电机峰值功率 (kW)	110	电机连续功率 (kW)	60
	电机连续扭矩 (N·m)	220	电机峰值扭矩 (N·m)	300
	电机生产企业	中山大洋电机股份有限公司		
电池	电池类型	磷酸铁锂	电池型号	PUIFP25/110/270
	电压 (V)	384	容量 (A·h)	200
	电池额定电压 (V)	3.2	电池额定容量 (A·h)	50
	电池生产企业	北京普莱德新能源电池科技有限公司		
性能指标	最高车速 (km/h)	80	0~50m/h 加速时间 (s)	14
	最大爬坡度 (%)	20	能耗 (kW·h/100km)	0

(73)华林牌 HLT5071ZZZEV 型纯电动自装卸式垃圾车

生产企业			北京华林特装车有限公司	
整车	公告批次	220		
	目录序号	(一) 31		
	识别代号	LVBV4J0B		
	依据标准	-		
	外形尺寸(长×宽×高)(mm)	5720×2020×2390		
	总质量(kg)	7495	整备质量(kg)	5400
	轴距(mm)	3360	轴荷(kg)	3000/4495
	底盘型号	BJ1071VDE0A-1	生产厂家	北汽福田汽车股份有限公司
电机	电机类型	永磁同步电机	电机型号	BOMM060/110-Ⅰ
	电机峰值功率(kW)	110	电机连续功率(kW)	60
	电机连续扭矩(N·m)	220	电机峰值扭矩(N·m)	300
	电机生产企业	中山大洋电机股份有限公司		
电池	电池类型	锰酸锂	电池型号	SPIM23300260
	电压(V)	384	容量(A·h)	200
	电池额定电压(V)	3.8	电池额定容量(A·h)	100
	电池生产企业	中信国安盟固利动力科技有限公司		
性能指标	最高车速(km/h)	80	0~50m/h 加速时间(s)	14
	最大爬坡度(%)	20	能耗(kW·h/100km)	0

(74)华林牌 HLT5072ZZZEV 型纯电动自装卸式垃圾车

生产企业			北京华林特装车有限公司	
整车	公告批次	222		
	目录序号	(一) 31		
	识别代号	LVBV4J0B		
	依据标准	-		
	外形尺寸(长×宽×高)(mm)	5720×2020×2390		
	总质量(kg)	7495	整备质量(kg)	5400
	轴距(mm)	3360	轴荷(kg)	3000/4495
	底盘型号	BJ1071VDE0A	生产厂家	北汽福田汽车股份有限公司
电机	电机类型	永磁同步电机	电机型号	BOMM060/110-Ⅰ
	电机峰值功率(kW)	110	电机连续功率(kW)	60
	电机连续扭矩(N·m)	220	电机峰值扭矩(N·m)	300
	电机生产企业	中山大洋电机股份有限公司		
电池	电池类型	磷酸铁锂	电池型号	PUIFP25/110/270
	电压(V)	384	容量(A·h)	200
	电池额定电压(V)	3.2	电池额定容量(A·h)	50
	电池生产企业	北京普莱德新能源电池科技有限公司		
性能指标	最高车速(km/h)	80	0~50m/h 加速时间(s)	14
	最大爬坡度(%)	20	能耗(kW·h/100km)	0

(75)华林牌 HLT5023ZLJEV 型纯电动自卸式垃圾车

生产企业			北京华林特装车有限公司	
整车	公告批次	232		
	目录序号	(一) 31		
	识别代号	LVAV2J0B		
	依据标准	-		
	外形尺寸(长×宽×高)(mm)	4310×1550×1890		
	总质量 (kg)	2250	整备质量 (kg)	1555
	轴距 (mm)	2370	轴荷 (kg)	910/1340
	底盘型号	BJ1020EV10	生产厂家	北汽福田汽车股份有限公司
电机	电机类型	永磁同步电机	电机型号	FTTB035
	电机峰值功率 (kW)	70	电机连续功率 (kW)	35
	电机连续扭矩 (N·m)	110	电机峰值扭矩 (N·m)	210
	电机生产企业	北汽福田汽车股份有限公司		
电池	电池类型	磷酸铁锂	电池型号	29/135/220-60Ah
	电压 (V)	384	容量 (A·h)	60
	电池额定电压 (V)	3.2	电池额定容量 (A·h)	60
	电池生产企业	北京普莱德新能源电池科技有限公司		
性能指标	最高车速 (km/h)	80	0~50m/h 加速时间 (s)	15
	最大爬坡度 (%)	20	能耗 (kW·h/100km)	0

(76)华林牌 HLT5030CTYEV 型纯电动桶装垃圾运输车

生产企业			北京华林特装车有限公司	
整车	公告批次	232		
	目录序号	(一) 31		
	识别代号	LVAV2J0B		
	依据标准	-		
	外形尺寸(长×宽×高)(mm)	4960×1690×1910		
	总质量 (kg)	2880	整备质量 (kg)	2005
	轴距 (mm)	2566	轴荷 (kg)	1280/1600
	底盘型号	BJ1030EVJA1	生产厂家	北汽福田汽车股份有限公司
电机	电机类型	永磁同步电机	电机型号	FTTB035
	电机峰值功率 (kW)	70	电机连续功率 (kW)	35
	电机连续扭矩 (N·m)	110	电机峰值扭矩 (N·m)	210
	电机生产企业	北汽福田汽车股份有限公司		
电池	电池类型	磷酸铁锂	电池型号	29/135/220-60Ah
	电压 (V)	384	容量 (A·h)	60
	电池额定电压 (V)	3.2	电池额定容量 (A·h)	60
	电池生产企业	北京普莱德新能源电池科技有限公司		
性能指标	最高车速 (km/h)	80	0~50m/h 加速时间 (s)	15
	最大爬坡度 (%)	20	能耗 (kW·h/100km)	0

(77)华林牌 HLT5031CTYEV 型纯电动桶装垃圾运输车

生产企业			北京华林特装车有限公司	
整车	公告批次	232		
	目录序号	(一) 31		
	识别代号	LVAV2J0B		
	依据标准	-		
	外形尺寸(长×宽×高)(mm)	5010×1690×2210		
	总质量（kg）	2880	整备质量（kg）	2045
	轴距（mm）	2566	轴荷（kg）	1280/1600
	底盘型号	BJ1030EVJA2	生产厂家	北汽福田汽车股份有限公司
电机	电机类型	永磁同步电机	电机型号	FTTB035
	电机峰值功率（kW）	70	电机连续功率（kW）	35
	电机连续扭矩（N·m）	110	电机峰值扭矩（N·m）	210
	电机生产企业	北汽福田汽车股份有限公司		
电池	电池类型	锰酸锂	电池型号	SPIM14245190
	电压（V）	385	容量（A·h）	70
	电池额定电压（V）	3.7	电池额定容量（A·h）	70
	电池生产企业	中信国安盟固利动力科技有限公司		
性能指标	最高车速（km/h）	80	0～50m/h 加速时间（s）	15
	最大爬坡度（%）	20	能耗（kW·h/100km）	0

(78)华林牌 HLT5032CTYEV 型纯电动桶装垃圾运输车

生产企业			北京华林特装车有限公司	
整车	公告批次	234		
	目录序号	(一) 31		
	识别代号	LVAV2J0B		
	依据标准	-		
	外形尺寸(长×宽×高)(mm)	4960×1690×1910		
	总质量（kg）	2880	整备质量（kg）	2025
	轴距（mm）	2566	轴荷（kg）	1280/1600
	底盘型号	BJ1030EVJA2	生产厂家	北汽福田汽车股份有限公司
电机	电机类型	永磁同步电机	电机型号	FTTB035
	电机峰值功率（kW）	70	电机连续功率（kW）	35
	电机连续扭矩（N·m）	110	电机峰值扭矩（N·m）	210
	电机生产企业	北汽福田汽车股份有限公司		
电池	电池类型	锰酸锂	电池型号	SPIM14245190
	电压（V）	385	容量（A·h）	70
	电池额定电压（V）	3.7	电池额定容量（A·h）	70
	电池生产企业	中信国安盟固利动力科技有限公司		
性能指标	最高车速（km/h）	80	0～50m/h 加速时间（s）	15
	最大爬坡度（%）	20	能耗（kW·h/100km）	0

(79)华林牌 HLT5033CTYEV 型纯电动桶装垃圾运输车

生产企业			北京华林特装车有限公司	
整车	公告批次	233		
	目录序号	(一) 31		
	识别代号	LVAV2J0B		
	依据标准	-		
	外形尺寸(长×宽×高)(mm)	5010×1690×2210		
	总质量 (kg)	2880	整备质量 (kg)	2025
	轴距 (mm)	2566	轴荷 (kg)	1280/1600
	底盘型号	BJ1030EVJA1	生产厂家	北汽福田汽车股份有限公司
电机	电机类型	永磁同步电机	电机型号	FTTB035
	电机峰值功率 (kW)	70	电机连续功率 (kW)	35
	电机连续扭矩 (N·m)	110	电机峰值扭矩 (N·m)	210
	.电机生产企业	北汽福田汽车股份有限公司		
电池	电池类型	磷酸铁锂	电池型号	29/135/220-60Ah
	电压 (V)	384	容量 (A·h)	60
	电池额定电压 (V)	3.2	电池额定容量 (A·h)	60
	电池生产企业	北京普莱德新能源电池科技有限公司		
性能指标	最高车速 (km/h)	80	0~50m/h 加速时间 (s)	15
	最大爬坡度 (%)	20	能耗 (kW·h/100km)	0

(80)五菱牌 LQG5020CCYBEV 型纯电动仓栅式运输车

生产企业			柳州五菱汽车工业有限公司	
整车	公告批次	233		
	目录序号	(二十) 09		
	识别代号	LLWPCASA××××××		
	依据标准	-		
	外形尺寸(长×宽×高)(mm)	4115×1560×2390		
	总质量 (kg)	1880	整备质量 (kg)	1180,1210
	轴距 (mm)	2080	轴荷 (kg)	810/1070,835/1045
	底盘型号	LQG1020LEV	生产厂家	柳州五菱汽车工业有限公司
电机	电机类型	三相交流异步电机	电机型号	CAMT9006YA
	电机峰值功率 (kW)	18	电机连续功率 (kW)	6
	电机连续扭矩 (N·m)	29	电机峰值扭矩 (N·m)	83
	电机生产企业	柳州市科尔数字化制造技术有限公司		
电机驱动器	最大电流 (A)	200	额定电压 (V)	96
	驱动器生产企业	柳州市科尔数字化制造技术有限公司		
电池	电池类型	铅酸动力电池	电池型号	6DM100
	电压 (V)	12	容量 (A·h)	100
	电池组额定电压 (V)	96	电池组额定容量 (A·h)	100
	电池生产企业	浙江超威电源 (集团) 有限公司		
性能指标	最高车速 (km/h)	≥65	最大爬坡度 (%)	≥15

3. 燃料电池汽车

产品名称			福田牌 BJ6123C6N4D 型燃料电池客车	
生产企业			北汽福田汽车股份有限公司	
整车	公告批次	217		
	目录序号	9		
	识别代号	LVCB4M4B ××××××		
	依据标准	Q/QCBFC 1656—2011		
	外形尺寸(长×宽×高)(mm)	11980×2550×3450		
	总质量（kg）	17400	整备质量（kg）	14200
	轴距（mm）	6000	轴荷（kg）	6000/11400
	底盘型号	-	生产厂家	北汽福田汽车股份有限公司
电机	电机类型	交流异步电机	电机型号	JD151
	电机峰值功率（kW）	-	电机连续功率（kW）	-
	电机连续扭矩（N·m）	-	电机峰值扭矩（N·m）	-
	电机生产企业	-		
电池	动力电池容量（A·h）	-	动力电池类型	镍氢动力电池
	燃料电池发动机功率（kW）	-	燃料电池额定电压（V）	-
	电池生产企业	-		
性能指标	最高车速（km/h）	80	0～50km/h 加速时间（s）	-
	最大爬坡度（%）	20	百公里氢耗（kg/100km）	-
	续驶里程（km）	380		

4. 燃气汽车及醇醚类汽车车型参数(LPG、LNG、CNG、LCNG、二甲醚及其他)

(1)解放牌 CA6120URH2 型客车

生产企业			中国第一汽车集团公司客车公司	
整车	燃料类型	CNG		
	外形尺寸(长×宽×高)(mm)	11995×2550×3250		
	总质量（kg）	18000		
	整备质量（kg）	10800		
	轴距（mm）	6100		
	轴荷（kg）	6500/11500		
	额定载质量（kg）	7200	载质量利用系数	0.66
发动机	发动机型号	CA6SL2-21E4N	发动机排量（mL）	8600
	发动机功率（kW）	156	发动机燃料	CNG
	发动机生产商	无锡柴油机厂		
电机	电机类型	三相交流异步	电机型号	ENOVA
	电机峰值功率（kW）	90	电机连续功率（kW）	30
	电机连续扭矩（N·m）	106	电机峰值扭矩（N·m）	240
	电机生产企业	美国 Enova 电机公司		
变速箱	类 别	CA5-85AMT	形 式	机械自动变速箱
性能指标	最高车速（km/h）	85	0～100km/h 加速时间（s）	-
	最大爬坡度（%）	28	综合燃料消耗量（m^3/100km）	38

(2)扬子江牌 WG6120NHA4 型客车

生产企业			东风扬子江汽车（武汉）有限责任公司	
整车	燃料类型	CNG/LNG		
整车	外形尺寸(长×宽×高)(mm)	12000×2540×3400		
整车	总质量（kg）	18000		
整车	整备质量（kg）	11760		
整车	轴距（mm）	6300		
整车	轴荷（kg）	6500/11500		
发动机	发动机型号	YC6G230N－30 SC8DT230Q3 WP6NG240E30	发动机排量（mL）	7800 8300 6750
发动机	发动机功率（kW）	170 170 177	发动机燃料	NG
发动机	发动机生产商	广西玉柴机器股份有限公司 上海柴油机股份有限公司 潍坊潍柴培新气体发动机有限公司		
变速箱	类　别	五速手动	形　式	机械式
性能指标	最高车速（km/h）	80	0～100km/h 加速时间（s）	24
性能指标	最大爬坡度（%）	20	综合燃料消耗量（L/100km）	42

(3)扬子江牌 WG6120NHA4 型客车

生产企业			东风扬子江汽车（武汉）有限责任公司	
整车	燃料类型	CNG/LNG		
整车	外形尺寸(长×宽×高)(mm)	12000×2540×3400		
整车	总质量（kg）	18000		
整车	整备质量（kg）	12000		
整车	轴距（mm）	6200		
整车	轴荷（kg）	6500/11500		
发动机	发动机型号	YC6L260N－40 SC8DT250Q4 WP7NG260E30	发动机排量（mL）	8424 8300 7140
发动机	发动机功率（kW）	191 184 191	发动机燃料	NG
发动机	发动机生产商	广西玉柴机器股份有限公司 上海柴油机股份有限公司 潍坊潍柴培新气体发动机有限公司		
变速箱	类　别	五速手动	形　式	机械式
性能指标	最高车速（km/h）	80	0～100km/h 加速时间（s）	24
性能指标	最大爬坡度（%）	20	综合燃料消耗量（L/100km）	42

(4)扬子江牌 WG6120NHM4 型客车

生产企业			东风扬子江汽车（武汉）有限责任公司	
整车	燃料类型	CNG/LNG		
	外形尺寸(长×宽×高)(mm)	12000×2550×3300		
	总质量（kg）	18000		
	整备质量（kg）	12000		
	轴距（mm）	6200		
	轴荷（kg）	6500/11500		
发动机	发动机型号	YC6L260N－40 SC8DT250Q4 WP7NG260E30	发动机排量（mL）	8424 8300 7140
	发动机功率（kW）	191 184 191	发动机燃料	NG
	发动机生产商	广西玉柴机器股份有限公司 上海柴油机股份有限公司 潍坊潍柴培新气体发动机有限公司		
变速箱	类 别	自动	形 式	液力综合式
性能指标	最高车速（km/h）	80	0～100km/h 加速时间（s）	24
	最大爬坡度（%）	20	综合燃料消耗量（L/100km）	42

(5)扬子江牌 WG6100NHA 型客车

生产企业			东风扬子江汽车武汉有限责任公司	
整车	燃料类型	LNG/CNG		
	外形尺寸(长×宽×高)(mm)	10480×2480×3380		
	总质量（kg）	14870		
	整备质量（kg）	10900		
	轴距（mm）	5000		
	轴荷（kg）	5090/9780		
发动机	发动机型号	YC6G230N－30 YC6J210N－30 NQ190N	发动机排量（mL）	7800 6500 5635
	发动机功率（kW）	170 155 144	发动机燃料	NG
	发动机生产商	广西玉柴机器股份有限公司 广西玉柴机器股份有限公司 东风南充汽车有限公司		
变速箱	类 别	五速手动	形 式	机械式
性能指标	最高车速（km/h）	80	0～100km/h 加速时间（s）	24
	最大爬坡度（%）	20	综合燃料消耗量（L/100km）	42

(6)扬子江牌 WG6100NQC 型客车

生产企业			东风扬子江汽车(武汉)有限责任公司	
整车	燃料类型·	LNG/CNG		
	外形尺寸(长×宽×高)(mm)	10300×2480×2990		
	总质量(kg)	13100		
	整备质量(kg)	8280		
	轴距(mm)	5000		
	轴荷(kg)	4500/8600		
发动机	发动机型号	YC6J150N-30 NQ150N	发动机排量(mL)	6500 5635
	发动机功率(kW)	110 110	发动机燃料	NG
	发动机生产商	广西玉柴机器股份有限公司 东风南充汽车有限公司		
变速箱	类　别	五速手动	形　式	机械式
性能指标	最高车速(km/h)	80	0~100km/h 加速时间(s)	28
	最大爬坡度(%)	20	综合燃料消耗量(L/100km)	31

(7)五菱牌 GL6481NCQ 型客车

生产企业			桂林客车工业集团有限公司	
整车	燃料类型	汽油和 NG 两用燃料		
	外形尺寸(长×宽×高)(mm)	4805×1900×2450/2550/2650		
	总质量(kg)	3050		
	整备质量(kg)	1895/1965		
	轴距(mm)	3340		
	轴荷(kg)	1430/1620		
发动机	发动机型号	LJ475QNE1	发动机排量(mL)	1590
	发动机功率(kW)	71(汽油),67.5(NG)	发动机燃料	汽油
	发动机生产商	柳州五菱柳机动力有限公司		
变速箱	类　别	手动变速箱	形　式	五前一倒,5T15A1,软轴远距离操纵
性能指标	最高车速(km/h)	105	0~100km/h 加速时间(s)	-
	最大爬坡度(%)	23(汽油),21(NG)	综合燃料消耗量(L/100km)	11.3

(8)五菱牌 GL6505NCQ 型客车

生产企业			桂林客车工业集团有限公司	
整车	燃料类型	汽油和 NG 两用燃料		
	外形尺寸(长×宽×高)(mm)	5035×1900×2450/2550/2650		
	总质量(kg)	3200		
	整备质量(kg)	2180		
	轴距(mm)	3570		
	轴荷(kg)	1430/1770		
发动机	发动机型号	LJ475QNE1	发动机排量(mL)	1590
	发动机功率(kW)	71 汽油,67.5(LNG)	发动机燃料	汽油
	发动机生产商	柳州五菱柳机动力有限公司		
变速箱	类　别	手动变速箱	形　式	五前一倒,5T15A1,软轴远距离操纵
性能指标	最高车速(km/h)	105	0~100km/h 加速时间(s)	-
	最大爬坡度(%)	21(汽油),18(LNG)	综合燃料消耗量(L/100km)	11

(9)江西牌 JXK6113BCNG 型城市客车

生产企业			江西凯马百路佳客车有限公司	
整车	燃料类型	天然气		
	外形尺寸(长×宽×高)(mm)	11280×2495×3320		
	总质量(kg)	16200		
	整备质量(kg)	11200		
	轴距(mm)	5600		
	轴荷(kg)	5400/10800		
	载质量利用系数	-	额定载质量(kg)	5000
发动机	发动机型号	YC6G260N-40	发动机排量(mL)	7800
	发动机功率(kW)	191	发动机燃料	天然气
	发动机生产商	广西玉柴机器股份有限公司		
变速箱	类 别	QJ1205	形 式	机械式
性能指标	最高车速(km/h)	80	0~100km/h 加速时间(s)	35
	最大爬坡度(%)	20	综合燃料消耗量(m^3/100km)	50.4

(10)黄海牌 DD6125B01 城际客车

生产企业			丹东黄海汽车有限责任公司	
整车	燃料类型	LNG		
	外形尺寸(长×宽×高)(mm)	11900×2530×3350/3420		
	货厢尺寸(长×宽×高)(mm)	-		
	总质量(kg)	18000		
	整备质量(kg)	12500 12900		
	轴距(mm)	6000		
	轴荷(kg)	6500 11500		
发动机	发动机型号	YC6L280N-40	发动机排量(mL)	8424
	发动机功率(kW)	206	发动机燃料	NG
	发动机生产商	广西玉柴机器股份有限公司		
性能指标	最高车速(km/h)	110	0~100km/h 加速时间(s)	-
	最大爬坡度(%)	-	综合燃料消耗量(L/100km)	-

(11)黄海牌 DD6118S23 城市客车

生产企业			丹东黄海汽车有限责任公司	
整车	燃料类型	LNG		
	外形尺寸(长×宽×高)(mm)	11310×2532×3180/3380		
	总质量(kg)	16000		
	整备质量(kg)	12000 12400		
	轴距(mm)	5600		
	轴荷(kg)	5500 10500		
发动机	发动机型号	WP6NG240E30	发动机排量(mL)	6750
	发动机功率(kW)	177	发动机燃料	NG
	发动机生产商	潍坊潍柴培新气体发动机有限公司		
性能指标	最高车速(km/h)	85	0~100km/h 加速时间(s)	-
	最大爬坡度(%)	-	综合燃料消耗量(L/100km)	-

(12)黄海牌 DD6141S05 城市客车

生产企业			丹东黄海汽车有限责任公司	
整车	燃料类型	LNG		
	外形尺寸(长×宽×高)(mm)	13680×2532×3375		
	总质量 (kg)	23500		
	整备质量 (kg)	14550/15000		
	轴距 (mm)	6300+1400		
	轴荷 (kg)	6500/11500/5500		
发动机	发动机型号	SC9DT280Q3 SC9DT320Q3	发动机排量 (mL)	8820/8820
	发动机功率 (kW)	206/235	发动机燃料	NG
	发动机生产商	上海柴油机股份有限公司 上海柴油机股份有限公司		
性能指标	最高车速 (km/h)	80	0~100km/h 加速时间 (s)	-
	最大爬坡度 (%)	-	综合燃料消耗量 (L/100km)	-

(13)蜀都牌 CDK6182CAR、CDK6182CHR 型城市客车

生产企业			成都客车股份有限公司	
整车	燃料类型	NG		
	外形尺寸(长×宽×高)(mm)	17990×2550×3400		
	总质量 (kg)	28000		
	整备质量 (kg)	18380		
	轴距 (mm)	6000+6200		
	轴荷 (kg)	6500/10000/11500		
发动机	发动机型号	SC9DT280Q4	发动机排量 (mL)	8820
	发动机功率 (kW)	206	发动机燃料	NG
	发动机生产商	上海柴油机股份有限公司		
变速箱	类　别	T310R	形　式	AT
性能指标	最高车速 (km/h)	80	0~50km/h 加速时间 (s)	35
	最大爬坡度 (%)	22	综合燃料消耗量 (m^3/100km)	59

(14)蜀都牌 CDK6701CN1 型城市客车

生产企业			成都客车股份有限公司	
整车	燃料类型	NG		
	外形尺寸(长×宽×高)(mm)	7010×2180×2950		
	总质量 (kg)	7100		
	整备质量 (kg)	5280		
	轴距 (mm)	3500		
	轴荷 (kg)	2400/4700		
发动机	发动机型号	CA4GNE4	发动机排量 (mL)	3700
	发动机功率 (kW)	85	发动机燃料	NG
	发动机生产商	长春一汽四环发动机有限公司		
变速箱	类　别	TC5-40	形　式	MT
性能指标	最高车速 (km/h)	80	0~50km/h 加速时间 (s)	28
	最大爬坡度 (%)	25	综合燃料消耗量 (m^3/100km)	17

(15)蜀都牌 CDK6122CAR/CDK6122CHR/CDK6122CS1R 型城市客车

生产企业			成都客车股份有限公司	
整车	燃料类型	NG		
	外形尺寸(长×宽×高)(mm)	12000×2550×3420		
	总质量（kg）	18000		
	整备质量（kg）	12200		
	轴距（mm）	6150		
	轴荷（kg）	6500/11500		
发动机	发动机型号	SC8DT230Q4 SC8DT250Q4	发动机排量（mL）	8270
	发动机功率（kW）	170，184	发动机燃料	NG
	发动机生产商	上海柴油机股份有限公司		
变速箱	类　别	T270R，T28R	形　式	AT
性能指标	最高车速（km/h）	80	0～50km/h 加速时间（s）	30
	最大爬坡度（%）	22	综合燃料消耗量（m^3/100km）	42

(16)福田牌 BJ6123C7BCD－1 型城市客车

生产企业			北汽福田汽车股份有限公司	
整车	燃料类型	NG		
	外形尺寸(长×宽×高)(mm)	11980×2550×3100/3200（装空调)/3400（顶置气瓶)		
	总质量（kg）	17950		
	整备质量（kg）	11900/12200（装空调）		
	轴距（mm）	5900		
	轴荷（kg）	6450/11500		
发动机	发动机型号	YC6G260N－40	发动机排量（mL）	7800
	发动机功率（kW）	191	发动机燃料	NG
	发动机生产商	广西玉柴机器股份有限公司		
变速箱	类　别	-	形　式	机械式、手动
性能指标	最高车速（km/h）	80	0～70km/h 加速时间（s）	-
	最大爬坡度（%）	30	综合燃料消耗量（m^3/100km）	-

(17)福田牌 BJ6123C7BTD 型城市客车

生产企业			北汽福田汽车股份有限公司	
整车	燃料类型	NG		
	外形尺寸(长×宽×高)(mm)	11700×2550×3050/3200（装空调）		
	总质量（kg）	17950		
	整备质量（kg）	11500/11800（装空调）		
	轴距（mm）	5800		
	轴荷（kg）	6450/11500		
发动机	发动机型号	YC6L240N－50	发动机排量（mL）	8424
	发动机功率（kW）	177	发动机燃料	NG
	发动机生产商	广西玉柴机器股份有限公司		
变速箱	类　别	-	形　式	自动变速器
性能指标	最高车速（km/h）	80	0～70km/h 加速时间（s）	-
	最大爬坡度（%）	30	综合燃料消耗量（m^3/100 km）	-

(18)福田牌 BJ6126U8MTB 型客车

生产企业		北汽福田汽车股份有限公司		
整车	燃料类型	NG		
	外形尺寸(长×宽×高)(mm)	12000×2550×3780		
	总质量 (kg)	18000		
	整备质量 (kg)	13700		
	轴距 (mm)	6150		
	轴荷 (kg)	6500/11500		
发动机	发动机型号	YC6M320N-30	发动机排量 (mL)	9839
	发动机功率 (kW)	236	发动机燃料	NG
	发动机生产商	广西玉柴机器股份有限公司		
变速箱	类　别	-	形　式	机械式手动
性能指标	最高车速 (km/h)	120	0~100km/h 加速时间 (s)	-
	最大爬坡度 (%)	20	综合燃料消耗量 (m^3/100 km)	-

(19)福田牌 BJ6126U8MTB-1 型客车

生产企业		北汽福田汽车股份有限公司		
整车	燃料类型	NG		
	外形尺寸(长×宽×高)(mm)	12000×2550×3780		
	总质量 (kg)	18000		
	整备质量 (kg)	13700		
	轴距 (mm)	6150		
	轴荷 (kg)	6500/11500		
发动机	发动机型号	WP10NG336E40	发动机排量 (mL)	9726
	发动机功率 (kW)	247	发动机燃料	NG
	发动机生产商	潍坊潍柴培新气体发动机有限公司		
变速箱	类　别	-	形　式	机械式、手动
性能指标	最高车速 (km/h)	120	0~100km/h 加速时间 (s)	-
	最大爬坡度 (%)	30.5	综合燃料消耗量 (m^3/100km)	-

(20)象牌 SXC6105G4N 型城市客车

生产企业		上海万象汽车制造有限公司		
整车	燃料类型	NG		
	外形尺寸(长×宽×高)(mm)	10500×2490×3050/3260/3460		
	总质量 (kg)	16100		
	整备质量 (kg)	10700/11200		
	轴距 (mm)	5100		
	轴荷 (kg)	5300/10800		
发动机	发动机型号	YC6G230N-40 SC8DT230Q4	发动机排量 (mL)	7800 8270
	发动机功率 (kW)	170	发动机燃料	NG
	发动机生产商	广西玉柴机器股份有限公司 上海柴油机股份有限公司		
变速箱	类　别	手动 MT	形　式	机械式带同步器
性能指标	最高车速 (km/h)	90	0~100km/h 加速时间 (s)	-
	最大爬坡度 (%)	20	综合燃料消耗量 (L/100km)	-

(21)象牌 SXC6120G4N 型城市客车

生产企业		上海万象汽车制造有限公司		
整车	燃料类型	NG		
	外形尺寸(长×宽×高)(mm)	11940×2490×3050/3260/3460		
	总质量(kg)	16600		
	整备质量(kg)	10700/11200		
	轴距(mm)	6100		
	轴荷(kg)	5600/11000		
发动机	发动机型号	YC6G260N-40 SC8DT250Q4	发动机排量(mL)	7800 8270
	发动机功率(kW)	191 184	发动机燃料	NG
	发动机生产商	广西玉柴机器股份有限公司 上海柴油机股份有限公司		
变速箱	类 别	手动 MT	形 式	机械式带同步器
性能指标	最高车速(km/h)	95	0~100km/h 加速时间(s)	-
	最大爬坡度(%)	20	综合燃料消耗量(L/100km)	-

(22)象牌 SXC6890G4N 型城市客车

生产企业		上海万象汽车制造有限公司		
整车	燃料类型	NG		
	外形尺寸(长×宽×高)(mm)	8940×2420×3380		
	总质量(kg)	12800		
	整备质量(kg)	8800		
	轴距(mm)	4200		
	轴荷(kg)	4400/8400		
发动机	发动机型号	YC6J190N-40 SC6HT210Q4	发动机排量(mL)	6454 5883
	发动机功率(kW)	140 155	发动机燃料	NG
	发动机生产商	广西玉柴机器股份有限公司 上海柴油机股份有限公司		
变速箱	类 别	手动 MT	形 式	机械式带同步器
性能指标	最高车速(km/h)	90	0~100km/h 加速时间(s)	-
	最大爬坡度(%)	20	综合燃料消耗量(L/100km)	-

(23)福田牌 BJ6123C7BCD 型城市客车

生产企业		北汽福田汽车股份有限公司		
整车	燃料类型	NG		
	外形尺寸(长×宽×高)(mm)	11980×2550×3100/3200(装空调)/3400(顶置气瓶)		
	总质量(kg)	17950		
	整备质量(kg)	11900/12200(装空调)		
	轴距(mm)	5900		
	轴荷(kg)	6450/11500		
发动机	发动机型号	YC6G260N-40	发动机排量(mL)	7800
	发动机功率(kW)	191	发动机燃料	NG
	发动机生产商	广西玉柴机器股份有限公司		
变速箱	类 别	-	形 式	机械式、手动
性能指标	最高车速(km/h)	80	0~70km/h 加速时间(s)	-
	最大爬坡度(%)	-	综合燃料消耗量(m^3/100km)	-

(24)宇通牌 ZK6110HNQ1E 型燃气客车

生产企业		郑州宇通客车股份有限公司		
整车	燃料类型	CNG、LNG		
	外形尺寸(长×宽×高)(mm)	10800×2500×3550/3730		
	总质量 (kg)	15255		
	整备质量 (kg)	11900		
	轴距 (mm)	5550		
	轴荷 (kg)	5055/10200		
	额定载质量 (kg)	3355	载质量利用系数	22%
发动机	发动机型号	YC6L280N-40	发动机排量 (mL)	8424
	发动机功率 (kW)	206	发动机燃料	CNG、LNG
	发动机生产商	广西玉柴机器股份有限公司		
变速箱	类 别	机械式	形 式	6前进挡1倒挡，带同步器
性能指标	最高车速 (km/h)	100	0~100km/h 加速时间 (s)	60
	最大爬坡度 (%)	30	综合燃料消耗量 (L/100km)	CNG：120 LNG：42.9

(25)宇通牌 ZK6110HNQ1Z 型燃气客车

生产企业		郑州宇通客车股份有限公司		
整车	燃料类型	CNG、LNG		
	外形尺寸(长×宽×高)(mm)	10800×2500×3550/3730		
	总质量 (kg)	15900		
	整备质量 (kg)	11900		
	轴距 (mm)	5550		
	轴荷 (kg)	5200/10700		
	额定载质量 (kg)	25.2%	载质量利用系数	4000
发动机	发动机型号	YC6G260N-40 YC6L280N-40 WP7NG270E40	发动机排量 (mL)	7800 8424 7140
	发动机功率 (kW)	191 206 199	发动机燃料	CNG、LNG
	发动机生产商	广西玉柴机器股份有限公司 广西玉柴机器股份有限公司 潍柴动力西港(潍坊)新能源发动机有限公司		
变速箱	类 别	机械式	形式	6前进挡1倒挡，带同步器
性能指标	最高车速 (km/h)	120	0~100km/h 加速时间 (s)	60
	最大爬坡度 (%)	30	综合燃料消耗量 (L/100km)	CNG：120 LNG：42.9

(26) 宇通牌 ZK6121HN1Y 型燃气客车

生产企业		郑州宇通客车股份有限公司		
整车	燃料类型	CNG、LNG		
	外形尺寸(长×宽×高)(mm)	12000×2550×3400/3580		
	总质量（kg)	18000		
	整备质量（kg)	12900		
	轴距（mm)	6050		
	轴荷（kg)	6500/11500		
	额定载质量（kg)	5100	载质量利用系数	28.3%
发动机	发动机型号	WP10NG336E40 WP10NG300E40	发动机排量（mL)	9726 9726
	发动机功率（kW)	247 220	发动机燃料	CNG、LNG
	发动机生产商	潍柴动力西港(潍坊)新能源发动机有限公司		
变速箱	类　别	机械式	形　式	6 前进挡 1 倒挡，带同步器
性能指标	最高车速（km/h)	120	0～100km/h 加速时间（s)	60
	最大爬坡度（%)	30	综合燃料消耗量（L/100km)	CNG：120 LNG：42.9

(27) 宇通牌 ZK6121HN1Z 型燃气客车

生产企业		郑州宇通客车股份有限公司		
整车	燃料类型	CNG、LNG		
	外形尺寸(长×宽×高)(mm)	12000×2550×3400/3580		
	总质量（kg)	18000		
	整备质量（kg)	12300		
	轴距（mm)	6050		
	轴荷（kg)	6500/11500		
	额定载质量（kg)	5700	载质量利用系数	31.7%
发动机	发动机型号	WP10NG336E40 WP10NG300E40 WP12NG350E40 YC6MK340N-40	发动机排量（mL)	9726 9726 11596 10338
	发动机功率（kW)	247 220 257 250	发动机燃料	CNG、LNG
	发动机生产商	潍坊潍柴培新气体发动机有限公司 潍坊潍柴培新气体发动机有限公司 潍柴动力西港(潍坊)新能源发动机有限公司 广西玉柴机器股份有限公司		
变速箱	类　别	机械式	形　式	6 前进挡 1 倒挡，带同步器
性能指标	最高车速（km/h)	120	0～100km/h 加速时间（s)	60
	最大爬坡度（%)	30	综合燃料消耗量（L/100km)	CNG：120 LNG：42.9

(28)宇通牌 ZK6122HNQ1E 型燃气客车

生产企业		郑州宇通客车股份有限公司		
整车	燃料类型	CNG、LNG		
	外形尺寸(长×宽×高)(mm)	12000×2550×3830/3995		
	总质量 (kg)	18000		
	整备质量 (kg)	13400/13710		
	轴距 (mm)	6050		
	轴荷 (kg)	6500/11500		
	额定载质量 (kg)	4600/4290	载质量利用系数	25.5%/23.8%
发动机	发动机型号	WP10NG336E40 YC6MK375N-40 WP12NG350E40	发动机排量 (mL)	9726 10338 11596
	发动机功率 (kW)	247 276 257	发动机燃料	CNG、LNG
	发动机生产商	潍柴动力西港(潍坊)新能源发动机有限公司 广西玉柴机器股份有限公司 潍柴动力西港(潍坊)新能源发动机有限公司		
变速箱	类 别	机械式	形 式	6前进挡1倒挡，带同步器
性能指标	最高车速 (km/h)	125	0~100km/h加速时间 (s)	60
	最大爬坡度 (%)	30	综合燃料消耗量 (L/100km)	CNG：120 LNG：42.9

(29)宇通牌 ZK6122HNQ1Y 型燃气客车

生产企业		郑州宇通客车股份有限公司		
整车	燃料类型	CNG、LNG		
	外形尺寸(长×宽×高)(mm)	12000×2550×3830/3995		
	总质量 (kg)	18000		
	整备质量 (kg)	13400/13710		
	轴距 (mm)	6050		
	轴荷 (kg)	6500/11500		
	额定载质量 (kg)	4600/4290	载质量利用系数	25.5%/23.8%
发动机	发动机型号	WP10NG336E40	发动机排量 (mL)	9726
	发动机功率 (kW)	247	发动机燃料	CNG、LNG
	发动机生产商	潍柴动力西港(潍坊)新能源发动机有限公司		
变速箱	类 别	机械式	形 式	6前进挡1倒挡，带同步器
性能指标	最高车速 (km/h)	100	0~100km/h加速时间 (s)	60
	最大爬坡度 (%)	30	综合燃料消耗量 (L/100km)	CNG：120 LNG：42.9

(30)宇通牌 ZK6127HNQDA 型燃气客车

<table>
<tr><td colspan="2">生产企业</td><td colspan="3">郑州宇通客车股份有限公司</td></tr>
<tr><td rowspan="7">整车</td><td>燃料类型</td><td>CNG、LNG</td><td colspan="2" rowspan="6"></td></tr>
<tr><td>外形尺寸(长×宽×高)(mm)</td><td>12000×2550×3955</td></tr>
<tr><td>总质量(kg)</td><td>18000</td></tr>
<tr><td>整备质量(kg)</td><td>13240/13550</td></tr>
<tr><td>轴距(mm)</td><td>6050</td></tr>
<tr><td>轴荷(kg)</td><td>6500/11500</td></tr>
<tr><td>额定载质量(kg)</td><td>4760/4450</td><td>载质量利用系数</td><td>26.4%/24.7%</td></tr>
<tr><td rowspan="3">发动机</td><td>发动机型号</td><td>WP12NG350E40
WP12NG380E40
YC6MK375N-40</td><td>发动机排量(mL)</td><td>11596
11596
10338</td></tr>
<tr><td>发动机功率(kW)</td><td>257
280
276</td><td>发动机燃料</td><td>CNG、LNG</td></tr>
<tr><td>发动机生产商</td><td colspan="3">潍柴动力西港(潍坊)新能源发动机有限公司
潍柴动力西港(潍坊)新能源发动机有限公司
广西玉柴机器股份有限公司</td></tr>
<tr><td>变速箱</td><td>类 别</td><td>机械式</td><td>形 式</td><td>6前进挡1倒挡,带同步器</td></tr>
<tr><td rowspan="2">性能指标</td><td>最高车速(km/h)</td><td>100</td><td>0~100km/h加速时间(s)</td><td>60</td></tr>
<tr><td>最大爬坡度(%)</td><td>30</td><td>综合燃料消耗量(L/100km)</td><td>CNG:120
LNG:42.9</td></tr>
</table>

(31)宇通牌 ZK6127HNQEA 型燃气客车

<table>
<tr><td colspan="2">生产企业</td><td colspan="3">郑州宇通客车股份有限公司</td></tr>
<tr><td rowspan="7">整车</td><td>燃料类型</td><td>CNG、LNG</td><td colspan="2" rowspan="6"></td></tr>
<tr><td>外形尺寸(长×宽×高)(mm)</td><td>12000×2550×3955</td></tr>
<tr><td>总质量(kg)</td><td>18000</td></tr>
<tr><td>整备质量(kg)</td><td>13240/13550</td></tr>
<tr><td>轴距(mm)</td><td>6050</td></tr>
<tr><td>轴荷(kg)</td><td>6500/11500</td></tr>
<tr><td>额定载质量(kg)</td><td>4760/4450</td><td>载质量利用系数</td><td>26.4%/24.7%</td></tr>
<tr><td rowspan="3">发动机</td><td>发动机型号</td><td>WP12NG350E40
WP12NG380E40
YC6MK375N-40</td><td>发动机排量(mL)</td><td>11596
11596
10338</td></tr>
<tr><td>发动机功率(kW)</td><td>257
280
276</td><td>发动机燃料</td><td>CNG、LNG</td></tr>
<tr><td>发动机生产商</td><td colspan="3">潍柴动力西港(潍坊)新能源发动机有限公司
潍柴动力西港(潍坊)新能源发动机有限公司
广西玉柴机器股份有限公司</td></tr>
<tr><td>变速箱</td><td>类 别</td><td>机械式</td><td>形 式</td><td>6前进挡1倒挡,带同步器</td></tr>
<tr><td rowspan="2">性能指标</td><td>最高车速(km/h)</td><td>100</td><td>0~100km/h加速时间(s)</td><td>60</td></tr>
<tr><td>最大爬坡度(%)</td><td>30</td><td>综合燃料消耗量(L/100km)</td><td>CNG:120
LNG:42.9</td></tr>
</table>

(32)宇通牌 ZK6110HNQ1Y 型燃气客车

生产企业		郑州宇通客车股份有限公司		
整车	燃料类型	CNG、LNG		
	外形尺寸(长×宽×高)(mm)	10800×2500×3550/3730		
	总质量 (kg)	15900		
	整备质量 (kg)	11900		
	轴距 (mm)	5550		
	轴荷 (kg)	5200/10700		
	额定载质量 (kg)	25.2%	载质量利用系数	4000
发动机	发动机型号	YC6G260N-40 YC6L280N-40 WP7NG270E40	发动机排量 (mL)	7800 8424 7140
	发动机功率 (kW)	191 206 199	发动机燃料	CNG、LNG
	发动机生产商	广西玉柴机器股份有限公司 广西玉柴机器股份有限公司 潍柴动力西港(潍坊)新能源发动机有限公司		
变速箱	类　别	机械式	形　式	6 前进挡 1 倒挡，带同步器
性能指标	最高车速 (km/h)	120	0～100km/h 加速时间 (s)	60
	最大爬坡度 (%)	30	综合燃料消耗量 (L/100km)	CNG：120 LNG：42.9

(33)宇通牌 ZK6122HNQ11E 型燃气客车

生产企业		郑州宇通客车股份有限公司		
整车	燃料类型	CNG、LNG		
	外形尺寸(长×宽×高)(mm)	11600×2550×3830/3995		
	总质量 (kg)	17400		
	整备质量 (kg)	13300		
	轴距 (mm)	5650		
	轴荷 (kg)	6100/11300		
	额定载质量 (kg)	4100	载质量利用系数	23.6%
发动机	发动机型号	WP10NG336E40	发动机排量 (mL)	9726
	发动机功率 (kW)	247	发动机燃料	CNG、LNG
	发动机生产商	潍柴动力西港(潍坊)新能源发动机有限公司		
变速箱	类　别	机械式	形　式	6 前进挡 1 倒挡，带同步器
性能指标	最高车速 (km/h)	100	0～100km/h 加速时间 (s)	60
	最大爬坡度 (%)	30	综合燃料消耗量 (L/100km)	CNG：120 LNG：42.9

(34)宇通牌 ZK6122HN01Z 型燃气客车

生产企业		郑州宇通客车股份有限公司		
整车	燃料类型	CNG、LNG		
	外形尺寸(长×宽×高)(mm)	12000×2550×3830/3995		
	总质量 (kg)	18000		
	整备质量 (kg)	13400/13710		
	轴距 (mm)	6050		
	轴荷 (kg)	6500/11500		
	额定载质量 (kg)	4600/4290	载质量利用系数	25.5%/23.8%
发动机	发动机型号	WP10NG336E40 WP10NG300E40 WP12NG350E40 YC6MK340N-40	发动机排量 (mL)	9726 9726 11596 10338
	发动机功率 (kW)	247 220 257 250	发动机燃料	CNG、LNG
	发动机生产商	潍坊潍柴培新气体发动机有限公司 潍坊潍柴培新气体发动机有限公司 潍柴动力西港(潍坊)新能源发动机有限公司 广西玉柴机器股份有限公司		
变速箱	类 别	机械式	形 式	6前进挡1倒挡，带同步器
性能指标	最高车速 (km/h)	125	0～100km/h 加速时间 (s)	60
	最大爬坡度 (%)	30	综合燃料消耗量 (L/100km)	CNG：120 LNG：42.9

五、新能源汽车关键零部件

1. 动力电池系统技术参数

生产企业		东风扬子江汽车（武汉）有限责任公司	
产品名称		（磷酸铁锂电池）	
产品规格		锂电池	
外形尺寸(长×宽×高)(mm)		1076×705×403（共9箱）	
额定电压 (V)		576	
额定容量 (A·h)		480	
内阻 (Ω)		<0.25	
低温启动	功率 (kW)	-	
	时间 (s)	30	
	状态	-	
	最低电压 (V)	450	
工作温度范围 (℃)		-20～40	
贮存温度范围 (℃)		-10～40	
绝缘电阻 (MΩ)		>20	
工作电压范围 (V)		450～648	
充放电效率 (%)		97	
SOC 估算误差 (%)		<8	
抗干扰能力		符合 GB/T18387-2001	
防护等级		2P54	
安全性		过压、过流、过湿	
循环寿命（年/万公里)		3	

生产企业		湖南南车时代电动汽车股份有限公司	
产品名称		超级电容系统	
产品规格		TVV2－10	 
外形尺寸(长×宽×高)(mm)		2010×500×350	
额定电压（V）		480	
额定容量（F）		16.5	
内阻（mΩ）		80	
低温启动	功率（kW）	－	
	时间（s）	－	
	状态	－	
	最低电压(V)	－	
工作温度范围（℃）		－40～65	
贮存温度范围（℃）		－40～70	
绝缘电阻（MΩ）		＞100	
工作电压范围（V）		200～430	
充放电效率（%）		不小于93	
SOC估算误差（%）		＜8	
抗干扰能力		－	
防护等级		IP43	
循环寿命（年/万公里）		10/60	任何一个条件达到要求即可

生产企业		江苏春兰清洁能源研究院有限公司	
产品名称		镍氢型动力电池系统	
产品规格		336V/40Ah	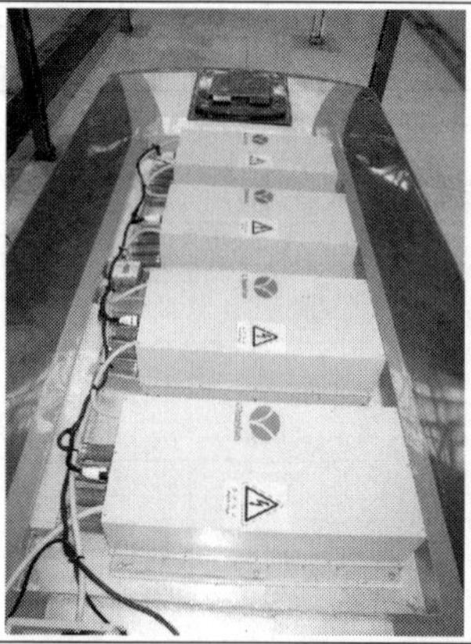
外形尺寸(长×宽×高)(mm)		－	
额定电压（V）		336	
额定容量（A·h）		40	
内阻（Ω）		≤0.3	
低温启动	功率（kW）	20	
	时间（s）	－	
	状态	－	
	最低电压(V)	－	
工作温度范围（℃）		－30～60	
贮存温度范围（℃）		－30～60	
绝缘电阻（MΩ）		≥10	
工作电压范围（V）		243～434	
充放电效率（%）		≥85	
SOC估算误差（%）		≤6	
抗干扰能力		－	
防护等级		IP55	
安全性		符合国标	
循环寿命（年/万公里）		10/20	

生产企业		中航锂电（洛阳）有限公司	
产品名称		磷酸铁锂型动力电池系统	
产品规格		384V /360Ah	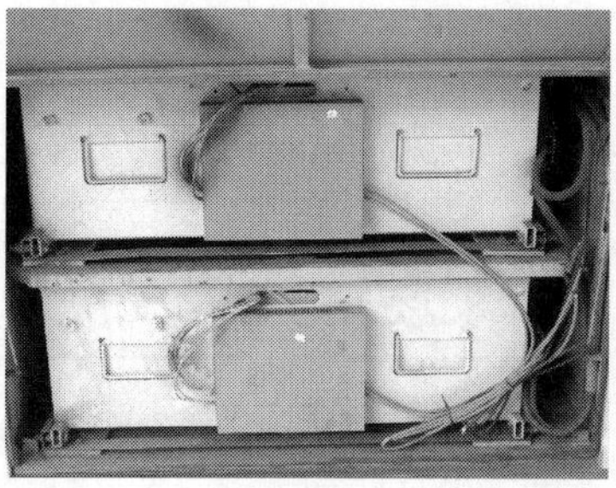
外形尺寸(长×宽×高)(mm)		-	
额定电压（V）		384	
额定容量（A·h）		360	
内阻（Ω）		≤0.12	
低温启动	功率（kW）	-	
	时间（s）	-	
	状态	-	
	最低电压(V)	-	
工作温度范围（℃）		-20～55	
贮存温度范围（℃）		-20～55	
绝缘电阻（MΩ）		≥20	
工作电压范围（V）		300～438	
充放电效率（%）		-	
SOC 估算误差（%）		≤5	
抗干扰能力		-	
防护等级		-	
安全性		符合国标	
循环寿命（年/万公里）		-/10	

生产企业		力神迈尔斯动力电池系统有限公司	
产品名称		磷酸铁锂型动力电池系统	
产品规格		333V /49.5Ah	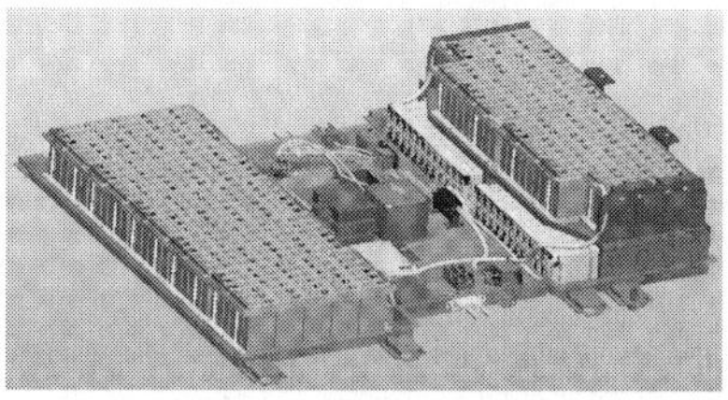
外形尺寸(长×宽×高)(mm)		-	
额定电压（V）		333	
额定容量（A·h）		49.5	
内阻（Ω）		≤0.4	
低温启动	功率（kW）	20	
	时间（s）	2	
	状态	-	
	最低电压(V)	230	
工作温度范围（℃）		-30～55	
贮存温度范围（℃）		-30～65	
绝缘电阻（MΩ）		≥100	
工作电压范围（V）		230～375	
充放电效率（%）		90	
SOC 估算误差（%）		5	
抗干扰能力		符合国标	
防护等级		IP66	
安全性		符合国标	
循环寿命（年/万公里）		3/10	

生产企业		宁德时代新能源科技有限公司	
产品名称		磷酸铁锂型动力电池系统	
产品规格		345V /60Ah	
外形尺寸(长×宽×高)(mm)		-	
额定电压 (V)		345	
额定容量 (A·h)		60	
内阻 (Ω)		≤0.3	
低温启动	功率 (kW)	20	
	时间 (s)	2	
	状态	-	
	最低电压(V)	230	
工作温度范围 (℃)		-30~55	
贮存温度范围 (℃)		-30~65	
绝缘电阻 (MΩ)		≥100	
工作电压范围 (V)		230~390	
充放电效率 (%)		90	
SOC估算误差 (%)		5	
抗干扰能力		符合国标	
防护等级		IP66	
安全性		符合国标	
循环寿命 (年/万公里)		3/10	

生产企业		力神迈尔斯动力电池系统有限公司	
产品名称		磷酸铁锂型动力电池系统	
产品规格		358V /49.5Ah	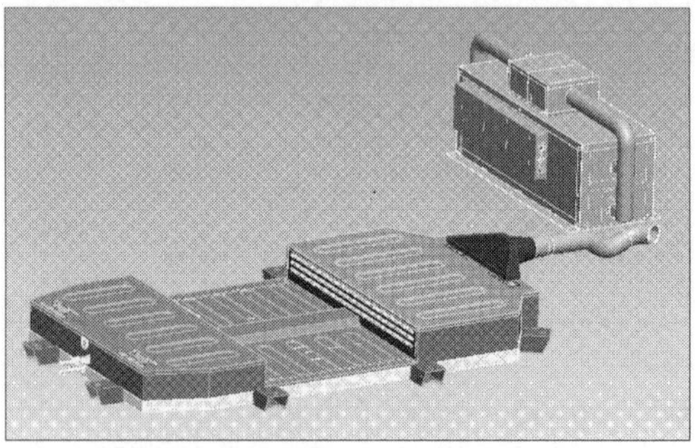
外形尺寸(长×宽×高)(mm)		-	
额定电压 (V)		358	
额定容量 (A·h)		49.5	
内阻 (Ω)		≤0.4	
低温启动	功率 (kW)	20	
	时间 (s)	2	
	状态	-	
	最低电压(V)	230	
工作温度范围 (℃)		-30~55	
贮存温度范围 (℃)		-30~65	
绝缘电阻 (MΩ)		≥100	
工作电压范围 (V)		230~400	
充放电效率 (%)		90	
SOC估算误差 (%)		5	
抗干扰能力		符合国标	
防护等级		IP66	
安全性		符合国标	
循环寿命 (年/万公里)		3/10	

生产企业		力神迈尔斯动力电池系统有限公司	
产品名称		磷酸铁锂型动力电池系统	
产品规格		307V /49.5Ah	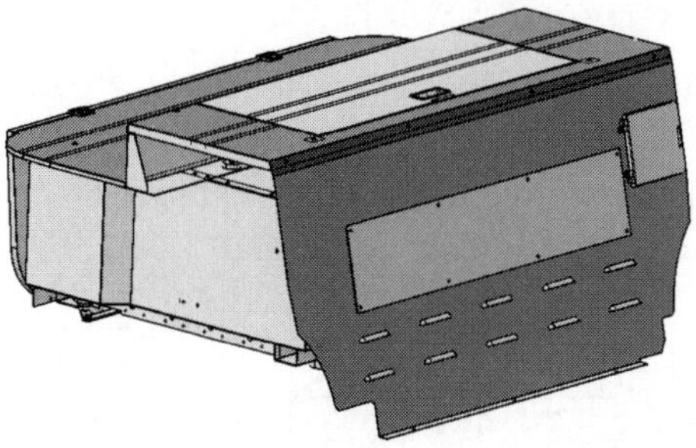
外形尺寸(长×宽×高)(mm)		1032×835×450	
额定电压 (V)		307	
额定容量 (A·h)		66	
内阻 (Ω)		<0.4	
低温启动	功率 (kW)	-15	
	时间 (s)	-2	
	状态	-	
	最低电压(V)	-230	
工作温度范围 (℃)		-30~65	
贮存温度范围 (℃)		-40~70	
绝缘电阻 (MΩ)		>10	
工作电压范围 (V)		200~350	
充放电效率 (%)		>95	
SOC 估算误差 (%)		<5	
抗干扰能力		符合国标	
防护等级		IP55	
安全性		符合国标	
循环寿命 (年/万公里)		3/10	

生产企业		LG 化学有限公司	
产品名称		锂锰氧化物型动力电池系统	
产品规格		300V /5Ah	
外形尺寸(长×宽×高)(mm)		-	
额定电压 (V)		300	
额定容量 (A·h)		5	
内阻 (Ω)		-	
低温启动	功率 (kW)	-	
	时间 (s) h	-	
	状态	-	
	最低电压(V)	-	
工作温度范围 (℃)		-30~50	
贮存温度范围 (℃)		-40~65	
绝缘电阻 (MΩ)		-	
工作电压范围 (V)		220~344	
充放电效率 (%)		-	
SOC 估算误差 (%)		<5	
抗干扰能力		-	
防护等级		IP55	
安全性		符合国标	
循环寿命 (年/万公里)		10/24	

生产企业		宁德时代新能源科技有限公司	
产品名称		磷酸铁锂型动力电池系统	
产品规格		320V /35Ah	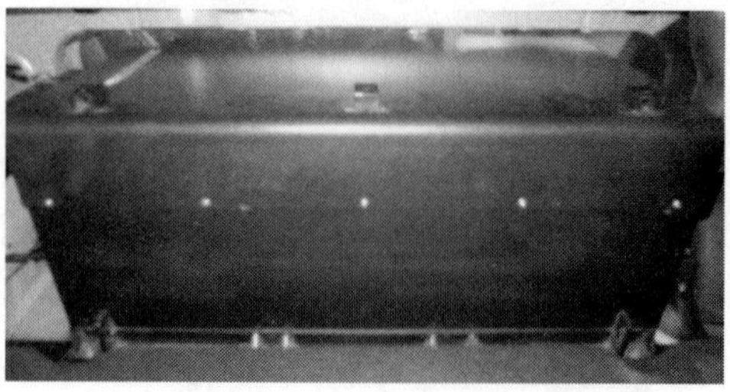
外形尺寸(长×宽×高)(mm)		-	
额定电压（V）		320	
额定容量（A·h）		35A	
内阻（Ω）		<0. 12	
低温启动	功率（kW）	-	
	时间（s）h	-	
	状态	-	
	最低电压(V)	-	
工作温度范围（℃）		-25～45	
贮存温度范围（℃）		-30～50	
绝缘电阻（MΩ）		1000	
工作电压范围（V）		250～365	
充放电效率（%）		-	
SOC 估算误差（%）		-	
抗干扰能力		-	
防护等级		-	
安全性		符合国标	
循环寿命（年/万公里）		-	

生产企业		东莞新能源科技有限公司	
产品名称		方型磷酸铁锂电池	
产品规格		能量型	产品照片（略）
外形尺寸(长×宽×高)(mm)		103×116×126	
额定电压（V）		3. 2	
额定容量（A·h）		20	
内阻（Ω）		-	
低温启动	功率（kW）	-	
	时间（s）	-	
	状态	-	
	最低电压（V）	-	
工作温度范围（℃）		-20～60	
贮存温度范围（℃）		-20～45	
绝缘电阻（MΩ）		>8	
工作电压范围（V）		2. 85～3. 65	
充放电效率（%）		>95	
SOC 估算误差（%）		5	
抗干扰能力		-	
防护等级		IP65	
安全性		-	
循环寿命（年/万公里）		5 年 10 万公里	

生产企业		湖南科霸汽车动力电池有限责任公司	
产品名称		方型镍氢动力电池	
产品规格		CP9	
外形尺寸(长×宽×高)(mm)		275×21.8×117.3	
额定电压（V）		7.2	
额定容量（A·h）		6.5	
内阻（Ω）		0.0065	
低温启动	功率（kW）	0.45（-15℃）	
	时间（s）	10s	
	状态	-	
	最低电压(V)	6.0	
工作温度范围（℃）		-20～55	
绝缘电阻（MΩ）		>200	
工作电压范围（V）		5.4～9.6	
充放电效率（%）		99	
贮存温度范围（℃）		-20～35	6个月
		35～45	3个月

生产企业		湖南科霸汽车动力电池有限责任公司	
产品名称		圆柱形镍氢动力电池	
产品规格		D-size	
外形尺寸(直经×高)(mm)		Φ34.8×397	
额定电压（V）		7.2	
额定容量（A·h）		6	
内阻（Ω）		0.0065	
低温启动	功率（kW）	0.45（-15℃）	
	时间（s）	10s	
	状态	-	
	最低电压(V)	6.0	
工作温度范围（℃）		-20～50	
绝缘电阻（MΩ）		>200	
工作电压范围（V）		5.4～9.6	
充放电效率（%）		99	
贮存温度范围（℃）		-20～35	6个月
		35～45	3个月

生产企业	广东五洲龙电源科技有限公司	
产品名称	五洲龙 HEV 100Ah /336V 混合动力钛锰合金电池	
产品规格	39200279	
外形尺寸(长×宽×高)(mm)	39×200×279	
额定电压 (V)	336	
额定容量 (A·h)	100	
内阻 (Ω)	≤0.06	
低温启动 最低电压(V)	265	
工作温度范围 (℃)	-20	
贮存温度范围 (℃)	20~60	
绝缘电阻 (MΩ)	10	
工作电压范围 (V)	265~383	
充放电效率 (%)	-	
SOC 估算误差 (%)	10	
抗干扰能力	-	
防护等级	IP 67	
安全性	通过《QC-T 743-2006 电动汽车用锂离子蓄电池标准》	
循环寿命 (年/万公里)	-	

生产企业	天津力神电池股份有限公司	
产品名称	LP2770120 方形铝壳锂离子单体电池	
产品规格	16.5A·h	
外形尺寸(长×宽×高)(mm)	27×70×120	
额定电压 (V)	3.2	
额定容量 (A·h)	16.5	
内阻 (mΩ)	4mΩ	
工作电压范围 (V)	2.0~3.65	
充放电效率 (%)	93	
循环寿命 (年/万公里)	8 年/15 万	
工作温度范围 (℃)	-20~60	最佳 15~35
贮存温度范围 (℃)	-20~60	最佳 -20~35

生产企业		天津力神电池股份有限公司	
产品名称		LP2770112 方形铝壳锂离子单体电池	
产品规格		7.5A·h	
外形尺寸(长×宽×高)(mm)		27×70×112	
额定电压（V）		3.2	
额定容量（A·h）		7.5	
内阻（mΩ）		1	
低温启动	功率（kW）	0.06	
	时间（s）	2	
	状态	50%	
	最低电压(V)	2.2	
工作电压范围（V）		2.0～3.65	
充放电效率（%）		93	
循环寿命（年/万公里）		8 年/15 万	
安全性		符合相关标准	
工作温度范围（℃）		-20～60	最佳 15～35
贮存温度范围（℃）		-20～60	最佳 -20～35

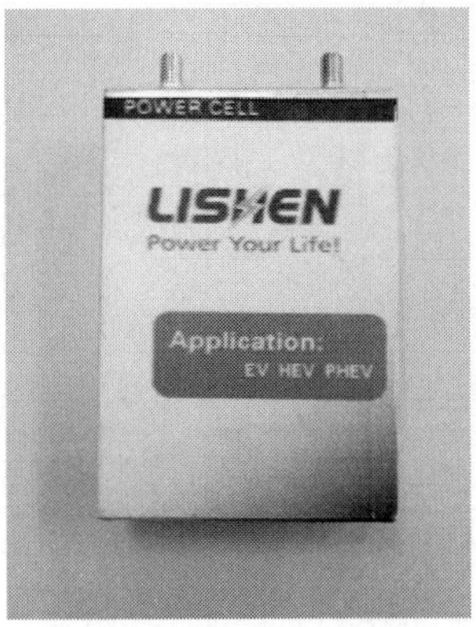

生产企业		天津力神电池股份有限公司	
产品名称		LP2714897 方形铝壳锂离子单体电池	
产品规格		20A·h	
外形尺寸(长×宽×高)(mm)		27×148×97	
额定电压（V）		3.2	
额定容量（A·h）		20	
内阻（mΩ）		1.5	
低温启动	功率（kW）	-	
	时间（s）	-	
	状态	-	
	最低电压(V)	-	
工作电压范围（V）		2.0～3.65	
充放电效率（%）		93	
安全性		符合相关标准	
循环寿命（年/万公里）		8 年/15 万	
工作温度范围（℃）		-20～60	最佳 15～35
贮存温度范围（℃）		-20～60	最佳 -20～35

生产企业	天津力神电池股份有限公司	
产品名称	LP44147272 方形锂离子单体电池	
产品规格	130A·h	
外形尺寸(长×宽×高)(mm)	44×147×272	
额定电压（V）	3.2	
额定容量（A·h）	130	
内阻（mΩ）	0.5	
工作电压范围（V）	20.～3.65	
充放电效率（%）	93	
安全性	符合国标	
循环寿命（次数/容量）	2000 次/容量 >80%	
工作温度范围（℃）	-20～60	最佳 15～35
贮存温度范围（℃）	-20～60	最佳 -20～35

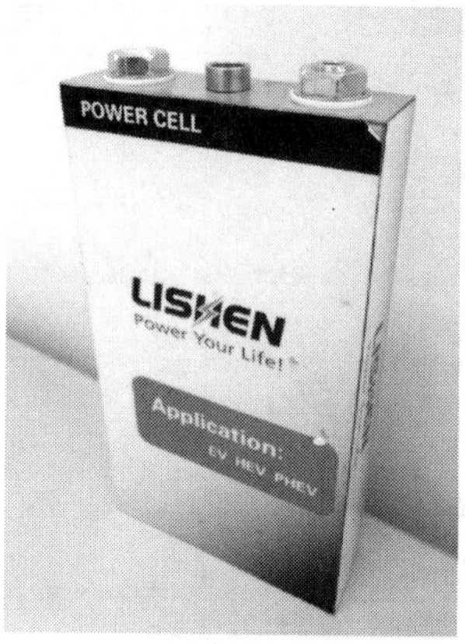

生产企业		北汽福田爱易科分公司	
产品名称		功率型动力电池	
产品规格		P80-1	
外形尺寸(长×宽×高)(mm)		883×718×529	
额定电压（V）		340	
额定容量（A·h）		16	
内阻（Ω）		<350mOhm /10sDCR	
低温启动	功率（kW）	8	
	时间（s）	2s	
	状态（℃）	-30	
	最低电压(V)	300	
工作温度范围（℃）		-10～50	
贮存温度范围（℃）		-44～55	
绝缘电阻（MΩ）		-	
工作电压范围（V）		260～410	
充放电效率（%）		>95	
SOC 估算误差（%）		<8	
抗干扰能力		-	
防护等级		IP55（部分满足）	
安全性		符合国家强制执行的安全标准	
循环寿命（年/万公里）		8	

生产企业	精进能源有限公司
产品名称	(60AH 钢壳专利模块)
产品规格	7S
外形尺寸(长×宽×高)(mm)	70×72×270
额定电压(V)	3.2
额定容量(A·h)	60
内阻(Ω)	-
低温启动 功率(kW)	-
低温启动 时间(s)	-
低温启动 状态	-
低温启动 最低电压(V)	-

2. 车用电机及其控制系统技术参数

生产企业	上海电驱动有限公司
产品名称	微型电动车用驱动电机系统
产品型号	TZ 系列电机及 KTZ 系列控制器
峰值功率(kW)	6～20
额定功率(kW)	3～8
峰值转矩(N·m)	45～80
额定转矩(N·m)	11～32
峰值转速(rpm)	4450～6000
额定转速(rpm)	2400～3000
直流母线电压等级(V)	48～144
工作电压范围(V)	42～180
控制方式(转矩控制/转速控制)	转矩控制
转矩/转速控制精度	±5%(100Nm 以内) ±5Nm(大于 100Nm)
通信方式	CAN 通信
电机峰值效率(%)	90～92
电机高效区(%)(效率≥75%的高效区占整个运行区域)	≥50～55
电机冷却方式(液冷时注明冷却液流量、入口水温)	自然冷却
控制器冷却方式(液冷时注明冷却液流量、入口水温)	强迫风冷
电机工作环境温度(℃)	-40～105
控制工作环境温度(℃)	-40～85
电机外形(D×L)(mm)	171×192 190×300 190×230 190×300
控制器外形(L×W×H)(mm)	270×215×75 400×370×200 220×160×160

驱动电机

控制器

生产企业	上海电驱动有限公司
产品名称	车用轮毂电机系统
产品型号	TZ 系列电机及 KTZ 系列控制器
峰值功率（kW）	2.8～15
额定功率（kW）	0.8～5
峰值转矩（N·m）	150～190
额定转矩（N·m）	26～66
峰值转速（rpm）	580～2000
额定转速（rpm）	290～750
直流母线电压等级（V）	120～312
工作电压范围（V）	100～360
控制方式（转矩控制/转速控制）	转矩控制
转矩/转速控制精度	±5%（100Nm 以内） ±5Nm（大于 100Nm）
通信方式	CAN 通信
电机峰值效率/%	≥90%
电机高效区（效率≥70～75%的高效区占整个运行区域）	≥50%
电机冷却方式（液冷时注明冷却液流量、入口水温）	自然冷却
控制器冷却方式（液冷时注明冷却液流量、入口水温）	强迫风冷
电机工作环境温度（℃）	-40～105
控制工作环境温度（℃）	-40～85
电机外形（D×L）(mm)	272×110 350×150
控制器外形（L×W×H）(mm)	220×160×160

a. 驱动电机

b. 控制器

生产企业	上海电驱动有限公司
产品名称	纯电动轿车用驱动电机系统
产品型号	TZ 系列电机及 KTZ 系列控制器
峰值功率（kW）	90～120
额定功率（kW）	36～65
峰值转矩（N·m）	240～640
额定转矩（N·m）	95～345
峰值转速（rpm）	6000rpm
额定转速（rpm）	1800～3600
直流母线电压等级（V）	336～360
工作电压范围（V）	300～410
控制方式（转矩控制/转速控制）	转矩控制
转矩/转速控制精度	±5%（100Nm 以内） ±5Nm（大于 100Nm）
通信方式	CAN 通信
电机及其控制系统峰值效率（%）	-
电机及其控制线系统高效区（效率≥80%的高效区占整个运行区域）	-
电机冷却方式（液冷时注明冷却液流量、入口水温）	集中水冷
控制器冷却方式（液冷时注明冷却液流量、入口水温）	集中水冷
电机工作环境温度（℃）	-40～105
控制工作环境温度（℃）	-40～85
电机外形（ØD×L）(mm)	270×320 320×440
控制器外形（L×W×H）(mm)	558×427×192

a. 纯电动轿车驱动电机

b. 控制器

生产企业	上海电驱动有限公司	
产品名称	混合动力轿车用ISG驱动电机系统	
产品型号	TZ系列电机及KTZ系列控制器	 a. 混合动力轿车用ISG电机  b. 控制器
峰值功率（kW）	9～15	
额定功率（kW）	6～10	
峰值转矩（N·m）	60～110	
额定转矩（N·m）	27～60	
峰值转速（rpm）	5000～6500	
额定转速（rpm）	1600～2100	
直流母线电压等级（V）	48～144	
工作电压范围（V）	30～180	
控制方式（转矩控制/转速控制）	转矩控制	
转矩/转速控制精度	±5%（100Nm以内） ±5Nm（大于100Nm）	
通信方式	CAN通信	
电机峰值效率（%）		≥90
电机高效区（%）(效率≥80%的高效区占整个运行区域)		≥50
电机冷却方式（液冷时注明冷却液流量、入口水温）		自然冷却
控制器冷却方式（液冷时注明冷却液流量、入口水温）		水冷
电机工作环境温度（℃）		-40～105
控制工作环境温度（℃）		-40～85
电机外形（ØD×L）(mm)		330×100 320×80
控制器外形（L×W×H）(mm)		400×370×200 340×230×180

生产企业	福建尤迪电机制造有限公司	
产品名称	混合动力驱动电机	
产品型号	YHD280M-4	
峰值功率（kW）	160	
额定功率（kW）	66	
峰值转矩（N·m）	2000	
额定转矩（N·m）	760	
峰值转速（rpm）	3000	
额定转速（rpm）	750	
直流母线电压等级(V)	380或576	
工作电压范围(V)	-	
控制方式（转矩控制/转速控制）	转矩控制	
转矩/转速控制精度	-	
通信方式	旋转变压器	
电机及其控制系统峰值效率（%）		93
电机及其控制线系统高效区（效率≥80%的高效区占整个运行区域）		80%
电机冷却方式（液冷时注明冷却液流量、入口水温）		风冷或水冷
控制器冷却方式（液冷时注明冷却液流量、入口水温）		风冷或水冷
电机工作环境温度（℃）		-43～+45
控制工作环境温度（℃）		-43～+45
电机外形（ØD×L）(mm)		890×565×630
控制器外形（L×W×H）(mm)		692×540×320

生产企业	上海燃料电池汽车动力系统有限公司
产品名称	永磁同步电机控制器
产品型号	-
峰值功率（kW）	-
额定功率（kW）	200～2200
工作电压范围（V）	DC60～400
控制方式（转矩控制/转速控制）	转矩闭环
转矩/转速控制精度	-
通信方式	CAN2.0
电机工作环境温度（℃）	□40～45

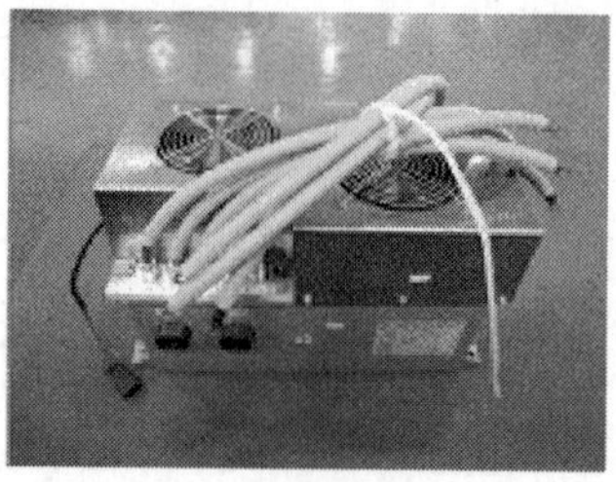

生产企业	上海燃料电池汽车动力系统有限公司
产品名称	无位置传感器电机驱动器
产品型号	-
峰值功率(kW)	-
额定功率(kW)	2～5
工作电压范围(V)	DC60～400
控制方式（转矩控制/转速控制）	转矩闭环
转矩/转速控制精度	-
通信方式	CAN2.0
控制工作环境温度(℃)	□40～45

生产企业	湖南南车时代电动汽车股份有限公司
产品名称	电动汽车用电机及其控制器
产品型号	电机控制器：DKQ101A 同步电动机：TQD101D
峰值功率(kW)	90
额定功率(kW)	45
峰值转矩(N·m)	450
额定转矩(N·m)	200
峰值转速(rpm)	6000
额定转速(rpm)	2150
直流母线电压等级(V)	384
工作电压范围(V)	250～720
控制方式（转矩控制/转速控制）	转矩控制
转矩/转速控制精度	转矩误差 <5%
通信方式	CAN2.0
电机及其控制系统峰值效率(%)	不小于94
电机及其控制线系统高效区（效率≥80%的高效区占整个运行区域）	>80%
电机冷却方式（液冷时注明冷却液流量、入口水温）	水冷。 流量≮10L/min、入口水温≯65℃
控制器冷却方式（液冷时注明冷却液流量、入口水温）	水冷。 流量≮10L/min、入口水温≯65℃
电机工作环境温度(℃)	-20～50
控制工作环境温度(℃)	-20～50
电机外形（ØD×L）(mm)	294×427
控制器外形（L×W×H）(mm)	492.5×310×220

生产企业	湖南南车时代电动汽车股份有限公司	
产品名称	EV 客车动力电机系统	
产品型号	9100210 - k04	 产品照
峰值功率(kW)	150	
额定功率(kW)	100	
峰值转矩(N·m)	2850	
额定转矩(N·m)	955	
峰值转速(rpm)	2600	
额定转速(rpm)	503	
直流母线电压等级(V)	384	
工作电压范围(V)	300～438	
控制方式（转矩控制/转速控制）	转矩控制	
转矩/转速控制精度	5% FS	
通信方式	J1939	
电机及其控制系统峰值效率(%)		93
电机及其控制线系统高效区（效率≥80%的高效区占整个运行区域）		60%
电机冷却方式（液冷时注明冷却液流量、入口水温）		30L／min@65℃
控制器冷却方式（液冷时注明冷却液流量、入口水温）		30L／min@65℃
电机工作环境温度(℃)		-35～75
控制工作环境温度/℃		-35～75
电机外形（ØD×L）(mm)		528×780
控制器外形（L×W×H）(mm)		732×569×290

生产企业	福建福安闽东亚南电机有限公司	
产品名称	永磁同步电机	
产品型号	SLTD13	产品照片（略）
峰值功率（kW）	90	
额定功率（kW）	30	
峰值转矩（N·m）	240	
额定转矩（N·m）	80	
峰值转速（rpm）	7200	
额定转速（rpm）	3600	
直流母线电压等级（V）	270	
工作电压范围（V）	200～400	
控制方式（转矩控制/转速控制）	转矩控制	
转矩/转速控制精度	0.1%	
通信方式	CAN	
电机及其控制系统峰值效率（%）		94、95
电机及其控制线系统高效区（效率≥80%的高效区占整个运行区域）		2000～7200
电机冷却方式（液冷时注明冷却液流量、入口水温）		水冷
控制器冷却方式（液冷时注明冷却液流量、入口水温）		水冷
电机工作环境温度（℃）		-20～80
控制工作环境温度（℃）		-20～80
电机外形（ØD×L）(mm)		252×320
控制器外形（L×W×H）(mm)		446×280×178

生产企业	华域汽车电动系统有限公司	
产品名称	50kW 永磁同步电机及其控制器	
产品型号		 
峰值功率（kW）	62	
额定功率（kW）	38	
峰值转矩（N·m）	155	
额定转矩（N·m）	90	
峰值转速（rpm）	8000	
额定转速（rpm）	3000	
直流母线电压等级（V）	250～380	
工作电压范围（V）	250～380	
控制方式（转矩控制/转速控制）	转矩控制/转速控制	
转矩/转速控制精度	3%	
通信方式	CAN	
电机及其控制系统峰值效率（%）		97%
电机及其控制线系统高效区（效率≥80%的高效区占整个运行区域）		90%
电机冷却方式（液冷时注明冷却液流量、入口水温）		水冷，≥8L/min，-30℃～75℃
控制器冷却方式（液冷时注明冷却液流量、入口水温）		水冷，≥8L/min，-30℃～75℃
电机工作环境温度（℃）		-40～105
控制工作环境温度/℃		-40～105
电机外形（ØD×L）(mm)		231×282
控制器外形（L×W×H）(mm)		285×261×219

生产企业	柳州科尔数字化制造技术有限公司	
产品名称	车用异步电机驱动器	
产品型号	CAMC223320YA	
峰值功率（kW）	60	
额定功率（kW）	20	
峰值转矩（N·m）	159	
额定转矩（N·m）	53	
峰值转速（rpm）	9500	
额定转速（rpm）	3600	
直流母线电压等级	320	
工作电压范围（V）	280～360	
控制方式（转矩控制/转速控制）	矢量控制	
转矩/转速控制精度	-	
通信方式	CAN＼RS232	
电机及其控制系统峰值效率（%）		>92
电机及其控制线系统高效区（效率≥80%的高效区占整个运行区域）		-
电机冷却方式（液冷时注明冷却液流量、入口水温）		水冷
控制器冷却方式（液冷时注明冷却液流量、入口水温）		水冷
电机工作环境温度（℃）		-
控制工作环境温度（℃）		-20～75
电机外形（ØD×L）(mm)		-
控制器外形（L×W×H）(mm)		362×264×208

生产企业	江苏裕成（集团）－常州裕成雅科电机有限公司	
产品名称	交流变频驱动电机	
产品型号	－	
峰值功率（kW）	35～60	
额定功率（kW）	8～15	
峰值转矩（N·m）	130～200	
额定转矩（N·m）	28～55	
峰值转速（rpm）	7000～8000	
额定转速（rpm）	2800	
直流母线电压等级（V）	72/96/120	
工作电压范围（V）	0.7～1.2	
控制方式（转矩控制/转速控制）	矢量控制＋智能转矩控制	
转矩/转速控制精度	1%	
通信方式	RS232，LIN 和 CAN－Bus	
电机及其控制系统峰值效率（%）	≥95	
电机及其控制线系统高效区（效率≥80%的高效区占整个运行区域）	≥65%	
电机冷却方式（液冷时注明冷却液流量、入口水温）	自然风冷	
控制器冷却方式（液冷时注明冷却液流量、入口水温）	自然风冷	
电机工作环境温度（℃）	－30～＋40	
控制工作环境温度（℃）	－30～＋40	
电机外形（ØD×L）(mm)	204×315	
控制器外形（L×W×H）/mm	210×132×72.5	

生产企业	湘电莱特电气有限公司	
产品名称	非晶高效节能驱动电机	
产品型号	M32	
峰值功率（kW）	85	
额定功率（kW）	40	
峰值转矩（N·m）	270	
额定转矩（N·m）	127	
峰值转速（rpm）	4000	
额定转速（rpm）	3000	
直流母线电压等级	350DC	
工作电压范围（V）	300－400	
控制方式（转矩控制/转速控制）	转矩控制	
转矩/转速控制精度	－	
通信方式	CAN	
电机及其控制系统峰值效率/%	92	
电机及其控制线系统高效区（效率≥80%的高效区占整个运行区域）	－	
电机冷却方式（液冷时注明冷却液流量、入口水温）	水冷	
控制器冷却方式（液冷时注明冷却液流量、入口水温）	水冷	
电机工作环境温度/℃	－30～85	
控制工作环境温度/℃	－30～85	
电机外形（ØD×L）(mm)	300×200	
控制器外形（L×W×H）/mm		

生产企业	武汉理工通宇新源动力有限公司	
产品名称	电动汽车驱动电机及控制器	
产品型号	电机：WTM250F－4/400 控制器：WTMC－160F /400－1	 
峰值功率（kW）	200	
额定功率（kW）	100	
峰值转矩（N·m）	1274	
额定转矩（N·m）	637	
峰值转速（rpm）	3000	
额定转速（rpm）	1480	
直流母线电压等级	－	
工作电压范围（V）	－	
控制方式（转矩控制/转速控制）	－	
转矩/转速控制精度	－	
通信方式	－	
电机及其控制系统峰值效率（%）		
电机及其控制线系统高效区（效率≥80%的高效区占整个运行区域）		
电机冷却方式（液冷时注明冷却液流量、入口水温）		风冷
控制器冷却方式（液冷时注明冷却液流量、入口水温）		风冷
电机工作环境温度（℃）		－
控制工作环境温度（℃）		－
电机外形（ØD×L）(mm)		245×702
控制器外形（L×W×H）/mm		540×470×305

生产企业	武汉理工通宇新源动力有限公司	
产品名称	电动汽车驱动电机及控制器	
产品型号	电机：WTM280W－8/400 控制器：WTMC－160F /400－1	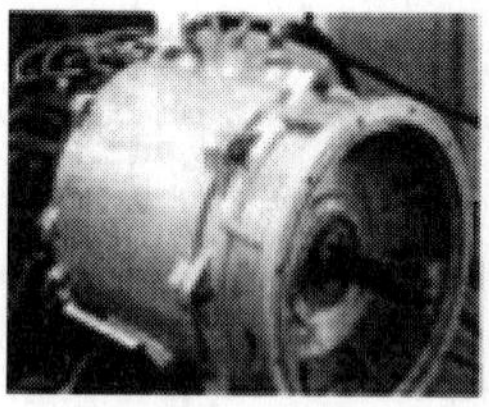 
峰值功率（kW）	220	
额定功率（kW）	110	
峰值转矩（N·m）	1556	
额定转矩（N·m）	778	
峰值转速（rpm）	3000	
额定转速（rpm）	1335	
直流母线电压等级	－	
工作电压范围（V）	－	
控制方式（转矩控制/转速控制）	－	
转矩/转速控制精度	－	
电机及其控制系统峰值效率（%）		－
电机及其控制线系统高效区（效率≥80%的高效区占整个运行区域）		－
电机冷却方式（液冷时注明冷却液流量、入口水温）		水冷
控制器冷却方式（液冷时注明冷却液流量、入口水温）		水冷
电机工作环境温度（℃）		－
控制工作环境温度（℃）		－
电机外形（ØD×L）(mm)		275×507
控制器外形（L×W×H）/mm		540×470×305

生产企业	武汉理工通宇新源动力有限公司
产品名称	电动汽车驱动电机及控制器
产品型号	电机：WTEMT100/4－08/4 控制器：WTMC－132F /400－1
峰值功率（kW）	160
额定功率（kW）	80
峰值转矩（N·m）	954
额定转矩（N·m）	477
峰值转速（rpm）	3200
额定转速（rpm）	1600
直流母线电压等级	－
工作电压范围（V）	－
控制方式（转矩控制/转速控制）	－
转矩/转速控制精度	－
电机及其控制系统峰值效率（%）	－
电机及其控制线系统高效区（效率≥80%的高效区占整个运行区域）	－
电机冷却方式（液冷时注明冷却液流量、入口水温）	水冷
控制器冷却方式（液冷时注明冷却液流量、入口水温）	水冷
电机工作环境温度（℃）	－
控制工作环境温度（℃）	－
电机外形（ØD×L）(mm)	446×623
控制器外形（L×W×H）/mm	450×572×336

生产企业	武汉理工通宇新源动力有限公司
产品名称	电动汽车驱动电机及控制器
产品型号	电机：WTEMT018/2－E02/18 控制器：WTMC－30S /200－1
峰值功率（kW）	60
额定功率（kW）	20
峰值转矩（N·m）	159
额定转矩（N·m）	53
峰值转速（rpm）	9000
额定转速（rpm）	3600
直流母线电压等级	－
工作电压范围（V）	－
控制方式（转矩控制/转速控制）	－
转矩/转速控制精度	－
电机及其控制系统峰值效率（%）	－
电机及其控制线系统高效区（效率≥80%的高效区占整个运行区域）	－
电机冷却方式（液冷时注明冷却液流量、入口水温）	水冷
控制器冷却方式（液冷时注明冷却液流量、入口水温）	水冷
电机工作环境温度（℃）	－
控制工作环境温度（℃）	－
电机外形（ØD×L）(mm)	270×285
控制器外形（L×W×H）/mm	313×245×140

生产企业	武汉理工通宇新源动力有限公司
产品名称	电动汽车驱动电机及控制器
产品型号	电机：WTEMT100/4－08/4－0 控制器：WTMC160WV400－1
峰值功率（kW）	160
额定功率（kW）	80
峰值转矩（N·m）	954
额定转矩（N·m）	477
峰值转速（rpm）	3200
额定转速（rpm）	1600
直流母线电压等级	－
工作电压范围（V）	－
控制方式（转矩控制/转速控制）	－
转矩/转速控制精度	－
电机及其控制系统峰值效率（%）	－
电机及其控制线系统高效区（效率≥80%的高效区占整个运行区域）	－
电机冷却方式（液冷时注明冷却液流量、入口水温）	水冷
控制器冷却方式（液冷时注明冷却液流量、入口水温）	水冷
电机工作环境温度（℃）	－
控制工作环境温度（℃）	－
电机外形（ØD×L）(mm)	446×623
控制器外形（L×W×H）/mm	640×475×211

生产企业	武汉理工通宇新源动力有限公司
产品名称	电动汽车驱动电机及控制器
产品型号	电机：WTEMT100/4－08/4 控制器：WTMC160WV400－1
峰值功率（Kw）	160
额定功率（kW）	80
峰值转矩（N·m）	954
额定转矩（N·m）	477
峰值转速（rpm）	3200
额定转速（rpm）	1600
直流母线电压等级	－
工作电压范围（V）	－
控制方式（转矩控制/转速控制）	－
转矩/转速控制精度	－
电机及其控制系统峰值效率（%）	－
电机及其控制线系统高效区（效率≥80%的高效区占整个运行区域）	－
电机冷却方式（液冷时注明冷却液流量、入口水温）	水冷
控制器冷却方式（液冷时注明冷却液流量、入口水温）	水冷
电机工作环境温度（℃）	－
控制工作环境温度（℃）	－
电机外形（ØD×L）(mm)	446×687.5
控制器外形（L×W×H）/mm	640×475×211

3. 燃料电池技术参数

生产企业	上海燃料电池汽车动力系统有限公司	
产品名称	5kW 车载燃料电池发动机系统总成	
产品型号	-	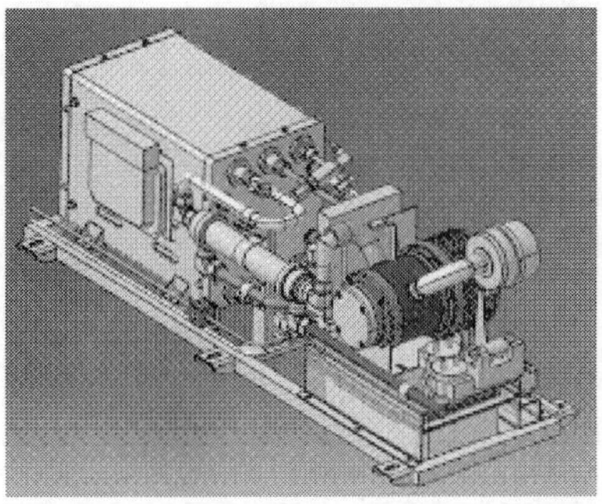
净输出功率（kW）	80	
最大稳定输出功率（kW）	5	
电压 *（V）	45～100	
电流 *（A·h）	120	
氢燃料能量转化效率(5)	≥95	
温度（℃）	60	
工作温度（℃）	-10～42	
重量（kg）	80	
噪音（dB）	≤78	
燃料类型	氢气	
储存方式	车载高压氢瓶	
工作压力（bar）	350	
电堆尺寸(长×宽×高)(mm)	-	

生产企业	上海燃料电池汽车动力系统有限公司	
产品名称	50kW 车载燃料电池发动机系统总成	
产品型号	-	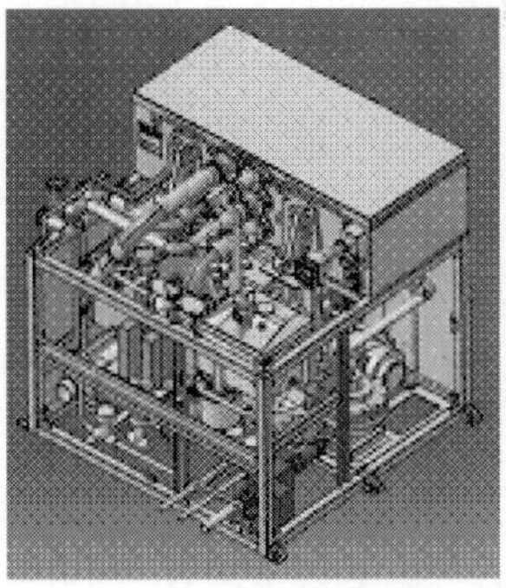
净输出功率（kW）	≥40	
最大稳定输出功率（kW）	55	
电压 *（V）	280～450	
电流 *（A·h）	150	
氢燃料能量转化效率（%）	≥95	
温度（℃）	60	
工作温度（℃）	-10～40	
重量（kg）	160	
噪音（dB）	≤80	
燃料类型	氢气	
储存方式	车载高压氢瓶	
工作压力（bar）	350bar	
电堆尺寸(长×宽×高)(mm)	-	

4. 燃气发动机(LNG、LPG、CNG、LCNG 等)

生产企业	中国第一汽车股份有限公司	
产品名称	CA6SL2 系列天然气发动机	
产品型号	CA6SL2－24/26/29/31E4N	
型式	直列	
燃料类型	LNG	
总排量（L）	8.6	
额定功率（kW）	179/195/216/231	
额定转速（r/min）	2100	
最大扭矩（N·m）	790～1100	
最大扭矩时转速（r/min）	1400	
怠速转速（r/min）	600±20	
最低燃料消耗	187	
机油燃油消耗比（%）	－	
排放指标	国Ⅳ	
噪音（dB）	≤97	
缸数－缸径×行程（mm）	6－112×145	
允许工作介质最高温度（℃）	－	
机油压力（kPa）	－	
机油容量（L）	29	
外形尺寸（mm）	1308×778×986	
净质量（kg）	870	

生产企业	中国第一汽车股份有限公司	
产品名称	CA6SN1 系列天然气发动机	
产品型号	CA6SN1－35/37/39/42E4N	
型式	直列	
燃料类型	LNG/CNG	
总排量（L）	12.53	
额定功率（kW）	261/275/290/312	
额定转速（r/min）	1900	
最大扭矩（N·m）	1550/1600/1650/1700	
最大扭矩时转速（r/min）	1200～1400	
怠速转速（r/min）	650±10	
最低燃料消耗	184	
机油燃油消耗比（%）	－	
排放指标	国Ⅳ	
噪音（dB）	≤97	
缸数－缸径×行程（mm）	6－131×155	
允许工作介质最高温度（℃）	－	
机油压力（kPa）	－	
机油容量（L）	36	
外形尺寸（mm）	1652（1482）×839×1250	
净质量（kg）	1270±20	

生产企业	一汽解放汽车有限公司无锡柴油机厂	
产品名称	CA6SM2 系列天然气发动机	
产品型号	CA6SM2	
型式	直列、四冲程、水冷、四气门、增压中冷	
燃料类型	LNG	
总排量（L）	11.05	
额定功率（kW）	231～278	
额定转速（r/min）	1900	
最大扭矩（N·m）	1450～1650	
最大扭矩时转速（r/min）	1100～1500	
怠速转速（r/min）	650±10	
最低燃料消耗	186g/kWh	
机油燃油消耗比（%）	-	
排放指标	欧Ⅳ（国Ⅳ）	
噪音（dB）	-	
缸数-缸径×行程（mm）	6-123×155	
允许工作介质最高温度（℃）	-	
机油压力（kPa）	-	
机油容量（L）	约 30	
外形尺寸（mm）	1365×773×1192（不带风扇）	
净质量（kg）	1050	

生产企业	道依茨一汽（大连）柴油机股份有限公司	
产品名称	CA6SE1 系列天然气发动机	
产品型号	CA6SE1-E4N	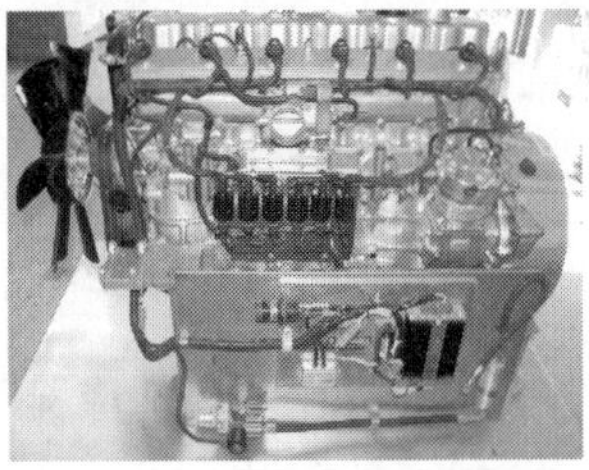
型式	直列、六缸	
燃料类型	CNG	
总排量（L）	6.618	
额定功率（kW）	135～158	
额定转速（r/min）	2300	
最大扭矩（N·m）	700	
最大扭矩时转速（r/min）	1400	
怠速转速（r/min）	700	
最低燃料消耗（g/kW·h）	≤210	
机油燃油消耗比（%）	≤0.01	
排放指标	国 IV	
噪音（dB）	≤96.5	
缸数-缸径×行程（mm）	6-106×125	
允许工作介质最高温度（℃）	-	
机油压力（kPa）	-	
机油容量（L）	19	
外形尺寸（mm）	1330×833×1020	
净质量（kg）	750（不含水和机油）	

生产企业	道依茨一汽（大连）柴油机股份有限公司	
产品名称	BF6M1013 系列天然气发动机	
产品型号	BF6M1013 - E4N	
型式	直列、六缸	
燃料类型	LNG	
总排量（L）	7.146	
额定功率（kW）	180 ~ 195	
额定转速（r/min）	2300	
最大扭矩（N·m）	890	
最大扭矩时转速（r/min）	1300 ~ 1500	
怠速转速（r/min）	700	
最低燃料消耗（g/kW·h）	≤210	
机油燃油消耗比（%）	-	
排放指标	国 IV	
噪音（dB）	≤96.5	
缸数 - 缸径 × 行程（mm）	6 - 108 × 130	
允许工作介质最高温度（℃）	-	
机油压力（kPa）	-	
机油容量（L）	17.5	
外形尺寸（mm）	1360 × 622 × 852	
净质量（kg）	700（不含水和机油）	

生产企业	广西玉柴机器股份有限公司	
产品名称	YC6TN 天然气发动机	
产品型号	YC6T480N - T2	
型式	立式、直列六缸、水冷、四冲程、电控直喷	
燃料类型	CNG（压缩天然气）/LNG（液化天然气）	
总排量（L）	16.35	
额定功率（kW）	352	
额定转速（r/min）	1900	
最大扭矩（N·m）	2200	
最大扭矩时转速（r/min）	1200 ~ 1500	
怠速转速（r/min）	650 ± 20	
最低燃料消耗（g/kW·h）	≤195	
机油燃油消耗比（%）	≤0.3	
排放指标	T20	
噪音（dB）	≤93	
缸数 - 缸径 × 行程（mm）	6 - 145 × 165	
允许工作介质最高温度（℃）	≤640（涡后）	
机油压力（kPa）	300 ~ 600	
机油容量（L）	44	
外形尺寸（mm）	1850 × 910 × 1400	
净质量（kg）	≤1980	

生产企业	广西玉柴机器股份有限公司		
产品名称	YC6KN 天然气发动机		
产品型号	YC6K400N－40	YC6K380N－40	
型式	立式、直列六缸、水冷、四冲程、电控直喷、凸轮轴顶置、整体式缸盖		
燃料类型	CNG（压缩天然气）/LNG（液化天然气）		
总排量（L）	12.15		
额定功率（kW）	294/280		
额定转速（r/min）	1900		
最大扭矩（N·m）	1700/1500		
最大扭矩时转速（r/min）	1200～1500		
怠速转速（r/min）	650±20		
最低燃料消耗（g/kW·h）	≤190		
机油燃油消耗比（%）	≤0.2		
排放指标	国Ⅳ		
噪音（dB）	≤93		
缸数－缸径×行程（mm）	6－129×155		
允许工作介质最高温度（℃）	≤620（涡后）		
机油压力（kPa）	300～600		
机油容量（L）	29～36		
外形尺寸（mm）	1373×790×785		
净质量（kg）	≤1100		

生产企业	广西玉柴机器股份有限公司		
产品名称	YC6MKN 天然气发动机		
产品型号	YC6MK375N－40 YC6MK320N－40	YC6MK340N－40 YC6MK290N－40	
型式	立式、直列六缸、水冷、四冲程、电控直喷		
燃料类型	CNG（压缩天然气）/LNG（液化天然气）		
总排量（L）	10.338		
额定功率（kW）	276/250/236/214		
额定转速（r/min）	2100		
最大扭矩（N·m）	1500/1350/1300/1220		
最大扭矩时转速（r/min）	1200～1500		
怠速转速（r/min）	600±25		
最低燃料消耗（g/kW·h）	≤210		
机油燃油消耗比（%）	≤0.2		
排放指标	国Ⅳ		
噪音（dB）	≤93		
缸数－缸径×行程（mm）	6－123×145		
允许工作介质最高温度（℃）	≤600（涡后）		
机油压力（kPa）	300～600		
机油容量（L）	28		
外形尺寸（mm）	1346×658×1051		
净质量（kg）	≤880		

生产企业	广西玉柴机器股份有限公司	
产品名称	YC6LN 天然气发动机	
产品型号	YC6L280N－40　YC6L260N－40 YC6L240N－40　YC6L280N－50 YC6L260N－50　YC6L240N－50	
型式	立式、直列六缸、水冷、四冲程、电控直喷	
燃料类型	CNG（压缩天然气）/LNG（液化天然气）	
总排量（L）	8.424	
额定功率（kW）	206/191/177	
额定转速（r/min）	2200	
最大扭矩（N·m）	1100/980/900	
最大扭矩时转速（r/min）	1200～1600	
怠速转速（r/min）	600±25	
最低燃料消耗（g/kW·h）	≤205	
机油燃油消耗比（%）	≤0.15	
排放指标	国Ⅳ、国Ⅴ	
噪音（dB）	≤93	
缸数－缸径×行程（mm）	6－113×140	
允许工作介质最高温度（℃）	≤580（涡后）	
机油压力（kPa）	300～600	
机油容量（L）	30	
外形尺寸（mm）	1330×800×1100	
净质量（kg）	≤825	

生产企业	广西玉柴机器股份有限公司	
产品名称	YC4DN 天然气发动机	
产品型号	YC4D140N－40、YC4D120N－40	
型式	立式、直列四缸、水冷、四冲程、电控直喷	
燃料类型	CNG（压缩天然气）/LNG（液化天然气）	
总排量（L）	4.214	
额定功率（kW）	103/88	
额定转速（r/min）	2800	
最大扭矩（N·m）	420/380	
最大扭矩时转速（r/min）	1400～1800	
怠速转速（r/min）	700±20	
最低燃料消耗（g/kW·h）	≤220	
机油燃油消耗比（%）	≤0.2	
排放指标	国Ⅳ	
噪音（dB）	≤93	
缸数－缸径×行程（mm）	4－108×115	
允许工作介质最高温度（℃）	≤650（涡后）	
机油压力（kPa）	300～600	
机油容量（L）	11～13	
外形尺寸（mm）	870×670×780	
净质量（kg）	≤380	

生产企业	广西玉柴机器股份有限公司	
产品名称	YC6GN 天然气发动机	
产品型号	YC6G260N－40 YC6G230N－40	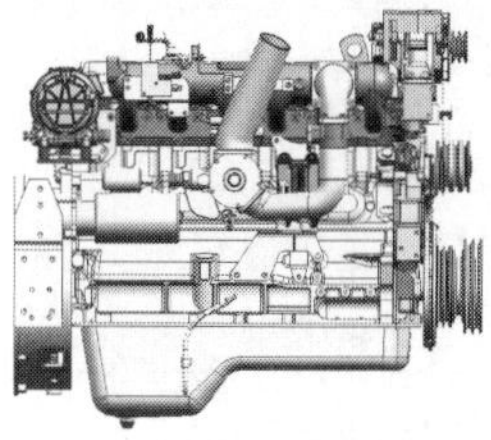
型式	立式直列、水冷、四冲程、CNG 单燃料发动机	
燃料类型	CNG（压缩天然气）/LNG（液化天然气）	
缸数－缸径×行程（mm）	112×132	
总排量（L）	7.8	
额定功率（kW）		191/170
额定转速（r/min）		2300
最大扭矩（N·m）		980，850
最大扭矩时转速（r/min）		≤1400
怠速转速（r/min）		600±20
最低燃料消耗（g/kW·h）		≤210
机油燃油消耗比（%）		≤0.2
排放指标		国Ⅳ
噪音（dB）		≤117
允许工作介质最高温度（℃）		≤650（涡后）
机油压力（kPa）		250～600
机油容量（L）		21.3
外形尺寸（mm）		1224×815×986
净质量（kg）		≤700

生产企业	广西玉柴机器股份有限公司	
产品名称	YC4GN 天然气发动机	
产品型号	YC4G180N－40	
型式	立式直列、水冷、四冲程、CNG 单燃料发动机	
燃料类型	CNG（压缩天然气）/LNG（液化天然气）	
缸数－缸径×行程（mm）	112×132	
总排量（L）	5.2	
额定功率（kW）		132
额定转速（r/min）		2300
最大扭矩（N·m）		650
最大扭矩时转速（r/min）		≤1400
怠速转速（r/min）		650±20
最低燃料消耗（g/kW·h）		≤210
机油燃油消耗比（%）		≤0.2
排放指标		国Ⅳ
噪音（dB）		≤117
允许工作介质最高温度（℃）		≤600（涡后）
机油压力（kPa）		250～600
机油容量（L）		17.5
外形尺寸（mm）		950×710×985
净质量（kg）		≤570

生产企业	广西玉柴机器股份有限公司	
产品名称	YC6J 柴油发动机	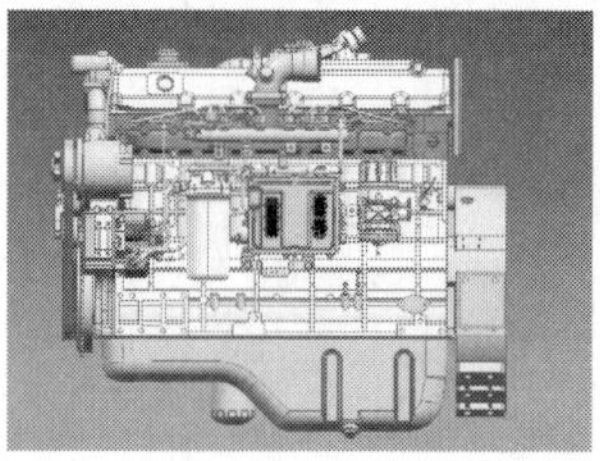
产品型号	YC6J245N－42	
型式	立式、直列六缸、水冷、四冲程	
燃料类型	柴油	
缸数－缸径×行程（mm）	6－105×125	
总排量（L）	6.494	
额定功率（kW）		180
额定转速（r/min）		2500
最大扭矩（N·m）		890
最大扭矩时转速（r/min）		1200～1700
怠速转速（r/min）		650±25
最低燃料消耗（g/kW·h）		≤220
机油燃油消耗比（%）		≤0.15
排放指标		国Ⅳ
噪音（dB）		≤118
允许工作介质最高温度（℃）		≤580（涡后）
机油压力（MPa）		0.3～0.6
机油容量（L）		17～20
外形尺寸（mm）		1126×803×1012
净质量（kg）		≤760

生产企业	广西玉柴机器股份有限公司	
产品名称	YC6JN 天然气发动机	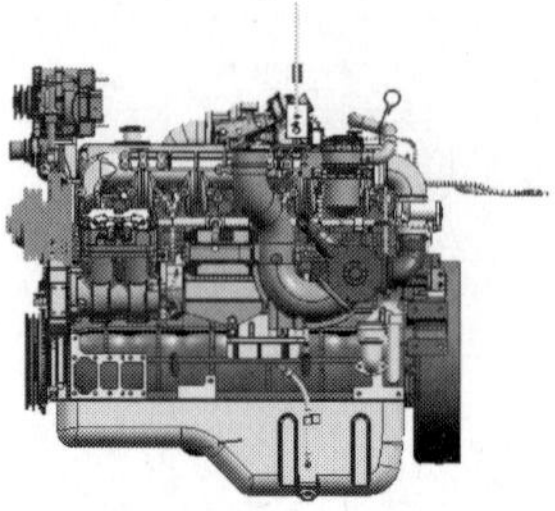
产品型号	YC6J210N－40	
型式	立式、直列六缸、水冷、四冲程、单点喷射、预混合	
燃料类型	CNG	
缸数－缸径×行程（mm）	6－105×125	
总排量（L）	6.5	
额定功率（kW）		155
额定转速（r/min）		2500
最大扭矩（N·m）		710
最大扭矩时转速（r/min）		≤1500
怠速转速（r/min）		650±20
最低燃料消耗（g/kW·h）		≤215
机油燃油消耗比（%）		≤0.2
排放指标		国Ⅳ
噪音（dB）		≤117
允许工作介质最高温度（℃）		≤650（涡后）
机油压力（MPa）		0.25～0.6
机油容量（L）		17～20
外形尺寸（mm）		1126×803×1012
净质量（kg）		≤760

生产企业	上海柴油机股份有限公司	
产品名称	天然气发动机	
产品型号	SC8DT230Q4	
型式	直列、四冲程、水冷、稀燃、预混合、增压中冷	
燃料类型	天然气（CNG）	
总排量（L）	8.268	
额定功率（kW）	170	
额定转速（r/min）	2200	
最大扭矩（N·m）	830	
最大扭矩时转速（r/min）	1400	
怠速转速（r/min）	650	
最低燃料消耗	≤215g/kW·h	
机油燃油消耗比（%）	≤0.3	
排放指标	国Ⅳ	
噪音（dB）	≤115	
缸数-缸径×行程（mm）	6-114×135	
允许工作介质最高温度（℃）	60	
机油压力（kPa）	≥350	
机油容量（L）	20～24	
外形尺寸（mm）	1176×768×1044	
净质量（kg）	640	

5. 混合动力汽车专用发动机

生产企业	中国第一汽车股份有限公司	
产品名称	CA6SL2 系列天然气发动机	
产品型号	CA6SL2-22E4N	
型式	直列	
燃料类型	LNG	
总排量（L）	8.6	
额定功率（kW）	160	
额定转速（r/min）	1900	
最大扭矩（N·m）	790	
最大扭矩时转速（r/min）	1400	
怠速转速（r/min）	600±20	
最低燃料消耗	187	
机油燃油消耗比（%）	-	
排放指标	国Ⅳ	
噪音（dB）	≤97	
缸数-缸径×行程（mm）	6-112×145	
允许工作介质最高温度（℃）	-	
机油压力（kPa）	-	
机油容量（L）	29	
外形尺寸（mm）	1308×778×986	
净质量（kg）	870	

生产企业	上海柴油机股份有限公司	
产品名称	柴油发动机	
产品型号	SC8DK230Q4	
型式	6缸直列、四冲程、水冷、增压中冷、电控高压共轨	
燃料类型	柴油	
缸数-缸径×行程（mm）	6-114×135	
总排量（L）	8.27	
额定功率（kW）	170	
额定转速（r/min）	2200	
最大扭矩（N·m）	830	
最大扭矩时转速（r/min）	1300～1500	
怠速转速（r/min）	620	
最低燃料消耗（g/kW·h）	≤195	
机油燃油消耗比（%）	≤0.2	
排放指标	国Ⅳ	
噪音（dB）	≤115	
允许工作介质最高温度（℃）	35～45	
机油压力（kPa）	≥350	
机油容量（L）	15～19	
外形尺寸（mm）	1182.5×850×1034	
净质量（kg）	770	

六、不属于车船税征收范围的纯电动燃料电池乘用车车型目录(第一批)公告

根据《中华人民共和国车船税法》有关规定，纯电动、燃料电池乘用车不属于车船税征收范围。为维护纳税人的合法权益，便于税务机关和扣缴义务人准确掌握政策，财政部、国家税务总局、工业和信息化部根据纯电动、燃料电池乘用车的技术进步和车型变化情况，公告其车型目录。现将第一批不属于车船税征收范围的纯电动、燃料电池乘用车车型目录予以公告。

附件：不属于车船税征收范围的纯电动、燃料电池乘用车车型目录（第一批）

1. 纯电动乘用车

序号	企业名称	商　标	产品型号	产品名称
1	中国第一汽车集团公司	红旗牌	CA7005EV	纯电动轿车
2	一汽-大众汽车有限公司	开利牌	FV7002XBEV	纯电动轿车
3	东风汽车公司	东风牌	EQ7000AC2BBEV	纯电动轿车
4	上海大众汽车有限公司	天越牌（TANTUS）	SVW7007BEV	纯电动轿车
5	上海通用汽车有限公司	赛欧牌（SAIL）	SGM7000EV	纯电动轿车
6	北汽福田汽车股份有限公司	福田牌	BJ6438EV1	纯电动多用途乘用车

续表

序号	企业名称	商　标	产品型号	产品名称
7	北汽福田汽车股份有限公司	福田牌	BJ6438EV3	纯电动多用途乘用车
8	北汽福田汽车股份有限公司	福田牌	BJ6438EV2	纯电动多用途乘用车
9	哈飞汽车股份有限公司	哈飞牌	HFJ7001EV	纯电动轿车
10	浙江豪情汽车制造有限公司	豪情牌	HQ7001EE	纯电动轿车
11	安徽江淮汽车股份有限公司	江淮牌	HFC7000AEV	纯电动轿车
12	东南（福建）汽车工业有限公司	东南牌	DN6490MBEV	纯电动乘用车
13	江西昌河铃木汽车有限责任公司	利亚纳牌	CH7000BEV	纯电动轿车
14	郑州日产汽车有限公司	东风牌	ZN6461W1C	纯电动乘用车
15	郑州日产汽车有限公司	东风牌	ZN6493H2C	纯电动乘用车
16	郑州日产汽车有限公司	东风牌	ZN6440V1Y	纯电动乘用车
17	湖南江南汽车制造有限公司	众泰牌	JNJ6400EVL	电动轻型客车
18	湖南江南汽车制造有限公司	众泰牌	JNJ6400EVL1	纯电动轻型客车
19	湖南江南汽车制造有限公司	众泰牌	JNJ6400EVL2	纯电动轻型客车
20	湖南江南汽车制造有限公司	众泰牌	JNJ6401EVL	纯电动轻型客车
21	湖南江南汽车制造有限公司	众泰牌	JNJ6401EVL1	纯电动轻型客车
22	湖南江南汽车制造有限公司	江南牌	JNJ7000EVA	纯电动轿车
23	湖南江南汽车制造有限公司	众泰牌	JNJ7000EVM	纯电动轿车
24	湖南江南汽车制造有限公司	众泰牌	JNJ6401EVL5	纯电动轻型客车
25	湖南江南汽车制造有限公司	众泰牌	JNJ6401EVL4	纯电动轻型客车
26	湖南江南汽车制造有限公司	众泰牌	JNJ6410EVM	纯电动轻型客车
27	湖南江南汽车制造有限公司	众泰牌	JNJ6410EVM1	纯电动轻型客车
28	湖南江南汽车制造有限公司	众泰牌	JNJ6410EVM2	纯电动轻型客车
29	湖南江南汽车制造有限公司	众泰牌	JNJ6401EVL2	纯电动轻型客车
30	湖南江南汽车制造有限公司	众泰牌	JNJ6401EVL3	纯电动轻型客车
31	一汽海马汽车有限公司	海马牌	HMC7000EVM0	纯电动轿车
32	重庆力帆乘用车有限公司	力帆牌	LF7002EV	纯电动轿车
33	重庆长安汽车股份有限公司	长安牌	SC7001EV	纯电动轿车
34	重庆长安汽车股份有限公司	长安牌	SC7001EVB	纯电动轿车
35	比亚迪汽车有限公司	比亚迪牌	QCJ7006BEV	纯电动轿车
36	比亚迪汽车有限公司	比亚迪牌	QCJ7006BEVF	纯电动轿车
37	比亚迪汽车有限公司	比亚迪牌	QCJ7006BEVL	纯电动轿车
38	奇瑞汽车股份有限公司	瑞麒牌	SQR7000ELS18	纯电动轿车
39	奇瑞汽车股份有限公司	瑞麒牌	SQR7001ELS18	纯电动轿车
40	奇瑞汽车股份有限公司	瑞麒牌	SQR7000BEVS181	纯电动轿车
41	江铃控股有限公司	江铃牌	JX7002BEV	纯电动轿车
42	海马轿车有限公司	海马牌	HMA7000BEV	纯电动轿车

2. 燃料电池乘用车

序号	企业名称	商　标	产品型号	产品名称
1	中国第一汽车集团公司	红旗牌	CA7904FC	燃料电池轿车
2	上海大众汽车有限公司	帕萨特牌	SVW7553FCV	燃料电池轿车
3	重庆长安汽车股份有限公司	长安牌	SC7003EV	燃料电池轿车
4	奇瑞汽车股份有限公司	奇瑞牌	SQR7000FEB11	燃料电池轿车
5	上海汽车集团股份有限公司	上海牌	CSA7000FCEV	燃料电池轿车
6	上海汽车集团股份有限公司	上海牌	CSA7002FCEV	燃料电池轿车
7	上海汽车集团股份有限公司	上海牌	CSA7001FCEV	燃料电池轿车

财政部
国家税务总局
工业和信息化部
二〇一一年十二月三十一日

七、"节能产品惠民工程"节能汽车(1.6升及以下乘用车)推广目录

1."节能产品惠民工程"节能汽车(1.6升及以下乘用车)推广目录(第五批)

序号	通用名称	车辆型号	排量(mL)	额定载客人数	变速器		整车整备质量(kg)	综合燃料消耗量(L/100km)	批次	公告日期
					型式	挡位器				
一、安徽江淮汽车股份有限公司										
1	和悦	HFC7150B	1488,1499	5	MT	5	1325	7.3,7.2	第五次	2011年2月11日
二、重庆长安铃木汽车有限公司										
1	羚羊	SC7135B	1298	5	MT	5	895	5.8	第五次	2011年2月11日
三、重庆力帆乘用车有限公司										
1	520	LF7150	1498	5	MT	5	1095	6.4	第五次	2011年2月11日
2	520i	LF7151	1498	5	MT	5	1110	6.4	第五次	2011年2月11日
3	620	LF7152B	1498	5	MT	5	1150	6.5	第五次	2011年2月11日
4		LF7162F	1587	5	MT	5	1150	6.5	第五次	2011年2月11日
四、东风柳州汽车有限公司										
1	风行景逸	LZ6431BQBE	1499	5	MT	5	1250	6.9	第五次	2011年2月11日
五、东风汽车公司										
1	东风小康V27	EQ6392PF4	1206	7,8	MT	5	1100	6.7	第五次	2011年2月11日
2		EQ6392PF5	1300	7,8	MT	5	1100	6.8	第五次	2011年2月11日
3		EQ6392PF8	1372	7,8	MT	5	1100	6.8	第五次	2011年2月11日
4	东风小康V27L	EQ6420PF8	1206	7,8	MT	5	1140	6.7	第五次	2011年2月11日
5		EQ6420PF9	1300	7,8	MT	5	1140	6.8	第五次	2011年2月11日
6		EQ6420PF10	1372	7,8	MT	5	1140	6.8	第五次	2011年2月11日

续表

序号	通用名称	车辆型号	排量（mL）	额定载客人数	变速器		整车整备质量（kg）	综合燃料消耗量（L/100km）	批次	公告日期
					型式	挡位器				
五、东风汽车公司										
7	东风小康 K07 Ⅱ	EQ6400LF11	997	7，8	MT	5	1050	6.5	第五次	2011年2月11日
8		EQ6400LF13	1206	7，8	MT	5	1050	6.5	第五次	2011年2月11日
9		EQ6400LF14	1372	7，8	MT	5	1050	6.5	第五次	2011年2月11日
10		EQ6400LF15	1300	7，8	MT	5	1050	6.5	第五次	2011年2月11日
11	东风小康 K07	EQ6381LF14	997	7，8	MT	5	1030	6.5	第五次	2011年2月11日
12		EQ6381LF16	1206	7，8	MT	5	1030	6.5	第五次	2011年2月11日
13	东风小康 K17	EQ6361PF11	997	7，8	MT	5	985	6.4	第五次	2011年2月11日
六、东风汽车有限公司										
1	阳光	DFL7151MAK1	1498	5	MT	5	1021	6.1	第五次	2011年2月11日
2		DFL7151VAK1	1498	5	CVT	–	1041	5.8	第五次	2011年2月11日
3		DFL7151MAK2	1498	5	MT	5	1050	6.1	第五次	2011年2月11日
4		DFL7151VAK2	1498	5	CVT	–	1069	5.8	第五次	2011年2月11日
5		DFL7151MAK3	1498	5	MT	5	1052	6.1	第五次	2011年2月11日
6		DFL7151VAK3	1498	5	CVT	–	1072	5.8	第五次	2011年2月11日
七、东风悦达起亚汽车有限公司										
1	锐欧	YQZ7140EJ	1399	5	MT	5	1136	6.4	第五次	2011年2月11日
2	赛拉图	YQZ7164EJ	1599	5	MT	5	1255	6.7	第五次	2011年2月11日
八、东南（福建）汽车工业有限公司										
1	V3 菱悦	DN7153HA	1499	5	CVT	–	1130	6.8	第五次	2011年2月11日
2		DN7153MA	1499	5	CVT	–	1130	6.8	第五次	2011年2月11日
3		DN7152EA	1499	5	MT	5	1100	6.5	第五次	2011年2月11日
4		DN7152LA	1499	5	MT	5	1100	6.5	第五次	2011年2月11日
5		DN7152MA	1499	5	MT	5	1100	6.5	第五次	2011年2月11日
6		DN7152HA	1499	5	MT	5	1100	6.5	第五次	2011年2月11日
7		DN7153PA	1499	5	CVT	–	1130	6.8	第五次	2011年2月11日
8		DN7153GA	1499	5	CVT	–	1130	6.8	第五次	2011年2月11日
9		DN7152EAJ	1499	5	MT	5	1100	6.5	第五次	2011年2月11日
10		DN7152LAJ	1499	5	MT	5	1100	6.5	第五次	2011年2月11日
九、哈飞汽车股份有限公司										
1	哈飞路宝	HFJ7100C4C	999	5	MT	5	895	5.6	第五次	2011年2月11日
2	哈飞民意	HFJ6370E4C	970	7，8	MT	5	1000	6.3	第五次	2011年2月11日
3	哈飞路尊小霸王	HFJ6392B4C	970	7，8	MT	5	1045	6.3	第五次	2011年2月11日
十、湖南江南汽车制造有限公司										
1	ZOTYE5008	JNJ6406A1F	1299	5	MT	5	1130	6.5	第五次	2011年2月11日
2		JNJ6406A1T1	1299	5	AMT	5	1120	6.7	第五次	2011年2月11日

续表

序号	通用名称	车辆型号	排量(mL)	额定载客人数	变速器		整车整备质量(kg)	综合燃料消耗量(L/100km)	批次	公告日期
					型式	挡位器				
十一、江西昌河铃木汽车有限责任公司										
1	SPLASH	CH7142A	1372	5	MT	5	1070	6.1	第五次	2011年2月11日
2		CH7142B	1372	5	AT	4	1090	6.4	第五次	2011年2月11日
3		CH7142C	1372	5	MT	5	1070	6.1	第五次	2011年2月11日
十二、上海大众汽车有限公司										
1	PASSAT	SVW71410AR	1390	5	MT	5	1435	6.9	第五次	2011年2月11日
2		SVW71410BR	1390	5	DCT	-	1460	6.7	第五次	2011年2月11日
十三、上海汽车集团股份有限公司										
1	MG3	CSA7130AC	1343	5	AMT	5	1125	6.5	第五次	2011年2月11日
2		CSA7130MC	1343	5	MT	5	1115	6.3	第五次	2011年2月11日
十四、上汽通用五菱汽车股份有限公司										
1	雪佛兰乐驰	LZW7120KF	1206	5	MT	5	880/900	5.7	第五次	2011年2月11日
2	五菱宏光	LZW6431KF	1206	7，8	MT	5	1225	7.2	第五次	2011年2月11日
3	五菱之光	LZW6390AFA	1149	7，8	MT	5	1091	6.8	第五次	2011年2月11日
4		LZW6390BFA	1206	7，8	MT	5	1091	6.8	第五次	2011年2月11日
5		LZW6400BFA	1206	7，8	MT	5	1091	6.8	第五次	2011年2月11日
十五、天津一汽丰田汽车有限公司										
1	花冠	TV7164GMD	1598	5	MT	5	1150/1165	6.5	第五次	2011年2月11日
2		TV7164DLXD	1598	5	MT	5	1150	6.5	第五次	2011年2月11日
3		TV7164GD	1598	5	AT	4	1165/1180	6.5	第五次	2011年2月11日
4	威驰	TV7165GL-iMD	1598	5	MT	5	1095/1100/1105	6.5	第五次	2011年2月11日
5		TV7165GL-iD	1598	5	AT	4	1115/1125	6.5	第五次	2011年2月11日
6		TV7165GL-SD	1598	5	AT	4	1115	6.5	第五次	2011年2月11日
7		TV7165GLX-iD	1598	5	AT	4	1125	6.5	第五次	2011年2月11日
十六、天津一汽夏利汽车股份有限公司										
1	夏利A+	TJ7101AE4S	993	5	MT	5	815	5.5	第五次	2011年2月11日
十七、一汽海马汽车有限公司										
1	海福星	HMC7134B4S0	1299	5	MT	5	1145	6.3	第五次	2011年2月11日
2		HMC7154B4S0	1497	5	MT	5	1145	6.4	第五次	2011年2月11日
3	普力马	HMC7166E4M0	1598	5	CVT	-	1350	7.6	第五次	2011年2月11日
4		HMC6446D4M0	1598	7	MT	5	1350	7.6	第五次	2011年2月11日
十八、郑州日产汽车有限公司										
1	帅客	ZN6441V1B4	1587	7	MT	5	1440	7.7	第五次	2011年2月11日
2		ZN6442V1B4	1587	7	MT	5	1440	7.7	第五次	2011年2月11日

2."节能产品惠民工程"节能汽车(1.6升及以下乘用车)推广目录(第六批)

序号	通用名称	车辆型号	排量（mL）	额定载客人数	变速器		整车整备质量（kg）	综合燃料消耗量（L/100km）	批次	公告日期
					型式	挡位器				
一、安徽江淮汽车股份有限公司										
1	和悦 RS	HFC7150M	1499	5	MT	5	1435	7.5	第六批	2011年5月11日
2		HFC6460M1F	1499	7	MT	5	1435	7.5	第六批	2011年5月11日
3	悦悦	HFC7100WF	999	5	MT	5	915	5.1	第六批	2011年5月11日
二、比亚迪汽车有限公司										
1	比亚迪 F3	QCJ7150A8	1497	5	MT	5	1200	6.5	第六批	2011年5月11日
2	比亚迪 F3R	QCJ7151A8	1497	5	MT	5	1170	6.5	第六批	2011年5月11日
3	比亚迪 G3	QCJ7152A4	1497	5	MT	5	1180	6.5	第六批	2011年5月11日
4	比亚迪 L3	QCJ7153A4	1497	5	MT	5	1180	6.5	第六批	2011年5月11日
5	比亚迪 G3R	QCJ7154A4	1497	5	MT	5	1170	6.5	第六批	2011年5月11日
三、重庆长安铃木汽车有限公司										
1	奥拓	SC7103B	996	5	MT	5	890	5.8	第六批	2011年5月11日
2		SC7103C	996	5	AT	4	915	6.2	第六批	2011年5月11日
3	雨燕	SC7150E	1490	5	AT	4	1075	6.5	第六批	2011年5月11日
4	天语 SX4 三厢	SC7161F	1586	5	MT	5	1210	6.9	第六批	2011年5月11日
5		SC7161G	1586	5	AT	4	1225	7.2	第六批	2011年5月11日
6		SC7161H	1586	5	MT	5	1210	6.9	第六批	2011年5月11日
7	天语 SX4 两厢	SC7162F	1586	5	MT	5	1215	6.9	第六批	2011年5月11日
8		SC7162G	1586	5	AT	4	1225	7.2	第六批	2011年5月11日
9		SC7162H	1586	5	MT	5	1215	6.9	第六批	2011年5月11日
10		SC7162K	1586	5	AT	4	1225	7.2	第六批	2011年5月11日
四、重庆长安汽车股份有限公司										
1	奔奔 MINI	SC7106A4B	999	5	MT	5	870	5.8	第六批	2011年5月11日
2		SC7106B4B	999	5	AMT	5	870	5.7	第六批	2011年5月11日
3		SC7106A4YB	999	5	MT	5	870	5.8	第六批	2011年5月11日
4		SC7083A4B	759	5	MT	5	870	5.7	第六批	2011年5月11日
5	CX30	SC7166D4HB	1590	5	MT	5	1325	7.3	第六批	2011年5月11日
6		SC7166C4YB	1590	5	MT	5	1325	7.3	第六批	2011年5月11日
7		SC7166D4B	1590	5	MT	5	1325	7.0	第六批	2011年5月11日
8		SC7163H3B	1590	5	MT	5	1325	7.2	第六批	2011年5月11日
9		SC7163B4YB	1590	5	MT	5	1325	7.3	第六批	2011年5月11日
10	悦翔	SC7136D4B	1298	5	AMT	5	1100	6.8	第六批	2011年5月11日
11		SC7151A4YB	1497	5	MT	5	1120	6.4	第六批	2011年5月11日
12		SC7151A4Y1B	1497	5	MT	5	1120	6.5	第六批	2011年5月11日
13		SC7156A4YB	1497	5	MT	5	1120	6.4	第六批	2011年5月11日

续表

序号	通用名称	车辆型号	排量(mL)	额定载客人数	变速器		整车整备质量(kg)	综合燃料消耗量(L/100km)	批次	公告日期
					型式	挡位器				
四、重庆长安汽车股份有限公司										
14	悦翔	SC7156A4Y1B	1497	5	MT	5	1120	6.5	第六批	2011年5月11日
15		SC7168A4YB	1590	5	MT	5	1120	6.4	第六批	2011年5月11日
16		SC7168A4Y1B	1590	5	MT	5	1120	6.5	第六批	2011年5月11日
17		SC7168B4Y	1590	5	MT	5	1120	6.4	第六批	2011年5月11日
18		SC7168B4Y1	1590	5	MT	5	1120	6.5	第六批	2011年5月11日
19	CX20	SC7139A4YB	1298	5	MT	5	1095	6.5	第六批	2011年5月11日
20		SC7139A4Y1B	1298	5	MT	5	1095	6.5	第六批	2011年5月11日
21	长安之星2	SC6399G4	999	7,8	MT	5	1015	6.5	第六批	2011年5月11日
22	长安之星S460	SC6408E4	1298	7,8	MT	5	1100	6.8	第六批	2011年5月11日
23	长安金牛星	SC6418D4Y	1298	7,8	MT	5	1140	6.8	第六批	2011年5月11日
五、东风柳州汽车有限公司										
1	风行景逸	LZ6430BQCE	1499	5	AMT	6	1270	6.8	第六批	2011年5月11日
六、东风汽车公司										
1	东风小康V27	EQ6392PF9	997	7-8	MT	5	1100	6.5	第六批	2011年5月11日
七、东风汽车有限公司										
1	骐达	DFL7165MAK1	1598	5	MT	5	1206	6.4	第六批	2011年5月11日
2		DFL7165MAK2	1598	5	MT	5	1206	6.4	第六批	2011年5月11日
3		DFL7165VAK1	1598	5	CVT	–	1211	6.2	第六批	2011年5月11日
4		DFL7165VAK2	1598	5	CVT	–	1211	6.2		
八、东南(福建)汽车工业有限公司										
1	V3菱悦	DN7154M	1488	5	MT	5	1150	6.5	第六批	2011年5月11日
2		DN7154MJ	1488	5	MT	5	1150	6.5	第六批	2011年5月11日
3		DN7154H	1488	5	MT	5	1150	6.5	第六批	2011年5月11日
4		DN7154HJ	1488	5	MT	5	1150	6.5	第六批	2011年5月11日
5		DN7152LAH	1499	5	MT	5	1100	6.5	第六批	2011年5月11日
6		DN7153HAH	1499	5	CVT	–	1130	6.8	第六批	2011年5月11日
7		DN7154HH	1488	5	MT	5	1150	6.5	第六批	2011年5月11日
8		DN7154MH	1488	5	MT	5	1150	6.5	第六批	2011年5月11日
九、广汽本田汽车有限公司										
1	飞度1.3LMT舒适版	HG7134DBM	1339	5	MT	5	1060	6.0	第六批	2011年5月11日
2	飞度1.3LMT天窗版	HG7134DBM	1339	5	MT	5	1075	6.0	第六批	2011年5月11日
3	飞度1.5LMT豪华版	HG7154DBM	1497	5	MT	5	1095	6.5	第六批	2011年5月11日
4	飞度1.5LMT全景天窗版	HG7154DBMP	1497	5	MT	5	1110	6.5	第六批	2011年5月11日
十、哈飞汽车股份有限公司										
1	哈飞骏意	HFJ6400A4C	1299	7,8	MT	5	1095	6.6	第六批	2011年5月11日
2	哈飞路尊大霸王	HFJ6420F4C	1299	7,8	MT	5	1265	7.0	第六批	2011年5月11日

续表

序号	通用名称	车辆型号	排量(mL)	额定载客人数	变速器		整车整备质量(kg)	综合燃料消耗量(L/100km)	批次	公告日期
					型式	挡位器				
十一、湖南江南汽车制造有限公司										
1	江南 TT	JNJ7082AF	796	4	MT	4	645	5.2	第六批	2011年5月11日
2	Z200	JNJ7131Q	1299	5	MT	5	1105	6.3	第六批	2011年5月11日
3		JNJ7152	1499	5	MT	5	1105	6.5	第六批	2011年5月11日
4	Z200HB	JNJ7132	1299	5	MT	5	1095	6.3	第六批	2011年5月11日
5		JNJ7151T	1499	5	MT	5	1095	6.5	第六批	2011年5月11日
十二、华晨汽车集团控股有限公司										
1	骏捷 FSV	SY7160XSBAB	1590	5	MT	5	1240	6.9	第六批	2011年5月11日
十三、上海大众汽车有限公司										
1	朗逸	SVW7167LSD	1598	5	MT	5	1245	6.9	第六批	2011年5月11日
2	明锐	SVW7166ESD	1598	5	MT	5	1285	6.9	第六批	2011年5月11日
3		SVW7166FSD	1598	5	AT	6	1322	7.6	第六批	2011年5月11日
4	晶锐	SVW7148JRD	1390	5	MT	5	1100	6.5	第六批	2011年5月11日
5		SVW7148KRD	1390	5	AT	6	1145	6.8	第六批	2011年5月11日
6		SVW7168LSD	1598	5	MT	5	1125	6.5	第六批	2011年5月11日
7		SVW7168MSD	1598	5	AT	6	1210	7.2	第六批	2011年5月11日
8	波罗	SVW7144LRD	1390	5	MT	5	1120	6.5	第六批	2011年5月11日
十四、上海华普汽车有限公司										
1	自由舰 1.0MT	SMA7101K01	997	5	MT	5	1029	6.0	第六批	2011年5月11日
2	海景 1.5MT	SMA7151K03	1498	5	MT	5	1245	6.8	第六批	2011年5月11日
十五、沈阳华晨金杯汽车有限公司										
1	金杯海星	SY6370B2SBW	997	6, 8	MT	5	985	6.5	第六批	2011年5月11日
2		SY6390A9SBW	998	7	MT	5	1000	6.5	第六批	2011年5月11日
3		SY6370C1SBW	998	7, 8	MT	5	985	6.5	第六批	2011年5月11日
十六、天津一汽夏利汽车股份有限公司										
1	夏利 N5	TJ7133UE4S	1339	5	MT	5	915	5.8	第六批	2011年5月11日
2	威姿	CA7136E4	1339	5	MT	5	982	6.1	第六批	2011年5月11日
3	威乐	CA7156UE4S	1497	5	MT	5	990	6.1	第六批	2011年5月11日
4	威志	CA7150AUE4	1497	5	MT	5	995	6.1	第六批	2011年5月11日
十七、浙江豪情汽车制造有限公司										
1	金刚 1.0MT	JL7101K01	997	5	MT	5	1085	6.0,5.9	第六批	2011年5月11日
2	SC510－RVMT	JL7100E4	997	5	MT	5	1100	5.6	第六批	2011年5月11日

3. "节能产品惠民工程"节能汽车（1.6 升及以下乘用车）推广目录（第七批）

序号	通用名称	车辆型号	排量（mL）	额定载客人数	变速器		整车整备质量（kg）	综合燃料消耗量（L/100km）	批次	公告日期
					型式	挡位器				
一、安徽江淮汽车股份有限公司										
1	悦悦	HFC7100W	999	5	MT	5	915	5.3	第七批	2011 年 10 月 17 日
2	同悦	HFC7130ATF	1299	5	AMT	5	1100	6.3	第七批	2011 年 10 月 17 日
二、比亚迪汽车有限公司										
1	比亚迪 F3	QCJ7150A9	1497	5	MT	5	1210	6.2	第七批	2011 年 10 月 17 日
2	比亚迪 G3	QCJ7152A5	1497	5	MT	5	1210	6.2	第七批	2011 年 10 月 17 日
3	比亚迪 L3	QCJ7153A5	1497	5	MT	5	1210	6.2	第七批	2011 年 10 月 17 日
三、重庆长安汽车股份有限公司										
1	奔奔 mini	SC7106B4	999	5	AMT	5	870,910	5.7	第七批	2011 年 10 月 17 日
2		SC7106B4B	999	5	AMT	5	870	5.7	第七批	2011 年 10 月 17 日
3	志翔	SC7155A4	1497	5	MT	5	1390	6.4	第七批	2011 年 10 月 17 日
4		SC7155HEV	1497	5	MT	5	1390	6.4	第七批	2011 年 10 月 17 日
5	欧诺	SC6449B	1298	7,8	MT	5	1235	6.4	第七批	2011 年 10 月 17 日
四、东风汽车有限公司										
1	阳光	DFL7151VAK1	1498	5	CVT	–	1041	5.8	第七批	2011 年 10 月 17 日
2		DFL7151VAK2	1498	5	CVT	–	1069	5.8	第七批	2011 年 10 月 17 日
3		DFL7151VAK3	1498	5	CVT	–	1072	5.8	第七批	2011 年 10 月 17 日
4	骐达	DFL7165VAK1	1598	5	CVT	–	1211	6.2	第七批	2011 年 10 月 17 日
5		DFL7165VAK2	1598	5	CVT	–	1211	6.2	第七批	2011 年 10 月 17 日
五、东南（福建）汽车工业有限公司										
1	V3 菱悦	DN7152HAS	1499	5	MT	5	1100	5.8	第七批	2011 年 10 月 17 日
2		DN7152MAS	1499	5	MT	5	1100	5.8	第七批	2011 年 10 月 17 日
3		DN7154HS	1488	5	MT	5	1150	5.8	第七批	2011 年 10 月 17 日
4		DN7154MS	1488	5	MT	5	1150	5.8	第七批	2011 年 10 月 17 日
六、奇瑞汽车股份有限公司										
1	奇瑞 QQ3	SQR7080S110	848	5	MT	5	890	4.9	第七批	2011 年 10 月 17 日
2		SQR7083S110	848	5	MT	5	890	4.9	第七批	2011 年 10 月 17 日
3		SQR7102S110	998	5	MT	5	890	5.0	第七批	2011 年 10 月 17 日
4		SQR7103S110	998	5	MT	5	890	5.0	第七批	2011 年 10 月 17 日
5	奇瑞 A3	SQR7161M117	1598	5	MT	5	1360	6.5	第七批	2011 年 10 月 17 日
6		SQR7161M127	1598	5	MT	5	1355	6.6	第七批	2011 年 10 月 17 日
七、上海大众汽车有限公司										
1	PASSAT	SVW71410BR	1390	5	DCT	7	1460	6.7	第七批	2011 年 10 月 17 日
2	朗逸	SVW7147FRD	1390	5	DCT	7	1325	6.5	第七批	2011 年 10 月 17 日
3	明锐	SVW7146ARD	1390	5	MT	5	1360	6.5	第七批	2011 年 10 月 17 日
4		SVW7146BRD	1390	5	DCT	7	1380	6.4	第七批	2011 年 10 月 17 日
5		SVW7146CRD	1390	5	DCT	7	1326	6.1	第七批	2011 年 10 月 17 日
6	昊锐	SVW7149ERD	1390	5	DCT	7	1480	6.7	第七批	2011 年 10 月 17 日

续表

序号	通用名称	车辆型号	排量（mL）	额定载客人数	变速器		整车整备质量（kg）	综合燃料消耗量（L/100km）	批次	公告日期
					型式	挡位器				
八、上海通用汽车有限公司										
1	EXCELLE	SGM7160MTB	1598	5	MT	5	1375	6.7	第七批	2011年10月17日
九、上海通用东岳汽车有限公司										
1	爱唯欧	SGM7146MTA	1399	5	MT	5	1180	6.0	第七批	2011年10月17日
2		SGM7142MTB	1399	5	MT	5	1206	6.1	第七批	2011年10月17日
3		SGM7143MTB	1399	5	MT	5	1210	6.1	第七批	2011年10月17日
4	赛欧	SGM7126AMT	1206	5	AMT	5	1050	5.9	第七批	2011年10月17日
5		SGM7140MTB	1399	5	MT	5	1092	5.9	第七批	2011年10月17日
6		SGM7140AMTB	1399	5	AMT	5	1095	6.1	第七批	2011年10月17日
7		SGM7141AMTB	1399	5	AMT	5	1095	6.1	第七批	2011年10月17日
8		SGM7121AMT	1206	5	AMT	5	1030	5.9	第七批	2011年10月17日
十、一汽一大众汽车有限公司										
1	迈腾1.4T自动	FV7147TATG	1390	5	DCT	7	1460	6.5	第七批	2011年10月17日
2	速腾1.4T手动	FV7146TG	1390	5	MT	5	1405	6.5	第七批	2011年10月17日
3	速腾1.4T自动	FV7146TATG	1390	5	DCT	7	1425	6.4	第七批	2011年10月17日
4	宝来1.4T自动	FV7142TXATG	1390	5	DCT	7	1335	6.4	第七批	2011年10月17日
5	高尔夫1.4T自动	FV7144TFATG	1390	5	DCT	7	1370	6.0	第七批	2011年10月17日
6	高尔夫1.4T手动	FV7144TFG	1390	5	MT	5	1330	6.3	第七批	2011年10月17日
7	高尔夫1.6自动	FV7164FATG	1598	5	DCT	7	1295	6.6	第七批	2011年10月17日
十一、一汽海马汽车有限公司										
1	福美来	HMC7165G4S1	1598	5	CVT	-	1325	6.7	第七批	2011年10月17日
十二、浙江豪情汽车制造有限公司										
1	SC510-RVMT	JL7100E4	997	5	MT	5	1100	5.6	第七批	2011年10月17日

八、关于节能汽车推广专项核查第一批样车燃料消耗量检测结果的公示

按照《“节能产品惠民工程”节能汽车（1.6升及以下乘用车）推广实施细则》《“节能产品惠民工程”节能汽车（1.6升及以下乘用车）推广专项核查办法》要求，2011年2月22日—3月5日，工业和信息化部、发展改革委、财政部组织节能汽车推广专项核查工作组开展了第一次市场抽样核查工作。核查工作组根据节能汽车推广目录发布的车型数量、推广车型销量及抽样现场可供抽样车型等情况，抽取了31家企业的64个车型样车进行燃料消耗量核查。按照GB/T19233《轻型汽车燃料消耗量试验方法》和《“节能产品惠民工程”节能汽车（1.6升及以下乘用车）推广专项核查办法》，对于抽检样车燃料消耗量的检测方式，企业可以选择不超过15000公里的磨合后进行检测，或选择不磨合的渐变系数0.92。本次抽检样车的企业均选择不磨合、采用渐变系数的检测方式。所以，本次公示的样车检测结果均为不磨合直接检测值乘以0.92后的值。

现将节能汽车推广专项核查第一批样车燃料消耗量检测结果公示如下（企业名单按企业名称拼音首字母排序）：

序号	企业名称	通用名称	车辆型号	排量(mL)	变速器型式	整车整备质量(kg)	推广目录批次	企业申报油耗值(L/100km)	申报值的104%(L/100km)	综合燃料消耗量限值(L/100km)	样车检测结果(L/100km)	样车送检机构	型式认证试验检测机构	备注
1	安徽江淮汽车股份有限公司	和悦	HFC7150B	1499	MT	1325	5	7.2	7.5	7.3	6.6	国家轿车质量监督检验中心	国家汽车质量监督检验中心(长春)	
2	比亚迪汽车有限公司	比亚迪F0	QCJ7100L	998	MT	870	1	5.2	5.4	5.8	4.9	国家机动车质量监督检验中心(重庆)	国家轿车质量监督检验中心	
3	比亚迪汽车有限公司	比亚迪F3	QCJ7150A6	1488	MT	1200	3	6.5	6.8	6.5	6.2	国家客车质量监督检验中心	国家轿车质量监督检验中心	
4	北京奔驰汽车有限公司	梅赛德斯-奔驰国产C180	BJ7161	1597	AT	1615	2	7.7	8.0	8.4	7.7	国家机动车产品质量监督检验中心(上海)	国家汽车质量监督检验中心(长春)	
5	北京现代汽车有限公司	伊兰特悦动	BH7167AY	1591	AT	1215	2	6.8	7.1	7.2	6.4	国家客车质量监督检验中心	国家轿车质量监督检验中心	
6	北京现代汽车有限公司	i30	BH7160CAY	1591	AT	1241	4	7.2	7.5	7.2	6.6	国家客车质量监督检验中心	国家轿车质量监督检验中心	
7	北京现代汽车有限公司	瑞纳	BH7143AY	1396	AT	1073	3	6.5	6.8	6.5	6.2	国家机动车质量监督检验中心(重庆)	国家轿车质量监督检验中心	
8	北京现代汽车有限公司	伊兰特	BH7162MY	1599	MT	1240	2	6.9	7.2	6.9	6.6	国家机动车质量监督检验中心(重庆)	国家轿车质量监督检验中心	
9	长安福特马自达汽车有限公司	马自达2	CAF7151B1	1498	AT	1058	3	6.5	6.8	6.5	6.5	国家机动车产品质量监督检验中心(上海)	国家轿车质量监督检验中心	
10	长安福特马自达汽车有限公司	马自达3	CAF7161M1	1598	MT	1214	2	6.8	7.1	6.9	6.3	国家机动车产品质量监督检验中心(上海)	国家轿车质量监督检验中心	
11	长城汽车股份有限公司	炫丽	CC7152SM05	1497	MT	1091	3	6.5	6.8	6.5	5.8	国家汽车质量监督检验中心(襄樊)	国家轿车质量监督检验中心	
12	长城汽车股份有限公司	腾翼C30	CC7150CE05	1497	MT	1125	3	6.5	6.8	6.5	5.9	国家汽车质量监督检验中心(襄樊)	国家汽车质量监督检验中心(长春)	

续表

序号	企业名称	通用名称	车辆型号	排量(mL)	变速器型式	整车整备质量(kg)	推广目录批次	企业申报油耗值(L/100km)	申报值的104%(L/100km)	综合燃料消耗量限值(L/100km)	样车检测结果(L/100km)	样车送检机构	型式认证试验检测机构	备注
13	长城汽车股份有限公司	哈弗M2	CC7151AMA06	1497	MT	1170	3	6.5	6.8	6.5	6.0	国家汽车质量监督检验中心（襄樊）	国家汽车质量监督检验中心（长春）	
14	重庆长安铃木汽车有限公司	奥拓	SC7103	996	MT	890	1	5.8	6.0	5.8	5.5	国家轿车质量监督检验中心	国家机动车质量监督检验中心（重庆）	
15	重庆长安汽车股份有限公司	志翔	SC7166C	1590	MT	1325	1	7.3	7.6	7.3	7.0	国家汽车质量监督检验中心（襄樊）	国家机动车质量监督检验中心（重庆）	
16	重庆长安汽车股份有限公司	奔奔mini	SC7106A4	999	MT	870	1	5.8	6.0	5.8	5.3	国家汽车质量监督检验中心（襄樊）	国家轿车质量监督检验中心	
17	重庆力帆乘用车有限公司	520i	LF7131C	1342	MT	1110	4	6.4	6.7	6.5	6.3	国家汽车质量监督检验中心（长春）	国家客车质量监督检验中心	
18	东风汽车公司	S30	DFM7160B1E	1587	MT	1210	4	6.9	7.2	6.9	6.8	国家轿车质量监督检验中心	国家汽车质量监督检验中心（襄樊）	
19	东风汽车公司	H30	DFM7160B2E	1587	MT	1206	4	6.9	7.2	6.9	6.7	国家轿车质量监督检验中心	国家汽车质量监督检验中心（襄樊）	
20	东风汽车有限公司	骐达	DFL7161MAK	1598	MT	1160	2	6.5	6.8	6.5	6.4	国家机动车产品质量监督检验中心（上海）	国家汽车质量监督检验中心（襄樊）	
21	东风汽车有限公司	阳光	DFL7151VAK2	1498	CVT	1069	5	5.8	6.0	6.5	5.6	国家机动车产品质量监督检验中心（上海）	国家轿车质量监督检验中心	
22	东风悦达起亚汽车有限公司	赛拉图	YQZ7162EFJ	1599	MT	1235	4	6.7	7.0	6.9	6.5	国家客车质量监督检验中心	国家轿车质量监督检验中心	
23	东风悦达起亚汽车有限公司	SOUL	YQZ7166AEJ	1591	AMT	1225	4	7.2	7.5	7.2	6.8	国家机动车质量监督检验中心（重庆）	国家轿车质量监督检验中心	

续表

序号	企业名称	通用名称	车辆型号	排量(mL)	变速器型式	整车整备质量(kg)	推广目录批次	企业申报油耗值(L/100km)	申报值的104%(L/100km)	综合燃料消耗量限值(L/100km)	样车检测结果(L/100km)	样车送检机构	型式认证试验检测机构	备注
24	东风悦达起亚汽车有限公司	福瑞迪	YQZ7165EJ	1591	MT	1190	4	6.4	6.7	6.5	5.9	国家客车质量监督检验中心	国家轿车质量监督检验中心	
25	广汽本田汽车有限公司	飞度1.3L手动挡(无天窗)	HG7134DAM	1339	MT	1050	1	6.0	6.2	6.1	5.6	国家机动车质量监督检验中心(重庆)	国家汽车质量监督检验中心(襄樊)	
26	广汽本田汽车有限公司	锋范1.5L手动挡(无天窗)	HG7154CAM	1497	MT	1118	1	6.5	6.8	6.5	5.9	国家机动车质量监督检验中心(重庆)	国家轿车质量监督检验中心	
27	广汽本田汽车有限公司	锋范1.5L自动挡(带天窗)	HG7154CAA	1497	AT	1148	1	6.8	7.1	6.8	6.1	国家客车质量监督检验中心	国家轿车质量监督检验中心	
28	海马商务汽车有限公司	福仕达	ZQ6385A62F	998	MT	1095	4	6.7	7.0	6.8	6.3	国家汽车质量监督检验中心(襄樊)	国家汽车质量监督检验中心(长春)	
29	海马(郑州)汽车有限公司	海马王子	HMA7110AB2F	1051	MT	895	4	5.7	5.9	5.8	5.8	国家汽车质量监督检验中心(襄樊)	国家汽车质量监督检验中心(长春)	
30	华晨汽车集团控股有限公司	骏捷FSV	SY7150WSBAA	1495	MT	1210	4	6.9	7.2	6.9	6.9	国家汽车质量监督检验中心(长春)	国家轿车质量监督检验中心	
31	华晨汽车集团控股有限公司	骏捷FRV	SY7130W1SBAA	1298	MT	1210	1	6.9	7.2	6.9	6.7	国家汽车质量监督检验中心(长春)	国家轿车质量监督检验中心	
32	江西昌河铃木汽车有限责任公司	利亚纳	CH7146B	1372	MT	1150	3	6.5	6.8	6.5	5.6	国家机动车产品质量监督检验中心(上海)	国家轿车质量监督检验中心	
33	奇瑞汽车股份有限公司	瑞麒M1	SQR7101S180	998	MT	990	2	5.6	5.8	6.1	5.2	国家机动车产品质量监督检验中心(上海)	国家轿车质量监督检验中心	
34	奇瑞汽车股份有限公司	奇瑞A3	SQR7161M117	1598	MT	1360	1	6.5	6.8	7.3	6.4	国家机动车产品质量监督检验中心(上海)	国家轿车质量监督检验中心	

续表

序号	企业名称	通用名称	车辆型号	排量(mL)	变速器型式	整车整备质量(kg)	推广目录批次	企业申报油耗值(L/100km)	申报值的104%(L/100km)	综合燃料消耗量限值(L/100km)	样车检测结果(L/100km)	样车送检机构	型式认证试验检测机构	备注
35	奇瑞汽车股份有限公司	奇瑞QQ3	SQR7081S110	812	MT	880	3	5.7	5.9	5.8	–	国家机动车产品质量监督检验中心（上海）	国家轿车质量监督检验中心	封条破损，取消检测
36	奇瑞汽车股份有限公司	奇瑞QQ3	SQR7081S110	812	MT	880	3	5.7	5.9	5.8	5.5	国家汽车质量监督检验中心（长春）	国家轿车质量监督检验中心	
37	奇瑞汽车股份有限公司	旗云2	SQR7150A150	1497	MT	1100	2	6.5	6.8	6.5	6.4	国家汽车质量监督检验中心（长春）	国家轿车质量监督检验中心	
38	上海大众汽车有限公司	POLO	SVW71411BR	1390	AT	1122	3	6.8	7.1	6.8	6.2	国家机动车质量监督检验中心（重庆）	国家轿车质量监督检验中心	
39	上海大众汽车有限公司	POLO	SVW71611DS	1598	AT	1135	3	6.8	7.1	6.8	6.3	国家机动车质量监督检验中心（重庆）	国家轿车质量监督检验中心	
40	上海大众汽车有限公司	朗逸	SVW7147ERD	1390	MT	1305	1	6.7	7.0	6.9	6.3	国家客车质量监督检验中心	国家轿车质量监督检验中心	
41	上海通用东岳汽车有限公司	赛欧	SGM7143AMT	1399	AMT	1070	1	6.1	6.3	6.5	5.7	国家机动车质量监督检验中心（重庆）	国家轿车质量监督检验中心	
42	上海通用东岳汽车有限公司	赛欧	SGM7121MT	1206	MT	1020	1	5.7	5.9	6.1	5.7	国家机动车质量监督检验中心（重庆）	国家轿车质量监督检验中心	
43	上海通用东岳汽车有限公司	赛欧	SGM7120MT	1206	MT	1020	1	5.7	5.9	6.1	5.7	国家机动车质量监督检验中心（重庆）	国家轿车质量监督检验中心	
44	上海通用汽车有限公司	君威	SGM7162TMTB	1598	MT	1545	1	7.9	8.2	8.1	7.8	国家客车质量监督检验中心	国家轿车质量监督检验中心	
45	上海通用（沈阳）北盛汽车有限公司	科鲁兹	SGM7169MTA	1598	MT	1360	1	7.3	7.6	7.3	7.1	国家客车质量监督检验中心	国家轿车质量监督检验中心	

续表

序号	企业名称	通用名称	车辆型号	排量(mL)	变速器型式	整车整备质量(kg)	推广目录批次	企业申报油耗值(L/100km)	申报值的104%(L/100km)	综合燃料消耗量限值(L/100km)	样车检测结果(L/100km)	样车送检机构	型式认证试验检测机构	备注
46	上海通用(沈阳)北盛汽车有限公司	科鲁兹	SGM7164TMTB	1598	MT	1450	3	7.7	8.0	7.7	7.5	国家客车质量监督检验中心	国家轿车质量监督检验中心	
47	上汽通用五菱汽车股份有限公司	雪佛兰乐驰	LZW7100XF	995	MT	880	1	5.6	5.8	5.8	5.4	国家汽车质量监督检验中心(襄樊)	国家轿车质量监督检验中心	
48	上汽通用五菱汽车股份有限公司	雪佛兰乐驰	LZW7120KF	1206	MT	880	5	5.7	5.9	5.8	5.6	国家汽车质量监督检验中心(襄樊)	国家汽车质量监督检验中心(长春)	
49	神龙汽车有限公司	世嘉	DC7165DTAA	1587	AT	1340	4	7.6	7.9	7.6	7.3	国家机动车质量监督检验中心(重庆)	国家汽车质量监督检验中心(襄樊)	
50	神龙汽车有限公司	307	DC7164DTAM	1587	MT	1321	4	7.3	7.6	7.3	7.2	国家机动车质量监督检验中心(重庆)	国家汽车质量监督检验中心(襄樊)	
51	神龙汽车有限公司	307	DC7164DTAA	1587	AT	1340	4	7.6	7.9	7.6	7.4	国家客车质量监督检验中心	国家汽车质量监督检验中心(襄樊)	
52	沈阳华晨金杯汽车有限公司	金杯海星	SY6390A1SBW	970	MT	1000	4	6.5	6.8	6.5	6.4	国家机动车质量监督检验中心(重庆)	国家轿车质量监督检验中心	
53	天津一汽丰田汽车有限公司	威驰	TV7165GL-iD	1598	AT	1115	5	6.5	6.8	6.8	6.1	国家客车质量监督检验中心	国家轿车质量监督检验中心	
54	天津一汽丰田汽车有限公司	卡罗拉	TV7163GL	1598	AT	1290	3	6.9	7.2	7.2	6.3	国家机动车质量监督检验中心(重庆)	国家轿车质量监督检验中心	
55	一汽-大众汽车有限公司	宝来1.4T自动	FV7142TXATG	1390	DCT	1335	2	6.4	6.7	7.6	6.0	国家机动车质量监督检验中心(重庆)	国家汽车质量监督检验中心(长春)	
56	一汽-大众汽车有限公司	高尔夫1.4T自动	FV7144TFATG	1390	DCT	1370	2	6.0	6.2	7.6	5.8	国家客车质量监督检验中心	国家汽车质量监督检验中心(长春)	

续表

序号	企业名称	通用名称	车辆型号	排量(mL)	变速器型式	整车整备质量(kg)	推广目录批次	企业申报油耗值(L/100km)	申报值的104%(L/100km)	综合燃料消耗量限值(L/100km)	样车检测结果(L/100km)	样车送检机构	型式认证试验检测机构	备注
57	一汽海马汽车有限公司	Haima2	HMC7133A4H0	1299	MT	1095	2	6.5	6.8	6.5	6.2	国家机动车产品质量监督检验中心（上海）	国家汽车质量监督检验中心（长春）	
58	一汽海马汽车有限公司	福美来	HMC7165L4S1	1598	CVT	1325	4	7.6	7.9	7.6	–	国家机动车产品质量监督检验中心（上海）	国家汽车质量监督检验中心（长春）	封条破损，取消检测
59	一汽海马汽车有限公司	福美来	HMC7165L4S1	1598	CVT	1325	4	7.6	7.9	7.6	7.1	国家轿车质量监督检验中心	国家汽车质量监督检验中心（长春）	
60	一汽海马汽车有限公司	福美来	HMC7165D4S1	1598	MT	1270	2	6.9	7.2	6.9	6.6	国家轿车质量监督检验中心	国家汽车质量监督检验中心（长春）	
61	中国天津一汽夏利汽车股份有限公司	夏利A+	TJ7101AUE4S	993	MT	866	4	5.8	6.0	5.8	5.3	国家汽车质量监督检验中心（襄樊）	国家轿车质量监督检验中心	
62	中国天津一汽夏利汽车股份有限公司	威志V2	CA7137E4S	1339	MT	981	4	6.1	6.3	6.1	5.6	国家汽车质量监督检验中心（襄樊）	国家轿车质量监督检验中心	
63	浙江豪情汽车制造有限公司	吉利熊猫1.0MT	HQ7102E4	997	MT	937	1	5.7	5.9	5.8	5.3	国家汽车质量监督检验中心（长春）	国家轿车质量监督检验中心	
64	郑州日产汽车有限公司	NV200	ZN6441V1A4	1598	MT	1355	4	7.5	7.8	7.6	7.2	国家机动车产品质量监督检验中心（上海）	国家轿车质量监督检验中心	

节能汽车推广专项核查工作组

二〇一一年三月十八日

中国恒天
CHTC

BONLUCK
百路佳客车

美国 DOT　澳大利亚 ADR　中国 3C　ISO　欧洲 ECE

地址：江西省南昌市昌北经济技术开发区玉屏西大街149号
电话：86-791-88539688　　网站：www.bonluckbus.cn

海马汽车
上班族的伴侣
家轿级的品质
海马电动车
海马王子
海马王子 纯电动汽车

绿色能源从今天开始
中科力帆电动车
EV
Electric Vehicles
中科力帆
电动车

www.dspace.com
车辆动力学
内燃机
传动装置
驾驶辅助系统
电气化
MicroAutoBox
dSPACE
The Next Generation
System Architecture
Rapid Control Prototyping
ECU Autocoding
HIL Testing

蓝海华腾电动汽车电机控制器

高效 易用·可靠·稳定·平稳

- 完整的纯电动/混合动力汽车电机控制器系列，功率范围涵盖3kW-280kW；
- 被国内多家主流客车厂配套使用，累计配套接近3000台；
- 连续二届在全国新能源公交客车精英赛中获得冠军。

绿色动力•低碳生活

- 快速的转矩响应时间，确保驾驶的平顺性；
- 优异的电机电流控制，确保驱动器的可靠性；
- 高效的制动能量回收，实现节能绿色环保出行；
- 结合汽车要求设计生产，确保车辆行驶的安全性；
- 高效的驱动、制动转矩控制，确保车辆乘坐的舒适性。

运行城市：北京、上海、深圳、杭州、南京、天津、成都、厦门、海口、昆明、大连、呼和浩特、苏州、扬州、南通、无锡、昆山、萧山、泰州、张家港、香港、澳门、芬兰。

ECMG Worldwide Certification Solutions EMC Compliance Management Group　NVLAP　CE

深圳市蓝海华腾技术有限公司
Shenzhen V&T Technologies Co.,Ltd.

地址：深圳市南山区西丽阳光社区新锋大楼B栋　电话：0755-26580810　E-mail：lhht@v-t.net.cn　网址：http://www.v-t.net.cn

JAGUAR
墨工动力电池管理系统
标准电池模块管理单元(BMU)
JAGUAR
主要特征：
· 支持自动地址分配功能
· 支持CANBus2.0通讯协议和中央控制单元通讯
· 通过通讯协议可灵活模块单元功能
-支持6-12节锂电池串联的电池模块应用
-支持5-12个温度通道，可灵活设置
· 高速高精度数据采集
-电压通道和温度通道单通道采集速率：400us
-支持同步扫描和自动扫描两种方式
-高阶低通滤波器提高了信号采集的抗干扰能力
· 支持自诊断功能，提高系统的可靠性
-内嵌断线检测
-主要元器件的自诊断功能
-电池安全的告警
· 支持电池的均衡功能，内嵌凹凸科技BOD
电池均衡技术
· 支持不同功率的模式控制，节省功率消耗
· 支持TS16949 认证
JAGUAR

CHINAEV.ORG

节能与新能源汽车网

Energy Efficient and New Energy Vehicles

节能与新能源汽车网（www.chinaev.org）是服务于节能与新能源汽车网汽车行业的权威专业技术型网站。本网站由清洁汽车生产力促进中心、科技部863计划“十一五”节能与新能源汽车重大专项办公室、中国汽车技术研究中心北京卡达克科技中心联合主办，并得到了GEF/UNDP/MOST“中国燃料电池公共汽车商业化示范”国家项目办公室、中机车辆技术服务中心和国家机动车合格证数据中心的大力支持。网站拥有国内外节能与新能源汽车领域海量、权威的燃料、车型、研究报告，产量等信息，为会员提供及时、丰富的信息资讯，拥有一支从事节能与新能源汽车相关政策法规研究、课题研究、数据统计、技术咨询的专业人才队伍。目前，本网站已成为众多行业内人士信息交流与共享的主要平台，并得到越来越多的关注。

Energy Efficient & New Energy Vehicles Website is an authoritative website that technically serves the segment. The website is jointly established by the Clean Vehicle Productivity Center, the “11th Five-Year” Major Projects Office of Energy Efficient & New Energy Vehicles under the National 863 Programs and Beijing CATARC Science & Technology Center. The supporters also include GEF/UNDP/MOST "Commercialization Model of China's Fuel Cell Bus" National Project Office, China Motor Vehicle Technology Service Center and National Motor Vehicle Certificate Data Center. The website provides opulent and up-to-date information for its members, concerning fuel, vehicles models, vehicle production data, etc. It is staffed by professional talents. The website has been gaining increasing attention from insiders of the industry.

联系人：黄莉、李君；　联系电话+86-10-63702966转8012/8068
传　真：+86-10-63702964
E-mail：chinaev888@163.com

YINMAO
埃 aidi 迪

南京银茂压缩机有限公司

欢 迎 您

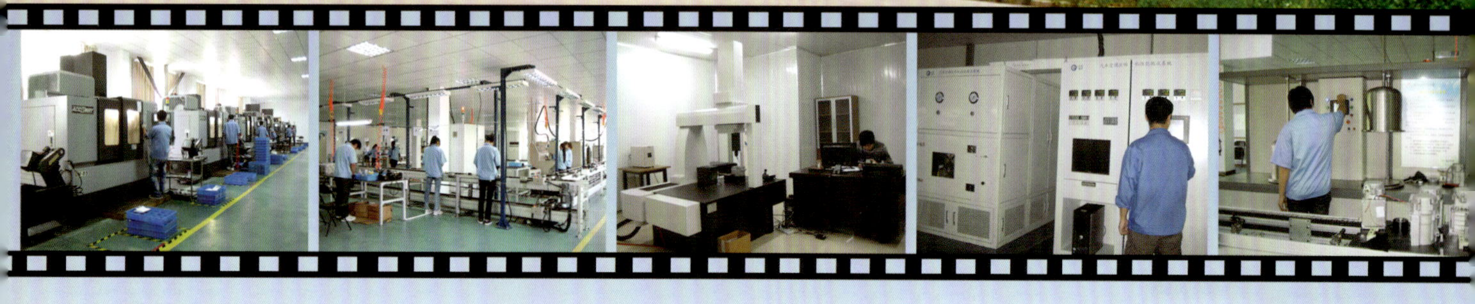

南京银茂压缩机有限公司隶属于江苏银茂控股（集团）有限公司，成立于 2007 年底，为从事电动汽车空调压缩机研发和生产的专业厂家，是中国新能源汽车空调压缩机生产基地。2011 年公司已形成批量生产能力，并最早取得了国家认证的电动涡旋压缩机生产许可证及 CCC 证书。2012 年年产将达 1 万台，2013 年年产 3 ～ 5 万台。

银茂压缩机公司位于中国南京溧水经济开发区。其技术团队于 1999 年底率先在国内研制出汽车空调用涡旋压缩机，又在 2009 年试制出国内第一台汽车空调用一体式电动涡旋压缩机。YWXD15、YWXD18 型汽车空调用一体式电动涡旋压缩机为公司电动压缩机的主力机型，其排量为 15、18cc/r，转速为 1000 ～ 9000rpm，能效比为 1.92，总重量为 5 ～ 7kg，直流电压为 24 ～ 600v，压缩机体积小、噪音低、重量轻、效率高、零排放，适合各种小型轿车、皮卡、重卡等制冷量需求在 3kw 左右的车辆使用。另外，公司正陆续研发生产 YWXD28、YWXD38、YWXD48、YWXD88、YWXD98 型电动压缩机，适合需求制冷量为 4 ～ 20kw 的大型轿车、SUV、MPV、工程车、中大型客车等车辆使用。

银茂压缩机公司的电动涡旋压缩机产品适用范围较广，不仅适用于电动汽车、新能源汽车、工程车、卡车的空调系统，还可开发适用于直升飞机空调系统、高铁驾驶舱空调系统、救生舱制冷机、基站机柜制冷器等领域，发展空间很大。

银茂压缩机公司的质量方针是诚信做人、创新做事、质量为纲、用户至上。公司拥有强大的质量检测体系，其中部分设备为自制，用于专项内容检测；具有完备的质量控制体系，追根溯源，对产品实现全程跟踪，保证产品质量。竭诚为用户服务、使用户满意是公司永恒的任务和宗旨。

献给你
电动汽车空调的
中国心

地址：江苏南京溧水经济开发区秀山西路 15 号 /211200
总机：+86-25-66650235、 66650236
传真：+86-25-66650234
销售：+86-25-66650237
网址：www.ym-compressor.com
电邮：ymysj@ ym-compressor.com

Air International Thermal Systems

空调国际热能系统

空调国际热能系统

- 国际领先的汽车空调及热系统专家

我们的足迹

- 工程技术和测试中心位于美国、澳大利亚、德国和中国
- 空调系统制造基地遍及美国、澳大利亚、墨西哥、泰国和中国
- 服务全球几乎所有的著名汽车厂家客户

我们的技术

Our unique electronic control technology & integrated CAE capability optimizes system operation and balance to minimize energy consumption in the vehicle's powertrain, whether gasoline, diesel, electric, hybrid or hydraulic, to provide the most fuel & environmentally efficient vehicle possible.

我们利用独特的电子控制技术和集成的CAE能力优化系统运行和平衡以最大程度地降低汽车传动冷却系统能耗,无论是汽油机,柴油机,纯电动车或者混合动力车,我们都尽力使其成为节能环保的高效系统。

- 工程技术和测试中心位于美国、澳大利亚、德国和中国
- 空调系统制造基地遍及美国、澳大利亚、墨西哥、泰国和中国
- 服务全球几乎所有的著名汽车厂家客户

我们的理念

With our extensive system's engineering expertise in climate control technology, we create a passenger comfort experience that is second to none.

以我们在环境控制科技方面积累的雄厚系统工程专业经验,我们为乘客创造更好的舒适体验。

我们的价值

We have a proven history of offering our customers innovative solutions that tailor the product supply chain to uniquely optimize the delivered value for each customer.

我们按每一位客户的需求提供创新的解决方案,以量身定制的产品供应链为客户提供最优化的价值服务。

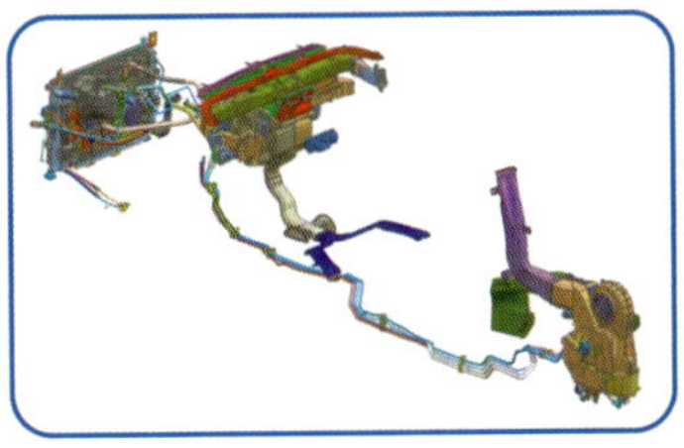
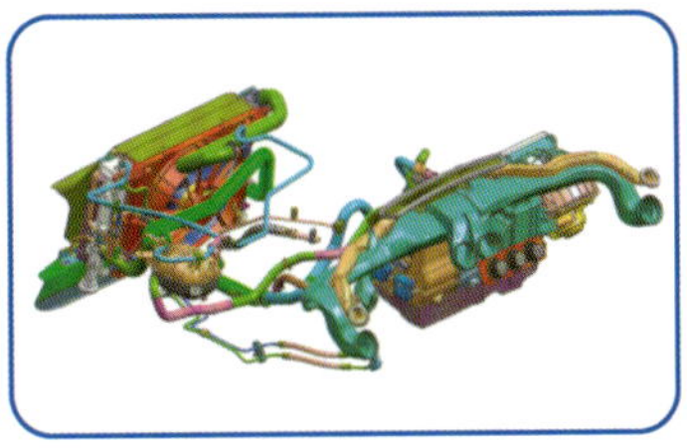

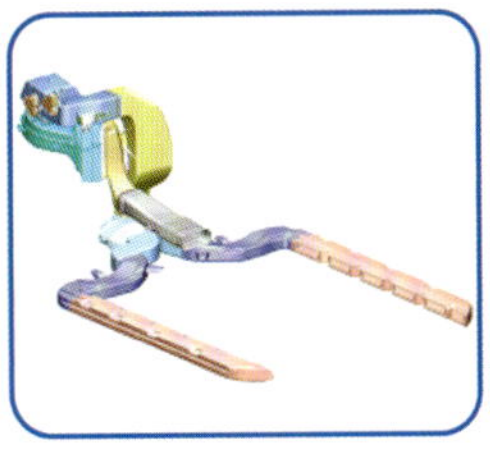
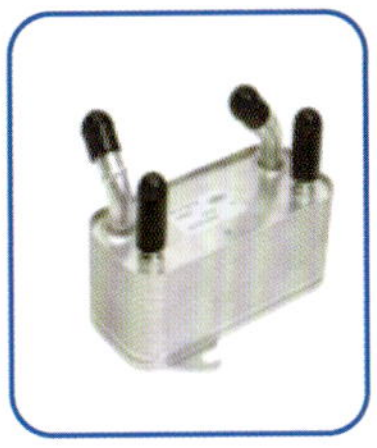
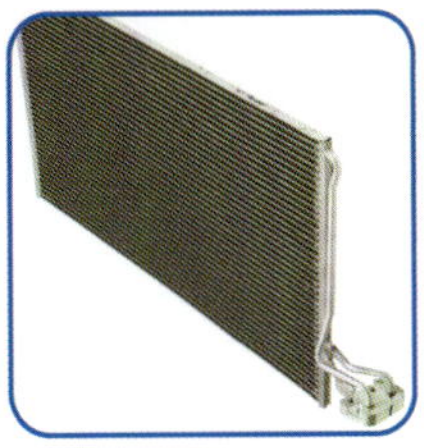

空调国际是新能源汽车热管理系统专家,拥有电动车和混合动力车的电池热系统管理技术和经验,已经为全球多个客户设计,研发和量产了相关产品。

AI底特律 • AI墨尔本 • AI霍夫 • AI上海 • AI重庆 • AI南京 • AI海口 • AI雷永

更多信息,请访问:Http://www.ai-thermal.com

天津大学内燃机燃烧学国家重点实验室

天津大学内燃机燃烧学国家重点实验室，1989年建成并通过国家验收，是目前我国内燃动力工程领域唯一的国家重点实验室。现有教授20多人，副教授20余人，硕士生和博士生300余人。研究方向涉及内燃机燃烧、控制、排放、振动噪声、燃料以及先进动力系统等领域。现有常规试验台架20多个以及控制技术及计算分析中心等专业试验室20余个。与德国Infineon科技公司和德国ETAS公司建立了汽车电子联合实验室，围绕控制器硬件可靠性及诊断技术、软件规范和测试评价技术研究展开深层次合作。拥有发动机及整车策略仿真、硬件开发、自动代码生成、硬件在环测试、台架试验、环境试验等完整的工具链和先进的技术平台，包括由CRUISE、AMESIM、GTPOWER、ASCET、INCA、Targetlink、RTA-OSEK、Tasking等构成完整的软件工具平台。拥有ECU的高低温湿度交变、震动、盐雾和EMC测试，DSPACE快速原型和硬件在环测试系统，LABCAR硬件在环仿真测试系统。

电动汽车/混合动力汽车主控制器

面向国5的高压共轨柴油机ECU

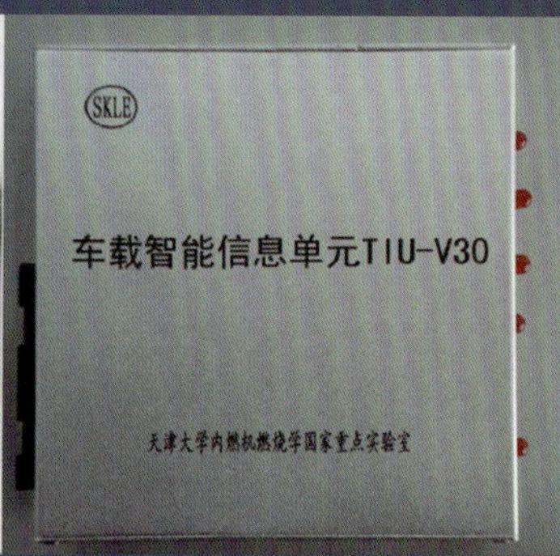

车载智能信息单元

轿车汽油机ECU

开发了面向国5的高压共轨柴油机ECU以及EUP柴油机ECU和轿车汽油机控制器GEMS，应用于多家企业的ECU产品开发。在国家“十五”、“十一五”863项目支持下，先后负责10多款电动汽车和混合动力汽车的整车控制系统规划，控制网络设计和通信协议制定，完成了第一代、第二代和第三代电动汽车主控制器的开发，应用到plugin 轿车、纯电动轿车和HEV客车等多种车型。承担“十二五”863课题“下一代纯电驱动汽车整车电子控制系统”和国家973项目课题“热电混合动力系统复合能量管理策略及优化控制的基础研究”。

开发了具有测量、记录、远程传送和能量计算功能的车载信息终端，以及具有能量、里程、故障、工况等统计分析的新能源汽车无线远程监控及实时统计分析平台，并具备指定区域行驶工况实时合成能力，先后应用于天津、济南等多个城市的电动汽车运营管理。

电动汽车示范城市运营监控及实时统计分析系统

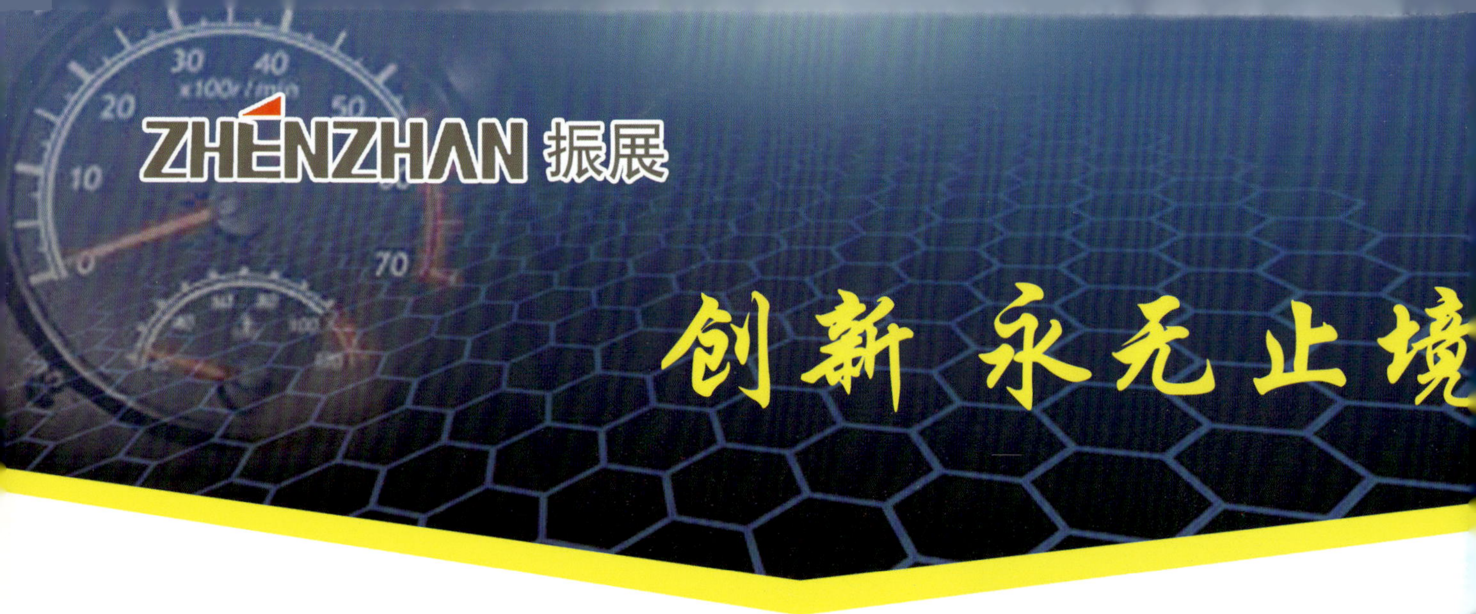

浙江振展汽车电器有限公司成立于2004年，公司作为道洪集团下属电子事业群中的一部分，以汽车电器产品为主，主要从事汽车电子和电器产品的研发、生产和销售。

2005年公司在南京成立研发中心——南京中凯龙威汽车部件有限公司，并成功入驻南大科技园，同时与多所著名高校联合研发汽车电子产品。公司以汽车电子组合仪表、数字式步进电机仪表及CAN总线技术为主要研发对象。经过多年的努力，成功研发了多款汽车组合仪表及CAN总线产品，并为南汽集团下属的南京汽车仪表厂合作，为其提供技术服务和配套。

经过多年的努力，以及振展人对汽车电子坚持不懈的追求，运用高效的管理机制，以顾客为中心的精神，成功为国内多家汽车厂实施产品配套，并成为其主要供应商和优秀供应商。

为满足汽车电子的发展和追求，公司在2011年与山东省科学院自动化研究所共同成立山东省汽车电子重点实验室。

技术团队及项目管理

浙江振展汽车电器有限公司强大的技术研发团队将丰富的研发经验，以最全面、快捷、周到的技术支持和安全服务，提供给客户。

本部技术团队主要以汽车步进电机式组合仪表和数字组合仪表开发、以及产品生产和现场技术支持为主体，从事产品工艺设计和过程控制。

北京研发中以高端汽车电子产品及新能源汽车电子开发为主，包括CAN线产品，车身控制产品。

振展技术团队在产品开发流程中充分运用项目管理方式，将项目启动——计划——实施——监控——交付（收尾）整个过程完整结合，并结合汽车电子产品独特的开发流程，从产品功能设计、仿真、测试、标定等整个过程完整执行。

生产能力

浙江振展汽车电器有限公司目前拥有三条汽车组合仪表生产线和两条汽车电器生产线，可以达到年生产20万套组合仪表和15万套汽车电器产品（组合开关和空调控制器）的产能。

为确保产品生产质量，我们严格控制产品生产过程以及现场管理。在制程控制中做到严格遵守每个操作规范和作业指导，并严格遵守自检、互检的原则，确保不让任何一个不合格产品流入下一工序。在现场管理中严格执行6S管理，以提高生产效率，提升产品质量。

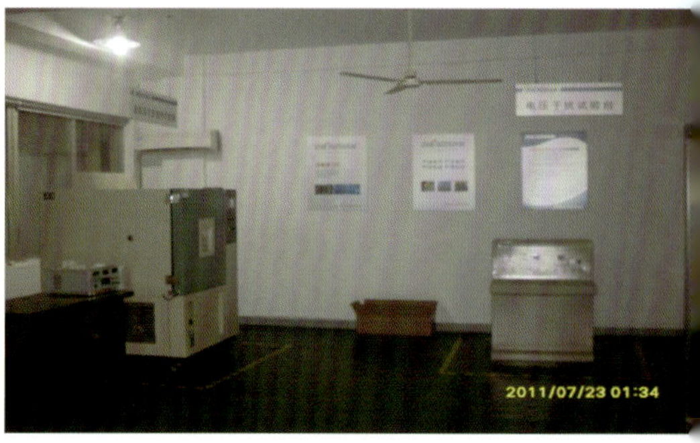

高低温湿热交变和电压干扰试验设备

盐雾和高温试验设备

型式实验室

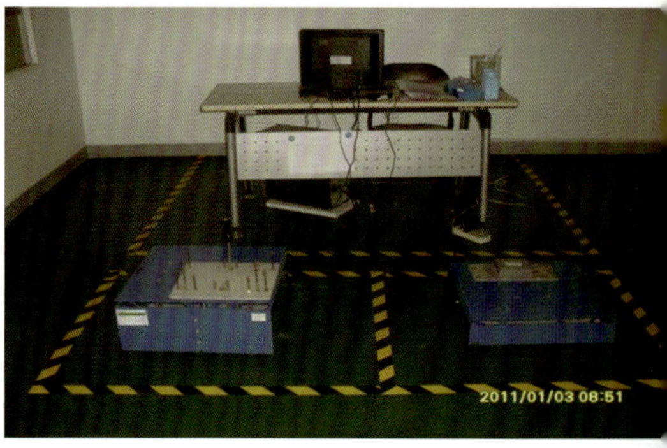

三维振动台

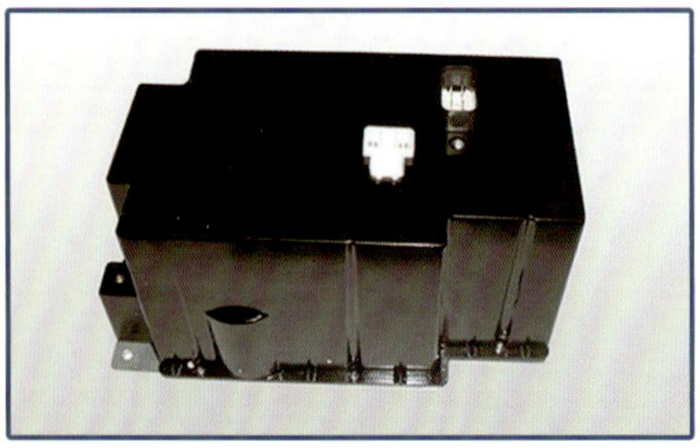

CAN总线式电动车高压控制器

电动汽车组合仪表

电话：0577-62666608
传真：0577-62666607
E-mail：zhenzhan@zjzhenzhan.com
地址：浙江省乐清市经济开发区纬十路221号

UDE 尤迪电机
UDE MOTOR
驱动绿色未来
2010年首届中国新能源公交客车精英赛冠军配套动力
2011年第二届中国新能源公交客车精英赛配套动力
2011年第二届中国新能源客车精英赛“优秀动力奖”
2011年中国节能与新能源汽车产业创新力50强
2011年节能与新能源汽车产业—年度最佳创新力电机
2012年第七届中国国际客车大赛年度节能减排客车零部件奖
2012年年度新能源大巴动力控制系统创新企业奖
国家高新技术企业　创新型企业

打造科技服务新航

汽车安全试验室

汽车安全试验室占地超过4万m²，新增投资2亿元，是中心新园区占地面积最大的试验室，由实碰撞试验室与模拟碰撞试验室两部分组成。

实车碰撞试验室总长310m，宽165m。试验室共设置8条跑道，呈扇形结构，直线跑道有效牵引分全长260m。试验室软、硬件能力均位于国际领先地位，可完成实车多角度对撞试验，并且可依据国法规、C-NCAP、ECE&EC、FMVSS、GCC、Euro NCAP等标准进行认证试验及被动安全开发试验。

新模拟碰撞试验室拥有两台日本三菱重工生产的液压伺服控制的高精度试验台车，可以承担车及零部件动态冲击性能、约束系统匹配等台车试验，并能很好的创造出基于实车波形的碰撞环境模拟碰撞试验室试验能力可以覆盖全国乃至美国、欧洲、日本、海湾等国家及地区的相关标准法规

整车排放试验室

整车排放试验室由5个试验间组成。分别为海拔环境仓、低温环境仓、常温4驱转鼓、常温2驱转鼓和密闭室。其中海拔环境仓是国内首创的，性能在世界上屈指可数的测试系统，总投资达1亿元。

主要功能：

海拔模拟：0～5 000m²；

温度模拟：-40～+60℃；

湿度模拟：10%～95%相对湿度；

阳光模拟：600～1 200W/m²，全光谱；照射角度可调

底盘测功机：4轮4电机

排放测试系统：可以完成美标试验和三高标定。

整车耐久试验室

整车耐久试验室于2011年初完成建设并投入运行，是国内规模最大、设施最完善的整车排放耐久试验室。

试验室总投资达6 000多万元，其中试验室基础建设投入达2 000多万元，设备投入达4 000多万元

该试验室拥有总计19套可独立开展道路模拟试验工作的试验系统。其中，奥地利AVL公司生产的两驱整车底盘测功机16套、四驱整车底盘测功机2套；自主研制开发的整车底盘测功机1套；另外，该试验室还配备了德国STAHLE生产的自动驾驶仪9套。

本试验室可依照欧盟指令、美国EPA法规、日本汽车排放法规及中国排放法规要求完成耐久性试验。此外，还可完成与整车道路模拟相关的整车性能试验。

发动机综合试验室

发动机综合试验室于2010年建成，2011年开始正式投入使用，总投入达2亿元。试验室下设重型转鼓试验间、发动机性能排放试验间以及化学分析试验间，主要承担发动机及重型整车的性能、排放、耐久、油耗等测试，以及汽车材料禁限物质分析评价、车内空气质量分析测试、催化剂贵金属含量分析等业务。

试验室引进国内第一台四驱重型转鼓设备，在此之前，亚洲仅有3台。该试验室拥有AVL电力测功机9台、国内外一流的全流定容稀释采样系统2套、发动机部分流采样系统3套、性能耐久台架15台以及先进的化学分析设备。实验装置一流，处于国际领先行列。